瀏陽年鉴 2023

LIUYANG YEARBOOK

浏阳市地方志编纂室　编

方志出版社
Publishing House of Local Records

图书在版编目（CIP）数据

浏阳年鉴. 2023 / 浏阳市地方志编纂室编. —北京: 方志出版社, 2023.11
ISBN 978-7-5144-5964-7

Ⅰ. ①浏… Ⅱ. ①浏… Ⅲ. ①浏阳－2023－年鉴 Ⅳ. ①Z526.43

中国国家版本馆CIP数据核字(2023)第241573号

责任编辑：齐笑
责任校对：张玉霞
责任印制：梅中英
出 版 者：方志出版社
地　　址：北京市朝阳区潘家园东里9号（国家方志馆4层）
邮　　编：100021
网　　址：http://www.zgfzcb.cn
发　　行：方志出版社图书营销中心（010-67110500）
印　　刷：湖南省美如画彩色印刷有限公司
开　　本：889毫米×1194毫米　1/16
印　　张：30.5
字　　数：1129千字
版　　次：2023年11月第1版
印　　次：2023年11月第1次印刷
定　　价：268.00元

《浏阳年鉴》编纂委员会

顾　问　朱东铁

主　任　王雄文

副主任　戴武明　唐安石　王坤球

　　　　冯赛军　刘来宏

委　员　周森源　唐文华　杨　钢　曾云峰

　　　　寻　江　朱姿丰　曾　义

《浏阳年鉴》编辑部

主　编　罗　柱

副主编　李　异　陈洁璐

编　辑　唐继武　王江英　毛于彦　王运松　邱文彬

《浏阳年鉴（2023）》组稿人员

（按篇目顺序排列）

刘瑞琼　何林达　曾孝喜　彭相龙　赵　娟　黄　康　梁　宁　龚建方　刘　婵　刘　恒
肖圣林　丁洁琼　连伊星　李　义　刘　婷　胡俊龙　邹　涛　徐　鸥　李昌党　江雨婷
陈　佳　罗子涵　彭　玲　李双月　肖　雪　刘朝朋　唐文波　易守珍　赵康银　袁攀攀
汤　骁　罗永昌　兰词贵　张素勤　王　娜　杨　思　张华强　谭玉芳　陈梓娴　熊　智
汤德法　李鹏飞　汤　永　陈　敏　曾　爽　赵　倩　刘　强　熊　壮　张辉珍　彭　燕
李佳蔚　谢学鹏　陈　昱　瞿　希　张漾波　郑雪妮　周红花　林娟娟　潘艳纯　张家榕
袁利平　李凤姣　何　睦　徐　开　李荣珍　伍宣霖　石慧琼　张思佳　邱思维　张　姜
周　激　李　靖　符雪茹　柳　青　康　红　邓　方　张金莲　唐海军　谭　建　谢　晖
郑　密　钟　剑　李晓熙　周　琼　宋冰清　曾　翠　谢乃辰　李　婵　王　颖　张　晋
李　立　刘　双　陈清诚　高欣欣　傅琳慧　黄　菲　刘利香　熊　慧　张　宏　胡　婷
唐文波　罗梦荣　蔺万雄　汤　洁　王星星　黎玉玲　唐芃书　彭志敏　邱　敏　张本根
闵杰平　詹　娟　谭润秋　张胤儒　李　立　兰　娟　潘志强　黄姗姗　唐　琼　柳包华
李　武　钟　浪　胡友明　吴　涤　付　苹　沈完乐　罗腊英　唐继武　寻梓祥　张　星
李江林　刘　苏　邓徐徐　朱　明　高明果　邱正春　潘升根　刘亚玲　黎　亮　张芳芳
唐　莉　李先知　刘　学　黄振兴　甘享明　方艳华　曹湘黔　黎奇志　刘俊康　杨　萍
彭玲玲　徐江涛　胡智鹏　龚加强　张　丽　徐　洁　刘　晓　李涵婷　石　瑶　罗钟慧
丁舒婧　尚田毓慧　卿枫　李杨逸云　蒋卉　宋　启　马伟明　任晶莹　黄　哲　陈　剑
成　豪　李春晖　聂亮亮　胡　晓　周文韬　唐小波　何山雨　谢加伟　林　毅　张　涛
潘天虹　唐四维　杨灿伟　吕卓文　朱石虎　彭　放　刘骁鹏　袁　江　丁锦屏　杨逸舒
刘　笑　张　毅　周　栋　文　静

编辑说明

一、《浏阳年鉴》以马克思列宁主义、毛泽东思想、邓小平理论、“三个代表”重要思想、科学发展观、习近平新时代中国特色社会主义思想为指导，坚持辩证唯物主义和历史唯物主义的立场、观点和方法，继承和发扬我国优秀文化传统，认真学习宣传贯彻党的二十大精神，客观翔实地记述浏阳市在经济建设、政治建设、文化建设、社会建设、生态文明建设方面的发展状况，力求达到思想性、资料性、科学性的统一。

二、《浏阳年鉴》是浏阳市人民政府主办、浏阳市地方志编纂室承办的地方综合年鉴。该鉴是系统记述浏阳行政区域政治、经济、文化、社会、生态等方面情况的年度资料性文献，为机关、企事业单位等组织及外来投资者和社会各界人士了解浏阳、研究浏阳、建设浏阳提供丰富翔实的地情资料。

三、《浏阳年鉴》以出版年号为卷次名称，自 1987 年首次出版以来，每年出版一卷，《浏阳年鉴（2023）》是总第 37 卷，记录 2022 年浏阳市经济社会发展情况和大事要事。

四、《浏阳年鉴》采取分类编辑法，按类目、分目、条目的结构组成内容体系。全书以不同字体、字号区别不同层次。条目标题均加【】表示。为方便读者检索，《浏阳年鉴（2023）》正文前设置中文目录；正文后设置主题词索引，主题词索引标目按汉语拼音声母音序分类排列。

五、《浏阳年鉴（2023）》设特载、专记、大事记、浏阳概貌、中国共产党浏阳市委员会、浏阳市人民代表大会、浏阳市人民政府、中国人民政治协商会议浏阳市委员会、中国共产党浏阳市纪律检查委员会浏阳市监察委员会、民主党派·工商联、群众团体、法治、军事、经济管理、农业、水利、工业和信息化、开发区与园区建设、鞭炮烟花业、商务、金融、旅游、交通运输、邮政·通信、城乡建设与管理、科学技术、教育、文化·体育、卫生、社会生活、生态环境、街道·镇·乡、人物与荣誉、文献选编、附录、索引 36 个类目。全书除文字内容外还收录了反映浏阳市城市建设、城乡新貌、重大事件等方面的彩色图片。

六、《浏阳年鉴（2023）》所辑录的内容均由全市各单位、各部门专人撰写，经各供稿单位审核，资料真实可靠；“统计资料”由浏阳市统计局提供，内文条目中的数据由各供稿单位提供，部分条目中的数据因统计口径等原因可能与统计资料中的数据不相符合，在引用本书的有关数据时，应以“统计资料”为准，

七、《浏阳年鉴（2023）》中数字用法、标点符号用法分别采用国家标准《出版物上数字用法》(GB/T15835-2011)《标点符号用法》(GB/T15834-2011)，计量单位采用国家技术监督局 1993 年 12 月发布的《量和单位》系列国家标准。

浏阳名片

Liuyang Business card

- 花炮之乡
- 将军之乡
- 诗词之乡
- 千年古县
- 全国县域综合改革十佳城市
- 优秀旅游城市
- 中国全面小康十大示范市（县）
- 美丽中国典范城市
- 中国生态魅力城市
- 国家卫生城市
- 全国无障碍环境示范县（市）
- 国家县城新型城镇化建设示范县（市）
- 中国城市创新百佳示范县（市）
- 全国农村生活污水治理示范县（市）
- 全国“书香城市”
- 国际化营商环境建设示范县（市、区）
- 中国社会保障百佳县（市）
- 全国十佳生态文明城市
- 中国人居环境范例奖
- 湖南省文明城市

城区西湖山　　（罗豪正 摄）

2022·浏阳荣誉

2022· Liuyang Honor

- 县域经济与县域综合发展全国排名第7名
- 全国县域旅游综合实力百强县排名第6名
- 国际化高质量发展环境建设标杆县（市、区）
- 企业家幸福感最强市（区）
- 全国首批创新型县（市）
- 全国县城工业互联网发展排名第18名
- 全国广播电视基本公共服务标准化试点（全省唯一）
- 全国首批自然资源节约集约标准县（市）
- 2022优化政务（投资）环境优秀城市
- 国家创建农业现代化示范区
- “四好农村路”全国示范县
- 全国科普示范县（市）
- 全国“两山”实践创新基地
- 全国休闲农业重点县
- 全国县域现代化发展质量基本指数A+优等级县（市）
- 首批国家乡村振兴示范创建县（市）
- 2022年度全国信访工作示范县
- 县级市基本现代化指数排名全省第1名

2022·数字浏阳

2022 Digital Liuyang

- 总面积：5007平方千米
- 森林面积：3373平方千米
- 森林覆盖率：66.65%
- 耕地面积：933.58平方千米

- 年末公安户籍户数：41.2万户
- 总人口：147.7万人
- 城镇人口：75.7万人
- 乡村人口：72.0万人

- 地区生产总值：1722.5亿元
- 第一产业增加值：136.5亿元
- 第二产业增加值：903.0亿元
- 第三产业增加值：683.0亿元

- 一般公共预算收入：140.17亿元
- 地方一般公共预算收入：101.14亿元
- 地方一般公共预算支出：174.05亿元

- 金融机构年末各项存款余额：1233.75亿元
- 住户存款余额：866.75亿元
- 贷款余额：1082.94亿元

- 社会消费品零售总额：455.8亿元
- 批发业零售额：31.6亿元
- 零售业零售额：372.5亿元
- 住宿业零售额：4.3亿元
- 餐饮业零售额：47.4亿元
- 市场主体总数：150356户

- 城乡居民人均可支配收入：52401元
- 农村居民人均可支配收入：43407元
- 城镇居民人均可支配收入：59275元
- 城乡居民人均生活消费支出：30091元
- 农村居民人均消费支出：25784元
- 城镇居民人均生活消费支出：33383元

浏阳南城区 （浏发集团 供图）

2022·数字浏阳
2022·Digital Liuyang

- 城镇职工基本养老保险参保人数：19.10万人
- 城镇职工基本医疗保险参保人数：21.12万人
- 失业保险参保人数：15.40万人
- 城乡居民基本养老保险参保人数：81.67万人
- 城乡居民基本医疗保险参保人数：116.49万人
- 新增城镇就业人员：18913人
- 发放城乡居民最低生活保障经费：14712万元
- 城乡居民最低生活保障人数：26133人

- 高新技术企业和生产高新技术产品企业：580家
- 高新技术增加值：446.40亿元
- 专利授权量：2798件
- 发明专利授权：306件
- 实用新型专利授权：2098件
- 外观设计专利授权：394件

- 普通小学：306所（含教学点），在校学生：113243人，毕业：17753人
  普通初中：55所，在校学生：52388人，毕业：16893人
- 普通高中：19所，在校学生：32765人，毕业：9703人
- 中等职业学校：10所，在校学生：18363人，毕业：3814人
- 特殊教育学校：1所，在校学生：352人，毕业：32人

- A级景区：20个
- 国家AAAA级旅游景区：3个
- 国家AAA级旅游景区：16个
- 国家地质公园：1个
- 国家森林公园：1个
- 全国红色旅游经典景区：2个
- 湖南省文旅特色小镇：1个
- 全年接待游客人数：3048.66万人次
- 旅游收入：322.26亿元

学习贯彻二十大精神

Learn and implement the spirit of the 20th National Congress

2022年11月17日，浏阳市举行学习贯彻党的二十大精神宣讲报告会。长沙市委常委、浏阳市委书记朱东铁作宣讲报告，浏阳市委副书记、市长王雄文主持报告会

（市委办 供图）

2022年10月30日，党的二十大代表、中国工程院院士、湖南农业科学院党委书记、副院长柏连阳到北盛镇燕舞洲村宣讲党的二十大精神

（宣传部 供图）

浏阳城区北　（罗豪正 摄）

2022年12月14日，党的二十大代表、圆通速递公司长沙高桥分公司营运部经理马石光到永安镇芦塘村胜利屋场，为村民宣讲党的二十大精神 （市委宣传部 供图）

2022年10月26日，集里桥社区党委在西湖景城小区凉亭内组织居民开展邻里·家夜校宣讲。"中国好人"、集里桥社区党委书记、居委会主任汤勇向邻里宣讲党的二十大精神 （市委宣传部 供图）

浏陽 LIUYANG

乡村振兴

2022年，浏阳市深入推进“311”就业服务，举办各类招聘会30场、推送岗位2.9万个。17680名有就业意愿人员已就业，就业率达100%，较2021年增加1676人。图为9月22日湘赣边就业服务站（零工市场）启动暨浏阳市经开区人力资源服务产业园开园活动

2022年2月16日，浏阳市人才交流中心举办企业人才招聘活动

2022年，全市落实粮食生产面积80693公顷，其中早稻20026.67公顷、中稻34106.67公顷、晚稻20246.67公顷、旱粮6740公顷（大豆1833.33公顷），全年粮食总产量56万吨。图为古港镇梅田湖村粮食收割现场（杨广泉 摄）

镇头镇干口村花木基地航拍图（镇头镇 供图）

3月7日，北盛镇燕舞洲村，烟农正在查看移栽后烟苗的生长情况 （北盛镇 供图）

2022年，浏阳市有19个乡镇110个村共1535户烟农（家庭农场）种植烤烟6万亩，烤烟产量6983吨，增长19.6%；烟叶总产值2.7亿元（含补贴），完成税收超5000万元，相关的复烤、仓储、科研、销售等烟叶产业链总产值超12亿元。

2021年8月，古港镇白鹭村建成湖南省首个以烤烟产业文化和千亩烤烟示范片区为特色的烟区美丽宜居屋场 （古港镇 供图）

张坊镇田园农舍 （彭红霞 摄）

2022年4月至5月，永和镇永福村扶贫产业基地——鲜花种植示范基地内，非洲菊、月季花、“虞美人”“绣球”相继开放 （永和镇 供图）

2022年6月15日，大围山镇蜂农鲁余厚和黄秀华正在蜂箱旁摇蜜 （大围山镇 供图）

永安镇通过“村党总支+合作社+公司+高校”的发展模式，打造出现代农业设施蔬菜示范园——“致富田园”。图为2022年2月建成投入使用的永和村“致富田园” （永安镇 供图）

2022年，浏阳市共完成33个村农村环境整治任务，生活污水治理率达到100%。图为浏阳河葛家镇龙潭湾 （葛家镇 供图）

2022年5月28日，全省乡村建设行动暨农村“厕所革命”工作培训班在浏阳举办，浏阳作典型发言。图为永安镇芦塘村公厕 （永安镇 供图）

2022年，浏阳市继续推进以“美丽村庄”打造“美丽经济”。将美丽宜居村庄建设作为全面推进乡村振兴的重要抓手，深入实施“十百千万”工程，即5年打造十条精品线路、百个示范村庄、千个幸福屋场、万户美丽庭院，加快建设宜居宜业和美乡村

永安镇华山屋场　　（永安镇 供图）

古港镇梅田村松山屋场　　（古港镇 供图）

澄潭江镇荆坪村荷塘湾屋场　　（邓霞林 摄）

镇头镇干口村上湾美丽宜居村庄　　（镇头镇 供图）

浏陽 LIUYANG

项目建设

2022年9月29日，金阳大道全线建成通车 （罗豪正 摄）

2022年11月29日，椒花水库工程完成枢纽首仓混凝土浇筑，枢纽工程由基础开挖全面进入主体混凝土浇筑施工阶段 （罗豪正 摄）

2022年10月，湖南护理学校一期工程建成并完成学校整体搬迁入驻。湖南护理学校新校区位于官桥镇八角亭村，占地面积48.64公顷，一期项目包括教学楼、办公楼、食堂、学生公寓等，建筑面积14.87万平方米

（罗豪正 摄）

2022年9月1日，泰安小学建成开学　（罗豪正 摄）

2022年9月，城区渭川河完成综合整治　（浏发集团 供图）

2022年，浏阳市启动老旧小区改造项目87个共202栋4206户，总投资1.75亿元，其中城区改造项目85个，涉及居民3800多户。截至2022年年末，完成城区改造项目68个。图为2022年2月23—24日，长沙市城镇老旧小区和危旧房屋改造工作现场推进会在浏阳召开

（市住保中心 供图）

2022年5月，淮川街道北正社区农业局宿舍小区完成改造

（浏发集团 供图）

2022年1月，淮川街道百川里片区完成改造　（浏发集团 供图）

2022年2月，龚家桥片区完成改造　（浏发集团 供图）

2022年2月，浏阳市教师新村完成改造　（浏发集团 供图）

浏阳市体育中心　（罗豪正 摄）

目 录

特 载

专 记

大事记

浏阳概貌

中国共产党浏阳市委员会

浏阳市人民代表大会

浏阳市人民政府

中国人民政治协商会议浏阳市委员会

中国共产党浏阳市纪律检查委员会
浏阳市监察委员会

民主党派·工商联

群众团体

法　治

军 事

经济管理

农 业

水　利

工业和信息化

开发区与园区建设

鞭炮烟花业

商　务

金 融

旅 游

交通运输

邮政·通信

城乡建设与管理

科学技术

教　育

文化·体育

卫 生

社会生活

生态环境

街道·镇·乡

人物与荣誉

文献选编

附　录

浏阳河文化广场夜景 （陈伏明 摄）

特 载

在市委经济工作会议上的讲话

中共长沙市委常委、浏阳市委书记　朱东铁

（2023 年 1 月 4 日）

一、过去一年，市委团结带领全市人民勇当先锋、勇毅前行，推动浏阳经济发展高位求进、逆势而上

2022 年，面对严峻复杂的宏观形势和交织叠加的风险挑战，我们坚持以习近平新时代中国特色社会主义思想为指导，在省委省政府、长沙市委市政府的坚强领导下，全面落实“疫情要防住、经济要稳住、发展要安全”的重要要求，全面落实“三高四新”战略定位和使命任务，真抓实干、埋头苦干，迈出了勇当“强省会”战略开路先锋的铿锵步伐。

一是党的领导得到了全面加强。我们坚持把迎接党的二十大召开和学习宣传贯彻党的二十大精神作为工作主线，持续兴起全面学习把握落实党的二十大精神的热潮，引导广大党员干部忠诚拥护“两个确立”、坚决做到“两个维护”，汇聚了“高举旗帜奋进新征程、紧跟核心夺取新胜利”的磅礴力量。坚持以“党建聚合力”工程为统揽，推动政治建设、组织建设、基层建设和党风廉政建设等齐头并进，以高质量党建引领高质量发展。认真贯彻“三新一高”要求，加强对经济运行的常态调度研究，出台花炮产业高质量安全发展、优化营商环境、文旅融合等若干个“三年行动计划”，推出了一揽子政策措施，全力办好发展经济这个最大实事。

二是综合实力跃上了更高台阶。全年地区生产总值突破 1700 亿元（预计数，下同），增长 5%；完成地方一般公共预算收入 101 亿元，剔除政策因素影响，同口径增长 10%，税占比 75.5%；固定资产投资增长 8.8%；规模以上工业增加值增长 7%；社会消费品零售总额增长 3.5%。全市 R&D 经费占 GDP 比重达 2.27%。绩效考核和真抓实干成效明显，2021 年度长沙对浏绩效考核获四县（市、区）组和国家级园区组“双第一”，有 2 项、12 项、13 项工作分别获国务院、省政府和长沙市表扬激励，2022 年度有望持续刷新纪录。县域发展高位进位，县级市基本现代化指数排名全省第 1 位，县域经济和社会综合发展跃居全国第 7 位，斩获国家级、省级荣誉 301 个，获评“2022 国际化高质量发展环境建设标杆县（市、区）”、2022 中国最具幸福感城市系列榜单——“企业家幸福感最强市（区）”。

三是实体经济厚植了强劲动能。大力实施“千百十”工程，加快培育“1+3+N”现代产业体系，全市 10 条重点产业链产值增长 8.8%，其中电子信息、新能源及汽车零部件、生物医药、烟花爆竹分别增长 26.7%、11.6%、10.9%、9.8%。净增市场主体 2.1 万户，新增省级以上“专精特新” 小巨人企业 43 家，净增高新技术企业 120 余家，新增省市级科技创新平台 26 家，浏阳成功创建首批国家创新型县（市）。扎实推进“五好”园区创建，经开区在全省“五好”园区 2021 年度综合评价中位列第一。项目建设加力提速，惠科光电 13 条产线全部点亮，成为百亿产值企业；雅士林一期、九典制剂生产基地、博大科工、金阳智中心等一大批产业项目正式投产。蓝思科技入选“中国智能制造 50 强”。盐津铺子获评“国家智能制造示范工厂”。全市新引进项目 120 个，其中“三类 500 强”项目 4 个，过 100 亿元的 2 个（10 吉瓦高效异质结光伏电池及组件生产基地项目、派浪丝电子材料及高端日化生产基地项目），经济动能更加澎湃。

四是城乡发展刷新了靓丽底色。金阳新城“四个十大”项目全速推进，金阳医院奠基建设，金阳人才公寓等项目快马加鞭，中心片区已见雏形。城市“1+4”交通项目有序铺开，金阳大道全线通车，S326 普迹至柏加段全面完工，西南环线一期启动建设，浏阳大道改扩建项目即将竣工，长赣高铁、永和通航机场隆重开工，长浏快线规划获批；道吾、长兴湖等重点片区建设加快推进，椒花水库全面进入大坝主体施工阶段。62 条“百街千巷”环境综合整治提质全面完成。浏阳入选海绵城市建设省级试点城市。全域推进乡村振兴，扎实推进有效衔接，高标准建成美丽宜居村庄240个；年收入超50万元的村（社区）达154个；永安位居全国百强镇第82位，大瑶、柏加、文家市在全省特色小镇综合评价中名列前茅，浏阳入选国家乡村振兴示范县（市）创建名单。争当文旅融合标杆，成功举办全省首个区县级文旅发展大会，A级景区总数增至20家，居全省县（市、区）第一，山水花城的《百景争妍图》徐徐展开。

五是民生造福交上了温暖答卷。常态化开展“我为群众办实事”实践活动，29个重点民生实事项目超额完成，新改扩建学校11所，新增学位6220个、床位660张、车位17349个，改造老旧小区87个4206户。健康浏阳加快建设，市中医医院危急重症大楼建成投用，妇幼保健院整体搬迁项目主体封顶。打好污染防治攻坚战，空气质量稳定达国家空气二级标准，浏阳河出境断面水质均值保持Ⅱ类。风洞口抽水蓄能、生活垃圾焚烧发电等项目全面提速。文明创建省检测评排名第一。

六是大战大考拼出了最好结果。我们迎战30年一遇的冰雪灾害，有效应对多轮紧急汛情，有力抗击浏阳有气象记录以来的最大旱情，守住了森林防灭火防线和粮食安全底线，全年粮食产量超过56万吨。我们率先实施“千名干部下基层”专项行动，深入开展3个“百日攻坚”行动，全市生产安全事故起数同比下降28.9%，安全生产形势持续稳定向好。我们众志成城战疫情，坚决执行“二十条”和“新十条”优化措施，做到了项目不停工、企业不停产，保护了人民生命安全和身体健康。我们圆满完成各特护期安保维稳工作，浏阳获评全省平安建设重点推进县（市、区），捧回首届湖南“平安杯”。

回顾这一年，我们有太多的重要时刻值得铭记，有太多的美好瞬间令人自豪：省委书记、省人大常委会主任张庆伟亲临浏阳视察指导，点赞浏阳“在县一级影响很大、干得很好”，勉励我们“百尺竿头、再进一步，干在实处、走在前列”。省委副书记、省长毛伟明深入浏阳调研，并对浏阳各项工作尤其是乡村振兴工作，专门作出肯定性批示，为我们争取更大进步注入了强劲动力。省委常委、长沙市委书记吴桂英，长沙市委副书记、市长郑建新多次莅临浏阳，为浏阳发展把盘定向，让我们备受鼓舞、激励和鞭策。浏阳在省委县域经济工作电视电话会议、省委贯彻落实中央人大工作会议精神推进会、湘赣边区域合作示范区建设推进大会等重大会议上作典型发言，央视《新闻联播》“走进县城看发展”栏目对浏阳发展进行了深度报道，等等。这些成绩的取得，得益于习近平新时代中国特色社会主义思想的科学指引，得益于省委省政府、长沙市委市政府的坚强领导，凝结着市委、市人大、市政府、市政协四套班子的同心奋斗，离不开全市广大党员干部群众的辛勤付出。在此，我代表市委向大家表示衷心的感谢！

二、深刻把握发展阶段性特征，高水平绘就中国式现代化的浏阳图景

贯彻落实党的二十大精神，是当前和今后一个时期的首要政治任务。全市上下要不断增强深学笃行的自觉性主动性，切实把学习贯彻成效转化为干事创业的强大动力。站在全面建设社会主义现代化新浏阳的历史起点上，浏阳人口优势、共富优势、文化优势、生态优势显著，与中国式现代化的主要特征高度契合，完全有基础、有条件、有责任高水平率先展示好中国式现代化的浏阳图景。

——我们要建设鼎立中部的现代化“双百”大城市。中国式现代化是人口规模巨大的现代化。浏阳作为全省常住人口第一、面积第二大县（市），改革发展稳定任务艰巨复杂，必须坚持稳中求进、循序渐进、持续推进。我们要加速构建“一体两翼、一河两岸、一城两站”格局，加快建成省会副中心和湘赣边区域性中心城市，通过十到十五年的努力，将浏阳打造为一座城区面积超过100平方千米、城区常住人口超过100万的现代化“双百”大城市。

——我们要争创城乡一体的共同富裕先行示范区。中国式现代化是全体人民共同富裕的现代化。浏阳城乡居民人均可支配收入比达到1.39，远优于全国、全省平均水平。我们要锚定2025年城乡居民人均可支配收入超过6.6万元这一目标，全域推进乡村振兴和城乡融合发展，持续壮大产业、带动就业增收，促进群体共富、城乡共富、区域共富、物质精神共富，为全国实现共同富裕探索先行路径。

——我们要打造“两个文明”协调发展的幸福首善地。中国式现代化是物质文明和精神文明相协调的现代化。作为“千年古县”“将军之乡”，我们要赓续红色血脉、燃旺精神火炬，坚持物质文明和精神文明一起抓，让红色之光照亮奋进之路、文明之花结出芬芳之果，使浏阳成为物质富足、精神富有的最具幸福感城市。

——我们要扮靓山水花城的绿色新样本。中国式现代化是人与自然和谐共生的现代化。浏阳“三河三山”拥绿叠翠，田园风光纵横铺展。我们要坚持生态优先、绿色发展，协同推进降碳、减污、扩绿、增长，让“浏阳绿”“浏阳蓝”“浏阳美”成为149万人民永远的骄傲，让“一河诗画、满城烟花”的山水花城成为令人向往的诗和远方。

2023年是全面贯彻落实党的二十大精神的开局之年，是实施“十四五”规划的承上启下之年，也是浏阳撤县设市30周年，处于挺进前五强、加快建成“两个中心”的关键时期。做好今年经济工作，必须登高望远，以“观大势、谋大事”的主动强定力。当前，世界之变、时代之变、历史之变正以前所未有的方式展开，世界处在新的动荡变革期，国内“三重压力”仍然保持高位。但我国经济韧性强、潜力大、活力足，随着疫情防控措施的优化调整，特别是中央经济工作会议作出一系列战略部署，“五大政策”协同发力，经济运行有望总体提升。我们要坚持在大局下行动，找准县域发展的结合点和切入点，敏锐抓住机遇，沉着应对挑战，牢牢掌握经济发展主动权。必须向高而攀，以“敢斗争、敢胜利”的决心勇奋进。外部环境不稳定、不确定、难预料成为常态。审视浏阳自身，产业转型升级任重道远，重大项目储备不足，龙头企业仍然偏少，消费和投资市场恢复偏慢，居民与企业预期减弱；安全生产、疫情防控、社会治理和房地产、金融等领域风险不容忽视。我们要发扬在大战大考中展现出来的能打硬仗、善打胜仗的优良作风，勇于向困难叫板、敢于向高峰攀登、善于向胜利进军，以“取其上、得其上”的斗志奋力“闯创干”。必须抬高坐标，以“站排头、立潮头”的气魄开新局。撤县设市30年，是浏阳“山乡巨变”的30年，历届浏阳领导班子励精图治，全市上下人心思进、风正劲足，推动浏阳实现从国家级贫困县到全国县域七强的豪迈跨越。面向未来，我们要实现高位再进位，需要赶超的对手更强、应对的局面更复杂，必须坚定“12345”的发展思路，把思想和行动统一到现代化建设的各项目标上来，每条战线、每个岗位都要拉高标杆、唯旗是夺，以“干就干最好、争就争第一”的豪情勇当先锋、挺立潮头。

2023年全市经济工作的总体要求是：坚持以习近平新时代中国特色社会主义思想为指导，全面贯彻党的二十大精神、中央经济工作会议精神和省委、长沙市委经济工作会议精神，坚持稳中求进工作总基调，全面落实“三新一高”“六个更好统筹”要求，全面落实“三高四新”战略定位和使命任务，勇当“强省会”战略开路先锋，大力提振市场信心，突出做好稳增长、稳就业、稳物价工作，推动经济实现质的有效提升和量的合理增长，高水平绘就中国式现代化的浏阳图景，奋力推动党的二十大精神在浏阳落地生根、开花结果。

市委综合考虑，2023年经济社会发展的主要预期目标是：地区生产总值增长7%左右，规模以上工业增加值增长8%左右；固定资产投资增长7%以上；社会消费品零售总额增长7%；地方一般公共预算收入增长7%左右；城镇调查失业率控制在5.5%左右，居民收入增长与经济增长基本同步。

三、坚持以高质量发展为牵引，在中国式现代化建设中干在实处、走在前列

坚持稳字当头、稳中求进，坚持系统观念、守正创新，从改善社会心理预期、提振发展信心入手，深入实施县域经济高质量发展工程，纲举目张做好经济工作，全力办好发展经济这个最大实事。

一要加速产业升级，在做强实体经济上敢闯敢干。始终把发展经济的着力点放在实体经济上，推进产业基础高级化、产业链现代化，打造智能制造强市。

一是构建高水平产业体系。深入实施“千百十”工程，巩固优势产业领先地位，加快形成“1+3+N”现代产业体系。发挥蓝思科技、惠科光电等龙头企业引领作用，带动上下游企业入驻浏阳，加快培育千亿级电子信息产业集群。抢抓“后疫情时代”风口，重点发展现代中药、高端仿制药、创新药和药用辅料，将生物医药产业打造为国家级中小企业特色产业集群。以10GW高效异质结光伏电池及组件生产基地项目建设为契机，科学布局光伏、动力电池等新能源产业，打造全省最大光伏新能源产业集群。深入实施花炮产业高质量安全发展“三年行动计划”和“激励十条”，纵深推进全国烟花爆竹转型升级集中区建设，加快构建生产集约、经营规范、安全可控的现代烟花爆竹产业体系，持续巩固全球领军地位。大力发展数字经济，打造工业云、花炮云、家居云、苗木云等云平台，规划建设“5G+工业互联网”示范区、数字经济产业集聚区，建好浏阳市网间经济孵化器，促进数字经济与实体经济深度融合。

二是建设高层次产业园区。扎实抓好“五好”园区创建，坚持“亩产论英雄”，盘活闲置和低效用地，全面推进项目集中布局、产业集群发展、资源集约利用、功能集合优化，不断提升园区经济密度和产业高度。经开区要紧扣“突破两千亿、挺进五十强”目标，围绕打造园区高质量发展引领区，深入实施调区扩区、提质提档行动，力推北园创建省级化工园区。全力支持农业科技园创建湘赣边区域合作示范园区，环保科技示范园打造百亿级工业聚集区。不断完善园区管理机制和运营模式，构建协同配套、联动互促的园区发展新格局。

三是引育高质量产业项目。将2023年明确为“项目建设年”，突出政府投资、社会投资双向发力，实施重大项目“月调度”机制，持续掀起大抓项目、抓大项目的热潮。紧盯“签约、开工、建设、竣工、投产”关键环节，推进雅士林、中烟永安科技园、威尔曼、华实半导体等一批重点项目建设提速增效、提质增量。坚持不是在项目建设的现场，就是在招商引资的路上，瞄准“头部”企业、战略性新兴产业和高精尖项目，大力开展产业链招商、以商招商、乡情招商，力争新引进三类“500强”项目4个，50亿元以上项目2个，10亿元以上项目10个。坚持招大引强和培大育强并重，开展领军企业“登峰”、中小企业“拔尖”、小微企业“强身”三大行动，支持企业加大设备更新和技改投入，用好用活产业基金，健全“个转企、小升规、规改股、股上市”全周期培育链条，构建头雁引领、雁阵齐飞的企业成长梯队。

二要力抓科教赋能，在培育未来优势上争先领先。坚持科技是第一生产力、人才是第一资源、创新是第一动力，努力把科创“关键变量”转化为制胜未来的“最大增量”。

一是激发创新驱动力。推进产业链、创新链、人才链、资金链、价值链“五链融合”，加快打造具有核心竞争力的区域科创中心。以经开区、农业科技园等为依托，实施科创平台提质升级行动，力争新增国家、省级科技创新平台2家以上。探索与知名院校共建创新联合体，建立企业需求库、合作院校库、科研专家库“三库”联动机制,提高科技成果转化和产业化水平。支持湖南农大岳麓山实验室浏阳基地建设。强化企业创新主体地位,实施科技型中小企业创新能力提升工程、高新技术企业倍增工程,新增高新技术企业30家以上,构建创新型领军企业顶天立地、成长型高新技术企业抢占高地、科技型中小企业铺天盖地的发展格局。

二是放大教育竞争力。坚持教育优先发展,实施教育高质量发展三年行动计划,推动学前教育普及普惠、义务教育优质均衡、普通高中扩容提质,构建数字化、个性化、终身化的智慧教育体系,打造新时代县域教育高地。纵深推进素质教育,推动"双减"走深走实,培育德智体美劳全面发展的时代新人。推进职普融通、产教融合、科教融汇,规划建设浏阳河职教园,加快湖南都市职业学院等项目建设,支持浏阳高级技工学校、湖南护理学校、中协高新科技学校升格大专,电子科技学院升格本科院校,培育一批技艺精湛、素质精良的"浏阳工匠"。

三是提升人才支撑力。抢抓长沙市创建国家吸引集聚人才平台契机,深入实施人才强市"百千千万"工程,发挥柔性引才、揭榜挂帅机制作用,精准引进战略科学家"顶尖人才"、科技领军团队"拔尖人才"、青年科技工作者"荷尖人才",筑好人才"蓄水池"。打造"1+1+N"院县合作升级版,争取更多院士团队落户浏阳,促进更多创新成果就地转化。深入实施人才服务"浏心工程",建立健全"人才绿卡""人才周"制度,让人才在浏阳备受礼遇、广受尊崇,持续擦亮"智汇潇湘　才聚浏阳"人才品牌,打造人才友好型城市。

三要提高开放水平,在拓宽发展空间上走深走实。围绕扩大高水平开放,着力完善开放平台、拓展开放通道、优化开放环境,为浏阳加快建成"两个中心"蓄势聚能。

一是构筑三位一体的交通格局。加快高速、高铁、航空建设,打造区域性综合交通枢纽城市。全力保障长赣高铁、永和通用航空产业基地建设,推动浏阳加速迈向"高铁时代""航空时代"。围绕构建"四纵四横"高速路网,加快推进浏江高速建设,力争京港澳东移线早日开工,力促浏宁高速、株韶高速、湘赣边旅游高速纳入国家规划,将"四通八达"的交通优势转化为"四面逢源"的发展胜势。

二是建强合作共赢的战略平台。坚持东联湘赣边,以"三片区、一乡镇(大瑶)"示范区建设为重点,扎实推进"六大行动",持续深化产业互融、交通互联、民生互通。协助办好湘赣边区域合作示范区建设推进大会,积极推进浏阳—上栗跨省产业园区共建,规划建设湘赣边物流产业园,打造湘赣边绿色食品产业园,做优"初心源""湘赣红"等公用品牌,共建S326与昌栗高速连接线等边界道路,探索建立医联体、教共体、治共体,争当湘赣边区域合作典范。坚持西融长株潭,加强浏西区域与长沙、株洲的对接融合,着力打造南横线经济带,"以带为桥"链接优质资源、汇聚开放动能。

三是塑造近悦远来的营商环境。坚持"两个毫不动摇",鼓励支持民营经济和民营企业发展壮大,打造"营商福地看浏阳"升级版。深化"放管服"改革和"一件事一次办",打造最具人情味的政务大厅、最简易实用的智慧政务,加快实现一网办、一窗办、一次办。稳步推进经开区相对集中行政许可权改革,实现"园区事园内办"和"一枚公章管审批"。推深做实"企业家接待日""千企帮扶"活动,构建亲清政商关系,以"千方百计优服务"换来市场主体的"千树万树梨花开"。积极创建"全国社会信用体系建设示范城市",恪守契约精神,打造"信用浏阳",让各类企业在浏阳敢干敢闯敢投,塑造开明开放、创新创造的城市品格。

四要统筹一市两城,在壮大城市能级上提标提档。围绕主城拓张、新城崛起、双城联动、全域协同,强化功能提升和人气集聚,蹚出一条中小城市向现代化大城市进阶蝶变的新路径。

一是推动金阳新城磅礴发展。锚定省会副中心地标性区域定位,全速推进"四个十大"项目建设,走内涵式、集约型、绿色化的高质量发展路子,力争到"十四五"末,将金阳新城建设成为面积达50平方千米、常住人口达32万人的现代化新城。坚持抓点带面、立标打样,加快建设金阳医院、金阳高中、金阳人才公寓等重点项目,持续掀起机器轰鸣、塔吊林立、热火朝天的建设攻势,将中心片区打造为"地标中的地标"。突出双向融城,推动长浏快线、湘府路东延线启动建设,推进金城大道提质改造工程,深度融入长沙"半小时经济圈";依托金阳大道、金城大道和道吾山、蕉溪岭辐射区域,发展仓储物流、康养休闲等近郊经济,实现以产兴城、以城促产,两城一体、连片发展。

二是力促浏阳主城品质升级。加快"东进南拓",高标准规划建设高铁新城,统筹道吾、水佳、浦梓港等精品片区建设,形成多点开花、竞相生长的大开发格局。加快西南环线、浏阳大道改扩建、李畋路、荷花大道等项目建设,提质改造车站路,推动城市交通成环成网、高效畅达。大力创建国家园林城市,建设道吾山、新屋岭等一批市民公园。深入实施城市更新行动,结合"城市体检"开展微更新、快改造,完善休闲慢道、城市家具、建筑小品、口袋公园等漫游设施,打造宜游宜憩宜赏的漫游城市。实施城市"五化"工程,树立经营城市理念,提升城市管理智能化水平,打造宜居韧性智慧城市。高标准办好浏阳撤县设市30周年系列活动。

三是争当文旅融合全国标杆。坚持"办一次会、兴一座城",以承办长沙市旅游发展大会、举办国际花炮文化节为契机,加快构建以浏阳河为主轴,以"梦里围山"板块和"苍坊旅游区——秋收起义纪念园"板块为双核的全域旅游格局,争创国家文化产业和旅游产业融合发展示范区。扎实推进浏阳河百里画廊建设,统筹沿线乡镇文旅开发,让百里画廊、百微景观、百美屋场串珠成链、各展风姿。实施重大文化产业项目带动战略，规划建设滨河花炮主题公园，进一步擦亮“相约浏阳河　周末看焰火”品牌，打造“世界表白之都”。加快建设区域消费中心，把恢复和扩大消费摆在优先位置，开展消费专项行动，创新消费场景，发展首店经济、首发经济，做强民宿经济、庭院经济、夜间经济；举办音乐节、露营节、民俗节、体育赛事等乡村文体旅游活动，打造一批充满烟火气、浏阳味的网红打卡地，全面打响“浏这里消费”品牌。

五要增进民生福祉，在促进共同富裕上用情用力。坚持人民至上、为民造福，既做大“蛋糕”又分好“蛋糕”，着力扩大高水平共富普惠成果，带领全市人民在共同富裕的康庄大道上携手前行。

一是全域推进乡村振兴。全力创建国家乡村振兴示范县(市)，争当新时代乡村振兴样板和排头兵。全面落实耕地保护和粮食安全党政同责，坚决遏制耕地非农化、非粮化、抛荒等问题，推动高标准农田扩面提质。持续巩固脱贫攻坚成果，健全防止返贫动态监测和帮扶机制，打造大围山有效衔接示范片区。大力发展特色农业产业、“院士农业”、现代都市农业，推动油茶、花木、蔬菜、水果、烤烟、黑山羊等产业品牌化发展，提质大瑶、文家市、柏加、社港等省级特色小镇，带动形成一批主业突出的产业强镇和“一村一品”重点村。扎实推进乡村建设行动，深化农村人居环境整治，建设宜居宜业和美乡村。纵深推进农村宅基地制度改革、集约节约用地等涉农领域改革，健全农村金融服务体系，把资源盘活、让土地“生金”。做强新型村级集体经济，发展新型农业经营主体和社会化服务，确保收入达50万元以上的村(社区)占比达到70%。

二是全面强化公共服务。推进全生命周期公共服务优质共享，持续办好“衣食住行医教保”等民生实事。深入实施“健康浏阳十大行动”，持续推进“三医”联动改革，加快妇幼保健院整体搬迁项目建设、乡镇卫生院标准化改造，创成全国基层中医药工作示范市。更加科学、精准、高效抓好疫情防控，加强对一线医务人员关心关爱，加强基层防疫能力建设，保障群众就医用药需求，着力保健康、防重症，确保平稳转段。在坚持“房住不炒”的前提下，积极支持刚性和改善性住房需求，扎实做好保交楼、保民生、保稳定各项工作，确保房地产市场平稳健康发展。落实落细就业优先政策，重点做好高校毕业生、农民工、城镇困难人员等群体就业服务，加强新就业形态劳动者权益保障，建设充分就业城市。强化退役军人服务保障，创建“双拥模范城”。更加关爱“一老一小”等特殊群体，让孩子们茁壮成长，让老年人乐享生活。

三是全力弘扬文明风尚。统筹推进文明培育、文明实践、文明创建，全域全员全程全面争创全国文明城市。把牢意识形态工作领导权，培育和践行社会主义核心价值观，扎实推进新时代文明实践工程和公民道德建设工程，深化“淳风美德润浏阳”“爱心涌动浏阳河”“你文明的样子真美”等品牌内涵，着力打造“好人之城”“志愿之城”。深入实施红色景点保护工程，加大历史文化名镇、名村、名品保护力度。探索实施文化监理制度。结合非遗传承和利用，打造一批文化地标和文化景观，提质嗣同路历史文化街区，让城市留住记忆、让人们记住乡愁。巩固“书香城市”创建成果，健全公共文化服务体系，提高文体阵地功能品质，让群众文化获得感幸福感成色更足。

六要树牢底线思维，在筑牢安全堤坝上严抓严管。高效统筹发展和安全，以“箭在弦上”的备战状态确保各领域安全，以新安全格局保障新发展格局。

一是一刻不松抓安全生产。锚定“三坚决两确保”目标，严格履行安全生产责任制，全面落实国务院安委会“十五条硬措施”。深入开展安全生产大排查大整治，铁腕打非治违，强化行刑衔接，切实抓好烟花爆竹、道路交通、消防、建筑施工、燃气、矿山、危化、防汛、森林防火、高层建筑、特种设备、有限空间、学校、食品药品、文化旅游、农林水利、商贸流通等重点领域安全监管。持续深化应急管理综合行政执法改革，健全园区安全监管机制。

二是久久为功护生态环境。围绕创建国家生态文明建设示范县，深入打好蓝天、碧水、净土保卫战，统筹推进河长制、林长制、田长制，严格落实“十年禁渔”，加快推进城区雨污分流和城镇污水管网全覆盖，确保浏阳河出境断面水质稳定达到Ⅱ类，捞刀河、南川河出境断面水质稳定达标，确保大气、水体、土壤等环境质量稳中向好。抓好中央、省环保督察信访件及反馈问题整改，着力补齐生态治理短板。积极稳妥推进碳达峰、碳中和，全面启动生活垃圾焚烧发电、风洞口抽水蓄能项目建设，用生态环境“含绿量”提升经济发展“含金量”。深化“两山”实践创新基地建设，争取长株潭绿心中央公园关联项目落户，打造“柏加—镇头”绿色低碳发展样板区，拓宽“两山”双向转化通道。

三是系统发力优社会治理。坚持以党建引领法治、德治、自治、智治融合，抓实“党员微网格”和“以小安促大安”。坚持和发展新时代“枫桥经验”，加强“二化三中心”建设，创建一批“三无”乡镇(街道)、“五零”村(社区)。发展全过程人民民主。一体推进法治浏阳、法治政府、法治社会建设。巩固深化政法队伍教育整顿成果，深入推进新时代县域警务工作，常态化推进扫黑除恶、反电诈和禁毒等工作，完善立体化社会治安综合防控体系。加强经济金融风险监测预警和防范化解，坚决遏制增量、化解存量。强化应急体系救援能力建设，打造半小时救援圈，建设更高水平的平安浏阳。

四、坚持和加强党对经济工作的领导，带领全市上下踔厉奋发、团结奋斗

经济建设是党的中心工作。要把党的领导贯穿到经济工作的各领域全过程，广泛汇聚步调一致向前进的强大合力。

一要扛牢政治之责。要紧扣党的二十大和中央、省委、长沙市委经济工作会议作出的部署安排，明确重点任务、制定具体方案，以奋发有为的精神状态和"时时放心不下"的责任意识做好各项工作。要不断提高"政治三力"，牢牢把握"国之大者""省之大计""市之大事"，从讲政治的高度考量和推动经济发展，把忠诚拥护"两个确立"、坚决做到"两个维护"贯穿经济工作全过程。要坚持大抓基层、大抓支部，深入实施"堡垒提质"行动，以区域化党建统筹各领域党建，切实增强党组织政治功能和组织功能，让党旗在一线飘扬、党徽在一线闪耀。

二要锻造干事之能。提高驾驭新时代经济建设的能力，是党员领导干部的"必修课"。要坚持深学深悟、活学活用习近平经济思想，努力成为行家里手。要强化战略思维抓经济，善于从战略上观察和分析经济社会问题，做到谋划时胸怀全局、落实上专业精准、操作中细致稳健。要强化创新思维促发展，从既有的思维定式、工作惯性和路径依赖中解放出来，善于在约束条件下创造性开展工作。要加强对干部全方位管理和经常性监督，注重在重大斗争中磨砺干部，增强干部推动高质量发展本领、服务群众本领、防范化解风险本领。

三要大兴实干之风。全面激发干事创业活力，让干部敢为、地方敢闯、企业敢干、群众敢首创，在全市形成千帆竞发干事业、万马奔腾促发展的火热局面，依靠团结奋斗打开浏阳事业发展新天地。要坚持党性党风党纪一起抓，锲而不舍落实中央八项规定及其实施细则精神，坚持激励鼓劲、问责惩戒两手抓两手硬，重点纠治形式主义、官僚主义，让"躺平式"的干部躺不住、没市场，让"闯创干"型的干部得褒奖、有舞台。要调优用好考核指挥棒，充分调动各方面积极性主动性创造性。各级领导干部要通过"行走浏阳"，一级带着一级干、一级干给一级看，以各条线、各领域、各岗位的出色出彩，创造浏阳各项事业的惊艳和精彩。

同志们，新征程是充满光荣和梦想的远征。三十而立再出发，团结奋斗向未来。让我们高举习近平新时代中国特色社会主义思想伟大旗帜，在省委省政府、长沙市委市政府的坚强领导下，敢闯敢干、唯实惟先、善作善成，为高水平绘就中国式现代化的浏阳图景而勇毅前行！

政府工作报告

——在浏阳市第十八届人民代表大会第三次会议上

市人民政府市长　　王雄文

（2023年2月27日）

2022年工作回顾

2022年极不寻常、极不平凡、极不容易。我们深入学习贯彻习近平新时代中国特色社会主义思想和党的二十大精神，在省委省政府、长沙市委市政府和浏阳市委的坚强领导下，在市人大、市政协的监督支持下，坚决落实“疫情要防住、经济要稳住、发展要安全”重要要求，全面落实“三高四新”战略定位和使命任务，全力抓好“两个统筹”，勇当“强省会”战略开路先锋，克难奋进、砥砺前行，交出了一份殊为不易的答卷。

这一年，我们高效统筹、迎难而行，稳住了经济大盘。面对严峻复杂的宏观环境和接踵而至的风险挑战，我们狠抓稳经济一揽子政策和接续措施落地见效，推动经济发展高位求进、逆势而上。实现地区生产总值1722.5亿元，增长5%(同比，下同)；完成地方一般公共预算收入101.1亿元，同口径增长10.3%；规模工业增加值、固定资产投资、社会消费品零售总额分别增长6.6%、9%、3.1%，全市R&D经费占比达2.33%，主要经济指标稳居省市前列。县域经济和社会综合发展跃居全国百强第7位，县级市基本现代化指数排名全省第1位，获国家级、省级荣誉301个，林长制和“免督查”两项工作获国务院督查激励，14项、48项工作分别获省政府和长沙市政府真抓实干督查激励，央视《新闻联播》“走进县城看发展”栏目对浏阳进行了深度推介。

这一年，我们众志成城、携手同行，打赢了防疫硬仗。始终坚持“人民至上、生命至上”，在新冠疫情的反复冲击和考验中，全市党员干部、医护人员、政法干警、社区工作者、志愿者逆行出征、冲锋在前，社会各界和人民群众积极参与、全力配合，彰显了群防群控、团结抗疫的强大力量。特别是在经开区、大围山、城区、大瑶等多轮疫情防控大考中，用最短的时间和最小的代价，打好打赢了疫情防控阻击战、歼灭战。因时因势优化调整防疫措施，严格落实“乙类乙管”要求，统筹抓好医疗救治、全力保障药物供应、用心服务重点人群，确保了疫情防控转段平稳有序。

这一年，我们担当作为、务实笃行，筑牢了安全防线。慎终如始抓安全，持续强化监管执法，常态开展警示约谈，有效压实各方责任。率先开展“千名干部下基层”专项行动，深入实施安全生产大检查、自建房安全整治、燃气安全三个“百日攻坚”，全力打好安全生产专项整治三年行动收官战，扎实做好防汛抗旱和森林防灭火工作。全市安全生产事故起数、死亡人数分别下降20.5%、15.4%，烟花爆竹和道路交通领域安全形势持续稳定向好。成功打赢党的二十大安保维稳攻坚战，信访、禁毒、反电诈等工作有力推进，获评全国信访工作示范县(市、区)，捧回首届湖南“平安杯”。

事非经过不知难，成如容易却艰辛。一年来，我们坚守初心使命不懈怠，紧盯发展任务不动摇，以狭路相逢勇者胜的气魄和越是艰险越向前的斗志，于危机中育新机、于变局中开新局，在千帆竞发中抢抓机遇、逆势飞扬，谱写了干在实处、走在前列的精彩篇章！

产业质效稳步向好。工业经济蓬勃发展，全市规模工业总产值增长7.4%，工业用电量增长16.8%。深入推进“千百十”工程，出台“制造强市十五条”，电子信息、生物医药、新能源及汽车零部件产业链产值分别增长17.5%、14.6%、13.5%。实施“花炮激励十条”，烟花爆竹产业集群总产值突破300亿元。新增5G基站489个，“上云上平台”企业突破4000家，数字经济核心领域规上企业增加值领跑长沙，跻身全国县域工业互联网发展20强。园区发展势头强劲，经开区综合发展水平跃居全国第57位，省级农业科技园实现产值超百亿。农业基础更加稳固，农林牧渔业总产值增长4.1%。建设高标准农田3.8万亩，粮食播种121万亩、年产量56万吨，蔬菜播种69.1万亩，出栏生猪132万头，油茶、花木、烤烟等特色产业提质增效，获评省“数商兴农”示范县。服务业企稳复苏，增加值增长4%。金融机构存贷款余额分别增长12.7%、7.1%，贷存比达87.8%。制定“房八条”，房地产行业保持平稳健康发展。推出“文旅十条”，举办全省首个县（市）级文旅发展大会，开展“焰遇浏阳河”“河畔季风”等系列活动，游客接待量突破3000万人次，A级景区总数居全省县（市）级第1位，跻身中国县域旅游竞争力百强县第6位。

发展活力加速释放。重大项目加快推进，长沙在浏284个重点项目完成投资764.4亿元，占年度计划投资的130%。长赣高铁正式开工，长浏快线成功获批，永和通航产业基地启动建设，江杉高速、S326普迹至柏加段顺利通车；椒花水库全面进入大坝主体施工阶段，风洞口抽水蓄能项目完成预可研；惠科光电全面达产，中烟永安科技园启动建设，雅士林、九典制剂生产基地、金阳智中心、博大科工、方锐达等一大批产业项目正式投产。招大引强成效明显，新引进项目133个，其中百亿元以上项目2个，“三类500强”项目4个。市场主体培优壮大，新增“四上企业”182家，净增市场主体2.1万户，总数突破15万户。创新活力全面迸发，新增省级以上“专精特新”企业43家、高新技术企业129家、省市级科技创新平台26家，创成首批国家创新型县（市）。试点改革持续深化，全国新一轮农村宅基地制度、农村改革试验区、全域土地综合整治、省级自然资源服务乡村振兴等试点改革加快推进，全省首宗新设采矿权净矿出让圆满完成，入选全国首批自然资源节约集约示范县（市）创建名单。湘赣边区域合作携手共进，“6636”工程全面铺开，“二片区一乡镇”示范区启动建设，区域引领力、影响力持续扩大。

城乡品质日益提升。主城功能更加完善，金阳大道全线通车，浏阳大道改扩建如期竣工，西南环线一期启动建设，李畋路、泰安路等12条城市主次干道顺利拉通；道吾、长兴湖等片区开发有序推进，翠园公园正式开园，垃圾焚烧发电项目有力推进，智慧城市云底座一期项目顺利完成；改造老旧小区87个4206户，新建停车场24个、新增停车位1.7万个，完成“百街千巷”环境提质62条，入选海绵城市建设省级试点城市。金阳新城加速崛起，“四个十大”项目全速推进，金阳医院开工建设、金阳二水厂投入使用，金阳人才公寓、博大商务广场等项目顺利推进，中心片区已见雏形。乡村振兴全域推进，农村“七张网”加快建设，新改建农村公路686.9公里，建设农田水利设施1350处，完成营造林19.6万亩，梅田、古岭自供区配电网改造项目开工，全市供电能力提升至200万千瓦；大瑶、文家市、柏加、社港等特色小镇持续做优做强，永安位居全国百强镇第82位，高标准建成美丽宜居村庄240个，道源湖村获评全国“一村一品”示范村，环园村获评全国民主法治示范村，梅田湖村获评中国美丽休闲乡村、全国乡村旅游重点村；全市村级集体经济总收入达1.4亿元，年收入超50万元的村（社区）增至154个，入选国家乡村振兴示范市（县）创建名单。污染防治深入推进，三大河流水质稳定达标，空气质量优良率94.3%、优于国家二级标准。全国文明城市创建持续深化，在全省测评中排名第一。

民生福祉不断增进。民生支出占比达76.4%，城乡居民收入比为1.37，29个重点民生实事项目超额完成。社会保障底板更实，出台“促就业二十条”，新增城镇就业1.8万人；发放低保金、特困供养金2.5亿元，发放优抚金1.2亿元、社保待遇41.5亿元，在全省率先实现村级医保经办服务站点全覆盖；新增保障性住房2336套，改造农村危房126户；优化调整城乡公交线路31条，新增电动公交车50台，获评全省城乡客运一体化示范县；国防动员体制改革全面推进，退役军人“返乡第一课”工作成功纳入全省试点。教育事业均衡发展，新改扩建学校11所，新建公办幼儿园4所，新增学位6220个，“双减”工作经验获央视推介。“健康浏阳”成效明显，全国基层中医药工作示范县（市）创建全面推进，中医医院危急重症大楼建成投用，新妇幼保健院加快建设，集里医院、社港镇卫生院位列全国乡镇卫生院百强榜前两名。文体事业全面繁荣，全民读书月、非遗宣传月、全民健身日等活动成功举办，新增省级文保单位4处，新改建室外运动场30个，文体服务供给更加优质。

行政效能持续优化。始终把政治建设放在首位，不折不扣落实中央、省市决策部署。自觉接受人大法律监督和政协民主监督，办理人大代表建议946件，基本满意率和满意率达97.8%；办理政协提案199件，综合满意率达98.5%。深入推进依法行政，办理行政复议案件160件、行政应诉案件150件。优化政务服务，办理“一件事一次办”事项138.8万件；畅通诉求渠道，办理市长信箱、“12345”反映事项5万件，回访满意率达99.4%。深入开展“企业家接待日”“千企帮扶”“送解优”和“走解优”行动，解决企业难题1626个，退减缓税费32亿元，获评“企业家幸福感最强市（区）”“优化政务（投资）环境优秀城市”“国际化高质量发展环境建设标杆县（市、区）”。不断优化财政支出结构，“三公经费”预算下降10.5%。强化审计监督，审减财政资金2068.7万元。深入开展“清廉浏阳”建设，持续深化纠治“四风”，营造了风清气正、干事创业的良好氛围。

同时，围绕全市经济社会高质量发展，人民武装、民族宗教、史志档案、新闻出版、融媒服务、消防救援、外事、侨务、关心下一代、老龄、文艺等工作迈上了新台阶，武警、烟草、国资、数据、气象、水文、移民、森林公安、供销合作、公积金、盐务、供水、供电、邮政、电信、移动、联通、石化、花检、海关、金融保险等单位取得了新成绩，工会、共青团、妇联、残联、工商联、红十字会等群团组织及其他社会团体作出了新贡献。

各位代表，这些成绩是在外部环境错综复杂、风险挑战多重叠加情况下取得的，是习近平新时代中国特色社会主义思想领航定向、科学指引的结果，是市委坚强领导的结果，是市人大、市政协和社会各界有效监督、鼎力支持的结果，是全市上下想在一起、干在一起、携手同心、风雨同舟的结果。在此，我代表市人民政府，向全市干部群众，各位人大代表、政协委员，各位老领导、离退休老同志，各民主党派、人民团体，驻浏单位、驻浏部队、武警官兵、政法干警和消防救援队伍指战员，以及所有关心支持浏阳发展的社会各界朋友表示衷心感谢，并致以崇高敬意！

思危方能居安，知忧才能克难。我们清醒认识到浏阳发展还存在不少问题和不足：重大产业项目仍然偏少、服务业短板仍然突出，城乡发展不平衡仍然存在，公共服务体系有待进一步优化提升，生态环保、安全生产、社会稳定等领域存在不少风险隐患，个别干部担当精神、法治意识、创新能力与新时代要求还不相适应。对此，我们必须高度重视，认真加以解决。

2023 年目标任务和主要工作

2023 年是全面贯彻落实党的二十大精神开局之年，是实施“十四五”规划的关键之年，也是浏阳撤县设市 30 周年。“挺进前五强，加快建成‘两个中心’，全面建设现代化新浏阳”责任重大、使命光荣。我们要胸怀“国之大者”、策应“省之大计”、办好“市之大事”，高标准落实中央“五大政策”，高质量打好“发展六仗”，高水平推进“两个年”活动，锚定高质量发展主题，扎实推进现代化新浏阳建设。锚定高质量，推进现代化，必须在坚持坚守中答好时代考卷。我们要始终保持政治上的坚定和战略上的清醒，以“咬定青山不放松”的韧劲和执着，一张蓝图绘到底、一以贯之抓落实，集中精力办好自己的事情，努力交出不负时代、不负人民的新答卷。锚定高质量，推进现代化，必须在敢闯敢试中拼出最好结果。我们要大力发扬“闯”的精神、“创”的劲头、“干”的作风，集中攻克制约浏阳发展的瓶颈问题，知难而进、迎难而上，与最优者对标、与最强者比拼、与最快者赛跑，以先行一步推动领先一步，奋力开创浏阳经济社会发展的新局面。锚定高质量，推进现代化，必须在实干实为中赢得更大突破。我们要紧紧围绕培育现代产业、集聚高端人才、建设“双百”城市、打造一流环境，聚力大干、创新实干、埋头苦干，于千帆竞发中聚力发力、在万众奋楫下破浪前行，奋力谱写浏阳高位进位、赶超跨越的新篇章！

2023 年政府工作的指导思想是：坚持以习近平新时代中国特色社会主义思想为指导，全面贯彻党的二十大精神、中央经济工作会议精神和省委、长沙市委、浏阳市委经济工作会议精神，坚持稳中求进工作总基调，全面落实“三高四新”战略定位和使命任务，勇当“强省会”战略开路先锋，打好“发展六仗”，聚焦“两个年”，突出做好稳增长、稳就业、稳物价工作，推动经济实现质的有效提升和量的合理增长，高水平绘就中国式现代化的浏阳图景，奋力推动党的二十大精神在浏阳落地生根、开花结果。

2023 年主要预期目标是：地区生产总值增长 7%左右；规模以上工业增加值增长 8%左右；固定资产投资增长 7%以上；社会消费品零售总额增长 7%以上；地方一般公共预算收入增长 7%左右；城镇调查失业率控制在 5.5%左右，居民收入增长与经济增长基本同步。

为实现上述目标任务，必须重点抓好以下工作：

一、打好经济增长主动仗

坚持稳字当头、稳中求进，持续扩大有效投资，积极拉动消费升级。

聚力项目建设提速。发挥投资的关键作用，扎实开展“项目建设提速年”活动，持续掀起大抓项目、抓大项目的热潮。突出项目谋划“深度”，抢抓中央“五大政策”、省“稳经济二十条”机遇，全力争取一批“增动能、补短板、提质效”的项目。突出项目招商“力度”，实施湘商回归专项行动，全力开展产业链招商、以商招商、乡情招商，加强前置论证、招商宣传推介、全流程服务，新引进项目 120 个，三类“500 强”项目 4 个，50 亿元以上项目 2 个，10 亿元以上项目 10 个。突出项目建设“速度”，加快推动 10 吉瓦高效异质结光伏电池、惠科智能制造产业综合体、中烟永安科技园、华实半导体、贝恩中南总部、威尔曼、万洋众创等项目建设，力争重点项目投资超 800 亿元。

强化消费基础作用。把恢复和扩大消费摆在优先位置，完成社会消费品零售总额 490 亿元。提升传统消费，持续开展“河畔季风”消费节、汽车消费节、美食周等系列促消费活动，大力发展夜间经济、网红经济、民宿经济。加快消费升级，鼓励支持比一比等龙头企业开展连锁经营，进一步提升限上商贸企业规模；大力推进三级物流体系建设，实现村级电商服务站点全覆盖；依托社港骨科医院、中和—文家市红色资源，打造医疗、美食、研学等特色区域商业中心；持续满足住房、家政、养老、托育等服务型消费需求。加快培育新型消费，支持发展直播带货、短视频服务等线上销售业务，大力发展烟花、菊花石、夏布、油纸伞等文创产品体验式、沉浸式消费。

培育壮大市场主体。坚持把培育市场主体作为稳增长的重要支撑，持续实施市场主体倍增工程，加快推进“个转企”“小升规”“规做精”“优上市”，确保新增市场主体 1.8 万户以上。实施领军企业“登峰”行动，成立行业领军企业服务专班，重点强化政策支持、产业基金支撑，促进领军企业再攀新高。实施中小企业“拔尖”行动，建立十亿级产值和亿元税收企业培育库，支持后备企业技术改造、扩产扩能、倍增发展，新增智能制造试点企业 30 家以上、上市企业 1 家以上。实施小微企业“强身”行动，聚焦企业全生命周期，建立梯度化、系统化、精准化帮扶体系，新增“四上企业”100 家、长沙市级以上“专精特新”企业 170 家。

二、增强产业发展硬实力

围绕打造智能制造强市，瞄准主特产业“115532”目标，深入实施产业发展“千百十”工程，推动产业高质量发展。

提升新兴产业引领力。坚持梯度扶持和靶向引育并举，加速构建先进制造业集群。充分发挥蓝思科技、惠科光电等企业引领作用，重点发展新型显示器件、高端芯片和关键元器件产业。依托九典、华纳大药厂等企业，加快发展现代中药、高端仿制药、创新药和药用辅料，加速布局高端医疗器械产业。以宇环数控、博大科工为代表，大力发展智能数控机床、工业机器人、智能工程机械等智能装备产业。支持方锐达、金阳烯碳等企业发展碳基材料、新型复合材料、先进储能材料等新材料产业。以 10

吉瓦高效异质结光伏电池项目建设为契机，科学布局光伏、动力电池等新能源产业，打造全省最大光伏新能源产业集群。建好网间经济孵化器，促进数字经济与实体经济深度融合。

提升传统产业竞争力。加快转型升级步伐，全面提升传统产业核心竞争力、品牌影响力。突出“减数量、提质量、增效益、保安全”，全面落实“三年行动计划”“花炮激励十条”，加快发展城市烟花、创意烟花，全力开拓国际国内市场，加快打造“世界花炮之都”。大力发展绿色食品产业，培育壮大盐津铺子、金磨坊、湘典等食品企业，推动浏阳蒸菜、油茶产业全链条发展，打造全省绿色食品产业引领区。持续壮大家居建材产业，积极发展永安、北盛、淳口、沙市、龙伏家居产业带，进一步打响中高端楼梯扶手、实木家具、智慧家居品牌。

提升产业平台支撑力。坚持把园区作为产业发展的核心载体和主要引擎。扎实推进“五好”园区创建，坚守“336”“224”标准，持续盘活闲置和低效用地。深化园区行政管理体制改革，持续推进园镇融合，充分激活园区内生动力。紧扣“突破两千亿、挺进五十强”目标，深入实施调区扩区、提质提档行动，推进经开区北园创建省级化工园区。持续完善省级农业科技园管理机制，支持打造湘赣边区域合作示范园区、全省首个预制菜产业园。推动环保科技示范园建设百亿级工业聚集区，奋力打造辐射长株潭的高端制造配套产业新高地。

三、厚植创新开放新优势

坚持深层次改革创新和高水平开放合作，持续拓宽发展新空间，塑造发展新动能，增创发展新优势。

更实举措优化营商环境。以“营商环境提质年”为抓手，聚力打好优化发展环境持久仗，落实“民营经济十条”，切实履行“只要企业有想法，我们就去想办法”的庄严承诺。深化“放管服”改革，推动“智慧政务”建设，加快实现“一网办、一窗办、一次办”，打造“无证明城市”。深化助企纾困行动，推动惠企政策“免申即享”，继续搭建政策、融资、法律等各类平台，切实在信息咨询、创业辅导、技术创新等方面提供支持。规范涉企检查，惩治不正当竞争，全力创建“全国社会信用体系建设示范城市”，依法保护企业和企业家合法权益，让企业专心创业、放心投资、安心经营，打造政策最优、审批最少、成本最低、办事最快、服务最好的一流营商环境。

更大力度推进科技创新。坚持科技是第一生产力、人才是第一资源、创新是第一动力，聚力打好科技创新攻坚仗，抢占发展制高点。实施创新能力提升行动，聚焦重点产业企业，实施10个重大科技项目，打造省级科创平台2家以上，确保关键核心技术攻关取得显著成果。实施创新主体培育行动，鼓励支持企业加大研发投入，力争规上企业研发投入年均增长11%以上，高新技术企业增至620家。实施成果转移转化行动，推动“政产学研用金”深度融合，确保技术交易合同登记额超50亿元。实施创新生态优化行动，完善专业技术人才“引、育、留、用”机制，构建科技特派员全产业链服务新格局；强化知识产权保护，严厉打击侵权假冒行为。

更高水平扩大对外开放。坚持交通先行，加快长赣高铁、长浏快线、浏江高速、永和通航产业基地建设，力争湘府路东延线、京港澳东移线早日开工，积极争取湘赣边旅游高速、浏宁高速、株韶高速、湘赣大道纳入路网规划，打通对外开放“大动脉”。坚持东联湘赣边，扎实推进“六大行动”，精心筹办湘赣边区域合作示范区建设推进大会，以“三片区一乡镇”示范区建设为重点，规划建设湘赣边物流产业园，提质升级湘赣边花炮原辅材料制造产业基地，积极推进浏阳—上栗跨省产业园区共建，协同实施渌水流域保护，重点发展“红色研学游”，擦亮“初心源”“湘赣红”等公用品牌。坚持西融长株潭，加快发展浏阳河职教园、环保科技示范园，着力建设镇头油茶小镇、柏加花木小镇，打造以西区特色片区为核心的南横线经济带。

四、争创乡村振兴示范市

全力创建国家乡村振兴示范市（县），打造“四个标杆”，加快推进农业农村现代化，争当乡村振兴样板和排头兵。

推动现代农业更优更强。抓好粮食增产增收，压实粮食安全责任，落实最严格的耕地保护制度，遏制耕地“非农化”、防止“非粮化”。建设高标准农田4.3万亩，继续加强农田水利建设，提高灌溉服务能力，确保粮食播种面积稳定在121.6万亩以上、产量56万吨以上。强化重要农产品供应供给，确保蔬菜种植面积稳定在70万亩以上、水果产量20万吨以上、出栏生猪140万头以上。推动农业发展高质高效，扎实推进烟区综合体建设，持续做强油茶、花木、蜂蜜、黑山羊、鸡肠子辣椒等特色产业，实现“一县一特”“一镇一业”“一村一品”；提高农产品精深加工能力，加快一二三产业融合发展，力争培育10家长沙市级龙头农业企业。

推动乡村面貌更美更靓。加快农村人居环境提标，深化农村厕所革命，完成农村改厕2300座，推进农村非无害化户厕“动态清零”；持续开展村庄清洁行动，深化农村环境卫生公共服务改革，推动环卫作业实行专业化服务的行政村占30%以上，农村可回收垃圾资源化利用率60%以上；梯次推进农村生活污水治理，确保70%以上的行政村完成治理任务。加快农村基础设施建设提质，深入推进“七张网”建设，畅通农村公路“毛细血管”，完成年度农村电网乡村振兴工程，新增农村自来水入户5000户以上，实现村快递服务覆盖率98%以上。加快美丽宜居村庄提档，持续实施“十百千万”工程，完成“多规合一”村庄规划编制，建设郊游型美丽宜居村庄片区3个以上、示范型美丽宜居村庄60个以上。

推动农民收入更多更好。持续巩固拓展脱贫攻坚成果，健全产业帮扶机制，积极推动返乡创业，拓宽就业增收渠道，确保农村居民人均可支配收入增速快于经济增长。持续释放农村改革红利，在集约节约用地、盘活闲置农房、农房抵押贷款、建筑风貌管控等优势方面持续发力，纵深推进全国新一轮农村宅基地制度改革，深化农村集体经营性建设用地入市试点，全面盘活农村土地资源。持续壮大村级集体经济，大力支持集体经济组织通过入股联合、项目开发、委托经营、合资合作等方式实现联合发展，确保七成以上的村（社区）集体经济收入超50万元。持续开展农村集体“三资”管理突出问题专项治理，推动村级存量债务化解40%以上。

五、构建双城联动大格局

着力建设现代化“双百”大城市，推动主城提质、新城崛起、双城联动、全域协同。

推动浏阳主城提质。完善城市路网，新建长岭路、双拥路、杉松路、东沙路等城市道路9条，加快建设西南环线一期，提质改造G354西北环线至溪江互通段。加速城市开发，精心打造长兴湖、道吾、高铁、浦梓港、“一河两岸”等重点片区。提升城市品质，建设停车场7个，规划建设浏阳河七桥，推动四水厂通水运营，加快城市雨污分流改造，大力创建国家园林城市。深入实施城市更新行动，完成水佳片区棚改（六期），改造老旧小区31个、1607户；实施城市“五化”工程，加快“精美长沙”示范项目建设，继续推进“百街千巷”环境综合整治，持续提升城市管理智慧化水平。

加速金阳新城崛起。以“四个十大”项目为抓手，加快打造省会副中心地标性区域，力争到“十四五”末，将金阳新城建设成为面积达50平方千米、常住人口达32万人的现代化新城。高标准落实“1+1+3+1”总体规划，加快医疗器械产业园、金阳紫星广场商务区建设，抓好金阳医院、金阳高中、金阳人才公寓等重点配套项目建设，加快用水保障工程、捞刀河流域综合治理、低碳园区和智慧电网等基础设施建设，提质北盛大道、洞阳路、开元大道等路网建设，深度融入长沙“半小时经济圈”。依托金阳大道、金城大道和道吾山、蕉溪岭辐射区域，发展现代物流、高端康养等近郊经济，实现以产兴城、以城促产，两城一体、融合发展。

争当文旅融合标杆。创建国家文化产业和旅游产业融合发展示范区，精心办好长沙市第二届旅游发展大会、第十五届国际花炮文化节、“相约浏阳河周末看焰火”、大围山杜鹃花节等活动，提升浏阳文旅影响力。加快浏阳河百里画廊建设，规划建设滨河花炮主题公园，统筹沿线乡镇文旅开发，全力打造世界知名旅游目的地。以苍坊旅游区——秋收起义纪念园和大围山生态旅游区为重点，提质大围山森林公园、道吾山城市公园，着力创建国家AAA级以上景区4家，新增省级乡村旅游重点村2个，构建红绿联动、双核带动的全域旅游发展格局。加快品质化度假酒店、高端化乡村民宿、趣味化“休闲部落”、产业化主题庄园等业态发展，推动旅游产品提质升级，全面提升游客接待能力和服务水平。

六、打造人民幸福首善地

坚持以人民为中心的发展思想，打好重点民生保障仗，让发展更有温度、民生更有质感，争创城乡一体的共同富裕先行示范区。

把基本保障兜得更严实。落实就业优先政策，深化“春风行动”和劳务协作，确保新增城镇就业1.5万人以上，登记失业人员再就业4000人以上。多措并举促进房地产市场平稳健康发展，扎实做好保交楼、保民生、保稳定工作，新增保障性住房3500套以上。健全社保基金监督制度，稳步推进参保扩面。加大医保基金征缴力度，确保参保率95%以上。健全完善社会救助工作机制，聚焦低保、特困等特殊群体，做到“应保尽保、应救尽救、应助尽助”。完善残疾人社会保障制度和关爱服务体系，促进残疾人事业全面发展。聚焦“一老一小”服务，完成742户困难老年人居家适老化改造，加快推进“儿童之家”建设。支持国防和军队现代化建设，扎实做好兵役征集、国防教育、人民防空等工作。强化退役军人服务保障，建设军休干部活动中心，加快创建省级“双拥模范城”。

把民生实事办得更满意。实施教育高质量发展三年行动计划，推动学前教育普及普惠、义务教育优质均衡、普通高中扩容提质，全面提升教育现代化水平。纵深推进素质教育，深化教师交流轮岗制度，深入推进“双减”工作，培育德智体美劳全面发展的时代新人。加强教育基础建设，新建学校3所，新改建公办幼儿园4所，创建标准化寄宿制学校17所，加快湖南农业大学浏阳校区、湖南都市职业学院、职业中专楚怡项目建设。深入实施“健康浏阳”十大行动，建强卫生健康服务体系，加强疫情监测和常态化预警能力建设，做好新阶段疫情防控工作。持续推进“三医”联动改革，建好新妇幼保健院，完成洞阳镇、张坊镇卫生院整体搬迁及永和镇、高坪镇卫生院提质改造，确保国家卫生城市通过复审、全国基层中医药工作示范县（市）创建成功。

把精神生活变得更丰富。高标准推进新时代精神文明建设，全力争创全国文明城市。提质改造文保单位5处，用红色文化锤炼城市气质。加强非遗保护传承，推进“非遗五进”工程，全力创建省级文化生态保护区。强化公共文化供给，加快农村书屋、文化屋场建设，建成长沙市标准化村（社区）综合文化服务中心25个，争创国家级数字档案馆。繁荣群众文化生活，推进文化体育赋能乡村振兴，积极开展送课、送戏下乡，办好全民读书日、欧阳予倩艺术节、浏阳河音乐节、全民运动会等活动，丰富全市人民的精神文化生活。

七、推进治理能力现代化

统筹发展和安全，深化治理体系和治理能力建设，以高水平安全保障高质量发展。

全力抓好生态治理。创建国家生态文明示范县，积极稳妥推进碳达峰、碳中和，严把“两高”项目准入关口，强化园区能耗“双控”，加快生活垃圾焚烧发电、风洞口抽水蓄能项目建设，打造柏加—镇头绿色低碳发展样板区。坚持系统治理，统筹推进河长制、林长制、田长制，加强生态环境分区管控，促进生态功能、环境质量、经济发展协同提升。深入推进污染防治，持续打好蓝天、碧水、净土保卫战，全面落实“六控十严禁”“五治一提”，持续建设一批小微水体管护示范片区，推进土壤污染治理与修复，确保三大河流和饮用水水质100%达标，力争空气质量优良率稳定在95%以上。

全力抓好安全治理。紧盯“三坚决两确保”目标，聚力打好安全生产保卫仗，深入贯彻国务院安委会“十五条硬措施”，严格落实“三管三必须”要求，突出烟花爆竹、道路交通、消防、建筑施工、燃气、危险化学品、非煤矿山、自建房等重点行业领域，进一步压实党政领导、部门监管、企业主体、个人防范责任，强化隐患排查、执法检查、打非治违、约谈问责，实施源头管控、科技兴安、宣教培训等本质安全提升措施，全力守住安全生产底线红线。做好防汛抗旱、森林防灭火和低温雨雪冰冻灾害防治等工作，深化应急管理综合行政执法改革，加强应急救援体系建设，全面提高防灾减灾救灾和重大突发公共事件处置保障能力。

全力抓好社会治理。聚力打好防范化解风险阻击战，盘活闲置低效国有资产资源；加快优化重组、市场化转型，增强国有企业竞争力、抗风险能力；严厉打击各类非法金融活动，做好非法集资案件善后处置工作；强化债务风险监测，严格落实化债举措，确保不新增隐性债务。严格食品药品监管，健全食品安全追溯体系，持续巩固食安创建成果。落实领导包案机制，加大矛盾纠纷调处力度，扎实做好信访工作。充分发挥“一村一干部一辅警”“网格员”作用，将治理“触角”延伸至基层“神经末梢”。从严从实抓好县域警务，开展新一轮“雪亮工程”建设，深入推进扫黑除恶、禁毒、反电诈、未成年人保护等工作，确保社会大局和谐稳定。

切实加强政府自身建设

各位代表，重任千钧、唯有担当！我们将不忘初心、牢记使命，以更高标准、更严要求，全面提升政府治理能力现代化水平，努力建设人民满意的“五型”政府。

全力建设信念坚定的忠诚型政府。坚定不移同以习近平同志为核心的党中央保持高度一致，深刻领悟“两个确立”的决定性意义，增强“四个意识”，坚定“四个自信”，做到“两个维护”，不断提高政治判断力、政治领悟力、政治执行力，不折不扣落实中央、省、长沙市和市委决策部署。

全力建设为民造福的服务型政府。坚持把民之所望作为政之所向，践行以人民为中心的发展思想，深入基层问计于民、问需于民、问政于民，让政府决策体现更多的“群众心声”。坚持把民之所需作为政之所为，履好民生保障之责，让发展成果体现更多的“民生含量”。

全力建设奋发有为的实干型政府。坚持事不避难、义不逃责，重实干、抓落实、求实效，倡导马上就办、办就办好，脚踏实地、锐意进取，以一抓到底的韧劲克难关，以攻城拔寨的拼劲破难题，打开事业发展新天地。

全力建设依法履职的法治型政府。深入践行习近平法治思想，牢固树立法治观念，尊崇宪法权威，切实做到“法定职责必须为、法无授权不可为”。依法接受人大监督，自觉接受政协民主监督，主动接受社会监督、舆论监督，确保政府工作始终在法治轨道上高效运行。

全力建设干净干事的廉洁型政府。认真履行全面从严治党政治责任，严格落实中央八项规定及其实施细则精神，驰而不息纠“四风”树新风。深化“清廉浏阳”建设，让廉洁用权、干净干事蔚然成风，促进干部清正、政府清廉、政治清明、社会清朗。

浏阳城区道吾新城 （浏发集团　供图）

专　记

浏阳市2022年乡村振兴工作纪实

2022年，浏阳市坚持以习近平新时代中国特色社会主义思想为指导，深入学习贯彻总书记关于“三农”工作重要论述，以及《中国共产党农村工作条例》《乡村振兴促进法》等政策法规，全面落实中央、省、长沙市决策部署，埋头苦干、真抓实干，推动有效衔接和乡村振兴工作迈上新台阶，乡村振兴工作获得省委副书记、省长毛伟明肯定性批示。在2022年前三季度全省县域经济考核评价中，浏阳获一类县排名和总排名“双第一”，并在省委县域经济工作电视电话会议上作典型发言。2022年10月14日，农业农村部发布《2022年国家乡村振兴示范县创建名单的公告》，湖南4地上榜，浏阳成功入选首批“国家乡村振兴示范县（市）”，是长沙市唯一入选单位。

一、打好主动仗，扛牢三农事业“大使命”

浏阳市将实施“乡村振兴全驱动”作为三大战略之一，写入“十四五”规划和党代会报告，坚决扛起乡村振兴政治责任。一是高站位谋划。制定出台巩固脱贫攻坚成果与乡村振兴有效衔接的“实施方案”、“问题整改方案”，加速推进乡村振兴示范创建、勇当“强省会”战略开路先锋的“实施方案”，以及国家乡村振兴示范县（市）“创建方案”等制度文件，明确路线图、时间表、责任人，确保全市“一盘棋”推进。二是全方位统筹。将实施乡村振兴战略纳入绩效考评，通过市委常委会会议、月工作碰头会、政府常务会议、领导小组会以及全市性会议等，对有效衔接和乡村振兴工作进行常态调度，及时解决推进中存在的问题。三是多点位发力。严格落实“五级书记”抓有效衔接和乡村振兴，建立所有市级领导包乡联村制度，层层压实工作责任。各工作部门严格对照工作标准和上级要求，对政策进行全面梳理和调优，对发现问题进行动态清零。市委市政府主要负责人带头调研督导，推动市、镇、村广大干部上门入户、走访帮扶，引导社会力量积极响应、献计出力，形成全员参与、多点联动的工作格局。

二、跑好接力赛，稳住有效衔接“基本盘”

抓实抓细驻村帮扶。向全市96个乡村振兴重点帮扶村、已脱贫村、党组织软弱涣散村、红色村各选派1支驻村工作队，共派驻队员164人。创新驻村干部“导师传帮带”制度，从乡镇领导班子、老驻村队员和乡村能人中遴选导师126名，帮助驻村干部迅速进入角色、提高工作能力。制定驻村帮扶考核评分细则，以考核促推责任落实、工作落地。安排优秀党员干部结对帮扶监测户2328户5700人，实行“每月走访、常态联系”，及时掌握户子动态、帮助解决困难问题。

盯紧盯牢政策落地。聚焦“两不愁三保障”，全面落实有效衔接各项政策，切实提升脱贫质量和成色。教育帮扶方面，深入推进“三帮一”劝返复学，进一步完善控辍保学动态监测机制，确保“五类”家庭经济困难学生应返尽返。对不能随班就读的残疾生继续采取送教上门，2022年已惠及243名残疾儿童。全面落实教育资助政策，春季学期资助义务教育阶段学生12699人、734.2万元，“雨露计划”补助已发放1320人、198万元。健康帮扶方面，严格落实困难群众参保资助、大病保险、医疗救助等各类医保政策，确保应保尽保、病有所医，实现困难群众基本医疗保险参保率100%。充分发挥全市302个“3+X”家庭医生服务团队作用，实现家庭医生慢病个性化签约、履约率100%。打造医联体125个，基层医疗卫生服务能力不断提升。农村危房改造方面，建立农村住房安全动态监测机制，对脱贫人口和监测对象全面开展住房安全性鉴定，确保“人不进危房、危房不住人”。将动态新增符合危房改造政策的126户低收入群体等6类重点对象全部纳入危房改造计划，2022年已全面竣工并完成资金拨付。饮水安全方面，出台实施《浏阳市农村自来水工程建设运营管理办法》《浏阳市农村单村供水工程建设运营管理办法》等，对全市116处供水工程运营管理、水源保护、水质检测等工作进行规范化制度化，确保全市所有农村人口饮水安全达标。

聚焦聚力工作实施。坚持以人民为中心，细化帮扶措施，提升发展效益。易地扶贫搬迁方面，全面完善易地扶贫搬迁安置区基础配套和公共服务设施，所有安置点均已实现“五化五通一场一地”。坚持把稳岗就业作为后续扶持工作重心，确保有就业意愿的搬迁劳动力454人全部实现就业，就业率达100%。防返贫监测帮扶方面，牢牢守住不发生规模性返贫底线，扎实开展有效衔接突出问题排查整改，共排查32.99万户130多万人。2022年全市共有防返贫监测对象2782户6912人，其中年内新识别纳入759户2512人，所有对象均制定针对性帮扶举措，对风险消除对象严格按照程序予以退出，并实施6个月跟踪监管，确保应纳尽纳、应帮尽帮、应消尽消。农村低收入人口帮扶方面，全面落实兜底保障政策，对低收入对象实行动态管理，及时关注收入骤减支出骤增现象，切实防止低收入对象家庭因病因灾致贫返贫。严格落实750元/人/月低保政策，确保应保尽保、应救尽救。截至2022年10月30日，全市共新增低保对象2120人、特困对象458人。资金、项目、资产管理方面，严格落实衔接资金项目公示公告制度，确保公开透明。对纳入项目库的项目，村级均按要求进行不少于10天的公示。全面加强对扶贫项目资产的后续管理，组织对党的十八大以来扶贫项目投入所形成的资产进行全面梳理和“回头看”，保障登记确权到位、管护责任到位、经济效益持续发挥。产业帮扶方面，将产业帮扶作为有效衔接的关键抓手，对实施的省重点产业项目做好后续跟踪服务，确保帮扶措施按协议全面履行到位。强化产业联农带农，2022年安排各级衔接资金3650万元用于产业发展，共实施产业项目108个，带动脱贫户、监测户1569户4823人实现增产增收。2022年发放小额贷款922笔4128.4万元，实现所有有条件和贷款意愿的脱贫户、监测户应贷尽贷。就业帮扶方面，深入推进“311”就业服务（每年为有就业意愿的农村劳动者、城镇登记失业人员、退役军人、高校毕业生、脱贫人口等重点群体开展三次岗位信息推送、一次职业培训推荐和一次职业指导），举办各类招聘会30场、推送岗位2.9万个。全力推进脱贫劳动力就业务工，年内，17680名有就业意愿人员已就业，就业率达100%，较2021年增加1676人。加大就业帮扶车间（基地）和公益性岗位培育和开发力度，2022年，全市共有就业帮扶车间24家、就业帮扶基地53个、公益性岗位1176个，共吸纳4160人脱贫户、监测户实现就业增收。

三、当好排头兵，打造乡村振兴“新标高”

坚持全域推进、重点示范、以点带面、整体提升，加速推进乡村振兴示范创建，确保农业增产稳产、农民稳步增收、农村稳定安宁，奋力争当乡村振兴样板和排头兵。

守牢粮食安全底线。把粮食安全摆在“三农”工作首要位置，确保饭碗牢牢端稳。一是严格落实粮食安全责任制。全面落实粮食安全党政同责，市委市政府主要负责领导亲自调度，市委常委会会议、政府常务会议进行专题研究部署。出台《浏阳市2022年度落实粮食安全责任制工作方案》《浏阳市2022年粮食生产工作方案》等系列文件，制定粮食生产奖补10条“硬举措”，充分调动农民种粮积极性。成立粮食生产专班，对各乡镇（街道）进行工作督导和服务，确保粮食生产全面到位。2022年，全市落实粮食生产面积80693公顷，其中早稻20026.67公顷、中稻34106.67公顷、晚稻20246.67公顷、旱粮6740公顷（大豆1833.33公顷），打造“万千百”示范片470个，创近年最好水平。2022年，粮食生产工作先后3次中央电视台新闻联播和新闻直播间宣传报道。二是加大耕地抛荒整治力度。开展耕地抛荒治理专项行动，按照“谁种地，谁得补贴”原则，严格执行补贴政策，抛荒1年以上的，取消耕地地力保护补贴，核减的结余资金，统筹用于农业适度规模经营主体农田水利基础设施建设和耕地地力提升。连续2年弃耕抛荒的，终止承包合同，收回发包的基本农田。2022年，全市恢复耕地面积940公顷。三是坚决制止耕地“非农化”“非粮化”。深入推行“田长制”，强化市、镇、村、组、户五级保护，实现耕地保护责任全覆盖。全面开展占用耕地种植草皮行为专项整治，全年退出152公顷，沙市镇53.33公顷“草退粮进”成为全市耕地恢复先进典型，2022年5月30日，全省补充耕地项目整改专项攻坚现场推进会在浏阳召开，浏阳市作典型经验推介，“永安镇丰裕村耕作层剥离再利用项目”入选2022年全省耕地保护典型案例，市委主要负责人署名文章《护好“饭碗田”守牢生命线》在《中国自然资源报》刊发。

持续壮大乡村产业。深入实施六大强农行动，大力发展油茶、花木、蔬菜、小水果等主导产业，带动农民持续增收。一是深耕优势特色产业。加快一、二、三产业融合化发展，大力发展乡村旅游、研学、民宿等新业态，古港镇梅田湖村入选2022年中国美丽休闲乡村。坚持“一县一特”“一村一品”，指导大围山镇楚东村等10个村申报创建湖南省“一村一品”重点村，关口街道道源湖村（粽子）被评为全国“一村一品”示范村镇。不断激发农村创新创业活力，雅士林茧业智能化养蚕项目被评为“建行杯”第六届湖南省农村创业创新项目创意大赛一等奖，并成功晋级全国总决赛。精心培育“湘赣红”农业品牌，创办一个云商平台、一批展销窗口、一本农品名录，组织开展“荷花美食节”“河畔季风消费节”“农家厨王争霸赛”等活动,积极参加“一县一特”农产品优秀品牌推介暨“做优做香湖南饭”湘菜名县评选,获评全省“十大湘菜名县”。深入开展国家农业现代化示范区创建,在全国 2022 年农业现代化示范区创建大会上,浏阳作为全省唯一代表作经验交流。二是培育新型经营主体。依托“小农户与现代农业有机衔接”全国试点,深入实施“百社千户”工程,在全市培育百家农民合作社、千户种养大户,创新多种形式适度规模经营,引领形成示范带动效应。2022 年共申报国家级示范合作社 2 家,成功创建省级示范合作社 10 家、省级示范家庭农场 11 家、长沙市示范家庭农场 66 家。开展 2022 年浏阳市本级示范创建,共评定农民合作社示范社 53 家、示范家庭农场 46 家。扎实做好新型经营主体带头人培训,全年举办油茶、水果、特色水产等专题培训 3 期,培训 96 人次,举办粮油产业培训 1 期,培训 140 人次。三是壮大村级集体经济。出台《村级集体经济发展四年行动计划》《党建引领壮大村级集体经济十条》《村级债务风险预警管理》《集体“三资”突出问题专项治理》等文件,通过召开全市大会、组织实地观摩、举办村(社区)书记培训班、制作工作宣传片、编印典型案例汇编等系列举措,加速村级集体经济发展壮大。注重激励引导,评定 10 个示范村、38 个进步村、107 个奖励到个人的村,奖励金额 462.51 万元。2022 年,全市 302 个涉农村(社区)集体经济总收入 1.3 亿元,其中经营性收入 8880.94 万元,140 个村实现收入 50 万元,化解存量债务 7481.97 万元。浏阳市农村集体“三资”管理突出问题专项治理工作经验,被《湖南农业农村工作》刊发。

加快提质乡村建设。突出因地制宜、遵循自然、布局合理、彰显特色、打造亮点,有力有序推进乡村建设行动。一是以“首厕过关”带动“每厕过关”。将农村改厕工作作为人居环境整治的突破口,大力推进农村“厕所革命”。坚持以“首厕过关”带动“每厕过关”,建立健全农村改厕质量管控体系,确保改厕流程规范、质量过硬、群众满意。2022 年,全市共完成户厕改造 1930 座、建设公厕 84 座。全面推进厕所问题摸排整改,全年共摸排户厕 18.9 万座,发现并整改各类问题 6799 个。浏阳“首厕过关制”经验做法入选全国农村厕所革命典型范例,5 月 28 日,全省乡村建设行动暨农村“厕所革命”工作培训班在浏阳举办,浏阳作典型发言。二是以“优美环境”建设“优美家园”。以生活污水垃圾治理、村容村貌提升等为重点,积极开展人居环境整治。坚持“源头分类、就地减量”,进一步健全农村垃圾“户分类、村收集、镇转运、市处理”体系。2022 年,全市农村生活垃圾分类覆盖率达 100%、减量率约 60%。深入推进生活污水治理,全面实施“河湖长制”,积极构建“大小共治、建管并举”的全域治水新格局。全年共完成 33 个村农村环境整治任务,任务村生活污水治理率达到 100%。浏阳推进农村生活污水治理经验入选全省 2022 年污染防治攻坚战“夏季攻势”县级十佳典型案例,河长制工作得到《焦点访谈》专题推介。三是以“美丽村庄”打造“美丽经济”。将美丽宜居村庄建设作为全面推进乡村振兴的重要抓手,深入实施“十百千万”工程,即 5 年打造十条精品线路、百个示范村庄、千个幸福屋场、万户美丽庭院,加快建设宜居宜业和美乡村。以“五美”“五好”“五特”为目标,科学编制《美丽宜居村庄建设指导手册》,建设达标型村庄 201 个、示范型村庄 36 个、标杆型村庄 3 个,推动“美丽村庄”向“美丽经济”蝶变。国家乡村振兴局以《美丽宜居村庄——为浏阳全域推进乡村振兴按下“加速键”》在全国推介浏阳经验做法。

全面深化乡村治理。遵循乡村社会发展规律,不断健全自治、法治、德治相结合的乡村治理体系。一是深化农村基层党组织建设。建立“村党总支部—党支部—微网格”基层治理架构,以“党员微网格”为抓手,推动解决群众身边问题 8306 个,调解矛盾纠纷 6070 件。扎实开展 2022 年软弱涣散基层党组织整建提质专项行动,坚持“一村(社区)一策”,深入落实“四个一”举措(一名县级领导班子成员挂点、一名乡镇领导班子成员包村、一名第一书记驻村或 1 支工作队驻村、一个县直机关单位结对),确保整顿取得实效。充分发挥村级党组织战斗堡垒作用,全力配强支村“两委”班子,全年没有出现村(社区)干部空缺 3 个月以上现象。二是深化乡村治理模式推广与示范创建。全面推广“五微联治”(微网格、微平台、微诉求、微架构、微服务)乡村治理模式,实现基层党建与社会治理同频共振。在全市开展乡村治理示范村镇创建,积极组织永安镇芦塘村、官渡镇竹联村申报省级乡村治理示范村。力推全国乡村治理示范村沙市镇东门村、沿溪镇沙龙村的经验做法,在全市营造党群合力、崇德向善的社会风尚。三是深化农村精神文明建设。坚持把培育和践行社会主义核心价值观贯穿农村文明创建活动的全过程,让“文明种子”遍撒农村大地。全面推进新时代文明实践中心建设,实现镇、村新时代文明实践所(站、点)全覆盖。紧扣“四议两公开(“四议”是指村党支部会提议、村“两委”会商议、党员大会审议、村民代表会议或村民会议决议,“两公开”是指决议公开、实施结果公开)”,编印《浏阳市党务村务公开指南》,出台《浏阳市村级“小微权力”二十条》,规范村级权力运行,引导村民自治。开展清廉乡村建设,出台《浏阳市推进清廉村(社区)建设十条措施》,通过全市主题党日活动、制作《清风赋能、以廉兴村》微视频、开发“云上清廉浏阳”小程序等在全市广泛宣传。扎实推进移风易俗,深入开展高价彩礼、大操大办等领域突出问题专项治理,大力倡导婚事新办、丧事简办、勤俭节约文明新风,经验做法在省精神文明建设简报刊发,浏阳被中宣部定为全国移风易俗十个重点报道县市之一。

强化“三农”发展保障。始终坚持农业农村优先发展,全力推动人才、资金、土地等要素向乡村汇聚,为乡村全面振兴提供坚实保障。一是抓好干部培训。举办学习贯彻十九届六中全会精神专题读书班、二十大精神轮训班，组织基层党务骨干开展“千人轮训”，市委主要领导带头到永和镇永和村宣讲党的二十大精神，引导广大党员干部投身乡村振兴。举办全市驻村帮扶工作推进会暨市派驻村干部培训班，通过集中培训提高三农干部工作能力。创新开展村(社区)书记“观摩赛马”活动，精选39个村(社区)集中展现党建引领乡村振兴优秀成果，在全市营造比学赶超的浓厚氛围。二是加大资金支持。全力保障乡村振兴资金投入，严格按照资金管理相关规定和程序拨付资金，做到规范分配和使用。截至2022年10月，2021年度中央和省级下达农业农村发展资金共3.11亿元，实际支付资金2.58亿元，资金执行率达83%；2022年下达3.48亿元，实际支付1.59亿元，资金执行率达46%。三是落实用地保障。借助省厅支持浏阳市开展自然资源服务乡村振兴改革试点、安排专职人员指导工作开展的有利契机，围绕体制机制和政策措施先试先行，强化乡村振兴用地保障。通过省级下放审批权限，浏阳本级共审批集体建设用地51批次、约103公顷。同时，在全省率先开展花炮企业“定量不定点”用地审批，为乡村振兴富民产业烟花爆竹行业中的46家花炮企业、53宗地块、784亩土地完善有关用地手续。

（浏阳市农业农村局）

浏阳市建设创新型县(市)工作纪实
(2018—2022年)

2022年8月30日,科技部发布《关于公布首批创新型县(市)验收通过名单的通知》,全国47个创新型县(市)通过验收,湖南省浏阳市获得通过。

2018年12月,科技部启动建设全国首批52个创新型县(市),建设周期为3年。浏阳市入选首批建设国家级创新型县(市)。

2018—2021年,浏阳市全面贯彻落实党的十九大及十九届历次会议精神,深入践行"三高四新"战略定位和使命任务,深入推进创新型县(市)建设,紧扣"科技支撑产业发展"主题,深入实施"六大工程",全力打造区域科创中心,全面完成创新型县(市)建设目标和工作任务。

一、基本情况

浏阳地处湘东,毗邻江西,面积5007平方千米,人口147.7万人,是湖南省人口第一、面积第二大县。2020年,全市地区生产总值1493亿元,地方一般公共预算收入93.44亿元,在全国百强县中,县域综合发展、县域经济基本竞争力、工业百强县、营商环境百强县排名分别跃升至第9位、11位、11位和19位。

通过三年创建,2020年,全市高新技术企业达304家,较2017年增长2倍;完成技术贸易合同登记额17.67亿元,较2017年增长4倍;全社会研发经费投入达24.8亿元,高技术产业主营业务收入占工业主营业务收入的比重从34.9%提升至46.54%。在2018年全国创新驱动发展现场会、2019年全国科技工作会议、创新型县市建设培训班作经验交流,科技部主办的《中国农村科技杂志》以《县域经济高质量发展的浏阳经验》为题对浏阳进行专题推介。被评为国际化高质量发展环境建设标杆县(市),位列赛迪顾问发布的"2021科技创新百强县总榜单"第23位,连续三届荣获"全国科普示范县(市)"称号。

二、建设情况及成效

(一)实施创新驱动发展体制建设工程,创建党委领导、政府主导、企业主体、社会参与的创新工作机制

1.体制机制更加完善。成立全国创新型县(市)工作创建领导小组,制定建设方案,将科技创新支撑产业发展纳入市委常委会、政府常务会重要议事日程。将2018年、2019年定位为"产业项目建设年",连续3年开展"千人帮千企""重企帮扶"行动,助力企业科技创新。对园区、乡镇和有关单位实行目标管理,设置R&D(科学研究与试验发展)投入等考核目标。

2.科创蓝图已经绘就。创建期间,政府工作报告提出实施创新引领战略,并就落实科技创新政策体系和创新型县市创建工作进行部署。聚焦"三高四新"战略,出台实施《浏阳市全力打造区域科创中心三年行动计划》《浏阳市全力打造智能制造强市三年行动计划》。在"十四五"规划中明确提出科创兴市和制造强市目标。

3.科技投入不断加大。构建县域科技工作全覆盖的科技创新"1+8"政策体系,明确计划项目、研发投入等各项补助,浏阳本级财政3年累计兑现政策补助资金1.88亿元。2020年,财政科技投入达到4.96亿元,较2018年增长86.4%。

(二)实施创新创业环境提优工程,蝉联"国际化营商环境建设示范县(市、区)"

1.主动融入省市创新大战略。主动融入湖南自贸区、长株潭一体化重大战略建设,按照全省创新型省份、长沙市创新型城市建设统一部署,顺利实施湖南省可持续发展实验区项目建设,经开区成功纳入长沙市国家自主创新示范区,金阳石墨烯研究院建设等14个项目成功入选长沙自主创新创业项目库。

2.科技金融体系日趋完善。设立市级以上政府股权引导基金达39.79亿元。推出“银企财园通”等科技金融产品，开展产融合作和金企对接，发放科技型中小企业贷款、企业专业英才贷款180.12亿元。实施核心专利产业化计划，专利质押融资达5.66亿元。每年举办“创客中国”、青年创新创业大赛，融资5.2亿元。

3.政务服务环境高效优化。深化“放管服”改革，推进“互联网+政务”服务，创新实施“一日办”“一次办”“一网办”“全域办”浏阳模式，实现企业注册办结、全流程在线办理；推行“政银全域通”服务模式，实现由“人跑”到“数据跑”的转变。积极推进“三集中三到位”改革，获国家50强创新案例奖。实施全省唯一试点产业项目“先建后验”改革。入选首届“十大最具投资吸引力县(市)”，蝉联“国际化营商环境建设示范县(市、区)”。

(三)实施创新创业要素集聚工程，打造以经开区为核心的创新高地，双创工作获省政府督查激励

1.创新主阵地做大做强。始终坚持园区作为科技创新主阵地、主战场，在全市不同区域构建“一核三组团多点”的科技创新阵地格局。2020年合并国家级经开区与省级高新区，打造金阳新城核心科创高地，大力发展电子信息、生物医药等“三主四特三新”产业链，聚集企业1700余家，其中高企185家、上市企业8家，市级以上科创平台105家，综合竞争力领跑全省产业园区，被评为国家新型工业化产业示范基地、国家级绿色园区、国家再制造高新技术产业化基地。以健康食品产业为主导，建设两型产业园东部组团，建成全省规模最大农业科技产业园，获批国家农村创新创业园区。以环保科技示范园为依托打造西部组团，形成纺织、食品加工、机械制造、花卉苗木等多元化产业格局。以湘赣边区域合作先行区为中心的南部组团，大力发展花炮智能制造和文化创意产业，建成省级烟花爆竹科技创新试验基地。同时，大力推进大瑶花炮小镇、社港正骨医药小镇、柏加花木小镇、镇头油茶小镇等“多点”特色小镇建设。

2.平台建设全面推进。通过政府主导、园区搭建、企业自建等多种方式，创建各类创新平台。支持湖南普瑞玛药物研究中心有限公司建成省实验动物中心(湖南省药物安全评价研究中心)，拥有全省面积最大、品种最全且符合国际标准的实验动物设施；支持尔康制药筹建国家药用辅料工程技术研究中心，成为我国首个国家级药用辅料工程中心；支持九典制药建成国家企业技术中心。建设省、市级院士专家工作站7家、博士后科研工作站、流动站4家、留学生创业园1家。全市各级各类科创平台达196家，国家级平台16家，各级科技企业孵化器、众创空间、星创天地22家。

3.高端人才活力迸发。深入实施“专业英才千人计划”，研究出台“健康管家”、人才公寓配备和家属随迁随调等细则，完善“引、育、留、用”人才工作链。三年引进机关事业单位人才3194人，其中博士、硕士572人；引进企业人才11万余人，其中中、高级职称人才3645人；拥有长沙市高层次人才110人，12人入选长沙市科技创新创业领军人才。全市人才总量达22万人。

(四)实施技术成果转移转化工程，被评为湖南省知识产权工作先进县(市、区)，落实创新引领战略获省政府督查激励

1.知识产权工作成果丰硕。全市有效发明专利拥有量1317件，较2017年增长29.2%；商标有效注册量近1.8万件，连续十年蝉联中部县(市)榜首；拥有驰名商标20件。蓝思科技、南新制药、斯奇生物、天地恒一等企业获得中国专利奖银奖等荣誉，仅蓝思科技一家企业已获专利授权1641件。被评为省知识产权工作先进县(市区)。

2.产、学、研合作取得重大进展。引导和促进140余家企业与高校、科研院所、服务机构产学研用合作，推动科技成果转移转化。2020年完成技术贸易合同登记额17.67亿元。天地恒一和省药品检验研究院联合组建湖南省药品质量评价工程技术研究中心，研发的追风透骨胶囊，单品年销售过亿元；中国工程院农业学部院士邹学校与葛家镇农民杨意红合作，联合农民合作社，培育的“葛家鸡肠子辣椒”入选国家地理标志农产品。

3.企业孵化成效显著。打造大型科技企业孵化器“e中心”，建设中小微企业孵化基地3万平方米，入驻企业五犇新材、孝文电子、菁益医疗在湖南省创新创业大赛上斩获一等奖，成为孵化毕业企业优秀代表。网间经济孵化器引进网红创业基地、跨境电商平台等19个网间新经济项目，成为省内首个网间经济集约孵化平台。

(五)实施产业转型提质工程，成功跻身工业经济百强县第11名，获得省政府高质量发展督查激励

1.科技支撑“三主”产业能级跃升。在电子信息方面，成立浏阳电子信息产业链党委，帮助企业解决要素保障等问题，加快推动电子信息产业向千亿级产业集群迈进。如，支持惠科光电自主开发EVA技术，填补全省高清显示屏制造领域空白；蓝思科技拓展车载玻璃、手机玻璃领域科技研发，成长为全球消费电子产品防护玻璃行业的领先企业；松诺盟科技研发的“高性能纳米薄膜金属基压力传感器”，实现国产替代。在生物医药方面，出台《关于促进医疗器械产业发展的实施意见》，激励创新发展。如，天地恒一与湖南中医院大学建立硕士联合培养基地，连续十五年R&D投入强度超过10%，建设全自动数字化中药提取车间，6个重点产品进入中成药医疗机构用药前20强。在智能制造方面，出台实施《全力打造智能制造强市三年行动计划》，助推智能制造高质量发展。如，启泰传感成功研发国内首条金属溅射薄膜压敏传感芯片生产线，突破国外技术封锁；盐津铺子智能制造中心核心区域实现“黑灯工厂”无人化生产，创造“中国零食自主制造第一股”。

2.科技赋能“四特”产业转型升级。在烟花爆竹领域，

实施“安全提质、科技革新、质量创优、文化赋能”工程，解决环保、安全生产问题，提升烟花创意附加值，“浏阳花炮”承接国庆70周年、中国共产党成立100周年等重大焰火燃放活动。如，中洲烟花实施“机械化换人、自动化减人”工程，生产全部实现机械化，被评为湖南省技术发明奖一等奖；孝文科技在全球首创无火药智能喷花机。在绿色食品领域，做大做强“浏阳蒸菜”“湘菜预制菜”“休闲食品”“健康食用油”4大板块，主攻新鲜健康速食食品，发展自热方便米饭、自热火锅等高附加值食品。在家居建材领域，积极布局家居产业集中区，推动百里家居产业带建设，积极应用互联网、物联网等信息技术，开发智能家居产品。在再制造领域，依托国家再制造产业示范基地建设，积极应用大数据、云计算、人工智能、快速成型等新兴技术，发展智能再制造，其中法泽尔动力入选国家级绿色工厂，轩辕春秋、宇环数控等入选省级绿色工厂。

3.科技引领“三新”产业质效提升。聚焦新材料产业，布局先进复合材料及碳基材料两条产业链，重点发展高性能碳基复合材料、碳化硅、石墨烯等碳基材料产品。金阳烯碳新材料与中南大学等高校深度合作，实现石墨烯粉体、锂离子电池石墨负极材料全自动化智能量产。聚焦环保产业，支持永清环保建成国家企业技术中心，国家级博士后科研工作站2个国家级创新平台，创新研发出“稻田镉砷污染阻控关键技术与应用”，成果获国家科学技术进步奖二等奖，成长为湖南首家A股上市环保企业。聚焦数字经济，支持长沙惠科基于内网集成的5G智能工厂项目、九方湾流10万台角度传感器件生产项目入选湖南省2021年“数字新基建”100个标志性项目。支持蜜蜂哥哥、绝艺食品等4300家企业在阿里巴巴、淘宝登记注册，2020年网络零售交易额达81.27亿元。

（六）实施科技创新为民惠民工程，入选中国全面小康十大示范县(市)

1.科技便利群众生活取得新突破。围绕公共服务、社会治理、产业发展和环境保护四大领域，注重科技成果普惠民生。疫情期间，建成防疫物资产业链，其中，三力公司通过升级改造生产线，生产的病毒采样管能让咽拭子样本保存48小时，是普通采样管的2倍，为疫情防控作出积极贡献。建设全省藏书量前列的智慧图书馆；积极运用无人机、管道机器人等科技手段，研制环保监管网格化监管App平台，智慧城市建设雏形初显。

2.科技助力精准脱贫和乡村振兴迈上新台阶。2018年—2020年，共派驻各级科技特派员180名，实现33个省定贫困村全覆盖，带动600余户成功脱贫。晏资坤被评为“全国科技助力精准扶贫先进个人”。推动64个产品获绿色食品认证，在全省率先建成首个县级农业品牌运营中心，科技助农直通车示范站42家；大围山梨、浏阳黑山羊等5个农产品获国家地理标志。获得“全省科技助力乡村振兴县域试点单位”“国家农产品地理标志示范区”等荣誉。

三、特色经验及做法

（一）创新“1+N”园带镇模式，推动大片区共享共赢发展

合并经开区与高新区，以园区为主体、整合周边六镇，做大做强园区，统筹资源、整合要素、凝聚力量，大力发展电子信息、生物医药、智能装备制造等高新主导产业，建设一座新城“金阳新城”，以新城崛起带动乡镇发展，实现“城城融合、产城融合、城乡融合”，充分发挥园区带动作用，“1+1>2”“1+N”的优势叠加效应充分彰显。以省级农业科技园为载体，形成“绿色食材基地+现代工厂+市场网络+安全餐桌+乡村工业旅游”的经营发展模式，园区企业对接周边近10个乡镇原材料供应基地，总面积达10万余亩，带动1000多户农户增收。

（二）创新“产业链”模式，推动产业发展形成集群效应

出台《浏阳市产业链推进及重点企业帮扶工作机制实施办法》，围绕创新链布局15条产业链，由33位市级领导担任“链长”，32个部门作为重点企业帮扶单位，精心编制“两图两库两报告”，重点聚焦“三主四特三新”产业链。围绕龙头企业做强产业链、激活创新链，打通谋划、招引各环节，加快产业链式发展。以蓝思科技为龙头引进建设DITO触摸传感器、蓝思智能机器人等一批重大配套项目；豪恩声学、总华域视觉项目填补产业链高端领域的空白。三年累计引进366个产业链项目，引进资金1304.86亿元，吸引产业链610余家上中下游企业进驻，打造枝繁叶茂的“产业森林”。2020年，15条工业新兴和优势产业链规模工业实现总产值1729亿元，约占全市规模工业总产值的92%。

（三）创新“创新合伙人”模式，推动科技成果转化质效提升

深入实施柔性引才政策，推动科学家、企业家、技术专家形成创新合伙人，探索“1+1+N”模式，即1个院士专家团队指导1个产业、联结N个经营主体，袁隆平院士团队与袁创超级稻技术公司共建湖南省院士专家工作站，研发的超级稻Y两优900亩产突破100千克成功入选“十三五”农业科技十大标志性成果，助力粮食增产超10亿公斤，帮助农民增收25亿元以上。全市认定农业产业领军人才14人，12人入选市级创业领军人才，培育新型职业农民455人、乡村工匠188人。累计三年派遣近200名省内高等院校、科研院所招募的农业科技特派员，组建科技服务小分队，带动技术、资金、信息等要素流向乡村。

（四）创新“全域科普”模式，推动全民科学素养提升

在全省率先启动科普小镇建设，在长沙市率先启动提升基层科协组织力“3+1”试点工作，形成科技活动周

等大型群众科普活动常态化机制。推行“全领域行动、全地域覆盖、全媒体传播、全民参与共享”，在全市32个乡镇（街道）建立科协，在全市326个村（社区）成立科普组织。打造艺术科技博物馆等专业科普基地（场馆）18家，科普图书室、自主阅览室401个；科普信息员、志愿者注册人数分别达到4.9万人、1.2万人，位居全省第一、全国第二。

四、困难和问题

一是烟花爆竹和农业企业人才、资金等要素不均，传统产业转型步伐有待加快。二是人才吸引力与沿海城市还有差距，企业高端人才拥有量有待提升。三是创新平台自身造血能力不够强劲，平台建设有待加强。

五、下阶段工作打算

下阶段，浏阳将持续巩固创新型县（市）建设成果，深入贯彻落实“三高四新”战略定位和使命任务，全力打造区域科创中心，推动浏阳高质量发展。一是推动产业大升级。围绕“科创兴市”和“制造强市”，加快壮大“三主四特三新”现代产业集群，推动电子信息产业向千亿级迈进；生物医药、智能装备产业向五百亿级进军；推进花炮产业向安全化、智能化、绿色化转型升级；加快发展数字经济，建设数字经济产业集聚区。二是推动科创大赋能。围绕打造区域科创中心目标，推进小升规、规上市、普登高、智扩面，打造头雁领航、群雁齐飞的创新型企业矩阵；实施平台提质升级行动，布局建设一批高层次科创平台；引导企业加大研发投入，攻克一批“卡脖子”关键核心技术；实施人才“双创双兴”计划，吸引更多的高端、技能人才。三是推动园区大跃升。围绕经开区“突破两千亿，挺进五十强”目标，大力推动园区调区扩区和金阳新城建设，力争规模工业总产值迈上千亿元台阶。支持省级农业科技园打造全国一流绿色食品产业基地。强化招商引资，引进建设一批战略性项目，深化产业链式发展。四是推动环境大优化。统筹推进体制机制改革，完善修订科技创新政策体系，持续深化科技特派员制度，不断优化创新创业环境。

（浏阳市科技局）

浏阳市贯彻实施《中华人民共和国环境保护法》工作纪实（2017—2022年）

一、贯彻实施情况

浏阳市是湖南省人口第一、面积第二大县，环境监管体量大、门类齐、隐患多，环境治理压力大、任务重。从工业源看，浏阳市共有3613个工业源，占长沙市约1/3；从农业源看，畜禽规模养殖场269家，水产养殖443家，规模以下养殖4000余户；从生活源看，生活污水排放总量为3857.28万立方米，污染源遍布全市32个乡镇（街道）。一直以来，中共浏阳市委、市政府在生态保护方面，全面落实中央、省、长沙市部署，在全省县一级率先打响污染防治攻坚战，实现生态环境质量持续向好，取得阶段性成效。近三年来，空气质量优良率保持96%以上，浏阳河、捞刀河、南川河三大河流出境断面水质达标率100%，全市污染地块安全利用率稳定达91%以上。生态环境综合行政执法工作连续三年（2017—2019年）被评为全国执法大练兵先进集体，2021年成功申创国家“绿水青山就是金山银山”实践创新基地。2022年7月7日，中央电视台综合频道《焦点访谈》栏目聚焦浏阳，对浏阳市生态文明建设工作进行专题报道。

（一）突出齐抓共管，压紧压实责任。一是夯实党政领导责任。浏阳市深入践行绿色发展理念，将生态环境保护贯彻发展全过程，推动生态环保“党政同责、一岗双责”、“三管三必须”落到实处。市委市政府定期召开污染防治攻坚战工作推进会、市委常委会、政府常务会定期研究部署环保工作；相关市级领导同步强化调度安排，高频次对分管行业领域和联系乡镇开展环境保护督导检查，及时研究解决环保领域重点问题。二是抓实部门监管责任。充分发挥市环委会办、蓝天碧水办、突改办牵头抓总、组织协调、监督检查、交办督办和考核问效的作用，制定出台《浏阳市生态环境保护责任规定》，将环保责任悉数分解到83个成员单位，厘清责任边界，消除责任盲区。同时，通过综合运用负面清单、巡查通报、绩效考核等方式倒逼环保责任落实，各级各部门密切配合、协同作战，生态环保齐抓共管的工作格局得到进一步巩固。三是压实企业主体责任。创新实施企业“环保百分制考核”“环保污点档案”“环保黑名单”等制度，督促引导企业依法履责、自觉担责、自律尽责。对所有重点排污企业分批次开展专项培训指导，精准帮扶企业解决环保技术难题，引导企业提升环保管理能力，压紧压实企业环保主体责任。

（二）突出严管重处，精准精细监管。一是强化专项执法。每年度制定专项执法方案，对全市重点行业、重点领域环境安全隐患开展专项整治执法。如2021年开展生态环境整治“百日会战”执法行动，针对千吨万人饮用水源、重点区域畜禽养殖、食品行业、核与辐射、尾矿库、涉铊行业、造纸废塑加工行业、非道路移动机械、洗砂制砂行业等组织开展专项执法行动，推动重难点问题有力解决。二是强化刚性执法。全面落实“双随机一公开”要求，更新扩大随机抽查单位名录库至2261家。严厉打击环境违法行为，2017年至2022年累计立案1042起，罚款6770.5万元，行政拘留78人，刑事拘留2人，办结生态环境损害赔偿案件22起，对环境违法行为形成强大震慑。三是强化监督性执法。执法大队负责对排污单位污染防治设施和自动监控设施等进行检查，督促排污单位不断改进污染治理工艺，确保污染物达标排放。环境监测人员负责现场采样，开展污染因子监测，检查排污单位自行监测等情况，推动执法监测有效联动。同时，积极探索开展区域联合执法，抢抓湘赣边区域合作国家战略契机，深入开展湘赣边区域生态环境一体化合作，与株洲市醴陵市江西省宜春市铜鼓县等7个市（县、区）签订执法联盟协议，全力推进湘赣边区域生态保护协同治理。

（三）突出环保服务，提升管理效能。一是严格项目准入。认真落实国家规划环评条例，严格执行规划环评与区域环评，使环评从微观项目层面向宏观战略层面延伸，从宏观上控制排污增量；严格新建项目的环保审批，对新建项目继续适时适度提高准入门槛，严格控制高能耗、高污染和资源型项目；未批先建的项目，责令停止建设，处以罚款，公开曝光并责令恢复原状；强化项目的“三同时”监督管理，实现建设项目管理由重审批轻监管向审批、监管并重转变。2019 年 1 月至 2022 年共审批建设项目环评文件 1224 个（含经开区、高新区），无违规审批项目。二是优化审批流程。按照“最多跑一次”的“放管服”改革要求，优化审批流程和服务，开通重点项目绿色审批通道，简化办事程序，环保相关审批事项由 20 个工作日提速至 5 个工作日内办结，环境影响报告书受理时限压缩至 5 个工作日。2019 年开始大力开展“环保阳光行·服务益千企”活动，建立由环保专家、环保业务骨干组成的“帮帮团”，对企业环评、治理技术等工作进行“一对一”帮扶指导，开展企业环保信用评价专项行动，累计帮扶企业 500 余家。三是开展诚信约束。强化环境保护顶层设计，对第三方公司实行规范化管理，创新实行黑名单制度。开展信用评价修复工作，组织辖区内环保失信企业召开信用评价工作培训会，2021—2022 年，指导 94 家企业完成信用评价修复。

（四）突出学法普法，夯实基层基础。一是坚持抓典型。每季度在违法案件中梳理 3~5 个典型案例，开展以案说法、普法宣传活动，利用电视台、报纸、微信公众号广泛宣传，让企业在知法畏法中守法。二是坚持强培训。以环保各项法律法规为主要内容，组织开展业务培训，组织律师团队讲解环保法律法规，编制《常用生态环境保护政策法规制度知识汇编》。2017—2022 年，先后组织开展法律专题业务培训 11 次。三是坚持广宣传。从 2020—2022 年，“微浏阳” 开设 19 期《生态环境法制讲堂》专栏，强化全民环保法律意识。开展“大力宣传新环保法，弘扬环境保护基本国策”主题宣传，深入企业开展新环保法专题培训，在中小学校开展环保课堂活动，在重点排污企业设立专门宣传栏，在城区重点区域滚动播放环保法律相关宣传片，电视台、电台、微信平台的环保普法宣传全面展开。

二、存在的问题

生态文明建设理念不断深入，生态环境保护事业不断发展，但在贯彻落实《中华人民共和国环境保护法》实际工作中也存在一些问题挑战，主要体现为：大众环保意识有待进一步增强。对新《中华人民共和国环境保护法》宣传的广度和力度不够，宣传内容不够丰富，部分公众的环境保护责任意识较为淡薄，参与环境保护的主动性、积极性不高。仍有个别企业存在“守法成本高、违法成本低”的心理，尤其是在经济效益不好的情况下，为降低成本，故意停运或不正常使用治污设备、偷排或超标排放污染物的现象时有发生。基层环保力量有待进一步夯实。目前，县级部门没有常设生态环保议事协调机构履行相关职责；环保队伍人员监管面广、数量多，“人少事多”的问题依然存在；乡镇（街道）环境监管机构无执法权，多数乡镇（街道）无生态环保专门办公室，实行环保、自然资源、林业等合并办公模式，工作人员难以集中力量做好生态环境保护和污染防治各项工作。

三、下阶段工作计划

下阶段，浏阳市将进一步贯彻落实中央、省、市关于生态环保工作重要指示批示，突出精准治污、科学治污、依法治污，以实现减污降碳协同增效为总抓手，深入打好污染防治攻坚战，全面提升生态环境治理能力，持续巩固改善生态环境质量，建设绿色低碳美丽新浏阳。重点做好以下四个方面：

（一）进一步树牢绿色发展理念。坚定不移走生态优先、绿色发展之路，在全市环保系统和行业企业深入学习习近平总书记生态文明思想，让绿色发展理念深入人心，成为履职尽责的根本遵循。

（二）进一步强化风险防范举措。继续创新环境监管举措，突出解决瓶颈性、根源性问题，进一步提升环境抗风险能力。持续推进生态环境风险隐患排查整治，做好突发环境事件的预警预报和应急响应，保障生态环境安全，确保不出现等级环境污染事件。充分发挥“党建+微网格”及监督举报平台作用，凝聚合力，守住底线。

（三）进一步加强执法能力建设。完善生态环境保护机制体制，着力提升环保队伍人员业务素质，组织开展执法竞赛和案件评查等活动，加强干部之间的业务交流和培养锻炼，不断增强环保队伍人员实战能力，建设高素质专业化的生态环境保护干部队伍。

（四）进一步开展普法宣传教育。以《中华人民共和国环境保护法》宣传为重点，综合运用纸媒、电视、网络等多种新闻媒体，广泛宣传环保法律法规，进一步增强全民环保责任意识，进一步增强企业经营者守法意识，进一步增强广大群众环保参与意识，充分调动社会各方面的积极性，为全面推进浏阳生态环保工作上台阶、上水平，奠定良好的社会基础。

（市人大办公室）

体育中心 （浏阳电视台　供图）

大事记

1月

4日　浏阳小河木活字印刷展示馆正式对外开放。

5日　省政协党组副书记黄兰香率省政协文教卫体和文史委员会负责人、部分省政协委员、文艺工作者到浏阳市高坪镇考察乡村振兴、段江华乡村美术馆建设运营等工作，并为段江华乡村美术馆政协委员工作室揭牌。

是日　“美丽浏阳　绿色出行”2022浏阳市绿色出行十周年骑行活动开幕。

7日　上汽大众汽车长沙(浏阳)项目正式签约落户关口，于3月开工，12月完成建设，成功实现当年落户、当年开工、当年投产。

是日　浏阳市金融事务中心促企上市博士服务站揭牌(富栊新材站)。

9日　“祖国新春好　幸福进万家”湖南省文艺志愿服务团走进浏阳市官桥镇苏故村举办专场演出，该场演出由省文联主办，省曲艺家协会、省美术家协会、省书法家协会、省民间文艺家协会、省画院等七家省级协会共同承办，是2022年“笑满三湘”湖南省文艺志愿服务活动的第一场。

12日　浏阳传统夏布入选长沙文创新品。

13—14日　湖南省应急处置与现场救护培训班(第二期)在浏开班。

15日　“杏林杯”浏阳市第八届围棋个人赛开赛。

是日　荷花街道10.8千米的东环路提质改造项目竣工。

17日　浏阳经开区创新创业园三期完成主体封顶。

18日　长沙智谷创联科技有限公司正式签约入驻浏阳市数字经济产业园。

19日　第六届长沙市道德模范实际宣讲报告会浏阳市专场举行。

20日　湖南省人民政府第九次全体会议召开，浏阳市12项工作获省政府通报表扬，表扬次数居全省各县市区第一。

21日　湖南日报智库首个实践基地落户浏阳市官桥镇九龙村。

2月

4日　第二十四届冬季奥林匹克运动会开幕式上燃放浏阳烟花“漫天雪花”“蒲公英”“迎客松”等。

是日　浏阳经开区新政务服务大厅启用。

是日　2022年浏阳市“春风行动”暨“引老乡、回故乡、创三湘”现场招聘会开启。

8日　浏阳市义工联合会入选省学雷锋活动示范点。

10日　中国共产党浏阳市第十三届纪律检查委员会第二次全体会议举行，出席全会的市纪委委员18人，列席318人。

17日　“云上清廉浏阳”平台上线运营。

18日　湖南省2022年重大项目集中开工活动（长沙市浏阳分会场）举行，38个项目集中开工，总投资额达104.19亿元。

是日　枨冲蒸菜产业获得央视财经频道《经济半小时》栏目宣传推介。

是日　浏阳市金融事务中心促企上市博士服务站揭牌暨爱达环保上市启动。

21日　湖南云用工科技有限公司正式签约入驻浏阳市数字经济产业园。

24日　十三届浏阳市委启动第三轮巡察工作。

26—28日　政协浏阳市第十一届委员会第二次会议召开。

28日至3月1日　浏阳市第十八届人民代表大会第二次会议召开。

3月

9日　长沙市委常委、浏阳市委书记、市林长朱东铁签发2022年第1号林长令《关于切实加强森林资源保护工作的令》。

13日　浏阳烟花绽放北京2022年冬残奥会闭幕式。

14日　沙市镇秧田村“浏阳博士村研学旅游基地”上榜湖南省级研学旅游基地。

19日　湘北威尔曼制药股份有限公司新药研发生产基地项目开工。

21日　浏阳市公共资源交易监管平台正式上线，是全省首个县级电子交易平台。

是月　公安部对“昆仑2021”专项行动50个成绩突出集体和100名个人予以通报表彰，浏阳市森林公安局获评“昆仑2021”专项行动突出集体。

4月

2日　南泥湾路(龚家桥路-道吾山路)正式通车。该路是一条南北向的城市主干道，全长1150米，路幅宽42米，双向六车道，串联起新屋岭片区和道吾片区。

6日　中国科学院《互联网周刊》、eNet研究院、德本咨询联合发布2021年中国智能制造50强榜单，蓝思科技股份有限公司上榜，位列第30位。

11日　国家月球与行星地名库(LPND)发布“天问一号着陆区附近地理实体命名”的公告，其中在火星上有三个地方被命名为“文家市”。

11—12日　人民日报社、新华社、经济日报社、中国新闻社、湖南卫视等十多家中央、省级媒体组成的采访团来到了浏阳，聚焦浏阳革命老区在传承弘扬红色文化、做大做强特色优势产业、花炮产业转型升级等方面进行集中采访。

15 日　省委书记、省人大常委会主任张庆伟到浏阳市督导检查安全生产工作。

20 日　浏阳 58 个重大项目集中开工，总投资达 142.33 亿元。

是日　2022 年浏阳市知识产权宣传周活动启动。

22 日　“悦读尚书·书香浏阳”2022 年浏阳市全民读书月活动启动。

23 日　金阳高级中学奠基。

25 日　杜鹃花节启幕。

26 日　“纾困助文旅·一起向未来”初心源·湘鄂赣文旅一卡通结算发放仪式在浏阳举行。

27 日　浏阳市工会第十八次代表大会开幕。

28 日　浏阳市葛家镇六股岭矿区建筑材料用砂岩板岩矿采矿权，在湖南省公共资源交易服务平台挂牌出让成交。经过 126 轮竞价，溢价 6.9 亿元，最终由来自浙江的湖州弘诚工程管理有限公司以 11.32 亿元摘得六股岭矿区采矿权。

是日　浏阳市政协委员湘赣边商贸服务业实践站揭牌。

29 日　金阳大道道吾山隧道全线贯通。该隧道为上、下行分离的大断面特长隧道，其进口位于集里街道，出口位于蕉溪镇，双向总长 9328 米。

是日　湘赣边区域医疗开放合作政协委员浏阳市实践站授牌及座谈会在市人民医院举行。

是日　浏发集团整体收购浏阳河大酒店。

是日　株树桥水库管理局与浏发集团签署株树桥物业公司移交接收协议，株树桥物业公司正式从株树桥水库管理局划转至浏发集团。

是月　2022 年首届浏阳市文化创意设计大赛启动。

是月　浏阳出台《促进文旅深度融合高质量发展十条措施》。

5 月

1 日　浏阳市人民医院智慧停车场正式启动运营，提供车位 1400 余个。

4 日至 12 月　浏阳在全市范围内开展城乡居民自建房安全隐患和违法建设情况排查整治行动。

8 日　湘赣边首批“村播驿站”（荷花街道、镇头镇、北盛镇等 6 个乡镇 8 个村）开播。

12 日　全国防灾减灾日暨湖南省地质灾害防治“红背包公益行动”主场活动在浏阳启动。

是日　全市平安校园建设暨妇女儿童权益保护工作调度会议召开。

是日　宏源大桥正式通车。该桥桥梁全长 166.16 米，桥宽 6.5 米，地处宏源水电站上游，横跨浏阳河，联通集里街道与柨冲镇，于 2021 年 8 月拆除重建。

是日　浏阳举行庆祝第 32 次“全国助残日”暨第六届“残疾人自强模范”“扶残助残先进个人”颁奖典礼。

15 日　新华书店·浏阳乐之书店开业。

16 日　浏阳市庆祝建团 100 周年座谈会暨年轻干部“双营”（“90 后”中层干部强基训练营和“85 后”科级干部能力提升营）培训班开班仪式举行。

是日　浏阳市出租车“95128”电召服务平台正式投入使用。

20 日　由市人民法院和市妇联共同成立的“家庭教育指导、妇女儿童权益维护、家事纠纷调解”南区工作站在大瑶法庭揭牌。

21 日　2022 年浏阳市“河畔季风”消费节暨“浏 Young”消费周活动启动。

23 日　长沙惠科金杨新型显示器件有限责任公司承担的长沙惠科金杨数字化车间项目、湖南华中苗木云科技有限公司承担的花卉苗木产业全链智慧化平台开发及示范应用项目、欧智通科技股份有限公司承担的基于 PLC-IOT 技术的智能路灯照明系统应用项目等浏阳 3 项目入选全省“数字新基建”100 个标志性项目名单。

23—24 日　湖南省林业有害生物防治工作现场会在浏阳召开，全省 14 个市州林业局和 74 个松材线虫病疫区的区县林业局负责人参加会议。

24 日　浏阳市举行纪念毛泽东《在延安文艺座谈会上的讲话》发表 80 周年座谈会。

27 日　湘赣边区域合作示范区建设推进大会在江西省萍乡市召开。会上，浏阳作典型发言。浏阳市与上栗县签署《浏阳——上栗园区产业链深度合作框架协议》，浏阳经开区与萍乡经开区签署《国家级经开区产业协同发展战略合作框架协议》。

30 日　湖南省补充耕地项目整改专项攻坚现场会在浏阳举行。

31 日　出台《浏阳市烟花爆竹产业高质量安全发展三年行动计划（2022—2024 年）》《浏阳市打造“世界花炮之都”十条激励政策》。

是日　湘赣边校企合作产教融合高峰论坛暨 2022 年浏阳市职业教育活动周启动仪式召开。

6 月

1 日　岳麓山水产种业创新中心——乌龙渔场基地暨刘少军院士团队工作室揭牌仪式在北盛镇乌龙渔场举行。

2 日　“6·5”世界环境日暨浏阳市第八届环保文化节活动在金刚镇金市村何家大屋举行。

6 日　2022 年浏阳市文明委全体（扩大）会议暨创建全国文明城市工作推进会召开。

7 日　第四届全国县域旅游研究成果《全国县域旅游研究报告 2022》暨“2022 年全国县域旅游综合实力百强县”“2022 年全国县域旅游发展潜力百佳县”名单在北京发布。浏阳上榜全国县域旅游综合实力百强县名单，位列第六。

10 日　2022 年浏阳市非遗宣传月启动仪式暨“湘剧四季　相遇金刚”文艺活动在金刚镇桃树湾刘氏大屋

举行。

10日　浏阳供销资产经营管理集团有限公司注册成立浏阳供销烟花贸易有限公司。

11日　湘赣边心理健康和精神卫生防治县域医联体签约仪式在浏阳市脑科医院举行。浏阳市脑科医院、修水县妇幼保健院、湘东区中医医院、万载县爱心精神病医院、平江县精神病医院、汨罗市精神病医院、醴陵市精神病医院、攸县中医医院共同签订医联体合作协议。

11—19日　2022湖南省小篮球联赛浏阳赛区开赛。

14日　“全国农业科技现代化先行县共建活动暨邹学校院士团队工作室”揭牌仪式在葛家镇金源村举行。省农业农村厅副厅长欧阳彪，中国工程院院士、湖南农业大学校长邹学校，湖南农业大学副校长唐圣松，长沙市副市长邹特，浏阳市委副书记、市长王雄文出席揭牌仪式。

15日　浏阳市司法局被人力资源和社会保障部、司法部授予“全国司法行政系统先进集体”称号。

16日　湖南启泰传感科技有限公司研发成功电动汽车制冷设备传感器。

是日　全国农机“安全宣传咨询日”活动湖南分会场启动仪式在古港镇梅田湖村举行。

17日　由市金融事务中心、市发改局、人民银行浏阳支行联合举办的“金企对接在一线”——社会投资重点项目专场活动在市民之家举行，市域30余家重点项目代表、人保财险和19家银行负责人、信贷业务负责人就融资问题进行专场对接。

20日　浏阳市召开千名干部联千企“送政策、解难题、优服务”行动动员暨培训电视电话会议，集中部署“全市千名干部联千企”行动。

24日　2022年首届浏阳市文化创意设计大赛决赛暨颁奖典礼举行，《浏阳印象》主题文创产品作品获“一等奖”。大赛由湖南省设计艺术家协会指导，浏阳市委宣传部、浏阳市文明办主办，浏阳市文化创业园管委会、湖南农业大学风景园林与艺术设计学院、浏阳市淮川街道办事处承办，浏阳农村商业银行特别支持，浏阳市设计艺术协会、浏阳市广电云商有限公司等执行。大赛自2022年4月11日启动，共吸引全国717个团队及个人报名，收到以浏阳烟花、夏布、茴饼等为主题创作的443个有效作品，经作品初审、网络评选等环节，16个作品晋级决赛。

是日　长沙市第32个全国土地日主题宣传活动在浏阳市永安镇举行，活动主题为“节约集约用地，严守耕地红线”。

24日　浏阳市农业发展事务中心牵头编制的地方标准《湘东黑山羊种羊选育技术规范》通过湖南省市场监督管理局、农业农村厅审查。

25日　2022浏阳全民健身乐跑活动暨长兴湖智慧跑道启动仪式举行。浏阳首条智慧跑道——长兴湖主题公园智慧跑道建成开放。

29日　浏阳永和通用航空产业基地项目开工动员活动举行。该项目由湖南永和通用航空产业发展有限公司负责开发建设，项目选址于永和镇原湖南磷化工总厂矿区，规划面积4.9平方千米，总投资约50亿元，涵盖飞行服务、通航智造、通航文旅等板块，分三期建设（2022—2027年）。

是日　浏阳经开区惠企政策精准服务平台上线。

是日　退役军人事务部思想政治和权益维护司司长梁竞阁到浏阳调研退役军人事务工作。

30日　湖南长沙浏阳市水佳110千伏输变电工程开工。

是日　市医保局在全市的政务服务中心、医院、园区及乡镇共启用7台医保自助服务机及16台医保业务综合智能服务终端。

是日　浏阳市与江西省万载县签订《浏阳市、万载县湘江流域突发环境时间联防联控协作框架协议》。

是月　由浏阳市委宣传部选送的儿童剧《木兰从军》、花鼓戏《浏阳李白》、电影《浏阳河上》、歌曲《我最亲最爱的祖国》《浏阳河水清又亮》、图书《浏阳历史文化丛书》六件作品入选长沙市第十四届精神文明建设“五个一工程”名单。

7月

2日　岳阳市浏阳商会成立大会暨浏阳市（岳阳）招商推介会举行，该商会是第九家异地浏阳商会。

7日　中央电视台综合频道《焦点访谈》栏目聚焦浏阳，对浏阳市生态文明建设工作进行专题报道，推介浏阳平衡环境保护与产业发展，走生态优先、绿色发展之路的相关举措和成效。

是日　湖南省水库标准化建设暨样板县创建现场培训会议在浏阳举行。

8日　浏阳市、醴陵市、上栗县、万载县四县（市）知识产权工作经验交流会在浏阳召开。会上，四县（市）签订《浏阳醴陵上栗万载四县（市）知识产权行政保护协作协议书》。

是日　由市工信局、市财政局主办的2022“创客中国”浏阳市创新创业大赛活动举行，8家浏阳企业进行现场路演。

10日　位于水佳片区的李畋路（浏阳河路—白沙路）建设项目正式开工，该路段起于浏阳河中路，止于白沙路，长约860米，宽42米，为双向六车道。项目总投资约1.598亿元。

12日　“欢乐浏阳河”——“时光里的码头”大型音乐焰火晚会在柘冲镇举行。

是日　由浏阳市烤烟生产指导中心、浏阳市烟草专卖局（分公司）主办的浏阳市第二届“烟叶烘烤工匠”比武大赛活动在官渡镇举行，28名烘烤技师参加比赛，评选出15名“烟叶烘烤工匠”。

13日　中央退役军人事务工作小组办公室秘书局副局长张进率队到浏阳，调研退役军人“返乡第一课”工作。

14日　由浏阳市商务局主办，全球搜·湖南谷道创贸科技有限公司承办的“2022外贸增长学院”浏阳会场活动举行，全市50多家外贸企业相关负责人及代表参加活动。

15日　长沙市“保护知识产权驻企业工作站”授牌仪式在浏阳经开区举行，长沙市公安局、长沙市知识产权局共同为蓝思科技股份有限公司、长沙惠科光电有限公司、宇环数控机床股份有限公司、盐津铺子食品有限公司、湖南太阳龙医疗科技有限公司等9家浏阳企业工作站授牌。

16日　中国华夏文化遗产基金会捐赠签约仪式在长沙举行，中国华夏文化遗产基金会与浏阳达成捐赠框架协议。

19日　浏阳市退役军人就业创业孵化中心获批成立。

20—21日　浏阳组织开展2022年村（社区）“观摩赛马”活动，该活动分为城市基层治理、乡村振兴两大主题。39个村（社区）参赛。

21日　浏阳市直机关“强省会　当先锋　做表率”党组织书记微党课竞赛（决赛）举行。

22日　浏阳市大围山镇第十三届水果文化生态旅游节启动。

是日　中共浏阳市互联网行业委员会成立暨第一次党委（扩大）会议召开。

23日　在福建省福州市举行的第五届数字中国建设峰会上，中国工业互联网研究院发布2021年全国县域工业互联网发展Top20榜单，浏阳市位列第18名。

24日　永和镇“探秘工矿原址，畅怀激情岁月”首届工矿旅游节开幕。

25日　浏阳经开区举行项目集中签约仪式，生物检测试剂项目、电子材料项目、国内首条年产千吨级高电压层状氧化物钠离子正极材料项目及省内最大的汽车精密弹簧弹片生产项目4个项目集中签约落户园区。

27日　全省市州政府督查室主任会议在浏阳召开。

28日　全市美丽宜居村庄建设、农村人居环境整治暨农村宅基地制度改革试点工作现场观摩推进会议召开。

是日　浏发集团一级子公司文旅公司成功通过中诚信国际信用评级委员会评审，获评AA主体信用等级，评级展望稳定。

29日　蕉溪镇首届“花漾早田　荷美乡村”荷花美食节正式开幕，活动为期30天，累计吸引游客4.6万人，线上直播点击量达363万人次，有效促进休闲农业与乡村旅游业充分融合。

30—31日　“焰遇浏阳河——大型沉浸式烟火秀”在浏阳天空剧院首演。

31日　2022年浏阳首届文旅招商推介会举行，重点围绕浏阳河百里画廊“一河两岸”城区段、大围山“一园四镇”、乡村旅游、品质民俗、特色研学、地域美食“六大板块”推介文旅项目，并现场集中签约24个项目。

是日　浏阳市首届文旅发展大会召开。

是日　浏阳市人民政府办公室印发《浏阳市进一步激励“制造强市”建设工作的若干措施》，以支持企业倍增、做大做强、智能化发展、科技创新，弘扬企业家及工匠精神。

下旬至8月15日　浏阳在全市范围内组织开展“清河净滩”专项行动，组织清洁队伍对长期存留在河库和小微水体岸线以及汛后残留在河库管理范围内的塑料垃圾、漂浮物等进行清理，确保水域岸线干净、整洁。

31日至8月1日　由退役军人事务部、军事博物馆、央视网、快手官方联合推出，浏阳市退役军人事务局策划参与的“军魂永不褪色”——“全民拥军　全城表白我在浏阳说爱你”全网直播。

是月　浏阳市退役军人就业创业孵化中心获批成立。

8月

1日　浏阳大道（菊花石路—李畋路）开工建设。

是日　以“湘黔携手，合作共赢”为主题，由贵州省烟花爆竹流通协会和浏阳市人民政府共同举办的浏阳——贵州烟花爆竹产销合作主题年活动在贵州省贵阳市开幕，浏阳市委常委、副市长李翔出席开幕仪式。

6日　第八届浏阳河七夕文化节举行。

8日　2021年度中国乡镇卫生院榜单正式公布，浏阳市北盛镇中心卫生院、大瑶镇中心卫生院等4个乡镇卫生院入围《中国乡镇卫生院排行榜100强》，其中集里医院（浏阳市眼科医院）位列全国第一名，社港镇卫生院位列第二名。

12—22日　浏阳花炮企业亚太烟花参加2022年中央广播电视总台中秋晚会节目在江苏张家港的录制，共计燃放10场焰火。

14日　当日起，全市范围内启动抗旱Ⅳ级应急响应。

16日　在湖南省第十四届运动会皮划艇（激流回旋）项目中，浏阳学生伍庆鸿以总分62分成绩获青少年组皮划艇（激流回旋）男子乙组全能金牌。

17日　省委县域经济工作电视电话会议在长沙召开。会上，长沙市委常委、浏阳市委书记朱东铁代表浏阳市作典型发言，以《干在实处、走在前列，勇当县域经济高质量发展开路先锋》为题，介绍浏阳县域经济高质量发展的经验和做法。

是日　政协浏阳市第十一届委员会常务委员会第三次会议召开。

19日　发布2022年第2号林长令《关于切实做好秋冬季森林防火工作的令》。

24日　2022年专精特新护航成长专项行动启动仪式暨中小企业品牌能力提升服务活动（浏阳专场）在浏阳举行。启动仪式上，成立湖南省企业品牌服务联盟，并为浏阳市2022年湖南省专精特新“小巨人”企业进行授牌。

25日　浏阳市江湾高级中学正式开学。

26日　秋收起义文家市会师纪念馆入选湖南省第一批党员教育培训现场教学点名单。

28日　泰安小学正式开学。

29日　寻淮洲生平事迹陈列展揭幕式在寻淮洲故居举行，省委宣传部部务会成员、二级巡视员刘新年，长沙市委常委、浏阳市委书记朱东铁出席并为陈列展揭幕。

是日　福布斯和中国电子商会联合发布“2022中国数字经济100强榜单”，浏阳企业蓝思科技股份有限公司位列第36。

是日　市文化产业园与湖南工程学院签订《“人才蓄水池”战略合作协议》。

30日　科技部在网站公布的首批47个国家创新型县（市）验收通过名单中，湖南浏阳市通过验收。

是日　全市烟花爆竹领域“打非治违”专项行动启动暨安全生产警示教育大会召开。

是日　浏阳通过国家创新型县（市）验收。

是日　环球时报社在北京举办“中国城市高质量发展与国际合作大会”，会上发布《2022中国城市高质量发展评估报告》，浏阳获评“2022国际化高质量发展环境建设标杆县（市、区）”。

31日　长沙市首个小区妇委会——淮川街道城西社区小区妇委会正式成立。

9月

3日　“喜迎二十大　文物映初心”第三届湘赣边革命文物讲解大赛在浏阳苍坊旅游区举行。

5日　浏阳市新的社会阶层人士联谊会成立并召开一届一次会员大会。会议审议通过《浏阳市新的社会阶层人士联谊会章程（草案）》，选举产生第一届理事会、监事会成员，刘彩云当选为联谊会首届会长。

6日　浏阳市创建全国基层中医药工作示范县（市）汇报会召开。

是日　竞争力智库、中国发展改革报社和北京中新城市规划设计研究院等机构联合发布《2021乡镇综合竞争力报告》，同时揭晓2021中国百强镇等榜单，永安镇列2021中国百强镇第82位，较2020年提升6位。

是日　《浏阳市政府投资信息化建设项目管理暂行办法》正式实施。

7日　浏阳市庆祝第38个教师节座谈会召开。

8日　市文旅智库学会以“借鉴张家界国际旅游营销经验，助推浏阳河百里画廊文旅发展”为主题举办第八届文旅沙龙，80余名学会成员及浏阳旅游界代表参加。

9日　浏阳市召开DRG（疾病诊断相关分组）支付方式改革推进暨业务培训会议。

10日　浏阳烟花再次绽放央视中秋晚会。

10日至2023年2月28日　浏阳市第十三届房交会举行。

13日　湘赣边冷链物流枢纽中心揭牌。

是日　蓝思科技股份有限公司的“基于蓝思大数据平台的数智化工厂”、长沙惠科光电有限公司的“基于信息化系统的质量全过程管理”、宇环数控机床股份有限公司的“高档数控磨床制造过程的数字化”上榜2022年湖南省制造业质量管理数字化优秀应用场景和典型应用场景名单。

15日　长沙市矛盾纠纷调解中心建设工作推进会在浏阳召开，来自长沙地区9个区（县、市）的政法委、司法局相关负责人，实地观摩学习浏阳矛盾纠纷多元化调处经验，共同交流探讨矛盾纠纷化解体系建设。

16日　浏阳市与铜鼓县签署不动产登记“跨省通办”合作协议。

20日　鸿鹄文化教育基金成立暨第一次“最美教师”表彰大会在小河中学举行。

21日　国家防总秘书长、应急管理部副部长兼水利部副部长周学文、应急管理部防汛抗旱司司长陈敏，应急管理部规财司应急指挥专员庞陈敏，应急管理部救灾司副司长来红州一行到北盛镇窑金村调研农作物受旱及河道提灌工程。

是日　浏阳市儿童福利院（浏阳市未成年人保护中心）转型变更为浏阳市未成年人救助保护中心（浏阳市儿童福利院）。

22日　湘赣边就业服务驿站（零工市场）启动暨浏阳经开区人力资源服务产业园开园活动举行。浏阳市、醴陵市、平江县、茶陵县、安仁县、宜章县、汝城县等湘赣边区域县市共同签订《劳务合作协议》。

23日　2022年浏阳市全国科普日活动启动。

是日　位于浏阳经开区韵达货运湖南分拨中心屋顶的分布式光伏电站实现并网发电。该项目由金阳投资集团有限公司全资子公司浏阳鑫能配售电有限公司负责投资建设，于2022年6月开建，占用屋顶面积约5万平方米，总投资约3000万元。

24日　雅士林长沙（国际）蚕桑丝绸智造产业园项目正式投产。

27日　浏阳市森林消防特勤大队组建成立。

是日　湖南省水稻抗逆保收培训班在浏阳举办。全省14个市州植保站长、40个相关区县植保机构负责人参加培训会。现场测产数据表明，“稻知优”示范区较常规管理区水稻亩产增产128千克，增产率高达29.7%。

28日　“一切为了人民——迎接党的二十大胜利召开”主题展在浏阳市博物馆展出。

是日　浏阳市梅田、古岭自供区配电网改造工程项目开工。

29日　G106绕城公路一期（浏阳市西南环线一期南泥湾路—浏阳河西路）正式开工建设。该项目总投资3.26亿元，全长约2290米，宽28~49米，全线按一级公路标准建设，设计时速80千米。

是日　金阳大道三期试通车。金阳大道三期全长16.667千米，路基宽28米，按城市快车路标准建设，为双向六车道，设计时速80千米，全程无红绿灯。

是日　浏阳市金阳医院奠基仪式举行，该医院项目是长株潭一体化重点项目、长沙市重点项目以及浏阳市

“五个十大”项目和金阳新城“四个十大”项目，项目用地面积 120 亩，编制床位 1000 张，按照三级综合医院标准建设。

是日　总投资 3.26 亿元的 G106 绕城公路一期（浏阳市西南环线一期南泥湾路—浏阳河西路）项目正式开工建设。该项目位于集里街道平水片区，与 G106 浏阳绕城公路共线，全长约 2290 米，全线按一级公路标准建设，设计时速 80 千米。

30 日　浏阳市金阳大道三期试通车，三期工程全长 16.776 千米，于 2018 年 8 月 28 日开建。

是月　投资 15 亿元位于浏阳市官桥镇的湖南护理学校（浏阳校区）正式开学。

10 月

6 日　由浏阳市医建建设投资有限公司投资，市工建中心负责建设，中国建筑第五工程局有限公司总承包施工的浏阳市中医医院危急重症大楼建设项目正式通过竣工验收，翌日起试运行。

13 日，城区首个城市供销社——城西社区供销合作社开业。

14 日　浏阳成功申创第一批国家乡村振兴示范县。

19 日　澄潭江镇荆坪村被国家卫生健康委员会、全国老龄工作委员会办公室命名为 2022 年全国示范性老年友好型社区。

20 日　浏阳市林长制正式升级为“一长四员一大队”管护体系。

21 日　“羊淘商城”正式入驻湖南省政府采购电子卖场，成为政府采购供应商，供全省采购单位选购交易。

22 日　泰安路（浏阳河路—白沙路）全线通车。泰安路于 2021 年 5 月 31 日开工建设。

27 日　S326（南横线）试运行通车

是日　城区首座人行天桥在北正南路建成。

28 日　第二十三届中国中部（湖南）农业博览会在长沙国际会展中心开幕，开幕式上举行“十大湘菜名县”授牌仪式，浏阳被授予湖南省首届“十大湘菜名县”称号。

29 日　G106 绕城公路一期（浏阳市西南环线一期南泥湾路—浏阳河西路）正式开工建设。该项目总投资 3.26 亿元，全长约 2290 米，宽 28~49 米，全线按一级公路标准建设，设计时速 80 千米/小时。

31 日　《浏阳市烟花爆竹企业分类管理办法》正式下发施行。

是日　第四届新财富“最佳上市公司”评选结果揭晓，蓝思科技股份有限公式被评为“最佳上市公司”，公司董事长周群飞被评为“上市公司最佳领航人”。

是月　新屋岭社区西侧停车场投入使用，该停车场新增停车位 76 个，配备 10 个新能源充电桩。

是月　投资 15 亿元的湖南护理学校（浏阳校区）一期项目，正式完成搬迁工作，该项目规划用地 112 公顷，其中学校 66.667 公顷，附属医院 13.333 公顷。学校部分总用地面积 440756.8 平方米，总建筑面积 534555 平方米（其中计容总建筑面积 519700 平方米，地下室总建筑面积 14855 平方米），容积率 1.18，建筑密度 24%，绿地率 25%，停车位 560 个，其中地面停车位 324 个，地下停车位 236 个。

是月　新浏阳市行政区划图出版。

11 月

1 日　关口街道道源村（粽子村）上榜第十二批全国“一村一品”示范村镇。成为浏阳第 7 个全国“一村一品”示范村镇。

4 日　湖南省浏阳风洞口抽水蓄能电站预可行性研究报告审查会议在浏阳召开。

是日　浏阳市残疾人联合会第五次代表大会召开。

5 日　由新华网举办的第八届绿色发展论坛暨绿水青山就是金山银山实践成果展上，浏阳被授予“2022 优化政务（投资）环境优秀城市”称号。

10 日　胡耀邦故居红色旅游路线被评选为 2022 年度“湖南省最具人气路”。该评选由湖南省交通运输厅组织。浏阳市胡耀邦故居红色旅游路起于湖南省长沙市浏阳市中和镇苍坊旅游区耀邦故居，止于浏阳市小河乡新河村，全长 29.516 千米，是交通运输部《全国红色旅游公路规划（2017—2020 年））》项目。

是日　农业农村部公布 2022 年中国美丽休闲乡村名单，古港镇梅田湖村榜上有名。

11 日　中央电视台财经频道《经济半小时》以“念好花木致富经”为题讲述柏加镇通过“种花种木”乡村财富故事。

15 日　浏阳首台油菜联合移栽机下田。

18 日　由市河长办、团市委主办，市义工联承办的浏阳市河小青行动中心授旗授牌仪式举行。

21 日　长沙供销产业集团有限公司与浏阳供销资产经营管理有限公司注册成立长沙供销茶油销售有限公司。

22 日　长岭路（复兴路—李畋路）建设项目正式开工。该项目由浏发集团投资建设，总投资约 8800 万元，道路长 1210 米，宽 24 米，为双向四车道。

28 日　湘赣边区域四县市（浏阳、万载、铜鼓、上栗）举行医保合作线上签约。

是日　浏阳市木材检查总站更名为浏阳市林业行政执法大队，浏阳市林权管理服务中心更名为浏阳市林业技术和产业服务中心，两个新机构挂牌成立。

29 日　椒花水库完成枢纽首仓混凝土浇筑。

12 月

7 日　中国共产党浏阳市第十三届委员会第四次全

体会议召开。大会听取和讨论市委常委会工作报告，审议通过《中共浏阳市委关于深入学习宣传贯彻党的二十大精神　为全面建设社会主义现代化新浏阳而团结奋斗的决定》《中国共产党浏阳市第十三届委员会第四次全体会议决议》。

是日　浏阳首家比亚迪新能源汽车4S店落户关口。

9日　2022年（第九届）全国村镇银行综合业务发展情况排名活动暨第四届全国村镇银行品牌价值排行榜活动获奖榜单发布，湖南浏阳江淮村镇银行入选“全国百强村镇银行（2021年度）”。

10日　浏阳举行“引老乡、回故乡、建家乡”深圳招商推介会。

11日　浏阳市乡村振兴惠民服务站挂牌成立。

13日　浏阳市委人才工作会议召开。会上，浏阳发布人才强市“百千千万”工程“1+1+3+N”政策体系，即《浏阳市深入推进人才强市“百千千万”工程的实施意见》《浏阳市深入推进人才强市“百千千万”工程若干政策（试行）》等1个实施意见和1个若干政策，《浏阳市教育人才引进培育的若干措施》《浏阳市促进卫生健康人才队伍建设的若干措施》《浏阳市乡村振兴产业人才联盟实施方案》3个具体措施。

14日　2022年度湖南省普通公路突发事件应急演练活动在浏阳举行。

是日　长沙市2022年“十行状元、百优工匠”乡村美食制作技能竞赛决赛在浏阳市古港镇松山屋场举行。

15日　浏阳经开区管委会与湖南通泽太阳能科技有限公司举行项目签约仪式，10GW（吉瓦）高效异质结光伏电池及组件生产基地项目落户浏阳。该项目购地约800亩，分两步实施，总建设周期约36个月。

是日　政协浏阳市第十一届委员会常务委员会第四次会议召开。会议听取市政府2022年度建议案和提案办理情况、重点提案办理工作承办单位和专项民主监督反馈问题整改落实工作牵头单位汇报情况。

16日　全国县域经济研究咨询专业智库社会组织——中郡研究所完成并发布《第二十二届县域经济与县域发展监测评价报告》，浏阳位列全国县域经济和社会综合发展百强县第7名。

22日　2022中国幸福城市论坛在杭州举行，现场发布2022年度中国最具幸福感城市系列榜单，浏阳被评为“企业家幸福感最强市（区）”。

是日　“满城烟花·冬至浏阳”活动举行。

29日　湖南安邦制药股份有限公司在全国中小企业股份转让系统挂牌。

30日　浏阳政西广场、唐家洲、百川里小区的三个公共停车场的18个新能源汽车充电桩正式上线。

31日　“焰遇浏阳河·2023跨年焰火嘉年华”在浏阳天空剧院上演。

是月　浏阳市艺术科技馆被认定为“2022—2027年度湖南省科普教育基地”。

是年　全市启动87个老旧小区改造工作。

是年　浏阳市全面启动村级集体经济发展“四年行动计划”（即：2022年底实现村级集体经济收入50万元以上的村达到40%；2023年底达到80%；2024年达到100%；2025年巩固提升，实现可持续发展）。

浏阳城区　　（彭红霞　摄）

浏阳概貌

自然地理

【位置面积】 浏阳市位于湘赣边界，湖南省东部偏北，省会长沙市的正东方，分别与株洲市荷塘区、芦淞区、石峰区、醴陵市；长沙市长沙县、雨花区；岳阳市平江县，以及江西省宜春市袁州区、铜鼓县、万载县，萍乡市上栗县11个区（县、市）交界，边界线总长571.75千米；域内东西长125.8千米，南北长80.9千米，全市居北纬27°51′~28°34′，东经113°10′~114°15′，总面积5007.75平方千米，占全省总面积21万平方千米的2.38%。

【地质地貌】 大围山、连云山、九岭山为境内主要大山。浏阳整个地势东北高峻，向西南倾斜递降。最高峰为大围山主峰七星岭，海拔1607.9米，最低柏加镇渡头村塘湾，海拔37.5米，高差1570.4米。地势高低起伏大。主要山岭脉络清楚，皆呈北东至南西走向的雁行背斜山地。岭谷平行相向，形成官渡、大瑶、北盛三个较大盆地和一个浏阳河谷地。市内水系发育，地表切割强烈。河曲发育，堆积盛行，出现河漫滩和多级阶地，沿水系形成现代狭长的河谷、溪谷冲积平原。山地丘陵隆起长期处于剥蚀状态，山势陡峭，坡度较大。全县30°以上的占47.5%，25°~30°的占12.5%，20°~25°的占10.0%，15°~20°的占7.9%，10°~15°的占5.3%，5°~10°的占2.4%，小于5°的占14.4%。在外营力作用下，现代地貌继续沿着削高填低的趋势发展。市内地质构造与岩性比较复杂，前震旦系的变质岩面积占58.67%，第四纪冲积物占15.48%，红岩占9.01%，花岗岩占8.45%，砂页岩占4.91%，石灰岩占2%，沙砾岩占1.48%，在内外营力长期交互作用影响下，形成多样地貌类型。各类地貌组合分布，基本由东北向西南依次为山、丘、岗、平呈阶梯状，并大致沿着浏阳河谷地北、东、南三面呈断续性环带状分层排列递降。同时沿捞刀河、浏阳河、南川河谷地两侧逐级抬升，具有高低分层，逐步过渡的分布规律。

【自然资源】 域内已知有各类矿藏、矿点和矿化点共190多处，其中大型矿床6处，中型矿床12处，小型矿床12处。已知矿种有金、银、铜、铁、铅、锌、钨、锡、钼、汞、锑、钴、锰、锂等45种。域内土壤种类多样，共有9个土类，18个亚类，63个土属，181个土种。耕型土壤以水稻土和红壤为主，水稻土面积8.11万公顷，占全市总面积的16.20%，占耕地面积86.87%；红壤土面积9093.33公顷，占旱地面积93.73%，占耕地面积12.97%。域内野生动植物资源十分丰富，根据1999年野生动植物资源普查和国家林业和草原局、农业农村部公告（2021年第3号）（国家重点保护野生动物名录）分类，域内列入保护的野生动物有49种，其中国家一级保护动物有云豹、黄腹角雉、白颈长尾雉、穿山甲、黑麂5种，国家二级保护动物有山鹧鸪等15种，省级保护动物果子狸等29种。有植物47种。其中一级保护植物有伯乐树、银杏、南方红豆杉3种，二级保护植物有香果树等22种，三级保护植物有穗花杉等22种。主要林业资源有松、杉、楠竹、茶、油茶等。2022年全市林地面积33.73万公顷，森林蓄积量1454.12万立方米，森林覆盖率66.65%，封山育林13.33万公顷，保护湿地1.1万公顷，古树名木2130株，拥有2个国有林场，8个国家、省级自然保护地。

【河流水系】 域内三大水系浏阳河、捞刀河、南川河分别汇入湘江、渌江，浏阳河、捞刀河为湘江一级支流。浏阳河由分别发源于大围山北、南麓的大溪河、小溪河汇流而成，流经本市19个乡镇（街道）至长沙市开福区入湘江，全长222千米，域内长175.8千米，流域面积3211平方千米，多年平均水量27.98亿立方米，水能蕴藏量11.44万千瓦，占全市的80%；1986年10月，浏阳市在浏阳河小溪河下游，石湾乡（今高坪镇）境内距浏阳市区28千米处株树桥开工建设株树桥水库，1992年10月竣工。株树桥水库是大（2）型水库，水库集雨面积564平方千米，正常蓄水位165米，是长沙市最大的水库。2010年8月，株树桥水库至长沙的引水工程竣工通水。2022年，株树桥水库实现供水2.12亿吨，售电3711万度，完成主营收入4890万元，较2021年增长2%。捞刀河源于石柱峰，流经本市7个乡镇，至长沙市开福区入湘江，全长144千米，域内长78.2千米，流域面积1135平方千米，多年平均水量9.24亿立方米，水能蕴藏量1.91万千瓦。南川河源于江西省万载县金钟湖，至改江入浏阳文家市镇，流经5个乡镇，由金刚镇入醴陵市，经株洲市渌口入湘江，多年平均水量5.33亿立方米，水能蕴藏量0.88万千瓦。

【气候水文】 浏阳属中亚热带季风湿润气候。东北部以中低山为主，夏凉冬冷，光热偏少，降水偏多；中、南部地区，冬少严寒，夏少酷热，光热充足，雨水适中；西北部捞刀河流域属湘中丘陵盆地气候类型。从东部最高点七星岭至西部最低点浏阳河出境处高差1570.4米。气候受地势影响，由湘赣边界山区气候向湘中丘陵盆地气候过渡。且因河谷平原向两侧逐级抬升，平、岗、丘、山依次排列，具有高低分层，逐步过渡的分布规律，从而导致全市水热状况复杂的垂直差异。大围山、连云山两山东北至西南横亘，特别是连云山脉斜劈全市，使北方冷气受阻，因此，全市形成亚热带夏长炎热盆地谷地气候区、亚热带夏凉多雨山区台地气候区、夏凉冬冻高山气候区三大块较明显气候区。市内历年平均降水量1400~1800毫米，山区较多，平原较少，多雨中心在宝盖一带山区及大围山、连云山地区，年降水量1700~1800毫米，原宝盖乡寒婆坳高山纪录曾达2200毫米。少雨地带在西部盆地和大瑶以南的平原地，年平均雨量在1500毫米以下。2022年，浏阳市年平均气温

18.8℃,比历年同期(17.8℃)偏高1.0℃;年极端最高气温40.8℃,出现在8月23日,极端最低气温-3.8℃,出现在12月18日。年降水量1528.7毫米,比历年同期(1597.3毫米)偏少4.3%,春季雨水充足,夏秋冬季降水偏少。年日照时数1654.2小时,比历年同期(1579.9小时)偏多4.7%。

建　置

【置县】《三国志·吴书·周瑜传》载,东汉建安十四年(209)浏阳置县。建安二十二年(217),长沙郡为吴所有,浏阳属长沙郡。隋开皇九年(589),改临湘县为长沙县。大业三年(607)废浏阳县,浏阳并入长沙县。唐景龙二年(708)复置浏阳县。元元贞元年(1295)浏阳县升为州。明洪武二年(1369)复降为县。民国元年(1912),浏阳县属长宝道。民国3年(1914)所属道更名为湘江道,民国7年(1918)又更名为湘东道。民国15年(1926)起浏阳属第一行政督察区,民国26年(1937)成为督察专员公署治所。1949年7月19日,浏阳和平解放;8月,浏阳县属长沙专区。1952年9月,长沙专区更名湘潭专区,1968年又更名湘潭地区,浏阳县隶属关系均未变。1983年2月,国务院批准撤销湘潭地区,浏阳县划归长沙市管辖,是年7月正式接管。1993年2月,经国务院批准浏阳撤县设市(县级)。2014年10月,在北京召开的中国地名文化遗产保护专家委员会第18次"千年古县"专家会议上,浏阳市被认定为"千年古县"。

【治所】《湖南通志·古城考》:"浏阳故城在今浏阳县东。"《浏阳县志》载"县东也就是民间传说的今治东街口以外旧城隍庙一带",按清嘉庆《浏阳县志》中《浏阳城池图》,即今名河鑫都小区内;隋大业三年(607)因废县而故城不存;唐景龙二年(708)复置浏阳县,在故城西面重建县城;宋末,元兵进入浏阳,县城被破坏;元代遂迁治所于居陵镇(又名居仁镇,即今官渡镇);明初迁回今址(浏阳城区)。民国27年(1938)以前县政府位于西正街(今才常广场西北角)。民国27年(1938)11月10日被日机炸毁,旋迁营盘巷迎福寺(今欧阳予倩故居附近)。民国33年(1944)6月10日,县城被日军占领,县政府迁往七宝山凤凰岩曾广益宅。民国34年(1945)日本投降后迁回县城文庙礼乐局内。中华人民共和国成立后,1954年春,迁往才常路谭烈士祠右侧曾子庙院内。1990年7月,于谭烈士祠左侧才常路93号建成八层政府办公大楼,县人民政府、县人大常委会、政协浏阳县委员会同时迁入办公。2004年12月,新建于关口街道汉塘路的行政中心落成,中共浏阳市委员会、市人大常委会、市人民政府、政协浏阳市委员会入驻行政中心。

行政区划

【明、清区划】 明嘉靖《长沙府志》载,浏阳设4个乡即东乡、南乡、西乡、北乡……其境域即今之东南西北乡。宋元时,全县有75个都。明代,110户为一里,里一级,城区叫坊,郊区叫厢。明嘉靖十一年(1532)全县有48里、2坊。清康熙十九年(1680)《浏阳县志》载,全县原编都44,外加坊厢都6,共50个都,每都10甲,共500甲。清同治《浏阳县志》载,康熙三十年(1691)增加7个都,雍正十一年(1733)又增6个都,并原都共63个。清咸丰年间,为防御太平军,推行团练制。10户为一牌,若干牌为一社(或称境),设社长;若干社为一小团,若干小团为一大团。同治元年(1862),全县共设21个大团,294个小团。至民国11年(1922),新选的议会召开一届一次常会作出决议,逐渐废除都甲。

【民国区划】 民国前期,主要沿用清代团的区划。民国元年(1912)就21个大团的范围设立城、镇、乡,计城1(中立)、镇7(古港、永和、张坊、枫林、振西、普安、冲和)、乡13(其余大团其下仍称小团)。民国2年(1913)又撤城、镇、乡,恢复大团。民国5年(1916),大团全部改为镇,小团全部改为乡,以镇辖乡。民国14年(1925)又于乡下设保甲,保甲以下设闾、邻。民国19年(1930)划全县为东、南、西、北、中5区。民国20年(1931)改为10个区,其具体隶属为:一区辖中立镇,二区辖古港、高坪两镇,三区辖大塅、枫林两镇,四区辖冲和镇,五区辖蕉溪、永安、北盛三镇,六区辖沙市、全吉、莲溪、绥和四镇,七区辖永和、达浒两镇,八区辖上东、张坊两镇,九区辖文市(里仁)、金刚两镇,十区辖振西镇。此时,小乡已增至300多个。区以下,按"百户以上之村庄地方为乡,百户以上之街市地方为镇"的原则,划为24镇、134乡,镇、乡由领属关系变为平行关系。民国24年(1935),改设5个区镇,即中立镇和东、南、西、北4个区。区以下并为89个乡镇。民国25年(1936),改为9个区,民国27年(1938),废区,划16镇、24乡,下设390保、6871甲。民国30年(1941),合庆康、福仁两乡为一乡,又增设新安镇,全县共辖17镇、23乡。

【中华人民共和国区划】 1949年8月1日,浏阳县人民政府成立。县下设东区、西区、南区、北区4个办事处,城关区1个区。1950年4月,进行民主建政,废除旧乡保,划全县为14个区,辖6个居委会和201个乡,乡下设村,村下设组。1951年7月,改为27个区、189个乡、6个镇、6个居民委员会。1952年7月,改城关区为镇。其余各区依旧,全县析为570个乡、14个乡级镇、6个居民委员会。1953年2月调整为22个区(镇)、318个乡、12个乡级镇、4个居民委员会。1954年改为21个区,区名由序数改为驻地名称,其中原一区与城关镇合并,改称集里区,驻地迁城关;原四区改称古港区,驻地由三口迁古港；原二十一区改称社港区，驻地由泮春迁社港；其余驻地依旧。1956年下半年，撤销区，将小乡并为大乡，全县共划为61个乡、3个镇。乡以下辖高级社，社以下辖生产队。1958年冬，实现人民公社化，撤销乡镇，成立政社合一的人民公社17个。下辖211个大队和3060个生产队，均为生产与行政合一的基层单位。1988年，辖11个区，设城关（区级）、永和（区级）、古港、文家市、永安5个镇，62个乡，1008个村，21个居民委员会。1995年6月28日，经省政府同意，长沙市政府办公厅下达《关于浏阳市行政区划调整的通知》，对浏阳市行政区划作以下调整：（一）撤销城郊、古港、官渡、张坊、大围山、大瑶、文家市、镇头、北盛、沙市、社港11个区。（二）保留太平桥乡、葛家乡、溪江乡、官渡镇、达浒乡、白沙乡、大瑶镇、金刚镇、杨花乡、柏加乡、官桥乡、蕉溪乡、赤马乡、山田乡、三口乡、永和镇、淮川街道、集里街道的行政区划不变。（三）将其余49个乡镇调整为22个乡、镇、街道。至2002年年末，全市辖4个街道，11个乡，25个镇。2005年，白沙乡与大围山镇合并，山田乡与淳口镇合并，赤马镇与沙市镇合并。2007年4月，撤销高坪乡，设立高坪镇。2008年12月，撤销三口乡，设立三口镇（2009年1月实施）。2009年10月，撤销官桥乡，设立官桥镇。2015年11月，浏阳出台《浏阳市人民政府关于调整部分乡镇行政区划的通知》（浏政发〔2015〕14号）并报经省民政厅批准：杨花乡和大瑶镇成建制合并设立大瑶镇；七宝山乡、永和镇成建制合并设立永和镇；三口镇、古港镇成建制合并设立古港镇；溪江乡、关口街道成建制合并设立关口街道；太平桥镇、集里街道成建制合并设立集里街道。2016年8月，葛家乡撤乡设镇。2018年6月，蕉溪乡撤乡设镇。2016年4月，浏阳市79个建制村合并。2018年11月30日，市人民政府下达关于设立翠园社区的批复，淮川街道设立翠园社区。2019年，荷花街道新设立新月社区，2020年，集里街道新设立北城社区、新屋岭社区。2022年，浏阳市辖4个街道：淮川、集里、荷花、关口；27个镇：古港、高坪、沿溪、官渡、永和、达浒、大围山、张坊、澄潭江、中和、文家市、大瑶、金刚、枨冲、镇头、普迹、官桥、柏加、洞阳、永安、北盛、沙市、淳口、龙伏、社港、葛家、蕉溪；1个乡：小河；共326个村（社区），另设浏阳经开区（高新区）、“两型”产业园、大围山国家森林公园等园区。

历史文化

【传统文化】 1991年，长沙市考古工作者在浏阳市永安镇发现旧石器，表明距今15万年至20万年前浏阳已有人类活动；域内出土的一批商周至战国时期的青铜器反映了浏阳悠久的文明史。东汉建安十四年（209）设县。2021年12月，湖南省人民政府公布第五批省级非物质文化遗产代表性项目名录，浏阳夏布织造技艺、浏阳手工竹纸制作技艺入选。截至2022年年末，浏阳市列入非物质文化遗产代表性项目总数91个，其中国家级“非遗”项目3个，省级“非遗”项目6个，长沙市级“非遗”项目21个，县级“非遗”项目61个。

表1　　浏阳市非物质文化遗产名录一览表（截至2022年12月31日）

国家级非物质文化遗产保护名录（国务院公布）

序号	名称	代码	项目类别	公布时间	批次	项目保护单位
1	浏阳花炮制作技艺	Ⅷ	传统技艺	2006年5月	第一批	花炮协会
2	浏阳菊花石雕	Ⅶ	传统美术	2008年6月	第二批	菊花石协会
3	浏阳文庙祭孔音乐	Ⅱ	传统音乐	2014年11月	第四批	文化馆

省级非物质文化遗产保护名录（省人民政府公布）

序号	名称	项目类别	公布时间	批次	项目保护单位
1	长沙皮影戏（浏阳）	传统戏曲	2016年12月	第四批	文化馆
2	长沙山歌（浏阳客家山歌）	传统音乐			
3	中医正骨疗法（江氏正骨术）	传统医药			浏阳骨伤科医院
4	长沙花鼓戏（浏阳）	传统戏曲			浏阳市花鼓剧团
5	夏布织造技艺（浏阳夏布）	传统技艺	2021年12月	第五批	浏阳夏布制作工艺传承保护协会
6	浏阳手工竹纸制作技艺	传统技艺			浏阳市张坊镇古山造纸坊

续表 1　　　长沙市级非物质文化遗产代表性项目名录(长沙市人民政府办公厅)

序号	名称	项目类别	公布时间	批次	项目保护单位
1	浏阳皮影	传统戏剧	2007 年 6 月	第一批	浏阳皮影协会
2	浏阳客家山歌	传统音乐			浏阳市文化馆
3	江氏正骨术	传统医药	2013 年 1 月	第三批	
4	浏阳河酒制作工艺	传统技艺			浏阳河酒厂
5	浏阳小曲古法酿造工艺		2014 年 6 月	第四批	浏阳市五福堂酒业公司
6	长沙花鼓戏(浏阳花鼓戏)	传统戏曲			浏阳花鼓剧团
7	浏阳油饼制作技艺	传统技艺	2016 年 12 月	第五批	浏阳市油饼制作技艺传承保护协会
8	浏阳夏布				浏阳夏布制作工艺传承保护协会
9	浏阳豆豉传统制作技艺				浏阳豆豉制作技艺传承保护协会
10	浏阳手工造纸制作工艺				浏阳市张坊镇古山造纸坊
11	浏阳油纸伞制作工艺				浏阳市油纸伞制作工艺协会
12	浏阳蒸菜传统制作技艺				浏阳蒸菜产业协会
13	浏阳洞阳山道教音乐	传统音乐	2018 年 12 月	第六批	浏阳市洞阳书院
14	浏阳弹词(长沙弹词拓展项目)	曲艺			浏阳市文化馆
15	浏阳青面狮表演	传统体育、游艺与杂技			浏阳悦武堂
16	浏阳王家拳				浏阳武术协会、浏阳悦武堂
17	浏阳木活字印刷术	传统技艺			浏阳小河乡益兴堂活字印刷馆
18	浏阳龙舟	传统体育、游艺与杂技	2021 年 5 月	第七批	浏阳市官渡民间文化艺术团
19	浏阳龙狮表演				浏阳强盛龙狮功夫团
20	浏阳剪纸	传统美术			浏阳市民间文艺家协会
21	官渡唆螺	传统技艺			浏阳市桂圆休闲农庄有限公司
22	浏阳卤菜制作技艺				浏阳市淮川唐氏卤味大王门市部
23	花炮始祖公祭	民俗			浏阳市大瑶镇李畋仙师庙

浏阳花炮制作技艺　浏阳花炮包括浏阳爆竹和浏阳烟花。浏阳爆竹制作最早有文字记载的是清康熙《浏阳县志》“后人卷纸作筒,实以硝磺,名曰大爆竹”。民国时期《中国实业志》和《湖南经济调查丛刊》载“湖南省爆竹制造,始于唐代,发达于宋末”“湖南鞭炮之生产,最初发源于浏阳。”北宋时期(960—1127),浏阳爆竹达到第一个鼎盛时期;清雍正元年(1723),浏阳爆竹成为朝廷贡品。同治十一年(1872),浏阳南乡建有鞭炮作坊 300 余家。清光绪元年(1875)浏阳爆竹开始出口日本、朝鲜、印度、伊朗、英国和美国、俄罗斯等国。而浏阳烟花制作文字记载见于 1994 年版《浏阳县志》:“清末民初,县城商人李熙雅恢复和发展先祖失传技艺……并于民国 7 年(1918)开办取名‘李四美’的作坊”。浏阳先后研制出玩具烟花和大型组合烟花。燃放时花木鸟兽和各类人物逐层腾空,蔚为奇观,从此,以“李四美”作坊命名的浏阳烟花开始在国内外享有声誉。中华人民共和国成立前,浏阳花炮最高年产量达 14 万箱,除内销外,还远销欧美和东南亚 24 个国家和地区,1933 年,浏阳花炮获美国芝加哥万国博览会的优秀奖。中华人民共和国成立后,浏阳花炮研制得到快速发展。1986 年,在摩纳哥举行的第 21 届世界焰火比赛上,浏阳花炮获得第一名。20 世纪 90 年代,浏阳花炮的出口创税总额占到全县的 90%以上。《浏阳市志》载:“至 2002 年年末,发展到 4309 个花色品种,分为烟花和爆竹两大系列 13 大类……” 传统的浏阳鞭炮烟花制作工艺是纯手工制作,有装具制作、药物制作和配方、包装装潢等多道流程和工艺。20 世纪 60 年代开始使用自动化裁纸和药物配制,至 2019 年年末,除封装等特殊工序外,其他制作工艺均实现自动化。2006 年 5 月 20 日,经国务院批准,浏阳花炮制作技艺被列入第一批国家级非物质文化遗产名录。2007 年,“浏阳花炮”被认定为中国驰名商标。2008 年开始浏阳花炮先后成为北京、伦敦、里约奥运会和上海世博会、南京青奥会、北京 APEC 峰会等众多国际重大活动所用焰火。2009 年 “浏阳花炮” 证明商标获中国烟花爆竹行业中唯一的“2009 最具竞争力地理标志商标”称号,被评为消费者最喜爱的商标。2011 年“浏阳花炮”以 808.62 亿元地标当量与

茅台酒、五粮液等一起入选全国首批地理标志综合价值指数五星级地理标志，在全国地理标志中排名第5。在第二届“中国文化品牌价值排行榜”评选活动中，“浏阳花炮”文化品牌以价值1028.17亿元位居全国第7，也是湖南唯一进入全国前十位的文化品牌。2021年3月1日，中欧地理标志协定正式生效，首批“上榜”的中欧各100个地理标志即日起受到保护，浏阳花炮等湖南7个地理标志产品入选。2022年，全市烟花爆竹产业集群实现总产值301.5亿元，同比增长15.3%。其中，出口销售额61.6亿元，同比增长84.9%；国内销售额174.6亿元，同比增长1.7%；原辅材料及相关产业实现65.3亿元，同比增长15.6%。内销和出口分别占全国市场58%、68%，内销市场遍及全国31个省（直辖市、自治区），出口市场遍及美洲、欧洲、东南亚等100多个国家和地区。全市有烟花爆竹生产企业442家（生产场所658个），占全省56.4%；另有经营（批发）公司506家、门店147家，物流仓储基地3家（华洋、景美、速福），包装、印刷、机械生产等相关企业400余家，甲乙丙三级燃放企业49家，其中甲级资质企业9家，乙级企业24家，丙级企业16家。截至2022年，共有77家公司获得高新技术企业认定。每年吸纳从业人员约30万人，年均发放社会工资100多亿元。

浏阳菊花石雕　浏阳菊花石是浏阳独有的工艺美术原料矿产，产于永和镇大溪河底岩石层中，孕育于二亿多年前，因地质运动而自然形成于岩石中。其花形酷似异彩纷呈的秋菊，花呈乳白色，且纹理清晰、界线分明、神态逼真、玉洁晶莹、蔚为奇观。据《浏阳县志》记载，“清乾隆十五年（1750），欧锡藩首取永和菊花石雕琢石砚，开浏阳菊花石雕工艺之端”。民国4年（1915），浏阳戴清升的菊花石雕梅菊瓶和梅、兰、竹、菊横屏在巴拿马万国博览会上展出，获“金质奖章”。中华人民共和国成立后，浏阳以戴清升为首组织石雕生产小组。1959年，浏阳将一卷巨型立体雕件“石菊森山”呈献给人民大会堂。1997年和1999年，浏阳将两件菊花石雕分别赠送给香港、澳门特区政府以此庆祝香港、澳门回归。2008年5月，经国务院批准，浏阳菊花石雕被列入第二批国家级非物质文化遗产名录。

浏阳文庙祭孔音乐　清道光九年（1829），浏阳县令杜金鉴聘请本县监生邱之稑（1781—1849）组建浏阳文庙礼乐局，邱之稑遵古法，历经多年，研制由匏、土、革、木、石、金、丝、竹8种材料制作古乐器具，有匏埙、土埙、革鼓、石磬、编钟、琴瑟、箫笛等，创作包括乐、舞、歌、礼等类似于宫廷古乐的曲目，又称“八音”，曲目通过古乐器具打击、吹弹、调和音阶汇合演奏，演奏时场面盛大、音律雅淡、静穆温和，此乐用于文庙祭祀，故称为“文庙祭孔古乐”。浏阳文庙祭孔古乐冲破几千年来“非天子不议礼、不作乐”的禁忌，在发掘整理古代“韶乐”的基础上创制而成，尤以清朝末期民国初期最具盛名。民国26年（1937），湖南大学教授张民钧到浏阳观礼后撰文《国乐古礼在浏阳》。音乐家、教授杨荫浏称其为“中国古代音乐的活化石”。2014年12月，经国务院批准浏阳文庙祭孔音乐被列入第四批国家级非物质文化遗产代表性项目名录。

浏阳皮影（传统戏曲）　皮影旧称影子戏，主要表演道具是用牛皮经过绘画、裁剪、雕刻、上色、油漆、缝缀等多道工艺做成，制作考究、工艺精湛，是一种地道的工艺品。浏阳皮影剧目、曲目种类繁多，内容丰富，分为登台戏、正本戏和杂戏，其中花鼓戏曲牌和民间小调逾1000首，正本戏剧目近1000本，杂戏提纲近200个。表演时艺人在白色幕布后面，一边操纵戏曲人物道具，一边用湘剧曲调演唱，同时配以打击乐和弦乐，表演起来生趣盎然、活灵活现。皮影戏道具小，演出方便，不受场地限制，深受人民群众喜爱。史料记载：明代中叶以前，浏阳人（包括移民）已草创皮影雏形，在明代中叶至清光绪年间近400年的时间里，浏阳皮影戏渐成规模。1994年版《浏阳县志》载：“清光绪年间，县城紫薇街谢发昌组织过皮影社，并备有多副箱担，供人租用。至民国20年（1931），全县已有皮影戏班76个，皮影艺人150余人。民国29年（1940），浏北皮影艺人在永安彭家冲组建皮影戏‘老郎会’，入会者达百余人。”1956年至1964年，县文化部门三次对皮影艺人进行调查登记，并制定《浏阳县皮影艺人管理办法》。1978年，县文化馆选调8人组成浏阳河皮影队，并于当年参加湘潭地区调演获一等奖。1979年，浏阳河皮影队参加全省会演获二等奖。1988年，湖南省电视台拍摄专题片《浏阳皮影戏》。1996年，永安镇皮影队在全省首届乡土艺术大联展上获得金奖和铜奖。2013年，浏阳市首次召开市皮影协会会员大会，组建浏阳市第一家规范化建设、现代化设施的皮影剧团，并于当年农历九月初九重阳节举办“皮影展演”。2015年9月2日晚，由市文联、市文化馆主办的“浏阳山泉杯”浏阳市第二届皮影戏大赛在枨冲镇三元村举行，全市由皮影艺人组成的10支队伍参赛，2万余名观众观看演出。2016年5月，浏阳皮影入选湖南省非物质文化遗产名录。

浏阳客家山歌　明朝时期，广东梅州客家人迁入浏阳，带来客家文化，客家山歌就是其中的代表。浏阳客家山歌主要流传于域内张坊、大围山、官渡、文家市4个镇18个山乡的客家人群体，是使用客家语言咏唱的山歌。浏阳客家山歌是客家人民的一种口头咏唱文学。主要内容有歌头、情歌、劳动歌、生活歌、时政歌和对歌。随着江西、福建、广西等地人迁入，客家人口增多，客家山歌渗入多种歌腔特色，打破七字一句、四句一首的局限形式，形成唱词长短灵活、不受拘束、一歌多韵、生动顺口、独一无二的“浏阳客家山歌”。由于长期口头流传，每一位客家人都是歌手，大家在劳动中传唱，在生活中传唱。演唱形式主要有敲锣打鼓的伴唱和一人领唱、众人和声的唱法。浏阳搜集整理成集客家山歌3000余首，共包括10余部歌类。2016年5月，浏阳客家山歌入选湖南省非物质文化遗产。

浏阳夏布织造技艺　以苎麻为原料，捻纱织成，故又称苎布、麻布。夏布是浏阳传统产品，明、清、民国旧志和新志均有记述，与花炮、豆豉齐名，并称浏阳“三特”。域内生产夏布历史悠久，尤以织工精巧、质地细腻著称。明嘉靖十二年(1533)《长沙府志·食货纪》有“岁造四光素三色苎丝三百四十匹,浏阳四十六匹”的记载。清光绪二十一年(1895)《湖南通志·食货志》亦载:“浏阳苎布有值二三钱一尺者,工细不减湖纱。”早在明朝,浏阳夏布就被列为朝廷贡品。光绪二十七年(1901),浏阳夏布开始销往日本、朝鲜、南洋等地。当时,浏阳夏布质量居全国第一,在1910年南洋劝业会上获得优等奖。浏阳夏布品质以麻纱粗细、圆扁、毛均及色彩为标准,而以纱细、圆均、光亮鲜艳为上品。添白或染色夏布,经久耐穿,其凉爽透汗程度,非其他一般纺织品可比。浏阳夏布尤以织工精巧、质地特别细腻著称,60厘米左右宽的纬纱上,经纱排列多达1200多根,这些细小的麻纱,全出自手工创绩。清代中叶是浏阳夏布生产的兴盛时期。《中国实业志》有“浏阳夏布当时年销万筒(即18万匹)”的记载,在国内外享有盛名。谭嗣同在《浏阳麻利述》中称“自昔我浏阳麻布战天下之商务。未尝遇敌”。民国29年(1940)受日本侵华战争影响,夏布产品锐减。中华人民共和国成立后,传统夏布得到恢复,每年组织上万匹销往中国港澳地区及朝鲜、日本、东南亚等地,销量最多的是1986年外贸收购达2万多匹。20世纪90年代,全球经济萧条,日韩主要消费市场萎缩,浏阳夏布由盛转衰,至2014年全市生产制作夏布人员不足百人。2014年,市人民政府扶持夏布行业,至2018年从业人员增加至300人。2016年12月,浏阳夏布织造技艺入选长沙市第五批非物质文化遗产名录。2018年5月,浏阳夏布获批中国地理标志商标。2019年5月14日,浏阳夏布代表长沙在2019中国—东盟媒体合作论坛上进行互动展演。2021年12月,浏阳夏布织造技艺入选湖南省第五批非物质文化遗产名录。

浏阳豆豉制作技艺　豆豉既是调味佳品,又有良好的药用价值,明李时珍《本草纲目》有“豆豉能散寒解表”的记载。浏阳豆豉以其独特的风味,驰名中外,畅销不衰。历史上关于豆豉的记载,始于春秋,到汉代,《史记》《汉书》中均有有关豆豉的记载。长沙马王堆发掘的西汉古墓中有豆豉姜。传统的浏阳豆豉是以泥豆为主,经浸泡、蒸豆、摊潮、入霉、发酵、出霉、进水围子、转作、出晒、囤堆发酵等20多道工序制成。明初浏阳豆豉曾被列为贡品,清代大量出口日本与南洋。民国24年(1935)《中国实业志》载:“湖南豆豉以浏阳产为最著名。”当时浏阳曾有“无豉不成店,处处豆豉香”的誉称。浏阳农家制作豆豉的历史可以追溯到唐朝中叶。那时浏阳道吾山兴华禅寺,香火旺盛,八方僧侣来朝,挂单于此,餐席间,尝到豆豉,芳香四溢,豉味独特,食欲顿开,不禁称赞,有僧侣带走,云游四方,于是浏阳豆豉,名扬四海。曾有“吾山风光好,浏阳豆豉香,僧侣悠游处,美名传四方”之誉。浏阳豆豉的最盛期,县城和浏阳河沿岸集镇,到处有豆豉作坊,大作坊有58家,年产豆豉4万多担,经营鞭炮、豆豉的培德厚和谦达利两大巨商在天津、上海、广州、厦门、香港、南洋群岛等地都设有钱庄和货栈。辛亥革命前后,增加巨商杨福和,当时浏阳豆豉远销日本及东南亚,年出口达1万多担。中华人民共和国成立后,泥豆产区多改种双季稻,泥豆濒临绝迹,豆豉产量急剧下降。1981年《湖南日报》刊登《浏阳豆豉几时香》引起广泛关注。是年,县科委组织技师陈代国、彭贤希等,首先以北方马拉扁小黑豆替代泥豆为原料,按浏阳豆豉传统工艺试制,获得成功。随后,组织“北豆南移”的试种、推广,解决原料就地供应问题。1982年,域内有国有粉酱厂、永安豆豉厂和太平桥豆豉厂。1983年,豆豉传统品牌“一品香豆豉”恢复生产,是年,浏阳豆豉产销达37万千克,豆豉生产厂家增至30多家。1988年全国首届食品博览会大赛中,“乐意牌”豆豉获金奖,“天马山”牌豆豉获铜奖。2002年,全市豆豉产量达1000多吨。2016年12月,浏阳豆豉传统制作技艺入选长沙市非物质文化遗产。

浏阳蒸菜传统制作技艺　浏阳蒸菜起源于浏阳河的上游大围山脚下的东区乡镇,隶属于湘菜系列。浏阳蒸菜是一道湖南的传统名吃,含油脂少、热量低,易于消化吸收。蒸制过程中以水渗热、阴阳共济,清淡养胃。相传起源于明朝,历经500多年发展。浏阳独特的气候和地理环境蕴植出的天然食材,含有丰富的蛋白质、微量元素、维生素等营养物质。特别是氨基酸和含氮物质非常高,味道更鲜美。独有的加工技法,丰富的食材品味,使浏阳食材更具独特性。2011年8月30日,中国烹饪协会批准授予浏阳“中国蒸菜之乡”称号。2013年1月,浏阳蒸菜获得“中国地理标志集体商标”。2017年2月,浏阳蒸菜传统制作技艺入选长沙市级“非遗”项目。

【史迹遗存】　截至2022年年末,域内登录在册的不可移动文物共有338处,其中,全国重点文物保护单位13处,湖南省级文物保护单位28处,长沙市级文物保护单位27处,浏阳县级文物保护单位56处,一般不可移动文物保护单位214处,全国重点文物保护单位(简称“国保”),省级重点文物保护单位(简称“省保”)数量居长沙地区前列;中国传统村落2处,文物类爱国主义教育基地24处(其中,全国爱国主义教育基地2处,省级3处,长沙市级5处,浏阳市县级14处);2021年新增珍贵文物186件(套),其中一级文物25件(套),截至2021年年末,浏阳市有国有可移动文物约1.8万件(套),其中,珍贵文物2910件(套)。市博物馆已鉴定的藏品总数达到9720件(套),其中,珍贵文物1175件(套)[一级文物11件(套)、二级文物64件(套)、三级文物1100件(套)],一般文物8130件(套)。

浏阳文庙　始建于宋元间,其址初在县城东,明弘治十八年(1505)迁至县城西,清道光二十三年(1843)迁建于今址(圭斋中路81号浏阳一中校园内)。浏阳文庙坐北向南,周围筑有高墙,占地总面积1783.3平方米。庙南北长147.5米,东西宽42.6米。中轴线上由南向北依次为宫墙,开拱门,次石栏砌泮池,再次为棂星门,经踏梯上大成门,过甬道,再上阶梯,即大成殿,最北为“御碑亭”。主体建筑大成殿高17.15米,砖木结构,正面全系朱漆花雕,镂空格门,嵌入石柱之间。殿外四周为1.6米高的石台,内外石柱32根。重檐歇山屋顶,覆盖黄瓷瓦7000余片,屋角飞翘,凤凰尾吊小铜铃。正屋脊盖蓝花白瓷砖，中竖葫芦状宝顶，两端鳌尾爪。殿两旁围有高 1.3 米的石栏杆。殿前左右两阶分别接通东西两廊。阶下为石栏围护的石砌露台。台下东西各置舞亭一个，为祭孔时舞生演舞之所。露台下踏步台阶中有祁阳石雕“双龙戏珠”。“文化大革命”时期被破坏，后修复。下露台，即与石甬道接通，直通大成门。甬道两旁东西庑建殿相对应，各有门通大成殿后。甬道南端左右安有钟鼓亭各一个。由大成门下阶，即是棂星泮池（后改为花池）。庙后有奎文阁。谭嗣同曾在奎文阁创办中国近代第一个民间科技团体“新算学馆”。文庙建成后，屡经战乱和“文化大革命”破坏，损坏严重。湖南省文物局和浏阳市（县）分别于1986 年、1990 年、2002 年多次维修。1982 年，浏阳文庙被定为省级重点文物保护单位。2013 年 3 月 5 日浏阳文庙列入第七批全国重点文物保护单位。

谭嗣同故居　又称“大夫第”，位于湖南省浏阳市淮川街道北正社区北正南路 101 号。始建于明朝末年，原为周姓祠宇，主体建筑占地 2000 多平方米。后由谭嗣同的祖父谭学琴（曾任浏阳县吏）买下作为私第，并改造成庭院式民居建筑。清咸丰九年（1859），谭嗣同父亲谭继洵考取进士，官至湖北巡抚兼署湖广总督。任职期间，其宅奉旨命名为“大夫第官邸”。故谭嗣同故居又称“大夫第”。故居坐西南朝东北，砖木结构，覆小青瓦，三进五开间，两侧列私塾、花园、仓廒、杂物等。现存前、中、后 3 栋及过亭等主体建筑，大小房间计 24 间，面积 762 平方米。1996 年 11 月，谭嗣同故居被列入全国重点文物保护单位，1998 年完成修复并对外开放。

石霜寺　石霜寺位于浏阳城南 30 千米处金刚镇石庄村，因山而名，为湖南名寺。石霜寺又名崇胜禅林，据碑文和旧志载：寺始由唐僖宗李儇（862—888）下旨，命丞相裴休监建。寺坐北朝南，依山而建，呈参差错落之格局。鼎盛时期占地面积 1 万多平方米，曾管辖寺院 48 处，房屋 5048 间。唐僖宗赐香火田 300 石，传有骑马关山门之说。

石霜寺　（罗永泰　摄）

1978 年起，湖南省人民政府宗教事务管理局和长沙市佛教协会曾先后拨款进行维修和重建。1991 年，台湾唯一法师捐资新建山门。同年，国家划定石霜寺土地使用范围计 13800 多平方米。1993 年，新修齐堂、禅堂，增设念佛堂，并定为“比丘丛林”，每年举行“佛七法会”。2005 年 8 月，石霜寺被命名为长沙市级文物保护单位。

文庙古乐器　系浏阳西乡邱之稑仿中国古代乐器创制而成。在学习曲阜孔庙古乐器的基础上，有所创新。他用匏瓜制作的匏埙，弥补中国古乐器八音中缺少匏的空白，在律制音阶范围内，新增吕律管 12 个，可旋相为宫，使之具备全排风箫的音阶。清末民国初，浏阳文庙古乐器及其演奏水平，在全国最负盛名。民国 7 年（1918），

浏阳文庙古乐器　（博物馆　供图）

军阀混战，北军占领浏阳，抢走玉质特磬一口。抗战中期，国民党省政府调浏阳古乐器去耒阳演奏，遇敌机轰炸，损失部分。日军占领浏阳前，礼乐局工作人员将古乐器深埋土中，被窃去铜质编钟 8 口。后来虽略有添置，但这批新制乐器，与邱之稑所定标准已有差距。中华人民共和国成立后，这批古乐器由县文化馆接收。1951 年，浏阳县（今浏阳市）举办浏阳文庙古乐器展览，省政府主席王首道曾前来参观，并指出要妥为保管。1953 年将其运往省博物馆。1954 年，省文化局邀请原礼乐局老艺人刘蒲仙等赴长沙，组成浏阳古乐整理组，经过 10 个月的整修，添置两排风箫，6 个埙，新铸 8 口编钟，修整所有破损的乐器。1956 年，中央音乐研究所所长杨荫浏到长沙，邀请浏阳古乐艺人演奏。1962 年，文化部指示成立浏阳古乐抢救挖掘委员会，将古乐器运回浏阳，由刘蒲仙、彭传彭、胡长秋等人进行考校，经再次添置和修缮，原古乐器获得基本恢复，并于 1963 年送省博物馆保存。文庙古乐器，按其制作物质不同分为金、石、土、革、丝、木、匏、竹八类，谓之 8 音。金类有镛钟、特钟、编钟，石类有特磬、编磬，土类有埙，革类有彭鼓、应鼓、楹鼓、搏鼓、鼗鼓，丝类有七弦琴、瑟，木类有柷、敔，匏类有笙、匏、竽，竹类有风箫、洞箫、篪、龙笛。

元代青铜器——爵（盛酒器）　1983 年 4 月，城郊区文教办李培饮在荷花村境内掘土时偶得。重 0.75 千克，由二柱脚、流、尾、腹、三足及手柄等组成。腹部有饕餮纹，上刻“大德乙巳文靖书院”八字。经鉴定，系元大德九年（1305）的仿制品。制作精细，镌刻精美，花饰秀丽，是考证元代手工制品的珍贵文物。

象牙笏　据清同治县志《石霜寺记》，系唐朝宰相裴休监造石霜寺时，赠给主持僧普会的。传至清康熙年间，寺僧不慎遗失。直至同治七年（1868），县人刘澎访到踪

迹，将其购回，归还石霜寺。中华人民共和国成立后，转木平寺。1955 年，县文化部门在柘冲乡珠宝冲木平寺僧唐规矩处收得。

古铜钱　1986 年 6 月，太平桥乡太平村村民挖屋基时，挖出古铜钱 100 多千克，送售城关镇废品门市部。文管所从中选 29 种、72 枚。其中，宋代 26 种，唐代 1 种，汉五铢、秦半两各 1 枚。

【浏阳方言】　浏阳地处湘东，与江西、湖北两省 11 个县（市、区）交界，域内方言素称“十里三音”。其中，有的属于几种方言之间的区别，有的属于一种方言内部的差异。从方言分区的角度看，全市实际上含有三种方言，即客家方言、湘方言和赣方言。浏阳客家方言俗称“客姓话”，分布在东部、东北部和东南部的山区中，即大围山区、张坊区、官渡区和文家市区的部分地方。说客姓话的人大都来自广东、福建，在浏阳落户后，一般不准“打土谈”（即不准讲浏阳话）。但久而久之，为交际的需要，他们大都会说浏阳土话，而在内部仍讲客姓话。“客姓话”与客家方言有明显一致的关系，其主要语音特征是：古全浊声母的字不论平仄一律变送气清音；古喉音晓、匣二母与合口呼韵母相拼的字多变成唇齿音 f；韵母中无撮口呼。如：全、君、俊、觉、月等字，多与齐齿呼、开口呼混读。调类 6 个，平声、入声皆分阴阳，入声保留塞音韵尾。湘方言（指以长沙话为代表的新湘语）在浏阳主要分布于西乡的镇头区，城郊区的葛家乡以及北盛区的永安镇等地，俗称“西乡话”。这种话接近长沙方言，浏阳地方戏多用此腔，故又被称为“正音”或“省腔”。浏阳县接近省会长沙，为交际的需要，人们讲长沙话的风气很浓，因而长沙话对浏阳土话的影响相当大。在浏阳占优势的方言，是属于赣方言系统的浏阳土话。它包括县城话、南乡话、东乡话和北乡话，这四处土话共同具备赣方言的某些特点，如古全浊声母不论平仄一律念送气清音（与客家方言同）、古泥来二母洪音不分细音分、有撮口呼韵母等。浏阳方言构词现象有一个总特点，那就是双音节化。方言词汇虽然构词成分与共同语——普通话有较大差异，但词语的双音节化却是汉语各方言的一个共同趋势，这是与汉语语素的单音节化、构词灵活等特性分不开的。

旅游景区

【概况】　截至 2022 年末，浏阳市有 A 级景区 20 个，其中国家 AAAA 级旅游景区 3 家，国家 AAA 级旅游景区 16 家（其中年内新增 4 家）；国家地质公园 1 个，国家森林公园 1 个，全国红色旅游经典景区 2 家，湖南省文旅特色小镇 1 个，省五星级乡村旅游区（点）9 个。五星级旅游饭店 1 家；星级乡村旅游区（点）16 家，其中五星级 9 家；旅行社（独立旅行社、分社、网点）137 家，其中，5 星级 1 家，4 星级 4 家。2022 年，浏阳市接待旅游人数 3048.66 万人次，比上年增长 4.83%；旅游产业收入 322.26 亿元，增长 6.12%。

【人文景观】　秋收起义纪念园　秋收起义纪念园景区位于湖南省浏阳市文家市镇人民路 34 号，毗邻 310 省道、荷文公路，总占地 6.99 公顷。1927 年 9 月，以毛泽东为前委书记的中共湖南省委，贯彻执行党的“八七会议”精神，发动领导震惊全国的湘赣边界秋收起义。9 月 11 日，毛泽东率领的中国工农革命军第一军第三团攻克浏阳白沙、东门两镇，并于当晚在白沙乡上坪村召开团以上干部会议，在起义遭受严重挫折后，毛泽东毅然主张改变攻打长沙的计划，并命令各路起义部队到浏阳文家市会合。9 月 19 日，各路部队相继会师文家市里仁学校，

秋收起义文家市会师旧址　（市文旅广电体育局　供图）

当晚，毛泽东在学校成德堂主持召开前委扩大会议，讨论起义部队会师后进军方向这个关乎中国革命前途和道路的重大问题。毛泽东分析当时敌强我弱、敌大我小的形势，主张放弃原定进攻长沙的计划，去农村深入土地革命，走以农村包围城市最后武装夺取全国政权的革命道路。9 月 20 日，会师部队 1500 多人在文家市里仁学校操场召开动员大会，毛泽东作重要讲话。9 月 21 日，毛泽东率秋收起义部队向萍乡方向进发，10 月 27 日，起义部队抵达井冈山茨坪，开始创建中国第一个农村革命根据地——井冈山革命根据地。文家市会师转兵有效保存和壮大了革命队伍，开辟农村包围城市的正确革命道路，进而建立井冈山革命根据地，点燃中国革命胜利的希望之火。文家市秋收起义纪念馆主要包括秋收起义文家市会师旧址、历史陈列馆、积谷仓、秋收广场等。1961 年，会师旧址被评为首批全国重点文物保护单位。1974 年正式对国内外游客开放。2015 年，浏阳启动秋收起义纪念园改扩建工程，2017 年 9 月竣工。文家市秋收起义纪念园是全国爱国主义教育示范基地、国家 AAAA 级旅游景区、全国红色旅游经典景区、国家国防教育示范基地、湖南省十大魅力场馆。

胡耀邦故居　胡耀邦故居位于湖南省浏阳市中和镇苍坊村敏溪河畔，始建于清朝咸丰年间，房屋坐北朝南，土木结构，小青瓦顶，清末江南民宅风格建筑。故居占地 200 平方米，共 7 间。四周有围墙。1915 年 11 月 20 日，胡耀邦出生在这栋老屋。他在这里度过童年和少年，1930 年 10 月，胡耀邦离开故乡。1962 年，胡耀邦任中共湖南省委书记处书记兼湘潭地委第一书记。当时，浏阳隶属湘潭，胡耀邦利用到浏阳检查工作的机会，回到家

胡耀邦故居 （市文旅广电体育局 供图）

乡，看望健在的老师和乡亲父老。此时，他的旧居已是危房，后来因未及时加固，外墙被洪水冲塌。胡耀邦担任中共中央总书记后，再三叮嘱家人不准兴土木修复故居。1995年是胡耀邦诞辰80周年，浏阳市启动修复胡耀邦故居，并于当年7月竣工。12月，胡耀邦故居对外开放。此后，国家和省、长沙市分别于1996年、1997年、2000年、2001年、2012年投入资金抢救维修。2012年1月，胡耀邦故里旅游景区获批国家AAAA级景区。2013年列入第七批全国重点文物保护单位。2016年12月，胡耀邦故居被列入《全国红色旅游经典景区名录》。

中国工农红军第一方面军成立旧址——李家大屋 中国工农红军第一方面军（简称红一方面军）成立旧址（李家大屋）位于域内永和镇石江村（今永宝村）。1930年7月27日，中国工农红军第三军团（简称红三军团）攻占长沙，给国民党湖南省政府以沉重的打击。8月5日，国民党湖南省政府主席何键集中兵力向长沙大举反扑，红三军团被迫于8月6日撤出长沙，向平江县长寿街方向转移。何键立即布置重兵追击红军。毛泽东、朱德率领中国工农红军第一军团（简称红一军团）从赣南赶往湖南支援红三军团，在文家市与敌军交战，全歼驻守在文家市的敌军，获得文家市大捷。8月23日，毛泽东、朱德率红一军团北上浏阳永和，与彭德怀、滕代远率领的由平江地区南下的红三军团会合，在永和镇石江村李家大屋召开两军团的联席会议。根据中共中央指示，决定把两个军团合编，成立中国工农红军第一方面军（简称“红一方面军”）。毛泽东任前委书记、总政委和中国工农革命委员会主席，朱德任总司令，彭德怀任副总司令，滕代远任副政委。红一方面军共计4万余人、3万支枪，是当时中国共产党领导的最强大的一支工农武装力量。现旧址墙面上仍保留“打倒帝国主义”“活捉何键”“红军不乱烧、不乱杀”“土地革命”等红军标语和蒋介石与何键的漫画像等。2011年1月，红一方面军活动旧址（李家大屋）被湖南省人民政府公布为湖南省文物保护单位；2011年9月，被长沙市委宣传部公布为长沙市爱国主义教育基地。2019年10月，被国务院公布为第八批全国重点文物保护单位。

湖南省苏维埃政府旧址——锦绶堂 位于域内大围山镇（原东门乡）楚东村巷子滩，始建于清光绪二十三年（1897），村民涂刘氏为纪念早逝的丈夫涂儒玫（字文绶）而建，取名锦绶堂。旧址坐北朝南，三进五开间，左右两侧厢房，土砖木混合结构，封火墙，硬山顶，盖小青瓦，正厅、西厢、东厢三处的藻井上分别雕刻各种图腾，具有典型的清代院落特征。总面积4400多平方米，建筑面积2200平方米。1930年6月，中国工农红军第三军团奉中共中央关于切断武长铁路进逼武汉的命令，由鄂入湘，于7月27日攻克长沙城。在长沙成立湖南省苏维埃政府，这是当时全国第一个省级苏维埃政权。后为保存革命力量，红军分两路撤出长沙。省苏维埃政府机关成员随部于8月11日入驻浏阳东门锦绶堂，15日继续迁至平江。1931年3月初，省苏维埃政府机关又随部迁回锦绶堂。11月，根据中央统一部署，湘鄂赣苏维埃政府成立，湖南省苏维埃政府随即撤销。湖南省苏维埃政府在锦绶堂办公近9个月。旧址中至今留有一些红色遗迹，如大门两旁“工农专政，男女平权”的对联；曾作过油印室的阁楼墙上仍留下油印传单和财务账单的痕迹。1960年，湖南省苏维埃政府旧址（锦绶堂）被定为省重点文物保护单位。2002年5月，被湖南省人民政府公布为湖南省文物保护单位，2013年3月，被国务院公布为全国文物保护单位。2020年7月，浏阳市启动湖南省苏维埃政府旧址（锦绶堂）提质改造工作。2021年7月，完成湖南省苏维埃政府旧址（锦绶堂）彩绘文物的保护修复工作。2021年7月19日，省委宣传部命名湖南省苏维埃政府旧址（锦绶堂）等33个基地为第六批湖南省爱国主义教育基地。2022年6月30日，湖南省苏维埃政府旧址提质改造竣工并正式向公众开放。2022年12月，锦绶堂景区被评定为国家AAA级旅游景区。

桃树湾刘氏大屋 位于域内金刚镇丹桂村清江片桃湾组，由刘氏族人历时五年建造的一处规模宏大、具有清代建筑特点的建筑组群。据民居内现存的碑刻《桃树湾新宅记》记载：“于道光二十九年（1849）七月三十日酉时，课取己酉癸酉乙丑乙酉起首行墙安放二门，是年仅起正宅门厅四进，右旁正护屋三间；三十年（1850）造右畔护屋三层，并筑周围垣墙；咸丰元年起左畔护屋二层，三年继造左边余屋、高仓，逐处装修，历五年而工始竣。”建筑组群原有大小房屋近400间，占地面积21000多平方米。现存文物以外围垣墙为本体边界，房屋100多间，建筑面积6600平方米，占地面积约11000平方米。桃树

桃树湾刘氏大屋 （彭红霞 摄）

湾刘氏大屋距今已有 170 多年历史，整体布局严谨，装饰精美、丰富，汇集多种艺术表现形式于一体，较为完整地反映出清代民居的发展史。2019 年 10 月，被国务院公布为第八批全国重点文物保护单位(古建筑类)。

【自然景观】 浏阳河国家湿地公园　2015 年 12 月，浏阳河国家湿地公园经国家林业和草原局批准开展试点建设。该公园地处浏阳东部，范围以株树桥水库为主体，包括浏阳河部分河段、小溪河全段、大溪河部分河段水域、滩涂和两岸部分耕地，总面积 2361 公顷，其中湿地面积 1423.4 公顷，湿地率为 60.29%。位于中亚热带常绿阔叶林地带，公园内野生动植物资源丰富，生态系统完整，是典型的南方低山丘陵森林—河流复合湿地公园。园内植物树种以马尾松、杉木、樟树、檫木、山乌柏、毛竹等为主，鸟类有包括黑鹳、海南鳽、小天鹅等国家级保护动物 88 种。湿地公园分为保护保育区、恢复重建区、宣教展示区、合理利用区和管理服务区。湿地有着强大的生态净化作用，因而又有“地球之肾”的美名。2020 年 12 月 25日，国家林业和草原局下发《关于2020 年国家湿地公园试点验收结果的通知》，公布 2020 年国家湿地公园试点验收结果，浏阳河国家湿地公园试点建设顺利通过验收。

大围山国家森林公园(大围山国家地质公园)　大围山位于湘赣边界，连云山脉的腹地，东边属江西省宜春市下辖的铜鼓县，西北方属湖南浏阳市。大围山主峰七星峰海拔 1607.9 米，是湘东第一高峰。大围山是湘江的一级支流浏阳河的发源地，景区距省会长沙 119 千米，距浏阳市城区 67 千米，总面积 193 平方千米。景区内有 23 个植物群系，3000 多种植物，60 余种野生动物。其中有国家一级、二级保护树种 17 种，国家一类二类保护动物 14 种，蝴蝶 1200 多种。1992 年经林业部批准开发建设为国家森林公园，1996 年 8 月 1 日正式开园，2007 年 6 月 8 日被评为 AAAA 级景区。2012 年 6 月大围山通过国家地质公园的评审。2016 年 6 月 23 日，经国土资源部批准命名为湖南浏阳大围山国家地质公园。大围山国家地质公园是长沙市唯一的国家级地质公园，是湖南省唯一的以第四纪冰川遗迹为主要特征的国家级地质公园，也是在中国东部继江西庐山后建立的又一个第四纪冰川遗迹国家地质公园。

道吾山　道吾山坐落在浏阳城北 8 千米西北环线处，为浏阳市城区西北屏障。西起蕉溪岭，东达宝盖，有七十一峰。主峰五老峰海拔 786.4 米，道吾山是中外驰名的佛教圣地。旧志载“沙门称道吾、石霜、宝盖、大光为四大祖庭，其盛尤推道吾。传唐代僧开山讲法曰‘道在吾矣’，遂以名其山”。开山祖师为宗智和尚，其事在唐大和年间(827—835)，距今近 1200 年。道吾山是国家 AAA 级风景名胜区，环绕着兴华禅寺风景区共六大景区 43 个景点，旧志载“附廓八景”中“吾山雪霁”“屏张笏列，岩壑依稀，晴雪欲消，寒光远射”即为道吾山一景。历代游人题咏甚多。其中有谭嗣同《道吾山》：夕阳悬高树，薄暮入青峰。古寺云依鹤，空潭月照龙。尘消百尺瀑，心断一声钟。禅意渺何著，啾啾阶下蛩。

经济和社会发展

【概况】 2022 年，浏阳市实现地区生产总值 1722.5 亿元，按可比价计算，比上年增长 5.0%(下同)。在全国县域经济与县域综合发展百强县排名中居全国第 7 位。第一产业增加值 136.5 亿元，第二产业增加值 903.0 亿元，第三产业增加值 683.0 亿元，分别增长 3.5%、6.1%和 4.0%。三次产业对经济增长的贡献率依次为 6.2%、61.1%和 32.7%，分别拉动经济增长 0.3 个百分点、3.1 个百分点和 1.6 个百分点；三次产业结构为 7.9:52.4:39.7。

表 2　　浏阳市 2012—2022 年生产总值和产业发展情况一览表

年度	生产总值(亿元)	第一产业增加值(亿元)	第二产业增加值(亿元)	第三产业增加值(亿元)	县域经济与社会综合发展全国百强排名
2012	811.13	71.64	864.5	382.2	60
2013	924.29	78.13	663.95	182.21	47
2014	1012.83	85.89	720.73	206.21	36
2015	1112.8	93.4	781.6	237.8	28
2016	1218.2	102.5	840.9	274.8	19
2017	1365.1	106.8	939.4	318.9	17
2018	1342.1	95.4	864.5	382.2	13
2019	1408.8	107.8	716.3	584.7	10
2020	1493	128.8	764.6	599.6	9
2021	1616.6	130.2	840.9	645.5	8
2022	1722.5	136.5	903.0	683.0	7

【农业】 浏阳是传统的综合性农业经济区，种植业以水稻为主，粮食作物产值占农业总产值的一半左右，1986年被列为国家商品粮生产基地。林业以用材林、竹林、油茶林为主，林业用地占域内总面积的7成左右，森林资源丰富，是全省重点产材县（市）。养殖业以猪、牛、羊、家禽和淡水鱼为主。2022年，浏阳市播种收综合机械化水平达67%，水稻生产综合机械化水平达85%。粮食总产量从1949年的18.9万吨增至2022年的56万吨，生猪出栏数从4.43万头增至131.98万头，烤烟从1970年的0.4吨增至6983吨。主要农产品产量、经济作物产量稳定增长，蔬菜、油茶、烤烟、小水果、花卉苗木、生猪、黑山羊等特色产业持续巩固。天岩寨柑橘、浏阳金橘、大围山梨、葛家“鸡肠子”辣椒、浏阳黑山羊、浏阳茶油获批国家地理标志商标，被评为“中国好粮油”“国家农产品质量安全县”“国家乡村振兴示范创建县（市）”。

【工业】 2022年，浏阳市实现工业增加值比上年增长5.9%，规模以上工业企业901家，规模工业总产值增长7.4%，规模工业增加值增长6.6%，其中，经开区（高新区）实现规模工业增加值增长7.7%。全市10条重点产业链中，电子信息产业链产值比上年增长17.5%，生物医药产业链产值增长14.6%，新能源汽车产业链产值增长13.5%，烟花爆竹产业链产值增长7.7%，智能装备产业链产值增长6.8%，新材料产业链产值增长6.4%，绿色食品及油茶产业链产值增长1.8%。惠科光电全面建成投产，中烟永安科技园启动建设，雅士林、九典制剂生产基地、金阳智中心、博大科工、方锐达等一大批产业项目正式投产。新引进项目133个，其中百亿元以上项目2个，“三类500强（世界财富500强、中国企业500强和民营企业500强）”项目4个。新增“四上企业（规模以上工业企业、有资质的建筑业企业和有开发经营活动的房地产企业、限额以上批发零售和住宿餐饮企业、规模以上服务业企业）”182家，净增市场主体2.1万户，总数突破15万户。新增省级以上“专精特新”企业43家、高新技术企业129家、省市级科技创新平台26家，入选首批国家创新型县（市）。

【内外贸易】 2022年，浏阳市实现社会消费品零售总额455.8亿元，比上年增长3.1%。其中：批发业零售额31.6亿元，下降8.5%；零售业零售额372.5亿元，增长4.3%；住宿业零售额4.3亿元，增长3.2%；餐饮业零售额47.4亿元，增长2.3%。全年自营进出口总额231.09亿元，比上年增长0.64%。市辖（不含经开区）实现进出口总额96.83亿元，比上年增长33.16%，其中进口总额2.10亿元，增长904.11%，出口总额94.73亿元，增长30.65%；经开区实现进出口总额134.26亿元，下降14.43%，其中进口总额49.97亿元，增长26.34%，出口总额84.28亿元，下降28.18%。全年新增市场主体34315户，年末市场主体总数达150356户。

【交通】 截至2022年年末，有沪昆、浩吉高速铁路，武深、浏洪、杭长、沪昆、长株、机场、江杉、金阳高速公路（名称）经过域内并在浏阳设站或互通。6月29日，浏阳永和通用航空产业基地项目开工建设。9月29日，全长43.9千米的浏阳金阳大道全线建成通车。11月28日，起于浏阳市镇头镇，止于长沙县干杉镇的江杉高速建成通车。江杉高速主线全长20.861千米，是湖南省高速公路网“七纵七横”中第四横长永段的扩容线。设计速度100公里/小时，项目概算23.37亿元。11月21日，湘赣两省同步启动长赣高铁建设，长赣高铁湖南段途经浏阳市永安、洞阳、蕉溪、集里、关口、高坪、荷花、澄潭江、大瑶等9个镇（街道），并在关口街道长兴社区利水岭设置浏阳首座高铁站。截至2022年年末，浏阳市内公路里程8411.49千米。2022年，浏阳市实行公车公营，开通城乡公交线路146条，实现全市所有建制村100%通公交，所有城乡公交实行2元/人的统一票价制。城乡公交一体化改革后，全市公交车客运量增长45%，公路客运量下降65%。

【教育 文化 卫生】 2022年9月，浏阳城区关口街道泰安小学、湖南护理学校浏阳校区一期建成开学。2022年年末，全市有普通小学（含教学点）306所，在校学生113243人；普通初中55所，在校学生52388人；普通高中19所，在校学生32765人；中等职业学校10所，在校学生18363人；特殊教育学校1所，在校学生352人。

中共十八大以来，浏阳市文化设施日益完善，实现村村有图书室、文化站。2022年年末，全市拥有文化馆站33个、艺术表演团体25个。全市广播综合人口覆盖率96.5%，电视综合人口覆盖率98.8%，年末公共图书馆藏书57.35万册。

中共十八大以来，浏阳市医疗卫生机构服务能力进一步提升，群众的基本医疗服务需求得到进一步满足。2022年年末，全市拥有卫生机构58个，其中医院56所。卫生机构床位数11596张，卫生技术人员10466人，其中医生5286人。年内诊疗890万人次，年内治愈率为73%。产妇住院分娩率100%，婴儿死亡率2.29‰，5岁以下儿童死亡率3.55‰。

【人口】 在漫长的历史时期内，浏阳本土百姓与外来移民不断融合，生息繁衍，逐渐形成人口大县。民国元年（1912），全县总人口30万人；1949年，全县总人口775000人；1977年，全县总人口1109340人，首次记录过1百万人；1985年，全县总人口为1226081人。2022年年末，全市常住人口147.7万人，公安户籍户数41.2万户，户籍总人口147.7万人，其中，城镇人口75.7万人，乡村人口72.0万人。

秋收起义会师纪念馆　　（彭红霞　摄）

中国共产党浏阳市委员会

综　述

【概况】 2022年，中共浏阳市委面对严峻复杂的宏观形势和交织叠加的风险挑战，坚持以习近平新时代中国特色社会主义思想为指导，在省委省政府、长沙市委市政府的坚强领导下，全面落实“疫情要防住、经济要稳住、发展要安全”的重要要求，全面落实“三高四新”战略定位和使命任务，真抓实干、埋头苦干，迈出勇当“强省会”战略开路先锋的铿锵步伐。

党的领导得到全面加强。中共浏阳市委坚持把迎接党的二十大召开和学习宣传贯彻党的二十大精神作为工作主线，持续兴起全面学习把握落实党的二十大精神的热潮，引导广大党员干部忠诚拥护“两个确立”、坚决做到“两个维护”，汇聚“高举旗帜奋进新征程、紧跟核心夺取新胜利”的磅礴力量。坚持以“党建聚合力”工程为统揽，推动政治建设、组织建设、基层建设和党风廉政建设等齐头并进，以高质量党建引领高质量发展。认真贯彻“三新一高”要求，加强对经济运行的常态调度研究，出台花炮产业高质量安全发展、优化营商环境、文旅融合等若干个“三年行动计划”，推出一揽子政策措施，全力办好发展经济这个最大实事。

综合实力跃上更高台阶。全年地区生产总值突破1722.5亿元，增长5%；完成地方一般公共预算收入101.14亿元，剔除政策因素影响，同口径增长10%，税占比75.5%；固定资产投资增长8.8%；规模以上工业增加值增长7%；社会消费品零售总额增长3.5%。全市R&D经费占GDP比重达2.27%。绩效考核和真抓实干成效明显，2021年度长沙对浏绩效考核获四县（市、区）组和国家级园区组“双第一”，有2项、12项、13项工作分别获国务院、省政府和长沙市表扬激励。县域发展高位进位，县级市基本现代化指数排名全省第1位，县域经济和社会综合发展跃居全国第7位，获国家级、省级荣誉301个，被评为“2022国际化高质量发展环境建设标杆县（市、区）”、入选2022中国最具幸福感城市系列榜单——“企业家幸福感最强市（区）”。

大战大考拼出最好结果。2022年，浏阳先后战胜30年一遇的冰雪灾害，有效应对多轮紧急汛情，抗击浏阳有气象记录以来的最大旱情，守住森林防灭火防线和粮食安全底线，全年粮食产量超过56万吨。中共浏阳市委率先组织实施“千名干部下基层”专项行动，深入开展3个“百日攻坚”行动，全市生产安全事故起数同比下降28.9%，安全生产形势持续稳定向好。7月21日，湖南省召开平安湖南建设表彰大会，浏阳市被评为“2017—2020年度平安湖南建设重点推进县（市、区）”，获得首届湖南省“平安杯”。

年内，中共湖南省委书记、省人大常委会主任张庆伟到浏阳视察指导，点赞浏阳“在县一级影响很大、干得很好”，勉励浏阳“百尺竿头、再进一步，干在实处、走在前列”。省委副书记、省长毛伟明到浏阳调研，并对浏阳各项工作尤其是乡村振兴工作，专门作出肯定性批示。省委常委、长沙市委书记吴桂英，长沙市委副书记、市长郑建新等多次到浏阳调研指导。浏阳在省委县域经济工作电视电话会议、省委贯彻落实中央人大工作会议精神推进会、湘赣边区域合作示范区建设推进大会等重大会议上作典型发言，央视《新闻联播》“走进县城看发展”栏目对浏阳发展进行深度报道。

【实体经济发展】 2022年，浏阳市大力实施“千百十（千亿级产业、百亿级龙头、十亿级企业）”工程，加快培育“1+3+N”现代产业体系，全市10条重点产业链产值增长8.8%，其中电子信息、新能源及汽车零部件、生物医药、烟花爆竹分别增长26.7%、11.6%、10.9%、9.8%。净增市场主体2.1万户，新增省级以上“专精特新”小巨人企业43家，净增高新技术企业120余家，新增省市级科技创新平台26家，浏阳成功创建首批国家创新型县（市）。扎实推进“五好”园区创建，经开区在全省“五好”园区2021年度综合评价中位列第一。项目建设加力提速，惠科光电13条产线全部点亮，成为百亿产值企业；雅士林一期、九典制剂生产基地、博大科工、金阳智中心等一大批产业项目正式投产。蓝思科技入选“中国智能制造50强”。盐津铺子被评为“国家智能制造示范工厂”。全市新引进项目120个，其中“三类500强”项目4个，过100亿元的2个（10GW高效异质结光伏电池及组件生产基地项目、派浪丝电子材料及高端日化生产基地项目）。

【城乡建设】 2022年。浏阳市启动和推进金阳新城“四个十大（金阳新城十个重大基础设施项目、十个重大配套项目、十个重大产业聚集项目、十个重大品质提升项目）”项目建设，金阳医院奠基建设，金阳人才公寓等项目快速推进，金阳中心片区已见雏形。城市“1+4”交通项目有序铺开，金阳大道全线通车，S326普迹至柏加段全面完工，西南环线一期启动建设，浏阳大道改扩建项目即将竣工，长赣高铁、永和通航机场开工建设，长浏快线规划获批；道吾、长兴湖等重点片区建设加快推进，椒花水库全面进入大坝主体施工阶段。62条“百街千巷”环境综合整治提质全面完成。浏阳入选海绵城市建设省级试点城市。全域推进乡村振兴，扎实推进有效衔接，高标准建成美丽宜居村庄240个；年收入超50万元的村（社区）达154个；永安位居全国百强镇第82位，大瑶、柏加、文家市在全省特色小镇综合评价中名列前茅，浏阳入选国家乡村振兴示范县（市）创建名单。争当文旅融合标杆，成功举办全省首个区县级文旅发展大会，A级景区总数增至20家，居全省县（市、区）第一。

【民生改善】 2022年，中共浏阳市委组织常态化开展“我为群众办实事”实践活动，全市29个重点民生实事项目超额完成，新改扩建学校11所，新增学位6220个、床位660张、车位17349个，改造老旧小区87个4206户。加快健康浏阳建设，市中医医院危急重症大楼建成投用，妇幼保健院整体搬迁项目主体封顶。打好污染防治攻坚战，空气质量稳定达国家空气二级标准，浏阳河出境断面水质均值保持Ⅱ类。风洞口抽水蓄能、生活垃圾焚烧发电等项目全面提速。文明创建省检测评排名第一。

（刘瑞琼）

重要会议

【市委全体会议】 12月7日，中国共产党浏阳市第十三届委员会第四次全体会议在浏阳市会议中心召开。会议由市委常委会主持，中共长沙市委常委、浏阳市委书记朱东铁受市委常委会委托向全会作工作报告并发表讲话，中共浏阳市委副书记、市长王雄文就《中共浏阳市委关于深入学习宣传贯彻党的二十大精神　为全面建设社会主义现代化新浏阳而团结奋斗的决定（讨论稿）》作有关说明。会议听取和讨论市委常委会工作报告；审议通过《中共浏阳市委关于深入学习宣传贯彻党的二十大精神　为全面建设社会主义现代化新浏阳而团结奋斗的决定》《中国共产党浏阳市第十三届委员会第四次全体会议决议》。市委常委戴武明、姚喜琳、李爱民、周耀辉、唐安石、王坤球、冯赛军、李翔出席会议。

【市委常委会会议（选编）】 2022年，中共浏阳市委共召开45次市委常委会会议。

2022年2月8日，市委常委会召开2022年第4次会议，共研究4项议题：传达学习习近平总书记关于党的建设研究工作的重要指示精神，习近平总书记赴山西省看望慰问基层干部群众时的重要讲话精神，习近平总书记重要文章《努力成为可堪大用能担重任的栋梁之才》，1月24日中共中央政治局会议精神，中共中央政治局第三十六次集体学习精神，中共中央国务院关于全面推进乡村振兴重点工作有关文件精神，1月21日、1月28日省委常委会会议精神，湖南“一带一路”建设座谈会精神，1月27日长沙市委常委会会议精神，并就全市贯彻落实工作进行安排部署；研究审议并原则通过文旅广体局提出的《浏阳市全力打造全国文旅融合标杆三年行动计划（2022—2024年）（送审稿）》《浏阳市促进文旅深度融合高质量发展的十条措施（送审稿）》《浏阳市公共文化服务体系高质量发展实施方案（送审稿）》《关于加强文物保护利用改革的实施意见（送审稿）》，要求根据会议讨论的意见进一步修改完善后按程序印发，会议原则同意适时召开全市文旅融合创新发展大会；传达学习中央、省、长沙市纪委全会精神，听取关于纪委监委工作及召开纪委全会有关情况的汇报，并就下阶段工作进行安排部署，会议原则同意召开中共浏阳市第十三届纪律检查委员会第二次全体会议；会议研究审议吴某某、黎某某严重违纪违法案，原则同意市纪委监委提出的处理意见，要求严格按程序办理。

2022年3月25日，市委常委会召开2022年第8次会议，共研究7项议题：传达学习3月17日中共中央政治局常务委员会会议精神、3月18日省委常委会会议精神、3月18日长沙市委常委会（扩大）会议及3月24日长沙市委常委会会议精神，并就全市贯彻落实工作进行安排部署；传达学习省委书记、省人大常委会主任张庆伟在湖南自贸区长沙片区、湘江新区调研时的讲话指示精神，研究审议并原则通过市委办提出的《贯彻落实省委书记张庆伟调研湖南自贸区长沙片区、湘江新区时讲话指示精神责任分工方案（送审稿）》，要求根据会议讨论意见进一步修改完善后按程序印发；听取全市新冠肺炎疫情防控工作情况汇报，并就下阶段工作进行安排部署；会议研究浏阳市推进碳达峰碳中和有关工作，研究审议并原则通过发改局提出的《浏阳市推进碳达峰碳中和工作方案（送审稿）》，要求根据会议讨论的意见进一步修改完善后按程序印发；听取浏阳市生活垃圾焚烧发电项目推进情况汇报，原则同意成立市生活垃圾焚烧发电项目建设领导小组和指挥部，并根据工作需要抽调人员；会议传达学习省纪委办公厅有关通报精神，听取全市2021年纪检监察信访举报形势分析汇报，并

12月7日，中国共产党浏阳市第十三届委员会第四次全体会议在浏阳市会议中心召开

（市委办　供图）

就下阶段工作进行安排部署；会议听取相关案件汇报，原则同意纪委监委提出的处理意见，要求严格按程序办理。

2022年4月16日，市委常委会召开2022年第10次会议（扩大），传达学习省委书记、省人大常委会主任张庆伟到浏阳督导检查安全生产工作时的讲话指示精神，安排部署花炮产业高质量发展和全市安全生产等工作。

2022年4月21日，市委常委会召开2022年第11次会议，共研究3项议题：传达学习习近平总书记在海南考察时的重要讲话精神，习近平总书记在北京冬奥会冬残奥会总结表彰大会上的重要讲话精神，中央政治局常委、中纪委书记赵乐际在湖南调研时的讲话精神，《中华人民共和国审计法》精神，4月8日、4月13日省委常委会会议精神，省委实施"强省会"战略暨长株潭都市圈建设推进会精神、长沙市奋力实施"强省会"战略推进大会精神，中共湖南省委办公厅有关通报精神，中共湖南省纪委办公厅有关文件精神，全省纪检监察系统视频会议精神，4月7日、4月14日长沙市委常委会会议精神，并就全市贯彻落实工作进行安排部署；听取浏阳市贯彻落实强省会战略情况汇报，研究审议并原则通过发改局提出的《关于贯彻落实强省会战略的实施方案（送审稿）》，要求根据会议讨论的意见进一步修改完善后按程序印发，原则同意召开勇当"强省会"战略开路先锋推进大会；听取2021年度绩效考核情况汇报，研究审议并原则同意市委组织部提出的2021年度领导班子绩效考核结果和2021年度市管干部考核划等建议，要求根据会议讨论的意见进一步修改完善，原则同意召开2021年度绩效考核讲评暨2022年一季度经济形势分析大会。

2022年4月22日，市委常委会召开2022年第12次会议，共研究2项议题：听取市人民政府党组关于全市一季度经济运行情况汇报，书面听取发改局、工信局、财政局、农业农村局、商务局、统计局、招商引资服务中心一季度经济运行情况汇报，分析研究一季度全市经济形势，并就下阶段经济工作进行安排部署；研究有关人事议题，原则同意组织部提出的人事任免方案。

2022年4月25日，市委常委会召开2022年第13次会议，共研究9项议题：会议传达学习习近平总书记重要文章《促进我国社会保障事业高质量发展、可持续发展》，十二届省委理论学习中心组第四次集体学习精神，4月22日省委常委会会议、4月21日长沙市委常委会会议精神，长沙市委十四届三次全体会议精神，并就全市贯彻落实工作进行安排部署；听取审计整改工作"回头看"情况汇报，并就下阶段工作进行安排部署；研究审议并原则通过市委办提出的《关于贯彻落实"三重一大"事项集体决策制度的实施办法（试行）（送审稿）》，要求根据会议讨论的意见进一步修改完善后按程序印发；传达学习全国、全省安全生产电视电话会议精神，研究部署浏阳市安全生产工作，并就下阶段工作进行安排部署；书面听取全市一季度生态环境、信访、市容环境、12345政务热线、食品安全工作情况汇报，传达学习《信访工作条例》，并就下阶段工作进行安排部署；研究审议并原则通过生态环境局提出的《浏阳市贯彻落实第二轮中央生态环境保护督察整改方案（送审稿）》，要求根据会议讨论的意见进一步修改完善后按程序印发，原则同意参照长沙市相关做法，在浏阳市实行生态环境保护委员会"双主任"制，对蓝天办、突改办等环保领域其他议事协调机构予以相应调整；会议听取2021年度巡察工作汇报，研究审议并原则通过巡察办提出的《市委巡察工作规划（2022—2026年）（送审稿）》，要求根据会议讨论的意见进一步修改完善后按程序印发；研究全市防汛工作，并就下阶段工作进行安排部署；研究审议并原则通过《关于开展基层党组织整建提质专项行动的工作方案（送审稿）》，要求根据会议讨论意见进一步修改完善后按程序印发。

2022年5月1日，市委常委会召开2022年第14次会议（扩大），传达学习习近平总书记对望城"4·29"居民自建房倒塌事故作出的重要指示和李克强总理批示精神，省委、省人民政府主要领导指示批示精神，4月30日长沙市委常委会会议精神；研究全市自建房安全隐患排查整治工作，审议并原则通过住建局提出的《浏阳市自建房安全隐患排查整治工作实施方案（送审稿）》，要求根据会议精神进一步修改完善后按程序印发。

2022年5月10日，市委常委会召开2022年第15次会议（扩大），重温习近平总书记对望城"4·29"居民自建房倒塌事故的重要指示和李克强总理批示要求，重温习近平总书记关于安全生产的重要指示批示精神，传达学习全国、全省、长沙市自建房安全专项整治电视电话会议精神，5月7日省委常委会会议精神，《湖南省人民政府办公厅关于进一步加强农村住房质量安全监管的通知》《关于深刻吸取事故教训进一步强化当前安全生产工作的紧急通知》精神，5月6日长沙市委常委会（扩大）会议精神，省委常委、长沙市委书记吴桂英专题调度自建房安全专项整治工作会议精神，长沙市委副书记、市长郑建新到浏阳调研指示精神；听取、研究部署自建房安全专项整治、安全生产、尾矿库综合监管和防汛等工作。

2022年5月13日，市委常委会召开2022年第16次会议，共研究6项议题：传达学习习近平总书记在中国人民大学考察时的重要讲话、在庆祝中国共产主义青年团成立100周年大会上的重要讲话、致首届大国工匠创新交流大会的贺信精神，习近平总书记重要文章《加快建设科技强国，实现高水平科技自立自强》，5月5日中共中央政治局常务委员会会议、4月29日中共中央政治局会议、中共中央政治局第三十八次集体学习、中央财经委员会第十一次会议、《信访工作条例》精神，4月29日省委常委会会议精神，

4月28日、5月12日长沙市委常委会会议精神，并就全市贯彻落实工作进行安排部署；研究审议并原则通过市委办提出的《整治形式主义为基层减负工作任务清单（送审稿）》，要求根据会议讨论的意见进一步修改完善后按程序印发；研究审议并原则通过花炮产业发展中心提出的《浏阳市烟花爆竹产业高质量安全发展三年行动计划（2022—2024年）（送审稿）》《浏阳市打造“世界花炮之都”十条激励政策（送审稿）》，要求根据会议讨论的意见进一步修改完善后按程序印发。会议原则同意成立烟花爆竹产业高质量安全发展领导小组；听取城市交通“1+4”项目工作推进情况汇报，并就下阶段工作进行了安排部署；研究审议并原则通过组织部提出的2022年基层党组织整建提质重点村（社区）、关注村（社区）名单，要求组织部根据会议讨论的意见进一步修改完善，并牵头抓好落实；会议重温习近平总书记关于全面从严治党重要论述，十九届中央纪委六次全会精神，赵乐际在湘调研讲话精神，中共湖南省委常委会关于进一步贯彻落实中央八项规定及其实施细则精神有关文件、省委省政府“约法三章”精神，省、长沙市纪委监委关于深化整治红包礼金问题相关文件和第二十届中央纪委委员，湖南省委常委、省纪委书记，省监察委员会主任王双全讲话精神；听取深化整治违规收送红包礼金工作情况汇报，并就下阶段工作进行安排部署。

2022年5月20日，市委常委会召开2022年第17次会议，共研究4项议题：传达学习习近平总书记重要文章《正确认识和把握我国发展重大理论和实践问题》，5月13日省委常委会会议精神，省委关于加强“一把手”和领导班子监督的有关文件精神，5月19日长沙市委常委会会议精神，省委常委、长沙市委书记吴桂英，市委副书记、市长郑建新到浏阳调研讲话指示精神，并就全市贯彻落实工作进行安排部署；听取全市防汛备汛工作情况，并就下阶段工作进行安排部署。听取全市老干部和关心下一代工作情况汇报，并就下阶段工作进行安排部署；会议原则同意《湖南省第十批援藏干部人才推荐人选建议名单》，要求组织部按程序推荐上报。

2022年6月1日，市委常委会召开2022年第19次会议，共研究5项议题：传达学习习近平总书记在庆祝中国国际贸易促进委员会建会70周年大会暨全球贸易投资促进峰会上的重要讲话精神，5月27日中共中央政治局会议、中共中央政治局第三十九次集体学习精神，省委书记张庆伟、省长毛伟明在听取长沙市工作情况汇报时的指示精神，省委书记张庆伟在娄底调研时的讲话指示精神，省委常委、省纪委书记、省监委主任王双全到浏阳调研讲话指示精神，5月27日湘赣边区域合作示范区建设推进大会、5月20日省委常委会会议、省委国家安全委员会第五次全体会议、全省巩固拓展脱贫攻坚成果同乡村振兴有效衔接工作推进暨突出问题整改动员部署会议精神，全省、长沙市基础设施建设暨“三大支撑”工作推进会议精神，5月26日长沙市委常委会会议精神，并就全市贯彻落实工作进行安排部署；研究审议并原则通过文旅广体局提出的《浏阳市全民文化体育赋能乡村振兴行动计划（送审稿）》；听取全市自建房安全整治“百日攻坚”专项行动工作汇报，并就下阶段工作进行了安排部署；听取全市安全生产大检查“百日攻坚”行动和防汛备汛工作情况汇报，并就下阶段工作进行安排部署；传达学习全国、全省、长沙市稳住经济大盘电视电话会议精神，听取浏阳贯彻落实建议的汇报，并就下阶段工作进行部署。

2022年6月13日，市委常委会召开2022年第21次会议，共研究5项议题：传达学习习近平总书记在四川考察调研时的重要讲话精神、习近平总书记重要文章《努力建设人与自然和谐共生的现代化》，6月2日省委常委会（扩大）会议、6月5日省防汛会商调度会议、省防汛抗旱指挥部（扩大）会议、十二届省委理论学习中心组第五次集体学习精神，6月2日和6月10日长沙市委常委会会议、6月9日长沙市委理论学习中心组集体学习、长沙市防汛视频调度会议精神，并就全市贯彻落实工作进行安排部署；听取全市巩固拓展脱贫攻坚成果同乡村振兴有效衔接有关工作情况汇报，并就下阶段工作进行安排部署，原则同意适时召开全市巩固拓展脱贫攻坚成果同乡村振兴有效衔接问题整改暨村级集体经济发展推进会，原则同意《对口帮扶协议》，要求根据会议讨论的意见进一步修改完善，原则通过市领导联村调整方案；传达学习中央全面深化改革委员会第二十三次、第二十四次、第二十五次会议精神，省委全面深化改革委员会第十五次、第十六次会议精神，长沙市委全面深化改革委员会会议精神，听取全面深化改革有关工作情况汇报，研究审议并原则通过市委深改办提出的《中共浏阳市委全面深化改革委员会2022年工作要点》《2022年浏阳市全面深化改革工作任务台账》《中共浏阳市委全面深化改革委员会工作规则》《中共浏阳市委全面深化改革委员会专项小组工作规则》《中共浏阳市委全面深化改革委员会办公室工作细则》《中共浏阳市委全面深化改革委员会专项小组成员建议名单》，要求根据会议讨论的意见进一步修改完善后，按程序印发；会议听取全市未成年人保护工作情况汇报，并就下阶段工作进行安排部署。

2022年6月24日，市委常委会召开2022年第22次会议：传达学习省委、长沙市委关于深化整治违规收送红包礼金问题相关会议、文件精神，省纪委监委党风政风监督室有关工作提示精神，并就全市贯彻落实工作进行再动员、再部署。

2022年7月22日，市委常委会召开2022年第26次会议，共研究6项议题：传达学习习近平总书记在新疆考察时的重要讲话精神，习近平总书记重要文章《把中国文明历史研究引向深入，增强历史自觉坚定文化自信》精神，7月15日省委常委会（扩大）会议精神，平安湖南建设表彰大会精神，省委审计委员会第二次会议及7月21日会议精神，7月21日长沙市委常委会会议精神，长沙市半年经济形势分析暨重点工作拉练点评会精神，并就全市贯彻落实工作进行安排部署；分析上半年全市经济运行形势，研究部署下半年经济工作；听取2022年度国务院、省、长沙市真抓实干督查激励工作情况汇报，并就下阶段工作进行安排部署；传达学习全国、全省、长沙市安全生产电视电话会议精神，听取全市贯彻落实建议及安全生产"百日攻坚"情况汇报，并就下阶段工作进行了安排部署；听取全市自建房"百日攻坚"和"两违"清理整治工作情况汇报，并就下阶段工作进行安排部署；会议研究有关干部破格提拔合规性认定事宜，要求组织部按程序做好相关工作。

2022年7月26日，市委常委会召开2022年第27次会议，共研究4项议题：传达学习中共湖南省委书记张庆伟在听取首届湖南旅游发展大会组织筹备工作汇报时的指示精神，7月22日省委常委会会议精神，7月25日省委常委、长沙市委书记吴桂英到浏阳调研讲话指示精神，《纪检监察机关派驻机构工作规则》和机要密码工作有关文件精神，并就全市贯彻落实工作进行安排部署；听取审计整改工作情况汇报，并就下阶段工作进行安排部署；听取长沙市对浏绩效考核工作及本级考核办法相关情况汇报，研究审议并原则通过组织部提出的《落实2022年度长沙市对浏绩效考核工作目标责任分解表（送审稿）》《浏阳市2022年度绩效考核工作指导体系（送审稿）》《浏阳市2022年度乡镇（街道）绩效考核办法（送审稿）》和《浏阳市2022年度市直单位绩效考核办法（送审稿）》，要求根据会议讨论的意见进一步修改完善后按程序印发；研究审议并原则同意组织部提出的2022年半年度绩效考核划等情况；原则同意适时召开2022年半年度经济形势分析暨重点工作调度讲评会。

2022年7月31日，市委常委会召开2022年第28次会议（扩大），共研究2项议题：传达学习习近平总书记在省部级主要领导干部"学习习近平总书记重要讲话精神，迎接党的二十大"专题研讨班上的重要讲话精神，7月27日全国宣传部长电视电话会议精神，并听取浏阳贯彻落实意见汇报，原则同意宣传报道有关工作方案；传达学习7月28日中共中央政治局会议精神，7月30日长沙市委常委会（扩大）会议精神，并就全市贯彻落实工作进行安排部署。

2022年9月4日晚，市委常委会召开2022年第31次会议，传达学习9月4日下午中央信访工作督查组到浏阳督查时提出的相关要求和指示精神，并就贯彻落实工作进行安排部署。

2022年9月6日，市委常委会召开2022年第32次会议，共研究2项议题：传达学习省委常委、长沙市委书记吴桂英关于长沙县一物流园发生爆炸起火事故的批示精神，研究部署全市安全生产、信访维稳工作；研究有关干部推荐事宜，原则同意推荐方案，要求组织部严格按程序办理。

9月22日，市委常委会召开2022年第35次会议，传达学习习近平总书记关于安全生产工作重要批示精神，9月20日省委常委会会议、长沙市委常委会会议精神，全省安全防范动员电视电话会议、长沙市安全防范电视电话会议精神，长沙市安全生产约谈暨系统性源头性风险情况反馈会精神，听取当前安全生产工作情况汇报，研究审议《浏阳市"千名干部下基层　确保平安促发展"专项行动方案（送审稿）》，并就全市安全生产工作进行安排部署。

9月26日，市委常委会召开2022年第36次会议，共研究6项议题：传达学习习近平总书记重要讲话《新发展阶段贯彻新发展理念必然要求构建新发展格局》，习近平总书记重要文章《坚持和发展中国特色社会主义要一以贯之》，9月9日中共中央政治局会议精神，中央全面深化改革委员会第二十七次会议精神，9月9日、9月16日、9月23日省委常委会会议精神，十二届省委理论学习中心组第九次集体（扩大）学习辅导报告会、第十次集体学习精神，9月8日长沙市委常委会会议、长沙市委理论学习中心组集体学习精神，《中共湖南省委办公厅转发省纪委监委〈关于工程建设项目招投标领域腐败治理的调研报告〉的通知》精神，省、长沙市关于开展农村集体"三资"管理突出问题治理专项监督工作有关文件精神，省委全面深化改革委员会第十八次会议精神，全省打造内陆地区改革开放高地推进大会和长沙市打造内陆地区改革开放高地推进大会精神，省碳达峰碳中和工作领导小组2022年全体会议和长沙市碳达峰碳中和工作领导小组会议精神，省委常委、长沙市委书记吴桂英到浏阳督导森林防火工作时的讲话指示精神，长沙市委副书记、市长郑建新到浏阳督导烟花爆竹领域安全生产工作时的讲话指示精神，并就全市贯彻落实工作进行安排部署；传达学习省委常委、省纪委书记王双全在全省对村（社区）巡察工作推进会上的讲话精神，省委巡视领导小组关于整合基层监督力量推进村（社区）党组织巡察有关文件精神，听取十三届市委第四轮巡察情况和第二轮巡察整改督查情况汇报，并就下阶段工作进行安排部署；听取全市推进县域经济高质量发展工作情况汇报，并对下阶段工作进行安排部署；听取全市村级集体经济发展工作情况汇报，并就下阶段工作进行安排部署；传达学习《国家森林草原防灭火指挥部办公室关于对湖南省森林火灾多发情况进行警示的函》《关于迅速落实国家森防指办警示函和省领导批示要求进一步做好当前森林防灭火工作的通知》精神，并就当前森林防火工作进行安排部署；研究有关人事议题。

10月26日，市委常委会召开2022年第37次会议（扩大），会议传达习近平总书记在党的二十届一中全会上的重要讲话精神，习近平总书记在参加党的二十大广西代表团讨论时的重要讲话精神，党的二十大关于十九届中央纪律检查委员会工作报告的决议精神，党的二十大关于《中国共产党章程（修正案）》的决议精神，党的十九届七中全会精神。

11月2日，市委常委会召开2022年第39次会议，共研究2项议题：传达学习习近平总书记关于疫情防控的重要指示精神，10月31日省委常委会会议、11月1日长沙市委常委会会议精神；听取疫情防控、安全生产、森林防火等重点工作开展情况汇报，并就全市贯彻落实工作进行安排部署；听取2022年三季度绩效考核划等情况汇报，原则通过组织部提出的三季度绩效考核结果，要求根据会议意见修改完善后，按程序印发。

11月30日晚，市委常委会召开2022年第41次会议，传达学习省委常委、纪委书记王双全，省委常委、长沙市委书记吴桂英、长沙市委常委、纪委书记胡卫兵有关指示批示精神，听取关于网传荷花街道工作人员打人视频的情况汇报，并就下阶段处置工作进行研究部署。

12月5日，市委常委会召开2022年第42次会议，共研究5项议题：传达学习习近平总书记在亚太经合组织第二十九次领导人非正式会议上的重要讲话精神和在亚太经合组织工商领导人峰会上的书面演讲精神，12月2日省委常委会会议精神，中共长沙市委十四届四次全体会议精神，11月29日长沙市委新冠肺炎疫情防控工作领导小组会议精神，12月1日长沙市委常委会会议精神，并就全市贯彻落实工作进行安排部署；听取关于召开市委十三届四次全体会议有关情况的汇报，研究审议并原则通过市委办提出的《市委常委会向市委十三届四次全体会议的工作报告（送审稿）》《中共浏阳市委关于深入学习宣传贯彻党的二十大精神　为全面建设社会主义现代化新浏阳而团结奋斗的决定（讨论稿）（送审稿）》，要求根据会议讨论的意见进一步修改完善；研究审议并原则通过财政局提出的《关于浏阳市2022年财政预算调整方案（草案）的报告（送审稿）》，要求根据会议讨论的意见进一步修改完善后，按程序提交市人大常委会会议审议；听取关于面向村（社区）党组织书记考核招聘乡镇（街道）事业编制人员的情况汇报，原则同意入围人选名单，要求组织部严格按照考核招聘流程，公开、公平、公正做好后续相关工作；听取全市2022年度事业单位管理岗位职员等级晋升工作情况汇报，研究审议并原则同意《2022年度事业单位管理岗位职员等级晋升工作实施细则（试行）（送审稿）》，要求根据会议讨论的意见进一步修改完善后，按程序印发实施。

12月7日，市委常委会召开2022年第43次会议，听取市委十三届四次全体会议分组讨论情况和《中共浏阳市委关于深入学习宣传贯彻党的二十大精神　为全面建设社会主义现代化新浏阳而团结奋斗的决定（讨论稿）》修改情况。

12月23日，市委常委会召开2022年第45次会议，共研究6项议题：传达学习12月15日至16日中央经济工作会议精神，习近平总书记重要文章《继承和发扬党的优良革命传统和作风，弘扬延安精神》，习近平总书记向《生物多样性公约》第十五次缔约方大会第二阶段高级别会议开幕式致辞精神，12月13日、12月20日省委常委会会议精神，12月19日省委常委会（扩大）会议精神，12月22日省委经济工作会议精神、12月23日长沙市委经济工作会议精神，12月19日长沙市委常委会会议精神，全省锲而不舍落实中央八项规定精神深化纠治"四风"工作视频会议精神、省纪委关于锲而不舍落实中央八项规定精神深化纠治"四风"工作的有关文件精神，长沙市青年发展型城市建设全国试点工作部署推进会暨2022年青年工作联席会议精神，并就全市贯彻落实工作进行安排部署；研究2023年全市经济工作目标思路，并就全市贯彻落实工作进行安排部署；研究审议并原则通过住建局提出的《浏阳市进一步深化自建房安全专项整治工作方案（送审稿）》，要求根据会议讨论的意见进一步修改完善后按程序印发；研究审议并原则通过检察院提出的《浏阳市加强新时代检察机关法律监督工作责任分工（送审稿）》，要求根据会议讨论的意见进一步修改完善后按程序印发；听取市委党校工作情况汇报，并就下阶段工作进行安排部署。

（市委办秘书科）

组织工作

【"党员微网格+五个到户"】 2022年，市委组织部组织在全市深化"党员微网格+五个到户"，依托微网格开展村（居）民代表常态化联系服务群众工作，着力打造"邻里守心团"，落实"一日三单"和"四个一"制度，21168名村（居）民代表、3.5万名党员参与联户，收集社情民意15390件，为群众办理服务事项22396个，调解矛盾纠纷7798件，全力做好微事不出"格"、小事不出村、大事不出镇、难事不出市。年内，中央组织部到浏阳蹲点调研农村基层党建和基层治理工作，对浏阳基层党建给予充分肯定。浏阳被确定为全省党建引领乡村治理试点县，被《人民日报》《中国组织人事报》推介4次。"'党员微网格+五个到户'构建全域网格管理格局"入选2021年度长沙十佳特色改革案例。向广大党员、微网格长发出倡议书和动员令，提出"十个带头""五个一"要求，让党旗在防疫和安全生产一线高高飘扬。持续巩固湖南省"基层党建+城镇老旧小区改造"试点成果，改造老旧小区87个，惠及居民4206户，改造老旧小区41.03万平方米。

【抓党建促乡村振兴】 2022年，市委组织部组织在全市持续抓党建促乡村振兴。承办省委组织部“田间课堂”。创新开展村（社区）党组织书记“观摩赛马”活动，39个村（社区）展示基层治理、乡村振兴成果。开展“发挥党代表优势 助力乡村振兴”行动，指导各乡镇（街道）组织党代表发挥岗位优势、职业优势、专业特长，解决群众反映的生活帮扶、教育支持、就业指导等方面的具体需求，全年收集意见建议406条，解决实际问题267个。选派乡村振兴工作队154支、驻村队员341人。工作队后盾单位在驻村点投入资金7622.66万元，争取相关项目资金7403.7万元。深化“党建+金融村官”机制，为全市29.29万户农户累计授信241亿元。出台《党建引领壮大村级集体经济十条措施》，向示范村、进步村和个人发放奖补资金460余万元，培育一批“一村一品”“一村一特”产业基地，2个集体经济典型案例被省委组织部采编，14个集体经济典型案例被长沙市委组织部采编。全市村级集体经济总收入超过1.4亿元，总收入50万元以上且经营性收入10万元以上的村达154个。成功申创首批国家乡村振兴示范县（市）。组织开展抓党建促乡村振兴示范活动，3个镇、9个村入选长沙市抓党建促乡村振兴示范乡镇、示范村，6名村支书被评为乡村振兴担当作为好支书，三个类别数量居长沙地区第一；评选浏阳本级乡村振兴示范乡镇7个、乡村振兴示范村22个、乡村振兴担当作为好支书25人。高质量推进红色村组织振兴建设红色美丽村庄试点工作，出台《红色美丽村庄建设规范》，北盛镇马战村成功入选中组部“红色村”。着力推进乡村建设，打造美丽宜居村庄275个。

2022年7月20日，市委组织部组织“浏阳市2022年村（社区）‘观摩赛马’答辩会”，全市村（社区）党组织书记围绕本村（社区）换届后的整体工作情况，分主题和类别进行村级工作成果展示。城市社区党组织书记以城市基层治理为主题，村（含农村社区）党组织书记以乡村振兴为主题，分为产业发展类（设规模农业和文旅融合两个类别）、基层治理类、服务园区及城乡接合类、地域偏远类共5个类别
（市委组织部 供图）

【基层党建】 2022年，浏阳市全年发展党员943名，其中从抗疫一线人员中发展20名。市委组织部进一步规范基层党员教育，对村（社区）党组织书记、乡镇（街道）党务工作者开展全覆盖培训。从优秀村（社区）干部队伍招考公务员4人，面向村（社区）书记考核招聘事业编制人员3名。全面完成32个乡镇（街道）基层党校规范化建设，年内，长沙市党员教育工作会议在浏阳召开。积极推动基层党员教培阵地建设，秋收起义文家市会师纪念馆入选第一批省级现场教学点。拍摄选送的典型事迹片《五次援藏酿造甜蜜事业》被评为全省党员教育电视片观摩交流活动特别奖。加强长沙智慧党建系统日常管理，党组织生活信息录入率达100%，党员注册率达92.4%，均为长沙地区第一。全年开发精品党课14堂，其中3堂获评长沙市“优秀精品党课”。开展“书记点题”重点领域党建活动，着力解决市直机关、国企、中小学、公立医院等重点领域的突出问题。扎实开展两新党组织组建攻坚行动，新建两新组织党组织156个，党组织覆盖率提升至80.53%，在长沙地区率先实现“两个覆盖”目标。构建新业态新就业群体“一体两翼多点”党群服务阵地，打造1个市级党群服务中心、1个网间经济孵化器党组织阵地和1个“长沙货车司机红色之家”，建设25个覆盖全城的“奔跑者”红色驿站，服务2.5万余人次，相关经验获《人民日报》推介。

【干部工作】 2022年，市委组织部组织在全市开展“千名干部下基层，确保平安促发展”专项行动，选派1096名干部奔赴镇村一线，深入开展重点领域安全隐患排查整治和“敲门行动”。抽调100名“90后”优秀年轻干部组建青年干部防疫突击队，抽调2000余名干部下沉城市社区，支援园区和乡镇，最大限度保护人民群众生命安全和身体健康，最大限度减少疫情对经济社会的影响。选派3名党员组成帮扶工作组到通道县开展对口帮扶。举办“90后”中层干部强基训练营和“85后”科级干部能力提升营培训。召开全市选调生工作会议，促进选调生队伍蓬勃发展。全年调整干部9批次，涉及干部1051人次（含职务调整和职级晋升），其中提拔重用208人，晋升公务员职级515人。制定全市2022年度事业单位管理岗位职员等级晋升具体实施细则，晋升等级315人。对换届后乡镇领导班子运行情况和班子成员履职情况进行调研。组织筹备市总工会第十八次代表大会、市残联第五次代表大会，确保风清气正。严把公务员入口关，招录省考公务员96名。组织3批次市内选调公务员考试，选调33人进入市直机关工作。办理抽借调

2022 年 5 月 18 日，市委组织部举办浏阳市青年干部防疫突击队座谈会

（市委组织部　供图）

手续 148 人次，顺利通过长沙市乡镇干部抽借调工作专项检查。办理调任 6 人，公务员登记 128 人，市内外人员调动 61 起，退休 124 人。制定出台《浏阳市公务员规范津补贴实施方案》，建立健全规范性津补贴工作联席会议制度。举办新录用公务员履职能力提升培训班、“提升执法能力专题”公务员网络培训班，培训公务员 100 余人次。实时做好公务员信息系统维护，实现公务员“进管出”动态管理，顺利通过全省公务员管理信息系统审核。分 3 批次对 24 个单位完成选人用人专项巡察检查工作，查找问题线索 168 条，切实提升选人用人监督检查实效，《中国组织人事报》官网、省委组织部“红星云”、红星网、新湖南等专题推介有关经验做法。开展因私出国（境）专项清理和“回头看”行动，全市乡科级副职以上领导干部及四级主任科员以上职级公务员共备案 3075 人，集中保管证件 1916 本，做到应备尽备、应交尽交、应审尽审。召开领导干部个人有关事项集中填报培训会议，收集整理 71 名领导干部（包括 3 名省管干部）的个人有关事项报告表和重点事项填报提示清单上报至长沙。完成 5 名领导干部在企业和社会组织的兼职审批工作。完成政协浏阳市第十一届委员会第二次会议选举工作。

【绩效考核】 2022 年，浏阳市锚定绩效考核蝉联长沙市“双第一”的目标，科学拟制市本级考核办法和工作目标考核体系，突出分类考核、个性考核、全程考核，坚持考少考精考重点为基层减负。举办新时代基层干部主题培训暨绩效考核工作专题培训班，有效提升全市绩效考核队伍专业素质。持续探索开展绩效考核工作的新方法，运用信息化手段推动考人考事深度融合。2022 年，浏阳市有 2 项、14 项、34 项工作分别获得国务院、省政府、长沙市政府表扬激励，数量居全省122 个县市（区）第一；在县域经济与县域综合发展排名中居全国第七，实现高位再进位。

【人才工作】 2022 年，浏阳市出台人才强市“百千千万”工程（引进培育 100 名长沙市及以上高层次人才；企业重点引进 1000 名产业领军型、科技创新型紧缺急需人才；乡镇（街道）重点引进培育 1000 名农业产业领军人才、乡村工匠和新型职业农民等乡村振兴产业人才；全市优势产业中高端职业技能人才净增长 10000 人以上）“1+1+3+N”政策体系。实施“百名高专人才”引进计划，启动党政“高专”博士人才引进活动。全年引进党政人才 188 人、教师 1000 余人、医卫人才 169 人，培育公费师范生 167 人、免费医学生 25 人。开展“智汇潇湘　才聚浏阳”“引老乡、回故乡、建家乡”等系列引才活动，组织各类招聘活动 70 余场，引进企业人才 4 万余人。全年新增长沙市高精尖人才 2 名、紧缺急需人才 15 名，全市的长沙市高层次人才达 157 人。举办党政干部、卫教人才、企业高管专题培训班 50 余期，培训 1.2 万余人次。开展“金阳大讲堂”、“一户一产业工人”、农业实用技术等系列培训活动 200 余期，培训技能人才 1.1 万余人次。新增省市级专家工作站 3 家、长沙市科技助力乡村振兴专家服务站 3 家，成立促企上市博士服务站 2 个。年内，中国工程院院士刘少军、邹学校团队工作室揭牌。三力医药陈媛园入选“湖湘青年英才”支持计划。举办全市“乡村工匠”竞赛暨烟叶烘烤工匠比武、“十行状元、百优工匠”乡村美食竞赛、电力行业劳动技能竞赛等活动，提升职业技能人才队伍整体水平。深化“1+N+31”乡村振兴产业人才联盟，推进人才、政策、产业、技术、服务“五链”融合。实施科技特派员“双百”工程，全年派驻 121 名农业类科技特派员，助农增收达 1.2 亿元。新增认定农业产业领军人才 7 人，推荐认定新型职业农民 292 人、乡村工匠 121 人。好韵味油茶种植专业合作社负责人师艳林、大围山缘润水果种植专业合作社负责人黎永勤入选第三批“国家林草乡土专家”。大力实施人才服务“浏心工程”，新建成长兴湖人才公寓 164 套，在建金阳人才公寓 1675 套，让人才实现拎包入住。实施“1+2+N”青年人才驿站项目，全年共为 1100 余名青年人才提供免费住宿。优化“一办三窗口”人才服务平台，实现“一站式”服务县域全覆盖，规范乡村振兴人才服务窗口 31 个，全年为青年人才、专业英才发放租购房和生活补贴、职业技能晋级补贴共计 1500 余万元。联合金融机构推出专属金融产品，全年为人才发放贷款 22 亿余元。解决人才子女入学、配偶随调 600 余人次。实行“专业英才绿卡”制度，组织 1727 名人才免费体检。开展“燕归巢”暑期大学生社会实践活动，聘请20余名清华、北大等知名学府的浏阳籍学子担任校园引才大使。

【“一老一少”工作】 2022年，浏阳市深入贯彻落实中共中央办公厅《关于加强新时代离退休干部党的建设工作的意见》，将离退休党建纳入全市党的建设总体布局。围绕党的二十大、中国特色社会主义新时代、离退休党建工作等主题，精心组织开展座谈宣讲、演讲征文、案例征集、书画作品展等活动，引导广大离退休干部党员深入学习宣传新时代党的创新理论。创建4个“美在金秋”老党员之家。对全市政治生活馆进行改造升级，为离退休党组织开展组织生活提供“七个一”服务。注重发挥老干部特有的政治优势、经验优势和威望优势，精心搭建平台载体，支持和引导广大老干部在基层治理、志愿服务、关心下一代工作中献智出力。开展“五老”来敲门和点亮微心愿活动，全市共组织“五老”开展敲门行动900余次，征集合理“微心愿”227个。同时加强困难帮扶力度，对困难离退休干部及遗孀开展走访慰问600余人次。老干部大学全年开设7个专业（系）、52门课程、273个教学班。常态化开办44所基层老年学校、109个基层网络教学点，获评长沙市级优秀老年学校8个、优秀网络课堂站点16个，老年教育工作被中央电视台、人民网等媒体推介20余次。组织开展“喜迎二十大 永远跟党走”文艺会演，展示并检验各校办学成果。浏阳市选送的金枫朝阳艺术团情景剧《老有所为》在全省离退休干部“喜迎二十大·奋进新征程”文艺作品比赛中获评一等奖。加强组织覆盖，全市关工委组织已达911个。全市隔代家庭教育三年行动计划（2020—2022）圆满收官。开展青少年党史学习教育宣讲活动、第二届湘赣边中小学生红色故事讲演大赛。打造青少年思想道德教育特色项目12个，创建示范阵地40个。2022年，市委组织部（老干部局）被评为全省老干部工作先进集体。

【“千名干部下基层，确保平安促发展”专项行动】 2022年9月23日，浏阳召开“千名干部下基层，确保平安促发展”专项行动动员大会，中共浏阳市委副书记、市长王雄文出席会议并讲话。根据上级文件精神，中共浏阳市委、市政府决定，自9月23日起至10月底，在全市开展“千名干部下基层确保平安促发展”专项行动，在全市组织1096名干部职工奔赴基层，深入开展安全生产政策法规宣传，参与高层建筑、居民自建房、建筑施工、城镇燃气、交通运输、烟花爆竹等17个重点行业领域、重点企业、重点场所的安全隐患排查整治和“敲门行动”，并统筹做好疫情防控和群众信访工作。为有序推进专项行动，浏阳成立领导小组，由市委书记和市长担任组长，领导小组办公室下设5个专项工作组，统筹各项具体工作；成立32个乡镇（街道）工作队、326个驻村（社区）工作组和巡查督导组，确保专项行动高质高效，及时发现、坚决整治各类安全隐患。

【龙强军被授予“湖南省见义勇为先进个人”荣誉称号】 2022年2月2日上午，市委组织部干部龙强军在回湘潭市湘乡市（县）壶天镇光辉村老家探亲途中，行车至光辉村原光胜小学附近时，发现侧前方一辆黑色轿车冲进路边水塘，车辆“四脚朝天”。龙强军冒着严寒纵身跳入水塘施救，同时大声呼喊。与闻讯而来的村民谈昭君、谭超君村民一道施救，成功救起一家4口。2月14日，中共湖南省委组织部发出《关于向龙强军同志学习的倡议书》，号召全省组工干部向龙强军学习，2022年10月9日，湖南省人民政府下发《关于表彰2021年度湖南省见义勇为英雄及先进个人的决定》龙强军被授予“湖南省见义勇为先进个人”荣誉称号。

（何林达）

宣传工作

【学习宣传贯彻党的二十大精神】 2022年，市委宣传部把学习宣传贯彻党的二十大精神作为首要政治任务，对标对表上级部署要求，制定实施《关于认真学习宣传贯彻党的二十大精神的通知》《关于做好全市学习贯彻党的二十大精神宣讲工作的通知》等文件，市委理论学习中心组

2022年5月19日，市委理论学习中心组集体学习暨浏阳大讲堂专题讲座在浏阳市会议中心举办，深入学习贯彻党的十九届六中全会精神和省第十二次党代会、长沙市第十四次党代会、浏阳市第十三次党代会精神，奋力实施‘强省会’战略全面推进高质量发展，以优异成绩迎接党的二十大胜利召开。讲座邀请有关专家作“实施‘强省会’战略”辅导报告

（市委宣传部 供图）

立标打样，市委主要领导示范带头，推动党的二十大精神传遍浏阳大地、温润千家万户。策划推出“光辉起点”看盛况、“二十大光辉照耀在浏阳河上”等特色宣传，推动学习研究阐释宣传一体化、联动化、特色化。党的二十大精神宣讲“五校”（早校、夜校、学校、党校、网校）课堂模式获《湖南宣传》《长沙要情》《长沙党建》专题推介。

【理论学习】 2022 年，市委宣传部坚持以习近平新时代中国特色社会主义思想凝心铸魂，以“两平台、六宣讲、一品牌”推动理论武装走深走实。用好市委理论学习中心组和“浏阳大讲堂”两个平台，发挥“关键少数”领学带学促学作用，组织开展市委集中学习 11 次、“浏阳大讲堂”4 次，带动各级党委（党组）开展学习 1100 余次。抓实领导干部示范讲、专家学者深入讲、“百姓名嘴”通俗讲、基层党员带头讲、志愿服务队常态讲、文艺团体流动讲，举办各类理论宣讲报告会 400 余场、微宣讲 1200 余场，形成全覆盖、多形式、立体化的宣讲格局。深入开展“党的二十大精神进基层”“理论+文艺”宣讲，努力打造“就认这个理·理响浏阳河”品牌。

【舆论宣传】 2022 年，市委宣传部统筹内宣外宣、线上线下资源，奏响奋进新征程、建功新时代的最强音。全年获中央、省、市主流媒体宣传推介 4000 余次，其中央视先后 30 次报道浏阳，《新闻联播》8 次聚焦浏阳，推介频次、亮相时长均为历年之最，浏阳的知名度美誉度影响力得到极大提升。围绕疫情防控、自建房整治、森林防火、垃圾焚烧发电项目等重点工作，策划推出微科普、微提示、微图文、微视频等，广泛凝聚共识和力量。创新城市营销模式，以“我在浏阳说爱你”为城市品牌话题，结合七夕、国庆、元旦等重要节点，精心策划表白活动，制作《挑战城市宣传片》。

【文明创建】 2022 年，市委宣传部锚定创建全国文明城市总目标，健全“三联三定（定区域、定人员、定责任管理；镇、街道和社区联动，网格员、楼道长和社区群众联动，创建工作和党建工作联动）”机制，深入实施 13 个专项行动，推动文明创建有力有效、常态长效，在全省文明创建测评中排名第一。推进新时代文明实践中心建设，全市建成新时代文明实践中心 1 个、文明实践所 32 个、文明实践站 326 个、文明实践点 390 余个，打造新时代文明实践中心智慧平台，实现全域覆盖、资源共享、线上线下联动。年内，全市推荐入选“中国好人”1 名、“湖南好人”5 名、“长沙好人”9 名，争创省、长沙市各类文明荣誉单位 64 个，淮川街道朝阳社区被评为“全国最美志愿服务社区”。累计获评省、长沙市“新时代好少年”24 人，长沙市级以上文明荣誉单位 234 个。

【文旅融合】 2022 年 7 月 31 日，浏阳市召开首届文旅发展大会，正式发布《浏阳市促进文旅深度融合高质量发展十条措施》（简称“浏十条”），并围绕百里画廊“一河两岸”浏阳河城区段、大围山“一园四镇”、乡村旅游、品质民宿、特色研学、区域美食六大板块，推介 28 个文旅项目，现场签约项目 24 个。这是湖南首个区县级的文旅发展大会。年内，浏阳市推进浏阳河百里画廊文旅产业带建设，天空剧院沉浸式光影烟花秀升级亮相，新增国家 AAA 级景区 4 个，浏阳跻身全国县域旅游竞争力百强县第 6 位。注重用红色文化锤炼城市气质，完成湖南省苏维埃政府旧址（锦绶堂）展示工程、寻淮洲生平事迹陈列展建设，有序推进李白烈士故居提质改造。举办“匠心守艺·非遗焕新”非遗宣传月活动，浏阳油纸伞传习所“达兴工艺品非遗工坊”入选文化和旅游部非遗工坊典型案例名单。沙市镇秧田村农家书屋被评为中宣部“双服务（服务农民、服务基层文化）”先进集体。小戏《木盆渡江》荣获“戏剧中国”首届全国小戏最佳编剧、最佳导演、最佳演员奖，花鼓戏《胡子将军》获评第二届湖南省文学艺术奖优秀作品奖，电影《浏阳河上》等 6 部作品获评长沙市“五个一”工程奖。

【意识形态工作】 2022 年，市委宣传部切实发挥主抓主推作用，对意识形态工作进行常态化专题调度，党的二十大前后，共召开 4 次专题会议，有效传导压力、交办问题、化解风险。制定实施《提升意识形态工作敏感性敏锐度的九条措施》《意识形态工作正面清单、负面清单（试行）》《党的二十大前后意识形态领域主要风险分析预判及工作提示》等系列文件，推动责任压实到人、工作抓实到点，做到严管主阵地、根治小隐患。用好巡察利剑，下沉 24 家单位开展意识形态专项检查，反馈并督促整改问题 100 余条。联合统战、网信等部门组建 6 个督查组，深入一线开展专项联合督查 20 余次，督促整改问题 40 余处，确保意识形态风险隐患抓早化小、防微杜渐。

【二十大精神宣讲“五校”课堂】 2022 年，浏阳市依托“就认这个理·理响浏阳河”宣讲品牌，创新开办“早校、夜校、学校、党校、网校”的“五校”课堂（员工入早校、居民读夜校、师生在学校、党员进党校、全民上网校），引导全市广大党员干部群众深学、细悟、实干，全力推动党的二十大精神传遍浏阳大地、温润千家万户。

【湖南省苏维埃政府旧址（锦绶堂）提质改造竣工对外开放】 6月30日，湖南省苏维埃政府旧址（锦绶堂）开放仪式在浏阳市大围山镇楚东村举行，湖南省苏维埃政府旧址提质改造竣工并正式向公众开放。湖南省苏维埃政府旧址（原名锦绶堂），位于浏阳市大围山镇楚东村漾水湾组，始建于清光绪二十三年（1897），坐北朝南，三条轴线布局，砖木两层结构，三进院落，四周建有垣墙围护，为典型的天井院落式民居建筑组群，占地面积 5000 余平方米，建筑面积3800平方米，有大小房间108间。1930年7月27日，彭德怀、滕代远率领部队攻占湖南省会长沙，在长沙成立湖南省苏维埃政府，它是中国共产党正式建立的全国第一个建制省苏维埃政权。8月11日，湖南省苏维埃政府入驻浏阳东门锦绶堂，8月15日转移至平江。1931年3月初，省苏维埃政府机关迁回锦绶堂。湖南省苏维埃政府在锦绶堂驻扎8个月，先后出台一系列苏维埃政策、布告，领导土地革命和苏区建设，为中国共产党领导下的政权建设和革命运动提供宝贵经验，是中国共产党的执政先声。2020年7月，浏阳市启动湖南省苏维埃政府旧址（锦绶堂）提质改造工作，提质改造后的湖南省苏维埃政府旧址展示利用项目分为复原陈列和史实陈列2部分。复原陈列面积约为2400平方米，包括省苏维埃政府接待室、赤色军事政治学校、石印局、造币厂、训练场、杨幼麟住所等33处场景的模拟复原。史实陈列面积约600平方米，主要分三大部分，分别展示湖南省苏维埃政府的成立、执政探索、精神价值与意义。湖南省苏维埃政府旧址是全国重点文物保护单位、湖南省爱国主义教育基地、湖南省党史学习教育现场教学场地。2022年12月，锦绶堂景区被评定为国家AAA级旅游景区，旧址所在的楚东村是中国传统村落，被中组部列入“红色美丽村庄”建设试点村。

（曾孝喜）

表3　　2022年度浏阳市宣传思想文化工作成果一览表

（全国性机构与媒体）

序号	获奖作品、推介、肯定性批示、特色亮点工作	授奖（推介）单位或媒体	发文、推介时间
1	龙章平论文获第十七届中国传媒年会征文评比活动二等奖	中国新闻出版研究院	2022年11月
2	PPT文字、配图推介浏阳市融媒体中心	在中国新媒体大会上，省委常委、长沙市委书记吴桂英发表《打造融媒新高地 喜迎党的二十大》主旨演讲	2022年8月30日
3	《坚守功能定位　严格建设标准　着力打造县级广播电视公共服务标准化建设的“浏阳样板”》	全国广播电视公共服务暨县级标准化试点建设推进视频会议上作试点地区经验交流书面发言（主办单位：国家广电总局）	2022年11月22日
4	浏阳夏布文创中心常态化推进非遗文化体验活动	中央电视台《新闻联播》	2022年2月3日
5	浏阳文化产业发展成果	央视新闻频道、央视新闻客户端、中国之声《走进县城看发展》节目直播聚焦	2022年6月22日
6	2022年首届浏阳市文化创意设计大赛，创意设计赋能乡村振兴的实践探索	人民网、新华社、新湖南、《长沙晚报》等媒体	2022年6月25日
7	摄影作品《达浒镇椒花新村油菜花绽放》	《人民日报》第10版	2022年3月14日
8	摄影作品《60年培育300多个辣椒新品种》	《人民日报》第6版	2022年2月22日
9	摄影作品《三月春暖农事忙 龙伏镇春耕》	新华社	2022年3月28日
10	歌曲《吾愿 吾辈》被评为国家统计行业原创歌曲征集优秀奖	国家统计局	2022年9月
11	《徐悲鸿在印度》	《作家文摘》	2022年4月29日
12	《瓦片上的阳光》（三章）	《诗刊》下半月	2022年7月
13	“浏阳河畔鞭炮冲”获得第十一届全国小荷风采作品展金奖	中国舞蹈家协会	2022年11月
14	国画《百年锦绶堂》入选湖南中国画双年展	中国美术家协会	2022年7月
15	浏阳市古港镇梅田湖村入选全国乡村旅游重点村	文化和旅游部	2022年10月27日
16	浏阳市2022年全国县域旅游综合实力百强县排名第六	《中国文化报》	2022年6月7日

续表 3

序号	获奖作品、推介、肯定性批示、特色亮点工作	授奖(推介)单位或媒体	发文、推介时间
17	浏阳油纸伞传习所"达兴工艺品非遗工坊"入选"国家文旅部非遗工坊典型案例推荐名单"	文化和旅游部	2022年12月13日
18	浏阳市入选全国广播电视基本公共服务标准化试点(全省唯一)	广播电视总局	2022年11月22日
19	大围山镇入选新时代·中国乡村振兴示范镇、新时代·最美绿色生态小镇	中国互联网新闻中心	2022年7月16日
20	《木盆渡江》获得最佳编剧、最佳导演、最佳演员3个奖项	中国戏剧文学学会、中国文化馆协会	2022年12月30日
21	淮川街道朝阳社区被评为全国最美志愿服务社区(国家级)	中央文明办	2022年3月16日
22	《浏阳市把阵地建到乡村孩子的家门口》	中央文明办简报	2022年10月9日
23	沙市镇秧田村农家书屋获第九届全国服务农民、服务基层文化建设先进集体表彰——"农家书屋和基层图书发行单位先进集体"荣誉	中央宣传部、文化和旅游部、国家广播电视总局	2022年4月6日
24	秋收起义文家市会师纪念馆文创	《中国文化报》	2022年4月2日
25	〔走进老区看新貌〕湖南浏阳 走进老区看新貌 声声炮响 当秋收起义会师地遇到满城烟花	CCTV-13	2022年4月16日
26	〔走进老区看新貌〕湖南浏阳"秋收起义转折地 向高质量发展迈进"	CCTV-13	2022年4月16日
27	〔走进老区看新貌〕从星星之火到惊艳世界	中央广电总台国际在线	2022年4月24日
28	文家市镇通过党性教育活动推动红色旅游	《光明日报》	2022年4月25日
29	秋收起义文家市会师纪念馆让革命老区释放新活力	《经济日报》	2022年4月27日
30	革命老区"激活""用活"红色文化资源 赋能乡村振兴	中国新闻网	2022年4月28日
31	浏阳市推动文旅融合发展让红色文化"活"起来	《国防教育》周刊	2022年12月9日

表 4　2022年度浏阳市宣传思想文化工作成果一览表

（省级机构与媒体）

序号	获奖作品、推介、肯定性批示、特色亮点工作	发文、推介单位	发文、推介时间
1	大围山国家森林公园研学旅游示范基地、浏阳梅田湖研学旅游示范基地入选湖南省研学旅游(示范)基地	省文化和旅游厅	2022年3月14日
2	大围山国家森林公园宾馆入选五星级森林人家	省林业局	2022年6月21日
3	大围山国家森林公园在全省自然保护地质量管理评估中被评为"优秀"	省林业局	2022年12月26日
4	大围山省级自然保护区全省自然保护地质量管理评估"优秀"	省林业局	2022年12月26日
5	大围山国有林场被评为2022年全省国有林场质量管理十佳单位	省林业局	2022年12月30日
6	作品《一人一校十年灯》《梅田湖村民分红 一年更比一年红》被评为湖南新闻奖三等奖	省委宣传部 省新闻工作者协会	2022年7月13日
7	2021年度湖南省舆情信息工作优秀单位	省委宣传部	2022年5月13日

续表 4

序号	获奖作品、推介、肯定性批示、特色亮点工作	发文、推介单位	发文、推介时间
8	浏阳市融媒体中心电商直播赋能“湘赣边”乡村振兴项目入选湖南省文化科技卫生“三下乡”活动示范项目	省委宣传部	2022 年 10 月 10 日
9	湖南省高新技术企业	省科学技术厅、省财政厅、国家税务总局、省税务局	2022 年 12 月 16 日
10	周鹏获 2021 年度湖南省舆情信息工作优秀个人	省委宣传部	2022 年 5 月 13 日
11	刘守苍获全省广播电视职业技能竞赛三等奖	省广播电视局	2022 年 9 月 2 日
12	在全省广播电视媒体融合发展专题线上培训会议上，浏阳市融媒体中心党组书记、主任林湘国以《将“先发优势”转变为“领跑胜势”》为题作典型经验推介	省广播电视局	2022 年 12 月 8 日
13	《构建对外宣传新格局 提升美好浏阳新形象》	省委宣传部	湖南宣传第 8 期
14	浏阳市委网信办被评为“全省网络综合治理工作成绩突出单位”	省委网信办	2022 年 2 月 25 日
15	浏阳：坚持“四动”筑牢网络安全防线	省委网信办	2022 年 4 月 22 日
16	长沙浏阳“三策”做好基层舆情防范应对	省委网信办	2022 年 11 月 24 日
17	2022 年浏阳市文化创意设计大赛，创意设计赋能乡村振兴的实践探索	人民网、新华社、新湖南、《长沙晚报》等媒体	2022 年 6 月 25 日
18	浏阳市网间经济孵化器“稳就业 保民生：以创业带动就业”建设成果	湖南卫视《新闻联播》	2022 年 7 月 19 日
19	推进“我在浏阳说爱你”工作，标识首批授权 7 个烟花企业使用	《长沙晚报》头版报道	2022 年 9 月 16 日
20	《浏阳李白》获第七届湖南艺术节“田汉新剧目奖”	省委宣传部、省文化和旅游厅	2022 年 1 月 12 日
21	花鼓戏《胡子将军》获湖南省文学艺术奖	省委宣传部、省文联	2022 年 7 月
22	陈继武菊花石公馆非遗工坊入选“非遗工坊省级示范点”，浏阳市张坊镇入选“非遗村镇省级示范点”	省文化和旅游厅	2022 年 12 月 26 日
23	花鼓戏《浏阳李白》获第七届湖南艺术节田汉新剧目奖	省文化和旅游厅	2022 年 1 月 12 日
24	西溪磐石大峡谷、花炮文化博览园、石牛寨风景区获省级文明风景旅游区	省文明办	2022 年 3 月 14 日
25	浏阳市被评为全省文化和旅游工作先进单位，综合排名省直管县第一	省文化和旅游厅	2022 年 1 月 13 日
26	5 月 18 日，2022 年全省文化和旅游市场管理工作会议在湘潭召开。浏阳市文旅广体局党组书记、局长陈刚代表全省 13 个省直管县，以《慎终如始、多措并举，全面筑牢文化旅游市场安全防线》作经验交流	省文化和旅游厅	2022 年 5 月 18 日
27	情景剧《蹚出新路子》被评为第七届湖南艺术节“三湘群星奖”优秀作品	省文化和旅游厅	2022 年 1 月 13 日
28	浏阳市图书馆入选“阅美潇湘”第二届“最美图书馆”	省图书馆学会	2022 年 9 月 5 日
29	淮川街道朝阳社区入选湖南省“书香社区”	省图书馆学会	2022 年 9 月 5 日

续表 4

序号	获奖作品、推介、肯定性批示、特色亮点工作	发文、推介单位	发文、推介时间
30	大围山国家森林公园、浏阳梅田湖入选省级研学旅游示范基地；湘赣边秋收起义红源研学旅游基地、浏阳博士村研学旅游基地入选湖南省研学旅游基地	省文化和旅游厅	2022 年 3 月 14 日
31	浏阳市入选 2022 年度十大湘菜名县	省农业农村厅 省商务厅	2022 年 10 月 28 日
32	古港镇古城村、永和镇狮子山村、沿溪镇大光圆村入选第十一批省级文化保护单位	省人民政府	2022 年 2 月 25 日
33	胡耀邦故居红色旅游路入选湖南省最具人气路	省交通运输厅	2022 年 11 月 18 日
34	举办全省首个县级文旅发展大会——浏阳市首届文旅发展大会被省文旅发展大会组委会工作简报刊登，报送中共湖南省委书记、省人大常委会张庆伟，省委副书记、省长毛伟明等省领导及省直相关部门领导阅示，在全省推广	省文旅发展大会组委会	2022 年 7 月 30 日至 31 日
35	集里街道龚家桥社区被评为湖南省最美志愿服务社区	省文明办	2022 年 3 月 3 日
36	李模军被评为湖南省最美志愿者	省文明办	2022 年 3 月 3 日
37	浏阳市义工联合会入选第二批湖南省学雷锋活动示范点	省文明办	2022 年 3 月 3 日
38	国网湖南省电力公司浏阳市供电分公司被评为湖南省文明单位	省文明办	2022 年 12 月 30 日
39	湖南移动浏阳市分公司被评为湖南省文明单位	省文明办	2022 年 12 月 30 日
40	浏阳市秋收起义文家市会师纪念馆被评为湖南省文明单位	省文明办	2022 年 12 月 30 日
41	浏阳市大围山镇被评为湖南省文明村镇	省文明办	2022 年 12 月 30 日
42	浏阳市文家市镇被评为湖南省文明村镇	省文明办	2022 年 12 月 30 日
43	浏阳市官渡镇竹联村被评为湖南省文明村镇	省文明办	2022 年 12 月 30 日
44	浏阳市集里街道奎文实验小学被评为湖南省文明校园	省文明办	2022 年 12 月 30 日
45	林娟家庭被评为湖南省文明家庭	省文明办	2022 年 12 月 30 日
46	《紧扣"一条主线"推动文明实践常态长效》被湖南精神文明建设简报采用	省文明办	2022 年 8 月 23 日
47	《长沙市大瑶镇:用"乡音土话"宣讲好大会精神》被湖南宣传采用	省文明办	2022 年 10 月
48	湖南省 2022 年"新时代乡村阅读季"示范引领活动在浏阳举办	省委宣传部	2022 年 8 月 9 日
49	"博士村"里书香浓 "屋尽其用"人才兴》沙市镇秧田村农家书屋工作经验	《湖南宣传》	2022 年 4 月
50	浏阳市融媒体中心"电商直播赋能'湘赣边'乡村振兴项目"被评为 2022 年全省文化科技卫生"三下乡"活动示范项目	省委宣传部	2022 年 10 月
51	秋收起义文家市会师纪念馆、胡耀邦同志纪念馆、红一方面军活动旧址、寻淮洲故居、王首道故居被命名为第一届和第四届"湖南省党史教育基地"	省委党史研究院	2022 年 2 月 15 日 2022 年 10 月 15 日
52	秋收起义文家市会师纪念馆被命名为"湖南省党员教育培训现场教学点"	中共湖南省委组织部	2022 年 8 月 26 日
53	毛主席栽下的两棵板栗树 105 岁了	《三湘都市报》	2022 年 5 月 6 日

续表 4

序号	获奖作品、推介、肯定性批示、特色亮点工作	发文、推介单位	发文、推介时间
54	《天下书院半湖湘》上集:变革,推介文华书院	湖南卫视	2022 年 9 月 15 日
55	红色印象 最美湘赣 以红色为“为魂”湘赣携手共绘文旅新画卷	湖南卫视《湖南新闻联播》	2022 年 11 月 26 日
56	奋进新征程 建功新时代·伟大变革 蹲点调查 文家市镇:让红色资源变成“红色经济”	长沙新闻频道	2022 年 5 月 23 日
57	一床陈旧泛黄的棉絮见证秋收起义峥嵘岁月	《湖南国防教育》杂志	2022 年 5 月 29 日
58	湘赣边区域合作,长沙干得怎样?	长沙观察	2022 年 5 月 29 日
59	“小小讲解员”顺利结业啦	新湖南	2022 年 6 月 23 日
60	大道向前红土地的告白,浏阳敢为人先闯新路	《湖南日报》	2022 年 7 月 27 日
61	文家市会师	红星云	2022 年 9 月 18 日
62	浏阳文家市擦亮红色文旅名片	《湖南日报》	2022 年 9 月 22 日
63	“光辉起点”看盛况——浏阳市文家市镇党员干部群众热议党的二十大报告	《湖南日报》	2022 年 10 月 17 日
64	红色铺底,文家市绘制多彩画卷(二十大时光)	《长沙晚报》	2022 年 10 月 20 日
65	奔向湘赣边红色文旅目的地!文家市列全省特色文旅小镇综合测评排名第二	《长沙晚报》掌上长沙	2022 年 12 月 8 日
66	《秋收起义历史贡献与当代价值研究》论文集	省委党史研究院	2022 年 12 月 1 日
67	秋收起义文家市会师纪念馆获评“长沙市社会科学普及基地优秀单位”称号	长沙市社会科学届联合会	2022 年 12 月 12 日
68	浏阳二十大精神宣讲“五校”课堂浏阳模式被《湖南宣传》专题推介	省委宣传部	2022 年 11 月 23 日

(曾孝喜)

统战工作

【概况】 2022 年,在市委的坚强领导和上级统战部门的精心指导下,浏阳市深入学习贯彻党的二十大精神、《中国共产党统一战线工作条例》、《中国共产党政治协商工作条例》及中央、省委、长沙市委统战工作有关会议精神,聚焦思想引领发力,围绕中心大局用功。年内,召开市委统战工作领导小组会议和贯彻落实中央、省委、长沙市委统战工作有关会议精神推进会,压实各级责任,营造一体推进统一战线各领域工作的良好氛围;推动各党派团体积极履职尽责、参政议政,全年提交建议提案 80 余篇,专题调研报告 10 余篇,有效凝聚最大共识;深化“政企面对面”等政企沟通平台和总商会商事调解中心建设,强化民营企业家理想信念教育,实施素质提升工程,不断提升民营企业家能力素质,助力民营经济高质量发展;纵深推进民族团结进步示范创建,不断健全园区民族工作制度,依法打击整治非法宗教活动,守牢和谐稳定安全底线;深入实施“四同建设”“万企兴万村”等行动,打造省级同心美丽乡村 1 个、省侨联新侨创新创业基地 1 个,长沙市级同心美丽乡村 3 个、侨胞之家 2 个、新的社会阶层人士实践创新基地 1 个、民族团结进步示范阵地 1 个;举办全市统战干部培训班,组织专题学习和理想信念教育活动,提升统战干部和党外代表人士队伍素质。

【党领导下的多党合作工作】 2022年,市委统战部支持引导民主党派、工商联和无党派人士参政议政。组织开展“党委出题、统战牵头、党派调研、部门落实、结果反馈”专题调研,民主党派和无党派人士全年向各级人大、政协两会提交建议、提案 80 余篇,完成“四明白四清楚(想明白想清楚、说明白说清楚、写明白写清楚、干明白干清楚)”等调研报告 10 余篇。继续以“营造一流营商环境”为主题开展特约人员工作,支持民主党派、无党派人士开展民主监督,有效促进相关部门工作,彰显多党合作制度效能。组织党派团体在蕉溪镇常丰村打造全市统一战线助力乡村振兴示范基地,建成同心书屋、智慧农场、非遗研学、科普长廊等一批文化、产业项目。

【党外代表人士工作】 2022年，浏阳市落实市委常委联系党外人士联谊交友制度，率先在长沙地区建立市直单位、园区、乡镇（街道）党组织班子成员与党外代表人士联谊交友制度。认真做好无党派人士的认定工作，党外代表人士队伍建设进一步加强。先后举办党的二十大精神、中央统战工作会议精神、习近平总书记与党外代表人士座谈讲话等专题学习活动5场次。开展“统一战线献礼党的二十大”和“统一战线100周年”主题宣传，广泛宣传统一战线理论政策、浏阳统一战线代表人士的先进事迹。

2022年3月15日，浏阳市委民族工作会议召开　（市委统战部　供图）

【民族宗教事务】 2022年，浏阳市以铸牢中华民族共同体意识为主线，扎实开展民族事务。开展民族“三交（交往、交流、交融）”活动10场次。纵深推进民族团结进步创建工作，打造淮川街道城东社区、经开区、洞阳镇东园村、蓝思科技等民族团结进步示范阵地。重点指导洞阳镇通过组建镇、村、小区、楼栋长四级“连心管家”，在务工经商民族同胞较为集中的东园村安阳小区打造民族团结元素丰富、氛围浓厚的“同心家园”。坚持宗教中国化方向，积极引导宗教与社会主义社会相适应。深入推进“五进五好（党的十九大精神、国旗国歌、社会主义核心价值观、政策法规、中华优秀传统文化进宗教活动场所，宗教教职人员努力做到政治品格好、守法遵规好、文明友善好、传承文化好、服务社会好）”“国好法大”“中国化大讲堂”等主题活动。扎实开展非法宗教活动整治，大力开展宗教领域安全隐患大排查大整治专项行动，共排查整治宗教（民间信仰）活动场所安全隐患113处，有效维护宗教领域和谐安全稳定。

【非公有制经济领域统战工作】 2022年，浏阳市落实市领导联系民营企业和商会制度，扎实开展“民企大走访、服务到一线”“政企面对面”等政企沟通活动，举办市委、市政府主要领导出席的“企业家接待日”活动，共走访、接待民营企业200多家，解决、采纳问题和建议近200个；不断强化总商会商事调解中心建设，全年共受理调解案件131件，涉案金额3700多万元，持续助力民营企业健康发展。成立“浏金计划”导师团和“浏商公益讲堂”讲师团，累计开展理想信念教育活动和业务培训30余场次，培训年轻一代民营企业家1000余人次，不断提升民营企业家综合素质。

2022年10月16日，浏阳市统战系统传达学习党的二十大精神会议召开
（市委统战部　供图）

【新的社会阶层人士工作】 2022年，浏阳市持续深化新的社会阶层人士统战工作联席会议制度。9月5日，成立由73名会员组成的浏阳市新的社会阶层人士联谊会，并召开一届一次会员大会。会议审议通过《浏阳市新的社会阶层人士联谊会章程（草案）》，选举出第一届理事会、监事会成员，刘彩云当选为浏阳市新的社会阶层人士联谊会首届会长。会上还进行浏阳市新的社会阶层人士工作培训。建章立制促进新阶工作做到制度化、规范化、特色化。年内，分别组织开展“情系大围山　一起向未来”、“彩跑助力水美湘村”、一线抗疫支援、募捐防疫物资、联动助农直播等主题活动，传递正能量，更好把新的社会阶层代表人士团结起来、组织起来、作用发挥起来。推进集里街道“奔跑者家园”成功申报为浏阳本级和长沙市级新的社会阶层人士统战工作实践创新基地。

2022 年 6 月 15 日，浏阳市组织浏阳市新阶人士服务团彩跑助力“水美湘村”活动
（市委统战部　供图）

【海外统战工作】 2022年，浏阳市开展“暖侨行动”、一起来唱浏阳河、“侨联四海心　共话端午情”、“共话二十大　侨心永向党”、走访慰问归侨侨眷等活动，讲好浏阳故事。成功打造湖南华中苗木云科技有限公司一个“省侨联新侨创新创业基地”，新屋岭、联城社区两个“长沙侨胞之家”。

【党派团体结对共建】 2022 年，民革浏阳市工委、致公党浏阳市工委、党外知联会、新的社会阶层人士联谊会将蕉溪镇常丰村作为“同心同行、助力乡村振兴”联点村，开展结对共建活动。策划实施同心书屋、科普示范长廊、智慧农场、茴香茶馆等同心项目，成功打造长沙市级新阶实践创新基地。开展《村原白描》新书发布会、“常丰全家福”等活动，助力常丰村成功创建长沙市同心美丽乡村。

【举办乡镇（街道）统战干部培训班】 5 月 13 日，2022 年全市乡镇（街道）统战干部培训班在浏阳市会议中心开班授课。会议采取“现场学习观摩+课堂探讨交流”的形式，提高统战干部业务水平，推动统一战线各领域工作高质量发展。市委副书记、统战部部长、市委党校校长戴武明出席开班式。会议期间组织参加培训的统战干部先后到集里街道、古港镇、沙市镇、大瑶镇观摩学习新的社会阶层人士工作、同心美丽乡村建设、民间信仰活动场所管理、非公有制经济统战（基层商会管理）等工作，并就相关业务组织培训。

【市委统一战线工作领导小组会议】 5 月 26 日，中共长沙市委常委、浏阳市委书记、市委统战工作领导小组组长朱东铁主持召开市委统一战线工作领导小组（扩大）会议。他强调，要以习近平新时代中国特色社会主义思想为指导，坚持稳中求进工作总基调，坚持大团结大联合，坚持守正创新，以钉钉子精神抓好党中央、省委、长沙市委关于统战工作决策部署落实，引导统战资源和力量服务大局、参与中心工作，为勇当“强省会”战略开路先锋凝聚人心、贡献力量。会议深入学习习近平总书记关于加强和改进统一战线工作的重要思想，传达学习省委、长沙市委统战工作领导小组 2022 年第一次全体会议精神，听取市委统战工作领导小组 2021 年重点工作情况及 2022 年重点工作计划等方面的情况汇报，审议通过统战工作有关文件。

【新的社会阶层人士服务团彩跑助力“水美湘村”活动】 6 月 15 日，浏阳市组织“彩色跑”——以“活力新阶层·浏阳新力量”为主题的新的社会阶层人士服务团理想信念教育暨彩跑助力“水美湘村”活动在浏阳市“同心美丽乡村”达浒镇书香村举行。全市共 40 余名新的社会阶层人士服务团成员参加。活动当日分别召开活力新阶层助力“水美湘村”交流会和新的社会阶层人士服务团理想信念教育，来自不同行业的新的社会阶层人士代表结合实际，从民宿发展、水资源保护、文旅融合、地理商标、地域特色推广等方面，为助力书香村乡村振兴建言献策；本次活动还组织参会人员到达浒镇金田村易荡平故居参观，接受革命传统教育。

【贯彻落实中央、省委、长沙市委统战工作有关会议精神推进会】 12 月 13 日，市委贯彻落实中央、省委、长沙市委统战工作有关会议精神

2022 年 5 月 26 日，中共长沙市委常委、浏阳市委书记、市委统战工作领导小组组长朱东铁主持召开市委统一战线工作领导小组（扩大）会议　（市委统战部　供图）

推进会召开。长沙市委常委、浏阳市委书记朱东铁出席并强调，要认真贯彻落实党的二十大精神和中央、省委、长沙市委统战工作有关会议精神，深入学习贯彻习近平总书记关于做好新时代党的统一战线工作的重要思想，坚持党对统一战线工作的全面领导，坚持大团结大联合，坚持一致性和多样性统一，坚持围绕中心、服务大局，坚持与时俱进、守正创新，推动新时代统战事业高质量发展，为勇当"强省会"战略开路先锋，全面建设社会主义现代化新浏阳凝聚人心、汇聚力量。

【"关爱侨界空巢老人"主题活动】 2022年，浏阳市侨界秉承为侨服务的宗旨，持续关爱关心侨界空巢老人，将侨界和老人两种特殊群体相结合，多渠道全方位予以关注，积极组织活动，凝聚人心，全年统筹社会各界力量，走访慰问200余人次，解决急难愁盼问题10余起，在关键时间节点，比如生日、传统节日，在陪伴的同时讲好中国故事，传播好中国声音。通过他们影响海外亲属，通过海外亲属影响海外华侨华人，推进浏阳拓展国际市场、加强经济合作，招商引资引智。

（彭相龙）

巡察工作

【概况】 2022年，中共浏阳市委巡察工作领导小组在中共浏阳市委领导下认真落实巡视巡察上下联动要求，全力配合长沙市委第四提级交叉巡察组做好对张坊镇上洪村和社港镇合盛村开展的专项巡察。持续提升巡察质效，2022年，组织开展十三届市委第二至第六轮巡察，对8家国有企业、32个市管单位、48个村（社区）进行政治巡察。其中，第二轮对8家国有企业的专项巡察于2022年1月完成，第六轮对8个市管单位的巡察工作于2023年1月撤点。年度内完成的第二、三、四、五轮巡察，共发现"三个聚焦"方面问题1998个，移交问题线索46条。抓实巡察"后半篇文章"，市委巡察整改

2022年5月31日，全市巡察工作暨十三届市委第三轮巡察情况集中通报、第四轮巡察动员部署会议召开（市委巡察办 供图）

督查组对十三届市委第一、二、三轮巡察的56个单位的整改情况开展督查验收，督促被巡察单位党组织扛牢问题整改主体责任。

【十三届市委第二轮巡察】 经市委巡察工作领导小组批准，市委巡察组于2021年12月2日至2022年1月21日，对市建设工程质量检测中心、市规划设计院、浏阳日报报业发展有限责任公司、市广宇建设投资开发有限责任公司、湖南浏阳经开区水务股份有限公司、浏阳汇远实业有限公司、市水利建设投资有限公司、市鸿达投资有限公司等8家国有企业开展为期两个月的专项巡察。

【十三届市委第三轮巡察】 经市委巡察工作领导小组批准，市委巡察组于2022年2月25日至4月29日，对市发展和改革局、民政局、财政局、林业局、集里街道、大瑶镇、洞阳镇、淳口镇等8个单位党组织和有关村级党组织开展为期两个月的巡察。

【十三届市委第四轮巡察】 经市委巡察工作领导小组批准，市委巡察组于2022年5月31日至7月29日，对市水利局、应急管理局（防汛抗旱指挥部办公室）、鞭炮烟花产业发展中心、供销合作社联合社、关口街道、普迹镇、北盛镇、沙市镇8个单位党组织和有关村级党组织开展为期两个月的巡察。

【十三届市委第五轮巡察】 经市委巡察工作领导小组批准，市委巡察组于2022年9月19日至12月2日，对市自然资源局、住建局、行政审批服务局、档案馆、永安镇、镇头镇、官桥镇、蕉溪镇8个单位党组织和有关村级党组织开展为期两个月的巡察。

【十三届市委第六轮巡察】 经市委巡察工作领导小组批准，市委巡察组于2022年12月15日至2023年1月13日，对市总工会、团市委、妇女联合会、残疾人联合会、工商业联合会、科学技术协会、红十字会、文化产业园8个单位开展为期一个月的巡察。

【十三届市委第一、二、三轮巡察整改督查】 经市委巡察工作领导小组批准，市委巡察整改督查组于2022年4月11日开始，对市人力资源和社会保障局、农业局、森林公安局、住房保障服务中心、古港镇、永和镇、澄潭江镇、龙伏镇和有关村级党组织开展巡察反馈问题整改督查；于6月20日开始，对市建设工

程质量检测中心、市规划设计院、浏阳日报报业发展有限责任公司、市广宇建设投资开发有限责任公司、湖南浏阳经开区水务股份有限公司、浏阳汇远实业有限公司、市水利建设投资有限公司、市鸿达投资有限公司等8家国有企业开展巡察反馈问题整改督查；于11月14日开始，对市发展和改革局、民政局、财政局、林业局、集里街道、大瑶镇、洞阳镇、淳口镇和有关村级党组织开展巡察反馈问题整改督查。

【长沙市委第四提级交叉巡察组开展专项巡察】 根据长沙市委的统一安排部署，2022年7月下旬至9月上旬，长沙市委第四提级交叉巡察组对张坊镇上洪村、社港镇合盛村开展为期1个半月的提级交叉巡察。2022年12月8日，长沙市委第四提级交叉巡察组分别向张坊镇、社港镇反馈意见。

【出台市委巡察工作规划】 2022年4月25日，中共浏阳市委常委会召开会议，专题听取2021年度巡察工作汇报，并专题研究审议《市委巡察工作规划(2022—2026年)》和《全市村(社区)党组织巡察工作专项规划(2022—2026年)》，同时明确2022年开展4轮对30个左右市管单位党组织和50个左右村级党组织的巡察。

【"四项监督"贯通融合】 2022年，浏阳市强化部门沟通衔接，凝聚工作合力，积极推动巡察监督与纪律监督、监察监督、派驻监督贯通融合的工作机制。2022年4月，出台《关于推进巡察监督与纪律监督、监察监督、派驻监督贯通融合的实施意见》，明确要求巡察对象共商、情况信息共享、人员力量共用。

【全市巡察工作大会】 2022年5月31日，浏阳市委召开历史以来"规格最高""规模最大"的全市巡察工作会议，全体市委常委、人大主任、政协主席、政府副市长、各部门主要负责人、乡镇(街道)党(工)委书记均参加会议，会上集中通报第三轮巡察情况和第一轮巡察整改督查情况，2家单位分别代表乡镇(街道)和市直单位作整改表态发言，有效增强巡察震慑力。

【对村巡察工作经验做法成为全省典型】 2022年9月21日，省委巡视工作领导小组召开全省对村（社区)巡察工作推进会，深入学习贯彻习近平总书记关于巡视工作重要论述，落实党中央关于整治形式主义为基层减负要求，推动全省对村(社区）巡察工作高质量发展。省委常委、省纪委书记、省监委主任、省委巡视工作领导小组组长王双全出席会议并讲话，省委常委、省委组织部部长、省委巡视工作领导小组副组长汪一光主持会议。会议以电视电话会形式召开，在长沙设主会场，各市州、县市区设分会场。省委巡视工作领导小组成员、省委巡视组组长，省纪委监委、省委组织部有关内设机构负责人、省委巡视办组全体干部，各市县党委巡察工作领导小组成员、县市区党委书记、市县巡察机构全体干部共3552人参加会议。浏阳市委常委、市纪委书记、市监委主任、市委巡察工作领导小组组长姚喜琳代表浏阳以《用好巡察利器为乡村治理赋能添翼》为题在会上作典型发言，主要汇报浏阳村级巡察工作从顶端发力、以巡察优化乡村治理体系，向末端用力、以巡察促进乡村治理提效，往前端聚力、以巡察激活乡村治理动能，收获一致好评。

（赵　娟）

市直机关党建

【概况】 市直机关工委是市委的派出机构，在市委办挂牌，负责领导市直属机关党的工作，下设办公室。2022年，组织关系隶属市直机关工委的市直单位共70个(其中设党组的单位共54个)，工委下辖机关党委20个，党总支部34个，党支部288个，党员5658人。1月中下旬和6月底，分别对困难党员进行走访慰问；5月17日至19日，在市委党校举办市直单位2022年入党积极分子、发展对象培训班，市直单位102名入党积极分子、100名党员发展对象参加了培训；6月8日，长沙市直机关工委常务副书记梁敏带领相关处室到浏阳调研"三表率一模范"机关建设、机关"党内法规学习月"工作。

【思想政治建设】 2022年，市直机关工委坚持把党的政治建设摆在首位，学深悟透笃行习近平新时代中国特色社会主义思想，紧扣中共二十大召开，将学习宣传贯彻中共二十大精神等内容作为重要政治任务，通过党组织书记专题培训、专题宣讲、书记讲党课、知识测试等方式，从严从实从细开展学习宣传贯彻活动；督促各机关基层党组织综合运用主题党日、"三会一课"等方式落实政治理论学习任务，把政治建设抓在经常、融入日常。研究出台《浏阳市直单位深入开展"三表率一模范"机关建设活动实施方案》，指导30家首批申报单位开展清廉机关建设，推动"三表率一模范"机关建设走深走实，全面建设坚强有力的政治机关。围绕庆祝"七一"建党节，发动指导各市直单位组织开展先进表彰、经典诵读、文艺会演等特色活动50余场次。以《市直单位机关党的建设工作考核实施细则(试行)》为基础，加强与市委各职能部门协作，梳理市直机关政治建设、基层组织建设、宣传思想、纪检监察等方面任务，以月清单、季交流、年督查的方式全面推进机关党的建设。

【基层组织建设】 2022年，市直机关工委聚焦"堡垒提质年"，以开展党的组织法规制度落实情况"回头看"、基层党组织整建提质、党务工作有关问题清查整治等三大专项行动为契机，持续推进党支部标准化、规范化建设，以堡垒提质促推机关党建全面过硬。2月11日，组织开展2021年度市直单位党组(党委)书记抓基层党建工作述职评议考核会议，对80个市直单位进行党建考核结果评定，64个单位评定为"好"等次，16个单位评定为"较好"等次；确定5月份为机关“党内法规学习月”，其中，“学、考、改”等经验做法得到省直、长沙市直机关工委宣传推介。依托“机关大讲堂”，聚焦“强省会”战略、模范机关建设、全面从严治党、意识形态工作等重点内容，分场组织、分类设课，培训机关基层党务工作人员，年内培训市直单位机关基层党组织副书记、纪律检查委员、组织委员、宣传委员及其他党务干部1000余人，切实提升党务干部综合素质。修订完善《市直机关党支部“五化”建设工作指南》，指导机关基层党组织规范运行，指导84个机关基层党组织、22个基层工会顺利开展换届选举等工作，届中调整党组织书记14人。严格按照《发展党员工作细则》开展机关党员发展工作，培训入党积极分子102名、发展对象100名，发展党员62人。注重对党员的人文关怀，全面掌握机关单位困难党员基本情况，慰问困难党员293人，发放慰问金24.6万元。继续推行支部“堡垒指数”和党员“先锋指数”考评，以支部和党员管理的精细化夯实基层基础。

【党建引领服务】 2022年，市直机关工委深入贯彻市委“以高质量党建引领高质量发展”精神，聚焦“喜迎二十大”和勇当“强省会”战略开路先锋，紧扣全市中心工作和重点任务，开展市直机关“强省会、当先锋、作表率”系列活动，指导相关部门开展党员干部联产业、联企业、联项目和“三亮三比”等行动，引导广大机关党员干部积极参与疫情防控、重点项目建设、优化营商环境等中心工作，不断浓厚干事创业氛围。特别是高质量开展机关党组织书记微党课竞赛活动，宣讲助推“强省会”战略先进事迹，参与度、关注度创新高，在线观看人数近60万人，得到“新湖南”“红网”等媒体宣传报道，进一步激发党员干部的“闯创干”精神。大力实施“党建聚合力”工程，扎实推进党建“六大行动”，将“党员微网格+五个到户”等工作纳入月工作清单和“两项指数”，指导66家市直单位创建党建工作品牌，以党建品牌打造推动党建工作与业务工作深度融合。创新开展“党建引领　攻坚克难”市直机关党建特色工作经典案例征集活动，评选出“攻坚克难十佳经典案例”“机关党建特色工作十佳经典案例”，推动“党建聚合力”工程深入落实，形成良好示范效应。持续推动市直机关党支部与302个农村党组织开展结对共建，扎实开展“五个一”行动，在职党员全员到社区报到服务、参与微网格工作，助力乡村振兴和基层治理，全年推动解决群众身边问题1200余个，相关工作经验获《人民日报》“红星云”《长沙党建》等媒体推介。

2022年5月30日至6月2日，在机关会议中心分4期开展党务干部轮训班，市直单位机关基层党组织副书记、纪律检查委员、组织委员、宣传委员及其他党务干部1000余人参加培训

（市直机关工委　供图）

【举办2022年浏阳市直机关党务干部轮训班】 5月30日至6月2日，市直机关工委举办2022年浏阳市直机关党务干部轮训班，全市各机关单位1000余名党务干部参加政治理论素质和党建工作履职能力培训，努力将党务干部培养成“政治上的明白人、党建工作的内行人、干部职工的贴心人”。轮训按照机关基层党组织副书记、组织委员、宣传委员、纪律检查委员分设4个班次，培训内容以党内法规知识、建设“三表率一模范”机关党建业务知识为主。同时，根据参训对象履职需求，培训会议邀请相关专家学者就“强省会”战略、全面从严治党等内容开展专题讲座，本次培训结合以考促学，分类出卷、分场组织党内法规知识闭卷测试，确保培训学习质量。2022年5月是市直机关工委确定的“党内法规学习月”，本次党务干部轮训是推动学习活动走深走实的重要举措。5月份，市直机关工委通过开展每日推送线上学、书记讲党课集中学、编发知识题库划重点学、对照法规自查整改实践学等方式，推动市直各单位更好地学习贯彻落实党内重要组织法规，为建设“三表率一模范”机关、助力勇当“强省会”战略开路先锋夯实组织保障。

【“强省会　当先锋　作表率”党组织书记微党课竞赛】 7月21日，浏阳市市直机关“强省会　当先锋作表率”党组织书记微党课竞赛在浏阳市融媒体中心演播厅举行，10名市直机关党组织书记同台竞讲，分享基层党组织、党员干部推动发展、服务人民的故事。活动由中共浏阳市委办公室、中共浏阳市直属机关工作委员会主办，浏阳市融媒体中心承办，在“掌上浏阳”App与“微浏阳”视频号上进行同步直播。截至活动结束，在线观看人数近60万人次。在“聚力强省会、喜迎二十大”的重要时刻，此次活动利用微党课讲述好故事，以小切口推动大发展，激励浏阳广大党员干部始终把抓好党建作为最大政绩，凝聚奋进之力，彰显奋斗之为。经过现场评委的综合评定，浏阳市税务局淮川分局党支部书记蓝波、市农业农村局乡村振兴事务中心党支部副书记卢俏玲获得一等奖。

（黄　康）

机构编制

【概况】 浏阳市机构编制委员会办公室（以下简称市编办）是浏阳市机构编制委员会的常设办事机构，在市机构编制委员会的领导下负责全市行政管理体制和机构改革以及机构编制管理工作。2022年，市编办全面深化党的建设，按照市委组织部“堡垒提质年”的部署要求，结合编办实际，创新开展“三精堡垒”（精于业务、精于参谋、精于服务）支部品牌，实现党建与业务同频共振、同向发力，并成功入选浏阳市市直机关工委“机关党建特色工作十佳经典案例”。扎实开展调查研究，围绕体制机制调整、职能体系建设、机构运行配置、人员编制配备、国有企业、非全额事业单位的运行现状开展调研，为市委在编制结构优化、公益类事业单位改革、编内编外人员统筹管理等决策部署提供方案储备。加强工作亮点推介，全年有“用好机构改革连环招促推治理效能大提升”等65项工作经验和特色亮点被中央、省、市主流媒体推介报道，其中中央级4篇《湖南日报》2篇，省委编办6篇，长沙市政府《决策咨询》1篇、长沙市委编办26篇。在省委编办信息宣传工作的情况通报中，浏阳市编办获加105分位居全省县（市、区）第一。年内，《湖南日报》以《用好机构改革连环招促推治理效能大提升》整版报道浏阳机构编制改革经验。《浏阳市探索机关事业单位中层正职标准化管理》入选长沙市委编办年度创新案例选编。在湖南省委编办组织的学习贯彻党的二十大精神暨机构编制政策法规知识网上竞赛活动中，1人获一等奖，1人获二等奖，3人获三等奖，是长沙九区（县、市）该次活动获奖最多的县（市）。

2022年7月21日，市直机关工委举办浏阳市直机关“强省会　当先锋　作表率”党组织书记微党课竞赛活动决赛，10名机关基层党组织书记参赛　　（市直机关工委　供图）

【重点领域体制机制改革】 2022年，市编办围绕国家和省、长沙市重大战略部署，完成国防动员、国家安全、应急综合执法、自然资源执法、文物保护和考古、动植物疫病防控等重点领域体制机制改革。扎实推进经开区相对集中行政许可权试点改革，指导实施全市64项行政许可权及关联事项职权，清理规范和创新优化自然资源、林业等相关部门服务经开区机构职能人员配置和服务方式。编制印发省级农业科技园区工作委员会“三定”规定，指导园区加快转型升级。

【机构编制管理】 2022年，市编办坚持服务需求导向，调优盘活周转编制，依规收回浏阳湖林场、市容环境卫生维护中心、自然资源勘察院、设计院等单位差额、自收自支编制107名，为市人大办、网信办、民政局、人社局等重点部门和关键领域增编14名，实现瘦身与健身的有机结合。制定非全额拨款事业单位类别和经费形式调整、用编补员的内部操作规程，指导优化建筑工程质量安全管理站等部分单位公益类别、经费形式、编制结构，支持水利局和株树桥水库管理局所属单位17名自收自支人员通过竞争递补为差额编制，缓解部分非全额拨款事业单位人才引进难、事业发展受限等压力。

【机构编制资源配置】 2022年，市编办争取增设经开区行政审批服务局正科级机构及乡村振兴、河长制、林长制、房屋安全管理4个事务中心升格或新设为副科级机构，共核增科级领导职数10名（1正9副），新增教职工编制367名。统筹编制1618名支持服务市委“百千千万”人才战略，成功引进5名高专博士、100余名硕士、1416名本专科专业人才、3名优秀村（社区）党组织书记。畅通竞争性选拔渠道，14名镇、街事业编制人员考录为公务员，19名非全额人员转为全额。及时完成发改局、财政局等8个涉改部门人员转隶，做到“转”得出、“接”得住、“融”得好，实现各项工作有序衔接。

【机构编制依法行政】 2022年，市编办将《机构编制违规违纪违法行为处理和问责规则（试行）》等党内法规纳入市委理论学习中心组重要内容，加深全市“编制就是法制”意识。开展镇街机构设置和中层干部管理、编外合同制人员管理办法执行情况专项督查。联动对25个单位开展市委巡察和选人用人专项检查，深入推进机构编制违规违纪违法问题清理整治，发现5类问题，下达8份《责令（限期）纠正通知书》，突出监督问责的震慑力。严守“严控增量、规范存量”的原则，再次精减全市机关事业单位编外合同制员额398名，减少财政支出近2000万元。

（梁　宁）

党校教育

【概况】 中共浏阳市委党校（以下简称市委党校）是市委、市政府直接领导下培养培训党政领导干部、党员以及各类人才的学校，是学习、宣传、研究马克思列宁主义、毛泽东思想和习近平新时代中国特色社会主义思想以及市情研究与咨询的主阵地。市委党校内设办公室、教研室、培训部、后勤科4个职能科室。2022年有在编在岗教职工22人，其中专兼职教师19人，研究生以上学历8人，中高级以上职称11人。2022年，市委党校围绕打造“组织满意，学员点赞，全国一流”的县级党校目标，聚力主业主课，拓宽干训领域，提升办学水平，提质校园环境，奋力开创党校工作新局面。

【干部培训】 2022年，市委党校组织举办2022年全市县处级以上领导及乡科级领导干部学习贯彻党的十九届六中全会专题读书班、市管干部学习贯彻党的二十大精神集中轮训班、年轻干部“双营”培训班、村（社区）党组织书记培训班等19期主体班，共3387人次参加培训。先后邀请10位市级领导到校授课、开班、座谈30人次，聘请25名上级党校、上级部门专家学者、部门领导和18名浏阳部门主要负责人到校讲学。年度教学测评优良率均超95%。开展合作办学，年内承接韶山干部学院、安化县、桃江县、双清区等异地到浏阳举办培训班班次13期，共829人次；加强与铜鼓、萍乡等地交流办学，推动湘赣边区域合作，不断推动党校成为宣传浏阳、推介浏阳的新窗口。承办新时代基层干部主题培训。承办纪委监委系统、组织系统、政法系统、网信、融媒体中心、人社、财政、卫健、水利、交通运输、市场监督、城市管理、医保、税务、优化营商环境等系统、部门新时代基层干部主题培训班22期，共4439人次参加培训，市委党校提供优质课程和后勤保障。

【教学科研】 2022年，市委党校不断优化“党性教育+浏阳实践”课程体系，全年开发政治理论、经典导读、专业能力、特色课程等新教学专题30余个。《实事求是:秋收起义的精髓》获评长沙市委党校系统党性教育精品课程，《学习耀邦崇高风范汲取奋勇前行力量》《红色电波递忠诚——学习李白烈士对党忠诚的高尚品质》入围长沙市委党校党史教育现场教学专题。

【咨政效能建设】 2022年，市委党校围绕“优化科研机制、锻造科研团队、打造科研精品”三个科研增效举措，全年开展课题研究13项（省级5项、长沙市4项、浏阳4项），公开发表理论文章、调研报告等23篇，获市级以上征文奖24项，省、长沙市优秀科研成果奖2项。连续七年被评为长沙市委党校系统“科研工作先进单位”。2022年，在《湖南日报》《长沙晚报》《长沙通讯》《长沙社科》《浏阳日报》等党报党刊发表调研文章16篇，党校声音有效传递，党校影响逐步提升。有力发挥智库作用，完成组织部、市委党史研究室等部门委托课题4项，组织年轻干部“双营”培训班学员开展课题研究16项，撰写决策咨询报告60余项，多项成果获得专家评委和浏阳党政部门领导高度肯定。

【理论宣讲】 2022年，市委党校围绕“十九届六中全会”“省市党代会精神”“党的二十大精神”等组建理论宣讲团，录制《反对“党八股”》《从〈实践论〉〈矛盾论〉中汲取哲学智慧》等经典导读课程5堂，通过菜单选课、集体宣讲、网络党课等深入推进党校理论宣讲“进机关、进村（社区）、进企业、进校园”等四进活动。全年完成100场次约8000人次的理论宣讲任务。12月，市委党校派出骨干教师参加省委党校、韶山干部学院专题师资培训班，组织11名教师参与市委党的二十大精神宣讲团，推动党的二十大精神深入人心、落地生根。

【教师队伍建设】 2022年，市委党校精心组织教师学习培训。组织教师参加中国干部网络学院“基层干部培训师资网络集中培训”“基层教师讲好党的十二大精神”等线上培训，先后选派5名教师到韶山干部学院、红网培训学校、省委党校、岳阳市委党校等地学习培训。开展多种平台成长历练教师。依托主题党日、集体备课、教学竞赛、挂职历练等平台，组织开展集中研讨、教学比拼、经典分享、红色宣讲、课题调研等活动

2022年6月12日，浏阳市2022年两新党组织书记培训班开班式　（市委党校　供图）

10余次，教师得到成长历练。

【被评为长沙市委党校系统“科研工作先进单位”】 2022年12月15日，中共长沙市委党校、长沙行政学院下发《关于2022年度全市党校（行政学院）系统科研工作先进单位评比结果的通报》，浏阳市委党校（行政学院）被评为2022年度长沙市委党校系统“科研工作先进单位”。2022年2月17日，浏阳市委党校出台《中共浏阳市委党校“致敬经典·固本提质”引领教研咨一体化工作实施方案》，按照“教学出题目、科研做文章、成果进课堂进决策”的思路，深化干部培训、思想引领、理论建设、决策咨询、师资建设，推动教学、科研、咨询一体化发展。全年开发30余个教学新专题，《实事求是：秋收起义的精髓》获评长沙市委党校系统党性教育精品课程，教师李晓军被评为湖南省生态文明研究与促进会“生态文明志愿宣讲个人”；2022年全年开展长沙市级以上课题研究9项，公开发表理论文章、调研报告等24篇，获省市优秀科研成果奖2项、长沙市级以上征文奖24项。

【承办浏阳市2022年年轻干部“双营”培训班】 年轻干部“双营”培训班是指浏阳市助力“强省会”战略、勇当开路先锋科级干部能力提升营和中层干部强基训练营。2022年5月16日至6月30日，市委党校举办“90后”中层干部强基训练营和“85后”科级干部能力提升营培训班。该培训班为期47天，实施市级领导课堂、理论教育、党性教育、党史教育、现场教学、能力培养等六大板块教学，组织学员开展课题研究16项，在《浏阳日报》“强省会·当先锋”专版刊发学习心得44篇，撰写决策咨询报告60余项，培训班获得学员点赞、组织认可、社会好评。

2022年5月16日至6月30日，市委党校承办浏阳市助力“强省会”战略、勇当开路先锋年轻干部“双营”培训班
（市委党校　供图）

【举办浏阳市基层党组织书记系列培训班】 2022年5月，市委党校分6期对全市1224名村（社区）党总支下设支部书记进行集中轮训；6月份，市委党校分2期对全市470名两新党组织书记进行集中培训；7月和9月，市委党校对全市328位村（社区）党组织书记、主任分“观摩赛马”“集中培训”两个阶段开展培训。轮训班安排《党的十九届六中全会精神解读》等理论课程，通过现场教学、分组讨论等多种教学形式确保培训效果，为勇当“强省会”战略开路先锋培优训强干部队伍。

【乡镇党校规范化建设和现场教学点遴选】 4月20日，在市委组织部的牵头组织下，市委党校配合参与对全市乡镇（街道）党校规范化建设和现场教学点创建等工作情况进行集中调研，通过深入走访调研各乡镇（街道）申报的现场教学点65个，聚焦解决乡镇（街道）党校办学遇到的突出问题，从办学定位、设置和领导机制、培训对象和内容、师资教材、学员管理、办学保障等多个方面提出务实管用措施，全面推进乡镇（街道）党校规范化建设和教学点体系化培育。

（龚建方　刘　婵）

2022年2月27日至3月1日，浏阳市第十八届人民代表大会第二次会议在城区欧阳剧院举行 （市人大办 供图）

浏阳市人民代表大会

综　述

【概况】 2022年，浏阳市人民代表大会在市委的坚强领导下，在“一府一委两院”和各级各部门的支持配合下，深入学习贯彻习近平总书记关于坚持和完善人民代表大会制度的重要思想，聚焦发展主题，突出法治主业，践行为民主旨，忠实履行宪法和法律赋予的各项职责，圆满完成全年工作任务，为推进全市经济社会高质量发展和民主法治建设作出应有贡献。全年召开常委会会议8次、主任会议12次，任免国家机关工作人员47人次，组织专项调研视察90余次，开展专项工作监督39项，听取审议“一府一委两院”专项工作报告34个，作出决定决议16个，交办审议意见17份。

【十八届人大代表构成】 根据湖南省第十三届人民代表大会常务委员会第二十四次会议决定，浏阳市第十八届人民代表大会代表名额为438名。全市共划分选举市第十八届人大代表选区184个，分配代表名额为438名。全市登记选民人数为119.66万人，实际参加选举投票的选民人数为117.15万人，参选率为97.9%。经各政党、各群众团体推荐和选民10人以上联名推荐，全市共推荐市第十八届人民代表大会代表候选人622名，通过协商、酝酿，根据较多数选民的意见，确定正式代表候选人622名。各选区以差额选举和无记名投票的方式共选举产生市第十八届人民代表大会代表438名。在选举产生的市第十八届人民代表大会代表中，基层一线的工人、农民和专业技术人员252名，占代表总数的57.53%（其中工人45名，占代表总数的10.27%；农民149名，占代表总数的34.02%；专业技术人员48名，占代表总数的10.96%；其他基层代表10名，占代表总数的2.28%）；公务员110名，占代表总数的25.11%；非公有制经济人士72名，占代表总数的16.44%；事业单位负责人2名；其他2名。妇女154名，占代表总数的35.16%，非中共党员157名，占代表总数的35.84%；少数民族5名；大专及以上文化程度的327名，占代表总数的74.66%。

【思想政治建设】 2022年，浏阳市人民代表大会牢牢把握政治机关定位，不断提高政治站位和政治自觉，确保人大工作始终在党的领导下有力有序推进。以理论清醒确保政治坚定：坚持以习近平新时代中国特色社会主义思想领航定向，严格落实“第一议题”、主要领导讲党课和机关讲堂等学习制度，开展党组理论学习中心组学习12次、专题学习5次，深学细悟党的二十大精神，认真践行习近平总书记关于坚持和完善人民代表大会制度的重要思想，及时传达学习习近平总书记重要讲话、重要指示批示精神，深刻领悟核心要义、实践要求，切实把真理伟力转化为做好新时代地方人大工作的强大动力。以鲜明立场把准工作方向：常委会党组全面履行领导责任，坚决执行市委决定，严格落实重大事项请示报告制度，对市委主要领导作出的指示批示迅速抓好落实，确保市委决策部署在人大工作中得到全面贯彻、有效执行。深入学习贯彻中央、省市人大工作会议精神，积极推动市委《关于加强和改进新时代人大工作的实施意见》落地见效。

【经济运行情况监督】 2022年，浏阳市人民代表大会组织听取和审议国民经济和社会发展计划执行情况报告，跟踪监督经济运行情况，促进经济在合理区间运行。坚决担起党中央赋予人大监督新的职责，看紧人民的“钱袋子”，守好国有资产的“家底子”。深化人大预算审查监督向支出预算和政策拓展改革，听取审议全市预算、决算等工作情况报告，审议花炮产业转型退出支出预算执行情况，对城镇老旧小区改造项目进行预算绩效评价，对水利局、文旅广体局等2个部门预算编制和执行情况进行票决，帮助政府提高财政资金使用绩效。听取审议国有资产管理情况报告。通过专题调研，加强对政府债务的审查监督。加强对审计查出问题整改落实的跟踪问效，首次对审计整改情况进行满意度测评，督促被审计单位拨付到位资金1.08亿元，审减财政资金2068.7万元，促进挽回或避免损失184.15万元，推动建立健全相关制度41项，以有力监督促进审计成果运用。

【乡村振兴专题视察】 2022年，浏阳市人民代表大会组织开展乡村振兴专题视察，督促政府从规划引领、产业支撑、农村改革、巩固脱贫成果等方面着手，加大统筹推进力度，努力打造具有浏阳特色的乡村振兴样板。听取审议农产品质量安全工作情况报告，督促政府及相关部门强化农产品质量安全监管，2022年，浏阳市农产品检测量同比增长112%，办结农产品质量安全相关案件19起，刑事拘留4人。听取油茶产业发展情况报告，督促政府狠抓低产改造、精深加工、效益提升。视察全市重点交通建设项目，交办专项视察意见，推动交通建设助力乡村振兴。组织开展“我为乡村振兴建一言”活动，266名农村代表围绕经济发展、村庄建设、社会治理、人才支撑等方面积极建言，其中有102条优质建议向政府及相关部门集中交办。得到市委、市政府的高度重视，不少意见建议已经转化成助推乡村振兴的实际成果。如针对代表反映的“活人墓”“豪华墓”等农村殡葬问题，获得长沙市委常委、浏阳市委书记朱东铁指示，相关单位迅速开展专项整治；针对部分代表提出的乡村人才匮乏问题，相关单位加大人才的引进和培育力度，中国工程院院士、鱼类繁殖和育种专家刘少军团队和中国工程院院士，湖南农业大学党委副书记、校长邹学校团队工作室相继“落户”浏阳。

【优化营商环境专项工作督查】 2022年，浏阳市人民代表大会坚持以优化工作作风、提高行政效能为导向，从改进方法、直面问题、抓实整改三个方面着力，对科技、公安、

2022 年 11 月 24 日，市人大常委会组织开展营商环境优化专题视察，并召开助推营商环境优化专题询问会议 （市人大办 供图）

民政、农业农村、市场监管、城市管理 6 项政府专项工作开展评议，督促解决各类问题 200 余个。围绕市委打造"顶格服务、顶真支持、顶诚护航"的一流营商环境目标，对 26 个单位开展"聚力营商 赢在浏阳"助推营商环境优化专项监督，深入浏阳经开区、省级农业科技园等地开展专题调研，发动代表和群众积极参与营商体验、意见征集、专题视察等活动，收集各类意见建议 200 余条，向有关单位交办反映集中的意见建议 6 大类 25 条，对发改等 7 个部门营商环境优化工作开展专题询问，并进行满意度测评，督促相关部门抓实问题整改、提升服务效能，助力浏阳市获得"2022 年优化政务（投资）环境优秀城市""国际化高质量发展环境建设标杆县（市）"等 4 项"国字号"荣誉，"营商福地有浏阳"的品牌更加响亮。

【生态环境执法检查】 2022 年，浏阳市人民代表大会坚持听取年度环境状况和环境保护目标完成情况报告，开展《环境保护法》执法检查，委托第三方进行土壤污染状况和地表水水质检测，举办"环境保护 我来监督"问题线索有奖征集活动，拍摄《绿水青山就是金山银山》暗访片，向市政府交办 11 大类 187 个环保问题，力促相关单位全面完成 40 处千人以上饮用水水源地环境问题整治、33 个农村生活污水治理等一批项目，推动 2 件中央环保督察组交办问题整改销号，在依法打好污染防治攻坚战中展现了人大之为。听取《浏阳市国土空间总体规划（2020—2035 年）》编制情况报告，督促政府在增强规划的统筹性、协调性、权威性上下功夫，让规划最大限度地符合浏阳实际。

【民生实事调研督办】 2022 年，浏阳市人民代表大会听取审议全市学前教育工作情况报告，督促政府部门出台相关工作方案，确保公办园运转经费得到有效保障，学前教育保教人员的准入门槛和待遇标准稳步提升，城乡均衡的学前教育公共服务体系日益健全。开展义务教育"双减"工作调研，推动课堂教学、课后服务、师资队伍建设、校外培训监管等提质增效，切实提高学校育人水平。听取医疗卫生事业均衡发展工作情况报告，推动政府加快补齐短板、强化弱项，齐心协力为浏阳人民创造高品质生活。紧扣安全生产专项整治"三年行动"，听取审议全市安全生产工作情况报告，交办专项审议意见，2022 年全市安全生产事故起数同比下降 20.5%，死亡人数同比下降 15.4%，实现安全生产形势持续稳定向好。听取《保障农民工工资支付条例》贯彻实施情况报告，督促人社、公安、法院、住建、金融机构等单位担当履职，不断加大对欠薪行为的处置打击力度，全年调处农民工工资案件 366 起，为劳动者追回劳动报酬 5921 万元；立案查处 41 起，涉及劳动报酬 5738.44 万元，欠薪案件法定办结率达 100%。调研《宗教事务条例》贯彻实施情况，围绕宗教场所财务和安全管理、非法宗教活动整治等方面提出整改意见，有效推进全市宗教和民间信仰活动场所管理的规范化制度化建设。

【法治浏阳建设监督】 2022 年，浏阳市人民代表大会结合浏阳实际，探索健全人大对执法司法的监督机制，组织主任会议成员专题调研"两院"工作，出台《浏阳市人大常委会关于加强新时代市人民检察院法律监督工作的决议》，努力排除检察院依法独立行使法律监督权的阻力障碍，推动人大监督与检察院法律监督有机贯通。认真组织国家宪法日宣传活动。拓展人大监督领域，听取市监委涉粮领域专项整治工作情况报告，组织开展专项视察，推动监察法有效实施。创新"两官"履职评议方式，将"两院"班子成员纳入评议范围，随机抽选 8 名员额法官、4 名员额检察官进行履职评议，力促司法机关进一步提升"两官"依法履职能力。开展"司法公正长沙行"浏阳活动，组织 80 余名代表参加旁听庭审和民商事案件见证执行活动，邀请 30 余名代表参与公益诉讼见证和刑事案件听证，以实际行动促进司法公开、公正司法。听取反电信网络诈骗工作情况报告，建议市政府及有关部门加强行动自觉、加大宣传力度、创新工作机制，助推全市反诈工作实现"一升两降"，涉诈犯罪打击处罚同比上升 24.52%，立案数同比下降 26.94%，群众财产损失同比下降 2.9%。修订出台《浏阳市人大常委会规范性文件备案审查办法（修正案）》，对纳入人大常委会备案审查的规范性文件进行扩面，全年共备案审查各类文件 21 件。督促政府认真开展规范性文件专项清理工作，对全市涉水能资源、计划生育等内容的规范性文件进行全面清理，切实把好“红头文件”关。

重要会议

【浏阳市第十八届人民代表大会第二次会议】 2022年2月27日至3月1日，浏阳市第十八届人民代表大会第二次会议在城区举行。会议议程为8项：听取和审议市人民政府市长王雄文关于浏阳市人民政府工作报告；书面审查市发展和改革局局长谢波关于浏阳市2021年国民经济和社会发展计划执行情况与2022年国民经济和社会发展计划（草案）的报告，审查和批准浏阳市2021年国民经济和社会发展计划执行情况的报告与2022年国民经济和社会发展计划；书面审查市财政局局长朱姿丰关于浏阳市2021年财政预算执行情况和2022年财政预算（草案）的报告，审查和批准浏阳市2021年财政预算执行情况的报告和2022年财政预算；听取和审议市十八届人大常委会主任邱山东关于浏阳市人大常委会工作报告；听取和审议市人民法院院长伍玉联关于浏阳市人民法院工作报告；听取和审议市人民检察院检察长罗朝阳关于浏阳市人民检察院工作报告；补选浏阳市第十八届人民代表大会常务委员会委员；通过市第十八届人民代表大会教育科学文化卫生委员会主任委员名单。

【人大常委会会议】 2022年，浏阳市人民代表大会共召开人大常委会会议8次。

2022年1月26日，市人大常委会主任邱山东主持召开市十八届人大常委会第三次会议。会议听取和审议市发改局局长谢波受市人民政府委托所作的《关于浏阳市2021年国民经济和社会发展计划执行情况与2022年国民经济和社会发展计划（草案）的报告》及《2022年重点项目计划和政府投资项目计划编制情况的报告》；市财政局局长朱姿丰受市人民政府委托所作的《关于浏阳市2021年财政预算执行情况与2022年财政预算（草案）的报告》。会议讨论市十八届人大二次会议有关事项。会议决定：浏阳市第十八届人民代表大会第二次会议于2022年2月27日在浏阳城区举行。会议还进行有关人事任免。审议通过《关于提请审议设立浏阳市第十八届人民代表大会常务委员会代表资格审查委员会的议案》《关于提请任命兰宇峰等职务的议案》和《关于提请邓君等3名同志辞去浏阳市第十八届人民代表大会代表职务请求的议案》，表决通过《关于设立浏阳市第十八届人民代表大会常务委员会代表资格审查委员会的决定（草案）》《关于接受邓君等3名同志辞去浏阳市第十八届人民代表大会代表职务请求的决定（草案）》以及市人大常委会有关工作委员会委员名单。

2月21日，市人大常委会主任邱山东主持召开市十八届人大常委会第五次会议。会议审议并通过《浏阳市人大常委会代表资格审查委员会关于个别市十八届人大代表的代表资格审查报告》，确认李洪湖、张竞、张文初、周曦、钟宏亮、曾云峰、周平波、李爱萍、黄杰伟等9人的浏阳市第十八届人民代表大会代表资格有效。

8月30日，市人大常委会主任邱山东主持召开市十八届人大常委会第八次会议。会议听取市政府关于浏阳市安全生产工作情况的报告。会议听取市政府关于浏阳市农产品质量安全工作情况的报告。会议通过一系列人事任免，决定任命谢波为市人民政府副市长。邱山东向新任命人员颁发任命书。新任命人员依法进行宪法宣誓。

9月16日，市人大常委会主任邱山东主持召开市十八届人大常委会第九次会议。会议听取和审议市人民政府关于浏阳市2022年上半年国民经济和社会发展计划执行情况报告。会议听取和审议市人民政府关于浏阳市2021年财政决算草案和2022年上半年财政决算执行情况报告。会议听取和审议市人民政府关于2021年度市本级决算执行和其他财政收支情况的审计工作报告。会议审查批准浏阳市2021年财政就算（草案）。

11月22日至23日，市人大常委会主任邱山东主持召开市十八届人大常委会第十次会议。会议听取和审议《中华人民共和国环境保护法》执法检查情况报告。会议听取市监委粮食领域专项整治工作情况报告。会议听取和审议市政府关于市十八届人大一、二次会议代表建议办理情况报告。会议听取和审议“两官”履职评议情况的报告，听取和审议市政府关于国有资产管理情况的报告，听取和审议重点支出监督审查和政府重大投资项目预算绩效评价情况。会议还进行了有关人事任免。

【人大常委会主任会议】 2022年，浏阳市人民代表大会召开人大常委会主任会议12次。

2022年1月24日，市人大常委会主任邱山东主持召开市十八届人大常委会第四次主任（扩大）会议。会议讨论了市十八届人大常委会第三次会议有关事项。会议还审议通过了2022年市十八届人大专项工作评议安排，决定对公安工作（市公安局）、科技工作（市科学技术局）、农业工作（市农业农村局（乡村振兴局）、市农业发展事务中心）、民政工作（市民政局）、城市管理工作（市城市管理和综合执法局）、市场监督工作（市市场监督管理局）进行专项工作评议。

4月8日，市人大常委会主任邱山东主持召开市十八届人大常委会第六次主任（扩大）会议。会议研究确定了“聚力营商　赢在浏阳”助力营商环境提升行动方案（草案）。会议审议了《“两官”履职评议工作实施方案（草案）》。会议研究确定了常委会组成人员视察乡村振兴工作方案和开展“我为乡村振兴建一言”活动方案（草案）。会议讨论了基层人大工作会议有关事项。会议还研究确定了“环境保护　全民监督”破坏生态环境问题线索有奖征集活动方案。

4月14日，市人大常委会主任邱山东主持召开市十八届人大常委会第七次主任（扩大）会议。会议讨论了市十八届人大常委会第六次会议有关事项，听取和审议了市政府关于2021年度全市环境状况和环境保护目标完成情况及2022年度环境保护目标计划安排的报告，审议《浏阳市人民代表大会常务委员会关于加强新时代市人民检察院法律监督工作的决议（草案）》，审议《浏阳市人民代表大会常务委员会规范性文件备案审查办法（修正草案）》，听取和审议市人大常委会关于交办市十八届人大二次会议议案的意见，讨论市十八届人大常委会第六次会议日程。会议审议《2022年市人大常委会评议公安等六项政府工作实施方案（草案）》。会议研究2022年监督审查重点支出和政府重大投资项目预算绩效评价名单，决定对浏阳花炮产业转型退出支出预算执行情况进行监督审查，对城镇老旧小区改造项目进行预算绩效评价。会议研究2022年部门预算表决名单，确定市人大常委会2022年表决部门预算单位为市水利局、市文化旅游广电体育局。

2022年5月13日，市人大常委会主任邱山东主持召开市十八届人大常委会第八次主任（扩大）会议。2022年5—10月，市人大常委会组织开展《中华人民共和国环境保护法》（以下简称《环境保护法》）执法检查工作，主要采取实地查看、座谈汇报、问卷调查等方式开展依法监督，促进政府及各职能部门进一步研究解决环境保护工作中存在的问题，不断提高全市整体环境质量。会议对《环境保护法》执法检查工作方案进行研究确定。

2022年5月16日，市人大常委会主任邱山东率队调研涉粮专项整治工作，并主持召开市十八届人大常委会第九次主任（扩大）会议，专题听取浏阳市监委关于浏阳市涉粮领域专项整治工作的情况报告。

2022年6月23日，市人大常委会主任邱山东主持召开市十八届人大常委会第十次主任（扩大）会议。会议听取市政府关于学前教育工作情况的报告，听取市人大教科文卫委员会关于浏阳市学前教育工作的调查报告。会议听取市政府关于打击治理电信网络诈骗犯罪工作情况的报告，听取市人大监察和司法委员会关于浏阳市开展反电信网络诈骗工作情况的调查报告。会议还传达学习加强地方人大对政府债务审查监督的有关文件，报告人事任免有关事项，讨论市十八届人大常委会第七次会议日程（草案）。

2022年8月18日，市人大常委会主任邱山东主持召开市十八届人大常委会第十一次主任（扩大）会议。会议听取市政府关于浏阳市“一县一特”油茶产业发展情况的报告。会议听取市政府关于浏阳市农产品质量安全工作情况的报告。会议听取市人大农业农村委关于“我为乡村振兴建一言”工作情况汇报。

2022年8月26日，市人大常委会主任邱山东主持召开市十八届人大常委会第十二次主任（扩大）会议。会议听取市政府关于浏阳市安全生产工作情况的报告。会议讨论有关人事任免事项，讨论市十八届人大常委会第八次会议日程（草案）。

2022年9月14日下午，市人大常委会主任邱山东主持召开市十八届人大常委会第十三次主任（扩大）会议。会议听取市政府关于浏阳市2022年上半年国民经济和社会发展计划执行情况的报告。会议听取市政府关于浏阳市2021年财政决算草案和2022年上半年财政预算执行情况的报告。会议听取市政府关于2021年度市本级预算执行和其他财政收支情况的审计工作报告，以及关于2020年度市本级预算执行和其他财政收支问题整改情况的报告。会议讨论市十八届人大常委会第九次会议日程安排（草案）。

2022年9月29日，市人大常委会主任邱山东主持召开市十八届人大常委会第十四次主任（扩大）会议。会议由各环保法执法检查小组组长汇报执法检查工作开展情况。会议审看环保执法检查暗访片，听取环保法执法检查综合情况汇报。

2022年11月1日，市人大常委会主任邱山东主持召开市十八届人大常委会第十五次主任（扩大）会议。会议听取市政府关于市十八届人大一、二次会议政府系统代表建议、批评和意见办理情况的报告。会议听取市政府关于浏阳市医疗卫生事业均衡发展工作情况的报告。会议听取浏阳市2020—2022年花炮产业转型退出重点支出监督审查和浏阳市2021—2022年城镇老旧小区改造项目预算绩效评价情况。会议听取市政府关于浏阳市2021年国有资产管理情况的综合报告。会议听取市政府关于浏阳市《保障农民工工资支付条例》贯彻实施情况的报告，讨论“两官”履职评议情况调查报告，听取人事任免相关事宜报告，讨论市十八届人大常委会第十次会议日程（草案）。

2022年11月22日，市人大常委会主任邱山东主持召开市十八届人大常委会第十六次主任（扩大）会议。会议讨论市人大常委会“聚力营商　赢在浏阳”助力营商环境优化专题视察及专题询问活动有关事项。

专门委员会工作

·监察和司法工作·

【法律监督】 2022年，市人大监察和司法委员会根据《中共中央关于加强新时代检察机关法律监督工作的意见》和省委、长沙市委、浏阳市委要求及有关法律规定，在市人大常委会的正确领导下，市人大监察和司法委多方征求意见、反复修改完善，研究出台《浏阳市人民代表大会常务委员会关于加强新时代市人民检察院法律监督工作的决议》（以下简称《决议》），努力排除检察院依法独立行使法律监督权的阻力障碍，推动人大监督与检察院法律监督有机贯通。认真组织“12·4”国家宪法日宣传活动。拓展人大监督领域，听取市监委涉粮领域专项整治工作情况报告，组织开展专项视察，推动监察法有效实施。

【司法监督】 2022年，市人大监察和司法委员会创新“两官”履职评议方式，将“两院”班子成员纳入评议范围，随机抽选8名员额法官、4名员额检察官进行履职评议。开展“司法公正长沙行”浏阳活动，组织80余名代表参加旁听庭审和民商事案件见证执行活动，邀请30余名代表参与公益诉讼见证和刑事案件听证。听取反电信网络诈骗工作情况报告，建议市政府及有关部门加强行动自觉、加大宣传力度、创新工作机制，助推全市反诈工作实现“一升两降”，涉诈犯罪打击处罚同比上升24.52%，立案数同比下降26.94%，群众财产损失同比下降2.9%。修订出台《浏阳市人大常委会规范性文件备案审查办法（修正案）》，对纳入人大常委会备案审查的规范性文件进行扩面，全年共备案审查各类文件21件，督促政府认真开展规范性文件专项清理工作，对全市涉水能资源、计划生育等内容的规范性文件进行全面清理，切实把好“红头文件”关。

【配合上级人大立法工作】 2022年，市人大监察和司法委员会积极为全国人大《中华人民共和国妇女权益保障法（修订案草案）》等多部法律法规草案广泛收集征求意见。指导大瑶基层立法联系点做好法律草案意见建议收集，及时反馈基层民声，畅通民意“直通车”。大瑶基层立法联系点工作得到省、长沙市人大肯定，并在中央电视台专题栏目中得到推介。对接长沙市人大法制委，对《长沙市株树桥水库饮用水水源保护条例》进行修订。多次组织市司法局、株树桥水库管理局、库区各乡镇对株树桥水库饮用水水源保护情况进行修法前期调研工作。7月30日，邀请长沙市人大常委会副主任王瑜珲带队的立法调研组到浏阳实地考察，召开修订《长沙市株树桥水库饮用水水源保护条例》立法调研座谈会。

·财政经济工作·

【经济运行决策参考与国有资产管理监督】 2022年，市人大财政经济委员会组织对全市2021年计划执行和2022年计划安排情况及政府重大投资项目编制情况开展专题调研和审查，提出初审意见，为人代会审查批准全年国民经济和社会发展计划草案提供决策参考。对2022年上半年计划执行情况进行认真分析和调研，在市十八届人大常委会第九次会议上进行汇报，并形成审议意见，交送政府相关部门办理。组织对全市国有资产管理情况开展专题调研，提请市十八届人大常委会第十次会议进行听取和审议，进一步加强对国有资产管理的制度化、规范化监督。

【预决算和重点支出审查监督】 2022年，市人大财政经济委员会组织对2021年财政预算执行情况和2022年财政预算草案进行审查，向人代会大会主席团提交审查结果报告。根据全市财政预算执行的完成情况，组织对2022年财政预算调整情况开展调研，在市十八届人大常委会第十一次会议上进行汇报，并协助做好相关决议。组织对市水利局、文旅广体局2个部门的2021年度部门预算执行情况和2022年度部门预算编制情况进行审查和专项审计，市十八届人大常委会第十二次会议对上述2个部门预算进行表决。动态关注财政预算执行情况，形成《关于浏阳市2022年上半年财政预算执行情况的调查报告》《关于浏阳市2021年市本级决算的审查报告》，在市十八届人大常委会第九次会议上进行汇报，并协助做好相关决议，形成审议意见，交送政府相关部门办理。加强人大监督与审计监督的有效衔接，提请市十八届人大常委会第九次会议听取和审议2021年度预算执行及其他财政收支审计报告。针对审计发现的5个大类、32个小类、284个问题开展调查，督促整改落实，并提请市十八届人大常委会第十二次会议听取和审议市人民政府及教育局、水利局、文旅广体局、自来水公司等4个部门审计查出问题整改情况的报告，对上述4个部门审计查出有关问题整改情况进行满意度测评。组织对全市2019—2022年城镇老旧小区改造重大投资项目开展预算绩效评价调研，对全市2020—2022年花炮产业转型退出重点支出情况进行专项监督，均在市十八届人大常委会第十次会议进行满意度测评。

【议案办理督办】 2022年2月27日至3月1日，市十八届人大二次会议召开，会议提出《关于打造“三片区一乡镇”为先行引领，加快推进湘赣边区域合作示范区建设》议案，市人大财政经济委员会高度重视，3月份组织政府及相关部门和东区、南区的相关乡镇召开专题座谈会，先后到大瑶、文家市等镇开展专题调研，广泛征求代表对议案办理的建议意见，形成详细具体的交办意见，并在市十八届人大常委会第六次会议上审议通过，交办政府及相关部门办理。随后多次听取政府及相关部门对议案办理工作的情况，并通过专项督查、专题调研、集中约谈督办、参与面商等形式开展督办工作。10月份，会同政府及相关部门召开议案办理督办会议，督促政府及相关部门落实议案内容，解决相关问题。12月份，市人大常委会第十八次主任会议听取市人民政府议案办理情况的汇报。

·教育科学文化卫生工作·

【教育】 2022年4月，市人大教育科学文化卫生委员会组织部分专委到浏阳三中、唯美中学、浏阳河小学、金沙路小学、维科教育等地调研“双减”及未成年人心理健康教育工作，并在教育局召开专题座谈会，掌握“双减”政策落地、未成年人心理健康教育等方面工作现状，了解难点、收集建议。5月，组织到4个乡镇（街道）10余所幼儿园实地调研学前教育工作，并召开专题座谈会，形成《关于我市学前教育工作的调研报告》，提请市人大常委会会议听取审议。针对调研报告反映的情况，市人大常委会会议指出学前教育存在的规划不科学、结构不优化、布局不合理、队伍不稳定、教学不规范等五个方面问题，并提出加强财政预算管理、增加普惠资源供给、提升幼教保障水平和守牢安全底线、建强幼教队伍、加强收费监管等意见。根据审议意见，市人大教科文卫委督促教育局出台专题工作方案，逐条进行整改。

【医疗卫生】 2022年9月，市人大教育科学文化卫生委员会先后组织实地调研浏阳市精神病医院（脑科医院）、北盛镇卫生院、普迹镇卫生院、永和镇卫生院、高坪镇卫生院及志明村卫生室等，召开部分乡镇卫生院、市级医院负责人以及卫健局、医保局等职能部门分管领导座谈会，了解医疗卫生事业均衡发展的瓶颈和建议意见，并形成调研报告，向市人大常委会主任会议进行汇报。根据市人大常委会主任会议提出的意见，针对医疗卫生事业硬件、人才、公卫等方面短板，特别是金阳新城、湘赣边区域医疗中心建设的医卫短板，市人大教科文卫委加强与卫健局等有关部门协调沟通，明确医疗卫生事业均衡发展的方向和重点。

·民族华侨外事工作·

【宗教和民间信仰工作】 2022年3月，组织召开对口工作部门联席会议，完善民侨外委工作规则和对口联系部门工作联系办法，制定工作手册。9月，市人大民侨外委采取实地走访、听取汇报、召开座谈会的形式，先后调研宝盖寺、石霜寺、淮川基督教堂、升冲观、大瑶财神庙和沙市仁寿山陈大仙人庙、淮川城隍庙等宗教和民间信仰活动场所。调研中就宗教和民间信仰活动的引导、财务和安全管理以及非法宗教活动整治等问题与政府及职能部门进行交流，并提出整改意见。民宗局高度重视，成立场所整改工作专班，直面问题，全力整改，有效推进全市宗教和民间信仰活动场所管理工作的规范化、制度化建设。同时，积极配合长沙市人大开展的民族宗教工作调研，加强与侨办、侨联、台办、民宗局等对口单位的联系，了解全市民族宗教、外事侨务等方面的工作开展情况以及政策法规的落实情况。

【民族工作】 2022年9月，市人大民侨外委组织全体委员到湘西保靖县开展"民族团结进步行"主题交流调研和"金秋助学"慰问困难少数民族学生活动，为两县相互借鉴、共同发展搭建交流平台。同时，通过此次捐资助学活动，带动社会各界对民族地区教育事业倾注更多的爱心和支持，给每一个需要帮助的少数民族孩子多一份关爱。

·环境与资源保护工作·

【生态环境监管】 2022年，市人大环境与资源保护委员会挑选环境与资源保护领域常用法律法规27篇、生态环境保护领域常用法律法规36篇，编印成《环境与资源保护领域常用法律法规汇编》和《生态环境保护领域常用法律法规汇编》，免费发放给全体代表，组织委员会集体学习，努力建设一支高素质、专业化的环境与资源保护队伍。组织开展"环保世纪行"活动；开展全市环境目标状况完成情况调研；委托第三方检测机构在部分市人大代表及乡镇相关负责人的见证下对浏阳市三大流域水质环境状况进行检测；做好人大常委会听取和审议市人民政府2021年度全市环境状况和环境保护目标完成情况及2022年度环境保护目标计划安排报告的有关工作；监督镇村国土空间规划编制工作，做好国土空间规划编制情况审议意见的交办工作；对生态环境领域代表重点建议进行督办并召开座谈。

【环保执法检查】 2022年5月19日，市人大常委会组织召开《中华人民共和国环境保护法》(下称"环境保护法")执法检查动员会议。听取市政府关于《环境保护法》贯彻实施情况的汇报，对《环境保护法》执法检查工作进行安排部署。执法检查主要采取实地查看、座谈汇报、问卷调查等方式进行，执法检查分为宣传发动、自查自纠、集中检查、交办整改4个阶段，时间从5月至10月下旬。市人大常委会成立执法检查组，分为5个执法检查小组。7月12日，市人大常委会《环境保护法》第一执法检查小组召开执法检查座谈会，并对《环境保护法》贯彻实施情况进行现场执法检查。会上，市政府办等被检查单位汇报关于环保法贯彻实施情况。会后，市人大常委会主任、《环境保护法》执法检查组组长邱山东带领环保法第一执法检查小组，先后前往淮川街道、荷花街道、洞阳镇、蕉溪镇等地开展执法检查。7月12—20日，市人大常委会副主任张葵红、邓雪琴、陈清、唐洪胜、杨厚波等分别带领第一、二、三、四、五执法检查小组，到中和、荷花、淮川、集里、永和、沿溪、浏阳经开区、柏加、大瑶、金刚、龙伏、社港等地，对环保法贯彻实施情况进行执法检查。此次执法检查一共先后走访察看31个市直单位、32个乡镇街道和部分企业事业单位，检查出11大类187个问题，收集部分问题图片82张。11月22日至23日，市人大常委会主任邱山东主持召开市十八届人大常委会第十次会议。听取和审议《中华人民共和国环境保护法》执法检查情况报告。

·农业与农村工作·

【乡村振兴视察调研】 2022年，市人大农业与农村工作委员会组织乡村振兴视察。4月18—19日，牵头组织市人大常委会组成人员对小河乡新河村和田心村、张坊镇田溪村、柏加镇渡头村和柏铃村、镇头镇干口村等地乡村振兴工作开展情况进行实地视察，详细了解浏阳乡村振兴工作的开展情况。19日召开座谈会，听取浏阳市乡村振兴工作情况报告，与会代表就进一步纵深推进乡村振兴工作提出意见、建议。会上，14位委员发言，提出32条意见。根据审议意见和具体要求，市人大农业农村委积极督促政府及相关部门抓好落实。

【开展"我为乡村振兴建一言"活动】 2022年4月，市人大常委会面向全市农村各级人大代表，围绕"乡村振兴"大课题启动"我为乡村振兴建一言"活动，广泛征集具有建设性的意见，获得人大代表积极响应。共有266名代表围绕乡村振兴"产业发展、生态宜居、乡风文明、社会治理、集体经济、人才支撑”六个方面，提出228条高质量建言。其中，精选44条建言，分为22期，分别在《浏阳日报》、浏阳电视台专栏刊发播放。并按照程序向政府进行交办。同时，编印成册，供政府及相关部门参阅。

【产业发展】 2022年，市人大农业与农村工作委员会紧盯农业产业发展与农产品质量安全组织开展走访调研。7月，市人大农业与农村委员会分别组织市林业局、农业农村局、供销社等职能单位先后到12个乡镇（街道）召开座谈会，到农村各类超市、农贸市场、种植（养殖）基地进行36次实地了解，广泛征求意见，收集油茶产业发展、农产品电商销售等62个有关问题，掌握真实情况，形成有关调研报告，为市十八届人大常委会第八次会议提供高质量的参考意见。根据市人大常委会会议审议意见，认真督促政府部门对标对表进行整改。

·社会建设工作·

【安全生产工作】 2022年，市人大社会建设委员会紧紧围绕《中华人民共和国安全生产法》，聚焦烟花爆竹、道路交通、消防、建筑施工、燃气等重点领域，深入6个安委会成员单位、8个乡镇（街道）、烟花爆竹行业协会以及相关企业座谈走访，形成安全生产工作调查报告。8月份，市人大常委会专题听取和审议全市安全生产工作情况的报告，指出全市在安全生产领域存在的安全法治意识淡薄、基础设施薄弱、责任传导梗阻等问题，促使市安委会调整和更新各负有安全监管职责部门的安全生产监管责任清单。2022年全市生产安全事故起数同比下降20.5%，死亡人数同比下降15.4%。7月8日，湖南省人大常委会法制工作委员会针对《湖南省安全生产条例（修订草案·一审修改稿）》公开征求意见。通过广泛征求意见，市人大社会建设委员会在《湖南省安全生产条例（修订草案）》征求意见工作中提出4条修改意见。

【农民工工资保障】 2022年，市人大社会建设委员会紧盯保障农民工工资，围绕《保障农民工工资支付条例》在浏阳市贯彻实施情况，深入市人社局、住建局、浏发集团、工建中心等单位走访调研，实地查看碧桂园万锦棠湾、高力地产、湖山一品房产等工程项目，并形成调研报告。11月份市人大主任会议专题听取全市贯彻实施情况后，加大跟踪督促力度，协调公安、法院等单位加大对欠薪案件的打击处理和行政强制执行力度，督促金融机构、住建部门履职到位。2022年，全市共调处农民工工资案件366件，为劳动者追回劳动报酬5921万元，立案查处41起，涉及劳动报酬5738.44万元，欠薪案件法定办结率达100%。

代表工作

【依法行权】 2022年，市人民代表大会组织长沙、浏阳两级人大代表分别听取两级“一府两院”半年度工作情况通报，对“一府两院”上半年工作及副市长分管工作进行满意度测评。根据代表职业和专业特点，全年共邀请264名代表列席人大常委会会议，参加视察调研、执法检查、专项评议等活动，为代表知政参政创造条件。指导大瑶镇基层立法联系点做好法律草案的意见收集工作，及时反馈基层民声，畅通民意“直通车”。大瑶镇基层立法联系点工作得到省、长沙市人大的充分肯定，并在中央电视台专题栏目中得到推介。扎实开展乡镇民生实事人大代表票决制工作，全年票决民生实事49件，总计投资约3.17亿元，推动解决一批群众急难愁盼问题，让老百姓在一件件、一桩桩民生实事中看到新变化、得到真实惠，不断丰富全过程人民民主的浏阳实践。

【建议议案督办】 2022年，市人民代表大会十八届一、二次会议期间（2021年10月21日、2022年2月27日）共收到代表建议970件，交由59个承办单位办理。按照“主任联办、市长领办、常委会督办”的重点建议办理机制以及“联工委全程督办、联系委办对口督办、常委会领导牵头督办”的督办工作机制，从970件建议中选出了57件作为重点建议，以点带面，示范引领，促进建议办理工作的整体推进。市人民政府为做好第十八届人大二次会议《关于打造“三片区一乡镇”为先行引领，加快推进湘赣边区域合作示范区建设》议案办理，成立议案办理专项工作小组，出台《浏阳市第十八届人大二次会议议案办理工作方案》，并分片区编制实施方案，梳理制定相关配套政策。湘赣边“三片区一乡镇”建设有序开展。坚持“集中交办、重点督办、跟踪落实”的办理机制，持续加大建议督办和成果转化力度。截至2022年2月27日，政府部门承办的946件建议已全部办理、逐件答复，代表满意率为84.4%，一大批建议转化为促发展、惠民生、暖民心的务实举措。如代表反映集中的“农村环境整治经费投入不够”的问题，市政府以农村环境卫生公共服务改革为契机，大幅增加村级环卫工作运转经费；普迹镇代表提出的“建设新街村居家养老服务中心”的建议，政府及相关部门给予积极回应和有力支持，2022年，该项目已经竣工并投入使用。

【履职行权平台建设】 2022年，市人民代表大会规范人大代表履职平台建设，落实代表活动经费，年内新建和提质改造有省级人大代表活动室1个，新建或提质改造乡镇（街道）代表活动室42个，村（社区）代表活动联络站27个。深化“双联”工作机制，依托代表活动的平台载体，常委会组成人员联系代表、代表联系群众11900余次，帮助解决问题2900余个，特别是全市各级人大代表为抗击新冠疫情捐赠款物1475.4万元。规范开展代表述职活动，组织9名长沙市人大代表向市人大常委会述职，有序安排98名市级人大代表向选民述职，接受选民的询问和满意度测评，进一步推动人大工作“触角”延伸到群众身边，代表履职行为扎根于人民之中。

2022 年 7 月 26 日，浏阳市“一府两院”向市人大代表通报 2022 年度上半年工作会议召开

（市人大办公室　供图）

【履职能力建设】 2022 年，市人民代表大会采取年初集中培训、年中分批轮训的方式，着力加强代表履职能力培训学习，全年集中培训代表 3 批次 400 余人。严格执行市人大及其常委会、各专门委员会议事制度，完善会议组织、审议表决等程序，注重发挥专门委员会作用，不断提升议事决策和依法履职的民主化、科学化水平。坚持把学习教育作为提高履职能力的重要抓手，举办专题讲座、开展集体学习 18 次。先后选派 24 名机关干部参加疫情防控、驻村帮扶等中心工作，让机关干部在基层一线得到锤炼、增长本领。加强对乡镇（街道）的联系指导，研究出台对基层人大工作的考评办法，创新开展评价考核，有力推动全市基层人大工作均衡发展、整体提质。

【人大宣传工作】 2022 年，市人民代表大会坚持正确舆论导向不动摇，加强人大全媒体、全角度、全景式宣传，及时公告人事任免、决议决定，积极推介创新工作、典型事迹。《浏阳人大出真招　助推优化营商环境》《浏阳市创新“两官”履职评议获点赞》《充分发挥代表主体作用　汇聚乡村振兴强大合力》等经验做法被省、长沙市各类媒体刊载转发，代表、群众助力乡村振兴、环境保护、民生改善、营商环境优化的事迹和呼声汇于媒体网络，广大代表和人大工作者用鲜活的人大故事演绎初心使命，以温暖的人大声音传递民意民心。

【“聚力营商　赢在浏阳”营商环境专项督查】 2022 年 3 月至 11 月，市人大常委会开展“聚力营商　赢在浏阳”助推营商环境优化专项工作督查，围绕政务环境优化、法治环境优化等方面工作，聚焦影响营商环境和制约市场主体的痛点、堵点问题，积极发挥人大监督作用，督促各级各部门增强服务意识、改进工作作风、提升服务质效，进一步擦亮“营商福地看浏阳”品牌。4 月 28 日，市人大常委会召开“聚力营商赢在浏阳”助推营商环境优化工作动员会。此次“聚力营商　赢在浏阳”助推营商环境优化工作分为动员部署、组织实施、专题询问三个阶段，共有 26 个单位接受监督。其中，组织实施阶段开展一次自查自纠、一次营商体验、一次民意调查、一次意见征集、一次整改会议、一次专题视察、一轮专题宣传等“七个一”活动。5 月 24 日，市人大常委会主任邱山东一行前往浏阳经开区走访企业，倾听企业诉求，实地体验园区办事流程，调研“聚力营商　赢在浏阳”助推营商环境优化工作。9 月 1 日，市人大常委会举行“聚力营商　赢在浏阳”助推营商环境优化专项监督意见交办会议，对专项监督意见进行交办。会议通报专项监督情况，各接受监督单位领取专项监督意见反馈件。市发改局、市场监督管理局作为被监督单位代表进行发言。11 月 24 日，市人大常委会组织开展营商环境优化专题视察询问会议。市人大常委会组成人员先后走访视察市人民法院、市民之家、市场监管局集里所，视察速裁审判、“一窗综办”改革、商事制度改革工作开展情况，并到浏阳市省级农业科技园万洋众创城科技有限公司，视察企业生产情况。专题询问会议上，市人大常委会组成人员对部分被监督单位的营商环境优化工作及问题整改情况进行满意度测评。市发改局、自然资源局、住建局、商务局、行政审批局、税务局、供电公司满意率分别为 100%、94.88%、100%、94.88%、97.44%、84.62%、74.36%。

（刘　恒）

湖南省苏维埃政府旧址——锦绶堂　　　　（彭红霞　摄）

浏阳市人民政府

综 述

【概况】 2022年，浏阳市人民政府深入学习贯彻习近平新时代中国特色社会主义思想和党的二十大精神，在省委省政府、长沙市委市政府和浏阳市委的坚强领导下，在市人大、市政协的监督支持下，坚决落实“疫情要防住、经济要稳住、发展要安全”重要要求，全面落实“三高四新”战略定位和使命任务，全力抓好“两个统筹”(统筹疫情防控和经济社会发展，统筹发展和安全)，勇当“强省会”战略开路先锋，克难奋进、砥砺前行，狠抓稳经济一揽子政策和接续措施落地见效，推动经济发展高位求进、逆势而上。实现地区生产总值1722.5亿元，增长5%(同比，下同)；完成地方一般公共预算收入101.1亿元，同口径增长10.3%；规模工业增加值、固定资产投资、社会消费品零售总额分别增长6.6%、9%、3.1%，全市R&D经费占比达2.33%，主要经济指标稳居省市前列。县域经济和社会综合发展跃居全国百强第7位，县级市基本现代化指数排名全省第1位，获国家级、省级荣誉301个，林长制和“免督查”两项工作获国务院督查激励，14项、48项工作分别获省政府和长沙市政府真抓实干督查激励，央视《新闻联播》“走进县城看发展”栏目对浏阳进行深度推介。

【安全生产】 2022年，浏阳市人民政府慎终如始抓安全，持续强化监管执法，常态开展警示约谈，有效压实各方责任。开展“千名干部下基层”专项行动，深入实施安全生产大检查、自建房安全整治、燃气安全三个“百日攻坚”，全力打好安全生产专项整治三年行动收官战，扎实做好防汛抗旱和森林防灭火工作。全市安全生产事故起数、死亡人数分别下降20.5%、15.4%，烟花爆竹和道路交通领域安全形势持续稳定向好。成功打赢党的二十大安保维稳攻坚战，信访、禁毒、反电诈等工作有力推进，被评为全国信访工作示范县(市、区)，获得首届湖南“平安杯”。

【产业发展】 2022年，浏阳市规模工业总产值增长7.4%，工业用电量增长16.8%。深入推进“千百十”(一批千亿级产业、一批百亿级龙头、一批十亿级企业，建设一批过亿级项目)工程，出台“制造强市十五条”，电子信息、生物医药、新能源及汽车零部件产业链产值分别增长17.5%、14.6%、13.5%。实施“花炮激励十条”，烟花爆竹产业集群总产值突破300亿元。新增5G基站489个，“上云上平台”企业突破4000家，数字经济核心领域规上企业增加值领跑长沙，跻身全国县域工业互联网发展20强。园区发展势头强劲，经开区综合发展水平跃居全国第57位，省级农业科技园实现产值超百亿元。农业基础更加稳固，农林牧渔业总产值增长4.1%。建设高标准农田3.8万亩，粮食播种121万亩、年产量56万吨，蔬菜播种69.1万亩，出栏生猪132万头，油茶、花木、烤烟等特色产业提质增效，被评为湖南省“数商兴农”示范县。服务业企稳复苏，增加值增长4%。金融机构存贷款余额分别增长12.7%、7.1%，贷存比达87.8%。制定“房八条”(《浏阳市促进房地产市场平稳健康发展若干措施》提出8条举措)，房地产行业保持平稳健康发展。推出“文旅十条”(《浏阳市促进文旅深度融合高质量发展十条措施》)，举办全省首个县(市)级文旅发展大会，开展“焰遇浏阳河”“河畔季风”等系列活动，全年游客接待量突破3000万人次，A级景区总数居全省县(市)级第1位，排名中国县域旅游竞争力百强县第6位。

【项目建设】 2022年，浏阳市加快推进重大项目建设，长沙在浏阳284个重点项目完成投资764.4亿元，占年度计划投资的130%。长赣高铁正式开工，长浏快线成功获批，永和通航产业基地启动建设，江杉高速、S326普迹至柏加段顺利通车；椒花水库全面进入大坝主体施工阶段，风洞口抽水蓄能项目完成预可研；惠科光电全面达产，中烟永安科技园启动建设，雅士林、九典制剂生产基地、金阳智中心、博大科工、方锐达等一大批产业项目正式投产。招大引强成效明显，新引进项目133个，其中百亿元以上项目2个，“三类500强”(世界财富500强、中国企业500强和民营企业500强)项目4个。市场主体培优壮大，新增“四上企业”182家，净增市场主体2.1万户，总数突破15万户。创新活力全面迸发，新增省级以上“专精特新”企业43家、高新技术企业129家、省市级科技创新平台26家，创成首批国家创新型县（市）。试点改革持续深化，全国新一轮农村宅基地制度、农村改革试验区、全域土地综合整治、省级自然资源服务乡村振兴等试点改革加快推进，全省首宗新设采矿权净矿出让圆满完成，入选全国首批自然资源节约集约示范县(市)创建名单。湘赣边区域合作携手共进，“6636”工程全面铺开，“三片区一乡镇”(湘赣边乡村振兴示范区，湘赣边红色文旅融合示范区，湘赣边花炮产业转型升级集中示范区，边区域合作先行镇)示范区启动建设，区域引领力、影响力持续扩大。

【城市建设】 2022年，浏阳市主城功能更加完善，金阳大道全线通车，浏阳大道改扩建如期竣工，西南环线一期启动建设，李畋路、泰安路等12条城市主次干道顺利拉通；道吾、长兴湖等片区开发有序推进，翠园公园正式开园，垃圾焚烧发电项目有力推进，智慧城市云底座一期项目顺利完成；改造老旧小区87个4206户，新建停车场24个、新增停车位1.7万个，完成“百街千巷”环境提质62条，入选海绵城市建设省级试点城市。金阳新城加速崛起，“四个十大”(十个重大基础设施项目、十个重大配套项目、十个重大产业聚集项目、十个重大品质提升项目)项目全速推进，金阳医院开工建设、金阳二水厂投入使用，金阳人才公寓、博大商务广场等项目顺利推进，中心片区已见雏形。污染防治深入推进，三大河流水质稳定达标，空气质量优良率 94.3%、优于国家二级标准。全国文明城市创建持续深化，在全省测评中排名第一。

【乡村振兴】 2022 年，浏阳市全域推进乡村振兴，农村“七张网”（农村水、电、路、气、讯、广电、物流）加快建设，新改建农村公路 686.9 千米，建设农田水利设施 1350 处，完成营造林 19.6 万亩，梅田、古岭自供区配电网改造项目开工，全市供电能力提升至 200 万千瓦；大瑶、文家市、柏加、社港等特色小镇持续做优做强，永安位居全国百强镇第 82 位，高标准建成美丽宜居村庄 240 个，关口街道道源湖村被评为全国“一村一品”示范村，北盛镇环园村被评为全国民主法治示范村，古港镇梅田湖村被评为中国美丽休闲乡村、全国乡村旅游重点村；全市村级集体经济总收入达 1.4 亿元，年收入超 50 万元的村（社区）增至 154 个，入选国家乡村振兴示范市（县）创建名单。

【民生福祉建设】 2022 年，浏阳市民生支出占比达 76.4%，城乡居民收入比为 1.37，29 个重点民生实事项目超额完成。社会保障底板更实，出台“促就业二十条”，新增城镇就业 1.8 万人；发放低保金、特困供养金 2.5 亿元，发放优抚金 1.2 亿元、社保待遇 41.5 亿元，在全省率先实现村级医保经办服务站点全覆盖；新增保障性住房 2336 套，改造农村危房 126 户；优化调整城乡公交线路 31 条，新增电动公交车 50 台，被评为全省城乡客运一体化示范县；国防动员体制改革全面推进，退役军人“返乡第一课”工作成功纳入全省试点。教育事业均衡发展，新改扩建学校 11 所，新建公办幼儿园 4 所，新增学位 6220 个，“双减”工作经验获央视推介。“健康浏阳”成效明显，全国基层中医药工作示范县（市）创建全面推进，中医医院危急重症大楼建成投用，新妇幼保健院加快建设，集里医院、社港镇卫生院位列全国乡镇卫生院百强榜前两名。文体事业全面繁荣，全民读书月、非遗宣传月、全民健身日等活动成功举办，新增省级文保单位 4 处，新改建室外运动场 30 个，文体服务供给更加优质。

【行政效能建设】 2022 年，浏阳市人民政府始终把政治建设放在首位，不折不扣落实中央、省市决策部署。自觉接受人大法律监督和政协民主监督，市政府系统全年共办理省人大代表建议 1 件、省政协提案 1 件，长沙市人大代表建议 47 件、长沙市政协提案 7 件，浏阳市人大议案 1 件、浏阳市政协建议案 8 件，浏阳市人大代表建议 946 件、浏阳市政协提案 199 件，代表审议意见 94 条、委员分组讨论意见 37 条。长沙市建议提案满意率 100%；市人大代表建议满意 798 件，占 84.4%，基本满意 126 件，占 13.4%；市提案委员综合满意率 98.5%。被评为长沙市政府系统建议提案办理工作优秀管理单位。深入推进依法行政，办理行政复议案件 160 件、行政应诉案件 150 件。优化政务服务，办理“一件事一次办”事项 138.8 万件；畅通诉求渠道，办理市长信箱、“12345”反映事项 5 万件，回访满意率达 99.4%。深入开展“企业家接待日”“千企帮扶”“送解优”和“走解优”行动，解决企业难题 1626 个，退减缓税费 32 亿元，年内，先后被评为“企业家幸福感最强市（区）”“优化政务（投资）环境优秀城市”“国际化高质量发展环境建设标杆县（市、区）”。不断优化财政支出结构，“三公”经费预算下降 10.5%。强化审计监督，审减财政资金 2068.7 万元。深入开展“清廉浏阳”建设，持续深化纠治“四风”，营造风清气正、干事创业的良好氛围。

（肖圣林）

重要会议

【浏阳市第十八届人民政府第二次全体（扩大）会议】 2022 年 3 月 1 日，浏阳市第十八届人民政府召开第二次全体（扩大）会议，对浏阳市第十八届人民代表大会第二次会议《政府工作报告》所确定的主要目标任务进行全面部署。市委副书记、市长王雄文强调，全市上下要以只争朝夕的劲头，以最强执行力抓好《政府工作报告》的贯彻落实，加快推动浏阳高质量发展，全面建设现代化新浏阳。市级领导喻辉、冯赛军、李翔、刘来宏、彭邵锋、黄刚、寻文、郭贺亭、戴圣伟、肖云、文建军、唐强跃、彭琼、罗永垂、黄海波参加会议。

【政府常务会议】 2022 年市政府常务会议和主要研究事项：

2022 年 1 月 6 日，市政府召开常务会议，传达学习中央农村工作会议、长沙市委经济工作会议、长沙市“两会”等会议精神和关于加强统计监督、加强重大决策社会稳定风险评估等文件精神；听取浏阳市法治政府建设工作情况汇报；审议《浏阳市妇女儿童发展规划（2021—2025 年）（送审稿）》；审议《浏阳市村级小微工程项目建设管理办法（试行）（送审稿）》。

2022 年 1 月 20 日，市政府召开常务会议，传达学习习近平总书记在十九届中央纪委六次全会和在省部级主要领导干部学习贯彻党的十九届六中全会精神专题研讨班开班式上的重要讲话精神、湖南省“两会”精神和 1 月 8 日省委书记张庆伟在长沙市调研时的讲话精神及上级有关文件精神；审议《关于浏阳市 2021 年国民经济和社会发展计划执行情况与 2022 年国民经济和社会发展计划（草案）的报告（送审稿）》；审议《浏阳市 2022 年政府投资项目计划（草案）》和《浏阳市 2022 年重点建设项目计划（草案）》；审议《关于浏阳市 2021 年财政预算执行情况和 2022 年财政预算（草案）的报告（送审稿）》，听取 2022 年部门预算编制情况汇报。

2022 年 2 月 16 日，市政府召开常务会议，传达学习习近平总书记在中共中央政治局第三十六次集体学习时的重要讲话精神，李克强总理对全国春季农业生产暨加强冬小麦田间管理工作会议作出的重要批示及有关会议精神，湖南“一带一路”建设座谈会精神；传达学习十二届省纪委二次全会、十四届长沙市纪委二次全会和十三届浏阳市纪委二次全会精神，安排部署政府系统党风廉政建设和反腐败有关工作；审议《政府工作报告（送审稿）》；审议《浏阳市2022年粮食生产工作方案（送审稿）》；审议《浏阳市关于进一步加强新时代中小学生心理健康教育的实施意见（送审稿）》。

2022年4月13日，市政府召开常务会议，传达学习习近平总书记重要文章《坚持把解决好"三农"问题作为全党工作重中之重，举全党全社会之力推动乡村振兴》精神，3月31日中共中央政治局常务委员会会议精神，全国安全生产电视电话会议及省、长沙市安全生产暨防汛抗旱电视电话会议精神，全国森林草原防灭火工作电视电话会议精神及李克强总理对森林草原防灭火工作作出的重要批示精神，全国经济形势专家和企业家座谈会会议精神，长沙市贯彻落实强省会战略工作会议精神；传达学习长沙市蓝天保卫战工作调度会议精神，研究浏阳市污染防治攻坚战工作，审议《2022年浏阳市生态环境保护工作要点（送审稿）》《2022年浏阳市生态环境保护（蓝天保卫战）工作目标考核办法（送审稿）》《2022年浏阳市大气、水、土壤和噪声污染防治行动计划（送审稿）》《浏阳市贯彻落实第二轮中央生态环境保护督察报告整改方案（送审稿）》；传达学习《长沙市人民政府办公厅关于印发2022年真抓实干督查激励措施的通知》精神，研究真抓实干督查激励工作；研究增补古城遗址等单位为浏阳市（县）级文物保护单位并划定保护范围有关事宜。

2022年4月20日，市政府召开常务会议，传达学习中共中央政治局常委、中央纪委书记赵乐际来湖南调研时的讲话精神，4月15日省委书记、省人大常委会主任张庆伟来浏阳调研督导讲话指示精神，《中共湖南省委湖南省人民政府关于实施强省会战略支持长沙市高质量发展的若干意见》精神，湖南省委实施"强省会"战略暨长株潭都市圈建设推进会、长沙市奋力实施"强省会"战略推进大会、长沙市服务"强省会"战略推进更高水平城市管理工作视频会议精神；研究浏阳市贯彻落实"强省会"战略有关事宜；审议《浏阳市拆违控违工作实施方案（送审稿）》；研究农村电网（自供区）管理体制改革有关工作。

2022年5月26日，市政府召开常务会议，传达学习"4·29"特别重大居民自建房倒塌事故总结暨全省、长沙市安全生产大检查"百日攻坚"行动部署会议精神，长沙市推动长江经济带发展领导小组会议精神及《长沙市贯彻落实〈中华人民共和国长江保护法〉实施方案》精神；研究部署稳住经济大盘工作，听取5月份经济形势分析汇报；研究重点民生实事有关事宜；审议《浏阳市国土空间总体规划"三区三线"划定方案（送审稿）》。

2022年6月21日，市政府召开常务会议，传达学习习近平总书记重要署名文章《努力建设人与自然和谐共生的现代化》和6月17日在中共中央政治局第四十次集体学习时的重要讲话精神，全省、长沙市巩固拓展脱贫攻坚成果同乡村振兴有效衔接工作推进暨突出问题整改动员部署会议精神，2022年省总河长会议精神和长沙市总河长暨河长制工作委员会会议精神，《湖南省强化"三力"支撑规划（2022—2025年）》精神及全省、长沙市基础设施建设暨"三大支撑"工作推进会议精神，6月17日全省防汛视频会商调度会议精神和6月19日长沙市防汛视频会商会议精神，长沙市自建房安全整治"百日攻坚"专项行动调度会议精神和《长沙市经营性自建房安全管理暂行规定》精神；传达学习上级有关文件精神，听取政府投资项目管理工作有关情况汇报；传达学习全省万名干部联万企"送政策、解难题、优服务"行动动员暨培训电视电话会议、长沙市千名干部联千企"送政策、解难题、优服务"行动动员暨培训电视电话会议精神，听取工作开展情况汇报；审议《浏阳市激励"制造强市"建设若干措施（送审稿）》；审议12个安全（生产）专业委员会安全生产大检查"百日攻坚"行动方案和《关于印发〈坚决贯彻落实国务院安委会15条措施切实守牢安全发展底线任务分工清单〉的通知（送审稿）》；听取禁毒工作情况汇报；研究消防安全及经费保障有关事宜。

2022年7月4日，市政府召开常务会议，传达学习习近平总书记在中央全面深化改革委员会第二十六次会议上的重要讲话精神，中国共产党湖南省代表会议精神，《中共湖南省委湖南省人民政府印发〈关于优化生育政策促进人口长期均衡发展的实施方案〉的通知》精神；传达学习《湖南省人民政府办公厅转发国务院办公厅关于印发全国自建房安全专项整治工作方案的通知》精神，研究调度全市自建房安全整治"百日攻坚"专项行动有关事宜；传达学习习近平总书记关于统计工作重要论述和上级有关会议、文件精神，审议《浏阳市贯彻落实国家统计督察反馈意见整改方案（送审稿）》；传达学习省、长沙市领导有关防汛工作批示及全省、长沙市防汛视频会商调度会议精神；审议《推进县域经济高质量发展工作方案（送审稿）》；审议《关于浏阳市重点水域禁捕的通告（送审稿）》；审议《推动浏阳蒸菜产业高质量发展三年行动计划（2022—2025年）（送审稿）》和《推动浏阳蒸菜产业高质量发展十条政策措施（送审稿）》；审议《浏阳市涉林违法图斑"双零"目标创建工作方案（送审稿）》；研究2020年9—12月促进建筑业高质量发展奖励资金有关事宜。

2022年7月19日，市政府召开常务会议，传达学习习近平总书记重要讲话《更好把握和运用党的百年奋斗历史经验》精神和全国、全省、长沙市安全生产电视电话会议精神以及《湖南省人民政府关于印发〈湖南省生产安全事故调查处理办法〉的通知》《湖南省人民政府办公厅关于印发〈湖南省重大行政决策事项目录管理办法〉的通知》等文件精神；研究自建房安全整治"百日攻坚"专项行动有关事宜；听取全市疫情防控工作情况汇报；传达学习国家林草局来浏督导松材线虫病防控工作精神和上级有关文件精神，听取全市松材线虫病防控工作情况汇报；听取全市打击治理电信网络诈骗犯罪工作情况汇报；审议《浏阳市人民政府工作规则（送审稿）》；审议《浏阳市新型智慧城市“十四五”区域规划（送审稿）》《浏阳市新型智慧城市“十四五”区域规划纲要（送审稿）》《浏阳市政府投资信息化建设项目管理暂行办法（送审稿）》；审议《浏阳市烟花爆竹企业分类管理实施办法（送审稿）》；听取审计整改工作情况汇报。

2022年8月25日，市政府召开常务会议，传达学习习近平总书记在7月28日中共中央政治局会议上的重要讲话精神，习近平总书记关于审计工作的系列重要讲话批示指示精神，毛伟明省长在省政府第十次全体会议和在市州长视频会议上的讲话精神，《中共湖南省委办公厅湖南省人民政府办公厅关于转发〈省发展改革委关于上半年经济形势分析及下阶段工作建议〉的通知》精神，新修订的《湖南省安全生产条例》精神，全省禁毒工作电视电话会议精神；研究全市生态环境保护工作；研究全市消防安全工作；传达学习中共湖南省委办公厅有关文件精神，研究全市防旱抗旱工作；审议《浏阳市2022年上半年国民经济和社会发展计划执行情况报告（送审稿）》；审议《关于浏阳市2021年财政决算草案和2022年上半年财政预算执行情况的报告（送审稿）》；审议《浏阳市行政许可事项清单（2022年版）（送审稿）》；审议《关于印发〈浏阳市国有土地上房屋征收奖励和补助办法〉的通知（送审稿）》和《关于公布浏阳市国有土地上房屋征收临时安置费标准的通知（送审稿）》；研究浏阳市水土保持小流域治理示范建设项目立项有关事宜。

2022年9月14日，市政府召开常务会议，传达学习中央全面深化改革委员会第二十七次会议、全省部分市政府负责人座谈会议、长沙市区（县、市）政府主要负责人座谈会议等会议精神和上级有关耕地保护、招投标领域腐败治理等文件精神；传达学习上级有关文件、会议精神，听取统计造假不收手不收敛问题专项纠治工作情况汇报；传达学习全国、全省新冠肺炎疫情防控工作电视电话会议精神和长沙市新冠肺炎疫情防控工作专题调度会议精神，听取疫情防控工作情况汇报；研究全市9月份经济运行工作；审议《浏阳市深化应急管理综合行政执法改革的实施方案（送审稿）》；审议《浏阳市全民科学素质行动规划纲要实施方案（2021—2025）（送审稿）》；听取自然资源例行督察反馈问题整改、耕地保护责任落实和违建别墅整改工作情况汇报。

2022年10月8日，市政府召开常务会议，传达学习李克强对森林草原防灭火工作作出的重要批示精神、全国秋冬季森林草原防灭火工作电视电话会议精神、《中共湖南省委湖南省人民政府关于加快建设世界旅游目的地的意见》精神，10月7日省委副书记、省长毛伟明在检查调度国庆假期值班值守工作时的讲话精神，《湖南省安全生产委员会关于印发毛伟明同志在全省安全生产电视电话会议暨省安委会第四次全体成员（扩大）会议上讲话的通知》精神，《湖南省安全生产委员会办公室关于深入贯彻落实省委省政府主要领导批示精神切实抓好当前安全防范工作的通知》精神，《中共长沙市委办公厅长沙市人民政府办公厅关于印发〈长沙市进一步深化自建房安全专项整治工作方案〉的通知》精神，《长沙市人民政府办公厅关于印发〈长沙市统筹疫情防控与经济社会发展、统筹发展与安全督导和服务工作方案〉的通知》精神；听取绩效考核有关工作情况汇报；研究承接落实《稳经济一揽子政策的接续政策措施》责任分解有关事宜；研究项目立项审批有关事宜。

2022年11月18日，市政府召开常务会议，传达学习《中共中央关于认真学习宣传贯彻党的二十大精神的决定》精神，11月10日中共中央政治局常务委员会会议精神和《关于进一步优化新冠肺炎疫情防控措施科学精准做好防控工作的通知》精神，《中共湖南省委办公厅湖南省人民政府办公厅关于落实“一县一策”加快推进以县城为重要载体的城镇化建设的通知》精神；11月1日全省市州、县市区政府和园区主要负责人视频会议精神及长沙市区（县、市）长视频会议精神；研究当前经济运行、安全生产及疫情防控有关工作；研究政府系统人大代表建议、政协提案办理工作；审议《关于浏阳市2022年财政预算调整方案（草案）的报告（送审稿）》；研究项目立项审批有关工作；听取全市三季度环境保护工作情况汇报；审议《浏阳市生物防火林带规划（2021—2035年）（送审稿）》。

2022年12月9日，市政府召开常务会议，传达学习习近平总书记对河南安阳市凯信达商贸有限公司火灾事故作出的重要指示精神和湖南省安全生产委员会有关文件精神，11月29日全省、长沙市“迎峰度冬”电力保供工作部署专题会议精神，《湖南省乡村振兴促进条例》和《湖南省乡村建设行动实施方案》精神，中共湖南省委十二届三次全体会议精神和中共长沙市委十四届四次全体会议精神，省委常委、长沙市委书记吴桂英在长沙市管干部学习贯彻党的二十大精神集中轮训第一期研讨班开班式上的讲话精神；审议《浏阳市2022—2023年冬春农田水利建设工作方案（送审稿）》《浏阳市2022年高标准农田建设投融资创新工作方案（送审稿）》《浏阳市第三次全国土壤普查工作方案（送审稿）》；审议《关于推动浏阳河百里画廊文旅发展工作方案（送审稿）》和《关于公布〈第九批浏阳市（县）级非物质文化遗产代表性项目名录〉的通知（送审稿）》；审议《浏阳市人民政府重大行政决策事项目录（送审稿）》《关于浏阳市证明材料清单的通知（送审稿）》；研究全市食品安全工作；审议《浏阳市临时救助实施细则（送审稿）》；审议《污染治理和节能减碳专项（污染治理方向）2023年中央预算内投资项目申报计划（送审稿）》；审议《浏阳市推进新建商品房“交房即交证”改革实施方案（送审稿）》。

【市长办公会议】 2022年市长办公

会议和主要研究事项：

2022年1月27日，市政府召开市长办公会议，传达学习习近平总书记对政法工作作出的重要指示精神，全国根治拖欠农民工工资工作暨农民工工作电视电话会议、省委贯彻落实中央人大工作会议精神推进会精神；听取安全生产工作情况汇报，研究2021年度安全生产领域真抓实干激励有关事宜；审议《浏阳市全力打造全国文旅融合标杆三年行动计划（2022—2024年）（送审稿）》《浏阳市促进文旅深度融合高质量发展的十条意见（送审稿）》《浏阳市公共文化服务体系高质量发展实施方案（送审稿）》《浏阳市关于加强文物保护利用改革的实施意见（送审稿）》；研究浏阳市新型智慧城市建设有关事宜；审议《浏阳市应急指挥五级联动视频会议系统建设实施方案（送审稿）》。

2022年3月21日，市政府召开市长办公会议，传达学习习近平总书记在中共中央政治局常务委员会会议上关于从严抓好疫情防控工作的重要讲话精神，全国、全省、长沙市新冠肺炎疫情防控工作电视电话会议精神，省委书记、省人大常委会主任张庆伟在中国（湖南）自由贸易试验区长沙片区、湖南湘江新区调研座谈时的讲话精神，3月18日长沙市委常委会（扩大）会议精神；听取全市依法行政有关工作情况汇报；研究浏阳市推进碳达峰碳中和有关工作；审议《浏阳市建筑垃圾管理和资源化利用工作方案（送审稿）》；研究金阳新城智慧停车项目有关事宜。

2022年5月11日，市政府召开市长办公会议，审议《关于进一步强化落实国务院安委会15条措施切实守牢安全发展底线的实施意见（送审稿）》；审议《促进浏阳花炮产业高质量发展的若干措施（送审稿）》《浏阳市花炮产业高质量发展三年行动计划（2022—2024年）（送审稿）》；审议《浏阳市政务服务大厅全面推进“一窗综办”改革实施方案（送审稿）》；审议《浏阳市协同招商工作方案（送审稿）》；审议《浏阳市工业产业布局规划（送审稿）》；审议《浏阳市全民健身实施计划（2022—2025年）（送审稿）》。

2022年6月1日，市政府召开市长办公会议，研究贯彻落实稳住经济大盘工作；研究全市尾矿库综合治理工作；研究全市公共交通安全工作；研究燃气领域安全生产专项整治工作。

2022年9月8日，市政府召开市长办公会议，传达学习第十次全国深化“放管服”改革电视电话会议精神和全省、长沙市深化“放管服”改革持续优化营商环境电视电话会议精神，8月28日毛伟明在全省疫情防控指挥部会议上的讲话精神，上级有关乡村振兴、加强仓储物流行业安全防范等文件精神；研究全市“百街千巷”环境综合整治提升工作；审议《促进建筑业高质量发展三年行动计划（2022—2024年）（送审稿）》；审议《浏阳市促进房地产市场平稳健康发展若干措施（送审稿）》；研究G4京港澳高速长沙广福至株洲王拾万（朱亭段）扩容工程初步设计方案有关事宜。

2022年9月21日，市政府召开市长办公会议，专题研究安全生产工作，审议《浏阳市“千名干部下基层确保平安促发展”专项行动方案（送审稿）》。

2022年10月20日，市政府召开市长办公会议，研究疫情防控工作相关措施；研究真抓实干督查激励工作；审议《浏阳市新建农村住房质量安全实地抽查工作方案（送审稿）》和《浏阳市进一步深化自建房安全专项整治工作方案（送审稿）》；听取关于《浏阳市人民政府与湖南农业大学合作共建湖南农业大学浏阳校区/岳麓山实验室浏阳基地有关协议（送审稿）》的情况汇报。

2022年12月12日，市政府召开市长办公会议，研究新一轮出租汽车经营权许可及车辆更新换代有关工作；研究疫情防控工作。

（丁洁琼）

行政审批服务

【概况】 2022年，行政审批服务局政务服务大厅有34个窗口单位入驻，设154个办事窗口，共270余名工作人员。全年共办理审批服务事项586.9万件，收费（税）288.67亿元。年内，浏阳市先后获得全国“2022优化政务（投资）环境优秀城市”、“2022国际化高质量发展环境建设标杆县（市、区）”、“长沙市2022年深化‘放管服’改革真抓实干督查激励考核工作表扬激励县（市）”等荣誉和奖励。行政审批服务局被数字政务发展年会组委会评为“政务服务标准化规范化便利化建设先进单位”。

【简政放权】 2022年，行政审批服务局全面梳理、公布浏阳市249项行政许可事项清单。对2015年至2021年年末向乡镇（街道）放权赋权事项共1736项开展“回头看”，四轮梳理后向乡镇（街道）赋权609项、调整乡镇（街道）权限155项、授权派驻机构办理事项51项，厘清赋权家底，确保赋权事项“放的下、接得住、用得好”。将64个事项纳入浏阳经开区省级相对集中行政许可权改革试点，实现“园区事园区办”。

【“一件事一次办”升级】 2022年，行政审批服务局巩固现有330项“一件事一次办”事项成果，全年办理相关业务138.78万件；创新推出企业全生命周期“7+4”服务套餐，办结时限平均压缩54.4%；实现24件特殊群体事项“一次办”，新增6件特殊群体“一件事”免申即享；成立政务服务“上门办”小分队，全年为特殊群体提供上门服务1.15万余次。推进政务服务“跨省通办”，与163个县（市、区）建立合作关系，实现湘赣边24个县（市、区）100项高频事项通办，累计办件2.44万件。11月18日，浏阳市《深化“跨省通办”破解湘赣边群众办事难》工作经验被湖南省政务局《政务管理服务工作》内刊2022年第17期刊发，在全省推介。浏阳市村集体经济公司开办“一件事一次办”和企业职工入职医保业务“一件事一次办”入选长沙市行政审批服务局“一件事一次办”优秀案例，在长沙地区推广。积极推动“无证明城市”在浏阳市应用，梳理 788 项“减证办(免证办)”政务服务事项清单，在浏阳市政府门户网开设“无证明城市”专区，截至 2022 年年末，实现 17 个在线证明开具、32 类电子证照实时调用功能。

【开展“走流程、解难题、优服务”行动】 2022 年 4 月，行政审批服务局按照省、长沙市部署要求，在全市集中开展“走流程、解难题、优服务”行动。中共浏阳市委、市人民政府主要领导和班子成员、市直各单位一把手带头“走流程”，分别以普通办事群众和窗口工作人员两种身份，聚焦高频和“一件事一次办”事项，切实优化群众“急难愁盼”和特殊群体事项流程，走进政务服务大厅办事窗口，全方位体验办理流程。并对照法规政策和标准规范，找出“堵点”“痛点”，分析原因，准确记录，从抓源头整改，进一步推动办事流程优化再造、线上线下深度融合、政务服务提质增效。先后组织 158 名工作人员，对 373 个事项亲身体验办事流程，发现问题 105 个、解决问题 82 个，23 个问题请求上级统筹解决。同时，联合市工商联、优化营商环境中心和融媒体中心，开展政务服务事项“走流程、解难题、优服务”金点子征集活动，围绕自然人、企业和项目全生命周期各阶段涉及的依申请类政务服务事项，针对办理过程中存在“环节复杂”、“时限过长”、“服务不优”等影响办理体验的政务服务事项，采用公开征集、现场征集、部门征集、定点征集等方式进行意见建议的全面收集。收集意见建议 1908 条，评选出 18 条优质“金点子”，找准办事过程中的堵点难点并优化整改。6 月 7 日，省政府秘书长、党组成员、省政府办公厅党组书记邓群策，省政府办公厅党组成员、省政务管理服务局局长周运平等领导一行到浏阳市政务服务大厅调研“走流程、解难题、优服务”工作。7 月 13 日，《浏阳市：强化要素保障擦亮“走解优”行动底色》工作经验被湖南省政务局《政务管理服务工作》内刊刊发，在全省推介。

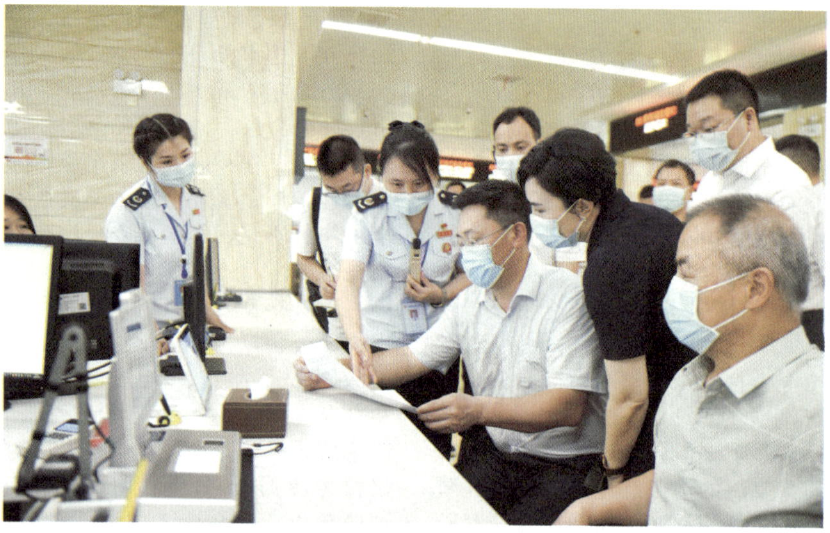

2022 年 6 月 14 日，中共长沙市委常委、浏阳市委书记朱东铁到浏阳市民之家调研“走流程、解难题、优服务”工作，以陪同办事群众走流程的方式，体验二手房转移登记事项服务质效，并主持召开优化营商环境工作座谈会
（市行政审批局　供图）

【“一窗综办”改革】 2022 年，行政审批服务局全面推进“一窗综办”改革，升级改造政务大厅，按照群众个人事项和企业法人事项相对集中办理原则，设置人社医保、公安、不动产登记、税务、市场准入、公积金、社会事务和工程建设项目 8 类“综合窗”，实现“一窗受理，一次办成”。截至 2022 年年末，不动产登记业务实行“无差别受理”；公积金中心除银行设置的汇缴窗口外，其余窗口已实现公积金业务“一窗综办”；税务综合窗除发票领用、房产交易之外的业务均实现无差别受理；市场准入综合窗除公章刻制、发票和税控设备申领专窗外，其他事项实现“无差别受理”。

【政务公开工作】 2022 年，行政审批服务局完善政务公开组织机构、公开渠道、主动公开内容、依申请公开途径，提高政务公开水平。印发政务公开工作要点，开设“浏阳市基层政务公开”栏目。开展“政务公开主题日”活动 12 场。坚持“公开为常态、不公开为例外”原则，全面、及时、主动公开各类信息 2 万余条。在浏阳市政务服务大厅和 32 个乡镇(街道)设置政务公开窗口，承担政策咨询、办事指引、申请公开等功能，做到“四有(有专人、有设备、有资料、有制度)”、“三会(会答、会查、会“笑”)”。畅通政府信息依申请公开渠道，市政府全年受理依申请公开事项 56 件，各单位全年受理依申请公开事项 158 件，答复率为 100%。启动“智慧政务”项目建设，从“办事端”“审批端”“管理端”三个维度需求出发，用技术和业务协同助推审批提速、服务提质，建设“市、乡(镇、街道)、村”三级审批系统，打造“最简易实用”的智慧政务。

【“12345”政务热线】 2022 年，行政审批服务局发挥“12345”热线“总客服”作用，坚持将群众诉求的解决摆在首位、将舆情风险的化解作为重点、将办理时效的提升作为核心，运用“政务热线诉求响应 321”工作模式，建立“一呼即应”诉求办理机制，确保工单“接得快”、任务“转得快”、诉求“办得快”、进度“知晓快”。全年签收热线工单 4.9 万余件，回访满意率 99.35%，同比提升 0.57%；解决率 81.76%，超长沙对浏考核指标 11.76 个百分点。浏阳市《联合执法破除新业态监管难》典型案例入选《长沙市 12345 政务服务便民热线典型案例汇编》，并在湖南省社科院“坚持人民至上共创美好生活”主题成果展上展出。

【行政效能监督】 2022 年，行政审批服务局提升窗口服务质量，用好“好差评”制度，不断完善办件评价渠道，积极主动引导评价。全市评价总数450535条，主动评价总数448562条，主动评价率99.56%，好评数448562条，好评率达100%。依托省、市行政效能电子监察系统，对各单位办件情况形成“日提醒、月公示、季通报”的长效机制，有效的提升各单位行政效率。浏阳市行政效能电子监察系统全年监管办件68.07万件，层级覆盖率100%，承诺压缩率85.28%（超长沙对浏考核指标5.28个百分点），事项覆盖率88.83%（超长沙对浏考核指标3.83个百分点）。

（连伊星）

优化营商环境事务协调

【概况】 2022年，市优化营商环境协调事务中心认真贯彻落实中央、省市关于优化营商环境决策部署，围绕打造“顶格服务、顶真支持、顶诚护航”的一流营商环境，聚力奋进、创新实干，不断擦亮“营商福地看浏阳”品牌。学习营商环境指标先进地区优秀经验，建立“指标长”工作机制，部署改革创新举措300余项，建立《省评指标统计监测制度》，定期调度指标优化提升、改革创新，建立《浏阳市营商环境问题受理办理制度》，完善企业投诉受理“线上+线下”机制，交办涉企营商环境问题61个，办理投诉举报7件，所有投诉在本级解决。自2022年5月份开始，将每月18日设为“企业家接待日”，由市委书记、市长等市级领导轮流现场接待企业，听取并办理企业家反映的涉企营商环境问题或意见建议，全年举办6场“企业家接待日”活动，解决企业问题建议160余个。创新打造“浏如意·党员服务驿站”，搭建为企服务“连心桥”，接待企业30余家，交办涉企营商环境问题61个。启动“浏如意·党员服务驿站——营商环境大讲堂”，开展省评专题培训12次。全年深入11个指标牵头单位对接50余次，联合各部门打造指标特色亮点53个，创新示范案例50个。1月10日，在海口举行的第二届环球城市招商引资推介大会上，浏阳市被评为“2021最具投资吸引力县（市）”，这是浏阳连续两年上榜。8月30日，在北京举行的“中国城市高质量发展与国际合作大会”上，浏阳市获得“2022国际化高质量发展环境建设标杆县（市、区）”称号，这是浏阳连续两年上榜，为中部地区唯一县（市、区）。11月5日，新华网在京举办的“第八届绿色发展论坛暨绿水青山就是金山银山实践成果展”大会上，浏阳市被授予“2022优化政务（投资）环境优秀城市”称号，“企业家接待日”“浏如意·党员服务驿站”成功获评新华网第八届绿色发展论坛“2022绿水青山就是金山银山实践典型案例”，在新华网活动专题进行展示，编入《绿水青山就是金山银山实践典范案例汇编（2022）》，浏阳市优化营商环境协调事务中心被评为“2022优化政务（投资）环境先进单位”。12月21日，浏阳入选“企业家幸福感最强市（区）”。

【营商环境评价】 2022年，市优化营商环境协调事务中心严格贯彻落实中央、省市关于优化营商环境的决策部署及“放管服”改革有关工作要求，学习营商环境指标先进地区优秀经验，建立营商环境评价“指标长”工作机制；制定2022年省评指标提升工作清单责任分解表3批次，部署改革创新举措300余项，建立《省评指标统计监测制度》，就指标优化提升、改革创新开展定期调度，统筹指导全市营商环境评价工作。坚持问题导向，刀刃向内，纵深推进全市营商环境。联合行政审批局开展“一把手走流程、解难题、优服务”行动；配合市人大开展贯穿全年的“‘聚力营商 赢在浏阳’助推营商环境优化”专项监督；协助市政协开展“政策落地”专项民主监督行动；协助市纪委出台优化营商环境十条负面清单，推动解决营商环境短板问题300余个。构建“营商讲堂—对标分析—清单提升—走访调度—摸底调查—样本打造—经验固化”迎省评工作模式，清单化、系统化、可视化推动指标优化提升；启动“浏如意·党员服务驿站——营商环境大讲堂”，分期开展省评专题培训12次；联合市统计局，开展全市营商环境民意调查和营商环境指数测评摸底调研，深入11个指标牵头单位对接50余次，统筹指导全市各单位顺利完成省评指标企业问卷、部门填报、系统取数等工作。对照省评工作要求，紧盯全国最优水平，联合部门打造指标特色亮点53个，创新示范案例50个。争取“信用+医疗”“知识产权示范区”“个转企”“标准地+承诺制”等国家级和省级改革试点6个；在全省率先推出“跨省通办”“智慧开办”“并联预审、即时审批”“交地即拿证”等创新举措；市场监管、执行合同、纳税、登记财产等指标领跑长沙、领先全省。

【营商环境事务协调处置】 2022年，市优化营商环境协调事务中心创新打造“浏如意·党员服务驿站”，锻造营商环境奔跑者团队，通过“企业点单、驿站下单、党员接单”，搭建为企服务“连心桥”，接待企业30余家，交办涉企营商环境问题61个，入选新华网第八届绿色发展论坛“2022绿水青山就是金山银山实践典型案例”和浏阳市机关党建特色工作十佳经典案例。2022年3月，联合统战部、工商联、金融事务中心等单位开展“民企大走访，服务到一线”走访活动，对全市213家民营企业、商协会、营商环境监测点和特约监督员企业开展上门走访，实现主动送服务、听需求、解难题，共收集企业问题113个，并协助逐一解决。设立“企业家接待日”，筑实政企沟通平台，共组织6场，接待企业34家，解决涉企问题160个。为全市重点企业、规上企业配备企业服务专员600多名，解决问题700余个。建立《浏阳市营商环境问题受理办理制度》，联动“12345”服务热线企业受理专线，完善企业投诉受理“线上+线下”机制，交办涉企营商环境问题61个，办理投诉举报7件，所有投诉在本级解决，中央、省、长沙市“零投诉”。

【建言献策】 2022年，市优化营商环境协调事务中心紧扣市委决策部署，深入一线调查研究，真实反映情况、深入分析问题、科学提出建议，形成指标监测分析报告、指标摸底调研报告、民企大走访调研报告、人大"聚力营商 赢在浏阳"专项监督工作报告、市政协"政策落地"专项工作监督报告、外出考察学习报告等6篇调研成果，为市委市政府决策提供科学参考。其中，《2022年4月省评指标监测情况分析报告》《2022年迎省评工作情况汇报》得到市委书记的批示。

【营商环境宣传推介】 2022年，市优化营商环境协调事务中心持续优化"营商福地看浏阳"品牌传播，在新华网、人民网、《中国改革报》、湖南卫视等中央、省市媒体平台，推出跨省通办、诉源治理、商事调解、集约用地等246篇辨识度高、传播性强的浏阳营商环境宣传信息。在人民网、新湖南开设"营商福地看浏阳"专题，在浏阳网、《浏阳日报》开设"营商环境当先锋"专栏，总结宣传推广创新经验、典型做法、优秀案例220余篇。在浏TV精准策划发布"顶'浏'话营商"系列短视频6期，并充分利用楼宇广告、创意口罩、公交车(站)、大型电子屏等营造全社会支持、参与营商环境的良好氛围，最大限度激发市场活力和社会创造力。

【涉企政策汇总、梳理、解读】 2022年，市优化营商环境协调事务中心围绕涉企惠企最新政策，加大涉企政策综合汇总、梳理推送、宣传解读力度，制作《浏阳市优化营商环境政策汇编》《浏阳市涉农惠企政策汇总》口袋书并广泛推送。强化相关法律、法规、政策的宣传解读，制作宣传手册、宣传折页5000余份。

【被评为"国际化高质量发展环境建设标杆县(市、区)"】 2022年8月30日，由人民日报社《环球时报》主办的第二届中国城市高质量发展与国际合作大会在北京举行。会议发布《2022中国城市高质量发展评估报告》，浏阳市入选"2022国际化高质量发展环境建设标杆县（市、区)"，是中部地区唯一上榜县(市、区)。近年来，浏阳始终坚持将优化营商环境作为推进高质量发展的"一号工程"，秉持"无事不扰、无时不在、无微不至"的理念，全力打造"顶格服务、顶真支持、顶诚护航"的一流营商环境。2021年，浏阳GDP突破1600亿元，财税收入过100亿元，县域经济与县域综合发展跃居全国第8位。2022年1—7月，全市新引进项目87个，规模以上工业企业、A股上市企业总数均居全省县(市)第一。

【被评为"2022中国最具幸福感城市"】 12月21日，"2022中国最具幸福感城市"调查推选结果在杭州发布，浏阳入选"企业家幸福感最强市(区)"。并受邀做主旨发言，分享"企业家幸福感最强市(区)"的经验与做法。"中国最具幸福感城市调查推选活动"由新华社《瞭望东方周刊》、瞭望智库共同主办。截至2022年，活动已连续举办16年，累计推选出80余座幸福城市。2022年，调查以"非凡十年 致敬奋斗"为主题，围绕让人民生活幸福是"国之大者"，以奋进新征程、建功新时代为主线，对中国城市的幸福感进行调查，推介幸福城市建设与治理的实践经验。推选活动运用大数据采集、问卷调查等方式，专门对城市(区)进行企业家幸福感调研。城市幸福感是城市软实力和硬实力的综合反映。浏阳坚持将营商环境优化作为核心竞争力打造，出台"纾困十条"等惠企政策，2022年5月开始，将每月18日设为"企业家接待日"，由市委书记、市长、市委副书记、常务副市长轮流现场接待企业家，开通政企沟通高速直通车，共收集问题及建议160余个，问题解决率达100%。深入实施"干部联千企"等行动，全年办结涉企问题1600余个，新增减税降费10.2亿元，兑现"免申即享"金额突破4亿元，帮助近500家企业获得银行授信71.6亿元。2022年年末，浏阳拥有市场主体15万户，规模工业企业953家，其中百亿级规工企业2家，A股上市企业9家。

(李 义)

数据资源管理

【智慧城市建设】 2022年，数据资源中心推动成立以市长为组长的浏阳市新型智慧城市和数字政府建设工作领导小组，印发《浏阳市新型智慧城市"十四五"区域规划》，在长沙市九区县(市)率先将数据资源治理工作纳入绩效考核指标体系。通过建立全市数据资源战线的工作座谈交流机制，先后组织市直单位信息化专干和乡镇街道数据核查专干召开座谈会，加强全市各单位数据资源治理工作的横向交流和统筹协同政策宣讲，推动浏阳新型智慧城市建设进程。组建专家智库委员会。按照高起点谋划、高水平定位的目标，11月25日，浏阳市新型智慧城市和数字政府建设工作领导小组办公室面向全国知名高校、科研院所、企事业单位、行业协会、党政机关等单位发布《关于征集浏阳市新型智慧城市和数字政府建设专家的公告》，征集涉及新型智慧城市建设、数据资源管理、电子政务应用等领域的相关专家。通过选拔一批具有较高理论水平、较强专业能力和丰富实践经验的专家智库来参与浏阳市新型智慧城市建设的战略规划、政策制定、项目评审、学术交流等活动，进一步加快推动浏阳市新型智慧城市与数字政府建设进程。

【信息化项目规范化建设】 2022年，数据资源中心按照长沙市有关两级统筹协同运行机制的要求，出台《浏阳市政府投资信息化建设项目管理暂行办法》《关于推进全市信息化项目统筹协同的通知》等系列文件，着力解决部门信息化项目"散建、乱建、重建"问题。组织和完成全市各级各部门严格按照程序开展2023年度政府投资信息化项目申报工作，开展全市自建和省、长沙市部署系统分类摸底，组织对拟迁移机房系统梳理，逐步推进全市信息化项目的规范、统筹、集约建设。

【智慧应用场景建设】 2022 年，数据资源中心按照统筹引领、部门协同联动的方式，全面聚焦社会治理、政务服务和民生需求，深化系列智慧应用场景建设，统一归集管理全市各部门智慧应用系统 40 个，其中“大数据精准教学”和“清廉浏阳”智慧应用被列入长沙市新型智慧城市建设区县（市）试点示范项目，“智慧公路”“智慧林业”在学习强国和华声在线等平台分别进行典型推介，“智慧教育”作为教育部优秀案例和全省唯一县（市、区）代表在全国首届教育局长高峰论坛上作经验交流。

2022 年 7 月 20 日，长沙市数据资源管理局局长张武（右 5）等一行到浏阳市数据资源中心调研　（数据资源中心　供图）

【数据资源归集汇聚】 2022 年，数据资源中心通过开展全市数据共享攻坚专项行动，修订 25 个单位 395 条政务信息资源目录 9466 个数据项，实现归仓建库 35 个、数据采集 716 万条，截至 2022 年年末，浏阳市数据归集突破 3 亿条，总量位居长沙九区县市第一。着力破解“数据壁垒”“信息烟囱”。全年归集房屋网签备案、用水用电等数据 271 万条，实现 3.15 万路视频数据云平台汇聚，完成全市自建房屋专项整治 1070 个微网格边界校准确认，全市数仓建设加速突围。

【政务数据共享交换】 2022 年，数据资源中心优化浏阳市政务信息数据共享交换平台，平台权限已覆盖到经开区、发改、教育等 40 余家单位。围绕场景应用需求，支持相关市直部门关于社会信用体系、不动产登记、义务教育入学报名、水电气开户等数据共享需求。依托长沙数据中台订阅 118 类接口，实现市不动产信息登记系统、市好差评评价评议系统、浏阳市政务服务一体机、市政务信息数据共享交换平台等本级系统与长沙数据中台互联互通，进一步深化“全程网办”“自助办”等应用。积极探索大瑶镇、澄潭江镇与江西省萍乡市上栗县桐木镇、金山镇的边界视频资源共享试点，提升湘赣边区域基层智治质效，相关工作分别获得《浏阳日报》、华声在线、《新湖南》等媒体报道。

【数据资源共享机制建设】 2022年，数据资源中心以深入开展“聚力营商　赢在浏阳”和“走流程、解难题、优服务”等活动为抓手，制定并印发《关于开展全市政务数据共享攻坚行动的通知》《浏阳市政务数据共享暂行规范》，建立完善数据溯源、数据采集、数据更新和数据共享等系列管理机制。

【政务网络管理】 2022 年，数据资源中心优化升级政务网络，高效稳定支撑各级近 190 个应用系统的数据承载与访问能力。充分发挥技术优势，对政务网络及系统开展常态化安全检测与监控，及时封堵上级安全监测和本级安全监测发现的安全隐患漏洞 242 次。全年共参加网络攻防演练 3 次，组织全市部分重点单位开展安全专题培训，共话政务网络安全。会同市委网信办、市公安局开展 2022 年浏阳市网络安全现场检查，印发《关于进一步做好我市政务外网安全工作的函》，督促各单位健全网络安全制度，切实落实网络安全主体责任。2022 年，浏阳市数据资源中心被评为“长沙市网络安全等级保护先进单位”。

【电子政务服务保障】 数据资源中心依托市政协会议室新增与市人大常委会议室同等功能的视频会议备用会场，有效解决上级和本级视频会议与本级非视频会议会场冲突问题，全面完成应急五级联动视频会议系统建设，与本级视频会议系统形成双链路，互为备份。2022 年共保障各级召开的疫情防控、应急抢险、房屋安全专项整治等重要工作视频会议 217 次，党政协同办公系统保障全市各部门线上制发、流转公文 37 余万（件）次，确保市委、政府各项工作安排部署政令畅通。强化“长政通”线上培训和技术支撑保障，带头示范落实应用政务微信办公要求，政务微信用户注册数位居长沙区（县、市）第一。

【“网上政府”建设】 2022 年，数据资源中心依托市政府门户网站，打造利企便民、精准服务、整体协同、透明高效的“网上政府”。年内新增开设湘伴走流程、2022 年政务公开工作要点、便民便企服务等 8 个专栏，发布工作动态、政策与规划解读等各类信息共计 17461 篇，接收群众来信 864 件，有效畅通民意反馈渠道，市政府门户网站作为政务信息公开、政务服务、政民互动第一平台的作用得到发挥。

【重点项目数字技术服务】 2022年，

数据资源中心根据国家、省、长沙市大数据中心建设的有关技术要求，联合浏发集团对新型智慧城市指挥中心项目的意向选址进行联合踏勘，按照打造长沙市数据同城异地灾备中心、浏阳市智慧城市指挥中心、湘赣边区域异地灾备和双活中心地标性示范建筑三大目标定位功能，协助浏发集团进一步完善该项目的初步建设规模和内容，并提出技术建议。积极打造数字云底座，在浏发集团完成项目招标方案的编制与论证评审后，先后5次派出精干技术力量按照政府采购的相关规定，协助浏发集团对项目中的技术参数进行修改完善，为顺利完成政府采购提供支撑。截至2022年底，云底座（一期）已完成物理设备集中部署，正在为全市政务信息系统迁移上云作准备，全市新型智慧城市建设“一盘棋、一张网、一本账”的格局正在逐步形成。

【政务云建设】 2022年6月，长沙市数据资源局下达关于暂停新建政务云基础设施等通知，数据资源中心第一时间向有关市领导进行汇报，并及时就浏阳市实际情况与长沙市进行请示沟通，长沙市数据资源局在充分考虑到浏阳市的实际情况和支撑湘赣边融合发展的战略定位后，下达继续支持浏阳建设政务云和新型智慧城市（指挥中心）的明确批复，对于浏阳市继续推动新型智慧城市指挥中心和云底座两大“新基建”项目提供政策依据和技术支撑。同时，结合长沙对浏阳“平安建设”考评要求，积极协调推进落实民生实事“雪亮工程”等考核任务。

【政府投资信息化建设项目审批】 2022年，数据资源中心充分发挥市新型智慧城市和数字政府建设工作领导小组办公室谋全局、重协调、建机制、促落实的作用，加强成员单位协作配合，整合调度各方资源力量，按照“统筹规划、统一标准、集约建设、融合共享”的总体思路，统筹做好浏阳市智慧城市建设项目的规划计划、技术审查、实施调度等工作。结合出台的《浏阳市政府投资信息化建设项目暂行管理办法》要求，对“智慧政务”和“智慧交通”等列入市委、市政府年度“五个十大”的重点信息化项目，严格按照相关流程组织网信办、发改局等成员单位和专家组对项目进行可研论证、项目立项、概算批复等联合评审8轮次，确保相关项目严格遵循市级新型智慧城市和数字政府建设相关标准规范。

（刘　婷）

信　访

【概况】 2022年，浏阳市信访工作紧紧围绕“强基础、化积案、保稳定”目标，深入开展访源治理，聚力化解信访积案，全面夯实基层基础，建立健全初信初访“快交、快办、快评”机制，提高工作质效。浏阳市信访部门全年信访案件及时受理率100%，责任单位全年信访案件及时受理率99.1%，按期答复率99.9%，参评率95.3%，责任部门参评满意率98.6%，重复信访同比下降37.4%。2023年2月3日、2月22日，中央信访工作联席会议办公室、国家信访局和省信访工作联席会议办公室、省信访局分别下发关于2022年度信访工作示范县（市、区、旗）创建情况的通报，浏阳市被评为2022年度全国信访工作示范县（市、区、旗）和全省信访工作示范县（市、区）。浏阳市信访工作经验分别被《人民信访》杂志、《法治日报》宣传报道。

【领导公开接访】 2022年，浏阳市坚持市、乡两级领导公开接访机制，年初在《浏阳日报》公开公示市级领导姓名、职务、分工、接访时间，各乡镇（街道）、市直单位同步公开公示乡科级领导接访安排。每个工作日市、乡两级领导轮流到指定接待场所坐班接访。各级接访领导按照包接访、包交办、包督办、包解决“四包”工作要求，推动信访问题得到有效解决。组织法院院长、检察院检察长、公安局局长、司法局局长、信访局局长“五长”开展集中巡回接访下访，在市人民来访接待中心设立涉法涉诉接待窗口，协调政法机关轮流派员接待来访群众，聘请专业律师参与信访接待，为来访群众提供法律咨询、政策解答和司法引导。

【信访源头治理】 2022年，浏阳市信访工作坚持市、乡两级党政负责同志坐班公开接访制度，实行首问负责制，按照包接访、包交办、包督办、包解决工作要求，推动问题有效解决。发挥“党员微网格+五个到户”社会治理平台的“探头前哨”作用，实现“微事不出格、小事不出村、大事不出镇、难事不出市”目标。加大矛盾纠纷排查调处力度，按照内紧外松原则，灵通信息，及时调处化解；充分发挥信访联席会议牵头抓总作用，推动解决信访领域重大事项和重点问题；市领导带头接访下访，对所包案件一包到底、一抓到底；各乡镇（街道）扛牢属地责任，切实把问题解决在基层；相关部门按照“管行业也要管信访”“谁主管、谁负责”原则，全力化解本系统、本领域矛盾纠纷和信访突出问题。依托医疗纠纷、物业纠纷、道路交通事故纠纷、婚姻家庭纠纷、商事纠纷五个行业性专业性调解组织，开展矛盾纠纷调解工作，确保易发多发行业部门矛盾纠纷得到及时调处。

【信访积案处置】 2022年，浏阳市坚持市委常委会、市政府常务会、市委月工作碰头会、市长办公会、重点工作季度讲评会、信访工作联席会定期研究调度信访工作，做到信访工作与全市中心工作同谋划、同部署、同推进。聚力开展中央治理重复信访、化解信访积案专项行动，将专项交办信访事项全部纳入市级领导包案处理，建立日跟踪、周调度、月通报、季讲评、年考核制度，不定期开展分片督导和专题督导，推动专项工作落实落细落到位，全年共召开专题会议3次，下发各类通知85个、信访情况通报12期、工作方案2个、交办函17个、督办函6个、工作提示函3个、调度令1个。截至2022年年末，中央“治理重复信访、化解

2022年6月8日，中共长沙市委常委、浏阳市委书记朱东铁（主席台中）主持召开浏阳市信访工作调度会，对全市信访工作再调度、再研究、再部署　　（市信访局　供图）

信访积案”专项工作交办全部上报办结，长沙市“百日攻坚”交办五年以上信访积案、重点重复信访事项均全部化解。成功化解历时10年之久的黑龙江籍杨某某、于某某信访积案，实现“事心双解”，受到国家信访局和省市领导高度肯定，工作经验被湖南省信访工作联席会议《工作简报》专题刊发、在全省推介。

【信访工作效能建设】　2022年，浏阳市信访局坚持强化业务培训学习，全年召开全市信访干部业务培训会议2次，邀请长沙市信访局相关处室和法学专家对全市分管领导、信访专干开展集中业务培训，安排乡镇（街道）信访专干轮流到信访信息中心跟班学习，组织开展信访工作业务分片督导，推动信访工作业务整体提升。配强工作力量，各乡镇（街道）、市直单位、园区均明确分管领导、信访专干，市委批准调增信访局信访信息中心（市群众工作事务中心）5个全额拨款事业编制，其中，年内3人入职。

【信访法治宣传月】　为深入学习习近平总书记关于加强和改进人民信访工作的重要思想，广泛宣传《信访工作条例》（以下简称《条例》）等法律法规，推动《条例》在浏阳落地生根，2022年5月18日，浏阳市信访局会同市纪委监委、市公安局、市司法局、长沙市生态环境局浏阳分局、市金融事务中心、淮川街道等单位在城区步行街才常广场集中开展《条例》等法律法规宣讲活动。通过设立咨询台、展示展板、悬挂横幅、发放资料、现场讲座等方式，向群众宣传《条例》等法律法规，引导上访群众遵守相关法律法规，合法、循序渐进、理性、有序地表达利益诉求，营造人人学法、知法、守法、用法的良好氛围。2022年5月，浏阳各镇街、市直部门发放信访工作相关宣传资料8000余份，制作宣传展板120余块，悬挂横幅100余条，接待咨询群众12000余人次，组织集中学习30余次。

【召开浏阳市信访工作调度会】　6月8日，中共长沙市委常委、浏阳市委书记朱东铁主持召开浏阳市信访工作调度会，对全市信访工作再调度、再研究、再部署。会议由市信访局汇报全市信访工作情况；园区、乡镇（街道）和市直有关单位负责人就信访工作作表态发言；与会市级领导就做好信访工作提出具体意见建议。

（胡俊龙）

应急管理

【概况】　2022年，市应急管理局深入贯彻习近平总书记关于安全生产、应急管理重要指示精神，认真落实国家、省、长沙市和市委市政府决策部署，统筹推进“两委三部”（市安委会、减灾委和抗震救灾指挥部、防汛抗旱指挥部、森林防灭火指挥部）日常工作，实现安全生产形势持续稳定向好，应急管理能力稳步攀升。全年全市共发生生产安全事故31起、死亡33人，事故起数同比下降20.5%，死亡人数同比下降15.4%，未发生因灾致死情况。年内，中共湖南省委书记、省人大常委会主任张庆伟，国家防总秘书长、应急管理部副部长兼水利部副部长周学文，省委常委、长沙市委书记吴桂英先后到浏阳督导检查。市应急管理局先后被评为“湖南省防灾减灾先进单位”“湖南省应急管理体制改革先进单位”“湖南省监管执法考评工作”并获得省应急管理系统真抓实干激励措施奖励，浏阳市被评为湖南省抗震减灾先进单位。

（邹　涛）

【安全监管执法】　2022年，浏阳市应急系统聚焦烟花爆竹、危化、矿山、工贸行业领域，深入开展“强执法、防事故”行动，全年共检查企业12366家次、发现问题隐患11192条，立案查处442家次、处罚475家（人）次，罚款1360.89万元，办理行刑衔接案件61起，行政拘留52人，追究刑事责任9人。

（徐　鸥）

【基层基础工作】　2022年，浏阳市应急管理工作围绕乡镇“六有（有机构、有队伍、有预案、有物资、有场所、有平台）”、村社区“三有（有网格员队伍、有装备物资、有工作制度）”工作标准推进基层应急能力建设，全市32个乡镇街道均验收达标，永安镇作为基层应急能力建设工作实践教学点，接受全省培训班学员观摩。全市32个乡镇建立综合应急救援队伍，设立应急物资储备库，村（社区）设立应急物资储备点，各类应急物资储备充足，应急预案全面修订完善，应急演练常态化开展。推进“五级联动”应急指挥视频调度系统建设，实现“省、市、县、乡、村”五级联动应急指挥，将公安天网、气象、林业、渔政、水文等平台接入浏阳市应急指挥中心，实现信息数据共享。全市应急系统严格执行24小时领导带班和值班制度，全年高效处置各类突发事件21件。

（邹　涛）

【防汛抗旱】 2022年，浏阳市在长沙地区率先完成防汛抗旱职能转隶并挂牌，严格落实防汛抗旱工作责任，做到“两个覆盖”（演练全覆盖、培训全覆盖），有序应对年内6次全境暴雨、3次区域暴雨、11次局地暴雨过程，启动防汛Ⅳ级应急响应4次，全年出现大的险情、损失，无人员伤亡。7月下旬至8月中旬，全市持续晴热高温天气，旱情发展蔓延，8月14日，浏阳市启动抗旱Ⅳ级应急响应，按照“一日一预警”、“一日一调度”，及时掌握防旱抗旱情况，科学做出决策部署，先后开展人工增雨作业103轮/次。全年未发生因灾致死事件。

【防灾减灾】 2022年，浏阳市深入推进自然灾害综合风险普查，积极开展“5·12”“10·13”防灾减灾日宣传活动，推动综合减灾示范社区创建工作，提高群众防灾减灾意识。全年历经14次灾害，其中洪涝灾害7次、风雹灾害2次、地质灾害3次、雪灾1次、旱灾1次，累计受灾48026人，紧急避险转移375人，下拨各类救灾资金160.19万元，发放冬、春救助资金333万元，因灾倒损房屋恢复重建补助资金100万元，通过保险公司共为全市48户倒房居民已赔付207万元。在新冠肺炎疫情防控期间，积极向上争取40余万元救援物资用于调拨给疫情严重乡镇，全年共先后调拨支持各疫情乡镇救灾物资9批次，共计帐篷120顶，折叠床300张，棉被350床。

（李昌党）

【安全宣传教育】 2022年，浏阳市积极开展“5·12”“安全生产月”活动，广泛宣传安全知识，营造全员安全氛围，全年开展全员应急救援演练和知识技能培训58场，参与2000人次；举办各类应急演练体验活动30余场，参与1800人次；组织安全生产“公开课”“大家谈”“班组会”等

2022年5月27日，市人民政府在花炮观礼台组织开展浏阳市2022年防汛综合应急演练

（市应急管理局　供图）

学习活动400场，参与24582人次；组织制作科普知识读本、科普动画、微视频、小游戏等安全宣传产品5个；开展“进门入户送安全”2000次，受众6000人次；组织“安全志愿者在行动”55场，参与10000人次；举办“新安法知多少”“救援技能趣味测试”等活动1场，参与10000人次；制作公益广告、海报、短视频、提示语音等220条/份，宣传受众150000人次；开展企业主要负责人、安全管理人员和特种作业人员安全生产培训205期，培训16758人，其中：经营单位主要负责人、生产经营单位安全员35期，3446人，特种作业人培训170期，13312人；举办“第一责任人”谈责任活动60场；组织学考活动10次，参与6000人次；参与“第一责任人安全倡议书”活动70000人次；组织拍摄制作警示教育片2个，观看安全生产警示教育片、专题展34场，参与4500人次；报道打非治违和排查治理、“百日攻坚”进展成效11条；社会公众举报安全生产重大隐患和违法行为1项；发挥媒体监督作用，集中曝光突出问题4个。

（江雨婷）

【烟花爆竹安全生产】 2022年，浏阳市严格落实省应急厅旺季监管二十条硬措施和“十停十罚”等工作措施，坚持线上监管与企业生产同步，强化黑火药源头管控，推行涉药工序机械化改造，全面实施风险分类分级管控，组织开展防静电危害、原辅材料、工房设计评价等专项整治行动，持续保持高压严管态势，全年烟花爆竹领域立案处罚237家次，行政处罚金额950.9元。

【道路交通安全】 2022年，浏阳市推进交安设施提质升级，市财政投入1200万元专项资金，在人口集中路段增设隔离带、防护栏、交通信号灯等基础设施。投资580万元对15条国、省干线公路交安设施开展综合治理；深化道路交通安全整治，全年严厉查处各类违法行为114813起；持续开展“一盔一带”专项行动，全市摩托车、电动车戴头盔率稳定在90%以上。

【建筑施工安全】 2022年，浏阳市突出对在建工程、农村房屋、城镇危旧房屋等进行安全整治，查处建筑市场违法行为63起，责令停工整改121家次，限期整改934家次；坚持“三不放过”和“三不允许”和“边排查边鉴定边整治”的原则推进自建房安全整治。截至2022年年末，长沙市级系统隐患7427栋已全面采取措施完成整治，其中严重安全隐患573栋，较大安全隐患1819栋，一般安全隐患5035栋，均实现”动态清零“目标”。

【燃气安全】 2022年，浏阳市紧盯燃气经营、输送、施工、使用等重点环节开展专项整治，全市排查并整改隐患6400余条，关闭取缔液化气供应网点25家，打击非法经营、运输及储存瓶装液化气"黑气""黑点"4处，暂扣液化气钢瓶600余个，累计查处案例94起、立案处罚45起，违规占压、破损燃气管道10例，拘留7人。

【农业生产与农产品质量安全】 2022年，浏阳市重点加强粪污贮存池、沼气池等关键场地隐患排查整改，全年排查养殖场所4745家、粪污贮存池4261个、养殖场沼气池4957个，排查整治隐患1943处。办理农产品质量安全相关案件12起，刑事拘留4人。

（陈 佳）

【安全生产专项整治三年行动】 2020年开始，全市按照"党委政府总揽，安委办统筹协调，分行业推进，乡镇（街道）和有关单位结合实际具体实施"的工作思路，深入开展安全生产专项整治三年行动。截至2022年年末，累计检查单位18652家，排查整治一般隐患34849处、重大隐患37处，解决突出问题41个，推动安全生产形势持续稳定好转。2020年发生生产安全事故47起，死亡51人，同比分别下降17.5%、31.1%；2021年发生生产安全事故39起，死亡39人，同比分别下降17%、23.5%；2022年，全市发生生产安全事故31起，死亡33人，同比分别下降20.5%、15.4%；连续三年实现事故起数、死亡人数双下降。

（罗子涵）

【"千名干部下基层确保平安促发展"专项行动】 9月23日，浏阳市召开"千名干部下基层确保平安促发展"专项行动动员大会，并正式印发《浏阳市"千名干部下基层确保平安促发展"专项行动方案》。按照方案部署，自9月23日开始至10月底，浏阳全面铺开安全生产专项行动。1096名干部职工分别到32个乡镇（街道）、326个村（社区），开展高层建筑、居民自建房、建筑施工、城镇燃气等重点领域、重点企业、重点环节安全生产隐患排查整治和"敲门行动"。深入排查重点行业领域潜在风险隐患，发布动员令1个，印发专报13期，各类宣传资料20余万份，共排查12391条隐患，行政处罚52次，约谈476家，责令停产整改79家，罚款145.985万元，关闭取缔6家。

【葛家镇"7·4"较大触电淹溺事故】 2022年7月4日，葛家镇新宏村和平组正明养殖场的1号粪污处理池在粪污处理作业过程中，发生一起较大的触电淹溺事故，造成3人死亡，直接经济损失305万余元。事故发生后，浏阳市委、市政府迅速组织开展应急救援和善后处置工作，全力配合开展事故调查，对有关责任单位和责任人员进行严肃问责。为认真汲取事故教训，浏阳市组织在全市养殖企业开展安全生产隐患大排查大整治工作，共排查养殖场（户）6632家次，整改一般隐患2314处、较大隐患15处，重点场所张贴警示标牌7059处，办理农业领域安全相关案件65起，约谈44家，刑事拘留4人。

（邹 涛）

【应急管理综合行政执法改革】 2022年，浏阳市根据党中央、省、长沙市关于深化应急管理综合行政执法改革决策部署，启动应急管理综合行政执法改革工作。6月28日，浏阳市应急管理综合行政执法局正式挂牌。经机构编制部门批准，浏阳市应急管理局实行"局队合一"体制，加挂浏阳市应急管理综合行政执法局牌子，实行一套工作机构、一套领导班子，市应急管理局局长兼任市应急管理综合行政执法局局长。以浏阳市烟花爆竹安全监察大队为基础组建浏阳市应急管理综合行政执法大队，加挂浏阳市烟花爆竹安全监察大队牌子，由浏阳市应急管理局管理，以浏阳市应急管理局名义实行统一执法。浏阳市应急管理综合行政执法局核定编制33名，主要负责全市危险化学品、烟花爆竹、矿山、工贸等行业领域安全生产监管，以及地质灾害、水旱灾害、森林火灾等有关应急抢险和灾害救助、防震减灾等方面的行政处罚、行政强制工作。

（彭 玲）

【张庆伟到浏阳督导检查安全生产】 4月15日，省委书记、省人大常委会主任张庆伟到浏阳市督导检查安全生产工作。在浏阳市应急管理局，张庆伟认真听取浏阳市烟花爆竹安全生产工作情况汇报。他强调，烟花爆竹既是优势特色产业、富民产业，也是高危行业。要不断提高烟花爆竹行业安全水平，建立健全安全生产流程制度，扎实推动科技兴安，积极鼓励引导企业加快推进机械化、标准化生产和信息化

2022年6月28日，浏阳市应急管理综合行政执法局正式挂牌 （市应急管理局 供图）

管理，为行业安全发展插上“科技的翅膀”。要加快提升烟花爆竹行业安全监管水平，坚持安全第一、预防为主，严厉打击“四超两改（超定量、超定员、超范围、超标准，改变工房、库房用途、改换特殊岗位工作人员）”、无证销售等违法违规行为，及时有效防范化解重大安全风险。要支持推动烟花爆竹产业转型升级，加大政策引导、投入力度和典型引路，优化产业布局，加强烟花爆竹专业人才引进培养，大力推进以浏阳、醴陵为主体的全国烟花爆竹转型升级集中区建设，构建生产集约、经营规范、安全可控的现代烟花爆竹产业体系。

【周学文到浏阳调研指导抗旱减灾】2022年9月21日，国家防汛抗旱总指挥部秘书长、应急管理部副部长兼水利部副部长周学文率工作组到浏阳，就抗旱减灾工作进行调研指导。在北盛镇窑金村，周学文实地查看河道沟渠引水蓄水情况，深入田间地头仔细察看墒情、旱情和水稻长势，与种田大户进行交流，了解旱情带来的灾害损失和生产自救等情况，并听取浏阳市和当地乡镇防旱抗旱工作汇报。在永安镇西湖潭村，周学文实地调研应急打井工程，了解机井运行、出水量和抗旱成效等情况，并对永安镇“一把锄头”管水、“一个泵站”提水、“一颗钻头”找水、“一支队伍”送水的做法给予赞赏。他强调，要坚决扛牢粮食安全政治责任，全力做好抗旱减灾工作，确保粮食稳产保收。周学文对浏阳市防旱抗旱工作取得的成效给予肯定。

（邹　涛）

消防救援

【概况】 2022年，浏阳市共计发生火灾675起，死亡3人，伤3人，直接财产损失为1052.38万元，与上年度同期相比，火灾起数上升1.2%，亡人数下降25%，伤人数下降50%，直接财产损失上升100.08%，火灾四项指数呈现“两升两降”。消防救援队伍共接处警2104起，出动消防救援人员28205人次，抢救疏散人员240人，保护和抢救财产价值1223.14万元。年内天气干旱少雨，导致山火频发，大队成功处置292起山火，占全长沙市山火的39.25%。截至2022年年末，浏阳连续19年未发生较大以上火灾事故。

【消防安全专项治理】 2022年，浏阳市消防救援大队先后组织对全市大型商场市场、“多合一”场所、劳动密集型企业、文化娱乐场所、群租房、宾馆饭店、高层建筑、养老院福利机构、施工工地、城中村、文物建筑、民办教育、民办医疗共13个重点领域，开展消防安全11类突出问题（违规使用易燃可燃材料装修、防火分隔不到位、疏散通道不畅通、违规存放易燃易爆危险品、消防设施损坏停用、电动自行车违规停放充电、重点岗位人员责任不落实、日常管理机制不健全、宣传教育培训不深入、违规住人、违规用火用电）专项治理，共检查单位2770家，发现隐患3578处，整改隐患3254处，立案217起，查封85家，“三停”（停止施工、停止使用或者停产停业）14家，受理查处投诉举报案件141件，罚款219.46万元。

【灭火救援演练】 2022年，浏阳市消防救援大队先后针对高层建筑、大型商业综合体、人员密集、仓储物流等场所特点，详细制订专项灭火救援预案58份，并逐一开展演练。组建高层、水域、化工、森林火灾等救援专业队并开展实战训练12次，结合辖区主要灾害事故特点开展业务理论授课27余次；联合应急、乡镇（街道）先后开展26场次大型综合实战演习，站级灭火演练150余次，联勤联训96次，修订各类预案338份。

【基层队伍建设】 2022年，浏阳市消防救援大队指导推动域内23个乡、镇建成专职消防队，并全部完成验收，均配备消防车及相关器材装备，明确人员、经费、器材等。9月份，浏阳城区外28个乡镇专职消防队员，分为2批在金阳消防救援站开展实战化集训。2020—2022年，浏阳市连续三年组织全市多种形式消防队伍开展技能比武竞赛，并在长沙组织的比武竞赛中取得“三连冠”。2022年，浏阳市乡、镇专职消防参与初期火灾扑救489次（含197起山火扑救），乡镇参与初起火灾扑救能力稳步提高。

【消防宣传培训】 2022年，浏阳市消防救援大队组建一支12人的消防宣传队伍，结合消防宣传“五进（进社区、进学校、进企业、进农村、进家庭）”工作，多措并举，采取线上线下相结合形式，在全市开展大型消防宣传20场次。组织开展重点人员消防安全培训、微型消防站专项培训、消防宣传车周末进社区等“四大”系列活动，全年培训活动达25场次，培训人员超过2万人次。

【自建房消防安全隐患整治】 2022年7月，市政府对全市所有经营性自建房开展消防安全隐患排查，共排查经营性自建房22064栋，发现火灾隐患22227处，年内完成整改20836处，跟踪整改1391处。

【高层建筑消防安全重大风险的整治】 2022年9月18日，长沙市委常委、浏阳市委书记朱东铁率队检查督导浏阳市高层建筑消防安全工作，先后到城区春天大厦、环府花园实地检查消防设施配备、消防预警平台运行、消防通道管理情况，并主持召开专题调度会。9月18日至10月18日，市政府、市安委办组织六个部门，采取业务骨干+第三方专业力量的方式，在全市开展高层建筑安全隐患排查，共摸排投入使用的高层建筑968栋，发现小区共性消防隐患618条。10月下旬，市消安办将隐患清单逐条下发到各乡镇街道，要求各单位主要领导挂牌督办，根据辖区实际，制定整改方案，明确任务分工及整改完成时限，确保高层建筑重大火灾风险排查整治工作取得实效。

2022年9月22日，浏阳市开展多种形式消防队伍比武竞赛（市消防救援大队　供图）

【开展多种形式消防队伍比武竞赛】 为全面提升全市多种形式消防队伍火灾防控能力和灭火救援实战水平，加强基层消防队伍之间的交流学习，持续推进基层消防队伍基础建设，2022年9月22日，浏阳市23支乡镇专职消防队、11个社区微型消防站、48个村（社区）志愿消防队共600余名队员齐聚浏阳市金阳中心消防救援站，开展多种形式消防队伍比武竞赛。本次比赛是浏阳市近年来举办的规模最大、人数最多、实战性最强的一次消防比武竞赛，成绩优异者将代表浏阳参加长沙市比武竞赛活动。比武现场设有初期火灾扑救操、灭火器油锅接力灭火操、整理水带操、手抬机动泵出水操等多个项目，以此考察各队伍实战水平。进入“十四五规划（2021—2025）”期间，浏阳市大力推动多种形式消防队伍建设，截至2022年年末，全市城区以外28个乡镇实现消防力量“全覆盖”，其中，洞阳、大瑶、沙市3个镇已建成城市消防站，镇头镇消防站完成规划立项，24个乡镇建成专职消防队；全市共有村（社区）微型消防站26个，村（社区）志愿消防队299支，志愿消防队员2000余人。

（李双月）

2022 年 2 月 26 日，中国人民政治协商会议浏阳市第十一届委员会第二次会议在浏阳城区欧阳予倩剧院开幕

（市政协办公室　供图）

中国人民政治协商会议
浏阳市委员会

综 述

【政协浏阳市第十一届委员会委员构成】 政协浏阳市第十一届委员会由366名委员组成，分界别为：中国共产党17人、民革致公党派12人、无党派人士14人、共青团15人、工会16人、妇联16人、工商联57人、科协9人、侨联6人、文化体育艺术界15人、科技界12人、经济界49人、农业界37人、教育界12人、新闻出版界3人、医药卫生界12人、民族宗教界7人、社会福利和社会保障界6人、特别邀请人士51人。

【思想政治建设】 2022年，市政协坚持以习近平新时代中国特色社会主义思想作为统揽政协工作的总纲，坚决落实党对政协工作全面领导的制度机制，抓好抓实政协党的建设，持续强化政治共同体意识，团结全市各党派团体、各族各界人士，坚定不移听党话，矢志不渝跟党走。抓实理论学习。认真学习二十大精神以及习近平总书记关于加强和改进人民政协工作的重要思想等党的新理论、新思想，深入贯彻《关于加强和改进新时代市县政协工作的意见》和《中国共产党政治协商工作条例》等文件精神，确保党的路线方针政策和决策部署在浏阳落地生根。抓牢思想引领。把党的决策部署同经常性思想政治工作结合起来，引导广大委员，尤其是委员中近60%的党外人士，深刻领悟“两个确立”的重大意义，做“两个确立”坚定捍卫者和引领示范者，着力解决“谁影响谁”的问题，把更多的人团结在党的周围。抓好政治建设。严格落实请示报告制度，做到重大事项、重要履职活动及时报告，进一步深化和巩固党委重视、政府支持、政协有为、各方配合、社会关注的工作格局。推进政协系统党的建设，探索实行党员委员组织关系一方隶属、参加双重组织生活的办法，按照功能型党支部的定位，将全市144名党员委员编入5个界别小组党支部，实现党建工作与委员履职相互融合、相互促进、共同推进。

【建言献策】 2022年，市政协先后组织开展自建房专项整治、供销综合改革、退役军人服务工作等视察活动，助力市委、市政府重点工作和重要部署贯彻执行不打折、不跑偏。针对“推进烟花文旅融合，助力花炮产业高质量发展”“将浏阳打造为全国知名研学目的地”“加快城市品质提升，建设宜居精美城市”等课题开展对口协商，就如何进一步完善基层农田水利设施应对极端恶劣天气开展专题调研，全年开展各类协商监督活动87场，在广泛、深入协商监督中促进交流、增进共识、改进工作。注重协商成果转化。围绕乡村振兴、双城融合、文旅发展、产业提质等发展主题开展重点调研，形成8篇高质量大会发言稿，将大会发言转为建议案，由市政府主要负责人高位协调调度，市政府班子成员根据分工牵头领办，市直有关部门逐条研究吸纳，推动协商成果转化为政策举措。全面提升协商质量。改进建议案提出、提案立案标准、视察调研、民主监督、大会发言、社情民意信息报送等工作的方式方法，推动协商工作制度化、规范化、程序化，进一步提升经常性工作质量。坚持数量适当、质量优先，引导鼓励委员提交集体提案。对标全国政协，制定大会发言工作规则，提前4个月部署大会发言工作，大会发言课题数量质量实现双提升。全年编发社情民意信息56期，其中省政协采用3篇、长沙市政协采用4篇，省、长沙市领导批示4篇。

【服务民生改善】 2022年，市政协践行好人民政协为人民的宗旨，用心服务人民群众对美好生活的向往，常态化与群众开展“点对点”“心连心”“面对面”的联系交流，了解社情民意，倾听群众呼声，协助党委、政府做好回应关切、解疑释惑，理顺情绪、化解矛盾工作，为社会和谐稳定添动力、减阻力、聚合力。助力解决民生领域实际问题。面对反复无常的疫情形势，主席会议成员率先垂范，广大委员积极踊跃，坚守一线岗位、参与志愿服务、慷慨提供物资、助力民生保障，将履职作业书写在抗疫战场上。依托市政协教育助学基金，连续18年累计资助835名困难大学生，同时，启动“励志追梦”助学行动，发动广大委员并引领社会群众慷慨捐资，募集资金123万元，进一步扩大助学基金规模，激发广大委员的社会责任意识。监督推动民生实事落地见效。年内，对市发改局、财政局、工信局、经开区、农科园、镇头镇（环保科技示范园）开展优化营商环境政策落地工作，对市教育局、财政局、卫健局开展提高青少年心理健康水平工作以及市农业局开展美丽宜居村庄建设工作进行专项民主监督，全面、准确、客观收集和反映人民群众对民生实事工作的意见建议，推动民生实事更好落地落实。积极引导群众有序政治参与。常态化开展网络议政、远程协商，了解民情民意、吸纳群众智慧。围绕群众身边急难愁盼问题，深化微建议、微协商、微监督“三微”联动，精准对接党委、政府微建设、微服务，有形、有感、有效办好民生实事。全年提交微建议104条，助推解决一批涉及交通出行、城市管理、公共服务等方面的实际问题。

【团结统战功能发挥】 2022年，市政协着力发挥人民政协的团结统战功能，以共同的理想追求凝聚人，以共同的奋斗历程团结人，持续筑牢政治圆心，拉长团结半径，画好最大同心圆，更加有效汇聚起全市各族各界奋斗新时代、奋进新征程的共识、智慧和力量。凝聚社会各方力量。积极为各民主党派、工商联、人民团体、无党派人士、党外知识分子、非公有制经济人士、新的社会阶层人士履职搭建平台、创造条件，联合开展履职活动成为常态。推荐民主党派人士担任浏阳市首届特邀监察员，更好地发挥参谋咨询、桥梁纽带、舆论引导作用。认真做好新形势下民族宗教工作。组织委员72人次参加法、检两院司法监督活动，促进司法公正。开展“喜迎二十大，委员在行动”系列活动，为二十大胜利召开营造和谐稳定氛围。全面开展“同心同向同行”大走访，主席会议成员带队走进委员工作一线，收集委员反映的意见建议，力所能及帮助委员解决困难问题。举办首届“政协杯”篮球赛，以体育赛事为媒介，促进社会各界交流互动。强化三级政协联动。根据省委常委、长沙市委书记吴桂英点题，与长沙市政协组成联动调研组，由长沙市政协主席陈刚带队，省、长沙市、浏阳市三级政协委员及行业专家组成调研组，耗时一周辗转600余千米，专题调研浏阳河百里画廊文旅发展，并向长沙市委、市政府提出有针对性的专题议政性常委会报告。联动参与省政协重要履职活动，在省政协“做强做优主导产业推动县域经济高质量发展”专题协商会上，作为全省县（区、市）唯一代表作主题发言。发挥文史资政作用。加强文史资料征集整理，编辑《毛泽东与浏阳》杂志2期。组织编撰的《浏阳历史文化丛书》获评长沙市第十四届精神文明建设“五个一工程”奖。向全省各地州市、区（县、市）政协以及全市中小学校、事业单位免费赠送《浏阳历史文化丛书》，加大省域范围内文史交流，以书香政协助推书香社会建设。

【协商平台建设】 2022年，市政协深入贯彻习近平总书记考察湖南时提出的“政协委员要更好联系和服务所在界别的群众”指示要求，深化委员工作室建设，推动委员服务群众制度化常态化长效化，经开区、永和镇、淮川街道服务社会治理委员工作室被评为省级示范性委员工作室。探索建立以实践为基础，集研究、培训于一体的委员实践站，有效发展基层协商民主。明晰实践方向。委员实践站按照就近方便的原则，把委员分散的力量有机结合起来，集中力量在某个领域深入开展调查研究，推动形成高质量的协商建议和建言成果。2022年，市政协在乡村振兴、文旅融合、乡村美学、湘赣边区域合作、文化艺术、医药卫生、智慧养老、和谐社会建设等领域，先后建成18个委员实践站，基本上涵盖19个界别，让群众在身边能找到政协组织、找到政协委员。规范实践流程。印发《政协委员实践站建设工作方案（试行）》和《进一步推动政协委员实践站建设运行的工作意见》等实施意见和管理办法，按照有工作制度、工作计划、常态履职、工作台账、实践成果、考核评价等具体要求，推进委员实践站有序运行。年内，各委员实践站充分发挥入站成员的专长和作用，促进形成百花齐放、良好互动、有序协商的生动局面，比如苗木文旅融合实践站为探索以旅兴商、以商养文的新路径提供参考；研学课程开发实践站开发出的“红色”“绿色”“蓝色”系列课程为“双减”政策落地和青少年健康成长赋能；花炮行业转型升级实践站帮助解决行业发展的痛点、难点、堵点问题并协助开展2022年中央电视台中秋晚会焰火燃放活动；非遗传承与发展实践站举办的迎新春非遗传承活动被央视《新闻联播》报道，形成系列丰硕的实践成果。委员实践站由思考想法变成实践做法，逐步被各级各界认同认可，特色协商品牌初步形成，成功入选全省政协系统“履职创新案例”，相关经验做法被省政协机关报《湘声报》专题大篇幅推介报道。

重要会议

【政协全体委员会议】 2022年2月26—28日，中国人民政治协商会议浏阳市第十一届委员会第二次会议在浏阳城区召开。本次会议应到委员364人，实到委员346人，符合政协章程规定。会议期间，中共长沙市委常委、浏阳市委书记朱东铁和浏阳市委副书记、市长王雄文等领导出席会议并参加分组讨论，听取委员的意见建议，与委员共商浏阳改革发展稳定大计。会议审议批准秦跃平代表政协浏阳市第十一届委员会常务委员会所作的工作报告，涂向阳代表政协浏阳市第十一届委员会常务委员会所作的提案工作情况报告；会议补选7名常务委员。会议期间，与会委员列席浏阳市第十八届人民代表大会第二次会议，听取、讨论并赞同王雄文所作的政府工作报告，赞同市人民法院工作报告、市人民检察院工作报告以及其他报告。与会委员们围绕全市经济社会发展的重要问题和人民群众关心关注的热点难点问题，深入协商议政，积极建言献策，并就加强政协工作提出意见建议，生动践行社会主义协商民主，充分展示社会主义民主政治的生机与活力。会议号召，全市各级政协组织和广大政协委员更加紧密地团结在以习近平同志为核心的中共中央周围，在中共浏阳市委的坚强领导下，不忘初心，不畏艰难，勇毅前行，为勇当“强省会”战略开路先锋、“挺进前五强，加快建成‘两个中心’、全面建设现代化新浏阳”而努力奋斗。浏阳市政协历届副主席出席会议。驻浏阳长沙市政协委员，市直各单位相关负责人等应邀列席会议。

【政协常委会议】 2022年政协浏阳市第十一届委员会共召开3次常务委员会会议。

2022年2月17日，政协浏阳市第十一届委员会常务委员会第二次会议召开。市政协主席秦跃平主持并讲话。市委常委、常务副市长冯赛军，市政协副主席涂向阳、陈静、邓华、王持、吕立生，秘书长唐文华出席会议。会议听取并协商浏阳市2022年重点建设项目计划和政府投资项目计划编制情况的报告、2021年财政预算执行情况和2022年财政预算（草案）的报告。秦跃平对市发改局和财政局相关工作予以充分肯定。他指出，作为市政府职能部门要履职尽责，在压茬推进中赢得未来；要围绕中心，在实干奋斗中担当作为；要互通有无，在交流协商中凝聚共识。会议协商通过政协浏阳市第十一届委员会第二次会议议程及日程（草案）、政协浏阳市第十一届委员会常务委员会工作报告（草案）、提案工作报告（草案）、市政协2022年协商与监督工作计划、《政协浏阳市委员会关于政协委员履行职责的规定》及《政协浏阳市委员会提案工作规定》。会议还协商了有关人事安排。

2022年8月17日，政协浏阳市第十一届委员会常务委员会第三次会议召开。市政协主席秦跃平主持会议。市委常委、常务副市长冯赛军，市政协副主席涂向阳、邓华、王持、吕立生，秘书长唐文华出席会议。会议专题听取浏阳市半年度工作情况汇报，与会委员就如何进一步推动浏阳经济社会高质量发展建言献策。秦跃平表示，在共同推动浏阳经济社会持续高质量发展过程中，全体政协常委要加强学习，正确认识新发展阶段，对市政府工作给予更多理解、包容和支持；要凝聚共识，全力推动高质量发展，在引导各界群众有序表达意见诉求的同时，多做解疑释惑、宣传政策、凝聚共识、汇聚力量、理顺情绪、化解矛盾的工作，最大限度统一思想、凝心聚力；要持续建言，充分发挥“智囊团”作用，科学选题、精准立项、深入调研、充分协商，不断强化建言“靶向性”、提高资政“含金量”。会议组织学习《中国共产党政治协商工作条例》，协商有关人事安排。

2022 年 12 月 15 日，政协浏阳市第十一届委员会常务委员会第四次会议召开。会议对浏阳市政协十一届一、二次会议的 12 件重点提案办理工作和专项民主监督反馈问题整改落实情况进行满意度测评。市委副书记、市长王雄文出席，市政协主席秦跃平主持，市政协副主席涂向阳、陈静、邓华、王持、吕立生，秘书长唐文华参加。会议听取市政府 2022 年度建议案和提案办理情况、重点提案办理工作承办单位和专项民主监督反馈问题整改落实工作牵头单位汇报情况；12 名委员就重点提案的办理工作进行点评发言，专项民主监督组组长就反馈问题整改落实情况依次作发言。经政协常委现场投票测评，12 件重点提案办理工作的满意率均超过 90%，专项民主监督反馈问题整改落实情况的满意率均达到 96.7%。王雄文代表市政府感谢市政协和广大政协委员对政府工作的民主监督和有力支持，希望市政协和广大政协委员紧紧围绕团结和民主两大主题，牢牢把握团结奋斗的时代要求，一如既往地关心、支持市政府工作。市政府将真诚地听取政协委员的意见建议，扎实办理政协委员提案，提升政府工作水平，更好回应群众期待。市政协主席秦跃平表示，政协委员要把握高质量发展方向，推动数量型向质量型转变，通过高质量的建议协助市政府以有限的资金和精力解决关键问题；市直部门要发扬求真务实作风，推动应付型向落实型转变，正确认识政协民主监督，落实提案和专项民主监督工作；政协机关要发展全过程人民民主，推动传承型向创新型转变，加强制度化、规范化、程序化等功能建设，充分发挥人民政协作为专门协商机构的作用。

专门委员会工作

【提案委员会】 2022 年，市政协提案委员会出台《提案工作规定》《提案审查和处理工作细则》《重点提案遴选与办理协商办法》《优秀提案和办理工作先进单位、先进个人评选表彰办法》4 项工作制度，促进提案办理协商程序进一步规范。通过加强委员培训、强化选题引导、严格立案标准、鼓励撰写集体提案等措施，推动提案服务工作再上台阶，二次全会共收到各类提案 221 件，立案 163 件，立案率 73.8%，收到集体提案 39 件，占比 23.9%。与政府办共同研究，对提案进行集中交办，于 6 月份组织开展办理情况督查，并下发督查通报，截至 9 月 30 日，交办提案全部办复，其中 A 类提案 126 件，占 77.3%，B 类提案 23 件，占 14.1%，C 类提案 14 件，占 8.6%，委员满意率达 98%。遴选重点提案 8 件，开展市政府和市政协领导“双领衔”办理机制，并对办理情况在常委会上进行满意度测评，结果在报台进行公示，扩大提案工作影响。组织“加大监管力度，确保管道燃气安全”对口协商活动和以退役军人服务工作为主题的主席视察活动，指导先进制造业高地实践站和现代工匠培育实践站开展系列履职活动。

【经济科技和外事委员会】 2022年，市政协经济科技和外事委员会组织市政协十一届二次、三次、四次常委会议专题协商 2022 年财政预算草案、重点建设项目等编制情况，听取市政府半年工作情况，参与组织民主监督测评。组织市政协“推进烟花文旅融合，助力花炮产业高质量发展”对口协商活动、“提高乡镇公共消防设施建设水平”界别协商活动暨提案督办工作、“优化营商环境政策落地”专项民主监督活动、“供销综合改革工作”主席视察活动。指导花炮行业转型升级实践站把握工作原则，规范建设标准，建立工作制度，开展系列履职活动。

【农业农村和人口资源环境委员会】 2022 年，市政协农业农村和人口资源环境委员会指导产业富民实践站和产业融合助推乡村振兴实践站开展实地走访、调研座谈等活动，形成系列履职工作成果。以实践站为依托，推进一二产业深度融合发展，加强对原材料生产质量、产量、技术的科学指导，助力达浒镇打造集产研融合的精品研学线路，协助党委、政府“串珠成链”做好线路规划、配套设施完善等工作。组织“夯实产业基础，助力乡村振兴”对口协商活动、“两山”实践创新基地界别协商活动，并对市乡村振兴局的美丽宜居村庄建设工作进行专项民主监督。

【文教卫体和文史委员会】 2022年，市政协文教卫体和文史委员会指导乡村美学、健康浏阳、主题研学课程开发、湘赣边区域性医疗合作、文旅惠民、非遗保护与利用等 6 个政协委员实践站的工作开展，各实践站活动特色鲜明，服务界别群众卓有成效。组织“将浏阳打造为全国知名研学目的地”对口协商活动。开展市政协“励志追梦”助学行动，向全体委员及社会各界募集教育基金 120 余万元，为 38 名家庭特别困难的大学新生发放助学金。编撰的《浏阳历史文化丛书》被评为长沙“五个一工程”图书奖，赠送全市中小学校及相关单位 1000 余套丛书；围绕“毛泽东与浏阳”为主题，编纂刊发《浏阳文史》2 辑，共计 15 万字。重点做好长沙市政协“浏阳河百里画廊建设”调研接待及调研报告起草工作。

【社会法制和民族宗教委员会】2022年，市政协社会法制和民族宗教委员会组织"建设精美城市，提高城市能级"对口协商活动、对退役军人事务局的主席视察活动和"促进残疾人就业，保障残疾人权益"界别协商活动。组织72人次政协委员参加法检两院司法监督活动，在履行政协民主监督职能的同时提升广大委员的法律意识和民本思想。探索建立非遗传承与发展、智慧养老、中小微企业创业创新3个政协委员实践站，打造界别群众交流沟通的平台，形成系列委员履职成果，非遗传承与发展实践站服务界别群众的事迹，被中央电视台新闻联播报道。

【委员学习联络委员会】2022年，市政协委员学习联络委员会制定出台浏阳市政协联系走访工作制度、政协委员学习培训计划、政协委员履行职责规定等规章制度，健全委员履职管理体系。起草制定《进一步推动政协委员实践站建设运行的工作意见》，助推委员实践站建设，截至2022年年末，全市共建成18个委员实践站，此项工作被评为省政协系统"履职创新案例"。指导各委员工作室建设运行，打造示范样板，经开区、永和镇和淮川街道服务社会治理政协委员工作室被评为省级示范性委员工作室。组织"加快推进青年企业家培养"界别协商活动，开展"提升青少年心理健康水平"专项民主监督，指导苗木文旅实践站开展课题调研、撰写大会发言等工作。

【政治协商】2022年，市政协把市委中心工作作为政协履职重心，在协商中做好宣传政策、引导预期、坚定信心的工作。协商内容更广，全年开展1次全体会议，2次专题议政性常委会会议，5次对口协商会议，4次界别协商会议等各类协商监督活动共87场，协商内容涵盖经济社会发展和民生改善的各个领域。协商效果更实，围绕乡村振兴、双城融合、文旅发展、产业提质等发展主题开展重点调研，形成8篇高质量大会发言稿，首次将大会发言转为建议案，由市政府主要负责人高位协调调度，市政府班子成员根据分工牵头领办，市直有关部门逐条研究吸纳，推动协商成果转化为实实在在的政策举措。协商质量更优，改进建议案提出、提案立案标准、视察调研、民主监督、大会发言、社情民意信息报送等工作的方式方法，推动协商工作制度化、规范化、程序化，进一步提升经常性工作质量。

【民主监督】2022年，市政协根据中共浏阳市委办公室、浏阳市人民政府办公室、政协浏阳市委员会办公室联合印发的《政协浏阳市委员会2022年协商与监督工作计划》，分别对市发改局、财政局、工信局、经开区、农科园、镇头镇(环保科技示范园)开展优化营商环境政策落地工作，市教育局、财政局、卫健局开展提高青少年心理健康水平工作以及市农业局开展美丽宜居村庄建设工作进行专项民主监督，全面、准确、客观收集和反映人民群众对民生实事工作的意见建议，推动民生实事更好落地落实。同时，围绕群众身边急难愁盼问题，深化微建议、微协商、微监督"三微"联动，精准对接党委政府微建设、微服务，委员们共提交微建议104条，助推解决一批涉及交通出行、城市管理、公共服务等方面的实际问题。

考察调研

【专题调研浏阳河百里画廊文旅发展】根据中共湖南省委常委、长沙市委书记吴桂英点题，2022年5月23—27日，浏阳市政协与长沙市政协组成联动调研组，由长沙市政协主席陈刚带队，省、长沙市、浏阳市三级政协委员及行业专家组成调研组，耗时一周辗转600余千米，专题调研浏阳河百里画廊文旅发展。本次调研活动对浏阳河水系历史人文地理价值链、流域经济社会民生发展产业链、全域文旅产品线进行实地考察调研，同时，围绕浏阳河百里画廊文旅产业布局规划、发展定位、产品打造广泛讨论，建言献策，并向长沙市委、市政府提出有针对性的专题议政性常委会报告，为建设世界知名旅游目的地贡献政协智慧和力量。

【供销综合改革工作开展视察调研】2022年6月28日，市政协主席会议成员对供销综合改革工作开展视察调研。市政协主席会议成员走进浏阳市湘宝地供销电子商务有限公司、浏阳市供销社农业生产资料有限公司等地，了解农资产品生产储备、农产品开发销售、电商平台运营等情况，并召开座谈会议。参加视察活动的政协委员们从管理制度完善、专业人才培养、三农服务优化、特色产品推广、电商平台打造等方面为浏阳供销发展建言献策。市政协主席秦跃平指出，浏阳供销要围绕服务"三农"、二次创业、再造辉煌的目标，饱含情怀将"浏阳供销"打造为全国品牌，市政协将持续发挥自身优势，围绕推进"三位一体"、落实"两个到户"、打造"供销记忆"文创项目等工作进一步开展调研视察、协商议政，为市委市政府科学民主决策提供参考，为浏阳乡村振兴提供助力。

【视察自建房整治工作推进情况】2022年9月14日，市政协组织主席会议成员对浏阳自建房整治工作推进情况开展视察。本次视察先后前往达浒镇、官渡镇了解农村"空心房"改造和房屋安全隐患整改情况，并召开座谈会，组织政协委员与相关部门就自建房专项整治的具体问题进行交流讨论。市政协主席秦跃平指出，自建房专项整治工作是民生大事，不能有丝毫放松懈怠。要看清问题实质、抓住问题关键、防范问题发生，并引导建筑行业协会成立专家服务团走进一线，为农村自建房普及安全知识，提供技术指导，让自建房在建设前有审批把关，建设中有服务保障，建设后有长效监管，构建常态化自建房安全管理体系，确保百姓安居乐业。

【视察退役军人服务工作】2022年9月22日，市政协组织主席会议成员视察退役军人服务工作。视察组一行先后到市退役军人金融服务驿站、淮川街道朝阳社区退役军人服务站、市退役军人服务中心，了解退役军人服务保障体系建设、优待褒扬、就业创业等工作情况，政协委员们围绕视察主题建言献策。市政协主席秦跃平指出，做好退役军人服务工作，要铭记昨天，让“最可爱的人”变成“最可敬的人”，常态化开展宣传褒扬、走访慰问等活动，让尊崇军人在全社会蔚然成风；要做好今天，让“最可爱的人”变成“最幸福的人”，更好地提供退役安置、就业创业和纾困解难服务；要展望明天，让“最可爱的人”变成“最自豪的人”，进一步加强对退役军人家属的关心关怀，让军人成为全社会尊崇的职业，让退役军人成为全社会尊重的人。

委员工作

【概况】 2022年，政协按照“懂政协、会协商、善议政、守纪律、讲规矩、重品行”要求，加强政协委员队伍建设，重点改进六项工作，即“六有”：任职有荣耀，为每位委员精心制作任期纪念牌章；履职有形象，倡导每位委员在参与政协活动的时候佩戴政协徽章；学习有规划，在疫情反复多发的情况下，有条不紊推进委员届内轮训工作；工作有经费，为委员履职争取到必要的视察调研经费，确保政协工作有人干事、有钱办事；管理有章法，进一步完善委员服务管理机制，健全委员履职情况统计、评价及激励机制；风采有展示，在市政协微信公众号平台开通委员风采栏目，讲述委员故事，宣传委员事迹，激励委员担当。2022年度表彰优秀委员72人、优秀政协委员实践站3个、优秀政协委员工作室3个、反映社情民意信息工作先进个人6人。

【浏阳市政协委员和谐浏阳建设实践站揭牌】 2022年9月20日，浏阳市政协委员和谐浏阳建设实践站揭牌仪式在关口街道长兴社区举行。浏阳市政协主席秦跃平、副主席邓华出席活动。政协委员实践站是政协委员服务群众、推动工作、凝聚共识的重要平台和参政议政的“试验田”，是浏阳市政协服务中心大局、拓宽委员履职方式的一项创新举措。经过前期精心策划和筹备，浏阳市政协委员和谐浏阳建设实践站正式成立，成为浏阳市第18个政协委员实践站。揭牌仪式后，秦跃平一行视察参观长兴社区基层治理工作和委员实践站阵地建设情况，对相关工作给予充分肯定。秦跃平指出，社区是服务群众第一线和最前沿，社区治理水平关乎人民美好生活，更关乎社会稳定和谐。实践站要立足职能定位，建立健全运行制度，更好地联系和服务界别群众；要带领政协委员大胆履职、多献净言，形成一批有特色、可复制、可推广的实践成果，为建设和谐浏阳贡献政协智慧和力量。

【开展“喜迎二十大，委员在行动”系列活动】 2022年9月，市政协各专门委员会、各乡镇（街道）政协工作组、市政协委员根据特色特长和群众需求，开展形式多样的履职活动，喜迎党的二十大召开，庆祝中国人民政治协商会议成立73周年。5个履职党支部召开学习会议，组织重点学习《中国共产党政治协商工作条例》和习近平总书记在省部级专题研讨班上重要讲话精神、习近平总书记在中央统战工作会议上重要讲话精神等，通过深入学习和研究相关重要文件，进一步凝心聚力，巩固团结奋进的基础。9月14日，市政协组织市农业农村局、大围山镇等单位相关人员赴益阳市谢林港镇清溪村开展考察交流。9月15日，市工商联工作组组织开展“委员活动日”，召开委员交流座谈会。9月20日，市政协委员和谐浏阳建设实践站揭牌。9月21日，市政协举行“喜迎二十大，委员在行动”委员活动日主题活动座谈会，市政协经济工作组、科技科协工作组组织对市数据资源治理工作进行调研；市政协教育工作组围绕“助力青少年成长”主题举行调研座谈会

（肖　雪）

2022年9月15日，浏阳市政协工商联工作组开展“委员活动日”活动

（市政协办公室　供图）

2022年9月20日，浏阳市政协委员和谐浏阳建设实践站揭牌仪式在关口街道长兴社区举行

（市政协办公室　供图）

2022 年 2 月 10 日，中国共产党浏阳市第十三届纪律检查委员会第二次全体会议在浏阳市会议中心召开

（市纪委监委办公室　供图）

中国共产党浏阳市
纪律检查委员会
浏阳市监察委员会

综 述

【概况】 2022年，全市立案审查调查306件，党纪政务处分269人次，留置19人，移送司法机关12人，挽回经济损失6418.45万元。严肃查处市公安局危险爆炸物品管理大队原副大队长宋某某索拿卡要、小官大贪、破坏营商环境案；集里医院原院长陈某某等卫健系统7人在医疗器械采购中收受回扣、搞权钱交易、助长行业不正之风案；沙市镇社会发展办干部熊某某在社保领域雁过拔毛、蝇贪蚁腐、侵犯群众利益案。抽调125名干部参与湖南中烟系列案、省检察院原副检察长刘某某案、长沙经济技术开发集团有限公司原副总经理马某案、长沙水业集团有限公司原副总经理周某某案等专案，为全省纪检监察高质量发展贡献浏阳力量。

开展作风建设提升年活动，以7条具体举措、9项工作重点为着力点，锻造党员干部过硬作风，增强责任意识担当意识。严格落实“三个区分开来”，在住建局、自然资源局、浏发集团等单位推行改革创新廉政风险等级备案，由点及面促进机制完善，让干部放开手脚敢为善为。组织对2021年全市立案处理处分的150人开展回访教育，让受处分人员放下包袱、轻装上阵、勇挑重担。全年召开市纪委常委会、监委委务会会议24次，开展理论中心组专题学习14次，推动政治学习常态化制度化。深入实施“党建聚合力”工程，成立市纪委机关党委，将派驻机构干部党组织关系、工资关系收归市纪委监委统管，实现对派驻机构“人财物”全面管理。抓紧抓实理论学习和业务培训，深入实施“以案代训”“全员轮训”等工作机制，组织学习培训15批次，参学人数966人次。持续依托青年干部读书班推进青年干部学习交流，促进干部理论水平和业务能力双提升，全年共开展14次主题讨论，刊发发言集锦4期。开展全覆盖办案安全检查，办案安全水平进一步提升。坚持严管厚爱。对“12条负面清单”执行情况进行严格监督检查，召开系统内办案安全和负面清单执行情况警示教育会议，推动全市纪检监察干部严格做到“三防（坚决防止骄傲自满、主观武断、粗枝大叶；坚决防止高高在上、口大气粗、自我膨胀、目中无人；坚决防止拿执纪执法权捞取政治资本、搞利益输送）”“四慎（慎独、慎言、慎行、慎权）”。坚持政治上关心、心理上关怀，加大干部选用交流力度，通过党支部、工会、“暖心家访”等活动适时调整干部心态，调动工作积极性。

【政治监督】 2022年，市纪检监察系统深学笃行党的二十大精神。坚持以理论清醒筑牢政治忠诚，常态化跟进学习领会习近平总书记重要讲话重要指示批示精神，在全系统持续兴起全面学习贯彻落实党的二十大精神热潮，自主学与集体学相结合、线上学与线下悟相贯通，纪委常委会带头集体学习，组织学习研讨交流5次，走进镇村一线专题宣讲8次。在全市开展党员干部学习党的二十大精神监督检查，引导广大党员干部坚定拥护“两个确立”、坚决做到“两个维护”。精准有力开展政治监督。聚焦党中央重大决策部署和习近平总书记指示批示精神落实情况开展监督。巩固深化“洞庭清波”专项行动，查处典型案例8起，处理12人。围绕疫情防控抓监督，全市查纠防疫责任和措施不落实、方法简单粗暴等问题271个，处理处分74人；坚持既督又战，市纪委机关派出76人次下沉一线开展防疫工作。开展粮食安全专项监督检查，查处乱占耕地建房问题9宗，督促整改问题12个，牢牢把握85.71万亩耕地“非农化”“非粮化”政策红线。跟进监督居民自建房安全专项整治和“百日攻坚”行动，发出监督建议函2份，组织处理12人。扎实开展农村集体“三资”管理、养老领域突出问题专项监督、“五位”突出问题专项治理等20余项专项监督检查，发现并推动整改问题502个，追责问责251人。紧扣市委决策部署开展监督检查，精心组织党的二十大特护期政治监督工作，发现并整改问题78个，对浏发集团等7家国有企业开展“清廉国企”专项监督检查，对发现的81个问题分类处置，提出整改建议，将服务保障发展大局落到实处。

【管党治党】 2022年，市纪检监察系统以监督实效提升治理水平。积极开展日常监督，全市运用“第一种形态”处理1242人次，占“四种形态（经常开展批评和自我批评、约谈函询，让“红红脸、出出汗”成为常态；党纪轻处分、组织调整成为违纪处理的大多数；党纪重处分、重大职务调整的成为少数；严重违纪涉嫌违法立案审查的成为极少数）”总数82.3%，做到抓早抓小、防微杜渐。加强“一把手”监督，出台对“一把手”和领导班子监督责任分工方案。针对日常监督中发现的改任非领导职务干部管理、市应急专编干部队伍建设等问题撰写6篇调研报告，督促相关部门履职尽责。常态化开展基层监督，建立“室组地（纪检监察室、派驻纪检监察组、乡镇街道纪工委）”联动协作工作机制，出台提级监督办法，制定监督事项清单，健全廉情观察员、特约监察员制度，全市共聘请15名特约监察员、1213名村级廉情员，基层监督治理体系进一步完善。促监督贯通融合高效。积极推动“四项监督”贯通融合，出台纪律监督、监察监督、派驻监督、巡察监督贯通融合的实施意见。完善与审计、财政沟通对接机制，与审计局建立问题线索移送机制，对移送的线索及时处置并反馈意见；与财政局建立信息沟通渠道，协同开展专项检查。加强巡察与审计、统计等监督工作联动，巡察组和相关部门面对面会商、听取情况42次，审计等单位提供情况47次。

【蔡亭英到浏阳调研廉洁文化建设】 2022年5月12日，省纪委副书记、省监委副主任蔡亭英率队到浏阳调

2022年5月23日，省委常委、省纪委书记、省监委主任王双全（左三）到浏阳调研清廉浏阳、乡村振兴等工作，看望慰问基层纪检监察干部 （市纪委监委办公室 供图）

研廉洁文化建设工作，先后到镇头镇调研陈昌烈士故居，实地考察美丽宜居村庄示范区，并听取“云上清廉浏阳”有关工作汇报。在随后召开的座谈会上，蔡亭英对浏阳经济社会发展、乡村振兴和廉洁文化建设工作等方面的成效给予充分肯定，并对加强新时代廉洁文化建设提出明确要求。

【王双全到浏阳调研】 2022年5月23日，省委常委、省纪委书记、省监委主任王双全等一行到浏阳调研清廉浏阳、乡村振兴、产业发展等工作，看望并慰问纪检监察干部。座谈会上，王双全充分肯定浏阳市经济社会发展和党风廉政建设取得的成效，并对深化整治违规收送红包礼金问题、加强安全生产专项监督、持续开展廉洁文化建设三项工作提出明确要求。座谈会会后，市纪委监委召开专题会议，传达贯彻落实王双全到浏阳调研讲话精神，结合当前纪检监察工作进行再强调、再动员、再部署。

重要会议

【浏阳市第十三届纪律检查委员会第二次全体会议】 2022年2月10日，中国共产党浏阳市第十三届纪律检查委员会第二次全体会议在浏阳市会议中心召开。出席全会的市纪委委员18人，列席会议318人。中共长沙市委常委、浏阳市委书记朱东铁出席全会并讲话。朱东铁充分肯定过去一年浏阳市正风肃纪反腐工作取得的成效，对坚定不移深入推进党风廉政建设和反腐败工作提出明确要求。全市各级党组织和纪检监察组织要坚决贯彻落实市委决策部署，切实增强全面从严治党永远在路上的政治自觉，持续推进清廉浏阳建设。市委常委，市人大常委会、市政府、市政协领导出席会议。全会由市纪委常委会主持。全会以习近平新时代中国特色社会主义思想为指导，深入贯彻落实党的十九大和十九届二中、三中、四中、五中全会精神，全面落实十九届中央纪委六次全会、十二届省纪委二次全会、十四届长沙市纪委二次全会部署和市委要求，总结2021年纪检监察工作，部署2022年任务，会议审议通过市委常委、纪委书记姚喜琳代表市纪委常委会所作的《勇于自我革命，建设清廉浏阳，为勇当“强省会”战略开路先锋，建设现代化新浏阳贡献纪检监察力量》工作报告。

【全市党风廉政建设和反腐败工作情况通报会】 2022年2月15日，召开全市党风廉政建设和反腐败工作情况通报会。市委副书记、统战部部长、市委党校校长戴武明，市委常委、市纪委书记、市监委主任姚喜琳，市政协副主席、市工商联主席陈静等市领导参会，会议向各民主党派、工商联、无党派人士代表通报2021年全市党风廉政建设和反腐败工作情况，征求与会人员对2022年全市纪检监察工作的意见和建议。

【烟花爆竹企业营商环境座谈会】 2022年6月17日，浏阳市烟花爆竹行业优化营商环境座谈会在花炮产业发展中心召开，市委常委、市纪委书记、市监委主任姚喜琳，市委常委、市政府副市长李翔参加，烟花爆竹行业协会、企业代表和有关

2022年6月17日，浏阳市烟花爆竹行业优化营商环境座谈会在花炮产业发展中心召开 （市纪委监委办公室 供图）

市直单位共计30余人参会，会议以正在查处的本地留置案宋某某案为镜鉴，全面加强烟花爆竹系统党风廉政建设工作，着力营造风清气正的政治生态和干事创业的良好氛围。姚喜琳指出，召开烟花爆竹企业营商环境座谈会主要基于三点考虑：一是出于把纪律挺在前面的履责要求；二是出于对烟花爆竹企业营商环境的现实需要；三是出于对公安、应急系统领导干部的关心爱护。并从怎么看，怎么做两个方面提出认识和看法，提出建议与要求。

【市纪委常委会、市监委委务会会议】 2022年，中共浏阳市纪委监委共召开市纪委常委会、市监委委务会会议24次。

1月7日，浏阳市委常委、市纪委书记姚喜琳主持召开2022年第1次市纪委常委会、市监委委务会会议，会议主要听取浏阳市农村党员违纪违法情况汇报；审议《浏阳市纪委监委移动安全办公平台建设方案（送审稿）》；审议《浏阳市纪委监委机关（机构）中层干部资格竞争工作方案（送审稿）》。

1月18日，浏阳市委常委、市纪委书记姚喜琳主持召开2022年第2次市纪委常委会、市监委委务会会议，会议主要审议2021年度市直单位、乡镇（街道）党风廉政建设责任制考核情况；审议研究向市人大常委会报告专项工作选题有关工作；审议2021年度市纪委监委机关（机构）纪检监察干部考核情况。

1月20日，浏阳市委常委、市纪委书记姚喜琳主持召开2022年第3次市纪委常委会、市监委委务会会议，会议主要审议市委拟进行职务调整（职级晋升）干部廉政审查意见。

1月27日，市委常委、市纪委书记姚喜琳主持召开2022年第4次市纪委常委会、市监委委务会会议，会议主要审议机关（机构）中层干部资格竞争情况；审议2021度乡镇（街道）纪（工）委书记考核情况；审议有关案件。

2月17日，市委常委、市纪委书记姚喜琳主持召开2022年第5次市纪委常委会、市监委委务会会议，会议主要传达学习省纪委有关文件精神；研究机构编制、相关人事工作。

3月10日，市委常委、市纪委书记姚喜琳主持召开2022年第6次市纪委常委会、市监委委务会会议，会议主要研究机关党建工作、工会工作、人事工作。

3月21日，市委常委、市纪委书记姚喜琳主持召开2022年第7次市纪委常委会、市监委委务会会议，会议主要传达学习有关文件精神；听取2021年全市纪检监察信访举报形势分析报告；审议特约监察员工作办法和特约监察员推荐人选；审议有关案件。

4月14日，市委常委、市纪委书记姚喜琳主持召开2022年第8次市纪委常委会、市监委委务会会议，会议主要传达学习近期重要调研和文件精神；听取委机关（机构）晋升三、四级主任科员有关情况汇报；审议《浏阳市纪委监委2022年公开招聘编外合同制工作人员公告》；审议《浏阳市纪委监委机关（机构）干部“师徒结对”工作方案》。

4月22日，市委常委、市纪委书记姚喜琳主持召开2022年第9次市纪委常委会、市监委委务会会议，会议主要传达学习近期重要会议精神；审议市委对部分干部职务调整（职级晋升）的党风廉洁情况审查意见；审议有关案件。

5月1日，市委常委、市纪委书记姚喜琳主持召开2022年第10次市纪委常委会、市监委委务会会议，会议主要传达学习中央、省、长沙市、浏阳市关于望城区“4·29”居民自建房坍塌事故相关指示精神，并对自建房安全隐患排查监督工作做出部署安排。

5月26日，市委常委、市纪委书记姚喜琳主持召开2022年第11次市纪委常委会、市监委委务会会议，会议主要审议市纪委监委公开招聘编外合同制工作人员考察材料；审议相关案件。

6月2日，市委常委、市纪委书记姚喜琳主持召开2022年第12次市纪委常委会、市监委委务会会议，会议主要传达学习近期重要会议精神；审议《编外合同制工作人员定岗方案》；审议向市人大报告专项工作材料；审议“云上清廉浏阳”平台开发维护事项、平台启动仪式宣传推广事项；通报有关案件情况；研究市纪委监委班子成员分工。

7月8日，市委常委、市纪委书记姚喜琳主持召开2022年第13次市纪委常委会、市监委委务会会议，会议主要传达学习上级文件会议精神；通报长沙市纪委监委监督调研反馈情况；审议相关案件。

7月11日，市委常委、市纪委书记姚喜琳主持召开2022年第14次市纪委常委会、市监委委务会会议，会议主要审议《关于建立“室组地”联动协作工作机制的实施方案》；审议乡镇（街道）纪（工）委副书记任免情况；审议《委机关办文工作规范》《委机关财务工作管理办法》；审议2022年委机关执法用车采购有关事项；审议《关于加强“一把手”和领导班子监督的责任分工方案（代拟稿）》；审议《浏阳市2022年度党风廉政建设责任制考核细则》；审议《关于规范立案程序有关事项通知》《关于规范涉案财物管理有关事项的通知》。

8月26日，市委常委、市纪委书记姚喜琳主持召开2022年第15次市纪委常委会、市监委委务会会议，会议主要审议相关案件。

8月31日，市委常委、市纪委书记姚喜琳主持召开2022年第16次市纪委常委会、市监委委务会会议，会议主要审议《关于部分干部职务调整（职级晋升）党风廉政意见回函》。

9月1日，市委常委、市纪委书记姚喜琳主持召开2022年第17次市纪委常委会、市监委委务会会议，会议主要传达学习上级有关文件精神；审议本级《关于加强新时代廉洁文化建设的实施方案》；审议相关案件审理报告和相关涉嫌职务犯罪被调查人从宽处罚的请示。

9月28日，市委常委、市纪委书记姚喜琳主持召开2022年第

18 次市纪委常委会、市监委委务会会议，会议主要传达学习上级有关会议精神、文件精神；审议相关案件；通报纪检监察系统评优评先情况。

10 月 14 日，市委常委、市纪委书记姚喜琳主持召开 2022 年第 19 次市纪委常委会、市监委委务会会议，会议主要传达学习上级有关文件精神；通报一至三季度全市纪检监察信访举报工作情况；汇报省纪委检查组反馈审查调查安全风险核查情况；审议《2022 年度清廉浏阳建设考核方案》（讨论稿）；审议有关案件涉案资金处置事宜。

10 月 28 日，市委常委、市纪委书记姚喜琳主持召开 2022 年第 20 次市纪委常委会、市监委委务会会议，会议主要传达学习党的二十大精神；审议相关案件；审议市纪委监委机关（机构）人事工作；审议市纪委监委招聘编外合同制工作人员考察情况。

11 月 24 日，市委常委、市纪委书记姚喜琳主持召开 2022 年第 21 次市纪委常委会、市监委委务会会议，会议主要传达学习上级领导有关讲话精神、上级有关文件精神；审议相关案件；审议《市纪委监委公开选调公务员工作方案》、乡镇纪委副书记任免有关情况。

12 月 2 日，市委常委、市纪委书记姚喜琳主持召开 2022 年第 22 次市纪委常委会、市监委委务会会议，会议主要传达上级指示批示精神；审议相关案件审理报告。

12 月 14 日，市委常委、市纪委书记姚喜琳主持召开 2022 年第 23 次市纪委常委会、市监委委务会会议，会议主要审议委机关有关方案；审议有关人员相关问题的谈话核实情况报告。

12 月 30 日，市委常委、市纪委书记姚喜琳主持召开 2022 年第 24 次市纪委常委会、市监委委务会会议，会议主要传达学习上级有关文件精神；审议基层案件；审议 2022 年度市纪委监委机关（机构）干部考核和乡镇（街道）纪（工）委书记评价方案；部署相关工作。

重要文件

【《浏阳市村级小微工程项目建设管理提级监督办法（试行）》】 2022 年 1 月 29 日，市纪委办公室印发《浏阳市村级小微工程项目建设管理提级监督办法（试行）》，共分总则、监督内容、监督方法、责任追究、附则四章十四条。乡村振兴进入全面推进新阶段，大量资金、项目向乡村倾斜，以村为建设主体的小微工程越来越多，加上村（社区）书记、主任“一肩挑”，小微权力更集中。市纪委监委在走访调研后，决定以“村级小微工程”为切口，联合发改、财政、农业农村等职能部门，共同出台《浏阳市村级小微工程项目建设管理办法》，聚焦村（居）民委员会实施的合同估算价 400 万元以下的房建、市政、水利、公路、农林等各类新建、改建、拆除、修缮工程建设项目，对项目前期、发包模式、施工、变更、验收、结算、建档等环节的具体程序以及工作责任作出明确规定，形成制度约束。为防止管理办法搞变通、打折扣，市纪委监委联合相关职能部门同步出台《浏阳市村级小微工程项目建设管理提级监督办法（试行）》，将村级小微工程项目建设的监督提级，由市纪委监委牵头，乡镇（街道）、相关市直部门共同参与，紧盯村级小微工程关键环节，通过日常监督、部门监督、联合监督等方式，形成监督合力，此举在全省走在前列。

【《浏阳市清廉单元建设工作实施方案》】 2022 年 3 月 17 日，浏阳市推进清廉浏阳建设工作领导小组办公室印发《浏阳市清廉单元监督工作实施方案》的通知，方案共分指导思想、建设目标、工作原则、组织领导、步骤安排、工作要求六个部分，清廉单元建设按照“示范带动、逐年推进、全域参与、打造品牌”的工作思路，实行清廉机关、清廉国企、清廉行业、清廉园区、清廉学校、清廉医院、清廉村（社区）、清廉家庭“八廉同建”。按照“市委主导、系统主抓、单位主责、纪委主推”原则，分级、分类、分系统逐年推进。

【《浏阳市“勇担‘强省会’战略开路先锋”作风建设提升年工作方案》】 2022 年 4 月 29 日，市纪委印发《浏阳市“勇担‘强省会’战略开路先锋”作风建设提升年工作方案》的通知。方案明确九项重点工作内容，目的是引导广大党员干部不断增强责任意识、担当意识、争先意识、团结意识，促进党风政风大转变、工作效能大提升、发展环境大优化，营造党员干部风清气正、干事创业的良好形象，为勇担强省会战略开路先锋，全面建设现代化新浏阳提供坚强保障。

【《浏阳市基层群众性自治组织中从事管理的人员党纪政务处分决定执行工作办法（试行）》】 2022 年 8 月 15 日，市纪委监委、市委组织部、市民政局、市财政局、市农业农村局联合印发《浏阳市基层群众性自治组织中从事管理的人员党纪政务处分决定执行工作办法（试行）》的通知，办法共分总则，处分决定的宣布与送达，受处分人的职务、待遇调整与考核，执行归档、教育回访、责任追究，附则五章二十条。此项工作得到省纪委高度认可，并在全省推行。

【《关于建立“室组地”联动协作工作机制的实施方案》】 2022 年 8 月 23 日，市纪委监委印发《关于建立“室组地”联动协作工作机制的实施方案》的通知，“室组地”联动协作工作机制在市纪委监委统一领导下，由市纪委常委、市监委委员直接联系，构建“室”牵头、“组地”参与的同向发力、一体推进的工作格局。“室组地”联动协作贯穿监督执纪问责和监督调查处置始终，通过人员统一调配、工作统一实施，达到信息互通、资源互助、力量互援、工作互补、成果互享的工作成效。

执纪监督

【信访举报案件查处】 2022年，市纪检监察系统共受理纪检监察信访举报193件，同比下降28%，受理越级举报95件，同比下降29.1%，本级吸附力明显增强。开展信访积案动态清零行动，实行班子成员提级包案，社港镇合盛村茶园权属纠纷等24件持续“多年、多层、多头”的复杂信访问题被顺利化解、成功清零。

【纠治“四风”问题】 2022年，市纪检监察系统持续深化纠治“四风”问题。全年查处违反中央八项规定精神问题37起69人，通报4批次22起典型案例。联合巡察、财政、审计开展违规发放津补贴专项检查，督促有关单位清退收回违规发放津补贴4000余万元。严肃查处享乐主义、奢靡之风问题，深化违规收送红包礼金问题专项整治，组织签订承诺书27876份，抽查党员干部操办婚丧喜庆事宜报告情况，处理违规收送红包礼金43人；组织开展违规吃喝专项治理，查处违规吃喝案5件13人；全年查处酒（醉）驾问题83起；规范赌博行为立案标准，纠正对赌博行为处理宽松软问题，全年立案32起32人。

【群众身边的不正之风和腐败问题查处】 2022年，市纪检监察系统共查处“群腐”问题48起61人。组织开展小微工程项目提级监督，全年共查处村级小微项目腐败问题8件，处理处分15人。开展巩固脱贫攻坚成果同乡村振兴有效衔接专项治理，全面梳理浏阳市民生项目惠农惠民资金发放情况，追缴违规发放资金14万余元，督促应发未发资金24万余元发放到位，民生民利切实得到维护。纠正漠视群众诉求、工作方法简单粗暴、办事慵懒拖散等作风问题，严肃查处荷花街道综治办原主任廖某打人引发网络舆情案，以案为鉴在全市开展干部作风大提升活动。

【查办浏阳本地留置案】 2022年5月10日，市纪委监委对市公安局危险爆炸物品管理大队原副大队长宋某某涉嫌严重违纪违法问题予以政务立案调查。5月25日，经长沙市纪委监委批准，市纪委监委对宋某某采取留置措施，8月25日，对宋某某延长留置期3个月。经查，宋某某身为中共党员、公安干警，本应践行全心全意为人民服务的根本宗旨，严守纪法底线，审慎用权。但其丧失理想信念，背弃初心使命，目无法纪，在党的十八大后不收敛、不收手，在党的十九大后仍不知敬畏不知止，处心积虑对抗组织审查调查；无视中央八项规定精神，不给好处不办事，长期大肆收受管理服务对象礼品礼金，违反组织原则，在政法队伍教育整顿期间，隐瞒不报个人有关事项；廉洁“防火墙”坍塌，违规从事营利活动，亦官亦商，官商不分；道德败坏，搞权色交易，与多名异性保持不正当性关系，败坏党员干部形象；贪欲膨胀，把党和人民赋予的权力异化为谋取私利的工具，打着“投资入股”“借贷收息”“专家技术指导”的幌子，收钱敛财，大搞利益输送、权力变现，涉嫌受贿、巨额财产来源不明犯罪，性质严重，影响恶劣，严重损害全市的营商环境，是“小官大贪”的典型。

【开展中共二十大特护期政治监督】 2022年9月15日，市委常委会召开会议，会议要求切实强化政治监督，为中共二十大胜利召开营造平稳健康的经济环境、国泰民安的社会环境、风清气正的政治环境。9月15日至10月30日，市纪委组织对有关重点工作进行专项监督检查。监督检查由市纪委党风政风监督室统筹调度，分6个专项监督检查组以“四不两直”的形式开展，各工作组发现问题78个，共印制2期专项政治监督情况通报。政治监督工作前期主要聚焦“五项”重点底线工作落实情况开展督查，后期主要聚焦农村“三资”（农村集体所有的资金、资产和资源）管理、基层监督、村级小微工程项目监督等纪检监察业务工作开展调研督导，覆盖全部乡镇（街道）和绝大部分村（社区），较好地传达压力、督促工作开展。

廉洁教育宣传

【警示教育】 2022年，市纪检监察系统提升标本兼治效能。用好案件查办“鲜活教材”，用身边人、身边事教育警示党员干部，组织拍摄吴某某、宋某某等警示教育片，编印忏悔录，召开高质量民主生活会和警示教育大会，实现“三个效果（政治效果、社会效果和法律效果）”有机统一。深化以案为鉴、以案促改、以案促治，针对案件暴露的漏洞和短板，下发纪律检查建议书和监察建议书，推动各单位健全制度、堵塞漏洞，规范权力运行。开展基层群众自治组织中从事管理人员处分执行试点工作，得到省市纪委高度肯定，并在全省推行。

【廉洁文化建设】 2022年，市纪检监察系统深度挖掘本土红廉文化资源，不断赋予廉洁文化新的载体和内涵。在全省率先打造“云上清廉浏阳”小程序，共汇集图片、视频、音频等素材1070余个，用户17.5万人，总浏览量达1066万人次；在“游清廉”栏目，结合浏阳红色旅游景点、文博场馆、“清风公交专线”，推出7条清廉路线22个点（串联成浏阳廉洁地图），得到省、长沙市纪委主要领导调研并和充分肯定。推进清廉单元建设，推动“八廉同建”，突出清廉单元示范点创建，评选出10个清廉示范村（社区）、10所市级“清廉学校”示范校，以点带面推动廉洁文化深入浸润各领域、各行业。

【“云上清廉浏阳”推广启动仪式】 2022年6月15日，浏阳市举行“云上清廉浏阳”推广启动仪式，旨在依托这个“网上廉洁文化展馆”，更好地讲好清廉浏阳故事，传播清廉浏阳声音，展示清廉浏阳形象。浏阳市纪委充分发掘、全面整合独有的厚重文化内核，运用新媒体手段在全省率先打造“网上

2022 年 6 月 15 日，浏阳市举行“云上清廉浏阳”推广启动仪式

（市纪委监委办公室　供图）

廉洁文化展馆”——“云上清廉浏阳”微信小程序，设置“听清廉”“观清廉”“建清廉”“学清廉”“游清廉”五大主栏目，汇集图片、视频、音频等素材 500 余个，将廉洁文化从过去的静态展览变为动态互动。2022 年 3 月 17 日正式上线，实现 24 小时在线，随时随地可学习、可参观、可互动，成为行走在浏阳大地的廉洁文化“活地图”。“云上清廉浏阳”平台深受到广大党员干部群众的欢迎和关注，自 3 月 17 日上线运行至 6 月 15 日，总浏览量达 400 余万人次。省纪委监委、长沙市纪委监委有关领导，戴武明、邱山东、秦跃平、姚喜琳、李爱民、周耀辉、唐安石、王坤球、冯赛军、李翔等全体在浏阳的市领导出席启动仪式。

【成立机关党委和机关纪委】 2022年 5 月 9 日，浏阳市纪委监委召开全体党员大会，选举产生第一届中共浏阳市纪委监委机关委员会，徐昭明当选为机关党委书记，古艳辉、杨辉当选为机关党委副书记。经中共浏阳市纪委监委机关纪律检查委员会会议选举，杨辉当选为机关纪委书记。进行支部换届选举，机关党委下设 9 个党支部，其中机关和派驻机构在职党员按照室组划分，分别成立第一至第七党支部，退休干部成立退休干部党支部，市委巡察办、巡察组成立巡察机构党支部。在此之前，经市纪委常委会、监委委务会集体审议，3 月份完成派驻机构 46 名干部党组织关系、工资关系等相关关系转接任务，实现对派驻机构全面统管、机关机构深度融合。

（刘朝朋）

浏阳河浦梓港　　（朱云志　摄）

民主党派·工商联

民革浏阳市工作委员会

【概况】 2022年，民革浏阳市工委履行参政党职责，为推动浏阳经济社会发展贡献民革智慧，彰显民革作为。浏阳市工委下设4个支部委员会，81名党员。2022年，民革浏阳市工委组织支部主委参加民革长沙市基层组织负责人培训班学习。组织党员到贺龙故居开展“观故居、走多党合作之路”活动，到溆浦龙潭镇抗日阵亡将士陵园祭拜英烈，赴洞口县江口镇陆军第七十四军湘西会战阵亡烈士纪念陵园缅怀先烈。组织到邵阳隆回等地开展“赓续红色基因、助力乡村振兴”主题活动，赴郴州、汝城县等地开展“寻初心之根、涵养家国情怀”主题活动，老龄委组织老党员到红色革命教育基地开展“观故居、忆初心”主题教育活动。组织拍摄制作“喜迎二十大、奋进新征程”——《不忘初心　逐梦前行》视频。发动党员撰写理论文章，唐文波、吕立生分别撰写《我的民革十年》《浏河随梦远，大道如歌行》获评民革湖南省委会“讲述·非凡十年”征文活动三等奖。

【组织建设】 2022年，民革浏阳市工委开展示范性支部建设，工委获评民革长沙市委组织工作先进集体；一支部获评民革湖南省先进基层组织；一、三支部被评为2021年度民革长沙市委优秀支部。1人获评民革湖南省优秀党务工作者，3人获评民革湖南省优秀党员。7人获评民革长沙市优秀党员。一支部与民革湖南省质监支部、民革中医药大学支部开展支部共建活动，共同参观王首道故居、李白故居，开展疫情后如何紧跟经济形势大讨论。二支部与蕉溪镇常丰村党总支下属的常丰支部结对共建，策划建设中山书屋、民革党史展厅、民革摄影家协会活动室、医保同心服务驿站、常丰村科普示范长廊，开展公益摄影、义诊等系列活动。

2022年8月6日，民革浏阳工委第三、四支部党员代表到洞口县江口镇湘西会战阵亡烈士纪念陵园缅怀先烈
（民革浏阳工委　供图）

【参政议政】 2022年，民革浏阳市工委党员中的人大代表、政协委员共24人，其中长沙市人大代表3人、浏阳市人大代表2人、浏阳市政协委员19人。一支部获评上年度民革长沙市委参政议政先进集体二等奖，唐文波获评上年度民革长沙市委参政议政先进个人。2022年“两会”期间，工委牵头组织开展《建设精美城市，提升城市能级》调研课题形成大会发言材料，由肖迎春代表民革浏阳市工委在政协大会上发言。由肖迎春撰写的《助推两城融合，共建高能级城市》、林云撰写的《合理统筹城市规划，科学构建发展格局》、于华明撰写的《建设城市公园，提高人民生活幸福感》、刘强撰写的《补齐基础设施短板，提升城市承载能力》、雷文娟撰写的《强化部门联动，完善城市建设统筹协调机制》，唐文波撰写的《充分沟通，密切配合，切实加强燃气管道周边施工安全管理》6篇在浏阳市政协专题协商、对口协商会上发言。工委获立案的人大建议、政协提案38篇，谭娟提出的《关于将跳绳运动引入中小学课间的建议》得到《长沙晚报》报道。《关于后疫情时代建议多措并举提升工商业活力的提案》《关于科学设置交通护栏的提案》《关于建设精美城市，提高城市能级的提案》获评浏阳市优秀提案。邓秀丽、刘强、肖迎春、袁波、唐文波获评浏阳市优秀政协委员。各支部按照“一支部一调研”要求，完成《民主党派参与乡村人才振兴的路径分析——以浏阳市为例》《发挥统一战线优势，助力乡村振兴》《关于打造湘赣边红色旅游一小时经济圈的建议》《关于浏阳新南桥村中草药种植产业发展的调研》《融合社会资源推进中小学劳动教育》5篇调研报告。要求“一党员一建议”，唐文波撰写的《传统村落保护与开发时“人屋分离”现象亟需引起重视》被省政协《社情民意》采用，《关于完善登机牌上相关信息的建议》等3篇被省《政协云》采用。袁波撰写的《建议加大对电梯内安装电子屏广告、轿厢门贴广告等影响安全行为的监管力度》3篇被浏阳市政协采用，并获得领导批示。唐文波、于华明获评浏阳市政协反映社情民意信息工作先进个人。评选曹湘黔、吴海宁为民革浏阳市社情民意统战信息撰稿积极分子。在团结网、民革湖南省委网站、民革长沙市委网站宣传报道26篇。

【社会服务】 2022年，民革浏阳市工委继续抗战老兵健康保卫计划，为每位抗战老兵“一对一”配备专属家庭医生。坚持做好对老兵的端午、中秋、春节慰问，开展“为老兵送生日祝福”和“送最后一程”等活动。组织党员前往唐人万寿园参加抗战老兵集体安葬仪式。工委利用资源优势，争取项目、政策扶持，助力浏阳乡村振兴资金25万元。通过网上平台助力购买张坊镇田溪村农产品4万余元。号召党员捐款2万余元购买隔离衣、口罩等防疫物资送往浏阳城区社区助力疫情防控。组织成立公益法律服务团队，编写《“新冠肺炎”疫情防控期间企业经营法律风险防控指南》，帮助企业克服经营困难复产复工。组织党员到蕉溪镇常丰完小、淳口镇洞庭小学开展助力乡村教育公益活动，联系爱心企业湖南九典制药股份有限公司赞助学校2万元。成立“文艺小分队”，由民革党员音乐家、书法家、摄影家、作家等组成，分别到洞庭小学和新南桥村开展活动，1人获评长沙市中级人民法院优秀人民陪审员。

【祖统工作】 2022年，民革浏阳市工委做好新时代涉台参政议政工作。走访台资企业湖南景泰烟花有限公司，为其排忧解难，提出发展建议。工委原主委黄彦如联系湘雅医院、湘雅二医院，由黄彰任奖学金赞助的医师赴美国斯坦福大学医学院进修，专家医师与浏阳市人民医院分专业结为一帮一的协作组，成立授牌会。湘雅二医院主任王翔协助市人民医院建立胸血管外科，手把手教浏阳人民医院外科医师开展多项开胸手术；通过浏阳侨联联系浏阳图书馆，将黄彰任侄女黄敦柔在台北保存好的书邮寄赠送浏阳图书馆。组织颁发第二十八届黄彰任奖学金。

（唐文波）

致公党浏阳市工作委员会

【概况】 2022年，致公党浏阳工委紧扣浏阳经济社会发展大局，在自身建设、参政议政、社会服务、侨海工作等方面取得成效。3月，工委召开2022年度党员大会，长沙市政协副主席、致公党长沙市委会主委、长沙公共资源交易中心主任黄锋，中共浏阳市委副书记、统战部部长、市委党校校长戴武明，致公党长沙市委会专职副主委彭磊高度出席会议，并对工委工作进行指导，工委作《画好同心圆，聚力谋发展》会议报告，表彰一批优秀党员，慰问70岁以上的老党员。5月，工委组织开展“强省会战略”主题研讨，上报学习体会多篇；7月，工委分支部组织党员到湘西开展乡村振兴主题教育活动；11月，工委组织召开学习贯彻二十大精神专题会议。各支部分别组织党员学习党史党章，重温入党誓词，增强组织凝聚力和向心力。工委继续夯实“助学一校、振兴一村、支持一工程、做强一基地、助推一企业、服务一社区”的“六个一”社会服务品牌。

【参政议政】 2022年，工委重视参政议政工作，围绕经济发展重点、社会民生热点，建言献策。全年25名人大代表和委员共撰写建议、提案和社情民意30余件。

【社会服务】 2022年年初，工委主委带队对“同心社区”联城社区困难群众进行走访和慰问。潘登帮助小河乡农民采摘玉米，并自费购买0.5万千克玉米助农，免费发放给市民。周坤捐资3万元慰问柏加镇“五保”老人，向长沙市慈善总会捐赠2万元。胡国安多次向北盛镇边洲村、小河乡乌石村捐赠15余万元爱心款物，并与村委共建慈善爱心驿站。工委参与浏阳市统一战线“凝心聚力新征程”行动计划，对统战部联点村常丰村就组建智力帮扶队伍、创建彭家大屋科普示范基地、捐建同心书屋、帮扶乡村集体经济发展等事宜进行帮扶，工委捐资2万元新建“蓓蕾书屋”1个，6月，工委主委带领工委班子成员开展“喜迎二十大，同心促发展”工委系列走访活动，在博视眼科医院、道远书院、湖南华中苗木云科技有限公司等党员企业，工委就企业生产运营等情况进行调研。帮助博视眼科医院获得高新技术企业认定，成为浏阳市唯一一家获得高企的医院。对致公党省委、市委、浏阳工委三级联动社会服务基地淳口镇佳源油茶公司进行调研，工委就科技种植、把关油茶质量、油茶品牌渗透、养生文化理念等内容进行研究指导，从市政府争取7万元予以基地建设支持。按照致公长沙市委关于助力乡村振兴、建设乡村蓓蕾书屋要求，工委捐助新书，价值4000元。响应浏阳市政协组织的“励志追梦”助学基金倡议，党员中政协委员潘登、夏育林分别捐款1万元。周坤向洞阳学校、希望小屋工程等项目捐赠6万余元。李亚清所在的博视眼科医院向田家炳实验中学捐赠5万元助学基金。

【侨海工作】 2022年9月28日，致公党浏阳工委由副主委李明统筹调度，浏阳市淮川街道联城社区和台北忠顺里共同举办“传承文化，共叙亲情——长台基层文化线上交流活动”，活动以传承两岸基层文化、共叙亲情为主题，将社区治理与文化交流有机结合，进一步增进两岸基层社区之间的相互了解，促进两岸同胞心灵契合。王功兰参与合唱，刘丽芳现场撰写对联，李明送上对联与祝福；4月世界读书日，致公党浏阳工委、侨联、海归人士联合会“三侨联动”开展读书分享活动，11名党员参与读书沙龙活动，主委与统战部负责人一起启动悦读会活动，周志勇担任活动主持，钟辉平分享她最喜欢的一本书，易跃讲述他在全球各地的见闻；刘丽芳、刘志坚等党员参加浏阳市统战部组织的侨界、海归代表人士“侨联四海心，共话端午情”主题活动。伍超代表致公党浏阳工委联合参与组织“致力为公一麓有‘招’滨江文化品鉴会暨‘致多星’企业家服务平台”第19期沙龙。

（易守珍）

浏阳市工商业联合会(总商会)

【概况】 2022年,市工商联(总商会)在编干部12名,临聘人员3名。截至12月31日,第十六届工商联共有执委189人,其中常委63人,市工商联兼职副主席11人,市总商会副会长18人。截至2022年12月31日,全市新增个体工商户24965家、农民专业合作社(不含农场)228家、私营企业9122家,工商联会员415名,同比增长率分别为173.88%、-31.53%、48.62%和10.25%。工商联(总商会)扩大"浏商大讲堂"覆盖面,成立年轻一代企业家培育"浏金计划"导师团和"浏商公益讲堂"讲师团,聘请9名导师和14位讲师,举办专题讲座17场次,培训人员1000余人次。周群飞、帅放文、张学武、陈飞豹、胡国安等获评长沙市工商联(总商会)建会70周年"卓越""贡献""奉献""新锐"杯优秀企业家,黄成、彭成、张江杰获评"长沙青年人才创新创业典型",周开明、王小平等8位会员获评长沙市、浏阳市"诚信之星",坤源生物科技、汇湘轩等6家会员企业获评长沙市、浏阳市"诚信经营企业"。引导广大商协会和民营企业投身"战疫",青商会、快速消费品商会、关口街道商会、洞阳镇商会、佛山浏阳商会和蒸浏记、小鱼公共电单车、芙蓉口罩厂、一喜科技等为西藏贡嘎,湖南省邵阳、浏阳等地捐赠物资近2000万元,广大会员参加各类疫情防控志愿服务近1000人次。组建浏阳市总商会"益企帮"志愿服务队,开展"我搭把手帮你一起努力"主题公益活动,组织创意集团、仁杰电子等7家企业与19位贫困家庭学生开展"一对一"帮扶勤工俭学活动。

2022年7月22日,浏阳市文旅广体局局长与企业家"面对面"交流座谈会举行,主办单位相关负责人与18家企业家代表面对面沟通、一对一服务 (市工商联办公室 供图)

【优化企业服务】 2022年,市工商联畅通政企沟通渠道,举办市人民法院院长、市文旅广体局局长与企业家"面对面"座谈会,开展政策宣讲,帮助解决花炮行业法律风险防控、"执行难"等集中性问题和文旅开发、文化市场执法等方面问题。持续开展"民企大走访 服务到一线"活动,走访民营企业和商协会200余家,收集问题建议120余条,转由优化营商环境中心办理,为桃千尺农业科技联系安排科技特派员,协助解决九盛游乐开发道路出口、凌志装饰与长沙银行信贷诉讼纠纷等问题。开展环境治理技术及应用产业链重点企业走访帮扶工作,泰平环保科技实现"小升规",华尔特今朝科技实现业务倍增。针对企业反馈的融资难融资贵等普遍性问题,加强与农商行、广发银行、小贷公司等金融机构的对接协作,定制个性金融方案,破解企业融资难题,该项工作被评为2022年度全国工商联"创新·中国"区(县)级最佳案例奖。

【保障民企权益】 2022年,市工商联联合市法院、市司法局开展"法律进商会、进企业"活动,安排律师事务所(服务所)与各基层商会建立合作关系。配合市检察院、市司法局推进涉民营企业家社区矫正对象帮扶工作,确保涉法企业正常运转。成立浏阳市民营企业法律服务公益顾问团,聘请10名律师免费为民企提供法律咨询、法制体检和法律培训等服务。总商会商事调解中心工作步入正轨,出台调解员补助办法,整合多方资源提升调解员专业素养。2022年共受理案件535件,成功调解321件,调解成功涉案金额5836万元,现场收回380万元。

【参政议政】 2022年,市工商联(总商会)引导工商联界别的政协委员牵头成立湘赣边商贸服务业实践站和苗木文旅融合实践站,组织委员深入开展专题调研,形成《实施"文旅+"战略,打造乡土田园新去处》《全面提升民企法律意识 助推民营经济高质量发展》等调研报告。撰写《关于推动浏阳烟花爆竹产业高质量发展的建议》,推动《浏阳市烟花爆竹产业高质量安全发展三年行动计划(2022—2024年)》《浏阳市打造"世界花炮之都"十条激励政策》出台。开展"加快推进青年企业家培养"界别协商,为推动年轻一代企业家培育提供借鉴和参考。组织工商联界别政协委员参与"四个一"活动,为浏阳市政协教育基金捐资近50万元。

【助力乡村振兴】 2022年,市工商联(总商会)开展"万企兴万村"工作,为30个重点村安排对口支持商会和企业,召开专题座谈会2场次,共有21家商协会和企业申报投资经营类"兴村"项目19个、公益捐赠类"兴村"项目20个,投资和捐赠金额累计超1.6亿元。张冲镇才常村"公司+合作社+基地"共同经营模式,被省工商联作为"万企兴万村"

典型案例在《人民日报》海外版专题报道。

【启动“浏金计划·浏商公益讲堂”】

2022年6月28日，市工商联（总商会）半年度工作会议暨“浏商公益讲堂”启动仪式举行，解读《“浏金计划·浏商公益讲堂”活动实施方案》，并为第一批14名“浏商公益讲堂”讲师颁发聘书。市政协副主席、市工商联主席陈静参加。2022年，市委统战部、市工商联加大对年轻一代企业家培养力度，启动“浏金计划”，成立“浏金计划·浏商公益讲堂”讲师团，商协会或会员企业通过“点课吧”小程序进行选课，市工商联负责对接，讲师团采取集中培训、送教上门、线上课堂等多种教学模式进行授课，打造公益讲堂新品牌，以提升企业家和企业经营管理人才素质和工作水平。是日，“浏商公益讲堂”讲师杨林以《强化合规意识与合规体系建设，助推浏阳民营企业高质量发展》为题进行授课，这是“浏商公益讲堂”第一课。根据“浏商公益讲堂”第一批课程清单，14名讲师将为商协会或会员企业带来28个主题课程。

2022年6月28日，市工商联（总商会）举行“浏金计划·浏商公益讲堂”启动仪式

（市工商联办公室　供图）

【浏阳市工商联再次获评全国民营企业调查点工作先进示范单位】

2022年12月27日，全国工商联印发《关于2022年度民营企业调查点工作先进示范单位的通报》（全联发〔2022〕19号），浏阳市工商联获评“2022年调查点工作先进基层单位”。民营企业调查点工作是全国工商联的品牌工作，已经成为研判民营企业运行和政策获得情况的全国性平台，是工商联联系服务民营企业的专门渠道，是工商联强化定量分析、提高建言献策质量的重要支撑。浏阳市工商联按照上级工商联的总体工作部署，发动商协会及广大民营企业填报问卷，特别是组织填报全国工商联“2022年万家民营企业评营商环境”问卷，周密部署、认真落实，推动民营企业真实评价营商环境，发挥评价导向作用。

（罗水昌）

浏阳河——樟树潭湾 （浏阳市档案馆　供图）

群众团体

市总工会

【概况】 2022年,市总工会举办"喜迎二十大　职工心向党"浏阳市职工书法篆刻大赛、工人阶级宣传月、公益大讲座、理论知识学习大赛、新春送春联等系列活动10余场,打造金阳集团等5家职工书屋,2家单位获评长沙市职工书屋示范点及宣传典型,选送职工代表队参加长沙市"职工群众心向党"理论学习大赛获三等奖,以"强省会,当先锋,浏阳职工在行动"为主题,组织举办长沙市乡村美食制作大赛、浏阳市电力工人劳动竞赛,选送22名职工参加长沙市"十行百优"劳动竞赛。全面落实安全生产责任制,组织117家企业参加"安康杯"竞赛,推动企业提高安全生产工作管理水平。推进产业工人队伍建设改革,开展"一户一产业工人"培训,举办中式糕点师、电子商务师、色彩搭配师等三期技能培训班,350余人参加培训并取得技能证书。市总工会助力职工提升学历,为137名职工申请"求学圆梦行动"助学基金。广泛开展师徒传帮带活动,促成师徒结对500对,促进技能传承与提升。浏阳市总工会联合人社局等部门开展"春风行动"暨"引老乡、回故乡、创三湘"现场招聘等15余场就业招聘会,提供2.5万个就业岗位。聘请法律顾问每周二、周四在职工服务大厅坐班,为职工提供法律咨询、代书、代理等公益法律服务20余次;设立劳动争议调解工作室,成功调解工伤赔偿劳动纠纷案件,为职工争取赔偿补助50余万元得到《工人日报》报道推介;开展"12·4"宪法宣传周、"情系职工与法同行"工会法主题宣传活动,发放各类法治宣传资料1000余份。截至2022年,全市共有工会会员15.4万人,已建工会职工入会率99%。

【劳模精神弘扬】 2022年,浏阳市总工会推荐伍国强劳模助力乡村振兴示范基地获评湖南省"劳模助力乡村振兴示范基地";推荐市人民法院三级法官熊婧怡获评"湖南省五一劳动奖章"。组织开展劳模宣讲和劳模志愿服务活动共计14场次,服务会员308人次。为15名劳模申请生活困难救助金和特殊困难帮扶金共计22万元。在《浏阳日报》、浏阳电视台开设劳模工匠宣传专栏,制作劳模宣传海报和短视频,弘扬劳模精神、劳动精神和工匠精神。组织6名劳模到宁夏、北戴河疗休养;组织55名技术工人到张家界疗休养。对全国、省、市三级劳模进行收入摸底统计,并做好资料收集、整理、核实与上报工作。发动全市各基层工会积极开展"工人阶级宣传月"活动,悬挂宣传横幅、标语100余条,电子宣传标语50余条,并结合《浏阳日报》、浏阳电视台、微信公众号等媒体对"工人阶级宣传月"活动进行多渠道宣传。

【帮扶服务】 2022年,浏阳市总工会广泛开展"春送岗位、夏送清凉、秋送助学、冬送温暖"工会品牌服务活动,组织4.5万余人参与职工住院医疗互助活动,为3600余人次发放补助金106万元,为234名困难职工发放大病和生活救助金100余万元,组织"送清凉"活动,慰问环卫工人、建筑工人、公交车司机、交警、医护人员等一线职工,发放慰问金及慰问物资46万元,对602名"送温暖"对象发放慰问金50余万元,发放粮油15000公斤水果2000件,开展"金秋助学"活动,为73名困难职工子女发放助学金150万元。建设职工心理咨询服务站,开通职工心理援助热线,举办公交车驾驶员等心理疏导专题讲座,帮助职工疏解不良情绪;市职工服务中心获评2022年湖南省城市困难职工解困脱困工作先进集体,入选湖南省"服务职工综合体"试点单位。

【职工文体活动】 2022年,浏阳市总工会工人文化宫所有培训和活动项目均免费向工会会员开放,公益大课堂开设54个培训班,培训学员1500余人,到文化宫开展文体活动的会员达8万余人次,做到工人文化宫里有工人,工人文化宫里有文化。邀请国家、省市级书法会员和文化宫书法班的学员到乡镇、社区开展"送春联"等活动,组织声乐、萨克斯班学员开展"送演出"活动。开展职工读书月、气排球赛、羽毛球赛、篮球赛、包粽子等系列文体活动。实施职工素质工程,打造金阳集团等5家职工书屋。

【基层组织建设】 2022年,浏阳市总工会全面完成工会组建和会员发展任务,新建工会组织165家,新增会员1.8万人。打造2家省级新就业形态建会入会示范典型,建设9个新就业形态劳动者服务站点,新屋岭户外劳动者服务站点获评长沙"四星级"服务站点和长沙市"快递小哥之家"示范点;打造1家湖南省模范职工之家、4家长沙市模范职工之家,建设28家示范化村级工会,集里街道工会联合会获评省"百佳乡镇(街道)工会"、经开区工会联合会获评省"百佳开发区(工业园区)工会"。推动1700余家企业签订工资集体协商,覆盖职工5.6万人,选树2家企业作为工资集体协商典型培育,打造新就业形态家庭服务业工会联合会2家,工作经验得到《工人日报》的宣传报道。

【浏阳市新业态新就业党群服务中心建设】 2022年,浏阳市总工会与市委组织部联合打造建设浏阳市新业态新就业党群服务中心,于8月建成投入使用。总投资180余万元,总面积700余平方米,内设货运司机休息室、法律援助咨询室、心理健康咨询室和多功能活动室,现有专兼职工作人员8名。该服务阵地聚焦党建带工建,采取"党组织主导、群团组织协调、职能部门参与、从业人员受益"的运行模式,为广大环卫工、出租车司机、快递员、外卖员等户外劳动者提供歇脚休息、饭菜加热、手机充电等10余项服务,并定期开展心理咨询、法律服务、家庭教育讲座、健康义诊、爱心义剪、"微心愿"征集等活动。此外,该服务阵地在助推新就业形态劳动者建会入会工作中成效显著,共吸纳7个工会组织加入,会员人数从不到100人增至364人。

2022年5月31日，“强省会当先锋 浏阳职工在行动”启动仪式暨国网浏阳供电公司职工技能竞赛在国网浏阳市供电公司永安供电所举行　　（市总工会　供图）

【浏阳市工会第十八次代表大会】 2022年4月27日，浏阳市工会第十八次代表大会开幕。长沙市委常委、浏阳市委书记朱东铁出席并讲话，长沙市总工会相关负责人，浏阳市领导戴武明、邱山东、秦跃平、唐安石、王坤球、张葵红、黄刚、邓华、刘旭出席会议。浏阳市人大常委会副主任、市总工会第十八届委员会主席候选人张葵红受市总工会第十七届委员会的委托，向大会作工作报告。朱东铁代表浏阳市委、市人大常委会、市政府、市政协，向大会的召开表示热烈祝贺，向全市广大职工、劳动模范和工会工作者致以节日问候和崇高敬意。4月27日下午，浏阳市工会第十八次代表大会闭幕。浏阳市委副书记、统战部部长戴武明出席会议并讲话。市领导张葵红出席。大会选举产生了浏阳市总工会第十八届委员会主席、副主席、常务委员和经审委员会主任。张葵红当选为浏阳市总工会第十八届委员会主席，傅爱华、周雪峰、曾凡波、张圣武、刘学文当选为副主席。大会还审议通过了《关于浏阳市总工会第十七届委员会工作报告的决议（草案）》和《关于浏阳市总工会第十七届经费审查委员会工作报告的决议（草案）》。

（赵康银）

中国共产主义青年团浏阳市委员会

【概况】 截至2022年12月，浏阳市共有青年39.8万人，共青团员30142人，各级团组织1904个，其中机关事业单位团组织208个，村（社区）团组织759个，学校领域团组织850个，“两新”团组织87个。共青团浏阳市委下设青年联合会，共有青联委员147名。2022年，共青团浏阳市委员会继续组织开展智汇潇湘·才聚浏阳“燕归巢·返家乡”大学生暑期实践观摩研学活动。青年学子们在活动中走进重点企业、走访红色基地，进一步厚植“知家乡、爱家乡”的朴素情怀。全市3500余名青年向微网格报到，热心微公益，解决微难题，办好微实事，为微网格注入独具优势的青春活力。“希望小屋”“红色小喇叭”“农村青年领头雁”“浏Young青年讲师团”等工作品牌持续擦亮。“希望小屋”获团中央微博、《半月谈》等主流媒体点赞，“燕归巢·返家乡”大学生社会实践活动获团中央通报表扬，红领巾电视台项目被全国少工委作经验推介，“梅田湖研学实践基地”成功创建全国首个“共同致富示范点”。2022年6月，湖南省人力资源和社会保障厅、共青团湖南省委、湖南省青年联合会联合发出《关于湖南共青团建团百年系列表彰（部分）的决定》，其中浏阳市蕉溪镇团委获评湖南省五四红旗团委，晏国盛获评湖南省优秀共青团员，张凤获评湖南省青年岗位能手。

【引领青年工作】 2022年，共青团浏阳市委员会开展党的二十大精神、建团100周年大会精神、党的青年运动史、新时代的伟大成就4个专题学习，实现全市1405个团支部全覆盖。全市组织线上“青年大学习”达104.7万人次，同比增长78.2%。开展“我在红色景点·传颂红色故事”宣讲比赛，创作10个精品红色故事宣讲视频，转发学习达12万余人次。打造“浏Young青年讲师团”宣讲品牌，在红色宣讲、科普教育、普法宣传等8个领域成立青年宣讲团，聘任讲师280余人，服务青少年12万余人次；打造“红色小喇叭”品牌，聘请50名校外辅导员，精心培育429名红领巾讲解员并在红色景点实践，传承红色基因，服务时长达12000余小时；探索校内阵地社会化，着力打造“红领巾电视台”品牌，推出300余期节目，浏览量达220余万人次；推出建团百年微电影《浏young青年：时代因奋斗更美好》、抗疫纪实微电影《凡人有光》等系列文创视频；在乡村振兴、志愿服务、青年交友等青年多的行业领域组建网上学习平台，完善网络矩阵。

【动员青年服务大局】 2022年，共青团浏阳市委员会依托青年志愿者联合会，组织动员20余万人次参与疫情防控、创文创卫、反电诈、“河小青”等工作。加大志愿者保险经费保障力度，由市财政统筹新增35万元专项经费，为全市志愿者提供意外保险。围绕全市“五个十大”项目，组建20支青年突击队开展“青春建功”竞赛活动，组建市级讲解志愿服务团，为全省市州政府督查室主任会议、浏阳市首届文旅发展大会等大型活动提供随车讲解、志愿服务等工作，展现了良好的“浏阳形象”。组织浏阳农创联深度整合本土优质农特产品资源，搭建“青聚力·振乡村”直播助农平台，联系供销社、爱心企业收购滞销农产品，线上线下联动发力畅通农产品销售渠道，销售额超40万元。全年培育省、长沙市十佳农村青年领头雁4名，省乡村振兴青年先锋集体1个。

【服务青年成长】 2022年，共青团浏阳市委员会吸纳70余名专业、热心的青年，组建首支浏阳市青少年心理辅导志愿服务队，实施“青心呵护·十百千万”计划，组织培训4次，建设心灵驿站3个，累计服务青少年4000余人，青少年心理疏导服务机制不断健全。牵头办理关于构建预防未成年人违法犯罪社会支持体系的政协重点提案，联合检察院、法院面向相对不起诉和缓刑对象发起公益服务倡议，募集爱心资金60.4万元，组织参与志愿服务活动3450小时，开展精准普法780小时，对105名涉罪未成年人进行社会调查和心理辅导。实施青年就业见习计划，连续四年开展“燕归巢·返家乡”活动，组织634名浏阳籍在校大学生在全市企事业单位进行寒暑假实习。建立青年创业人才汇聚平台，打造青年创新创业孵化基地，孵化青创企业11家，服务青年“创客”近700人次，推介1人获评湖湘青年英才。举办青年企业家接待日活动，邀请市委主要领导为7名创业青年面对面解决问题。城区、经开区2处青年人才驿站为到浏阳就业大学生提供免费住宿、就业帮助等服务1041人次，服务人次同比增长147%。创新开展“希望小屋”“圆梦行动”等帮扶活动，筹集善款220万元，帮助困难青少年650余名。“希望小屋”项目改造房间118个，为163名困境青少年提供舒适的学习空间，筹集爱心款物190余万元，建立执委妈妈、志愿者、团青干部三联一的帮扶机制。完成市青联换届，吸纳各行业各领域优秀青年代表147人加入新一届青联，建立本级青年人才库，开展职业技能、履职能力等培训，培养了百余名行业骨干、青年先锋。打响“我在浏阳说爱你”青年婚恋品牌，举行音乐联谊会等青年交友交流活动6次，建立单身青年人才库，精准服务青年1200余名。

【全国首个“共同致富示范点”落地浏阳】 2022年1月11日，中国农村青年致富带头人协会“共同致富示范点”授牌仪式在古港镇梅田湖村举行，梅田湖研学实践基地“共同致富示范点”正式揭牌。团省委有关负责人、团长沙市委书记刘林志、浏阳市人民政府副市长戴圣伟、浏阳市关心下一代工作委员会主任刘一江、团长沙市委基层工作部部长余晓玲、浏阳市农业农村局党组书记、局长李斌、古港镇党委书记刘飞舞、团浏阳市委书记张宇琪参加活动。

【浏阳团市委获全国大学生“返家乡”活动表扬单位】 2022年4月18日，中国共产主义青年团中央委员会发布2021年度全国大学生“返家乡”社会实践活动总结通报，浏阳团市委获得全国大学生“返家乡”社会实践活动表扬单位。2019—2022年以来，该项目共服务560余名浏阳学子，已成为服务青年人才“招牌项目”之一。先后被《光明日报》《中国青年报》《长沙晚报》等媒体推介13次。调查结果显示，所有“返家乡”实践学子表示参加“返家乡·燕归巢”对自己今后的人生发展有很大帮助，9名项目内大学生在实践项目后直接与企业签约。

【浏Young青年讲师团进校园活动】 “浏Young青年讲师团”是共青团浏阳市委组建的青年讲师队伍，常态化深入基层、校园、社区，走进青少年，围绕党史理论、应急救援、礼仪文化、法律知识、心理咨询等，开展面对面、互动性的宣讲交流。2022年5月12日是我国第14个全国防灾减灾日，2022年全国防灾减灾日主题为“减轻灾害风险，守护美好家园”。“浏Young青年讲师团”成员红十字蓝天救援队来到浏阳市嗣同路小学，为全校师生开展了消防安全、防溺水和基础医疗急救知识培训，并组织全校师生开展了紧急疏散演练。5月13日以来，浏阳团市委联合“浏Young青年讲师团”成员浏阳市红十字蓝天救援队在全市范围内开展《生命课堂——防溺水篇》公益培训进校园活动。先后走进集里中学、黄泥湾小学、浏阳市一中、金沙路小学、文家市楼前小学等9所学校开展防溺水公益培训20次，覆盖学生5500余人。为中小学生暑期安全护航。

【年轻干部“双营”培训班开班】 2022年5月16日，浏阳市庆祝建团100周年座谈会暨年轻干部“双营”培训班开班仪式举行。长沙市委常委、浏阳市委书记朱东铁出席并讲话，他强调，要深入学习贯彻落实习近平总书记在庆祝中国共产主义青年团成立100周年大会上的重要讲话精神，以及省、长沙市庆祝共青团成立100周年座谈会精神，并勉励全市广大青年不负韶华、继续前行，在“挺进前五强，加快建成‘两个中心’，全面建设现代化新浏阳”的宏伟征程上，汇聚起更加强劲的青春力量。市领导戴武明、唐安石、王坤球、邓雪琴、刘来宏、邓华出席。

【青少年心理服务志愿者培训班开班】 2022年5月28日，40余名青少年心理志愿者参加由共青团浏阳市委、浏阳市卫健局联合举办，市脑科医院与心理学研究会承办的青少年心理服务志愿者培训班。培训班上，浏阳市心理学研究会会长聂续红就青少年工作思维构建、技术与能力等方面展开讲解，并与大家进行案例讨论。市脑科医院院长邓宗伟以破解当代青少年心理困境为主题，从解读心理常识、解惑心理疑问、解开心理束缚三个方面进行专业辅导，并对健康中国行动、浏阳市心理健康和精神卫生三级防治体系建设情况进行详细介绍，为心理志愿者开展日常服务提供方法和路径。培训过程中，志愿者们深入脑科医院临床心理科、心理减压赋能中心等地现场观摩学习，体验心理健康中心经络深睡眠减压舱等专业设施设备。

【浏阳市第四届“燕归巢”暑期大学生社会实践活动】 2022年7月15日,浏阳市第四届“燕归巢”暑期大学生社会实践活动启动仪式在道吾中学举行。市直机关工委、市委人才办、市人社局相关领导,以及用人单位团青工作负责人,全体“燕归巢”项目学子参加活动,共青团长沙市委书记刘林志出席活动并讲话。共青团长沙市委副书记朱兵,浏阳市人民政府副市长刘来宏,市政协党组成员、副主席邓华,市关工委主任刘一江出席活动。从2022年“燕归巢”学子中选聘20名“浏 Young”校园引才大使。7月30日,“燕归巢”项目临时团委以线上线下相结合的方式举办考研保研经验分享沙龙。8月2日“燕归巢”暑期大学生社会实践活动临时团委组织“青春逢盛世·追梦正当时”公考专题沙龙活动在卡乐书城(太悦城店)开展,活动邀请官桥镇党政办主任陈洋陈、洞阳镇东园村主任助理龚墨宁(2021届北京大学定向选调生)以及华图教育培训讲师为实践大学生作公考、选调生经验分享,共50余名大学生报名参加;8月12日,浏阳市委人才工作领导小组、共青团浏阳市委组织开展“智汇潇湘·才聚浏阳”、“燕归巢·返家乡”大学生暑期实践观摩研学活动;8月23日,浏阳市第四届“燕归巢·返家乡”暑期大学生社会实践活动总结交流会举行,并对优秀个人和集体进行表彰。浏阳市委常委、组织部部长唐安石,浏阳市人大常委会副主任邓雪琴参加活动。2022年暑期,第四届“燕归巢·返家乡”暑期大学生社会实践活动共吸引近700名浏阳学子报名参加,最终筛选出252人参加活动。

【浏阳市第三批118个希望小屋交付使用】 2022年共青团浏阳市委联合爱心人士,严格按照服务对象要求,面向孤儿、事实孤儿、没有独立生活空间的女生倾斜,应改尽改。由基层团组织、联村后盾单位、青志联三方按照“全面摸排、重点筛选、综合确定、特殊优先”原则,报送希望小屋对象152户,走访确定改造对象118户,12月30日前,已经全部交付使用。除装修改造硬装及软装外,根据青少年需求,精心定制小屋“十个一”暖心物资:致青少年的信、红领巾、地球仪、风采照桌摆、保温杯、镜子、笔筒、被枕、雨伞、笔记本。让小屋配置更贴心、更暖心、更温馨。

(袁攀攀)

妇女联合会

【概况】 2022年,浏阳市妇联绩效考核继续获评长沙市红旗单位。“浏阳妇联”微信公众号获评“湖南省二星级网上妇女之家”,“浏阳妈妈”反诈联合会线上有奖答题活动获最佳创新奖,《先骗心,再骗金!浏阳妇联提醒您远离温柔陷阱——妈妈反诈联合会集中宣传月》获“最佳传播奖”。“父母夜话沙龙”项目获长沙市未成年人思想道德建设优秀案例(提名)奖。“利剑护蕾”工作在全省专题会议上作典型发言。妇联组织改革工作在长沙市妇联深化改革现场会上作典型发言。“潇湘巾帼心向党　喜报献给二十大——晒美好向未来”视频(图片)征集大赛浏阳4件作品获奖。加强正面宣传引领,省级以上媒体报道23篇,官微推送信息153篇,视频号推送视频47条,阅读量50万+。评选表彰浏阳三八红旗手系列称号30个,推评市级称号10个,省级三八红旗集体1个。评选浏阳“巾帼建功”系列荣誉24个,推评市级荣誉9个,省“巾帼文明岗”1个。开展“奋进新征程　她们最闪亮”系列宣传,广泛宣传一批先进事迹,让拼搏奋进成为时代主旋律。

【关爱妇女儿童活动】 2022年,市妇联举办“她经济”助力“强省会”之非遗传承与弘扬文明礼仪活动,承办湖南省“赋能巾帼农人助力乡村振兴”系列活动,引导广大家庭参与“美丽庭院”创建,以小家之美推进农村人居环境和家庭文明素质双提升,推选“美丽庭院示范户”60户,获评长沙市美丽庭院建设“最佳组织奖”。推进9个“湘妹子能量家园”试点村工作,开展“美家美妇志愿红,姐妹携手向未来”志愿服务,浏阳市巾帼志愿者联合会32支分队1万余名巾帼志愿者在扫雪除冰、垃圾分类、疫情防控、文明劝导中贡献巾帼力量。开展“春风送温暖就业送真情”暨留守儿童家长专场招聘会,深化“创新创业巾帼行动”,举办5期种养殖实用技术培训,100余名妇女参训。推荐6人参加省、市创新创业培训比赛。创新推进“浏阳巾帼贷”支持16名创业妇女贷款1225万元,为巾帼创业注入金融“活水”。22个学校成功申报第六届“温暖微行动”舞蹈公益百校行项目点,1个学校成功申报“小候鸟”图书角,50名留守儿童得到“鹅伴”智能陪伴机器人温暖陪伴。在医院、商场等公共场所安装8台“晶心关爱母婴室”。争取省妇儿基会支持小河乡21.1万元帮扶困境儿童。“出手吧姐姐”项目筹资46.2万元,全省县(市)排名第一。开展“巾帼暖人心”春节走访慰问关爱等系列活动,为全市1200余名困境妇女儿童送去温暖。

【维护妇女权益】 2022年,市妇联为健全体制机制,印发《浏阳市“关爱妇儿　构建和谐”多机构合作维护妇女儿童权益工作实施方案》。联合法院印发《关于开展维护妇女儿童合法权益专项活动实施方案》,提出诉前诉中诉后“十条举措”,在乡镇法庭建设“妇女儿童权益保护、家事纠纷调解、家庭教育指导”工作站,推出执委陪审员制度。联合检察院建立例行“强制报告”和“入职查询”突击督查机制,开展督查2次。联合公安在妇女儿童活动中心建成“守望花开”一站式未成年人保护中心,参与12起涉及未成年人典型案件处置。建立“执委妈妈结对帮扶机制”,持续实施“润田计划”,结对事实孤儿、留守儿童等重点对象343人次。组织召开全市妇女儿童权益保护调度会议和全市妇儿工委全会,推动十四五规划实施落地。撰写《高度重视　联动发力　切实提升青少年心理健康水平》的政协大会发言,倡导建设《和谐浏阳委员工作实践站》,促成全市少年心理情况普筛，形成“一生一档”。落实日常信访接访处访，调处婚姻家庭纠纷案件89起，其中家庭暴力案件76起，对28起中高危家庭暴力案件予以转介和综合干预。施暴者综合干预二期项目顺利通过省妇联维权创新项目评估。开展“关爱自我 构建和谐”妇女心理健康团辅30余场次，并获《中国妇女报》专题报道。招募100余名志愿者进行家庭教育、心理咨询、法律援助公益轮值，开展妇女儿童心理健康普及活动15场次，为600多人提供心理调适支持、24名儿童提供心理健康个案咨询服务。组织“以案释法”反诈知识网络宣传、“农”情关怀，护钱有“商”——浏阳市妈妈反诈联合会有奖答题活动，8万人参与。组建“利剑护蕾”儿童权益保护宣讲团，开展性教育课程60场次，11000余名学生受益。印制《浏阳市妇女儿童发展规划（2021—2025年）》《家庭教育促进法》《未成年人权益保护法》等向全市发放，指导镇村妇联开展各类普法活动1000余场次，提高了妇女儿童懂法用法能力。

【家庭家风建设】 2022年，市妇联深耕家庭家风建设，选树浏阳“五好”“最美”家庭76户，推评市“五好”“最美”“绿色”家庭17户，全国、省“最美”家庭1户，表彰“平安家庭”343户。举办“好家风·伴成长”2022年浏阳市庆祝“5·15”国际家庭日暨“六一”国际儿童节活动，选树20户浏阳“清廉家庭”先进典型，开展“以家训润家风 守望家庭灵魂”主题作品征集创作活动，整理收集248篇最美家训，《清廉家风润万家》等10篇文章在云上清廉浏阳展播。开展家庭教育宣传周活动，成功申报长沙市县级家庭教育指导服务中心建设试点，组建家庭教育“专家+讲师+志愿者”三支队伍，打造“智慧父母”家庭教育大讲堂、父母夜话沙龙、参与式科学育儿、网上家长课堂等4大品牌活动，打磨64节精品课程。指导镇村建设家庭教育指导服务站点，规范化开展家庭教育指导活动680余场次。联合教育局开展家庭教育直播讲座《重视亲子关系 注重心理健康》，吸引10万人在线观看。以妇女儿童之家为阵地，定期组织“扣好人生第一粒扣子”主题教育实践活动、“书香飘万家”亲子阅读活动。鼓励建设运营镇村级妇女儿童之家，开设公益少儿戏曲、书法、儿童剪纸等特色公益班，开展浏阳市巾帼志愿服务队进乡村学校少年宫活动，走进社港双狮坪中学、沙市文光中学等10所学校送去剪纸课程、青春期女生健康讲座等。

【妇联组织改革】 2022年，市妇联把妇联组织建设由村（社区）、机关事业单位等传统组织向新经济新社会组织延伸，在新经济组织、新社会组织及新业态、新领域等新建妇女组织55家。把妇联组织的帮扶延伸向姐妹们生活的最小单元，在村（社区）网格、村民小组和小区楼栋等建立妇女小组50个，妇女微家65个，实现了联系姐妹“零距离”、关爱姐妹“无缝隙”，切实打通了妇联工作神经末稍，有效解决了基层最后一公里不通的问题。在全市妇联系统推行“631”（“六级”联动、“三亮”服务和一个品牌创建）模式服务基层社会治理助力乡村振兴行动，长沙市妇联深化改革现场会在浏阳召开。吸纳2家女性社会组织为团体会员单位，凝聚妇女能力不断增强。召开市妇联第十五届六次执委（扩大）会议暨执委履职能力提升培训班，实施“基层妇联领头雁”培训计划，全年组织各类妇联系统干部培训5期，共培训1039人次。创评浏阳、长沙精品妇女儿童之家14家，指导开展家庭教育、健康安全、文艺素养等各类活动。

【纪念第112个“三八”国际妇女节座谈会】 2022年3月4日，浏阳市各界妇女纪念第112个“三八”国际妇女节座谈会举行。长沙市委常委、浏阳市委书记朱东铁出席会议并讲话。浏阳市委常委、市委副书记戴武明，浏阳市委常委、纪委书记、监委主任姚喜琳，浏阳市委常委、组织部部长唐安石，浏阳市委常委、市委办主任王坤球，浏阳市人大常委会副主任张葵红，浏阳市人大常委会副主任邓雪琴，浏阳市政协副主席、工商联主席陈静出席会议。座谈会上，熊赛、李爱萍、胡珊、周月红、邓俐丽、张临英、黄建军、周莹、吴玮祎、廖红英等10位妇女代表先后发言，大家结合自身工作和成长经历，畅谈了在各自岗位挥洒汗水、奉献青春的感想体会。朱东铁在讲话中向全市广大妇女同胞致以节日问候和美好祝愿，并寄语广大妇女同志特别是女领导干部、女企业家、女创业者，要充分认识自身肩负的光荣使命，把思想和行动统一到中央、省、市决策部署上来，团结一心、踔厉奋发，展现新时代新使命新女性的拼搏姿态。

【浏阳市巾帼志愿者联合会成立】 2022年5月26日，浏阳市巾帼志愿者联合会成立仪式在浏阳市融媒体

2022年5月12日，浏阳市召开平安校园建设暨妇女儿童权益保护工作调度会议

（市妇联办公室 供图）

2022年5月26日,浏阳市巾帼志愿者联合会成立仪式　　（市妇联办公室　供稿）

中心演播室举办，长沙市妇联党组书记、主席、二级巡视员文方莅临成立仪式现场，并为浏阳市巾帼志愿者联合会授旗，浏阳市妇联党组书记、主席熊赛带领32个乡镇(街道)巾帼志愿者代表集体宣誓。2022年，浏阳市巾帼志愿者联合会32支分队1万余名巾帼志愿者们，积极响应市妇联号召,广泛开展"美家美妇志愿红，姐妹携手向未来"志愿服务,在扫雪除冰、垃圾分类、疫情防控、文明劝导中贡献巾帼力量。

【"湘妹子能量家园"项目工作推进会】 2022年11月28日,浏阳市妇联组织召开"湘妹子能量家园"项目工作推进会，湖南时代邮刊有限责任公司长沙湘妹子能量家园项目组产品经理和运营经理、浏阳邮政分公司金融部专管员以及9个"湘妹子能量家园"试点镇村妇联主席和平台管理人员参会。会上,湖南时代邮刊有限责任公司长沙湘妹子能量家园项目组产品经理王硕对湘妹子能量家园使用流程说明进行实操讲解，并为湘妹子能量家园工作的推进开展答疑解惑。浏阳市妇联党组成员、副主席许超群就全市8个市级试点村(社区)湘妹子能量家园工作推进进行了安排。要求各级邮政和妇联后期加强对接与合作，共同策划、组织好各类活动,共同推进湘妹子能量家园项目。

（汤　骁）

残疾人联合会

【概况】 截至2022年12月31日，全市共有各类持证残疾人37997人，其中肢体残疾18092人，智力残疾4771人,视力残疾4566人,听力残疾3084人,精神残疾4826人,言语残疾675人，多重残疾1947人,属一、二级(重度残疾人)的有13280人。2022年,市残联聚焦推动残疾人共同富裕目标，围绕年度重点工作任务,压实责任、狠抓落实,组联工作获评省"十优县",积极助力全国文明城市创建，成功举办第六届残疾人自强模范和扶残助残先进个人表彰活动。持续开展"一日工资助残"活动,全年收到捐款32万余元。省重点民生实事残疾儿童康复救助和困难残疾人家庭无障碍改造项目被推荐为省级优秀，残疾人群体幸福指数显著提升。

【康复救助】 2022年，浏阳市残联展开残疾儿童康复救助项目,为529名残疾儿童提供了康复训练服务，康复训练显好率95%以上;为63名困难残疾儿童家庭发放家长陪护补助和151名自费康复残疾儿童发放服务补助。"光明·关爱"工程共为315名视力患者提供白内障手术、配发助视器，受助对象有效率100%。依托贝尔耳鼻喉专科医院开展成人助听器适配服务，免费为听障残疾人适配普及型助听器99台。依托中医医院开展"义肢助残"项目,免费为38名肢体残疾人装配假肢41例。落实辅助器具项目补贴制，共为1330户残疾人家庭配备拐杖、轮椅等各类辅助器具1383件。

【扶贫保障】 2022年，浏阳市残联配合市民政局做好重度残疾人护理补贴和困难残疾人生活补贴审核工作,受益对象1.6万余人。全面落实残疾人参保优惠政策,为1.3万余名持证残疾人参加城乡居民医疗保险个人部分和6958名残疾人参加城乡居民养老保险实行政府代缴。为2094名残疾人高中生、大学生和残疾人家庭子女大学生发放补助435.76万元。为190户残疾人家庭生活起居设施进行无障碍改造。

【就业创业】 2022年，浏阳市残联举办残疾人就业专场招聘会，共发布21家招聘单位信息，推出岗位500个,实现意向招聘30人次。开展"阳光增收"扶贫项目,以每户2000元的标准，为200户残疾人家庭提供技术培训、生产资料扶持、生产服务指导。开展残疾人农村实用技术和职业技能培训，聚焦残疾人需求,举办电商、农业经理人、中西式糕点等各类培训4场次，培训残疾人188名。落实残疾人创业扶持项目，扶持残疾人自主创业40户,发放扶持资金48.344万元。做好按比例安排残疾人就业年审工作，全市各用人单位共安置残疾人2087人,协助地税征收残疾人就业保障金2830余万元，财政入库近2000万元。

【权益维护】 2022年，浏阳市残联完善残疾人权益保障，规范残疾人法律救助服务，全年累计为800余人次残疾人提供了法律咨询和法律救助。畅通残疾人诉求反映渠道，"12345"市民热线协调解决9起残疾人关注的事件。加强矛盾排查,及时化解纠纷，全年没有发生越级群访和涉残事件。

【市残联第五次代表大会】 2022年11月4日，市残疾人联合会第五次代表大会在欧阳予倩大剧院召开，出席会议的正式代表及列席代表共195人，其中残疾人及其亲友代表85人。经预备会、第一次全体会议、分团讨论和专门协会会议、第二次全体会议（选举）、主席团第一次会议、第三次全体会议等议程，大会于中午12点闭幕。大会听取和审议第四届主席团工作报告，选举产生市残联第五届主席团委员21名，在第五届主席团一次会议上选举主席团主席、副主席，推举执行理事会理事长、副理事长。大会期间同时召开各残疾人专门协会会议，推举产生各专门协会主席、副主席。

（兰词贵）

市红十字会

【概况】 市红十字会成立于1990年4月，按照浏编委发〔2013〕39号《关于进一步完善市红十字会管理体制的通知》规定：市红十字会不再在市卫生局挂靠，调整为单独设置的机构，列入群团组织序列管理。主要职责为：积极履行《中华人民共和国红十字会法》赋予的各项职责，突出抓好备灾救灾、社会救助、应急救护知识培训、无偿献血、造血干细胞捐献、遗体器官（组织）捐献、国际人道法及红十字运动基础知识传播、志愿服务、红十字青少年工作等主要工作。2022年，内设办公室一个，核定全额拨款事业编制4名，参照公务员管理，在职在岗5人。2022年争取到省红十字会“博爱家园”3个项目点，分别设在社港镇社港村、中和镇苍坊村、金刚镇金市村。

【“三献”工作】 2022年，浏阳市红十字会超额完成长沙团体预约无偿献血任务（下达任务数为5400人次，完成6115人次）。成功捐献造血干细胞1例，完成高分辨检测4例；签订遗体器官捐献自愿书1268份，成功捐献器官、遗体、角膜的共18例。

【救助工作】 2022年，浏阳市红十字会实施“小天使基金”项目救助白血病患儿、“博爱送万家”项目送温暖、“浏阳和　同心基金”助贫助学、省“人道救助”、“友阿基金”无偿献血、遗体器官捐献困难家庭救助等项目，全年发放救助物资2195.82万元、资金608.39万元。医疗行业龙头企业深圳迈瑞生物医疗电子股份有限公司、长沙奥凯生物科技有限公司通过浏阳市红十字会向浏阳市乡镇医院捐赠价值819万元的医疗设备。在浏阳城区实施疫情防控期间，筹集棉衣、检测物资与设备等价值106万元的物资。

【救护工作】 2022年，浏阳市红十字会加大传播覆盖面，加大对中国红十字总会“红十字急救掌上学堂”网上学习软件的推广工作，印制应急知识学习手册派发到广大市民手中；巩固“五进”的成效，与市应急局、市卫健局、市教育局等部门的相互配合，共同巩固、推进应急救护全民普及；深入开展红十字青少年活动，开展“红十字救在身边”暑期救护培训，组织中小学生参与应急救护知识培训和志愿活动。共举办应急救护知识培训、应急救援演练65场，培训3.6万人；开展救护员培训班4期，共培训205名救护员。

【志愿服务】 2022年，浏阳市红十字会“浏阳市红十字一加一志愿服务队”注册成立。红十字蓝天救援队参与志愿服务227次，志愿服务时间10154小时；红十字志愿服务队参与志愿活动328人次，志愿服务时间2321小时。红十字畅心心理救援队参与志愿服务活动396人次，志愿服务时间1120小时。11月上旬，组织4支志愿队伍共出动209人，货运车辆106台次，组织转运和协助转运抗疫物资。浏阳市红十字蓝天救援队在浏阳市新时代文明实践学雷锋志愿服务主题活动中被评为“最佳文明实践志愿服务组织”，2名队员评为“最美文明实践志愿者”。

（张素勤）

2022年6月14日，在天虹商业广场举行第19个世界献血者日宣传活动

（市红十字会办公室　供图）

2022年12月4日，浏阳市人民法院工作人员到浏阳市第一中学向学生讲解宪法　　（浏阳市第一中学　供图）

法　治

政法委与综治

【概况】 2022年，浏阳市先后被评为全国信访工作示范县（市、区、旗）、全省信访工作示范县（市、区），全省平安建设工作先进县（市、区）、长沙市平安建设工作红旗县（市、区），并夺得首届湖南省“平安杯”，连续10年保持全省“平安县（市、区）”荣誉。

【政治建设】 2022年，市政法战线把牢政治方向。深刻把握政治属性，强化政治引领，始终坚持党对政法工作的绝对领导。旗帜鲜明讲政治、抓学习，自觉强化理论武装，落实各项学习制度，把忠诚拥护“两个确立”、坚决做到“两个维护”作为最高政治原则和政治规矩，忠诚核心、拥护核心、跟随核心、捍卫核心，确保“刀把子”牢牢掌握在党和人民手中。深入贯彻《中国共产党政法工作条例》，全面加强政法机关党的政治建设，把党的绝对领导落实到政法工作各方面、全过程，最大限度将党的领导优势转化为政法工作实际效能。发挥政治优势。进一步加强政法领域制度机制建设，强化考评考核、监督制约，充分发挥党委政法委牵头抓总、统筹协调、督办落实作用，推动形成社会治理一盘棋、一张网、一体化工作格局。选优配强用好32个乡镇（街道）政法委员队伍，强化统筹调度机制，不断推动党管政法向基层延伸。建立健全职能部门齐抓共管、市镇村三级纵向贯通的平安建设协调机制，紧紧围绕政治更安全、社会更安定、人民更安宁、网络更安靖“四大目标”，精心做好考评考核各项工作，压实平安建设主体责任，推动政法工作制度化和长效化，进一步夯实平安浏阳建设的基层基础。凝聚政治力量。坚持把党建工作和政法业务工作同谋划、同部署、同落实，积极开展“党支部标准化创建”，扎实抓好支部“五化”提质工程，持续深化“三表率一模范”机关建设，全面提升组织工作质量。充分发挥党组织的战斗堡垒作用和党员的先锋模范作用，严肃党内政治生活，认真落实“三会一课”、主题党日、双述双评、民主评议党员等制度。坚持领导班子成员联基层党支部机制，有序推进智慧党建工作。在抗疫情、保平安、护稳定、促发展各项工作中，政法委机关闻令而动、冲锋在前，充分彰显党组织凝聚力战斗力。

【安全稳定风险防范】 2022年，市政法战线紧扣“为党的二十大胜利召开创造安全稳定的政治社会环境”工作主线，全面梳理摸排全市重点领域、重点问题、重点群体、重点人员。强化社会面管理，大力整治养老诈骗，重点摸排各类场所、机构，加大涉养老诈骗类网络舆情处置力度。始终坚持底线思维，运用法治思维，以群众根本利益作为社会稳定风险评估主要依据衡量，坚持推进重大决策事项社会稳定风险评估，有效防范风险隐患，形成评估先行、防范并重、稳定运行的良好局面。

【信访积案化解】 2022年，市政法战线深化“三联三保”制度，坚持领导干部公开接访、下沉督访，市级领导共接访群众325批801人次。推动信访积案攻坚清仓，中央治理重复信访、化解信访积案专项工作共交办248件，已全部审核化解。长沙市“百日攻坚”交办浏阳市五年以上信访积案6件、交办重点重复信访事项22件全部化解，其他重复信访事项化解52件。

【平安建设】 2022年，市政法战线创新平安建设“点线网面”工作模式，集“基层小治”成“社会大治”。广泛搭建“屋场夜话”“把话筒交给群众”等交流平台，深入推进“十大平安”、“五零”（服务零距离、安全零事故、环境零污染、治安零发案、居民零上访）村（社区）、“无讼”村（社区）、平安家庭等平安创建活动，共打造屋场、小区等基层平安建设示范点2400处，组建“红袖章”队伍358支。夯实基层基础，市、乡（镇、街道）、村三级综治中心全部挂牌建设到位，打造集里街道、永安镇、大瑶镇等基层示范点。全力维护基层平安，浏阳市平安建设工作经验在长沙市社会矛盾调处中心2022年平安建设工作推进会上得到推介。

【矛盾纠纷化解】 2022年，市政法战线深化“二化三中心（基层治理网格化、信息化，综治中心、网格管理中心、应急指挥中心）”建设，打造“浏云调”“连村止讼”等线上调解及远程视频系统，依托全市矛盾纠纷多元化解指导中心，全年共排查录入矛盾纠纷7024件，调处矛盾纠纷6956件，调解成功率达98.8%，群众满意率达98%。深入开展无讼乡镇（街道）、村（社区）创建，全力提升诉前矛盾纠纷化解成功率，全市诉前化解矛盾成功率达72.82%，一审民商事案件收案降幅5.15%。

【社会治理】 2022年，市政法战线加快推进市域社会治理现代化试点，充分发挥平安建设领导小组统筹抓总作用，压实基层属地责任，推动形成党委领导、政府负责、民主协商、社会协同、公众参与、法治保障、科技支撑的社会治理新体系。在全域推进市域社会治理现代化试点的督促推动下，全市涌现大批经验做法，市人民法院诉源治理工作经验入选最高人民法院《人民法院一站式多元纠纷解决和诉讼服务体系建设白皮书》并得到最高人民法院推介。市司法局创新法治政府建设、矛盾纠纷化解举措，被评为“全国司法行政系统先进集体”。着力拓宽社会治理面，加强湘赣边区域社会治理创新，牵头举办湘赣边6区（县、市）联席会议，持续深化矛盾纠纷联调、社会治安联防、重点问题联治、违法犯罪联打等“十联活动”，推动警务、检务、法务、司法等深度协作，打通村、镇、部门、县（市区）治理壁垒，破除区域间文化、习俗、政策等障碍，建立湘赣边社会治理中心等阵地，打造“部门联动、区域联治、平安联享”的区域治理典型，实现“一键可达、一体处警”。全年累计开展联防联控行动80余次，巡防里程达2600余千米。8月19日，牵头组织湘赣周边5个县（市、区）召开湘赣边区域基层社会治理协同创新联席会议，并进行现场观摩，人民网、新湖南、《长沙晚报》等10余家中央、省、长沙市主流媒体集中报道，获得上级部门和周边地区一致好评，有力提升平安浏阳建设的知名度和影响力。

【扫黑除恶专项斗争】 2022年，市政法战线以扫黑除恶专项斗争为牵引，始终保持对“黄赌毒”“盗抢骗”“黑恶霸”等违法犯罪的严打高压态势，持续深化四大行业领域专项整治工作，堵塞行业监管漏洞，铲除黑恶势力滋生土壤。加强对重大案(事)件的协调督办，深入打击电信网络诈骗、养老诈骗以及推进利剑护蕾等行动，紧盯重点行业领域，常态化推进扫黑除恶斗争。全年共破获“九类(强迫交易罪、敲诈勒索罪、寻衅滋事罪、聚众斗殴罪、非法拘禁罪、故意毁坏财物罪、组织卖淫罪、强迫卖淫罪、开设赌场罪)”涉恶案件160件，刑事拘留317人，打掉恶势力犯罪集团3个，扣押、冻结涉案资金资产价值270.5065万元。全面加强新时代县域警务和禁毒工作，全力打赢严打整治总体战，实现刑事发案同比下降13.2%、电信网络诈骗立案同比下降25.7%，亡人交通事故数同比下降28.89%，交通事故亡人数同比下降28.26%。

【司法改革】 2022年，浏阳市全力推进法学会工作，深化政法领域执法司法责任体系改革，不断提升执法司法质效，增强政法工作动能。市人民法院严格落实县级法院审级职能定位，积极接受程序制约和审级监督，全年共受理各类案件28458件，审、执结案26656件，全院司法绩效位居全省一类基层法院第一名。市人民检察院坚持改革强检、业务兴检，积极贯彻少捕慎诉慎押政策，执法质量考评连续6年在长沙检察机关排名靠前。市公安局建成并投入使用执法办案管理中心，深化办案运行机制改革，全面提升执法队伍专业化、执法行为标准化、执法管理系统化、执法流程信息化水平。

【民生法律服务】 2022年，市政法战线始终坚持以人民为中心的发展思想，着力解决政法领域人民群众“急难愁盼”问题。组织落实政法系统领导带班接访制度，共接待办理涉法涉诉信访事项103件。办理司法救助案件131起，发放司法救助款182万元。市人民法院扎实推进人民法院调解平台“三进”(进乡村、进社区、进网格)工作，深入开展“为群众办实事示范法院”创建活动。市人民检察院健全“检察长接待日”工作机制，全年接待群众来信来访66件次，开展行政公益诉讼，督促解决久拖未决的群众诉求。市公安局持续深化“放管服”改革，研究推出一系列便民利民新举措。司法局依托公共法律服务中心，广泛开展“八五”普法和“普法直通车”活动，司法为民质效进一步提升。

【经济社会建设法律服务】 全面落实“三高四新”和“强省会”战略，以“千名干部联千企”“千名干部下基层，确保平安促发展”等活动为载体，全面护航全市经济社会发展。市人民法院深入推行“企业大走访”“送法进企”等法律服务活动，市人民检察院全面开展“检察官进企业”、检察长(官)联企业活动，为全市200余家重点项目和企业量身定制长效法律服务。市公安局全力推进园区警务，专项清理整治风险隐患1040个，办理涉园区案件430余起。市人民检察院建设2个远程提审室，成立疫情防控宣讲团，政法系统护航实体经济发展的法治张力进一步彰显。

【2022年湘赣边区域基层社会治理协同创新联席会议在浏阳召开】 2022年8月17—18日，2022年湘赣边区域基层社会治理协同创新联席会议暨观摩活动在浏阳市举行。湖南省长沙市浏阳市、株洲市醴陵市、岳阳市平江县，江西省萍乡市上栗县、湘东区、铜鼓县6个县(市、区)的政法委书记、副书记，法院、检察院、公安局、司法局各部门负责人，浏阳市湘赣边区域合作中心、卫健等部门负责人，各乡镇街道分管负责人出席会议。这是国家发改委2021年10月16日下发《湘赣边区域合作示范区建设总体方案》后，湘赣边区域合作示范区6个县（市、区）就区域基层社会治理协同创新召开的第一次主题联席会。会议旨在贯彻落实上级精神，打造共商共建共治共享的湘赣边区域治理共同体，共同维护社会和谐稳定。8月18日，与会人员对区域基层社会治理协同创新工作进行现场观摩，先后到浏阳市矛盾纠纷多元化解指导中心，观摩考察线上矛盾调解工作；到浏阳市人民法院，听取工作人员关于诉源治理工作的汇报；到澄潭江镇渠城村，观摩考察浏阳市澄潭江

2022年8月18日，浏阳市、上栗县、醴陵市、平江县、湘东区、铜鼓县6个县(市、区)的政法委书记签订《湘赣边区域基层社会治理协同创新战略合作框架协议》

（市政法委办公室　供图）

镇和江西省上栗县桐木镇、金山镇三镇合力打造湘赣边综治服务中心。与会人员还先后考察上栗县湘赣合作产业园园区社会治理工作，以及金山镇高山村湘赣边社会治理联合体、大瑶镇湘赣边综合治理中心。观摩活动结束后，副市长、公安局局长刘一斌在大瑶镇主持召开湘赣边区域基层社会治理协同创新联席会议。大瑶镇党委书记潘定一，上栗县社会治理协同创新研究中心主任、江西社会稳定风险评估与治理研究院院长、博士生导师陈成文教授分别做主题发言，浏阳市、上栗县、醴陵市、平江县、湘东区、铜鼓县6个县(市、区)分别介绍各自的平安建设工作情况。会上，各县(市、区)政法委书记签订《湘赣边区域基层社会治理协同创新战略合作框架协议》。浏阳上栗相关部门签署《湘赣边区域诉源治理共建共享合作协议》《湘赣边区域法律服务合作协议》《湘赣边区域社会心理服务合作协议》。

(王　娜)

公　安

【概况】 2022年，市公安局在长沙市公安局和浏阳市委、市政府的坚强领导下，以党的二十大安保维稳和学习贯彻党的二十大精神为主线，在全力以赴防风险、保安全、护稳定、战疫情、促发展、惠民生中彰显铁肩担当，确保全市政治社会大局平安稳定。加强新时代公安工作，有效维护政治社会安全，公安工作和队伍建设业绩优秀。全局以深化积分制考核运用为抓手，在大战大考中奋楫争先、勇创佳绩，被评为全国公安机关"昆仑2021"专项行动成绩突出集体、全省公安机关县域警务成效突出创新项目、全省公安网技工作成绩突出集体、全省卷烟打假工作先进集体，被长沙市公安局评定为绩效评估优秀单位，维护政治安全和社会稳定、新冠疫情防控工作、"执法规范化建设"、打击治理电信网络诈骗犯罪工作、"利剑护蕾"工作、打击整治养老诈骗工作等成绩突出单位。

【刑事案件、重大案件侦破】 2022年，市公安局保持严打整治高压态势，纵深推进扫黑除恶专项斗争，扎实开展"百日行动"冬春攻势专项行动。破获刑事案件1742起，破案率达52.4%，刑事打处3258人，4起现行命案、37起八类恶性案件全破，破获命案积案2起，最长年限达27年。受理治安案件5680起，同比下降26.3%，行政处罚2863人。打掉恶势力犯罪集团5个，刑事拘留犯罪嫌疑人29人，办理涉黑涉恶线索10条。

【破获电信网络诈骗案件】 2022年，市公安局破获电诈骗诈案件369起，追赃挽损600余万元，破获涉案损失百万元以上案件7件，打掉涉诈犯罪团伙28个，刑事打处843人；打掉偷越国(边)境犯罪团伙16个，刑事打处78人；缅北清源专项行动刑事打处80人。侦破"6·12"特大网络交友诈骗案，刑事打处涉诈犯罪嫌疑人239名。

【禁毒、缉毒工作】 2022年，市公安局破获毒品刑事案件112起，刑事打处涉毒人员160人，行政处罚涉毒人员444人，破获长沙首例贩卖毒品曲马多团伙案件，刑拘14人，行政拘留50人，缴获毒品曲马多234粒，有效遏制浏阳地区滥用曲马多的势头。全市现有吸毒人员数同比下降49.92%，新滋生吸毒人员同比下降68.75%，吸毒人员"减存量，控增量"工作成效明显。

【未成年人与老年人权益保护】 2022年，市公安局深入开展"利剑护蕾"专项行动，破获案件41起，抓获犯罪嫌疑人52人，抓获积案逃犯2人，依法送教不良习惯未成年人32人。成功破获诈骗老年人养老金案件20起，其中现案19起，积案1起，共抓获犯罪嫌疑人199人。

【黄、赌案件侦破】 2022年，市公安局依法查处黄、赌违法犯罪，刑事拘留307人，行政处罚1871人，侦破"8·24"流动赌场案，抓获违法犯罪嫌疑人15人，现场查扣赌资117.8万元。

【生产销售假冒伪劣产品案件侦破】 2022年，市公安局纵深推进"昆仑2022"专项行动，严厉打击侵犯知识产权、生产销售伪劣商品等突出违法犯罪，刑事打击处罚违法犯罪人员92人。侦破医保骗保药品系列案，抓获犯罪嫌疑人14人，获得公安部七局贺电表扬。侦破黄某某、赖某某等涉嫌销售假冒、伪劣卷烟案，抓获犯罪嫌疑人25人，一举捣毁长期盘踞在湖南省、广东省5个犯罪团伙，获省厅贺电表扬。

【护航发展】 2022年，市公安局践行服务"三高四新"战略，严厉打击侵犯企业合法权益违法犯罪，构建法治化营商环境，依法办理涉企经济案件23起，刑事打击处罚违法犯罪人员170人，为企业挽回经济损失1000余万元，为重点项目建设提供良好治安环境，化解椒花水

2022年10月12日，浏阳市公安局组织"我为群众办实事"集中退赃大会 (市公安局 供图)

2022 年 1 月 10 日，市公安局组织开展警营开放日活动（市公安局 供图）

库移民群体部分挑头人员组织村民策划集体行政诉讼事件。抽调 100 名警力参与 4 月 29 日望城区发生的居民自建房倒塌事故救援处置，高标准落实卡点勤务等工作，积极协助党委政府妥善处置遇难浏阳籍学生家属抚慰工作，严防风险交织外溢。

【道路交通安全管理】 2022 年，市公安局认真领会省人民政府党组成员、副省长，省公安厅党委书记、厅长王一鸥，长沙市副市长、市公安局局长刘新良关于道路交通安全的重要指示精神，紧盯守牢亡人数不超过 100 人的工作底线，扎实开展交通问题顽障痼疾集中整治、交通事故预防“减量控大”等工作。深化“交所合一”、“三办合一”、事故倒查等 5 项机制，将交通安全工作纳入季度讲评、综治考评和绩效考核，注重上下联动、左右协同，形成全市“一盘棋”的大交管格局。全年开展联合执法整治行动 93 次，严查酒驾醉驾、无证驾驶、违法载人、货车超载超限、非法改装等重点交通违法行为，现场查处交通违法 17.4 万余起，排查治理安全隐患 316 处。采取“线上+线下”融合方式推进交通安全宣传，组织“屋场会”846 场、发放宣传资料 35.6 万余份，联动广播、电视、浏阳日报等媒体刊发稿件 424 篇，浏阳公安、浏阳交警等双微平台推送交通安全微信 86 篇、微博 56 篇。全年共受理道路交通事故 18467 起，同比下降 5.58%，全市发生亡人交通事故 96 起，造成 99 人死亡，同比分别下降 28.89%、28.26%，实现交通事故总量、亡人交通事故起数、亡人数“三下降”。

【危爆安全管理】 2022 年，市公安局聚焦危爆行业安全发展，以“打非治违”专项行动和危爆行业风险隐患专项打击整治行动为抓手，联合应急、交通、市场监督等职能部门，推动危爆物品全链条、全要素监管落地，对非法生产等违法犯罪行为进行拉网式排查、露头就打、以打促防。全年累计检查单位 2479 家次、摸底排查房屋 28.8 万栋次、排查退出企业 1706 家次、排查废旧厂房 11245 家次，发现整改隐患 1555 处，查扣涉危涉爆车辆 1133 台，侦破“8·3 文家市刘某某案”“8·5 中和刘某某案”等涉危爆典型案件 30 起，刑拘 42 人、移诉 52 人、行政处罚 355 人，对非法生产形成有力震慑。依托驻村辅警和微网格员，落实政策宣传、举报奖励等措施，共张贴宣传横幅、通告 50 万余份，制作宣传栏 1880 期，刊发微信 386 篇，融媒体报道 11 篇，电视宣传 13 期，发放举报奖励 33 万元，形成群防群治的强大合力。浏阳公安局严控危爆安全经验做法得到《人民公安报》、中国警察网、省公安厅内刊推介。

【警务改革】 2022 年，市公安局坚持以人民为中心，深化便民服务改革，进一步推动 33 项户口业务实行网上全流程办理，全市 7890 人“足不出户、零次跑”申办户口业务，让人民群众感受到更多获得感、幸福感，交警大队车管所被公安部评定为全国一等县级车辆管理所。推行“保护知识产权驻企业工作站”模式，在 9 家企业工作站挂牌，利企服务迈出新步伐。扎实推进人大专项评议工作意见整改，对照人大代表提出的 17 类 101 条意见逐条制定整改标准，明确整改时限和责任人员，举一反三查找类似问题，并积极向人大代表反馈整改成效，顺利通过市人大常委会测评验收。整改工作开展以来，累计整改完善交通基础设施 3000 余处，纠治解决出生登记错误、身份证指纹采集错误等历史遗留问题 200 余处，得到人大代表和人民群众的一致好评。办理人大建议、政协提案 35 件，办结率、满意率均达到 100%。

【基础设施建设】 2022 年，市公安局在全市建成 79 个“智慧安防单位”，674 所“智慧平安校园”，平安基石进一步筑牢。滚动实施派出所建设三年行动计划，永安、沙市、文家市派出所新建落成投入使用，达浒、大围山、北盛、龙伏等 4 个新所开工建设，33 个派出所（分局）“五小工程”全面改造，大瑶公安检查站提档升级，42 台公务执勤车辆配发一线，民辅警工作、生活条件持续改善。建成运行全省规模最大的执法办案管理中心，推行 24 小时“保姆式”贴心服务，带动执法办案高质高效。

【魏建锋到浏阳调研】 2022 年 9 月 20—21 日，湖南省委常委、省委政法委书记魏建锋到浏阳市和株洲市调研政法工作，检查安全生产工作，督导党的二十大安保工作。他强调，坚持以人民为中心，统筹发展和安全，坚决防范化解风险，切实维护社会稳定，全力确保公共安全，有效服务保障经济社会高质量发展，以实际行动迎接党的二十大胜利召开。长沙市委常委、浏阳市委书记朱东铁，长沙市委常委、市委政法委书记张敏，浏阳市领导周耀辉、王坤球、李翔、刘一斌陪同参加调研。魏建锋深入烟花生产企业、乡镇综治中心、公安机关等调研检查。他强调，要深入贯彻习近平法治思想，以加强党的政治建设为统领，永葆对党绝对忠诚的政治本色。按照省委工作部署，树牢底线思维，坚决克服畏难情绪、侥幸心理、麻痹思想，紧紧围绕“防风险、保安全、迎二十大”这条主线，以“时时放心不下”的政治责任感和“把眼睛瞪得大大的”行动自觉，构建重大风险“预见、应对、处置、总结、提升”闭环机制，强化社会治安防控，推进扫黑除恶常态化，深化平安创建，抓实抓细抓好安全生产各项工作，为党的二十大胜利召开创造安全稳定的政治社会环境。坚持去存量、控增量和防变量齐抓，深入开展矛盾风险隐患排查化解，加强信访工作，用心用情解决民生问题、做好群众工作，切实把矛盾解决在萌芽状态。

【刘新良到浏阳督导检查】 9月28日，长沙市副市长、市公安局局长刘新良到浏阳市督导检查党的二十大安保维稳和安全生产工作。长沙市政府副秘书长谭海，市政府办公厅、市公安局、浏阳市委、市政府相关负责人员参加。刘新良一行来到澄潭江镇荆坪村交通整治点、文家市派出所、浏阳河中学附属幼儿园、浏阳市民用爆破器材专营有限责任公司，对交通安全隐患排查整治、派出所安保维稳工作、校园安全、民爆物品安全管理等进行督导检查，在浏阳市公安局召开座谈会，听取浏阳公安党的二十大安保维稳和安全生产工作情况。

【侦破部督“6·12”特大网络交友诈骗案】 2022年6月，市公安局接到群众举报，反映浏阳市集里街道某有限公司涉嫌网络交友诈骗。接到举报后，市公安局迅速组织开展侦查，经串并分析多起类似案件，逐步了解其作案手法，发现该公司系通过招聘女主播，使用虚假同城相亲交友的付费聊天App，虚构“奔现交友”事实，隐瞒女主播真实身份，诱骗男用户不断充值付费，进而赚取提成的诈骗团伙。经对该团伙信息流资金流追踪调查，发现该虚假同城相亲交友的付费聊天App运营团伙主要分布在四川成都等地，受害人多达1000余万人，涉及全国多省市。如，海口市某75岁退休男教授沉迷该付费聊天App，被诈骗30余万元。该案因受害人众多、涉案金额大、分布地域广，经浏阳市公安局逐级汇报后引起各级领导高度关注，从长沙市局、浏阳市公局抽调精干力量组成“6·12”专案组，全面开展侦查工作。经过1个多月的缜密侦查，专案组基本查清该诈骗犯罪团伙的层级结构和110余名犯罪嫌疑人的具体身份，掌握大量违法犯罪事实。2022年8月23日，在省厅刑侦总队、长沙市局刑侦支队、网技支队的大力支持下，浏阳市局“6·12”专案组分赴北京、黑龙江绥化市、成都市、长沙市成功收网，共抓获违法犯罪嫌疑人99人。

（杨　思）

【森林公安】 2022年，市森林公安局坚持政治建警、改革强警、科技兴警、从严治警、从优待警，扎实推进“四个大抓”警务战略（大抓教育与管理、大抓主职与主业、大抓改革与科技、大抓基层和基础），深入开展“四个提升”工程（抓党建提升站位，抓学训提升本领，抓规范提升质量，抓作风提升形象），全力锻造一支忠诚干净担当的生态铁军，全力保护“山水林田湖草沙”大生态圈，全力护航美丽宜居的生态浏阳建设，有力推动浏阳森林公安事业高质量发展。年内，先后被评为“全国公安机关‘昆仑2021’专项行动成绩突出集体”，是湖南省唯一获此奖项的单位；2次获公安部贺电表彰；被评为省公安厅“生态三湘”200天专项行动成绩突出集体和全省公安机关“昆仑2021”百日攻坚行动成绩突出集体；被评为省森林公安局执法质量优秀单位；被长沙市公安局评为全市公安机关“昆仑2021”专项行动打击破坏生态环境犯罪成绩突出集体；以浏阳市森林公安局为主的“6·6”危害国家重点保护植物案专案组及主办民警浏阳市森林公安局刑侦大队副大队长易修成被公安部批准记“双一等功”，党组书记、局长钟晨曦被省公安厅记个人二等功，2人被评为全省森林公安法制工作优秀个人，20余人获省、长沙、浏阳各级表彰奖励。年内，投入100余万元，购置警车8台，配备电子签录仪14台、执法记录仪20台、应急和单警装备400余件（套）。

【生态环境保护】 2022年，市森林公安局严厉打击破坏生态违法犯罪行为，为全市生态建设提供强大法治保障。扎实推进专项行动，开展“昆仑2022”、“生态三湘”200天等专项打击行动5次，全年共打处破坏生态环境违法犯罪嫌疑人133人，追赃挽损400余万元。侦破汇森林场特大滥伐林木案，查明汇森林场超指标采伐林木材积1000余立方米，移送起诉10人。突出重点区域保护，开展“两区三园（绿心区、株树桥长株潭饮水保护区，大围山国家森林公园、大围山国家地质公园、浏阳河国家湿地公园）”绿心区、株树桥长株潭饮水保护区护绿行动，共侦破案件11起。破获“12·24”特大非法收购盗伐、滥伐的林木系列案，打掉滥伐林木团伙3个，抓获17人，共查明非法收购的杂原木材积400余立方米。生态保护全面覆盖，管辖案件拓展至生态环境领域22类案件，全年侦破污染环境、采砂采矿、非法捕捞、生物安全等新执法领域案件13起。

【生态治理】 2022年，市森林公安局与市公安局刑侦、网安、情报等部门建立固定协作机制，各警种间分工负责，构建打击破坏生态犯罪集研判、侦查、防范、宣传的“情指勤舆”一体化作战机制。强化部门联动，加强与市检、法、生态环境、林业等部门协作，联合出台生态治理相关制度1部，召开联席会议23次，联合开展“古树名木”“利剑”等专项行动7项，联合执法30余次，协助市森林督查整改林地回收工作，督促121个违法主体复绿，并回收林地

114.38公顷。构建行刑无缝对接机制，接收部门移送案件16起，立案并查破案件12起、打处12人，调处矛盾纠纷4起，凝聚生态治理齐抓共管合力。充分运用现代化手段收集线索，认真落实举报违法奖励制度，发动广大群众举报破坏生态犯罪行为，全力营造保护生态人人参与的良好氛围。

【森林防火】 2022年，浏阳市全域遭遇连续100余天高温干旱少雨高火险气候，市森林公安局班子带头冲锋、全局取消休假，高火险期，每天安排5辆警车、近20名警力开展防火巡查督导，选派1人脱产专职市防灭火办工作专班，协助市防灭火办做好林火预防、处置等工作。承办长沙市公安机关首次森林火灾应急处置演练，得到长沙市公安局的肯定。扎实履行森林防火"四负责、一协同"职责，发生火情均第一时间赶赴现场调查处置，全年参与火情调查处置40余次，处置森林防火违法人员6人，协助行政处罚31人次，联系北大区森林防火工作确保平安，协助市森林防火指挥部开展防火督导400多次、巡查巡护200余次、排查隐患200余处、发放宣传资料10000余份。派出干部协助、指导镇、村开展森林消防培训5场400余人次。

【"昆仑2022"专项打击行动】 2022年2月28日，全国公安机关"昆仑2022"专项行动动员部署视频会议召开。按照公安部统一部署，浏阳市森林公安局在全市组织开展"昆仑2022"专项打击行动，重拳打击破坏生态环境违法犯罪。按照"打源头、端窝点、摧网络、断链条、追流向"的工作要求，紧盯重点领域、广拓线索来源、畅通行刑衔接，共摸排线索200余条，与林业、自然资源、生态环保等部门召开联席会议23次、开展联合执法30余次，查破各类案件88起，侦破部督、省督案件3起，打处133人，名列湖南省前茅、长沙地区第一。

【"生态三湘"200天专项行动】 "生态三湘"是一项由省公安厅部署的打击长江流域非法捕捞、非法采砂、污染环境和非法占用农用地等破坏生态环境犯罪的专项行动，时间自3月1日开始至9月20日，为期200天。按照省厅统一部署，浏阳市森林公安局扎实开展"生态三湘"200天专项行动，共受理各类案件26起，其中，立刑事案件23起，破案29起，办理部督案件1起，省督案件2起。接受移交案件8起，抓获犯罪嫌疑人66人，移送起诉97人，受理行政案件3起，办结3起，行政拘留3人，被省公安厅评为全省公安机关"生态三湘"200天专项行动成绩突出单位。

【在全省森林公安执法质量考评中获得第一名】 2022年，市森林公安局坚持"执法质量是公安工作生命线"理念，健全机制、强化监督，推进严格规范公正文明执法。实行法制审查"两级三审制"、重大决策和疑难案件集体研究、执法督查通报等制度。全年执法工作领导小组集体决策行政案件16起，案审会召开会议8次、研究案件22起，常态开展执法督查、发通报4期，在省森林公安局组织的2022年执法质量考评，抽查60起案件合格60件，合格率100%，抽检案件数量及合格率均排名全省第一，蝉联全省森林公安执法质量考评第一名。

【侦破部督"6·6"危害国家重点保护植物案】 2022年8月5日，长沙市公安局召开新闻发布会，通报成功侦破部督"6·6"危害国家重点保护植物案相关情况，一个毒害古树的犯罪网络被彻底摧毁。2021年6月，浏阳市金刚镇政府向浏阳市森林公安局移送线索，称域内两株挂牌古樟树异常枯死。经浏阳森林公安缜密勘察，发现两株古树系人为毒害致死。浏阳市森林公安局高度重视，迅速成立专案组展开侦查。2022年1月5日，专案民警成功将犯罪嫌疑人欧阳某某等7人毒害古树犯罪团伙抓获归案。审讯发现，欧阳某某等人毒死古树后，到当地林业部门骗取采伐手续，再向当地村民低价收购，然后高价转卖给杜某某。侦查发现，谢某某从事与杜某某相同的犯罪活动。获悉案情后，长沙市公安局高度重视，2022年3月初，由长沙市人民政府副市长、公安局长刘新良挂帅提级侦办此案。在省森林公安局和各地公安机关的鼎力协助下，省、长沙市、浏阳市一体联动、多警种无缝对接，开展合成作战，深挖毒害古树关联线索。先后派出30多个外调组，赴湘、赣、闽、浙、渝多省深挖扩线、调查取证。随着侦查工作层层推进，毒害古树网络结构逐渐明晰，截至2022年8月3日，专案组共查明毒害古树团伙5个，抓

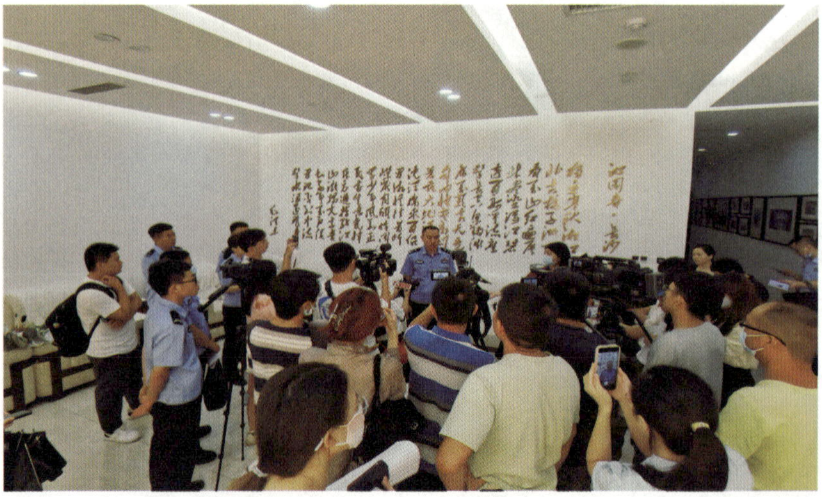

2022年8月5日，长沙市公安局召开新闻发布会发布"6·6"危害国家重点保护植物案，案件主办民警浏阳市森林公安局刑侦大队副大队长易修成接受媒体采访

（市森林公安局　供图）

2022年10月3日，长沙市公安机关首次森林火灾应急处置演练在浏阳市中澳蓝鹰国防教育主题公园举行　　（市森林公安局　供图）

获涉案犯罪嫌疑人20人，在湘赣两省9县查明涉案现场31处，查明涉案古树43株（其中遭毒害的35株，非法收购、采伐的8株）。至此，一个毒害古树的犯罪网络彻底被摧毁。经查，杜某某、谢某某从事倒卖枯死古树生意，从各地收购枯死古树转卖到闽浙一带，主要用于雕刻工艺品，因天然枯死的古树大多腐朽或空心，价格不好，从而打起毒死活树再倒卖牟利的主意。2022年3月，公安部将此案列为2022年首批部督案件，公安部副部长杜航伟就此案作出批示，省森林公安局局长周国生，长沙市副市长、市公安局局长刘新良多次听取案件汇报、靠前督导"6·6"专案侦办。专案民警历时1年零2个月，足迹遍布湘赣浙闽渝桂6省，最终将犯罪嫌疑人一一捉拿归案。"6·6"危害国家重点保护植物案是全国侦破的首起成批量、多团伙毒害古树新型生态环境犯罪案件。推动公安部、住建部、国家林草局于2022年9月联合开展首次全国古树名木违法犯罪活动专项整治行动，获得中央电视台13台《焦点访谈》、《法治在线》、《人民日报》、湖南卫视《平民英雄》等多家主流媒体报道，2022年3月30日、8月20日，公安部两次《贺电》表彰浏阳市森林公安局，以浏阳市森林公安局为主的"6·6"专案组和主办民警浏阳市森林公安局刑侦大队副大队长易修成被公安部批准记"双一等功"，浏阳市森林公安局党组书记、局长钟晨曦荣立二等功，专案组6人荣立三等功、7人获嘉奖。

【长沙市公安机关首次森林火灾应急处置演练】 10月3日，由长沙市公安局主办，浏阳市公安局、浏阳市森林公安局承办的长沙市公安机关首次森林火灾应急处置演练在浏阳市中澳蓝鹰国防教育主题公园举行。长沙市公安局党委委员、副局长彭迟平，长沙市森林公安局党组书记、局长饶冰劲，浏阳市人民政府副市长、公安局党委书记、局长刘一斌等领导出席，长沙市及各区（市、县）公安局分管领导和牵头警种负责人参加观摩。演练聚焦增强公安机关应急处置能力、优化林火处置流程、巩固部门联动处置山火机制，科学设计流程、周密制定方案，充分展示公安机关快速高效处置突发林火的能力。演练中，森林公安、指挥中心、巡特警、刑侦、交警、危爆等多警种联动，应急、林业、政府等多部门协同，对公安机关开展森林防火"一协同"工作、森林火灾接警联动、火场警戒和秩序维护、参与指挥扑救、紧急处置、火案侦破6个科目进行展示。长沙市公安局党委成员、副局长彭迟平对演练给予充分肯定。

（张华强）

检　察

【概况】 2022年，市人民检察院在市委和上级检察机关的坚强领导下，在市人大及其常委会的监督支持下，在市政府、市政协和社会各界的关心支持下，坚持以习近平新时代中国特色社会主义思想为指导，贯彻党的十九届历次全会、党的二十大精神和《中共中央关于加强新时代检察机关法律监督工作的意见》，坚持能动履职，为大局服务，为人民司法，为浏阳经济社会高质量发展提供强有力的司法保障。全年受理审查逮捕1416人，同比下降33.1%；决定批准逮捕786人、不批准逮捕630人；受理审查起诉3109人，同比增长17%，决定起诉2318人、不起诉766人，审结率99.2%。办理刑事、民事、行政、公益诉讼等法律监督案件2415件。年内，先后获得"全省先进基层检察院""长沙市先进基层检察院""全国检察宣传先进单位""全省检察信息优秀集体""三八红旗集体"等集体荣誉，25人次获"十佳公诉人"等市级以上奖励。

【依法执检】 2022年，市人民检察院依法办理利用邪教组织破坏法律实施犯罪，维护国家政治安全；严厉打击非法集资犯罪、电信网络诈骗犯罪，起诉183人，维护经济金融安全；依法打击非法信访，对程某宽等3人提起公诉，维护正常信访秩序。加强安全生产法律监督，起诉涉烟花爆竹非法生产、运输犯罪43人；参与全市自建房安全整治"百日攻坚"专项行动，公益诉讼立案4件，监督违法建筑依法拆除。优化法治化营商环境，加强驻经开区检察联络室建设，依法打击涉企违法犯罪82人；开展涉案企业合规改革3件；为涉企社区矫正对象叶某跨市县企业生产经营量身定制监管方案；对自愿认罪认罚、真诚悔罪、积极赔偿的涉企犯罪人员不批准逮捕17人、不起诉14人，推动企业依法守规经营，服务浏阳经济社会高质量发展。闻令而动，组织60余名志愿者多次参与疫情防控工作。

【群众合法权益保护】 2022年,市人民检察院坚持为人民司法的鲜明导向,高度关注未成年人的健康成长,"严、护、防、教"一体推进"利剑护蕾"专项行动,强化对未成年人的司法保护。办理"4·16"涉恶案件等一批侵害未成年人合法权益犯罪案件,提起公诉161人;开展社会调查、督促监护、心理疏导、家庭教育指导等853人次,全年共组织28名检察官进校园开展法治辅导60余场次。针对未成年人出入经营性娱乐场所、个人信息泄露等情形,公益诉讼立案36件,发送检察建议13份。开展打击养老诈骗犯罪专项行动,维护群众正当权益。支持起诉为206名农民工追回劳动报酬192万元;为8名未成年人、老年人、农民工等追讨相关费用、赔偿金200余万元;办理刑事被害人司法救助案件58件,救助金额63.9万元。

【少捕慎诉慎押原则实施】 2022年,市人民检察院坚持严审细查,将法律监督与减少社会对抗、化解社会矛盾有机结合,对犯罪情节轻微、社会危害性不大、认罪认罚的犯罪嫌疑人决定不捕、不诉,不捕率44.5%、不诉率24.8%;开展羁押必要性审查,对已逮捕的犯罪嫌疑人变更为取保候审强制措施33人,诉前羁押率27.9%,同比下降28.5%;提出宽缓量刑建议474人。探索推进速裁办案,轻刑快办,简案简办;引导犯罪嫌疑人认罪、悔罪,适用认罪认罚从宽2643人,适用率86.74%、发送确定刑量刑建议1599份,采纳率97.4%。

【执法监督】 2022年,市人民检察院强化"在办案中监督,在监督中办案"理念把法律监督贯彻于执法办案各环节、全过程。办理的"6·6"危害国家重点保护植物案,提前介入,追诉漏犯1人;快捕快诉,法、检两长同庭履职,严惩犯罪,促进对古树名木的综合保护。办理孔某猥亵儿童案,审查发现并追诉强奸犯罪,法院一审以强奸罪判处其有期徒刑十年六个月。结合办案深度分析案发原因,针对养老诈骗、民间借贷、生产安全、金融经济安全等问题,发送检察建议267件,进一步推进监管责任和主体责任的落实,推动相关问题整改,该做法得到最高人民检察院推荐肯定。

【联合执检监督】 2022年,市人民检察院与市纪委监委建立健全监检会商工作机制,与市法院党组建立联席会议制度,在市公安局设置侦查监督与协作配合办公室,与市法院、环保局联合设立生物多样性司法保护等4个基地,深化理解支持。深入推进"林(河)长+检察长"制,深入乡镇街道调研、巡河巡林,守护碧水蓝天净土。与教育局等九部门联合开展侵害未成年人案件强制报告专项检察,监督纠正各类违法问题36个,各单位报告违法线索并刑事立案10件。

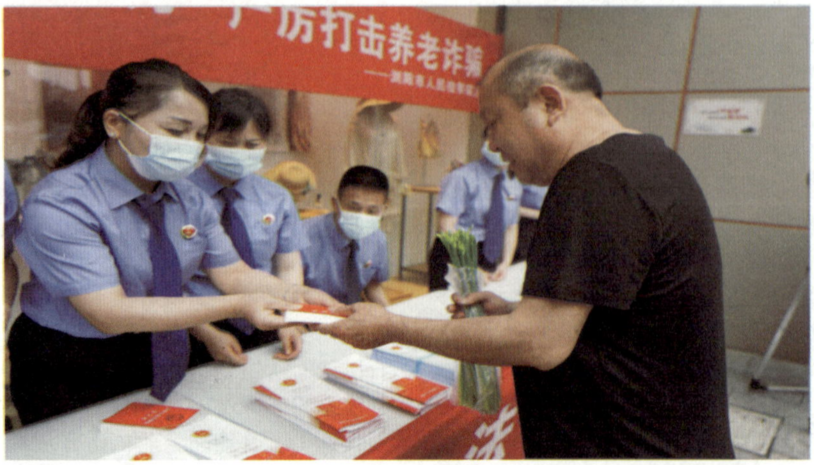

2022年5月30日,市人民检察院组织开展打击养老诈骗犯罪宣传活动

（市检察院　供图）

【刑事检察】 2022年,市人民检察院监督侦查机关立案28人,撤案9人,追捕追诉17人;提前介入引导侦查119件;纠正侦查活动违法380件。办理湘嘴巴非法集资系列案入选长沙市优秀刑事案例。加强审判监督,纠正刑事审判程序违法170件,提出抗诉3件6人,检察长列席审判委员会8件。加强刑事执行检察,监督纠正监管活动违法、刑事执行问题317件;运用大数据依法监督纠正彭某非法出境。加强职务犯罪侦查和检察,参与侦办司法工作人员职务犯罪2件2人;受理职务犯罪案件9件10人,已提起公诉8件8人,督促退缴赃款上交财政1690万元。

【民事检察】 2022年,市人民检察院加强民事裁判结果监督,针对民事裁判显失公平、适用法律确有错误,提请长沙市检察院抗诉12件,提出再审检察建议12件;针对审判程序、执行活动发送纠违类检察建议500件;向劳动人事争议仲裁委发送撤销裁决书面检察建议100件。办理的周某某与湖南某储运产业发展有限公司、王某追索劳动报酬纠纷提请抗诉系列案入选全省民事检察典型案例。

【行政检察】 2022年,市人民检察院加大对行政裁判结果监督,监督纠正2件,发送监督纠正行政机关、政府部门违法行为检察建议370份。积极化解行政争议,与依法治市办公室、司法局建立推进行政争议实质性化解工作机制,针对国家生育政策调整,向卫健局发送撤回法院终本非诉执行检察建议50件。

【公益诉讼检察】 2022年,市人民检察院行政公益诉讼立案143件,发出诉前检察建议107份,民事公益诉讼立案54件。关注国有财产保护,督促对4宗违规申请基本医疗保险基金先行支付进行追偿,督促税费征缴176万元。关注食品、药品安

2022 年 5 月 18 日，市人民检察院举行违法建房行政公益诉讼案公开听证暨集中送达检察建议工作会议
（市检察院　供图）

全，对销售有毒有害食品的 14 件案件向法院提起刑事附带民事公益诉讼。加强支持起诉，督促侵权人承担生态修复、野生动物损害赔偿 390.6 万元、开垦荒地 3 亩、增殖放流鱼苗百余万尾。开展军人优先就医、公共安全、“二手车”非法占用公共停车位等专项检察，督促相关问题整改。

【人民监督】 2022 年，市人民检察院主动向市人大及其常委会报告法律监督等专项工作 3 次。建立人大代表经常性联系机制，走访人大代表 71 人次，邀请 101 人次人大代表、政协委员参与案件公开听证 19 次 385 件，参与增殖放流等检务公开活动 4 次。积极参加市人大常委会组织的《环境保护法》执法检查。13 人次被任免为检委会委员、检察员等职务，4 名员额检察官接受市人大常委会“两官”履职评议。

【检察队伍建设】 2022 年，市人民检察院坚持政治建检，检察长讲党课，开展“学报告、悟思想、争先进、创一流”主题党日活动，多层面、多方式学习宣传贯彻落实党的二十大精神；调优配强领导班子，交流、提拔班子成员 3 人；加强队伍建设，提拔中层干部 4 人，晋升职务职级 19 人；组织员额检察官全员述职；开展读书会、研讨会等文化育检活动，培育干警检察职业精神。建立数据分析研判和争先创优工作机制，强化过程评价，提升工作质效。开办“浏检夜校”、职务犯罪侦查等专题培训 401 人次，全面提高干警执法素养。深化执法司法协作，聘任特邀检察官助理 6 名、“益心为公”志愿者 20 名，借力“外脑”，收集案件线索，参与办案。以“忠诚、公正、清廉、文明”为核心，全面落实清廉浏检机关建设。坚持案件三级审查把关，加强对执法办案的风险防范。抓实从严管党治检，开展专题教育 3 次，干部任前谈话 39 人次，提醒谈话 21 人次，将各种苗头性、倾向性问题扼杀在萌芽状态。严格执行防止干预司法“三个规定”，逢问必录，填报 136次。

（谭玉芳）

法　院

【概况】 2022 年，市人民法院审（执）结案件 26656 件，员额法官人均办案数 386 件，发改率 0.83%，服判息诉率 95.6%，司法绩效连续四年位居全省一类基层法院第一名。2022 年 2 月 24 日，全国法院“一站式”建设举行新闻发布会，浏阳市人民法院党组书记、院长伍玉联在会上做经验发言；党风廉政建设工作经验被最高人民法院内刊推介；民事案件连续三年实现下降，诉源治理经验被《湖南日报内参》深度报道；理论调研工作连续三年获评全省先进，4 篇案例入选最高法院 2022 年年度案例。全院集体受到上级表彰 15 次，被评为全省法院“先进集体”，刑事法庭被评为全省法院少年法庭工作先进集体。干警个人受到上级表彰 46 人次，其中，院长伍玉联被评为全省法院“十佳基层法院院长”。12 月 28 日，最高人民法院下发《关于命名“为群众办实事示范法院”的决定》，浏阳市人民法院被最高人民法院命名为“为群众办实事示范法院”。

【刑事审判】 2022 年，市人民法院审结刑事案件 1553 件 1760 人，护航更高水平平安浏阳建设。常态化开展扫黑除恶专项斗争，审结涉恶案件 8 件。严惩故意伤害、强奸等暴力犯罪行为，对 134 名被告人判处三年以上有期徒刑。审结食品药品安全犯罪 16 件，对生产、销售有毒、有害食品的谭某判处有期徒刑 14 年。审结电信网络诈骗、非法吸收公众存款等涉众型侵财犯罪案件 381 件。审结涉毒案件 170 件，提升禁毒综合治理效能。铁腕推进“利剑护蕾”专项行动，审结性侵未成年人案件 65 件。审结职务犯罪案件 6 件，助力清廉浏阳建设。贯彻宽严相济刑事政策，依法对 480 名犯罪情节显著轻微的被告人判处非监禁刑。

【民事审判】 2022 年，市人民法院全面贯彻实施民法典，审结民事案件 11269 件，有力保障民生福祉。审理医疗、教育、住房、就业等民生案件 2648 件，开展涉农民工工资专项审判活动，帮助务工人员追回劳动报酬 8315.4 万元。配合做好保交楼、保民生等工作，妥善化解涉恒大、碧桂园等房地产纠纷 388 件。创新打造家事审判闭环工作模式，审理婚姻、继承等家事案件 3296 件，发出人身安全保护令 6 份。妇女儿童权益保护工作得到省妇联主席黄芳等领导的充分肯定。审理交通事故、健康权等侵权案件 1078 件，贯彻好意施惠的理念，弘扬社会主义核心价值观，审理刘某到邻居家摘梨被砸案，被中央电视台专题报道。

【执行工作】 2022年，市人民法院深入开展"湘执利剑2022"专项执行行动，执结案件9543件，兑现胜诉权益21.1亿元。开展涉民生案件专项执行行动，执结涉民生案件2446件，执行到位金额3.85亿元。到乡镇、村（社区）开展执行大下访活动19场，邀请28名人大代表见证执行活动10场，现场兑现权益800余万元，执行工作经验被省法院推广。深化特勤中队建设，加强人力和物力保障，执结王某某房案等积案200余件。强化执行威慑，司法拘留、拘传3658人次。组织凌晨、晚间执行行动92场，执结案件563件。加强信用惩戒，曝光失信被执行人1752人次，限制高消费5046人次。严厉打击恶意规避执行等违法行为，移送涉拒不执行判决、裁定罪犯30案30人，1人被判处有期徒刑二年。

【助力营商环境优化】 2022年，市人民法院组织开展企业大走访活动，院领导带头走访蓝思科技、盐津铺子等企业200余家。审理金融借款、买卖合同等商事案件4175件，依法保护市场主体权益。采取"活查封"等善意执行举措，最大限度降低对企业生产经营的影响。充分发挥破产审判"拯救"与"出清"功能，审理破产清算案件5件，有效盘活闲置资源。涉企审判执行案件质效持续提升，2022年8月，省高级人民法院向全省各级人民法院发出《关于2021年全省营商环境评价中"办理破产"、"执行合同"指标评价结果的通报》，浏阳市人民法院"执行合同指标"被评定为优秀等次，受到通报表扬。

【服务产业项目建设】 2022年，市人民法院组织专题调研花炮企业，开展涉花炮企业专项审判执行行动，审理涉花炮企业案件1253件，追回债权9563.5万元。成功争取知识产权案件管辖和审判权，依法审理侵害泸州老窖商标权等知识产权案件120件。积极对上汇报沟通，参与金阳新城、椒花水库等重点项目案件协调18次，助力多个项目顺利推进。妥善化解鸿宇城历史遗留问题，为恒大在浏阳项目处置工作提供有力服务。妥善处理涉园区企业土地使用权纠纷，提升园区土地资源利用率。

【生态环境保护】 2022年，市人民法院贯彻绿色发展理念，审结破坏环境资源案件34件。积极配合市人大常委会开展的环境保护法执法检查，法、检两长同庭履职审理毒害古樟树案，彰显守护绿水青山坚定决心。落实生态环境损害赔偿制度，对滥伐红豆杉的郑某等人判处环境修复费用88.7万元。探索建立法院、检察院、公安、环保四部门协调联动机制，凝聚保护环境合力。共同设立补植复绿、增殖放流等4个基地，补植复绿85亩，投放鱼苗100万余尾。

【涉农案件审理与乡村振兴】 2022年，市人民法院全面加强法庭建设，有效延伸法庭服务乡村的司法职能。依法审理涉农地案件24件，确保农地政策落到实处。积极参与最高人民法院领导主持的课题研究，助力宅基地制度改革。审结休闲农业、乡村旅游和农产品产销等案件65件，服务乡村产业发展。创新设立"普法驿站"等文化阵地，助推乡村法治文化建设。落实市委决策部署，支持联点村加强基础设施建设、发展特色产业。

【"一站式"诉讼服务优化】 2022年，市人民法院对立案、信访窗口和维护妇女儿童权益工作站等进行便利化改造，让诉讼服务更暖心。深入推进"互联网+诉讼服务"建设，网上立案2392件、在线调解5340件、电子送达28670次，"云上法庭"开庭1012场次。推进档案库智能化建设，实现档案数字化管理与审判信息化管理有效衔接。发放司法救助金198.6万元，为当事人缓、减、免交诉讼费800余万元。

【诉源治理】 2022年，市人民法院实化细化婚姻、交通等专业调解中心和集里、永安等诉源治理工作站工作，诉前化解纠纷8840件，实现全市民事案件连续三年下降。全域推进商事调解工作，为当事人挽回经济损失5000余万元，与市工商联共同打造的"一心+五站（浏阳市总商会商事调解中心，分别设在沿溪、大瑶、镇头、沙市、园区5个人民法庭的5个基层商事调解工作站）"商事调解工作经验入选全国法院优秀改革创新成果。强化行政诉讼诉源治理，助力行政争议实质化解。开展湘赣边区域法院司法协作，推进边界治理走深走实。

【信访矛盾化解】 2022年，市人民法院全面排查建立信访工作台账，对重点案件的信访人逐案建立信访档案，"五个一（一支有力的信访工作队伍、一个全面的信访台账、每周一次专题调度、院领导一体化轮班接待和一案一策）"工作方法被上级

2022年8月19日，浏阳市人民法院与上栗县人民法院共同签署《湘赣边区域诉源治理共建共享合作协议》
（市人民法院 供图）

法院推广。开展院领导大接访活动，院领导带头接访群众116人次，多次利用双休日、节假日等时间接访。借力代表、委员、企业家和志愿者参与信访工作，实质化解信访积案82件。

【普法宣传教育】 2022年，市人民法院创新工作方式，针对银行、物业、重点企业、重点项目等开展靶向式普法宣讲68场。深入乡村（社区）开展巡回审判32场次。10名干警受邀到中央电视台《法治在线》、湖南广电《经视说法》等栏目录制节目6期。通过《人民法院报》《法治日报》等媒体公开典型案例139个，让鲜活案例成为人民群众的法治"公开课"。

【审判团队改革】 2022年，市人民法院做优家事、知识产权、金融等12个专业审判团队，深入推进8个执行团队建设，确保审判执行权运行顺畅。持续深化繁简分流改革，做强立案庭4个速裁团队和民庭3个简易审判团队建设，速裁团队年均结案4000余件。持续推进刑事速裁改革，简易程序适用率88.7%。配合审判团队建设，用好绩效考核"指挥棒"，深入推进人员分类管理改革。坚持严管厚爱相结合，深化对派遣制人员的分级分类管理。以团队为基础全面加强审判管理，审判质量和效率持续领跑全省法院。

【审执联动机制改革】 2022年，市人民法院成立审执联动专门团队，加强执行和解工作，全年审执联动办结执行案件1278件。赋予法庭部分执行权，在法庭全面推行"审执一体化"改革，法庭执行工作位居全省县级人民法院前列。选派执行团队进驻园区法庭，实现园区法庭审、执案件一体化办理，全年执行到位金额2.4亿元。

【审判权制约监督改革】 2022年，市人民法院落实系列案件报备制度，实行台账管理，强化案件流程监管，全面加强院、庭长对"四类案件（重大、疑难、复杂、敏感的；涉及群体性纠纷或者引发社会广泛关注，可能影响社会稳定的；与本院或者上级人民法院的类案裁判可能发生冲突的；有关单位或者个人反映法官有违法审判行为的）"的监督管理。强化审判委员会、专业法官会议对案件的"把脉问诊"，研究讨论疑难复杂案件283件。健全案件质量评查机制，配置案件专、兼职评查员25名，全年评查案件1255件，每季度开展案件质量讲评。建立纪检监察、审务督查和信访维稳联席会议制度，切实提升监督效能，确保案件质量稳步提升。

【法院队伍建设】 2022年，市人民法院牢牢坚持党对法院工作的绝对领导，严格执行《中国共产党政法工作条例》，主动向市委和上级法院报告工作25次。扎实开展"两个确立"主题教育活动，推进党史学习教育常态化，夯实对党忠诚的思想根基。专题研究部署意识形态工作3次，强化阵地建设和管理，切实维护司法领域意识形态安全。进一步优化干部队伍结构，交流、提拔、调整干部22人，遴选9名法官，招录6名青年干警。提升司法能力。开办专题培训班15期，邀请省法院专家、高校教授来院授课。举办庭审规范化、文书写作等专场夜校29场，"浏法夜校"工作经验获省法院推介。积极参与办案标兵、优秀裁判文书等评选活动。加强审判理论研究，19篇论文案例在全国、全省获奖。全面从严治院。持续整治顽瘴痼疾，切实巩固队伍教育整顿成果。严格执行"三个规定"，筑牢廉洁司法防线。加强审务和警务督察，全年发布通报16期，36人次被通报批评。在诉讼服务大厅设立"不满意反映"窗口，收集和整改司法作风问题75条。抓实机关纪委实体化运行，推进廉洁司法的工作经验被《最高法院简报》和《中国纪检监察》杂志刊载推介。积极配合省法院司法巡查和长沙市委巡察，整改工作在长沙市委巡察整改督查评估中位居长沙基层法院第一名。

【人民监督】 2022年，市人民法院认真落实市人大及其常委会决议，主动报告工作，积极接受视察监督。组织8名员额法官接受"两官"履职评议。认真办理代表建议。完善联络工作机制，扩大代表走访覆盖面。拓展监督渠道，邀请5名人大代表列席审委会3场，邀请42名代表委员参加"院长接访日"活动，主动邀请82名代表委员旁听庭审、见证执行等活动31场。自觉接受政协民主监督，虚心听取委员、民主党派、工商联和无党派人士的意见建议，认真办理政协提案，让民主监督落地见效。积极接受检察机关法律监督，建立法检党组联席会议制度，邀请检察长列席审委会8次，共同维护司法公正。广泛接受社会各界监督，邀请人民陪审员参审案件867件，举办法院开放日活动16场，通过"两微一网"等平台发布信息800余条，上网公布文书18378份，庭审直播7235场。

【被命名为"为群众办实事示范法院"】 2022年12月28日，最高人民法院下发《关于命名"为群众办实事示范法院"的决定》，挂牌命名100个中、基层法院为"为群众办实事示范法院"。浏阳市人民法院在湖南省4家获此荣誉的基层人民法院中排名第一。2022年，浏阳市人民法院在中共浏阳市委坚强领导和上级法院悉心指导下，聚焦市委中心工作，将"为群众办实事示范法院"创建工作作为全院工作的总抓手，紧盯群众"急难愁盼"问题，出台优化升级诉讼服务、开展企业大走访活动等十项便民举措，充分发挥司法职能作用，深入开展"为群众办实事"实践活动，高效完成创建工作的各项任务，取得显著成效。

【"一心＋五站"商事调解新模式入选"十大最具品质'一站式'建设改革创新成果"】 2022年2月15日，最高人民法院发布全国法院"一站式"建设优秀改革创新成果，浏阳市人民法院"坚持系统思维　打造'一心+五站'商事调解新模式"以第一名的成绩入选全国法院"十大最具品质'一站式'建设改革创新成果"。近年来，浏阳市人民法院聚焦市委中心工作，切实找准司法服务营商环境优化的切入点和结合点，坚持系统思维，与市工商联、司法局共建“浏阳市总商会商事调解中心”，并在法院沿溪、大瑶、镇头、沙市、园区法庭设立5个商事调解基层工作站，打造“一心+五站”“线上+线下”“联动+联通”的商事调解模式，全域推进商事调解工作：截至2022年年末，共化解商事纠纷911件，成功调解纠纷552件，标的额约1.15亿元，助推诉源治理工作，2020年至2022年，一审民商事收案数连续三年实现下降。

【视频连线最高人民法院汇报诉源治理工作经验】 2022年2月24日，最高人民法院召开人民法院“一站式”建设新闻发布会，发布《人民法院一站式多元纠纷解决和诉讼服务体系建设(2019—2021)》白皮书及十大典型经验，浏阳市人民法院的诉源治理工作经验入选白皮书，并作为全省唯一一家基层法院，通过远程视频介绍相关工作经验。连线现场，浏阳市人民法院党组书记、院长伍玉联在诉讼服务大厅向最高人民法院和多家媒体介绍诉源治理工作开展情况。浏阳人民法院积极推进诉源治理工作，不断完善多元解纷工作机制，将万人成诉率、民事案件增幅纳入地方综治考评。在全市32个乡镇（街道）成立诉源治理工作站，在324个村(社区)成立调解室，积极参与“无讼村(社区)”创建。通过线上线下相结合，形成“调解平台+党建微网格”的工作模式。作为调解平台“三进”(进乡村、进社区、进网格)工作的试点单位，指导全市6家人民法庭、125家基层单位入驻调解平台，建立矛盾纠纷平台委派、党建网格对接化解、调解结果平台反馈的立体化调解体系，汇聚多方力量，努力使矛盾纠纷化解在当地、解决在萌芽状态。浏阳市人民法院民商事收案连续两年实现负增长。发布会上，浏阳市集里街道党工委书记胡汉堂、集里街道网格员周新跃分别介绍“调解平台+党建微网格”工作和调解平台应用情况。

（陈梓娴）

司法行政

【概况】 2022年，市司法局下辖市普法与依法治理中心（市法律援助中心）、市矛盾纠纷多元化解指导中心、公证处3个事业单位和33个基层司法所。在市委、市政府的坚强领导和上级司法行政机关的精心指导下，全市司法行政各项工作齐头并进，成效显著。2022年6月15日，人社部、司法部联合印发《关于表彰全国司法行政系统先进集体先进工作者和劳动模范的决定》，表彰在司法行政工作中做出突出贡献的先进集体、先进工作者和劳动模范，浏阳市司法局被评为“全国司法行政系统先进集体”。在全省司法行政工作推进会上作典型发言；北盛镇环园村被评为“全国民主法治示范村（社区）”；永安镇坪头村被评为“湖南省民主法治示范村(社区)”；永安司法所所长彭恋被评为“全国行政执法先进个人”。

【全面依法治市】 2022年，市全面依法治市领导小组办公室组织召开市委全面依法治市委员会第四次（扩大）会议召开，印发《浏阳市“十四五”法治建设规划》《中共浏阳市委全面依法治市委员会2022年工作要点》，一体推进法治城市、法治政府、法治社会建设。制定浏阳市法治建设“一规划两方案”工作任务措施清单，明确各单位法治建设工作任务。将全面依法治市纳入全市绩效考核指标，将党政主要负责人履行法治建设第一责任人职责情况列入领导干部年终述职内容。制定《浏阳市党政主要负责人履行推进法治建设第一责任人职责及法治政府建设督察工作方案》，对集里街道办事处、市住建局进行实地督察。

【法治政府建设】 2022年，浏阳市在全市推动党政机关法律顾问全覆盖，对重大决策、重大事项进行严格的法律把关。全面贯彻落实《重大行政决策程序暂行条例》，审查备案规范性文件27件，审查政府常务会议议题176件，审查领导批示件、请示性文件145件，审查各类政府合同156份。严格执行行政执法“三项制度(行政执法的公示制度，行政执法全过程的记录制度，重大执法决定的法制审核制度)”，深入推进市场监管、生态环保、文化市场、交通运输、农业五大领域综合执法改革，持续推进大瑶镇、永安镇开展相对集中行政处罚权试点工作。成立浏阳市行政复议咨询委员会，全年高效办结行政复议案件160起。出台《关于加强和改进行政应诉工作的实施意见》，行政机关负责人出庭应诉率提升至91.8%。

【普法与依法治理】 2022年6月17日，市司法局组织召开全市“八五”普法动员会议暨依法治市委员

2022年6月17日，浏阳市司法局组织召开全市“八五”普法动员暨市委全面依法治市委员会守法普法协调小组第三次会议 （市司法局　供图）

会守法普法协调小组会议，全面开启“八五”普法工作。年内，浏阳市全面推行“谁执法谁普法”责任制，督促各执法单位按照时间节点开展法治宣传活动。通过995交通广播推出普法专栏《浏阳普法直通车》21期，运用“村村响”广播播放普法栏目300余期；到学校、村（社区）、企业开展法律巡讲180余场次；开展“宪法宣传周”“农村法治宣传教育月”“青少年法治宣传周”等全市性活动10余次，发放宣传资料30万余份。做好国家工作人员“学法考法”工作，参学率、报考率、通过率均达100%。

【法律服务】 2022年，市司法局深入推进公共法律服务实体、热线、网络三大平台融合发展，全市各级公共法律服务平台累计接待群众20000余批次，办理法律援助案件863件、公证案件2167件、司法鉴定案件1076例。开展法律服务市场专项整治及工伤赔偿案件违规风险代理排查，处理群众投诉7起。打造“浏律开讲”主题沙龙，搭建浏阳律师行业内部交流论坛。联合市工商联开展“法律服务进商会、进企业”活动，常态化开展民营企业“法治体检”“法润三湘”等活动300余次。联合看守所开通视频会见系统，保障新冠疫情防控期间律师会见工作平稳有序开展。2022年8月18日，浏阳市举办湘赣边区域法律服务合作论坛，与上栗县签署湘赣边区域法律服务合作协议。

【矛盾纠纷多元调解】 2022年，全市各级累计收录矛盾纠纷案件6690件，调解组织调处矛盾纠纷6636件，调解成功率达96.76%，五大专调委员会全年化解矛盾纠纷1986件，调解成功率达97.98%。全年未发生因矛盾纠纷调处不及时、不到位而引发的群体性纠纷、民转刑案件。协助信访部门做好信访积案化解工作，成功化解信访积案25件。开发“浏云调”视频调解系统，在市、镇、村设置“三级平台”，运用线下+线上的方式，为群众提供高效便捷的调解服务。全面推进湘赣边区域联防联调，与湘赣边5区县建立“五联一共享”的协作机制，排查化解边界矛盾纠纷100余起。

【社区矫正及安置帮教工作】 2022年，浏阳市完成指挥可视化、互联移动化、管理智能化的“一中心、三个分中心”建设，“智慧矫正”通过省司法厅验收。全年接收矫正对象663人，解除矫正432人，开展调查评估490次，开展社区矫正对象线上集中教育12次，开展心理测评335人次。落实必接必送制度，接回浏阳籍刑满释放人员518人。开展社区矫正和安置帮教隐患排查整治专项活动，进行针对性帮教。优化涉民营企业社区矫正对象动态管理，助力民营经济发展，被省人民检察院、省司法厅定为涉民营企业社区矫正对象监管改革试点县（市）。做好走访慰问，为贫困社区矫正对象、服刑人员未成年子女提供困难补助6万余元（含物资）。

【市委全面依法治市委员会第四次（扩大）会议】 2022年7月7日，中共长沙市委常委、浏阳市委书记、市委全面依法治市委员会主任朱东铁主持召开市委全面依法治市委员会第四次（扩大）会议，传达学习贯彻中央依法治国办到湖南反馈法治政府建设督察意见精神以及省委、长沙市委相关会议精神，听取全市全面依法治市相关情况汇报，审议有关文件，研究部署下阶段全面依法治市工作。朱东铁强调，要坚持以习近平新时代中国特色社会主义思想为指导，深入学习贯彻习近平法治思想，坚持法治浏阳、法治政府、法治社会一体建设，执法司法守法一体推进，为勇当“强省会”战略开路先锋、全面建设现代化新浏阳提供坚强法治保障，以实际行动迎接党的二十大胜利召开。市委副书记、市长、市委全面依法治市委员会副主任王雄文出席。市领导戴武明、姚喜琳、李爱民、周耀辉、唐安石、王坤球、廖伟、陈清、刘一斌、涂向阳、伍玉联、罗朝阳参加会议。会议审议并原则通过《中共浏阳市委全面依法治市委员会2022年工作要点》，开展党政主要负责人履行推进法治建设第一责任人职责集中述法和书面述法。会议充分肯定2021年以来浏阳市全面依法治市各项工作取得的成效。

（熊　智）

2022年8月18日，浏阳市与江西省萍乡市上栗县签署《湘赣边区域法律服务合作协议》

（市司法局　供图）

浏阳市永和镇永宝村(原石江村)李家大屋——中国工农红军第一方面军成立旧址　　(永和镇　供图)

军　事

市人武部

【概况】 2022年,市人武部按照“聚核心、强担当、创特色、争一流”的工作思路,强化政治引领,聚力备战打仗,在迎接省军区民兵整组暨基层武装部星级达标交叉检查中获得湘北协作区第一名,信息工作排名位列警备区第一,被长沙警备区表彰为“全面建设先进人武部”“长沙市征兵工作先进单位”,全面建设实现新发展、取得新进步。

【政治建设】 2022年,市人武部强化思想政治建设。组织党委中心组理论学习,开展“忠诚维护核心,矢志奋斗强军”主题教育和经常性思想教育,组织“四严四整(严抓政治意识、严防政治风险、严实政治担当、严格政治淬炼,整顿思想、整肃纪律、整饬作风、整治队伍)”教育整训和保密工作专项整顿等活动;开展“民兵三落实(组织落实、政治落实、军事落实)”60周年纪念日活动和第22个全民国防教育日暨军营开放日活动;发挥特色宣传功效,“焰火送新兵”活动,开通“将星号·红色公交专线”等做法被中央电视台军事频道、《解放军报》、《国防报》相继报道。

【练兵备战】 2022年,市人武部着力提升练兵备战水平。贯彻落实中共中央总书记、国家主席、中央军委主席习近平开训动员令,组织开展“起航新征程·接续强军路”开训动员活动;严格落实首长机关训练和军事职业教育,动态修订战备方案、联合作战国防动员方案等;科学优化民兵编组,对全市基干民兵队伍进行集中点验,组织军地防汛抗洪联训联演,完成年度民兵训练任务;选派基层武装部长参加省军区专武干部集训,均被评为“优秀学员”;出动基干民兵出色完成抗雪救灾、抗洪抢险、扑灭山火、疫情防控等任务。

【国防动员】 2022年,市人武部着力提升国防动员能力。配合市委国防动员体制改革部署,参加警备区国防动员潜力数据会审排名第一;突出新域新质力量民兵建设,探索民兵团级组织领导机构建设试点,取得初步经验和成效;采取“五个统一”(统一指挥、统一制度、统一编制、统一纪律、统一训练)举措军地联合抓好1.7万余名高一新生军训工作落实;突出大学毕业生群体精准征集,圆满完成年度征兵工作任务。

【基础建设】 2022年,市人武部夯实正规化建设基础。建成国防教育标语一条街、“红色浏阳”国防教育长廊和“星耀浏阳”文化墙,打造特色鲜明的国防教育新阵地;召开武装工作会议,明确基层武装部“星级达标”3年建设任务,《省军区要讯》专刊刊发推广浏阳市人武部正规化建设经验做法。

【双拥工作】 2022年,浏阳市提升党管武装质效。落实党管武装制度,市委、市政府主要领导,常务副市长多次到人武部现场办公,推动解决武装工作重点、难点问题,市财政拨款支持人武部开展国防动员和民兵建设;大力推荐优秀专武干部提拔重用,全年共有3名基层武装部部长被提拔到领导工作岗位;协调安排现役军人子女就近就便入学,妥善处理涉及军人军属合法权益案件,有效提升现役军人荣誉感。

【安全稳定工作】 2022年,市人武部深化稳中求进发展理念。抓好军委巡视巡查问题整改,如期完成领取地方绩效奖金清退任务;广泛开展谈心交心活动,经验做法被省军区要讯专刊采纳刊发;落实意识形态工作责任制,部队保持安全稳定。

【召开浏阳市委议军会议】 2022年1月13日,中共长沙市委常委、浏阳市委书记、市人武部党委第一书记朱东铁主持召开市委议军会议。朱东铁强调,全市上下要坚持以习近平强军思想为指导,进一步彰显浏阳担当、展示浏阳风采,推动浏阳党管武装工作高质量发展。市领导姚喜琳、周耀辉、唐安石、冯赛军、李翔、廖伟、董勇、鲁亮出席会议。会议传达学习习近平主席关于国防和军队建设的重要论述、全国民兵建设“十四五”规划任务部署会和省委、长沙市委议军会议精神;听取2021年浏阳市国防动员和后备力量建设情况汇报,对有关重点难点问题进行研究部署。

【“将帅故里话初心、红色基因传使命”民兵党团日活动】 2022年是毛泽东在湖南首倡民兵工作“三落实”

2022年1月13日,浏阳市委议军会议召开　　（市人武部　供图）

2022年9月16日，市人武部组织开展全民国防教育日军营开放活动 （市人武部 供图）

60周年，每年6月17日是湖南省民兵活动日。6月16日，由市人武部组织的“将帅故里话初心、红色基因传使命”民兵党团日活动在秋收起义文家市会师纪念馆举行，全市60余名基干民兵代表参加活动。活动现场，基层民兵代表们通过重温民兵誓词、参观秋收起义文家市会师纪念馆、聆听党课等形式来营造尊崇民兵的浓厚氛围，激发民兵投身国防动员和后备力量建设的积极性，全面推进民兵队伍建设高质量发展，为进一步擦亮长沙民兵品牌贡献浏阳力量。

【民兵队伍建设】 2022年，浏阳市着眼加强新时代民兵建设，通过军地协力、建章立制、优化结构、强化素质，倾力打造一支与履行新时代使命任务相匹配的新型民兵队伍，全市民兵转型发展取得明显成效，民兵年度军事训练完成率达100%，同时积极参与群众性练兵比武活动，参加警备区“四类人员”（参谋业务骨干、载重车驾驶员、无人机操作手、专武干部）比武竞赛多次取得优异成绩，在浏阳河水域组织应急管理、水利、海事等部门联动开展防汛应急救援演练，共组织民兵600余人完成疫情防控、扑灭山火、抗洪抢险等急难险重任务等。

【组织军营开放活动】 2022年9月17日是第22个全民国防教育日。9月16日，市人武部组织开展全民国防教育日军营开放活动。浏阳市中小学师生代表应邀走进人武部，近距离参观军用装备器材，体验军营生活，学习人民军队历史，聆听军队英雄事迹，接受了一次生动的国防教育。在市人武部门口的“红色浏阳”国防教育长廊，一幅幅照片、一组组数据、一个个动人故事，师生们看到党史军史中最绚丽的荣光，敬佩之情油然而生。随后，武警浏阳中队的官兵们向师生代表演示队列训练、擒敌拳课目。官兵们整齐划一的动作，英姿飒爽的身影赢得师生们阵阵掌声。活动中学生们最感兴趣的是整齐摆放的武器装备，军械员们如数家珍的讲解、精湛娴熟的操作演示，让参与活动的师生代表们大开眼界。在军械员的指导下，跃跃欲试的学生们现场体验一次武器的使用动作。

（汤德法）

人民防空

【概况】 2022年，浏阳市人防工作在中共浏阳市委、市人民政府和长沙市人民防空办公室的正确领导下，紧紧围绕“强化改革创新、加快融合发展”工作主线，全力推动人防事业高质量发展。先后被中共长沙市人民防空办公室党组评为“全市人防工作先进单位”“全市人防安全生产先进单位”。

【工程管理】 2022年，市人防办编制完成《浏阳市人防建设“十四五”规划》，科学布局全市人防工程建设。落实安全隐患排查“一单四制”（建立重大事故隐患清单，对重大事故隐患治理任务实行交办制、台账制、销号制、通报制），继续保持安全生产零事故佳绩。

【指挥通信】 2022年，市人防办每周与长沙市人防办进行联调联试，定期参加省、长沙市组织的人防准军事化训练和指挥通信演练。精准完成“11·1”防空警报试鸣，实现防空警报城区和重要目标区域全覆盖，试鸣准确率和鸣响率均达到100%。

【宣传教育】 2022年，市人防办深

2022年9月16日，参加军营开放活动师生参观“红色浏阳”国防教育长廊

（市人武部 供图）

入推进人防宣教“五进”（进机关、进学校、进社区、进企业、进网络）工作，发挥和凸显中澳蓝鹰人防宣教基地的宣传主阵地作用，暑假期间组织长沙各地中、小学生参加集训，参与人数4万余人次。飞虎人防志愿服务队全年举办20期人防和应急知识暑期培训班，并根据学校需求增加防溺水教育内容，参加培训活动的中、小学生达1000余人次，获得家长学生一致好评。

2022年暑假期间，浏阳市飞虎人防志愿服务队举办“新时代文明实践暑假公益行活动”图为培训教官向参加活动学生讲授防空防灾知识 （市人防办 供图）

【疏散地域建设】 2022年，市人防办以古港镇为试点，对标对表省级人防疏散地域建设要求，按“能生产、能生活、能学习、能就医、能疏散、能安置”的要求高标准进行建设，打通疏散“最后一公里”。改造并建成人防疏散地域指挥中心，新建模拟防空洞、开国元帅馆等设施和场所，打造多处沉浸式体验场景。

【防空警报试鸣】 每年的11月1日是湖南省防空警报试鸣日。2022年11月1日9时30分至9时49分，浏阳城市规划区、浏阳经开区、永安镇城镇规划区、大瑶镇城镇规划区范围内均响起防空警报试鸣声。防空警报试鸣分为预先警报、空袭警报、解除警报三个阶段，预先警报鸣放方式为：鸣36秒、停24秒，持续3分钟；空袭警报鸣放方式为：鸣6秒、停6秒，持续3分钟；解除警报鸣放方式为：鸣一长声，持续3分钟。警报试鸣期间，各单位及广大市民维持正常的工作和生活秩序。防空警报试鸣期间，浏阳市多所学校开展防空袭疏散演练：9时38分，空袭警报鸣响后，关口中学、人民路二小的学生们纷纷用书本挡住头顶、用湿巾或口罩捂住口鼻，从教室中紧急、有序地撤离至安全地带。11月1日，集里街道综合应急救援大队、农业农村办、市飞虎人防志愿服务队联合在集里街道组织防空疏散实操演练、森林防火宣传活动，进一步增强市民国防观念和防空意识，熟悉防空疏散程序和组织方法，提高对防空警报信号的认知能力，增强防空防灾的安全意识。

【飞虎人防志愿服务队举办“新时代文明实践暑假公益行活动”】 2022年暑假期间，市人防办按照人防宣教“五进”工作要求，组织浏阳市飞虎人防志愿服务队与市内中小学校联手开启“新时代文明实践暑假公益行活动”。10多名飞虎人防志愿服务队队员组成教官团队，组织学生开展防溺水培训，学习防空防灾、应急救援等知识，并与学生进行模拟救援演练。先后举办20期培训，共1000余名学生参加。浏阳市飞虎人防志愿服务队成立于2020年，是浏阳市第一支人防救援队伍，分为水上、防火、特勤、医疗、后勤五个小分队，2022年年末，共有队员60人，主要负责浏阳主城区范围内的人防志愿服务工作和其他公益服务，宣传人民防空知识及技能培训，并配合政府部门参与防空防灾、应急救援、公共安全等救援活动。

（李鹏飞　汤永）

风光桥夜景　　（浏阳市档案馆　供图）

经济管理

综 述

【概况】 2022年，市发改局勇担区域经济发展推动者和主力军的核心职责，围绕"两个中心"建设，精准把握政策走势、发展趋势、改革大势，为当前谋、为区域谋、为长远谋，将市委、市政府重要主张和重大决策转化为落实落地的实际项目，助力推动浏阳综合实力向"五强(供给保障强、科技装备强、经营体系强、产业韧性强、竞争能力强)"迈进。做好经济形势准确研判，全市全年地区生产总值(GDP)同比增长5%，高于省、长沙市水平；全年完成固定资产投资1256亿元，增长9%，固定资产投资完成总量和新增统计入库数均排名全省第一；居民人均可支配收入增长5.9%以上，高于经济增长速度。推进服务业快速发展，通过强帮扶、促引进、育强企等举措，壮大服务业产业，全年实现服务业增加值增速4%。抢抓"强省会"战略发展机遇，通过提前谋划和对接，省级和长沙市级层面实施方案浏阳元素大幅增加，为浏阳市发展谋取到实实在在的红利。出台浏阳市"强省会"实施方案，确立十二大专项行动，通过全力建设金阳新城片区，壮大职教园规模，做大环保科技园产业，打造西区特色片区，加快西融长株潭步伐。加快湘赣边区域性中心城市建设，大力实施"6366"工程，深入推进异地就医直接结算、政务服务跨省通办、生态文明引领区建设等合作，基本建成远程会诊、商圈市场、文艺交流展示、绿色食品产业等六大平台，进一步集聚人才、资金、信息、商品等资源要素。举办湖南省第七届生态文明论坛浏阳年会暨湘赣边区域生态合作共建研讨会、"湘赣红"品牌推进大会等各类交流合作活动。5月27日，湘赣边区域合作示范区建设推进大会在江西省萍乡市召开，浏阳作为湘赣边区域24个县(市、区)唯一代表作典型发言，介绍共同推动湘赣边区域高质量发展的"浏阳经验"，会议签署一系列发展合作协议。2022年12月16日，全国县域经济研究咨询专业智库社会组织——中郡研究所完成并发布《第二十二届县域经济与县域发展监测评价报告》，揭晓第二十二届全国县域经济和社会综合发展百强县及全国县域经济基本竞争力百强县名单。浏阳位列全国县域经济和社会综合发展百强县第7名，相比2021年再进1名。县级市基本现代化指数排名全省第1。8月30日，环球时报社在京举办的"中国城市高质量发展与国际合作大会"上，浏阳市被评为"2022国际化高质量发展环境建设标杆县(市、区)"，是中部地区唯一获此荣誉的县(市、区)；年内，浏阳市开展"信用+医疗"示范试点作为唯一县级代表被国家发改委推介；"官庄灌区浏阳片农业水价综合改革典型案例"入选水利部典型案例并在全国推广；争资和专项债年度总额突破百亿元大关，创历史新高；9月30日，金阳大道全线建成顺利通车，同日，长赣铁路通过可研批复，年内，大瑶风洞口抽水蓄能项目完成预可研、垃圾焚烧发电项目获得省发改委核准；发改局组织撰写的6篇工作参考，获得市委、市政府认可。

【新型城镇化建设】 2022年，市发改局用好国家新型城镇化建设示范县平台，充分发挥国家发改委直接联系点优势，新型城镇化补短板强弱项工作经验和做法多次获得中央媒体和国家相关部委重点推介。在省特色小镇综合评价中，在省发改委、农业农村厅、文旅厅联合发布的2021年度特色小镇建设综合评价排名中，大瑶镇在全省18个特色工业小镇中排名第1名，柏加镇、文家市镇分别位列特色农业小镇、特色文旅小镇第2名。

【服务业】 2022年，全市实现服务业增加值683.0亿元，同比增长4%；服务业向上争资2916万元，完成对口设备采购政策性贴息融资贷款1.83亿元，推动地方政府专项债3.5亿元项目通过审核。

【营商环境优化】 2022年，浏阳市以打造"顶格服务、顶真支持、顶诚护航"的一流营商环境为目标，健全"月调度、季考核、年总评"常态化调度机制，出台《浏阳市2022年优化营商环境十大举措》《浏阳市打造营商环境升级版2022年行动方案》，推出300余项改革举措，不断擦亮"营商福地看浏阳"品牌。全面深化"放管服"改革，实现"一件事一次办"事项363项，累计办件量744.77万余件，推动100余项"跨省通办"。在全省率先启动分阶段办理施工许可，试点"领证即开业、拿地即开工、交房即交证"，创新实施水电气报装实行"四零"服务模式。设立"企业家接待日"，主要领导亲自接待，解决问题160余个，满意率100%。推行惠企政策"免申即享"改革，开设惠企宣传专栏，制定"浏阳市惠企政策口袋书"，设立75名惠企政策服务专员和就近办责任人，加快政策落地兑现。全年全市增值税留抵退税15.47亿元，新增减税降费8.36亿元，缓税缓费8.16亿元，其中中小微制造业缓税7.51亿元。年内，浏阳市先后上榜"2021最具投资吸引力县(市)""2022优化政务(投资)环境优秀城市""企业家幸福感最强市(区)"，2021年、2022年浏阳连续两年被评为"国际化高质量发展环境建设标杆县(市)"。

【信用体系建设】 截至2022年年末，浏阳市"信用浏阳"平台归集各类信用信息48.95万条，同比增长520.7%，有效解决"信息孤岛"问题。共开展信用核查5166批次，核查对象44万余次。全面落实行政处罚修复告知工作，共下发信用修复告知书4696份，新增行政处罚主动告知率达到100%，实现信用修复"一次受理，一次办成"，信用修复4308条，信用修复率81.19%。开展"信用+医疗"试点，信用就医平台注册4.2万人，通过信用医疗办理信用入院的患者为1万余人次，使用家庭信用共享260余人次，累计授信1800余万元。释放"信用金融"政策红利，全市共有81335家市场主体入驻，累计发布融资需求1259笔1297.03亿元，成功授信849笔390.82亿元。推动"信用村镇"品牌创建，共成功创建13个信用乡镇（街道），274个信用村（社区），拨付创建奖励资金214.2万元。年内有89个成员单位共计开展129场《湖南省社会信用条例》学习宣传活动，开展2期“百行诚信面对面”直播访谈节目，拍摄3个“诚信之声”短视频，开展2022年“诚信之星”评选活动，评选出10家诚信经营企业，10个诚信个人，5个诚信社会组织，5个信用示范单位，诚信氛围日趋浓厚。2022年9月，国家发改委、国家公共信用信息中心发布的9月份全国城市综合信用指数排名中，浏阳在384个县级城市监测排名中排名第8位，在中西部县级城市中排名第1。

【投资项目管理】 2022年，全市安排政府投资正式项目578个，总投资114.37亿元，计划投资15.88亿元。预备项目54个，总投资13.97亿元；安排国有企业投资项目284个，总投资311.41亿元，计划投资59.43亿元。全年立项审批政府投资项目288个，总投资71.02亿元；概算审查111个，有效核减财政资金9193万元。牵头全市设备购置与更新改造贷款贴息申报工作，最终通过国家审核项目19个，总投资39.44亿元，贷款资金需求24.49亿元。

【重点项目建设】 2022年，全市累计完成重点项目投资764.4亿元，完成投资率为129.96%。其中，新建项目157个，续建项目101个，重点项目全部实现开、复工。年内，雅士林一期、九典制剂生产基地、博大科工、金阳大道三期、S326（普迹至柏加）等一大批重大项目实现竣工投产。在长沙市重点项目建设考核中，浏阳获得四区（县、市）组一类。创新建立“四表一单三提速”工作机制，2022年5月，市重点建设项目协调领导小组出台《“百日攻坚促百个项目开工”实施方案》，利用5月至8月共100天左右的时间，推进100个新建重点项目建设。通过切实强化用地报批、征地拆迁、审批提速等，扎实推进100个新建项目实现开工或加快前期工作，推动浏阳永和通航产业基地、金城大道提质改造、浏阳大道改扩建工程、浏阳城区李畋路等项目实现开工建设。

【争融资工作】 2022年，市发改局统筹全市争取上级资金59.95亿元，争取发行专项债14个，总投资138.14亿元，债券资金43.63亿元，争资和争债总额突破百亿元大关，实现历史性突破。

【易地扶贫搬迁】 2022年，全市通过开展促进就业、发展特色产业等措施，努力提高乡村振兴质量，切实巩固脱贫成果，1042名搬迁群众实现稳定脱贫。该项工作年终绩效考核获得全省最高评价等级，长沙地区唯一A类区（县、市）。

【项目招投标】 2022年，浏阳市全年共完成公开招标项目全流程监管143宗，涉及投资约22.19亿元，中标金额约19.78亿元，节约资金约2.41亿元。完成中标通知书备案143份，合同备案96份。全年完成小额国有投资项目交易503宗，交易金额6.815亿元。其中小额建设工程项目217个，交易金额3.82亿元，政府采购项目286个，交易金额2.995亿元，超额完成交易服务费非税收入30.6万元。牵头开展招投标领域专项整治行动，严肃打击招投标领域违法，全年查处串通投标案件5起，无实质性理由放弃中标案件1起，共处罚金13.78万元，报送省住建厅记4家涉案不良记录1次。

【村级小微工程项目建设管理】 2022年1月26日，《浏阳市村级小微工程项目建设管理办法（试行）》正式印发，将村级小微工程项目纳入招标投标管理范围，规范操作流程、强化资金监管、减少廉政风险。5月20日印发《关于浏阳市村级小微工程项目建设管理办法（试行）的补充通知》，明确以政府投资为主，金额不超过200万元的村级小微工程项目投标资质要求，助力全市村级集体经济组织发展壮大。

【全省首个县级电子交易平台建成投入使用】 2022年3月，浏阳市建成全省首个县级电子交易平台并投入使用。通过电子交易平台招标和投标全部网上办理，工程建设项目公开招投标网上全流程电子化和不见面开标，实现投标单位交易全过程“零跑腿”，有效优化交易流程，为小额公共资源项目提供便捷、高效、规范的交易服务。

【湘赣边区域合作建设】 2022年，浏阳市出台《浏阳市推进湘赣边区域合作示范区建设2022年实施方案》，实施“6636”工程。深入推进红色文化，传承、产业协同发展、基础设施联通等六大专项行动。铺排28个重点项目，完成年度投资率102%。成功争取产业发展、财税金融、要素保障等方面支持湘赣边区域合作示范区建设相关的政策、资金。成功探索医保异地就医直接结算、政务服务“跨省通办”、住房公积金异地互认等方面的合作。围绕将浏阳建设成红色文旅、花炮产业、区域医疗、商贸消费、现代物流、科教文化六个领域中心，部署6个平台建设，基本建成远程会诊平台、绿色食品产业园、商圈市场、文化艺术交流展示中心、美丽宜居村庄、“云上湘赣边”融媒体平台。

【“强省会”工作】 2022年，市发改局编制出台符合浏阳实际的《浏阳市贯彻落实强省会战略的实施方案（2022—2026年）》。成立以市委书记和市长任组长的领导小组，负责统筹调度，下设领导小组办公室和11个专项工作组，负责专项行动的实施。召开相关部署会议，常态化调度《长沙市贯彻落实强省会战略的行动方案（2022—2026年）》中涉及浏阳的79个重点事项以及32个重大项目，累计完成年度投资103%，其中湘赣边区域大数据中心建设项目、浏阳市金阳绿色智能物流园建设项目、浏阳苍坊旅游区AAAAA景区建设项目、大围山国家森林公园旅游基础设施提升工程等项目提前完成年度投资计划。

【长株潭一体化建设】 2022年，市发改局编制出台《浏阳市推进长株潭一体化发展2022年实施方案》,建立常态化工作推进机制。全年在推进长株潭一体化发展方面重点铺排10项重点工作和14个重点项目,10项重点工作完成年度整体目标任务100%,14个重点项目累计完成年度投资113亿元,占年度投资总额118%,其中烟花爆竹检验检测实训基地建设项目已较计划提早完成建设,第8.6代超高清新型显示器件生产线项目、彩印包装基地项目等6个项目超额20亿元完成年度投资额。

【两型社会建设】 2022年,浏阳市积极稳妥推进碳达峰碳中和,对标上级要求,成立书记、市长任双组长的碳达峰碳中和工作领导小组,明确"1675"政策体系,编制《浏阳市碳达峰实施方案》,探索开展碳达峰试点建设,有序推进能源、工业、交通、建筑等重点领域降碳,倡导绿色低碳的生活方式。持续推进绿心地区保护和发展,争取省、长沙市绿心资金700余万元,本级配套资金300余万元,不断完善绿心地区基础设施建设,提高生态环境质量,强化绿心地区"空天地网"巡查,严格绿心建设项目准入,促进绿心区健康发展。有序推进塑料污染治理工作,制定《浏阳市2022年进一步加强塑料污染治理工作方案》,开展季度检查,强化宣传教育,在长沙市塑料污染治理工作现场核查中全年均排名四县(市)第一。组织开展两型示范创建活动,5家单位创建长沙市级两型示范单位,96家单位成功创建市本级两型示范单位,示范创建活动氛围浓厚。

【能源项目建设】 2022年,浏阳市全力保障智慧电网建设,云田—浏阳Ⅱ回500千伏和湖南平江电厂500千伏线路工程6月投产,小河35千伏输变电工程12月底竣工。浏阳智慧电网"投产一批、开工一批"的大瑶220千伏输变电工程、水佳110千伏输变电工程、普迹(官桥)110千伏输变电工程等31个项目按时间节点推进。2022年年末,纳入省"十四五"抽水蓄能规划重点实施清单的装机120万千瓦浏阳风洞口抽水蓄能电站项目,预可行性研究报告通过水电水利规划设计总院审查。2022年9月30日,装机3万千瓦、日处理生活垃圾1200吨的浏阳市生活垃圾焚烧发电项目取得项目核准,审批速度居全省同类项目首位。

2022年10月25日,浏阳市城区管道燃气价格政府定价听证会召开　（市发改局　供图）

【能源安全保障】 2022年,浏阳市出台《浏阳市电力设施保护联防联控工作方案》《浏阳市能源领域安全生产大检查"百日攻坚"行动方案》,组织开展油气长输管道保护"安全宣传月"暨管道安全保护宣传活动。全年开展安全检查30余次,排查问题70余处,下达交办函1次,督办立行立改2次。党的二十大特护期开展检查8次,组织企业深入开展行业内安全生产检查100余次,排查整改安全风险一般隐患问题140余处,重大风险隐患1处。落实市人民政府办公室《关于开展电力线路通道"砍青扫障"工作的通知》要求,发布《电力线路通道砍青扫障工作通报》2期,组织电力企业和属地单位投入约6560人次,完成砍青36210处。

【价格管理】 2022年,浏阳市出台《关于明确我市生活垃圾处理费的通知》和《关于贯彻落实〈湖南省物业服务收费管理办法〉的通知》,明确垃圾收费和物业收费标准、范围。出台春秋季教育收费文件,完成校外培训机构和民办学校教育收费的成本监审,出台校外培训机构最高限价和民办义务学校阶段收费标准,并对所有校外培训机构的学科内培训收费进行备案。5月27日和10月25日,分别召开殡葬基本服务价格听证会和城区燃气价格听证会,严格落实重要民生价格听证制度。推进农业综合水价改革工作,对关山灌区等10个灌区农业用水价格进行成本监审,牵头做好农业综合水价考核工作。

【价格认证与监测】 2022年,浏阳市全年共进行各类价格认定694起,标的5561万元,办结率100%,确保价格认定结论客观、公正、高效。做好民生商品价格监测工作,全年共报送各类报表600多份,监测信息1万多条,分析报告60余篇;在市场价格出现异动及疫情防控期间,共开展市场巡查9次,通过政府网站、报纸等媒体发布保价稳供宣传报道4篇。

【长赣高铁建设正式启动】 2022年11月21日,湘赣两省同步启动长赣高铁建设,长赣高铁湖南段开工建设动员大会在长沙县举行。中共湖南省委书记、省人大常委会主任张庆伟宣布项目建设启动。长赣高铁是国家中长期铁路网规划中"八纵八横"高速铁路网之一的渝长厦通道的重要组成部分。2022年9月30日,长沙至赣州铁路可行性研究报告获得国家发改委审批通过。长赣高铁连接湖南省东部和江西省西南部,西起湖南省长沙市长沙西站,接在建常益长铁路，向东南途经江西省萍乡市、吉安市境内，至终点赣州市，全长429.5千米，设计速度为350公里/小时，建设工期5年。湖南段正线长131.85千米，新建黄花机场站、浏阳站。浏阳段线路全长62.14千米，工程总估算为108亿元左右。线路出黄花机场站后自西向东途经浏阳市永安、洞阳、蕉溪、集里、关口、高坪、荷花、澄潭江、大瑶9个镇(街道)，经湘赣省界进入江西省萍乡市上栗县，线路上跨武深高速、319国道，隧道内上跨浏洪高速、金阳大道，下穿道吾山风景名胜区进入浏阳站，出站后绕避一级水源保护区，跨越浏阳河和大瑶矿山压覆区等。浏阳站是浏阳首座高铁站，位于西北环线北侧265米的关口街道长兴社区利水岭，为高架站，采用线侧下式站房，站房面积15000平方米。车站按2台6线地级站规模布置，设到发线4条、正线2条，有效长为650米；设岛式站台2座(450米×12米×1.25米)。

【椒花水库全面进入大坝主体施工阶段】 2022年11月29日，椒花水库工程完成枢纽首仓混凝土浇筑，枢纽工程由基础开挖全面进入主体混凝土浇筑施工阶段。椒花水库位于浏阳市达浒镇，距浏阳市区40千米，距长沙市区95千米，是一座大(2)型水库工程。水库最大坝坝顶长420米，高69.5米，正常蓄水位180米，坝址控制流域面积132.5平方千米，总库容1.7亿立方米，建成后将成为长沙第二大水库。椒花水库工程建设项目是长沙市“五个十大”中十大基础设施项目之一，同时也是国家重点水利工程、省重点建设项目，项目总投资近60亿元，建成后每年可向浏阳城区、金阳新城、长沙县供水8130万立方米，保障沿线40多万居民的用水安全，并在枯水期为浏阳河、捞刀河补水。2017年1月，启动项目建设，2019年11月26日，开工建设移民集中安置区。2020年9月28日，椒花水库工程开工仪式在浏阳市达浒镇举行，椒花水库枢纽工程、补水工程、供水工程、蕉溪岭供水隧道控制工程等项目相继正式开工建设。2022年3月31日，完成上游围堰填筑，进入大坝基坑开挖阶段。

【浏阳排名2022全国县域百强榜第7】 2022年12月16日，全国县域经济研究咨询专业智库社会组织——中郡研究所完成并发布《第二十二届县域经济与县域发展监测评价报告》(下称《报告》)，揭晓第二十二届全国县域经济和社会综合发展百强县及全国县域经济基本竞争力百强县名单。浏阳位列全国县域经济和社会综合发展百强县第7位。浏阳多项指标评价均为A级以上，其中综合水平指数等级、综合活力指数等级、综合优势等级指数均为A+，为前十强中唯一。县域经济基本竞争力榜单方面，浏阳的投资增长率等级为A++，相对民富指数等级、相对天蓝指数等级为A+，财政收入增长率等级、居民收入增长率等级、消费增长率等级均为A，整体继续保持中部地区的优势领先地位。在中部县域经济百强县名单中，浏阳居中部第二位。2006年，浏阳首次进入全国百强县榜单，排名第92位；2019年，浏阳排名第10位……2022年，进入全国百强第8位，相比2021年再进一位。

【浏阳在湘赣两省推进大会作典型发言】 2022年5月27日，湘赣两省推进大会在江西萍乡市召开，浏阳作为湘赣边区域24个县(市、区)唯一代表作典型发言，介绍共同推动湘赣边区域高质量发展的“浏阳经验”，并签署《浏阳—上栗园区产业链深度合作框架协议》《国家级经开区产业协同发展战略合作框架协议》2个合作协议。

【浏阳垃圾焚烧发电项目获核准】 2022年11月20日讯省发改委核准浏阳市生活垃圾焚烧发电项目。浏阳市生活垃圾焚烧发电厂位于浏阳市荷花街道建新村，设计建设生活垃圾日处理量为600吨的生产线2条、中温次高压余热锅炉2台，配套安装1台30兆瓦中温次高压凝汽式汽轮发电机组及相应配套设施等。项目单位为浏阳市城乡发展集团有限责任公司。项目总投资9亿余元，装机容量30兆瓦，年发电量1.73亿千瓦时。项目建成后，生活垃圾日处理量可达1200吨。

【风洞口抽水蓄能电站预可行性研究报告审查会议召开】 2022年11月4日，湖南省浏阳风洞口抽水蓄能电站预可行性研究报告审查会议在浏阳召开，水电水利规划设计总院咨询(原总工)彭才德，中共长沙市委常委、浏阳市委书记朱东铁，水电水利规划设计总院副总工程师万文功出席会议。水电水利规划设计总院有关专家，省能源局、省自然资源厅、省水利厅、省林业厅、国网湖南省电力有限公司、长沙市发改委等单位相关负责人，浏阳市领导王坤球、冯赛军、唐强跃参加会议。抽水蓄能电站被称为电网的“蓄电池”“稳压器”和“调节器”，是目前最成熟、最经济、最可靠的大规模储能设施。电站具有上、下两个水库，夜间用电低谷时，可用电将山下水库的水抽至山上，白天用电高峰时，再从山上水库放水发电。电站可帮助电网顶峰发电，能够顺利帮助风电、光伏发电等新能源大规模、高比例接入电网。浏阳风洞口抽水蓄能电站是湖南省“十四五”重点实施项目之一，建设工程主要包括上水库、下水库、输水系统及发电厂等，其中，上水库位于大瑶镇老桂新村木瓜坡，正常蓄水位约为599米；下水库位于金刚镇南岳村肖家冲，正常蓄水位约为218米。电站总装机容量1200兆瓦，拟装设4台单机容量为300兆瓦的混流可逆式水泵水轮发电机组，设计年发电量和年抽水电量分别为12.77亿千瓦时和17.02亿千瓦时。项目静态投资约70亿元，建成投产后每年可减少二氧化碳排放量数十万吨，年创利税上亿元，将对浏阳乃至长沙的能源保供，特别是对电力迎峰度夏、提升碳汇能力、促进乡村振兴等方面产生巨大影响。会议听取设计单位关于项目预可行性研究报告的汇报，并就报告分专业组进行讨论和审议。会前，与会领导、专家还对上、下两个水库进行现场查勘。

（曾 爽）

财 政

【一般公共预算执行情况】 2022年，浏阳市地方一般公共预算收入完成101.14亿元，剔除政策因素影响，同口径增长10.25%。一般公共预算总支出完成174.05亿元，比上年增加10.32亿元，增长6.30%，其中：民生支出133.02亿元，占一般公共预算支出的76.43%。

【政府性基金预算执行情况】 2022年，浏阳市市本级政府性基金预算收入完成127.45亿元，其中国有土地使用权出让收入124.87亿元。政府性基金预算支出完成138.63亿元，剔除上级专项追加和上年结转项目1.62亿元，市本级政府性基金预算支出137.01亿元。

【国有资本经营预算执行情况】 2022年，浏阳市国有资本经营预算收入完成1956万元，上级补助收入23万元，上年结转25万元，当年收入合计2004万元；国有资本经营预算支出68万元，调入一般公共预算统筹安排支出1936万元，当年支出合计2004万元。收支相抵，实现预算平衡。

【社保基金预算执行情况】 2022年，浏阳市社保基金预算收入完成20.24亿元（含上级补助收入），比上年增加2.61亿元，增长14.79%；社保基金预算支出完成20.41亿元（含上解支出），比上年增加4.88亿元，增长31.38%。年末滚存结余12.87亿元。

【经批准的政府债务情况】 2022年，省财政厅下达浏阳市地方政府债券资金48.31亿元，其中：新增一般债券4.68亿元，按照上级要求主要用于教育基础设施建设项目、城乡公交一体化建设项目、农村公路建设项目等；新增专项债券43.63亿元，按照上级要求用于经开区新能源电子信息产业园项目、经开区产业新城长沙智中心（一期、二期）建设项目、浏阳市全域乡村振兴建设项目等。再融资债券17.67亿元，全部按规定用于置换存量政府债务。2022年年末地方政府债务限额237.48亿元，实际债务余额236.21亿元。

2022年11月4日，湖南省浏阳风洞口抽水蓄能电站预可行性研究报告审查会议在浏阳召开

（市发改局 供图）

【项目建设资金保障】 2022年，市财政争取并拨付新增专项债券资金43.63亿元，加快各类资金拨付使用进度，持续扩大有效投资，全力支持重大项目建设，为经济社会高质量发展提供坚实的财力保障。争取到位长赣铁路国家开发银行基础设施投资基金18.61亿元，年内，长赣高铁、永和通航机场、中烟永安科技园、椒花水库、金阳医院、妇幼保健院整体搬迁等项目正式开工建设，惠科光电13条产线全部点亮，雅士林一期、九典制剂生产基地等一大批产业项目正式投产。安排园区财政体制分成资金15亿元，全力支持“五好园区（规划定位好、创新平台好、产业项目好、体制机制好、发展环境好）”创建，2022年，经开区规模工业总产值增长12%，被评为国家级水效领跑园区。安排招商引资专项经费1000万元，全力支持招大引强，新引进项目133个，其中“三类500强”项目4个，100亿元以上项目2个，50亿元以上项目3个。11月4日至5日，由新华网主办的第八届绿色发展论坛暨绿水青山就是金山银山实践成果展在北京举行。浏阳市被评为“优化政府（投资）环境优秀城市”。

【助企纾困工作】 2022年，市财政集聚财政扶持要素，靠前服务、创新路径，全力助推企业轻松上阵、加快转型、健康发展。坚决贯彻落实上级组合式税费支持政策，全市增值税留抵退税15.47亿元，新增减税降费8.36亿元，缓税缓费8.16亿元，其中中小微制造业缓税7.51亿元。出台《浏阳市稳岗位促就业二十条措施》，实施减费降负企业纾困等六大专项行动，为企业减免失业保险费3826万元、工伤保险费2772万元。采取免申即享方式发放2564家企业稳岗返还资金3007万元。严格落实“三个挂钩”机制，支持出台《浏阳市打造“世界烟花爆竹之都”十条激励政策》《浏阳市促进文旅深度融合高质量发展十条措施》《浏阳市进一步激励“制造强市”建设工作的若干措施》等激励政策，拿出真金白银支持产业发展，全年共兑现各类奖励扶持资金2.92亿元。

【财源建设】 2022年，市财政坚持财源培植和财税征管两手抓、两手硬，深入推进财源建设“7+1”专项行动和综合治税9条硬举措，积极应对新冠疫情给经济社会发展带来的不利影响和上级组合式税费支持政策带来的减收冲击，全年完成地方一般公共预算收入101.14亿元，剔除政策因素影响，同口径增长10.25%，税占比75.55%，经济发展基础不断夯实。落实一揽子企业纾困政策，深入实施产业发展"千百十"工程，新增国家级专精特新"小巨人"企业11家，全市规模工业总产值增长7.4%，10条重点产业链产值增长7.14%，电子信息、生物医药、烟花爆竹产业链产值分别增长17.51%、14.63%、15.3%，工业用电量增长16.8%。全年地区生产总值突破1700亿元，县域经济和社会综合发展跃居全国第7位，县级市基本现代化指数排名全省第1位，被评为"2022国际化高质量发展环境建设标杆县(市、区)"。

【卫生健康投入】 2022年，浏阳市卫生健康支出15亿元，同比增长31%，有力确保疫情防控、健康民生、医疗卫生等各项工作顺利开展。强化防疫设施设备保障，支持新购置负压救护车16台，新扩充方舱实验室1个，全市单日单管检测能力达15.15万管。支持做好推进新冠疫苗接种工作，全市全年累计接种352.91万剂次，其中60~79岁老年人群全程接种任务完成率101.77%，加强免疫接种率92.46%。统筹投入3亿元，持续改善医疗基础设施，中医医院危急重症大楼、社港医养教研综合大楼建成投用，妇幼保健院整体搬迁项目、高坪镇和永和镇卫生院改扩建项目推进顺利，金阳医院开工建设。安排1.53亿元，支持开展基本公共卫生服务、艾滋病防治、新生儿遗传性耳聋基因检测、新生儿疾病筛查、"两癌"免费筛查、孕产妇免费产前筛查等民生项目，为"健康浏阳"建设提供资金保障。

【教育投入】 2022年，市财政加强财政教育投入预算保障，落实教育经费"两个只增不减(一般公共预算教育支出逐年只增不减，确保按在校学生人数平均的一般公共预算教育支出逐年只增不减)"，全年安排教育支出共39.75亿元，占一般公共预算支出的22.84%，较2021年增长25.16%。统筹投入资金5.83亿元，新改扩建学校11所，新增学位6220个；新建公办幼儿园4所；建设义务教育标准化寄宿制学校15所、标准化高中学校6所，薄弱学校与能力提升改造学校38所，职业中专楚怡学校改扩建项目、湖南都市职业学院(浏阳河校区)全面启动，湖南护理学校浏阳校区一期、湖南电子科技职业学院浏阳校区顺利竣工。全年支持引进教师1000名，定向培养公费师范生167名，不断优化教师队伍结构。全面落实家庭经济困难学生国家资助政策，精准资助各级各类贫困学生5.29万人次，金额达3317万元。发放乡镇工作补贴、人才津贴共5000万元，全力保障乡村教师待遇。

【社会保障投入】 2022年，市财政聚焦民生福祉，持续加大民生投入，八成以上新增财力用于民生支出，全年民生支出达133.02亿元，占一般公共预算支出的76.43%，比上年增加7.69亿元。城乡居民基础养老金实现十八连涨，达到每人每月243元；一次性工亡补助金提标71560元、工亡丧葬补助金提标2294元；失业保险金增长180元/月、失业补助金增长36元/月；丧葬补助金人均提标75元；计划生育家庭特别扶助金提标140元/人/月。安排资金2.82亿元，落实城乡低保、特困供养、残疾人两项补贴等民生政策，保障困难群众基本生活。投入5253万元，支持开展就业培训、职业技能提升、"马兰花"创业计划、发放职业技能补贴等，不断提升劳动者的技能素质和创业能力，促进其实现更加稳定和更高质量就业。拨付机关养老、城乡居民基本养老、城乡居民医疗保险等经费20亿元，确保相关待遇及时发放。通过"一卡通"发放各类惠民惠农财政资金达8.99亿元，惠及183.19万人次。

【乡村振兴投入】 2022年，市财政安排村级运转保障经费1.26亿元，村(社区)运转经费较上年提标3万元/年，支持出台加快发展壮大村级集体经济的八条"硬举措"，全市村集体经济总收入达1.4亿元。安排乡镇体制分成资金3.6亿元，投入美丽宜居村庄创建奖补资金5999万元，全力支持特色村镇建设，建成美丽宜居村庄240个，进一步擦亮农村人居环境综合整治品牌，古港镇梅田湖村获评全国乡村旅游重点村，关口街道道源湖村获评全国"一村一品"示范村。投入农村治厕治垃圾经费1384万元，浏阳"先建机制后建工程全面推行'首厕过关制'"成为国家农村厕所革命典型范例，全力改善农村人居环境。统筹安排财政衔接推进乡村振兴补助资金1.29亿元，改造农村危房126户，实施产业项目108个，带动脱贫户、监测户1569户4823人实现增产增收。2022年10月8日，农业农村部、国家乡村振兴局公布《2022年国家乡村振兴示范县创建名单》，浏阳市成功入选。

【城镇建设投入】 2022年，市财政统筹资金1.8亿元，改造老旧小区87个涉及居民4206户，改造面积41.03万平方米，加快推进城市有机更新。支持新建公租房336套，筹集保障性租赁住房2000套，有效缓解住房困难群体及外来务工人员居住难题。统筹投入2亿元，支持抽水蓄能、垃圾焚烧发电、智慧城市等重大新基建项目落地实施，能源安全有效保障。统筹投入5亿元，全面拉通金阳大道、浏阳大道（菊花石路—李畋路），西南环线启动建设，泰安路等12条城市道路建成。统筹投入8000万元，按照"四精五有"建设标准，推进51个市政基础设施项目，新建停车场24个，新增停车位1.7万个，全力破解停车难。统筹投入2000万元，推进惠民文体场馆建设，段江华乡村美术馆建成开馆，新建1家24小时自助图书馆、5家图书馆分馆，新改建30个室外运动场(标准篮球场)，人民群众文化生活不断丰富。

【生态建设投入】 2022年，市财政统筹投入2亿元，支持城区地下管线建设，完成渭川河下游综合整治和济川河、渭川河及净溪河片区雨污分流建设，铺排乡镇污水处理厂支管网68千米，改造8处城区易涝积水点，全年汛期未出现长时间内涝，入选海绵城市建设省级试点城市。浏阳河出境断面水质达到Ⅱ类，捞刀河、南川河出境断面稳定在Ⅲ类及以上，8个国、省控断面和县级以上饮用水水源地水质达标率均为100%，重点建设用地安全利用率100%，成功创建省级生态文明建设示范区，浏阳河成功创建省级“美丽河湖”。统筹投入8000万元，收集、清运城区生活垃圾13.7万余吨、城区餐厨垃圾13000余吨，日均打捞河面漂浮垃圾约1吨，完成62条“百街千巷”环境综合整治提升工作，完成11419平方米黑臭水塘、1648米黑臭沟渠水体整治，修复浏阳河流域湿地4公顷，完成营造林4420公顷，全力推动生态环境质量持续改善。

【债务管理】 2022年，市财政坚持稳字当头、稳中求进总方针，坚决防风险、控增量、化存量、促转型，一以贯之打好防范化解政府债务风险攻坚战，化债工作连续两年被评为全省化债成效突出地区。聚焦专项债全生命周期管理、国有企业融资管理、降低融资成本、开展创绿清零、重大风险应对，完善全口径债务管理体系，夯实债务管理基础。统筹各类资金资源，将隐性债务偿还资金足额纳入年初预算，全年按进度完成隐性债务化解任务。争取政府专项债券限额43.63亿元，推动14个专项债券项目全部发行，专项债券发行金额较2021年增加10.67亿元，增幅达32.37%，有效支撑全市经济运行和发展。持续推进国有企业合规承接政府投资项目，补齐国有企业经营资质，拓宽经营领域，推进优质资产、特许经营权注入国有企业，不断增强市场核心竞争力和抗风险能力。

【财政改革】 2022年，市财政创新“大专项+任务清单”模式，强化预算项目统筹力度，把有限资金用到急需项目上，提高资金使用效益。核减部门预算项目支出2.58亿元，政府投资压减率达25.57%，把过“紧日子”的要求贯彻到紧平衡的全过程。实行“财审联动”“代表联动”，邀请审计部门、人大代表全程参与绩效评价，以绩效评价公信力提升预算执行力，绩效评价工作排名全省第一。将预决算公开情况纳入绩效考核、巡察审计、资金分配范围，预决算公开工作排名全省第四。出台重大项目资金管理、兜牢“三保”底线等一揽子改革政策措施，纵深推进财政预算管理改革，不断增强财政可持续性，连续三年被评为省政府真抓实干表扬激励(全省第一名)和全省市县财政日常工作整体水平高质量评价AA级单位(全省第一名)。创新三资盘活模式，浏阳市六股岭矿区采矿权成为省内首宗以“净矿”方式出让的新设砂石矿，成交价11.32亿元，溢价6.9亿元。

【“智慧财政”工作】 2022年，市财政积极探索财政数字化治理，打造涵盖内控管理、风险管理、内控考评、系统管理、报表查询等五大功能模块的内控系统，成功创建财政部内控信息化首批试点市县。全力推进“智慧财政”上线运行，打通数据交换通道，实现预算一体化系统97张标准表、财税库银、单位会计等数据库表回流至浏阳前置数据库，与长沙政府采购平台、政府投资计划管理系统和财评管理系统等实现数据交换，将跨业务系统的财政数据集合到一个系统，所有财政关键业务做到一网查询，形成覆盖全面、业务协同、上下贯通、开放共享的财政大数据应用发展格局。率先在全省范围内启用工资管理模块、完成国库集中支付清算流程改造试点、上线会计核算云系统，实现数据自动对账，让现场对账成为历史，单位会计数据质量考核排名全省第一。

(赵　倩)

税　务

【概况】 2022年，市税务局下辖第一税务所、第二税务所2个税务所、淮川税务分局、古港税务分局、官渡税务分局、大瑶税务分局、镇头税务分局、经开税务分局、沙市税务分局7个税务分局。年内，市税务局坚持拓源挖潜，推动税收收入实现平稳增长。积极主动向市委、市政府汇报税收工作，结合审计整改，对相关工作开展一次“回头看”，做到举一反三，全面倒查，有效规范相关流程，排除隐患堵塞漏洞，促进税收收入质量的有效提升。积极落实税费支持政策。确保各项税费优惠政策直达快享、应享尽享，做到提前谋划，加快推进，努力让纳税人第一时间享受到政策红利。留抵退税、“六税两费减免”、制造业缓税、个税企税汇算清缴等工作进度在长沙税务系统保持领先。4月23日，湖南省留抵退税工作推进会召开，浏阳市税务局作为区县局代表以《立足大宣传 营造强氛围》为题作典型经验推介。2022年年末，浏阳市税务局在湖南省“身在湖南办事不难”优化营商环境纳税指标年度考核中综合得分92.07，排名长沙第1，全省第16。年内，市民之家办税大厅被评为湖南省税务局“五星级办税服务厅”。个人绩效考核工作获得省税务局通报表彰。镇头税务分局被评为“湖南省文明卫生单位”。创新教育培训机制，立足基层实际抓好教育培训工作，成功承办省税务局“送教下基层”活动启动仪式，教育培训经验获省税务局党委委员、总会计师彭友山的批示肯定。

【税收收入】 2022年，市税务局累计组织税收收入101.71亿元，入库地方级税收收入76.45亿元；由于采取积极的税费支持政策，有效激活市场主体。全年宏观税负率(税收收入/GDP)5.72%，比2021年同期7.12%降低1.4个百分点。全市制造业销售收入实现销售收入516.12亿元，同比增长16.31%。

【社保费征缴】 2022年，市税务局坚持税费并重建立“政府主导、税务(人社、医保)主责、银行主办、部门协作、乡镇主抓、村组配合”的集中征缴机制，落实好特困行业阶段性缓缴三项社保费优惠政策，全年社保费申报缴费率超95%，城乡居民

2022 年 5 月 19 日，由湖南省税务局、长沙市税务局、浏阳市税务局三级联动开展的“春风·育苗”湖南省税务系统“送教下基层”活动启动仪式在浏阳举行　（市税务局　供图）

“两险（城乡居民基本养老保险和基本医疗保险）”收缴进度保持长沙地区领先、省内一流的优势。全年社会保险费征缴入库 41.95 亿元，同比增收 6.84 亿元，增长 19.48%。

【非税收入】 2022 年，市税务局组织非税收入 119.76 亿元，非税收入首次超过税收收入。

【税费治理】 2022 年，市税务局认真贯彻落实中共中央办公厅、国务院办公厅印发《关于进一步深化税收征管改革的意见》，稳步有序推进各项改革。所有税源管理单位均按照要求落实优化税源管理方式改革。抓好税源分类分级管理，对淮川分局、第二税务所管辖范围进行调整，实现属地管理及重点行业、重点税源企业的有效监管。紧紧围绕挖潜促收，出台股权转让、房土两税、土地增值税清算审核、发票增版增量等四个制度指引，切实加强重点行业、重点税种的管理，扩大征管实效，烟花爆竹行业、矿山行业、造纸行业等行业税收实现较快增长。完善大数据和风险管理工作机制，强化风险分析和任务统筹，全年组织开展中低风险应对共 1694 户，查补入库税、费 21558.48 万元，其中：加收滞纳金 2331.84 万。切实加强房土两税、个人所得税、企业所得税管理，推行土地增值税三级审核制度，房土两税、土地增值税实现较快增长。在市委、市政府的高位协调下，利用住建部门、自然资源部门等提供的涉税数据，开展建安、采矿、房地产等行业的税收专项清理行动，取得良好成效。配合市委、市政府出台“浏花十条”，通过政府补贴等形式鼓励花炮企业申报缴税，同时，参考危爆物品准运明细数据推算企业产值，促进花炮行业税负公平。联合财政主导政府推出“7+1”专项行动方案，自选 9 条硬举措，向综合治税和数据治税要收入，全年累计查补、清算纳税人 4093 户，入库税款 7.84 亿元，增加地方级税收 5.09 亿元。

2022 年 8 月 31 日，市税务局组织开展“喜迎党的二十大　退减缓免税费促发展”网评品牌活动，11 名来自全国各地的网络名人代表走进经开区盐津铺子食品股份有限公司，通过实地参观深入感受税收优惠政策的新成效　（市税务局　供图）

【开展“喜迎党的二十大　退减缓免税费促发展”网评品牌活动】 2022年 8 月 31 日，市税务局组织开展“喜迎党的二十大　退减缓免税费促发展”网评品牌活动，11 名来自全国各地的网络名人代表走进经开区盐津铺子食品股份有限公司，通过实地参观深入感受税收优惠政策的新成效。2019 年至 2022 年，盐津铺子高新技术企业所得税低税率、研发费用加计扣除、农产品初加工等税收优惠政策，企业所得税减免规模持续递增，总计达到 1 亿多元。而增值税方面，公司部分产品取得原材料进项税额核定扣除资格，每年可增加约 300 万元的扣除额。2022 年 6 月，市税务局组织税务干部“送课上门”，为盐津铺子所有财务会计人员详细讲解操作实务，课程还通过视频连线形式覆盖至江西、广西、河南等子公司的财务部门。退、减、缓、免税费政策组合式叠加发力支撑和催动企业加速智能制造转型升级，有效激活企业发展空间。近年来，盐津铺子投资建成烘焙智能制造基地，持续以年均千万元的投入规模对生产线进行技改升级，使得新品研发实现“加速度”，产品品质有更为坚实的技术保障。

（刘　强）

表 5　浏阳市税务局各项收入分税种分级次入库情况表

（截至 2022 年 12 月 31 日）

项　目	本月入库			年度计划	累计入库			
	税额（万元）	比上年同期			税额（万元）	为年计划（%）	比上年同期	
		增减额(万元)	增减(%)				增减额(万元)	增减(%)
各项收入总计	731993	530569	263.41		2638083		1158312	78.28
一、税收收入	125387	−10169	−7.50		1017148		−69180	−6.37
▲还原后税收收入	136802	−141	−0.10		1171869		−95052	−7.50
其中：中央级	33607	79	0.24		330031		−26544	−7.44
▲还原后中央级	39315	5093	14.88		407391		−39474	−8.83
省级	−5707	−5012	721.15		−77353		12930	−14.32
区(县)级	97487	−5236	−5.10	901500	764470	84.80%	−55566	−6.78
区(县)级(政府口径)	100162	−5696	−5.38	928076	787379	84.84%	−58292	−6.89
1.增值税	40520	−11531	−22.15		317940		5422	1.73
▲还原后增值税	51935	−1503	−2.81		472661		−20450	−4.15
2.消费税	3911	506	14.86		53441		9179	20.74
3.企业所得税	1690	2358	−352.99		107826		−65697	−37.86
4.个人所得税	12294	6693	119.50		60347		5050	9.13
5.资源税	331	63	23.51		4001		1631	68.82
6.城镇土地使用税	3350	236	7.58		16002		−625	−3.76
7.城市维护建设税	2463	−755	−23.46		23497		−3103	−11.67
8.土地增值税	34502	−5619	−14.01		174409		−95511	−35.38
9.印花税	10	−1509	−99.34		11159		−1415	−11.25
10.车船税	5481	1581	40.54		55557		22490	68.01
11.房产税	5539	608	12.33		28365		6291	28.50
12.烟叶税					5291		1401	36.02
13.契税	13768	−2656	−16.17		95524		13073	15.86
14.耕地占用税	243	−82	−25.23		41410		32408	360.01
15.环境保护税	239	30	14.35		5635		2238	65.88
16.车辆购置税	1046	−92	−8.08		16744		−2012	−10.73
17.营业税								
二、个人所得税手续费退库					−812		−252	45.00
三、出口退税	−15068	15344	−50.45		−234816		30907	−11.63
四、社会保险费	73964	13677	22.69		419476		68392	19.48
1.企业职工基本养老保险	19152	−3718	−16.26		168230		26594	18.78
2.城乡居民基本养老保险	1206	−361	−23.04		12825		81	0.64
3.机关事业单位基本养老保险	3935	116	3.04		47387		2492	5.55
4.职工基本医疗保险	27497	18482	205.01		110536		32358	41.39
5.城乡居民基本医疗保险	18599	−394	−2.07		36782		2364	6.87

续表 5

项目	本月入库			年度计划	累计入库			
	税额（万元）	比上年同期			税额（万元）	为年计划（%）	比上年同期	
		增减额（万元）	增减（%）				增减额（万元）	增减（%）
6.失业保险	656	−269	−29.08		7902		974	14.06
7.工伤保险	1057	−187	−15.03		11600		988	9.31
8.职业伤害保障费								
9.其他社保								
10.其他补充保险	425	24	5.99		7760		167	2.20
11.职业年金	1437	−16	−1.10		16454		2374	16.86
五、非税收入	532224	527032	10150.85		1197575		1158646	2976.31
（一）一般公共预算收入	3499	−1693	−32.61		54816		15895	40.84
1.教育费附加	1484	−396	−21.06		13746		−1613	−10.50
2.地方教育费附加	1191	−64	−5.10		9163		−1113	−10.83
3.文化事业建设费	1	1			48		48	
4.残疾人就业保障金	272	27	11.02		2839		500	21.38
5.水利建设基金	408	−460	−53.00		5484		51	0.94
6.水土保持补偿费		−162	−100.00		311		−483	−60.83
7.防控地下室易地建设费	15	−179	−92.27		1297		−960	−42.53
8.城镇垃圾处理费	42	−495	−92.18		3143		1607	104.62
9.排污权出让收入	2	−47	−95.92		141		−752	−84.21
10.税务部门罚没收入	18	16	800.00		55		21	61.76
11.省级项目收入（地方级 100%）	64	64			1237		1237	
12.矿产资源专项收入	2	2			17352		17352	
（二）政府性基金预算收入	528725	528725			1142759		1142751	14284387.50
1.国有土地使用权出让收入	528725	528725			1142752		1142752	
2.可再生能源发展基金					6		−1	−14.29
3.国家重大水利工程建设基金					1			
六、其他收入	418	29	7.46		3884		454	13.24
附列资料：1.免抵已调增值税	3791	−14534	−79.31		49280		−54120	−52.34
2.留抵退税	−11415	−10028	723.00		−154721		25872	−14.33

审　计

【概况】 2022 年，浏阳市审计工作在上级审计机关和市委、市政府的正确领导下，坚持以习近平新时代中国特色社会主义思想为指导，深入学习贯彻党的二十大精神，依法履行审计监督职责，取得明显成效。全年完成审计项目 36 个，审计查出违规金额 1985.71 万元，管理不规范金额 10.24 亿元；促进收缴入库财政资金 792.98 万元，督促被审计单位及时上缴国库资金 7.81 亿元，盘活财政资金 2068.67 万元，促进资金拨付到位 1.08 亿元，挽回或避免损失 184.15 万元。全年在各级媒体上累计发表信息 41 篇，在中国审计报推介审计信息 12 篇，先后获评全省和全国审计通联宣传工作先进单位。“浏阳市本级一级预算单位 2020 年度预算执行及其他财政财务收支情况专项审计调查”项目获评长沙市优秀审计项目二等奖。

【市委审计委员会第 7 次会议】 2022 年 4 月 12 日，中共长沙市委常委、浏阳市委书记、市委审计委员会主任朱东铁主持召开市委审计委员会第7次会议，强调要深入学习贯彻习近平总书记关于审计工作的重要指示精神，坚持把政治导向、政治要求贯穿审计工作全过程，立足“审计监督首先是经济监督”定位，找准审计工作的切入点、着力点，做好常态化“经济体检”工作，为浏阳勇当“强省会”战略开路先锋贡献审计作为。市委副书记、市长、市委审计委员会副主任王雄文出席会议，市领导姚喜琳、王坤球、冯赛军、陈清参加会议。会议传达学习习近平总书记关于审计工作的重要指示精神、李克强总理关于审计工作的讲话精神、全国审计工作会议精神和省、长沙市有关会议精神，听取全市审计工作情况汇报，审议通过《2022年度审计项目计划》《2021年度领导干部经济责任审计情况综合报告》《关于进一步加强内部审计工作的通知》《浏阳市2022年度审计工作要点》。

【市委审计委员会第8次会议】 2022年9月13日，中共长沙市委常委、浏阳市委书记、市委审计委员会主任朱东铁主持召开市委审计委员会第8次会议，传达学习中央、省委、长沙市委相关会议精神，听取全市审计工作情况汇报，审议有关文件，研究部署下阶段审计工作。他强调，要深入学习贯彻习近平总书记关于审计工作的重要讲话指示批示精神，扎实做好常态化“经济体检”工作，以强有力的审计监督促进经济高质量发展，促进全面深化改革，促进权力规范运行，促进反腐倡廉，为浏阳勇当“强省会”战略开路先锋提供坚强的审计监督保障，以实际行动迎接党的二十大胜利召开。市委副书记、市长、市委审计委员会副主任王雄文出席会议。浏阳市领导姚喜琳、王坤球、冯赛军、陈清参加会议。会议指出，2022年以来，审计机关深入贯彻落实上级决策部署和市委工作要求，紧紧围绕全面落实“三高四新”战略定位和使命任务，扎实推进审计各项工作，履职能力不断增强，监督质效明显提升，有力保障全市经济社会高质量发展。会议强调要更高站位认识。坚决扛牢审计监督政治责任，做到党的工作重点抓什么、审计就审什么，充分发挥“啄木鸟”“手术刀”作用，以强有力的审计监督，确保上级决策部署在浏阳不折不扣落到实处。要更高质量审计。加大对稳经济大盘、“强省会”战略各项政策措施落实情况的审计力度，紧盯预算编制、项目执行等重点环节，聚焦浏阳市“五个十大”项目、金阳新城“四个十大”项目、美丽宜居村庄建设等重点领域，加大对财政直达资金、政府债务、粮食、自然资源、疫情防控等领域风险的揭示力度，重点关注土地处置、资产管理、特许经营等领域，严肃查处以权谋私、利益输送、损失浪费、贪污腐化等问题。会议要求，要更高标准整改。把抓好审计发现问题的整改放在更突出的位置，进一步压实被审计单位的主体责任、主管部门的监督管理责任、审计机关的跟踪检查责任，采取有效措施、建立长效机制，坚定不移做好审计“后半篇文章”。要更高要求履责。市委审计委要加强对审计工作的领导，市委审计办要建立健全审计监督重大事项督察督办制度，各成员单位要建立健全情况通报、协同督办、整改联动、成果互通等工作机制，审计机关要加强自身建设，打造信念坚定、业务精通、作风务实、清正廉洁的审计干部队伍。会议原则通过《关于2021年度市本级预算执行和其他财政收支情况的审计报告》等文件。

2022年9月13日，市委审计委员会第8次会议召开 （市审计局 供图）

【重大政策落实跟踪审计】 2022年，市审计局对浏阳市“三高四新”战略部分产业项目实施情况和政府采购及购买服务情况进行专项审计调查，揭示部分企业提供虚假资料获取财政补助资金等问题37个，报送工业企业技术改造贷款贴息资金亟待加强管理等审计要情(专报)5篇，向主管部门移送企业提供虚假专家证书骗取财政补助资金问题线索，2个企业列入黑名单。

【财政审计】 2022年，市审计局落实审计全覆盖要求，采用大数据综合比对与现场审计相结合的方式开展预算执行和其他财政财务收支审计，揭示地方政府新增专项债券资金管理欠规范等问题119个，报送部分行政事业单位国有资产管理不规范等审计要情（专报)2篇，财政“同级审”报告得到市人大常委会高度评价。向市纪委监委移送问题线索2条，党纪立案1人、组织处理4人、辞退职工1人。

【民生审计】 2022年，市审计局对浏阳市2020—2021年乡村振兴战略实施、花炮产业转型退出、城镇老旧小区改造、9所高中和骨伤科医院财政财务收支等情况进行审计（专项审计调查)，揭露老旧小区改造施工单位偷工减料、学校对托管食堂监管不力、部分企业重复获取花炮企业转型退出奖补资金等问题183个。有效推动各项惠民政策措施落

2022年6月7日，市审计局在局会议室组织开展浏阳市城镇老旧小区改造项目专项审计调查进点会议
（市审计局　供图）

实落地。报送的城镇老旧小区改造项目存在建设质量和安全隐患问题专报得到分管市领导批示，推动开展专项督查；提出的加强学生食堂管理、监督托管公司财务的审计建议，推动市教育局开展全市学校托管食堂专项整治工作。

【政府投资项目审计】 2022年，市审计局对浏阳市2019—2021年政府投资项目竣工决算情况、第四水厂项目建设情况、苍坊旅游区创建AAAAA级旅游景区项目实施及经费使用情况开展专项审计调查（跟踪审计），揭示各类问题68个，力促浏阳市第四水厂提前五个月投产使用。报送的全市政府投资项目竣工决算存在问题的专报推动市政府对《浏阳市政府投资项目管理办法》进行修订。

【领导干部经济责任审计】 2022年，市审计局紧扣“权力运行”和“责任落实”两条主线，对7个单位13名领导干部开展经济责任审计，揭露违规发放津贴补贴、公务接待费支出不规范等问题152个，向市纪委监委和主管部门移送问题线索7条，报送的公职人员违规经商办企业审计要情得到市委主要领导充分肯定。

【国有企业审计】 2022年，市审计局开展自来水公司2020—2021年经营管理情况专项审计调查，揭示公司法人治理结构形同虚设、企业会计信息失真等问题30个，将自来水公司现行管理体制存在的弊端以要情形式上报，推动出台《浏阳市自来水公司合同管理制度》《浏阳市自来水公司财务管理制度》。

【审计整改督查】 2022年，市审计局推动将审计查出问题整改情况纳入市委绩效考核、市人大监督和两办督查。2022年审计查出的已到整改期限362个问题中，立行立改297个，分阶段整改45个，持续整改20个，各相关单位采用审计建议52条，推动修订或出台制度44项。

【纪检监察与审计协同监督】 2022年，市审计局进一步加强纪检监察监督与审计监督贯通协同，完善移送问题线索处置机制，全年向纪检监察机关移送问题线索11条。探索“巡审融合”模式，年内，将镇头镇、永安镇共4个经济责任审计项目与单位党组织巡察同步开展，实现各项监督联合推进。

【单位内部审计】 2022年，市审计局提请市政府办出台《关于进一步加强内部审计工作的通知》，督促55个单位设立内审机构、配齐内审人员，对经开区、教育局等23个单位进行业务指导，开展全市内审人员业务培训，有效推动内部审计常态化。

【举办城镇老旧小区改造专项审计调查项目进点会】 2022年6月7日，市审计局在局会议室组织开展浏阳市城镇老旧小区改造项目专项审计调查进点会议，会议邀请部分市人大代表、特约监督员、涉改老旧小区群众代表和被审计单位负责人及项目负责人参与座谈，以进一步提升审计影响力，充分发挥政务公开促落实、强监管的积极作用。会议分别由市审计局项目审计组向与会人员解读城镇老旧小区改造项目审计方案及审计廉政纪律要求，10个被审计单位负责人介绍2019年至2022年所负责的老旧小区改造情况，与会市人大代表、特约监督员和群众代表相继对城镇老旧小区改造项目提出意见和建议。老旧小区改造关系民生福祉，审计局以政务公开的形式，主动倾听群众意见，更有利于审计工作的推进。

（熊　壮）

统　计

【概况】 2022年，市统计局在市委、市政府正确领导下，以习近平新时代中国特色社会主义思想为指引，认真贯彻落实党的二十大精神，紧紧围绕“挺进前五强　加快建成‘两个中心’全面建设现代化新浏阳”宏伟目标，聚力攻坚，强化担当，为浏阳勇当“强省会”战略开路先锋贡献统计力量。全年全市GDP突破1722.5亿元，按可比价计算，增长5%，其中第一产业增加值136.5亿元，第二产业增加值903.0亿元，第三产业增加值683.0亿元，分别增长3.5%、6.1%和4.0%。三次产业对经济增长的贡献率依次为6.2%、61.1%和32.7%，分别拉动经济增长0.3个百分点、3.1个百分点和1.6个百分点；三次产业结构为7.9:52.4:39.7。规模以上工业增加值增长7.4%，固定资产投资增长9.0%，社会消费品零售总额增长3.1%，各项主要指标在长沙排名前列。1月21日，湖南省人力资源和社会保障厅发布《关于湖南省第七次全国人口普查拟表彰先进集体和先进个人名单的公示》，浏阳市统计局被评为湖南省第七次全国人口普查先进集体，浏阳市统计局党组成员、副局长夏广奎被评为湖南省第七次全国人口普查先进个人。

【统计监测】 2022年，市统计局全面落实GDP核算、固定资产投资、劳动工资、服务业等重点领域统计方法制度改革，组织专班专题研究，抓好13个专业报表和7个抽样调查，完成全年各项调查任务。围绕中国共产党浏阳市第十三次代表大会提出的"挺进前五强"目标，专班研究，精准开展百强县（市）评比指标预测预警动态分析。

【决策咨询】 2022年，市统计局组织撰写《决策参考》共26期，编制《数据浏阳》《浏阳市相关经济部门数据汇总》《浏阳市第四次全国经济普查年鉴》等成果分析资料。年内，先后承接优化营商环境调查、清廉浏阳建设等社情民意调查项目8个，为市委、市政府科学决策提供高效服务。

【依法统计】 2022年，市统计局严格统计执法。全年组织对80家单位开展统计执法检查，对7家单位进行立案查处，其中给予警告4家、罚款并警告3家，为历年来检查企业最多，涉及专业范围最广的一次监督执法检查。配强执法队伍。年内，组织专人参加上级统计部门举办的统计执法检查的专题培训，选派1人参加省委巡视，选派4人参加国家统计执法证考试。深化统计法治宣传。通过统计开放日、《中华人民共和国统计法》颁布纪念日和统计法治宣传月为契机，发放宣传、学习资料10000余份，主要负责人在《浏阳日报》上发表《坚定不移推进依法统计依法治统　以高质量统计服务高质量发展和现代化建设》署名文章。组织开展统计造假屡禁难绝问题专题调研，深入重点区域、乡镇、企业，了解基层实际工作中存在的问题和困难，收集意见和建议，形成专题调研报告，为全面防范统计造假弄虚作假打下基础。

【基层统计站点规范化建设】 2022年，市统计局全力推进省级规范化建设。认真落实党中央、国务院关于统计工作的决策部署和省、长沙市的工作要求，进一步夯实地方政府、部门有关统计工作的法定职责，年内推荐13个乡镇（街道）参加省级规范化建设试点，所有创建单位均按要求实现规范化建设，从源头上提高统计数据质量。着力推进星级统计站点创建。聚焦"打造高质量统计，服务现代化新长沙"主题，着眼统计数据质量和统计工作质量双提升，2022年共有10个乡镇（街道）成功创建星级统计站点，其中，中和镇和集里街道被评为长沙市五星级统计站点。推进市民意调查中心建设。浏阳市民意调查中心整体搬迁工作被纳入2022年市政府投资计划，年内，市财政投入187万余元，建成使用面积288平方米，设有浏阳市数据质量监管指挥中心、督导室（培训室）、电访室、机房、访员休息室的多功能、现代化新民意调查中心。

【新增"四上"企业专题调研】 2022年4月20日，市统计局组织工业、贸易、服务业等专业工作人员赴古港镇开展新增"四上"单位专题调研。先后走访6家拟申报"四上"企业，详细了解企业生产经营状况和发展形势，并对企业进行统计法律法规宣讲和统计业务知识培训。近年来，为夯实统计基层基础，市统计局实行"领导联片、干部联乡"制度，按照分层分批、求精求实的要求，前移统计关口，下沉统计服务，开展统计业务培训，切实提升统计基础工作水平。

【"四上"单位和固定资产投资项目入库退库专项检查】 为贯彻落实中共中央办公厅、国务院办公厅《关于更加有效发挥统计监督职能作用的意见》精神，根据湖南省、长沙市统计局的统一安排部署和要求，市统计局在全市范围内组织开展"四上"单位和固定资产投资项目入库退库专项检查。5月18日，市统计局组织召开全市"四上"单位和固定资产投资项目入库退库专项检查工作部署会议对专项检查工作进行安排部署。全市各乡镇、街道、园区统计员及市统计局业务人员参加会议。会议要求，各单位要切实扛牢主体责任，确保认识到位；要主动担当作为，强化协同配合；要认真检查核查，严肃追责问责；要认真总结，建立长效机制。专项检查工作严格按照时间节点，各乡镇、街道、园区全面开展自查，统计各专业同步对入库、退库单位进行核查，同时，按照专业抽取不少于10家新入库单位进行执法检查，重点检查单位入库资料、报表数据的真实性。通过此项工作，旨在进一步夯实统计基层基础，提高源头统计数据质量的真实性准确性。

【优化营商环境民意调查】 2022年6月，根据《市人大常委会关于"聚力营商　赢在浏阳"助推营商环境优化工作方案》要求，浏阳市民意调查中心与优化营商环境中心组织开展优化营商环境民意调查。本次调查就2021年至2022年6月，政府部门工作人员服务意识、服务态度，办事程序、效率，以及营商环境工作整体评价等情况开展调查测评，调查对象包括42个市直单位、32个乡镇（街道），调查采用CATI电话调查的方式进行，有效访问2540人次。调查结束后，市统计局对调查数据进行汇总分析，并将调查结果上报至委托单位，为努力实现"打造顶格服务、顶真支持、顶真护航的一流营商环境"工作目标，进一步擦亮"营商福地看浏阳"工作品牌提供民意参考。

【社会治安综合治理民意调查】 2022年4月，浏阳市统计局受浏阳市委政法委委托，为进一步畅通民情民意，切实提升公众安全感和满意度，启动对全市村（社区）2022年上半年综治工作民意调查。本次调查面向浏阳市辖区内326个村（社区）开展，调查内容按照省、长沙市综治民调问卷内容进行。主要采取CATI电话调查的形式，围绕真正体现问政于民、问需于民，以百姓打分体现民意，以民意来评判工作，本次调查完成有效样本6500个。市统计局通过对调查数据进行汇总分析，对群众反馈意见进行整理归纳，并报送至委托单位。

【固定资产投资新增项目现场核查】 2022年11月23日，浏阳市统计局党组书记、局长曾义率队到葛家镇、浏阳市经开区开展固定资产投资新增项目现场核查工作。先后到葛家镇六股岭建筑用杂砂岩、板岩矿矿区项目、经开区长沙科达智能装备股份有限公司智能装备制造总部基地项目、金阳医院建设项目、经开区碳化硅制造融创园等新增申报项目建设现场，实地查看项目建设的基本情况，了解项目投资构成情况，对项目存在相关问题提出指导性建议。曾义局长提出，建立起投资项目入库现场核查长效机制，是提高投资统计数据质量，夯实投资统计基层基础，提升投资统计工作水平的有力举措，并就固定资产投资新增项目申报工作提出“三个确保”的要求，一是确保申报项目真实可信，切实做好“第一岗哨、第一责任、第一防线”；二是确保现场进度有据可依，切实做到数出有据、据之可查、查之可信；三是确保业务培训落实到位，多渠道、多形式、多频次开展业务培训，进行针对性指导，强化培训效果。

【统计督察整改】 2022年，市统计局认真对照《国家统计局关于督察湖南省统计局防范和惩治统计造假弄虚作假情况反馈意见》文件精神，研究制定《浏阳市统计局贯彻落实国家统计督察反馈意见整改方案》，针对13个问题明确30条具体措施，建立整改任务清单，落实整改责任，确保整改落到实处。积极推动统计监督与纪律监督、监察监督、派驻监督、巡视监督、审计监督等其他各类监督方式统筹衔接、有机贯通、相互协调。

【开展统计造假问题专项纠治】 2022年，市统计局严格落实中央、省、长沙市关于统计造假不收手不收敛问题专项纠治工作的各项部署，结合浏阳工作实际，对照“查权力干预、查‘数据寻租’、查执法不严、查入退库”等方面，认真组织开展统计造假不收手不收敛问题专项纠治工作。通过乡镇（街道）自查、专业科室核查、法规科执法检查的方式，对全市2021年1月至2022年4月期间入库、退库的500家“四上”企业和固定资产投资项目进行全面排查，对发现的问题进行及时整改。

【举办工业生产者价格统计调查培训会议】 为总结浏阳市2021年工业生产者价格统计调查工作，并对2022年工作进行安排和部署，2022年1月13日，市统计局组织举办2022年工业生产者价格统计调查工作培训会议，全市39家调查单位参加，国家统计局长沙调查队产业处处长邓杰、调查员欧阳溯应邀出席会议。邓杰对2021年工价调查工作作总结讲话并宣读表彰决定，浏阳市统计局被评为“2021年长沙市工业生产者价格统计调查先进单位”，浏阳市4家企业被评为“2021年长沙市工业生产者价格统计调查先进企业”。培训会议组织对《中华人民共和国统计法》、中共中央办公厅、国务院办公厅《关于更加有效发挥统计监督职能作用的意见》等法律法规和文件进行讲解。培训会议对提高思想认识，深刻理解工价调查工作的重要性；学习调查制度和上报方法，按要求上报数据，认真做好台账管理；树立依法统计观念，按照要求采集源头数据，做到数出有据，据之可查，确保数据质量提出具体要求。

【第十三届“中国统计开放日”暨“政务公开主题日”活动】 2022年9月20日，市统计局组织举办浏阳市第十三届“中国统计开放日”暨“政务公开主题日”活动，以“数说新时代 奋进新征程”为主题，宣传党的十八大以来浏阳经济社会发展成就，展现统计部门立足新发展阶段、贯彻新发展理念、构建新发展格局的改革举措，以实际行动迎接党的二十大胜利召开。本次活动通过“喜迎二十大 建功新浏阳”系列分析、“喜迎二十大 数说浏阳这十年”短视频、浏阳市统计局党组书记、局长曾义撰写本地经济社会发展形势分析和统计工作相关内容文章在本地主流媒体发表，并运用统计数据、统计图表展示党的十八大以来浏阳经济社会发展成就和重大项目建设情况。各乡镇（街道）、园区紧扣活动主题通过张贴悬挂宣传海报或标语、发放宣传资料、电子显示屏滚动播放统计宣传标语和动漫短视频等形式开展统计开放日宣传活动。该活动发放各类宣传海报、宣传资料等3000余份。“数说新时代 浏阳这十年”视频观看、转发10000多人次，引起社会关注和热烈反响。

【张学峰受邀为“浏阳大讲堂”专题授课】 2022年3月8日，2022年第一期“浏阳大讲堂”在浏阳市委党校开班授课，长沙市统计局党组

2022年3月8日，2022年第一期“浏阳大讲堂”在浏阳市委党校开班授课，长沙市统计局党组书记、局长张学峰应邀到现场以《从统计视角看经济高质量发展》为题进行统计专题授课
（市统计局 供图）

书记、局长张学峰应邀到现场以《从统计视角看经济高质量发展》为题进行统计专题授课。张学峰通过翔实的统计数据，从“领会新发展要求、做优做实统计服务”“经济高质量发展的现实基础和差距潜力”“推动经济高质量发展的思考与建议”三个方面，分析高质量发展的现实基础和差距潜力，并从统计角度对浏阳工作进行精心指导。以讲堂的形式开展交流，对于大家清醒地认识当前经济发展态势，把握好高质量发展的大趋势，以及浏阳全面落实“三高四新”战略定位和使命任务，勇当“强省会”战略开路先锋，推动高质量发展具有重要参考价值。专题课围绕“深入学习贯彻习近平经济思想，不断深化对经济发展规律的认识，切实提高领导经济工作的能力本领，服务浏阳高质量发展”主题展开研讨交流。中共长沙市委常委、浏阳市委书记朱东铁，浏阳市委副书记、市长王雄文出席。

（张辉珍）

国有资产监管

【管理机制完善】 2022年，市国有资产管理中心进一步加强对行政事业单位国有资产规范管理，联合市财政局印发《浏阳市行政事业单位国有资产使用管理规定》《浏阳市行政事业单位国有资产配置管理规定(2022年修订)》《浏阳市行政事业单位通用资产配置标准(2022年版)》，进一步完善和规范各单位资产管理，强化风险防控与效益管理，推进资产管理与预算管理、政府采购的有机结合。年内，组织国有资产开展对全市闲置资产，公路、教育系统等资产专项清查，制定相关工作方案，明晰责任主体，组织相关单位对资产进行全面清查摸底，督促各单位将资产情况及时登记入账，推进资产卡片动态化管理，切实做到国有资产账表、账账、账卡、账实相符。

【闲置资产管理】 2022年，市国有资产管理中心做好闲置国有资产清查盘活。出台《浏阳市清查处置闲置国有资产资源专项行动实施方案》，分领域组建专班、细化方案，分类施策、深入开展闲置国有资产清查摸底。按照“能用先用、不用可售、不售可租、能融则融”原则，多次协调、专题调度、及时疏堵，确保成熟一宗、处置一宗。2022年，全市共计盘活处置闲置资产资源187处，产生收益12.88亿元。2022年12月30日，湖南省财政厅下发《关于表彰2022年度市县清查处置盘活国有资产工作先进单位的通报》，浏阳市被评为湖南省2022年度市县清查处置盘活国有资产工作先进单位。

【国有资产处置】 2022年，市国有资产管理中心深入贯彻落实省、长沙市决策部署，严格要求、规范程序、精准发力，有效推进国有资产科学处置。严格履行资产处置、公开出租相关规定，全年完成行政事业单位资产处置、出租收入4801.37万元，备案调拨资产价值1226.2万元，实现国有资产保值增值。

【国有资产经营与发展】 2022年，市国有资产管理中心积极推进国有资产效益提升。协调组织召开专题调度会、工作商讨会，分类解决国有资产运营中存在的难点痛点，有序推进资产权证补办工作。全年完成99处资产权证办理。积极推进平台公司资产、股权、资源注入与特许经营权授权工作，注入工作完成率达100%，超前完成2022年度资产注入目标任务，切实壮大企业规模，激活企业“造血”能力。2022年，全市拥有AA+信用等级企业4家、AA信用等级企业6家，其中，浏发集团有两家企业获评AA+信用等级，企业资产规模、信用评级、经营收入和核心竞争力不断提升。

【国企改革】 2022年，市国有资产管理中心抓实《国企改革三年行动方案(2020-2022年)》有关工作，印发《压层级、减法人工作方案》《浏阳市市属国有企业重要岗位人员报告个人有关事项规定(试行)》等文件，国企监管制度体系不断完善。深化督促指导，坚持月推进、常通报、严考核，针对性提出“一企一策”工作建议，推动国企改革三年行动走深走实。年内，全市国企在改革重点领域和关键环节取得实效进展，50项改革任务全面完成。5月31日，在长沙市国企改革三年行动工作讲评会上，浏阳市作为区(县、市)代表作典型经验推介发言。

【特色现代企业管理】 2022年，市国有资产管理中心督导市属国企探索谋划、逐步实施2022年转型发展路径，国有企业市场化经营机制不断健全。推动党的领导融入公司治理制度化、规范化、程序化，确保各

2022年5月31日，浏阳市作为区县(市)在长沙市国企改革三年行动工作讲评会上作典型经验推介发言

（市国有资产管理中心 供图）

2022年9月28日，市人大常委会副主任陈清等一行到市国有资产管理中心对浏阳市2021年度国有资产管理情况开展专题调研 （市国有资产管理中心 供图）

重点市属国企全部制定党组织前置研究讨论重大经营管理事项清单。督导市属国企从制度体系上明晰权责边界，企业决策效率和自主经营能力提升。有效推动三项制度改革持续深入，确保企业健康发展。聚焦做优国有资本增量，引导国企向主导优势、新兴产业聚集。浏发集团重点发展“三城三投”六大产业。交建投与长沙国资集团通过股权投资合作，共同推进浏阳永和通航产业基地项目落地；金阳大道三期9月30日全线建成通车。金阳新城建设发展集团加快金阳医院、金阳新城体育中心建设，有效助力园区产业发展。

【减租惠企利民工作】 2022年，市国有资产管理中心积极宣传引导全市各国有企业和行政事业单位认真落实“纾困增效”助企举措和其他惠企政策，做到应减尽减，以实际行动为服务业小微企业和个体工商户纾困解难。年内，全市行政事业单位及国有企业共计为529户中小微企、个体工商户减免租金1675.62万元。

【行政事业性国有资产报告编制】 2022年，市国有资产管理中心积极组织全市行政事业单位资产管理人员开展线上专题培训，完成2021年度行政事业性国有资产报告。组织召开国有资产综合报告联席会议，稳妥推进综合报告编制系列工作。2022年11月23日，由市国有资产管理中心编制完成的《关于2021年度全市国有资产管理情况的综合报告》经市人大常委会审议通过。

【市人大专题调研国有资产管理工作】 2022年9月28日，市人大常委会副主任陈清等一行到市国有资产管理中心对浏阳市2021年度国有资产管理情况开展专题调研。专题调研座谈会上，听取市国资中心关于2021年度全市国有资产管理综合情况汇报。调研组对2021年度全市企业国有资产管理、行政事业性国有资产管理、自然资源国有资产管理等方面取得的成绩给予充分肯定。与参会人员分析国有资产管理的现状，探讨解决问题和困难的方法与对策。就做好下一步国有资产管理工作，陈清副主任提出三点要求。一是要不断总结提升，健全完善国有资产管理机制；二是要强化各部门国有资产管理职能职责，协同并进；三是要加强自然资源国有资产管理模式创新，保护与开发利用并重。

（彭　燕）

自然资源管理

【概况】 2022年，市自然资源局坚持以习近平新时代中国特色社会主义思想为指导，在市委市政府的坚强领导下，认真履行“两统一”（统一行使全民所有自然资源资产所有者职责和统一行使所有国土空间用途管制和生态保护修复职责）职责，自然资源管理秩序持续向好，为全市经济社会高质量发展作出积极贡献。成功创建全国首批自然资源节约集约示范县（市），自然资源节约高效利用和耕地保护工作均排名全省第一，分别获得省人民政府、长沙市人民政府真抓实干督查激励奖励。坚持深化改革创新，“永安镇丰裕村耕作层剥离再利用项目”入选全省耕地保护典型案例，典型经验被省人民政府2022年综合大督查通报表扬。永安镇全域土地综合整治试点项目成为全国第四个、全省第一个通过自然资源部备案的试点项目。田长制、乡村规划“一师两员”（乡村规划师、乡村规划联络员和乡村规划监督员）试点、耕地“零违法”卫片执法、园区节约集约用地等工作经验在省、长沙市会议上获典型推介。

【项目用地要素保障】 2022年，市自然资源局坚持土地要素跟着项目走，全力推进金阳大道三期、南横线、浏阳大道改扩建、浏阳市生活垃圾焚烧发电项目、永和通用机场项目、椒花水库工程供水管线和长赣铁路站场临时用地等重点项目用地报批工作，全年共申报获批建设用地74批次224.67公顷；完成土地出让155宗、总面积518.88公顷、成交价款99.3325亿元；完成腾地426.13公顷、拆迁388户，实现84个项目征拆“清零”。通过利用“定量不定点”规划、用地政策，为48家花炮企业、55宗地块、约52.67公顷土地办理用地预审与规划选址意见书、并按政策要求申请办理农用地转为建设用地审批手续，为花炮企业安全生产改扩建节省调规费用。

【国土空间规划编制】 2022年，市自然资源局落实省自然资源厅部署，稳步推进市国土空间总体规划、“多规合一”实用性村庄规划编制，优化“三区三线（城镇空间、农业空

2022年5月30日，湖南省补充耕地项目整改专项攻坚现场推进会在浏阳召开，浏阳市作典型经验推介
（市自然资源局　供图）

间、生态空间，城镇开发边界、永久基本农田保护红线、生态保护红线）"划定，落实耕地保护任务57140公顷、永久基本农田保护任务50773.33公顷，划定生态保护红线602.06平方千米、城镇开发边界142.55平方千米，充分预留发展空间。提级包装上报省级项目195个，调出原永久基本农田2433.33公顷，不断优化空间布局，强化城乡统筹，划定城镇开发边界142.55平方千米，新增开发空间47.58平方千米，"三区三线"划定成果通过自然资源部质检并正式启用，作为建设项目报批用地依据。浏阳国土空间规划各项工作走在全省前列，"一师两员"乡村规划师试点工作经验在全省专项工作交流座谈会上获典型推介；村庄规划编制经验在长沙市专项工作交流会上做典型发言；村庄规划编制和"一师两员"制度经验被《中国自然资源报》宣传报道。

【耕地保护】 2022年，市自然资源局全面推行田长制，完善市、镇、村三级田长和网格田长体系，确保管护到田、责任到人。加快补齐耕地保护目标责任缺口，通过推进草皮清理整治专项行动、探索花卉苗木转型退出模式、精准发放粮食补贴等方式，整改恢复耕地953.33公顷。落实月清"三地两矿（撤批土地、闲置土地、违法用地处置问题和非法采矿问题查处、废弃矿山生态修复）"要求，处置存量批而未供土地224.73公顷，全面完成"增存挂钩"闲置土地处置任务。大力开展违法用地"双零"行动，核实处置卫片图斑11772宗、2253.33公顷。对没有用地手续、构成疑似非农化和非粮化图斑，会同各乡镇日夜加班、突击整改，投入2000余万元，整改面积1000公顷，确保连续30个月实现违法用地"零新增"。11月15日，省自然资源厅召开全省节约集约用地暨存量土地处置攻坚视频会，浏阳市作典型经验介绍。

【审批服务】 2022年，市自然资源局深化"放管服"改革，全面梳理市本级和省直管县下放的行政许可事项，完善办事程序和指南，并严格按承诺办理，线上办理和线下办理的标准保持一致。进一步扩大基层办事权限，为实现"一件事一次办、就近办"，更方便群众和企业办事，将土地审批、规划许可、不动产登记等相关审批事项的受理、审批权限下放至各自然资源所和各园区。同时大力支持经开区园区开展相对集中行政许可权和处罚权改革，赋予园区更大的审批服务自主权。规范优化行政审批工作自然资源综合窗口实行窗口统一受理、后台线上分类审批、窗口统一出件工作模式，通过优化审批流程，将审批事项提速至5个工作日办结。同时推行并联审批制度，建立审批服务"容缺审批""承诺审批"事项正面清单制度，提升审批效率。

【不动产登记】 2022年，市自然资源局全年共发放不动产权证书34898本，不动产登记证明29955本；共办理网上查询并出具证明27733次，办理不动产在线抵押业务22349笔。全面完成综合窗口改革，任一窗口可办不同类型的登记业务，减少群众在窗口间的咨询和跑动，实现精准服务。加大登记系统与税务系统对接开发力度，基本实现了存量房交易缴税登记一体化。完成常态化"交房即交证"项目4个，户数近1000套。全力化解房地产办证遗留问题，一期14个项目全部化解，化解率100%；二期6个项目完成3个，化解率50%。与江西省铜鼓县、奉新县、袁州区、万载县等签订"跨省通办"合作协议，通过系统对接，可受理江西省铜鼓县、奉新县等地的不动产登记业务。

【执法监察】 2022年，市自然资源局落实"月清三地两矿"工作要求，积极履职尽责，主动担当作为，着力开展执法工作三大行动（违法用地"双零"行动、执法监察"早发现"行动、违法案件"严查处"行动），持续推进"月调度、季讲评、年评价"违法用地整治机制，强化部门联合惩戒，坚决遏制耕地"非农化""非粮化"。实现全年违法用地"零新增"、耕地"零违法"。被省自然资源厅表彰为违法用地"零新增"县（市、区），执法工作经验在省自然资源厅"月清三地两矿"有关情况通报中获得典型推介。

【矿山管理】 2022年，市自然资源局巩固整治成果，对依法关闭和退出的矿山，严格落实"三到位"（矿权关闭注销到位、开采设施拆除到位、矿区生态修复到位）要求，实现关闭注销率、设施拆除率、生态修复率三个100%。突出抓好矿产资源要素保障，大力推进矿业转型绿色发展。浏阳葛家六股岭砂石矿以11.32亿元成交价成功出让，成为全省首宗净矿出让的空白区新设采矿权，让企业"拎包入住"，净矿出让经验获《中国自然资源报》宣传推介。统筹考虑资源保障，上报4宗砂石矿纳入

2022年9月26日，湖南省耕地“零违法”卫片执法工作座谈会在常德召开，浏阳市作典型经验介绍 （市自然资源局 供图）

2022年度省自然资源厅“砂石保供”出让计划，扎实开展4个砂石矿采矿权出让前期工作，已具备采矿权出让的基础条件。全面推动绿色矿山建设，积极引导企业从“要我创建”到“我要创建”转变，14家生产矿山全部达到省级绿色矿山标准，实现生产矿山绿色矿山全覆盖。规范矿业权人信用管理，做好矿业权人勘查开采信息公示，公示率达到100%。落实矿产资源有偿使用制度，全年收缴采矿权出让收益17346.2164万元。

【防灾减灾】 2022年，市自然资源局组织各乡镇（街道）对全市310处在册地质灾害隐患点、18701户切坡建房户进行逐点实地排查，发放“两卡一案（防灾工作明白卡、防灾避险明白卡和防灾预案表）”等文书，更新完善地质灾害群测群防体系，为全市675名地质灾害群测群防员配齐防汛物资，切实落实防灾责任和监测责任。加快推进1:10000地质灾害调查评价和全国自然灾害（地质灾害）第一次风险普查工作，全面提升地质灾害调查评价工作的深度、广度和精度。投资建设61处自动化地质灾害监测点，为1310名受威胁住户提供安全技术保障手段。严格落实汛期24小时值班值守、险情通报速报、“三查”工作机制，全力做好强降雨期间防汛应对工作，确保地质灾害事故“零伤亡”。2022年5月12日，第14个“5·12”全国防灾减灾日活动暨湖南省第六届地质灾害防治红背包公益行动在浏阳举行。全年开展切坡临坡建房地质灾害防治专题宣传培训30余场，印发宣传资料6万余册，有效提升群众的防灾减灾意识和能力。

【生态修复】 2022年，市自然资源局加强矿山地质环境治理，在全省率先推行矿山地质环境治理恢复基金三方监管机制，全市68家矿山企业开设基金账户，存缴矿山地质环境治理恢复基金1.26亿元。开展有责任主体和无责任主体历史遗留矿山生态修复，完成修复面积24.38公顷。5月27日，省自然资源厅党组副书记、副厅长张皓等一行到浏阳市就绿色矿山“回头看”、地质灾害防治和安全生产工作开展调研督导。11月11日，自然资源部国土空间生态修复司下发《自然资源部国土空间生态修复司关于同意湖南省浏阳市永安镇全域土地综合整治试点相关材料备案的函》，浏阳市永安镇全域土地综合整治试点成为全国第四个、湖南省第一个通过自然资源部备案的全域土地综合整治试点。

（李佳蔚）

市场和质量监督管理

【概况】 2022年，市市场监管系统在市委、市政府的正确领导下，以改革创新为动力，强化工作举措，主动担当作为，在服务经济社会发展中干出实绩。企业登记压缩至4个工作时；在全省率先自主开发并推广运用市场主体登记业务“智慧开办”微信小程序；全年净增市场主体2.1万户，市场主体总数突破15万户，同比增长16.12%，其中企业达到3.6万户，同比增长23.65%；指导企业办理专利权质押融资3.4亿元。强制检定计量器具16681台件；加大案件查处力度，立案990起；受理投诉举报16087件，为消费者挽回经济损失953万余元。商事制度改革工作获得省政府“真抓实干、成效明显”督查激励奖励；促进市场主体高质量发展和推进质量强市建设工作获得长沙市“真抓实干、成效明显”督查激励奖励，会同工信局推进产业发展“千百十”工程工作获得长沙市“真抓实干、成效明显”督查激励奖励；食品安全民意调查满意度在长沙地区排名第一；冬奥会、冬残奥会专供焰火产品质量监管保障工作，得到国家市场总局通报表彰；先后被确定为全省“个转企”改革配套试点县（市）、全省首批专利侵权纠纷行政裁决试点县（市）。

【市场主体培育】 2022年，浏阳市大力实施市场主体倍增工程，健全工作机制，加强统筹调度，强化市场主体培育，全力推进“清零”“补登”“掘源”“升级”四大行动，市场主体净增、企业净增和“个转企”完成全年任务的117.46%、150.57%、154%。深化商事制度改革，大力推广审批电子化，企业登记电子化率达91.47%。推进“证照分离”改革，全面打造高效便捷的准入环境。抓好“双随机、一公开”监管，完成部门内抽查120项、部门联合抽查52项，公示率达100%，在长沙地区排名首位。加强信用监管，企业年报率达91.47%。推进“互联网+”监管，录入各类信息27259条。

【食品安全监管】 2022年，市场监督管理局充分发挥市食品安全委员会的牵头抓总作用，压实属地、主体、监管部门责任，守护人民群众的饮食安全。发改局加强对粮食质量的监管，教育局强化校园食品安全保障，财政局加大食品安全监管资金保障力度，农业农村局抓实食用农产品安全监管，卫健局做好食源性风险防控，城管局有力规范流动摊贩的经营，乡镇、街道、园区全面担实食品安全属地责任，确保全年无食品安全事故发生。全力推动民生快检室、“互联网+明厨亮灶”、“放心肉”智慧监管平台建设等民生项目，精心组织开展“守查保”“护老”“护苗”等专项行动，强化风险排查，严厉查处食品安全违法行为。强化食品安全抽检，全年完成监督抽检5820批次。加强宣教，全年组织开展4期食品安全专题大轮训，提升食品安全工作的知晓度、参与度和满意度。

【质量强市工作】 2022年，市场监督管理局加大对重点工业产品监督抽检力度，全年抽检烟花爆竹及原辅材料产品602批次，合格率达95.5%。对冬奥会、冬残奥会专供焰火产品实施加严监管，确保专供焰火产品质量安全。开展“质量体检进企业”活动，指导企业参评省长质量奖、市长质量奖。全面加强知识产权创造、保护、运用和管理服务，联合醴陵市、万载县、上栗县打造湘赣边首个县级知识产权行政保护协作示范区。注重品牌打造，有效商标注册量26286件。深入实施标准化战略，推动企业抢占市场标准主导，推进标准自我声明公开，企业自我声明公开633项企业标准，居长沙市首位。2022年9月14日，全省质量工作大会召开，中共浏阳市委副书记、市长王雄文作为县（市、区）代表在会议上作典型发言。

【市场环境治理】 2022年，市场监督管理局加大广告、网络监管巡查力度，加强物价监督检查，深入开展双打、打击传销、交通顽瘴痼疾等专项整治，严抓市场治理，突出大要案查处，国家市场总局挂牌督办1起，省市场局挂牌督办2起。定期开展案件评审，实现执法信息公开透明、执法过程留痕可循、执法决定合法有效。突出消费者权益保护，净化消费环境，精心组织“3·15”系列活动，维护消费者合法权益。

【安全生产监管】 2022年，市场监督管理局在全市深入开展农村药械市场专项整治行动，加强对药品、化妆品、医疗器械的质量监管，全年查处药械违法案件117起，确保无药械安全事故发生。充分发挥特种设备安全委员会的作用，召开安全警示大会，压实企业主体责任，统筹调度各部门抓牢特种设备安全生产领域打非治违专项整治，城管局抓实燃气特种设备专项整治，住建局加强老旧小区电梯专项整治，排查各类特种设备安全隐患290余处，封停特种设备96台（套），查处违法案件103起，确保各行业领域内无特种设备安全事故发生。同时，加强消防产品、建筑用钢筋、防疫物品等重点产品的监管，确保产商品质量安全。

【商事制度改革获省人民政府表扬激励】 2023年1月13日，湖南省人民政府办公厅下发《关于对2022年度真抓实干成效明显地区予以表扬激励的通报》文件中，浏阳市商事制度改革工作成功被通报表扬。2022年，中共浏阳市委、市政府高度重视商事制度改革工作，始终把商改工作放在突出位置，致力打造优质的营商环境，为市场准入提供最大便利化。不断深化商事制度改革，巩固全省压缩企业开办时间和“一件事一次办”试点成果，优化审批流程，精简审批材料，大力推广审批电子化，企业登记电子化率达91.47%，“一注一开”实现“就近办、网上办、一次办”。全面推行食品经营许可告知承诺制，实行容缺受理。深入推进“证照分离”改革，全面打造高效便捷的准入环境。2022年9月30日，浏阳市率先在全省开发并推行“智慧开办”小程序，提供办事指南、视频演示等服务，为办事企业群众提供便利。被人民网、《新湖南》、《中国市场监管报》等媒体报道推广。

【经开区（高新区）分局被评为2022年度全省药品安全专项整治工作先进单位】 2022年12月30日，湖南省药品监督管理局下发《关于表彰2022年度全省药品安全专项整治工作先进单位和先进个人的通报》（湘药监函〔2022〕125号）文件，浏阳市市场监督管理局经开区（高新区）分局被评为2022年度湖南省药品安全专项整治工作先进单位。2022年，浏阳市高度重视药品安全监管工作，市市场监督管理局全面落实习近平总书记关于药品安全的重要指示批示精神，按照上级部署，以全面排查风险隐患、严厉打击违法犯罪为主线，深入开展药品安全专项整治行动，实现全市药品安全风险排查100%、隐患处置100%、违法查办100%、整改落实100%的目标，切实维护人民群众的身体健康和用药安全。经开区是全省最大的生物医药产业集聚区，居全国生物医药产业百强园区第37位，聚集国家高新技术医药企业54家，其中A股上市企业4家。经开区（高新区）分局在开展药品安全专项整治行动中，表现优异，贡献突出，得到省药品监督管理局肯定和表彰。

【专供焰火产品质量监管保障工作被国家市场监管总局通报表彰】2022年5月20日，国家市场监管总局下发《关于表扬北京冬奥会、冬残奥会食品供应、工业产品质量和特种设备安全服务保障工作贡献突出集体和个人的通报》，市市场监督管理局产品质量监督管理科及市场监督管理局干部余湘怀、王杏果、朱健、肖镱栋受到表彰。2021年，浏阳市收到提供北京冬奥会、冬残奥会焰火燃放专供产品的工作任务，市市场监管局成立工作专班，配套出台具体的工作方案，确保各项任务到人到岗。牵头对驻厂监管人员、检验人员和企业管理人员、技术人员、生产工人进行业务、技术、标准宣贯培训，要求相关人员全面熟悉掌握技术要求；按照“高效率、高标准、高质量”目标，对专供产品实行“专人、专线、专库、专管”生产管理机制，对产品的原材料、焰火药物、发射筒、支架固定以及成品等进行检测，按照企业自检、省级监督抽查、国家监督抽查、北京验收关口，开展督查、巡查、驻厂、检验、技术指导346人次，迎接省级监督抽查99批次，国家监督抽查33批次，验收检验102批次，确保所有产品的国抽、省抽、验收检验，批批有报告，批批检验合格。2022年1月13日，所有专供产品经生产、接收地双方监管部门认真核验，全部完成验收交付，确保把最完美的礼炮顺利交货送往北京。

【浏阳市被确定为全省首批专利侵权纠纷行政裁决试点县(市)】 2022年8月1日，浏阳市被湖南省知识产权局确定为全省首批专利侵权纠纷行政裁决试点县(市)。浏阳市高度重视知识产权保护工作，把知识产权保护工作作为推动经济发展的重要抓手之一。全面加强知识产权创造、保护、运用和管理服务，注重品牌打造，有效商标注册量26286件，商标有效注册总量蝉联中部六省县(市)第一。全力推动企业质押融资，为20家企业办理知识产权质押融资25笔，质押专利119件。2022年1月20日，湖南省人民政府第九次全体会议召开，浏阳市知识产权工作获省政府真抓实干表扬激励。2022年7月7日，在长沙市知识产权局的推动下，浏阳、醴陵、上栗、万载四县(市)知识产权工作经验交流会在浏阳召开，与会代表深入交流特色亮点及典型做法，四县(市)市场监督管理局代表签订《浏阳醴陵上栗万载四县市知识产权行政保护协作协议书》，联合打造全国首个县级知识产权行政保护协作示范区，“学习强国”平台、央广网等媒体对本次活动进行报道。

【浏阳市被确定为全省“个转企”配套改革试点】 2022年6月14日，省市场监督管理局下发《关于做好2022年商事制度改革试点工作的通知》，浏阳市被确定为全省“个转企”配套改革试点。2022年，中共浏阳市委、市人民政府始终把市场主体培育工作作为中心、重点、“一把手”工作，下发浏阳市优化营商环境促进市场主体高质量发展三年行动计划(2022—2024年)》，部署五大重点任务，明确22项措施，明晰23个成员单位工作职责，将目标任务按年度层层分解，并将市场主体总量、企业总量增长和“个转企”等三项工作纳入季度、年度考评。全年净增市场主体21237户，总数达到150378户，较去年同期增长16.13%；其中企业净增7089户，达36511户，同比增长23.65%；个转企达154户，市场主体净增、企业净增和“个转企”分别完成全年任务的117.46%、150.57%、154%。市场主体倍增工程工作任务进度始终在长沙市九区(县、市)排名前列，工作成效得到省、长沙市高度认可。2022年11月22日，湖南省市场主体倍增工程工作推进会召开，浏阳市委副书记、市长王雄文作典型发言。2023年1月18日，长沙市人民政府办公厅下发《关于对2022年度真抓实干成效明显地区（单位）予以表扬激励的通报》，浏阳市促进市场主体高质量发展工作被通报表扬激励。

【查处某生物科技有限公司销售含违禁物质的食品案】 2022年11月18日，市场监管局对某生物科技有限公司销售添加非食用物质的食品的违法行为依法作出没收违法所得5万元并处罚款490万元的行政处罚。2020年12月8日，市场监管局与市公安局联合专案组在查办某生物工程有限公司生产销售有毒、有害食品案中，发现当事人向某生物工程有限公司汇款24万元用于购买黑枣茯苓压片糖果。市场监管局立即组织执法人员对位于经开区的当事人经营场所开展核查，通过调取当事人销售票据及询问销售人员，发现涉案黑枣茯苓压片糖果已全部销售完毕。市场监督管理局经对涉案产品生产商某生物工程有限公司生产原料黑枣茯苓药片抽样检验，检验结果显示含有国家明令禁止的“他达拉非”。

（谢学鹏）

海　关

【概况】 星沙海关驻浏阳办事处位于浏阳市白沙路与复兴路交会处，是经海关总署批准的副处级机构。主要负责浏阳辖区各项海关业务，具体包括出入境检验检疫、一般贸易进出口、加工贸易进出口、外贸企业注册及变更、减免税等海关业务。2022年，浏阳办事处共检验出口烟花爆竹3.03万批次，货值54.6亿元人民币，同比增长40.93%、64.02%；监装集装箱共计1.3万个，同比增长15.26%；签发各类检验检疫证单66316份，签发原产地证书1858份。

【工作流程优化改革】 2022年，星沙海关驻浏阳办事处牵头推进“出口烟花爆竹产地检验监管流程无纸化”工作，组织召集600余家企业开展培训，及时解决系统存在的问题，运用出口烟花爆竹辅助监管系统实现检验单证无纸化，实现申报资料全部“进系统、留痕迹、可追溯”，达到“减证便民”的目的，每年为企业节省各项费用100余万元。升级打造成24小时便企服务区，增设便企服务平台供企业自助查询单一窗口信息。为辖区200余家烟花爆竹生产企业、外贸公司提供专用单证柜、“不打烊”延时领证等服务，让企业办事更省时、省力、省心，始终保持零投诉。

【帮扶企业工作】 2022年，星沙海关驻浏阳办事处加强对辖区企业的走访调研，召开企业座谈会，讲解海关政策，主动为企业纾困解难，精准服务地方发展，对烟花爆竹产业和出口形势进行分析研判。全年为引进的4家外贸回流企业提供政策支持，开展“一对一”精准帮扶指导，多次解决企业急于出证等问题。

【企业产品出口服务】 2022年，星沙海关驻浏阳办事处强化服务宗旨，积极支持企业产品顺利出口。落实限时办结、一次告知、首问责任等管理制度；通过“浏办企业咨询号”平台每日开展微信日常答疑，宣传政策、法规，开展业务员指导，及时解决企业遇到的困难和问题；通过线上线下方式组织面向500多家发货人、出口烟花爆竹生产企业及危险品包装生产企业开展政策宣讲。每季度举办一次企业座谈会，及时收集企业问题，听取建议和意见。支持烟花爆竹产业转型升级集中区建设，支持物流运输企业开辟包船专运新航线，2022年包船运输集装箱共计1900个，大大缓解出口高峰期船期、运力紧张局面，助力烟花爆竹出口畅通，行业长期健康发展。

【出口烟花爆竹检验监管实训基地建成】 2022年，星沙海关驻浏阳办事处高质量完成长沙海关出口烟花爆竹检验监管实训基地室内实训基地建设，成为中部一流、全国海关领先的具有“教、学、练、战”一体化功能的的长沙海关出口烟花爆竹检验监管实训（浏阳）实训基地，为培养高质量烟花爆竹检验监管人员奠定坚实基础。

【理论研究】 2022年，星沙海关驻浏阳办事处加强业务理论研究。组建业务研究小组，年内，先后参与应急部门、海关总署、长沙海关进出口烟花爆竹检验监管相关课题研究，以及国家技术规范强制性要求的制修订，6条建议被2022年9月8日发布的《烟花爆竹工程设计安全标准》采纳，其中，新增的出口专门条款，为出口行业发展奠定标准参数。

【服务地方政府决策】 2022年，星沙海关驻浏阳办事处加强与中共浏阳市委、市政府沟通协调，与浏阳市商务局、应急管理局、花炮局、花炮协会等单位建立联动机制，及时通报相关信息，其中函报应急管理局超安全许可范围情事13起。

【建立出口产品法定检验工作互助合作机制】 2022年6月21日，湖南省烟花爆竹产品安全质量检验中心与星沙海关驻浏阳办事处举行工作交流座谈会，旨在打通烟花爆竹出口产品法定检验与国家标准之间的瓶颈，助力烟花爆竹产业的转型升级和持续发展。会上，省烟花爆竹产品安全质量检验中心工作人员详细介绍中心机构改革、职能职责、内设机构以及烟花爆竹标准化、检验检测、服务地方及企业等相关工作，重点突出SAC/TC149标准化工作的优势和亮点。星沙海关驻浏阳办事处系统介绍其单位的历史沿革、科室设置、人员情况、安全及检验监管等工作，重点阐述出口产品安全监管和法定检验的成果与不足，并代表星沙海关党委表达推荐相关专家加入SAC/TC149的意愿。与会双方人员还就标准制修订、业务开展、产品质量提升等工作展开深入交流。

（陈　昱）

春耕时节　　（彭红霞　摄）

农　业

综 述

【概况】 2022年，全市粮食种植面积121.04万亩，其中稻谷播种面积111.63万亩；烟叶种植面积5.96万亩，比上年增长18.4%。粮食总产量56万吨，比上年下降0.4%；烟叶6983吨，增长19.6%；出栏生猪131.98万头，增长0.83%；出笼家禽1361.88万羽，增长1.2%。浏阳市入选2022年“国家乡村振兴示范创建县(市)”；获“落实长江十年禁渔省政府真抓实干督查激励”。浏阳作为全省唯一代表，在全国2022年农业现代化示范区创建培训班上作智慧农业工作典型发言，加快创建国家农业现代化示范区的工作经验“数字赋能全产业链建设 智慧助力农业现代化发展”获农业农村部《农业情况交流》专刊推介；在第二十三届中国中部(湖南)农业博览会开幕式上，浏阳市被授予“十大湘菜名县”称号。由中国扶贫发展中心举办的全国乡村振兴专题研讨会上，浏阳作为湖南省代表作《“院士农业”加速乡村产业振兴》典型经验发言。

【脱贫攻坚】 2022年，全市共纳入防返贫监测对象2782户6908人，所有对象均制定针对性帮扶举措，确保应纳尽纳、应帮尽帮。安排衔接资金3650万元，实施产业项目108个，带动脱贫户、监测户1569户4823人实现增产增收。持续推进稳岗就业，全市脱贫户、监测户务工22223人，建设就业帮扶车间25家、开发公益性岗位1176个。对扶贫资产进行全面梳理和“回头看”，确保登记确权到位、管护责任到位、经济效益持续发挥。

【粮食生产】 2022年，浏阳市打造“万千百”示范片470个，落实粮食生产面积121.68万亩，超额完成30万亩早稻种植任务。粮食生产工作3次登上央视《新闻联播》。有效遏制耕地抛荒，2022年，全市恢复耕地面积1.41万亩，完成耕地抛荒治理任务；开展占用耕地种植草皮行为专项整治，实现“草退粮进”。推进农田建设，完成4.02万亩高标准农田建设项目。创新高标准农田建设投融资方式，新增1.5万亩提质项目。推进冬春农田水利建设，铺排片区项目82个，覆盖全市31个乡镇（街道）。

【农业安全】 2022年，市农业农村局抓好养殖、农机、饲料和渔政以及农产品质量安全等重点领域安全，抓好畜禽养殖安全隐患排查整改。实行农机最严年检，完成年检农机1726台；2022年全国农机“安全宣传咨询日”活动湖南分会场启动仪式在浏阳举行，农机安全工作获省厅认可。做好动物疫病防控，落实非洲猪瘟常态化防控和动物强制免疫等工作，浏阳市动物疫病预防控制中心获农业农村部全国农牧渔业丰收奖。加强农产品质量监管，开展食用农产品监测，严查私屠乱宰及贩卖病死猪，确保群众舌尖上的安全。成功举办“浏阳博落回杯”农产品质量安全知识抢答赛初赛，6万余人次参与网上答题。

【产业发展】 创新院士农业。2021年起，浏阳市创新实施农业发展“1+1+N”合作模式(即：1个院士团队领衔1个主导产业，联结N个经营主体)，邀请柏连阳、印遇龙、邹学校、刘少军等院士团队主攻粮食、蔬菜、畜禽等产业，推动产业转型升级。2022年11月22日，在全国乡村振兴专题研讨会上，浏阳代表湖南作《“院士农业”加速乡村产业振兴》典型经验发言。强化农业品牌。2022年，浏阳市新增“两品一标”认证产品9个，“湘赣红”品牌3个。培育本级区域公用品牌“农品浏香”，带动60多家合作社，2022年总销售额超过5000万元。推介浏阳优势农产品，在第二十三届中国中部(湖南)农业博览会开幕式上，浏阳市被授予“十大湘菜名县”称号。关口街道道源湖村(粽子)获评全国“一村一品”示范村镇。构建展销体系。以美丽宜居村庄为载体，创建一批展销窗口、一个云上平台、一本农品名录“三个一”农产品营销体系，展销浏阳农产品，线上线下打造永不落幕浏阳“农博会”。深化融合发展。发展乡村旅游、研学、民宿等新业态，古港镇梅田湖村被评为“2022年中国美丽休闲乡村”。新增3家省级龙头企业。推进原材料本地化，其中湖南新聪厨食品有限公司在小河乡乌石村当地带动发展芥菜种植近800亩，带动当地农户增收180多万元。

【乡村建设】 美丽宜居村庄建设。2022年，浏阳市实施“十百千万”工程(五年打造十条精品线路、百个示范村庄、千个幸福屋场、万户美丽庭院)，编制《美丽宜居村庄建设指导手册》，分类指导建设美丽宜居村庄240个（达标型201个、示范型36个、标杆型3个），推动“美丽村庄”向“美丽经济”蝶变。国家乡村振兴

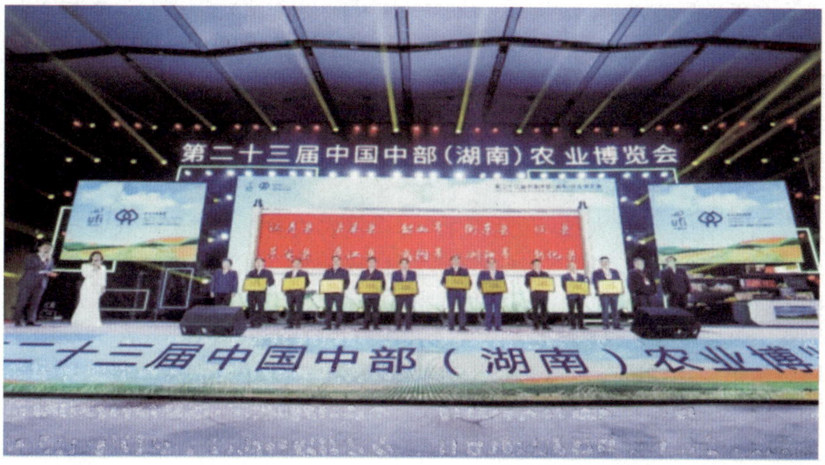

2022年10月28日，第二十三届中国中部(湖南)农业博览会开幕式上，浏阳市被授予湖南省首届“十大湘菜名县”称号

（市农业农村局 供图）

局以《美丽宜居村庄——为浏阳全域推进乡村振兴按下“加速键”》在全国推介浏阳经验做法。8月8日，浏阳主办2022中国品牌节乡村振兴论坛，美丽宜居村庄建设经验在全国推介，市长王雄文出席活动并致辞。农村人居环境整治。2022年，浏阳市共完成户厕改造2100座、建设公厕100座。推进厕所问题摸排整改，发现并整改各类问题6799个。浏阳“首厕过关制”经验做法入选全国农村厕所革命典型范例。

【乡村改革】 拓展农村宅基地制度改革，2022年，全市全年退出废弃、闲置宅基地和“多宅”5000余宗，盘活利用闲置宅基地和闲置农房为村民和村集体经济增收8000余万元，因宅改成效突出，浏阳市被列入全国农村乱占耕地建房住宅类房屋专项整治试点。推动小农户与现代农业有机衔接，支持多种形式适度规模经营，引领形成示范带动效应，2022年，新增国家级示范合作社2家、省级示范合作社10家、省级示范家庭农场11家、长沙市示范家庭农场66家。启动村级集体经济四年行动计划，出台《村级集体经济发展四年行动计划》，截至2022年年底，全市涉农村(社区)集体经济总收入1.41亿元，154个村实现收入50万元以上。

【乡村人才建设】 引进产业高端人才。2022年6月1日、6月15日，推动刘少军、邹学校院士团队工作室落户浏阳。截至2022年，浏阳市先后引进7位农业院士开展工作。激活乡土专技人才。2022年，组织开展生猪养殖和疫病防控技术等实用技术培训46期5500余人次，认定新型职业农民和乡村工匠280人。扶持返乡创业人才。会同市优化营商环境中心编制《浏阳市涉农惠企政策汇编》，宣传各项惠农强农政策；推荐胡呈武等10名优秀农民参加省乡村产业振兴带头人培育“头雁”项目。

【乡村治理】 2022年，浏阳市建立“村党总支部—党支部—微网格”基层治理架构，以“党员微网格”为抓手，推动解决群众身边问题8306个，调解矛盾纠纷6070件。开展2022年软弱涣散基层党组织整建提质专项行动，坚持“一村(社区)一策”，落实“四个一”举措(1名县级领导班子成员挂点、1名乡镇领导班子成员包村、1名第一书记驻村或1支工作队驻村、1个县直机关单位结对)，确保整顿取得实效。发挥村级党组织战斗堡垒作用，配强支村两委班子，全年没有出现村(社区)干部空缺3个月以上现象。推广“五微联治”(微网格、微平台、微诉求、微架构、微服务)乡村治理模式。在全市开展乡村治理示范村镇创建，组织永安镇芦塘村、官渡镇竹联村申报省级乡村治理示范村。推介全国乡村治理示范村沙市镇东门村、沿溪镇沙龙村的经验做法。深化农村精神文明建设，推进新时代文明实践中心建设，实现镇、村新时代文明实践所(站、点)全覆盖。紧扣“四议两公开”，编印《浏阳市党务村务公开指南》，出台《浏阳市村级“小微权力”二十条》，规范村级权力运行，引导村民自治。开展清廉乡村建设，出台《浏阳市推进清廉村(社区)建设十条措施》，通过全市主题党日活动、制作《清风赋能、以廉兴村》微视频、开发“云上清廉浏阳”小程序等在全市宣传。推进移风易俗，开展高价彩礼、大操大办等领域突出问题专项治理，倡导婚事新办、丧事简办、勤俭节约文明新风，经验做法在省精神文明建设简报刊发，浏阳被中宣部定为全国移风易俗十个重点报道县市之一。

【启动村级集体经济“四年行动计划”】 2022年，浏阳市出台8项举措，全面启动村级集体经济发展“四年行动计划”(即：2022年底实现村级集体经济收入50万元以上的村达到40%；2023年底达到80%；2024年达到100%；2025年巩固提升，实现可持续发展)。2022年，全市集体经济总收入实现1.41亿元，其中集体经营性总收入9528.58万元，完成总收入50万元以上且经营性收入达10万元的村有154个。

【获评县域经济考核全省“双第一”】 2022年6月，省委、省政府将县域经济工作归口到农业农村部门牵头，浏阳市出台《推进县域经济高质量发展工作方案》，加速推进县域经济高质量发展，在半年度、前三季度的两次考核中，连续获得全省一类县排名和总排名“双第一”。8月17日，在省委县域经济工作会议上，市委书记朱东铁代表浏阳作典型发言。

(瞿　希)

种植业

【概况】 2022年，浏阳市粮食种植面积121.04万亩，其中早稻30.04万亩，粮食总产量56万吨。遏制耕地抛荒，治理抛荒面积1.02万亩，退出草皮种植0.96万亩，完成耕地抛荒治理任务。开展示范创建，“四高”(高标准、高技术、高产量、高品质)示范基地周年亩产1212.2千克，实施“万千百亩示范片工程”，全市创建水稻万亩示范片3个、千亩示范片27个、百亩示范片440个。全年精准发放耕地地力保护、稻谷目标价格等补贴1.708亿元，发放户数52万余户。发展油菜种植，冬种油菜48.78万亩，湖南省菜籽油生产大县、全省“稻油”轮作试点等项目成功落定浏阳。浏阳市获评全省粮食生产先进县(市)、落实粮食安全责任制工作获长沙市政府真抓实干督查激励。市农业发展事务中心获全国农牧渔业丰收奖(农业技术推广成果奖一等奖：双季稻“早专晚优”提质增效全程机械化技术集成应用)；市农业发展事务中心田丰被授予2022年度“湖南省十佳农技推广标兵”称号；王杰获全国农牧渔业丰收奖(农业技术推广成果奖三等奖：水稻精简机械化深施肥技术集成创新与示范推广)、“三分地养活一个人”粮食高产绿色优质科技创新工程项目——“先进个人”。

【经济作物生产】 2022年，围绕建设“省会绿色产品供应中心”目标，推广设施栽培技术，新建高标准钢架大棚31.8万平方米。引导“春提早、秋延后”蔬菜生产，保障蔬菜周年供应，平均每天向浏阳、长沙供应蔬菜200余吨，高峰时每天400余吨。2022年全市种植蔬菜69.09万亩，产量153.99万吨，总产值14.63亿元。蔬菜种植面积、产量分别较2021年增长3.3%、4.8%。推广果园生草栽培、套袋、增施有机肥等生态栽培技术，发展特色水果18.5万亩、茶叶4.45万亩、中药材4.3万亩，打响大围山梨、鸡肠子辣椒等品牌。

【农机应用】 2022年，浏阳市以农业机械化促推乡村产业振兴，推广“全程机械化+综合农事服务中心”一站式技术服务模式，创建现代农机专业合作社2家、示范社1家、全程机械化综合农事服务中心1家，建设投资额1000万以上的育插(抛)秧中心1家。全市水稻机耕、机收率达到100%，机械化栽植率52.7%，耕种收综合机械化水平85.8%。规范实施中央农机购置补贴政策，补贴农机具1429台（套），拨付补贴资金2063.25万元，成功争取农机购置与应用补贴项目落定，11月，浏阳市水稻机插机抛作业补贴任务完成情况获省农业农村厅通报表扬。

【农作物病虫害防控】 坚持“预防为主，综合防治”的动植保方针，防范应对外来入侵物种危害，保障农林牧渔业可持续发展。开展福寿螺、“加拿大一枝黄花”、红火蚁等外来入侵物种综合防治，发放1万亩次杀螺胺等化学防治药剂，组织开展铲除、捡拾等物理防治8次，推广稻田养鸭、蚜茧蜂等生物防治4批次。指导农户防控稻水象甲、草地贪夜蛾等有害生物，发布《病虫情报》11期、《土壤墒情》12期。

【农业资源保护与利用】 2022年，加强农业面源污染管控，做好受污染耕地安全利用，严格管控区全部退出水稻生产，安全利用区落实“VIP”农艺措施，全市安全利用区农产品质量抽检合格率94.79%，高出上级要求近5个百分点。推进化肥农药减量，落实测土配方施肥、有机肥替代化肥等10项举措，化肥减量工作在长沙市检查考评中获满分。新建统防统治标准化区域服务站3个，完成农作物病虫害统防统治78.16万亩，全市农药使用较2021年减少16.11吨，降幅1.96%。推进畜禽粪污资源化利用，整治乱排偷排问题463个，规模养殖场粪污设施配套率保持100%，推广绿色种养循环技术，粪肥还田46.6万吨。

【浏阳市“三分地养活一个人”粮食高产绿色优质科技创新工程早稻通过测产验收】 2022年7月12日，浏阳市农业发展事务中心委托省农业农村厅、湖南农业大学等单位相关专家对浏阳市“三分地养活一个人”粮食高产绿色优质科技创新工程的双季优质超级杂交稻早稻核心示范区进行现场测产验收。“三一工程”核心示范区位于浏阳市北盛镇亚洲湖村，该示范片集成土壤有机培肥、测土配方精准施肥、病虫绿色防控、有序机抛、全程机械化生产等技术。经专家现场测产，“三一工程”核心示范片早稻平均亩产576千克，达到示范目标要求。

（张漾波）

2022年4月26日，浏阳市农业发展事务中心联合浏阳市烟草局在达浒镇的蔬菜基地和大围山的果树基地开展农药减量增效(大农业)蚜茧蜂释放活动，通过释放桃蚜、菜蚜等害虫的天敌——烟蚜茧蜂达到“以虫治虫”的目的，落实绿色防控技术，贯彻农药减量增效方针

（市农业发展事务中心 供图）

养殖业

【概况】 2022年，浏阳市推动生猪规模养殖，新增万头规模场2家，全市累计建成投产万头以上规模养殖场30家，21家养殖企业入选长沙市农业高质量高水平发展项目，生猪规模化养殖占比提升。2022年全市生猪年末存栏76.41万头、全年出栏131.98万头，超额完成上级目标任务，获评全省“优秀生猪规模场监测县”。推进浏阳黑山羊品种保护与开发，出台《湘东黑山羊种羊选育技术规范》地方标准，开展黑山羊圈养+放牧实验，组织技术培训24次，黑山羊存出栏41.7万头、53.2万头。加强家禽、肉牛等产业培育，家禽、肉牛年出栏分别达1511.7万羽、2.3万头。市农业发展事务中心李安定获全国农牧渔业丰收奖（农业技术推广成果奖二等奖：鸭离水低排高效养殖技术推广与应用）。

【开展浏阳黑山羊全价饲料圈养模式预试验】 2022年3月25日，浏阳市农业发展事务中心正式在浏阳市达浒镇绍辉养殖场开展浏阳黑山羊全价饲料圈养模式预试验。通过采用全价颗粒饲料对14只浏阳黑山羊分两组进行3~4个月的圈养育肥模式试验，测算圈养全价饲料育肥日增重、料重比，对圈养模式与传统养殖模式养殖效益进行比较分析，以期进一步优化浏阳黑山羊养殖，对浏阳黑山羊产业发展寻求新思路，探索出

2022 年 4 月 15 日，浏阳河特有鱼类国家级水产种质资源保护区人工增殖放流活动在浏阳河达浒河段举行，共放流鱼苗 60 万尾，包含细鳞斜颌鲴、花、黄尾鲴 3 个品类

（市农业农村局　供图）

更高效、便捷的饲养新模式，实现富民增收，以养殖产业带动乡村振兴。6 月 22 日，市农发中心组织 3 家黑山羊养殖主体逐步由传统放牧饲养模式向全价料圈养模式转变，以期为推广全价料圈养模式奠定基础。

【长江“十年禁渔”工作跻身全国先进】 2020 年 1 月，农业农村部在官网发布关于长江流域重点水域禁捕范围和时间的通告，宣布从 2020 年 1 月 1 日 0 时起开始实施长江十年禁渔计划。通告称，长江干流和重要支流除水生生物自然保护区和水产种质资源保护区以外的天然水域，最迟自 2021 年 1 月 1 日 0 时起实行暂定为期 10 年的常年禁捕，其间禁止天然渔业资源的生产性捕捞。2020 年，浏阳市引导退捕渔民成立禁渔协助巡护队，实现由捕鱼向护渔的转变。全部由退捕渔民组成并于 2020 年 12 月组建的浏阳市普迹护渔队，2022 年 10 月，获评 2021 年度长江流域禁捕水域渔政协助巡护优秀队伍。在长沙地区建设“智慧渔政”，浏阳市获评全省长江禁捕退捕工作考核先进县（市、区）、浏阳市农业综合行政执法大队获评全国长江禁渔执法监管先进集体。浏阳“十年禁渔”工作获 2022 年度省政府真抓实干督查激励。

【长沙市畜禽规模养殖场安全生产试点观摩活动与座谈会在普迹镇举行】 2022 年 12 月 16 日，全市畜禽规模养殖场安全生产试点现场观摩与座谈会在浏阳普迹镇举行。长沙市农业农村局、长沙市应急管理局、湘江新区、长沙市各区（县、市）农业农村部门相关领导及业务处（科）室负责人参加观摩，长沙市农业农村局党组书记、局长戴建文，浏阳市农业农村局党组书记、局长李斌陪同观摩座谈。观摩团成员先后到普迹镇怀昌养殖场、湖南省垅上青农牧业科技发展有限公司观摩安全生产提质改造效果，普迹镇政府工作人员及企业代表现场解说提质增效试点具体工作开展情况。现场观摩后，召开试点工作座谈会，普迹镇政府主要负责人汇报畜禽规模养殖场安全生产提质试点工作开展情况，湘江新区、各区（县、市）农业农村部门主要负责人分别就试点工作作表态性发言。

（张漾波）

林　业

【概况】 浏阳是湖南省重点林区县、全国集体林权制度改革试验区。2022 年，全市林地面积 505.94 万亩，森林覆盖率 66.65%，森林蓄积量 1454.12 万立方米。现有生态公益林 112.98 万亩，保护湿地 15.61 万亩，登记在册古树名木 2130 株，拥有 2 个国有林场，8 个省级以上自然保护地（建成 6 个、2 个待建）。林长制工作获 2021 年度国务院真抓实干督查激励和 2022 年度长沙市政府真抓实干督查激励。

【制度体系建设】 构建全域管护体系。构建“一长四员一大队”体系，设置市镇村三级林长 1136 名，配备科技员、监管员、执法员、专职护林员 1483 名。以乡镇（街道）行政区划为基本单元，落实“县包乡”林长责任分区，确保山有人管、林有人护。强化全程制度保障。设立 4 个中心林业工作站，升级打造标准化乡级林长办 25 个。将林业执法权限下放至乡镇（街道），出台《关于建立“林长+检察长”协作机制的实施意见》，构建检察监督与行政履职的生态保护新格局。压实全员护绿责任。将林长制、河长制以及其他环境治理机制有机结合，一体推进山水林田湖系统治理。市委书记、市林长签发 4 份林长令，三级林长累计巡林 15139 人次，全市护林员巡护总里程 210.3 万千米、总时长 87.5 万小时。浏阳市人民政府、浏阳市洞阳镇人民政府、浏阳市达浒镇人民政府被评为“2022年度湖南省林长制工作先进单位”，浏阳市市委副书记、市长、市林长王雄文被评为“2022年度湖南省林长制工作优秀林长”，黄蔚谷、罗锡来被评为“2022年度湖南省林长制工作护林员标兵”。

【林业防护】 推进林业信息化。将全市林地划分为512个网格，每个网格明确1名专职护林员，“遥感+无人机”实时监控，实现“天上看、地上查、网上管”。投入300万元打造智慧林业“一库一屏三应用”平台框架，基本建立“大平台支撑、大数据共治、大服务赋能”的新型智慧林业体系。筑牢森林防火墙。建设森林防灭火指挥中心，推广使用林火视频监测系统，组建县级志愿森林消防特勤大队、32支乡级森林消防大队、297个村级义务灭火队伍，林区企业均成立10人以上扑火队伍，打造县、乡、村、企业四级森林火灾“15分钟响应圈”。完成森林火灾风险普查，铺排生物防火林带建设，林火阻隔网络基本形成，实现“零火灾、零事故”目标，浏阳市林业局被评为“2022年度湖南省森林防火工作优秀单位”。织密生物安全网。开展2022年度松材线虫病秋季普查，3个疫点乡镇无病死松木。推出松材线虫除治“量”“效”结合3年绩效承包模式，将防控任务纳入护林员网格管护范围，通过数字化监管和组织模式创新，结合松林改培项目推进，实现病死松木数量、小班数量、发生面积和疫点乡镇数量四下降，在全省林业有害生物防治工作现场会上作典型发言。

【植树造林】 落实国土绿化。2022年，全市完成春季造林任务6.9万亩，生态廊道建设0.4万亩，油茶林营造2.2万亩。建立义务植树基地34个，组织39.6万人次义务植树54万株，尽责率98%。开展绿色村庄、绿色集镇项目建设，完成5个市级绿化美化示范村庄创建。推进生态修复。编制《林业生态保护与修复规划》，开展“洞庭清波”“绿盾2022”等专项行动，完成小微湿地保护与修复240亩、石湾河恢复湿地150亩。2022年，争取中央财政投资667万元，开展退化湿地恢复和生态系统重建85.8亩、恢复野生动物栖息地33亩、生态岸线修复5.08千米，湿地保护率稳定在76%以上，市林业局被评为“2021年度湖南省湿地保护管理工作先进集体”。湖南浏阳河国家湿地公园在2022年湖南省自然保护地管理评估——湿地公园年度考核获“优秀”。统筹规划修编。持续推进生物多样性本底调查和规划编制，5个省级以上自然保护地完成总体规划修编，推进道吾山和大围山风景名胜区整合优化，有序解决交叉重叠和历史矛盾。全市封山育林200万亩，成功申报省林业碳汇工程候选试点县(市、区)。

【林业生态建设】 林地管理。推进“放管服”改革，建立采伐限额指标阳光分配机制，坚持放管结合。“十四五”期间，省政府下达浏阳年度采伐限额22.4万立方米，2022年实际采伐16.3万立方米。推行林农个人采伐15立方米以下使用手机App申请，实现足不出户快速办证，入选司法部“减证便民”十大典型案例。森林督查。2022年，浏阳市将森林督查纳入林长巡林工作内容和考核范畴，建立健全森林资源监督管理体系，坚持林长挂帅，亲自研究、直接部署。强化护林员队伍建设，做到涉林违法行为早预防、早发现、早处置。深化“一单四制”，开展涉林违法图斑存量清零、增量为零“双零”创建行动，27个乡镇历年违法图斑全部清零。生态保护。持续推进生物多样性调查，开展打击陆生野生动物违法犯罪“清风行动”联合行动3次，专项执法检查企业、作坊、市场2387个次，查办非法捕捞案件14起、破获涉野生动物案件1起，市林业局被评为“2021年度全省野生动植物保护工作先进单位”“2022年度全省野生动植物保护工作表现突出单位”。将古树名木纳入林长制考核，出台《浏阳市古树名木保护指导意见》，抢救复壮古树名木94株，建设古树主题公园2个，立碑保护古树群38个。完成长沙市级公益林落户工作，外业调查完成率、管护协议签订率、生态效益补偿资金发放率均100%，实现责任到人、资金到户。

【林业经济发展】 2022年，浏阳出台油茶产业高质量发展行动方案，全年建设丰产林5.5万亩、未成林培管3.3万亩、生产茶油4.4万吨，油茶综合产值49.1亿元。2022年，全市花木种植面积17.8万亩，带动从业人员10万余人，实现销售额25.7亿元，综合产值78.5亿元。推进林产工业、林下经济、森林旅游、森林康养、楠竹产业全面发展，培育各类新型林业经营主体915个，成功申报认定3家省级森林康养基地。将家居产业链纳入全市10条产业链之一重点扶持，截至2022年，全市共有家居生产企业1000余家，规模以上企业年产值60亿元。全年森林保险投

2022年9月27日，浏阳市森林消防特勤大队成立暨授旗仪式　（市林业局　供图）

保面积464.7万亩，保费968.4万元，保险金额24.5亿元。发展森林康养、森林民宿等旅游新业态，云溪杉舍、梦俚民宿、唯山居等网红民宿，2022年国庆期间入住率达到100%。创成大围山省级旅游度假区，浏阳跃居全国县域旅游竞争力百强县第6位。

【存在的困难与问题】 2022年，受极端高温天气，市森林防火工作压力大；油茶苗等各类造林苗木受旱灾影响严重。部分地方国土空间开发保护格局不尽合理，国土绿化与自然地理格局不相适应；森林督查工作，近年违法违规案件数呈逐年下降趋势，但每年变化图斑总量还很大。油茶产业还存在第二、三产业发展，产业链不长的问题；林下经济、生态旅游与森林康养的潜力没有发挥，产业处于起步状态，林业产业对全市经济贡献度和乡村振兴仍有较大差距。林业执法、森林督查等林业信息化程度不高。

【浏阳市森林消防特勤大队成立】 2022年9月27日，浏阳市森林消防特勤大队在市林业局前坪组建成立。该大队由60名志愿者组成，队伍执行半军事化管理。浏阳市人民政府副市长谢波参加成立仪式，并为大队授旗。成立仪式上，浏阳市森林消防特勤大队开展列队演练，市林业局党组书记、局长傅庭信为队员们开展政治教育课。大队作为市级层面的专业化消防队伍，由市森防指直接管理，统一调度、统一指挥，后期还会补充40人，按照标准化、规范化、专业化的要求，打造一支装备最好、反应最快、能力最强、队伍最优的县级志愿森林消防特勤队伍，补强全市的森林防灭火力量，保障人民生命财产安全。

【浏阳市林长制正式升级为“一长四员一大队”管护体系】 2022年10月，浏阳市出台《浏阳市林长制“一长四员一大队”体系建设制度（修订）》，在原来“一长三员一大队”（林长、监管员、执法员、护林员、森林消防大队）的基础上，按照“县包乡、乡包网格”逐级分片负责方式，新增162名县乡两级林业科技员，浏阳林长制升级为“一长四员一大队”新体系。浏阳拥有林地面积517万亩，森林覆盖率66.2%，均位居全省前列。有2个国有林场，8个国家级、省级自然保护地，是湖南省重点林区（县、市）。2021年8月，浏阳市全面实施林长制。

【林业局两新机构挂牌成立】 2022年11月28日，浏阳市木材检查总站更名为浏阳市林业行政执法大队，浏阳市林权管理服务中心更名为浏阳市林业技术和产业服务中心，两个新机构挂牌成立。原木材检查总站前身是浏阳县木材管理站，成立35年间，负责全市（县）木材监督与检查、林业行政执法、宣传贯彻林业法律法规和政策等，曾获评“全国先进木材检查站”“全国林业行政案件管理先进单位”等荣誉。原林权管理服务中心主要承担林权流转、林地合同纠纷调处、森林保险等工作。

（郑雪妮）

烤烟生产

【概况】 2022年，全市有19个烤烟基地乡镇（街道），种植烤烟5.96万亩，较上年增加9600亩，收购烟叶15.2万担，产业规模居全省烟叶主产县（市）前三。全市烟叶收购均价为31.64元/千克，实现烟叶收购总产值2.4亿元，税收5290万元，较上年增加1400万元，增长率36%。共有1535户烟农种植烤烟，烟农总收入2.9亿元（含补贴），户均种植面积39亩，户均收入18.8万元，同比增长20.9%。浏阳市人民政府被评为2022年度“湖南省烟叶工作先进单位”。持续推进烤烟示范片建设，打造古港镇白鹭村、沙市镇中洲村两个千亩示范产业基地。

【烟叶生产基础设施建设】 2022年，全市共投入资金2458万元，更换烤房设备748座，配置烟夹380套，编烟台60个，购买烤烟植保无人机10台。举办烤烟植保无人机实操培训会，培育一批无人机植保人才。开展烟叶烘烤技能大比武，评选出一批“烟叶烘烤工匠”。成立浏阳市乡村振兴烤烟产业人才联盟分会，出台实施烤烟人才六大激励政策和六大工作举措，建成全省首家以“联社+联盟”为组织模式的“金叶人才之家”。实现“烟叶种植保险”和“农业雇主责任保险”全覆盖，保险理赔到位资金501万元，有效化解烟叶生产和劳动用工风险。开展全市烤烟房安全整治“百日攻坚”专项行动，共排查安全隐患烤房1198座，拆除烤房667座，维修加固531座。

【烤烟生产指导】 2022年，市烤烟生产指导中心开展烤烟生产技能培训97场次，7500余人次参加。投入资金90万元，设置41个烟田废旧地膜临时集中点，回收再利用废旧地膜1200余吨，回收率100%，有效治理烤烟面源污染。改造生物质烤房607座，新建生物质烤房210座，推进烟叶清洁烘烤。承办东南六省烟草农机农艺融合推进会，提升“浏阳烟叶”影响力和美誉度。

【烟叶产业宣传工作】 2022年，市烤烟生产指导中心投入超20万元用于开展烤烟宣传工作，利用人民网、湖南经视、红星云等媒体，全媒体多渠道宣传浏阳烟叶40余篇次。组织烟叶生产全过程摄影及抖音小视频大赛，开展“金叶绽放、助力浏阳”主题宣传活动，推介“金叶人才之家”建设成果，获上级部门认可。

【烟叶行业争资融资】 2022年，争取湖南中烟和湖南烟草公司加大在浏投资，完成烟叶基础设施和生产设施设备、金鸡水库后续工程等项目，湖南中烟永安科技园香精香料项目和天福打叶复烤厂改建工程项目有序推进。全年完成争融资1.898亿元，超额完成本年度争资融资目标任务。

（周红花）

大围山秋色　　（罗　柳　摄）

水　利

综　述

【概况】浏阳域内水资源丰富，河流水系发达，有浏阳河、捞刀河、渌水（南川河）三大主要干流，全市流域面积50平方千米以上的河流36条，流域面积在10~50平方千米的河流115条。截至2022年年底，全市已建成各类水库146座，其中大型水库2座（株树桥水库、在建椒花水库），中型水库10座、小型水库134座（说明：2021年小型水库143座，2022年9座小型水库完成降等）；山塘6.45万口，其中骨干大山塘塘容5万立方米以上257口；水电站108座；水闸28座，其中大中型水闸22座、小型水闸6座；河坝9300余座；大中型灌区11个，其中大型灌区1个、重点中型灌区6个、一般中型灌区4个；共有干渠1038千米，支渠1023千米，设计灌溉面积84.12万亩，实际灌溉面积63.98万亩，占全市耕地面积86.61万亩的73.87%；千吨万人级规模农村水厂25处、单村供水工程95处。省级山洪灾害易发村75个。2022年发生自有气象记录以来的极端干旱天气，年平均降雨量1528.7毫米，较2021年同期年平均降雨量减少4.29%。2022年7月，湖南省水库标准化建设暨样板县创建现场培训会在浏阳召开；9月，湖南省冬春水利建设工作视频会上浏阳作为唯一推介典型并作视频发言；10月，农业水价综合改革工作获水利部典型案例宣传推介。浏阳河、捞刀河、渌水（南川河）三大干流出境断面年均水质均达Ⅱ类，全国首部以河长制为主题的电影《浏阳河上》入选长沙市第十四届精神文明建设“五个一工程”奖，达浒镇书香村“水美湘村”项目被评为长沙市第二批水情教育基地，中央、省、市主流媒体多次报道浏阳河长制和水利工作，其中中央媒体160余篇（次）。

【水利项目建设】2022年，市水利局与上级部门对接，梳理并谋划“十四五”重点水利项目28个，其中5个为全国试点项目。28个重点水利项目均明确责任领导、责任科室（单位）和具体责任人，细化季、月、周工作任务，挂图作战，对表推进，倒排工期。局党组实行“周调度、月讲评、季考评”，召开会议专题研究，确保所有项目稳步推进。2022年，全局年完成争融资2.16亿元；推进椒花水库建设，完成枢纽首仓混凝土浇筑；完成2个灌区（仙人造及宏源水轮泵站灌区）续建配套与节水改造项目、4座小型水库（杜龙、岳家冲、土桥、野鹿）除险加固工程；完成南川河浏阳段治理项目、浏阳市水土保持小流域示范建设项目年度任务等。深化小型水库管理体制改革成果，开展水利工程标准化创建，全市143座小型水库通过长沙市局验收，一级标准达标率100%。

【安全生产】2022年，市水利局开展排查整治水利行业领域潜在风险隐患坚决防范遏制重特大事故等行动，排查整治各类风险隐患600余处。落实安全生产“三个必须”（管行业必须管安全、管业务必须管安全、管生产经营必须管安全）监管责任，局领导班子成员共带队检查156次，排查整改问题100余个。开展水利工程质量监督，全年监督水利项目37个，现场督查检查204人次，质监抽检23次，水利系统全年未发生安全生产事故。

【监管执法】2022年，办理涉水行政审批259件次，征缴水资源费827.88万元，完成浏阳市“十四五”节水型社会建设规划编制及批复，创建5家湖南省级节水型载体（其中2家为水效领跑者）、3家长沙市级示范型节水载体、2家浏阳市节水型载体。加强水土保持监管，全年征缴水土保持补偿费472.79万元，完成28个水利部遥感监测违法违规图斑整改，开展水土保持监督检查160次，下发整改通知58份。落实行政执法“三项制度”，开展水行政执法143次，查处水事违法行为33起，立案查处7起。

【河长制工作获长沙市真抓实干督查激励奖】2022年，浏阳市召开总河长会议1次，各类调度会议45次，38名市级河长开展巡河，调度解决雨污分流不到位等重点问题60余个，用于“问题”河流整治的专项调度投入资金1500余万元，推动济川河等部分河流问题得到解决。市河长办联合政府督查室等单位开展集中督查11次，印发通报7期，交办整改600余个问题。完善“河长+检察长”机制，年内检察院涉水立案26起。完成“千人以上”饮用水水源地环境问题整治等11项省重点任务，完成52项浏阳河、捞刀河流域综合治理任务，部署完成南川河流域综合治理任务24项。健全联动融合机制，打造湘赣边合作省际示范河段，与周边相邻6个县（市、区）签订深度合作协议，对市内35条跨乡镇（街道）河流签订联动治理协议。高标准创建5个长沙市级小微水体管护示范片区、2条长沙市级美丽幸福河。小溪河小河段获评省级美丽幸福河。打造31个“一乡一亮点”，并评选市级“十佳亮点”。投入390余万元，完成河长制“一县一示范”项目捞刀河水文化公园建设。落实省第8号总河长令，摸排并整改到位妨碍行洪问题32个。以涧江河为试点，采用“无人机+AI”技术对省第8号总河长令涉及的11类802个疑似问题图斑进行精准识别和精准交办。开展涉河库重点问题常态化整治，排查整改问题340个。开展河道保洁“清河净滩”专项整治行动317次，打捞垃圾2000余吨。牵头开展农村黑臭沟渠塘专项整治行动，完成5处11419平方米黑臭水塘、9处1648米黑臭沟渠水体整治。完成流域面积50平方千米河流划界成果复核。建立健全“河小青”志愿者队伍，规范民间河长管理，推动河长制宣传教育“五进”（进机关、进学校、进社区、进媒体、进企业）工作，开展示范社区、示范学校创建，中央、省级媒体推介浏阳市河长制工作330余篇（次），河长制工作继2018年、2020年获省真抓实干督查激励奖后，获2022年长沙市真抓实干督查激励奖。

【水旱灾害防御】2022年，浏阳市

严格落实防汛“三个责任人”(行政责任人、技术责任人和巡查责任人),推动“三个重点环节”〔水雨情测报、水库调度运用方案、水库大坝安全管理(防汛)应急预案〕,强化“四预”(预报、预警、预演、预案)措施,积极应对前涝后旱的极端天气。启动防汛Ⅳ级应急响应4次、抗旱Ⅳ级应急响应1次,成立防旱抗旱工作专班,严格24小时值班值守制度(双人双岗),做到未伤亡1人、未垮一库一坝、未出现人饮安全问题。完善农田水利设施。总投资约6300万元,完成2021—2022年冬春农田水利建设工作,建设农田水利项目1350处。应对极端干旱天气。加强研判调度,提前进行水库蓄水,联合调度水库群抗旱保供水,从8月开始,通过加大抗旱资金投入,强化水资源总体调度,增加人工降雨频次,增设水泵、电排、新建临时机埠、打井、引水、修建拦河坝等抗旱设施,缓解旱情带来的影响;开展“干部职工下基层精准抗旱保用水”专项行动,上百名干部职工下田间入农户,针对农村饮水保障、农田灌溉用水保障等重点,做好抗旱技术指导、矛盾协调、工作联络等工作,助力实现抗旱保收;落实应急供水预案,加大干旱风险摸排频次,加强对饮水工程和水源点巡查,寻找备用水源,采取分时供水,启用老井、打井等措施保障农村饮水需求;在出现严重干旱无水可取时,组织乡镇采取消防车、送水车等方式解决饮水困难问题。在进行灌区用水调度时,全市灌区不断优化水资源管理,科学制定用水计划。同时加强对灌区渠首、引水闸门的巡查、检查,防止“跑、冒、渗、漏”等浪费水资源现象发生。节约农田灌溉用水,实行“一把锄头”管水用水,统一协调村(社区)灌溉水源用水分配问题,必要时实行轮灌。通过科学调度,保障群众饮水安全和粮食生产灌溉用水需求,确保全市“大旱之年无灾旱”。

2022年7月7日,湖南省水库标准化建设暨样板县创建现场培训会在浏阳召开,全省14个市(州)和22个县(市、区)代表参加,对“浏阳模式”给予好评　　(市水利局　供图)

【农村供水】 2022年,全市新增农村自来水入户3万人,完成11处单村供水工程提质改造、大围山水厂巩固提升,投资258万元实施58处农村供水工程维修养护。组织开展4次农村饮水安全“回头看”排查工作,确保全市农村饮水安全问题实现动态清零。

【小型水库标准化管理】 2022年,浏阳市印发《浏阳市小型水利设施不动产登记操作指南(试行)》,对所有小型水库科学划定管理和保护范围,开展宗地测量、权籍调查并颁发不动产权证,埋设界碑界桩并现场告示。为全市小型水库统一购买社会化管护服务费用,由市水利局统筹相关维养资金、一般债券及本级财政预算资金予以保障。创新研发水库物业化管理平台“水库助手”App,全市水库基本信息、巡查日志、维修保洁、事件上报实行台账化管理,实现巡查水库打卡轨迹化、事件上报工单化、维修养护派单化、调度管理平台化、巡库维养考核数据化、档案资料电子化。全市34座水库安装大坝安全监测系统,87座小型水库安装雨水情测报系统,并接入山洪预警监测平台,推进小型水库安全监测设施建设,提升水库监测预警能力。有针对性地修订水库大坝安全管理(防汛)应急预案、调度规程等,建立水库管理巡查、养护、档案管理等相关制度,提高操作性和适用性。通过小型水库管理标准化建设,形成“产权明晰、管护专业、制度健全、投入可靠、考核科学”的管理体制和运行机制,做到“专款专用、专人专业”,实现坝容坝貌整洁美观、水面水质干净清澈、维修养护规范及时、工程设施运行正常、防洪灌溉效益明显。7月,湖南省水库标准化建设暨样板县创建工作会议在浏阳召开,全省14个市州和22个县(市、区)代表参加,对“浏阳模式”给予好评。2022年9月20日,全省冬春水利建设推进会上,播放《浏阳水利与时代同行》宣传片,浏阳市水利局以《物业赋能专业管护　打造小型水库标准化管理示范工程》为题作典型发言,“浏阳模式”面向全省推广。

【椒花水库工程建设】 截至2022年12月底,椒花水库枢纽工程围堰填筑至设计高程,左、右岸上坝临时道路已拉通,坝肩坝基开挖完成,已启动大坝混凝土浇筑;引水工程引水隧洞贯通;供水工程隧洞开挖完成5千米;35千伏变电站建设已全部完成并投入使用。椒花水库枢纽工程坐落在达浒镇椒花新村,于2020年9月开工,该工程已列入国家2020—2022年重点推进的150项重大水利工程名录,是湖南省重点建设项目、长沙市“十大基础设施项目”之一。工程总库容1.7亿立方米,为大(2)型水库,以城镇供水、防洪为主,兼顾灌溉和下游生态环境补水,主要包括椒花水库枢纽工程、大溪河引水工程、供水工程等。

【官庄灌区(浏阳)“农业节水灌溉工程良性运行”入选全国典型案例】2022年10月12日，水利部水利水电司印发50个农业水价综合改革典型案例，并在全国推广。其中，浏阳推选的“官庄灌区(浏阳)农业节水灌溉工程良性运行”成功入选。2022年，官庄灌区(浏阳)完成新建量水测站145处(19处加视频监控)，其中渠首测站4处、干渠分水界测站26处，支渠配水测站18处、闸门水位计16处、支渠以下小型量水设施81处。农业水价综合改革成效得到充分检验，面对自1961年以来最为严重的高温干旱天气，该灌区实现保灌率100%。年计划分配水量2466万立方米，实际用水量2055万立方米，节约16%以上。农业灌溉取得保灌胜利，同时，灌区管理所利用河道、干渠、支渠向辖区乡镇调配应急生产生活水源6000余万立方米，辖区4个乡镇的农村饮水安全集中供水工程的取水水源得到保障，支持惠及7万余人的生活用水和众多中小企业、医院学校等第二、三产业用水。

【金鸡水库扩建工程全面完成】金鸡水库位于官渡镇观音塘村，始建于1965年，坝址处于大溪河一级支流金鸡河。作为浏阳市最大单个烟基援建水源工程，金鸡水库扩建工程总投资1.113亿元，2016年11月开始施工建设，2020年9月主体工程竣工，2022年5月附属工程全面完工。水库扩建后，大坝高度由18.5米增加至33米，总库容由101万立方米增加至669万立方米，并在灌区配套建设修复干支渠20千米。金鸡水库扩建完成后，蓄水量提高，年灌溉用水量871万立方米，新增灌溉面积1.8万亩，灌溉农田面积2.1万亩。

【“河小青”保护母亲河志愿服务项目被评为“最佳志愿服务项目”】2022年3月4日，在浏阳市举办的“最美志愿红，携手向未来”2022年新时代文明实践学雷锋志愿服务主题活动月启动仪式上，由浏阳市河长办牵头的“河小青”保护母亲河志愿服务项目被评为“最佳志愿服务项目”。该项目于2021年启动，以市河长办、各乡镇(街道)为单位，每月组织一次以上“河小青”志愿者联盟的形式展开活动，吸引党员、镇村干部、青年学生等社会各界人士参与到河道保洁、“四乱”问题排查、排污口排查等工作中来。2022年，在小微水体专项整治中，“河小青”志愿者开展小微水体管护活动600余次，完成小微水体管护1.5万余千米。“河小青”志愿者队伍已发展成河库管护主力军、突击队和先锋队，成为河长的助手和河长制工作的参与者、支持者、监督者。

【达浒镇书香村入选长沙市第二批水情教育基地】2022年11月15日，长沙市水利局公布长沙市第二批水情教育基地名单，达浒镇书香村“水美湘村”项目成功入选，成为浏阳首家长沙市级水情教育基地。书香村是湖南省首批、浏阳市唯一“水美湘村”项目建设村，按照“水美书香村、水利文化村”的设计理念，“水美湘村”建成全省首个县级水文化展示馆和水文化园，同时，将绿色水电站、大溪河防汛通道、水美广场、龙潭干渠主题码头、生态水塘、水文化园、水文化展示馆等16个生态水利项目连点成线，打造筒车、脚踩水车、池塘生态跌水、植物净化科普、古井、惊鸟器、节水示范菜地等融“教育研学、生态科普、乡村休闲、互动体验”于一体的学习体验互动项目，向公众提供生动直观、特色鲜明、功能多样的节水护水宣传教育模版。自2021年10月以来，该村接待参观学习10万余人次。

(林娟娟)

灌区管理

【概况】2022年，官庄水库浏阳灌区管理所贯彻“以人民为中心”的发展理念，办好农田灌溉服务和农村饮水安全两个重点民生实事。《官庄灌区(浏阳)农业节水灌溉工程良性运行》入选全国50个农业水价综合改革典型案例，并在全国推广。在水利部召开的全国农业水价综合改革技术交流研讨会上，官庄水库浏阳灌区作为湖南省唯一代表进行典型发言。在省水利厅召开的湖南省灌区大会上，浏阳灌区被授予“省级标准化管理达标灌区”“省级节水型灌区”“2020年度清淤扫障先进单位”称号。

【灌区防汛抗旱】2022年，官庄水库浏阳灌区管理所严格执行24小时防汛值班。加强预案完善和隐患排查，落实责任，建立管理所、管理站两级防汛责任制，落实重点工程、重点部位的责任人，加强渠系、闸门等附建巡查。统筹抗旱工作。与官庄水库管理局协调，专门召开浏醴两灌区抗旱工作会，就水量分配，水量调度进行重新调整，适当加大灌溉放水流量，确保上下游均衡受益；及时将旱情和灌溉情况向镇、村两级通报，对抗旱工作进行统筹、协调、安排部署，以保证水源供给的最大化，实现旱灾的最小化，实现大旱之年无大灾，保灌率达到100%。

【灌区项目建设】2020年，普迹水厂新建5000吨/日生产线一条，1000吨清水池一座，镇头水厂扩网3.51千米，解决660户4023人的饮水问题。继续实施农业水价综合改革项目，新建自动水位、流量设施2处，人工量测点12处，闸门及启闭机维护1处，远程测控5处，清淤清障渠道24条。夯实灌区农业生产基础，完成渠道清淤287千米，整理渠道边坡塌方21处，疏通渠道“中梗阻”27处，维修养护、加固衬砌6处。

【安全供水】2020年，灌区管理所设立安全饮水公开供水服务电话，做到问题及时发现及时解决，保持动态清零。落实日常水质检测制度，加强管网水的监测力度，确保水质达国家饮用水卫生标准，水质综合合格率保持在99.5%以上。加强与用户的联系，及时发布供水信息，保证重大活动、节假日的安全供水；加强供水设备巡查、维护及抢修工作力度，随时处理各类供水突发事件的发生，做到“小修不过夜，大修不间断”。

（潘艳纯）

株树桥水库管理

【概况】 浏阳市株树桥水库管理局成立于1990年3月，2007年机构升格为副县级事业单位，内设办公室、水资源保护科、工程管理科、经济建设科、政工人事科、财务审计科6个正科级职能科室，下设枢纽工程管理所、资源管理所、水电调度与灌溉管理所、水质环境监测监督管理站4个正科级二级机构。现有干部职工230人。2022年实现供水2.12亿吨，售电3711万千瓦时，完成主营收入4890万元，较2021年增长2%。浏阳市株树桥水库工程通过省级水利工程标准化管理(一级)达标评价，认定为省级标准化管理工程。

株树桥水库枢纽工程全貌　　（株树桥水库管理局　供图）

【水资源管理】 2022年，株树桥水库管理局组织入库河流污染源调查，压实乡镇属地责任，助推中和镇整治养殖污染，保障入库断面水质。完成核心区群众3户(10人)一次性迁移，补助资金25万元。利用世界水日、中国水周、环保日和乡镇赶集等节点，播放宣传视频、悬挂宣传横幅，发放宣传资料2000多份。着力治理涉水涉渔违法行为，累计开展监管巡查3000余次，查处、制止违规行为800余人次。实施智慧株树桥水质监控能力建设，实现重点区域水环境状况实时掌握。做好水面保洁，坚持养鱼活水，制作鱼类自然孵化床，投放鱼苗21万尾，水库水质稳定在Ⅱ类及以上。

【防汛保安】 2022年，株树桥水库管理局按照“隐患整改、设施维护、工程调度、预报预警、督查督导”五个到位做好防汛备汛工作，确立和执行三级值班体系，坚持执行局本级防汛会商制度，成立两个防汛会商小组，汛期雨水情实时滚动分析，加密洪水验算和会商研判，为安全度汛提供决策依据。在2022年下半年遭遇流域性气象干旱，出现“主汛期反枯”的情况下，保障正常供水和生态流量，向下游补水600多万立方米。推动安全生产全员责任制落实落地，厘清部门管理边界，构建安全风险分级管控和隐患排查治理双重预防机制。完成大坝安全管理应急预案、“三册一表一台账”和标准化管理手册编制。整治防空洞未封闭、闸门钢丝绳破损等存量隐患，完成枢纽金结大修、防汛防雷系统改造升级和枢纽配套设施消缺提质、大坝安全监测自动化系统等项目建设，枢纽工程和坝区面貌得到改善，安全隐患整改工作纪实入选浏阳市“三年行动”集中攻坚典型案例。突出抓好电力生产、库区水面、消防等重点领域和重要时段安全，全年未发生任何安全责任事故。

（张家榕）

2022年5月4日，浏阳市天空剧院建成投入使用　　（市鞭炮烟花产业发展中心　供图）

工业和信息化

综 述

【概况】 2022年，全市规模工业总产值实现2199亿元，同比增长7.4%，规模工业增加值增长6.6%；工业用电43.71亿千瓦时，同比增长16.8%；完成工业税收32.18亿元，同比增长13.4%。全市工业增加值占GDP的比重为50.1%，其中制造业增加值占GDP的比重为49.2%。全年新增规模工业企业91家、净增64家。截至2022年12月31日，全市有工业企业有5752家，其中规模以上工业企业925家。“促进工业高质量发展”工作获省人民政府2022年度真抓实干成效明显表扬激励，“推进产业发展‘千百十’工程”“建设信息基础设施、推进产业数字化、加快工业互联网创新发展、促进网络与数据安全能力建设方面”“促进市场主体高质量发展”三项工作获2022年长沙市真抓实干督查激励。浏阳市连续6年居全国工业百强县15强(2022年排名第14)，首次跻身全国县域工业互联网发展20强(排名第18)，全省电子信息制造业发展工作会议上浏阳作典型经验介绍，长沙市2022年工业和信息化工作目标考核排名四县(区)第一。浏阳市工业和信息化局获评“2021年度湖南工业数据云建设先进单位”“2021年‘湖湘精品’中小企业品牌能力提升工作先进单位”“2022年‘创客中国’湖南省中小微企业创新创业大赛优秀组织单位”“2022年度全省工信系统规范行政执法示范单位”，浏阳市中小企业公共服务平台获评“2021年全省中小企业技术创新‘破零倍增’工作先进单位”“2021年湖南省中小企业公共服务平台网络工作先进窗口平台”。

【工业运行】 2022年，全市工业经济实现稳中有进。1—12月，全市规模工业总产值实现2199亿元，同比增长7.4%，其中经开区(含永安、洞阳)完成产值1056.7亿元，同比增长8.9%，其他街道、乡镇(含农业科技园)完成产值1142.7亿元，同比增长6.0%。全市规模工业增加值完成630亿元，同比增长6.6%，其中：经开区规模工业增加值同比增长7.7%，高于全市1.1个百分点，增加值占全市比重54.4%。全市完成工业用电43.71亿度，同比增长16.8%；完成工业税收32.18亿元，同比增长13.4%。加强企业入规指导，全年新增规模工业企业91家、净增64家，均排名长沙四县(区)第一。推进纾困增效，1—12月，全市共54家规上亏损企业，亏损面6.0%，亏损额3亿元，均为四县(区)最低；规模工业企业利润总额同比增长8%，总量及增速均为四县(区)第一。同时，全市工业从总量贡献上为稳全市宏观经济大盘提供支撑，全市工业增加值占GDP的比重50.1%，其中制造业增加值占GDP的比重49.2%，超长沙市平均水平。

【产业链建设】 突出规划引领，2022年1月31日，浏阳市出台《浏阳市勇当“强省会”战略开路先锋，推进产业发展“千百十”工程实施方案》，建立强大、优中、育小的培育机制，力争通过5年时间，实现“千亿产业领跑、百亿企业翻番、十亿企业倍增、亿元企业成群”的新发展格局。开展招商引资，全市新引进项目133个，其中三类“500强”项目4个，投资过100亿元项目2个，10亿元以上项目12个(包含关系)，新引进项目中优势产业链项目占比达到80.45%。新引进10吉瓦高效异质结光伏电池及组件生产基地项目。加快推进项目建设，惠科光电13条产线全面投产，成为浏阳第二家百亿元产值企业，中烟永安科技园启动建设，雅士林、九典制剂生产基地、金阳智中心、博大科工、方锐达等一批重点产业项目建成投产，5个省创新强基项目超额完成年度计划投资。现代产业集群雏形初具，2022年，全市已形成电子信息、生物医药、烟花爆竹、绿色食品及油茶、新材料、智能装备、再制造、家居建材、环境治理技术及应用、新能源及汽车零部件10条工业新兴及优势产业链，年度实现规模工业产值2178.5亿元，同比增长7.1%，其中电子信息、生物医药、新能源及汽车零部件产业链分别增长17.5%、14.6%、13.5%。浏阳市生物医药特色产业集群获评省中小工业企业特色产业集群培育对象。5月20日，全省电子信息制造业发展工作会议上，浏阳作典型经验介绍。

【企业帮扶】 2022年，企业帮扶工作以企业需求为导向、以企业增长为目标、以企业满意为标准，坚持“无事不扰、无时不在、无微不至”理念，充分发挥部门协同作用，全面入企解难题、暖企送政策、惠企促融资、助企减税费、强企增效益。健全常态化联系帮扶机制。年初，出台《2022年市领导联系新兴及优势产业链安排表》《2022年市领导联系产业链重点企业安排表》，开展市领导联企干部联点和“千企帮扶”活动，用“亲情”模式联络服务企业。完善企业反映问题快速处理机制。实施重点企业“专属服务员”全覆盖，畅通企业问题受理渠道，实行“一单四制”(建清单、交办制、台账制、销号制、通报制)交办机制和“4个1”(简单问题1小时内解决到位或明确回复，一般问题1天内解决或明确回复，复杂问题1周内解决或明确回复，疑难问题1月内解决或出具答复意见)问题快速解决机制。开展千名干部联千企行动。6—7月，按照省、长沙市统一安排部署，浏阳市开展千名干部联千企“送政策、解难题、优服务”行动，省、长沙市、浏阳市选派1318名干部组成6个帮扶工作组，下沉到1430家“四上”企业(规模以上工业企业、资质等级建筑业企业、限额以上批零住餐企业、国家重点服务业企业)进行帮扶指导，并启动流程优化、减税降费、项目百日攻坚促开工、政策兑现、稳岗稳工、河畔季风、金融支撑、市场拓展、精准招商、烟花爆竹提质十大行动解决企业共性问题，企业走访到位率100%，收集企业困难问题1684个，解决（办结）问题1626个，办结率96.55%，省、长沙市《“送政策、解难题、优服务”行动工作简报》分别推介浏阳市经验做法2次、16次，人民网、新湖南、《长沙晚报》等媒体多次报道浏阳企业帮扶行动典型案例和先进事迹。助力企业扭亏脱困。开展“纾困增效·千企帮扶”行动，针对规上亏损企业建立帮扶台账、进行专题调度、销号制管理，持续送政策、降成本、保要素、促生产、畅销售，全年共帮助142家（次）企业扭亏为盈，规上企业亏损面及亏损额保持在四区（县）最低水平，规工企业利润总量及增速居四区（县）第一。

【政策惠企】 2022年，编印并发放《浏阳市惠企政策口袋书》2000册，制作政策电子书、H5政策宣传海报并通过企业群、公众号、报刊等渠道广泛宣传发送。上线浏阳市“政策快车”服务平台，全年为852家企业智能匹配并推送政策信息2144条，为212家次企业提供政策咨询服务，实现“企业找政策”向“政策找企业”的转变。推动出台《浏阳市进一步激励“制造强市”建设工作的若干措施》，从支持企业倍增、做大做强、智能化发展、科技创新，弘扬企业家及工匠精神方面加大本级奖补，其中免申即享激励措施达到9项。加强项目申报指导，2022年，浏阳市工信局共指导帮助618家企业获得省、长沙市级奖补资金2.49亿元，浏阳市获批省工业企业技术改造税收增量奖补企业数居全省县（市、区）第一。争取省工信厅出台《湖南省烟花爆竹主产区机械化技术改造三年行动计划》，并成功为浏阳市32家烟花爆竹行业企业及平台争资1910万元。

2022年6月，全市启动千名干部联千企“送政策、解难题、优服务”行动，汇总各级惠企政策69条，编印发放《浏阳市惠企政策口袋书》2000册，并发布“口袋书”线上版，让惠企政策入企落实落地

（市工业和信息局 供图）

【企业服务体系建设】 2022年，按照“政府搭建平台、平台聚集资源、资源服务企业”的思路，以“平台”为载体，构建“1+1+N”（1个浏阳市中小企业服务中心、1个服务专家库、N个专业化服务机构）中小企业服务体系，通过整合社会资源，推动政府公共服务、社会公益服务、市场服务三者融合，普惠性服务和精细化服务互为补充。2022年，浏阳市中小企业公共服务平台（浏阳市新蓝图教育咨询有限公司）成功创建国家中小企业公共服务示范平台，获评“2021年全省中小企业技术创新‘破零倍增’工作先进单位”“2021年湖南省中小企业公共服务平台网络工作先进窗口平台”；浏阳市中小企业服务中心等5单位获评省核心服务机构。该体系集聚1个国家示范窗口平台，6家省级认定的中小微企业核心服务机构，共服务全市中小企业超9000家，指导企业“上云上平台”超4000家。

【企业服务活动开展】 2022年，围绕品牌提升、投融资对接、创新创业、人才用工等领域开展四大主题服务活动，为中小企业转型升级提供服务支撑，助推全市中小企业平稳健康发展。扩大小微企业融资担保业务规模，降低担保成本，2022年，共为全市担保机构争取国家小微企业担保降费奖补资金679万元，助推浏阳市中小企业担保有限公司等3家担保机构为283家小微企业担保融资9.686亿元，平均年化担保利率降至1.1%。持续推进制造业产融合作，联合市内金融机构共为48家企业发放“科创贷”15.05亿元，为16家企业发放“绿色贷”6.598亿元，为26名企业专业英才发放“人才贷”1136万元。重点解决一批融资难题，通过走访问询、多方对接，为18家企业争取融资3.22亿元。做优“双创”孵化，路演培训、跟踪指导等服务，举办2022年“创客中国”中小企业创新创业大赛浏阳赛，6个项目进入长沙市复赛，4个项目进入省赛，其中湖南金阳石墨烯研究院有限公司凭借“废旧锂电池负极绿色循环与高值化利用”项目夺得省赛一等奖、国赛三等奖，位列全国第五名，并被省工信厅宣传推介。年初，在张家界市等地开展为期两周的招工，以应对蓝思科技等重点企业春季“用工潮”、用工难问题。联合省、长沙市企业服务中心举办产业链重点企业进高校招聘服务活动，累计认定企业专业英才1016名，协助市委人才办走访企业42家，发放人才政策汇编300份，让人才引进来、留得住。组织开展护航成长之品牌能力提升、中小企业技术创新“破零倍增”、生物医药产业数字化转型升级等10个专项培训活动，指导核心服务机构举办研发经费及高新技术企业培育培训45场、企业职能人才培训30场、直播电商培训106场、中小企业经营管理培训13场、知识产权培训22场，参加人员超过9600人次。

【企业培育】 2022年，实施头部企业“龙腾”行动、特尖企业“瞪羚”行动、中小企业“雏鹰”行动，以“专精特新”、智能制造为重点，分级分类建立企业梯度培育库，实施动态管理、“点对点”服务，助推浏阳企业梯次发展。2022年，新增国家级“专精特新”小巨人企业11家，总数达到19家，实现数量翻番；新增省级“专精特新”中小企业32家，总数达到82家，专精特新企业数居全省县（市）第二；培育湖南省第一批创新型中小企业112家；新增省消费品工业“三品”（增品种、提品质、创品牌）标杆企业2家（盐津铺子食品股份有限公司、湖南华纳大药厂股份有限公司）、省制造业质量标杆1家（宇环数控机床股份有限公司）、省单项冠军产品2家（欧智通科技股份有限公司、湖南元亨科技股份有限公司）、省智能制造标杆企业2家

（蓝思科技股份有限公司、长沙惠科光电有限公司）、省智能制造标杆车间 2 家（欧智通科技股份有限公司、湖南华纳大药厂股份有限公司）；新增长沙市智能制造试点企业 48 家，总数达到 308 家。蓝思科技股份有限公司名列 2022 年中国民营企业 500 强第 78 位、中国制造业民营企业 500 强第 43 位、中国智能制造 50 强。盐津铺子食品股份有限公司获评国家级智能制造示范工厂，为 2022 年度长沙地区唯一获评企业。

【科技创新强基】 2022 年，抓好科技项目申报，长沙永昌车辆零部件有限公司汽车零部件工业设计中心获评湖南省工业设计中心（第八批），浏阳市三力医用科技发展有限公司等 20 家企业的技术中心认定为 2022 年度湖南省省级企业技术中心（第 27 批），湖南省烟花爆竹产品安全质量检验中心（国家烟花爆竹产品质量检验检测中心）、湖南鼎誉检验检测股份有限公司获评湖南省产业技术基础公共服务平台（第一批）。松诺盟科技有限公司“高性能纳米薄膜金属基传感器产业化”项目获 2022 年湖南省先进技术转化应用大赛一等奖，该项目产品技术打破传感器生产工艺国外技术壁垒，产品性能指标达到国际先进水平。推进省重大产品创新强基项目建设，2022 年，浏阳市新增 2 个“湖南省 100 个重大产品创新强基项目”，全市“省 100 个重大产品创新强基项目”数量达到 5 个，截至 2022 年 12 月底，5 个“省 100 个重大产品创新强基项目”完成年度投资 3.06 亿元，年度计划投资完成率 104.1%，其中湖南华纳大药厂股份有限公司“胶体果胶铋干混悬剂等优势颗粒剂的技术提升及智能产业化项目”完成全部投资 2.26 亿元、湖南欧智通科技有限公司“PLC-IoT 电力线载波通信模组产业化研发与应用项目”完成全部投资 2.11 亿元、浏阳泰科天润半导体技术有限公司“碳化硅功率器件产业化项目”完成全部投资 2.25 亿元，三个项目均进入竣工验收阶段。

2022 年 6 月 28 日，浏阳市文明创建空中线缆整治暨第 329 号人大重点建议办理、信息基础设施建设工作调度会议召开　　（市工业和信息化局　供图）

【信息基础设施建设】 2022 年，浏阳市推进电信普遍服务试点建设，加快解决通信网络盲点盲区尤其是农村偏远山区通信薄弱问题，与上栗等邻县达成铁塔共享协定，积极推动湘赣边通信基础设施共建共享互联互通和通信信号无缝覆盖，全年新建国家电信普遍服务基站 55 个，累计争取五批次共 184 个电信普遍服务站点。加快推进 5G 通信网络建设，编制修订《浏阳市 5G 通信基础设施专项规划（2021—2035 年）》，新建 5G 核心汇聚机房 10 个，新增 5G 基站 565 个，累计开通 5G 基站 3886 个，初步实现城区、园区、集镇及主要景区 5G 广覆盖，累计发展 5G 用户 42 万户，5G 终端连接数达到 36.8 万户。推动新建楼盘贯彻落实光纤到户国家、湖南省标准，2022 年，共审批办理光纤到户及通信基础设施报装及接入公共服务事项审批 45 件。持续优化通信管网环境，结合文明城市创建、老旧小区改造、百街千巷环境整治提升行动持续组织开展城区弱电管线集中整治，制定《浏阳市 2022 年城区弱电管线整治方案》，成立管线整治专门队伍，出动人员 500 余人次，整治背街小巷 63 条，规整捆扎线路 300 千米，清理污损箱柜 60 余个，更换维修井盖 50 余个。结合美丽宜居村庄建设推动农村弱电杆线整治，加快村镇杆线多杆合一及入地改造试点建设，协调解决人大建议、市长信箱、“12345”热线等反馈弱电杆线问题超 60 件。

【通信保障】 2022 年，市工信局协调通信单位完成“两节”“两会”等重大节庆假日及会议活动、年初冰冻雨雪及年中高温干旱极端天气、疫情防控等情况下通信保障工作任务，确保全市通信网络安全通畅。2 月，严重冰冻雨雪导致大面积停电造成通信断电故障（故障站点 614 处，占全长沙故障站点近 80%），经协调调度，中国铁塔及三大通信公司出动人员 400 余人次、71 台车辆及 282 台发电机抢修，并从长沙、岳阳区域调配 100 余台发电机支持浏阳，保障全市通信及时有序恢复。11 月疫情期间，协调通信单位加强应急保障，累计出动人员 1000 余人次、车辆 90 余台，快速有效解决各类通信问题 80 余处，为前线疫情防控及后方民生稳定提供网络保障。

【数字产业化发展】 2022 年，浏阳市突出蓝思科技股份有限公司、长沙惠科光电有限公司等龙头企业及重点项目引领作用，壮大电子信息制造产业集群，培育软件和信息技术服务业，加快数字经济核心产业发展。2022 年，全市电子信息产业链实现规模工业产值 514.3 亿元，同比增长 17.5%，浏阳在全省电子信息制造业发展工作会议上作典型经验分享。长沙惠科光电有限公司金杨数字化车间项目、华苗木云花卉苗木产业全链智慧化平台开发及示范应用项目、欧智通科技股份有限公司基于PLC-IOT技术的智能路灯照明系统应用项目入选湖南省2022年"数字新基建"100个标志性项目,欧智通科技股份有限公司被认定为湖南省移动互联网重点企业,浏阳市数字经济核心领域规上企业增加值占长沙比重居九区(县、市)第一。

【产业数字化转型】 实施企业"两上三化"(上云、上平台,数字化、网络化、智能化)建设。2022年,湖南天友精密技术有限公司、湖南汇湘轩生物科技股份有限公司、湖南爱康新型建材有限公司、长沙惠科光电有限公司通过国家两化融合管理体系贯标认定,盐津铺子食品股份有限公司、天地恒一制药股份有限公司、蓝思科技股份有限公司获评2021年度湖南省两化融合管理体系贯标标杆企业。盐津铺子食品股份有限公司、长沙惠科金扬科技有限责任公司获评2022年湖南省"上云上平台"标杆企业。爱达环保科技有限公司"九方云工厂智能物流全管理云平台"入选湖南省第四批省级工业互联网平台。长沙惠科光电有限公司的"长沙惠科'5G+工业互联网'智能工厂项目"和中茧新科生物有限公司的"数字化无人蚕茧培育工厂一期建设项目"入选2022年数字湖南十大应用场景建设典型案例。2022年,智能制造水平不断提升,新增省智能制造标杆企业2家、省智能制造标杆车间2家、长沙市智能制造试点企业48家;蓝思科技股份有限公司入选"中国智能制造50强";盐津铺子食品股份有限公司获评国家级智能制造示范工厂,为2022年度长沙地区唯一获评企业。截至2022年年底,全市已通过国家两化融合管理体系贯标认定企业41家,已有省级"上云上平台"标杆企业15家、长沙市智能制造试点企业308家。2022年7月,第五届数字中国建设峰会发布的2021年全国县域工业互联网发展20强榜单中,浏阳市位列第18位。

2022年4月22日,由市工信局举办的浏阳市"专精特新"小巨人培育企业专题培训会现场,60余家"专精特新"小巨人培育企业集中参加学习　　(市工业和信息化局　供图)

【行业安全管理】 2022年,督促指导工业企业、通信行业企业落实安全生产主体责任,召开安全生产专题会议8次,宣传贯彻习近平关于安全生产重要论述、《中华人民共和国安全生产法》(2021年最新修订稿)、《湖南省安全生产条例》等,指导检查企业149家,发现安全隐患排查台账不完善、安全组织机构未更新、现场管理不规范、车间有明接头等问题和隐患596条,交办责任企业当月整改,已全部跟踪整改到位,实行闭环管理。开展船舶制造企业安全生产检查和采砂船非法修造排查,调查摸底建档船舶企业8家,督促整改隐患7条。联合市应急管理局、长沙市生态环境局浏阳分局对10家沿江化工企业开展督查,发现并督促整改隐患32条。督导通信行业安全生产工作,开展森林防火通信设施消防安全隐患排查整治、高层建设通信设施设备安全隐患排查整治和盗窃通信基站电能专项整治,全面排查全市森林地带895座通信基站铁塔设施,完成对铁塔机房2米范围内及供电线路下的茅草、杂物、林木等的全面砍青清理,并对全市所有山区基站供电专线进行绝缘化改造,全面排查整治盗电问题基站87座,交办并督促整改高层建筑通信设施设备消防问题隐患25个。

【公共卫生应急物资保障】 2022年,浏阳市工信局牵头,与财政、卫健部门以长沙指导价作为参考依据,组织承储企业、本地防疫物资生产企业召开浏阳市卫生应急物资询价议价会议,经综合询价议价,浏阳市疫情防控物资部分品种最终定价远低于长沙指导价的价格。在物资配发过程中,通过精准科学测算需求、加强物资储存及使用督导,按照"消化剩余、补充短缺、应急供应"的方式进行配发,确保物资随时可调可供,实现高效节约。

【绿色制造】 持续推进绿色制造体系建设,2022年,浏阳市惠美纸业有限公司的瓦楞原纸、湖南浏阳南方水泥有限公司的通用硅酸盐水泥等5家企业产品获评国家级绿色设计产品,欧智通科技股份有限公司、湖南华纳大药厂股份有限公司等4家企业获评省级绿色工厂,盐津铺子食品股份有限公司获评省级绿色供应链管理示范企业。联合市水利局指导全市工业企业加大节水能力建设,提高节水水平,长沙惠科光电有限公司、蓝思科技股份有限公司被评定为水效领跑者,湖南合享装配科技有限公司、金磨坊食品股份有限公司、盐津铺子食品股份有限公司被评定为节水型企业。组织开展自愿性清洁生产审核,经专家评审和现场核查，11 家企业通过湖南省自愿性清洁生产审核。会同市环保、市发改、市自然资源、市住建等部门，从能耗、环保、质量、安全、技术等方面的综合标准依法依规有序推动全市落后产能的淘汰工作，6 家使用砖瓦轮窑落后生产工艺装备进行生产的砖瓦企业已停产。

（袁利平）

电子信息产业

【电子信息产业链概况】 浏阳市电子信息产业链分为显示功能器件和数字产业两个板块。显示功能器件板块主要布局中游，兼顾蓝宝石晶体等上游光学材料制造，重点依托经开区、主城区工业集中区等平台，形成以精密仪器，触控模组、视窗防护玻璃、OLED 面板、液晶面板为核心，显示屏制造、触控传感器、Wi-Fi 模组等为矩阵的显示功能器件产业集群。数字产业板块紧抓国家"新基建"政策窗口，依托本地电子信息、新材料等产业基础优势，针对全市制造业信息化转型需求及"新基建"建设需求，发展关键原材料及元器件产品，推动 5G+工业互联网在全市重点制造业中的应用。全市电子信息产业链规上企业共有 14 家，其中上市企业 1 家，百亿元级企业 2 家。2022 年，电子信息产业链实现规模工业产值 514.3 亿元，同比增长 17.5%。

【蓝思科技上榜 2021 年中国智能制造 50 强榜单】 蓝思科技响应智能制造发展大趋势，推动新一代信息技术与制造技术融合发展，通过自研关键生产设备以及发展工业互联网，实现产线布局线体化、产品制造自动化和生产控制云端化，将"蓝思制造"推向"蓝思智造"。2022 年 4 月 6 日，中国科学院《互联网周刊》、eNet 研究院、德本咨询联合发布 2021 年中国智能制造 50 强，蓝思科技股份有限公司上榜。

【长沙惠科光电产线全部点亮投产】 2022 年，总投资 280 亿元的惠科光电，13 条生产线全面投产，主要生产 8K、10K 等超高清液晶及白光显示面板，全球首创 107 英寸 5K 超大屏电视，其"大尺寸超高清显示屏技术"获评工信部创新案例，入选 2022 年湖南省十大技术攻关项目。2019 年，长沙惠科光电落户浏阳经开区，2021 年 1 月 23 日，第一条生产线点亮投产。

（袁利平）

生物医药产业

【生物医药产业链概况】 浏阳生物医药产业形成以浏阳经开区为载体，以药用原辅料、化学药、现代中药为主导，生物制品与健康产品快速发展的产业格局，牵头建设的长沙市生物医药（基因技术）产业链，先后获批中西部第一家国家级生物产业基地、国家创新药物孵化基地，是全国医药企业最集中、制药生产线最多的开发区之一。截至 2022 年，全市共有医药生产、医疗器械、医护用品工业企业 322 家，其中规上企业 80 家，上市企业 4 家，分别为九典制药、尔康制药、华纳大药厂、南新制药。生物医药企业占长沙市 21%；A 股医药上市企业占比 19%，居长沙市园区第一。医药品种 800 多个，年销售过亿元的拳头品种 11 个，其中九典制药"洛索洛芬钠"为全省首个年销售突破 10 亿元的医药单品。2022 年，浏阳市生物医药特色产业集群被确定为湖南省中小工业企业特色产业集群培育对象，其核心承载园区浏阳经开区被确定为湖南省中小工业企业特色产业集群培育对象核心承载园区。打造总投资 50 亿元的医疗器械产业园，已引进医疗器械企业 140 余家。2022 年，生物医药产业链实现规模以上工业产值 186.31 亿元，同比增长 14.63%。

【浏阳市生物医药特色产业集群入选湖南省中小工业企业特色产业集群培育对象】 2022 年 9 月 2 日，湖南省工业和信息化厅发布《关于公布湖南省产业集群及培育对象（第一批）名单的通知》。浏阳市生物医药特色产业集群确定为湖南省中小工业企业特色产业集群培育对象，其核心承载园区浏阳经开区确定为湖南省中小工业企业特色产业集群培育对象核心承载园区。

【浏阳经开区跻身全国生物医药产业园区第 37 位】 2022 年 11 月 21 日，工信部电子信息产业发展研究院直属机构赛迪顾问发布《2022 生物医药产业园区百强榜》，该榜单以截至 2021 年的 168 家国家级高新区和 230 家国家级经开区为研究对象，从"研发创新、龙头带动、空间集约化、数字化项目、生活指数、社会关注度"六大维度、20 项指标进行综合评估，最终形成百强名单，浏阳经开区位列全国第 37 名。

【九典制药高端制剂研发产业园项目试投产】 2022 年 2 月 7 日，位于浏阳经开区的九典制药高端制剂研发产业园项目举行开工典礼。该项目用地面积约 104 亩，总建筑面积约 15 万平方米，主要建设包括研发质检中心、注射剂楼、外用制剂楼、口服制剂楼以及公用工程、环保处理设施等。该项目智能化程度高，以建设"5G+智慧园区"为目标，运用 MES 智能制造系统、WMS 智能仓储系统等先进系统和设备，实现现代药品研产销全过程的数字化管理，可减少人力投入 70%，节约运营成本 50%。12 月，该项目进入装饰装修阶段，生产设备也进行安装和调试，有 2 个生产厂房的设备安装到位，进行年底试生产，实现当年开工建设、当年建成投产目标。湖南九典制药股份有限公司成立于 2001 年，2017 年上市，2022 年，该公司营收 23.26 亿元，同比增长 42.92%；拳头产品洛索洛芬钠凝胶贴膏成为湖南省首个年销售额破 10 亿元的医药单品，药品制剂销售同比增长 42.09%；研发投入 2.10 亿元，占营收比重 9.02%，同比增长 43.49%。2022 年，该企业满贯获评长沙市 2022 年度工业企业"三类 50 强"（规模 50 强、增长 50 强、贡献 50 强）。

图为九典制药高端制剂研发产业园，该项目为湖南九典制药股份有限公司在浏阳经开区的“二胎”项目，自2022年2月开工建设，年底进入试投产 （市工业和信息化局 供图）

【贝恩医疗设备（湖南）有限公司落户普迹镇】 2022年3月15日，普迹镇人民政府与贝恩医疗设备（湖南）有限公司签订招商协议，在普迹投资建设贝恩医疗设备（湖南）项目（贝恩一期）。贝恩一期占地面积约1.7万平方米，主要生产透析护理包、血液回路管等血液净化类产品，于5月试生产，6月正式投产，7—12月产值1557万元，带动就业600余人。10月22日，普迹镇人民政府与投资方签订贝恩医疗集团中南总部项目招商引资合同（贝恩二期），贝恩二期占地面积约3.3万平方米，总计建筑面积约6万平方米，总投资约10亿元，12月12日开工建设。

（袁利平）

绿色食品及油茶产业

【绿色食品及油茶产业链概况】 浏阳市绿色食品产业以浏阳经开区、省农业科技园为主要载体，涵盖上游农副产品加工，中游涵盖蒸菜、预制菜食品、休闲食品、饮料、粮油生产；下游囊括包装印刷、食品检验检测等，培育了盐津铺子食品股份有限公司、金磨坊食品有限公司、湖南汇湘轩生物科技股份有限公司、湖南佳元禄食品有限公司、湖南湘典食品有限公司、浏阳高朗烈酒酿造有限公司等龙头骨干企业，共有工业企业887家，其中规模以上工业企业112家，上市企业1家（盐津铺子）。2022年，绿色食品及油茶产业链实现规模工业产值245.3亿元。

【盐津铺子入选国家级智能制造示范工厂】 2022年12月2—8日，工信部公示2022年度智能制造示范工厂揭榜单位和优秀场景名单，盐津铺子食品股份有限公司（烘焙食品智能制造示范工厂）入选智能制造示范工厂揭榜单位。该公司曾被授予长沙市智能制造示范试点企业，先后被评为“国家级绿色工厂”“国家高新技术企业”“湖南省企业技术中心”，是湖南省休闲食品行业烘焙智能制造的名片。2022年，盐津铺子浏阳生产基地建成生态智慧工厂、数字化电商综合仓库、津匠豆制品基地项目、魔芋、薯片生产线等项目，新增生产线20条。盐津铺子浏阳生产基地产能突破15万吨/年，是浏阳绿色食品产业智能制造标杆。

【浏阳预制菜产业】 预制菜也叫半成品菜，它是指已经在工厂洗好、切好、搭配好，甚至已经做好的菜式，采取冷冻或真空包装保存，消费者购买回来后，只需要加热，或者通过配好的料包，进行简单的烹饪，短时间内就能做出来的菜品。预制菜产业一头连着种植业、养殖业，另一头连着餐饮业供给和市民日常餐饮消费，是典型的三产融合发展的产业。浏阳将预制菜产业并入绿色食品产业链，支持打造涵盖种植养殖、生产、冷链、仓储、营销、进出口以及装备生产等环节的预制菜产业链，截至2022年，全市拥有预制菜生产企业84家，2022年产值达161.8亿元。位于省农业科技园的湖南新聪厨食品有限公司是湘味预制菜代表企业，入选《2022年中国预制菜品牌百强榜》前三，2022年产值3.5亿元，其中，梅菜扣肉、湘西外婆菜两个产品实现销售双过亿元。

（袁利平）

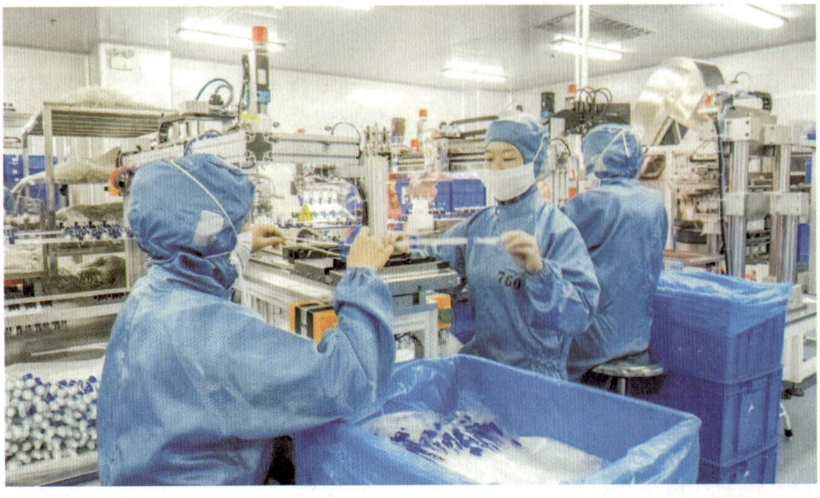

贝恩医疗生产线 （市工业和信息化局 供图）

智能装备产业

【智能装备产业链概况】 浏阳市智能装备产业链上游包括机械零部件、电气元器件、塑料和金属制品等基础产品以及高性能基础部件、关键零部件、精密仪器仪表、工业自动化控制系统等基础产业，中游包括智能数控机床、智能工程机械、专业领域自动化设备等产业，下游向工程机械制造、电气设备自动化、汽车及零部件制造、消费类电子产品、仓储物流智能设备等方面进行应用转化。培育以华恒机器人、宇环数控、启泰传感、豪恩声学、佳能泵业、五新重工为代表的智能装备制造企业，形成精密传感器、工业机器人、智能数控机床、高端声学产品、花炮制造自动化、高扬尘矿山流体输送水泵、港口装卸机器人、电网配电自动化等多个产业集群。全市智能装备产业链规上企业共有38家，其中上市企业1家。2022年，智能装备产业链实现规模工业产值66.5亿元，同比增长6.8%。

【宇环数控获评国家级专精特新“小巨人”企业】 2022年8月，第四批国家级专精特新“小巨人”企业名单公示，宇环数控机床股份有限公司入选国家级专精特新“小巨人”企业名单。宇环数控作为一家专注从事数控磨削设备及智能装备研发生产及销售的上市企业，司数控端面磨床解决国外高端设备卡脖子问题，实现国产化替代；磁流抛光机床解决了3D复杂型面精密抛光一致性成型技术难题，整体技术国际领先，并入选“湖南省制造业技术创新十大标志性成果”；五轴联动多面磨削抛光智能化生产线，实现多工位、多工序精密3D仿形抛光无人化生产，代表当前全球消费电子领域核心精密件加工最前沿工艺。8月8日，“宇环数控”品牌获湖南省商标品牌协会公布的“2022年第一批湖南省知名品牌”荣誉称号。2022年11月11—13日，该企业携YH2M8590数控多工位抛光机智能化生产线和齿轮双端面加工智能化生产线两条“智能制造”产线亮相由中国内燃机工业协会主办的2022中国国际内燃机及动力装备博览会。

【松诺盟科技有限公司一项目获湖南省先进技术转化应用大赛一等奖】 2022年12月6日，湖南军民融合公共服务平台发布《关于表彰2022年湖南省先进技术转化应用大赛获奖单位的通报》，浏阳市松诺盟科技有限公司的“高性能纳米薄膜金属基传感器产业化”项目获省委军民融合办、省科学技术厅、省工业和信息化厅、省财政厅、省工商联共同举办的2022年湖南省先进技术转化应用大赛一等奖。该公司是一家拥有多项传感器核心技术，致力于研发、生产与销售国产高性能纳米薄膜传感器的国家高新技术企业。公司成立于2018年8月，总部位于浏阳经开区。公司产品涵盖压力传感器、智能压力变送器、扭矩传感器、力传感器、液位变送器、温度传感器及其相关精密仪器仪表，且业务正不断向智慧消防、智慧水务、智慧桥隧等智慧物联拓展。产品广泛应用于工业过程测控、国防装备、机器人、冶金、石油化工、工程机械等领域及水电、火电、核电、氢能等能源行业，已为多家知名企业成功解决核心传感器国产化替代难题。

（袁利平）

电力工业

【概况】 2022年，国网浏阳市供电公司累计完成售电量77.46亿千瓦时，同比增长16.96%。其中大工业用电占比56.43%，居民生活用电占比21.71%，一般工商业占比14.62%，趸售电量占比6.51%，农业生产用电占比0.73%。全市用电量前十位的客户电量占比46.83%。全市电网最大负荷133.12万千瓦，同比增长14.55%。被授予2022届“湖南省文明标兵单位”称号，获2022年省公司同业对标排名第一，被国网公司、省公司分别评为“安全生产先进集体”，获评市公司“先进集体”。

【电力安全生产】 2022年，国网浏阳市供电公司完成中共二十大、“焰遇浏阳河”大型沉浸式烟火秀、跨年烟火嘉年华活动、首届文旅发展大会、防疫保电等80次重大保电任务，实现负荷十创历史新高下电网安全运行和电力稳定供应。成功应对“2·22”特大暴雪灾害，迅速恢复113条10千伏线路、16万用户供电，通过应急项目完成受灾设备重建。联合浏阳市政府出台《关于开展电力线路通道“砍青扫障”工作的通知》和《浏阳市电力设施保护联防联控工作方案》，政企合力开展“砍青扫障”百日攻坚，治理树、竹隐患33122处，有效防控涉电山火。深化配电自动化系统应用，规范配电线路接地处置流程，精准锁定故障，节约年度25%停电时户数。

【电网发展】 2022年，主配网共计完成投资8.4亿元。潇浏Ⅰ、Ⅱ线，云浏线，平浏线四回超高压线路及500千伏浏阳变3号主变相继竣工投产，主网供电能力提升至200万千瓦。110千伏水佳、35千伏小河、柏加、东门、七宝山等输变电新建或改扩建工程有序建设，其中水佳输变电新建工程实现全省首例交地即拿证。大瑶220千伏新建工程将变电站建设用地与周边土地集约利用并综合开发，大幅降低征拆场平费用，确保工程按期推进。积极推动县域目标网架规划修编，重点解决浏阳经开区、梅田、古岭自供区资产接收后的配网设备提质改造。完成经开区11条10千伏线路改造、54个行政村配电网改造、286台配电变压器能效提升。针对年初的雪灾影响，对17回E2覆冰区线路进行“抗冰雪提质改造”。投资1016万元完成12个扶贫村及革命烈士故居的电网改造。浏阳配电网10千伏线路互联率达到90.95%、N-1通过率达到66.3%，配网供电能力得到较大提升。

【提质增效】 2022年，国网浏阳市供电公司推进分布式新能源、充电

2022 年 3 月 10 日，国网浏阳市供电公司在秋收起义文家市会师纪念馆举行“红色护卫·电雷锋在行动”启动仪式 （曾 舸 摄影）

2022 年 9 月 22 日，国网浏阳市供电公司邀请 21 名市民代表走近浏阳电网，开启“电”亮璀璨浏阳——2022 年浏阳电力科普之旅 （曾 舸 摄影）

桩建设重点项目，完成浏阳经开区博大科工股份有限公司、镇头环保科技园等 15 兆瓦光伏项目签约运营。属地完成省电动投资充换电基础设施建设充电桩 45 座，充电量 155 万千瓦时。投资 265 万元与产业平台合作打造充电桩合作新模式试点项目，建设金盛园充电站、高新区公租房充电站共计 15 桩。助力实施乡村电气化，挂牌全省首家省级农业园区低碳服务中心，实施项目 4 兆瓦，金额 1600 余万元。联合浏阳市节能办连续出台三份节能项目建设刚性政策文件，推进电能替代在市域公共机构落地实施。全面开展能效服务走访工作，组建综合能效服务柔性团队“上门”服务，完成 1200 余户能效账单解读。

【供电服务】 2022 年，国网浏阳市供电公司参与开展“千人联千企”行动，有效解决 80 余家企业用户诉求 152 条。通过绿色通道资金 1492 万元解决长沙市重点项目雅仕林、金阳智中心、威尔宝等企业用电难题。“三零”“三省”（低压小微企业用电报装“三零”服务，即“零上门、零审批、零投资”；高压用户用电报装“三省”服务，即“省力、省时、省钱”）服务为用户累计节约办电成本 1480.22 万元。开辟抗旱接电绿色通道，实行“日报装、日送电”，累计新装抗旱表计 4013 块，解决镇头、柏加花木基地约 1400 亩苗木、农田的抗旱灌溉问题，获属地党委、政府好评。共计完成 67 个防疫卡点的临时接电任务，平均送电时常不超过 2 小时。加强属地服务渠道，及时响应客户诉求，实现投诉量同比下降 22%，抢修评价满意度提升至 97.92%。

（李凤姣）

浏阳经开区　　　　（浏阳经开区　供图）

开发区与园区建设

浏阳经开区

【概况】 2022年，浏阳经济技术开发区完成技工贸总收入1410亿元，同比增长10.2%；完成规模工业总产值1043亿元，同比增长8.9%；实现规模工业增加值同比增长7.7%；完成固定资产投资526亿元，同比增长9.2%；完成税收收入89.27亿元，同比增长12.7%。园区综合发展水平在全国国家级经开区排名中跃升至第57位，获评国家级水效领跑者园区、湖南省生物医药特色产业集群培育对象核心承载园区，打造耕地保护样板工程获省政府综合大督查通报表扬，推动"双创"政策落地获省政府真抓实干督查激励，项目建设等6项工作获长沙市政府真抓实干督查激励。

【招商引资】 2022年，浏阳经开区招大引强持续突破，全年共引进产业项目79个，合同引资360.7亿元。其中，引进100亿级项目2个、50亿级项目1个、5亿~30亿元项目9个、"三类500强"项目2个。引进投资108亿元的光伏电池项目，将建设湖南最大光伏产业生产基地，填补全省行业空白；华域视觉将建设全球最大的光学基地；渤海银行为园区企业提供100亿元规模的金融护航。培育打造优质企业矩阵，全年新增规上企业80家、长沙市智能制造试点企业28家，高新技术企业总数达274家；新增国家级专精特新"小巨人"企业10家、省级24家；蓝思科技入选中国智能制造50强，盐津铺子获评国家智能制造示范工厂；4家企业获评省级智能制造标杆企业（车间）。

【项目建设】 2022年，浏阳经开区全年铺排项目257个，其中104个项目纳入长沙市级重大项目投资计划，完成投资370.5亿元，占全年计划131%，在长沙园区中位列第一。全年34个产业项目竣工投产，其中惠科光电13条产线全面点亮，雅士林一期、九典制剂、博大科工等项目建成投产，医疗器械产业园部分建成运营，签约企业33家。九典制剂项目在长沙市年度重大项目集中观摩中获国家级园区第一。要素保障更加有力，新增城镇建设用地3200余亩，批准使用林地面积1590亩，完成征地3380亩，实现盐津铺子三期等20个项目征拆清零。

【转型升级】 2022年，浏阳经开区全年完成规上企业研发经费投入44.7亿元，同比增长13.5%。新增省级科研平台21家、长沙市级3家。全年发明专利授权198件，同比增长44.5%，全年完成技术合同登记金额32.3亿元，同比增长160%。惠科光电成长为百亿企业，"大尺寸超高清显示屏技术"获评工信部创新案例，入选省十大技术攻关项目；天地恒一获批国家知识产权示范企业，8家企业授牌建立长沙保护知识产权驻企业工作站。盘活低效闲置企业10家，处置低效用地1165亩，处置率在长沙园区中排名第一，获省自然资源厅通报表扬。

【助企纾困】 2022年，浏阳经开区"企业服务提升年"活动成效显著，创新出台"三员"联企制度，安排460名干部联系530家企业，实现点对点精准服务全覆盖。全年共收集企业各类问题456个，办结率近100%；围绕企业关切的融资、科创、招工等领域开展"双十"活动30余场，切实增强企业获得感。强化惠企政策落实，全年兑现惠企资金10.1亿元，企业退税11.9亿元，中小微企业缓减税5.9亿元。加快企业上市步伐，成立湖南省首个促企上市博士站，设立小微企业金融服务站，32家企业入选省上市后备库，安邦制药在新三板挂牌，明瑞制药在省证监局报辅。

【营商环境】 2022年，浏阳经开区加快提升政务服务效能，出台"放管服"改革措施20条，324项政务服务实现"简单事项1小时内即办、一般事项1天内快办、复杂事项1周内速办、疑难事项1月内结办"，竣工即办证和企业职工入职医保业务入选长沙市"一件事一次办"优秀改革案例。统筹推进建设项目极简审批"四即"改革，工程建设总流程审批时限缩减5个工作日。全面推动国务院安全生产工作"十五条"硬措施落实落地，安全生产和消防工作获评全省唯一优秀园区和长沙市先进单位。

【新城建设】 2022年，浏阳经开区按照"一年打基础、三年见成效、五年成规模"工作要求，以"四个十大"项目为抓手，全面加快金阳新城建设。强化规划引领，高质量编制规划体系，战略规划、国土空间规划、中心片区控规通过长沙市规委会审批，"三区三线"划定通过自然资源

2022年2月17日，省委常委、长沙市委书记吴桂英（中）到浏阳经开区调研产业发展和项目建设情况

（浏阳经开区办公室 供图）

2022年8月11日，浏阳经济技术开发区管理委员会 华域视觉科技（长沙）有限公司光学基地签约仪式

（浏阳经开区办公室 供图）

部审核，完成中心片区整体城市设计方案。金阳大道全线贯通，长浏快线获得批复，金城大道提质、洞阳路、北盛大道等主干路网启动建设。湖南电子科技职院一期、湘麓医专建成开学，金阳二水厂完成扩建，紫星广场商务区一期全面建成。金阳医院启动主体施工，金阳高中教学楼主体封顶，2022年9月正式开学，金阳人才公寓建设推进中，城市品质不断提升。

（何 睦）

浏阳市省级农业科技园区

【概况】 2022年2月10日，根据中共浏阳市委机构编制委员会文件，撤销浏阳市两型产业园管理委员会，园区组建成立中共浏阳市省级农业科技园区工作委员会和浏阳市省级农业科技园区管理委员会。浏阳市省级农业科技园，对标省级园区创建标准，各项主要经济指标均实现预期目标，获评湖南省科技企业孵化器、长沙市级创业孵化基地。全年完成地区生产总值165亿元，同比增长8%；规模工业产值110.55亿元，同比增长15%；地方一般公共预算收入1.33亿元，同比增长23.2%；实现固定资产投资28.91亿元，同比增长15.64%；社会消费品零售总额5000万元，同比增长25%。致力打造乡村振兴新样板，引导食品深加工企业本地建设原材料生产基地3万余亩，解决600余户农民就业问题，为合作社、农户年创收4000余万元，实现产业内循环和乡村振兴双促进。立足湘赣边区域合作示范建设，为2000余名湘赣边劳动力提供就业岗位实现增收。总面积2.72万平方米、总容量5.8万吨的湘赣边冷链物流枢纽中心建成运营，为湘赣边企业提供配套服务。与江西省上栗工业园签订《战略合作框架协议》。绿色食品产业链总产值达133亿元，同比增长16%；高新技术产业链总产值达25亿元，同比增长14%。制作《聚力营商 赢在浏阳——顶"浏"话营商》视频，让企业家代言传递园区发展最强音。万洋众创城项目实现摘牌即动工，摘牌后2个月取得不动产权证书，3个月建成营销中心。盐津铺子、大吉、欧泰等16个产业项目投产达效。引导企业申报研发奖补、智能制造等项目，争取上级资金500万元。5家企业升规，8家企业申报高新技术企业，2家企业入选湖南省专精特新"小巨人"企业。实施"订单式"人才培育计划，结合企业人才需求，培养叉车、电工、电商等岗位人才800余名。征拆加速清零，年内推动6个项目用地清零，新征土地337亩、房屋拆迁15户，为项目落地提速保驾护航。组织完成30个项目招投标，67个项目及零星工程完成建设。引进项目11个，其中"三类500强"项目1个（万洋众创城），到位资金19.43亿元，同比增长35%。储备"民营500强"精工钢构等项目10个。"腾笼换鸟"项目4个，激活发展新动能。2022年2月26日，自然资源部开发利用司司长郑凌志一行到浏阳市省级农业科技园区，就土地集约节约等情况进行专题考察调研，调研组一行先后走进德康慧眼工业园、湖南加盛安全食品产业中心、湖南高朗烈酒酿造基地、聪厨等企业查看土地集约节约利用情况。

2022年，园区开展安全生产"双百行动"专项整治工作，邀请第三方机构对园区企业进行"专家会诊"，提出一企一案，对照整改隐患1077条，确保辖区生产安全形势稳定。执法立案3宗，强化压实企业安全生产主体责任。组织召开加盛食安中心消防安全整改推进会，助推企业消防安全整改验收。开展环境保护执法监督检查305家次，下发交办函、监察文书67份。投资800万元，实现火把岭污水处理厂扩容升级，处理能力成倍提升。完成东区污水处理厂建设前期工作。对加盛食安中心及广宇路、紫荆路等6个路段排水管网进行改造，做好雨污分流，严防偷排漏排。智慧环保监管体系提质扩面，实现24小时全方位在线监测。协同市委政法委、市法院、市检察院、市公安局、市信访局等相关部门，组织召开案情通报会、沟通见面会，妥善处理湘嘴巴食品、杰龙科莱达等涉访涉诉难题。

【园区加快国企市场化转型】 2022年，浏阳市省级农业科技园区推进国企改革三年行动计划，积极探索浏阳市广宇建设投资开发有限公司（广建投）市场化转型道路，进一步完善组织架构，建立现代企业制度，明晰"三会一层"（股东大会、董事会、监事会和高级管理层组成的决策体系）权责边界和议事规则，促进公司运营管理规范化、科学化。成立专班、制定方案、定期调度，狠抓巡察问题整改，推动32个问题完成整改,整改落实率91.42%。加强资产运营。围绕市场化转型,"三资"经营取得较大突破。全年实现主营业务收入1521.71万元。完成富岭水库、化工厂股权等资产的收购和接收,资产规模增至83.5亿元。严控债务风险。在实现AA主体信用评级的基础上,积极开展融资化债,通过置换、优化债务等方式,全年融资到位11.028亿元,争资2.9亿元,融资平均利率从2021年的6.2%降至4.65%,大幅降低融资成本。同时,根据资金需求储备2023年企业债项目8亿元,确保债务风险可控,实现统筹有序发展。

【王雄文到园区调研】 2022年2月24日,浏阳市委副书记、市长王雄文率队到浏阳市省级农业科技园。王雄文一行先后走进德康慧眼工业园、浏阳高朗烈酒酿造有限公司、火把岭污水处理厂,实地察看项目建设进展。王雄文充分肯定园区的发展来势,并就下阶段工作提出六点要求。要提升园区规划,立足长远,按照新的发展要求,制定与之相匹配的园区规划,推动园区向现代化迈进;要聚焦主特产业,引进上下游产业、关联产业、配套产业,形成集聚效应;要加大招引力度,着力引进一批好项目、大项目,增强经济发展后劲;要清理闲置土地,多措并举盘活闲置土地,推进低效利用建设用地二次开发;要加大政策支持力度,园区要加大对项目的政策支持力度,激发以商招商的磁场效应,其他部门也要给予园区更多帮助和政策支持;要彰显更大贡献,立足全局、脚踏实地、加倍努力,为浏阳经济社会高质量发展做出更大贡献。浏阳市委常委、副市长李翔参加调研。

【园区2家企业入选2022年湖南省专精特新"小巨人"企业】 2022年5月5日,湖南省工信厅发布《关于2022年新培育的湖南省专精特新"小巨人"企业拟定名单的公示》,浏阳市省级农业科技园区有湖南湘典食品有限公司、湖南飘香食品有限公司2家企业在名单之列。一直以来,园区为充分挖潜小巨人后备企业,园区针对性地开展精准培育,实时跟踪企业在成长性、技术创新、市场占有、品牌创建等方面的情况,提供"点对点"个性化服务,力争培育更多"专精特新"小巨人企业。截至2022年5月,园区已培育湖南省、长沙市专精特新"小巨人"企业共14家。

【湘赣边冷链物流枢纽中心正式揭牌】 2022年9月13日,在浏阳市省级农业科技园食品南路,湘赣边冷链物流枢纽中心正式揭牌。2021年,浏阳中节科技投资有限公司积极响应国家"加强冷链物流体系建设"号召,筹资启动建设特大型冷库,冷库建筑总面积2.72万平方米,共有4层楼,拥有12个低温库(零下15℃至零下18℃),4个高温库(0℃~5℃),容积13.28万立方米,总容量约5.8万吨。该冷库可承接湘赣边区域内食品生产企业、医药研发与生产企业的原材料与成品的冷冻冷藏仓储及冷链物流业务。

【浏阳市省级农业科技园与上栗工业园签订战略合作框架协议】 2022年12月16日,浏阳市省级农业科技园与江西省上栗工业园签订战略合作框架协议。双方就产业协作、招商同向平台共享、基础互连等领域合作进行一系列洽谈,就规划"一盘棋"、招商"一盘棋"、平台建设"一盘棋"、交通路网"一盘棋"等多领域方面达成一致,双方努力向打造跨省区域合作示范区、开放型经济体制机制创新区、区域发展重要增长极的目标共同发力。

【打造绿色低碳园区】 2022年,浏阳市省级农业科技园区围绕打造绿色低碳园区多措并举。提升治污能力。实施污水处理提质增效工程,完成广宇路等6个路段和加盛产业园内管网改造、污水处理厂扩容升级,实现雨污分流。安装新管道2千米,疏通雨水口22座,污水处理厂处理规模由4000吨/天提高至8000吨/天。创新监管方式。投资250余万元建成智慧环保平台,实时监控企业排污情况,及时发现环境风险隐患,精准追溯环境违法行为。截至2022年年末,共安装监控设备99台,实现24小时全方位在线监测。强化执法整治。围绕企业手续办理、污染防治设施运行、环境管理等方面,联合开展环境监管专项执法行动,对园区企业进行隐患排查,严厉处置各类环境违法行为。检查企业130余家次,排查环保隐患20处,下发整改文书15份。

【园区招商引资工作】 2022年,浏阳市省级农业科技园区盘活存量拓空间。整理编纂《存量资产手册》,依据到园企业客商差异化需求推荐不同地块,通过资产转让、投资收购、法拍收回等方式盘活存量资产。如上海戎科特种装备项目通过收购园区惠农生物闲置资产落户园区,投产后年税收可达1000万元。聚焦重点注重培育壮大园区企业,支持浏水坊食品项目将省内三个基地合并迁入园区;严把项目用地关,出台《标准厂房项目入园实施办法》,加强标准厂房项目准入指导和服务,切实提高集约节约用地水平,全力破解园区企业体量较小、项目用地瓶颈等难题。健全项目机制,每个项目均成立"项目促建小组",通过"一个项目、一套方案、一套专班"机制助推项目落地开工,如促推万洋众创城项目摘牌即动工,3个月内建成营销中心。

(徐　开)

浏阳市文化产业园

【概况】 2022年,浏阳市文化产业园以推动县域经济高质量发展为核心,以建设特色文化产业集群为重点,在"强省会"战略中找准坐标,把准定位,统筹疫情防控与经济发展,克服机构编制调整、人员配置不齐等困难,完成各项工作任务。全年新引进创意烟花、动漫游戏、直播带货、"非遗"文创、创意设计等文创项目20个;深耕"一起来唱浏阳河"品牌,深挖文化赋能乡村振兴潜力,举办2022年首届浏阳市文化创意设计大赛，深植创意点亮城市消费，启动“我在浏阳说爱你”城市品牌形象推广工作；践行24℃精准服务，攻破发展重点难题，培育创业成长生态。文化产业融入城市发展，有效助推浏阳县域经济高质量发展，园区文化产业发展成果被央视新闻聚焦报道。

【非遗文化体验活动被《新闻联播》报道】 2022年1月25日，文化产业园策划开展“萌娃闹新春·非遗过大年”非遗文化体验活动，邀请20余户亲子家庭走进夏布文创中心，进行剪纸、缝香包、写春联等传统非遗活动，让孩子们体验传统文化，感受浓浓年味，2月3日晚央视《新闻联播》对此进行报道。

【创意烟花牵手网易爆款手游】 2022年，市文化产业园推动与网易（杭州）网络有限公司的创意烟花产业焕新项目战略合作，携手从网易游戏板块入手开启“火种计划”，通过创意烟花与网易爆款手游《倩女幽魂》跨界融合，从破次元、新文创角度打造“烟花×游戏”的衍生价值链，推动烟花产业创意化、数字化焕新发展。2022年2月15日元宵节，文化产业园与网易合作拍摄的“火种计划”推广片《浏阳志·烟花纪》正式亮相，《倩女幽魂》手游同步上线烟花大会，9000多万游戏玩家可在线体验浏阳烟花魅力。

【“以新礼·致心意”婚礼文创消费展举行】 2022年2月22日，市文化产业园组织园区部分文创品牌开展“以新礼·致心意”婚礼文创消费主题活动，推出夏布、菊花石等婚庆系列产品，创意婚礼文创消费新场景，拓展婚庆文创礼品市场，40多对新人现场进行活字印刷婚书等手工体验。

【首届浏阳市文化创意设计大赛】 2022年4月11日至6月24日，2022年首届浏阳市文化创意设计大赛举行。大赛旨在围绕乡村振兴，立足浏阳特色，推动产业发展，共设置3个类别共56个奖项，最高奖1万元。大赛为期三个多月，通过需求征集、线下采风、作品初选、大赛决赛等环节，共吸引全国20个省份62所高校717支团队及个人报名，收到443个有效作品，达成产品转化项目8个，促推文创新消费1500多万元，创意设计赋能乡村振兴的实践被人民网、新华社、《长沙晚报》等媒体点赞。

【“我在浏阳说爱你”城市品牌形象推广工作】 2022年6月24日，“我在浏阳说爱你”城市表白季活动启动，配套以“我在浏阳说爱你”主题烟花、“你好浏阳”巨幅城市表白画和短视频等多种方式，掀起线上线下全媒联动、全民参与的热潮。2022年，浏阳创新启动“我在浏阳说爱你”城市品牌形象推广工作，以“我在浏阳说爱你”为城市品牌话题，积极探索以创意点亮城市消费的实践路径，促进文化产业繁荣发展，助力浏阳打造“世界表白之都”。截至2022年年末，已先后在大围山、天空剧院、老火车站等地，举办焰火表演、创新赛事、直播宣传、人才交流、全城表白等活动十余场。

【第十届浏阳河音乐节】 2022年12月31日至2023年1月1日，文化产业园创新策划的第十届浏阳河音乐节以“我在浏阳说爱你”为主题，在浏阳河“一河两岸”、天空剧院、浏阳河广场等地开展快手官方PICK秀、城市交互艺术秀、河畔嘉年华、青年人才联谊交流、非遗文创展等活动，重点推动“浏阳河”“浏阳烟花”两大IP跨界联动，进一步提质文化产品，激活文化消费，引发广泛关注。

（李荣珍）

【浏阳文化产业发展成果被央视聚焦】 2022年6月下旬，市文化产业园举行“智慧浏阳河”文化创意集市、“一起来唱浏阳”品牌传唱活动等，园区菊花石、夏布、蒸菜、豆豉、炭雕等十余个非遗文创品牌参加。浏阳文化产业特别是创意烟花产业发展成果集体亮相，6月22日获央视新闻频道、央视新闻客户端、中国之声《走进县城看发展》栏目50分钟直播报道。

【园区两企业入选长沙市文化产业“四雁引领”白名单】 2022年11月19日，长沙市委宣传部发布长沙市文化产业“四雁引领”（“头雁、新雁、海雁、雁阵）白名单拟入选企业/基地名单，园区湖南孝文电子科技有限公司、湖南花火剧团有限公司两家企业入选。孝文科技专注于无火药智能喷花机及相关高端舞台特效产品的研发创新，积极拓展海外市场，2022年出口额占全年营收87%，获评“海雁企业”。花火剧团始终坚持文化创意与科技创新并举，以丰富的文本设计、特色的内容创意和数字化的表现形式引领传统烟花转型升级，推出“焰遇”沉浸式焰火秀品牌，不断更新烟花产业的发展路径和发展模式，入选“新雁企业”。

（伍宣霖）

中国花炮文化博物馆　　（大瑶镇　供图）

鞭炮烟花业

综 述

【概况】 浏阳市是全球烟花爆竹生产贸易基地、科研中心和国家命名的“中国烟花之乡”，布局烟花爆竹产业链全局，形成集机械制造、原材料供应、生产经营、科研设计、包装印刷、仓储物流、焰火燃放、文化创意为一体的产业集群。浏阳市烟花爆竹产业链以化工原材料、纸业包装、花炮机械设备等上游产业为基础，以烟花爆竹的科研设计、生产经营为中流砥柱，依托物流运输、仓储堆场、焰火文创及燃放等下游产业形成产业链闭环。由于烟花爆竹产业安全生产的特殊性，国家烟花爆竹产品质量检测中心等质检平台、浏阳市烟花爆竹总会等行业技术协会、花炮技术教育培训服务机构也成为重要的补链、延链环节。全市烟花爆竹产业链规上企业共有356家，其中上市企业1家。2022年，全市花炮产业集群实现规模工业总产值301.5亿元，同比增长15.3%。2022年，全市烟花爆竹产业集群实现总产值301.5亿元，同比增长15.3%。其中，出口销售额61.6亿元，同比增长84.9%；国内销售额174.6亿元，同比增长1.7%；原辅材料及相关产业实现65.3亿元，同比增长15.6%。内销和出口分别占全国市场58%、68%，内销市场遍及全国31个省(自治区、直辖市)，出口市场遍及美洲、欧洲、东南亚等100多个国家和地区。全市有烟花爆竹生产企业442家(生产场所658个)，占全省56.4%；另有经营(批发)公司506家、门店147家，物流仓储基地3家(华洋、景美、速福)，包装、印刷、机械生产等相关企业400余家，甲、乙、丙三级燃放企业49家，其中甲级资质企业9家，乙级企业24家，丙级企业16家。截至2022年，共有77家公司获得高新技术企业认定。每年吸纳从业人员约30万人，年均发放社会工资100多亿元。

【市场开拓】 2022年，组织600余家企业参加山东、江西等12个省烟花爆竹订货会，获订单约110亿元。主办以“湘黔携手 合作共赢”为主题的贵州订货会，邀请31家企业共布展53个专台，展现浏阳品牌魅力，提高浏阳花炮的市场占有量。加强省外烟花爆竹管理部门及行业协会的联系沟通与对接，全年共计接待江西、安徽、浙江、贵州等省外烟花爆竹管理职能部门及行业协会20余次，共同研讨产业发展方向、市场环境等产业问题。

【宣传推广】 2022年，对接中央电视台、人民网、《湖南日报》等中央、省、市媒体宣传报道浏阳花炮产业发展情况400余次。1月15日，中央电视台新闻频道《新闻直播间》栏目，以《不一样的烟火 花炮之乡如何“上新”》为题报道浏阳花炮转型升级、创新发展情况，展示浏阳花炮行业在生产机械化、焰火燃放艺术化、安全生产监管智能化、企业科研创新等方面取得的成效；2月24日，《新华每日电讯》刊发《冬奥焰火，是“天空魔法师”制造的“中式浪漫”》，《经济日报》刊发《东信夜放花千树》；3月17日，《湖南日报》头版刊发《浏阳烟花惊艳“双奥之城”》，报道浏阳烟花创新研发、发展情况。《浏阳日报》持续办好《花炮周刊》，通过深度分析行业现象，解读产业政策风向，适时监控行业动态，为花炮产销企业提供帮助，推动花炮产业健康发展。深度策划《花开时节》《浏阳花炮 “开新花”》《浏阳花炮奔赴更加美好的未来》《千年产业 逆袭绽放》等系列报道，为浏阳花炮转型升级鼓与呼。视频号、抖音等短视频矩阵开设《精彩浏阳烟花》《浏阳花炮》等专辑，播放量超过21.1亿次。同时，从3月7日起，市鞭炮烟花产业发展中心联合市市场监管局、市应急管理局开展烟花爆竹质量专项整治行动；3月9日，《浏阳日报》进行《专项整治花炮“假大空”》专题报道，引导行业、企业要把好烟花爆竹产品质量关，推进花炮产业健康有序发展。6月20日，组织对《浏阳市烟花爆竹总会关于黑火药质量抽查检测结果》进行公示，强化行业自律，从源头上打击非法违法生产经营行为，保障烟花爆竹产品质量与安全。市公安局严格落实危爆物品安全可控措施，确保烟花爆竹道路运输许可审批快捷、运输安全、燃放有序，严厉打击查处非法运输、非法储存、非法生产、违规燃放等行为。市应急局引导企业强化安全管理，对烟花爆竹企业“三超一改”等顽瘴痼疾典型案件进行通报，警醒企业，形成震慑。

2022年3月24日，“湖南商品走进中东线上博览会”第四场线上产业推介会——2022浏阳烟花产业线上推介会

（市鞭炮烟花产业发展中心 供图）

【2022浏阳烟花产业线上推介会展播】 2022年3月24日，“湖南商品走进中东线上博览会”第四场线上产业推介会上，2022浏阳烟花产业线上推介会在企业国际化经营服务

平台上展播，湖南日报报业集团“湘报严选”电商平台、新湖南云快手号、华声在线新闻网同步直播。市鞭炮烟花产业发展中心主任汤建军，市军胜贸易有限公司总经理、烟花高级工艺美术师韦敏，熊猫金控股份有限公司总经理宋玉红，东信烟花集团有限公司总经理钟娟在直播间，就主持人与网友们对浏阳烟花产业的提问和留言进行交流分享。

【浏阳市推进清廉烟花爆竹行业建设动员会召开】 2022年6月11日，浏阳市召开推进清廉烟花爆竹行业建设动员会，全市烟花爆竹行业共同承诺：培育建设“市场主体清朗、从业人员清廉、行业风清气正、政治生态清明”的行业清廉文化。会议指出，清廉行业建设对于促进烟花爆竹产业高质量安全发展、推动行业党建走在前、做表率具有重要意义。

【2022年省外烟花爆竹备案供货工作】 2022年8月1日晚，以“湘黔携手，合作共赢”为主题，由贵州省烟花爆竹流通协会和浏阳市人民政府共同举办的浏阳—贵州烟花爆竹产销合作主题年活动在贵州省贵阳市开幕。7~9月，市鞭炮烟花产业发展中心组织420余家次企业参加山东、江西、广东、福建、贵州、安徽6省2022年度烟花爆竹订货会，召集180家次企业赴展，获订单约110亿元。

【鞭炮烟花业存在的困难与问题】 高层次人才欠缺。截至2022年年末，浏阳市具有烟花爆竹中级及以上技术职称的人员1000多人，平均每家企业不足2人；花炮产业属于具有危险劳动密集型产业，员工待遇、工作环境等相较于其他行业没有明显优势，高层次技术人才招不来、留不住，特别是年轻人不愿意从事该行业；浏阳本土熟练掌握传统技艺的工匠外流，专业人才培养和引进力度不够，缺乏具有工匠精神的高级技能人才和具有互联网思维的业务人员；作为“花炮之乡”的浏阳缺乏花炮专业科研院校，创新型人才培养机制不健全。知识产权保护机制缺乏。行业缺乏健全的知识产权保护机制，花炮产业的研究成果容易被模仿复制，一定程度上影响企业的科研投入，产业科研经费在总产值中的占比非常低；行业协会缺乏新材料、新技术统一推广机制，制约研发成果的推广应用。市场秩序不稳定。浏阳范围内的烟花爆竹产品“假大空”现象得到较好遏制，但由于市场有需求，其他产地仍存在大批量违规生产情况，当地企业通过采取低价倾销、超规格等手段进行恶性竞争，破坏市场秩序；在激烈竞争甚至无序竞争的市场面前，一些花炮生产企业为节约生产成本，有意降低原材料使用标准，以低价购进低质原材料进行生产；生产企业超标非标、架空产品等违法违规行为，严重影响产品质量安全。

（石慧琼　张思佳　邱思维）

政策调控

【概况】 2022年，浏阳市出台《浏阳市烟花爆竹产业高质量安全发展三年行动计划（2022—2024年）》（浏发〔2022〕14号）、《浏阳市打造“世界花炮之都”十条激励政策》（浏办发〔2022〕14号），为烟花爆竹产业锚定智能化、绿色化、安全化、标准化方向，推动构建现代化产业体系，实现烟花爆竹产业高质量安全发展；编制政策解读文件，通过官网和《浏阳日报》宣传、政策汇编、上户宣讲等方式激活政策红利；10月31日，在《浏阳市烟花爆竹企业分类管理实施办法（2019年度）》文件的基础上，颁布实施新的《浏阳市烟花爆竹企业分类管理办法》，推动企业上规模、塑品牌、增效能、保安全；动态更新“银企财园通”项目，帮助企业解决融资难题，全年贷款余额1450万元，97家企业纳入融资支持范围。协助中洲烟花、花火剧团等企业申报“设备更新改造再贷款”项目，助力企业做优做强。

【出台《浏阳市烟花爆竹产业高质量安全发展三年行动计划（2022—2024年）》和《浏阳市打造“世界花炮之都”十条激励政策》】 2022年5月31日，浏阳市出台《浏阳市烟花爆竹产业高质量安全发展三年行动计划（2022—2024年）》，致力于打造世界烟花之都，丰富文旅消费新业态，打造烟花文旅IP。到2024年，烟花爆竹全产业链总产值增至500亿元，国内市场占有率超过70%、国际市场占有率超过80%，培育10个年产值超5亿元的规模企业和企业集团，培育50家文化创意型烟花企业，全市创意烟花产业总产值达200亿元，培育10家具有品牌影响力的文旅焰火燃放企业，不断提升自主品牌的竞争力和影响力。《三年行动计划》实施七大工程，为浏阳烟花爆竹产业增添发展动能。规划引领工程，结合浏阳花炮全产业链条的优势，完善产业的空间布局，重点建设“一带三区”，以“一带三区”为枢纽，以浏阳为内核产生虹吸效应，构建设施联通、交易畅通、资金融通、产业互通的全球烟花爆竹产业种树。文化赋能工程，加强文旅融合，支持“传统烟花爆竹制作技艺+旅游”模式在乡村旅游景点落地，同时推广烟花小屋销售模式，建立焰火文旅项目，打造文旅烟花消费新模式。除此之外还有安全提质工程、市场拓展工程、品质提升工程个、技术革新工程、要素保障工程等。《三大行动计划》涵盖烟花爆竹产业从生产端到销售端全方面发展规划，“全链条”助推产业发展。“十条激励政策”包括标准建设奖、标杆企业奖、科技兴安奖、市场拓展奖、创新创意奖、文旅融合奖、领军人物奖、人才培育奖、转型升级奖、经济贡献奖。

（石慧琼　张思佳　邱思维）

质量建设

【烟花爆竹质量监管】 2022年3月，由市鞭炮烟花产业发展中心牵头联合市市场监督管理局、市应急管理局、湖南省烟花爆竹产品安全质量检验中心组成联合执法队，对全市烟花爆竹生产企业、原材料生产经营企业进行安全质量检查；5月，联同市应急管理局、市市场监督管理局、湖南省烟花爆竹产品安全质量检验中心、市烟花爆竹总会开展黑火药产品质量检查行动，抽检产品34个批次；6—7月，联合市市场监督管理局、市公安局等相关职能部门多次开展醴陵、临澧等涉外打假行动，共计查获假冒半成品12000件、成品6000件，有效确保原材料和产品质量安全；9月26—29日，联同5个生产经营行业自律检查工作小组对全市已复工的烟花小产品98家企业148个生产场所进行检查。2022年度，指导烟花爆竹原辅材料及产品质量抽检602批次，对烟花爆竹产品及原材料案件立案109起，处罚没款44万余元。

【人才培养】 组织开展2022年度长沙市工艺美术系列烟花爆竹专业中级职称及初级职称民营企业专场评审，185人分别获评相应职称。协助东信烟花集团有限公司、颐和隆烟花集团有限公司等企业共8名人才申报认定为浏阳市企业专业英才，优化花炮人才结构；组织举办浏阳市烟花爆竹产业人才联盟团体标准宣贯培训活动、大型焰火燃放作业人员培训班、出口烟花爆竹监管信息系统业务培训等，参培人员突破1600人。邀请湖南工业大学教授到10余家企业交流指导小产品包装创意。指导东信烟花集团有限公司、欢乐烟花出口贸易有限公司等7家企业申报2022年度长沙市文化产业头雁、新雁、海雁、雁阵“四雁引领”企业，为实现高质量发展提供人才储备。

【科技创新】 2022年，指导31家企业获得湖南省“制造强省烟花爆竹技改项目”专项支持、41家企业申报认定为湖南省“2022年高新技术企业”、88家企业入库“2022年科技型中小企业名单”，引领企业走“高精特新”发展之路。正式入驻运行国家市场监管重点实验室（烟花爆竹质量安全）。指导湖南庆泰烟花制造有限公司建设城市烟花智能自动化生产线并投入生产。鼓励花炮企业申报湖南省应用技术成果，22个项目在湖南省科技厅公示；开展第二届湘赣边烟花爆竹产品创意大赛暨第九届湖南省烟花爆竹新产品评比大赛，54家企业报名，232款产品参赛。

【传统小产品扶持】 2022年，根据《浏阳市人民政府办公室关于印发浏阳烟花爆竹传统小产品保护与扶持实施办法的通知》文件精神，开展2020年度浏阳市烟花爆竹传统小产品专项奖励申报及评审工作，共确定奖励对象25家企业，奖励金额260万元，加快推动产业朝着安全环保方向持续、健康、稳定发展；助推GB10631—2013《烟花爆竹安全与质量》等新国家标准颁布，完成“加特林”“水母”等小产品标准的制订。

【优化出口】 2022年，抓好花炮出口监装工作，监装货柜13395个，同比增加22.44%；做好“湖南省烟花爆竹出口监管信息平台”项目建设工作，向上争资确保建设资金来源，多次与长沙海关、省口岸办汇报联系，对接落实项目分期建设内容，确保政府采购依法合规。做好沟通协调，推动项目建设有序进行。完成“湖南省烟花爆竹出口监管信息平台”第一期项目初验收。

【浏阳烟花行业开展业内各类培训活动】 2022年7月19日，湖南省大型焰火燃放作业培训开班仪式在浏阳举行，培训面向湖南省烟花爆竹生产、燃放、经营单位的焰火燃放专业人员，包括燃放技术人员、操作人员、安全员、保管员四个岗位。培训时间5天，参培人数突破600人。8月25日，浏阳举行2022年烟花小产品团体标准宣贯培训班，183家涉及小产品生产的企业参加培训，以督促企业认真履行产品质量管理责任，进一步规范生产经营行为，有效提升产业本质安全。

【《浏阳市烟花爆竹企业分类管理办法》出台实施】 2022年10月31日，《浏阳市烟花爆竹企业分类管理办法》（以下简称《办法》）正式下发施行。《办法》包括总则、计分方式及标准、动态管理、分类管理措施、附则五章内容。明确采取“综合计分，一年一评”的方式，科学地对浏阳烟花爆竹企业进行分类管理，进一步强化全市烟花爆竹企业主体责任，全面预防和减少生产安全事故，助推浏阳烟花爆竹产业高质量安全发展。从12月5日起，鞭炮烟花产业发展中心牵头组织对浏阳烟花爆竹生产企业、黑火药、引火线企业开展分类评定工作。

（石慧琼　张思佳　邱思维）

节会活动

【焰火燃放】 2022年，协助东信烟花集团有限公司承担北京冬奥会、冬残奥会开闭幕式焰火燃放。指导实现浏阳烟花连续第5次在中央电视总台中秋晚会燃放，指导企业参加“礼赞中国”澳门焰火燃放和阿尔及利亚“独立革命胜利60周年庆典”等大型焰火燃放项目；指导湖南花火剧团打造“焰遇浏阳河”大型沉浸式烟火秀，7月成功举行首演；创新开展产品集中试样燃放、冬至日“浏阳今夜满城烟花”等活动。全年在湖南、上海等地燃放文旅焰火500多场次，总额约2亿元。

【浏阳烟花亮相2022北京冬奥会、冬残奥会开闭幕式】 2022年2月4日至3月13日，浏阳东信烟花集团有限公司燃放团队在北京2022冬奥会、冬残奥会开幕式和闭幕式燃放烟花，举行四场焰火表演。为应对低温环境燃放烟花，公司研发团队对烟花产品做抗寒冷设计，基本满足-10℃左右的燃放条件，并启用全新的点火设备。3月16日，公司收到北京2022年冬奥会和冬残奥会组委会的感谢信，北京2022年冬奥会和冬残奥会开闭幕式焰火燃放取得成功，为四场仪式增添色彩，实现“精益求精，为奥运添彩”。

【浏阳打造烟花天空剧院】 为打响“相约浏阳河·周末看焰火”品牌，建成国际知名烟花旅游目的地，2021年4月，浏阳市浏发集团公司启动对浏阳花炮观礼台提质改造，打造出浏阳烟花的天空剧院。天空剧院定位为“中国浏阳烟花文化创新实验场”，以烟花为核心元素，以焰火表演为核心内容，配套餐饮、购物、休闲等业态，助力浏阳“一河两岸”产业体系打造。为打磨“天空剧院”烟花文艺表演内容，市鞭炮烟花产业发展中心指导浏阳焰遇花火文化旅游运营有限公司于2022年5月4日、25日和27日进行三场文旅焰火燃放试验，取得良好效果。2022年7月30日、31日，“焰遇浏阳河——大型沉浸式烟火秀”在浏阳“天空剧院”首演。12月31日，“焰遇浏阳河·2023跨年焰火嘉年华”在浏阳天空剧院上演。

【浏阳烟花绽放2022年央视中秋晚会】 2022年8月12—22日，市鞭炮烟花产业发展中心协调跟进浏阳花炮企业湖南省浏阳市亚太出口烟花贸易有限公司参加2022年中央广播电视总台中秋晚会节目在江苏省张家港市的录制，确保焰火燃放工作的完成。该录制共计燃放焰火10场，是浏阳烟花连续第五次绽放央视中秋晚会。焰火燃放团队基于央视中秋晚会《江月初照》《山河明月》《皓月千秋》的3个篇章，量身定制焰火表演，着力凸显“月文化”元素，完成“团圆”的情感表达，演绎出中国式的中秋浪漫。

（石慧琼　张思佳　邱思维）

烟花爆竹产品检验

【概况】 湖南省烟花爆竹产品安全质量检验中心（以下简称“中心”），是湖南省市场监督管理局直属正处级事业单位，中心主要承担全国范围内行政部门、社会团体、企业单位、个人等客户委托检验；承担国家、省、市质量技术及安全生产监督行政管理部门监督检验；承担全国范围内烟花爆竹事故调查分析、产品质量分析；开展烟花爆竹产品、原辅材料、机械设备等科研开发工作；承担SAC/TC149秘书处和ISO/TC 264秘书处日常工作；承担ISO/TC 264国内技术对口单位日常工作；承担烟花爆竹国际、国内标准的制修订及归口管理工作；完成国家、省局交办的其他工作。

【检验检测服务】 2022年，中心接受全国范围内检验服务9271批次，其中国家监督抽检203批次；省级监督抽检880批次，包括烟花爆竹产品、黑火药、引火线和其他原材料；长沙市监督抽检任务80批次。检验业务延伸涉及湖南、北京、广东、湖北、江西、广西、贵州、四川、浙江、福建等省（自治区、直辖市）。

【国家重大活动保障】 为确保北京2022年冬奥会和冬（残）奥会开闭幕式焰火燃放的绝对安全与圆满成功，按照国家市场监管总局和省局的部署安排，以及北京市市场监管局的委托，中心承担国家、省级监督抽查和北京市验收检验任务，并为焰火燃放提供技术和标准化等支撑，中心成立专门工作领导小组，制定专项工作方案，帮助制定企业标准1项，协助制定验收技术方案，完成省级监督抽查99批次，国家监督抽查52批次，验收检验115批次，确保产品批批检验合格后出厂。派出2名专家到北京全程参与焰火燃放安全评审和技术指导，实现焰火燃放的精准、安全和效果。5月，中心获评国家市场监管总局“北京冬奥会、冬残奥会食品供应、工业产品质量和特种设备安全服务保障工作突出贡献集体”，中心王庆云、黄茶香、朱玉平、赵元成4人获评“北京冬奥会、冬残奥会食品供应、工业产品质量和特种设备安全服务保障工作突出贡献个人”，22人获得北京2022年冬奥会和冬残奥会开闭幕式服务保障指挥部、北京冬奥组委开闭幕式工作部颁发的荣誉证书。2022年9月，按照省局部署，受张家界市市场监督管理局委托，对湖南省首届旅发大会焰火燃放专供产品进行监督抽查和验收检验，中心圆满完成任务。

【标准科研工作】 2022年，由中心参与制定并发布ISO22863系列《烟花—特定化学物质的检测方法》国际标准2项；主持制定和颁布GB/T 41644—2022《烟花爆竹　检验检测方法》、GB50161—2022《烟花爆竹工程设计安全标准》。全面推进《烟花爆竹　安全与质量》《烟花爆竹作业安全技术规程》等强制性国家标准和配套推荐性国家标准的修订工作。

【国家重点实验室建设】 2022年9月，中心正式获批国家市场监管总局“国家市场监管重点实验（烟花爆竹质量安全）”，签订建设计划任务书，并启动重点实验室建设项目，开展烟花爆竹领域基础性研究，提升市场监管能效，助力产业转型升级发展。

【烟花爆竹室外燃放检测场建设】 2022年12月底，烟花爆竹室外燃放检测场建设项目全部完成，该项目包括综合（试验）楼、生活服务楼、仓库、试验工房、样品收发室、燃放检测场、场内道路以及绿化等，是集烟花爆竹基础研究、安全试验、质量检验、标准研究、废弃物销毁、样品储存、环保等级评定等于一体的烟花爆竹室外检测基地，其中实验室于2022年9月全部搬迁并投入使用。2018年12月，中心获“烟花爆竹室外燃放检测场”项目立项批准，总投资4992万元，总占地面积约230亩，其中建设用地面积31.9亩，防护用地面积198亩，总建筑面积6276平方米，配套室外检测场9423平方米。

（张　姜）

浏阳商会大楼　　　　（罗豪正　摄）

商　务

商务管理

【概况】 2022年，全市实现社会消费品零售总额455.8亿元，同比增长3.1%。全年完成新增限上商贸企业50家。全年市辖区（不含经开区）完成外贸进出口额96.83亿元，同比上年增长33.16%。两项长沙对浏绩效考核主要经济指标均在四县（市、区）排名靠前。浏阳市（商务工作）获评湖南省2022年度（打造内陆地区改革开放高地成效明显的市、县市区）真抓实干成效明显的地区和长沙市商务系统（全面促进消费）真抓实干成效明显地区激励表彰。

【内贸行业发展】 2022年，举办浏阳市"河畔季风"消费节、汽车消费节、"味道浏阳·淮川美食节"等促消费活动，撬动消费超32亿元。浏阳激发消费活力做法登上《人民日报》（2022年5月18日第19版）。引进永通之星奔驰4S店和湖南茶悦文化产业发展集团有限公司知名奶茶品牌"茶颜悦色"。北正西购物中心、六桥夜市，浏阳希尔顿欢朋酒店、通程商业广场浏阳店、西溪磐石大峡谷等10余家单位分别被评为"2022年长沙市夜间消费示范名片"或"2022年长沙市夜间消费示范门店"。湖南庆泰烟花制造有限公司（品牌名称"庆泰"）、长沙市太一健康管理有限公司（品牌名称"汤宗朝"）2家企业被认定为第六批"湖南老字号"。北正西商场成功创建湖南省绿色商场。

【外经外贸】 2022年，浏阳市推进"引老乡、回故乡、建家乡"工作，市领导走访、实地调研企业，解决企业需求，促使企业安心回浏发展。对接星沙海关，协调烟花出口通道，解决本地海关检验异地产品出口商检问题，挖掘进口潜力。结合千名干部联千企"送政策、解难题、优服务"等助企纾困行动，对全市外贸企业进行调研，做到摸清底数，做优服务，提质业务，扩大增量。2022年，全市完成外贸进出口额96.83亿元，完成长沙市政府对浏下达绩效考核目标任务的117%，同比上年增长33.15%，增速四县（市、区）第一。市辖有实绩的外贸企业209家，较2021年度增加实绩外贸企业26家，进出口总额增加16.36亿元，增幅66.2%。其中全市花炮企业全年引导新增（回流）6.8亿元，实现外贸主产业出口业绩同比增长84.9%。引导湖南尔康制药股份有限公司等4家企业新增对外实际投资8亿元，指导企业完成服务外包2175万美元，离岸执行额355万美元。

【电子商务】 2022年，全市网络零售额完成108.23亿元，网销农产品超过18亿元。推进全市县、乡、村三级物流体系的建设，集合市公共服务中心与邮政、民营快递企业资源，引导电商服务站对接邮政包裹村级代投站点建设，完善农产品冷链物流强链补链，推动城货下乡、山货进城、电商进村、快递入户。截至2022年年底，全市有299多个电商服务站报名村级代投点，282个村级电商服务站开通快递收投功能。2022年3月，浏阳市成功申报2022年度湖南省"数商兴农示范县"创建项目；同时推送湖南湘典食品有限公司、湖南盐津铺子电子商务有限公司获得"省级数字商务企业"认定；4月，"电子商务进农村综合示范项目"通过省级评估，并以"可持续化运营的农村电商发展模式"为题形成农村电商示范创建典型案例材料报送省厅予以宣传推广。

【市场体系建设】 2022年，市商务局制定全市县域商业体系建设方案，组织召开全市县域商业体系建设工作部署会议，推进城区综合商贸服务中心、乡镇商贸中心、乡村便利店、农贸市场等县域商业设施建设。完成中央国际广场生鲜集市、荷花农贸市场、大围山集贸市场3个市场建设和改造；成功推荐比一比紫星广场店、荷花农贸市场改造等9个项目申报省、长沙市2021年和2022年县域商业体系建设项目及长沙市农贸市场项目，共获得上级资金支持700余万元，并通过项目验收。成功推荐"两型"产业园冷库扩建、康益冷链物流建设2个项目申报湖南省2022年农产品供应链冷链物流体系建设项目，共获得上级资金支持88.4万元，并通过项目验收。

【浏阳市获湖南省2021年度真抓实干激励表彰】 2022年1月17日，湖南省人民政府办公厅下发《关于对2021年度真抓实干成效明显地区予以表扬激励的通报》，结合省政府2021年重点工作综合大督查情况，省人民政府决定，对2021年度推动"三个高地"建设、促进高质量发展、深化"放管服"改革、保障和改善民生等重点工作取得明显成效的市（州）、县（市、区）、管理区和园区予以通报表扬，浏阳市获评"奋力打造国家重要先进制造业高地，促进制造业高质量发展成效明显县（市、区）"、"打造内陆改革开放高地、构建国内国际双循环和稳外资、稳外贸、促消费、扩大对外投资合作措施有力，完成目标任务排名全省前列的县（市、区）"、"财政管理工作成效明显的县（市、区）"、"推进乡村振兴战略和巩固脱贫攻坚成果成效明显的县（市、区）"（实施"六大强农"行动成效明显的县市）、"落实耕地保护制度和高标准农田建设任务成效明显的县（市、区）"［落实"两个耕地占补平衡"等耕地保护制度成效明显的县（市、区）］、"在实施城市更新行动中，扩大保障性租赁住房供给，推进城镇棚户区和老旧小区改造、既有住宅加装电梯等工作成效明显的县（市、区）""推进知识产权工作成效明显的县市""全省环境质量改善明显的县（市、区）"（农村环境综合整治成效明显的市）、"推进公立医院综合改革、医疗保障制度改革、医疗卫生服务能力建设、公共卫生体系建设和'互联网+医疗健康'等成效明显的县（市、区）""在国务院真抓实干督查激励和省政府综合大督查中受到表扬激励或经验推介的县（市、区）"［落实党中央、国务院有关重大政策措施真抓实干、取得明显成效，受到国务院办公厅表扬激励（国办发〔2021〕17号）的县（市）］，并给予激励支持；浏阳经开区获评

2022 年 3 月 10 日，省商务厅厅长沈裕谋（前排左三）率队到浏阳调研对非经贸以及产贸融合发展工作　　（市商务局　供图）

“推动高质量发展和落实‘双创’政策成效明显的园区”（推动产业发展、招商引资、科技创新、项目建设成效明显的园区）、“在国务院真抓实干督查激励和省政府综合大督查中受到表扬激励或经验推介的园区”（认真贯彻落实省委省政府重大决策部署，创造性开展工作，在省政府 2021 年重点工作综合大督查中有关典型经验做法受到通报表扬（湘政办函〔2021〕114 号）的园区。

【浏阳市“超级带货王”送培训进企业活动】 2022 年 3 月 4 日，“超级带货王”送培训进企业活动走进省级农业科技园区，为园区企业开展电商新媒体培训，近百名园区企业员工参加培训。该活动在浏阳高朗烈酒酿造有限公司、湖南新聪厨食品有限公司，以数字化趋势、抖音直播技巧、流量平台的营销玩法等方面为切入点进行详细讲解，并带领学员现场进行视频剪辑、直播带货实操。“超级带货王”送培训进企业活动是浏阳市电子商务进农村综合示范项目的重要一环，目的是帮助传统企业数字化转型升级。

【沈裕谋到浏阳调研对非经贸及产贸融合发展工作】 2022 年 3 月 10 日，省商务厅厅长沈裕谋率队到浏阳市调研对非经贸以及产贸融合发展工作。沈裕谋先后考察浏阳中非经贸产业园展示馆、湖南欧亚药业有限公司、长沙惠科光电有限公司，听取产业园规划建设及企业生产经营情况。沈裕谋强调，要进一步抓好招商引资工作，聚焦产业和项目，进一步推动产贸融合发展和产业集成式发展，培育产业生态，打造非洲非资源性产品全产业链。副厅长李心球、二级巡视员周章生，厅外贸处、中非秘书处、地区合作一处，长沙市商务局、浏阳市、浏阳经开区管委会负责人陪同调研。

【成功申报 2022 年度湖南省“数商兴农示范县”创建项目】 根据《湖南省商务厅　湖南省财政厅关于做好 2022 年度省级电子商务资金项目申报工作的通知》（湘商电〔2022〕3 号）要求，2022 年 3 月，浏阳市成功申报 2022 年度湖南省“数商兴农示范县”创建项目，获 2022 年度湖南省“数商兴农示范县”（全省排名第一）；同时推送湖南湘典食品有限公司、湖南盐津铺子电子商务有限公司获得“省级数字商务企业”认定。

【“河畔季风”暨“浏 Young”消费周活动启动】 2022 年 5 月 21 日，2022 年浏阳市“河畔季风”暨“浏 Young”消费周活动启动，活动旨在通过刺激消费端破解供给端企业市场困境，湖南省商务厅、长沙市商务局相关负责人，浏阳市委副书记、市长王雄文，市领导陈清、郭贺亭、陈静参加启动仪式。消费周活动推出为期 20 天“购车，政府补贴 1000 元”的汽车消费节、“老浏阳味道”淮川美食节、“爱在一起”商圈系列促消费活动、孕婴童消费嘉年华、数字金融促消费活动、家装建材品牌特惠周、消费节抽奖七大主题活动。活动前后吸引逾千家商家及众多市民参与，活动期间，北正西购物中心销售同比增加 28%；天虹商业中心、通程商业广场客流分别增加 45%、42%，

2022 年 5 月 21 日，浏阳市“河畔季风”暨“浏 Young”消费周活动启动。图为新文路步行街　　（市商务局　供图）

销售额分别增长 40%、16%。

【商贸流通安全生产专业委员会成立】 2022 年 6 月 13 日，浏阳市安全生产委员会印发《关于调整浏阳市安全生产专业委员会的方案》，经浏阳市人民政府同意，成立商贸流通安全生产专业委员会，由分管商贸流通方面工作的副市长任主任，市政府办联系商贸流通方面工作的副主任、市商务局局长任副主任，市公安局、市发改局、市工信局、市自然资源局、市住建局、市交通运输局、市商务局、市文旅广体局、市应急管理局、市市场监管局、市城管局、市消防救援大队等单位分管负责人为成员，办公室设在商务局，由市商务局局长兼任办公室主任。负责研究解决商贸流通领域(含批发、零售、装卸搬运、仓储物流、住宿、餐饮等)生产安全事故预防和应急管理方面存在的重大问题。截至年底，该委员会对商贸流通、成品油、汽车流通、仓储物流、旧货流通、再生资源回收等行业进行全面的安全生产检查和抽查，共开展督导检查 890 次，其中领导带队检查 162 次、组织专家检查 48 次，检查单位 4954 家次，排查整改一般隐患 2728 处，监管执法 42 次，约谈 1 家，责令整改 1 家，查封 6 家。

【《推动浏阳蒸菜产业高质量发展三年行动计划（2022—2025 年）》出台】 2022 年 7 月 29 日，中共浏阳市委、浏阳市人民政府出台《推动浏阳蒸菜产业高质量发展三年行动计划(2022—2025 年)》(浏发〔2022〕18 号)。成立市蒸菜产业高质量发展领导小组，由浏阳市委副书记、市长王雄文任组长，副市长郭贺亭任副组长，市政府办、市发改局、市财政局、市商务局、市市场监管局、市农业农村局、市教育局、市人社局、市文旅广体局、市科技局、市金融事务中心为成员单位。通过开展培育壮大龙头企业、蒸菜产业标准化建设、餐饮业品牌建设、蒸菜产业人才引育、蒸菜文化宣传提升、蒸菜产业助推乡村振兴等行动，推动浏阳蒸菜产业"走出去"，擦亮"中国蒸菜之乡"品牌，促进传统产业向现代产业转型。发挥浏阳蒸菜产业龙头企业带动作用，借助省内外重大经贸活动平台，加速开拓国内外市场，力争到 2025 年，浏阳蒸菜产业销售收入达 300 亿元以上（其中原材料销售达 80 亿元以上），从业人员达 20 万人以上，销售额年递增率达 15%以上(其中原材料销售额年递增率达 10%以上)。

【全市商贸流通领域、仓储物流安全生产警示约谈暨安全培训会议召开】 2022 年 9 月 29 日，浏阳市商贸流通领域安全生产警示约谈暨安全培训会议召开，市人民政府党组成员、副市长、商贸安全专业委员会主任郭贺亭出席会议并讲话，市商安委成员单位、各乡镇(街道)相关负责人、全市商贸流通领域和仓储物流企业负责人等 160 人与会。会议通报全市商贸流通领域安全生产工作情况。会上，集里街道作典型发言，市鼎力报废汽车回收有限公司、浏阳市通盛物流有限公司、中国石化销售有限公司浏阳分公司进行表态性发言，同时，会上组织观看商贸流通领域安全警示教育片，并进行商贸流通领域安全生产专题培训。

【开展成品油零售企业专项联合清查整治行动】 2022 年 10 月 27 日，浏阳市打私办联合星沙海关驻浏阳办事处、市市场监督管理局、市交通运输局、市商务局等部门开展成品油零售企业专项联合清查整治行动，行动共检查浏阳市长兴加油站等成品油零售企业 10 余家，重点检查存储成品油进货来源、危化品运输车辆证件等手续是否齐全且真实有效，单货是否相符等，严防无合法来源证明的成品油或为走私成品油提供保管存放及其他便利的违法行为。同时，执法人员向各企业发放反走私法律法规汇编资料，普及相关法律知识，并引导企业负责人签订承诺书，并督促成品油零售企业从严落实安全主体责任。经查，浏阳市暂未发现走私成品油行为、集中走私货物销售场所和储存点。

(周　激)

招商引资服务

【概况】 2017 年 8 月，浏阳市招商引资服务中心挂牌成立，为市人民政府负责全市招商引资工作的直属正科级事业单位，现有编制 17 人(原核定编制 19 人，后核减 2 人)，内设 4 个部室，现有在编在岗干部职工 17 人。2022 年，全市新引进项目 133 个，单个项目平均投资额 3.40 亿元，同比增长 109.88%。新引进项目中，"三类 500 强" 项目 4 个，100 亿元以上项目 2 个，50 亿元以上项目 3 个，10 亿元以上项目 12 个（包含关系）。

【完善服务机制】 2022 年，市招商引资服务中心完善《项目准入条件和标准实施意见》《项目引进合同模板》等内部规程，召开招商引资项目前置会、领导小组会 8 次，研判项目 81 个。推动《浏阳市协同招商方案》落地，加快构建各园区、乡镇(街道)协同推进、利益共享的招商新模式；实施分片联点机制，统筹全市闲置土地和 125 个闲置资产开展二次招商。全市提前 1 个季度完成外资直投，实际利用外资 3941 万美元，完成率 112.6%。浏阳在全省打造内陆地区改革开放高地中获省真抓实干督查激励。

【浓厚招商氛围】 2022 年，出台《浏阳市进一步加强招商引资促进经济高质量发展奖励办法(试行)》，修订《浏阳市招商引资中介人奖励办法》，完成 2021 年度招商引资中介人奖励申报初审工作。全年举办并参与"云端叙乡情　线上话发展"新春招商恳谈会、"区域双中心　品质新浏阳"重点地块招商推介活动、浏阳市首届文旅招商推介会等 10 场大型招商活动，包装推介 10 个片区地块项目和 28 个文旅项目。推介更新制作《文旅招商手册》《地产招商手册》等项目资料，向浏阳籍在外商协会、机场等重要平台和人流聚集地密集投放；利用抖音、微信小视频，面向粤港澳、长三角等地区精准推送产业项目，累计发布招商短视频42期、微信推文38条，浏览量超300万次。

【举行2022年新春招商恳谈会】 2022年1月25日，浏阳市举行“云端叙乡情　线上话发展”在外浏阳籍企业家新春招商恳谈会，来自广州、深圳、珠海、东莞、佛山、南宁、湘潭等异地浏阳商会及全国各地企业家代表在“云端”相聚，共叙乡情、共迎新春、共谋发展。浏阳市委副书记、市长王雄文出席并讲话，浏阳市级领导秦跃平、喻辉、张葵红、郭贺亭、陈静参加活动。恳谈会重点推介浏阳经开区、“两型”产业园等园区产业项目，金阳新城、高铁新城等产城融合板块，以及浏阳河“一河两岸”等系列文旅项目，为在外企业家返乡创业提供投资平台；活动还推出6个优惠政策大礼包，涉及财政、土地、服务、人才、产业投资等举措，为在外企业家返乡创业提供优惠政策。

【2022年浏阳市重点地块招商推介活动举行】 2022年5月6日，“区域双中心　品质新浏阳”2022年浏阳市重点地块招商推介活动举行，对浏阳主城区、金阳新城重点地块进行招商推介。在推介活动中，浏阳重点推介浏阳主城区的4个重点片区：观礼台片区、枫浦片区、高铁南片区、道吾山风情小镇片区，以及主城区四个成熟地块；金阳新城两个重点片区：金阳新城核心区、金云片区，以及建成区内4个成熟地块，全方位展现浏阳发展优势、发展态势。推介会由浏阳市委、市政府主办，市招商引资服务中心、浏发集团、金发集团承办，长沙市国资委、长沙城市发展集团有限公司相关负责人以及地产行业人员参与招商推介会议。6月30日，邹家梧桐地块（道吾新城XWL-05-01-01、XWL-05-02-01地块）被浏阳市创意实业发展有限公司以5.745亿元竞得。

【岳阳市浏阳商会成立大会暨浏阳市(岳阳)招商推介会举行】 2022年7月2日，岳阳市浏阳商会成立大会暨浏阳市(岳阳)招商推介会举行。活动现场，市招商引资服务中心与岳阳市浏阳商会签订招商引资战略合作协议，并为商会颁发“浏阳市驻岳阳招商联络处”的牌子。根据协议，双方将共同为浏阳的招商引资提供最新的产业投资信息渠道，促进浏阳招商引资工作发展，为浏阳高质量发展再添新动力。岳阳市浏阳商会是在岳阳市依法登记注册的为浏阳企业家投资发展服务的社会团体，截至成立日，有入会企业60家，会员100余人。截至2022年，浏阳已在湘潭、珠海、广州、东莞、深圳、佛山、南宁、长沙、岳阳等地成立9家异地浏阳商会。

【浏阳市首届文旅发展大会召开】 2022年7月31日，浏阳市首届文旅发展大会举行，会议分为文旅工作会议和文旅招商推介会两个阶段召开。在文旅招商推介会上，浏阳重点围绕百里画廊“一河两岸”浏阳河城区段、大围山“一园四镇”、乡村旅游、品质民宿、特色研学、地域美食六大板块，推出28个文旅项目，展示浏阳文旅资源和文旅产业大格局，放大“一河诗画、满城烟花”品牌效应。现场签约文旅项目24个，涵盖烟花体验、康养休闲、酒店民宿、影视基地、文旅运营、工业旅游及旅游观光综合体等多个领域。同时，浏阳向客商发出邀约，欢迎客商到浏阳旅游观光、投资兴业，携手打造文旅融合高质量发展的升级版。

【2022中国品牌节浏阳市城市招商推介会在长沙召开】 2022年8月7日，由品牌联盟、中国会展经济研究会联合主办，浏阳市人民政府承办的2022中国品牌节浏阳城市招商推介会在长沙市北辰国际会议中心召开。招商推介会上，浏阳重点推介电子信息、生物医药、智能装备等产业链项目，油茶、花木等农文旅融合项目，以及推进中的片区开发项目、消费服务项目等，邀请企业家参与浏阳发展。现场，20余名各领域的专家学者、企业家为浏阳城市品牌发展、项目招商引资建言献策。

【三个文旅项目成功签约】 2022年11月23日，在长沙文旅投资推介暨文旅融合发展论坛上，15个优质文旅项目进行现场签约。其中，浏阳有浦梓港春江花月夜项目、道吾山城市公园项目、全域研学网链建设三个项目成功签约。

【浏阳举办“迎老乡、回故乡、建家乡”深圳招商推介会】 2022年12月10日，浏阳在深圳举办“迎老乡、回故乡、建家乡”深圳招商推介会，向来自香港、澳门、广东、深圳大湾区等地的知名企业家、全国各地长沙商会代表、深圳市前海自贸区及相关商(协)会代表推介浏阳，邀请企业家们到浏阳投资、兴业、扎根。招商推介会上，重点推介电子信息产业、生物医药产业、智能制造产业和现代服务产业。

（李　靖）

供销合作

【概况】 2022年，市供销合作社联合社持续深化供销综合改革，强化生产、供销、信用“三位一体”，推进联结、服务“两个到户”，浏阳供销“两个到户”经验做法入选省供销社综合改革典型案例，“供销五个服务”(综合信息服务、农资配送服务、专技培训服务、信用合作服务、农产品销售服务)党建工程入选全市“机关党建特色工作十佳经典案例”，浏阳市作为唯一的县(市)代表，在全省监事会工作会议上作典型发言。

【社有企业发展】 2022年，市供销合作社联合社持续深化供销合作社综合改革，强化社有企业管理，提升社有企业效益。拓展社有企业经营范围，指导浏阳供销集团公司与长沙供销产业投资集团有限公司合作成立长沙供销茶油销售有限公司，与优势油茶生产、加工企业（合作社）签订销售协议，利用供销系统的传统线下渠道和新兴线上渠道优势，补齐浏阳市油茶生产、加工、销售产业链；成立浏阳供销烟花贸易有限公司，助力市烟花产业发展。改革社有企业管理模式，转变浏阳湘

2022 年 3 月 1 日，浏阳市供销合作社联合社深化供销综合改革农资供应和农化服务村级示范站创建工作会议召开，创建工作正式启动　（市供销合作社联合社　供图）

宝地供销电子商务公司管理模式，聘请职业经理人，升级改造浏阳供销优选平台，深入包装地域特色农产品，多渠道挖掘电商销售潜力，2022 年供销优选电商平台销售额较上年增长 35%。农资公司转变经营思路，在保障供应、淡储化肥 5000 吨的基础上，通过创建农化服务示范站等方式，加大乡镇网点建设力度，全年新增供销农资经营网点 56 个。2022 年度系统农资销售总额 1.2 亿元，其中农资公司实现销售 5014 万元，同比增长 50.3%，农资销售（主要化肥）市场覆盖率 95%。通过经营管理模式改革，社有企业实现扭亏为盈。

【服务平台作用发挥】 2022 年，发挥供销社的协调联动、统筹服务作用，强化合作、联结，推进生产、供销、信用“三位一体”。截至 2022 年年底，全市乡镇（街道）供销合作社、惠农服务中心覆盖率达到 100%，村级供销合作社达到 306 个，农资供应和电商服务网点达 402 个，初步构建“县、乡、村三级贯通”的供销基层服务体系。开展综合信息服务、农资配送服务、专技培训服务、信用合作服务、农产品销售服务“供销五个服务”，实施“智慧供销”、“供销村官”、农化服务示范站创建三大服务举措，打好扶农、助农、兴农“组合拳”，释放供销综合改革助力乡村振兴的“红利”。向 10 个村级集体经济组织派驻“供销村官”，创建农资供应与农化服务示范站 27 个，为全市村级集体经济组织增加收入 400 余万元；党员下乡开展技术培训讲座 23 场，组织到点、到田开展农化服务 400 余次，合作开展村级直播活动 21 场次，助销农产品 3500 多万元。新建面向全市供销合作经济组织，涵盖信息动态、政策宣传、农资供应、电子商务、供需广场、金融服务与冷链物流等 7 个服务内容的智慧供销信息平台，吸纳 1900 多家经济合作组织和服务主体入驻，推动生产、供销、信用各个环节要素资源的聚合和信息互通，有效发挥供销信息化服务对乡村振兴的支撑作用。依托“三位一体”项目申报渠道，为全市基层合作社及供销经济合作组织向上争取项目 7 个，长沙供销系统“双十佳”7 个，争取资金 220 余万元，培育长沙市级标杆社 7 个。依托“浏通天下”“供销优选”等电商平台，帮助建设城西社区供销社、翠园社区“小翠供销站”，为社区居民开展物资配送服务，成功探索出一条社有企业经营网点扩面、城市社区集体经济增收、社区居民生活服务提质的合作共赢模式。

【生活物资保障】 2022 年，市供销合作社联合社动员社有企业、干部职工和各基层供销社做好生活物资保障等各项工作。旗下湘宝地电商公司“供销优选”电商平台采取基地直供、同城配送、社区团购等无接触方式开展配送服务，并推出多项“浏阳供销保供”便民包，实行免费配送，同时保障物资品质，价格比市场价便宜 10%以上。储备和调派生产生活物资 8.5 万多千克，向居家市民义务派送平价物资 1.05 万份，有效地保障市场供应，稳定市场价格。大围山镇供销惠农服务中心开发小程序覆盖全镇居民，及时配送物资到村到户，村民可以足不出户购买到生活物资。经验做法被《长沙要情》《长沙晚报》《浏阳要情》推介，受到市领导肯定。

（符雪茹）

2022 年 10 月 13 日，城西社区供销合作社成立开业　（市供销合作社联合社　供图）

粮油业

【概况】 浏阳市粮食和物资储备事务中心为浏阳市发展和改革局(粮食和物资储备局)所属公益一类正科级事业单位,内设5个部室,2022年年底在编在岗15人。中心下辖国有粮食企业2家，即浏阳市粮食购销有限责任公司和浏阳市良友开发有限责任公司。浏阳市良友开发有限责任公司下设5家分公司，分别为浏阳市良友公司古港分公司、浏阳市良友公司官渡分公司、浏阳市良友公司张坊分公司、浏阳市良友公司北盛分公司、浏阳市良友公司沙市分公司，由浏阳市良友开发有限责任公司实行财务统一核算。张坊、官渡、古港、北盛、沙市5个粮站已根据长沙市企业改革和发展领导小组办公室《关于全面完成国有企业公司制改革有关事项的通知》(长企改〔2020〕14号）文件精神于2022年8月撤销,并注销粮站一级法人资格。浏阳市粮食购销有限责任公司设总经理1名、副总经理2名。湖南军粮储备加工有限责任公司属股份合作企业,该公司设立董事会、监事会,其中董事会由1名董事长、4名董事组成；监事会由1名监事会主席、2名监事组成。2022年,全市早稻种植面积30.04万亩,总产量12.43万吨;中稻种植面积51.16万亩，总产量26.88万吨；晚稻种植面积30.37万亩,总产量13.97万吨。全市商品粮油期初库存稻谷8566吨，本年收入132631吨，本年支出135282吨,年末库存5915吨；期初库存玉米11465吨,本年收入315842吨,本年支出315298吨,年末库存12009吨;期初库存豆类2523吨，本年收入115799吨，本年支出115537吨,年末库存2785吨;期初库存油料2966吨，本年收入73482吨，本年支出74140吨，年末库存2308吨。2022年，浏阳市落实粮食安全责任制工作被长沙市考评为优秀等次，获得长沙市真抓实干督查激励。

【粮食收购】 2022年未启动托市收购,根据地方储备粮轮换需要,完成省、市、县三级储备粮轮换收购。全年投入187万元新购置收购设备33台(套),含重金属快检仪2台,直接检测湿稻谷的自动测镉仪1台,筹集收购资金1.37亿元。投入110万元对粮库屋面做隔热防水改造,投入42万元建设北盛、镇头收储点机械库。在粮食收购中，严格质量监管,坚持“先检后收、优粮优价、应收尽收”总要求,实行分仓储存、分类处置，完成早籼稻和中晚籼稻地方储备粮轮换收购任务。收购地方临储粮,守住“种粮卖得出”和不发生重大舆情的底线。严格溯源登记,对收储的粮食在入库、在库、出库各环节建立信息档案,全程电子监控,实现“来源可追溯、流向可查询、风险可防范、责任可追究”。

【储备工作】 2022年,修订《浏阳市县级储备粮管理办法》,规范储粮管理。各类国有完好仓房13万吨、油罐0.6万吨,发展“绿色储粮”技术,推广智能粮食管理系统应用，开展春、秋两季安全储粮和安全生产检查,坚持每月巡查,确保数量真实、质量良好、管理规范、储存安全,严格按照国家粮食质量标准和食品安全标准进行储备。完善和修订《浏阳市粮食应急预案》。完善由40家粮食供应网点组成的应急网络，实现应急供应网点城乡全覆盖。配合做好长沙市市级生猪活体和冻肉储备,履行属地责任,同时争取政策支持安排30万元采用市场化运作机制建立本级生猪活体储备。

【优质中晚稻订单农业】 2022年,市粮食和物资储备事务中心指导浏阳河米业有限责任公司就“泰优390、泰优553、泰优农39、扬泰优128、泰优农禾丝苗、泰优金华粘、珑香优4876、盛泰优626、昌两优馥香粘、悦两优系列”10个品种,与22个乡镇共158家大户（合作社）签订28252亩优质中晚稻订单,收购优质稻2万余吨，为上游种植农户创收3000万元以上。通过发展订单农业和优质稻基地建设,推动粮食“五优联动”(优粮优产、优粮优购、优粮优储、优粮优加、优粮优销)和“产购储加销”体系建设,促进稻谷种植结构调整、升级,逐步形成具有地域特色的“浏阳河”大米品牌。

【粮油统计】 2022年，市粮食和物资储备事务中心落实粮油统计制度，以国家粮油统计信息系统为依托,对入统的40家粮油企业开展统计检查,加强对粮油企业购储销、加工、流向等各环节统计数据的监管和审核。如期完成全市粮油供需平衡调查及半年存粮统计调查工作，早稻、中晚稻收购期间每五日统计上报收购进度，政策性粮食轮换期间每7日为一个周期报告轮换进度，每月月底及时审核报送流通统计信息报表并按季度提供统计分析报告,确保粮油统计信息的及时性、准确性和真实性。

【行业发展】 2022年，市粮食和物资储备事务中心组织企业申报省“千亿”产业和长沙市粮食产业专项金，浏阳市有1家企业获得省“千亿”产业项目资金60万元。引导企业参评参展,推介好粮油产品,湖南湘纯农业科技有限公司、湖南聚尔康茶油生物科技有限公司、湖南省美津园粮油食品有限公司等粮油企业参加第十八届粮食产销协作洽谈会，湖南军粮红旗米业有限责任公司注册商标“金包玉”、湖南聚尔康茶油生物科技有限公司注册商标“聚尔康”获“湖南省知名品牌”称号,湖南湘纯农业科技有限公司“湘纯”原香山茶油获“湖南好粮油”称号。2022年全市粮油工业总产值60.12亿元,比2021年59.01亿增加1.11亿元,增长率1.88%。

【监督检查】 2022年，市粮食和物资储备事务中心按照新的《粮食管理流通条例》要求,对全市12家粮食收购企业及时备案。夏秋粮收购中,采取“双随机、一公开”的方式,共计开展监督检查580人次，监督政策性收购粮食47067.9吨,收购质量全部符合国家粮食质量标准,没有出现违法违规现象。

【粮食质量检验检测】 2022年，市粮食和物资储备事务中心按照市食安办年度食品安全检验检测任务要求，开展粮食质量检验检测213批次，全部检验检测合格。保质保量完成省、市早稻中晚稻样本信息采集138份。督促相关承储企业做好粮食质量安全管理基础工作以及成品粮储备质量管理，集中进行农产品质量安全自查自评，完善提升粮食质量安全管理。

（柳　青）

烟草专卖

【概况】 2022年，实现销售收入27.79亿元，同比增长4.88%。实现税利8.87亿元，增长7.67%。各项税费5.28亿元（含企业所得税、消费税及其实现的附加税），同比增长6.60%。三项费用率3.95%，同比下降0.83个百分点。浏阳市因烟叶工作业绩突出，被评为“2022年度湖南省烟叶工作先进单位”。长沙浏阳市烟草专卖局（分公司）被评为“2021年度浏阳市平安建设工作优秀单位”“长沙市2021年度安全生产标准化建设示范单位”。

【烟叶生产】 按照“巩固北区、发展东区、稳定西区”的整体布局，着力巩固烟叶产业基础地位。2022年，全市落实烟农1535户，种植面积5.96万亩，收购烟叶15.2万担，同比增长30.5%。举办第二届烟叶烘烤工匠技能比武，评选出农民烤师256名。推进绿色防控，烟蚜茧蜂面向大农业推广7.2万亩，5.96万亩地膜全部回收再利用。落实高端卷烟原料定制化开发5.4万担，烟叶田间质量及调拨质量受到四川中烟工业有限责任公司、湖南中烟工业有限责任公司等工业企业好评，大田整齐度、营养均衡度及烟叶成熟度均为近年最好水平，G80、湘烟7号烟叶原料进入“和天下”“宽窄”品牌系列配方，浏阳烟叶原料适配率和工业企业满意度持续提升。抓收购质量，烟叶收购质量明显提升，内销烟叶上等烟比例77.7%，同比提高2.2个百分点。收购检查等级合格率82.33%，工商交接检查等级合格率82.44%，均排全省前列。2022年6月30日，国家烟草专卖局党组成员、副局长徐瑾到长沙浏阳市烟草专卖局（分公司）调研指导工作，了解永安镇烟叶生产工作情况。

【卷烟营销】 2022年，浏阳市烟草专卖局（分公司）共销售卷烟6.19万箱，同比减少1.71%。持续深化中高端品牌培育，利用周四大讲堂、部门内训、线上课堂等形式从客户经理工作实际出发，以讲授、实案分析、互动交流及现场演绎等多元化教学形式，提升零售客户经营能力。增强渠道掌控力，深化现代零售终端体系建设。截至2022年年底，浏阳累计建成一般现代终端客户3638户，直营终端客户1户，合作终端客户1户，“湘村636”加盟终端169家，“湘汇636”加盟终端9家。

【专卖管理】 2022年，浏阳市烟草专卖局共查处各类案件122起，其中五万元以上案件57起、真烟案件81起，打掉仓库46个。共查获各类违法违规卷烟1495.533万支（包含烟叶烟丝折算的195.875万支），其中查获假私烟数量329.083万支（包含烟叶烟丝折算的195.875万支），真烟数量1166.45万支。共破获3起假烟涉刑案件，其中1起假烟网络案，刑拘9人，逮捕8人；2起非法销售伪劣产品案，判刑2人。破获1起真烟非法经营案件，判刑1人。查获3起擅自收购烟叶案件，1起无证运输烟丝案件。“2021·10·18”非法经营烟叶网络案，于2022年5月31日被列为省级督办案件。

【开展“烟稻轮作庆丰收、以烟稳粮助振兴”直播活动】 2022年10月28日，湖南长沙浏阳市烟草专卖局联合人民网、《东方烟草报》、长沙广播电视台等媒体，走进乡村振兴结对共建的淳口镇南冲村，开展“烟稻轮作庆丰收、以烟稳粮助振兴”直播活动，累计在线观看人数近50万人次，收获点赞超10万次。直播活动以烟稻轮作助力乡村振兴主题为切入点，全方位、多角度展示南冲村烟稻轮作成果、展现农民丰收景象、彰显烟草企业在保障国家粮食安全、促进乡村产业振兴方面的贡献。

【“2021·10·18”非法经营烟叶网络案被列为省级督办案件】 2021年10月18日，湖南长沙市、浏阳市两级公安、烟草联合侦办破获一起非法收购劣质烟叶加工成烟丝销售的非法经营烟草案。捣毁黑加工窝点1处，仓库4个，扣押切丝机、封包机等各类机械6台，现场查获成品烟片14340千克、烟叶83310千克，现货价值400多万元，涉案金额3000余万元。抓获以犯罪嫌疑人李某某为首的6人（逮捕6人，判刑5人），现场收缴违法所得137000元，该案涉及生产、运输、储存到销售等环节，涉及湖南、吉林、辽宁、贵州、福建等多个省（市）。该案于2022年5月31日，被湖南省公安厅、湖南省烟草专卖局列为督办案件。该案还有上下游涉案在逃人员、下游商家销售烟丝的具体去向等犯罪事实，需要进一步侦查和处置，具有扩线深挖的价值。按照“断链、破网、挖根”的目标，进一步深挖战果，实现全链条打击，已呈请将该案件列为公安部、国家烟草专卖局联合督办案件。

（康　红）

石油经营

【概况】 中国石化销售股份有限公司湖南长沙浏阳石油分公司系中国石化集团公司驻浏企业，公司主要从事成品油、润滑油以及便利店商品的销售工作，发挥浏阳地区成品油供应的主渠道作用。2022年，浏阳石油分公司有在营加油站45座，其中自有及租赁加油站43座，合资加油站2座，全年销售油品约13万吨。落实闲置油库置换工作，6月23日，与浏发集团签订征拆协议，将分公司位于礼花路一段的闲置油库与位于集里街道宝塔岭路东北侧的一处商服用地进行等面积土地置换，支持浏阳大塘冲路开发项目建设,解决油库闲置多年的安全环保隐患。

【经营管理】 2022年,浏阳石油分公司紧盯各加油站各项指标序时完成率,督促各加油站开展站内“服务提升”“客户测评”工作,营造“比学赶帮超”氛围,客户参评率、满意度稳步增长。对成品油市场“自流黑”(指无任何合法手续的自备油罐及装置或设施、非法流动加油车、黑加油站点等违法违规行为)猖獗、打价格战等乱象,加强与其他经营主体的沟通协调,向上级政府汇报,推动打非治违行动。坚持生产经营管理要服从安全需要的原则,加强对安全生产工作的组织领导、检查、整改,迎接浏阳市应急部门组织的百站交叉大检查,提升安全管理能力。完成加油站反恐“一键报警”装置安装,完成反恐重点单位初步验收。组织开展全员安全培训,加强隐患排查及安全检查力度。迎接省生态环境厅组织的交叉帮扶检查,全年无安全环保事故。

（邓 方）

2022年6月27日,浏阳油库涉拆房屋启动拆除 （浏发集团 供图）

【浏阳集里油库拆除】 2022年6月27日,浏阳集里油库启动拆除。1976年,中国石化集团资产经营管理有限公司湖南石油分公司、中国石化集团销售股份有限公司湖南长沙石油分公司投资建设浏阳集里油库。浏阳集里油库地处浏阳市集里街道礼花路,占地面积约22666.78平方米。2005年,浏阳集里油库为支持礼花路项目建设,拆除部分设施,并正式关闭。2018年至2022年,浏阳市先后启动集里街道大塘冲路延伸修建及周边旧城改造,和集里街道大塘冲小学建设,需征用浏阳集里油库用地。浏发集团协同市征拆办、集里街道、自然资源局,多方联动、共同发力,经过多次与中国石化集团销售股份有限公司湖南长沙石油分公司协商,2022年6月27日,获得中石化的支持,同意拆除浏阳油库,并签订征收协议。

（张金莲）

浏阳城区　　（尹　明　摄）

金　融

金融事务

【概况】 浏阳市金融事务中心为市政府直属正科级公益类事业单位，有全额拨款事业编制10名，在编工作人员9名，内设办公室、金融服务部、资本市场部3个部室，主要负责全市金融工作服务、协调和指导等。截至2022年年底，全市共有银行机构19家、保险公司51家、证券营业部5家、融资担保公司3家、小贷公司5家、典当公司4家。2022年年底，全市银行各项存贷款余额分别为1233.75亿元、1082.94亿元，较年初新增139.45亿元、71.51亿元，增长12.74%、7.07%，贷存比87.8%。获2022年度长沙市金融工作真抓实干督查激励表彰，被评为“2022年长沙金融服务节优秀组织单位”。

【促企上市工作】 截至2022年年末，浏阳A股上市企业9家，新三板挂牌企业5家，省股交所挂牌企业14家，省市上市后备企业42家，上市企业总量在全省县(市)中排名第一，与省内14个市州相比排名第4，仅次于长沙、株洲、岳阳，上市工作走在全省前列。全年新增1家在湖南证监局辅导备案的企业（湖南明瑞制药有限公司）；有5家企业在湖南证监局辅导备案。新增1家新三板挂牌企业（湖南安邦制药股份有限公司），是2022年长沙唯一一家在新三板基础层挂牌的企业。新增8家湖南股交所特色专板挂牌企业。新增8家省上市后备资源库企业，共计42家企业进入省市上市后备培育梯队。实施“企业订单式服务”工作举措，建立“企业下单、中心接单、部门销单”的快捷服务模式。全年共走访上市后备企业70余次，帮助企业协调解决问题30余个，其中多次陪同企业赴外省多地相关职能部门协助调取公司历史股东工商档案资料，助力企业解决历史沿革问题，服务质效受企业好评。推动企业首发上市奖励从200万元提高至400万元，进一步降低企业上市成本。降低省股交所挂牌资金补助申报门槛，并将奖补资金由10万元提高至20万元。指导企业申报湖南省2022年度多层次资本市场构建补助资金，4家企业共获得奖补资金360万元。

【金融服务】 健全金融组织体系。渤海银行股份有限公司长沙浏阳支行设立于2022年10月27日，经上级行批复同意，筹备开业中。新增华泰财产保险有限公司浏阳支公司等8家保险公司分支机构及网点。截至2022年年末，全市保险公司共有51家，证券营业部5家，融资担保公司3家，小额贷款公司5家，典当公司4家。强化金融支持保障。2022年年底，全市银行各项存贷款余额分别为1233.75亿元、1082.94亿元，较年初新增139.45亿元、71.51亿元，增长12.74%、7.07%，贷存比达87.8%。同时，引导融资担保公司以最优惠担保费率为企业贷款提供融资增信，鼓励担保机构免收保证金。从2022年5月开始，政府性担保服务机构为企业实行免担保费，截至11月末，浏阳财信担保年化担保费率0.31%，担保余额4.50亿元。持续优化金融服务。举办浏阳市第六届金融服务季活动，以“千企帮扶”“行长走基层”“金企对接在一线”等活动为载体，举办社会投资重点项目专场、金融助力特色小镇“金融集市”启动仪式等金企对接活动32场，帮助970余家次企业获得银行授信183.06亿元，缓解企业融资难题。推进普惠金融。引导金融机构创新推出“绿色贷”“科创贷”等金融产品和服务，提升农村金融服务水平。积极申报金融服务乡村振兴创新示范区，正在复核过程中。制定《浏阳市农民住房财产权（农村宅基地使用权）抵押贷款办法》，截至三季度末，农房抵押贷款余额35.82亿元。推动各银行开展试点农村集体经营性建设用地抵押贷款，推动各银行开展试点农村集体经营性建设用地抵押贷款，2022年5家银行已累计办理1059笔、贷款金额7.54亿元。支持浏阳江淮村镇银行在官渡镇成立第一家助农取款服务点“浏金小站”；举行“金融服务乡村振兴垄上行”活动3场，为乡村振兴注入金融“活水”。

【优化金融生态】 防范和处置非法集资工作：2022年，浏阳市持续保持打击非法集资态势，开展元旦、春节、6月集中宣传月等集中宣传活动，通过“五进”、银行网点、金融村官、法律顾问等多种形式强化宣传实效，共计发放宣传资料20余万份，悬挂横幅、海报、展板等2800余份，发送宣传短信11万余条，发布“防非处非”宣传链接15条，发动全市机关干部职工在抖音、微博、微信群及朋友圈宣传3万余次，提升市民金融风险防范意识。联合市民政局、市政法委、市公安局等部门重点针对养老行业加大查处力度，全年开展专项风险排查10次。防范和处置非法集资工作连续六年获长沙市先进。信用体系建设：持续开展信用乡镇（街道）、信用村（社区）评定工作，联合市信用办、人民银行浏阳支行、市农商行对新申报的信用乡镇（街道）、信用村（社区）进行实地核验。截至2022年年末，全市共计成功创建13个信用乡镇（街道），274个信用村（社区）。压降不良贷款。发挥金融案件审判速裁庭作用，压降不良贷款。2022年，速裁庭共受理金融类案件1234件，已结1234件，结案率100%，结案标的1.78亿元，全市银行业金融机构不良贷款率0.7%。升级金融监管：全年做好融担、小贷、典当等地方金融机构日常监管，并完成融担、小贷2022年分类评级和典当公司年审等工作。结合相关要求，省、长沙市、浏阳市三级对辖区融担、小贷和典当公司的合规经营、风险管理等方面情况进行现场检查。浏阳市财信融资担保有限责任公司、湖南金信融资担保有限责任公司获全省融资创新贡献奖；浏阳市恒丰小额贷款有限责任公司、浏阳市小额贷款有限责任公司被评为“全省年度优秀小额贷款公司”。2021年和2022年浏阳连续两年县域金融生态综合评估被评为A类。

【浏阳市金融事务中心促企上市博士服务站揭牌】 2022年1月7日，

2022 年 1 月 7 日，浏阳市金融事务中心促企上市博士服务站（富栊新材站）揭牌仪式在湖南富栊新材料股份有限公司举行　　（市金融事务中心　供图）

浏阳市金融事务中心促企上市博士服务站揭牌仪式在浏阳经开区湖南富栊新材料股份有限公司举行，浏阳市人民政府二级调研员唐强跃参加活动。2 月 18 日，浏阳市金融事务中心促企上市博士服务站揭牌暨爱达环保上市启动仪式在位于浏阳市镇头镇的长沙爱达环保科技有限公司举行，活动现场长沙爱达环保科技有限公司与上市中介机构西部证券、天职会所、国浩律所进行签约，省金融局资本市场处处长易晓佳、省证监局综合业务处副处长曹向波、浏阳市人民政府二级调研员唐强跃以及浏阳市自然资源局、住建局、工信局、镇头镇政府等单位相关负责人共同为促企上市博士服务站进行揭牌。设立促企上市博士服务站，是浏阳深化企业上市服务改革的一项创新举措，旨在发挥博士服务站的“智囊团”优势，量身打造专业精准驻厂帮扶，助推企业加快上市步伐，实现高质量发展。市金融事务中心在湖南富栊新材料股份公司、长沙爱达环保科技有限公司设立“促企上市博士服务站”，并派代表每周三至周五入驻企业，为企业解决专业管理问题，帮助企业解决生产经营过程的政务服务和要素保障问题，协调有关部门，及时解决企业难题。

【浏阳市第六届金融服务季暨金融助力特色小镇“金融集市”活动】
2022 年 6 月 24 日，2022·浏阳市第六届金融服务季暨金融助力特色小镇“金融集市”启动仪式在浏阳市环保科技示范园内湖南润宇塑业科技有限公司举行，市内各金融机构以及镇头镇域合作社、园区企业代表、各村负责人、村民代表参加活动。启动仪式现场，中国人民银行浏阳支行代表就两项政策（《关于做好 2022 年金融支持全面推进乡村振兴重点工作的意见》《关于湖南省金融服务疫情防控和稳企纾困的实施意见》）进行解读。镇头镇人民政府、长沙银行浏阳支行、浏阳财信担保联合签署战略合作协议。当日，农业银行浏阳市支行、邮储银行浏阳市支行、长沙银行浏阳支行、浏阳农商银行、浏阳江淮村镇银行分别就金融助力特色小镇创新产品进行推介。农业银行浏阳市支行、交通银行浏阳支行、邮储银行浏阳市支行、长沙银行浏阳支行、浏阳农商银行、浏阳江淮村镇银行向镇头镇镇域内湖南润宇塑业科技有限公司、油茶产业链等企业产业代表进行集中授信，金额超过 4 亿元。随后，建设银行浏阳支行向企业详细推介数字人民币功能及应用场景，浏阳市中小企业融资担保有限公司和中国人民保险浏阳支公司先后进行金融服务典型案例分享。现场设置宣传展台、展板，向参加该活动的群众、企业普及金融常识、数字人民币应用场景推广。当日，浏阳市域内银行、保险公司、担保公司、小额贷款公司四类金融机构设立“现场办公室”，以“金融集市”的服务形式，为企业解读金融服务及产品优势，并现场解答企业金融服务咨询事项，现场办理金融业务。浏阳市第六届金融服务季以“创新金融服务　助力‘强省会’”为主题，重点围绕“金融机构献礼二十大”“金融服务乡村振兴”“金融助力‘金芙蓉计划’”“数字人民币推广及应用”“科技金融助力高质量发展”

2022 年 2 月 18 日，浏阳市金融事务中心促企上市博士服务站揭牌暨爱达环保上市启动仪式　　（市金融事务中心　供图）

2022 年 6 月 24 日，2022·浏阳市第六届金融服务季暨金融助力特色小镇“金融集市”启动仪式在浏阳市环保科技示范园举行　　（市金融事务中心　供图）

“金融公益”六大主题展开系列活动，活动持续至 10 月。自 2017 年起，浏阳每年举办一届金融服务季活动，该活动已成为浏阳市金融系统的品牌活动。镇头镇市浏阳市油茶特色小镇，经济发达，经济总量、财政收入、居民收入等均居全市前列，并建有环保科技产业园，培育引进一批优质企业，金融需求旺盛。

（唐海军）

银行业

【概况】 2022 年年末，全市银行业金融机构本外币各项存款余额 1233.75 亿元，同比增长 12.74%；各项贷款余额 1082.94 亿元，同比增长 7.07%，贷存比 88%（2021 年同期 92%）；全市银行业不良贷款率 0.7%，同比下降 0.04 个百分点；表外融资余额 210.42 亿元，同比下降 4.35%。人民银行浏阳支行被授予 2018—2020 年度中国人民银行“文明单位”称号，人民银行浏阳支行工会被授予湖南省人民银行系统“模范职工之家”称号。

【贯彻落实稳健货币政策】 2022 年，人民银行浏阳支行加强法人信贷调控，保持贷款总量合理适度。支持法人银行“三农”领域信贷投放，2022 年发放再贷款 8.15 亿元，支持两家法人银行对 2321 户涉农、小微主体发放优惠利率贷款。做好两项直达货币政策工具转换和接续工作，发放普惠小微贷款支持工具激励资金 1163.58 万元，全年推动法人银行发放普惠小微贷款 115.18 亿元。

【推进外汇便利化政策落地实施】 2022 年，建立浏阳市贸易外汇收支便利化试点企业白名单和跨境融资便利化试点企业白名单，引导 2 家银行和 9 家企业被省局批准为贸易收支便利化试点单位。督促银行向涉外企业推广汇率避险产品，提高企业规避汇率风险能力。2022 年，全市实现进出口总额 46.32 亿美元，同比下降 13.72%，辖内银行代客涉外收支总额 29.53 亿美元，同比下降 120.55%，银行结售汇总额 12.24 亿美元，同比下降 18.94%。

【重点领域风险防控】 2022 年，做好央行金融机构评级和宏观审慎评估，筑牢法人金融机构金融风险藩篱。辖内两家法人机构评级分别为 3 级和 5 级，无高风险机构。加强金融风险监测化解，监测配合做好房地产领域金融风险监测化解，重点关注政府性债务等重点领域基础信息和风险变化情况，辖内两家法人银行房贷占比及个贷占比均未超限。

【货币发行管理】 确保现金合理供应，加强库存监测，2022 年全年现金投放累计 44.05 亿元，同比增长 3%。做好假币收缴和假币鉴定工作，收缴假币 3684 张，为商行或个人出具货币真伪或特殊残缺污损人民币鉴定书 6 张，配合公安机关办理 4 起案件假币收缴工作。做好拒收现金线索评估工作，对 9 条线索提交情况和定性进行审核，对中国人民银行长沙中心支行转交关于浏阳南颂置业有限公司拒收现金和浏阳农商行三口支行拒收残币等投诉情况及时开展调查。

【经理国库】 2022 年，人民银行浏阳支行共办理国库业务 135.9 万笔，同比下降 3.56%。推进增值税留抵退税新政落地生效，留抵退税业务按照“即来即审，即审即退”的原则处理，累计办理增值税留抵退税业务 1834 笔，涉及资金 15.47 亿元。加强储蓄国债发行管理，做好储蓄国债服务新市民工作，继续推进“国债下乡”，截至 12 月底，辖内共发行储蓄国债 4619.95 万元，同比下降 9.3%，其中乡镇网点发行 439.88 万元。加强对工业园国库督导，提高代理国库管理水平，与浏阳经开区管委会保持沟通，推进工业园国库更名工作，规范工业园国库管理体制。

【支付结算】 提升账户服务水平，坚持个人账户服务和小微企业简易开户常态化暗访督查，做好对公账户管理工作。推进辖内支付手续费减费让利工作，辖内浏阳农商行 2022 年累计减免各类支付手续费近 3000 万元，浏阳江淮村镇银行坚持打造“零收费”银行。持续提升中央银行会计核算质量，2022 年办理各类 ACS 业务 700 多笔，未出现业务作废、退回等情况，联合中国人民银行长沙中心支行营业部开展 ACS 业务应急演练，提高ACS突发事件应急处置能力，获长沙地区ACS会计核算业务竞赛团体第一名。

2022年12月12日，人民银行浏阳支行组织开展2022年度金融机构反洗钱业务培训
（人民银行浏阳支行　供图）

【征信管理和服务】 2022年，持续优化征信柜台窗口服务标准化建设，在全市设置6个自助查询点，加强辖内自助查询网点的管理，向社会公众提供优质征信查询服务。强化"投诉处理+征信乱象整治"，维护群众征信合法权益，全面摸排辖内22家以征信名义从事非法信用修复的企业，对于未从事征信业务或主营业务非征信的存量企业，通过电话询问、上门走访等途径进行正面宣传引导，督促变更登记名称及经营范围。

【金融消费者权益保护】 开展湖南省金融教育示范村创建工作，成功创建9家金融教育示范村。2022年，辖内共181个村与金融机构建成"结对"机制，中国人民银行长沙中心支行肯定浏阳农村金融知识宣传工作，指出"布局早、行动快，效果好"。做好金融知识宣传，突出重点人群，探索多种宣传方式，扩大金融知识宣传的覆盖面和影响力。做好金融消保评级和投诉处理，引入银行业自律机制初评机制，完成18家机构2021年度消保评级，受理投诉举报5笔，办理满意率100%。

【调查统计数据质量管理】 建立健全统计体系，更新金融"暖春行动"企业走访对接情况监测表等报表，新增房地产信贷数据监测表、科技金融对接情况监测表等统计报表。推动地方金融组织统计制度落地，加强与11家地方金融组织沟通协调，指导其按时按质完成月报、季报、年报数据报送，确保落实地方金融组织统计制度。

【推进金融服务乡村振兴】 2022年，人民银行浏阳支行探索创建金融支持乡村振兴"乡镇样板"，以官渡镇为样本，推进特色产业扶持、金融生态优化、金融服务便民"三大工程"，官渡镇农户信用信息采集率达98%，该镇银行网点存贷款余额同比分别增长16.04%、44.49%，创建首家"助农取款服务点浏金小站"，相关做法获《金融时报》刊载推介。支持农民合作社及村级集体经济组织发展，推动银行加大对村级集体经济组织的金融支持，对245个村级集体经济组织预授信5.04亿元。创新金融产品，2022年辖内银行创新"创业贷""湘女贷"等产品，截至2022年年末，有粮食贷、油茶贷、牲猪贷、烟农贷、茶叶贷等乡村振兴特色产品，推广惠农快贷、湘农云担等线上产品。

【落实落细稳企纾困政策】 2022年5月，人民银行浏阳支行制定印发《浏阳市金融服务疫情防控和稳企纾困工作方案》，提出稳企纾困17条，细化落实措施，聚焦重点行业、重点领域实行精准帮扶，加大金融支持力度。有关工作获得市委书记的肯定性批示。行领导带队到银行、企业开展走访调研十余次，金融稳企纾困取得阶段性成效。6月17日，联合市金融事务中心、市发改局开展浏阳市"金企对接在一线"——社会投资重点项目专场活动，人民银行浏阳支行详细解读金融服务稳企纾困相关政策。6月24日，与市金融事务中心联合主办浏阳市第六届金融服务季暨金融助力特色小镇"金融集市"启动仪式等活动，开展金融政策宣传、信贷产品推介，引导银行开展"百名金融村官帮千企""科创潇湘行"等暖春行动。累计走访各类市场主体超3000家，发放贷款超100亿元；开展银企对接活动超30场，签约金额超143亿元。发挥贷款市场报价利率的引导作用，推动贷款利率稳中有降。辖内金融机构累计办理延期还本付息20亿元，为2684家企业节省"过桥"费用，发放贷款加权平均利率5.33%，同比下降35BP（BP指基点，是衡量利率的度量单位，1个基点等于0.01%，100个基点就是1%）。

【完善农村信用体系建设】 开展信用乡、村创建。2022年，完成2021年信用乡镇（街道）、村（社区）评定工作，截至2022年年末，全市已成功创建12个信用乡镇（街道），274个信用村（社区），已评定信用村（社区）占比84%。推进"整村授信"，提升征信赋能，稳步推进农户、新型农村经营主体等信用档案建设，建档覆盖率98%，农户授信面91%，授信金额176亿元。

【反电信诈骗和反洗钱工作】 做好辖内账户风险防控工作。2022年，人民银行浏阳支行持续推进"断卡"行动，配合公安机关在辖内重点开展打击新型电信网络诈骗违法犯罪活动，督促辖内金融机构做好新开账户风险识别和存量账户风险管理，辖内整体涉案账户数量有所下降。加强反洗钱工作，对辖内 50 家金融机构 2021 年度反洗钱工作开展情况进行分类评级，并对 8 家反洗钱义务机构开展监管走访。加强重点可疑交易报告管理和反洗钱宣传培训，常态化开展反洗钱"利剑"行动。

【浏阳市"湖南省金融教育示范村"集中授牌仪式举行】 2022 年 6 月 23 日，浏阳市"湖南省农村金融教育示范村"集中授牌仪式在沿溪镇沙龙村举行，人民银行长沙中心支行消保科负责人现场为沿溪镇沙龙村、大瑶镇上升村、北盛镇乌龙新村、永和镇永福村、关口街道道源湖村、社港镇源田村、金刚镇石霜村、张坊镇田溪村 8 个"湖南省农村金融教育示范村"进行授牌。该活动由人民银行浏阳支行主办，中国建设银行浏阳支行承办，市金融事务中心以及中国建设银行浏阳支行等 8 家银行负责人、沙龙村村民代表共 100 余人参加。授牌仪式后，浏阳农商银行和中国建设银行浏阳支行分别进行反电诈情景剧演出和防范非法集资培训宣讲。

【外汇管理】 2022 年，辖内货贸名录企业 774 家，本年度新增 73 家，境内存量外商投资企业 122 家，本年度新增 4 家，对外投资设立企业 16 家，外汇指定银行 14 家。全市实现进出口总额 46.34 亿美元，同比下降 20.52%，辖内银行代客涉外收支总额 29.53 亿美元，同比下降 12.92%，银行结售汇总额12.24 亿美元，同比下降 18.95%，存量外债 12 笔，签约额共计 3.16 亿美元。组织国家外汇管理局浏阳市支局和辖内外汇指定银行外汇业务从业人员学习《贸易外汇收支便利化试点》和《高新技术和"专精特新"跨境融资便利化试点》文件精神，安排部署辖内相关"试点"工作。截至 2022 年 12 月，国家外汇管理局浏阳市支局建立辖内"贸易外汇收支便利化试点企业白名单"32 家和"高新技术和"专精特新"跨境融资便利化试点企业白名单"5 家。联合外汇指定银行到辖内重点企业调研 6 次，辖内 2 家银行和 9 家企业通过省局批准为贸易收支便利化试点单位。组织辖内外汇指定银行召开专题会议，督促银行向涉外企业推广汇率避险产品，帮助企业提升汇率避险意识。同时要求辖内外汇指定银行将企业使用汇率避险产品情况统计以月报形式向支局报送，及时掌握辖内企业汇率避险工作进展情况。做好辖内银行外汇业务暗访督导，保障外汇新政落地起效。强化专项核查监督，对 4 家银行开展国际收支统计申报业务现场核查。

（谭　建）

2022 年 6 月 23 日，浏阳市"湖南省农村金融教育示范村"授牌仪式在沿溪镇沙龙村举行

（人民银行浏阳支行　供图）

【中国工商银行股份有限公司浏阳支行】 中国工商银行股份有限公司浏阳支行隶属中国工商银行股份有限公司湖南长沙分行，内设党群办、综合办公室。公司业务部、大个金中心、个人贷款中心、业务管理经营部，下辖支行营业室，5 个二级支行(天马路支行、城北支行、环府路支行、工业园支行、大瑶支行)，共有在职员工 94 人。2022 年，支行抓好经营指标、客户服务、增收节支、风险防控、精细化管理、员工收入、人才队伍培养等各项工作，推动浏阳支行持续、稳健发展。截至 12 月 31 日，各项存款时点余额 280845 万元，其中储蓄存款时点余额 205811 万元、公司存款时点余额 45166 万元、机构存款时点余额 29869 万元;各项贷款余额 775657 万元，其中公司贷款(含小企业)余额 491423 万元、个贷余额 284233 万元、银监口径普惠贷款余额 50351 万元;不良贷款余额 2029 万元，不良率 0.26%。2022 年上缴税收 2157 万元。2022 年，支行落实总行"从严治行""过程控制"要求，加强内部管控，坚决遏制违规经营和违法犯罪行为，全行未发生重大风险事件和案件。获 2022 届"中国工商银行湖南省分行文明单位"、2022 年度浏阳市政府"浏阳市勇当强省会战略开路先锋——服务民营经济高质量发展先进单位"、大瑶镇政府"金融贡献奖"、浏阳经开区管委会"金融服务先进单位"、浏阳市公安局"2022 年单位内部治安保卫工作成绩突出集体"等荣誉。支行党总支行被长沙分行评为优秀党（总）支部;1 人被评为长沙分行优秀党员、1 人被评为湖南分行优秀党员，2 人被评为长沙分行优秀党务工作者。壮大资产业务。2022 年，支行累计发放公司贷款 17 亿元，重点支持浏阳城市建设、文化旅游、园区开发、民生项目建设等；发展普惠业务，支持实体经济发展。年末，银监口径普惠贷款余额 50351 万元，较年初增长 13446 万元，客户数较年初增长 199 户，支行推出的烟农 e 贷服务

方案和案例《烟农e贷服务三农谱新篇》获总行“贷动振兴、服务乡村”乡村振兴业务旺季营销活动案例争霸赛优胜奖。落实行内外关于稳企纾困和疫情防控相关工作部署，坚守服务实体经济本源，聚焦重点领域、稳企纾困、惠民惠企、服务升级4个方面，支持服务地方经济稳健发展，2022年累计办理无还本续贷4114万元。增强个人住房贷款服务力度，2022年新增按揭贷款项目15个，对浏阳地区可做一手按揭贷款或正在准入的楼盘开展上门服务；每周安排主管行长、个贷主任值班，客户经理上门面签服务，获客户、房产企业好评。全年累计发放2784笔，金额7.10亿元。加大商户服务力度，了解听取商户客户意见建议，指导客户正确使用方法及注意事项。同时，针对商户的不同需求，重点介绍烟草贷、e抵快贷、信用卡等金融产品的优势。年末，实现有效商户净增696户，完成率167%；收单交易额153468万元，完成率161%，2022年10月，支行获长沙分行商户贷“申请客户数”“授信额度”“有贷客户数”三个第一名。推动城乡融合发展，优化网点布局。支行选址洲阳市大瑶镇门面，新设浏阳大瑶支行，2022年年底开张营业，服务浏阳南区经济；同时，支行在浏阳高新区永安镇物色门面，新设浏阳永安支行，年底已完成装修；新购置的工业园支行网点完成装修，2023年1月迁址营业。树立工行品牌形象，创建“农村金融教育示范村”。建立“一村一机构”金融教育主办制度。上半年支行为浏阳市大瑶镇上升村投入创建农村金融教育示范村工作，6月23日，通过人民银行对农村金融教育示范村验收。助力区域乡村振兴。2022年7月，支行选派党员张剑虹作为驻村第一书记到长沙分行乡村振兴精准帮扶村——浏阳市大围山镇同幸村开展工作。加强内控案防管理，结合内控合规主题活动、组织员工学习《中国工商银行员工行为禁止规定》《刑法(节选)读本》等法律、法规，开展警示教育活动，树立依法合规经营思想。年初，支行分层签订《浏阳支行年度党风廉政建设和案件防范工作目标责任书》，落实案防责任，履行案防职责，全年内员工及支行未发生重大违规事件及经济案件。

（谢　晖）

【中国农业银行股份有限公司浏阳市支行】 截至2022年年底，中国农业银行浏阳市支行有正式员工196人，内设运营财会/综合管理部、风险管理部、个人金融部、公司业务部、网络金融部，下辖支行营业部、荷花支行、长兴支行、大道支行、集里支行、古港支行、官渡支行、永和支行、大瑶支行、文家市支行、永安支行、镇头支行、北盛支行、工业园支行14个网点，离行式自助银行2个，以及遍布浏阳所有行政村的共计437个惠农通助农取款服务点。截至2022年12月末，该行各项存款余额97.67亿元，其中个人存款时点达57亿元，时点较年初净增10亿元，较2021年同期及历史最高水平多增5.2亿元。服务“三农”。2022年，支行在全省农行系统推出“乡村振兴带头人”贷款和“农户信息建档”贷款，即对村支两委工作人员、种养殖户、个体工商户等给予50万元以内的纯信用的线上贷款。截至2022年12月末，完成对永安、北盛、镇头等28个镇246个行政农户建档全覆盖，累计对3767户农户建档完成授信，为辖内农户授信12.62亿元，贷款余额7.45亿元，较年初净增2.3亿元，总量与年增量均排名全省农行第一名。该行农户贷款平均年利率不足4%，为金融同业中最低。同时，该行在全省农行系统推出新型职业农民贷款、水果贷、蔬菜带、苗木贷、烟农贷、烟商贷等专业特色贷；为湖南西溪旅游发展有限公司（西溪大峡谷景区）、浏阳市东门环境事业发展有限公司（大围山镇东门村集体经济组织控股）投放全省首笔重点乡村旅游贷款和村集体经济组织类贷款；联动永安镇政府将永和村打造成为全省数字人民币示范村；在大围山镇试点长沙农行首个乡镇治理平台系统等。服务平台。助力政府隐性债务化解，支持平台公司融资需求。该行围绕平台公司转型升级，加大与浏阳市辖内平台公司的对接力度，在省、长沙市分行的信贷政策倾斜支持下，与辖内的主要平台实现从无到有的全面合作，对浏阳市城乡发展集团有限责任公司（浏发集团）、湖南金阳新城建设发展集团有限公司(金发集团)、湖南金阳投资集团有限公司(金阳投资)、浏阳现代制造产业建设投资开发有限公司(产建投)4家平台公司的信贷合作，从2020年初的零信贷合作至2022年12月末，已实现授信41.73亿元，贷款余额17.2亿元。其中，为浏发集团提供授信27亿元，并于2022年6月为浏发集团审批20亿元“一河两岸”城市更新项目贷款，贷款期限19年，该项目已投放贷款12亿元，加上2021年投放的额流贷，在该行的贷款余额为15亿元。服务园区。园区及重点项目营销再上新台阶，实现上市湖南科霸汽车动力电池有限责任公司、以及医院类客户浏阳市集里医院、浏阳市妇幼保健院、重点项目“浏阳市一河两岸综合治理及老城区品质提升项目20亿元城市更新改造贷款”的突破，合计授信21亿元；惠科合作再上新台阶，用信余额较年初净增1.75亿元、年内累计办理国际业务223笔，金额2.36亿美元，同业市场份额达60%。普惠业务保持领先优势。截至12月末，支行法人普惠贷款余额4.22亿元，较年初净增1.23亿元。风控管理。截至12月31日，收回不良贷款本息45929万元(含长浏、鼎丰、鸿宇4.51亿元)，其中收回表内不良本息392.59万元、收回表外已核销贷款本息45536.41万元。实现不良贷款核销1235.92万元。年末不良率为0.22%，较年初下降0.12%，不良率达到近8年来历史最低水平。网点建设。优化网点布局，加大特色网点打造力度。该行结合网点区域文化特色，打造特色文化网点，展示浏阳特色文化，提升客户体验，截至12月末，已完成10个网点的特色文化打造，如红色清廉文化网点文家市支行、园区示范型网点经开区支行、乡村振兴示范网点永安支行和北盛支行，将长兴支行作为全省金融系统首家“退役军人金融服务驿站”，获退役军人事务部、省退役军人事务厅的观摩赞赏。

（郑　密）

【中国建设银行股份有限公司浏阳支行】 2022年，中国建设银行股份有限公司浏阳支行内设综合管理部、业务管理部和客户部3个职能部门，下辖支行营业部、集里桥支行、天马路支行、经开区支行、长兴支行五个综合性网点，配置离行式自助银行3个，年末在岗员工82人。主要业绩指标发展。截至2022年12月31日，一般性存款时点余额66.86亿元，其中个人存款时点余额40.96亿元，比年初新增6.15亿元；对公存款时点余额25.90亿元，比年初新增1.91亿元。贷款余额合计107.78亿元，比年初新增1.93亿元。利润总额25216万元，中间业务净收入7397万元。不良贷款余额4494万元，不良率0.41%。逾期贷款余额7675万元，逾期率0.71%。普惠金融发展。2022年年末，普惠金融贷款余额10.43亿元，较年初增长3.09亿元。乡村金融生态建设。2022年12月底，浏阳支行共有裕农通服务点532个，行政村覆盖率99.3%；农村集体经济组织账户实现双百：账户活跃率100%，共享贷授信覆盖率100%。服务实体经济。加大对实体经济的支持力度，由行领导带队全面对接政府，聚力重点项目，走访各大企业，了解企业需求，为企业生产经营提供金融和非金融全方面服务。平台合作。浏阳建行作为唯一合作平台参加浏阳商务局组织开展的"河畔季风"消费节活动，助力抗疫、拉动消费，得到政府、商户、用户认可。内控管理。建立员工行为管理"二级网格"，实现员工100%覆盖。

（钟　剑）

【中国银行股份有限公司浏阳支行】 中国银行股份有限公司浏阳支行为中国银行湖南省分行直属支行，内设综合管理部、业务管理部、公司金融部、个人数字金融部和普惠金融事业部5个部门；辖内有营业部、礼花路支行、浏阳大道支行、经开区支行，高新区支行、大瑶支行6家经营性网点，城区、乡镇"3+3"布局覆盖，有合同制员工99人。截至2022年年末，全行本外币存款日均余额69.04亿元，较年初增长3.67亿元，增幅5.62%；全行本外币各项贷款余额77.78亿元，较年初减少1.97亿元，降幅2.47%。业务发展。抓好"双户双基"（普通活期账户和银行结算账户；基础管理和基层管理）工作，加强客户过程管理以及有效客户的数据分析，多渠道拓展账户，加强与网点的有效沟通，推动网点精准提质。国际结算市场份额持续提升，截至2022年9月末，支行在浏阳当地市场份额为49.22%，较年初提升18.35%。加深客户合作关系，成功为重点客户蓝思科技叙做大额远期锁汇业务1.2亿美元。通过结构性存款、表内外理财、国债、中银慧投等产品加强客户资产配置，提升全量资产。制定普惠专项拓展方案，细化目标任务至部门及网点，压实各层级责任，加强与政府部门、行业协会、担保公司的联动，召开多场"百场千户""惠如愿——中银专精特新普惠行"银企对接会、科创潇湘行活动，走进园区、乡镇和核心企业，夯实客户储备，确保普惠金融业务持续发展。队伍建设。支行为新入行员工配备导师，举办"乘风蜕变，扬帆起航"新员工交谈座谈会，促进其业务和职业生涯快速发展；拓宽年轻人才晋升提拔空间，2022年，该行提拔1980年、1990年后出生的年轻基层正职2名，基层副职4名；举办涵盖党务、业务、财务等多个条线20余次培训；与外部培训机构合作，举行3期45人次的精英员工计划培训，聘请专业讲师进行管理技能、营销策略等方面的培训；制订《2022年度培训计划》，打造一支复合型人才队伍。风险防控。制定涵盖网点内控管理与操作、内控副职和综服经理的各项考核办法，引导和培养员工合规文化的创建，形成全行合规经营、规范操作的氛围；做实内控再造，投入"夯基固本强内控"专项整治；加强风险排查，开展关于违反中央八项规定精神自查自纠、全辖现金及重空管理专项整治、全辖闲置房产处置专项整治等工作；组织开展全行安全生产大检查工作。客户投诉管理。2022年，浏阳支行客户服务类投诉连续8个月为零，获省行表扬；2022年浏阳支行服务类投诉仅1笔，较2021年下降6笔，同比下降85%。

（李晓熙）

【湖南浏阳农村商业银行股份有限公司】 截至2022年年末，湖南浏阳农村商业银行股份有限公司全行各项存款余额469.19亿元，各项贷款余额316.61亿元，表内不良贷款率1.5%，实现经营利润11.56亿元，资本充足率为16.1%，核心资本充足率15.59%，拨备覆盖率285.13%，拨贷比4.29%，省联社经营管理等级评定和经营绩效分类考核分别达到一类一级、A级，银保监会、央行评级持续向好。获2022年长沙金融创新奖——金融金融创新成果奖二等奖、第三届"我是农商好讲师"内训师大赛——最佳团队精神奖，《金融村官"一员四链"服务乡村振兴模式》入选市"十佳金融服务案例"。坚守主业促发展：突出存款业务组织。抓好存款结构优化，严控大额存单发行，突出低息存款考核，以口袋零钱、微信提现返还手续费业务为抓手，打破微信、支付宝的资金闭环，有效降低资金组织成本。突出信贷业务营销。以贷款营销为重点，加强对新型农业经营主体、小微企业、个体工商户等客群的营销力度，贷款投放量实现稳中有升；依托"科创贷""绿色贷""人才贷"等专属产品，开展"百名金融村官帮千企"行动，全年共拜访企业客户2369家，授信143.41亿元，用信83.18亿元。突出基础客户拓展。向国家级浏阳经济技术开发区、浏阳市省级农业科技园和浏阳市环保科技示范园派驻3名金融服务助理，加大园区服务对接力度；拓展银医合作，为全市100%的乡镇医院、90%以上的村级卫生室提供结算服务。抓银校合作，抢开教育发展中心账户，基本账户开户率90%。服务创新促转型：推广"浏阳快贷"，研发惠农快贷、房抵贷、存单质押贷等多个线上产品，提供贷款预约咨询服务；开展互联网金融业务系统的试运行及培训，启动新版手机银行的客户回迁工作，研发贷记卡网申业务系统，实现贷记卡的全线上办理。截至2022年年末，贷记卡线上申请通过率70%。拓宽银政、银医、银社、银校合作渠道，实现“口袋零钱”隔日清算功能。推动网点提质改造，完成集里、普迹、达浒等7个标准网点改造工作；上线反洗钱辅助管理系统，提高反洗钱工作质量；合理配置资金业务产品，提高资金使用效率，2022年年末资金业务收入7.83亿元，比上年增加2500万元。坚持“强统筹、严管理、优服务”方针，推进村镇银行持续稳健发展。截至2022年年末，8家湘淮村镇银行各项存款余额69.89亿元，比年初增加7.01亿元，各项存款日平余额66.86亿元，比年初增加7.58亿元；各项贷款余额65.89亿元，比年初净增3.76亿元；不良贷款余额4922.33万元，占比0.75%，实现经营利润1.84亿元。强控风险促提质：强化不良清收。运用表外不良贷款管理系统和观察期不良贷款分析系统，加强与法院金融执行专案组对接联系，2022年共计完成表内外不良贷款自主现金清收1.37亿元。加强内部管控。建立内部控制快速诊断机制，及时发现经营漏洞和潜在隐患，有效开展全行信贷领域专项大检查。树立员工合规经营的理念，组织全行合规知识竞赛，开设“合规周记”专栏，推动合规文化建设。保障安全生产。推动安防技防系统联动升级改造，开展安全知识答题和测试活动，组织紧急报警、防抢劫、押运中断等应急演练，确保平安稳定。队伍培育促提升：注重培训强素质。2022年，公司开展内训课堂49场，参训人员合计4752人次。注重实干强能力。构建奋斗者评价体系。2022年，共评选出“月度之星”89人、“奋斗者之星”8人。注重考核强作风。推行模拟利润考核，将支行对员工绩效考核权限的分配比重提高到50%；出台员工违规行为处理办法，建立健全内外监督体系，强化行风监督员履职，推动转作风、强能力、促发展。

（周　琼）

【长沙银行股份有限公司浏阳支行】 2022年，长沙银行股份有限公司浏阳支行内设公司业务部、零售业务部、小微业务部、风险管理部、运营管理部、授信审批部、综合管理部、人力财务部、内控合规部、安全保卫部10个职能部门，下辖支行营业部、集里支行、联城支行、永安支行、经开区支行等19个网点，员工254人。12月底对比年初，总存款占比19.99%，较年初新增1.85%，其中对公存款占比27.29%，较年初新增4.27%；储蓄存款占比16.89%，较年初新增1.17%。贷款市场份额增速明显，总贷款占比11.99%，较年初新增0.86%，其中，对公贷款占比10.27%，较年初新增0.9%；个人贷款占比14.18%，较年初新增0.8%。

（宋冰清）

【中国邮政储蓄银行股份有限公司浏阳市支行】 截至2022年年末，该行各项存款余额13.82亿元，其中个人储蓄存款余额9.10亿元，公司存款余额4.72亿元；各项贷款余额46.95亿元。业务发展。做好普惠金融服务。2022年，支行实体贷款放款11.72亿元（小企业放款3.62亿元，三农放款8.1亿元）；制定乡村振兴“1+N+1”（第一个“1”指的是金融支持乡村振兴主方案，“N”指的是涵盖各条线重点项目的多个子方案，最后一个“1”指的是以客户为中心的融合方案）综合金融服务方案，打造“党建+数据+诚信金融”邮储模式，建成信用村20个，累计建档信用户6541户，发放信用户贷款4368万元，并成功实现“三权分置”下的产权质押抵押贷款模式放款，累计发放贷款6笔，金额268万元；推出系列金融举措，支持科创企业高质量发展，2022年，支行向专精特新等科创企业投放各类资金1.93亿元，科创企业贷款比例达到50%以上。执行惠农惠企政策，2022年“三农”贷款平均利率同比下降26BP，小企业贷款平均利率同比下降23BP。加大重大项目建设贷款投放。加大重点行业信贷投放，为浏阳市金发集团、浏发集团、蓝思科技、浏阳市中医院等大型企业客户提供授信支持。重点支持辖内金阳新城人才公寓、“一河两岸”城市更新等重大项目建设。支行管理。开展内控合规三年提质增效活动，全年未发生洗钱风险事件；推进资产质量整治，加大司法诉讼、自主清收、核销处置效率；落实“疫情要防住、发展要安全”，疫情防控成效良好；开展“平安邮储”创建工作，实现全年“零案件、零事故”目标。

（曾　翠）

保险业

【中国人民财产保险股份有限公司浏阳支公司】 中国人民财产保险股份有限公司浏阳支公司下辖6家“三农”营销服务部、31个保险服务站、302个保险服务点，服务网络遍及城乡。2022年，支公司在浏阳地区实现保费收入9.59亿元，承担风险责任近1万亿元。服务实体经济发展。2022年，支公司通过开办新材料、企财险、工程险、产品质量责任险、雇主责任险等险种，为长沙五犇新材料科技有限公司、湖南百宜科技集团有限公司、湖南中大机械有限责任公司、东信烟花集团、中洲烟花集团等实体经济支柱企业和园区企业提供风险保障逾22亿元。2022年2月雪灾，向受损烟花企业支付赔款超1000万元。保障民生福祉。开办全市食品安全责任强制保险、校责险、一元民生、住建安责险、高速公路安责险、环境污染责任险等行业统保项目，有效承接政府管理职能。先后开办治安保险、巨灾保险、农房保险、精神病监护人责任险、乡村振兴保、公厕保险等民生类险种，2022年，累计支付民生类赔款1000余万元。落实支农惠农政策。开办水稻完全成本、防返贫综合保险等20余个扶贫险种，精准帮扶浏阳市贫困农户农业生产和生活。自农险业务在浏阳市开办起，承办农险业务15年多，2022年累计为浏阳市种植、养殖业提供风险保障16亿元，全年支付各类农险赔款4800余万元。2022年8月29日，支公司统筹购买40台总价值10万元的柴油抽水泵，援助永安、沙市、镇头、葛家等13个乡镇,用于抗旱支援农业生产。强化风险管理。落实风险减量管理,强化对浏阳市重点企业、区域的风险监测,做好汛期、低温冰冻等恶劣天气的防灾防损检查,绘制浏阳市重点区域风控地图,并购置水浸润设备加强内涝实时监控,成功应对浏阳市局部发生的多起自然和意外灾害,助力浏阳市防灾防损体系完善。

（谢乃辰）

【中国人寿保险股份有限公司浏阳支公司】 2022年,中国人寿保险股份有限公司浏阳支公司设有经理室、综合部、营销发展部、收展发展部、个险培训部、银行保险部、团体业务部、客户服务中心1室7部,下辖19家城区、收展和农网职场。全司共有人员549人,其中机关人员50人(签订劳动合同员工36人、退休9人、劳务派遣人员5人),保险代理人499人。全年完成总保费收入44437.3万元,其中寿险新单保费21780万元,期交保费5636万元,标准保费1586万元,其中短险保费14277万元(含健康险口径)。为客户办理理赔案件14000余件,理赔支出13156.47万元,结案率100%,短险赔付率49.4%,风险管理良好。业务发展:个险。人力和业务均保持正增长,下辖17个职场,42名主管。寿险业务、健康险业务、意外险业务平稳优质,市场份额稳步提升,充分发挥保险经济"减震器"和社会"稳定器"功能。2022年,落地实施上级公司一系列重大改革项目,积极推广"众鑫计划"专项提优提质项目,加快队伍的专业化、职业化转型进程;全面升级实施销售队伍管理办法,聚焦新人、主管和星级人力群体,强化业务与服务品质管理,队伍活力有效激发,队伍基础不断夯实。团险。积极发挥短期保险专业优势,全面服务乡村振兴,坚守保险本源,为常见的意外、健康、死亡等风险因素提供保障;将民生公益保险向全市延伸,做百姓身边的保险专员;为关爱妇女儿童健康保险,为家庭有效抵御风险,为促进社会和谐与发展,为人民美好生活贡献绵薄之力。银保。银保渠道注重客户服务,送服务到家,重视银行渠道的经营维护,同银行在战略上保持一致,与中国银行、农业银行、工商银行、建设银行、长沙银行等多家银行保持长期合作关系,全年多场网点沙龙,精准高效为客户提供服务,超额达成年度业务目标。2022年,公司推出国寿爱意康悦医疗保险、尊享福产品组合、惠享福产品组合等风险保额大的产品,满足客户提高风险保障的需求;推出鑫享未来、鑫瑞稳赢等长期险理财账户类产品,对星级客户进行星级认证,满足客户理财需求,让客户财富保值增值。优质服务:公司实现无纸化服务,不断优化中国人寿寿险、云助理、国寿E店、中国人寿双录等App,依托科技赋能,轻松实现掌上智能服务。聚焦老年客户群体的保险业务办理需求,延伸服务触点,优化服务流程,柜面推出"简捷、品质、温暖"系列适老化服务,更好地满足老年客户的现实需求,切实提高其保险服务体验,致力为老年人打造有爱的生活。风险防控:公司每月组织全员学习杜绝非法集资相关知识、反洗钱学习并签订承诺书;6月党支部党员服务队积极参与浏阳市防范非法集资主题宣传日活动,向群众宣传金融知识、防范非法集资知识及反洗钱知识,现场发放宣传资料1000余份,获得市政府相关部门及人民银行浏阳支行的肯定。执行上级公司及人民银行的反洗钱工作,参加人民银行组织的培训,在人民银行2022年度反洗钱评级中申请免评级;每月不定期进行风控排查;每周五风控早会加强销售人员依法合规经营、杜绝销售误导、维护行业诚信、提高服务品质。

（李　婵）

【中国平安财产保险股份有限公司浏阳支公司】 2022年,中国平安财产保险股份有限公司浏阳支公司坚持践行保险行业核心价值理念,2022年实现保费收入6.1亿元,缴纳和代收税款7560.82万元。2022年,支公司承保种植业、养殖业、森林保险,为浏阳农业基础发展提供保障支持;参与省扶贫办和省保监局共同推进的"扶贫特惠保"项目,为24000余位贫困人口提供风险保障;承保老年人意外保险,为浏阳西北区7000余老年人提供意外保障;为全市300多名扶贫干部提供意外保障。坚持合规经营,保证公司可持续发展。持续践行合规底线思想,深入排查合规风险隐患,建立风险防范体系,护航公司合规健康经营;每季度组织各部门参加反洗钱反非法集资等合规学习,加强队伍合规意识,保证公司健康发展。"科技+金融"护航都市现代农业。公司依托"科技+金融"新模式驱动发展,以核心业务管理系统和前端移动服务平台作为两大抓手,建立客户信息管理平台,标的信息管理平台,风险防控平台以及互联网、综合金融、扶贫管理平台四大综合管理平台。完善民生救助保障体系。公司围绕"扶老、助残、救孤、济困"四项民生工作,针对浏阳市民生现状,设计专属的高额、代价、普惠的民生保险产品,兜底保障对象扩大到更多人群,巩固市政府脱贫攻坚成果,助力打造民生兜底保障示范性基地。助力乡村振兴。与浏阳市镇头镇干口村达成战略合作协议,依托公司综合保险业务优势,深化双方务实合作,发挥金融对农村发展的助推作用,为建设镇头镇提供金融保障。

（王　颖）

道吾山杜鹃　　　　（彭红霞　摄）

旅　游

旅游管理

【概况】 截至2022年,全市有A级旅游景区20个,其中国家AAAA级旅游景区3家,国家AAA级旅游景区16家;国家地质公园1个,国家森林公园1个,全国红色旅游经典景区2家,湖南省文旅特色小镇1个,省五星级乡村旅游区(点)10个。省级乡村旅游重点村2个,国家级乡村旅游重点村2个。五星级旅游饭店1家;星级乡村旅游区(点)17家,其中五星级10家;旅行社(独立旅行社、分社、网点)165家,其中5星级1家,4星级4家。2022年,全市共接待游客3048.66万人次,同比增长4.83%;实现旅游收入322.26亿元,同比增长6.12%,位居中国县域旅游综合实力百强县第6。

【研学旅游】 截至2022年,浏阳市有研学实践教育基地30家,其中国家级研学基地1家,省级研学基地6家,开展研学旅行活动2000多场,覆盖35万余人,创造2万余个就业岗位,带动周边农户共同参与、共同富裕。胡耀邦故里、秋收起义文家市会师纪念馆、李白烈士故居等主打红色研学,中澳蓝鹰等主打国防军事研学,梅田湖实践教育基地、中华老种子博物馆等主打农耕文化研学,道远书院主打国学研学,新聪厨主打蒸菜研学,形成构成多元、内容丰富、特色鲜明的研学产业体系,年均带动文旅消费超30亿元。2022年3月14日,湖南省文化和旅游厅《关于确定104家湖南省研学旅游(示范)基地名单的公告》,大围山国家森林公园研学旅游示范基地、浏阳梅田湖研学旅游示范基地被确定为“省级研学旅游示范基地”,湘赣边秋收起义红源研学旅游基地、浏阳博士村研学旅游基地上榜“湖南省研学旅游基地”。

【浏阳新增4家国家AAA级旅游景区】 2022年,锦绶堂景区、华盛乐园景区、田螺庄园景区、浏河第一湾生态旅游度假区4家景区被评定为国家AAA级旅游景区。截至2022年,全市国家AAA级旅游景区增加至16家,国家A级旅游景区增加至20家。

【初心源·湘鄂赣文旅一卡通结算发放仪式】 2022年4月26日,初心源·湘鄂赣文旅一卡通结算发放仪式在浏阳举行,现场为三省九县(市、区)文旅企业结算发放金额260余万元,帮助三省九县(市、区)文旅企业复苏发展。初心源·湘鄂赣文旅一卡通于2021年4月8日首发,首批整合浏阳市、万载县、铜鼓县、上栗县、醴陵市、平江县、莲花县、袁州区、通城县等湘鄂赣三省九个县(市、区)A级旅游景区,酒店、餐饮店、购物点等涉旅商家共300余家,该卡售价99元(其中69元用于反哺收费景区结算)。在一年有效期内,持卡人可无限次(个别限次)免费进入加盟景区,同时享受酒店、民宿、餐饮等加盟商户折扣优惠。截至2022年4月7日,各县(市、区)拿卡数总计60000张,实际激活37726张,反哺景区结算款260多万元。

【浏阳市古港镇梅田湖村入选第四批全国乡村旅游重点村名单】 2022年12月7日,文化和旅游部发布《文化和旅游部关于公布第四批全国乡村旅游重点村和第二批全国乡村旅游重点镇(乡)名单的通知》,确定第四批全国乡村旅游重点村和第二批全国乡村旅游重点镇(乡)名单,浏阳市古港镇梅田湖村入选第四批全国乡村旅游重点村名单。截至2022年,浏阳市共有全国乡村旅游重点村2个(古港镇梅田湖村、张坊镇田溪村)。2022年,浏阳出台《浏阳市全民文化体育赋能乡村振兴行动计划》《浏阳河百里画廊文旅发展三年行动计划(2023—2025年)》等文件,用政策推动文旅赋能乡村振兴。引导乡村建筑景观符合当地风貌和地域特色,按照“全域推进、重点示范,以点带面、整体提升”的思路,共建成美丽宜居村庄515个,通过乡村建设带动乡村旅游,串点成线打造精品旅游线路,将“美丽资源”转化为“美丽经济”。发挥“本土智慧”,打造一批可复制可推广的典型“浏阳模式”。梅田湖村位于浏阳市古港镇北部,全村辖24个村民小组、1024户,村域面积52.6平方千米。近年来,该村立足当地农耕文化,以“春耕、夏耘、秋收、冬藏”为主题,让城里的孩子充分体验农村生活、传承农耕文化,吃农家饭、住农家房、干农家活、享农家趣,发展研学旅游。采用“公司+村级+农户”模式,整合松山屋场500多亩农田,由公司占股51%、村集体10%、村民39%,将村民的闲置房统一标准改造成研学接待用房,每年接待学生近30万人次,带动当地二次消费及第三产业收入超过500万元,2022年入选全国乡村旅游重点村。

(张　晋)

大围山国家森林公园

【概况】 大围山国家森林公园地处浏阳东北部湘赣交界处,距浏阳城区67千米,距省会长沙市118千米,距黄花国际机场99千米,距江西省南昌206千米,公园总面积23.86平方千米。公园前身为1958年成立的国营大围山林场,先后获评国家AAAA级旅游景区、国家生态旅游示范区,其中示范区涵盖大围山国家森林公园、大围山镇、张坊镇、达浒镇、小河乡,总面积1041.5平方千米,人口10.35万人。2016年获批国家地质公园,2018年获评全国十佳林场,同时大围山还是湖南省自然保护区(61.71平方千米)、湖南省风景名胜区(137.98平方千米)、湖南省旅游度假区、湖南省森林康养基地、湖南省最佳避暑胜地。园区实行五块牌子(大围山国家森林公园、大围山国家地质公园、省级自然保护区、大围山风景名胜区、大围山国有林场),一套人马管理,行政管理机构为大围山国家森林公园管理处,为浏阳市直单位(副县级),下设7个科室(均为副科级)。2022年,大围山国家森林公园管理处下设办公室、财务科、防火科、经营销售科、安全保卫科、地质研究和建设科、自然保护区管理所7个科室,1个下属企

层峦叠嶂　　（大围山国家森林公园管理处　供图）

综治维稳和信访工作。成立综治维稳工作领导小组，做好春节、“两会”、中共二十大等重要节会和特护期间安保维稳工作；建立游客投诉处理快速反应机制，调解、妥善处理“12345”热线和各类信访投诉件47起，做到受理率、回复率、满意率“三个100%”。开展“环境综合整治、打造秀美公园”专项行动。共计清理游步道、木栈道及公路等36千米，清理垃圾约60吨，拆除私搭乱建等违章建筑80余处。

【生态保护】 2022年，大围山国家森林公园管理处加快推进规划编制工作，确保森林公园生态系统和生物多样性得到系统保护；核查保护区图斑变化，针对保护区和风景名胜区1号、2号图斑变化问题进行实地调查、整改，有效预防和遏制自然保护区生态问题。严守森林火灾防线，召开“一园四镇”森林防灭火联防联控会议，联合大围山区域森林公安、消防队伍开展联合巡查宣传、野外火源管控、违法用火行为查处打击、队伍联合演训等，做到人防、物防、技防措施，实现森林公园连续16年零火情零火警。加大资源保护力度，开展松材线虫病拉网式专项巡查工作；做好保护区“加拿大一枝黄花”外来入侵物种清除和防治工作；开展常态化营林抚育活动，做好生态修复，保护一方青山绿水。

业。年内共计接待游客90万人次，实现综合旅游收入1.8亿元，成功举办2022年湖南生态旅游节暨第十四届大围山杜鹃花节、“围山恋”·星空露营帐篷节、“四纪冰川大围山，看雪看凇看云海”主题赏雪等活动，获评“2022年全省国有林场质量管理十佳单位”“省级优秀自然保护区”“省级优秀森林公园”“湖南省研学旅游(示范)基地”“湖南省第一批五星级森林人家”等荣誉称号。

【品牌维护】 2022年，大围山国家森林公园管理处围绕“春赏花、夏避暑、秋登高、冬赏雪”持续打造“旅游新方向，中国大围山”旅游品牌。成功举办第十四届杜鹃花节、“围山恋”·星空露营帐篷节、“四纪冰川大围山，看雪看凇看云海”主题赏雪活动，提升大围山旅游品牌形象。创建长沙市职工疗休养基地，开拓职疗新市场；开发特色研学课程，接待研学游团队55000余人，研学板块成为重点旅游产品。打造“云上直播间”，开展直播活动24场，“我在浏阳说爱你”大围山星空露营帐篷节直播活动吸引超100万人次观看；邀请湖南卫视、《湖南日报》、《长沙晚报》等160多家官方媒体对大围山文旅发展进行报道和图文推送，扩大品牌知名度；与湘鄂赣文旅一卡通、株洲惠民卡等签署合作协议共同开发市场，加大宣传力度，创新营销推广手段，提升公园的知名度、美誉度。

【景区安全服务】 2022年，大围山国家森林公园管理处围绕“疫情要防住、经济要稳住、发展要安全”总要求，筑牢安全生产工作防线。联合大围山派出所、市场监督所等部门对景区开展多轮次安全检查工作，组织检查人员215人次，出动食品卫生、建筑消防、道路交通等各项综合、专项执法行动138次；累计巡查检查对象347家次，责令整改问题43起，保障园区安全生产工作。做好

围山晚霞花海　　（大围山国家森林公园管理处　供图）

【景区设施建设与维护】 2022年，大围山国家森林公园投入750多万元，维修维护各类基础设施50余处。筒车湾和春秋坳新桥正式投入使用，持续推进山星园宾馆提质、龙须宾馆改造，四方丘游客服务中心、龙须槽等项目建设。投入1000余万元对红莲寺景区进行全面提质改造，打造七星峰网红直播间和界碑花海钢琴云梯等网红打卡点，吸引大量游客到点打卡。

【2022年湖南生态旅游节暨大围山第十四届杜鹃花节】 2022年4月25日至5月20日，2022年湖南生态旅游节暨大围山第十四届杜鹃花节在大围山国家森林公园举办。该活动的线上直播推介会于4月22日在长沙市湖南国际会展中心（芒果馆）举办。大围山第十四届杜鹃花节以“大围山上新表情　看花看海看星星”为主题，推出湖南汽车自驾俱乐部采风活动、万亩杜鹃花海音乐会、国风汉服游园秀、乡村振兴国潮集市、直升机空中赏花、大围山观星节、新媒体短视频挑战大赛、“大围山杯”杜鹃花节摄影大赛等系列活动。杜鹃花节期间共计接待游客23万人次，综合旅游收入6900万元。

【“围山恋”·星空露营帐篷节】 2022年7月15日至8月31日，大围山国家森林公园“围山恋”·星空露营帐篷节举办。该节会活动以大围山上新表情·看花看海看星星——《我的野营生活日记》《生活在18℃的夏天》《爸妈带我摘星星》《云雾中的家》《60空间》为主题，先后举行“围山恋”·星空露营狂欢派对（主题晚会）、仲夏家庭日——亲子露营季、陪你去看流星雨——天文观星季、“围山恋”·最真爱——缘来是你相亲会、缤纷夏日嗨森新体验、森系生活18℃的夏天6大主题活动。节会期间共计接待游客35万人次，创造旅游综合收入1亿余元。

【“四纪冰川大围山，看雪看凇看云海”主题赏雪活动】 2022年12月10日至2023年2月28日，“四纪冰川大围山，看雪看凇看云海”主题赏雪活动在大围山国家森林公园举办。大围山国家森林公园是湖南省唯一第四纪冰川遗迹国家地质公园，大围山自第四纪以来经受过冰川刨蚀，形成许多河谷；第四纪后，经现代流水侵蚀改造，一些地段河谷呈V形峡谷，山内有很多瀑布；公园内有“壮士石”“听法海龟”“中流砥柱”等地质奇观，其主峰七星峰海拔最高1608米，每年冬季下雪。大雪过后，遍山玉树琼枝，银妆素裹，云海翻腾。赏雪活动分“全国医务工作者免票入园”“新年祈福”“集赞立减门票”“冬季赏雪车辆套票优惠”四大活动，共计接待游客10万人次，综合旅游收入2000万元。

（李　立）

围山云海雾凇　（大围山国家森林公园管理处　供图）

秋收起义文家市会师纪念馆

【概况】 秋收起义文家市会师纪念馆是直属中共浏阳市委管理的副处级事业单位。下设办公室、宣传教育部、文物保护部、对外联络部4个科室。2022年有在岗工作人员33人，其中副科级以上领导干部7人、普通干部16人、编外合同制人员10人，退休干部职工7人。纪念馆党组下设一个党支部，共有党员21人（含4名退休党员）。该馆全年接待游客167万人次，承担市级重大接待和省直单位党性教育接待30余次，被命名为“湖南省党史学习教育基地”，认定为“2022年湖南省社科普及基地”“2022年长沙市社会科学普及基地”；《让秋收起义精神永放光芒——秋收起义纪念馆“秋收大讲堂”教育项目介绍》被长沙市社会科学界联合会评选为“学用新思想奋进新征程”优秀典型案例；入选“湖南省第一批党员教育培训现场教学点”，被评为“2022届湖南省文明单位”。被中央电视台、《人民日报》、新华社、湖南卫视、《湖南日报》等30多家媒体采访报道，共计宣传推介秋收起义会师地新闻112条，其中中央电视台新闻联播进行2次报道。

【文物保护与利用】 编制藏品征集五年计划，拓宽藏品征集渠道，全年新增藏品115件（套）；推进现存1132件（套）藏品的登记造册以及分类分级保管工作，摸清文物家底；科学包装塑料污染治理、纪念馆数字化建设、馆藏红军标语保护修复等10个项目，到位文保专项资金596万元；组织实施馆藏油画修复项目、文物库房安防系统工程、馆藏珍贵文物囊匣项目。举办馆藏油画现场展览、“非遗”临时展览和馆藏油画线上展览等3次临时展览；总结提炼秋收起义精神内涵，已报省委宣传部审核通过并转呈中宣部；全年在地市级以上媒体发表秋收起义文物资料研究性文章5篇，推出“秋收

2022 年 4 月 28—29 日，秋收起义文家市会师纪念馆红色宣讲小分队分别走进浏阳市溪江中学、古港中学、山口中学、大围山中学、达浒中学、沿溪中学 6 所学校，为在校的学生集中宣讲《桂花树下的盼望》《赤胆忠诚寻淮州》《永不消逝的电波》等红色故事。图为秋收起义文家市会师纪念馆走进溪江中学少年宫活动，为在校学生宣讲红色故事

（秋收起义文家市会师纪念馆　供图）

起义历史贡献与当代价值研究”主题征文活动，征集理论文章 50 多篇，评选优秀论文 20 篇；分别选送 3 件珍贵文物赴北京中国共产党历史展览馆和 2 件珍贵文物赴北京中央礼品文物管理中心展出。

【宣传教育】 2022 年，秋收起义文家市会师纪念馆开展“喜迎二十大·奋进新征程”红色宣讲“七进”（进企业、进农村、进机关、进校园、进社区、进军营、进网络）活动 22 场；在微信公众号推出《铭记秋收路　一起向未来》秋收系列故事 12 个；探索馆校联合育人模式，打造课后延时服务“三点半课堂”，掀起红色教育进课堂新热潮；优化暑期“小讲解员培训班”培训模式，联合共青团浏阳市委、文家市镇、里仁学校培育 21 位小讲解员，为游客开展志愿讲解 100 多场次。

【景区建设】 2022 年，秋收起义文家市会师纪念馆对标国家 AAAA 级旅游景区复核要求，实施游客服务中心升级、公共配套设施完善等提质工程；完成基础设施建设投资 2000 万元，公租房项目建设竣工验收，成为市公租房项目的样板；探索新形势下的馆镇司融合发展机制，推动编制文家市镇秋收起义文化公园发展中长期规划，致力打造湘赣边红色文旅新高地；发挥纪念园景区龙头引导作用，引导文家市镇各村打造美丽屋场，升级红色美丽乡村，构建“秋收红土地”湘赣边生态民俗研学旅游带；引导本地农特产品开发，丰富“红军餐、百姓粮”品牌内涵，助力乡村振兴。

【举办纪念秋收起义暨文家市会师 95 周年活动】 2022 年是秋收起义暨文家市会师 95 周年，秋收起义文家市会师纪念馆全面开展以“铭记秋收路，一起向未来”为主题的“八个一”纪念活动。包括举办一届红色故事演讲大赛、制作一本高质量精品课程文集、新辟一个珍贵油画专题展、重走一回秋收起义路、推出一批秋收起义线上故事、开展一次主题征文、组织一场大型媒体采访、打造一个红色宣讲进学校品牌。

【纪念秋收起义暨文家市会师 95 周年专题油画展览】 2022 年是秋收起义暨文家市会师 95 周年，2022 年 5 月 18 日是第 46 个国际博物馆日，为讴歌秋收起义的丰功伟绩，推动党史学习教育常态化长效化，2022 年 5 月 18 日至 6 月 18 日，秋收起义文家市会师纪念馆在秋收起义历史陈列馆临时展厅推出《文家市的星火——纪念秋收起义暨文家市会师 95 周年专题油画展览》，该展览共展出馆藏珍贵油画 15 幅，围绕“文家市的星火”主题，分为“金镰利斧镶红旗”“会师转兵辟新天”“星火燎原耀华夏”三个篇章，运用图文并茂形式，生动鲜活讲好秋收起义故事，弘扬革命精神，传承红色基因。其中 5 月 18 日共接待观展游客 1000 多人，获好评。

【入选湖南省第一批党员教育培训现场教学点】 2022 年 8 月 30 日，湖南省委组织部公示湖南省第二批党员教育培训示范基地和第一批党员教育培训现场教学点名单，秋收起义文家市会师纪念馆入选湖南省

秋收起义文家市会师纪念馆外景　（秋收起义文家市会师纪念馆　供图）

第一批党员教育培训现场教学点名单。9月5日，秋收起义文家市会师纪念馆被中共湖南省委组织部公布为“湖南省第一批党员教育培训现场教学点”。近年来，该馆坚持以“秋收起义精神传承首选地、湖南党史学习教育主阵地、湘赣边红色培训新高地、全国国防教育示范地”为党性教育培训目标定位，先后获评中国井冈山干部学院现场教学点、韶山干部学院现场教学基地等，并高质量打造“12345”党性教育培训体系，为广大党员干部提供开展党性教育、传承红色基因的新平台。同时，为完善党性教育课程体系、延展教学路线，该馆发起成立湘赣边秋收起义党性教育培训联盟，联盟以秋收起义“一线九馆”为主体，建立联盟联席会议制度，共同挂牌联盟“培训基地(点)”，探索生源互送、师资互派，力求实现机制联谋、课程联建、资源联合、培训联动。2022年，该馆致力于高质量打造党性教育课程体系，不断创新形式，先后开发快板教学《红土地上的新答卷》、情景教学《小石头砸烂大水缸》、现场教学《开国将军杨勇》党课3堂；将2021年度自主研发的精品党课及湘赣边干部教育培训联盟展演活动中的精品党课共计16堂汇编成《浏阳市党性教育精品课程文集》，并运用到“红七月·公益微党课”活动中公益开课32堂，受众2400多人，获得各类群体肯定。

【被授予“2022届湖南省文明单位”称号】 2023年1月18日，湖南省文明办公布2022届湖南省文明城市、文明村镇、文明行业、文明单位、文明标兵单位、文明家庭、文明校园、文明标兵校园名单，秋收起义文家市会师纪念馆被授予“2022届湖南省文明单位”称号。2020—2022年，该馆先后组织志愿者开展文明劝导1624次，义务清扫342次，植树造林活动5次，深入开展“诚信建设”“文明餐桌”“文明旅游”“反对浪费，崇尚节约”“移风易俗树新风”等系列主题活动，引导全馆干部职工和游客成为文明风尚的培育者；打造智慧旅游平台，建立图书阅览室，充分满足游客需求；开展馆校合作，打造思政教育实践基地，培育优秀小讲解员志愿者400余名，为160万人提供讲解服务，得到社会各界认可；组织“全民健身”、演讲比赛等文体活动，丰富干部职工文体生活；开展法治宣传和普法教育，提高干部职工法治观念；通过专题讲座和科普知识进校园志愿服务活动，助推崇尚科学、反对迷信良好社会风气形成。

(刘　双)

浏阳苍坊旅游区

【概况】 胡耀邦故里管理局(胡耀邦同志纪念馆)系苍坊旅游区管理机构，为直属于中共浏阳市委管理的副处级事业单位。内设办公室、宣传教育部、对外联络部、文物资料部、行政事务管理部、保卫部6个部(室)，编制名额28名。2022年，苍坊旅游区(胡耀邦故里)全年接待游客98万人次，承担重宾接待10余次，完成省直单位党性教育接待50余次，被命名为“湖南省党史学习教育基地”，《浏阳日报》、浏阳电视台、华声在线、湖南卫视、湖南经视等媒体报道局工作10余次，景区微信公众号全年发布信息48条、官方网站发布文章19篇；在微信公众号推出6期《胡耀邦文物故事》，编制《纪念馆里的思政课》《胡耀邦故里管理局大事记》等书册；编制完成《胡耀邦同志纪念馆文物安全管理实施方案》《胡耀邦同志纪念馆馆藏革命文物数字化保护利用项目设计方案》《胡耀邦同志纪念馆藏文物仿制方案》，编印《讲好耀邦故事，传承红色基因——胡耀邦同志纪念馆文物征集保护展示》折页。成功申报胡耀邦故居展示工程、胡耀邦故居病虫害综合治理项目、AAAAA创建补助及湘赣边专项补助资金1042万元，创建AAAAA景区项目入选省红色旅游重点项目库。

【文物征集与展览】 2022年，征集到文物文献资料37件(套)，完成7191件(套)定级文物和挂画库、大件库、纪念品库三个库房资料的建账工作，撰写发表《守护红色档案，传承红色基因》等3篇论文。《胡耀邦故里廉洁文化专题陈列》获“2019—2022年长株潭区域博物馆、纪念馆陈列展览优秀案例”优胜奖。对“胡耀邦总书记的春节时光”馆藏珍贵照片春节临展进行改版并展出。紧扣“博物馆的力量”和“感悟中华文化，享受美好旅程”两大主题，策划推出农耕文化展览、客家山歌演绎、客家书法展示、思政课首讲等活动。

【旅游区建设和管理】 2022年，完成苍霞山登山游步道及文峰塔观景平台、研学营地广场、门楼、景观水池等基础配套项目和景区零星绿化、综合治理提质整改项目建设，建成客家民俗文化展示区项目土建部分，景区智能指挥调度中心各项功能调试后上线。开展消防安全、用电安全和交通安全等培训6次，举行应急演练4次、突发火灾应急扑救演练2次。

【党性教育与红色宣讲】 2022年，胡耀邦同志纪念馆做好重宾接待10余次，完成市级和省直单位党性教育接待50余次；接待省、市各级单位党组织到馆开展主题党日活动累计180余批次，1.6万余人次，完成讲解3000余批次。阮心涯、陈琼、谭霜3名讲解员分别获评“全国红色旅游五好讲解员”“2022湖南省十佳景区讲解员”和“喜迎二十大　文物映初心”第三届湘赣边革命文物讲解大赛一等奖，苍坊旅游区讲解词获“2022湖南省等级旅游景区优秀讲解词”。

【推出“寅虎闹春·福满苍坊”系列春节活动】 2022年1月31日—2月15日，浏阳苍坊旅游区推出“寅虎闹春·福满苍坊”系列春节活动，系列活动包括虎年·迎新，在景区游客中心前坪、耀邦广场设置带有虎年特色的新春祝福装饰，游客可以感受浓厚新春氛围，并打卡拍照；虎年·盈彩，苍坊旅游区全新升级夜景灯光，面向游客开放夜游，游客通过照

2022年6月23日，浏阳市"行走的思政课堂"暨"清廉课堂"主题活动启动仪式
（胡耀邦故里管理局　供图）

片或视频，拍出心目中的苍坊最美夜景，在朋友圈发布并集赞28个，即可在游客中心领取《思念依然无尽》(胡耀邦女儿满妹著)一本，每日限量20本；虎年·开泰，游客中心展出新春特展"胡耀邦的春节时光——馆藏珍贵照片展"，再现自1982年起胡耀邦在担任党的主要领导职务期间的五个春节里，相继在北京、海南崖县、广西法卡山、云南罗平县、贵州兴义县与人民群众一起过年，带领游客一起了解胡耀邦是如何用自己的实际行动践行共产党人一切为了人民的初心和使命；虎年·生威，2月15日，元宵节当天，游客中心前坪进行舞龙表演，上午、下午各2场；虎年·增趣，游客中心大厅设置具有挑战性和趣味性的特色文化灯谜，举行趣味猜灯谜活动，答对3个灯谜，即可获得景区纪念明信片一套等五大活动。

【浏阳市"行走的思政课堂"暨"清廉课堂"主题活动在苍坊旅游区启动】 2022年6月23日，浏阳市"行走的思政课堂"暨"清廉课堂"主题活动在苍坊旅游区正式启动。市委常委、市纪委书记、市监委主任姚喜琳，市委常委、宣传部部长李爱民出席活动。活动现场，"耀邦故里""古港梅田湖实践基地"等5个浏阳市"行走的思政课堂"实践基地举行授牌仪式，同时，苍坊旅游区被命名为浏阳市"清廉课堂"实践基地。

【第三届湘赣边革命文物讲解大赛总决赛】 2022年9月3日，"喜迎二十大　文物映初心"第三届湘赣边革命文物讲解大赛总决赛在浏阳苍坊旅游区红色剧场举行，湘赣边各县(市、区)的24位(组)选手(分为成人组和少儿组)依托当地重要的革命旧址、故居、书信等革命文物，借助图片、视频、PPT等多种形式，讲述湘赣边革命文物背后的故事。讲解大赛采取现场打分制，同时，少儿组还增加才艺展示环节。经角逐，谭霜(苍坊旅游区讲解员)讲解的《知青福音书》和王诏楷讲解的《永不消逝的电波——李白故居》获成人组一等奖，杨语晨讲解的《胡耀邦爷爷的汗衫》和刘逸辰讲解的《电波永不消逝　忠诚永不褪色》获少儿组一等奖。省文物局二级调研员何颖，长沙市文化旅游广电局党组成员、工委主任隆建光，浏阳市委常委、纪委书记、监委主任姚喜琳，浏阳市委常委、宣传部部长李爱民，浏阳市人大常委会副主任邓雪琴，浏阳市人民政府党组成员、副市长郭贺亭，胡耀邦故里管理局党组书记、局长胡厚坤等参加活动，共同启动总决赛。

（陈清诚）

浏阳西北环线　　（市交通运输局　供图）

交通运输

综　述

【概况】　2022年，金阳大道全线贯通，胡耀邦故居红色旅游路被评为2022年度"湖南省最具人气路"。浏阳市被命名为"四好农村路"（把农村公路建好、管好、护好、运营好）全国示范县；浏阳成为全省第二批城乡客运一体化示范县。完成冬奥会、冬残奥会燃放产品道路运输保障任务，市交通运输局获省交通运输厅表彰为"突出贡献组织单位"，率先在全省实现道路运输从业资格证"即考即领"；禁毒、信用体系建设等工作走在前列，获全市禁毒工作先进单位和长沙市社会信用体系建设优秀单位。隐患清零、道路运输安全、路域环境治理等工作经验在全省推介。以全省排名第一的成绩获省政府真抓实干督查激励。被世界银行结果导向贷款湖南省湘赣边区乡村振兴地方政府治理能力提升项目联席会议办公室评为2021年底项目绩效考核优秀单位（农村交通单项和综合排名第一）。加大基础设施建设投资，完成争资3.06亿元，占全年争资任务的146%；完成国省干线和农村公路年度投资12.17亿元、5.71亿元，分别占全年投资任务的132.68%、100%。争取新增下达农村公路建设养护计划117.35千米，铺排2023年农村公路计划133.7千米。全年输送旅客2676.7万人次，较上年度下降13.5%，其中：道路旅客运量107.7万人次、减少48.2%，出租车客运量1218.4万人次、减少24.3%，公交客运量1320.6万人次、增长6.2%。（客运量没有包括共享单车1989803人次和网约车26894人次数据）。全市8家规上企业公路货运量497.8512万吨，货物周转量594576.8001万吨千米，分别较2021年度增长115.16%、141.57%。

【安全生产】　2022年，市交通局开展"安全生产月"系列宣教活动200余场次。推行安全生产强化年暨大检查"百日攻坚""打非治违""隐患清零""交通问题顽瘴痼疾整治""喜迎二十大、奋力保安全""大排查、大整治、大督导"等专项行动，开展督导检查1980余次，检查监管对象5360余家次，排查并督促整改安全隐患1163处，整改率100%。

【长沙市交通问题顽瘴痼疾集中整治工作部署暨道路交通安全管理工作会议在浏阳召开】　2022年3月3日，长沙市交通问题顽瘴痼疾集中整治工作部署暨道路交通安全管理工作会议在浏阳市社港镇召开，长沙市委常委、常务副市长彭华松出席并讲话。长沙市副市长、市公安局局长刘新良，长沙市副市长邱继兴，浏阳市委副书记、市长王雄文出席。浏阳市领导李翔、刘一斌，以及长沙市各区县（市）、长沙高新区有关领导参加会议。会上，浏阳市、天心区分别就农村地区道路交通安全管理工作、交通问题顽瘴痼疾集中整治作经验介绍。自2019年11月全省开展集中整治行动以来，浏阳坚持"人民至上、生命至上"，推进交通问题顽瘴痼疾集中整治和道路交通安全综合治理，成效明显。2020年、2021年道路交通事故死亡人数分别下降12.62%和11.04%，两年未发生较大道路交通事故，实现全市道路交通事故起数和死亡人数"双下降"。社港镇"党建+微网格"交通管理模式，就是浏阳积极探索防范化解县域交通安全风险的生动实践。社港镇统筹整合"微网格"力量，通过"定区域、定人员、定任务"将交通安全工作入网入格，实现监管"全覆盖、无盲区"；组建成立党员志愿劝导队，在重点区域设置志愿劝导岗，推动交通事故防控关口前移，有效预防事故发生。会后，与会人员到社港镇，现场观摩清江村道路安全隐患治理和交通安全宣传劝导工作。

【胡耀邦故居红色旅游路上榜2022年度"湖南省最具人气路"名单】　2022年11月5日，湖南省交通运输厅公布2022年度"湖南省最美农村路"、2022年度"湖南省最具人气路"评选结果，浏阳市胡耀邦故居红色旅游路上榜2022年度"湖南省最具人气路"名单。胡耀邦故居红色旅游路起于中和镇苍坊旅游区耀邦故居，止于小河乡新河村，全线为沥青混凝土三级公路，全长29.516千米，是交通运输部《全国红色旅游公路规划（2017—2020年）》项目。2020年竣工通车。该路将湖南省苏维埃政府旧址（锦绶堂）、李白烈士故居、红一方面军成立旧址（李家大屋）、李贞将军陈列馆、唐亮将军陈列馆、胡耀邦故居、文家市秋收起义纪念馆等红色旅游景点及大围山生态旅游区等生态旅游景点串联起来，沿途安全设施完善，风景秀丽、宜居宜旅。

（高欣欣）

2022年度"湖南省最具人气路"——胡耀邦故居红色旅游路　（市交通运输局　供图）

交通建设

【干线公路建设】 2022年，干线公路建设各项指标任务全面完成。道吾路口与西北环线扩改工程、S326南横线（一期）、G319大修等项目全面完工，京港澳高速东移线、浏宁、株韶等高速项目加快推进，G106浏阳绕城公路、金城大道蕉溪至永安、S204葛家绕镇公路等项目启动建设。

【农村公路建设】 2022年，争取新增下达农村公路建设养护计划117.35公里。利用世行贷款先行先试，建立健全农村公路建管养体系，新改建农村公路686.9千米，实施安防工程407.8千米，改造危旧桥梁70座，完成农村公路养护3960千米，在世行结果导向贷款农村交通项目绩效考核中排名第一，形成可复制、可推广的"浏阳经验"。胡耀邦故居红色旅游路参评"全国最美农村路"，入选7月份主题网络投票第1名。

【浏阳金阳大道全线建成】 2022年9月29日，浏阳金阳大道三期试通车，标志着全长43.9千米的金阳大道全线建成。金阳大道是连通长沙主城、金阳新城和浏阳主城的一条无费快速通道，是长沙市"双五"工程和"强省会"战略重点交通建设项目。项目起于浏阳市西北环线与道吾山路相交处，途经集里、蕉溪、洞阳、永安4个乡镇(街道)，止于长沙县黄花镇，全长43.9千米，其中浏阳境内36.1千米，分三期实施，一期和二期工程分别于2016年10月、2017年10月建成通车，三期工程全长16.776千米，路基宽28米，按一级公路标准建设，双向六车道，设计时速80千米。其中道吾山隧道双向全长9328米，是全省最长的双向六车道公路隧道。该隧道为上、下行分离的六车道一级公路特长大断面隧道，左洞长4662米，最大埋深约601米，右洞长4666米，最大埋深约611米，开挖断面最宽19.69米，最高13.03米，隧道所经山体水文地质条件复杂、洞口围岩稳定性差，施工风险等级高。2018年7月启动施工，采取两端共4个工作面同时掘进的方式进行隧道开挖。在施工过程中穿越2处褶皱、8处断层，破解隧道断层、涌水、高温等困难问题。2022年4月29日贯通，上下误差仅5毫米、左右误差仅1厘米，成功铸就全省最长双向六车道隧道精准对接的新典范。金阳大道全线贯通，串联起省会长沙—金阳新城—浏阳主城，实现"三城"1小时免费通勤，降低交通成本，缓解浏阳北出城口交通拥堵，为长沙东拓、金阳崛起、浏阳融城提供强力交通支撑。

2022年9月29日，浏阳市金阳大道三期通车　　（市交通运输局　供图）

【S326浏阳普迹至柏加段完工】 2022年9月25日，S326浏阳普迹至雨花区跳马公路普迹至柏加段(14.37千米)全面完成建设，柏加双源村段(3.4公里段)完成国土手续报批，正在有序推进建设。

【公路建设项目监管】 2022年，市交通局把严"开工、检测、验收、质量、变更、技术规范"六大关口，对67个受监项目进行全方位监管，发现并督促整改质量安全隐患问题500余项，移交违法线索2条，实现在建项目受监率、交(竣)工验收检测合格率100%，5条农村公路入选长沙市最美乡村公路。实行质量安全讲评制度，依托"路长制"建立农村路网气候风险和安全风险监测及评估体系，提升路网安全水平，实现"零伤亡零事故"。

（高欣欣）

交通行业管理

【行业营商环境优化】 2022年，浏阳市推动留抵退税、缓缴社保、车贷延期还本等惠企政策落地，发放省级出租车行业和道路客运油补资金836万元，协调小鱼共享单车与上海总部退回押金300余万元。加强产业链建设，开展重点企业帮扶活动，推动1家企业上市、3家企业升高，为8家企业争资167万元，解决困难问题27个。落实"轻微不罚""首违不罚"清单事项，共减免罚款85.37万元。深化"一窗综办"改革，交通运输行业应入窗事项(118项)100%入窗。持续推进"互联网+政务服务"，将道路运输从业资格证办证窗口前移至驾培机构，推行道路运输"三类九证"电子证照，"跨域通办""跨省通办"办结率、好评率分别达98%、90%以上，提前超额完成年度道路运输电子证照申领任务，实现道路运输从业资格证"即考即领"。开展"走流程、解难题、优服务"行动，提升政务服务质效，市民之家交通综合窗口被评为"红旗窗口"。每月规范开展规上货运企业货运量和货物周转量的统计，长沙市城市公共交通事务中心授予"长沙市道路运输行业年度统计先进单位"。2022年，许可道路普通货物企业17家、道路普通货物运输个体经营户 518 个、道路普通货物运输车辆 1532 台；审验道路普通货物运输车辆 5435 台（其中受理异地审验 467 台，网上年审 1154 台）；全面落实道路货物运输驾驶员从业资格考试制度改革工作，监督开展货运从业资格考核 18 期，合格 406 人。全年组织开展道路客运驾驶员考试 6 期，76 人合格；开展危货从业资格证分类考试 11 期，合格 535 人。承接押运员从业资格考试业务，开展押运员从业资格考试 4 期，合格 451 人。组织开展道路旅客运输驾驶员从业资格考试 5 期，督促长城驾校开展道路货物运输驾驶员从业资格考核 15 期，考试当场为从业人员发放电子证照 747 本，继续教育签章 1842 份、诚信考核 1421 份；组织经营性道路客货运输驾驶员继续教育考试 25 期，合格 2689 人；对 5345 名道路运输驾驶员进行诚信考核；组织危货从业资格分类培训 6 期，组织考试 8 期，已有 1884 名驾驶员取得爆炸品运输从业资格证，15 名驾驶员取得剧毒化学品运输从业资格证。同时，结合安全生产大检查“百日攻坚”、打击“非法改装”专项整治、“喜迎二十大　奋力保安全”、醇基燃料源头管控等行动，组织开展危险货物道路运输安全集中整治、安全生产百日攻坚、消防安全大检查、岁末年初安全生产大排查大整治等行动，全年出动检查人员 2139 人次，检查企业 602 家次，抽查企业运行车辆 518 台次，抽验车辆技术档案 572 份，查验维修设备 305 台次，抽查教练车 192 台，抽查教练员服务监督卡 192 人次，排查并督促整改安全隐患 277 起。推进安全生产责任保险，货运、维修、驾培行业投保率分别为 97%、98%、100%。指导货运、维修、驾培行业开展突发事故应急救援演练，提升突发事故应急救援能力和效率，牢货运、维修、驾培行业安全防线。

【客运行业管理】 完成 2022 年春运工作，共投入客运车辆 4812 台次，车辆座位数 111512 座，其中班线客运车辆 3903 台次，包车 906 台次，发车 8138 趟次，输送旅客 127810 人次。组织客运公司接送农民工返岗返乡点对点包车 67 台次，接送农民工 2449 余人。无旅客滞留现象，无较大安全事故发生，无人员伤亡。推进城乡公交一体化示范创建，道吾公交站场（充电桩）、苍坊旅游区公交首末站完成建设，新增优化公交线路 31 条，实现行政村 100%通公交，公交客运量较 2021 年增长 17.2%。助推行业转型升级，浏阳成为省内首个开通“95128”电召服务的县级城市，推进新一轮出租汽车经营权许可及车辆更新换代工作，确保行业稳定。强化客运行业安全生产监管执法，全年共组织开展交通问题顽瘴痼疾整治、消防安全检查、安全生产“百日攻坚”“二十大”特护期等专项整治行动 24 次，开展监督执法检查 604 趟次，出动人员 2373 人次，现场检查车辆 1280 余台次，其间领导带队检查 116 趟次，排查整治隐患问题 160 余起，深入开展客运市场“铁腕”打非治违行动，严厉查处各类非法营运行为，各业态平稳有序发展。

【危货运输行业管理】 创新重载货车监管方式，实行动态监督管理，《危货运输车辆联网联控和智能监管平台报警处置标准》和《关于加强道路危险货物运输车辆技术管理的通知》2 项制度获评浏阳市“三年行动”原创性优秀制度措施，超速、疲劳驾驶等现象大幅降低。运用科技化监管手段，督促企业按照标准落实整改，建立违规报警行为通报、驾驶员集中约谈和警示教育常态化机制，有效降低事故发生率，对“问题”车辆实施精准“六必查”（号牌缺少或者损坏必查、新车旧牌或者旧车新牌必查、悬挂外省市号牌必查、遮挡或者污损号牌必查、无牌无证必查、不按规定安装号牌必查）机制，加快推动各企业落实责任、提高效能，指导危货企业开展“风险分级管控和隐患排查治理双重预防机制”示范建设。全年通报违规报警 53 期，组织约谈教育 30 次，约谈企业安全负责人 156 人次；通过“六必查”移交并配合查处违法案件 62 起，责令违法情节严重的 8 台次危货车辆退出危货市场。紧盯道路运输个体经营监管薄弱环节，组织 10 家普货企业赴危货企业学习安全管理经验，拥有 5 台及以上车辆的普货个体户进行安全教育培训，配合执法部门责令 3 家“一年内违法超限货运车辆数占企业货运车辆总数的 10%以上”的货运企业停业整顿，督促企业解聘 3 名一年内违法超限超过 3 次的驾驶员。同时，危货运输安全治理经验被湖南省道路运输管理局在全省推广宣传。

【维修行业管理】 主动上门指导维修企业开展机动车维修经营备案，督促三类以上维修经营者完善维修档案，并将数据实时归集上传到汽车维修电子健康档案系统，截至 2022 年 12 月底，已完成 100%，完成率在长沙区、县（市）中排名第一。坚决打赢蓝天保卫战，对涉 VOCs 的维修企业开展环保督察，持续督促做好夏秋季高温及其他重污染天气时段的错峰生产和危废处置工作。同时，配合执法部门打击维修企业非法改、拼装车辆的违法行为，减少超限超载运输等交通问题顽瘴痼疾，确保道路运输安全。

【驾培行业管理】 督促驾培机构全面实施计时打卡培训，确保培训质量，计时培训平均综合实施率保持在 85%以上，在长沙地区名列前茅。优化道路运输从业资格管理，抓实从业资格培训、考核等工作，鼓励并指导安训公司开发押运员从业资格线上培训软件。规范教学车辆更新换代，确保顺利过渡，2022 年，教练车新增 408 台，转出、报废 475 台；指导驾培机构新增科目二训练场 1 处。引导驾培机构强化行业自律，不断提升驾培质量和服务水平。驾培行业运营平稳，年度共计招收机动车驾驶培训学员 25500 人，26000 人取得机动车驾驶证。

【出租汽车“95128”电召服务平台投入使用】 2022 年 5 月 26 日，浏阳市出租汽车“95128”电召服务平台正式投入使用，全市 400 台巡游出租车全部纳入该平台。市民拨打电话

“95128”或通过微信小程序“95128交通服务”，即可预约出租汽车，完善老年人打车出行服务，为市民日常交通出行提供便利。电话、微信均可“一键叫车”，出租车24小时全天候服务。2020年4月，浏阳市出租车协会自发筹集资金20余万元，启动出租汽车“95128”电召服务平台建设工作，提高巡游出租汽车运营效率及服务水平。2021年5月平台开始试运营，2022年3月，浏阳市所有市民均可拨打“95128”，享受“一键叫车”服务。电召服务平台上线后，市民可通过座机、手机拨打“95128”、微信小程序“95128”交通服务等方式实现“一键叫车”，电话将转接到人工客服，乘客只需告知客服出发地及目的地，客服即可通过平台定位乘客当前位置，并向方圆3千米内空载出租车发送订单，司机接单后，乘客同步收到出租车车牌号、司机电话等相关信息，方便联系和沟通。

（高欣欣）

交通运输综合行政执法

【概况】 2022年，市交通局推进法治政府建设，推广说理式、服务式执法，提升执法规范化水平，实现全年无当事人提起行政复议和行政诉讼案件。制定《浏阳市交通运输综合行政执法协作办法（试行）》《交通运输综合行政执法行为规范八条》《关于规范交通运输巡查执法工作的通知》《综合行政执法推广说理式执法工作指引》等制度，规范执法行为、促进文明执法；制定《交通运输执法领域突发事件应急处置预案》《网络舆情应急处置预案》等制度，应对执法紧急情况、突发事件；制定《车辆管理制度》《卸载场管理规定》等制度，规范执法车辆使用及卸载场管理。落实行政执法三项制度。制定并严格执行重大案件法制审核、行政执法双公示、行政执法案件统计等制度，重大执法决定法制审核制度执行率达100%，交通运输行政许可、行政处罚的执法决定信息7个工作日内公示率100%。统一自由裁量权基准。建立案卷评查机制，全年参加长沙市交通运输局案卷评查4次，参加浏阳市司法局、长沙市司法局组织的案卷评查各1次。加大交通行政执法科技设备投入，新增配备手持移动执法终端50台、执法记录仪50台、执法记录仪采集站1套、车载执法终端2套、执法速拍仪2台。建立交通运输行政执法监督检查制度。加大对重点领域执法力度，全年查处超限超载、非法营运、非法改装等各类交通违法行为2285起。强化源头企业监管，开展路域环境治理和交通运输防污染整治，约谈企业99家次、下达整改通知书75份、处罚企业15家，督促整改路域风险157处，查处车辆扬撒行为130件次。

【金阳大道三期（浏阳集里—焦溪）非现场执法系统建成使用】 2022年12月，金阳大道三期（浏阳集里—焦溪）非现场执法系统建成使用，将“电子围栏”与非现场执法系统配合运用，非现场执法外地车辆处置率100%，本地车辆（长沙地区）结案率93%，高于长沙市非现场执法考核指标近3个百分点。

（高欣欣）

交通建设投资

【概况】 2022年，浏阳市交通建设投资有限公司持续深化市场化改革，有序推动子公司“关停并转”，优化法人治理结构，建立健全公司内控体系，盘活经营性资产，完成22宗资产交易及划转，蕉溪片区形成概念性规划初步成果、光伏发电项目启动招商程序，道吾公交站场充电桩纳入省级充电设施运营服务商名录，烟花小屋进驻福建瓷天下景区，并与湘西凤凰样子景区达成合作，全年实现主营业务收入3965万元，同比增长47.2%。同时，加大交通基础设施建设投入力度，全年完成交通基础设施投资95382万元，同比增长25.5%，分别为国省干线建设84021万元、站场建设4396万元、国省干线交安设施建设1200万元、公交车辆购置5765万元。

【项目建设】 2022年，启动金阳大道加油二站和大瑶、沿溪两个公交枢纽站建设，金阳大道三期如期建成通车，完成城乡新能源（充电桩）布点前期工作和金阳绿色智能物流园项目土地勘测定界、概念性规划设计等前期准备工作。同时，有序开展企业债、境外债、公司债、短融等融资项目储备前期准备工作和光伏发电、物流园、加油站等项目贷款融资方案设计，争资同比增长163.6%；融资同比增长19.3%；平均融资利率同比下降21.3%。

【公交运营】 2022年，强化公共交通发展规划调控，对城区所有运营线路进行整体摸排，全年新增、优化公交线路13条，开通18条定制公交班线，新增正式站亭5个、临时站牌32个，优化调整站亭位置19处，新购公交车辆50台。年内公交车辆行驶总里程2200万千米，公交客运量1033.6万人次。抓安全管理和驾驶员关爱行动，开展2022年度“安全行车、文明服务”竞赛活动，新建驾驶员休息室37个。每台公交车辆配备车载药箱和应急药品，加大场站高低压设备、配电房、充电终端设备、场站用电、办公用电、消防设备及器材的巡检频次，配备专职充电员，加强充电设施的除尘、清洁及隐患排查，推动标准化作业，并于6月21日通过安全生产标准化验收。

【经营性业务】 2022年，强化企业内部经营效能，提升运输服务、检验检测、烟花WOO、广告等多种业务的实际盈利能力，全年提供运输服务655趟次，行驶总里程10.57万千米；完成39个道路桥梁项目的相关检测、2个基础设施建设项目的施工监理；公交服务1033.6万人次，其中持特殊卡上车389.9万人次（包含老年卡299.7万人次，爱心卡9.2万人次，学生卡18.7万人次），车辆行驶里程同比增长58.51%；完成烟花小屋和烟花WOO35类商标注册，烟花WOO项目成功获得湖南省工信厅、长沙市应急局的专项奖补扶持资金；公交车身、站亭牌、道路两厢广告业务实现标准化经营，公司资产得到有效利用。

【国省干线公路交通安全隐患综合治理项目一期工程竣工】 2022年9月1日，浏阳市国省干线公路交通安全隐患综合治理项目一期工程通过竣工验收。该项目共投入1200万元，分两批对全市9条国省干线公路的43个隐患点采取设置交通信号灯（含部分电子警察）、中央隔离护栏、标志标线等措施进行综合治理，共设置中央隔离护栏11553米、信号灯13处、警示标志313个、道路标线8362平方米、测速设备2处。

【开通“清风专线”城乡公交车】 2022年11月25日，市纪委监委联合市交通建设投资有限公司共同打造的“清风专线”城乡公交车正式开通，共投入公交车辆20台。“清风专线”配合“云上清廉浏阳”游栏目开通，线路串联“云上清廉浏阳”游的21个站点，覆盖苍坊旅游区、秋收起义文家市会师纪念馆、锦绶堂等浏阳红色教育基地和廉洁文化阵地。

【浏阳市被命名为“湖南省第二批城乡客运一体化示范县”】 2023年1月3日，湖南省交通运输厅公布22个第二批城乡客运一体化示范县名单，浏阳市位列其中。2021年5月起，浏阳市实施城乡公交一体化改革，推进城乡客运一体化省级示范县创建，截至2022年年底，浏阳市组建浏阳市金阳巴士有限公司、浏阳市公交发展有限公司2家公交运营企业，实行公车公营，开通城乡公交线路146条，实现全市所有建制村100%通公交，所有城乡公交实行2元/人的统一票价制，票价较原先下降70%以上，65岁以上老年人免票，学生等特殊群体享受优惠票价。2022年11月15—30日，湖南省交通运输厅城乡客运一体化示范县验收工作组采用明察、暗访、测评等方式对浏阳市城乡客运一体化省级示范县创建工作进行验收，浏阳市基本实现“集约经营、公车公营、统筹规划、乡村全通、价格惠民”的验收要求，被命名为“湖南省第二批城乡客运一体化示范县”。

（傅琳慧）

公路建设养护

【概况】 浏阳市公路建设养护中心是浏阳市交通运输局所属公益一类事业单位，为正科级，内设9个部室，2022年，暂核定事业编制193名，其中全额拨款事业编制169名，自收自支事业编制24名（人员只出不进），现有实际在职人数178名(含企业编12名)。2022年，浏阳市公路建设养护中心管养的国省干道总里程为694.03千米（其中561千米纳入年度干线公路管养考核），农村公路总里程为283.26千米，接管隧道7座，桥梁291座；市公路建设养护中心党组书记、主任鲁常战被全国公路职工思想政治工作研究会授予“公路交通行业优秀政研工作者”称号。

【公路项目工程建设】 2022年，市公路建设养护中心按照“时间表”和“路线图”推进项目建设，共投资2.2亿元，完成国、省道大中修146.518千米，桥梁加固3座，桥梁维修29座；代建完成李白故居旅游公路建设4.3千米，宏源大桥建成通车。S530荷文公路获湖南省“最美干线公路”第一名，并被指定参评2023年全国“最美干线公路”项目；S326路面中修工程、小河桥维修加固工程入围2022年度湖南省养护十佳示范工程；在湖南省2022年度真抓实干督查激励考核中，浏阳市获“加快推进交通强国战略实施，高质量推进交通基础设施建设成效明显的县(市)”。

【公路养护】 2022年，市公路建设养护中心结合干线公路日常“十无”（路基稳定无沉陷、路面平整无坑槽、路肩草坪无杂草、边坡坚固无冲沟、排水畅通无积水、路树种植无缺棵、构造物完好无隐患、沿线设施无盲区、安全畅通无危桥、路田分界无纠纷）管理标准，采取小修区域化外包和分线路外包模式，将小修工程按线路、类别进行整体招标，将零散养护转化为整体性社会化养护。每季度对服务外包队伍进行信誉评价，确保管理工作的廉洁性、队伍培育的指导性、实施环节的科学性。全年完成国省干线公路标线补划38278余平方米；修补国、省干线公路路面坑槽173226平方米，累计新装、维修钢护栏5000余米，新装标志牌452套；在湖南省2022年公路养护“双评双促”(评价路况水平，促进综合养护治理能力提升；评价规范化管理水平，促进综合养护治理体系完善)考核中，浏阳市普通国省道路况优良率98.62%，名列全省前列。2022年干线养护管理位列长沙地区第一名。

【公路领域安全生产】 2022年，市公路建设养护中心狠抓安全生产专项整治行动，持续推进弯道隐患整治、桥梁防护能力提升、隧道安全保障能力提升等专项行动，完成上级交办顽瘴痼疾清单中普通国省道建设项目整改51处。全市道路交通事故起数、死亡人数持续下降。同时，提升队伍的综合应急能力，以战代练，成立5支总人数超200人的综合应急队伍，参与铲雪除冰、自建房隐患排查、汛期路面隐患排查整治、疫情防控、“千名干部下基层　确保平安促发展”等专项行动。

【“路长制”管理】 2022年，市公路建设养护中心将“路长制”组织管理体系和“党员微网格+五个到户”相结合，搭建“路长制+微网格”云平台，将“网格长”元素融入“路长制”，把责任落实到“最后一公里”，2022年，平台注册各级路长286人，处理案件111起；依托云平台实行智慧化联合执法，形成公安、交通、交警、大数据中心对交安工程联管联治，同时委托第三方加强现场问题处置能力，平台试行以来至年末，处理损坏交安设施逃逸案40起，索赔率98%，节省财政资金300万元，推动路产路权保护工作有效落实。

【荷文公路建养经验被《人民日报》关注报道】 2022年3月16日，《人民日报》在《湖南长沙推进交通路网建设：助推红色旅游　助力民生改善》文章中报道荷文公路“公路+旅游”的建养模式，进一步唱响浏阳公路品牌。荷文公路起自浏阳城区荷花街道，经澄潭江镇、中和镇，终于文家市镇，是浏阳市域内最东部的一条东西向干线公路，于2015年建成通车。该路与浏阳东南干线相连，形成50余千米的红色旅游环线，沿线串起10多个红色旅游景点。

【承办2022年度湖南省普通公路突发事件应急演练活动】 2022年12月14日，由湖南省公路事务中心主办，浏阳市人民政府、长沙市公路建设养护中心协办，浏阳市公路建设养护中心承办的2022年度湖南省普通公路突发事件应急演练在浏阳市蕉溪岭隧道举行，该活动为模拟公路隧道内车辆火灾突发事件的应急演练项目，从灾情侦察、应急响应、交通管制、商定方案（远程会商）、取消应急响应机制、恢复交通，全过程进行演练，通过实地、实装演练，锤炼应急队伍、检验救援战术、测试装备性能、磨合联动机制、总结经验不足，全面提升公路隧道综合应急救援能力。湖南省公路事务中心党委书记、主任张汉华，浏阳市委常委、副市长李翔，湖南省各市州公路部门党政主要负责人参加该活动。应急演练采取现场直播的观摩方式进行，当日网络点击率超110万人次。

2022年12月14日，2022年度湖南省普通公路突发事件应急演练在浏阳市蕉溪岭隧道举行
（市公路建设养护中心　供图）

【新宏源大桥建成通车】 2022年5月12日，新宏源大桥建成通车。原宏源大桥横跨浏阳河，地处宏源水电站上游，于2017年被评定为五类危桥。2021年8月，宏源大桥拆除重建工程启动，新址向浏阳河上游迁移变更至龙虎渡口处，总投资951万元，桥梁全长166.16米，桥面宽6.5米，列入省“十四五”危桥计划，为湖南省和长沙市的重点考核项目。大桥竣工通车后，直接连通集里街道宏源村和枨冲镇的青草村、佳和村、才常村，方便两地群众日常出行，带动两地的经济发展。

【示范路段打造】 2022年，市公路建设养护中心优化“路长制”专项经费奖励结构，在全市开展美丽公路、农村示范路创建活动，争取在每个乡镇（街道）至少打造一条有特色、有亮点的“田园风光”“文化内涵”县乡村安全示范公路。12月底，共评选出Y049（七家冲—金龙）、S326金刚段（平湾村—丹桂村）、Y149（青草村—新南桥村）等市农村公路美丽示范路9条。

（黄　菲）

沿溪镇浏阳河第一湾　　（浏阳市档案馆　供图）

邮政·通信

邮 政

【概况】 2022年，中国邮政集团有限公司湖南省浏阳市分公司设1室5部，即综合办公室、市场营销部、金融业务部、寄递事业部（分寄递运营监控部、寄递市场部）、集邮与文化传媒部、渠道平台部，下辖35个网点（2022年7月，注销中国邮政储蓄银行股份有限公司浏阳市七宝山营业所执照）和5个空白乡镇网点（分别为：溪江、杨花、官桥、小河、中和），有在职职工437人、退休职工148人、退养职工5人。截至12月31日，全年完成业务收入21187.94万元，完成年计划进度的100.15%，超产30.94万元，较上年同期增幅12.40%。分公司机关党支部被浏阳市委授予“五化优秀党支部”称号。

【代理金融业务】 2022年，分公司完成代理金融业务收入14231.02万元，完成年计划的99.24%，同比增幅7.93%，其中保险收入完成3108.55万元，完成年计划的118.65%，超产488.55万元，较上年同期增幅25.8%。跨赛重点指标业绩。2021—2022年跨赛期间，新增总资产11.54亿元，新增月日均余额9.19亿元，两项指标进度均居全市第二；元旦保险兵团战保费新增24953万元，保费规模创历史新高，排名全省县域第一，累计产生千万级保费规模网点8个，被省公司评为“十强县（市）”单位。重点项目发展。五年交长期期交保费新增2699.6万元，健康险保费新增89.82万元，五月中邮长期期交专项竞赛“邮保一生C”保费新增 1232.2万元，是长邮唯一一个超额完成计划的单位，也是长沙市第一个完成中邮总保费规模、中邮长期期交、中邮健康险三项重要指标的单位。数字人民币个人钱包新增21212户、信用卡新增2576户、数币场景建设623户、中邮证券有效户新增89户、商户有效户新增5584户，均超额完成任务，排名全市第一。

【渠道平台业务】 2022年，分公司完成渠道平台业务收入719.97万元，完成年计划的96.64%，较上年同期增幅27.95%。2022年1月，年货节营销活动创收45万元；区域经销项目（百事可乐）成为分公司常态营销项目，全年实现创收332万元；创维电器营销活动创收111万元；中桶油项目创收172万元；简易险业务实现全年保费规模187.1万元（其中爱民保完成5386笔、中邮普惠659笔）；“七·八农品”营销活动，销售黄金梨2689件。打造“大围山长青种养专业合作社”为全省第44个区域级“中邮惠农示范社”。惠农会员新增超计划进度，“邮生活”会员数量达到33996人，在全省名列前茅。

【寄递业务】 2022年，分公司实现寄递业务收入4721.05万元，完成年计划的103.31%，超产151.05万元，较上年同期增幅24.94%。推进客户营销“建档—蓄客—增量”三步走，扩大基础客户和活跃客户的数量规模，促成合作，提高交寄量。加强专业联动，拓展创收渠道；规范协议客户的开发、审批、建档，分析，调整营销策略，将“众创众享”政策与“以投促揽”政策有机结合起来；对市行政审批局（各进驻单位邮件寄递）、市人民法院（法律文书寄递）、市车管所（车牌寄递）、市公安局人口与出入境管理大队（身份证和护照寄递）等单位项目实行专人驻点服务方式。协议客户开发。快递包裹协议客户开发54户，其中新客户开发33户，产生收入216.1万元；标快协议客户开发21户，产生收入225.7万元；成功开发法院文书集约打印项目；成功拓展东莞云辉供应链有限公司、湖南新嘉丽安建筑材料科技有限公司、长沙韵速供应链公司和漳州美邦仓储有限公司等高端电商竞品客户，累计产生特快收入300余万元。

【集邮与文化传媒业务】 2022年，分公司实现集邮与文化传媒业务收入1391.53万元，完成年计划的100.47%，其中报刊发行业务725.21万元，完成年计划的103.6%；集邮业务424.08万元，完成年计划的84.82%；函件业务233.28万元，完成年计划的137.22%。爆点活动业绩。一季度，集邮生肖贺岁季营销活动，完成收入315万元，完成计划进度的105%；《荣耀》爆点活动销售515册，创收81.37万元，完成市公司计划进度171.6%，全长沙市排名第二；《世纪财富》爆点活动销售200册，创收31.6万元。春秋季校园报刊征订一季度实现流转额72万元，全长沙市排名第二。邮资封片业务。一季度，申报14所高中邮资封片，实现高中一校一封；成功开发科技模型厂邮资封片，合计创收29.4万元。旅游卡、冬奥产品开发。旅游卡销售325张，创收7.5万元；冬奥产品创收21万元。《山河任你游·为梦想加油》文化册销售468套，创收65.5万元，完成计划的251.8%。2022年，分公司获长沙市分公司“2022年度报刊大收订组织奖”“线上营销创新奖”“教育报刊优胜奖”。

【三级物流体系建设】 2022年，分公司落实省、长沙市公司构建三级物流体系战略决策，以“乡村振兴”为切入点，成立三级物流建设专班小组，与浏阳市人民政府对接，并对浏阳市318个行政村进行寻址，成立南区精品线路，获市商务局、市发改局肯定。6月，完成市发改局的初步验收工作，7月，向市发改局申报专项资金180万元，10月，争取到建设扶持资金180万元，进行三级物流体系建设。分公司拥有2000平方米市内仓配中心，日均处理进出口邮件3万余件。在四条干线邮路基础上增加3趟加班趟次，打通村级末端物流上下行功能。私车公助车辆48辆，自提点配备蓝牙打印机101台。依托“易邮自提”App系统，完成277个有效站点建设，完成计划进度的107.36%。

【企业文化建设】 2022年，分公司工会针对部分网点房屋年代久远、房屋开裂、家具磨损、家电损坏等情况，向上级递交职工小家升级改造报告，完成枨冲、达浒、官桥等网点职工小家的升级改造。同时，分公司工会按企业“关爱民生”制度要求，对所有工会会员“生、老、婚、育、病、故、贫”等情况进行慰问。开展在职职工医疗互助活动和大病关爱行动，组织全体职工体检，对退休职工住院进行慰问，全年慰问132人次。分公司设置特殊补助，对于家庭经济困难的职工，分别发放800元、1000元、2000元不等的困难补助金。2022年，发放21人，共计19200元。

（刘利香）

通　信

·电信·

【概况】 2022年，中国电信湖南省浏阳分公司有在职职工302人。设有四部（综合部、销售服务部、网络部、财务部）及27个支局、3个城区营业部、3个政企营业部。全业务收入累计完成2.86亿元，增长13%。全年发展移动业务9.3万户，出账净增2.4万户，过网份额从上年底22.2%，提升至25.2%，提升3个百分点，全年宽带发展2.8万户，出账净增7283户。

【市场经营】 2022年，中国电信湖南省浏阳分公司坚持存量维系工作贯穿全年，基于存量标签数据分类分场景组织，以支局为单位一周使用一类标签数据针对入店客流分ABCD类，融合宽带加包加约率达到85%，存量收入保有率从94.5%提升至98.9%；2022年，建设门店31家，其中锁定区域精准建店11家。持续整治渠道生态，优化业态，清退与员工、装维有关联的门店11家，处理影响生态装维人员9个，全年招募直销150名，其中优秀直销开店5名；联合厂商资源控制终端操盘2000+手机，让门店实现从单一的业务型到终端型的转变，提升5G时代门店终端利润。

【网络建设及优化】 2022年，中国电信湖南省浏阳分公司新建基站616个，其中5G基站137个、4G基站365个，5G信号覆盖浏阳所辖主干道和乡镇，无线信号覆盖率达到94%；新建114个室分站点，新建楼盘及重要乡镇楼盘无线网络覆盖增强；新增千兆光端口2.2万个，新建OLT8台，扩容10G板卡109块。投资570万元，累计整治农村杆线450千米；投资480万元建设浏阳云网大数据中心，建设完成IDC机房一个，有两个仓位租用给政府，用于“数字浏阳”云底座项目建设，已投入使用。

2022年5月23日，“智慧洞阳”建设战略合作协议签约仪式

（中国电信湖南省浏阳分公司　供图）

【客户服务】 2022年，中国电信湖南省浏阳分公司缩短装查移时限，抓超时、重复工单，有效降低催修、催装率情况。客户修障及时率97.01%，较2021年同期提升3.5个百分点，城乡整体“十分满意率”指标达到95.09%，较2021年同期提升3.34个百分点，客户感知优良率达到省公司标准99%；对118名装维工程师进行赋能培训，提升政企标品交付能力，全年共认证通过76名金牌工程师，占比64%；加强主动维护，2022年BD主动性维护整治共计完成4162个，占总量的8.09%，根据日常工作群内整治晒图和现场检查，各班组整治工艺质量和数量较前期都有提升。

（熊　慧）

·移动通信·

【概况】 中国移动通信集团湖南有限公司长沙市浏阳市分公司（以下简称“浏阳移动”）系中国移动在浏阳市的分支机构。截至2022年年底，公司共有在职员工188人，党员占比32%。被评为“2022届湖南省级文明单位”，思想政治研究成果获湖南移动2022年度党建政研成果一等奖，支部作为全省唯一代表参与“江河湖海　鸿雁领飞”战队，开展书记直播活动，强化阵地建设，支部获湖南移动“喜迎二十大　奋进新征程”优秀宣传阵地。

【客户服务】 2022年，浏阳移动组织出动通信保障人员780人次，车辆31台，12处紧急保障点位的网络开通及优化，安装电子门磁894套。

【网络建设】 2022年，浏阳移动建成覆盖广、质量高、业务丰富、服务一流的融合通信网络。夯实运营根基，提升转型发展能力和数智化服务水平，4G/5G综合覆盖率达到98.9%。家庭宽带业务全年新建扩建552个站点，排名全市第一，宽带端口总数45.26万个。推动网络强国、数字中国、乡村振兴、疫情防控等重大决策部署的落实落地。

（张　宏）

·联合网络通信·

【概况】 中国联合网络通信有限公司浏阳市分公司（以下简称“浏阳联通”）成立于2002年，是中国联合网络通信有限公司在长沙的县级分支机构，位于浏阳市集里街道花炮大道195号。2022年，分公司有14个部门，在职员工180余人，全年运营收入超过1.23亿元。被授予长沙联通2022年度“最佳服务基层单元”“安全生产先进单位”“政企客户营销先进单位”称号；获长沙联通2022年度“基层服务贡献奖”、2022年度“服务经济发展民生保障奖”（大瑶镇人民政府颁发）；被评为长沙联通“庆祝二十大　落实新战略”主题知识竞赛活动“优秀学习型党支部”。

【网络建设】 2022年，浏阳联通新增布放传输接入层光缆600千米，累计铺设光缆1.6万千米。开通4G宏站、室分569个，并按照国家5G建设共建共享原则，开通入网5G基站250个，累计开通5G基站927个，基本实现5G网络浏阳城区全覆盖，乡镇重点区域覆盖。新建固网项目200个，新建宽带端口总数4.1万个，其中乡镇宽带端口数新增3.1万个，实现全年宽带用户新增6800户。实现网络双千兆升级，全屋智能千兆Wi-Fi普及全市市民。

【信息化建设】 2022年，浏阳联通发挥5G、云计算、大数据等新技术优势，加强与政府、企业合作，推进“智慧+”“互联网+”应用。9月，与浏阳市人民政府签订战略合作协议，就智慧城市、智慧园区等智慧类业务的建设展开深入合作。联合浏发集团开发“国有资产管理平台系统”，打造数字化资产管理样板工程；深度参与浏阳市档案馆“国家数字档案馆”创建工作；参与老旧小区、美丽乡村改造项目建设；打造“数字乡村管理运营平台”，与38个村建立合作关系，数字惠农，智慧兴村，推进乡村振兴建设。与多家企业建立战略合作关系，赋能数字化转型和高质量发展需求。

（胡　婷）

花炮大道　　　　（市住房和城乡建设局　供图）

城乡建设与管理

城乡建设

【概况】 浏阳市住房和城乡建设局是市人民政府工作部门，为正科级。浏阳市人民防空办公室作为市国防动员委员会的常设办事机构，与市住建局合署办公，实行一套工作机构、两个机关名称。浏阳市住房和城乡建设局（浏阳市人民防空办公室）负责全市住房和城乡建设、人居环境、房地产开发、物业管理、人民防空等监督管理工作。2022年12月，机构改革，浏阳市人民防空办公室调整组建市国防动员办公室，不再与市住建局合署办公。

【新型城镇化建设】 2022年8月1日，由市住房和城乡建设局牵头负责的浏阳大道（菊花石路—李畋路）改扩建工程动工建设，投资4.66亿元，全长2.57千米、宽60米。浏阳大道（菊花石路—李畋路）改扩建项目、天空剧院项目（观礼台“焰遇烟火”剧场运营项目）、高峰天马花园既有小区品质提升项目、集里桥社区项目入选2022年“精美长沙”示范项目。浏阳市被评为“2022年系统化全域推进海绵城市建设示范省级试点城市”，获奖补资金4000万元。城区雨污分流济川河、渭川河完成工程建设，净溪河完成总体投资的80%。城区新建污水管网13.8千米、改造22.43千米、乡镇管网改建45.6千米，8个乡镇污水处理厂低浓度问题整改到位。抓好城镇30座污水处理厂设施运营维护，污水处理厂出水达标排放。改造城区易涝点8处，全年未发生严重内涝城区，已连续5年无黑臭水体。全年供水规模3200万吨，出厂水水质合格率和城区供水管网普及率均100%，在长沙市城市供水安全及规范化管理考核工作中位列九区（县、市）第一。持续开展美丽宜居共同缔造示范创建，巩固7个特色小城镇产业做优做强，培育创建长沙市特色小村庄20个。创新“三师”（规划师、建筑师、工程师）下乡乡村建设志愿服务制度，入选住建部《设计下乡可复制经验清单》。推进新型城镇化，实施城乡环境基础设施建设和农村危房改造、农村住房质量安全管理工作，获2022年度省政府真抓实干督查激励表彰。

【民生实事办理】 2022年，改造农村危房126户，整治既有建筑外立面小区项目12个，审批既有住宅加装电梯86台，对嘉信新城等20个既有小区实施品质提升，浏阳市加装电梯、既有小区品质提升工作位居长沙九区（县、市）第一。21个房地产项目共建停车位15997个。浏阳市公共自行车投入运行10周年，2022年借车量87.6万次，新建站点9个。改造无障碍坡道口120个、盲道2000余米，安装过街语音提示器184个，城区红绿灯语音提示器实现全覆盖，新华社《瞭望东方周刊》将浏阳无障碍环境建设作为全国唯一县（市）级标杆进行专题报道。办理信访件65件、“12345”市民服务热线4486件，满意率98.4%。评定“精美小区”“平安小区”各10个，调处各类物业矛盾纠纷2793起，指导调处3707余起，防止群体性事件和集体上访9起，调解案件结案率99%。

【建筑行业监管】 2022年，累计监督项目351个（含园区），建筑面积约879.76万平方米，竣工验收项目197个，建筑面积452万平方米，验收合格率100%，全年未发生质量安全事故。巩固深化“蓝天保卫战”成果，落实“8个100%”控尘措施，工程项目实现全过程监管。创建2021—2022年度第一批湖南省优质工程7个、

2022年“精美长沙”项目（“精美社区”）——集里桥社区　　（市住建局　供图）

2023年1月9日，由中建三局建设的浏阳大道（菊花石路—李畋路）改扩建工程举行通车仪式　　（市住建局　供图）

长沙市级质量安全标准化观摩工地6个、长沙市“橘洲杯”优质工程10个、长沙市结构优质工程和市政优良工程9个。办结消防验收审批项目87个、消防备案项目78个，办结建筑面积分别为233.6万平方米、56.6万平方米。审查竣工验收项目67个，接收工程项目档案进馆17914卷，开出合格证60份，整理各类档案3235件，案卷整理合格率100%。监管23家混凝土企业、2家砂浆企业，为全市提供300万立方米预拌混凝土、20万吨砂浆等优质建筑建材产品。督促预拌混凝土企业全部安装扬尘在线监测系统、设置视频监控系统，实现24小时网络数据实时上传。整治建筑市场和房地产市场违法行为，执法巡查169次，下达责令改正通知书26份、停工通知书15份、违法行为立案调查100起，行政处罚金额465.2万元。发布浏阳本级不良行为91条、红榜信息19条，上报省级不良行为记录36条。

【自建房安全专项整治】 吸取2022年“4·29”长沙市望城区金山桥街道居民自建房倒塌事故教训，2022年5月1日，浏阳市第一时间召开市委常委会（扩大）会议，审议通过《浏阳市自建房安全隐患排查整治工作实施方案》文件，成立浏阳市自建房安全隐患排查整治工作领导小组，确定排查整治的时间、范围、重点和相应保障措施，明确排查结果逐级背书，实行终身责任制，问题清单纳入领导干部经济责任审计和巡察等措施。5月9日，成立浏阳市自建房安全整治“百日攻坚”专项行动指挥部，以“两办”名义印发《浏阳市自建房安全整治“百日攻坚”专项行动实施方案》。住建局全体干部职工连续5个月开展自建房排查整治工作，累计排查自建房327362栋，初判存在结构安全隐患自建房8140栋已完成安全评估鉴定，存在安全隐患的7427栋自建房均完成整改。浏阳在全省第一、二阶段考评中分别位居长沙市九区（县、市）第二名、第一名，在长沙市第一、二次交叉检查中名列前茅。

【营商环境优化】 2022年，市住建局工程建设项目审批制度改革测评从2021年的全省第46名跃升至第3名，获得2022年湖南省优化营商环境测评优秀，2021年度省住建系统“政务服务”单项工作突出单位、省“工改”工作突出县（市），市住建局行政审批科被授予2022年“长沙市青年文明号”称号。全年办理施工许可证168份，建筑面积255.86万平方米，工程造价55.39亿元。核发分阶段施工许可8本，促进项目提前开工。推出“小型项目自愿监理”政策，为33个小型企业节省费用264万元。获批省级“用地清单制+告知承诺制”试点，成功出让四宗“标准地”，面积329.75亩（21.983公顷）。

【产业平稳发展】 2022年9月9日，市住房和城乡建设局、市自然资源局、市财政局联合印发《浏阳市促进房地产市场平稳健康发展若干措施》，全年房地产开发投资82.6亿元、同比增长8.05%，新建商品房预售107.23万平方米、商品房销售103.24万平方米，商品房住宅均价5871元/平方米。抓好装配式建筑推广，新开工装配式建筑项目58个，建筑面积89.6万平方米，装配式建筑面积同比提高103%，装配式建筑推广工作在长望浏宁地区排名第一。建筑业企业完成总产值79.07亿元，同比增长9.53%，建筑业税收5.27亿元，同比增长2.13%。出台《浏阳市促进建筑业高质量发展三年行动计划（2023—2025年）》，加快推动建筑业全面转型升级，推动128个在建项目77家外地建筑企业在浏成立分公司。局属单位建筑业服务中心、设计院、监理公司经营收入分别为1442万元、1320万元、1039万元，实现逆势上扬。

（唐文波　罗梦荣）

【浏阳市城乡发展集团有限责任公司】 浏阳市城乡发展集团有限责任公司（简称“浏发集团”）成立于2020年5月，是浏阳市委、市政府组建的国有独资企业。公司注册资金100亿元，信用等级AA，总资产865亿元，下属一级子公司6个（浏阳市城市建设集团有限公司、浏阳市水利建设投资有限公司、浏阳市文化旅游产业发展有限责任公司、长沙浏河拍卖有限公司、智投公司、浏发中石化能源有限公司），二级全资子公司12个（鸿达公司、恒远公司、渣土公司、城市更新公司、湘赣边公司、五环公司、矿业公司、水务公司、株树桥物业、榴花旅游、健翔体育、浏发教育），二级控股公司4个（开元公司、第四水厂、红源研学旅行公司、湘赣边城市候机厅），参股公司13个（浏阳农商行、江淮村镇银行、北正西商业广场、椒花水利枢纽、北控水务、三峡水环境、民用爆破、边洲田园农业、安邦制药、蓝思科技、湘江现代农业、惠科股份、长沙银行）。2022年，浏发集团实现经营收入24.04亿元，发行政府专项债17.9亿元，争取中央预算内资金2.78亿元，抽水蓄能、垃圾焚烧发电、智慧城市、1+4交通项目等重大新基建项目落地实施，拉动投资83亿元，有力稳住经济发展大盘。完成项目投资19.28亿元，54个项目完工，建成李畋路（浏阳河路—白沙路），翠园公园实现开园（2023年1月9日开园）。探索融合发展新路，将疫情防控与“三资”（资金、资产、资源）盘活结合，将浏阳河酒店、老人民医院资产盘活为隔离点，红旅营、素教中心盘活为临时隔离点，提供防疫服务3万余人次。新能源、砂石矿业、物业管理、文化旅游等业务板块拓展，多元经营占比加大，同比上升63%。大瑶杨田加油站、荷花农贸市场、凤凰山幼儿园、体培中心、智慧跑道、“五号山谷”民宿等项目投入运营，“天空剧院”成功首演，金融小镇启动开发，永和水厂启动建设，充电桩建设全面铺排，椒花水库淹没区砂石资源规模开采。开辟矿山前期整理业务，六股岭净矿出让成为湖南省矿权出让先例。永安镇全域土地综合整治成为全国第四个、湖南省第一个通过自然资源部备案的试点。

【城市建设】 2022年，浏发集团推进“两站”（长赣高铁浏阳站、浩吉铁路浏阳站）片区建设，加快道吾、长兴湖、浦梓港等片区招商，接待客商70余批次，举办“区域双中心，品质新浏阳”推介会，邹家梧桐地块以5.745亿元成功出让。创新招商模式，“一河两岸”文化旅游项目以“投资人+EPC+O”招商合作模式成功挂网招标。城市配套完善，南泥湾路（龚家桥路—道吾山路）、博德路（予倩路—道吾山路）、泰安路（浏阳河路—白沙路）、李畋路（浏阳河路—白沙路）等7条道路全面拉通，将军路、孙隐路、碧桂园路等5条道路完成路面改造，西南环线（K0+000~K0+420）段完成30%工程量，渭川河下游综合整治等4个雨污分流项目完成建设。智慧城市云底座（一期）完成建设并投入运行，智慧政务已挂网招标。城市更新有序推进，2021年83个老旧小区改造项目完成验收并移交，2022年85个老旧小区改造项目完成80%工程量。泰安路（浏阳河路—白沙路）项目被评为“长沙市市政优良工程”，观礼台改造项目被评为“长沙市结构优良工程”，城市广场建设项目获“湖南省海绵城市建设奖”。全年征地672亩，房屋拆迁194户，22个项目征拆清零。理顺建养分离机制，全面解决长兴水库、茶林互通等项目移交问题。加强土地管理，完成26个项目土地划拨供地，土地报批446亩，储备开发类土地总量4500亩。

【多元经营】 2022年，浏发集团全面启动道吾山城市公园建设，完成游步道提质、公路拓宽，收购明珠酒店、花园别墅资产。沿溪“双洞”苏区项目完成红五军第二纵队司令部旧址修缮并对外开放，小河“云上的小店”天文台展览和露营基地建成，张坊“浏阳国家安全教育研学馆”完成建设。道吾、南川幼儿园基本完工，百宜全民健身中心推进中，集团旗下二级子公司浏阳市健翔体育有限公司开业，浏阳市湘赣边红源研学旅行有限公司创收627万元，浏阳河酒店创收385万元，湘赣边城市候机厅窗口形象提升。湘赣边公司出让土地38.6亩营收3875万元。株树桥物业公司营收4532万元，同比增长38%，新增业务18项，新增合同总额同比增长91%，安排社会就业1200余人。恒远公司营收2618万元，湘赣边农产品交易中心启动施工。更新公司争资5429.3万元，浏阳老旧小区改造模式入选住建部城镇老旧小区改造可复制政策机制清单。鸿达公司营收1399万元。开元公司营收2582万元。渣土公司经营产值5386万元。五环公司经营产值16181万元。矿业公司经营产值22006万元。

【风险防范】 2022年，浏发集团融资综合成本4.39%，中票发行利率2.91%，PPN发行利率3.17%，分别创湖南省银行间市场AA+主体同品种同期限最低利率。制定一债一策，完成利率“高变低、短变长”置换。文旅公司获评AA信用评级。化解隐性债务5.8亿元，守住风险防控底线。创新“三资”盘活，探索矿产资源保护利用新路径，完成首批20亿元矿产资源注入，形成“三资”盘活的浏阳经验。

【国企改革】 2022年，浏发集团全面修订公司章程，完善“三会一层”议事规则，厘清权责清单200多条。制定《外部董事管理办法》，公开招聘职业经理人2名，实行子公司授权清单管理，持续加强各级公司董事会、监事会、经理层建设。制定二次重组方案，优化业务板块，全面落实国企改革三年行动任务。公开招聘合同制员工20人，完成中层管理人员竞聘上岗、员工双向选择。健全市场化经营机制，实行经营性生产性子公司激励约束机制，实现“员工能进能出、干部能上能下、薪酬能增能减”。建立健全招投标采购、资产处置、捐赠等12个方面制度体系，优化办事流程，强化制度执行。制定《内部审计工作制度》《内部控制管理办法》，规范子公司人材机管理模式，出台《二级经营生产性子公司建库定队管理制度》。

【民生项目建设】 2022年，新建停车场11个，新增停车位2472个，新建汽车充电站4座，新屋岭停车场打造“奔跑者家园”，助力新就业群体出行。人才公寓、公租房等4个民生项目投入使用，6个民生项目正在建设。投资5000多万元完成背街小巷改造、环境整治等30余项文明创建工程。通过易地联建保障89个经济薄弱村收益156.6万元，落实疫情减免政策为企业减租292.18万元。移交城东安置区2栋、3栋、4栋、5栋，平稳解决长兴安置区G4栋矛盾纠纷，妥善处置碧源孔雀台项目等历史遗留问题。

【旧改“浏阳模式”】 2022年2月23—24日，长沙市城镇老旧小区和危旧房屋改造工作现场推进会议在浏阳召开。与会人员现场观摩浏阳市花炮小区及百川里片区、恒宜新村小区、龚家桥片区等旧改项目现场。浏阳在城镇老旧小区改造工作中，设立旧改工作推进领导小组和办公室，形成市住保中心指导协调，浏发集团牵头实施，市发改、市财政、市住建等30余家单位协同推进的工作机制，旧改工作因地制宜、突出特色，为其他地区提供可复制、可推广的老旧小区改造“浏阳模式”。6月22日，央视《走进县城看发展》特别节目聚焦浏阳，打卡浏发集团旧改示范项目——百川里片区，以直播镜头见证老旧小区“蝶变”后的新生活。

【高铁片区启动城市设计和详规编制】 2022年3月2日，浏发集团召开高铁片区城市设计和控制性详细规划编制汇报会暨技术交底会，标志着该片区正式启动城市设计和控制性详细规划编制工作。浏阳高铁片区规划范围北至开元大道、南至菊花石西路—燎原路—大围山路、东至浏阳大道、西至南泥湾路，总面积约7.55平方千米，按照绿色生态、区域统筹、产城融合、站城一体和可持续发展基本原则，拟打造为山城互融、站城一体的城市新区。

【浏阳首条智慧跑道建成】 2022年3月，浏发集团启动长兴湖健康主题公园智慧跑道建设。浏阳首条智慧跑道——长兴湖健康主题公园智慧跑道全长2千米，起点位于长兴湖公园西门，终点位于长兴湖东湖玻璃观景台。跑道融合5G、大数据、物联网、云计算等智慧技术，有“乐走”和“乐跑”两类体验。6月25日，智慧跑道建设方浏发集团组织开展“2022浏阳全民健身乐跑活动暨长兴湖智慧跑道启动仪式”，邀请跑步爱好者们体验运动科技带来的健康快乐。

【道吾新城两地块出让】 2022年6月30日，浏发集团成功出让道吾新城XWL-05-01-01、XWL-05-02-01地块，成交价5.745亿元，由本土开发商浏阳市创意实业发展有限公司竞得。

【李畋路(浏阳河路—白沙路)开工建设】 2022年7月10日，李畋路（浏阳河路—白沙路）开工建设。李畋路（浏阳河路—白沙路）位于浏阳市水佳片区，南起浏阳河路，北至白沙路，长863米，宽42米，设计速度50千米/小时，为双向六车道，是一条城市主干道。该项目总投资约1.598亿元，是浏阳市“1+4”[“1”即全面启动西南环线建设，“4”即年内金阳大道全线通车、浏阳西入城口交通疏导工程完成建设、浏阳大道（菊花石路—李畋路）完成改扩建工程、拉通李畋路（白沙路—浏阳河路）]城区交通重点项目之一，由浏发集团投资建设，建设内容包括道路、给排水、综合管线、边坡防护、交通、绿化、亮化等。2023年1月9日试通车。

【西南环线一期开工】 2022年9月29日，总投资3.26亿元的G106绕城公路一期（浏阳市西南环线一期南泥湾路—浏阳河西路）项目正式开工建设。该项目位于集里街道平水片区，与G106浏阳绕城公路共线，全长约2290米，全线按一级公路标准建设，设计时速80千米。该项目由浏发集团投资建设，是浏阳市“1+4”城区交通重点项目之一。

【泰安路(浏阳河路–白沙路)通车】 2022年10月22日，浏阳市泰安路（浏阳河路—白沙路）全线通车。泰安路（浏阳河路—白沙路）建设项目位于关口街道水佳片区，起于浏阳河东路，止于白沙路，道路长约970米，路幅宽32米，属于城市次干道。该项目于2021年5月31日开工，建设内容包括路基、土石方、桥涵、路面、综合管线、人行道、交安、绿化、亮化等。该项目由浏发集团负责建设，获评“2022年度长沙市市政优良工程”。

【长岭路（复兴路—李畋路）开工】 2022年11月22日，长岭路（复兴路-李畋路）建设项目正式开工。该项目由浏发集团投资建设，总投资约8800万元，位于水佳片区，道路长1210米，宽24米，为双向四车道。项目横跨渭川河。长岭路串联新老城区，是水佳片区“六纵五横”路网中的一条重要通道。

2022年9月29日，西南环线一期开工建设　　（图片来源《长沙晚报》）

【株树桥物业划转至浏发集团】 2022年4月29日，湖南株树桥物业管理有限责任公司正式划转至浏发集团，6月18日，该公司迁至福临体育新城。湖南株树桥物业管理有限责任公司成立于2001年2月9日，是国家一级资质物业服务企业，公司服务对象包括行政事业单位、大型医疗机构、市政环境项目、高档住宅小区、水域清洁等，获“中国物业管理综合实力百强企业”“长沙市物业管理综合实力十强企业”等称号。

【天空剧院首演】 2022年5月25日，浏发集团招商引进的运营项目天空剧院在花炮观礼台亮相。天空剧院融合浏阳河与浏阳烟花两大世界级IP，擦亮“相约浏阳河，周末看焰火”品牌，助力打造“世界表白之都”。浏发集团作为浏阳城市综合运营商，以“浏阳河百里画廊”建设为契机，全力推进城区段“一河两岸”文旅开发项目。投资7000万元提质改造的花炮观礼台项目，获评“2021年度长沙市结构优良工程”。

【浏阳首宗大型砂石资源项目成交】 2022年11月25日，通过公开拍卖，浏阳首宗大型砂石资源以2121.15万元成功交易。该资源位于浏阳市大围山镇田心村，是椒花水库淹没区田心桥段建筑用花岗岩半风化层砂石资源，储量达118.5万吨，公开拍卖起拍价15元/吨，经过29轮竞价，最终由浏阳市鸿宇混凝土有限公司以17.9元/吨竞得，交易金额2121.15万元，溢价343.65万元。该次处置的项目是市政府授予浏发矿业公司特许经营权后的首宗大型砂石资源。

（张金莲）

公共工程建设

【概况】 浏阳市公共工程建设中心（原浏阳市工务局，2019年3月14日，浏阳市工务局变更为浏阳市公共工程建设中心）是市人民政府直属的负责除水利、交通、土地开发整理、地质环境治理外经市政府授权的非经营性政府投资建设项目的建设管理事业单位。内设综合部、督导部、财务部、前期部、技术部、投资部、采购部、工程一部、工程二部，现有工作人员49人。2022年，中心共承建政府投资项目59个（续建26个，新建33个），全年完成建设投资额9.94亿元，占年度计划的101%。

【项目建设】 截至2022年12月31日，市中医医院危急重症大楼、泰安小学、社港医养综合服务平台等25个项目已建成交付；金阳医院、市妇幼保健院整体搬迁、新屋岭中学、大塘冲小学等22个项目推进中；镇头消防站、大瑶中学新建教学楼、田家炳中学学生宿舍等12个项目开展前期工作。

【项目管理】 2022年，市公共工程建设中心对承建的政府投资项目开展108次领导集中带队检查，640次部室日常巡查，排查整改各类隐患400余处。修改完善《招标代理机构项目代理遴选办法》《政府性投资简易工程服务项目招标管理办法》等，开展阳光招标，全年完成公开招标项目29个，简易招标50个，招标总金额约2.57亿元，通过招标节约资金3353万元。市妇幼保健院整体搬迁项目、市中医医院危急重症大楼项目、泰安小学建设项目被评为2022年“长沙市建筑施工绿色工地”。泰安小学、社港医养综合服务平台等4个项目获长沙市结构优良工程。市图书馆合建项目获2021-2022年度湖南省建设工程芙蓉奖。

【中医医院危急重症大楼建设项目】 浏阳市中医医院危急重症大楼建设项目是浏阳市重大民生项目，于2020年9月2日开工，2021年5月21日完成基坑支护工程中间验收；2021年10月21日完成地基与基础分部工程验收，2022年3月24日完成主体分部工程验收，验收评定合格。2022年10月6日组织正式竣工验收。该项目位于金沙路与车站路交叉口（原汽车东站），建设总投资6.84亿元，主体及附属用地面积14303.75平方米，包含新建1栋地下2层，地上21层危急重症大楼，框架剪力墙结构，总建筑面积60183.17平方米，其中地上建筑面积46061.18平方米，地下建筑面积14121.99平方米，建筑高度86.1米，项目为地下停车库及设备用房、裙楼为急症手术区、五层为科研培训用房、六层以上为住院区，设计床位数660个。经过公开招标及公示，由中国建筑第五工程局有限公司中标承建，施工合同金额2.4902亿元。该项目设计单位为湖南省建筑设计院有限公司；全过程咨询单位为湖南省工程建设监理有限公司/天职（北京）国际工程项目管理有限公司；地勘单位为湖南有色工程勘察研究院有限公司。

【社港镇医养小镇综合服务平台、中医职业继续教育培训中心、社港镇湘赣边中医药科研及检测中心与社港镇卫生院（骨伤科医院）职工周转住房项目】 该项目于2021年5月12日开工，2022年12月30日完成竣工验收。该项目位于浏阳市社港镇新光村新光路以西，新文路以北，总建筑面积约23468平方米，包含新建建筑三栋，由一栋7层周转住房，一栋17层周转住房，一栋3+17层综合楼（包含一层浏阳市社港镇医养小镇综合服务平台、浏阳市中医职业继续教育培训中心、浏阳市社港镇湘赣边中医药科研及检测中心，3层共计3385平方米）组成。经过公开招标及公示，由湖南省第五工程有限公司中标承建，施工合同金额7487.80万元。该项目设计单位为广东建筑艺术设计院有限公司；地勘单位为湖南有色工程勘察研究院有限公司；监理单位为湖南中昊建设项目管理有限公司。

【泰安小学建设项目】 泰安小学建设项目于2021年12月18日开工，2022年8月26日组织正式竣工验收。该项目位于浏阳市关口水佳片区，建设总投资9600万元，规划总用地面积43537.28平方米，总建筑面积约1267.78平方米，其中：新建3栋教学楼，建筑面积共8997.28平方米；1栋综合楼，建筑面积5027.15平方米；1栋体艺馆，建筑面积1267.78平方米；1栋食堂，建筑面积3887.92平方米；地下室369.76平方米；门卫室80.86平方米；300米环形塑胶跑道运动场。经过公开招标及公示，由浏阳市华宇建设工程有限责任公司中标承建，施工合同金额8709万元。该项目设计单位湖南格瑞工程建设集团有限公司；全过程咨询单位湖南长顺项目管理有限公司；地勘单位湖南有色工程勘察研究院有限公司。

（蔺万雄）

住房保障

【概况】 浏阳市住房保障服务中心为正科级公益一类事业单位，主要负责全市保障性住房建设与管理、棚户区改造和老旧小区改造、物业专项维修资金管理、国有资产管理和城市房屋白蚁防治服务等工作。下设办公室、机关党委办、财务室、规划项目室、城市更新改造室、法律事务室、保障性住房事务所、公管房资产事务所、物业专项维修资金管理中心（白蚁防治所）9个室所。2022年，中心强保障、优服务、惠民生，工作成绩突出，在全市“千名干部下基层　确保平安促发展”专项行动中被评为“优秀单位”，连续四年被中共长沙市委、长沙市人民政府授予“文明单位”称号。在推进新型城镇化中，实施城乡环境基础设施建设等工作获省政府督查激励。

【老旧小区改造】 2022年，浏阳市实施改造老旧小区87个，202栋，4206户，改造面积41.03万平方米（含提前实施2023年改造计划小区2个，5栋，152户，2.09万平方米）。持续深化基层党建+老旧小区改造“5+N”（“5”是构建“市直各单位—街道党工委—社区党组织—小区党支部—微网格长”五级网络，“N”是发挥业主中党员、退休干部职工、热心群众、志愿者等多方力量作用）工作模式，全年新增联合党建阵地9处，

2022年2月23—24日，长沙市城镇老旧小区和危旧房屋改造工作现场推进会在浏阳召开
（市住房保障服务中心　供图）

拆违2.4万平方米，累计加装电梯95台。5月30日，《人民日报》刊登《微网格商议　畅通微治理》文章，6月22日，中央广播电视总台《走进县城看发展》播出《打卡百川里　体验老城新生活》，宣传报道浏阳市老旧小区改造工作。百川里片区老旧小区改造项目申报中国人居环境奖（范例）通过省住建厅评审，纳入住房城乡建设部考评项目名单。

【棚户区改造】 2022年，浏阳市实施货币化安置棚户区改造项目3个186户，投资约3.72亿元，提前完成年度省市目标任务。

【保障性住房建设与管理】 浏阳市城区现有公租房5056套，乡镇、园区有公租房23263套。2022年，浏阳市新建公租房336套，筹集保障性租赁住房2000套，有效缓解住房困难群体及外来务工人员居住难题。同时，通过积极对接省市，浏阳被列为长沙市乡村振兴人才安居工程工作唯一试点县（市）。2022年，城区公租房新增保障对象131户，新分配入住50户，全年共发放租赁补贴515户145.1万元，全年收缴公租房租金660万元，占全年目标任务117%。开展城区公租房“三清行动”（清查、清退、清欠），共查处整顿违规行为111宗，收回公租房21套，有效维护公租房公平善用。开展“党徽闪耀暖万家”活动，在职党员结队服务75户公租房住户中的孤寡老人、留守儿童等，着力解决急难愁盼问题，得到群众好评。开展公租房安全隐患治理工作，完成610宗房屋维修，报请市政府批准同意拆除团仓巷和太平街两处危旧公租房，确保房屋住用安全。

【物业专项维修资金管理】 2022年，归集物业专项维修资金1.05亿元，年度派息3662.72万元（同比增长13.99%），受理维修业务291宗，其中234宗采用应急维修程序；使用物业专项维修资金281宗，拨付资金654.2万元，受益业主4.17万户次。

【白蚁防治】 2022年，共完成白蚁防治新建预防施工项目30个，施工面积136万平方米，受理白蚁灭治、回访、补治、销户201宗，面积10余万平方米。对浏阳市27处不可移动革命文物组织开展白蚁危害回访、补治公益行动，加强宣传，有效降低白蚁危害率。

【国有资产管理】 2022年，市住保中心按照创建全国文明城市、巩固全国卫生城市的标准要求，加大对集贸市场的规范化管理。落实安全生产主体责任，建立浏阳河市场、梅花小区农贸市场和其他临街门面资产安全生产管理制度，将年度安全生产工作责任到人，制定工作清单，并每月督促落实，确保资产租赁安全运营。全年完成浏阳河市场、梅花小区农贸市场商铺（摊位）和临街闲置国有非住宅共718处公开拍租，完成租金收缴1115.81万元，提前完成年度租金收缴1000万元目标任务。落实上级纾解市场主体困难政策，为740户符合减免条件的租户免除三个月租金共计362.6万余元，有效提振商户经营信心。引导商户实行线上线下结合经营，浏阳河市场数字商城电商平台线上交易额206.29万元。

（汤　洁）

住房公积金管理

【概况】 长沙住房公积金管理中心浏阳市管理部负责全市住房公积金的缴存、提取、贷款等业务。管理部编制11人，下设主任岗、副主任岗、综合科和业务科。2022年，全市新增开户单位322家，新开户职工22819人，完成归集12.07亿元，同比分别增长29.32%、0.70%、21.18%；全年提取住房公积金5.79亿元，占当年缴存额的47.94%；全年发放个人住房贷款1008笔4.36亿元，同比增长132.12%。截至2022年年末，全市累计归集总额85.82亿元，归集余额39.62亿元；累计发放个人住房贷款55.70亿元，个贷余额29.68亿元，帮助21873户中低收入家庭解决住房困难。

【归集工作】 2022年，公积金年归集额12.07亿元，同比增长21.18%。主动宣传精准服务，投放“小金坨”宣传动漫，开展“送政策上门、送服务上门”系列宣传活动，通过社保缴费数据比对，建立应建未建非公企业公积金建缴台账，督促履行缴存义务，稳步推进制度扩面工作。落实惠企纾困政策，助力企业复工复产，审批通过3家企业缓缴申请，做好跟踪回访，帮助企业逐步恢复正常缴存。通过年度调基调比为211家单位降低缴存比例，提高缴存基数。依法执法规范缴存，根据年度调基调比通知要求，督促缴存单位规范缴存基数、调整缴存比例。同时加强与浏阳市政府和财政部门沟通协调，做好机关行政事业单位集中调基调比工作，规范公积金缴存，人均月缴额提高600元，年度补缴近4000万元。行政执法与扩面工作有机结合，全年共处理单位缴存类投诉30起，对投诉涉及的13家单位宣讲公积金政策和上门行政执法，下达责令改正通知3份，立案移交4件，为4名职工补缴住房公积金15741元。

【个贷工作】 2022年，落实政策调控稳住房消费，将最高贷款额度提高至70万元，三孩家庭80万元；重点支持首套房购房需求，实施首套房“可提可贷”政策；满足改善性住房需求，降低二套房首付比例，由60%调整至40%；租房提取金额提高至不超过1年实际汇缴额。公积金贷款当天办，坚持当天受理当天审批，抵押权出证即提交放款，最快当天放款，审批放款速度居全中心第一，“新湖南”客户端、红网时刻等多家媒体以《全面落实“当天办”，办事不用“往返跑”》为题对长沙住房公积金管理中心浏阳市管理部高效办理贷款情况进行宣传报道。试点完成商转公顺位抵押，与工商银行浏阳支行试点商转公顺位抵押，降低商转公业务门槛，减轻缴存职工商业贷款提前还贷自筹资金压力。推行线上云抵押，在全中心率先设立在线抵押登记便民服务办理点，推进不动产抵押登记与注销线上办，从根本上解决贷款业务环节多、不同部门往返跑问题，全年办理线上抵押登记475笔，抵押注销706笔。推广组合贷款，满足职工多样化贷款需求，累计发放组合贷款505笔，1.46亿元。推进湘赣边住房公积金区域协同合作发展，实现湘赣两省10个城市公积金跨地区互认互贷。

【风险防控】 2022年，管理部规范业务操作，加强材料审核关，利用数据互联共享，对重点业务和有风险点业务进行核查，确保提取和贷款业务真实准确。落实问题整改，对照市委巡察组巡察问题、审计和内部稽核提出问题，全面排查整改，建立长效机制，杜绝安全隐患。抓好贷前贷后管理，关注贷前、贷后业务“风险点”，开展楼盘贷款按揭项目现场检查2次。全面清查贷款抵押权证10379户，与不动产中心协调对接，督促开发商及时办理“期转现”，防范期房抵押的潜在风险，全年办理“期转现”850户。防范骗提骗贷，打击骗提套取公积金行为，提高工作人员材料甄别能力，加强有疑义资料核实，全年处理涉嫌骗提行为3起，追回骗提金额36.28万元，阻止骗提行为4起，避免资金损失20.27万元。

【管理服务】 2022年，管理部开展为期两个月的“转作风、提效能、优服务”竞赛活动，组织集中学习、开展岗位练兵、抓重点问题整改、规范服务行为。开展“走流程、解难题、优服务”主题活动，组织调研、讨论、协调，听取办事群众、合作单位的建议意见，收集业务难点堵点问题，梳理业务办理流程，统一业务办理标准，优化服务举措。拓展便民渠道，提供延时办理、容缺受理、上门服务、邮寄等服务。坚持实行网点人员轮岗交流，有效避免岗位风险和庸懒散奢，开展服务礼仪培训，提高干部职工综合素质。

（王星星）

城市供水

【概况】 2022年，浏阳市自来水公司有干部职工188人，下设14个科室，日供水能力最高达11.5万吨，全年实现总供水量3266万吨，同比增加5.2%；实现总产值1.19亿元，同比增加6.91%，水质合格率100%。在全省2022年城市供水安全及规范化管理评估得分位列区（县）第一，在2022年湖南省营商环境评价报告“获得用水”指标考核位列全省第一。被湖南省城乡建设行业协会供水分会授予“湖南供水行业先进单位”称号，蝉联“市营商环境改革创新十佳典型”。

【第四水厂建设项目】 2022年12月，浏阳市第四水厂建设项目完成投资3亿元，土建主体工程（包含加压泵站及变配电间、反应沉淀池、反冲洗滤池及泵房、清水池、排水排泥池、浓缩池、脱水机房、加药间、生产辅助用房、生产服务用房等）、设备安装全部完成，并进行厂内供水调试。该项目于2021年1月29日开工建设。第四水厂以株树桥水库和椒花水库为水源，设计供水规模15万吨/天。

【管网建设】 2022年，市自来水公司投入资金1000余万元，完成浏阳大道改扩建项目管网改造工程、云顶地产项目外线、予倩路、泰安路、菊花石路、李畋路等道路主干供水管线的敷设工程，全年新建和改造供水管线21.7千米，双倍完成长沙对浏绩效考核任务。按照时间节点铺排房地产楼盘工程，完成湾田和悦家园、碧桂园万锦棠湾、高力万汇城、创意阳光府、卓悦城、禧和学苑、禧悦佳苑等12个新建小区供水管道安装工程。

【智慧供水平台建设】 2022年，市自来水公司成立专班，对长兴城二期、湾田和悦家园、创意阳光府等8个小区开展GIS系统数据采集工作，全面完成城区供水主管网数据采集任务，管网漏损率降至8.02%。投入资金100余万元，新开发表务管理系统、工单管理系统和智能消防栓管理系统等智慧平台，完善微信缴费系统、客服热线系统和MIS营销系统，提高数据使用率，每年可节约财务和运营成本60万元以上。

【供水服务】 2022年，市自来水公司优流程、提服务，实现接水申请材料由3项减为0项，流程环节由10个减为2个，办理时间由15个工作日减为最多3个工作日。建成“网上营业厅”，全年受理业务691单，同比增长60%。投入20万元完成全市“水电气联动过户”系统平台建设，实现政企联动，“一站式服务”及时率100%。依托“12345”热线和公司24小时客服热线，解决老百姓涉水困难问题3800余个，减免低保户水费310户。复产复工期间“欠费不断

2022 年 5 月 31 日，市自来水公司召开第九届第一次职工代表大会暨工会第三届会员代表大会，并选举产生新一届的工会联合会　（市自来水公司　供图）

供”，暂缓追缴水费金额 434 万余元，惠及市场主体 430 家，减免疫情期间漏损水费 20 余万元。

【服务民生】 2022 年，市自来水公司投入资金 600 余万元，完成 76 个小区供水设施改造工作，改造老旧小区管网 11.2 千米。垫资处理恒大地产、鸿宇城、鑫岛明珠、禧和学苑等楼盘给水工程遗留问题。对老百姓反映意见集中的财智广场兰亭苑、龙泉港城管局宿舍、医药设备厂宿舍、复兴安置区等小区供水管网由原镀锌铸铁管全部换成 PPR 管。自筹资金 90 余万元，对恒大华府一期小区 1700 余户用户水表由“总表制”改造为“一户一表”，获小区业主好评，人民网、《长沙晚报》进行专题报道，恒大华府一期小区“一户一表”改造工作被市直机关工委评为“全市攻坚克难十佳经典案例”。

（黎玉玲）

城市管理和综合执法

【概况】 2022 年，浏阳市城市管理和综合执法局（以下简称“市城管局”）共有在编人员303 人（其中局机关在编人员 16 人，城市管理综合执法大队在编人员 122 人，市容环境卫生维护中心在编人员 107 人，市政园林维护中心在编人员 48 人，燃气事务中心在编人员 7 人，城市照明管理中心在编人员 3 人），内设办公室（财务科）、法规宣教科、行政审批服务科（环卫市政管理科）、基层指导科（燃气管理科）、政工人事科等 5 个职能科室、8 个城区执法中队，辖 5 个二级机构：城市管理综合执法大队（正科）、市容环境卫生维护中心（正科）、市政园林维护中心（副科）、燃气事务中心（副科）、城市照明管理中心。2022 年，市城管局践行“以人民为中心”“为人民管理城市”理念，落实“四精五有”（精准规划、精美建设、精致管理、精明增长；有颜值、有气质、有内涵、有格调、有品位）目标，推进“六个到位六个严格”（重点区域清洗精洗到位、背街小巷环境维护到位、城乡接合部综合整治到位、闲置地块常态化管控到位、建筑工地文明措施到位、桥下空间精细管理到位；严格责任落实、严格采集交办、严格督查通报、严格拉练考核、严格依法执法、严格问责问效）市容环境全域提升达标工作，城市管理精细化水平显著提高，居民群众的获得感和满意度提升。市城管局被住房城乡建设部评为 2022 年度巩固深化“强基础、转作风、树形象”专项行动“表现突出单位”；垃圾分类、燃气设施建设管理等工作获省政府真抓实干督查激励表扬，浏阳市被评为“实施城乡环境基础设施建设工作成效明显县（市）”；市市容环境卫生维护中心被湖南省城乡建设行业协会授予“2022 年度环卫先进集体”称号；市城市照明管理中心被湖南省城乡建设行业协会照明分会评为 2022 年度“湖南省照明行业协会年度先进单位”，黄德良被评为“先进工作者”；浏阳市被长沙市城市管理委员会评为 2022 年度城市管理工作考核“优秀单位”、市人民政府真抓实干表扬激励“城市市容环境品质提升”成效明显单位，以及“百街千巷”提质、燃气安全整治等专项工作成效突出单位，浏阳市环卫维护中心被评为“优秀基层单位”，胡湘、周彪等 16 人被评为“优秀个人”。

【市容、市貌管理】 2022 年，市城管局坚持“铁腕治容”，推进市容秩序“十二项”专项整治，全年查处各类案件 2040 起（人行道违停除外），处罚款 191 万元。坚持“铁腕治乱”，牵头开展市拆违控违“百日攻坚”行动，城区依法拆除违建 369 处，面积 52313 平方米；抓人行道违停管理，共计抄牌违停车辆 17449 台；排查高空广告和门店招牌 722 处，拆除破损广告 178 处，面积 4228 平方米；拆除耳招、落地、地贴广告等 365 处。坚持“铁腕治污”，开展餐饮油烟、黄土裸露、扬尘控尘、水污染“四项”集中整治行动，全年查处餐饮油烟污染案件 1 起，处罚款 5000 元；整治裸露黄土地块 80 处，共计 32.14 万平方米；查处路面污染行为 285 起，处罚款 54.21 万元。

（唐芃书）

【市容环境卫生】 2022 年，市容环境卫生维护中心实行最精细环卫保洁，进一步改进作业模式，提升作业标准，加大机械化作业力度，主次干道全路段精细化洗扫，背街小巷开展市容环境卫生专项整治，城区环境卫生质量效果明显。机械化清扫率达 95%；清理城区河道垃圾 1200 余吨；收集处置餐厨垃圾 13000 余吨；生活垃圾无害化处置 13.7 万余吨，渗滤液 8.1 万余吨，无害化处理率 100%。深化城区生活垃圾分类试点示范工作，开展宣传培训30余次、“美好家园”生活垃圾分类志愿服务活动40余次；6处垃圾分类厢房通过长沙市垃分办（生活垃圾分类工作领导小组办公室）验收，8处新建厢房通过本级验收；2个片区、30个小区通过试点示范复审验收，3个小区被评为“示范小区”。强化公共服务设施配套建设，新建公厕3座；推动垃圾焚烧发电项目，完成20余项手续办理。

（彭志敏）

【市政园林管护】 2022年，市政园林维护中心落实“四精五有”要求，加快园林绿化、道路品质提升、重点民生实事等项目建设，加大市政园林绿化及设施巡查与维护力度，全年完成绿化修剪及打草除杂约388万平方米，修剪行道树、乔木及绿植10200株，清理枯枝、死树4750棵，补乔灌木6300株、苗木5300平方米，铺草皮3万平方米；国庆节期间对城区主要广场与道路节点地栽花（面积5700平方米）进行全面换植，营造浓厚节日氛围；压实责任，推进“人民满意公园”创建工作，浏阳西湖山公园被评为长沙市2022年“人民满意公园”，成为浏阳城市名片和市民休憩打卡地。截至2022年12月底，浏阳建成区绿地面积1192.43公顷，公园绿地面积350.24公顷，人均公园绿地面积12.68平方米，绿地率39.62%，绿地覆盖率43.8%。完善市政基础设施，全年维修人行道1.2万平方米、沥青路面6400平方米，人行道改造及混凝土压模8800平方米；施划交通标线2.6万平方米、停车位690个，安装标识标牌313块、柔性立柱420根，新增道路护栏3800米。做好将军广场立交桥维修改造、烈士公园鸿宇广场景观水池提质改造等工程。完成城区62条“百街千巷”环境综合整治提升工作，推进11条街巷创建长沙“文明美丽街巷”，提升浏阳城市品质。

（邱　敏）

【燃气事务管理】 2022年，全市燃气行业安全生产形势平稳有序。全年市燃气事务中心对11家燃气企业、16.3万户燃气居民用户、4123户燃气工商用户均完成不少于一次的入户安检，排查整改各类隐患问题6608处；牵头开展全市燃气领域“百日攻坚”“奋力保安全”等专项行动，全年查处违法违规行为98起，暂扣液化气罐763瓶，立案处罚67起，罚款金额65.1万元；配合城区老旧小区提质改造，完成香山国际、盛世华庭、天顺御景城、早城4个老旧小区燃气管道改造项目4个，总计改造管网长度8.8千米，投资633万元，惠及2800余户居民；开展燃气安全宣传“五进”（进社区、进农村、进学校、进广场、进企业）活动58次、燃气安全教育培训42次，发放宣传单30万份，组织各类应急演练52次，宣传教育覆盖全市140万人次。规范站点管理及配送服务，对8家液化气储备站中供应点实施提质合并，共计减少供应点25家；出台《浏阳市瓶装液化气配送服务管理办法》，在城区开展统一配送车辆试点工作，在全市范围内取消自提气行为。建立“企业+政府+群众”齐抓共管的工作机制，构建燃气经营企业划分燃气输配系统网格，属地乡镇街道实施网格化管理。城镇燃气安全管理“六化”（企业源头标准化、输配过程网格化、用户安全公开化、公众监督常态化、严格执法规范化、应急救援专业化）工作得到省住建厅肯定并进行线上宣传推介，浏阳市2022年营商环境“获得用气”指标位列全省第一名。

（张本根）

【城市照明管理】 2022年，市城市照明管理中心加大对照明设施维护的监督和管理力度，全年完成10个城区照明项目移交管理工作，维修故障路灯4651盏，更换景观亮化设施6855套，清洗路灯灯杆4631杆，整修路灯井盖239处，处理线路、控制箱等故障523处，消除照明亮化设施安全隐患200余处，确保城区道路路灯亮灯率超过行业标准99%、设施完好率99%。推进浏阳市智慧城市照明系统项目建设，于2022年11月通过政府采购公开招标形式正式启动建设。2022年，市城市照明管理中心被湖南省城乡建设行业协会照明分会评为“湖南省照明行业协会年度先进单位”。

（闵杰平）

【行政审批服务】 2022年，市城管局持续深化“最多跑一次”改革，所有城市管理业务窗口办理的服务事项均纳入“网上办”，年均办理行政许可事项4000余件，实现办事“少跑路”“不跑路”；深化“燃气接入营商环境”改革，市民只需通过电话即可办理用气报装所有业务且能实时查询燃气接入项目实施进度，用气服务实现“零上门、零审批、零费用”，燃气业务办理实现“一次都不用跑”。

【启动“城管进社区”试点】 2022年5月17日，市城管局“城管进社区”试点工作推进会议在淮川街道朝阳社区召开，正式启动“城市管理进社区”试点，选定城区朝阳、新北、西正、集里桥、新月、长兴6个试点社区，12名城管队员全脱产进驻社区，与社区城管专干联合办公，挂牌公示联系方式和工作职责，通过与社区居民、商户等“零距离”接触，及时掌握社情民意，依托“城市管理‘零距离’服务”“周末大扫除”等活动，有效解决群众反映强烈问题，打通服务群众“最后一公里”，该项工作被多家主流媒体报道。

【“百街千巷”环境综合整治提升】 2022年，市城管局完成市62条“百街千巷”环境综合整治提升工作（总投资1.03亿元），其中提质类街巷11条、整治+提质类街巷23条、整治类街巷28条，并全部通过长沙市验收，被长沙市城管委评为“百街千巷”提质“专项工作成效突出单位”。

（唐芃书）

蓝思科技生产车间　　（浏阳经开区　供图）

科学技术

科技管理

【概况】 2022年，浏阳市以实施创新驱动发展战略为核心，践行“三高四新”（国家重要先进制造业高地、具有核心竞争力的科技创新高地、内陆地区改革开放高地，新路子、新作为、新担当、湖南新篇章）战略，提升自主创新能力和核心竞争力，通过首批国家创新型县（市）验收。全社会R&D（科学研究与试验发展）投入37.7亿元，占GDP比重2.33%；全市有效高企总量565家；技贸合同登记总额47.97亿元；财政科技投入6.22亿元，同比增长48.79%，科技创新工作获长沙市2022年度真抓实干督查激励。

【科技创新机制完善】 2022年，浏阳市兑现科技创新“1+8”（《浏阳市人民政府关于印发〈浏阳市关于推进科技创新的若干政策措施〉的通知》，《浏阳市科技发展计划项目及专项资金管理办法》《浏阳市知识产权补助办法》《浏阳市科技特派员工作实施方案》《浏阳市技术转移（分）中心（工作站）补助办法》《浏阳市技术交易补助办法》《浏阳市企业研发（R&D）经费投入补助办法》《浏阳市科技企业培育补助办法》《浏阳市众创空间星创天地补助办法》）政策补助1123.91万元(不含园区）。发挥绩效考核导向作用，实行目标管理，形成党委领导、政府主导、企业主体、社会参与的创新工作机制。

【科技投入加大】 2022年，市科技局以实施科技计划项目为着力点，支持、引导企业开展新技术、新产品和新工艺研发，立项52个浏阳市本级科技计划项目，补助资金203万元。对接科技部、省（长沙）市科技部门，研究科技重大专项，2022年，浏阳市推荐企业申报省、长沙市级项目473个，争取上级资金7706.24万元；加大全市科技型中小企业技术创新帮扶力度，联合中国银行浏阳支行举办银企对接活动，提供金融服务，直接促成授信企业95家，其中87家企业为高新技术企业或科技型中小企业，有17家企业获得企业贷款，共计6336万元。

【科技企业培育】 2022年，市科技局聘请第三方科技服务机构，分东、南、西、北和城区5个片区开展高新技术企业认定管理、科技型中小企业入库自评等相关工作的业务培训25场次，各乡镇科技分管领导、科技专干、科技企业代表等700余人次参加。全年推动2批共293家企业申报高新技术企业，截至2022年年底，全市有效高企总量565家，较2021年底净增129家；科技型中小企业597家，同比增长64%，总量排名长沙九县（市、区）第二名。

【科技成果转化】 2022年，市科技局到乡镇（街道）、园区，挖掘技术合同资源，组织业务培训，指导企业开展技术贸易合同登记。全年走访规划设计、房屋检测、烟花鞭炮等领域重点企业42家，组织召开楼梯扶手产业专题座谈会3次。2022年全市技术贸易合同登记额47.97亿元，同比增长35.66%。指导湖南省磁浮交通关键装备工程技术研究中心、湖南省湘味餐调智造与质量安全工程技术研究中心成功获批立项。湖南诚源电器股份有限公司、湖南嘉恒制药有限公司被认定为2021年度长沙市企业技术中心。2022年新增科技平台26家（省级22家、市级4家），截至2022年年底，全市拥有各级各类科技创新平台237家。

【产学研合作】 2022年，市科技局引导企业与高等院校、科研院所开展合作，指导成立乌龙渔场基地暨刘少军院士团队工作室、鸡肠子辣椒特色产业基地暨邹学校院士团队工作室；湖南金阳烯碳新材料股份有限公司与中南大学、湖南大学、湘潭大学签订技术开发合同；成功促成湖南凌翔磁浮科技有限责任公司与湖南省产业技术协同创新研究院达成“磁浮列车悬浮控制、故障检测方法及其运维系统技术”的知识产权转化合作。

【科技兴农】 2022年，省、长沙市、浏阳市三级共派驻121名农业类科技特派员到乡村振兴一线进行指导，全年开展技术服务1400余次，引进新品种、新产品300余个，推广新技术200余项，开展技术培训近200场次，培训农民5000余人次，指导注册品牌商标37个，派驻单位增收2500万元，示范带动户达到1700余户，带动总收入达到1.2亿元。《湖南日报》、《湖南科技报》、浏TV《科技助农、振兴浏乡》栏目对工作突出的特派员和有关经验做法进行宣传报道。

【科创氛围浓厚】 2022年，中华老种子博物馆被认定为省级科普场馆，湖南浏阳河国家湿地公园科普宣教馆、梅田湖农业科普教育基地、城西社区科普馆、华中苗木云科普展示基地、沔江水果种植科普基地、道远书院传统文化科普场馆被认定为浏阳本级科普场馆（基地），截至2022年，全市科普场馆（基地）达到28家，全年举办宣传活动100多场，参加人员8万人次。以“走进科技　你我同行”为主题组织开展科技活动周，活动期间，开展防范电诈讲座进社区、科普知识展览进学校、巡回义诊服务进小区、节能减排进家庭等系列活动，弘扬科学精神，浓厚全市科学普及氛围。

【浏阳通过国家创新型县（市）验收】 2022年8月19日，科技部公布首批创新型县（市）验收通过名单，包括浏阳市在内的全国47个创新型县（市）通过验收。2018年，科技部启动建设全国首批52个创新型县（市），建设周期为3年。浏阳以科技支撑产业发展为主题入选其中。近3年来，浏阳市深入推进创新型县（市）建设，紧扣“科技支撑产业发展”主题，深入实施创新驱动发展体制建设工程、创新创业环境提优工程、创新创业要素集聚工程、技术成果转移转化工程、产业转型提质工程、科技创新为民惠民工程等“六大工程”，全力打造区域科创中心。经过3

年的创建,2021年,全市高新技术企业达436家,较创建前增长2倍;完成技术贸易合同登记额35.36亿元,增长3倍;全市各级各类平台总量达到213家;三年累计引进366个产业链项目,引进资金达1304.86亿元。浏阳连续三届获评“全国科普示范县(市)”,2021年首次挺进赛迪顾问发布的“2021科技创新百强县总榜单”,位列第23位,获长沙市创新实干督查激励四区(县)第一名。2022年4月,省科技厅领导和专家到浏阳开展验收预答辩;5月,完成科技部正式验收答辩。

(詹　娟)

浏阳市艺术科技馆内航空航天展厅　（市科协　供图）

科技活动

【概况】 浏阳市科学技术协会内设办公室、科普科、学术学会科,下设二级机构浏阳市艺术科技馆(浏阳市科技活动中心),在编在岗工作人员14名,负责统筹协调全市科普工作的开展,致力于普及科学知识,推广先进技术,提高全民科学文化素质,管理和指导自然科学学会研究会业务工作,组织开展学术交流活动,反映科技工作者的意见和诉求,维护科技工作者合法权益,为广大科技工作者服务。2022年,浏阳市科协被中国科协评为“2022年全国科普日活动优秀组织单位”“全国科普中国信息员队伍建设优秀组织单位”,被湖南省科协评为“2022年湖南省科普中国信息传播工作优秀组织单位”。

【组织建设】 健全科普组织,推进开放型、枢纽型、平台型科协组织建设。2022年,全市32个乡镇(街道)都建立有科协组织,配备1~3名专(兼)职工作人员,326个村(社区)都成立科普组织。推进科普信息员、科技志愿者两支队伍建设,通过季度考核等措施,推动科普信息化工作向村、组延伸。截至2022年,全市注册“科普中国”信息员52258名,建立科技志愿者队、老科协志愿服务队和科普大篷车志愿服务队等60支科普志愿者队伍,科技志愿者注册总人数13167人。浏阳市科协被中国科协评为“2022年表现突出的科普中国信息员组织单位”,被湖南省科协评为“2022年湖南省科普中国信息传播工作优秀组织单位”。推动科普基地建设,打造具有示范引领作用的科普基地,发挥辐射带动和示范引领作用,致力于乡村振兴、科技兴农和提高农民科学素质。浏阳市兆壬种植专业合作社油茶种植基地、浏阳市南边黑山羊繁育养殖科普教育基地两家基地被认定为2022年度长沙市农村科普基地。强化政策支撑,浏阳市出台《浏阳市全民科学素质行动规划纲要实施方案(2021—2025年)》,提出实施针对青少年、农民、产业工人、老年人、领导干部和公务员五类人群的科学素质提升行动,以及科技资源科普化工程、科普信息化提升工程、科普基础设施工程、基层科普能力提升工程、科学素质开放交流合作工程五项重点工程,推动全民科学素质整体提升,服务经济社会高质量发展。

【科学普及】 2022年,市科协组织以“喜迎二十大,科普向未来”为主题的全国科普日系列活动,包括全国科普日启动仪式和9个分会场活动,参与活动的部门、企业和学会(协会)共有40余家,开展各类科普活动40余场,发放科普宣传资料7000余份,参与科普活动人员20000余人。浏阳市科协被中国科协评为“2022年全国科普日活动优秀组织单位”,“浏阳市全国科普日活动启动仪式暨科普大舞台活动”被湖南省科协评为“2022年湖南省全国科普日优秀活动”。科普信息化稳步推进,全市“科普中国”App全年总传播分享量2610万次,月活动量120589人,数据位居全省第一。志愿者服务成效突出,动员组织全市科技志愿服务组织和科技志愿者到基层,开展实用技术培训、科普讲座、健康义诊等方面志愿服务活动,全年全市科技志愿者队伍共开展科普巡展、科普服务等活动427次。浏阳市艺术科技馆统筹抓好常态化疫情防控和场馆安全运行,在展览、教育并重思想指导下开展科普工作,组建“北斗”学生讲解团,由专业讲解员对学生讲解员进行培训,科技馆通过图片、实物、模型、多媒体、互动体验和现场讲解的方式,举办系列主题科普知识讲座,全年实现馆内受众1.5万人次。2022年8月,钱学森之子钱永刚受邀到馆为学生进行以《讲钱学森故事,明人生方向》为题的科普讲座。2022年,浏阳市艺术科技馆被认定为“2022—2027年度湖南省科普教育基地”。

【创新驱动】 2022年,市科协搭建科技人才交流平台,组织院士、专家到浏阳开展项目合作、成果转化行动,助力浏阳市产业发展。6月,在北盛镇乌龙渔场举行“岳麓山水产种业创新中心——乌龙渔场基地暨刘少军院士团队工作室揭牌仪式”,整合“政府+基地+科研团队”力量,加强苗种科教研与繁育推产业化合作;在葛家镇金源村举行湖南农业大学·浏阳市人民政府全国农业科技现代化先行县共建活动暨邹学校院士团队工作室揭牌仪式，推进葛家鸡肠子辣椒特色产业基地共建工作。围绕长沙创建“科创中国”试点城市的工作要求，组织开展科技型企业技术需求信息摸底工作，先后到蓝思科技股份有限公司、安邦制药股份有限公司等10家规模企业调研，收集11条技术需求信息上报长沙市科协。抓好专家工作站建设，为推动全市科技产业转型升级提供人才支撑和智力支持，指导湖南华中苗木云科技有限公司、湖南美柏生物医药有限公司完成省科协海智计划项目申报工作，组织市油茶协会、象形烟花公司、湘晖公司、湖南金阳烯碳新材料股份有限公司四家单位参与长沙市专家工作站申报工作，湖南金阳烯碳新材料股份有限公司获评长沙市专家工作站。

【乡村振兴】 2022年，市科协选派工作人员在官桥镇涧江河村开展乡村振兴助推工作，通过科普阵地建设、蔬菜基地建设、筹建大觉祠美丽屋场等多形式发展壮大集体经济。走访全村42个村民小组，对13户监测户及47户已脱贫户全覆盖走访，帮助村民解决实际困难。推进移风易俗，加速厕所革命，完成无害化厕所户数619户。着力建设科技助力乡村振兴专家服务站，动员广大科技工作者深入基层、深入农村，通过开展技术咨询、农业培训、专题授课等方式，服务乡村产业发展。组织引导专家学者利用专业优势，参与农业农村产业发展、农业科技创新和技术推广应用、农业科技成果转化、人才培养及农村科普工作。浏阳市好韵味油茶种植专业合作社、浏阳市红秀农业科技有限公司、浏阳市愚公生态农业开发有限公司在依托地域资源发展特色产业、主动对接相关领域专家方面作用突出，被长沙市科协评为“2022年长沙市科技助力乡村振兴专家服务站”。落实湖南省科技助力乡村振兴县域试点项目，围绕乡村振兴战略，依托党群服务中心、社区服务中心等科普阵地，结合现代农业生产技术、环境保护、医疗卫生健康等群众关切问题，通过开展专业培训、农技服务等方式，促进农业增效、农民增收。浏阳市科技助力乡村振兴县域试点项目通过湖南省科技咨询中心验收，并作为典型案例上报省科协。

【浏阳在全省会议上作经验典型发言】 2022年4月29日，湖南省科协召开2022年全国科普示范县（市、区）创建工作培训会议，浏阳市作为成功创建2021—2025年度第一批全国科普示范县（市、区），在会上作经验典型发言。浏阳市科协党组书记、主席沈村正在会上介绍浏阳创建全国科普示范县（市、区）的特色亮点和经验做法。2021年9月1日，中国科协发布《中国科协关于命名2021—2025年度第一批全国科普示范县（市、区）的决定》，湖南省浏阳市等全国53个县（市、区）被命名为2021—2025年度第一批全国科普示范县（市、区）。自2021—2025年度全国科普示范县（市、区）创建工作启动以来，浏阳市结合《中华人民共和国科学技术普及法》和《全民科学素质行动规划纲要》的要求，从重视公民科学素质建设、增强科普条件和能力、扩大科普工作成效等方面引领全市科普工作向上提升，在提高重点人群科学素质、增强基层科普服务能力、优化科普工作社会环境等方面发挥出显著示范带动作用，在全市形成党委领导、政府推动、各部门协作、全社会参与的工作格局。

【浏阳市启动2022年全国科普日活动】 2022年9月23日，2022年浏阳市全国科普日启动仪式在浏阳市融媒体中心举办。活动由浏阳市科协承办，浏阳市教育局、市科技局和市融媒体中心等单位协办，湖南省科协科普部副部长肖鹏，长沙市科协党组书记、副主席李范坤，浏阳市委常委、副市长李翔和浏阳市政协副主席王持等领导出席启动仪式。2022年全国科普日活动以“喜迎二十大，科普向未来”为主题，浏阳市发挥全国科普示范县（市、区）示范引领作用，立足面向基层、服务发展、惠及群众的理念，结合“我为群众办实事”实践活动，打造科普大舞台、“航天航空”科普知识展、“科普大讲堂”线上科普讲座、“科普知识进校园”等系列活动，同时发动乡镇（街道）科协、市级学会协会及相关市直单位开展相关主题活动。

【浏阳市科技助力乡村振兴县域试点项目通过湖南省科协终期评估】 浏阳市科技助力乡村振兴县域试点项目由湖南省科协组织开展，自2020年3月开始实施，为期两年。2020年以来，浏阳市围绕乡村振兴战略，加快推进学会服务站、科技志愿者队伍、科普小镇和科普信息化及基层科协组织建设。2022年3月16日，省验收组到浏阳召开湖南省科技助力乡村振兴工程试点项目实地验收会，省验收组听取汇报并开展实地验收，先后走访松山科普公园、仙洲村蔬菜设施栽培基地、沔江村乡村科普e站、中澳蓝鹰科普基地和恐龙谷科普公园等场地。省验收组对浏阳市科技助力乡村振兴试点项目开展情况予以肯定，浏阳市科技助力乡村振兴县域试点项目通过终期评估。

【浏阳市科协被评为“2022年表现突出的科普中国信息员组织单位”】 2023年2月15日，中国科协对2022年表现突出的科普中国信息员组织单位、科普中国信息员典型代表予以工作表扬，浏阳市科协被评为“2022年表现突出的科普中国信息员组织单位”，浏阳市25位科普信息员被评为“2022年表现突出的科普中国信息员典型代表”。2020年以来，浏阳市科协全力推进科普惠民工程，着力开展“科普中国”信息化工作，提升基层科普服务能力和水平，推动科普知识向农村地区广泛传播，2022年全市科普信息员队伍超5万人，传播量1356万次，两项指标均居全省前列。

（谭润秋）

水文监测服务

【概况】 浏阳市水文局负责全市域内的水文监测、水环境监测及水情预测预报预警工作。2022 年,辖双江口、清水 2 个国家基本水文站,文家市、沿溪、沙市 3 个中小河流水文站,达浒、金刚、炉前、镇头 4 个中小河流水位站,金牌、风光桥、官桥、高坪 4 个防汛专用站,1 个地下水位站(淮川),6 个墒情站,浏阳三水厂、株树桥水库、大围山 3 个水质监测断面和 34 个雨量站(基本雨量站 15 个,中小河流雨量站 22 个)。全市共计 57 个水文站点。

【水文监测】 水文监测项目包括水位、水温、流量、泥沙、降水量、蒸发、水质、墒情等。2022 年,全市年平均降水量 1604.4 毫米,比历年均值偏少 0.77%。全市汛期平均降水量 990.2 毫米,较历年同期偏少 8.72%。基本站双江口水文站(水位数据采用冻结基面,冻结基面+49.320=85 基准):双江口水文站年降水量 1678.2 毫米,年蒸发量 798.7 毫米,年最高水位 23.57 米(6 月 3 日),年最低水位 19.50 米(9 月 2 日),年水位变幅 4.07 米,年最大流量 414 立方米每秒,相应水位 21.76 米;年最小流量 23.2 立方米每秒,相应水位 20.43 米。基本站清水水文站(水位数据采用冻结基面,冻结基面-1.882=85 基准):清水水文站年降水量 1814.4 毫米,年最高水位 182.59 米(7 月 5 日),年最低水位 181.81 米(1 月 1 日),年水位变幅 0.78 米,年最大流量 30.2 立方米每秒,相应水位 182.56 米;年最小流量 0.107 立方米每秒,相应水位 181.82 米。

【水环境监测】 2022 年,浏阳市水文局负责浏阳三水厂、株树桥水库、大围山 3 个水质断面,动态监控水质变化,每月定期对以上 3 个断面进行水质取样送检,将检测结果和形成原因及时向市政府、市水行政主管部门汇报,并提出水资源保护的参考意见,每月向长沙市政府、浏阳市政府及相关单位报送《长沙市株树桥水库水资源质量状况通报》。

【水文服务】 水文测报:完成双江口、清水 2 个国家基本水文站,文家市、沿溪、沙市 3 个中小河流水文站,达浒、金刚、炉前、镇头 4 个中小河流水位站,金牌、风光桥、官桥、高坪 4 个防汛专用站,34 个雨量站的资料收集、整理和汇总,并报送省、市水文部门审定。水情预测:选取双江口、沙市、金刚 3 个站点作为浏阳三大河流的代表站进行水情预测,对中小河流站点进行水情预测,对大型水库株树桥开展入库洪水预测。2022 年,共制作《水情分析与预测》35 期、《水情快报》25 期、《水文情况汇报》7 期、《实时水情》96 期、《洪水小结》4 期、发布一次洪水蓝色预警。水情预报:借助水利部开发的中国洪水预报系统、湖南省水文中心开发的数值预报系统,加上人工经验做干预判断,开展水文预报。干旱分析:利用浏阳市内站点的水温、蒸发、河道水情、土壤墒情等项目资料,制作《干旱分析与预测》15 期、《枯水情况分析》7 期。地方服务:浏阳市水文局是浏阳市防汛抗旱指挥部、浏阳市河长制、株树桥水库水资源保护、浏阳市椒花水库建设成员单位、浏阳市城区防涝排渍工作办公室成员。

【2022 年汛期雨水旱情】 4 月,全市降水量 207.5 毫米,比历年同期均值(206.3 毫米)偏多 0.56%,月降水量总量最多的是张坊镇双坳,336.7 毫米,全市降水量天数 16 天左右,日平均最大降水量为 129.3 毫米(25 日)。5 月,全市降水量 256.1 毫米,比历年同期均值(221.3 毫米)偏多 15.75%,月降水量总量最多的是古港镇寒婆坳,355.0 毫米,5 月降水量天数偏多,全市各站点降水量天数在 21 天左右,日平均最大降水量为 92.0 毫米(9 日)。6 月,全市降水量 297.6 毫米,比历年同期均值(262.3 毫米)偏多 13.46%,月降水量总量最多的是大围山镇玉泉,657.0 毫米,全市各站点降水量天数在 19 天左右,日平均最大降水量为 108.5 毫米(19 日)。7 月,全市降水量 179.3 毫米,比历年同期均值(153.9 毫米)偏多 16.47%,月降水量总量最多的是杨花乡竖溪水库,378.5 毫米,全市各站点降水量天数在 11 天左右,日平均最大降水量 109.5 毫米(4 日)。8—9 月全市累计降雨量 16.7 毫米,较多年同期均值(215.3 毫米)偏少 9 成多,为历史同期最少,8 月全市日平均蒸发量 4.7 毫米,龙伏镇新开站连续无有效降雨天数达 78 天,捞刀河支流大桥市河、永乐桥河、东门江发生断流,其中大桥市河全线断流,其他河流为部分河段断流,全市发生严重水文干旱。旱情发生后,水文局持续加密低枯水位监测,先后开展 7 轮 50 平方千米以上中小河流枯水监测、全市 11 座大中型水库入库流量监测、土壤墒情监测、取水口高程测量、乡镇农村抗旱保供督察等工作。

【站网建设】官桥水文站:2022 年 1 月,官桥水文站建成并投入使用。该站位于浏阳市官桥镇官桥大桥,水文监测项目包括水位、流量、降水量。高坪水文站:2022 年 5 月,高坪水文站建成并投入使用。该站位于浏阳市高坪镇向阳村,工程于 2021 年 11 月 14 日开建,总投资 90 万元。高坪水文站为防汛专用站,水文监测项目包括水位、流量、降水量。墒情站:2022 年 10 月,镇头、鹤源(淳口镇)、南川(大瑶镇)、南岳(沿溪镇)、三元(大围山镇)5 个墒情站完成建设并投入使用。

(张胤儒)

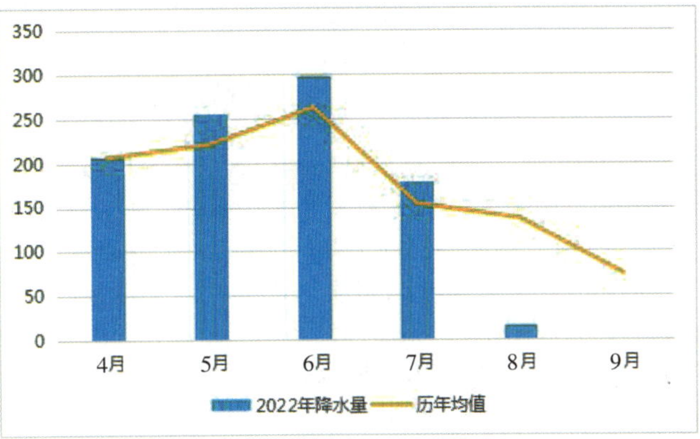

图 1 浏阳市 2022 年汛期各月降水量与历年均值对比图(单位:毫米)

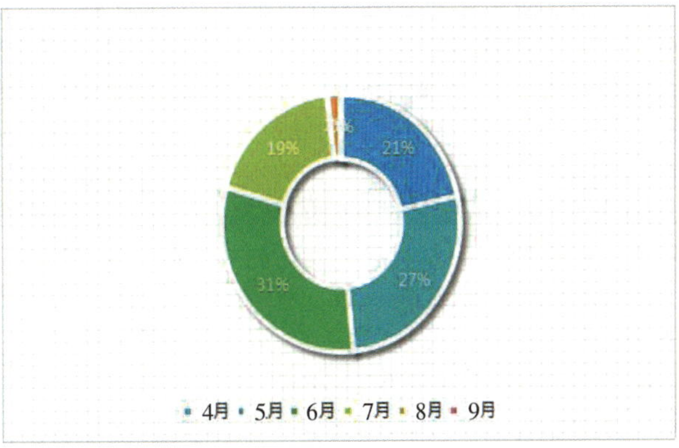

图 2 浏阳市 2022 年汛期 4–9 月降水量分布图

表 6 2022 年 4–9 月重要水文(位)站年最高水位及汛期降水量情况表

水文(位)站	最高水位(米)	汛期降水量(毫米)					
		4 月	5 月	6 月	7 月	8 月	9 月
达浒	112.27(6 月 3 日)	180.8	218.5	383.0	142.0	5.5	0
金刚	77.97(6 月 19 日)	299.0	295.0	166.5	171.5	1.0	0
镇头	45.47(5 月 30 日)	240.5	293.5	148.5	168.5	6.0	0
沙市	62.14(7 月 5 日)	132.0	199.5	215.0	155.5	0	3.0
文家市	138.84(6 月 19 日)	261.5	240.0	231.5	175.0	42.5	0
沿溪	91.77(6 月 3 日)	195.5	189.0	248.0	114.5	14.0	0
金牌	42.02(5 月 30 日)	194.5	269.5	132.5	129.5	17.5	0

气象服务

【概况】 2022 年，浏阳国家气象观测站数据上传及时率 99.99%，数据可用率 100%。1 月下旬后期开始，浏阳市连续出现 5 轮低温雨雪天气过程，其中 2 月 22—23 日出现近 30 年来最大的暴雪天气过程，城区最大积雪深度 15 厘米，山区深达 30 厘米左右，仅次于 1991 年。进入汛期后，全市共出现 6 次全域性暴雨，3 次区域性暴雨，9 次局地暴雨。7 月 20 日以来，浏阳出现持续晴热高温少雨天气，导致域内有气象干旱发生。7 月 20 日至 11 月 13 日，全市累计降水量仅 31.1 毫米，较历年同期异常偏少 9 成以上。高温日数达 66 天，气象干旱特旱等级日数也达到 66 天，直到 11 月 27 日气象干旱才完全解除。2022 年共受理并办结防雷装置设计审核和竣工验收事项 291 件，开展防雷安全执法检查 62 次，组织氢气球施放安全巡查 12 次，下达安全隐患整改通知书 8 份。

【防灾减灾气象服务】 2022 年，浏阳市经历冬季五轮低温冰雪、汛期连续暴雨、夏秋异常干旱等气象灾害事件。市气象局围绕“监测精密、预报精准、服务精细”的要求，做好各类灾害性天气和重大活动、重要节假日的气象服务保障。防灾减灾：加强与应急、自然资源、水利、林业等单位的合作联动，提升森林防灭火、山洪地质灾害防御、电力调度服务、大型水库保障服务等能力；开展全市气象灾害应急桌面推演及内部气象应急演练，查找应急处置工作中的短板，提高气象服务能力；开展气象风险普查，年底前完成普查任务，为科学、高效防灾减灾奠定基础；拓宽信息发布渠道，新媒体成为主要发布窗口，微浏阳、浏阳发布、掌上浏阳成为关键性、灾害性天气信息发布的宣传阵地。强化综合观测业务建设，年内完成 3 个骨干站的升级改造；按照省局的相关要求进行内部审核，观测质量管理体系运行未出现不合格项。服务保障：准确预报 2 月连续性低温雨雪冰冻天气过程，汛期 6 次全域性暴雨、3 次区域性暴雨、9 次局地暴雨过程、夏秋季高温热害及夏秋特旱等重要天气过程，并做好服务保障工作。全年共启动气象灾害应急响应 11 次；共发布各类天气专题 488 期，其中《长期天气趋势预测》4 期、《短期天气趋势预测》10 期、《气象专题报告》63 期，《地质灾害气象风险预警消息》17 期，农业、烤烟、节假日等专题共计 394 期。通过农村广播村村响系统发送预警信息 43 条。发布乡镇强降雨警报 146 期 216094 人次；发布乡镇强降雨靶向 19 期 466972 人次；

发布地质灾害风险临近预警146期290077人次；发布森林火险气象红色预警33期。共制作发布《天气情况汇报》35期，撰写服务总结6篇。人工增雨。7月20日以来，全市高温少雨，干旱发展迅猛，特旱等级持续66天。8月12日，气象局进入高温干旱气象保障特别工作状态，新购买5套人工增雨火箭发射架，采取定点作业与流动作业相结合的方式，安排6组人工增雨作业队伍，在乡镇24小时驻点开展作业活动。作业历时近三个月，作业84轮次。

【气象安全生产】 2022年，市气象局制定《领导班子和科室安全生产职责分工》《浏阳市气象局2022年安全生产工作方案》，强化责任落实，严格监管执法。按照市政府批复的《2022年度防雷安全生产监督检查计划》开展执法检查，按月完成检查任务。全年开展防雷安全执法检查62次，组织氢气球巡查12次，下达整改通知书8份。组织在浏从事防雷设计、施工、检测等企业法人、业务骨干人员召开年度防雷安全监管工作会议，并开展防雷检测技术培训。组织浏阳市防雷企业主要负责人开展"企业责任人讲责任"学习系列活动。规范气象行政审批流程，防雷设计审核、竣工验收均实现即来即办。全年共受理防雷装置设计审核和竣工验收许可291件，没有超时办结、拖延办结件，没有投诉件。

【气象宣传】 2022年，市气象局加强与浏阳主流媒体联系，在预计有灾害性天气出现时，通过电视台、报社、政府官方的新媒体及时发布气象灾害预警信息。加强气象工作宣传，湖南卫视、湖南经视、浏阳融媒等媒体报道浏阳人工增雨工作26次，每次作业过程均在《浏阳日报》报道。利用"3·23"世界气象日、"5·12"防灾减灾周开展气象科普知识宣传。

（李　立　兰　娟）

浏阳一中北校门 （唐继武　摄）

教　育

综　述

【概况】 2022年，浏阳市有各级各类学校393所，小学306所（民办1所），初中55所（含九年一贯制11所，其中民办4所），普通高中19所（含长郡·浏阳实验学校、艺术学校，其中民办普高6所），职业高中8所（其中民办4所），特殊教育学校1所，教师进修学校1所，素质教育培训中心、校外活动中心各1所。全市幼儿园451所，含公办园246所，民办园205所。全市有证有照培训机构190所，含学科类培训机构41所，非学科类培训机构149所。全市中小学生、幼儿共计263463人，其中在园幼儿49102人，小学至普通高中阶段学生198958人（其中小学生113651人，初中生52501人，高中生32806人），职业高中学生15403人（中公办在校生7453人）。全市编内教师11158人，其中男教师3845人，女教师6653人。全市代课教师2326人，退休教师6139人，幼儿园教职工6179人。

2022年，教育系统牢记“为党育人、为国育才”初心使命，紧扣教育发展“公平和质量”这个核心，推动全市教育高质量发展，人民群众对教育的获得感满意度持续提升。全年获教育部表彰推介10次，央媒报道12次，省级奖励17次，科技创新获国家专利成果7项，体育竞赛夺得全国金牌6枚，珠心算、禁毒知识竞赛分别获全国团体特等奖、第四名，师生获长沙市级以上荣誉800人次。省真抓实干督查激励在A类地区县（市）中排名第一。

学校规划建设。新扩建学校11所、公办园4所，新增学位6220个、园位1350个，义务教育公办学位占比97%以上；幼儿园公益普惠率90.1%，公办园在园幼儿占比56.07%。提升改造薄弱学校38所，建设乡镇标准化寄宿制学校15所，优化提质乡村小规模学校7所，完成标准化高中学校建设项目6个，启动5所学校教师公租房建设。“两类学校”（乡村小规模学校和乡镇寄宿制学校）建设工作经验获省厅推介。新建网络校联体主讲教室15间，实现全市交互式多媒体教室、小学智能一体机全覆盖。

教师队伍建设。招聘新教师1000名，定向培养公费师范生167名，新成立名师工作室4个，辐射引领教师专业成长。组织各级教师培训1.2万人次，省、长沙市级课题立项26项。“建团百年青春故事分享会”点赞12.4万人次，第38个教师节庆祝表彰大会直播点击100万人次。推进教师身心健康“十个一”（一次心理呵护、一次健康体检、一次春游秋游、一次谈心活动、一次走访慰问、一次文体活动、一项爱好特长、一个实际问题、一次生日庆祝、一种福利保障）工程、“双十”竞赛评选等，增强教师职业幸福感。出台《坚决遏制在职教师有偿家教家养“五个严禁”》、《遏制“黄赌毒酒（醉）驾”等违法行为“六个一律”》（对执法不严格、不规范、不公正、不文明，吃拿卡要、冷硬横推、慵懒散拖，人民群众反映强烈的，一律问责处理；对领导干部干预司法活动、插手具体案件处理的，司法机关内部人员违规干预办案的，以及违规违法减刑、假释、暂予监外执行的，一律给予纪律处分；对滥用职权干预和插手市场经济活动或企业正常经营活动，损害企业合法利益的，以及接受当事人及其委托律师吃请、娱乐、财物的，一律停止执行职务；对有案不立、压案不查、有罪不究的，一律调离执法岗位；对执法犯法、徇私枉法，充当黑恶势力“保护伞”的，一律清除出政法队伍；对构成犯罪的，一律依法追究刑事责任）、《进一步规范校长（中心主任）权力运行十项负面清单》等文件，对师德失范行为“零容忍”；开展“清风树美”行动，涌现出甘慧琳“全国最美家庭”和“中国好人”朱联明、“湖南省优秀教师”戴昆良等先进典型。

教育民生服务。整体构建“1+X+N”（1小时作业管理、X类社团活动、N项主题教育）双减工作模式，组织示范培育校现场观摩，学生课后服务参与率97.85%，“双减”工作满意度99%。创成省校外培训机构资金监管改革试点县，工作经验获教育部和省厅推介；开展“特异心理学生”“六个一”行动，完成11.8万名中小学生心理筛查；构建未保四帮一“代理妈妈”结对帮扶体系，对1.7万名留守儿童、务工子弟等群体建立专门台账；全年为241名不能随班就读的残疾学生送教9000余节。“提高青少年心理健康水平”被市政协列为“三案一体”专题件，民主测评满意率96.7%。资助各级各类贫困学生5.5万人次，金额3564万元；率先通过长沙地区生源地贷款受理标准化建设验收，大学生助学贷款突破2000万元，获评省级优秀单位。

教育教学质量。出台《深化新时代教育评价改革责任清单及年度计划》和浏阳市2022年初中、高中教育教学质量综合评价方案等，创新“五个评价”改革，新增2个督学责任区，增补29名专职督学，5篇督学改革案例获省级优秀。牵头成立湘赣边职教发展联盟，8个县（市、区）教育局共同签订合作框架协议，紧扣“产业链”需求，校企共建共享实习实训基地10余个。职业中专省“楚怡”学校（长沙唯一）顺利推进。湘麓医药中等职业技术学校等4所职校驻浏招生，长沙中协高科职业技术学院等3所职校成功申创省楚怡优质中职专业（群）建设单位。高考质量连续15年领跑长、望、浏、宁4县（市、区）。

教育发展环境。出台平安校园“1+5+10”总体方案，“百名干部下基层”坚持“三个一”筑牢校园安全防线；校园建筑安全百日攻坚行动收官，获湖南教育电视台专题报道。防溺水等工作在省、长沙市作典型发言。成功创建长沙市级标准化食堂6所，省级劳动教育实验校和实践基地各1所，长沙市级劳动教育实践场所示范学校3所；规范组织平安高考等8项国家教育考试。热线工单办理满意率100%，教育阳光服务中心获评长沙市一类单位。文明创建案例入选中央文明办简报；创建省级文明校园1所，长沙市文明（标兵）校园19所。

存在的困难和问题。教育发展还不平衡不充分，针对学校点多面广、城镇强乡村弱、城镇挤乡村空等特点，教育布局和优质均衡还需进一步科学谋划，学位、餐位、床位保障还需进一步加强。生均教学仪器设备经费不足，教学及辅助用房面积不达标，教育投入力度还需进一步加大。

（潘志强　黄姗姗）

【教育经费实现两个“只增不减”】 2022 年，浏阳市一般公共预算教育支出 397467 万元，占一般公共预算支出的 22.84%，同比增长 25.16%。2022 年一般公共预算教育经费公办幼儿园 7092 万元、小学 133022 万元、初中 120955 万元、普通高中 56751 万元、中职学校 43915 万元，同比分别增长 398 万元、14682 万元、11164 万元、8545 万元、25582 万元。2022 年生均一般公共预算教育经费公办幼儿园 2158.66 元、小学 12103.7 元、初中 24008.49 元、普通高中 21686.8 元、中职学校 64792.39 元，同比分别增长 11.5%、7.09%、7.58%、13.52%、116.98%，按要求完成一般公共预算教育经费总量和生均一般公共预算教育经费两个方面“只增不减”。

【金阳新城教育发展规划】 2022 年 2 月 24 日，浏阳金阳新城教育事业发展规划通过评审。规划编制单位长沙大学对《金阳新城教育事业发展规划》编制的主要依据、目的与背景、总体目标、主要任务和思考建议等内容进行具体解读。规划立足“十四五”，谋划中长期，依据金阳新城产业发展和空间布局，精准预测生源增长情况，优化金阳新城教育整体布局，按照市委市政府提出“一年打基础、三年见成效、五年成规模”，将金阳新城打造成为“硬核”的省会副中心地标性区域的战略目标。

【全市教育工作会议】 2022 年 3 月 10 日，浏阳市召开全市教育工作会议。市委副书记、统战部部长、市委教育工作领导小组组长戴武明出席会议并讲话。市人大常委会副主任邓雪琴、市人民政府副市长刘来宏参加会议。会议总结回顾过去一年工作同时，要求各相关部门要坚持党对教育的全面领导，坚持全面从严治党，将党的领导贯穿到教育教学全过程，坚持用党的创新理论铸魂育人，全面引领教育事业发展；要坚持高质量发展，围绕立德树人根本任务，加强理想信念教育，抓好师德师风建设，培育教师的奉献精神，抓好公平与质量两个关键，高质量办好人民满意教育；坚持安全底线，强化教育安全底线意识，抓住重点工作，确保“三个不发生”，做到“三个不放过”，全力保障系统安全稳定；坚持合力共建，聚合学校、家庭、社会三方面教育力量，打造“三位一体”育人格局，各级部门要担当责任，加强人力、物力、财力进一步向教育倾斜，全力保障教育优质均衡发展，助推浏阳教育勇当“强省会”战略教育开路先锋。会上，2021 年度考核“红旗单位”和“优秀领导班子”受到表彰奖励。关口街道工委教育工作领导小组、浏阳市第三中学、大瑶镇教育发展中心作典型发言。

【教育保障服务工作受肯定】 2022 年 3 月 11 日，长沙市区、县（市）教育保障服务暨素质教育基地工作会议召开。浏阳市多所学校（园）被评为 2021 年度长沙市教育保障服务相关工作考核优秀单位并现场授牌。浏阳市浏阳河中学、集里街道新屋岭小学、长郡·浏阳实验学校、雅礼·浏阳市第二中学、新翰高级中学被评为“长沙市级标准化建设与管理食堂”单位；浏阳市第一中学通过省级食品安全示范校复核认定；高坪中学、大围山镇东门完小、大瑶镇龙勘完小被评为“长沙市劳动与实践教育试点学校”；永和镇铁山完全小学、市机关幼儿园、社港初级中学、枨冲镇牙际完全小学获评“长沙市食堂基础设施建设重点扶持学校”。浏阳市青少年素质教育培训中心作典型发言。

【首份《责令接受家庭教育指导令》发出】 2022 年 1 月 1 日，《中华人民共和国家庭教育促进法》施行。4 月 15 日，浏阳市人民法院开庭审理一起未成年人盗窃案件，被告人小施（化名）因犯盗窃罪被判拘役 6 个月，宣告缓刑 6 个月，并处罚金 3000 元。案件宣判后，主审法官依照《中华人民共和国家庭教育促进法》的相关规定，当庭向小施的父亲发出全市首份《责令接受家庭教育指导令》，指出其没有积极履行监护职责等家庭教育问题，责令其在庭审结束后到指定地点接受家庭教育指导。在发出《责令接受家庭教育指导令》后，法官会同市妇联、市司法局工作人员对小施父亲进行现场家庭教育指导，责令小施父亲承担起家庭

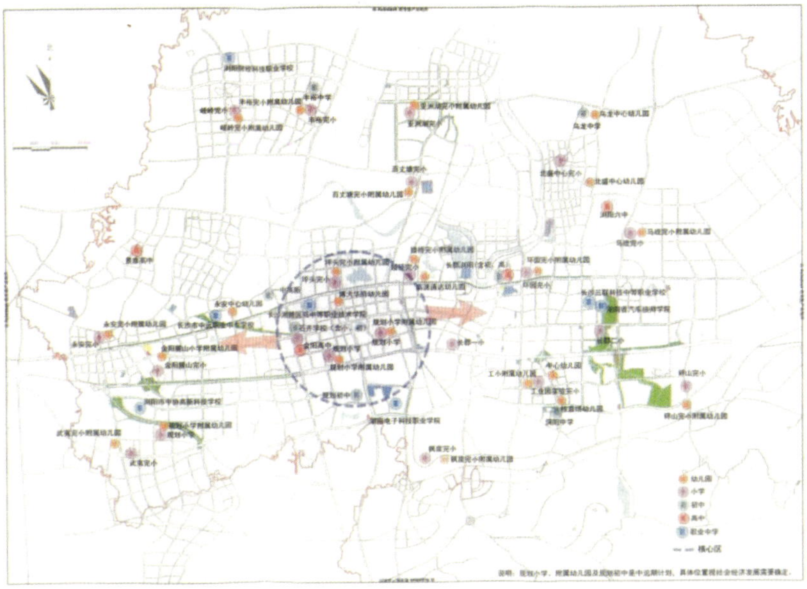

金阳新城教育事业发展布局图　　（市教育局　供图）

教育的主体责任，切实履行监护职责，多关注孩子的生理和心理状况。

【成立家庭教育工作室】 2022年5月13日，浏阳市第十一批名师工作室授牌仪式在市教育局举行。张晓阳家庭教育、王国平党组织书记、秦操中学团委书记、张洁少先队辅导员4个工作室成立。截至成立日，全市在任期内的名师工作室增至36个，工作室类别从高中、初中、小学、幼儿园各个学段的各门学科，拓展到校长培训、心理健康、家庭教育等多个领域，其中第十一批成立的张晓阳家庭教育工作室，是浏阳市贯彻落实《家庭教育促进法》，构筑家校社协同育人美好教育生态的重要举措，是省内首个由教育行政部门组织成立的家庭教育工作室。

【“清廉学校”建设】 2022年5月，市教育系统启动清廉学校建设，将清廉建设融入学校教育改革发展全过程。各学校围绕“清廉浏阳”建设总体任务，健全党风廉政、小微权力、办学行为三个廉洁清单，推动政风、校风、教风、学风“四清”建设，打造清廉班子、清廉工程、清廉教师、清廉食堂、清廉课程、清廉文化“六清”特色项目，推动“一校一品”校园廉洁文化品牌建设。全年共有89所学校申报创建浏阳市“清廉学校示范校”。培育出10所浏阳市级“清廉示范校”，评选出26名浏阳市清廉教师，20堂优秀清廉课堂。

（潘志强）

【平安校园建设(2022—2024)总体方案出台】 2022年6月17日，中共浏阳市委教育工作领导小组出台《浏阳市平安校园建设(2022—2024)总体方案》，统筹全市49个职能部门、32个乡镇(街道)，开展平安校园建设“五大主题活动”(“法律在身边 护航我成长”“浏阳教育人 建功新时代”“家校合力 共育未来”“润心育心 向阳生长”“尖刀出鞘 护学护考”主题活动)和“十大专项行动”(“堡垒夯基”“清风树美”“舌尖守护”“共护未来”“防范欺凌”“家校共建”“校车安全”“预防溺水”“心育护航”“静风护苗”专项行动)，护航学子健康成长。

（唐　琼）

【特殊教育工作受肯定】 2022年7月11日，长沙市2022年特殊教育工作推进会在长沙市特殊教育学校望城校区召开。浏阳市教育局以《坚持“三子”联动，推动县域融合教育高质量发展》为题分享融合教育高质量发展的“浏阳经验”。近年来，浏阳市以随班就读为主体，以“适宜”融合为目标，坚持“三子”联动，“三化”并举，即：系好“领子”，强化市级统筹领导；撸起“袖子”，深化巡回指导质量；甩开“膀子”，孵化推广实验成果，推进县域融合教育高质量发展。形成“政府主导，部门协同，普特融合，医教结合，家校共育”的“五体联动”融合教育管理模式，554名随班就读残障儿童在普通中小学实现“学有所教”和“学有优教”。2022年5月，《浏阳市重度残障儿童送教上门的理论与实践》获湖南省第五届基础教育教学成果二等奖。截至2022年7月，全市有适龄残疾儿童少年1047名，入学率97%。

【“四力”建设教育融媒推动教育新闻宣传】 2022年7月19—20日，湖南省优秀新闻专干、通讯员表彰大会暨新闻宣传座谈在吉首市进行。浏阳市作为区县代表在会上作分享以“四力”建设教育融媒，实施“十百千”教育宣传工程的探索做法。守定力，坚持党管宣传，牢牢把握正确政治方向、舆论导向和价值取向；借外力，着力打造“123”教育融媒平台，着力构建全方位、立体化、多形式的传播平台；激内力，推出贴近校园、贴近师生家长的“十百千”教育故事总体策划，实现校校行动、人人参与；聚合力，依托新媒体传播手段，构建起大宣传格局，凝聚起强大合力，展现浏阳教育风采。

【新增两个督学责任区】 2022年9月21日，浏阳市调整优化督学责任区督导区域，新增长郡·浏阳督学责任区和浏阳十中督学责任区，增补29名专职督学。出台《浏阳市督学责任区教育督导工作规则》，从督学责任区机构组成、督学聘任、主要职责、督导原则、督导程序、督导形式、督导结果运用、督学待遇、考核及问责等方面对督学责任区工作进行明确和规范。

【与通道侗族自治县签署教育对口帮扶协议】 2022年9月23日，浏阳市与通道侗族自治县签订对口帮扶仪式。按照“通道所需、浏阳所能”的原则，通过建立两地教育系统通力合作的帮扶协作机制，推进领导班子互访、师生交流互动、资源信息互通。选派8名骨干赴通道支教，7所优质学校(园)与通道兄弟单位结对共建。依托两地的红色资源、传统文化、研学基地等资源，组织初中以上学生开展异地红色教育及研学旅行活动，使两地师生增进了解、增长见识、开阔视野，提升两地研学活动质量。

【设立两个奖励金】 2022年9月30日，“胡国运奖励金”“吴美华奖励金”成立暨授牌仪式在浏阳一中举行。两校校友、中科院院士、原北大校长周其凤出资310万元，以原浏阳一中校长胡国运和其母亲吴美华之名设立两个奖励基金，用于支持浏阳一中和泮春中学师资队伍建设。奖励金均由北京大学教育基金会负责运维管理，基金年度收益作为奖教金。

【首届教育局长高峰论坛作经验交流】 2022年11月26—27日，北京师范大学联合全国66个市县（市、区）教育局共同发起教育局长高峰论坛。浏阳市作为省内唯一区县代表在论坛上做教育信息化典型案例分享，点评专家浙江省教育厅原一级巡视员韩平，对浏阳“基于智慧教研体系构建的个性化教学新模式”给予肯定。近年，浏阳立足县域教育实际，以战略驱动，教师为魂，健全智慧研训新体系，实现城乡、研训和理实三位一体。《智慧教育促进乡村教育振兴》案例获评教育部优秀案例，“三个课堂”(专递课堂、名师课堂、名校网络课堂)工作在中央电教馆组织的专题培训会议上进行经验介绍,《农村中小学网络联校建设与应用研究》成果获第五届全省基础教育教学成果二等奖,融合应用实验区典型案例获评省一等奖,“网络校联体”智慧教育平台应用案例入选“首届长沙市新型智慧城市典型应用和解决方案”案例集。

(潘志强)

学前教育

【概况】 2022年,全市有幼儿园485所(其中公办园265所、民办园220所),普惠性民办园有138所(一级16所、二级21所、三级55所、四级46所)。全市在园幼儿57555人,其中公办幼儿园在园幼儿32269人、普惠性民办幼儿园在园幼儿19595人,公办园在园幼儿占比56.07%;普惠覆盖率90.1%,学前教育三年毛入园率达97.65%。

【幼教工作在全省会议作经验分享】 2022年4月26—28日,湖南省教育科学研究院举办湖南省第九届学前教育管理研究论坛。市机关幼儿园幼教集团在论坛上进行《“三相”路径探游戏“五化”工程促衔接》专题分享。“三相”路径,即以寻根、寻径、寻新三“寻”定根基的相遇之路;立足幼儿、教师、园所三“立”定个性的相适之道;实践融魂、融体、融心三“融”定文化的相融之途。“五化”工程,即在幼小衔接试点推进工作中“转化理念认识、优化课程体系、强化关键素质、孵化优质案例和净化衔接环境”五大工程。

【第一轮幼儿园办园行为评估完成】 2022年10月,浏阳市完成第一轮幼儿园办园行为评估(2018—2022年)。五年来,浏阳市共完成480所幼儿园办园行为督导评估,其中公办园219所,民办园261所。经评估优秀、良好、合格、基本合格、不合格园等次的分别为89所、15所、353所、7所、16所。评为不合格的经督促整改后已达到合格等次。该轮督导评估工作公平公正,注重实效,达到以督促改,以评促建,为规范浏阳市幼儿园办园行为,提升学前教育水平起到良好的促进作用。

(潘志强)

义务教育

【概况】 2022年,全市普通中小学361所,其中初级中学55所,小学306所。普通初中在校学生数52501人,小学在校学生数113651人,特殊学校在校学生223人。全市小学适龄儿童入学率100%,小学年辍学率为零;初中入学率100%,年辍学率为零;初中毕业会考一次性合格率91.6%。

【体育中考改革新政】 2022年1月10日,浏阳市发布2022年体育中考政策,对体育中考项目予以调整,在原项目基础上增加1分钟跳绳为素质类选测项目。将2022年设立为过渡期,体育中考测试项目仍为必测项目(男生1000米跑、女生800米跑)和素质类选测项目(男生在引体向上、原地正面双手头上投掷实心球、立定跳远、1分钟跳绳4个项目中任选2项;女生在仰卧起坐、原地正面双手头上投掷实心球、立定跳远、1分钟跳绳4个项目中任选2项),技能类选测项目(在篮球绕杆运球、足球绕杆运球、排球向上垫球3个项目中选择)不纳入2022年体育中考内容。体育中考总分为40分,该分数纳入学生初中毕业升学考试总分。

【被评为“长沙市网络学习应用优秀学校和未来学校创建校”】 2022年1月11日,长沙市教育局通报网络学习空间应用优秀学校和未来学校创建校评选结果。浏阳市教师进修学校附属小学和浏阳市禧和岭完全小学被评为“2021年长沙市中小学网络学习空间应用优秀学校”,浏阳市大瑶中学被评为“2021年长沙市未来学校创建校”。另外,长郡浏阳实验学校曾被评为“2020年长沙市未来学校创建校”。

【高坪初级中学被评为“湖南省首批中小学劳动教育实验学校”】 2022年7月27日,省教育厅公示首批湖南省中小学劳动教育实验县(市、区)、实验校和劳动教育实践基地名单。浏阳市高坪镇高坪初级中学被评为“湖南省首批中小学劳动教育实验学校”。高坪初级中学租用农田20亩,开发劳动教育特色课程,建立以“课程、课堂、课题”为载体,围绕“乡土、乡情、乡魂”,紧扣五农(农活、农务、农工、农趣、农识),构建“领域—模块—项目”的课程体系,将德、智、体、美、劳“五育”融入劳动活动课程。

高坪中学举行丰收节活动,学生在收割稻子　　(高坪中学　供图)

2022年9月1日，泰安小学秋季开学学生入学报到　（泰安小学　供图）

【义务教育质量监测】 2022年5月25—26日，2022年进行国家义务教育质量监测现场测试。市艺术学校、大瑶初级中学等8所初中，集里街道进修学校附属小学、永安镇永安完小等12所小学将作为样本校参加国家义务教育质量监测。主要监测义务教育阶段学生语文、艺术、英语课程或教育活动开设、学生学业负担、教学条件保障、教师配备、教育教学、学校管理以及区域教育管理情况等，同时监测学生心理健康状况。该监测是浏阳市第六次高质量高标准完成国家义务教育质量监测工作，曾3次被评为国家义务教育质量监测“县级优秀组织单位”。

【泰安小学建成开学】 2022年9月1日，泰安小学建成投入使用，共开设35个班招收1662名学生。该学校位于关口街道水佳片区，总投资约9600万元，于2021年12月启动建设。学校以“庭院叠园”为核心概念塑造校园空间，按照中国合院的规划构图，空间的立体组织，在水平和垂直两个方向展开。新建有3栋教学楼、1栋综合楼、1栋体艺馆、1栋食堂以及门卫室、300米环形塑胶跑道运动场等，规划总用地面积为43537.28平方米，总建筑面积约19630.75平方米。

（潘志强）

普高教育

【概况】 2022年，全市有普通高中17所（含长郡·浏阳实验学校、市艺术学校，其中民办普高6所），其中有13所省级示范性高中、8所市级示范性高中，在校学生数32806人。2022年秋季普高新生招生11971人，高二年级9573人参加学业水平考试，一次性合格率99.90%，高一年级11101人参加学业水平考试，一次性合格率99.76%，9810人参加普通高校招生考试（含复读考生、社会考生、中职考生等），其中应届高中生参考8917人，应届高中生本科上线6174人。

【回浏学生参加中考相关规定】 2022年3月14日，市教育局发布关于2022年回浏学生参加中考的相关规定，明确规定对于户籍在浏阳市，学籍在浏阳市域外，需要参加2023年浏阳公办普通高中高一新生招生的学生；学籍在浏阳市域外，需要参加2023年浏阳公办普通高中高一新生招生的非浏阳市户籍的企业家绿卡持有人和企业专业英才的子女，3月25日前须完成学籍异动手续，逾期将视作自愿放弃浏阳公办普通高中录取资格。根据规定，所有回浏学生须随报考学校的其他学生一起参加全市统一组织的体育、艺术中考；须在报考学校参加涉及综合素质评价的各项考试、考查和测试。凡未参加浏阳市组织的2023年中考的学生，浏阳公办普通高中不予录取。所有回浏学生的录取不占用报名学校录取指标。

【启动新一轮高中阶段学校综合督导评估】 按照省市人民政府教育督导委员办公室相关文件要求，2022年全面启动高中阶段学校综合督导评估，全市17所普通高中（含民办）和5所职高参加综合督导评估工作，实行学校自查、县级考核、市州评估、省级抽查的督导评估工作体系。采取结果评估与增值评估，综合评估与特色评估，自我评估与外部评估，线上评估与线下评估，定性评估与定量评估相结合的方式进行。该轮评估2026年全面完成。

（潘志强）

【浏阳市第一中学】 2022年，浏阳一中共有91个教学班，其中普高部教学班60个，艺高部教学班23个，艺初部教学班18个。在籍学生人数5094名，教职工436名（2022年12月数据），其中省特级教师4人、正高级教师5人、高级教师132人。普高部有在籍学生2918人，在岗教职员工272人（含代课教师），特级教师2人，正高级教师2人，高级教师94人。艺校高中部有在校学生1186人，艺校初中部有在校学生990人。在岗教师164人，其中特级教师2人、正高级教师3人、高级教师38人。2022年学校获得浏阳市高中教育高质量发展综合评价优胜单位，高一、高二年级获得浏阳市2022年度高中教育高质量发展优胜奖。2022年高考学校2人被北京大学录取，2人被清华大学录取，2人被中央美术学院录取，2人被中国美术学院录取。艺术初中部325人全部超过普高录取控制分数线，录取率100%。普高高考达到省特殊类型招生录取控制参考分数线人数超过91%，本科上线人数达到99.1%。学校办学成绩稳居全省同类高中前列。2022年，浏阳一中获长沙市中学生篮球赛高中组第五名。学术建设。截至2022年，学校有“双一流”、公费师范生共61人

2022年9月30日,"胡国运奖励金"成立暨授牌仪式在浏阳一中举行

（浏阳一中　供图）

（含艺校）。新成立湖南省网络名师工作室（通用技术），依托原有的1个长沙市名校长工作室、4个浏阳市名师工作室（高中语文、高中英语、高中化学、中学信息技术），覆盖各学科优秀教师；学科管理。2022年度，该校有省级课题2个，长沙市级课题5个，浏阳市级课题1个，课题研究人数占教师总人数60%。2022年度上学期共有56名教师推出公开课、教研课等，推出教研小结90篇，外出省级交流报告6堂，来访交流讲座17次，教师微课制作110堂。培养学生创新思维和高阶思维能力，2022年开始，该校开办数学拔尖创新班，聘请湖南师大数学系大学教授授课，并组织老师们报名参加浏阳市级以上各级各类业务培训95人次，暑期组织新教材培训等网络重点培训，开展集体备课共547次。多元办学。2022年，该校继续领办浏阳一中高新实验中学，新帮扶浏阳市太平桥中学，继续与浏阳六中、浏阳五中结为合作共建学校，并派出青年骨干教师团队5人到浏阳六中支教，同时助力浏阳五中办好"钱学森实验班"；与邵阳县一中、云南玉溪师范学院附中等学校签订手拉手共同发展友好学校。学校借助名校长工作室活动，与国防科大附中、长沙县一中、常德一中、宁乡一中、望城一中等学校相互学习交流；通过区域影响力，吸引云南省玉溪师范学院附属中学、益阳一中、通道一中、长沙市实验中学、安徽省歙县中学等到校学习交流。同时，该校继续开设日、法语特色课程，引入外教1名，公派老师王靖芳赴英联邦马恩岛孔子课堂执教；借助"云课堂"，和美国罗得岛州查理豪中学等学校建立联系。

（柳包华）

【浏阳市田家炳实验中学】 2022年，浏阳市田家炳实验中学在校学生2705人，在岗教职工252人，其中特级教师1人、正高级教师2人、副高级教师74人、一级教师87人、初级教师79人、管理和工勤9人。2022年，学校被评为长沙市"文明学校"、浏阳市"清廉学校建设示范学校""湖南省中小学知识产权教育示范学校"。德育工作：2022年，该校被评为长沙市"德育工作先进单位（2021—2022年）"，成为田家炳基金会主办的"共创田园：田家炳青少年正面成长计划"第二期项目学校，德育项目《依托校园媒体阵地　助推学生品格成长》获第二届"全国田家炳学校德育实践创新奖励计划"奖。学生科举办第二届生涯游园活动，参与度高，互动性强，先后被湖南日报社"新湖南"客户端、长沙晚报社"掌上长沙"App等媒体报道。举办《爱家乡　看变迁　促发展》第一届社会实践活动，创办厨艺课堂，得到社会各界好评。坚持开展"三节两月"活动——体育节、艺术节、科技节、生涯规划活动月、心理健康活动月，对学生实行个性化培养；发挥校园电视台德育功能，助推田中学子成人成才。教学质量：2022年，该校高三高考、高二高一联考均获得浏阳市质量评价一等奖。高考质量获全面提升，特殊类上线人数584人，较2021年净增97人，上线率提高10.21%。本科上线人数825人，首次突破800人。培优工作有成效，600分以上人数与上届持平，在全省的占比比上届提升0.12个百分点。高一、高二年级学业水平考试，各学科合格率均100%，全科合格率均为100%。2022年上学期高一高二学联考成绩优异，学考合格率均100%，其中高二期考历史类全市前10名

党委副书记、校长苏飞跃在厨艺课堂教学　（浏阳市田家炳实验中学　供图）

有7人，物理类全市前10名有2人。学校连续22年获得浏阳市高中教育高质量发展综合评价一等奖。教研成果：2022年度该校数学、物理、化学、生物4学科奥赛共获国家级奖17个，其中全国二等奖8个、全国三等奖9个。学生参加语文、英语等全国竞赛获全国一等奖8个，全国二等奖14个。在“浏阳市2022年中小学科技节”活动中，该校各项目均取得优异成绩。组织教师参加浏阳市第27届高中课堂评估活动，7人参赛，5人获市一等奖，2人获市二等奖。2022年，该校有6个省市级课题立项开题或展开研究。“科技创新-知识产权教育”特色项目成功申报被确定为“湖南省知识产权教育示范学校”，特色活动获人民网、“新湖南”等国家、省市媒体多次报道。引领学科建设，成立高中生物、数学和地理三个名师工作室。基础设施建设：校门口万才桥项目建设完工；自来水管道改造完成；整改维修综合教学楼步行梯；投资新建体艺馆电子屏。

（李　武）

职业教育

【概况】 2022年，浏阳市有职业学校10所。在职教师1063人，全市职业学校“双师型教师”占专任教师总数的35%。在校学生18363人，2022年招生新生6259人，毕业学生5010人，毕业生升学率89%，就业率11%，专业对口就业率98%。

【职业中专入选省“楚怡”项目】 2022年4月8日，湖南省教育厅、省发展和改革委员会、省财政厅、省人力资源和社会保障厅、省住房和城乡建设厅下发《关于实施职业教育“楚怡”行动的通知》。浏阳市职业中专入选省支持市州改扩建的14所“楚怡”中职学校项目建设名单，为长沙市唯一一所，同时被命名为浏阳市楚怡中等职业学校。项目建成后，浏阳市职业中专（浏阳市楚怡中等职业学校）将形成城区主校区和龙伏校区一校两址统筹发展的办学格局，总占地面积304429平方米，招生规模5800人。建设项目分三期进行，总投资约1.6亿元，主要集中在已分批移交浏阳市的长沙职业技术学院浏阳校区（原浏阳师范学校），新建校门、生活服务大楼、产教融合实习实训大楼等。

【师生在职业技能大赛中获佳绩】 2022年8月2日，职业中专学生刘子安在2022年全国职业院校技能大赛中职组电子电路装调与应用赛项中获二等奖。8月8日，浏阳高级技工学校8名教师参加第三届全国技工院校教师职业能力大赛湖南选拔赛，在公共与通用职业素质、交通、电子电工等三个类别中均获二等奖，在机械制造类和班主任类比赛中位列第三。获“团体一等奖”“优秀组织奖”。

（潘志强）

【浏阳市职业中专】 2022年，浏阳市职业中专有教学班级88个，在籍学生4286人，教职员工240人，其中正高级教师2人，副高级教师48人，省名师空间负责人2名，省级专业带头人3名，省级优秀教师3名。学校开设机械加工技术、电子电器应用与维修、会计电算化、电子商务、服装设计与工艺、社会文化艺术、工艺美术、幼儿保育专业、汽车运用与维修、汽车制造与检修、计算机应用、旅游服务与管理、建筑工程施工13个专业。环境发展：2022年7月，学校立项为湖南省楚怡优质中职学校建设单位。2022年8月28日，长沙职业技术学院浏阳校区（原浏阳师范学校）全部移交给浏阳市职业中专办学，形成“一校两址”办学格局，总占地面积450亩。2022年9月1日，楚怡学校改扩建一期项目全面启动。争取省教育厅项目建设资金427万元、长沙市100万元、本级财政职业教育发展经费97万元，实现学校（城区校区）计算机云桌面机房、城区校区食堂、学生宿舍、教学楼改造，以及电子电路装调与应用赛项项目竞赛设备、网络搭建与应用项目竞赛设备、虚拟现实技术实训设备的添置。通过重新核编，学校教师编制数增加至249人。组织班主任参加2022年“楚怡杯”长沙市班主任能力竞赛获3个二等奖，1个班主任团队立项为长沙市楚怡高水平团队。组织学生参加长沙市中职文明风采大赛，乒乓球比赛获长沙市一等奖5个、二等奖2个，篮球比赛获长沙市一等奖，女子排球比赛获长沙市二等奖。教学教研。教学。抓好教学工作日督查、周通报、月点评。组织市级赛课活动，优化课堂教学。学生参加省公共基础课学业水平考核，平均分81.48分、合格率99.23%、优秀率37.35%，成绩超过全省平均水平。技能竞赛。2022年，学校在长沙市学生技能大赛中获一等奖3个、二等奖11个、三等奖26个，在省级学生专业技能竞赛中获一等奖4个、二等奖2个、三等奖3个，竞赛项目获奖率100%，其中一等奖获奖率57%；在全国职业院校技

浏阳市职业中专楚怡学校大门　（市职业中专　供图）

能大赛中获中职组电子电路装调与应用赛项二等奖。教研教改。在省级教育教学改革研究项目中有2个结题，省级职教高地建设理论与实践研究项目1个结题；立项长沙市楚怡高水平专业教师团队3个，高水平思政教师团队1个；认定中职优质省级精品课程1门，立项建设省级精品课程3门；省级以上教学论文评选获一等奖2篇、二等奖4篇、三等奖9篇。教师竞赛。参加2022年“楚怡杯”长沙市职业院校教师职业能力竞赛教学能力比赛，获二等奖4个、三等奖7个，学校团体总分二等奖，并获优秀组织奖；参加长沙市中等职业学校公共基础课教师教学设计及说课比赛，获一等奖1个、二等奖5个、三等奖7个；在长沙市中等职业学校思想政治教育教学说课比赛中，获一等奖1个、二等奖3个。教学质量。2022年，学校295人参加对口升学高考，53人本科录取，473名学生通过单招考试被大专院校录取，全年762名学生升入高等院校。招生就业。2022年，共招录注册新生1595人，其中城区校区1000人、龙伏校区595人。加强校企合作，拓展就业渠道，提高就业质量。学校与精密电子工业有限公司、博世汽车、长沙惠科光电有限公司、中兴通讯股份有限公司、三安光电股份有限公司、贝乐幼儿园、东通电子有限公司等39家企业开展合作，其中三安光电股份有限公司就业稳定率100%，中兴通讯、长沙惠科就业稳定率95%以上。2022年，学校实际就业人数266人，其中本地就业率97%，对口就业率93%，企业满意率77%，学生满意率89%。

（钟　浪）

【湖南省浏阳高级技工学校】 2022年，学校获“长沙市文明校园”“长沙市五四红旗团委”荣誉。获“清风浏阳　廉洁齐家”家书短音频征集大赛“优秀组织奖”。在第三届全国技工院校教师职业能力大赛省、市选拔赛中，获湖南省团体三等奖、长沙市团体一等奖和优秀组织奖，在长沙市技工院校办学水平评估中获得优秀等级。至2022年，学校占地7.47公顷，建筑面积3.5万平方米，资产9500多万元，教职员工123人，其中高级讲师20人、讲师50人、高级技师8人、技师15人，“双师型”教师占教师总数的60%。2022年学校全日制在籍学生2325人，教学班级55个。开设机电一体化、模具设计与制造、机械焊接与维修、工业机器人四个高级技工专业，汽车修理与装配、计算机应用、旅游管理、商务文秘、会计等多个中级技工专业。学校环境优美，教学设施设备完善。学校拥有电子、电工、电拖、高低压配电、计算机、多媒体教学、机床修理、车工实习、PLC控制、花炮检测分析、花炮制作、服装工艺室、直播教室、画室等20多个实验室、实习室；建有数控模具实训车间、汽修实训车间、焊接工艺实训车间、机器人实训车间，配有数控加工中心、数控车床、线切割、电火花，铣床、磨床、钻床、气体保护焊机、氩弧焊机、汽车发动机实训平台，底盘实训平台等先进的实习设备;拥有各类实习设备500多台（套）、工量器具3000多件（套）、各类专业实习工位700多个。学校食堂、学生公寓、形体室、运动场、田径场等生活文体设施齐全，学校形成对口升学教育、高级技工教育、中等职业教育与短期培训相结合的职业教育体系。

（胡友明）

民办及社区教育

【概况】 2022年，全市有民办教育机构422所，其中民办高中6所，民办义务教育阶段学校5所，民办职业高中7所，民办幼儿园220所，民办培训学校190所。市社区学院1所，乡镇（街道）社区学校32所，长沙市示范性社区学习中心11所，长沙市级示范性老年基地5个，市优秀社区学习中心40个，特色课程24项。

【规范民办学校发展】 2022年3月，市委教育工作领导小组制定并印发《浏阳市规范民办义务教育工作实施方案》，成立工作专班，明确相关部门共同参与，并先后两次组织召开全市规范民办义务教育工作推进会。同时坚持“一校一策”下达招生计划，严格招生纪律，2022年秋季民办义务教育学校在校生规模占比为2.96%，控制在上级下达计划范围内（3.1%）。

【社区教育作品获全省一等奖】 2022年9月26日，全省离退休干部“喜迎二十大·奋进新征程”文艺作品比赛决赛结果公示，长沙市选送的由浏阳市金枫朝阳艺术团演绎的情景剧《老有所为》获一等奖。该比赛由中共湖南省委老干部局、湖南省教育厅和湖南开放大学主办，湖南省老干部活动中心、湖南省老干部大学和湖南老干部（老年）开放大学承办。活动采取现场海选与网络选拔、线上评选与线下颁奖相结合的方式进行。文艺作品比赛分报名及选拔赛、全省决赛、颁奖等三个阶段。情景剧《老有所为》讲述的是一群“五老”（离退休老干部、老战士、老教授、老专家、老模范）志愿者投身于基层党建、理论宣讲、社会治理、乡村振兴、疫情防控等各个领域，发挥自己的优势和专长，量力而为、力所能及地发挥作用，争做党的创新理论的宣讲者、基层社会治理的参与者、社会和谐稳定的促进者。

（潘志强）

素质教育

【获全国禁毒知识总决赛三等奖】 2022年1月9日，第四届“我是答题王”湖南省禁毒知识竞赛总决赛举行，长郡·浏阳实验学校教师江钱、学生周奥博和浏阳市中协高新科技学校学生廖智作为长沙代表队主力成员，助力长沙市代表队获团体一等奖，成功晋级全国总决赛。5月28日，3人代表湖南代表队，用时38.39秒获总分250分。

【“新时代湖南好少年”受表彰奖励】 2022年3月12日，2021年度“新时代湖南好少年”暨“新时代娄底好少年”现场发布会在娄底市举行。30名

2021 年度“新时代湖南好少年”张乔鑫(中)　　（浏阳艺术学校　供图）

“新时代湖南好少年”受到表彰奖励。浏阳一中艺术学校初中部九年级学生张乔鑫位列其中。张乔鑫性格开朗,学习上,勤学善思;生活里,热心公益,是同学的好榜样、老师的好帮手、街头巷尾的“小管家”,曾获“新时代长沙好少年”。每逢假期,她积极参与社区组织的公益活动,铲除“牛皮癣”、打扫小区卫生、文明劝导、走访慰问、爱心义卖等,多次被评为“长沙市校园优秀环保小志愿者”“社区优秀志愿者”。30 名“新时代湖南好少年”于 2021 年 5 月 31 日被湖南省文明办、省教育厅、团省委、省妇联、省关工委联合授予该称号。

（潘志强）

【行走的思政课堂】 2022 年 6 月 23 日,浏阳市“行走的思政课堂”暨“清廉课堂”主题活动正式启动,胡耀邦故里、古港梅田湖实践基地等 5 个单位授牌为浏阳市“行走的思政课堂”实践基地。市委常委、市纪委书记、市监委主任姚喜琳,市委常委、宣传部部长李爱民出席活动。该市发挥红色资源和山水资源丰富的优势,将思政课搬出教室,打造行走的、有风景的思政课堂。创新开发自然地理主题课《探秘大围山》、国防教育主题课《永不消逝的电波》、农耕文化主题课《劳动最光荣快乐学农耕》、乡村振兴主题课《追寻记忆永和探秘电影小镇》等“行走的思政课堂”系列课程,让孩子们在学习中了解浏阳的自然地理、乡村振兴、农耕文化、清廉文化等知识,在体验和参与中受到教育和熏陶,实现教师与学生融入、理论与实践融合,让思政教育从“书本”走向“社会”。

【打破世界举重青年纪录】 2022 年 8 月 1 日,长郡·浏阳实验学校高二学生张海琴在 2022 年全国 U 系列举重冠军赛中,参加 U18 女子 59 公斤级,以抓举 100 公斤、挺举 130 公斤、总成绩 230 公斤的成绩夺得抓举、挺举、总成绩 3 枚金牌,挺举和总成绩超世界青年纪录。张海琴,9 岁开始接触举重项目,曾在湖南省第十三届运动会青少年组举重比赛中以抓举 72 公斤,挺举 90 公斤,总成绩 162 公斤获女子丙组 48 公斤级冠军。在湖南省青少年举重锦标赛以抓举 85 公斤,挺举 110 公斤,总成绩 195 公斤获女子 55 公斤级冠军。

【获全国珠心算比赛团体特等奖】 2022 年 8 月 11 日,第六届全国珠心算比赛举行。比赛采取线上线下相结合的形式进行,全国共设 30 个分赛场,共 30 支代表队、353 名选手参加。由浏阳一中和浏阳市人民路小学 10 名学生组成的参赛队代表湖南省参赛,获团体特等奖。选手潘钰莹、刘杭获个人全能一等奖,吴雅琪获个人全能二等奖;学生 A 组获团体一等奖,陈逸欣、刘思琪获个人全能二等奖;学生 B 组获团体二等奖,肖永旭获个人全能一等奖,陈昕怡获个人全能二等奖;学生 D 组邹依琳获视频赛一等奖,彭许诺、李为获视频赛二等奖(学生 D 组不设团体奖)。

【夺得省第十四届运动会皮划艇全能金牌】 2022 年 8 月 16 日,湖南省第十四届运动会皮划艇(激流回旋)项目在湘乡市洋潭水电站结束争夺,浏阳市大瑶中学学生、长沙运动员伍庆鸿在比赛中以总分 62 分的成绩,获得青少年组皮划艇(激流回旋)男子乙组全能金牌,是长沙代表团参加省第十四届运动会比赛获得的第一枚金牌。

【夺得 110 米栏全国冠军】 2022 年 10 月 30—31 日,2022 年全国 U16 田径锦标赛在湖北省黄石市举行。长郡·浏阳实验学校同学陈兴权以 14.83 秒的成绩,获男子 110 米栏冠军。陈兴权从小就爱跑爱跳,在足球、篮球、乒乓球等中展现出运动天赋,曾入选长沙代表团,参加湖南省第十四届运动会青少年组田径比赛,在 U14 男子跨栏全能项目中取得第四名。

（潘志强）

教师队伍建设

【概况】 截至 2022 年年底,全市共有在编教职工 11056 人,其中幼儿园、小学 4971 人、初中 3363 人、高中(含公办职业学校)2308 人。中、小学校具有研究生学历 503 人,大学本科学历 8783 人。中、小学校具有初级职称 3880 人,中级职称 4919 人,高级职称 1505 人,管理岗位 33 人,技术工人 53 人。

【“五个严禁”遏制在职教师有偿家教家养】 2022 年 3 月 10 日,浏阳市出台《坚决遏制在职教师有偿家教家养“五个严禁”》,明确严禁在职教师个人以任何名义组织有偿家教家养。在职教师不得组织学生在家

朱联明在日清小学操场带领学生锻炼身体　　（新华社　供稿）

或到其他场所进行有偿补课、办班、辅导(包括“一对一”辅导)；不得以亲属名义或以帮亲戚、朋友带孩子为由开展有偿补课；严禁在职教师参与第三方组织的有偿家教家养。在职教师不得参加由亲属、其他教师、家长及家长委员会或其他个人组织的违规补课；严禁在职教师到校外培训机构有偿兼职兼课。不得在校外培训机构(含无证办学机构)兼职兼课;不得以各种名义推荐、介绍或强制学生参与有偿家教家养(校外培训),从中获得利益;严禁利用学校公共资源进行有偿家教家养或谋取私利。在职教师不得私自在校内组织或变相组织学生进行有偿补习、自习、辅导等行为;任何单位或个人不得为社会办学人员有偿或无偿提供场所(经过审批的课后服务除外);严禁外县(市、区)在职教师到本市，或者本市在职教师到外县（市、区)从事有偿家教家养。对违反“五个严禁”情况,分别对在职教师个人、学校、教育发展中心予以相应处理。

【教师家庭上榜“全国最美家庭”】 2022年5月15日“国际家庭日”，全国妇联表彰997户第十三届全国五好家庭并揭晓997户全国最美家庭。浏阳市金沙路小学老师甘慧琳家庭上榜“2022年全国最美家庭”。甘慧琳是浏阳市金沙路小学的一名普通教师，创新开发学校陶艺课程,用心开展红色教育,传承红色基因。爷爷甘厚美是一位退伍老军人,他曾屡立战功,却深藏功名数十载。父亲是退休教师，担任长沙市红色宣讲团成员,巡回报告40多场。

【评选“第四届感动浏阳·十大魅力教师”】 2022年9月10日,浏阳市发布“第四届感动浏阳·十大魅力教师”名单。经基层推荐、专家评审、党委审定,刘辉、李琳、张德帆、陈利莎、邵静、罗锦珍、周润松、高宇、彭群、彭祖耀十位教师被评选为浏阳市第四届“感动浏阳·十大魅力教师”,邓玲、邓吕兵、任拥、李蓉、邱国平、邹慧、唐艳、黄娟、喻梦妃、熊柱石十位教师获浏阳市“第四届感动浏阳·十大魅力教师”提名奖。

【朱联明入选“中国好人榜”】 2022年8月5日，中央文明办发布2022年第二季度“中国好人榜”,浏阳市社港镇清江村日清小学老师朱联明入选2022年第二季度“中国好人榜”(敬业奉献类)。朱联明出生于1968年,1987年从浏阳师范学校毕业后,他选择扎根大山深处，在偏远山区教学点工作。2011年,随着教育资源整合,日清小学只剩下4名学生,朱联明一人坚守一座学校，承担学校所有工作，连续十多年教学质量在学区名列前茅，自学取得专科、本科、研究生学历。一人承担校长、老师、校医、心理辅导员、采购员、环卫工、保安、绿化员等多个角色。将学生当成自己孩子,数十年如一日,在山区默默坚守、辛勤耕耘,为偏远山区教育事业点亮一支“烛光”。

（潘志强）

教育考试

【概况】 浏阳市教育考试中心成立于2002年，为局属副科级公益类事业单位,现有在编工作人员7人。负责为全市各级各类学校招生考试提供指导和服务。具体负责组织实施浏阳市全国普通高校招生考试、全国成人高等教育招生考试、全国高等教育自学考试、全国公共英语等级考试、全国硕士研究生招生统一考试、湖南省高中学业水平考试和长沙市初中学业水平考试等国家教育考试工作。

【组织国家教育考试】 2022年,共完成普通高校招生考试、全国高等教育自学考试(2次)、全国公共英语等级(PETS)考试、湖南省高中学业水平考试、长沙市初中学业水平考试、全国硕士研究生招生考试等六项考试工作，涉考人数7.8万人次，各项考试平安顺利。2022年全国成人高考浏阳考区共有5550人报考，受疫情影响原定于11月5—6日的考试延期举行。

【高校招生】 2022年，全市共有12081人报名高考,9810名考生参加6月份统考。本科录取6212人,专科录取4242人(含单招录取1396人),高校录取人数达到高考报考人数的86.5%。其中9名考生录取飞行员(空军飞行员1名，海军飞行员1名,民航飞行员7名);有4名考生录取清北,另有54名职高对口生录取本科。

（潘志强）

“双减”工作

【寒假校外培训机构专项治理行动】 2022年1月13日,市教育局启动寒假期间校外培训机构专项治理行动，按照信息公示、广告招牌清理、义务教育阶段学科类寒假培训叫停和资金监管三个100%要求，全面公开校外培训机构办学基本信息和资金监管账号开户情况；开展培训广告招牌清理工作，每个机构只能保留一个户外广告，校内宣传牌全部清理；重点查处变相违规开展学科类培训问题，校外培训机构不得占用国家法定节假日、休息日及寒暑假组织义务教育阶段学生学科类培训，重点查处学科类培训转入“地下”，换个“马甲”逃避监管等隐形变异问题。专项行动共查处无证办学机构26家、违规收费4家、虚假宣传3家、超前教学4家、周末开展学科培训10家，对情节严重的7家机构予以行政警告。

【“双减”工作受肯定】 2022年1月20日，中国教育电视台、人民网、《中国教育报》、湖南卫视、红网、湖南教育电视台等中央、省市媒体到浏阳集中采访浏阳“双减”工作。《中国教育报》头版推出《一位教育局长的首个“双减”寒假》、要闻版推出《湖南浏阳开发网络平台，兼具资金监测、自动预警等多种功能——“一网统筹”巧解校外培训监管难题》，中国教育电视台《全国教育新闻联播》推出《“双减”后首个寒假 浏阳学生开启“新玩法”》等系列报道。3月7日，省委教育工作领导小组秘书组编《湖南教育快讯》刊发《浏阳市着力构建教育教学健康生态》经验做法。由长沙市委教育工作领导小组秘书组编的《长沙市“双减”暨规范民办义务教育发展工作快报》刊发《校内“吃得好” 校外“不加餐”——浏阳着力构建教育教学健康生态》工作经验，浏阳在全省校外教育培训监管执法培训班、长沙市校外培训机构整治工作推进会作典型发言。

【市委常委会审议“双减”和学生心理健康教育】 2022年3月3日，浏阳市委常委会召开会议，研究审议《浏阳市进一步减轻义务教育阶段学生作业负担和校外培训负担实施方案（送审稿）》《关于进一步加强新时代中小学生心理健康教育的实施意见（送审稿）》。会议要求，要坚持和加强党对教育工作的全面领导，认真领会、精准把握、全面落实“双减”和心理健康教育工作相关要求，积极引导青少年扣好人生的“第一粒扣子”，促进学生德智体美劳全面发展。要重点抓好提升学校课后服务水平、加强校外培训综合治理、推进基础教育综合改革等工作，抓实心理健康师资队伍建设、阵地建设、学生问题筛查等工作，为学生健康成长保驾护航。同时，教育部门要切实担负主体责任，持续加强教师队伍建设，强化校园安全管理，形成“党委统一领导，政府部门各负其责，全社会积极参与”的工作格局。

【市人大调研教育“双减”及未成年人心理健康教育工作】 2022年4月24日，市人大常委会对全市义务教育“双减”及未成年人心理健康工作进行调研。调研组先后到浏阳三中、浏阳河中学、唯美高中、金沙路小学、维科教育培训学校等地，通过实地查看、听取介绍和座谈交流等形式，从教育主阵地作用的发挥、学生课后服务开展情况、课后作业设计和完成情况、学生心理健康教育实践与探索等方面，全面了解全市教育“双减”及未成年人心理健康教育落实情况。调研要求，“双减”要做减法，更要做加法，力促学生全面发展，通过购买服务、一师多点、智慧教育等手段，推动乡村学校“双减”工作同步见效；要围绕未成年人心理健康教育“六个100%”的目标，持续抓实队伍建设、课程建设、医校结合等六项重点工作，实现与“双减”工作的同频共振、协调推进，实现政府、部门、学校、社会、家庭一体化推进。

【全市非学科类培训机构审批办证】 2022年11月25日，浏阳市非学科类培训机构审批办证工作启动，达到办学要求的所有非学科类培训机构开始按程序办证。根据中央、省、市“双减”决策部署，巩固“双减”工作成果，促进非学科类校外培训机构规范有序发展，发挥其公益性属性和补充性教育功能，浏阳市出台《浏阳市非学科类校外培训机构设立审批办事指南》，明确非学科类校外培训机构审批事项部门职责分工，列出非学科类校外培训机构办学许可证提交材料清单，提供机构设立审批申请表下载链接，确保在2023年6月30日之前，全市所有非学科类校外培训机构全部取得办学许可证。

（潘志强）

浏阳博物馆新馆 （彭红霞　摄）

文化·体育

综　述

【概况】　根据《中共浏阳市委办公室浏阳市人民政府办公室转发〈中共长沙市委办公厅长沙市人民政府办公厅关于印发〈浏阳市机构改革方案〉的通知〉的通知》(浏办通知〔2019〕8号)、《中共浏阳市委办公室浏阳市人民政府办公室关于印发〈浏阳市文化旅游广电体育局职能配置、内设机构和人员编制规定〉的通知》(浏办发〔2019〕32号),将浏阳市文化体育广播电视局（市新闻出版局）的文化、体育、广播电视管理职责，以及浏阳市旅游局的职责整合，组建浏阳市文化旅游广电体育局，作为市政府工作部门，为正科级,对外使用浏阳市文物局名称。市文旅广电体育局共有8个二级机构：浏阳市文化市场综合行政执法大队、文物保护发展中心、体育运动事务中心、文化馆、图书馆、博物馆、花鼓戏传承保护发展中心、欧阳予倩文化艺术中心。

【文旅融合】　2022年，浏阳市培育文旅新业态，推动文旅与乡村振兴、烟花、民宿、非遗、康养等深度融合。梅田湖村创新“公司+村级+农户”模式，发展研学旅行，获评“全国乡村旅游重点村”。投资9000万元的天空剧院正式首演，集烟花、帐篷、美食、演艺等新业态于一体;开辟金科“烟花嘉年华”沉浸式体验基地,“相约浏阳河　周末看焰火”品牌磁吸效应进一步彰显。大围山森林康养基地、茴香小镇、淳芝宝药业种植基地入选湖南省中医药康养旅游精品线路。发展民宿产业，陌野小河弯弯、5号山谷、云躲躲、湖洋梯田、同野谷等新项目陆续落地。策划“我在浏阳说爱你”全新城市品牌，开展系列主题活动，发挥汪涵、郎朗等名人影响力，湖南卫视综艺节目《云上的小店》火遍全网，新引进综艺节目《想唱就唱的夏天》《一人客栈》在浏阳全程录制,“一河诗画　满城烟花”城市形象深入人心。

【浏阳首届文旅发展大会召开】　2022年7月31日，浏阳市首届文旅发展大会在浏阳市“三馆”召开。会议分为文旅工作会议和文旅招商推介会两个阶段召开。在文旅工作会议上，浏阳正式发布《浏阳市促进文旅深度融合高质量发展十条措施》(简称“文旅十条”)。“文旅十条”推出强化文旅资源统筹管理、强化文旅用地保障、支持文旅产业招大引强、支持文旅标准化建设等10条政策措施，促进文旅深度融合高质量发展。除“文旅十条”外，2022年3月9日，出台《浏阳市全力打造全国文旅融合标杆三年行动计划(2022—2024年)》等6大政策，全面提振文旅企业的发展信心，推动全市文旅发展守正创新、行稳致远。会议总结近年来浏阳文旅工作取得的成绩，并全盘研判文旅发展面临的新形势，对下阶段文旅重点任务进行具体部署。活动当天，与会人员通过实地考察浏阳“三馆”、观看浏阳城市宣传片，了解浏阳的历史文化、资源禀赋、产业现状、营商环境。在文旅招商推介会上，浏阳重点围绕百里画廊“一河两岸”浏阳河城区段、大围山“一园四镇”、乡村旅游、品质民宿、特色研学、蒸菜等六大板块，推介28个文旅项目，现场签约项目24个。浏阳先后获评全国休闲农业与乡村旅游示范县、全国森林旅游示范县、全国书香城市、首批湖南省全域旅游示范区，连续五年上榜“全国县域旅游综合实力百强县”,2022年位列全省第一名、全国第六名，文旅竞争力、产业支撑力、惠民服务力、合作协同力、城市影响力显著提升。在常态化疫情防控形势下，全市年均接待游客3000多万人次、实现旅游收入300多亿元，文旅产业保持稳中有进、进中向好的发展态势。

【“一切为了人民——迎接党的二十大胜利召开”主题展】　2022年9月28日，由中央党史和文献研究院第二研究部与湖南省韶山管理局联合主办，韶山毛泽东同志纪念馆、中共浏阳市委、浏阳市人民政府承办的“一切为了人民——迎接党的二十大胜利召开”主题展在浏阳市博物馆展出。浏阳是该主题展巡展的第一站。展览从习近平总书记在庆祝中国共产党成立100周年大会上的重要讲话中选取体现该时期特点的关键词，围绕“一切为了人民”主题，挑选330余张照片、30余份文献、65段文摘等资料，分成“序曲·艰难探索”“浴血奋战　百折不挠——‘人民的胜利’”“自力更生　发愤图强——‘一切为了人民利益’”“解放思想　锐意进取——‘社会主义的目的就是要全国人民共同富裕’”“自信自强　守正创新——‘江山就是人民，人民就是江山’”“结语·把舵领航新征程”6个部分。该主题展已于8月20日在韶山毛泽东广场开展，巡展持续到12月底。浏阳市博物馆为展览融入科技元素，开辟线上展厅，线上线下融合展出。

【推出“文旅十条”激励政策】　2022年4月，浏阳出台《浏阳市人民政府关于印发浏阳市促进文旅深度融合高质量发展十条措施的通知》(浏政发〔2022〕4号)(以下简称“文旅十条”),推出强化文旅资源统筹管理、强化文旅用地保障、支持文旅产业招大引强、支持文旅标准化建设等10条政策措施，通过实施契合文旅发展所需的政策“组合拳”,全面提振文旅企业的发展信心，拓开文旅融合发展“新格局”。按照《浏阳市文化旅游发展专项资金管理办法》,各相关职能部门本着客观、公正、真实、严谨的原则，申报“文旅十条”奖励资金的项目通过现场踏勘、择优排序、部门审核等流程，对31个符合政策条件的项目予以奖励，总计奖励资金380.93万元。

（张　晋）

文化市场管理

【概况】　浏阳市文化市场综合行政执法大队隶属市文化旅游广电体育局，实行“局队合一”,为市文化旅游广电体育局管理的公益一类事业单位。主要负责实施文化、文物、广播电视、旅游、体育、出版、版权、印刷、电影市场领域的行政执法职责；负责实施省、长沙市下放的擅自在文物保护单位的保护范围内进行建设工程或爆破、钻探、挖掘作业的处罚等执法职责；负责本级“扫黄打非”领导小组办公室、市文化市场管理委员会办公室和市网吧管理工作协调领导小组办公室的日常工作。2022年，浏阳市文化市场综合行政执法大队开展出版物市场专项执法检查、“春雷”专项执法检查、娱乐场所联合执法行动、高危体育行业专项执法检查、网吧和电竞酒店行业专项执法检查、娱乐场所和剧本杀、密室逃脱行业专项执法检查、印刷企业专项执法检查、旅游市场专项执法检查、境外卫星电视专项执法检查，全年共检查经营单位1861家次，出动执法7381人次，办理案件26起，结案26起，没收、销毁非法卫星地面接收设施20余套，确保市文化娱乐市场健康繁荣发展。

【开展“护苗·绿书签”活动】 加大公益宣传力度。2022年，浏阳市文化市场综合行政执法大队向居民群众、学生发放倡议书、“绿色书签”等宣传资料16万余份；推荐上传300余幅作品参加湘鄂赣三省“护苗·绿书签”公益设计大赛，教师进修附小作品获三省二等奖；在媒体上宣传学生自创短视频《拒绝有害出版物及信息宣传》和文化志愿者自编自导自演快板节目《文化花开遍浏阳》。开展“护苗·绿书签行动”宣传活动，为全市中小学生赠送图书16万余册；在淳口镇羊古小学开展以“护助少年儿童健康成长，拒绝有害出版物及信息”为主题的“绿书签”进校园活动，举办“绿书签”征文、漫画竞赛等系列活动，向淳口镇羊古小学、向坪小学赠送图书200册、书包文具10套。开展“护苗”公开课活动，暑期邀请儿童文学作家汤素兰、北师大文化讲师睿德等专家名人在卡乐书城为学生上以阅读、预防青少年犯罪、红色文化等为主题的“护苗”公开课共5堂；组织学生观看“网络安全系列课堂”视频，宣传网络安全常识和抵制非法出版物知识。

（张　晋）

公共文化

【概况】 2022年，浏阳出台《中共浏阳市委办公室浏阳市人民政府办公室关于印发〈浏阳市公共文化服务体系高质量发展实施方案〉的通知》（浏办通知〔2022〕15号），为浏阳市公共文化服务体系高质量提供政策保障。组织永安镇督正村、沙市镇中洲村、大瑶镇南阳村等25个村（社区）申报长沙市标准化村（社区）综合文化服务中心建设项目。新建大瑶镇杨花村、古港镇梅田湖村、高坪镇船仓村3个公共文化机构文旅融合示范点。截至2022年年底，全市共有标准化村（社区）综合文化服务中心155个，公共文化机构文旅融合示范点7个。

表7　　2022年长沙市标准化村（社区）综合文化服务中心建设项目一览表

序号	村（社区）名称	地址
1	淮川街道朝阳社区综合文化服务中心	朝阳社区居委会
2	集里街道宏源村标准化综合文化服务中心	集里街道宏源村
3	荷花西环村标准化综合文化服务中心	荷花西环村村部
4	关口街道杨溪湖村标准化综合文化服务中心	关口街道杨溪湖村村部
5	古港镇古港村标准化综合文化服务中心	古港镇古港村民主组
6	高坪镇株树桥村标准化综合文化服务中心	高坪镇株树桥村村部
7	沿溪镇金桔村标准化综合文化服务中心	沿溪镇金桔村栗田片松山组
8	官渡镇新云山村标准化综合文化服务中心	官渡镇新云山村村部
9	永和镇增加台村标准化综合文化服务中心	永和镇增加台村村部
10	中和镇清江村综合文化服务中心	中和镇清江村村部
11	小河乡新河村标准化综合文化服务中心	小河乡新河村村部
12	澄潭江虎形村标准化综合文化服务中心	澄潭江镇虎形村洲上组
13	澄潭江镇和家村标准化综合文化服务中心	澄潭江镇和家村泉光合力组
14	文家市镇五神村标准化综合文化服务中心	文家市镇五神村村部
15	大瑶镇南阳村标准化综合文化服务中心	大瑶镇南阳村同心小区
16	葛家镇新建村标准化综合文化服务中心	葛家镇新建村中关组
17	枨冲镇枨冲村标准化综合文化服务中心	枨冲镇枨冲村河街组

续表 7

序号	村(社区)名称	地址
18	镇头镇北星村标准化综合文化服务中心	镇头镇北星村
19	官桥镇洄江河村标准化综合文化服务中心	官桥镇洄江河村屋场
20	永安镇督正村标准化综合文化服务中心	永安镇督正村村部
21	沙市镇中洲村标准化综合文化服务中心	沙市镇中洲村村部
22	沙市镇东门村标准化综合文化服务中心	沙市镇东门村村部
23	淳口镇黄荆坪村标准化综合文化服务中心	淳口镇黄荆萍村村部
24	淳口镇谢家村标准化综合文化服务中心	淳口镇谢家村村部
25	龙伏镇焦桥村标准化综合文化服务中心	龙伏镇焦桥村村部

【群众文化事业】 2022年，浏阳市全年举办“悦读尚学　书香浏阳”全民读书月活动、“匠心守艺　非遗焕新”非遗宣传月系列活动、“欢乐浏阳河”广场文艺活动等品牌群众文化活动，“欢乐浏阳河”广场文艺活动由原先的固定场地演出模式，调整为流动舞台模式。常态化开展“文旅大讲堂”、送戏下乡活动130余场，涵盖声乐、舞蹈、模特走秀、摄影、戏曲、戏剧、夏布和剪纸等艺术门类。针对有一定基础和规模的艺术团，全年常态化开展32场“一师一团”公益培训，辅导文艺爱好者1000余人次。

【图书馆建设】 2022年，浏阳市图书馆累计接待入馆读者89.89万人次，文献流通总次数约65.26万册次，新增办证读者3046人，数字文化资源访问总人次93.68万次。现有藏书57.35万册。新设立“浏阳本土作家专区”，对该馆古籍《浏阳乡土志》进行数字化和影印复制，全年新增入库图书57590册，征集地方和专题文献170册。完成2万余册绘本的下架、分类贴色标和重新排架工作。少儿借阅室馆藏布局调整，新增少儿图书1万余册，完成8万余册少儿书籍的下架、排序和重新排架工作。截至2022年年底，全市有1个县（市）级公共图书馆总馆，15个乡镇(街道)图书分馆，9个自助图书馆，325个村(社区)农家书屋。2022年，全市启动建设20个乡村图书馆，逐步形成“管理统一、平台统一、资源共享、通借通还”的城乡一体图书馆阅读服务网络。2022年9月，浏阳图书馆在阅美潇湘第二届“最美图书馆”评选中，被评选为“最美图书馆”。朝阳社区以农家书屋为抓手推进全民阅读，获评湖南省“书香社区”。图书馆全年开展志愿者服务近200场，参与人数4600余人。图书馆及全市分馆共开展阅读推广活动420余场，共计16.6万余人次参与，包含“浏图·绘本手工课”、“图书馆奇妙夜”、全民读书月启动式、“发现阅读之美”摄影大赛、“喜闹元宵·线上猜灯谜”等主题活动。

【非遗保护】 截至2022年年底，浏阳市共有97个非物质文化遗产代表性项目，其中，国家级非遗项目3个（浏阳花炮制作技艺、浏阳菊花石雕、浏阳文庙祭孔音乐），省级非遗项目6个(浏阳皮影戏、江氏正骨术、浏阳花鼓戏、浏阳客家山歌、浏阳夏布织造技艺、浏阳手工竹纸制作技艺)，长沙市级非遗项目21个（浏阳油饼制作技艺、浏阳蒸菜传统制作技艺、浏阳木活字印刷术等),浏阳市级非遗项目67个。2022年，喻记皮蛋传统制作技艺、麦芽糖制作技艺、丁氏玉雕、文学鞭炮传统制作技艺、书香龙泉酒酿造技艺、道源湖粽子传统制作技艺6个项目评定为浏阳市第九批本级非遗代表性项目。联合市委宣传部评选第三批示范性非遗保护传承乡镇(街道)1个（金刚镇人民政府)、传习所3个（浏阳市秧田村非遗传习所、浏阳市永和菊花石博物馆、浏阳市北盛镇卓然村原乡染坊)、传承学校2所（浏阳市大瑶镇排山完全小学、浏阳市关口街道道吾小学)。浏阳油纸伞传习所“达兴非遗工坊”入选文旅部非遗工坊典型案例，陈继武菊花石公馆被评为非遗工坊省级示范点，张坊镇被评为非遗村镇省级示范点，大瑶镇、张坊镇、梅花三弄被评选为长沙市级非遗村镇(街区)。开展非遗“三进”(进乡村、进社区、进校园)活动，组织陶器制作、西乡锣鼓、方言童谣、文庙祭孔音乐、夏布、龙狮、皮影戏、剪纸、青面狮、油纸伞、花鼓戏等项目开展进校园、进景区、进屋场活动；策划组织展示展演展销活动，开展文化和自然遗产日活动、文旅大会非遗展、第八届浏阳河七夕文化节非遗展示展览活动、花炮祖师李畋公祭活动、开展“文化进万家——视频直播家乡年”皮影和龙狮表演等系列活动。组织夏布、菊花石、油纸伞、焰火龙参加首届湖南省非遗博览会；组织菊花石、蒸菜、夏布、炒米、素食菜等非遗项目参加首届长沙市旅游发展大会。

（张　晋）

文学艺术创作

【概况】 2022年，浏阳市文化馆围绕“喜迎二十大　奋进新征程”、

"强省会"战略、乡村振兴、湘赣边区域合作和清廉浏阳主题，新创短视频《那一抹红》、音乐作品《快递小哥》、音乐情景剧《梦开始的地方》《绘精彩》、情景表演唱《云上小河》、舞蹈《皮影嬉戏》、清廉题材微电影《"字"由"字"在》等作品。其中短视频《那一抹红》参加2022年全国"村晚"示范展示活动，入围文化和旅游部2022村晚优秀短视频展播；音乐作品《快递小哥》入选"喜迎二十大·放歌新时代"2022年"欢乐潇湘·品质长沙"群众音乐展演。选送情景剧《蹚出新路子》、音乐《勇立潮头》《我最亲最爱的祖国》、舞蹈《幸福苗寨》《红色浏阳河》、儿童剧《最亮的星》参加长沙市第三届"群星奖"作品大赛暨第七届湖南艺术节"三湘群星奖"长沙选拔赛，获4金2银。2022年，浏阳市文联创作各类文艺作品3000多件，其中浏阳市永红艺术团花鼓戏《胡子将军》获第二届湖南省文学艺术奖，浏阳市强盛龙狮艺术团的《烟花龙舞》被列入"2012年1月—2021年10月湖南省24件（次）获得全国性文艺奖的作品和个人名单"。电影《浏阳河上》、歌曲《我最亲最爱的祖国》《浏阳河水清又亮》、图书《浏阳历史文化丛书》、儿童剧《木兰从军》、花鼓戏《浏阳李白》入选长沙市第十四届精神文明建设"五个一工程"奖入选作品，花鼓戏《浏阳李白》获第七届湖南艺术节田汉新剧目奖；《浏阳民俗》获长沙市第二十二届哲学社会科学优秀成果一等奖。全年创作发表文学作品500多件，获奖23人次。其中，鲁建文、苏启平在《诗刊》《作家文摘》发表作品4篇，彭晓玲、潘文、晓寒、黎凛、洪佑良、张镝等作者在《书屋》《绿洲》《散文百家》《散文》《星星》《湖南文学》《少年文艺》等专业文学刊物发表作品，陈文出版小说《快活岭》，谭晓琴出版报告文学《村原白描》。诗词学会编辑出版《淮川诗词》第35期和《浏阳市禁毒诗词联作品集》，李春梅、熊湘东等在《诗刊》《中华辞赋》等国家级刊物发表作品12件，在各类诗赛中获奖15次，其中李声满连获首届中国"百城杯"诗词大赛特等奖、第五届中国"百诗百联大赛"一等奖。书法创作方面，全年共有30余人次在长沙市级以上的展览中入展或获奖，陈阳静在省画院成功举办个展并当选为省书协主席团委员。熊剑、朱志云、梁鹏等作者的72件摄影作品获得省级以上奖项，贺再亮连续两次获得省摄影家协会大奖。汤远志、伍艳辉、凌检等作者的作品多次入展省内外美展，陈根在长沙举办个人画展。音协推出《西北风吹来幸福歌》《长沙，有我幸福的家》《十月》《为了共同的名字》《心向未来》《吾愿吾辈》等新歌，舞协推出《戏》《浏阳河畔瓜果香》《不一样》等作品，皮影戏协会推出《血染的杜鹃——英雄陈昌》等一系列现代红色皮影戏。

（张　晋　吴　涤）

【《木盆渡江》在"戏剧中国"首届全国小戏小品优秀作品展演中获奖】 2022年12月12日，中国戏剧文学学会、中国文化馆协会公布"戏剧中国"首届全国小戏小品优秀作品展演30部优秀剧目结果，由浏阳市镇头镇文化站、湖南省湘剧院共同创作创排的湘剧《木盆渡江》入选"戏剧中国"首届全国小戏小品优秀作品展演优秀剧目，获展演最佳编剧、最佳导演、最佳演员三项大奖。《木盆渡江》由谭晓琴编剧、李萍导游、江喻旺等演员出演，讲述的是新冠疫情刚刚开始，农民工孙大胆在遭遇疫情后发生的一个小故事。

【大型花鼓戏《浏阳李白》获田汉新剧目奖】 2022年1月，大型花鼓戏《浏阳李白》参加第七届湖南艺术节新创大型舞台剧目展演，获田汉新剧目奖、田汉编剧奖及田汉表演奖等多项大奖。浏阳烈士李白，用忠诚捍卫"永不消逝的电波"被评为100位为新中国成立做出突出贡献的英雄模范人物之一。革命题材大型现代花鼓戏《浏阳李白》由浏阳市花鼓戏传承保护发展中心2020年开始创作排演，该剧以精致的舞美设计、感人的故事情节、生动的人物语言，真实再现革命烈士李白"电波不逝、信念永存"的革命信念。《浏阳李白》公演后，获上级领导和广大观众好评。

（张　晋）

文物管理

【概况】 截至2022年12月，浏阳市域内登录在册的不可移动文物共有341处，其中，全国重点文物保护单位13处，湖南省级文物保护单位28处，长沙市级文物保护单位34处，浏阳县级文物保护单位57处，一般不可移动文物保护单位209处。博物馆藏文物总数10265件/套，其中珍贵文物1312件/套（一级文物12件/套、二级文物67件/套、三级文物1233件/套），一般文物8953件/套。

【文物保护工作】 2022年，中共浏阳市委办公室、浏阳市人民政府办公室印发《关于加强文物保护利用改革的实施意见的通知》，为全市文物保护利用提供政策保障。全年共申报立项文保项目11个，累计争取到位国家、省、市文保专项资金2800余万元，完成了湖南省苏维埃政府旧址（锦绶堂）陈列展示工程、六栋堂的修缮工程、清澜桥修缮工程、寻淮洲故居复原陈列改造和保养维护工程，秋收起义文家市会师纪念馆馆藏油画修复工程和藏品库房及档案室安防工程等文物保护项目。2022年，市古港古城遗址、浏阳县第一次工农兵代表大会旧址、大光圆烈士公墓（九十九人公墓、八十三人公墓）3家4处不可移动文物被公布为省级文物保护单位；易荡平故居、杨世明故居等四处单位被公布为县级文物保护单位并划定保护范围。截至2022年，浏阳市"省保"单位数量增至28处。

【湖南省苏维埃政府旧址（锦绶堂）开放仪式】 2022年6月30日，"喜迎二十大　清风润初心"湖南省苏维埃政府旧址（锦绶堂）开放仪式在浏阳市大围山镇楚东村举行，湖南省苏维埃政府旧址正式向公众开放。提质后的湖南省苏维埃政府旧址展示利用项目分为复原陈列和史实陈列2部分。复原陈列面积约为2400平方米，包括省苏维埃政府接待室、赤色军事政治学校、石印局、造币厂、训练场、杨幼麟住所等33处场景的模拟复原。史实陈列面积约600平方米，主要分三大部分，分别展示湖南省苏维埃政府的成立、执政探索、精神价值与意义。湖南省苏维埃政府旧址是全国重点文物保护单位、湖南省爱国主义教育基地、湖南省党史学习教育现场教学场地。旧址所在的楚东村是中国传统村落，2020年12月，被中组部列入"红色美丽村庄"建设试点村。湖南省苏维埃政府旧址（原名锦绶堂），位于浏阳市大围山镇楚东村漾水湾组，始建于清光绪二十三年（1897），坐北朝南，三条轴线布局，砖木两层结构，三进院落，四周建有垣墙围护，为典型的天井院落式民居建筑组群，占地面积5000余平方米，建筑面积3800平方米，有大小房间108间。1930年7月，彭德怀、滕代远率领部队，胜利攻占湖南省会长沙，随即成立湖南省苏维埃政府。湖南省苏维埃政府在锦绶堂驻扎7个月，他是中国共产党正式建立的全国第一个建制省苏维埃政权。

【第三届湘赣边革命文物讲解大赛】 2022年9月3日，"喜迎二十大，文物映初心"第三届湘赣边革命文物讲解大赛总决赛在浏阳市苍坊旅游区红色剧场举行。讲解大赛由浏阳市人民政府主办，中共浏阳市委宣传部、浏阳市文化旅游广电体育局、浏阳市湘赣边区域合作中心承办，湘赣边红色文化旅游共同体成员单位、胡耀邦故里管理局、浏阳市中和镇人民政府协办，浏阳市文物保护发展中心具体执行，来自湘赣边的24位选手（分为成人组和少儿组），依托当地重要的革命旧址、故居、书信等革命文物，讲述文物背后的故事。讲解大赛采取现场打分制，经角逐，最终，谭霜讲解的《知青福音书》和王诏楷讲解的《永不消逝的电波——李白故居》获成人组一等奖，杨语晨讲解的《胡耀邦爷爷的汗衫》和刘逸辰讲解的《电波永不消逝　忠诚永不褪色》获少儿组一等奖。2019年国家公布的首批革命文物保护利用片区分县名单中，湘赣边24个县（市、区）均包括在内。浏阳域内红色资源丰富，有革命类不可移动文物75处、国有可移动革命文物近万件（套）。截至2022年，浏阳已成功举办三届湘赣边革命文物讲解大赛。

（张　晋）

融媒体

【概况】 浏阳市融媒体中心为浏阳市委直属公益一类事业单位，归口市委宣传部管理。2022年，有班子成员7人，干部职工490人（核定编数212名，在编人员188人，招聘人员302人），退休人员175人。浏阳市融媒体中心拥有报社、电视台、广播电台等传统媒体平台，《浏阳日报》是湖南唯一保留公开刊号的县（市）报，浏阳电视台是全国20强县（市）电视台。拥有网络公司、无线公司、发射台等广电网络传输机构；拥有掌上浏阳、浏阳网、微浏阳、995交通广播等新媒体矩阵；拥有湘鄂赣城市广播电视联盟、中国市县媒体手机直播联盟、中国市县电视台原创节目交流中心等多个节目制作发布平台。浏阳电视台设1个频道，浏阳人民广播电台设2个频点。2022年，浏阳媒体融合发展得到中宣部和国家广电总局认可和肯定。浏阳被列为中宣部重点联系的县级融媒体中心建设试点县（市），被评为"湖南省广播电视公共服务工作先进县（市）"。浏阳市融媒体中心被评为"全国广播电视媒体融合先导单位""第八届全国服务农民服务基层文化建设先进集体""全国新闻出版广播影视系统先进集体""全国舆情信息工作先进单位""省农村广播村村响工程建设先进单位""全省广播电视公共服务工作先进单位"，入选"全国县级融媒体中心能力建设十大典型案例"。"浏阳融媒体产业生态链建设项目"入选国家广播电视和网络视听产业发展项目库。"掌上浏阳"App被中宣部新闻局推评为全国7个具有示范意义的客户端之一，"掌上浏阳"App、"微浏阳"公众号上榜国家网信办《互联网新闻信息稿源单位名单》，"掌上浏阳"App客户端在新华社新闻信息中心、新华社县级融媒体研究中心组织的2021年度全国县融中心优秀奖项评选中获"优秀管理与平台奖"；"微浏阳"微信平台、"浏阳电视台"抖音平台被新华社新闻信息中心、新华社县级融媒体研究中心评为全国县融中心爆款创作优秀案例（2022年4月份）。浏阳日报社被评为"全国报纸自办发行先进集体"。浏阳融媒作品《浏阳：寻找非遗新生"密码"》获评"全国县融中心央媒平台优秀作品"。

【事业融合规划、建设与发展】 2022年，浏阳市融媒体中心新闻宣传水平、节目生产能力、事业建设规模、产业发展速度稳步提升，实现经营收入1.52亿元，保持稳健发展态势。紧扣迎接宣传贯彻党的二十大主题主线，推出《建功新时代　奋进新征程》《奋力强省会　喜迎二十大》《非凡十年》《浏阳这十年》《二十大时光》《二十大光辉照耀在浏阳河上》《罗霄山下》《百名记者走基层》《新时代　新征程　新伟业》等专题专栏，全媒体展现浏阳宣传贯彻落实党的二十大精神典型做法。全年围绕勇当"强省会"战略开路先锋、项目建设、疫情防控、自建房整治、千名干部下基层、乡村振兴、安全生产、抗旱抗冰雪、森林防火、文明创建等工作开设专题专栏20多个；策划《解码浏阳发展"集群现象"》报道，发稿83篇，从区域经济学等角度系统梳理浏阳"集群现象"来龙去脉、发展密码。2022年浏阳融媒舆情信息报送采用工作在全省54个联系点位居第8位。湖南省委宣传部《新闻阅评》《县级融媒体中心建设》2次、长沙市委宣传部《新闻阅评简报》8次表扬浏阳融媒宣传报道。《浏阳日报》推出复刊7000期特刊《你我同行未来可“柒”》，中国县市报研究会发贺信。在《人民日报》、央视、《湖南日报》、湖南卫视等刊播新闻报道255篇。“学习强国”供稿稳居长沙学习平台供稿链路九区（县、市）第一，连续五年获评湖南卫视优秀通联集体。首部4K浏阳城市形象宣传片《一河诗画　满城烟花——中国浏阳》，3天点击超60万次。2022年，共有54件作品获得省、长沙市以上奖励。《一人一校十年灯》《梅田湖村民分红，一年更比一年红》获湖南新闻奖三等奖，《一河诗画　满城烟花，我在浏阳说爱你》《浏阳“李时珍”》入围全国县级融媒优秀作品，《浏阳80后焰火设计师肖祺缘，带你揭秘一场焰火》获新华社“优秀短视频选题策划奖”“全国县融中心央媒平台优秀作品”。全年打造会展活动100余场，制作专题片100余件，高质量策划承办“庆祝建党101周年”“‘时光里的码头’实景演出”“浏阳旅发大会”“河畔季风消费节”“跨年焰火晚会”等活动。“行走的思政课堂”2.6万人报名，招收小记者10388人。做实“融创星未来”培训基地，14家“红领巾电视台”挂牌，“红星好少年”项目获长沙市未成年人思想道德建设优秀案例。上线“湘赣红云集市”电商平台，开展“超级星期四”团购日活动，完成平江豆干、炎陵黄桃、年货节等90多场直播带货。完成3588场农村公益电影放映任务，持续丰富农村群众精神文化生活。

【新技术的研究、开发和利用】2022年，全面完成广播电视公共服务标准化试点建设，创新“三平台三体系一工程”建设模式，打造以“强化内容建设、织密服务网络、践行移动优先、建设‘智慧广电’、赋能基层治理”为主要内容的服务体系，《湖南新闻联播》专题报道浏阳融媒在全国广播电视公共服务标准化建设实践。加强全媒体传播体系建设，“掌上浏阳”总点击量突破10亿次、下载注册量60万次、日均点击量60万次。做实微浏阳、浏TV、浏阳电视台《浏阳日报》等公众号、抖音号、视频号，粉丝量达591万人次。开发管理“智慧城市”项目33个，获12个软件著作权。主动参与基层社会治理，“党员微网格+五个到户”跻身长沙市新型“智慧城市”十大典型应用名单。“云上清廉浏阳”获省纪委监委领导肯定。“云上湘赣边”公共服务平台，获省预算内专项支持，《人民日报》2次报道浏阳推进湘赣区域合作媒体先行做法。云商公司跻身湖南省高新技术企业。

【报纸、广播、电视、新媒体管理】2022年，浏阳市融媒体中心深化“党建聚合力”工程和“党建领航五型融媒”党建品牌创建，“党建引领聚合力　攻坚克难勇担当——以勇于改革的政治担当高质量推进网络事业人员分流安置”入选“全市攻坚克难十佳经典案例”。深度参与“千名干部下基层　确保平安促发展”“蓝思抗疫”“机关干部下沉社区”等全市中心工作，发挥融媒力量。实施中层干部公推竞聘和履职能力抽检，开展“融领团队”“实力融将”评选，组织“师徒结对创业融媒”“读书分享会”“主持人才艺赛”。推进各二级机构人才交流，统筹各二级机构薪酬绩效。完善《媒体单位经营管理办法》，统筹调度大型经营项目。成立第一届浏阳融媒工会联合会，以职工为本、走民主之路。加强报纸广播电视新媒体等系统内的国有资产监督管理，确保国有资产保值增值。

2022年2月7日，浏阳城市形象宣传片《一河诗画　满城烟花》对外发布，受到社会各界好评

（市融媒体中心　供图）

【存在的困难与问题】平台核心竞争力不强。截至2022年，中心拥有掌上浏阳、微浏阳、浏TV、《浏阳日报》抖音、浏阳电视台抖音、995交通广播、云上湘赣边等10多个平台，杂而不专。项目活动推进不快。工作推进上“缓作为”“慢作为”现象仍然存在，不少项目活动多次安排部署、调度推进，但实质推进缓慢，未见成效，与预期存在较大差距。经营创收压力还不小。受新冠疫情和行业下行影响，经营创收虽保持总体平稳，但压力仍然巨大，适应“后疫情时期”的经营产品研发、策划不够。深度融合推进不够快。融媒体中心组建已三年半时间，单位之间配合不断深入，但内部本位主义、山头主义思想依然存在，内部无序竞争、内耗内卷现象仍未杜绝。纪律作风不严实。“躺平”“甩手”“脚踩西瓜皮”等现象仍然存在，个别中层干部驾驭力不强、凝聚力不够，部分干部职工作风不严实，“慵懒散差”现象仍然存在。

【报刊发行】2022年，《浏阳日报》报纸发行量4.5万份，定价180元/年，全年48件（次）新闻作品获各类新闻奖项。1月1日，《浏阳日报》推出48个版的《争先2022》元旦特刊，总结展示浏阳各乡镇（街道）、市直单位2021年的新成绩好经验，对话各条战线2022年的新思路好想法。7月1日，《浏阳日报》推出万字封面特稿《先锋》，特稿全文1.4万字，从寻路、探路、开路三个篇章，回顾浏阳人民勇当先锋的历史和精神，为浏阳营造“强省会 当先锋”浓厚氛围，彰显党媒的使命担当。“浏阳日报”官方微信公众号——“微浏阳”，2019—2022年连续四年获评“长沙市最具影响力政务微信”。2022年全年创作10万+微信作品35条，其中50万+作品5条；视频号单平台播放量100万+的短视频53条，其中6条1000万+；“浏阳日报”快手号获评“2022年度影响力媒体”；浏阳市小记者协会获2022年度湖南省小记者联盟“优秀团队奖”，爱心早餐项目获浏阳市精神文明建设指导委员会最佳志愿服务项目，浏阳日报社获评“全国报纸自办发行先进集体”。

【3个新媒体获评2021长沙年度影响力新媒体】 2022年1月5日，由中共长沙市委网信办、长沙市新媒体协会主办，星辰在线、长沙发布承办的“爱长沙@长沙”网络文化节2021长沙市新媒体年度影响力评选获奖名单公示。1月12日，2021“星城盛典”“爱长沙@长沙”网络文化节颁奖典礼在长沙举行，活动现场颁发2021长沙市新媒体年度影响力评选各大奖项，浏阳获5个奖项。其中，浏阳市融媒体中心旗下“微浏阳”微信公众号获评2021“长沙市最具影响力政务微信”，浏阳电视台抖音号、“浏阳日报”抖音号获评2021“长沙市最具影响力政务抖音”。“微浏阳”微信公众号始终坚持“内容为王”，服务地方政务、社会民生，用心用情推介“我的浏阳”。2021年共产生9条10万+微文；创意作品《全城致敬》获评全国“县级融媒·齐心抗疫”优秀案例、湖南新闻奖三等奖；2021年10月被国家网信办纳入最新版《互联网新闻信息稿源单位名单》；浏阳电视台抖音号粉丝253万，深耕烟花行业宣传，助力浏阳烟花产业发展；“浏阳日报”抖音号坚持“发现大千世界小美好”，立足浏阳眼观全国，2021年共生产31条千万+播放量短视频。

【“云上清廉浏阳”平台上线试运营】 2022年2月17日，“云上清廉浏阳”平台上线试运营。“云上清廉浏阳”分为“听·清廉”“观·清廉”“建·清廉”“学·清廉”“游·清廉”五个版块内容，旨在讲好清廉浏阳故事，传播清廉浏阳声音，展示清廉浏阳形象。

【“烟花云”平台交付使用】 2022年3月2日，由浏阳广电云商公司研发的“烟花云”平台交付使用。“烟花云”小程序平台上线集烟花商城、烟花短视频、行业论坛、烟花直播、企业圈六大版块内容。通过对花炮产业数据的归集和分析，实现集安全监管、产业调控、监装和市场分析等八大版块的花炮产业数据可视化监测调用。

【“羊淘商城”入驻湖南省政府采购平台】 2022年10月21日，浏阳市融媒体中心旗下“浏阳广电云商”打造的官方媒体电商平台“羊淘商城”正式入驻湖南省政府采购电子卖场，成为政府采购供应商，供全省采购单位选购交易。“羊淘商城”实行线上销售与定向线下销售两种模式，首批上线米、油等农品物资，首批被采购金额35.4万元。

【浏阳融媒在全省会议上作典型发言】 2022年12月8日，全省广播电视媒体融合发展专题线上培训班开班，培训班由湖南省广播电视局主办。全省各市州文化旅游广电（体育）局负责媒体融合发展工作负责人，湖南省广播电视台、各市州广播电视台、县级融媒体中心负责人，共计280余人参加会议。省广播电视局党组成员、副局长肖荣在开班仪式上讲话，点赞“浏阳市融媒体中心以多元立体融合创造了全国县级融媒体中心的浏阳经验”。浏阳市融媒体中心党组书记、主任林湘国以《将“先发优势”转变为“领跑胜势”》为题作典型发言，介绍浏阳融媒4年融合发展的实践探索。

（付 苹）

图书发行

【概况】 2022年，湖南省新华书店有限责任公司浏阳市分公司实现营业收入16916.36万元，同比增加2490.78万元，增幅17.3%，超年度目标12.78%；实现利润2053万元。2022年，位于浏阳市道吾山西路的现代化图书门店中心书城建设项目竣工营业；“书香校园·共享阅读”工程继续全面铺开建设，年内新建成54所智慧共享校园书屋；在企业运营方面，依托中心书城、人民路门店、各校园网点为平台，全年共组织开展各类文化惠民活动100余场次，“一本书·一部剧”新华儿童剧场、亲子阅读、名家进校园、非遗项目展示活动成为新华书店的四大活动品牌。全年各项业务增长10%左右。2022年度分公司共获得省、市公司15个奖项。分公司被湖南省出版物发行业协会授予2021—2022年度“湖南省出版物发行业优秀发行单位”称号，经理、党支部书记李玉娟被湖南出版投资控股集团授予“2022年度先进个人”称号，副经理、党支部副书记陈学雷被湖南省出版物发行业协会授予“发行工作先进个人”称号。

【政治性图书发行】 2022年，分公司建立健全专班负责、专项落实、专人服务机制，打造党的宣传思想工作的重要传播载体、产业平台和服务窗口。全年发行《让群众过上好日子》丛书33334套，《习近平谈治国理政》第四卷42170册，《百年大党面对面》7090册，《党的二十大报告》发行超4万册，发行数量和服务质量走在湖南和长沙地区前列。

【教材发行】 2022年，分公司继续确保教材教辅主营版块业务稳定，全年发行教材7702.8万元，幼儿园市场产品600余万元。

【一般图书发行】 2022年，分公司图书选品侧重于人文社科类为主，生活美学、未成年人阅读为辅的总体结构。2022年实现店内图书销售1070.93万元，文创销售118.69万元，餐饮销售74.64万元，会员卡销售400余万元；全年在店外销售教育类读物（含期刊）码洋837万余元、非教育类图书码洋 902 万元。

【公司管理】 2022 年，湖南省新华书店有限责任公司浏阳市分公司打造中心书城，实现门店多元化产业融合发展的门店升级转型思路。浏阳市新华书店中心书城是浏阳市首家复合经营模式的大型现代化图书实体门店，营业面积 3500 平米，店内陈列图书品种 6 万余种，文创产品展示近万个，已成为浏阳市文化地标、公共文化服务阵地、全民阅读活动平台。书店整体设计凸显书卷气息和文化质感，店内分为两层，一层中心的阶梯广场是书店文化活动展示中心和读者阅览中心，儿童区、餐饮区、文化长廊和文房四宝各区环绕阶梯广场，构建美观舒适的阅读空间；通往二层的楼梯间，每层都镌刻名言警句，呈现出“以读书为乐是为最好”的愿景。2022 年 4 月，中心书城被中共浏阳市委宣传部命名为“公共文化服务实践基地”。“书香校园·共享阅读”文化惠民工程取得阶段性成果。截至 2022 年年底，分公司以“共建、共创、共享”的创新模式，累计投入 3000 余万元为全市 225 所学校免费打造共享书屋（书柜），近 10 万名学生参与，参与人数达 85%左右，累计借阅书籍 160 万本，学生人均借阅书籍每年约 10 本。获人民网、“学习强国”平台、湖南卫视、《潇湘晨报》等中央、省、长沙市主流媒体报道。组织运营活动，提高企业的美誉度和社会影响力。2022 年 8 月，湖南省 2022 年“新时代乡村阅读季”示范引领活动启动仪式在中心书城成功举办；与浏阳市委宣传部、市文联等单位联合举办文化惠民品牌活动——浏阳市“新华书店杯”第十六届全国春联大赛暨“万副春联送万家”活动，共收到 800 余名作者 2300 余件应征作品，文艺志愿者在活动现场为群众送出手书春联 2500 余副。承接和策划党政机关和企业的主题党日活动、读书分享会、文化赛事等活动，让“在书店开展学习活动”成为一种潮流。2022 年，史军、汤素兰、李兵、陈文等作家在中心书城进行现场讲学和新书发布，与读者近距离进行互动和阅读分享，每场活动参与读者均在 300 人以上。顺应新时代党建工作特点和市场需求，创新推出党建文化服务项目，在全市党政机关和企事业单位建设智慧·党建书屋 35 家，其中浏阳市自然资源局智慧党建书屋和浏阳市淮川街道打造的“逐梦”党建书屋，在 2022 年湖南“学习贯彻党的二十大·湖南新华书店”专题报道中被当作典范案例宣传报道。优化线上平台。全年线上业务继续保持增长态势，累计完成销售订单 29.35 万笔，销售码洋 2992.5 万元。继续深化改革，提质增效。调整内部机构设置以及人员编制，加大一线部门的人力资源配置；稳步推进分配制度改革，通过考核考评机制提高优秀员工待遇，激发人才活力；深化物流部门和门店管理制度改革，加大对新技术、新产品的运用和投入，提升生产经营的科技含量，提高生产效率，逐步打造智慧物流、智慧门店；重视人才培养和全员培训，加强干部职工队伍建设。

【湖南省 2022 年“新时代乡村阅读季”示范引领活动在浏阳启动】 2022 年 8 月 19 日，“喜迎二十大　奋进新征程”湖南省 2022 年“新时代乡村阅读季”示范引领活动在浏阳启动，启动仪式在浏阳市新华书店乐之书店举行。该活动由中共湖南省委宣传部、湖南省农业农村厅、湖南省乡村振兴局主办，中共长沙市委宣传部、湖南出版投资控股集团、中共浏阳市委宣传部协办，湖南广播电视台都市频道、湖南省新华书店有限责任公司、天舟文化股份有限公司承办。中共湖南省委宣传部部务会成员、省政府新闻办副主任黄海，湖南省乡村振兴局党组成员、副局长赵成新，中南出版传媒集团总编辑谢清风，湖南省农业农村厅农村事业促进处处长梁先明，长沙市文明办副主任、二级调研员梁飞彩，中共株洲市委宣传部副部长阳曼生，湖南省新华书店有限责任公司党委副书记、总经理刘俊良，中共浏阳市委常委、宣传部部长李爱民，浏阳市人民政府副市长戴圣伟出席活动。会上，中共浏阳市委常委、宣传部部长李爱民致欢迎词。省乡村振兴局副局长赵成新，省农业农村厅党组成员、副厅长刘益平，省委宣传部部务会成员、省政府新闻办副主任黄海等分别致辞，随着活动线程 9 根灯柱被点亮，湖南省 2022 年“新时代乡村阅读季”示范引领活动正式启动。

2022 年 8 月 19 日，“喜迎二十大　奋进新征程”湖南省 2022 年“新时代乡村阅读季”示范引领活动在浏阳启动
（湖南省新华书店有限责任公司浏阳市分公司　供图）

随后，活动进行习近平系列丛书分享会、观看短片《我们湖南这十年》、编者解读《我们湖南这十年》图书、“喜迎二十大，奋进新征程”主题出版物推荐等环节，观看短片《浏阳新华“智慧书屋”》，连线大瑶镇杨花村“杨花书院”、浏阳非遗文化展示现场、浏阳沙市镇秧田村，让线上、线下观众感受到科技书香、浏阳木活字印刷术和古山“贡纸”、火出圈的“博士村”的文化魅力。活动最后，湖南省新华书店、天舟文化股份有限公司分别向浏阳市古港完小、浏阳市集里街道宏源村宏源农家书屋捐赠爱心图书和学习用品。

（沈宪乐）

党史研究

【红色文化资源普查授牌】 2022年，市委党史研究室下发《浏阳市关于开展革命遗址遗迹树标立识工作的通知》，组织力量摸排全市文保单位的红色革命遗址、遗迹，展开新一轮立牌保护工作。经摸排，全市共有292个革命遗址遗迹，其中已竖标识112处，未立标识180处。秋收起义文家市会师旧址纪念馆、胡耀邦同志纪念馆、红一方面军成立旧址、寻淮洲故居、王震故居5处被命名为湖南省党史教育基地；李白故居、宋任穷故居、李志民故居、王首道故居、湖南省苏维埃政府旧址（锦绶堂）5处被命名为长沙市党史教育基地。

【红色纪念场馆改造】 2022年，市委党史研究室联合市委宣传部、文旅广体局和相关镇（乡）、街道，对李白烈士故居、田波扬故居、狮山庙浏阳县第一次工农兵代表大会等红色场馆的展陈进行提质改造。年内，易荡平故居、寻淮洲故居、湖南省苏维埃驻地旧址完成重新布展，免费向社会开放。指导小河乡完成“红色热土——红十八军组建地小河乡革命斗争历史陈列”场馆布展和镇头镇浏阳五中科技馆展览陈设；联合市文旅广体局、市农业农村局等单位，开发“双洞”苏区、毛泽东遇险脱险红色调研路线，把红色资源变成红色能量，推动形成“红色旅游”知名品牌，发挥党史学习教育的凝心聚力社会效应。

【党史课题研究】 2022年，市委党史研究室启动革命前辈与浏阳、红军后方基地等5个红色课题的研究。《毛泽东与浏阳》《彭德怀与浏阳》《夏明翰在浏阳的革命运动及其历史影响》《黄公略论游击战术探源》《浏阳小河乡革命旧址群的现状及保护利用对策研究》5篇论文成果结集印发，并通过《浏阳日报》理论版宣传推介。

【编录《浏阳市脱贫攻坚口述史》】 2022年，市委党史研究室完成浏阳市域脱贫攻坚工作情况和30位脱贫攻坚工作亲历者的口述史文字采集，联合市融媒体中心，制作成口述史视频资料。年末，《浏阳市脱贫攻坚口述史》已形成送审稿，报中共党史出版社审查出版。

【承编采写红色党史文稿】 2022年，市委党史研究室完成省院主编的《跟着总书记学党史》承篇任务。《孔石泉传》《汤平传》已脱稿，完成初审，书稿由中共湖南省委党史研究院提交给中央党史和文献研究院。完成《黄慕兰简介》《叶子龙》初稿的采写；向长沙市委党史研究室提交4篇革命先辈廉政故事。

【党史宣传教育】 2022年，市委党史研究室组织开展党史“五进（进校园、进农村、进社区、进企业、进网络）”活动。将党史宣传融入重大主题宣传。4月22—24日，中央电视台到浏阳市小河乡拍摄“直播特别节目《走进老区看新貌》之湖南篇”，24日晚，《新闻联播》头条报道：奋进新征程　建功新时代·走进老区看新貌——红色热土谱壮歌　三湘大地闯新路”，向全国人民展现浏阳革命老区在新时代创新作为显现的新面貌。联合潇湘电影摄制厂拍摄红色人物题材电影《李贞——她比烟花更灿烂》《潘心元》。结合乡村振兴拓深党史学习教育。联合高坪镇双江村挖掘当地党史资源，开办专题宣传栏。浏阳党史智库人员开发各种特色党课，通过讲台宣讲辅导、基层座谈交流、红色景点宣教等方式推进党史学习。年内，分别向《湘潮》《长沙党史》推荐优质稿件。长沙市委常委、浏阳市委书记朱东铁撰写的《浏阳：用红色之光照亮奋进之路》发表在《湘潮》杂志；《传承“荡平”精神，扛起时代担当》被“经济新时代先锋”刊用；《红一方面军后方医院旧址——范家祠堂》《红五军第二纵队司令部旧址》在《长沙党史》刊载。《杨世明将军与家乡浏阳》《省委党史研究院到浏阳开展“追寻初心路，助力新发展”主题党日活动》等10余篇党史文稿被省市级以上媒体刊用。

（罗腊英）

地方志

【《浏阳年鉴（2022）》出版】 2022年2月，市地方志编纂室编制完成《浏阳年鉴2022》篇目基本框架。3月15日，由中共浏阳市委办公室、市人民政府办公室下发《关于做好〈浏阳年鉴（2022）〉组稿工作的通知》，启动年鉴组稿工作。6月10日，完成各组稿单位完成资料报送。8月25日，年鉴编辑部完成编辑、总纂。9月23日，完成三轮审查并报方志出版社审查出版，12月14日，《浏阳年鉴2022》通过方志出版社终审。《浏阳年鉴2022》卷首设图照、特载、大事记、浏阳概貌，其中图照包括浏阳市地图、浏阳市森林资源分布图等共16个版；特载收录《浏阳市2021年乡村振兴工作纪实》《浏阳市推行极简政务服务纪实》等4篇专文；浏阳概貌新增“人口”，概述全市人口发展变化和浏阳市城镇化进展历程。正文部分按政治、经济、文化、社会与生态五大部类设28个类目、183个分目、1526条目，卷末包括附录与索引，全书1148千字。重点记述浏阳人民在中共浏阳市委、市人民政府领导下坚持以习近平新时代中国特色社会主义思想为指导，深入贯彻落实党的二十大精神实施的战略部署和取得的巨大成效。6月22日、7月5日，《浏阳年鉴》编辑工作被“方志中国”微信公众号和中国方志网作为“服务新时代优秀年鉴故事”典型推介。

【上级年鉴资料与年报资料报送】 2022年，地方志编纂室按照中国地方志指导小组、省、长沙市年鉴组稿要求，分别完成向《中国地方志年鉴》《湖南年鉴》《长沙年鉴》资料与年报资料报送，并结合审稿意见进行修改、核对与完善，完成长沙市“双评”(年度人物、年度事件)资料报送，参加长沙市“双评”工作评选，浏阳市报送的“陈建”入选长沙市年度人物。

【方志服务与志鉴发行、交流】 2022年，地方志编纂室先后为浏阳市人民政府门户网站、市委宣传部、市委组织部提供“浏阳概貌”等资料，接待上门查阅地情资料120余次。向“庆祝浏阳撤县设市三十周年筹备组”提供包括各年度大事记、统计表格等大量资料；全年发行《湖南年鉴2021》20本、《长沙年鉴2020》40本、《浏阳年鉴2021》753本。与各省、市、县（区）交流志书35本，交流年鉴210本。

【年鉴业务学习交流培训】 2022年10—11月，地方志编纂室按照中国地方志指导小组办公室、省地方志编纂院、长沙市地方志编纂室安排部署，组织开展精品年鉴品读季活动。本次品读活动中本单位以品读中指办指定的《连云港年鉴(2019)》《长沙年鉴（2020)》《北京朝阳年鉴(2020)》《孝义年鉴(2020)》4本年鉴和《浏阳年鉴2020》为主，结合《浏阳年鉴2022》编辑开展交流讨论。地方志编纂室主任杨钢与寻梓祥、毛于彦合撰主题征文《品编精品年鉴，讲好文化故事》被选送报中国地方志指导小组办公室，并入编《长沙史志》。同时，结合编辑、审稿查出的问题以点对点方式向基层组稿人员进行年鉴资料收集与撰稿知识培训。

（唐继武）

档　案

【概况】 2022年，全市有1家国家综合档案馆、1家城市建设档案馆、1家乡镇档案馆，馆(室)藏档案301万卷(册)、189万件。浏阳市村级档案管理服务乡村振兴的做法，入选国家档案局“档案工作服务社会基层治理试点”典型案例。

【档案业务指导】 2022年，市档案局开展2022年村级示范化、标准化档案室创建工作业务指导。举办全市村级“两化”(信息化、产业化)建设业务培训班，邀请市档案馆业务人员进行集中授课，促进村级档案员熟悉档案业务，落实档案管理制度。开展现场业务指导，推进2022年度72个村(社区)的档案管理服务乡村振兴改革试点，工作成效获长沙市委副秘书长涂文清肯定，入选国家档案局“档案工作服务农村基层社会治理典型案例”。开展档案中介机构备案登记指导。2022年，共指导浏河、益晟2家档案服务中介机构完成备案登记。开展档案工作规范化建设评估指导。指导株树桥水库管理局、道源水库管理所、官庄水库浏阳灌区管理处等单位做好档案工作规范化建设评估，均通过省二级验收。开展档案工作检查指导。联合市档案馆对淮川街道、库区移民中心等20家单位开展档案工作现场检查，指导相关单位落实“九防”措施和档案整理操作细则。

【数字档案馆创建】 2022年，市档案馆全面完成馆藏档案信息化建设，全市馆(室)一体化数字档案系统建成运行，基本实现数字档案的跨部门查阅和在线接收。市档案馆对全市338万余页珍贵历史档案和重要民生档案进行信息化；完成教育局民生档案信息化项目，总计100万页教师人事档案实现电脑查阅；同步接收市发改局、民政局等5家单位的档案数字化副本。从公众档案、百年党史、文化典籍、方志年鉴等方面收集整理数字资料，丰富浏阳掌上档案馆内容。

【档案服务】 规范档案接收，2022年完成22448件文书档案和8410卷业务档案的移交进馆与寄存工作。加大珍贵档案收集进馆力度，征集歌曲《浏阳河》词作者徐淑华原歌词手稿，以及李氏族谱、袁氏族谱等各类珍贵档案48卷(册)。深化“小窗口、大服务”活动，全年接待到馆查档人员17250人次，复印4万余页。依托市档案馆“浏阳记忆”展厅，发挥长沙市级爱国主义教育基地作用，组织开展“喜迎二十大”中小学生假期社会实践活动近10场次，全年接待参观5000余人次。

【档案宣传】 2022年，印发《中共浏阳市委办公室关于开展2022年国际档案日宣传活动的通知》，开展系列宣传活动。开展档案征文活动。在全市范围内开展“喜迎二十大·档案颂辉煌”主题征文，共征集各类文章57篇，评出获奖作品12篇，向上级档案主管部门推荐优秀征文5篇。开设档案宣传专栏。在《浏阳日报》、“微浏阳”等媒体开设专题，宣传2022年正式实行的《乡镇档案工作办法》；向市直单位、乡镇(街道)和326个村(社区)发放宣传资料3000余份；利用公共区域电子屏滚动播放档案宣传标语，营造档案法律法规宣传氛围。开放档案展陈设施。发挥市档案馆爱国主义教育基地作用，6月9—15日，组织市民和学生参观市档案馆查阅大厅、档案库房、“浏阳记忆”历史档案陈列展览，感受档案文化魅力，扩大档案工作的社会影响力。

（寻梓祥）

体　育

【概况】 2022年，全市现有大型体育场馆1处，各类体育场所4886处，其中篮球场1403个、足球场66个。2022年，新建室外运动场30处；截至2022年，全市共建成乡镇全民健身中心28处、健身驿站5处、国民体质监测点6个、智慧社区健身中心6个、全民健身点4000余处，健身步道100余千米，基本建成城区15分钟、农村30分钟健身圈。体育场地面积达到461万平方米，人均体育场面积3.23平方米，体育场地设施覆盖率100%，向群众开放率100%。全市现有单项体育社团25个、民办非企业俱乐部13个。

【体育赛事活动】 2022年，成功承办“中国体育彩票”第二届“健康湖南”全民运动会篮球（长沙站）选拔赛，浏阳市代表队夺冠；举办第十五届“新年杯”男子篮球赛、第八届“三对三”篮球赛、第九届职工气排球比赛、“德酱杯”篮球精英赛、长沙市首届老年农民太极拳大赛暨“中粮杯”浏阳市选拔赛、第六届健身舞蹈展示活动等；指导永和镇、大瑶镇、北盛镇、龙伏镇、浏阳经开区、市政协、市政法系统等单位举办体育赛事；完成浏阳市第四届全民健身运动会20个项目的前期筹备工作，以及161个单位共计6000多名运动员的报名工作；面向全市组织开展工间操、气排球教练员等社会体育指导员培训班，共培训200余人次。全年共开展各类赛事活动20余项近2000场次，吸引100余万人次直接或间接参与群众赛事活动。

【公共体育服务体系】 2022年，市体育中心体育场馆免低开放接待人数突破200万人次，较上年增长16%，体育馆、体育场在全省150多家场馆免低开放工作考核中分别获第1名和第10名。暑期开展中小学生羽毛球、篮球、乒乓球、游泳免费培训，培训5600余人。面向特定人群制定专属的免低开放工作方案，在“三八”妇女节、护士节、“八一”建军节、教师节、全国消防日等节日，向特定人群实行免费开放。体育中心完成游泳馆恒温提质改造，增加12台恒温加热设备，对相关设备进行更换、清洗、维修和加固。完成体育场、游泳馆智慧门禁系统升级改造。聘请专业机构对体育场顶棚进行安全质量检测，同时对顶棚维修改造项目重新进行概算和设计。全年共开展4次除“四害”工作，10余次白蚁防治工作，其他小型维护维修2465处。市体育中心获评“2017—2021年度长沙市体育工作优秀集体”“浏阳市2021届文明单位”。

【青少年体育】 2022年，市文旅广体局和市教育局联合出台《关于印发〈浏阳市深化体教融合促进青少年健康发展实施方案〉的通知》，为浏阳青训发展提供政策支持，构建“双轨合一，体教兼修”的青训发展模式。长郡·浏阳实验学校在湖南省第十四届运动会中摘得4金4银7铜；陈兴权获2022年全国U16田径锦标赛110米栏冠军；张海琴在2022年全国锦标赛暨全国冠军比赛中打破55公斤级挺举全国纪录和总成绩全国青年纪录；健将篮球U12梯队获湖南小篮球联赛总决赛U12组冠军。举办2022湖南省小篮球联赛（湖南浏阳赛区）。开展体育进校园志愿服务，联系洞庭小学开展气排球进校园活动，联系沙市完小开展“体育赋能乡村，强国复兴有我”庆“六一”主题活动，向沙市完小捐赠篮球、足球、排球等体育用品。派出篮球、武术等专业教练到杨花中学、镇头中学开展公益体育培训。

（张　晋）

2022 年 10 月 7 日，浏阳市中医医院危急重症大楼建成投入使用　　（市中医医院　供图）

卫　生

综　述

【概况】 至2022年年底，全市共有注册登记医疗卫生机构1105家，其中市属医疗卫生单位6家、乡镇卫生院31家、街道社区卫生服务中心4家。全市医疗卫生机构实有床位数11046张，执业（助理）医师4758人，护士5876人。公立医疗机构实有在岗职工8732人，其中在编人员4254人，临聘人员4478人。每千常住人口床位数8.04张，每千常住人口执业（助理）医师和注册护士分别为3.33人和4.11人（以人口普查数据143万人为基数计算）。2022年全市公立医疗卫生机构门急诊人次614万人次，住院人次40.9万人次，分别较2021年增长11.3%、1.8%。全年共计出生人口10344人，人口自然增长率-0.07‰。乙类传染病发病率415.67/10万，孕产妇死亡率11.44/10万，婴儿死亡率2.29‰，5岁以下儿童死亡率3.55‰。

（张　星）

【医政管理】 医疗质量管理：健全院科两级医疗质量体系，建立较大医疗纠纷局医政医管科和卫生计生综合监督执法局联合调查机制，对查实的相关责任人进行行政处罚，全年未发生医疗机构负主要责任的一、二级医疗责任事故。按季度召开医政工作会议，开展警示教育，对典型执法案件和医疗纠纷进行点评分析。落实《2022年国家医疗质量安全改进目标》《国家限制类技术目录和临床应用管理规范（2022年版）》，提升医政医管工作质效。根据《医疗机构门诊质量管理暂行规定》，对全市医疗机构门诊病历书写等门诊工作实施规范管理。开展医疗机构手术分级管理专项整治，进一步规范医疗机构手术资质和手术医师权限。组织护理质控中心对《全国护理事业发展规划（2021—2025年）》进行培训并落实相关工作。开展全市口腔医疗机构器械清洗消毒灭菌管理现场验收、全流程培训、重新复核工作，有效提升口腔医疗机构院感防控能力，市人民医院被确定为首批“全国消毒供应质量管理与控制平台哨点医院”。完善服务体系：市妇幼保健院通过三级专科医院评审，集里医院通过二甲综合医院预评审。提升服务能力。深入推进全市基层医疗机构外、妇科手术能力提升三年（2021—2023年）行动，基层外妇科手术量较2021年增长5%以上。实施临床专科能力提升三年行动计划，打造市属医院临床专科品牌，补齐基层医疗机构口腔、康复等专科服务短板。医疗机构管理：医疗机构管理。2022年，全市新增医疗机构11家，其中口腔门诊部5家、普通诊所4家、医务室1家、卫生室1家。办理医疗机构执业变更128项。完成1102家医疗机构年度校验，注销16家，立案查处4家。开展民营医院专项巡查行动，相关违规问题均进行立案查处，将涉及医保违规问题移交医保部门。医德医风建设：开展医疗机构行业作风专项排查和整治，督促医疗机构工作人员落实《医疗机构工作人员廉洁从业九项准则》，推动持续改善行业作风。参加长沙市优秀卫健人才选树活动，多人受到长沙市委、市人民政府表彰，2人被评为“长沙市骨干医师”，6人被评为“长沙市优秀护士”。

（刘　苏　张　星）

【综合医疗改革】 2022年，浏阳市持续深化医药卫生体制改革，实行医改领导小组双组长制，建立由市委书记、市长共同担任医改领导小组组长，由一名副市长同时分管医疗、医保、医药等相关部门工作的医改领导体制，发挥医改领导小组的统筹协调作用。探索落实分级诊疗制度的“浏阳模式”，创新实施“乡村一体”全科诊疗模式改革，构建整合型服务体系，将全科诊疗、公共卫生服务、健康管理等融为一体。以全科诊疗服务为基础，建立居民基层首诊的就医习惯，同时带动专科专病特色科室发展，实现从被动服务向主动服务的转变，群众对家庭医生签约服务的信任度和依从性明显提升。医改工作成效受到新华社等媒体关注报道，深化医药卫生体制改革工作获长沙市人民政府真抓实干督查激励。

（邓徐徐）

【医学科研】 提升医学重点专科服务能力。2022年全市5个深化医学重点专科建设项目在长沙市卫健委中期建设评估中，市骨伤科医院中医骨伤科、市集里医院神经内科、市人民医院普外科、市中医医院危急重症专科分别获前4名，市妇幼保健院儿保科获第6名，共获取奖励经费120万元。持续推进各类培训和继续医学教育工作。全年共组织开展业务培训40余场5000余人次，完成年度继续教育学分审核工作。强化病原微生物实验室生物安全管理。组织全市实验室新进人员以及上岗证过期人员开展病原微生物实验室生物安全线上培训；7月，组织开展全市病原微生物室生物安全自查工作，同时抽取12个实验室进行现场督导，重点针对发现的问题进行现场交办，并要求立即整改。

（朱　明）

【健康教育】 2022年，成立健康浏阳行动推进委员会，坚持以示范带建设、以建设带全局，推进健康促进机关、健康促进医院、健康促进学校等健康促进场所建设。全市39家医疗卫生机构全部创成健康促进医院，其中市人民医院、市中医医院被评为“长沙市健康促进示范医院”。联合街道（乡镇）打造健康主题公园4个、健康步道10条。联合市计生协、市爱卫办、市总工会、市妇联在全市评选出100户健康家庭。传播健康文化，全年组织举办大型健康主题宣传活动6次；在《浏阳日报》、浏TV、浏阳广播电台、“村村响”等媒体平台开设健康科普及健康县区建设专栏；利用全市健康教育宣传栏阵地，常态化宣传普及健康知识，全年共更新12期；依托“健康浏阳”微信公众号、视频号发布健康科普视频（文章）400余个（篇），其中原创科普视频27个。2022年，市城乡居民健康素养水平29.13%，较2020年提

2022 年 9 月 6 日，浏阳市创建全国基层中医药工作示范县（市）汇报会现场

（市卫生健康局　供图）

升 6.43 个百分点，成人吸烟率 20.18%，较 2020 年下降 6.22 个百分点，获评全省第七批（2021—2022年）健康区县项目建设单位优秀单位。

（朱　明）

【全国基层中医药工作示范县（市）创建】 2022 年 1 月，浏阳市启动全国基层中医药工作示范县（市）创建，坚持优化中医药发展环境，实施“组织推动、龙头带动、政策促动”战略，持续健全以市中医医院为“龙头”、乡镇卫生院为“骨干”、村卫生室为“网底”的三级中医药服务体系，全市中医药服务能力稳步提升，9 月 5—7 日，高分通过全国基层中医药工作示范县（市）现场评审。近 3 年来，全市共择优招聘 171 名中医药类专业人才，其中硕士博士 85 人。先后引进石学敏、励建安院士专家工作站、国医大师孙光荣传承工作室，培育学术带头人 7 人。市中医医院 22 名学科带头人拜省级名中医或国医大师为师，举办两年制“西学中”培训班 4 期。建成全国基层名老中医药专家传承工作室 1 个，省基层名老中医药专家传承工作室 2 个，长沙市名中医工作室 3 个，形成全国、省、市三级名中医传承梯队。全市拥有省中医重点专科 4 个，长沙市重点专科 2 个。全市乡镇卫生院打造骨伤科、中风病科、皮肤病科、风湿病科、康复科、蛇伤科等 10 余个中医特色专科，形成各自的特色品牌效应。举办中医药适宜技术和中医药知识培训班 30 余期，培训 6000 余人次。以大围山、连云山中药材产区为重点，发展道地中药材种植基地，建设涵盖大围山等 15 个乡镇的高效中药材种植产业带，种植中药材 4 万余亩，年产值过亿元。重点发展现代中药、创新药等中药产业，生产中成药品种 100 个，年产值 70 亿元。打造社港医养特色小镇，构建红色文化区、绿色生态区和彩色艺术区。组建市中医药文化科普专家团队，推进中医药文化进机关、进校园、进企业、进乡村、进家庭。全市拥有省级批文中药制剂品种 45 个，待批中药制剂品种 2 个，营筋壮骨丸、银星养脑片、丹芎治伤丸、活血治伤散等品种在省内外享有较高知名度，年销售量均达 500 万元以上。开展中医药预防保健服务。将中医药纳入传染病防治体系，应用于手足口病、流感等传染性疾病防治。

（高明果　张　星）

【爱国卫生】 2022 年，全市创建湖南省卫生村 7 个、长沙市卫生村 11 个、无烟党政机关（单位）28 家，建设病媒生物防制设施示范小区 3 个。加强城乡环境整治和病媒生物防制，组织开展周末卫生大扫除、第 34 个爱国卫生月宣传等群众性爱国卫生活动，全市共投放 8000 千克鼠药，免费发放 10 万余元除“四害”药物和 2 万余份宣传资料，城市建成区鼠、蚊、蝇、蟑螂密度控制保持国家 B 级标准。浏阳市卫生健康局被授予全国“爱国卫生运动 70 周年先进集体”称号，古港镇、葛家镇、沙市镇成功创建湖南省卫生镇，社港镇、柏加镇、枨冲镇成功创建长沙市卫生镇，大瑶镇、中和镇、北盛镇、小河乡 4 个乡镇和大瑶镇天和村、北盛镇亚洲湖村等 5 个村成功创建长沙市第一批健康村镇。

（邱正春）

【职业健康】 宣传教育：2022 年，市卫生健康局以《中华人民共和国职业病防治法》宣传周为契机，到浏阳经开区（高新区）、重点企业和重点乡镇开展现场宣传咨询活动，全年印发《职业健康宣传手册》6000 份，接受宣传受众人数 25 万余人次。开展职业病防治专项知识和业务能力培训，共培训用人单位主要负责人和职业健康管理人员、职业卫生管理人员 580 余人次；培训职业卫生监督协管人员 70 人，提升业务素质和执法检查能力。监测检测：2022 年共随访管理职业性尘肺病患者 227 人，完成 92 家放射诊疗机构、牙科诊所和非医疗机构以及宠物医院放射卫生项目监测。做好重点职业病监测，全年完成 450 人主动监测任务，其中尘肺病主动监测 165 人、苯主动监测 200 人、噪声（单独接触噪声的劳动者）85 人，并对参与监测人员全部实行免费职业健康体检。推进用人单位工作场所职业病危害因素监测工作，全年完成 130 家用人单位的现场检测及相关数据录入工作。监督执法：开展全市职业病危害专项治理工作，完成专项治理企业 80 家；组织乡镇（街道）对烟花爆竹生产企业开展尘毒危害专项治理，涉及企业 400 多家。加大职业卫生监督执法力度，指导督促乡镇（街道）开展职业卫生监督执法，规范现场检查记录，并依法对违法行为进行处罚，2022 年共检查用人单位 101 家，立案查处 96 家，其中简易程序 84 家，一般程序 12 家，合议金额 44.5 万元，到位金额 38.5 万元。其中，联合乡镇（街道）开展烟花爆竹生产企业专项治理，全年共检查烟花爆竹企业41家，立案查处41家，其中简易程序35家，一般程序6家，合议金额21.5万元，到位金额18.5万元。救治救助。全年救治救助无责任主体农民工尘肺病患者273人，产生医疗费用286.92万元，其中医保报销191.02万元、尘肺补助76.63万元。推进尘肺病康复站建设，金刚镇尘肺病康复站的建设获省卫健委认可；澄潭江镇、金刚镇尘肺病康复站全年共组织230名尘肺病患者进行康复训练，参与康复人员750余人次。

（潘升根）

【浏阳市人民医院举办建院70周年活动】 浏阳市人民医院成立于1952年，历经70年的发展，逐步建设成为一家集医疗急救、科研教学、预防保健等功能于一体，拥有1580个床位的三级综合医院。2022年4月27—29日，浏阳市人民医院举办70周年院庆系列活动。4月27日，浏阳市人民医院建院70周年，医院名医名家开展义诊，并举办“科技与人才”工作大会。4月28日，市人民医院召开科技与人才工作大会。湖南省卫健委副主任祝益民，浏阳市人民政府副市长彭邵锋出席会议。会上，医院党委书记张勇以“科技与人才引领高质量发展加快建成湘赣边区域医疗中心” 为主题作报告，从医院七十年的发展历程，到新院搬迁的重要节点，再到立足当下抢抓机遇，并从学科体系、人才培养、科学管理、文化传承等方面总结医院的过去、展望未来。彭邵锋对医院作为浏阳市医疗卫生领域的排头兵，为提高人民健康水平作出的重要贡献予以肯定，并希望医院尽快完成三甲医院创建。最后，祝益民发表讲话，他对医院过去的发展给予肯定，对会议的举办给予高度评价，并希望市人民医院能一如既往作出表率、作出示范，引领湖南县域医院的发展。4月29日，医院举办湘赣边区域性医疗合作政协委员浏阳市实践站揭牌仪式。浏阳市政协党组书记、主席秦跃平，市人民医院党委书记张勇为湘赣边区域性医疗合作政协委员浏阳市实践站进行揭牌。

【浏阳市人民医院烧伤整形外科被确认为湖南省临床重点专科建设项目】 2022年5月18日，湖南省卫生健康委发布《关于确认2021年度省临床重点专科及建设项目的通知》文件，公布2021年度省临床重点专科及建设项目名单。浏阳市人民医院烧伤整形外科被确认为省（省级）临床重点专科建设项目，妇科被认定为2021年度市州级省临床重点专科，神经内科、老年学科、泌尿外科、医学影像科、临床护理获批2021年度县级省临床重点专科。另有心血管内科、普通外科、产科、儿科、肿瘤科、急诊医学科被列为2021年度市州级省临床重点专科建设项目，耳鼻咽喉科、重症医学科被列为2021年度县级省临床重点专科建设项目。

【浏阳市人民医院危急重症治疗技术】 2022年1月12日，浏阳市人民医院儿科急诊接诊一例一岁八个月异物卡喉致心跳呼吸骤停的患儿。途中，宝宝突发心跳呼吸骤停，医务人员为其心肺复苏，手术团队通过纤维支气管镜成功将异物取出。2月3日，医院乳甲外科为98岁黄某某（女）成功施行乳腺癌切除术，术后第1天，黄某某即可下床活动，术后5天出院。10月，医院心血管内科通过Shockwave血管内冲击波球囊技术，成功救治一名支架内再狭窄伴重度钙化合并尿毒症患者，成为全省第三家开展该项目的医院。10月11日，医院呼吸与危重症医学科成功开展首例全麻超声支气管镜下透支气管壁活检术，成为省内同级别医院中率先开展的医院。11月14日，医院脊柱骨病科为103岁3节腰椎骨折的高龄老人施行经皮穿刺微创手术，成功助其重新行走。12月15日，医院肝胆脾胰外科在3D腹腔镜辅助下，为64岁的女士施行解剖性精准性右半肝及右侧膈肌部分切除修补术。

（刘亚玲）

【联合开展2022年“中国医师节”中医药义诊活动】 2022年8月22日，为庆祝第五个“中国医师节”，湖南中医药大学第一附属医院与市中医医院联合开展2022年“中国医师节”中医药义诊活动。中医药义诊专家团队由国医大师孙光荣率湖南中医药大学第一附属医院众多省级名中医专家以及浏阳市中医医院名中医专家等近20人组成。涵盖内科、耳鼻咽喉口腔头颈外科、儿科、妇科、肿瘤科、治未病等多个学科。上午，在浏阳市中医医院门诊楼前坪举行活动开幕式。国医大师、湖南中医药大学第一附属医院主任医师、博士生导师孙光荣，湖南中医药大学第一附属医院院长、主任医师、博士生导师朱镇华，市人民政府副市长刘来宏，市卫生健康局党委书记、局长欧阳武，市中医医院党委副书记、院长周秋涛出席开幕式。开幕式后，专家们开始义诊，现场同时提供针灸、耳穴压豆、艾灸、虎符铜砭刮痧等中医适宜技术免费体验；志愿者们发放《中华人民共和国中医药法》宣传手册等方式，向群众展示中医药文化和中医药科普知识等内容，增强群众疾病预防意识。市中医医院还另外派出一组10人的中医专家团队走进杨花乡卫生院开展“中国医师节”中医药义诊活动，受到当地群众好评。中医药义诊活动接受现场诊疗及健康咨询1000余人次，发放宣传资料1500余份。

（黎　亮）

【市中医医院危急重症大楼竣工投入使用】 2022年10月6日，市中医医院危急重症大楼通过竣工验收，10月7日11时起试运行。大楼总投资68418万元，主楼21层、裙楼4层、地下2层，总建筑面积为60183.17平方米，其中地上建筑面积为46061.18平方米，开设床位1000余张，地下停车库设置停车位266个，地上停车坪设置生态停车位267个。设置有急诊科、重症医学科、手术室、大外科、大骨伤科、心血管病科、中风科、脑病科、妇产科、肺病科、眼耳鼻咽喉科、消毒供应中心、影像科、检验科等科室。市中医医院危急重症大楼建设项目由浏阳市医健建设投资有限公司投资、市工建中心负责建设、湖南省建筑设计院有限公司设计、中国建筑第五工程局有限公司总承包施工。2020年7月,项目正式开工奠基。

（黎　亮）

【浏阳市人民医院】 2022年,浏阳市人民医院累计接诊131.02万人次,较上年同期增加25.7万人次;出院患者78226人次,较上年同期增加1539人次;平均住院日7.16天,较上年同期下降0.01天;CD型病例占比67%,较上年同期增加0.16%;完成各类手术共计23356台次,其中四级手术4860台,较上年同期增加414台次;药占比25.08%,较上年同期下降0.61%;百元耗材比19.56元,较上年同期下降0.06元。医院连续两年国家绩效考核位列全省县级医院第一名。被湖南省血液中心、长沙血液中心授予“2022年度抗疫献血爱心单位”称号;被国家卫生健康委医院管理研究所确定为首批“全国消毒供应质量管理与控制平台哨点医院”。2022年4月28日,浏阳市人民医院七十周年院庆系列活动之“科技与人才”工作大会召开。启动第二期“鹰计划”,共25名雄鹰,20名雏鹰入选;神经内科、老年学科、泌尿外科、医学影像科、临床护理获评为2021年度湖南省县级省临床重点专科;妇科直接认定为2021年度市州级省临床重点专科;普外科(甲状腺方向)、产科、肿瘤科、急诊医学科被省卫健委认定为2021年度市州级省临床重点专科建设项目单位。上报新技术新项目64项,其中省卫健委科研课题立项6项,浏阳市科技局科研课题立项8项,发表SCI论文7篇。通过国家药物临床试验机构验收,普外科、肿瘤科等5个专业可承接Ⅱ-Ⅳ期药物临床试验项目。区域合作:全年共签订12家医联体成员单位,开展远程预约和实时会诊共15家医院,并成为湖南省免费结直肠癌筛查项目唯一定点医院,同步开展肺癌、前列腺癌、鼻咽癌免费筛查项目,肿瘤防治体系逐步形成规范化、长效化。全年湘赣边门诊看诊3.4万人次、同比增长46.9%,收治住院1433人次、同比增长9.6%;跨省共建医学影像平台,全年会诊4.86万例,较上年同比增长49.3%。2022年4月29日,湘赣边区域性医疗合作政协委员浏阳市实践站在市人民医院挂牌。

（刘亚玲）

【浏阳市中医医院】 2022年,浏阳市中医医院占地面积64亩,建筑面积11.7万平方米,有在职干部职工1558人,其中高、中级专业技术人员828人,博士后2人,硕士研究生158人。拥有双源超高端CT、3.0T磁共振、数字平板DSA等先进医疗设备。开放床位1280张,设有35个临床科室,11个医技科室,1个司法鉴定所。危急重症大楼建成投入使用,通过国家药物临床实验机构备案,被命名为2021年“湖南省老年友善医疗机构”、被授予长沙市2021年度“信用示范单位”、全市首批“健康促进示范医院”、浏阳市“三八红旗集体”称号。全年总收入6.87亿元,其中医疗业务收入6.58亿元;急诊72.64万人次,增长14.03%;住院55831人次,增长0.49%;手术14393台,增长8.61%。全国三级公立中医医院绩效考核排名第136位,进位36位,全省县级第1位,等级为B+级,全国县级医院综合竞争力排名第84位,中医医院排名第6位。

（黎　亮）

基层卫生

【概况】 2022年,全市公立医疗机构总诊疗614万人次,基层医疗机构门、急诊人次增幅9.8%,11家乡镇卫生院年诊疗超过10万人次。推进分级诊疗制度建设,共建成多形式医联体125个、标准化家庭医生团队302个,促进优质医疗资源和患者就诊双下沉,基层诊疗量占比72.5%以上。开展“优质服务基层行”活动,金刚镇卫生院、淮川街道社区卫生服务中心通过省市“优质服务基层行”活动复核,达到国家卫健委“优质服务基层行”活动的推荐标准。推进基层医疗卫生机构服务能力提质增效行动,大围山镇卫生院、小河乡卫生院、澄潭江镇卫生院等5所乡镇卫生院维修改造项目和22个村卫生室新改扩建任务全面完成。

（张　星　邓徐徐）

【卫生健康人才队伍建设】 7月31日,市卫生健康局牵头制定出台《浏阳市促进卫生健康人才队伍建设的若干措施(试行)》,明确加快引进高层人才和紧缺急需型人才、畅通人才引进绿色通道等十条措施。全年组织人才招聘3批次,招聘专业人才176名,其中博士后1名、硕士研究生27名、本科生117名,认定高层次人才和紧缺急需型人才55名。签约培养农村订单定向免费医学生8名、基层医疗卫生机构专科层次本土化卫生人才10名,引进“三支一扶”(支农、支教、支医和扶贫)专业人才1名。全年973人通过卫生系列初、中级职称评审,其中基层中级和防疫一线医务人员初中级36人;120人通过高级职称评审,其中省卫生高级职称97人,基层卫生高级职称23人。选派32名青年医师、业务骨干到全国知名医院一流临床专科参加脱产进修培训。公选后备干部18名,调整乡镇卫生院院长、副院长(街道社区卫生服务中心主任、副主任)28人。推进清廉医院建设,组织“踔厉奋发　医心向廉”系列短视频评选,“聚人心、鼓干劲、话清廉、促发展”谈心谈话等活动,大瑶镇中心卫生院、古港镇中心卫生院等3家单位通过清廉医院建设验收。

（张芳芳）

【全科医生培养】 2022年,选送56人参加转岗培训,组织47人参加全科医生转岗培训结业考试,44人通过考核;督促全市医疗卫生单位已取得全科医生合格证的人员,及时进行执业资格注册。新增注册全科医师42名,截至2022年,全市共注册全科(助理)医生481名,每万常住人口全科医生达3.37名。

（朱　明）

【重点项目建设】 2022年,推进“健康长沙”建设PPP项目浏阳子项目建设,持续改善医疗基础设施条件。市中医医院危急重症大楼建成投

2022 年 9 月 29 日，浏阳市金阳医院举行奠基仪式　　（市卫生健康局　供图）

用，新增床位 660 张、车位 450 个；市骨伤科医院医养教研综合项目建成投用，新增周转房 224 套；市金阳医院开工建设，市妇幼保健院整体搬迁、高坪镇和永和镇卫生院改扩建项目顺利推进；洞阳镇、张坊镇卫生院整体搬迁项目完成主体框架建设。市人口健康信息平台完成二期和三期项目建设，通过引入远程视频语音技术手段搭建远程会诊平台，实现全市优质医疗资源互通共享。平台一次性通过国家医疗健康信息互联互通标准化成熟度测评，成为全省首家通过四级甲等测评的县级平台。

（唐　莉　张　星）

【公共卫生推进】 国家基本公共卫生服务。2022 年，市卫生健康局创新推行基本公共卫生服务项目绩点制考核，实行等级分数制。按季度开展基本公共卫生服务考核，创新采用智能机器人电话考核方式，确保项目规范性和真实性。实行问题“月交办”制度，对季度排名在后五位的单位，每季度增加一次督导，督促整改到位。落实重点民生实事项目、重大公共卫生服务项目，全面完成 36000 人适龄妇女“两癌”免费筛查、6800 人孕产妇免费产前筛查任务。2021 年度基本公共卫生服务项目绩效评价排名居全省县市区（123 个）第一。

传染病防治管理。做好传染病信息报告与管理工作。完成手足口病、霍乱、人感染禽流感、流感、肾综合征出血热、钩体病、布病等重点传染病的监测。加强学校传染病防控，分级开展学校传染病防控培训，及时开展学龄儿童传染病病例信息反馈，不定期入校督导，及时调查处置学校聚集性疫情。做好结核病防控，2022 年全市入学新生肺结核筛查率 99.25%。艾滋病哨点医院监测工作有序开展。国家免疫规划疫苗接种率均达到上级规定的标准，全年无预防接种安全责任事故发生。

社会心理服务体系建设。深入推进全市社会心理服务体系建设试点工作，扎牢市、乡、村社会心理服务网络。加强村（社区）心理咨询员培训教育，开展知识讲座 30 余场。开展医教融合“健联体”活动，为全市五六年级以上的中小学生提供心理筛查服务。推动市人民医院、中医医院、妇幼保健院、集里医院心理门诊和六大中心医院精神心理门诊医疗联合体建设。全市在册严重精神障碍患者 6524 人，规范管理率 98.67%。

食品安全工作。加强食品安全风险及食源性疾病监测，无迟报、瞒报和漏报情况。全年共采集市政供水水样 67 份，合格率 100%。组织召开现制现售供水单位负责人约谈会，立案 1 起，罚款 2000 元；对直饮水、凉开水进行抽检，立案 5 起，罚款 40000 元。加强对 2 家集中式消毒餐具企业开展专项卫生监督检查。以全民营养周等为契机，加强食品安全宣传和培训，提升群众意识和工作人员能力。

乡村卫生服务一体化。全面推行乡村医生“乡聘村用”。改革绩效分配模式，建立“基本工资+健康管理绩效工资+基本公卫项目绩效工资”的分配模式，调动乡村医生工作积极性，形成“医疗+公卫”随访到户、健康管理到人、提升基层首诊率的良性循环。建立乡村医生准入、退出制度，截至 2022 年年末，全市有离岗老年乡村医生 1130 人享受生活困难补助。

（李先知）

妇幼保健

【概况】 2022 年，浏阳市妇幼保健计划生育服务中心（妇幼保健院）完成门诊 53.51 万人次；全市活产数 8744 人，孕产妇死亡率 11.44/10 万，5 岁以下儿童死亡率 3.55‰，婴儿死亡率 2.29‰，活产出生缺陷发生率 117.48/万。全年孕产妇死亡率、5 岁以下儿童死亡率和婴儿死亡率均低于省市考核指标，连续 20 多年保持在长沙市 9 县（市、区）公共卫生考核先进行列。按照三级医院标准推进智慧医院建设，5 月 27 日，“互联网医院”正式上线；10 月，通过省信息化质量控制中心电子病历四级评审；12 月 29 日，通过三级妇幼保健院省级专家评审。

【母婴安全管理】 2022 年，出台《浏阳市母婴安全管理实施方案》，细化孕产妇管理流程，多部门、多环节联动管理，保障孕产妇安全；以日常督导、季度通报、半年考核为手段强化基本公卫管理；通过专项督导强化项目实施质量；以培代训、以练代训夯实助产机构产科服务质量。孕产妇免费产前筛查、“两癌”免费检查、无创 DNA 检测、免费孕前优生健康检查、新生儿疾病筛查和耳聋基因检测项目完成。

【医疗安全保障】 2022年，市妇幼保健院加强医院感染管理三级监控体系效能，成立医院感控督导小组，发挥感控督导员作用，实现医院感染防控的规范化、专业化。健全医疗护理质量考核评价标准，明确各级管理职能，定期与不定期到科室进行指导，监督、检查、考核和评价医疗护理质量管理工作。落实医疗保健质量与安全管理委员会、临床用血管理委员会等11个委员会的组织管理职能，完善工作机制，落实改进方案。加强危重孕产妇救治中心和危重新生儿救治中心“两个急救中心”建设，加强医务人员的急救技能培训，强化多学科急救团队协作，加强急救体系建设，提高急诊急救能力。推出“抗菌药物临床应用专项整治活动”，促使抗菌药物使用率下降13%，全院药占比下降2%。定期开展医疗纠纷个案分析及责任追究，持续改进医疗质量，保障医疗安全。

【学科建设】 产科母婴呵护。建立产科牵头，新生儿科和儿保科参与的湘赣边区域性早产防治中心（MDT）；深化产科四个专病工作室建设，让每名孕妇在家门口享受到优质医疗服务；与脑科医院紧密联合开设孕产妇心理专科，实行心理保健与精神疾病治疗同步进行，为孕产妇提供全方位心理健康服务；启动产前诊断机构建设，聘请省级专家定期指导，确保孕产妇的安全。提升妇科服务能力。强化妇科肿瘤防治中心建设，发挥妇科肿瘤组组长单位作用，主动管理全市妇科肿瘤患者，提升妇科肿瘤诊疗能力。深化妇科内分泌专科建设，成立更老年期多学科诊疗团队，开设“睡眠中心”，加强更老年期妇女内分泌管理。加大爱心助孕项目宣传力度，扩大不孕不育诊疗中心影响力。成立“妇科微无创中心”，创新开展浏阳市首例经阴道单孔腹腔镜（V-NOTES）手术，推行“宫腔镜日间手术室”服务模式，简化流程、方便群众。突出儿童专病诊疗特色。扩大儿童保健科，分为5个科室。开设儿童康复科，开放儿童康复科作业坊，推进康复“作业治疗”能力建设。开设儿童发育行为中心，深化儿童学习障碍、多动症、遗尿、孤独症等专病业务能力建设。开设儿童咳喘中心，成立由儿科、耳鼻喉科、皮肤科组成的儿童咳喘多学科团队，聘请专家定期坐诊。加大口腔保健专科建设力度，新开口腔外科、牙齿正畸等业务，引进儿童口腔学科带头人和口腔全景片设备，聘请专家坐诊，增设牙椅，提升口腔疾病诊治能力。开设全省首家县级口呼吸颜面管理中心，引进耳鼻喉学科带头人，创新开展等离子腺样体消融术、鼻内镜下扁桃体切除及腺样体消融术、悬雍垂乳头状瘤切除术等手术。建设乳腺病防治中心。成立由乳腺专科医师、医学影像、病理、中医等专业组成的MDT诊疗团队，聘请省级专家定期坐诊指导，确保乳腺癌的规范化治疗，开展了乳腺癌一期重建、前哨淋巴结活检等新技术。突破综合学科发展瓶颈。开设疼痛门诊，聘请上级专家定期坐诊指导；引进中医科学科带头人，规范开展开设中医科，派出内科医师到综合医院重症专科轮训，提升综合医疗能力。推进重点专科建设。儿童保健科通过长沙市重点专科建设中期评估。产科成功创建省级县重点专科，妇科、新生儿科成为省级县重点专科建设单位。

2022年12月28—29日，湖南省卫生健康委专家组到浏阳，对浏阳市妇幼保健院进行三级妇幼保健院现场验收工作。图为浏阳市妇幼保健院三级妇幼保健院执业登记验收工作反馈会

（市妇幼保健院　供图）

【人才队伍建设】 实施“妇幼之星”人才计划。2022年，市妇幼保健院开展第二届“十佳医生、十佳护士”暨“妇幼之星”评选活动，评选出“未来之星”“奋进之星”“卓越之星”共20名。落实柔性引才政策。引进中医科、口腔科、放射科、耳鼻喉科学科带头人4名；引进耳鼻喉科、放射科等学科青年人才4名。严控行政后勤职能科室人力成本。通过定岗定编，优化行政线21人，实现减员增效。

（刘　学）

疾病预防控制

【概况】 浏阳市疾病预防控制中心是浏阳市人民政府设置的疾病预防控制和公共卫生检验的公益性事业单位，与浏阳市健康教育所合署办公。主要职能是突发公共卫生事件应急处置、传染病预防控制、免疫规划、慢性非传染性疾病管理、健康危害因素监测、实验室检测分析与评价、健康教育与健康促进、技术管理与应急研究指导。

【突发公共卫生事件应急处置】 2022年，市疾病预防控制中心加强突发公共卫生事件组织领导和指挥体系建设，落实24小时卫生应急值班工作；进一步修订、完善卫生应急预案方案体系，完善新冠疫情、救灾防病、学校结核病、登革热、学校传染病等各类卫生应急技术方案；对辖区内发生的突发公共卫生事件及相关信息做到动态监测，核实、报告、反馈，进行综合分析和风险评估；对于发现的各类突发事件或潜在威胁，开展专题风险评估，并提出预警及措施建议。全年未发生重大食源性疾病暴发事件、一般及以上突发公共卫生事件、无相关突发事件重大负面影响。

【传染病预防控制】 2022年，市疾病预防控制中心做好传染病疫情网络直报和传染病预警分析，开展手足口病、霍乱、人感染禽流感、流感、不明原因肺炎、狂犬病、肾综合征出血热、钩体病、布病等重点传染病的监测。做好肺结核患者健康管理、65岁及以上老年人筛查、糖尿病患者筛查、新生入学肺结核筛查等结核病防控工作；做好艾滋病患者治疗，配偶检测、CD4检测等工作，均完成上级工作指标要求。

【免疫规划】 2022年，市疾病预防控制中心严格遵守《疫苗流通和预防接种管理条例》《预防接种工作规范》，确保安全接种，保障全市无预防接种安全责任事故发生。4月24日，组织开展“全国儿童预防接种日”宣传活动。开展疫苗针对性疾病监测，每季度覆盖一次所有监测医院；开展预防接种工作督导，每季度以乡镇为单位督导覆盖率达100%。2022年，全市所有乡镇/街道在册适龄儿童的免疫规划疫苗接种率均超过95%。

【慢性非传染性疾病管理】 2022年，全市共建立居民健康档案1342393份，建档率达到93.91%，健康档案开放查询率79.66%。老年人建卡人数192141人，老年人建卡任务完成率110.82%，健康管理率88.66%，老年人健康档案开放查询率76.12%。全市高血压患者在管115710人，管理任务完成率111.15%，高血压健康档案开放查询率95.99%。全市糖尿病在管41588人，管理任务完成率111.80%，糖尿病健康档案开放查询率95.47%。开展死因监测工作，死因上报、审核、编码9914份，删重380份，报告死亡率6.94‰。开展心脑血管疾病管理工作，报告心脑血管疾病数8174人次，其中脑卒中6970人次，急性心肌梗死1189人次，心绞痛8人次、心脏性猝死7人次。开展心血管病高危人群筛查与干预项目第九期长随工作，完成长期随访701人，长期随访干预完成率58%，长期随访面访率69%。开展中国慢性病前瞻性研究(CKB)项目工作，全年共上报发病死亡5417例，其中发病4448例，日常报告死亡969例。

【健康教育与健康促进】 2022年，市疾病预防控制中心健康教育与健康促进网络进一步完善，健康促进长效机制逐步确立，全面开展健康教育业务培训，提升网络队伍履职能力。开展健康教育主题宣传活动，到广场、车站、学校、社区等场所，展示宣传展板、设立咨询台、举办健康知识讲座、播放专题宣传片。强化宣传阵地建设，制作更新12期健康教育宣传栏模板，在村、社区、学校、机关、企事业单位展示宣传。通过媒体刊播健康知识，在《浏阳日报》设置“民生·健康”健康科普专栏，每周推送健康科普知识；浏阳电视台开办《健康县区建设在行动》专栏，在《新闻联播》后每天推送“健康一句话”；依托浏阳FM99.5车载广播定期邀请专家现场访谈，传播健康知识；利用全市1万余个“村村响”，每周推送一期口播健康知识。开展节日纪念日主题活动。2022年，组织举办各类健康主题宣传活动8次，受众20余万人次。完成健康县区评估人群调查，浏阳市城乡居民健康素养水平29.13%，成人吸烟率20.18%，经常参加体育锻炼人口比例42.57%，较健康县（区）建设前上升2.35个百分点，95.55%学生体质监测合格以上。召开市级2022年健康县区建设工作会议，制定《浏阳市创建健康促进市实施方案》。组织开展健康社区(村)建设，宣传和普及健康知识，73个社区(村)完成建设目标。组织开展健康促进企业建设，88家企业完成建设目标。打造健康主题公园4个、健康步道10条。开展健康家庭评选活动，评选出示范健康家庭100户。

【公共健康危害因素监测】 2022年，市疾病预防控制中心共监测1094例食源性疾病散发病例，调查处置8起食源性疾病暴发事件，完成食品安全风险监测样品检验检测共378批次。开展城乡饮用水卫生监测工作，其中市政供水样品67份、农村生活饮用水546份、学校生活饮用水1690份、61家“三考”考点学校生活饮用水样品125个。

【职业健康】 2022年，市疾病预防控制中心全面完成职业性尘肺病患者随访管理、放射卫生监测、重点职业病监测工作，超额完成用人单位工作场所职业病危害因素监测工作。

（黄振兴）

人口和家庭

【概况】 2022年，全市全员人口147.7万人，已婚育龄妇女242907人；年度内出生8972人，出生率5.92‰，符合政策生育率98.55%，政策外多孩率0.76%，出生人口性别比112.20；年度内死亡12084人，死亡率7.97‰，人口自然增长率-2.05‰，人口负增长幅度加大。办理收养登记计划生育审核11例，全市生育服务到位率91.10%。

【人口监测与家庭发展】 确保全员人口信息质量。通过民政、公安、教育、人社、市场等部门通报信息及卫健系统人口信息的比对，对乡级业务人员采取线上培训、远程操作、跟班学习、精准提示等指导方式，实现全员人口数据质量日清月结，2022年全员人口覆盖率100%，与公安部门匹配率97.41%，信息完整率100%，信息逻辑准确率99.99%，省认定出生漏报率0.35%，死亡漏报率0.58%。

注重人口数据分析运用。按季度、半年度、年度进行一次人口形势分析。组织三孩政策群众生育意愿问卷调查,共5168名群众参与,形成调查报告。

推动优化生育政策措施落实。三孩医保政策全面落实,三孩育儿补贴工作有序推进,育儿假、亲子假、独生子女护理假等新增假期得以实行。全年办理生育服务登记7945本,办证率91.1%,其中三孩及以上739本,较上年明显提高;实时跟进三孩政策实施效果,2022年三孩及以上出生占比14.27%,较三孩政策实施前明显提升。

促进托育机构规范发展。建立托育机构台账管理制度,全年新增备案托育机构2家,全市备案托育机构7家,均在市政府门户网站公示。9月,集里街道新屋岭社区、浏发集团凤凰幼儿园普惠托育项目开业。开展托育机构观摩交流活动,推进示范托育机构创建,湘鹏托育服务有限公司被评为“长沙市托育服务示范单位”。压实乡镇(街道)属地管理责任和托育机构第一责任人责任,将托育服务纳入乡镇(街道)安全生产监管、消防大排查范围,全年开展安全生产专项督查4次。年末全市接收0~3岁婴幼儿的机构共133家,可供托位5779个,现入托1945人。

落实计划生育利益导向政策。制定《浏阳市计划生育奖励扶助工作制度》,规范奖扶资金使用和管理,全面完成补发特扶专项及特扶提标工作。年度奖扶对象3.9万余人,共发放扶助金5780余万元。落实计生特殊家庭联系人、家庭医生签约、就医绿色通道“三个全覆盖”帮扶机制,全年共发放计生特扶家庭医保补助23.8万元、住院护理补贴15.94万元,同时投入13万余元走访慰问计生特扶家庭,并为5户患癌计生特殊家庭争取省明辉基金补助2.5万元。

(甘享明)

【老龄健康工作】 推进医养结合服务。推行医养一体、医养合作、家医签约等多种医养结合模式。持续开展医养结合服务质量提升三年行动,组织从业人员开展线上线下专业培训140余人次,将医养结合机构医疗服务质量纳入医疗质量管理体系,探索建立医养结合机构监管长效机制。推进安宁疗护标准病房创建工作,市中医医院被确定为全省第二批安宁疗护标准病房创建单位。推进老年友善医疗机构创建,28家医疗机构全部通过长沙市老年友善医疗机构创建评审,葛家镇卫生院、澄潭江镇卫生院、溪江卫生院、普迹镇卫生院被认定为“2022年湖南省级老年友善医疗机构”,截至2022年年底,全市公立医疗机构老年友善医疗机构创建率100%。建设老年友好型社区,提升村(社区)为老服务能力和水平,澄潭江镇荆坪村被命名为“全国示范性老年友好型社区”。营造敬老爱老氛围。开展“敬老月”、“乐享银龄”、老年健康宣传周、人口老龄化国情教育等主题活动,2022年全市各级老年协会共组织160余场“敬老月”系列活动;各乡镇街道广泛开展走访慰问关爱活动,发放慰问品5000余份、慰问金130余万元;联合平安保险公司浏阳支公司爱心慰问高龄、独居、空巢老人,发放慰问物资5000余元,赠送保单20份。推进“银龄安康”工程。为提高老年群体的抗风险能力,市财政出资50万元为2万余名五类特殊困难老人(农村五保、城市三无、重点优抚对象、失独老人和城乡低保)购买老年人意外伤害险,带动3万余名社会老年人自愿参保,全年理赔约117.81万元,受益824人次。维护老年合法权益。在系统开展打击整治养老诈骗专项行动,以“健康浏阳”微信公众号、宣传栏等媒介为载体,加强养老防诈骗宣传教育,提升老年人识诈防诈反诈意识和能力。从严处置养老诈骗涉医违法行为,查处涉老非法行医案件3起、医托案件1起。联合民政等部门开展养老机构内设的无资质医疗机构、无资质相关人员提供违法医疗服务行为排查整治工作,查处相关案件1起。

(方艳华)

【计划生育协会工作】 2022年,出台实施《浏阳市计划生育协会改革方案》,推进全市计生协会改革工作。联合市民政局完成全市人口与计划生育村规民约(居民公约)清理修订工作。关心关爱计生特殊家庭,全年审核计生特殊家庭重病大病住院护理补贴资料251份,发放补贴23.65万元;筹集计生系列保险保费290.7万元,共理赔569人次,赔付145.3万元(其中计划生育特殊家庭健康保险理赔236人次,赔付26.2万元)。常态化开展“小善举·大爱心”公益活动,全年共募集善款23.04万元,发放第八批75户资助对象资助款22.7万元。刘建平健康家庭案例入选中计协全国健康家庭先进类典型案例。市计划生育协会被湖南省计划生育协会评为“2022年度重点工作绩效评价优秀单位”。

(曹湘黔)

卫生计生综合监督

【概况】 浏阳市卫生计生综合监督执法局为副科级参照公务员法管理事业单位,于2016年9月挂牌成立,受浏阳市卫生健康局委托,负责全市公共卫生、医疗卫生综合监督执法工作。监管对象包括各类医疗机构、公共场所、厂矿企业、集中式供水单位、二次供水单位、学校、托幼机构等共4600余家。2022年,该局查办各类案件164起,其中简易程序99起,普通程序65起,申请强制执行9起,移送相关部门1起,合议处罚金额116.72万元。

【基层监督执法体系建设】 2022年,市卫生计生综合监督执法局组织召开两期基层卫计执法和协管人员业务培训会,并组织基层协管员轮流跟班学习。发挥卫生监督协管督导考核作用,分季度开展基层协管督导和绩点制考核,促进专项巡查、信息报送等制度落实。加强对协管工作联点指导和后进乡镇的精准帮扶力度。

【“双随机、一公开”专项工作】 2022年,浏阳市国家系统双随机任务数共计142家。根据“双随机、一公开”(在监管过程中随机抽取检查对象,随机选派执法检查人员,抽查情况及查处结果及时向社会公开)工作要求，针对监督抽查中发现的问题，市卫生计生综合监督执法局卫生监督员现场下达卫生监督意见书督促限期整改，对违法违规行为依法立案查处。“双随机、一公开”工作期间共计立案19起,其中简易程序警告13起，普通程序6起，处罚金额3.01万元，案件查处率13.4%。检查数据均上报国家系统,同时抽检结果以及处罚决定书均在政府网站公示。

【医疗卫生监督】 2022年，市卫生计生综合监督执法局开展依法执业、健康体检、医疗美容、计划生育和母婴保健、口腔消毒院感专项监督检查和传染病综合监督检查,对民营医疗机构、医养结合机构开展专项检查，对全市未定级的基层医疗机构开展传染病防治分类监督综合评价和医疗机构信用等级评定。全年医疗执业方面立案查处18起，传防与消毒管理方面立案13起。查处非法行医8起,查处“医托”案件1起,实施警告、没收违法所得、罚款及吊证的行政处罚。

【公共场所卫生监督】 2022年,市卫生计生综合监督执法局开展4轮次美容美发、住宿、游泳场馆、洗浴场所及娱乐场所专项检查,警告、立案查处12起。联合乡镇(街道)开展自建房改建的家庭旅馆、宾馆、旅店、理发店等公共场所专项检查,建立本底资料和分户档案，对存在问题的单位下达限期整改意见书。联合市文化旅游广电体育局对全市旅游景点、娱乐场所开展3轮次卫生监督检查，对发现的问题进行现场指导。分片区开展现场执法指导,全年完成对7个乡镇、3个街道的监督执法现场培训。

【职业卫生监督】 2022年4月,市卫生计生综合监督执法局利用《中华人民共和国职业病防治法》宣传周契机,开展以“一切为了劳动者健康”为主题的现场宣传咨询活动,并在浏阳电视台、《浏阳日报》、“微浏阳”微信公众号等进行宣传报道。联合乡镇(街道)开展职业卫生监督执法工作,现场指导乡镇(街道)按规范制作现场检查记录以及开展对违法行为的查处。开展全市建材行业专项检查，共检查建材用人单位38家，立案查处19起。联合指导乡镇(街道)开展烟花爆竹生产企业专项治理工作，立案查处61起，其中简易程序54起。开展群众投诉及上级交办的用人单位执法检查，共检查企业3家,立案查处3起。开展职业与放射卫生专项监督检查2次,对存在问题的单位进行现场指导和依法查处。全年共检查放射诊疗单位84家,立案查处5起。

【学校卫生监督】 2022年，市卫生计生综合监督执法局组织开展2次全市学校、托幼机构专项检查,并将检查情况向教育局进行书面通报。对12所流感传染病暴发的学校就传染病防控方面进行调查和检查，提出针对性指导意见。开展校外培训机构、托育机构专项检查。联合市疾病预防控制中心对62所学校的采光照明暨近视防控工作开展专项检查。对8所高考考点学校的生活饮用水、传染病防控等内容进行考前卫生监督专项检查。

【饮用水卫生监督】 2022年5月，市卫生计生综合监督执法局与长沙市卫生计生综合监督执法局联合组织开展生活饮用水宣传周活动,发放饮用水卫生知识宣传资料600余份，接受群众答疑咨询80余人次。对全市34家集中式供水单位开展2次专项检查,立案查处2起。开展二次供水单位卫生监督专项检查,对全市二次供水单位及老旧小区二次供水进行摸底。联合疾控中心对19个小区的25台现制现售水设备进行监督检查和水质监测,立案查处1起。对39所幼儿园的饮用水和13所学校的自建设施供水进行卫生监督抽检,立案查处7起。

【集中式消毒餐具和消毒产品卫生监督】 2022年,市卫生计生综合监督执法局对2家集中式消毒餐具企业开展2次专项检查。联合市检察院和市市场监督管理局对9家消毒产品生产企业、11家规模较大的消毒产品零售药店、2家医药公司开展监督检查,立案查处2起。对3起消毒产品投诉进行调查,立案查处1起。

(黎奇志)

金刚镇桃树湾　　（金刚镇　供图）

社会生活

民生社情调查

【概况】 2022年，国家统计局浏阳调查队打造调查品牌，做好全市居民收支调查、农作物对地遥感调查、农民工监测调查、主要畜禽监测调查、月度劳动力调查、农产品生产价格调查等常规民生调查，浏阳在长沙地区城乡收入比最小，涉农调查项目完成水平最好；推进调查失业率工作，同时做好文明城市、营商环境测评专项调查，在省检中做好协调和浏阳宣传推介工作，获省、长沙市认可。继续保持长沙市级文明标兵单位荣誉称号，在浏阳市委、市政府三季度考核中获评优秀等次。推动浏阳市政府出台《关于开展浏阳市2022年新一轮五年周期住户调查大样本轮换工作的通知》。全年报送工作信息100期，其中国家统计局采用37期，总队内网采用80篇。

【浏阳市居民收支情况】 居民收入平稳增长，居民收入增速稳步回升。2022年，浏阳全体居民人均可支配收入52401元，同比增长5.9%。分季度来看，一季度增长5.7%，上半年增长5.1%，前三季度增长6.0%。城乡居民收入比进一步缩小。2022年，农村居民人均可支配收入43407元，同比增长6.5%；城镇居民人均可支配收入59275元，同比增长4.9%。在疫情防控常态化下，主要是受益于乡村振兴重大项目建设以及部分农产品价格上涨等因素，农村居民人均可支配收入增速快于城镇1.6个百分点，城乡居民人均可支配收入之比为1.37。促进居民收入增长的影响因素：坚持就业优先，持续稳住收入增长的“压舱石”。随着防疫政策的优化，经济、外贸、消费等领域逐步复苏，在该背景下，实施积极的就业政策，促进浏阳高质量充分就业，不断提高工资性收入。提高就业总量。大力支持服务业、劳动密集型企业、小微企业和创新型科技企业发展，创造更多的就业岗位。进一步整合完善各类招聘平台，搜集并规范各类招聘信息、就业咨询和服务，加强人力资源需求和供给的双向调节，降低结构性失业比例。提升就业质量。通过劳动技能培训，不断提高就业者就业；充分利用浏阳房价低、环境好等宜居优势，持续实施人才引进计划，吸引高水平人才到浏阳就业安家。优化营商环境，有效发挥收入增长的“加速器”。构建营商环境新格局，全面深化“放管服”改革、积极落实扩大“六税两费”减征范围、延续服务业增值税加计抵减等政策，带动整体市场活力，加大政府扶持力度，提升服务能力和水平；加大宣传推广力度，营造全市上下共同优化营商环境的格局。全力推进消费复苏新局面。继续推进“文创+”发展，将旅游、美食、住宿等与地区特色文化相结合，建设“网红打卡地”，开创新品牌，同时培育数字、绿色消费新热点，不断为经营活动注入消费活力，加速提升居民经营净收入。拓宽投资渠道，充分利用收入增长的“助推器”。进一步拓宽居民投资渠道，提升投资收益，加大居民投资理财知识宣传力度，拓宽理财渠道，创新金融产品。盘活存量房，鼓励居民出租闲置房屋增加房租收入。继续实施村级集体经济壮大提质行动，扶持村集体经济项目，健全完善龙头企业与农户利益联结机制，通过村企合作、入股分红、租赁经营等形式，激活和释放农村改革红利，带动农民分享更多财产性收益，为财产净收入提供新的增长点，不断提升财产净收入占可支配收入的比重。筑牢政策底线，牢牢把握收入增长的“稳定器”。继续以不低于全国调整幅度的标准提高企业退休人员养老金、城乡居民基础养老金、征地农民补贴等，适当向老龄人口、低收入人口倾斜；关注低收入户生活，提高最低生活保障、特困供养等标准；统筹医保相关部门，进一步提高医保报销比例，降低因病致贫、因病返贫的发生概率；协调民政部门对临时因病、因灾致贫、致困人群给予社会救助。

（刘俊康）

【浏阳市农作物遥感对地调查情况】 浏阳市农作物对地遥感调查由国家统计局浏阳调查队负责统计，对国家选取的15个调查点进行调查，是判定粮食生产大县标准的主要数据依据，调查基础数据主要来源于对地块进行逐丘调查、踏田估产、实割实测、入户调查。通过对15个调查点2794个地块调查，结合全市情况，结果显示：2022年浏阳粮食播种面积80.696千公顷，较2021年79.284千公顷增加1.412千公顷，同比增长1.8%；粮食总产量56000吨，较2021年562412吨下降0.4%。一、2021—2022年浏阳粮食播种面积情况。（一）早、晚稻播种面积持续增加。2022年浏阳市早稻播种面积20.029千公顷，较2021年18.719千公顷增长7.0%；晚稻播种面积19.664千公顷，较2021年19.238千公顷增长2.2%。（二）中稻播种面积有所减少。2022年浏阳市中稻播种面积34.726千公顷，较2021年34.993千公顷下降0.8%。（三）其他粮食播种面积同比减少。2022年浏阳市其他粮食播种面积6.277千公顷，较2021年6.334千公顷下降0.9%。主要原因如下：1.强化统筹部署，确保粮食稳面高产。加强组织领导。市委、市政府高度重视春耕备耕和粮食安全，由市委书记、市长共同担任粮食生产专项工作小组组长，通过市委常委会会议、政府常务会议进行专题研究部署并多次下沉到田间地头督促早稻生产。科学制定目标。根据市情，科学研究出台2022年粮食生产工作方案，明确力争全市早稻播种面积30万亩以上、早稻集中育秧面积20.6万亩以上的目标。督促责任落实。将“坚决守住粮食安全底线”作为浏阳市委、市政府“一号文件”《关于加速推进乡村振兴示范创建勇当“强省会”战略开路先锋的实施方案》的首要内容，将早稻生产任务落实到乡镇、到村、到户。制定《浏阳市2022年粮食生产考核细则》，实行“三天一排名，三天一通报”，由市委书记、市长把关督促，强化问责问效。2.强化政策引导，提高粮食种植意愿。贯彻落实中央、省、长沙市支持农业发展有关政策，出台系列举措支持早稻种植。提高政策精度准度。出台《浏阳市2022年粮食生产工作方案》，明确切实保护耕地、狠抓早稻生产等10项重点任务，并配套实施双季稻补贴、农资综合补贴等10条奖补政策，如给予适度规模经营主体双季稻补贴200元/亩；对“万千百工程”中双季稻轮作万、千、百亩示范片分别给予100万元、8万元、0.5万元的奖补。加快培育新型主体。发挥种粮大户、家庭农场、专业合作社等新型经营主体的主导作用和引领作用，培育粮食生产社会化服务主体，围绕早稻产前、产中、产后各环节，发展代育、代耕、代插、代管、代收等全程或菜单式农业社会化服务，促进小农户与现代农业有机衔接。如给予早稻集中育秧主体补贴60元/亩；给予早稻生产规模主体农资综合补贴50元/亩；给予早稻机插(抛)秧作业补贴40元/亩。推进农业机械化。2022年，全市新建育秧大棚4万平方米，截至2022年，全市共建有育秧大棚20万平方米。2022年，浏阳推进省水稻机插机抛作业补贴项目，实施连栋钢架大棚和自主品目机具试点，全年建设钢架大棚14万平方米，喷淋滴灌5000余亩，有效缓解早稻育秧难等问题，如给予符合条件的新增适度规模经营主体10万元/个的农机购置累加补贴。3. 强化耕地保护，扩大粮食种植规模。浏阳全面落实耕地保护责任，切实守好耕地红线，有效保障粮食安全，如3月26—28日，全市3天内整改恢复耕地2283亩，全部达到耕种条件。开展耕地抛荒治理专项行动。按照“谁种地，谁得补贴”原则，严格执行补贴政策，抛荒一年以上的，取消耕地地力保护补贴，核减的节余资金，统筹用于农业适度规模经营主体农田水利基础设施建设和耕地地力提升。连续两年弃耕抛荒的，终止承包合同，收回发包的基本农田。开展退草还粮专项整治行动。加强占用耕地种植草皮行为执法监督，2022年1—4月，共摸排市内草皮种植9598亩，已退出、复耕3000多亩。沙市镇摸排耕地种植草皮面积2000亩，签订退草还粮协议面积1870亩进行早稻种植；龙伏镇将585亩占用耕地栽种草皮的水田进行铲除和土地翻耕，同时育好秧苗，恢复早稻种植。开展标准农田建设行动。2021年，浏阳市将总投资6601万元、4.26万亩的高标准农田建设项目列入市十大民生实事项目，涉及6个乡镇40个村，“田成方、渠成网，旱能灌、涝能排”的标准农田主体工程建设于2021年10月15日启动，2022年5月全面完成主体工程建设，粮食生产农田条件不断改善，为粮食扩大种植面积奠定基础。4. 强化生产服务，保障粮食生产要素。加强指导。市级安排粮食生产工作专班43名工作人员对30个乡镇进行联系指导服务；加大上门技术指导力度，解决种植大户生产过程中遇到的问题和困难。确保农资。做好农机具检修和农技培训，加强早稻生产所需种子、农药、化肥、农膜等农资的产销衔接和余缺调剂，确保春耕期间农资保量、保质、稳价供应；落实早稻集中育秧，以种粮大户、家庭农场、专业合作社等为抓手，为小农户提供秧苗，遏制双季稻优势区耕地抛荒、水稻直播和“双改单”等现象。修建水利。加速推进2021—2022年冬春农田水利建设项目，疏通一批沟渠水圳，建设一批田间排灌设施，调节和改良农田水分状况和地区水利条件，为早稻生产提供灌溉条件。二、2021—2022年浏阳粮食总产量情况。2022年浏阳稻谷总产量56000吨，较2021年562412吨同比下降0.4%。(一)早稻产量同比增加。2022年浏阳市早稻总产量124268吨，较2021年115891吨增长7.2%。(二)中、晚稻和其他粮食产量略有下降。2022年浏阳中稻总产量277830吨，较2021年281109吨下降1.2%；晚稻总产量128879吨，较2021年133829吨下降3.7%；其他粮食总产量29023吨，较2021年31583吨下降8.1%。主要原因如下：1. 落实应急抗旱举措，减轻旱情影响。8月14日9时起，在浏阳市全市范围内启动抗旱Ⅳ级应急响应，各乡镇(街道)和有关成员单位严格落实抗旱责任，立足抗长旱、抗大旱的要求，强化部门联动，狠抓各项抗旱措施落实，确保全市抗旱工作科学有序，平安稳定。如农业有关部门组建抗旱队伍，实行粮食生产专班人员联乡镇、直插旱情区域，一线进行田间技术指导，力争旱情损失降到最低。乡镇(街道)成立抗旱专班，组织发动农业生产主体抽水抗旱保收成，调度抗旱机具拖拉机596台、水泵2440台、电排208座、发电机126台、油料2吨、洒水车28台，全力保障有序灌溉。2.科学精准灌溉，域内水系发达保粮食生产安全。浏阳市域内有浏阳河、捞刀河、南川河三大水系，流经全市31个乡镇（街道）(全市共32个乡镇)。拥有大Ⅱ型株树桥水库，该市根据实际情况进行定量放水，实行分时段、分片区科学统筹调度，对农田精准灌溉。3.提早谋划铺排，守护粮食生产安全。各乡镇成立抗旱工作队伍，通过“早谋划、早部署、早安排”等举措，盯紧农业保供水工作，最大限度确保用水需求。5月，高坪镇投入120万元对小溪河沿线26个电灌站的机埠、泵站和渠道等进行设备检修维护及更换，保供沿线1.5万余亩农田的灌溉用水；6月，普迹镇对全镇120千米水利支渠进行全面疏通维修，对30余口山平塘进行维修加固，同时与官庄水库浏阳灌区协调，7月初，采取7天通水3天停水的模式灌溉农作物，同时将水调入山塘水库确保蓄水量，保障灌溉和应急用水；新增抗旱电表52个，抗旱电排5个，确保抗旱能力。4.打通灌溉“生命线”，高标准农田助力抗旱保收。2022年10月，该市启动3.83万亩高标准农田建设。社港镇合盛村，2022年一季稻和晚稻种植面积3700多亩，其中2000亩实施高标准农田项目建设，确保用水畅通无阻。5.人工增雨，助推缓解旱情。浏阳市气象局在全市范围内共设置15个在空管备案的人工增雨作业点，开展4轮人工增雨作业，为作业点乡镇及周边区域缓解旱情发挥作用。

（杨　萍）

表 8　　2021—2022 年浏阳粮食播种面积情况表　　单位：千公顷、%

年份	粮食播种面积	稻谷				其他
		总计	早稻	中稻	晚稻	
2021	79.284	72.95	18.719	34.993	19.238	6.334
2022	80.696	74.419	20.029	34.726	19.664	6.277
同比增减	1.8	2.0	7.0	−0.8	2.2	−0.9

表 9　　2021—2022 年浏阳粮食总产量情况表　　单位：吨、%

年份	粮食总产量	稻谷				其他
		总计	早稻	中稻	晚稻	
2021	562412	530829	115891	281109	133829	31583
2022	560000	530977	124268	277830	128879	29023
同比增减	−0.4	0	7.2	−1.2	−3.7	−8.1

【浏阳市主要畜禽监测调查情况】 浏阳市主要畜禽监测调查由国家统计局浏阳调查队负责统计，样本点分别为生猪大型规模（场）户 111 户、羊大型规模（场）户 4 户、家禽大型规模（场）户 76 户；生猪中小型样本村 15 个、牛中小型样本村 8 个、羊和家禽中小型样本村各 10 个，抽中调查养殖场（户）837 户，涉及乡镇街道 29 个，是判定生猪大县标准的主要数据依据，调查基础数据主要来源于生产调查表、问卷调查。调查结果显示：2022 年浏阳市生猪生产呈现存栏量稍有下降、能繁母猪数、出栏量均上涨。生猪存栏量上涨。2022 年全市生猪存栏 76.41 万头，较上年度减少 3.75 万头，同比下降 4.68%。期末存栏虽有减少但总体稳定。首先，2018 年发生非洲猪瘟，2018—2022 年，政府鼓励恢复生猪养殖，养殖户陆续补栏能繁母猪，持续恢复基础产能，市生猪存栏量已基本恢复至正常水平。其次，年底肥猪价格下跌明显，最低跌至 13 元/千克，在养殖行业中，养殖户存在卖跌不卖涨的心理，出栏增加是导致存栏下降的原因。能繁母猪存栏量上涨。2022 年全市能繁母猪存栏 6.65 万头，较上年度增加 0.04 万头，同比上涨 0.61%。市能繁母猪期末存栏呈增长的趋势。存栏量基本稳定，生猪生产形势稳中向好，能繁母猪产能处于正常合理区间。随着肥猪价格的下跌，养殖户优先以养殖能繁母猪作为降低成本的主要来源，导致能繁母猪存栏增加。生猪出栏量上涨。2022 年全市生猪出栏 131.98 万头，较上年度增加 1.09 万头，同比上涨 0.83%。市生猪出栏呈增长的趋势。年底是生猪价格低迷的时期，在养殖行业中，养殖户普遍存在卖跌不卖涨的心理，价格高的时侯，抱着赌的心理，想在价格还高一点的时侯出售，那时侯就会压栏；而价格下跌的时侯，为了规避分险、减少损失，就赶紧将生猪出栏。其次 2022 年以来国家多次进行猪肉收储，稳定猪肉价格市场，保护养殖行业，增强养殖户信心，缓解养殖户在出栏问题上的焦虑。

（彭玲玲）

表 10　　2013—2022 年浏阳生猪生产情况表

年 份	2013	2014	2015	2016	2017	2018	2019	2020	2021	2022
生猪存栏量(万头)	102.01	102.81	97.78	93.67	91.53	74.15	49.18	69.81	80.16	76.41
能繁殖母猪(万头)	10.71	10.59	10.07	9.57	9.09	6.78	4.2	6.29	6.61	6.65
生猪出栏量(万头)	150.01	155.64	147.38	142.22	133.27	132.88	100.23	99.41	130.89	131.98

民 政

【概况】 2022 年，市民政局有在职干部职工 67 人，退休干部职工 38 人。内设 5 个科室，分别是办公室、规划财务科、养老服务科、基层政权建设和社区治理科、社会事务科（儿童福利科）。二级事业单位共 9 个，其中公益一类事业单位 8 个，分别为市社会救助事务中心（参公单位，副科级）、市生活无着人员救助管理站（副科级）、市社会组织服务中心、市区划地名事务中心、市民政局婚姻登记中心、市慈善事业促进和社会工作服务站（市老区经济促进中心）、市儿童福利院、市社会福利中心；公益二类事业单位 1 个，为市福利彩票销售管理中心。浏阳市慈善会被评为“2022 年度湖南省慈善工作先进单位”。

【福利彩票销售】 2022年，全市福利彩票销售额1.47亿元，同比增长11.23%，销售总量居全省县（市、区）第二位。8月23日，2022年长沙福彩高质量发展暨队伍建设专题推进会在浏阳召开。9月，长沙首个福彩即开票销售点进驻浏阳大围山红莲寺景区。

【社会救助】 2022年，累计发放低保金1.47亿元，特困供养金1亿元。推动巩固脱贫攻坚兜底保障同乡村振兴有效衔接，加强低收入人口动态监测和常态化救助帮扶，完成低保对象认定权限下放工作，出台新修订的《浏阳市临时救助细则》，落实好各项社会救助政策，实现各类救助对象应保尽保、应救尽救。

【养老服务】 2022年，新建11家城市社区居家养老服务站，实现城区全覆盖。新建15家、提质改造15家农村居家养老服务站，完善农村居家养老服务设施配套。开展乡镇敬老院转型试点和营养膳食提升行动，提升养老机构服务保障水平。开展"守护夕阳红"防范养老诈骗专题宣传月活动，妥善化解博文托老中心非法集资遗留问题。全年发放高龄津贴5319.81万元，惠及40593人。完成养老机构等级评定工作，18家机构经专家组综合评定为一、二星级。

【未成年人救助保护】 2022年，成立市未成年人救助保护中心，落实未成年人保护工作。为368名孤儿、事实无人抚养儿童购买"湖南惠民保"，防范孤儿、事实无人抚养儿童因大病致困的风险。对接上级，争取建设资金，指导7所村级儿童之家完成提质改造。累计发放孤儿基本生活费120.75万元；事实无人抚养儿童349人，累计发放生活补贴382.34万元。指导各乡镇（街道）成立未成年人保护工作站，会同有关单位共同做好未成年人权益保障工作。依托全国儿童福利信息系统，指导乡镇建立困境儿童和农村留守儿童信息台账，指导儿童主任定期上户探访，及时掌握儿童福利对象生活、监护等情况。加强对困境儿童的动态管理，动态管理更新儿童信息，做到该保障的一个不漏。

【社会福利】 2022年，市民政局规范流浪救助，理顺管理机制，救助流浪乞讨人员368人次。为15772名残疾人发放"两项补贴"4132.17万元。

【基层社会治理】 2022年，加强村（居）务公开和民主管理，印制并落实《浏阳市村级小微权力清单二十条》。指导326个村（社区）完善公共卫生委员会建设，指导集里桥社区开展民政民生工作创新实验点建设，优化"五社联动"模式，有效推动市"五社联动"模式融合发展。淮川街道、永安镇获评长沙市基层治理真抓实干示范乡镇（街道），澄潭江镇、集里街道、沿溪镇、金刚镇、高坪镇、关口街道、大瑶镇、官渡镇获评优秀乡镇（街道）。浏阳市《规范"小微权力"运行提升基层治理效能》经验做法在全省推介；永安镇芦塘村村规民约、大瑶镇杨花村村规民约被湖南省评为"第三批优秀村规民约"。全年发放离任村干部补贴1010.12万元，惠及9423人。探索议事协商新形式，指导官桥镇九龙村创建全国村级议事协商创新实验试点单位，推动基层治理重心下移。加强城市小区治理，完善多方参与的治理机制。

【行政审批】 依法依规做好登记工作，2022年，新成立民办非企业单位43家、变更登记77家、注销登记14家，修改章程核准94家；新成立社会团体4家、变更登记20家、注销登记6家，修改章程核准59家；办理收养登记17例、解除收养登记1例。

【社会组织发展】 2022年，推进551家社会组织将党建工作写入组织章程，组织开展社会组织大讲堂9次，组织6家行业协会参与清廉行业建设，组织开展"五个专项"整治行动，配合公安机关依法查处取缔"秧田教会"非法社会组织。依法撤销"僵尸型"社会组织12家，规范社会组织行为。推荐1家社会组织获评湖南省第三批"十百千"示范社会组织。

【慈善社工发展】 2022年，持续开展慈善助学、助医、助孤、助困活动，募集款物386.84万元，发放慈善款物1002.2万元，惠及困难群众2.06万人次。组织开展第17个长沙慈善日宣传活动，打造"慈善助学""慈善超市""天天慈善一元捐"等品牌公益项目。加强乡镇（街道）社工站建设，组织全市社会工作职业水平考

开展长株线（浏阳—芦淞段）界线联检 （市民政局 供图）

前培训,68人通过考试。浏阳慈善会被省慈善总会表彰为“2022年度慈善工作先进单位”,淮川、淳口、永和、文家市、沙市社工站获评2022年度湖南省乡镇(街道)“五星级”社工站,集里街道胡亿获评“湖南省优秀社会工作者”,金刚镇社工站李兰英获评“2022年长沙市社工站优秀社工”,永和镇社工站“爱在永和·情暖夕阳”农村老年人社会工作服务项目获评“2022年长沙市优秀社工站服务项目”。

【殡葬改革】 2022年,贯彻落实新修订的《长沙市殡葬管理条例》,遗体火化率保持100%,发放殡葬服务补助资金718.06万元。完成福泽园殡仪馆提质改造。推进农村公益性墓地建设,全市已建成农村公益性墓地19处。对“三沿六区”(公路、铁路、河道沿线,水源保护区、文物保护区、风景旅游区、住宅区、开发区和坝区)不定期开展巡查。

【区划地名管理】 2022年,完成全国第二次地名普查成果转化“图、录、典、志”丛书(浏阳卷)、浏阳市历史地名保护名录(第一批)编纂和新版浏阳地图出版工作。完成地名信息库数据质量建设行动,数据通过率100%。加强地名标志日常管理,开展长株线界线联检,获得省、长沙市民政部门好评。2022年,浏阳市成功入选民政部“深化乡村地名服务点亮美好家园”试点县。

【婚姻登记管理】 2022年,实现婚姻登记全省通办,全年办理结婚、离婚登记7049对,办理收养登记17例,依法登记率100%。推行网上预约预审,为当事人提供精准高效服务。

【残疾人保障】 2022年,理顺残疾人两项补贴发放机制,强化信息复核比对,增强两项补贴信息系统服务监管能力,加强补贴对象动态管理,提高发放管理水平,做到应补尽补、按月发放。同时加强同残联信息对接,掌握每月残疾人信息变动情况,确保符合条件的残疾人纳入保障。5月12日,浏阳市庆祝第32次“全国助残日”暨第六届“残疾人自强模范”“扶残助残先进个人”颁奖典礼举行,浏阳市女能人协会胡蓉、浏阳市义工联合会助残部部长戴洪艳、浏阳市大瑶镇凝馨残疾人服务中心林名长被评为“扶残助残先进个人”。

(徐江涛)

退役军人事务

【概况】 2022年,浏阳市退役军人事务局向上级争资1.29亿元,完成各项工作任务。中央退役军人事务工作领导小组、退役军人事务部领导到市调研,获得高度点赞。“返乡第一课”试点工作在全国推介,得到省委、省政府,长沙市委、市政府主要领导肯定性批示。就业创业、英烈褒扬、纪念设施维护等工作在全国、全省会议上受到表彰。钟自奇被中央宣传部、退役军人事务部、中央军委政治工作部授予2022年度“最美退役军人”称号;东信烟花集团有限公司入选“全国退役军人就业合作企业光荣榜”名单,并在《人民日报》刊登。陈琳入选“全国百名优秀退役军人服务站站长”名单。退役军人伍国强被授予2021年度湖南省“最美退役军人”称号。全省县级首家退役军人就业创业孵化中心和金融服务驿站在浏阳市成立。5家退役军人服务站被评定为长沙市乡级“五优”(组织领导优、政治引领优、硬件设施优、业务能力优、服务实效优)退役军人服务站、25家退役军人服务站被评定为长沙市村级“五优”退役军人服务站;6家单位被评为长沙市“双带双促”(带头建设家乡、促进经济发展,带头维护稳定、促进社会和谐)先进单位。开展退役军人“返乡第一课”试点工作,《浏阳以“返乡第一课”为载体打造升级版服务平台》在中央退役军人事务工作领导小组办公室《简报》上登载,经验做法在全国、全省退役军人事务系统工作会议上进行推介。2022年7月,市委编委批复成立浏阳市退役军人就业创业孵化中心。

表11　　获得二等功(及以上)荣誉退役军人登记表

街道(乡镇)	姓　名	出生年月	家庭住址	荣誉名称
关口街道	邱利国	1990年5月	关口街道和田村	军队功勋荣誉二级表彰
葛家镇	黄　威	1985年7月	葛家镇玉潭村	战备训练二等功
淮川街道	李宏亮	1975年11月	淮川街道西正社区	国防科技二等功
金刚镇	刘晓亮	1985年8月	金刚镇文昌阁	战备训练二等功

【退役军人保障体系建设】 2022年,市退役军人事务局继续实行“领导包片、干部联乡、专干联网格”责任制,细化交办转办督办制度,优化“两站”(乡、村两级管理服务中心)各项工作考评机制,推动形成以制度管人、管事的工作格局与工作作风。开辟市级服务中心资料室,整理归档基层“两站”信息资料。安装远程视频会议系统。2022年,在2021年开展示范站创建并成功实现80%覆盖的基础上,启动“五优”退役军人服务站创建,全市32个乡镇(街道)、326个村(社区),获评长沙市乡级“五优”退役军人服务站5家、村级“五优”退役军人服务站25家,获评数量位居长沙九区(县)第一。

【英烈褒扬】 2022年,市退役军人事务局围绕教育、纪念、安葬三大主要功能,发挥英烈纪念设施爱国主义教育主阵地作用,与党史学习、乡村振兴、志愿服务、社会力量参与等结合,做好《浏阳市英烈纪念设施图典》等红色文史资料编撰出版工作。建立健全动态长效管理保护机制，开展英烈纪念设施管理保护专项行动“回头看”，定期巡查，消除管理保护“盲区”。策划清明、“9·30”烈士纪念日活动，深入爱国主义教育。完成127座零散烈士墓迁葬、51座烈士墓和23处其他纪念设施就地修缮，完成县级以下英烈纪念设施整修工作，获财政部湖南监管局绩效评价全省第一，烈士陵园布展成功争取退役军人事务部资金支持600万元，启动英烈文物资料征集工作，修订完善并出版《浏阳烈士英名录》，协助广东惠州、贵州贵阳等地开展烈士寻亲。缅怀英烈，传承弘扬精神。向烈士纪念碑敬献花篮、瞻仰纪念碑、祭扫烈士墓、“云端祭英烈”线上祭扫、走访烈属、开展志愿服务。

【双拥优抚】 2022年，市退役军人事务局结合“优待证”发放，在全市发起“我为国防做贡献”倡议，丰富浏阳市级退役军人优待目录清单，打造32个乡镇（街道）“双拥一条街”，展现浏阳市双拥阵地建设昂扬风貌和尊崇氛围，扩大优待证使用价值和使用空间。完成建档立卡档案，优待证发放3.2万余张，累计签订优待协议3.2098万份。32个乡镇（街道）“双拥一条街”全部通过考评验收。“八一”期间，承办策划开展“军魂永不褪色”——“全民拥军全城表白 我在浏阳说爱你”线上线下活动。为近9000名60岁以上退役军人及烈士子女购买商业医保，为60岁以上重点优抚对象购买商业意外医疗保险。推进军休活动中心建设，建成双拥文化公园，与城区“双拥示范街”、浏阳大道、天马大桥、将军广场及城区公交站亭灯牌等共同架构起“园、桥、路、街、站、场”点线面双拥宣传矩阵。市、乡、村三级联动，在春节、“八一”建军节、“9·30”烈士纪念日等节点，发放慰问物资、各类抚恤优待金等1.2亿元。接收新评、补办评定残疾，认定带病回乡退役军人。组织老兵志愿军乐队为立功受奖现役军人送去喜报，发放奖励金。组织重点优抚对象举办3场共30天的短期疗养活动。

【移交安置】 2022年，该局开展“一站式”接收安置。联合市委编办、市人力资源和社会保障局、各乡镇（街道）分管负责人现场办公，选岗时为退役军人开具介绍信，并与选岗单位现场对接。组织自主选岗大会、岗前适应性培训班等，全程坚持“阳光安置”“五公开”（赋分标准公开、赋分结果公开、各职级排序公开、安置计划分开、选择单位和结果公开）。军转干部行政编安置率100%，退役士官事业编安置率100%。

【开展退役军人“返乡第一课”试点工作】 2022年年初，浏阳被纳入湖南省退役军人“返乡第一课”试点。三条举措开展返乡工作。开辟绿色通道。在老兵集中回归月，市退役军人事务局在长沙火车站、高铁站、黄花机场等地专设浏阳返乡老兵临时接待点，安排优先通道，专车接送；在服务大厅创新设置荣誉打卡墙，为每名老兵拍照，将照片装裱作为纪念礼品赠送，为晚间返乡老兵提供餐饮住宿，通过人文关怀强化尊崇与归属；发放报到流程手册，讲解政策知识，“一对一”做好心理疏导。浓厚宣传氛围。返乡季，浏阳城区各车站、高速公路及重点道路出入口、“两站一中心”等全覆盖设置返乡欢迎标语；所有出租车、重要商超、公园广场等电子显示屏全天候滚动播放欢迎字幕，营造浓厚尊崇氛围。举行欢迎仪式。召开返乡专题会两场，集中或分批举办欢迎仪式近百场，邀请家属共同参与，一起为返乡老兵配绶带、献鲜花，现场燃放鞭炮烟花、军乐队敲锣打鼓，增强仪式感。四项常态化工作提升认同感。教育引导常态化。在退役军人返乡第一时间，工作人员主动打电话、发微信、登家门，结合模范退役军人评选表彰、“红色九月”、“八一”座谈、主题党日等活动，激励退役军人不忘初心、砥砺奋进。就业指导常态化。通过“尊崇网”和“浏阳退役军人号角人才网”精细化服务，归集遴选用工信息，及时向镇村两级服务站推送传播，每年举办20多场“小精专”退役军人定岗招聘会，提供各类就业岗位3800多个。走访慰问常态化。全市开展领导包片、部门联乡、干部联村活动，市领导带头走访慰问退役军人。2022年先后投入1500万元，帮扶解困退役军人再就业。志愿服务常态化。吸收退役军人加入浏阳市薪火退役军人志愿服务队。教学“五板块”，激发“使命感”。夯实乡情基础教学。将开课时间定在集中退役月，兼顾复学退役士兵开学时间，2022年自主就业退役士兵适应性培训，实现到课率最大化。从典型引路、美丽家乡、企业管理等基础方面开展教学，调动返乡老兵创业热情。突出红色传承教学。在返乡教学中用足用好红色资源，通过党史专家授课、红色电影观看、红色路线徒步等沉浸式项目，让每处英烈纪念设施成为返乡老兵的红色课堂。践行法律法规教学。通过解读《中华人民共和国退役军人保障法》、退役军人就业创业、服务管理、保密安全等系列规章政策，开展“法律政策落实年”活动，教育引导返乡退役军人树立正确的择业观和法纪意识。创新特色融入教学。把欢迎仪式与适应性培训开课仪式相结合；将谈心交心与课堂互动相融合；让理论教学与乡村振兴、企业实践相结合，形成浏阳特色，受到老兵好评。注重实操技能教学。根据退役士兵自身特点，从职业规划、能力提升等方面具体分析，开发职场写作、面试知识、网络直播等“时间短、见效快”的实用型技能培训，强化“上岗即能用”的教学理念。7月13日，中央退役军人事务工作领导小组办公室秘书局副局长张进到浏阳调研“返乡第一课”给予高度肯定。8月，《浏阳以“返乡第一课”为载体打造升级版服务平台》工作在中央《简报》登载，经验做法在全国、全省退役军人事务系统工作会议上进行推介。

【举行2022年退役军人专场招聘会】 2022年2月17日，由浏阳市人力资源和社会保障局与浏阳市退役军人事务局共同主办的浏阳市2022年退役军人专场招聘会在浏阳市人力资源市场举行。47家企业参与专场招聘会，其中有地铁安检员、国防教育辅导员、警务辅警、专职消防员等与退役军人军事素质相匹配的岗位，几百名退役军人暨随军随调家属参加，近百人与企业达成意向性就业协议。

【举行退役军人、其他优抚对象优待证制发合作银行签约仪式暨培训活动】 2022年4月14日，市退役军人事务局举行退役军人、其他优抚对象优待证制发合作银行签约仪式暨培训活动。浏阳市退役军人事务局与工商银行浏阳支行、农业银行浏阳市支行、邮储银行浏阳支行签订《退役军人、其他优抚对象优待证合作协议》，惠及全市退役军人和其他优抚对象的优待证制发工作正式启动。签约仪式后，该局组织乡镇（街道）退役军人服务站站长、专职副站长、专干等进行业务培训。

【长沙市退役军人事务局就业创业工作会议在浏阳召开】 2022年4月22日，2022年长沙市退役军人事务局就业创业工作会议在浏阳召开。会上，传达湖南省委书记、省人大常委会主任张庆伟在省退役军人事务厅调研座谈会讲话精神，总结2021年全市退役军人就业创业工作，并对2022年工作进行部署。长沙市退役军人事务局党组书记、局长宋尊德，局党组成员、副局长伍玉明，浏阳市人民政府二级调研员唐强跃，长沙市退役军人服务中心主任，各县（市、区）退役军人事务局局长、分管退役军人就业创业工作负责人以及相关工作人员参加。会议总结2021年长沙市退役军人就业创业工作取得的成绩，并就如何推动落实部、省退役军人就业创业工作的决策及推进2022年重点任务进行部署，同时，对如何办好内刊杂志等工作进行安排。浏阳市、开福区退役军人事务局分别围绕服务退役军人、整合资源、教育培训、就业创业等工作开展情况进行典型经验介绍。

2022年5月17日，浏阳市县级英雄烈士纪念设施整修工程中央财政补助资金绩效评价工作座谈会 （市退役军人事务局 供图）

【财政部湖南监管局到浏阳开展绩效评价工作】 2022年5月17—18日，财政部湖南监管局党组成员、副局长王雄一行到浏阳，开展县级以下英雄烈士纪念设施整修工程中央财政补助资金绩效评价工作，通过选点抽查、实地调查、材料核实、问卷调查、对比分析等方式进行综合评价。省退役军人事务厅党组成员、副厅长易德才，长沙市委常委、浏阳市委书记朱东铁参加。浏阳是湖南烈士人数最多的县（市），也是零散烈士纪念设施建设管理和保护的重点县（市），被认定为烈士的浏阳儿女共2万多名。整修前，浏阳共有烈士纪念设施172处。在上级部门的支持下，截至2022年3月31日，浏阳市所有整修计划及内容全面完成。王雄充分肯定浏阳高度重视、圆满完成整修计划任务，以及在英雄烈士纪念设施管理维护和英烈精神弘扬传承工作上取得的明显成效。他指出，浏阳要以英雄烈士纪念设施修缮为载体，挖掘总结历史背后蕴藏的红色基因和革命精神，打造更多"红色品牌"。要立足英雄烈士褒扬，加大宣传力度，营造尊崇英烈、关爱烈属的浓厚氛围。要建立长效管护机制，提升英雄烈士纪念设施保护管理水平，推动英雄烈士纪念设施保护管理工作可持续发展。

【浏阳市委退役军人事务工作领导小组会议召开】 2022年6月28日，长沙市委常委、浏阳市委书记、市委退役军人事务工作领导小组组长朱东铁主持召开市委退役军人事务工作领导小组会议。他强调，要深入学习贯彻习近平总书记关于退役军人工作重要论述，认真落实中央、省、长沙市部署要求，以更强烈的责任感使命感，用心用情用力做好新时代退役军人工作，为浏阳勇当"强省会"战略开路先锋，全面推动高质量发展提供坚实保障。市委副书记、市长、市委退役军人事务工作领导小组副组长王雄文，市领导戴武明、周耀辉、王坤球、廖伟、董勇、鲁亮出席。会议传达中央、省委、长沙市委相关会议精神以及《中华人民共和国退役军人保障法》相关精神，听取全市退役军人工作情况汇报，审议《中共浏阳市委退役军人事务工作领导小组2022年工作要点》等文件和事项。会议指出，2021年以来，全市各级各有关部门认真落实上级决策部署，创新实干、勇立潮头，推动退役军人工作迈上新台阶。2022年是党的二十大召开之年和人民军队建军95周年，做好退役军人工作意义重大。要把思想和行动统一到习近平总书记关于退役军人工作的重要论述和上级决策部署上来，坚持把退役军人工作放在大局中定位、谋划和推动，巩固和发展浏阳军政军民团结的局面。会议强调，要聚焦重点任务，推动退役军人工作高质量发展。提升思想引领力，强化理论武装，巩固拓展党史学习教育成果，引导退役军人忠诚拥护“两个确立”、坚决做到“两个维护”。提升综合服务力，积极开展“我为退役军人办实事”活动，健全“基本公共服务+优待抚恤+困难帮扶”体系，加强三级服务体系建设，创建一批长沙市“五优”服务站。提升就业保障力，发挥市退役军人就业创业孵化基地作用，建立健全“订单式”“定向式”“定岗式”培训体系，激发退役军人就业创业活力。提升风险防控力，防范风险，定期开展联席会商；主动化解矛盾，用好“党员微网格+五个到户”、老班长做思想工作等举措，让矛盾问题化解在基层。会议强调，要压实各方责任，确保退役军人工作落地见效。各级党委（党组）要把退役军人工作列入重要议事日程；领导小组办公室要强化协调联动，调动各方力量积极参与；小组成员单位要各司其职，对照年度任务要求狠抓执行。要强化自身建设，打造一支政治坚定、业务精通、作风优良，与退役军人贴心、让退役军人满意的专业化工作队伍，同时积极争取“全国双拥模范城”创建资格，力争早日创成。

【发放首批退役军人及“三属”优待证】 2022年7月26日，浏阳市退役军人及“三属”优待证首发仪式召开，退役军人代表在市退役军人事务局活动现场领取专属优待证，另首批到达的优待证通过主动送达、双方约定等多种方式送到持证人手中。优待证分为“中华人民共和国退役军人优待证”和“中华人民共和国烈士、因公牺牲军人、病故军人遗属优待证”两种，分别面向符合条件的服务对象发放。4月，浏阳全面开展退役军人、其他优抚对象优待证的申领工作。退役军人及“三属”凭优待证，可以享受城市公共交通、医疗机构挂号、文化旅游等多方面的优惠。

【开展“全民拥军　全城表白　我在浏阳说爱你”主题表白活动】 2022年7月31日，由退役军人事务部、军事博物馆、央视网、快手官方联合推出，浏阳市退役军人事务局策划参与的“军魂永不褪色”——“全民拥军　全城表白　我在浏阳说爱你”全网直播活动开播。政务网络主播朱朱警官带领老班长、网友同时段“云游”浏阳，体验退役士兵回乡荣誉“打卡”仪式、感受浏阳红色文化和拥军传统、了解老班长冲锋“第二战场”故事，和老兵代表线上互动交流。8月1日8时1分，浏阳城区各大商场、重要地段、市民广场、大型宣传栏等位置，同时播放“全民拥军　全城表白”“向最可爱的人致敬”“老兵喜迎二十大　我为浏阳建新功”等内容。

【组织开展退役军人事务工作业务培训会】 2022年9月7日，市退役军人事务局组织开展2022年退役军人事务工作业务培训会，全市退役军人服务站站长、专职服务站站长以及纳入“五优”创建的村（社区）服务站站长参加培训。培训分为两部分，上午开展“赛马晾晒”，组织全体学员到官渡镇、城区朝阳社区和占佳社区参观“双拥一条街”和基层退役军人服务站建设工作，营造“争先赶超”工作氛围；下午组织全体学员开展业务培训，邀请长沙市退役军人服务中心主任刘国强对“五优”服务站建设作详细解读，并由业务骨干就政策咨询、就业创业、双拥优抚和烈士褒扬等具体工作进行宣讲培训。

【启动“老兵永远跟党走”巡回宣讲报告会】 2022年9月27日，由浏阳市委退役军人事务工作领导小组办公室主办、浏阳市退役军人事务局承办的“老兵永远跟党走”浏阳市老兵喜迎二十大宣讲团聘任仪式暨巡回宣讲报告会启动活动在浏阳市退役军人就业创业孵化基地举行。为传播和宣扬革命传统，传递榜样的力量，感受老兵初心，浏阳首批筛选6名不同行业、不同身份、不同年龄段的优秀退役军人和退役军人工作者，组建“浏阳市老兵宣讲团”。活动现场，市退役军人事务局为老兵宣讲团成员颁发聘书，“老兵”们分享退役军人的初心故事。

【浏阳市社会各界向烈士敬献花篮仪式举行】 2022年9月30日是中国第9个烈士纪念日。当日，浏阳市社会各界向烈士敬献花篮仪式在道吾山烈士陵园举行。长沙市委常委、浏阳市委书记朱东铁，浏阳市委副书记、市长王雄文，浏阳市委副书记、统战部部长戴武明，浏阳市人大常委会主任邱山东，浏阳市政协主席秦跃平等市领导及社会各界代表到烈士陵园敬献花篮，缅怀先烈丰功伟绩，传承弘扬革命精神，表达无限敬仰和深切哀思。全体在家市级领导，市直单位负责人和干部职工代表、各乡镇（街道）退役军人服务站站长、城区四个街道干部职工代表、优秀退役军人（含烈属）代表、学校师生代表等参加活动。同时，市内各乡镇（街道）组织党员干部、学校学生代表、退役军人代表以及群众代表到辖区内烈士纪念设施、烈士墓、烈士陵园以及烈士纪念馆等爱国主义教育基地，以多种形式开展纪念缅怀活动，传承红色基因，赓续红色血脉。

（胡智鹏）

人力资源和社会保障

【概况】 浏阳市人力资源和社会保障局共设18个科室（中心、队、院），其中内设科室9个，二级机构9个（含2个副科级二级机构），在职在编干部职工128人。2022年，浏阳市人力资源和社会保障局坚持“民生为本、人才优先”工作主线，战疫情、稳就业、惠民生、保稳定、促发展。浏阳市新增城镇就业18815人，失业人员再就业8709人，就业困难人员再就业1662人，城镇登记失业率0.86%，就业形势保持总体平稳、稳中趋好的态势。引进事业单位和企业中高级人才1269人。发放养老、工伤、失业等社会保险待遇28.49亿元。全市企业养老保险参保30.22万人，城乡居民养老保险参保81.67万人，机关事业单位养老保险参保3.82万人，工伤保险参保25.51万人，失业保险参保16.06万人。协调处理农民工工资案件366件，为劳动者追回劳动报酬5921万元；立案查处农民工工资案件41起，涉及劳动报酬5738.44万元。受理劳动人事争议案件1024件，调解金额3700余万元。浏阳市人力资源和社会保障局被评为“湖南省农民工工作先进集体”，就业创业和社会保障工作获长沙市政府真抓实干督查激励。浏阳市基金监管、稳就业等工作分别在湖南省、长沙市工作会议上作典型发言。国家、湖南省、长沙市各级媒体60余次对该局相关工作进行报道推介。

【就业创业】 2022年，浏阳市人力资源和社会保障局实施就业优先战略和积极就业政策，制定《浏阳市稳岗位促就业二十条措施》，统筹做好重点群体的就业服务。发放各类就业补贴资金2253.05万元，创业担保贷款5070万元。举办春风行动、校园招聘、中高端人才招聘会等65场，共有1007家次企业参加，提供就业岗位38495个，共促成3.9万人达成就业意向。建立岗位信息定期归集发布机制，每周通过“浏阳就业”（网、公众号）和人力资源市场进行发布，1245家企业发布职位4106个，提供岗位20371个，总浏览量达到2562万人次，简历匹配成功数为3961份。见习基地发布岗位67个，共吸纳358名高校毕业生到基地见习；离校未就业高校毕业生2831人，实现跟踪回访率和服务率100%，就业率96.77%；退捕渔民中正常劳动力123人，其中有就业意愿92人，有就业意愿人员全部就业；脱贫劳动力就业17680人，有就业意愿劳动力就业率100%；开发公益性岗位安置就业困难人员546人。实施职业技能培训五年计划，重点突出“三高四新”、吸纳和稳定就业、乡村振兴三类职业工种培训，全年开展政府补贴性职业技能培训2.3万人次。针对大学生、返乡农民工、困难行业创业者等重点群体，组织开展培训125期4294人，培训转化率11%。组织开展第五届“中国创翼”创业创新大赛浏阳赛区选拔赛暨浏阳市第七届创业创新大赛，72个创业项目报名，其中《只此烟花》和《蜕变》2个项目获得长沙市奖项。

【社会保险】 2022年，浏阳市企业职工养老保险参保30.22万人，城乡居民养老保险参保81.67万人，机关事业单位养老保险参保3.82万人；工伤保险参保25.51万人，失业保险参保16.06万人。2022年1月，浏阳市城乡居民基本养老保险基础养老金从228元/月增长到238元/月；7月，增长到243元/月。企业退休人员月人均增资100.09元；机关事业单位退休人员月人均增资154.51元。一次性工亡补助金提标71560元，丧葬补助金提标2294元。失业保险金、失业补助金比2021年分别增长180元/月、36元/月。累计发放养老、工伤、失业保险待遇28.49亿元。推进原机关事业单位养老保险改革试点退费，共退费29943人3.46亿元。执行阶段性降低失业保险、工伤保险费率政策，为企业减免失业保险费3956万元、工伤保险费2885万元。采取免申即享方式发放4490家企业稳岗返还资金3852万元，发放328家企业一次性扩岗补助资金338万元。开展工伤预防宣传，对工伤事故排名靠前的220家企业进行集中或单独警示约谈，2022年，浏阳市工伤事故备案2579例，同比下降18.56%。

【基金监管】 2022年，浏阳市制定《关于切实加强社会保险基金监管工作的实施方案》，浏阳市人力资源和社会保障局制定《清廉人社建设工作方案》，配套出台警示教育、信息比对、社保卡管理、内部控制4个子制度，形成社保基金监管“1+1+4”制度体系。制定《社保基金举报奖励办法》，鼓励群众参与基金监管，建立社会监督模式。召开清廉人社和基金安全警示教育大会，开展社保基金管理风险警示教育。开展社保基金管理专项整治巩固拓展行动，推进社会保险基金管理提升年工作，组织经办机构开展业务自查和交叉检查，组织对乡镇街道及经开区开展基金风险防控等工作监督检查。加大违规领取社保基金查处力度，打击违规领取行为，开展稽核追缴，累计追回多发待遇67.63万元。

【人才人事】 人才招聘：2022年，浏阳市人力资源和社会保障局落实人才强市“百千千万”工程，组织公开招聘9场次，招聘教育系统人才629人、卫健系统人才176人、事业单位人才72人、编外合同制中级雇员9人，其中博士2人、硕士研究生46人。举办“浏在这里　青春飞阳”系列校园招聘会、中高端人才招聘会6场，共为企业引进中高级人才383名。启动党政高专博士人才专场招聘，计划分产业链引进10名博士生。人才队伍建设：浏阳市启动事业单位管理岗位职员等级晋升工作，打通事业编制干部的等级晋升渠道，激发干事活力，完成317名事业单位管理岗人员职级晋升与工资兑现。开展2022年度全市中高级职称评审、烟花爆竹产业中高级专场评审工作，共评定初级职称794人、中级职称537人、高级职称223人。发放人才住房、生活补贴和企业英才购房、交通补贴等1136.67万元。人事档案管理：浏阳市人力资源和社会保障局加强档案规范化和信息化建设，2022年新增档案6627册，转出档案843册，接收在编人员档案资料40300万份，流动人员档案资料25800份。完成人事档案基本信息录入6627册，电子化扫描人事档案卷439卷，整理新增人事档案3230册。

【劳动权益保障】 2022年，浏阳市人力资源和社会保障局制定《浏阳市保障农民工工资支付九条措施》，处理国家欠薪平台反映线索1361条、湖南省两网化平台投诉42件、预警信息924件。协调处理农民工工资案件366件，为劳动者追回劳动报酬5921万元；立案查处农民工工资案件41起，涉及劳动报酬5738.44万元。向公安机关移送涉嫌拒不支付劳动报酬犯罪11起；向市人民法院综合审判庭申请强制执行4起。欠薪案件法定办结率100%。浏阳市劳动保障监察大队队长周更田被评为“湖南省第一批金牌劳动关系协调员”。立案受理劳动人事争议案件1024起，法定期限内结案率90.5%，为劳动者挽回经济损失 3700 余万元。浏阳市劳动人事争议仲裁院被评为“湖南省金牌调解组织”。

【企业用工服务】 2022 年，浏阳市人力资源和社会保障局积极应对新型冠状病毒疫情影响，开展重点企业用工专项服务活动，助力企业复工复产。组建 6 个援企招工工作组，赴省内 19 个地区开展劳务协作，招聘外地到浏务工人员 2.8 万人。开展千人帮千企活动，协同园区、乡镇（街道）为 138 家企业解决用工难问题。

【湘赣边就业服务驿站（零工市场）启用】 2022 年 9 月 22 日，湘赣边就业服务驿站（零工市场）启动暨浏阳经开区人力资源服务产业园开园活动在浏阳经开区举行。湖南省人力资源和社会保障厅就业服务中心党委书记、主任李日新，长沙市人力资源和社会保障局党组书记、局长胡春山，浏阳经开区党工委副书记、管委会主任喻辉，浏阳市政府副市长刘来宏出席活动。活动现场，入驻机构代表、企业代表、湘赣边人社局代表分别发言；李日新、胡春山、喻辉分别为湘赣边就业服务驿站、湘赣边零工市场、浏阳经开区人力资源服务产业园揭牌；现场还举行“湘赣边就业云”微信小程序上线暨劳务合作协议签约，浏阳市、醴陵市、平江县、茶陵县、安仁县、宜章县、汝城县等县（市）人力资源社会保障局作为签约代表，共同签订《劳务合作协议》。湘赣边就业服务驿站（湘赣边零工市场）和“湘赣边就业云”微信小程序是湘赣边合作地区首个开发建设的线上+线下一体化就业服务平台，均由浏阳市人社局牵头打造。湘赣边就业服务驿站（湘赣边零工市场）将为来浏务工的湘赣边区域劳动者提供政策咨询、岗位发布、求职登记、职业指导、职业介绍等服务。同时还配套技能培训中心、后勤保障中心、活动中心功能场所，能够为劳动者提供贴心的生活服务、技能提升培训服务，满足湘赣边地区来浏务工人员的更多需求。“湘赣边就业云”微信小程序利用“互联网+”和大数据思维，为区域内企业和劳动者提供空岗发布、求职登记、网络招聘、政策发布、精准匹配等就业服务，进一步加强劳资精准对接，推动实现湘赣边人才政策、人才资源、人才信息互联互通互享，探索构建共享“湘赣边人才服务圈”。人力资源服务产业园将立足“产业聚集、招才引智、企业孵化、培育市场”四大功能，围绕人才强园、就业优先战略，发挥市场在人力资源配置中的决定性作用。致力于服务园区企业用工需求，立足浏阳，辐射湘赣边，打造跨区域、多元化、专业化综合性人力资源服务产业园。

（龚加强）

2022 年 9 月 22 日，湘赣边就业服务驿站（零工市场）启动暨浏阳经开区人力资源服务产业园开园活动在浏阳经开区举行

（市人社局　供图）

医疗保障

【概况】 浏阳市医疗保障局是市政府组成部门，于 2019 年 3 月正式挂牌成立，局下设医疗保障事务中心，内设办公室、政策法规科（行政审批服务科）、医药服务管理科、基金监管科 4 个科室。2022 年，全市基本医疗保险参保人数 138.4 万人，其中城镇职工参保人数 21.6 万人，城乡居民参保人数 116.8 万人，参保率 96.45%，困难群众参保率 100%。医保基金总收入 23.9 亿元，总支出 19.1 亿元，共 160 余万人次享受医保待遇；全市共有定点医院 59 家，定点零售药店 700 余家。2022 年度医保管理服务真抓实干督查激励工作获省医保局通报表扬，获长沙市政府表扬激励。

【落实医疗保障待遇】 2022 年，市医疗保障局发挥医疗救助托底功能作用，减轻因病致贫重病患者医疗费用负担，在长沙地区率先开展第三类对象和再救助对象认定，及时发放救助金。“一站式”结算 84921 人次，医疗总费用 18996.26 万元，其中政策范围内费用 18257.99 万元，基本医保报销 12623.27 万元，大病保险 522.46 万元，医疗救助 2703.17 万元，政策内报销比例 86.81%，实际报销比例 83.43%；事后医疗救助 2664 人次，发放救助金 684.01 万元；精神障碍患者免费药物发放 6 次，发放 20390 人次，发药金额 316.995 万元；精神障碍患者住院 1542 人次，支付救助金 192.55 万元。

【医保支付方式改革】 2022 年，市医疗保障局将城镇职工基本医疗普通住院、意外伤害住院和 5 个中医优势病种纳入按病种分值付费结算，实际报销比例达到 73.5%；城乡居民普通住院较 2021 年次均费用下降 171 元，实际补偿率上升 0.9%。研究制定 DRG 支付方式（将住院病人按照临床相似性以及资源消耗相似性分成一定数目的疾病组，并以组为单位制定医疗费用标准的预付打包的收付费方式)改革工作方案，高频次组织召开业务培训会议，促推改革工作稳步有序。推进多元复合支付方式改革，3家定点医疗机构纳入长沙市康复病组按价值付费(FRG)试点。

【医保基金监管】 2022年，市医疗保障局全覆盖检查定点医药机构850余家次，定点医药机构检查覆盖率100%。开展四类机构全覆盖检查，制定《2022年医保全覆盖工作方案》，推进全市700余家医药机构的全覆盖工作，专项制定工作方案，针对部分领域进行前期数据分析和研究，推进浏阳市2022年度基金监管工作实施方案重点开展四类机构、三个专科、二个待遇等重点领域欺诈骗保全覆盖检查工作。执行行政执法标准化，完成简易行政执法3起、行政执法立案查处11起。开展6轮次自查自纠，医药机构通过自查自纠上缴违规金额57.42万元。全年共计追回医保基金1400余万元。探索部门数据共享“浏阳模式”，全年核查超期享受待遇人员1500余人次，追回医保基金14万余元，《湖南医疗保障工作》内刊对浏阳的做法和经验进行重点推介。市人民医院代表湖南省迎接国家飞行检查，基金监管工作获国家飞检组肯定。

【药品耗材集采】 2022年，统筹区第二批续签、第四批、第五批国家带量药品完成率分别为169.64%、270.53%、274.66%，均超额完成集采合同任务。全面落实234种国家药品集采，6个品种高值医用耗材报量采购执行，全年累计节约资金1.2亿元，人民群众就医负担进一步减轻。

【医药服务管理】 2022年，市医疗保障局从严审核新增定点医保刷卡、特门、“双通道”等医药机构100余家，退出、暂停12家；完成定点诊所、药店年审和新服务协议签订2100余家，协议互认长沙市“特门”“双通道”药店33家，审核申报资料1.3万余份，有效保障患者用药需求。清理完成医保刷卡POS机账户405个，对10家特门药店服务情况开展“回头看”督查，保障医药服务管理工作阳光规范运行。

【湘赣边区域医保合作】 2022年，以打造湘赣边区域医保合作省级“先行示范区”为目标，与江西省上栗、万载、铜鼓等县举行线上签约仪式，湘赣边29家医疗机构、22家零售药店实现定点互认；医保异地就医直接结算江西参保人员4500余人次，结算1700余万元。与上栗县构建“联动监管”机制，建立跨省医疗保障基金监管沟通联络、线索移送、协助调查等8项合作机制，交叉开展医保基金监管专项整治行动，提升湘赣边医保合作力度、广度、深度。

【医保经办服务】 2022年，以打造“长沙样板、省级示范、全国一流”医保经办服务体系为目标，共建设428个医保经办服务站点，建成市、镇、村全覆盖医保服务体系；同时，将服务触角延伸至园区、定点医疗机构、企业、居民小区等，实现医保业务家门口、厂门口、园区内、医院内“7×24小时”高效经办。8月，浏阳市人民医院代表湖南省迎接国家医保局飞行检查医保经办服务站点。设置医保服务大厅和经办窗口，梳理下放医保经办事项与权限20余项，实现医保业务就近能办、多点可办、少跑快办。相关工作获国家医保局专题调研和省市医保局肯定，国家医保局《工作动态》《中国医疗保险》杂志、《湖南日报》、湖南卫视等予以重点宣传推介。与第三方软件公司协作，自主设计、创新研发医保自助服务机、医保业务综合智能服务终端，医保业务办理实现从“认证时代”到“刷脸时代”转变；推广使用医保电子凭证，医保服务从“卡”上办转变为“码”上办，激活率与结算率分别达到57.8%、43%，在长沙地区排名第一，并在长沙市医保电子凭证全流程应用会议上作典型发言；开展医保刷脸结算、移动支付，26家医院实现刷脸结算，3家医院上线医保移动支付，实现医保“窗口支付”向“移动支付”转变。

【医疗救助】 2022年，市医疗保障局接续巩固脱贫攻坚成果有效衔接乡村振兴，纳入管理的农村低收入人口实现应保尽保，医疗救助政策落实率达到100%，“一站式”结算8.5万余人次，结算金额1.2亿余元，政策内报销比例达到86.81%，保障水平总体稳定。

(张　丽)

库区移民事务

【概况】 2022年，市库区移民事务中心核定全额事业编10人，设主任1人，副主任2人，2022年中心实有干部职工10人，设综合部、业务部两个部室。全市域内有株树桥大型水库1座，马尾皂、南康、关山、横山头、仙人造、清江、道源、梅田、板贝、富岭10座中型水库，在建大型水库1座(椒花水库)，另与醴陵市合建大型水库官庄水库。全市核定登记在册的大中型水库农村移民现状人口25522人，分布在全市32个乡镇(街道)的276个村(居)。2022年，市库区移民事务中心兑现水库库区移民政策，开展新建水库移民搬迁安置、移民后扶项目建设、产业扶持、就业创业培训等工作，在省水利厅组织的水库移民后期扶持资金绩效评价中，浏阳以93.26分获得长沙第一，省级优秀，同时获得后扶资金奖励35万元。

【落实奖补政策】 2022年，市库区移民事务中心通过“一卡通”发放移民直补资金1085.04万元，7065户、18086名移民获益；发放移民扶助金(口粮补贴)158.81万元，2799户移民受益；发放移民计生家庭子女考取全日制高中、大学奖补资金13.5万元，帮助107名移民学子入学；向16户移民计生困难家庭发放医疗补助金等3.1万元。走访慰问沙市、古港等24个乡镇116户困难移民，共计发放慰问金11.6万元。

【开展移民培训】 2022年，培训移民516人，超额完成省、长沙市目标任务。结合移民培训意愿和产业发

2022 年 5 月，市库区移民中心在柏加镇仙湖村组织移民开展农业实用技能培训(花卉苗木种植)（市库区移民事务中心 供图）

2022 年 6 月，市库区移民中心在永和镇七宝山村组织移民开展农业实用技术培训(家禽养殖)（市库区移民事务中心 供图）

展需求，在淳口镇鸭头村、普迹镇五丰村等地组织 5 期移民农业实用技术培训，共 310 人参加；省级转移就业技能培训送训 6 人，中长期职业教育培训 200 人。

【项目管理】 落实计划报备制度，2022 年，完成 152 个移民后期扶持项目的计划上报、审批、备案，涉及 26 个乡镇 135 个村，投入移民资金 2323 万元；推进项目建设，出台《关于规范管理移民项目的通知》《关于加快 2022 年移民资金后期扶持项目实施进度的通知》等文件，召开 5 次项目推进会议，形成周汇报、月调度、季点评的项目推进机制；从严管理项目，委托第三方对移民后扶项目进行全流程资料审核和现场复核，并开展专项督导，确保移民资金安全，使用高效。

【椒花水库建设】 截至 2022 年，全部完成椒花水库项目 9472 亩（不含国有土地）永久用地征地工作，累计拨付项目资金 12.7 亿元，663 户移民倒房腾地，完成率 99.85%，2022 年年底 90% 的集中安置移民乔迁新居。代表市人民政府(市水利局)出庭应诉椒花水库相关案件，办理市政府交办信访件 3 起、依申请公开件 8 起、国务院“互联网+督查”匿名留言 2 批次。组织椒花水库工程导(截)流阶段移民安置验收终验工作并取得省水利厅验收批复，上报椒花水库 2022 年度建设征地移民安置资金计划，取得椒花水库征地补偿标准提标变更报告的批复，制定《湖南椒花水库工程后期扶持人口登记办法》，形成建设征地移民安置档案 4900 余卷。椒花水库移民安置工作在 2022 年长沙市审计局和省水利厅(省库区移民事务中心)组织的过程性审计和监督检查中获好评。

【建设移民美丽家园】 2022 年，官渡镇兵和村、中和镇清江村 2 个重点移民村在长沙市水利局的考核中获评“优秀”等级，古港镇燕港村重点移民村建设完成验收。同时，中心投入移民资金 380 万元，扶持柏加镇仙湖村、普迹镇书院新村、沙市镇中洲村、沙市镇桃源村、沿溪镇沿溪桥村、高坪镇志民村等 17 个移民屋场建设，完善基础设施、美化亮化环境、增添文化景观长廊，提升移民生活品质。

【移民产业扶持】 2022 年，重点扶持关口街道道源湖村、高坪镇船仓村、古港镇梅田湖村、达浒镇书香村、葛家镇玉潭村、普迹镇五丰村等产业项目 20 余个，投入移民资金 1032 万元，扶持远程农场、善平农场、蒋埠江养蜂合作社等 4 个经济组织 50 万元，向移民发放鸡苗 1.8 万只、鸭苗 1 万只、种蜂 550 箱，惠及移民 430 余户。对已建成产业项目实施效益跟踪，督促按期分红，让移民受益。2022 年，丹霞、赤马、道源湖等 7 个村达产分红，分红资金 25.57 万元，惠及移民 2808 人。2022 年 3 月，娄底市新化县移民管理部门到浏阳交流学习，浏阳移民产业扶持工作获《长沙晚报》《浏阳日报》等媒体宣传推介。

（徐 洁）

九曲名河　　（何建荣　摄）

生态环境

生态建设

【概况】 2022年，浏阳市打好污染防治攻坚战，实现经济与生态协同发展。环境质量稳中向好。大气方面，全年空气质量优良率94.25%，稳定达到国家空气质量二级标准。水体方面，域内浏阳河、捞刀河、南川河三大流域水质均值及饮用水水源地水质达标率100%。土壤方面，污染地块安全利用率达91%以上。环境质量走在全市前列。通过省级生态文明示范区规划评审；浏阳市污染防治攻坚战“2022年夏季攻势”工作获评湖南省生态环境保护领域真抓实干表扬激励，全市33个农村生活污水治理任务提前完成整治销号；33个农村生活污水治理村污水处理设施出水水质均符合《农田灌溉水质标准》(GB5084-2005)，入选全省污染防治攻坚战“夏季攻势”十佳典型案例。完成40处农村千人以上饮用水水源地生态环境问题整治任务，长沙市生态环境局浏阳分局被评为“全省农村千人以上饮用水水源地先进集体”，黄珣被评为“先进个人”；浏阳农村污水治理工作、监管执法工作在省专项会议上进行典型发言。中央电视台《焦点访谈》栏目对浏阳市生态文明建设进行专题推介。常态化开展生态环境整治“百日会战”专项行动，执法立案数位列长沙首位；“利剑”行动125个风险隐患问题全部完成风险等级调整，浏阳被评为省“利剑”行动优秀县(市、区)；全年未发生等级环境污染事件。长沙市浏阳生态环境监测站编制的《2016—2020年浏阳市生态环境质量报告书》获湖南省“十三五”生态环境质量报告书评比一等奖。城市水质改善、农村环境综合整治两项工作获2022年长沙市真抓实干生态环境治理改善类表扬。

【生态环境存在的困难与问题】 环境质量根本改善压力大。大气环境方面，$PM_{2.5}$改善度小，浏阳市空气质量改善空间小。水环境方面，环境综合整治不够彻底，畜禽养殖污染处理仍有欠缺。存在绿色低碳循环发展任务较多等问题。环境风险防控能力需提升。随着疫情管控的调整，经济生产和生活秩序逐步复苏，面源污染呈加剧趋势，易导致各类环境问题反复。市环境历史遗留问题较多，虽不断解决，但未全面根治。新污染物治理对工作带来挑战。环保基础支撑待持续强化。市生态环保体制机制建设、科技水平等基础支撑与生态环境保护点多线长面广的现实难题之间的矛盾依然存在，呈现人少事多、精准管控不足的局面。

【央视《焦点访谈》栏目专题推介浏阳生态文明建设工作】 2022年7月7日19:40，中央电视台综合频道《焦点访谈》栏目聚焦浏阳，对浏阳市生态文明建设工作进行专题报道，推介浏阳平衡环境保护与产业发展，走生态优先、绿色发展之路的相关举措和成效。《焦点访谈》通过实景拍摄、实地采访、嘉宾访谈等方式，对准官渡镇竹联村和达浒镇书香村，关注其生猪退养情况及成效、小微水体治理经验。2018年，浏阳启动“浏水斩污”专项整治行动，在浏阳河、捞刀河、南川河流域，针对矿山采选、食品加工、畜禽养殖(规模化)、造纸、化工五大行业开展专项整治行动。以造纸行业为例，该市原有造纸企业94家，普遍存在布局分散、规模偏小、设施不完善等问题。该市采取加大科技投入、淘汰落后产能、引导企业聚集绿色园区发展等措施，从原料、工艺、设施等环节推进环保技术升级改造，实现废纸原料替代率100%，截至2022年，全市保留58家造纸企业。近年来，浏阳河的水质得到明显改善。2019年开始，浏阳河出境断面水质由原本的Ⅳ类升为Ⅱ类，并保持稳定达标。

【浏阳市2022年国际生物多样性日活动】 2022年5月19日，以“筑牢绿色根基　共享生态浏阳”为主题的浏阳市2022年国际生物多样性日活动在沿溪镇建设村双溪屋场举行，活动由浏阳市人民政府主办，市人民法院、市人民检察院、长沙市生态环境局浏阳分局、沿溪镇共同承办。活动现场，来自沿溪镇初级中学的20名学生代表朗诵配乐诗《我们与大自然有个约定》，企业代表上台宣读《保护生物多样性共创美好家园——生物多样性保护倡议书》。随后，市政府办、市人民法院、市人民检察院、长沙市生态环境局浏阳分局相关负责人为浏阳市生态环境保护司法教育基地揭牌。截至2022年，浏阳市共有四个环保基地，分别为市增殖放流生态修复基地、市生物多样性司法保护实践基地、市补植复绿基地、市生态环境保护司法教育基地，均由市人民法院、市人民检察院、长沙市生态环境局浏阳分局共同设立。

2022年5月19日，市政府办、市人民法院、市人民检察院、长沙市生态环境局浏阳分局相关负责人为浏阳市生态环境保护司法教育基地揭牌　（长沙市生态环境局浏阳分局　供图）

2022年6月2日，"六五"世界环境日暨浏阳市第八届环保文化节活动在金刚镇何家大屋举行（长沙市生态环境局浏阳分局　供图）

【"6·5"世界环境日暨浏阳市第八届环保文化节活动】 2022年6月2日，"六五"世界环境日暨浏阳市第八届环保文化节活动在金刚镇何家大屋举行。该活动以"共建清洁美丽世界——蓝天碧水·生态湘赣"为主题，由浏阳市人民政府指导，市生态环境保护委员会、长沙市生态环境局浏阳分局共同主办，中共金刚镇委员会、金刚镇人民政府承办。活动现场发布《2021年浏阳市环境质量状况公报》，并对"浏阳一线最美环保人"进行表彰；庆泰烟花负责人代表烟花爆竹行业向社会发出《烟花爆竹行业环保自律倡议书》；"湘赣·清"湘赣边河湖共护志愿服务队成立并获浏阳市、醴陵市、上栗县生态环境部门负责人共同授旗。启动仪式结束后，与会人员共巡南川河，并在河畔开展人工增殖放流活动，环保志愿者开展金刚镇生态旅游环线绿色骑行活动。

（刘　晓）

污染防治

【概况】 2022年，浏阳市坚持分类施策、统筹建设和运行，推进农村生活污水治理，推动环境质量提升，完成湖南省2022年污染防治攻坚战"夏季攻势"、大气、水、土壤和噪声污染防治项目149个，其中2022年省"夏季攻势"浏阳市共33个农村生活污水治理任务，全部提前完成整治销号，33个农村生活污水治理村污水处理设施出水水质均符合《农田灌溉水质标准》（GB5084－2005），获评全省污染防治攻坚战"夏季攻势"十佳典型案例。浏阳河、南川河、捞刀河出境断面，32个乡镇（街道）断面水质优良率100%，其中浏阳河达地表水Ⅱ类标准，获评全国示范河湖、省级美丽河湖。千吨万人饮用水水源地水质达标率100%。2022年污染防治攻坚战"夏季攻势"工作获湖南省生态环境保护真抓实干督查激励奖励。

【大气污染治理】 2022年，浏阳市常态化落实"六控"，推进大气污染治理。控排。开展涉VOCs（挥发性有机物）重点企业综合整治，开展全市工业炉窑排查整治，督促6家轮窑企业退出生产。修订重污染天气应急减排清单，将辖区内716家重点涉气企业纳入管控，督促落实响应措施。利用油烟在线监测平台加强对餐饮门店油烟管控，城区共525家餐饮门店安装油烟净化设施，安装率100%。控车。铁腕整治柴油货车、渣土车、运砂车违法违规行为，加强路面巡查，实行"四个一律"查扣车辆，即超载运输、使用临时牌照参与渣土运输、车身不洁、污染道路一律查扣，全年共查处路面污染行为（或道路扬尘案件）267起，处罚46.3万元。控油。持续推进成品油市场专项治理，2022年，省、长沙市对浏阳市44个加油站进行155批次抽查快检，成品油质量合格率99.4%。控尘。对全市规模以上在建工地扬尘污染情况进行实时监控，四个片区专项工作小组对全市各类施工工地进行执法检查205次，查处案件32起，罚款4.33万元。坚持"源头治理、以块为主、分线落实、因地制宜"原则，严格遏制新增裸露黄土，全市共整治裸露黄土地块80处，共计32.14万平方米。控烧。采取连片包干形式每天对各乡镇开展全覆盖巡查，发现并整改问题43处，处罚金额1.54万元。健全问题发现、清单督办、快速处置、违法追究机制，2022年共处置露天焚烧12起，立案2起，处罚2000元，露天焚烧同比下降20%。控煤。做好禁燃区煤炉销售动态退出，煤炉使用动态清零。

【水环境污染治理】 2022年，浏阳市统筹推进浏阳河、捞刀河、南川河三大河流流域环境治理，完成浏阳河支流（葛家镇段）水污染综合治理、永安污水处理厂尾水湿地工程等重点项目。设立捞刀河生态保护专项资金，全年补偿流域8个乡镇206万元。完成40处千人以上饮用水水源地环境问题整治、33个农村生活污水治理等任务，长沙市生态环境局浏阳分局获评全省农村千人以上饮用水水源地先进集体，黄珣获评先进个人。持续加大乡镇管网建设和低浓度整改工作，全年完成乡镇配套管网建设45.6千米，28个乡镇总平均进水COD浓度达127毫克/升，整体提升20%以上。推进城区雨污分流改造，启动济川河、渭川河、净溪河片区雨污分流建设，其中济川河、渭川河已完成建设。加大排水许可管理和排口错混接改造，对百宜河、渭川河等流域排口进行全覆盖核查，形成工作清单，推进彻底整改。持续开展"绿盾"专项行动，大王坑、源丰一级水电站"绿盾"自然保护地突出生态环境问题整改销号。科学指导粪污资源化利用，推广"粪肥—蔬菜（果茶花木）""粪肥—沼液—蔬菜（稻果茶烟）"等种养结合模式，畜禽粪污资源化综合利用率达91%以上。

【土壤污染治理】 在城区创建生活垃圾分类试点示范小区32个、生活垃圾分类试点示范片区2个，城乡垃圾分类工作基本实现生活垃圾减量化、资源化。市垃圾焚烧发电项目启动建设,已取得项目核准报告、环评批复、林地批复,预计2024年12月建成点火。严格建设用地准入管理,完成38块“一住两公”用地土壤污染的调查和疑似污染地块调查评审。开展涉危险废物、核与辐射、重金属尾矿库等专项整治,实现1.43万吨危险废物转移全流程追踪,完成6家尾矿库闭库销号。推进农业面源污染减量,截至2022年11月中旬,完成粪肥还田48.8万吨,覆盖作物面积12.2万亩次,实现化肥减量(折纯)1464吨。

(刘 晓)

环评审批

【概况】 2022年,长沙市生态环境局浏阳分局坚持以“生态优先,绿色发展”理念为抓手,打造高标准、高效能行政审批和政务服务,全年环评通过项目265个,否定25个,完成各类环保服务事项约540次,完成信用修复企业31家。

【项目审批】 2022年,浏阳市召开建设项目联审会议12次,审查建设项目330个,其中直接通过项目158个、有条件通过项目147个、未通过项目25个。完成建筑工地夜间施工审批68次,督促企业落实各项污染防治措施,从源头控制和减少夜间施工扰民现象。按要求对2022年230个浏阳市重点项目的环评审批进度进行梳理、报送周进度表,并跟踪各重点项目环评手续办理进度,做好重点项目的咨询、督促、指导等优质服务工作。

【政务服务】 2022年,长沙市生态环境局浏阳分局通过面对面、微信、电话等途径为群众或者企业提供环保业务方面咨询服务1500多次,指导企业完成环评登记备案173个。参与市行政审批服务局组织的联合踏勘工作,2022年现场踏勘193次,出具现场踏勘意见193份。做好非道路移动机械号码编码登记工作,2022年,平台审核500多轮次,制作牌照207副并完成现场领取及邮寄。

(刘 晓)

环境监察

【概况】 2022年,浏阳环境监管执法工作以争创“一流作风、一流队伍、一流业绩”为目标,创新监管体制,强化能力建设,湖南浏阳高科技打造环保执法新模式“信息科技化+环保执法”(浏阳市生态环境保护综合行政执法大队通过“智慧环保大数据平台”上的用电数据,查处治污设施不正常运行案)获得生态环境部《中国环境监察》发文推介;瞿华明获评2021年湖南省生态环境执法办案表现突出个人;罗耀玲获评2021年生态环境保护执法大练兵先进个人以及湖南省生态环境执法大练兵表现突出个人;张武荣获评2021年生态环境部监督帮扶表现突出个人;长沙市生态环境局浏阳分局被评为“湖南省2022年生态环境执法大练兵县级表现突出集体”,“湖南省2022年生态环境执法办案县级表现突出集体”,卢卫国被评为“2022年湖南省生态环境保护综合行政执法先进个人”。

【监管执法】 2022年,长沙市生态环境浏阳分局开展34次专项集中执法行动,检查企事业单位965家,立案81起,罚款523.84万元,行政拘留6人。牵头开展浏阳市生态环境损害赔偿案件,全市共办结13起,超额完成10起年度任务,其中1起为首宗赔偿破百万元案件。开展涉危险废物、核与辐射、重金属尾矿库等专项整治,实现1.43万吨危险废物转移全流程追踪,完成6家尾矿库闭库销号。

【安全生产】 2022年,长沙市生态环境浏阳分局坚持每季度召开安全生产工作例会,明确安全生产管理机构、人员、职责、制度,并保障工作实施。落实领导带队检查制度,对纸厂、化工厂、涉重金属、尾矿库等领域开展环境监管行动,共检查危废企业206家次、辐射企业40家次。明确11名干部脱产一个月帮扶乡镇开展安全检查。

【日常监管】 落实风险防范和重点人员管控,开展应急演练活动。宣传安全防范和平安建设知识。回应群众诉求,2022年接到群众环保信访投诉275件,同比减少85件,下降率23.6%,处理回复率100%。

(刘 晓)

环境监测

【水环境质量常规监测】 2022年,长沙市生态环境局浏阳分局对域内三大流域持续进行环境监测,全年对32个乡镇交界断面、8个国省控断面(2个县级饮用水水源地)、1个市控断面进行采样分析,每月出具水质信息专报、每季度开展25个千吨万人饮用水水源地等质量监测工作,共出具水质专报20份。浏阳河、捞刀河、南川河三大流域水质稳定达Ⅲ类及以上,饮用水水源地100%稳定达标。

【城区环境空气质量监测】 2022年,长沙市生态环境局浏阳分局紧盯空气自动站数据及10个空气小微站数据,每日出具空气质量长沙四区县(长沙县、望城区、浏阳市、宁乡市)对比表及空气质量分析,2022年浏阳市全年环境空气质量指数(AQI)≤100的天数为344天,浏阳整体环境质量在长沙地区排名第一,空气质量稳定达国家空气质量二级标准。

【污染源和执法监测】 2022年,配合执法大队完成执法监测65次,风险排查54次,完成乡镇交界断面水质采样和分析12次,污水处理厂的采样和分析2次。加强蓝藻水华监测防控,对株树桥水库、浏阳市第三水厂等重点河湖区域加密监测。

(刘 晓)

西湖山　　（彭红霞　摄）

街道·镇·乡

淮川街道

【概况】 2022年，淮川街道辖朝阳、西正、北园、北正、城东、城西、联城、新北、翠园9个社区，120个居民小组。辖区总面积11.28平方千米。2022年年底，淮川街道总人口数79484人，户籍数33136人，全年出生人口443人、死亡人口465人。年平均气温18.8℃，比历年同期(17.8℃)偏高1.0℃；年极端最高气温40.8℃，出现在8月23日，极端最低气温-3.8℃，出现在12月18日。年降水量1528.7毫米，比历年同期(1597.3毫米)偏少4.3%。年日照时数1654.2小时，比历年同期(1579.9小时)偏多4.7%。朝阳社区被评为2021年度全国学雷锋志愿服务“四个100”先进典型——“最美志愿服务社区”，北正社区被人力资源和社会保障部评为“第五批国家级充分就业社区”；朝阳社区、西正社区、城东社区被湖南省人力资源和社会保障厅评为“2021年省级充分就业社区”；朝阳社区被湖南省精神文明建设指导委员会授予“湖南省文明社区”称号，被湖南省图书馆学会评为2022年“湖南省书香社区”。

【经济发展状况】 2022年，淮川街道实现地方财政收入1.75亿元，同比增长9.38%，完成财政总收入2.39亿元。商贸限上零售额9.03亿元，同比增长26.8%，贡献率8.63%；限上销售额12.1434亿元，同比增长33.49%；规模以上服务业其他营利性服务业1.38亿元，同比增长43%。举办“老浏阳味道”淮川美食节、“月满中秋·淮川夜宴”等节会活动，线上线下共200余家商户参与，单次活动日均人流量逾5万人次，带动步行街商圈周边消费近8000万元。数字经济产业园全年引进企业26家、纳税2000余万元。为辖区92家重点企业建立“一企一档”，解答企业咨询300余次，解决问题100余个，实现辖区新增个体工商户1790余家。

浏阳市首个“奔跑者”红色驿站——幸福朝阳城市驿站 （淮川街道 供图）

【社会管理】 2022年，淮川街道建成城区首座人行天桥。开展“把话筒交给群众”活动80期，办理民生实事260余件，完成67个老旧小区改造建设，新增停车位355个，电梯20台，惠及居民6000余户。自筹资金570余万元，对49个小区和背街小巷进行微改造，城西社区百川里小区连片改造成效获央视《走进县城看发展》栏目推荐。推进“六控十严禁”(控尘、控车、控排、控烧、控煤、控油；严禁渣土车、混凝土搅拌车、运砂车等各类车辆带泥上路，严禁违法倾倒渣土，严禁工地裸露黄土，严禁重污染天气土石方施工，严禁在禁燃区燃烧散煤，严禁在禁燃区域时段燃放烟花爆竹，严禁露天焚烧垃圾，严禁露天烧烤，严禁露天焚烧农作物秸秆，严禁拖拉机等高排放车辆进城)整治行动，开展控尘、控噪、控烧行动30余次，开展巡河320余次。组织开展“扫黄治赌禁毒”清查行动48次，刑事拘留25人，行政处罚85人，发案率同比下降48.3%。

【社会事业】 2022年，淮川街道落实疫情防控工作要求，做好服务保障工作。完成老年公寓提质改造，打造通源国际爱耆居家养老服务站。发动辖区30家爱心企业结对帮扶34户特困家庭，发放慰问金及物资15万余元，为800余名贫困家庭子女、失业人员等提供就业技能培训，促进500余人成功就业。推进“教育强街”工程，开展校园周边联合整治行动20余次，查处无证办学机构9家，违规办学机构10家。

【浏阳市首个“奔跑者”红色驿站正式启动】 2022年2月25日，浏阳市首个“奔跑者”红色驿站在淮川街道朝阳社区正式启动。作为浏阳首家服务新业态、新就业群体的红色驿站，“奔跑者”红色驿站聚焦服务快递、外卖行业等新就业群体及环卫工人等劳动者工作和生活需求，提供手机充电、免费茶水、暖餐服务、电动车充电等十项服务。全年淮川街道共建设10个“奔跑者”红色驿站，包括9个社区红色驿站和1个商圈红色驿站。为加强红色驿站常态化服务管理，淮川街道在每个驿站设站长，并招募党员、志愿者参与日常管理。驿站实现电子信息动态管理，从业者到站点均可扫二维码报到。

【“老浏阳味道”淮川美食节举办】 2022年5月21—22日，心“淮”美好，乐享消费的“老浏阳味道”淮川美食节在淮川街道才常广场举办，美食节涵盖老浏阳味道集中展、千份早餐免费送、啤酒龙虾挑战赛、湘赣边云直播、国潮音乐汇、数字金融场景体验等系列活动。活动共吸引线上线下100余家商户参与，日均人流量超过4万人次，带动步行街商圈周边消费额近5000万元。

【举行“七一”表彰大会暨“这个党员真美”微视频大赛】 2022年7月1日，淮川街道举行“七一”表彰大会暨“这个党员真美”微视频大赛，会上，宣读淮川街道党工委《关于表彰2022年上半年幸福微网格的决定》《关于表彰“先进基层党组织”“优秀党务工作者”“优秀共产党员”的决定》，并进行现场颁奖。会后，启动“这个党员真美”微视频大赛，现场展示9个社区推荐的微视频作品，作品包含剧情类、纪实类、党课类等形式，用党员群众身边人、身边事，集中反映辖区内广大党员积极践行以人民为中心的发展思想，在禁毒、反电信网络诈骗、自建房排查整治、志愿服务、小区治理等方面发挥党员先锋模范作用，宣传党员群众身边的先进典型。

2022年10月13日，浏阳市淮川街道城西社区供销合作社在百川里路58号挂牌成立
（淮川街道　供图）

【城西社区财富新世界小区成立小区妇女委员会】 2022年8月31日，长沙市首个小区妇女委员会——淮川街道城西社区财富新世界小区妇女委员会成立。妇女委员会由小区推选的24名妇女代表组成，在市妇联、街道、社区三级联动下，小区党支部牵头组织，完成妇女代表海选推选、投票以及妇委会委员选举、成立等工作。妇女委员会成立后，将联动社区专业力量，共同参与妇女儿童服务工作，为小区妇女和儿童提供法律咨询、婚姻调解、心理疏导、家暴维权、科普宣教、家庭教育、帮扶救助等综合服务。

【联合举办“传承文化共叙亲情——长台基层文化线上交流活动”】 2022年9月28日，淮川街道和台北市忠顺里联合举办“传承文化共叙亲情——长台基层文化线上交流活动”，致公党浏阳工委参与活动。活动中，通过“云端”祭孔和“云上”缅怀先贤，两地居民共同观看浏阳祭孔文化视频、台北忠顺里社会治理视频，双方上演扯铃、沙画、柔力球和歌舞等节目，通过直播连线的方式，两地同胞共叙情谊、共寄相思、共享文化、共谋发展，加深两地居民的相互了解，促进两岸同胞心灵契合。

【城西社区供销合作社挂牌成立】 2022年10月13日，全市首家城市社区村级供销合作社——浏阳市淮川街道城西社区供销合作社在百川里路58号挂牌成立。2022年7月，城西社区开始筹建供销合作社事宜，与大围山本土电商平台“围山公社”签订长期合作协议，打造“围山鲜”线下品牌店，实现城区社区集体经济零的突破。

【城区首座人行天桥建成】 2022年10月27日，浏阳市城区首座人行天桥正式吊装完毕，天桥位于北正南路与浏阳河路交叉路口，横跨北正南路，桥面宽约4米，长约30米，可容纳4人并行通过，整体材料选用钢结构，两侧装有护栏，顶部铺设双层钢化夹胶玻璃，天桥在具备通行功能的同时，兼具景观功能。人行天桥于10月8日施工建设。11月8日，天桥全面完工、投入使用。

（李涵婷）

位于北正南路与浏阳河路交叉路口的城区首座人行天桥　（淮川街道　供图）

集里街道

【概况】 2022年，集里街道辖7个社区、8个行政村，371个居（村）民小组，辖区行政区域总面积153.8平方千米，耕地1290.96公顷，其中水田1206.28公顷、旱土84.68公顷，山林10703.19公顷。辖区总户籍数19808户，户籍总人口62424人；常住人口16.2万人，出生383人，死亡396人，人口出生率6.31‰，自然增长率-0.21‰。流出人口2615人，流入人口2871人。街道被评为“2022年省级公共机构生活垃圾分类示范点”“长沙市禁毒工作示范单位”“长沙平安建设先进单位”“长沙市加强基层治理优秀乡镇”“长沙市发展壮大新型村集体经济先进单

位”“长沙市2022年度乡镇街道星级统计站点”“长沙市先进基层武装部”“基层人民武装全面建设星级达标考核评定‘五星级’”；街道工会联合会被命名为湖南省“百佳乡镇（街道）工会”、长沙市“新就业形态建会入会创新优秀项目”；街道基层供销社获评长沙市乡镇“标杆基层社”；集里桥社区被评为“2021年省级充分就业社区”；龚家桥社区获评湖南省“最美志愿服务社区”、长沙市“最佳志愿服务组织”、“长沙市新时代文明实践典范站”；新屋岭社区获评“长沙市二〇二一届文明社区”、长沙市网络文明传播先进单位二等奖、长沙书香社区；北城社区获评“长沙市二〇二一届文明社区”；神仙坳社区获评长沙市2022年“劳动力调查示范点”；新屋岭社区工会联合会获评“新就业形态建会入会创新优秀项目”“快递小哥之家”、获评长沙市“快递小哥之家”示范点。街道社会事业综合服务中心主任胡亿获评湖南省优秀社会工作者；龚家桥社区书记刘娟获评2022年第一季度长沙好人（敬业奉献类别）；神仙坳社区李国庆获评2022年度长沙市劳动力调查优秀辅助调查员。

【经济发展状况】 2022年，集里街道完成一般公共预算收入11.6亿元，其中地方一般公共预算收入6.9亿元，增长10%。农业生产。水稻种植803公顷，油菜种植163公顷，大棚蔬菜种植3.15公顷，有小水果基地42.6公顷，油茶抚育11.73公顷。年末生猪存栏12962头，家禽存笼7.692万羽。全街道村集体经济总收入403.09万元，8个村集体经济收入全部超过50万元。工业经济。完成规模工业总产值60亿元，同比增长12%；实现限上商贸企业销售总额46.6亿元，增长10%；固定资产投资64.8亿元，增长8%；城乡居民人均可支配收入增长4%。完成招商引资到位资金12.4亿元，新引进项目4个。新增“四上企业”（规模以上工业企业、资质等级建筑业企业、限额以上批零住餐企业、规模以上服务业企业）9家，新增市场主体4000余户，登记在册商事主体总量2.2万户。项目建设。实现20号、21号地块、新屋岭中学、大塘实验小学等13个重点项目征拆清零，完成征地359.6亩，房屋拆迁48户，金阳大道三期通车，促进长赣高铁、浏江高速、西南环线等重大交通项目落地实施。

【社会管理】 基础设施建设：2022年，街道提质改造老旧小区18个，完成既有小区品质提升项目4个。投入800余万元，对基础设施进行改造，打造新时代文明实践站1个、美丽宜居村庄6个；投入1600余万元，对农村水利设施维修改造，打造“百亩示范片”6个，“千亩示范片”1个。修复破损路面、墙面153处共2万余平方米。人口与计划生育：2022年年末，辖区已婚育龄妇女9948人，全年办理生育证483本。2022年享受独生子女保健费315户，发放独生子女保健费3.558万元；享受农村计生奖扶政策845人，发放奖扶资金81.12万元；享受计划生育家庭特别扶助69人，发放补助金额75.348万元；享受城市低保奖扶8人，发放奖扶金额0.48万元。环境整治：打好蓝天碧水保卫战，处理各类环保投诉182起，立案查处环境违法行为2起，关停退转“散乱污”单位3家，对辖区3万余平方米裸露黄土进行全覆盖复绿，落实建筑施工“六个100%”制度，街道空气质量优良率99%，空气质量优良率全市排名第一。加强流域水环境保护，开展浏阳河流域“蓝藻防控”治理工作，整改各类水环境问题16个，增设水源地警示标牌9块，辖区河流出境断面水质稳定达标。开展农贸市场、背街小巷美化行动，拆除违法建筑及自建房安全隐患危房126处，拆除违规广告牌150余块。安全生产：持续推进安全生产专项整治“三年行动”，全年排查安全治理隐患1344处，立案25起，责令烟花爆竹生产企业局部停产整顿31家次。街道安全生产工作高标准接受省委书记张庆伟现场督导检查。推进打非治违、交通安全、房屋安全、“治超”、动物防疫、食品安全、燃气安全、建筑安全、校园周边环境、秸秆禁烧、防火防汛等整治行动，2022年街道火灾发生率同比下降8%。社会治理：建成“两化三中心”（基层治理网格化、信息化；三中心即综治中心、网格管理中心、应急指挥中心）试点项目，实施“五个一”工作法，成功化解矛盾纠纷366起，重大矛盾纠纷23起，街道代表湖南省视频连线最高人民法院汇报诉源治理工作经验。打击“黄赌毒”等违法犯罪行为，街道刑事案件同比下降28%，电信网络诈骗发案同比下降31%，街道获评“长沙市禁毒工作示范单位”“长沙平安建设先进单位”。

【社会事业】 民政事务：推进“一件事一次办”改革，街道政务窗口“帮代办”各类民生事项5325件，办结“12345”热线工单2788件。移风易俗，殡葬改革火化率100%。社会救助：全年发放城乡低保、特困供养金912.4万元，就业困难人员补贴216.2万元，走访慰问困难群众

重建后的浏阳河宏源大桥　　（集里街道　供图）

2022年1月24日，集里街道2021年度工作总结大会暨2022年经济工作会议召开

（集里街道　供图）

1116户。社会保障：全年发放养老待遇1994万元，报销城乡居民医疗保险3085万元，安置公益性岗位就业62人。拓展创业就业渠道，神仙坳社区被评为长沙市“劳动力调查示范点”，集里桥社区被评为“2021年省级充分就业社区”。建成社区村居家养老服务站12家，聚焦打造湘赣边医疗中心，集里医院位列2021年度中国乡镇卫生院100强排行榜榜首。科教文卫：推动大塘实验小学、新屋岭中学开工建设，促成太平桥中学与浏阳市第一中学联合办学，全年新增学位500余个。全年开展各类科普活动共计27场，新增高新技术企业8家。

【张庆伟到集里督导检查安全生产工作】 2022年4月15日，时任省委书记、省人大常委会主任张庆伟到浏阳市督导检查安全生产工作。在集里街道锦美村的浏阳景美烟花仓储有限公司，张庆伟仔细检查仓储、装车、运输等物流环节，叮嘱企业扛牢安全生产主体责任，统筹抓好疫情防控和安全生产工作，确保每个环节、每个流程责任到人、落实到位。

【集里街道2021年度工作总结大会暨2022年经济工作会议召开】 2022年1月24日，集里街道2021年度工作总结大会暨2022年经济工作会议召开，辖区市党代表、人大代表、政协委员、老干部代表、企业代表、驻街单位主要负责人及机关、村（社区）全体干部参加会议，浏阳市委常委、宣传部部长李爱民出席会议。会议总结2021年度工作，安排部署2022年工作，现场表彰91个先进单位、58名先进个人。会议提出2022年集里街道经济社会发展目标：规模以上工业增加值增长8.5%左右；固定资产投资增长8%以上；社会消费品零售总额增长8.5%以上；地方一般公共预算收入增长8.5%以上；城镇调查失业率控制在5.5%以内，居民收入增长与经济增长基本同步。生态环境质量持续改善。

【召开建筑安全专项大排查大整治工作部署会】 2022年4月30日，街道组织召开开展建筑安全专项大排查大整治工作部署会议，街道全体党政领导、部门负责人参加会议。会议对街道开展自建房安全隐患排查整治工作实施方案进行解读并对工作开展进行安排部署，会议要求，要深刻吸取“4·29”事故教训，迅速开展专项行动，切实担起各自责任，依法依规督促落实整改到位，切实保障人民群众的生命财产安全。

【集里街道庆祝中国共产党成立101周年党建主题活动】 2022年6月30日，集里街道在欧阳予倩大剧院举行庆祝中国共产党成立101周年“奔向新百年”党建主题活动。晚会分为《人民至上》《大道向前》《未来已来》3个篇章，通过歌舞、音乐剧、快板、情景剧等形式，诠释集里人以“闯”的精神、“创”的劲头、“干”的作风，投身“强省会”战略发展浪潮，续写高质量发展篇章。活动中，街道对45名优秀共产党员、15名优秀党务工作者、10个先进基层党组织进行表彰。

2022年6月30日晚，集里街道庆祝中国共产党成立101周年党建主题活动

（集里街道　供图）

【浏阳一中、太平桥中学签约合作办学】 2022年9月6日，浏阳一中与太平桥中学合作办学，签约仪式在太平桥中学举行，双方签署联合办学协议。市教育局党委书记、局长谭应启，浏阳一中党委副书记、校长袁章军，集里街道党工委书记胡汉堂共同为“浏阳一中与太平桥（合作）学校”揭牌。浏阳一中与太平桥中学签订为期6年的合作办学协议，将在人才培养、学校管理、师资培训、教育科研、教育评价等方面开展深度交流与合作。浏阳一中将选拔优秀干部作为太平桥中学副

2022 年 9 月 6 日，浏阳一中、太平桥中学签约合作办学揭牌仪式　（集里街道　供图）

校长提名人选，每年派出若干名优秀教师到太平桥中学支教，并接受太平桥中学一定数量的管理干部、中青年教师挂职锻炼和跟班学习。在招生政策上，浏阳一中将增加在太平桥中学的招生指标。

（石　瑶）

荷花街道

【概况】 荷花街道坐拥城南，贯通湘赣，地处浏阳中部偏南低山丘陵区，地势东南较高，西北较低。地表物质组成以变质岩为主，土地分布在底丘溪谷，一般海拔在 200~400 米。域内属于亚热带长炎盆地谷底气候区，受亚热带季风气候控制明显，年均气温 17.5℃，年降水量 1479.9 毫米。2022 年，街道辖荷花园、南市、唐洲、新月 4 个社区，杨家弄、西环、嗣同、南环、牛石岭、建新、东环、浏河村 8 个行政村，381 个村（居）民小组，总面积 146.8 平方千米，林地面积 12.43 万亩，耕地面积 24069 亩（其中水田 18380 亩，旱田 5689 亩）。户籍总人数约 4.9 万人，其中常住人口约 10.9 万人，出生 260 人，死亡 381 人，人口出生率 5.34‰，自然增长率 2.48‰。流出人口 1631 人，流入人口 2300 人。全街道现有 13 个党总支部，下设 79 个党支部，直管党员 1859 名。现有在编在岗干部职工 135 人，离退休干部 72 人，村（社区）干部 68 人。甘慧琳家庭被评选为“2022 年全国最美家庭”。

【经济发展状况】 2022 年，荷花街道全年实现规模工业总产值 37 亿元，完成固定资产投资 24.76 亿元、财政收入 2.33 亿元、地方一般预算收入 1.18 亿元，新增固定资产投资项目 27 个，实现规模以上零售总额和服务业分别增长 17.6%、43%。农业。完成双季稻栽种 5200 亩，一季稻 1.2 万余亩，抛荒耕地复耕复种 170.89 余亩，油料作物 14960 亩，水果稳定产区 1900 亩，有机蔬菜复种 19065 余亩。完成稻油轮作千亩示范片并通过验收。街、村两级共投入 100 万元用于抗旱保灌，加强耕地保护，有效解决 4000 余亩的农田灌溉。2022 年 8 个美丽宜居村庄建设全部通过验收，乡村振兴扶持产业项目入库 8 个，验收 5 个。村集体经济收入 284.34 万元，其中经营性总收入 130.49 万元，西环村、南环村、嗣同村总收入超过 50 万元。浏河村小微水体管护示范片区通过长沙市验收。工业。完成工业投资 14.37 亿元，工业技术改造投资 13.4 亿元。引进招商引资项目 4 个；成功申报认定高新技术企业 9 家，完成技术贸易合同登记 7500 万元；申报认定 3 家长沙市智能制造试点企业。新增固定资产投资项目 27 个，帮助企业解决矛盾纠纷 36 起，协助山枣烟花和华辉烟花等 5 家企业成功申报制造强省机械化技术改造项目，并获得专项资金 210 万元。杨家纸业成功申报国家级绿色设计产品项目，获得奖补资金 50 万元。金牛烟花和金滩烟花等 11 家企业获得长沙市“浏阳烟花爆竹”传统文化保护和创新专项资金 60 万元等。服务业。以浏阳河沿岸秀美风光为依托，按照“休闲+餐饮+娱乐”的思路，在城区打造出以特色餐饮为主，茶业、酒业、花炮业于一体的浏阳河休闲圈。在乡村建设出天子湾景区、南流桥荷花、荟茗兰花等田园旅游圈，结合景观提质升级规模民宿 3 家，重点打造度假生态农庄 16 家，全年新增游客 15 万人次，实现规模以上零售总额和服务业分别增长 17.6%、43%。项目建设。新增固定资产投资项目 27 个，完成东康乐养老项目既定任务。实现杨家弄棚改项目清零，浦梓港二期项目拆迁收尾。推进生活垃圾焚烧发电项目落地，完成项目用地 443 亩征地工作，完成青苗设施补偿 77 户，完成房屋拆迁协议 19 户，倒房 29 栋，做好建设施工前准备工作。

【社会管理】 城乡建管：2022 年，荷花街道完成建设项目招标交易 8 宗、询价 14 宗，指导监督村级建设项目招标 42 宗。投入 120 万元对天马路人行道进行提质改造及小微工程改造。新建公租房主体建设项目竣工并启动配套建设，净溪河片区污水管网改造推进中。拆除老旧危房 38 栋 2000 余平方米，拆除违法建设 13000 余平方米，完成危房改造 2 户，村民建房审批 85 户。推进路长制，打造“四好公路”，投资 572 万元新建村级省规公路 5 个项目 6.657 千米，完成市农村公路工程 12 条，省市安保工程 4 条、危桥修缮加固 3 座；增设公交站点 10 个。加强地质灾害、切坡建房防治，开展全省地质灾害防治红背包公益行动。完成创建 2022 年长沙市“放心满意标准化管理小型水库”和牛石岭单村饮水厂“放心满意农村供水工程”。社会治理：禁毒。登记吸毒者在册人员 490 人，社区戒毒 12 人，社区康复 34 人，突击现场尿检 380 余人，毛发检测 30 余人；开展消防安全检查，检查工贸行业、休闲娱乐、人员密集场所共计160余家，其中计划执法检查24家，发现整改消防隐患800余处，责令停业整顿8家企业；自建房消防安全排查1100户；整顿麻将馆220家，关停5家；开展学校周边治安巡防，对辖区内14台校车，开展每周一次的不定期检查。

【社会事业】 社会保障：2022年，城乡居民养老保险征收389万余元，城乡居民医保征缴39220人。民政。殡改宣传车辖区全覆盖23余次，处理殡改事例24起，街道死亡人员火化率100%。新增低保60户，86人。确定上报审批新增特困人员21户、21人。街道有五保供养人数268户、272人，其中集中供养于街道敬老院16人。完成1297名残疾人基本信息调查及系统录入工作，完成1059名农村残疾人返贫致贫排查风险，完成第五次残联换届选举工作。社会救助：临时救助59户，发放救助资金42800元。组织辖区失业居民323人参加招聘会，组织免费抖音直播培训3次，就失业系统处理信息1320多条。卫生健康：组织适龄妇女参加“两癌”免费筛查2300人次，组织156.5对夫妇参加免费孕前优生检查；无偿献血130人次；完成全街道72户计划生育特扶及并发症对象的计划生育保险的发放和家庭医生的签约，为对象申报住院护理补贴32人次，报销金额35000多元。办理生育证270本，卫生许可证41家。

【东环路提质改造后竣工通车】 2022年1月15日，东环路提质改造后竣工通车。荷花街道东环路东起荷石公路竹步岭，南至荷文公路建新村部，全长10.8千米，是东环村和新建村7000多位村民，以及沿线企业运输出行的唯一交通要道。该路因车流量大，路面被压坏，导致路基下沉，路面坑洼。2021年10月，荷花街道启动东环路提质改造项目。项目总投资超过1600万元，按照四级公路标准改造，设计时速20千米，路基宽度7.5米，路面宽度7.0米，加铺20厘米厚水稳基层和5厘米厚沥青面层，解决路面下陷和坑洼的问题；同时完善沿线水沟、涵洞，解决积水、排水问题；纵坡局部有所调整，设计双向双车道；沿线设置新的交通安全标志、标线、波形护栏等配套设施。

【牛石岭单村饮水厂“放心满意农村供水工程”通过验收】 2022年6月15日，长沙市市级专家组对浏阳市“千人以上”饮用水水源地生态环境问题整治情况进行现场验收，牛石岭村山溪水饮用水一级、二级保护区未按要求设置标识标牌问题验收通过。荷花街道牛石岭村单村饮水工程是牛石岭村主要供水水源，服务2360人。作为安全饮水工程重要一环的饮用水水源地一度面临监管缺失的难题，部分村民砍伐森林导致水土流失，散养牛羊粪污乱排，给饮用水水源地环境造成破坏。为防止人类活动影响水源地安全，荷花街道开展水源地规范化建设，加强水源地巡查执法，在牛石岭村山溪水水源保护区安装界碑2块，交通警示牌1块，宣传牌3块，禁游、禁钓标牌1块，在一级保护区边界安装防护隔离网80米，形成水源地保护的长效机制，由专人负责水源地日常巡视检查、水域保洁及沿线垃圾清理工作，在取水口和水厂内安装视频监控。

【中央电视台《走进县城看发展》节目部分在荷花街道取景拍摄】 2022年6月23日10时，央视新闻频道以新闻直播间和现场记者直播连线的方式，讲述浏阳故事。连线总时长24分钟，其中20分钟在荷花街道国家级创业孵化示范基地——智慧浏阳河文化创意孵化基地取景拍摄。央视记者姜文婧在智慧浏阳河文化创意集市上品尝浏阳蒸菜风味，采访、体验豆豉、菊花石、花炮、夏布浏阳“四大名产”的制作技艺，并讲述浏阳发展传统产业，带动家门口就业的产业发展路径。

（罗钟慧）

关口街道

【概况】 2022年，关口街道辖长兴、占佳、水佳3个社区，金口、金桥、杨溪湖、升平、溪江、和田、道源湖、金湖、炭棚9个行政村。辖区总面积161.8平方千米，耕地面积3.19万亩，山林15.48万亩。总人口53780人，出生人口390人，死亡人口382人，人口出生率7.25‰，自然增长率0.15‰。东连古港镇、高坪镇，东南与荷花街道隔河相望，南邻淮川街道，西接集里街道，北接蕉溪镇和淳口镇。长兴社区获评“长沙市最美志愿服务社区”。

【经济发展状况】 2022年，关口街道完成地方一般公共预算收入2.5亿元；完成规模工业总产值109亿元；招商引资到位资金11.1亿元；固定资产投资59.4亿元；规上服务业营业收入3.1亿元，营利性服务业同比增长43.6%；社会消费品零售额11.6亿元，同比增长34.7%，各项经济指标增速领跑乡镇（街道）。项目建设。全年完成房屋拆迁217户，征地777.89亩，青苗补偿1402户，实现浏府南路建设、渭川河改造、长兴湖E区开发等12个政府投资项目征拆清零。加快推进江山印、常兴观湖园、博华尚学府、创和湖山一品等社会投资项目落地生效。产业转型。推行“千企帮扶、纾困增效”助企举措，帮助湖南太阳龙医疗科技有限公司启动二期生产线建设、协助10家企业上规纳统。以政策引导鼓励第二、三产业提质发展，持续实施助推经济发展“关口十条”，新引进上汽大众4S店、永通比亚迪4S店等项目落地，打造集销售、维修、服务等于一体的现代汽车服务业集群。联合市商务局组织“河畔季风”消费节暨“浏Young”消费周活动，以活动搭台促进汽车、家电、家装、建材等零售指标增长。农业生产。围绕粮食生产工作主线，将粮食生产任务落实到村、到组，发展种粮大户21户，全年落实水稻种植面积20619.2亩，治理耕地抛荒52.62亩，实施“一喷多促”项目1312亩，发展“稻油”轮作示范片1300亩，发放农业补贴291.24万元。全年完成植树12万株，“一县一特”新造油茶 1615 亩，抚育、更新造林 382 亩。做好有害生物防治，除治松材线虫病枯死松树 402 株，清理房前屋后松材27.7 吨，签订松材线虫病防控承诺书 1 万余份，落实公益林责任管护 9997 亩。城乡发展。按照浏阳“一体两翼、一河两岸、一城两站”战略布局，持续深化街道“一带两路三片区”发展格局。“一河两岸”风光带依托天空剧场、六桥夜市，打造长沙市夜间经济示范点。大围山路、李畋路、浏阳大道扩改工程通车，长兴湖、道吾金桥、高铁新城三大片区交通路网有效衔接。

【社会管理】 城市管理：2022 年，关口街道以全国文明城市创建为契机，全新提档长兴社区党群服务中心建设，推进“百街千巷”环境综合整治提升工程，完成复兴安置区、深家冲巷、奥园广场人行道提质改造。全年查处违章建筑 125 处，拆违控违面积 34208 平方米，处理燃煤、乱倒渣土、秸秆露天焚烧、噪声扰民、占道经营等投诉 40 件，立案 34 起。街道在长沙市 6 月、8 月文明指数双月测评中均获县市街道第一名，关口街道农副产品大市场被评为“2021 年湖南省文明集市”。乡村振兴：按照乡村振兴三年行动计划，推进产业融合、项目建设、治理提升，发展溪江水果采摘、炭棚蔬菜种植、道源湖食品加工等现代农业，发展村级集体经济，9 个村集体经济收入均超过 20 万元，金口、溪江、道源湖、杨溪湖 4 个村集体经济收入达 50 万元以上。打造 8 个美丽屋场；推进农村“五治”（治房、治水、治垃圾、治厕、治风），完成溪江集镇公厕、农村旱厕改造 60 座，溪江村被评为“长沙市卫生村”，道源湖村入选第十二批全国“一村一品”示范村。平安建设：开展“安全生产专项整治三年行动”“安全生产月”“防灾减灾”等系列主题活动，推进“千名干部下基层 确保平安促发展”专项行动，共检查单位 1797 家，排查上报安全隐患 822 条，已整改到位 366 条，另外 456 条责令限期整改，全年未发生安全生产责任事故，安全生产工作年度考核在全市名列前茅。依托基干民兵建设，巩固基层武装，开展“平安创建”活动，推进全民禁毒、反电信诈骗、金融安全、扫黑除恶等工作。2022 年，共组织交通安全屋场会、禁毒巡回授课、法治讲座、反诈宣传等 500 余场次，发放宣传资料 8 万余份，街道综治民调在浏阳市排名第 3、长沙市排名第 13，电诈案件同比下降 24%。

【社会事业】 教育：推进泰安小学建设、关口中学综合楼和升田小学提质改造、杨溪湖村西山小学启动整体搬迁，中小学校新增学位 3280 个。社会保障、社会救助。发放养老保险待遇 2199 万元，报销城乡居民医疗保险 3296 万元，发放惠农补贴、城乡低保、特困供养等各类救助补助资金 2676 万元，走访慰问困难群众 665 人次。政务服务：推进“一门式办理”“一站式服务”，街道一网通办平台办理事项 11370 件，办结“12345”热线工单 1345 件，回访满意率 99.6%。

【上汽大众汽车长沙（浏阳）项目正式签约落户关口】 2022 年 1 月 7 日，上汽大众汽车长沙（浏阳）项目正式签约落户关口，于 3 月开工，12 月完成建设，实现当年落户、当年开工、当年投产。该项目选址关口街道浏阳大道旁工业小区，由湖南鸿洲科技有限责任公司投资打造，总投资 1.1 亿元，总建筑面积 9400 平方米。

【长兴社区党群服务中心提质改造】 2022 年 5 月，关口街道正式启动长兴社区党群服务中心提质改造项目，历时 3 个月完成，总投资 400 余万元，建筑面积 2000 余平方米。改造后，设有新时代文明实践站、红色奔跑者驿站、复兴少年宫等 26 个功能区，各类硬件实现提档升级。

【“焰遇浏阳河——大型沉浸式焰火秀”在天空剧院首场正式上演】 2022 年 7 月 30—31 日，“焰遇浏阳河——大型沉浸式焰火秀”在天空剧院首场正式上演，烟火秀融合“人、声、光、电、影、景、剧、焰”的全景情境表演。2022 年上半年，浏阳市关口街道花炮观礼台改造升级成“天空剧院”，旨在以文旅焰火表演为核心，打造一个以烟花为引线的年轻态情绪场、社交场和消费场，让焰火、音乐、露营、美食、文创交互成一个全新生活方式的文旅空间，将实现常态化演出，打造“相约浏阳河·周末看焰火”品牌，促进烟花产业与创意设计、数字技术、媒体艺术深度融合。

【道源湖村上榜第十二批全国“一村一品”示范村镇】 2022 年 11 月 1 日，

2022 年 7 月 30—31 日，天空剧院首场正式演出“焰遇浏阳河”大型沉浸式焰火秀成功举办

（关口街道 供图）

关口街道道源湖村的粽子生产车间内，工作人员正忙着扎粽子　（关口街道　供图）

农业农村部公示第十二批全国“一村一品”示范村镇名单，关口街道道源湖村（粽子）入选，成为浏阳第7个全国“一村一品”示范村镇。全国“一村一品”示范村镇是由农业农村部认定，主导产业优势特色鲜明、质量效益显著、联农带农紧密，基本实现产村、产镇融合发展，有较强辐射带动作用的行政村和行政镇。道源湖村是远近闻名的“粽子村”，有着40多年制作和经营粽子的历史，拥有浏阳市非物质文化遗产粽子技艺。2020年，村上通过“村集体经济+公司+个人”的方式，成立湖南道源湖农业发展有限公司，注册“湘情原”粽子品牌，将在外地制作、经营粽子的村民整合起来抱团发展，共同打造村级品牌。2021年，全村粽子产业实现年产值8000万元，2022年，总产值突破1亿元，解决本地劳动力就业1000余人。

【湖南永通浏阳比亚迪4S店项目落户关口街道】 2022年12月7日，浏阳首家比亚迪新能源汽车4S店落户关口街道，由湖南省汽车流通领域的龙头企业——湖南永通集团有限公司投资5000万元打造，是继一汽大众、广汽丰田、梅赛德斯奔驰后，湖南永通集团落户关口街道的第4个项目。项目位于浏阳市关口街道工业小区予情路以北、石兰冲路以西、椏塘路以南、东沙路以东，项目采取“4S店+城市展厅”模式，4S店已同步开工建设；位于浏阳汽车西北站附近的城市展厅于12月10日与市民见面，方便市民在“家门口”看车、选购。

【六桥夜市被评为“2022年长沙市夜间消费示范名片”】 2022年12月，长沙市商务局发布2022年长沙市夜经济示范系列评选结果，关口街道六桥夜市被评为“2022年长沙市夜间消费示范名片”。该评选是为进一步发掘长沙城市经济发展新增长点，加快夜间经济发展，推动消费升级、激发城市活力、提升文化品位，评选范围涉及长沙市行政范围内的商圈、街区、企业（含门店）、各类消费场景，包括购物、餐饮、休闲、健身、旅游、文化、娱乐等不同业态。六桥夜市依托浏阳河东路六桥，通过“摊主自治”模式，打造长340米的夜市街，设置200余家摊位，涵盖美食、玩具、游戏、露天清吧等多种类型。日均人流量过千人次，高峰时期单日客流达8000余人次，晚20点后客流占比50%以上。

（丁舒婧）

古港镇

【概况】 2022年，古港镇辖15个行政村、1个社区，293个村（居）民小组，人口6.4万人（其中：农业人口6.1万人、非农业人口0.3万人）。辖区总面积210平方千米，耕地面积2984.466公顷，山林总面积1.24万公顷，森林覆盖率62.8%。年末，户籍总人口63132人。全年新出生人口357人，死亡人口552人，人口出生率5.65‰，自然增长率-5.64‰。年均气温25℃、年内最高气温41℃、最低气温-3℃，年降水量1600毫米。2022年，古港镇获评长沙市乡镇街道统计站点目标管理类综合考评一类单位、乡村振兴示范创建单位；梅田湖村获评第四批全国乡村旅游重点村、2022年中国美丽休闲乡村、长沙市抓党建促乡村振兴示范点，梅田湖村党建引领乡村振兴工作经验获《长沙党建》推介；三口村入选2022年度省级美丽乡村示范村创建名单；古港镇中心卫生院获评全省乡镇卫生院医疗服务能力KPI100强（第九名）；古港完小成功创建长沙市平安校园；古港镇村民晏国胜获评湖南省优秀共青团员。

【经济发展状况】 2022年，古港镇实现地方一般预算收入3780万元。农业生产：水稻种植面积稳定在

2022年12月7日，湖南永通浏阳比亚迪4S店项目举行签约仪式　（关口街道　供图）

6.33万亩，建成金园村千亩油菜示范点，打造水稻种植百亩示范片21个；蔬菜种植4.7万亩；烤烟产量2.48万担。16个村（社区）村级集体经济收入均超过20万元，其中8个村收入超50万元。工业经济：古港镇有主要规模企业24家，完成固定资产投资24亿元，规模工业总产值突破72.28亿元，增速达24.9%，通过“千企帮扶”行动为企业解决问题60多个，促成16家企业与浏阳农商行、长沙银行等完成授信总额2.5亿元。其他产业：推进宝盖寺民宿谷建设，形成以皇龙峡生态景区、梦俚民宿、云溪杉舍、愚公农庄为代表的“龙头引领、梯次培育、竞相发展、全域联动”乡村旅游格局，接待游客40万人，实现旅游收入3200万元，梅田湖劳动教育实践基地被授予全国首个“共同致富示范点”、湖南省研学旅游（示范）基地、首批湖南省中小学劳动教育实践基地。

【社会管理】 基础设施建设：实现高新科技园、安置区D地块等6个地块约300亩土地征拆“清零”，完成原三口镇政府污水管网改造、三口涂山公路、雨污分流改造（二期）等项目建设，分别投入300多万元、700多万元提质改造古宝公路和梅田至宝盖寺旅游公路；有序推动农村公益性墓地、梅田河治理等项目，古港新城狮山雅苑及其配套工程全部完工并通过验收，完成廉租房道路“白改黑”。环境整治：推进“古城—范市—梅田—燕港—宝盖”乡村振兴示范片建设，打造7个普惠型美丽宜居村庄，将松山—紫阳湾片区建成浏阳唯一的长沙市融合发展标杆型美丽宜居村庄。开展“美家美妇美庭院”“十星文明户”等评比活动。抓好“河长制”“林长制”“田长制”，投入资金80余万元购置抗旱物资，确保群众生活用水充足；查处野外用火42例，完成67个森林图斑整改及201个耕地图斑修复，成功打造2022年全省林业有害生物防治现场观摩点。安全生产：检查企业528家次，排查隐患580条，捣毁非法加工窝点2处，停业整顿13家次，立案处罚8起，罚款27.1万元。统筹抓好道路交通、烟花爆竹、消防、建筑、燃气、食品、自建房等重点领域安全生产工作，完成安全隐患房屋整改292栋，拆除房屋51栋，面积7140平方米，实现整改率100%，交通亡人事故率同比下降30%，推动1家烟花爆竹企业成功退出，安全生产工作排名全市前列。治安状况：常态化打击涉黑、涉黄、涉赌、涉毒等违法犯罪行为，派出所接出警1495起，行政拘留73人，刑事拘留55人。

【社会事业】 民政：加大民生领域投入，发放低保、残疾人补贴等救助金7906万元，发放暖心工程慰问金约28.5万元。社会保障：累计缴纳医保5.3万余人，参保率98%，补偿总金额2368万元，新增农村奖扶对象225人、特扶对象14人，完成免费孕前优生健康检查168对，65岁及以上老年人参加免费健康体检6845人，组织147人成功献血，总计献血量56100毫升。教育：完善古港中学、仙洲小学教育设施设备，争资完成青浒、合益、古城等小学煤改电厨房设备项目，推动古港完小、三口中学附属幼儿园提质改造，合益小学新建教学楼、食堂和三口完小新建综合楼项目竣工，范市小学新建项目有序推进。全年发放慈善助学金20.77万

图为梅田湖村研学基地，2017年由梅田湖村引进返乡创业人士汤腊梅、汤宝连姐妹建立，基地以农耕文化为课程主题，以“村＋公司＋农户”的合作模式运营，流转农田建成学生研学活动园地，整合农家房屋建成学生研学入住营房，学生来到基地后吃住在农家，体验最原生态的乡村生活

（古港镇　供图）

图为梦俚民宿，于2016年修建，位于古港镇宝盖寺村白果组，择址至开业，用期四年，民宿建筑保持当地独有的夯土外墙、室内土木结构特色，为宝盖寺村龙头网红民宿之一

（古港镇　供图）

元、慰问贫困学生182名，奖励教师160名，发放奖金10万元，2022年古港获初中教学质量综合评价一等奖，古港完小成功创建长沙市平安校园，并通过长沙市标准化食堂验收。

【修水县党政代表团到梅田湖村考察学习】 2022年2月17日，江西省修水县委书记郑庆华率修水县党政代表团到古港镇梅田湖村考察学习。长沙市委常委、浏阳市委书记朱东铁，浏阳市委副书记、市长王雄文，修水县领导蔡文祥、袁观云、王位华、卢海明、查明杨、周群峰，浏阳市领导戴武明、邱山东、秦跃平、王坤球、唐洪胜、戴圣伟、邓华参加。2017年以来，古港镇梅田湖村通过“村级+公司+农户”模式，建设以农耕文化为主题的青少年研学实践基地，2021年为基地41户入股村民分红312万元。在梅田湖村，代表团走进田间地头、农户家中，与村级负责人交流，了解研学旅行、村级集体经济发展等情况。

【湖南省巾帼科技助农行动暨湘女新农人联盟成立仪式在梅田湖村举行】 2022年3月11日，由湖南省妇联、省农业农村厅、省林业局共同举办的“赋能巾帼农人·助力乡村振兴”湖南省巾帼科技助农行动暨湘女新农人联盟成立仪式在梅田湖村举行。成立仪式现场，湖南省妇联副主席卢妹香代表湖南省妇联同省农业农村厅、省林业局及湘女新农人联盟代表等共同启动湘女新农人联盟，并为湘女新农人联盟代表授旗。副市长刘来宏参加成立仪式。下午，湖南省妇联举办湘妹子能量家园专题培训和湘女新农人专题培训，为湘妹子能量家园新试点提供面对面辅导机会。

【综艺节目《一人客栈》在宝盖寺梦俚民宿开拍】 2022年6月，搜狐视频出品的综艺节目《一人客栈》在古港镇宝盖寺村梦俚民宿开拍，该节目是由吉娜·爱丽丝作为主理人的轻体验生活分享真人秀节目，讲述一个逃离都市压力和焦虑的乌托邦式客栈，吉娜化身客栈主理人，打造让都市年轻人到此放松栖息的理想国。节目于2022年10月在搜狐视频全网独播。

【全国农机“安全宣传咨询日”活动湖南分会场启动仪式在梅田湖村举行】 2022年6月16日，全国农机“安全宣传咨询日”活动湖南分会场启动仪式在古港镇梅田湖村举行，省委农办专职副主任、省农业农村厅党组副书记、一级巡视员贺丽君，省农机事务中心党委书记、主任龚昕出席。全省各市州农业农村局相关负责人，浏阳市委副书记、统战部部长戴武明，副市长戴圣伟参加活动。全国农机“安全宣传咨询日”活动共设两个分会场，湖南分会场为其中之一，由农业农村部农业机械化总站、湖南省农业农村厅主办，湖南省农机事务中心、长沙市农业农村局、浏阳市人民政府承办。启动仪式上，农机手代表集体宣读落实农机安全主体第一责任人安全倡议书。活动现场通过集中观看警示教育片，设立农机安全宣传咨询台，摆放农机事故典型案例警示教育展板，为拖拉机免费办理年检和安装反光贴等形式，向社会公众、农机从业人员提供农机安全生产法律法规知识、安全常识等方面的宣传、咨询服务。截至2022年，浏阳市拥有农机14.9万台，总动力达到159.2万千瓦。

【梅田、古岭自供区配电网改造工程开工仪式举行】 2022年9月28日，浏阳市梅田、古岭自供区配电网改造工程开工仪式举行，浏阳市市委副书记、市长王雄文，市委常委、常务副市长冯赛军出席活动现场，长沙市供电公司、项目相关负责人等86人参加活动。该项目新建改造10千伏线路24.799千米，配变45台、容量8.8兆伏安，低压线路65.363千米，进接户线105千米，用户表计2551块，总投资3560万元。

（尚田毓慧）

高坪镇

【概况】 2022年，高坪镇辖双江村、杨潭村、向阳村、马鞍村、太坪村、石湾村、三合水村、株树桥村、高坪村、沿甸村、船仓村、志民村12个行政村，镇域总面积257.8平方千米。耕地面积33389亩，其中水田31531亩，旱地1858亩；林地面积275000亩。全镇总户籍数10206户，户籍人口38266人，出生206人，死亡345人，人口出生率5.4‰，自然增长率-2.5‰。

【经济发展状况】 2022年，高坪镇实现财政收入6678万元，较上年增加378万元，同比增长6%；地方一般性收入完成3384万元，较上年增加284万元，同比增长9%。农业生产：完成农业总产值3.56亿元；全年粮食生产面积2000公顷，产量16000吨，产值4650万元。各村合作社重点培育茄子、丝瓜、油茶、红薯、薤、黑山羊、农家乐、烤烟、小辣椒等“一村一品”，被农业部认定为第七批全国“一村一品”示范村镇。向阳村共种植藠头670多亩，在湖南省农科院蔬菜专家指导下，每亩收入提高1万元；杨潭村新建红薯基地，集体收入增加9万元。在2022年底开启的“2023全国网上年货节”湖南专场活动上，三合水村养殖户们通过直播带货销售黑山羊2000余只，销售额接近600万元。全镇12个村集体经济收入均达到20万元以上，其中双江村、高坪村、船仓村、三合水村、石湾村5个村达到50万元以上。工业经济。实现规模工业总产值42.9亿元，同比增长19.2%；完成固定资产投资13.1亿元，同比增长19%；引进省外到位资金1亿元。新增“小升规”工业企业2家、规上商贸企业3家，完成高新技术企业认定6家，新增有效发明专利3件。截至2022年12月底，全镇共有烟花爆竹企业19家、工贸企业21家、非煤矿山企业3家、危险化学品生产经营企业2家；规模工业企业24家，其中烟花爆竹企业14家、工贸企业10家。旅游业。2022年，旅游服务业增加值2511万元；完成社会零售额3717万元，累计增速18.3%。段江华乡村美术馆正式开馆，湖南师范大学美术学院写生教育基地在潭花小学正式挂牌，举办“艺术写生季”“乡村公开课”系列活动，带动周边10余户农家乐、民宿发展，增收200余万元。启动“农家厨王争霸赛”，吸引60万人线上直播观看，“高坪美食”“高坪农家乐”成为新的消费热点。引进夏布文化创意公司4家，拓展新工艺品种400余个，接待研学游客5000余人次，提供就业岗位200余个。

【社会管理】 项目建设：2022年，高坪镇共推进7个长沙市重点项目，累计完成投资6.78亿元。其中，中央预算内投资2090万元的浏阳市高坪镇小溪河流域水环境综合治理、667万元的浏阳河国家湿地公园湿地保护和修复项目进入收尾阶段，中央预算内投资1586万元的浏阳市浏阳河源头区域生态环境综合治理项目正有序推进，小溪河高坪镇双江村段治理项目竣工。完成移民项目9个、安置移民975人，河西新城集中居住居民点项目开工建设。安全监管：所有烟花爆竹企业“涉药工序”加装预警系统，落实“一隐患一台账”“一企业一档案”制度，发现并处置隐患380余条，实现近7年辖区内安全生产“零事故”。被命名为“2022年度省安全发展工作示范乡镇”。信访工作：全年接待受理群众来信来访100余人次、办结市级信访交办件40余件，成功化解“三联三保”重点信访件积案6件。开展“日巡夜谈　社企共建”保平安促发展行动，开展计划执法60家次，整改隐患461处，责令停产25家次，立案13起，罚金28余万元。自建房排查：完成农村房屋安全隐患排查整治工作，省级App录入8409栋，房屋安全鉴定27栋，安全快速评估48栋，拆除隐患房屋36栋，其中重大隐患35栋，较大隐患1栋。交通整治：创新交通安全社企共治模式，统一编码管理企业车辆2300余辆，开展交通安全整治行动72次，查处不戴头盔、不系安全带953起。获评长沙市基层治理真抓实干激励工作优秀乡镇、浏阳市“千名干部下基层　确保平安促发展”专项行动优秀乡镇、浏阳市道路交通安全领域真抓实干成效明显单位。环境整治：持续推进沿小溪河、冯家湾双线打造美丽宜居村庄示范带，完成9个长沙市美丽宜居村庄建设。

【社会事业】 社会救助：2022年，高坪镇发放惠农补贴1746.53万元，补贴对象3.65万人，对城乡居民低保户发放最低生活保障金445万余元，对特困在册户发放救助金453万余元。完成残疾人返贫风险排查和基本状况调查，共录入1153户、1258人，残疾人辅具申报65人，完成向阳村无障碍改造项目。政务服务：深化“放管服”改革，完善“一件事一次办”“三集”审批机制，对接市级赋权乡镇（街道）的85项权限，创新提出由“窗口办”拓展到“上门办”，落实“一件事一次办”升级版攻坚行动计划。就业帮扶：开展2022年度妇女儿童未成年人权益保护专项行动，规范企业用工行为，提升“五险”参保率，工伤保险参保率95%以上。实施普惠稳岗返还政策，发放贴息贷款160万元，举办创业培训班5期，通过“春风行动”为146位就业困难人员提供就业岗位。教育：助学累计484人次，发放教育补助26.48万元，春季雨露计划资助62人，发放补助9.3万元。社会保障：城乡居民医疗保险参保人数33540人，门诊和住院报销总共为2403万元；城乡居民养老保险缴费人数12627人，缴费金额341.3万元；领取城乡居民养老保险待遇人数6900人，待遇发放2330万元。

【黄兰香为段江华乡村美术馆政协委员工作室揭牌】 2022年1月5日，省政协党组副书记黄兰香到高坪镇调研，为段江华乡村美术馆政协委员工作室揭牌。工作室位于高坪镇双江村，由省政协常委、湖南省文联副主席、湖南省美术家协会副主席段江华自筹资金，以高坪镇原杨潭供销社建筑为基础改建而成，占地1100平方米，是浏阳市第一家集展览、教学、艺术实践、文旅融合等功能于一体的乡村美术馆。省政协委员杨湘川、段江华、戴剑、袁绍明为召集人，省政协委员赵双午、肖笑波、张璇、蔡霞等8人为委员工作室成员。美术馆工作室于2021年12月底落成。

【《浏阳河》词作者徐叔华落葬于双江口文化公园】 2021年11月30日，徐叔华于北京逝世，享年90岁。2022年3月，遵从个人遗愿其骨灰落葬于高坪镇双江口文化公园内。徐叔华（1931—2021年），湖南长沙人，湖南著名花鼓戏剧作家、《浏阳

2022 年 9 月 2 日晚，“农家厨王争霸赛”现场 （高坪镇 供图）

2022 年 9 月 15 日，湖南师大美术学院写生教育实习基地在高坪镇潭花小学举行揭牌仪式 （高坪镇 供图）

河》词作者，曾任湖南戏曲研究所副所长，中国戏剧家协会会员。1999 年，因《浏阳河》在宣传、推介浏阳方面做出的重大贡献，徐叔华被浏阳市人民政府授予“浏阳市名誉市民”称号。1949 年 9 月，徐叔华参加湖南省湘江文工团，任演员，曾成功演出过《哑巴劳军》《白毛女》《兄妹开荒》《女社员》等名剧。后从事编剧工作，先后创作一批优秀戏剧作品，为人们所熟悉的有歌舞剧《双送粮》、土家族大型神话剧《春哥与锦鸡》、花鼓戏《补锅》《还牛》等。《浏阳河》的歌词是解放初期的小型歌舞剧《双送粮》主题歌，也是其从事戏剧创作的第一个作品。

【承办 2022 年长沙市农民丰收节】 2022 年，高坪镇承办 2022 年长沙市农民丰收节。丰收节包括“农家厨王争霸赛”“艺术写生季”“乡村公开课”系列活动，通过网络直播、主流媒体推介等方式吸引 50 余万人次关注。8 月 15 日至 9 月 3 日，高坪镇人民政府在浏阳河双江口文化公园举办“农家厨王争霸赛”，比赛分初赛、网络投票、决赛三个环节，其中决赛吸引 60 万人线上直播观看，评选出 10 位农家厨王及粉丝烩仔羊、板栗烩牛腩、黄焖口味甲鱼等 10 道特色农家菜。8 月 27 日，“艺术写生季”绘画比赛在段江华乡村美术馆启动，百余名参赛人员到该镇双江口、段江华乡村美术馆、南车湾、九曲湾进行实景写生。10 月份以来，联合段江华老师开展“乡村公开课”，在潭花小学的课外活动时间开设固定美术兴趣班，节假日于段江华乡村美术馆不定期开设展览，由湖南师范大学美术学院教授段江华及美术专业学生轮流为热爱美术的孩子们授课，进一步充实学生们的艺术课堂。

【湖南师范大学美术学院写生教育实习基地在潭花小学揭牌】 2022 年 9 月 15 日，湖南师大美术学院写生教育实习基地在高坪镇潭花小学举行揭牌仪式，湖南师范大学美术学院党委书记许杭平，湖南省政协常委、省美术家协会副主席、湖南师范大学美术学院教授段江华，高坪镇党委书记宋国辉，高坪镇潭花小学校长刘玲共同为基地揭牌。该实习基地揭牌是 2022 年长沙市“农民丰收节”的重要活动。2022 年 7 月，段江华组织一批美术学生在高坪开展为期两个月的写生活动，并以高坪镇潭花小学为实验点，设立“美育教学点”，由段江华带领研究生、本科生为小学学生上课。

（卿　枫）

沿溪镇

【概况】 2022 年，沿溪镇辖 7 个行政村，159 个村（居）民小组，总面积 123 平方千米，其中耕地 1560 公顷，山林 8287 公顷，人口 32778 人，其中出生人口 205 人，死亡人口 257 人，人口出生率 6.25‰，自然增长率–1.59‰。

【经济发展状况】 2022 年，沿溪镇完成财政总收入 8421 万元，其中地方一般预算收入 3772 万元。完成规模工业总产值 26 亿元，固定资产投资 33 亿元，社会消费品零售总额 1.4 亿元，外贸进出口 2250 万元。产业发展：推进产业转型升级，规模工业企业营业收入 17 亿元，全年 R&D 经费投入 6235 万元，技术贸易合同登记 4662 万元，完成高新技术企业认定 7 家，东信烟花集团有限公司完成北京冬奥会、冬残奥会焰火燃放任务。农业经济：种植粮食 1.4 万亩，建立千亩水稻高产示范片 1 个、百亩示范点 9 个，种植冬种油菜 1.01 万亩，打造稻油轮作示范片 3 个，出栏生猪 1.5 万头。2022 年 5 月 18 日，长沙市市长郑建新到沿溪检查督导早稻生产工作。农村电商集聚发展，三知电商日均发送包裹 1.4 万件，年产值 6000 余万元。壮大集体经济。做优“一村一品”，推动沙龙村蔬菜、沿溪桥村多肉甲鱼、金橘村金橘等特色产业发展，7 个村集体经济收入均 20 万元以上，其中 4 个村 50 万元以上。投入资金约 1200 万元，结合村级实际铺排建设项目 16 个，培育浏河第一湾、大光洞旅游度假区“五号山谷”等乡村旅游网红打卡地。优化营商环境：落实“千企帮扶”政策，完善联企定向服务、部门专业服务机制，鼓励引导 494 家市场主体完成商事登记，协助 764 家企业、982 家工商个体户注册“信易贷”平台，服务企业获批授信金额 1.66 亿元,帮助企业清理欠款450万元。全年新增招商引资项目2个，完成省外到位资金2.037亿元。

【社会管理】 项目建设：完成政府办公大楼提质改造;完成道路硬化、提质改造、安防工程等25.8千米,新建污水管网6千米，改造浏东公路绿化带2千米，集镇人行道提质改造1000平米。落实东区交通枢纽站征地15.6亩。湖南农业大学浏阳校区项目完成招投标、“三通一平”等工作。人居环境改善。落实河长制、林长制、田长制等工作，域内河流水质全年稳定达二类以上，整改森林资源图斑42个,建设农村生活污水治理人工湿地172座，浏阳市增殖放流活动选址浏阳河第一湾景区。组织开展污染防治集中执法行动24次，受理并处置环保投诉34起,满意率100%。推进美丽宜居村庄建设，投入资金700余万元打造达标屋场2个、示范屋场3个,建设村成功申报长沙市特色小村庄项目。安全生产：全年开展行业隐患排查整治行动12次，整改问题58个,责令停产整顿28家次,组织开展“打非”行动6次。开展自建房安全整治“百日攻坚”专项行动,通过长沙市自建房安全整治交叉检查。组织消防、建筑、校车、有限空间作业、食品安全等专项检查109次,成功创建浏阳市安全生产一类乡镇。综治维稳：调处各类矛盾纠纷148件,处理信访问题31件,化解信访积案7件,落实浏阳市“千名干部下基层　确保平安促发展”专项行动，年度考核获全市优秀。做好退役军人服务、管理工作，以东恒路为基础创建“双拥一条街”。防范化解重大风险。健全债务风险预警和监管机制，化解村级债务450万元。打击电信诈骗、非法集资等行为，推进反诈App安装,组织开展集中宣传活动24次,处理非法集资案件2起。

【社会事业】 社会保障：巩固脱贫攻坚成果同乡村振兴有效衔接工作,对监测户117户262人、稳定脱贫户288户973人实现结对帮扶联系全覆盖，安排公益性岗位41个，发放小额贷款64万元惠及15户群众。发放惠民补贴及各类慰问补贴2100余万元，统筹支付医保报销费用2212.27万元，为31人申请慈善助学资金;做好稳岗就业,开设各类技能培训班23场次，覆盖2500余人。推进敬老院提质改造,礼花村、金桔村创建一类长沙市居家养老示范服务站,社工站被评为浏阳市“优秀站点”。文明创建：完善8个文明实践站(所)创建,打造乡村复兴少年宫2个，组织开展各类志愿服务活动92次,惠及群众3100余人。推进“淳风美德润沿溪”活动,大光圆村钟自成被评为2022年第三季度孝老爱亲类“长沙好人”,沿溪桥村钟自奇被授予全国“最美退役军人”称号,入选“湖南好人·最美退役军人”榜单。文化事业：完成版权登记915件,金桔村被评为“长沙市标准化村综合文化服务中心”。

【省委组织部“田间课堂”在沿溪镇举行】 2022年4月19日，由省委组织部主办的“田间课堂”在沿溪镇长沙市三知农业科技有限公司举行，现场邀请专家学者、农村电商致富带头人讲授电商带货、网络直播等知识，手把手教农户用新媒体形式展现农村生活、玩转直播带货,让关注“新农人”的流量成为改变乡村的力量。40余名学员参加课堂活动。“田间课堂”是湖南省委组织部从2015年合作社从业人员现场传授种养殖技术的一项工作。录播课件的视频经过后期制作，在线上进行推送。

【浏河第一湾生态旅游度假区被评定为国家AAA级旅游景区】 2022年12月,沿溪镇浏河第一湾生态旅游度假区被浏阳市旅游景区质量等级评定委员会评定为国家AAA级旅游景区。该旅游度假区东毗邻大围山国家森林公园,南临大溪河,坐拥数百亩的森林和绿地。依托大溪河绿色景观，度假区打造集餐饮、住宿、水上乐园、户外拓展、梦幻浏阳河、生态农业、蔬果采摘、露营基地、研学旅行示范基地等于一体的大型生态旅游度假区。

(李杨逸云)

沿溪镇建设村一湾屋场叠水坝　　(沿溪镇　供图)

官渡镇

【概况】 2022年，官渡镇辖7个行政村,42个村级小区,327个村民小组,总面积102平方千米,耕地2500公顷,其中水田1860公顷,旱土640公顷。总人口31752人，出生人口220人,死亡人口239人,人口出生率6.9‰,死亡率7.5‰,自然增长率0.6‰。域内属亚热带季风性温润气候区,四季分明,年平均气温18℃,最高气温39℃，最低气温-1℃,年均降水量2198.7毫米。被评为“长沙市基层治理真抓实干优秀乡镇”“浏阳市拆违控违领域真抓实干成效明显单位”浏阳市烟花爆竹领域真抓实干成效明显单位”，竹联村被评为“湖南省先进基层群众性自治组织”“省级乡村治理示范村”“省文明村”。

【经济发展状况】 2022年，官渡镇完成地方财政税收4035万元，同比增长5.3%；规模工业总产值30.6亿元，同比增长8%，固定资产投资16.62亿元，产值过亿元企业12家；固定资产投资16.62亿元。服务业增长31.4%，商贸社零增长22.5%。科技贸易合同交易额完成1.28亿元，完成技术贸易合同30件。全镇社会消费品零售总额、批发销售额和服务业同比均增长24.5%。全镇居民存款额共计13.5亿元，同比存款额增长11%。服务企业，优化市场主体周边及市场环境，有效降低矛盾纠纷的数量，累计接访涉企矛盾42起，同比下降5例。开展“双招双引”工作，洽谈拜访企业16家，成功与6家达成初步投资意向。全年种植种植水稻25700亩、烤烟3400亩、完成油茶未成林培管230亩、垦复改造434亩。全年铺排重点项目5个，总投资5亿元。启动早稻育秧中心、粮食烘干仓储中心、烤烟多功能中心建设，项目主体框架已基本成型。实施“文旅+”战略，打造“官渡唆螺”“乡村旅游”“紫薇苗木”等特色产业，利用镇域红色文化、绿色生态、特色产业等资源优势，培育壮大旅游休闲、农耕体验、采摘娱乐等新型文化业态，打造“一河两岸”旅游风光带，到官渡“品唆螺、游古镇、赏夜景、享农趣”成为网红时尚。

【社会管理】 2022年，官渡镇完善农村基础设施，建成6个美丽宜居村庄，提质改造农村公路13.358千米，完成农村道路安防项目17.33千米，拆除重建桥梁2座。新建污水支管网2.14千米，彻底解决南岳村河西片100多户居民的生活污水处理问题。落实计生优惠政策，足额奖励扶助245人（其中特扶31人、农村奖扶213人、城镇低保1人），发放独生子女保健费142户，共发放各项奖励金51.82万元，年度内共办理生育登记223人次。有序推进金鸡河3.8千米的河道治理及亮点河流打造工程，大溪河出境断面水质稳定达标。落实环保监管执法措施，开展环保执法巡查检查300余次，下达环境监察文书60余份。推行田长制、河长制、林长制，完成耕地保护及恢复730亩，成立民间护渔队，开展专项整治及渔政执法行动68次。开展安全生产专项整治三年行动和“千名干部下基层，确保平安促发展”专项行动，排查、整改问题和隐患761条，消防、涉爆企业、建筑工地、防溺水、燃气领域、食品安全、道路交通等重点领域同步进行，代表浏阳迎接长沙市烟花爆竹领域安全生产督查，实现安全生产零事故目标。开展平安创建活动，同时抓“五零”村镇创建工作，推进全面依法治镇，2022年全镇新增400户镇级平安家庭示范户，7户市级平安家庭示范户，全年综治民调群众满意率跃居浏阳市第一、长沙市第五。常态化推进扫黑除恶，持续打击治理电信网络诈骗犯罪，有效防范和处置非法集资，严厉打击邪教、“黄赌毒”、地下“六合彩”等违法犯罪行为，有效净化环境，淳化民风。完善信访接待机制，落实“三联三保”和“五包一”责任制，依法打击涉及违法的信访行为。全年共组织接待群众来信来访300余人次，成功化解信访积案8起，对涉及违法的信访对象传唤、训诫2人，治安拘留1人。依托“党员微网格+五个到户”工作平台，多方排查风险隐患，多元化解矛盾纠纷，全年牵头组织成功调处矛盾纠纷206起，涉及金额1200余万元。

【社会事业】 巩固拓展脱贫攻坚成果同乡村振兴有效衔接，设置19个公益性岗位安排脱贫户、监测户就业，共发放补贴13.3万元。民政、社会救助：全年评定低保293户568人，“五保”174户177人，发放各项补贴1912.7万元；投资1300万元的区域性中心敬老院正式投入使用。发放一般临时救助3.14万元、急难临时救助4.03万元、大病救助60例15.5万元、自主救助2.8万元、慈善特大病救助5例、2.5万元，慈善助学14人、发放资金7.2万元。全年处理违规墓葬5处，墓地私摆花圈现象13起，死亡人口火化率100%。卫生健康：全镇孕产妇免费产前筛查286人，“两癌”健康普查810人，完成全年任务的91%；家庭医生签约2664人；加强对非法无证行医的管理，配合市卫计执法监督局对辖区内公共场所办证和无证

官渡集镇　　（官渡镇　供图）

非法行医点进行清理，查处非法行医2起；对26家村卫生室、诊所进行医疗资格校验；为全镇23838人建立居民健康档案，65岁以上老年人健康体检2236人。文化体育。成功举办“一河两岸文旅节”“七一建党节”等文艺节目，完成镇文化站篮球场提质改造建设并通过验收；镇文化站参评湖南省“最美潇湘文化阵地”并入围，“金元苏维埃政权活动旧址”入选长沙市级文物保护单位，公共文化免费开放工作获群众好评和上级赞扬。完成新增工会组建任务，南岳村工会联合会获评“市工会示范单位”。

（蒋 卉 宋 启）

永和镇

【概况】 2022年，永和镇辖12个村（社区），286个村民小组，总面积234.5平方千米，其中耕地面积1773.33公顷，森林面积约2万公顷。总人口37872人，出生216人，死亡人口319人，出生率5.35‰，死亡率8.42‰，人口自然增长率-2.55‰。年均气温24℃，年极端最低气温-4℃，年极端最高气温40℃，年降水量1570毫米。

【经济发展状况】 2022年，永和镇完成财政收入8980万元，地方一般预算收入5063万元。工业经济。完成工业总产值59.04亿元，增速18.08%，规模工业总产值39.61亿元，同比增长15.11%，完成固定资产投资23.68亿元。社会消费品销售额与零售额分别完成4.67和2.58亿元，同比增长21.82%和21.51%，其他营利性服务业企业营业收入同比增长43%，进出口贸易额成功“破零”，完成1500万元。村集体经济：12个村（社区）集体经济收入均超过20万元，其中4个村集体经济收入突破50万元。农业生产：花木产业实现全产业链发展，花木产业从业人员3300余人，销售额超过3.5亿元；打造双季稻千亩示范片1个、百亩示范片14个，完成双季稻种植面积4800多亩，新增1家大型农机服务合作社，新引进“杯苗”“艾草”等种植项目。

【社会管理】 项目建设：完成浏阳市级重点项目3个、续建项目1个、在建项目3个。总投资50亿元的永和通航产业基地和投资1.05亿元的永和自来水厂开工建设；投入1600余万元对永和镇硫铁矿、永磷片区老旧小区进行改造；完成澄潭坝加固和大溪河休闲步道建设；投入1358万元对S528七宝山至升平段提质改造等；投资1.05亿元启动永和自来水厂项目建设。创建佳成村小微水体示范片区和美丽宜居村庄省级观摩点。基础设施项目建设：实施七宝山硫铁矿污水入主管网改造工程，投入1358万元对S528七宝山至升平段进行提质改造，完成村级道路建设8.381千米、市规道路建设8.2千米及道路安全防护建设10千米；澄潭坝维修加固完成；园永公路路面提质及环境整治完成。污染防治：完成大坡坳土壤治理项目，宝山河锰超标问题历时五年整改，完成销号。人居环境建设：推进集镇、村庄“洁化、绿化、美化”，配发分类垃圾桶2000余个，压缩转运生活垃圾5000余吨，河道清淤24千米；完成美丽屋场建设8个，新建6个美丽宜居村庄，打造长沙市小微水体示范片1个和美丽宜居村庄省级观摩点1个。林长制工作：镇林长制办公室成功创建长沙市首批标准化乡级林长办；完成84株古树名木“一树一档”核查，完成矿区复绿任务，植树造林566亩，生态复绿246亩，油茶新造350亩，完成大、小溪河2个湿地保护项目建设，全年无新增涉林图斑；培育新型林业经营主体，浏阳市狮子山森林养老服务中心成功创建湖南省第一批四星级森林人家。安全生产：开展安全生产、森林防火、道路交通、汛期防洪、住房安全、燃气安全等执法检查628次，立案查处企业10家，处罚金额37.7万元。自建房安全隐患排查整治，拆除5栋严重安全隐患房屋，管制修缮加固较大安全隐患房屋53栋。治安状况。调解矛盾纠纷154起，为人民群众挽回直接经济损失270万元。受理各级信访件18件次，均按期办结，成功创建长沙市信访工作“三无”乡镇。

【社会事业】 社会保障、社会救助、民政：城乡居民养老保险、医疗保险参保率分别为99.56%和99.52%，医保报销近2163万元；开展社会兜底，兜底保障1007人，特困供养46人，民政救助112人，发放残疾人补贴127.96万元、高龄补贴157.92万余元，实施贫困残疾户无障碍改造项目30户。走访慰问重点优抚对象、部分困难退役军人、军属、烈士遗属，发放慰问金。增加台村退役军人服务站创建“长沙市五优退役军人示范站”。组织5400余人的年满60岁以上的城乡居民进行认证；32个单位2280人参加工伤保险；发放各项助残资金130.9万元。政务服务：“一网通”平台受理量17674件，承诺压缩率90.71%，事项覆盖率97.68%；受理并办结“12345”热线455件，回访满意率99.34%；受理并办结市长信箱投诉件3件，办结率和满意率均100%；完成网上中介服务27件。文化事业：成功举办首届工矿旅游节和第二届湘赣边中小学生红色故事演讲大赛等活动。

【浏阳永和通用航空产业基地项目开工动员活动举行】 2022年6月29日，浏阳永和通用航空产业基地项目开工动员活动举行。湖南省人民政府参事、省低空协同委办公室主任罗建军出席并讲话，长沙市委常委、浏阳市委书记朱东铁宣布项目开工。浏阳市委副书记、市长王雄文主持活动，中建集团基础部、长沙市国资委、长沙市国资集团相关负责人，市领导戴武明、邱山东、王坤球、李翔、涂向阳及相关项目建设单位参加活动。浏阳永和通用航空产业基地是由浏阳市人民政府和长沙市国资集团主导投资的重大项目。该项目由湖南永和通用航空产业发展有限公司负责开发建设，以“通航智造谷、创新领航地”为项目定位，布局“通航+X”，以通用航空器智能制造为核心，通航科技研发为支撑，通航运营服务、飞行培

2022 年 6 月 29 日，浏阳永和通用航空产业基地项目开工动员　　（永和镇　供图）

训为主题，多元的航空文化游乐体验为魅力的通航产业基地，形成上下游协同发展的生态产业体系，打造国家级通航产业综合示范区。项目选址位于永和镇原湖南磷化工总厂矿区，规划面积 4.9 平方千米，总投资约 50 亿元，涵盖飞行服务、通航智造、通航科创、通航文旅等板块，分三期建设（2022—2027 年）。其中永和通用机场项目是整个基地的核心平台设施，机场占地 631 亩，投资约 5亿元，是长沙地区唯一的 A1 类通用机场（跑道长 1200 米，飞行区等级 2B），是湖南省全域低空空域管理改革试点以来开工建设的第一个通用机场。

【庆祝中国共产党成立 101 周年大会暨“永和微光”党建品牌发布会】 2022 年 6 月 30 日，由中共永和镇委员会、永和镇人民政府主办，浏阳市融媒体中心、浏阳电视台协办的庆祝中国共产党成立 101 周年大会暨“永和微光”党建品牌发布会在该镇浏磷工人俱乐部举行。活动以中国共产党成立 101 周年为主题，围绕“你好永和”“你好李焕英”等电影小镇工矿元素和“永和微光”党建品牌等党建特色工作，创作编排文艺节目，活动中植入“清风润永和”廉政书画展、唱诵“清风永和”等“廉”元素，展现在党委、政府的领导下的永和人践行初心，担当使命的时代精神，凝聚永和奋力担当强省会战略中排头兵的精神动力。活动通过“掌上浏阳”进行全程网络直播。

【举办永和镇首届工矿旅游节】 2022 年 7 月 24 日，由浏阳市永和镇人民政府主办，湖南走天下文化传播有限公司承办的“探秘工矿原址，畅怀激情岁月”永和镇首届工矿旅游节开幕式在镇浏磷广场（李贞广场）举办，工矿旅游节活动持续至 7 月 30 日。该活动包括品尝磷矿冰棒、体验工矿生产、参观菊花石博物馆、体验工矿生活 4 大体验项目，磷矿博物馆、怀旧电影院（原工人俱乐部）、芒果 TV《密室大逃脱》取景地（化工二厂）等 8 个网红点打卡，怀旧舞会、怀旧情景剧、怀旧运动会、怀旧歌曲等 7 大专场演出。每天上午 9 点至晚上 9 点，感受工矿文化，畅怀激情岁月，重拾 20 世纪七八十年代的记忆。同时，游客可以享受永和镇及其周边乡镇、浏阳城区景区、酒店、餐饮店的特惠消费，参与打卡和抽奖活动，并可以获得超值纪念礼包。开幕式当天吸引游客 3000 余人。旅游节共为永和镇引流 1.8 万人，刚性拉动消费超过 600 万元。

（马伟明）

达浒镇

【概况】 2022 年，达浒镇辖 7 个行政村，299 个村民小组 7449 户。行政区域面积 202 平方千米，耕地面积 1687 公顷（其中水田 1400 公顷，旱土 287 公顷），林地面积 26 万亩。全镇总人口 28334 人，全年出生 171 人，死亡人口 208 人，人口出生率 6‰，人口自然增长率 -1.3‰。镇域属中亚热带季风湿润气候，冬少严寒，夏少酷热，光照充足，余量适中；平均气温在 16.5℃~18.1℃，年内气温最高温 39.8℃，最低温 -3.0℃，年降水量 742.6 毫米。金石村孔蒲中被中国成人教育协会推介为 2022 年“百姓学习之星”，椒花新村达兴工艺品非遗工坊的《浏阳油纸伞：小小油纸伞撑开共富新天地》案例入选

2022 年 7 月 24 日，永和首届工矿旅游节开幕式　　（永和镇　供图）

文化和旅游部2022年“非遗工坊典型案例”。

【经济发展状况】 2022年，达浒镇完成地方一般公共预算收入1784.64万元，同比增长9.12%。工业、商贸业。实现工业总产值697814万元，同比增长20.4%，其中规模工业总产值403885万元，同比增长19.4%；规模商贸业销售额11.53亿元，同比增速10.4%；零售额2.03元，同比增速6.5%（商贸企业4家停报）。完成规模服务业6217.4万元，同比增长43.6%。完成固定资产投资14.937亿元，实现现R&D科研经费投入3650万元，完成20项1840万元技贸合同登记，新增有效发明专利3件。市场主体倍增企业增量完成78家、个体增量完成155家，个转企完成3家，新增规模工业1家，新增规模商贸业3家。集体经济：实现村集体经济总收入291.8万元，其中金田村、书香村、椒花新村突破50万元。项目建设：总投资12000万元的椒花水库达浒集中安置区建设项目已完成投资8000万元；总投资7600万元的达浒镇花炮企业提质改造项目全部落地；总投资5000万元的达浒镇金坑旅游开发项目完成投产。云躲躲度假酒店一期建设完工投入运营。农业生产：种植油菜1.2万余亩、旱稻4992亩、烤烟1200余亩、小水果3000亩。总存栏生猪12302头，出栏生猪24053头；总存栏肉牛1558头，出栏1408头；总存栏肉羊4612头，出栏10514头；总存栏家禽92168羽，出栏104823羽。完成“稻油”“稻稻油”水旱轮作试点1000亩，打造双季稻生产1个千亩示范片和13个双季稻百亩示范片。乡村旅游：优化拓展山水休闲、民宿集群、非遗研学等旅游产品，暑期接待游客40余万人次。

表12　　2022年达浒镇主要规模企业情况表

企业名称	成立时间	注册资金（万元）	主要产品或主营业务	2022年产值（千元）
浏阳市盛易鞭炮烟花制造有限公司	2013年8月	50	烟花爆竹生产、焰火燃放作业	26130
浏阳市利安花炮厂	1998年11月	320	烟花爆竹生产、焰火燃放作业	25556
浏阳市曙光电池零部件加工厂	2012年6月	100	电池零配件生产、销售、高性能有色金属及合金材料销售、化工产品生产	18804
浏阳市锦程烟花有限公司	2011年11月	400	组合烟花类、化工产品研发	25845
浏阳市丰田钛业有限公司	2006年7月	100	有色金属合金制造、有色金属批发	31048
浏阳市银宇钛业有限公司	1996年3月	72	有色金属材料及其粉末制品、铝合金制品的生产、有色金属合金制造、化工产品制造	33446
浏阳市达浒花炮艺术焰火燃放集团有限公司	2005年6月	2000	烟花爆竹生产、焰火燃放作业	21233
浏阳市金仁林业有限公司	2006年3月	3000	木、竹制品的制造、林木育种、森林经营和管护；木材和竹材采运	72266
浏阳世纪红烟花制造销售有限公司	2002年7月	1050	烟花爆竹生产、焰火燃放作业	66839
浏阳象形精品烟花进出口制造有限公司	2013年12月	380	烟花爆竹生产、焰火燃放作业	47583
浏阳市中奇烟花制造有限公司	2017年9月	1000	烟花爆竹生产、焰火燃放作业	23121
浏阳诚拙炭业加工厂	2016年6月	1000	活性炭制造；活性炭销售	11054
浏阳市严氏烟花材料厂	2019年3月	300	烟花材料单基火药加工生产	9863
浏阳市世纪红贸易有限公司	2008年7月	300	烟花爆竹、纸张、玻璃钢制品的批发、自营和代理各类商品及技术的进出口	36595
浏阳市正江烟花进出口贸易有限公司	2014年12月	100	烟花爆竹批发	59509
浏阳市焱溢鞭炮烟花出口贸易有限责任公司	2006年1月	50	烟花爆竹的批发、机械技术推广服务、电子技术服务	14798
浏阳市佳如生态农业开发有限公司	2017年1月	100	休闲农业项目开发经营、电子商务平台的开发建设、农副产品的销售、食品的互联网销售、预包装食品、蔬菜、水果的零售、蔬菜、水果的种植	10170
湖南省汇卓电子电器贸易有限公司	2017年7月	600	机械设备、五金产品及电子产品、办公用品、化妆品的批发	4348

【社会管理】 征拆和移民安置。椒花水库工程征拆工作收尾阶段签订协议17户、房屋倒地41户，完成库区内4座祠堂、27户11444平方米猪场拆除，移民搬迁安置补偿与腾地倒房任务完成率均99.8%；铺设引水工程供水管线5.2千米，签订临时征地协议195户，完成率96.5%；移民安置区基础设施工程项目已完成80%，集中安置移民152户、入住率90%。水利建设。完成山塘维修加固3口、渠道清淤26亩、水渠硬化3.4千米，新增污水管网2千米铺设项目完成立项。

环境整治。投入751万元建成7个长沙市级美丽屋场，超额申报改厕96座。落实“林长制”“河长制”工作，完成松材线虫和松毛虫治理3000亩，完成省级标化林业站建设，镇人民政府被评为湖南省“林长制工作先进单位”、市“六星林长办”。全镇8支专业保洁队伍确保河道保洁常态化运行，“河长制”工作获央视《焦点访谈》节目典型推介，省委常委、长沙市委书记吴桂英带队到大溪河达浒段开展巡河，并现场放流鱼苗。社会治安。启动“红袖章”夜间巡防志愿队，全年巡防200余次。开展反电信诈骗、防非法集资宣传，签订承诺书16000份，辖区内未发生重大涉诈案件，新增劝返缅北涉诈高危人员1人。发放扫黑除恶等各类宣传单6000余份，集中宣传8次。受理信访案件34起，化解陈年积案2件，调处矛盾纠纷139起。

安全生产。落实自建房排查整改工作，排查建档房屋5373栋，一般隐患整改完成率100%。深化“一盔一带”道路交通安全工作，开展整治执法行动77次，查处违法行为663起，亡人事故同比下降50%。推进森林防火工作，保持“零火灾”。组织开展花炮企业安全生产联合执法行动16次，排查各类隐患520余个，实现全年“零事故”，被评为2022年度“安全生产工作一类乡镇”。

【社会事业】 社会保障：2022年，养老保险缴费227.36万元，参保人数10641人，占任务数148%，超额完成分配任务。医保征缴任务完成22010人。全年发放丧葬补助金456940元，组织就业培训144人，贫困劳动力新增就业19人，临时救助25户。社会救助：全镇共有低保户379户733人，特困户182户186人。临时救助32人18600元、新增留守儿童事实无人抚养10人。全镇共有残疾对象919人，“两项补贴”对象360人，全年发放各类社会救助补贴67项、810余万元。发放种粮补贴、退耕还林等惠农补贴资金67项，共计6000余万元。教育文化：提质长益完小综合楼、学生餐厅，升级书江完小校园塑胶跑道、劳动实践基地，新建达浒完小浏阳蒸菜劳动实践场所，达浒中学成功创建长沙市标准化寄宿制学校。配合完成省级文物点孔氏家庙修缮工程。

【椒花新村“致富工厂”】 该致富工厂（达兴工艺品非遗工坊）作为椒花新村村级集体资产，是由民营企业湖南青竹湖城乡建设有限公司和湖南恒凯环保科技投资有限公司和椒花新村共同出资建设，力争打造产业扶贫示范基地，建设有工艺品生产车间及附属配套仓库、电商服务站、爱心公益超市等，主要生产销售油纸伞、木质灯笼、相框、无纺布手工工艺品等。通过吸纳贫困劳动力稳定就业，解决椒花新村建档立卡贫困户中留守劳动力和弱劳动力务工问题。工厂于2020年4月建成投产，截至2022年12月，总员工134人，2022年产值480万元，新吸纳就业人员10人。

【举行庆祝中国共产党成立101周年暨椒花水库征地移民安置阶段性工作表彰大会】 2022年7月1日，浏阳达浒镇举行庆祝中国共产党成立101周年暨椒花水库征地移民安置阶段性工作表彰大会，大会于椒花水库移民安置区举行，全镇领导干部、优秀党员、椒花水库攻坚组成员参会。会上，对49名优秀共产党员、20名优秀党务工作者、10个先进基层党组织、9名在党50年的老党员、32名椒花水库移民安置优秀工作者以及10个先进团队进行表彰。

【椒花水库安置区建设】 椒花水库移民集中安置区住房采用庭院式设计，每个庭院有20余套住房，包括60平方米、96平方米、112平方米、130平方米四种户型，根据移民户家庭人数决定其可选择的户型，再通过统一抽签决定其具体的楼栋号。椒花水库集中移民安置区规划有10个庭院，截至2022年12月底，有5个庭院实现水、电、路“三通”及土地平整，1~3号庭院宅基地完成抽签分配。移民安置区基础设施工程项目完成80%，集中安置移民入住率90%。

【云躲躲度假酒店一期精品投入运营】 2022年12月，位于达浒镇金田村的云躲躲度假酒店一期建设完工投入运营。该项目于2021年引入达浒，品牌创始人为外地客商卜多，计划投资3000万元，2022年1月，一期工程开始建设。云躲躲度假酒店占地面积约102亩，其中建设用地约7.8亩，流转用地约96亩。建设周期三年，分两期开发，一期精品民宿区，二期帐篷营地区、治愈农场区、自在田野区、活力密林区，2022年12月，一期精品民宿区正式营业。

（任晶莹）

大围山镇

【概况】 2022年，大围山镇辖12个行政村，405个村民小组，总面积410平方公里，耕地面积2223.07公顷，其中：水田面积1423.07公顷、旱土面积800公顷，林地面积35446公顷，山林覆盖率84.3%。全镇8311户，27238人，其中城镇人口12747人、乡村人口14491人，出生人口134人，死亡人口200人，人口出生率4.92‰，自然增长率-2.42‰。60岁以上老人5331人，占总人口的19.6%。人口数量最多的姓氏是李，有2661人，占总人口的9.8%。有15个少数民族，人口124人，其中土家族29人、苗族22人、壮族18人、侗族16人、瑶族13人、彝族6人、仫佬族3人、回族3人、蒙古族3人、毛南族2人、布依族3人、水族2人、傈僳族2人、拉祜族1人、哈尼族1人。年平均气温17.1℃,年内气温最高值40.4℃,最低值-8.6℃,年降水1760毫米。2022年7月,入选"新时代·中国乡村振兴示范镇""新时代·中国最美绿色生态小镇"。

【经济发展状况】 2022年,大围山镇财政税收1833万元,地方财政税收1116万元,同比增长98万元。完成固定投资总额12亿元,实现规模工业总产值11.93亿元,同比增长13.25%;服务业、商贸业零售额同比增长43.59%、44.46%,年末居民存款余额7.9亿元。村级集体经济。整合12个村资源组建七彩围山发展有限公司,实现抱团发展,全镇村级集体经济收入626.65万元,其中2个村突破100万元,5个村超50万元。农业生产。2022年水果总产量达500万余千克,产值1.2亿元,人均创收超4000元;大围山梨获评长沙市供销社"十佳农产品品牌";粮食生产总量1.42万吨,蔬菜、烤烟种植1.5万余亩,出栏生猪10200头,鸭29400羽,黑山羊16530只。工业经济。完成固定资产投资12亿元;规模工业总产值11.93亿元,同比增长13.25%;服务业产值4908万元;商贸业产值2424万元;R&D科研投入经费1218.2万;技术贸易合同金额10项890万元;培育申报3家高新企业,新增规模工业企业和高新技术企业各1家。营商环境。新增市场主体262户,帮助镇域企业授信5000余万元、贷款2200万元。鼓励各村、村民利用闲置房屋土地等资源发展民宿、农家乐等业态,新增床位300张;通过"围山公社""围山有材"等电商平台助推山货出山,年销售额超600万元。文旅融合。完成镇全域旅游游客服务中心、泥坞寨研学基地、青山派户外露营基地、小河弯弯民宿等旅游项目建设。投资1940余万元完成锦绶堂景区周边提质、楚东忆红桥等旅游项目建设,锦绶堂景区通过国家AAA级旅游景区验收。人民网、新华网等媒体到镇报道230余篇,吸引中央电视台、湖南卫视等平台拍摄专题节目20余期,省、市各级党组织、学校到镇开展红色研学等活动200余次,年接待游客超50万人次。项目建设。完成椒花水库淹没区土地征收1869.8亩、腾地倒房165栋,完成移民集中安置区基础配套设施一期工程、大围山镇小河弯弯和白沙院子等精品民宿项目。

【社会管理】 基础设施建设:投入1800余万元完成污水支管网、自来水厂扩容提质、浏东公路亮化、冬春水利、农电改造、农村公路安防工程等建设,重点养护公路设施160千米,硬化道路9.6千米,维修加固桥梁4座;完成白沙至上坪7.8千米红色旅游公路提质改造、东白公路7.5千米提质改造、大围山村龙王潭至东坑5千米道路、锦绶堂3千米连接公路工程、第一批和二批乡村振兴农村公路提质改造等工程建设。投入600万元完成派出所业务性用房主体建设。环境整治:打造2个示范型和7个达标型美丽宜居村庄;推进"林长制""河长制""田长制"等工作,建成"天空地"三位一体无人机集控飞行系统,组织护林员巡护9.9万余千米,实现封山育林30万亩;深化大溪河两岸排污监管治理,完成2座农村小水电站退出验收销号,河流水质稳定达标。安全生产:开展自建房安全整治"百日攻坚""千名干部下基层"专项行动,统筹推进自建房整治、道路交通、森林防火、反电诈、防溺水、食品等领域安全工作,整改安全隐患自建房6298栋,消除各行业领域风险隐患700余条,实现全年较大事故零发生,森林火灾零记录。平安建设:落实"三联三保"制度,办理化解信访事项31起,无非法上访事件。开展"黄赌毒"专项整治行动,创建市镇两级平安家庭411户,综治民调位于全市前列。

【社会事业】 民生保障。2022年,发放低保、残补、慰问救助金等2000余万元,医保报销3000余万元。

卫生教育文化。完成卫生院住院部维修改造、幼儿园教学楼和中学校门提质改造。定期对辖区内26处不可移动文物点进行巡查,处置文物安全隐患45处。

公共服务。办理解决"12345"热线问题322件,满意率100%。

文明创建。开展移风易俗、乡风淳化、殡葬改革、法治宣传等工作,提质建设新时代文明实践站所13处,建成围山复兴文化宫,开展各类志愿服务活动70余场次,新申报长沙市文明村4个,获评"长沙好人"1人,成功创建湖南省文明镇。

乡村振兴。调整派驻专职驻村干部2批次17人,101名镇村干部与815户监测户、脱贫户结成对子,全年铺排有效衔接资金项目33个471万元,申请小额贴息贷款86.5万元,有效防范返贫风险。

【开展庆祝建党101周年表彰大会暨"喜迎二十大·奋进新征程"毅行活动】 2022年7月2日,大围山镇组织开展庆祝建党101周年表彰大会暨"喜迎二十大·奋进新征程"毅行活动,300余名党员参加。表彰大会上,对8名在党50年党员颁发纪念章,对47名优秀党员、15名优秀党务工作者、11个先进基层党组织进行表彰。会后,200余名党员参与"喜迎二十大·奋进新征程"毅行活动,历时1个多小时。

【大围山镇第十三届水果文化生态旅游节】 2022年7月22日,浏阳市大围山第十三届水果文化生态旅游节在湖南省苏维埃政府旧址——锦绶堂正式启动。节会由湖南省农业农村厅指导,长沙市农业农村局、浏阳市人民政府主办,浏阳市农业农村局、浏阳市文化旅游广电体育局、大围山镇人民政府承办。启动仪式上,发布2022年度大围山镇全域旅游地图,评选出"十佳青年果农"。水果文化生态旅游节包括水果文化生态旅游节开幕式、"十佳青年果农"评选、文旅采风季等7项主题活动,活动持续到8月30日。节会期间,共接待各地游客28万人次,销售水果350余万千克,水果产业创收超过9000万元。2022年,大围山镇水果总产量500余万千克,总产值1.2亿元。

【开展"共吃中秋团圆饭,敬老院里暖人心"志愿服务活动】 2022年9月9日,大围山镇新时代文明实践所联合镇党代表工作室、东区义工分会开展我们的节日·中秋之“共吃中秋团圆饭,敬老院里暖人心”志愿服务活动,志愿者分工合作,为老人洗脸理容、聊天话家常、包饺子,陪同老人们度过中秋节。

【大围山镇“四色成长计划”活动】 2022年暑假期,大围山镇以“关爱青少年,充实过暑假”为主题,以“四色成长计划”(“古色启识”学明理、“红色引识”强信念、“绿色增识”树新风、“橙色警识”记心中)为主线,联合关工委、老干支部、辖区行政村、党代表工作室共同组织青少年系列暑期活动。暑假期间,该镇老干支部、党员代表工作室结合当地实际,利用古村落、古石桥、村镇民间故事等现有资源,让家长和学生走出家门,了解家乡历史古迹,感受传统文化魅力,培养“爱家乡、护家乡”意识,营造良好家庭氛围;利用锦绶堂、楚东山大屋、围山书院复兴少年宫等红色资源,开展游红色景点、听红色故事、上红色党课等特色活动;中塅村村支“两委”带领学生清扫垃圾;田心桥村村支“两委”联合驻村工作组开展暑期安全教育家长会,做好学生防溺水工作。同时,镇关工委通过各种形式,对青少年进行防毒品、防雷电、防诈骗等安全教育。

【建设无人机集控飞行系统并正式投入使用】 2022年8月,大围山镇成立大围山镇智慧调度指挥中心,建设无人机集控飞行系统并正式投入使用。无人机集控飞行系统集无人机巡查、红外热成像、无线图传等功能为一体,以两个智能航空基站为基点,巡查范围辐射全镇近200平方千米。智慧调度指挥中心通过每日“固定路线自动巡查+人员操控重点检查”模式,对全镇重点森林火险区域开展巡查,提升森林防火巡护效率与巡护水平。同时,该镇聘用27名护林员,全部配备专业装备与专用摩托车,每逢森林火险时全体护林员全天候巡护,严防死守森林火灾;该镇森林消防大队、16支森林消防中队随时待命。截至年末,无人机集控飞行系统累计执行飞行任务120次,飞行里程1520千米,共发现野外用火隐患6起,依靠热成像特色功能,指挥调度火源扑灭1起。

(黄　哲)

张坊镇

【概况】 张坊镇位于浏阳市东部,与江西省铜鼓县、万载县接壤,镇域面积319.7平方千米,耕地面积2860公顷,山林面积2.56万公顷,辖张坊村、白石村、茶林村、上洪村、田溪村、富溪村、人溪村、江口村、陈桥村9个行政村,116个村民小组。2022年,张坊镇户籍人口9525户,32143人,农业人口27759人,非农业人口4384人,全年出生人口203人,死亡人口214人,人口出生率6.32‰,死亡率6.66‰,人口自然增长率-0.34‰。人口主要向广东流动,人口数量最多的姓氏是张,占全镇11.4%。全镇民族以汉族为主,32030人,占比99.65%。有百岁老人1名(马淑贤)。张坊镇属亚热带季风性湿润气候,年度平均气温17.1℃,1月平均气温4.9℃,7月平均气温28.4℃,最大降水量2081.4毫米,最小降水量1657.2毫米,平均降水量1720.6毫米。四季分明,雨量充沛,光照偏少,无霜期偏短。域内森林覆盖率82.5%,土壤肥沃,群山环绕,沟壑纵横,被称“百溪之乡”,拥有大成坑红豆杉原始植株群、第四纪冰川遗址西溪磐石大峡谷、湖洋梯田、江口几字湾等自然景观。

【经济发展状况】 2022年,张坊镇完成地方一般公共预算收入1201万元、增长3.4%,实现规模以上工业总产值6.56亿元、增长16.45%,完成固定资产投资7.96亿元、增长10.5%,实现规上商贸销售额5090.5万元、增长15.24%,实现社会消费品零售额4824.6万元、增长43.03%,新增高新技术企业2家,镇村化解债务280万元。镇统计站被评为“长沙市星级统计站”。集体经济:上洪村开发中高端木屋民宿,富溪、茶林村发展茶叶产业,张坊村主打反季节水果蔬菜种植,江口村建立有机蔬菜种植基地,田溪村引进电商产业,人溪村扩大烤烟、芥菜种植,白石村探索食用菌栽培,陈桥村入股规模养殖产业,全镇村集体经济收入达367万元、同比增长150%,4个村突破50万元。富溪村被评为“浏阳市发展村级集体经济示范村”;上洪村被评为“浏阳市发展村级集体经济进步村”,其工作经验在全市获典型推介。农业:发展双季稻和优质稻生产,种植粮食、油菜2.75万亩。做优玉针香大米、高山茶叶、油茶、有机蔬菜、小水果、黑山羊等种养经济。引进浏阳知名电商品牌“农品浏香”,建成“湘赣红”农副产品超市,线上线下带动销售,农副产品年销售5000余万元。乡村旅游:拓展红色教育、溯溪探险、滑草漂流、梯田观光、农事体验、非遗研学、星空露营等文旅业态,新增餐饮、民宿30余家,全年接待游客45万余人次,旅游总收入1.2亿元;芒果TV《想唱

张坊镇上洪村湖洋梯田景区航拍图　　（张坊镇　供图）

就唱的夏天》综艺节目在田溪村拍摄上映，截至年底，点播量6000余万次。西溪磐石大峡谷风景区被评为“湖南省文明风景旅游区”。项目建设：张坊镇湖南振溪生态旅游发展有限公司水上亲子漂流和浏发集团湖洋梯田高端民宿签约落地，瓦林坪生态旅游度假区拆迁补偿协议签订和G354张坊镇示范服务区(西溪游客服务中心)立项备案手续基本完成，青山窝茶叶基地一期360亩完成栽种，李白烈士故居国家安全教育研学基地主场馆、道官冲原宿二期和活字印刷研学馆竣工，湖洋梯田山苑民宿开业。

张坊镇上洪村春季送春牛习俗 （张坊镇 供图）

【社会管理】 基础设施建设：2022年，G354张坊段完成5个急弯拓宽改直，全线新安装路灯360盏；完成20.6千米农村公路提质改造、3座桥梁加固和4千米河道疏浚，80余处道路安全隐患整改完毕。美丽村庄建设：新建陈家坊、化险福地2个美丽宜居村庄，板溪、九老、民益、红屋、高枧坳、李家湾6个达标美丽宜居村庄，出台美丽宜居村庄管护机制，对15个美丽宜居村庄加强常态化管护。环境整治：整治森林图斑问题135起、河道采砂和非法捕捞行为8起，完成饮用水水源地标准化建设。田溪村获评“长沙市文明村”。安全生产：开展“安全生产百日攻坚”“千名干部下基层确保平安促发展”“自建房安全整治”等专项行动，共排查各类安全隐患400余处，立案查处企业5家次，危房拆除23处、整改20处。开展道路交通安全顽瘴痼疾专项整治，工作经验在全市获典型推介。有效应对和防范森林火灾、极端天气和突发事故，实现安全生产“零亡人事故”和消防、森林防火“零火警”，张坊镇被评为“浏阳市森林消防先进集体”。综治维稳：全年接报警321起，同比下降25%；镇村两级共调处矛盾纠纷200余起。妥善处理南昌—长沙1000千伏特高压交流线路工程、大围山旅游干线及南大门建设项目、浩吉铁路、中塘安置区、月皓花炮厂退出等相关遗留问题，未发生重点人员失管失控情况，未发生赴省到长沙集访等。

【社会事业】 民生保障：巩固拓展脱贫攻坚成果，做好乡村振兴有效衔接，157户监测户和691户脱贫户全面精准落实各项帮扶措施，铺排乡村振兴衔接项目14个，代表浏阳市迎接省、长沙市专项检查获好评。做好社会救助、帮扶济困、职业培训、移风易俗、殡葬改革等工作，2022年累计保障特困人员2526户，发放保障金255万余元；最低生活保障人员6267户，发放低保金496万余元；发放残疾人“两补”资金112万余元，发放残疾人辅具40件，残联贫困助学72人，新办残疾证46本；为困难家庭申办慈善助学30人，发放慈善助学金16.8万元。镇卫生院项目封顶。张坊校车公车公营改革在全市范围内试点。镇、人溪村退役军人服务站获评长沙市“五优”退役军人服务站。教育：截至2022年年底，域内有张坊中学1所中学，有洞溪、守和、人溪、田溪、上洪5所完小和双溪、富溪、白石、杨林、文竹、小溪6个教学点。各类民办培训机构2所、民办个体幼儿园1所、公办幼儿园11所。完成上洪完小的整体搬迁项目，维修守和完小教师宿舍立面、张坊中学教师宿舍青年楼屋面，新建双溪小学100米围墙，改造田溪小学围墙护栏，累计投入1300万元。张坊中学李白中队被评为“2022年度全国优秀少先队集体”。医疗卫生：2022年，张坊镇有卫生院1所，村级卫生室9个，病床60张，专业医护人44人。卫生院门诊4.5万人次，同比增加14%；住院人次2836人次，同比增长25%；业务总收入915万元。

【张坊镇被认定为“湖南省级非遗村镇示范点”】 2022年12月26日，湖南省文化和旅游厅印发《关于公布非遗工坊非遗村镇非遗街区省级示范点名单的通知》，张坊镇被认定为“湖南省级非遗村镇示范点”。张坊镇位于浏阳市东部，地处湘赣边界，是大围山国家生态旅游示范区和株树桥水源保护区核心乡镇之一，先后入选国家级、省级乡村旅游典范案例，跻身长沙市乡村振兴示范创建乡镇、长沙市文明乡镇。2018年以来，张坊镇加快旅游资源保护开发，投资建设道官冲非遗生态村，成功申报油纸伞制作技艺、手工竹纸制作技艺、夯土墙制作技艺和送春牛民俗等非遗项目，通过“非遗+研学”“非遗+文创”等方式带动村民就业、助力乡村振兴。2018年，道官冲古法造纸研学馆开建，研学馆设有古法造纸原生态作坊、中国各地手工纸展厅、浏阳手工造纸技艺展厅、研学活动室等区域，面积共计500平方米，投入资金200万元，于2020年10月竣工并对外开放。2021年6月，道官冲古法造纸研学馆入选“第二批浏阳市示范性非物质文化遗产保护传承传习所”。2022年7月，张坊镇被评为“长沙市级非遗村镇示范点”。截至2022年，张坊镇拥有2个省级非遗代表性项目（浏阳手工竹纸制作技艺、浏阳客家山歌),2个长沙市级非遗代表性项目(浏阳油纸伞制作工艺、浏阳蒸菜传统制作技艺),2个浏阳市级非遗代表性项目(浏阳夯土墙传统工艺、送春牛),并根据发展需求,引进周边地区非遗项目,如长沙市级非遗项目浏阳木活字印刷术、湖南省级非遗项目纸影戏影偶制作技艺、国家级非遗项目巫家拳等,形成独具特色的非遗集群。

(陈　剑　成　豪　李春晖)

澄潭江镇

【概况】 2022年,澄潭江镇辖12个村,380个村民小组,总面积158.83平方千米,有耕地1569公顷,其中水田1273.53公顷、旱土295.47公顷,山林11533公顷。全镇共有17018户,总人65613人,其中农业人口56909人,非农业人口8704人,出生人口363人,死亡人口463人,人口出生率5.53‰,自然增长率-1.53‰,流动人口197人,主要流向广东、长沙,民族主要为汉族,占总人口数的99.62%,人口最多的姓氏是陶姓,占全镇人口的13.9%。域内地形以丘陵地貌为主,属九岭山脉向西南延伸的纱帽山系,地势呈东高西低,最高点纱帽山海拔568米,至集镇、槐树渐见平坦。域内水系发育完整,发源于江西省万载县金钟湖的南川河,系浏阳三大河流之一,自东向西流经澄潭江镇碧溪、达坪、山下等9个村。发源于荆坪村的荆坪河流经大圣、洲田、槐树村汇入南川河。镇域属亚热带季风湿润气候,热量充沛,光照较足,春季温和,夏季高温,秋季凉爽,冬季寒冷。年内最高气温39℃,最低气温-4℃左右,年平均气温15℃左右,年均降水量1597.3毫米。渠城村、澄潭江镇分别被授予2021届“长沙市文明村”“长沙市文明乡镇”称号。

【经济发展状况】 2022年,澄潭江镇工业生产总值66.32亿元,完成财政税收1.51亿元;完成地方一般预算收入5039万元,获评浏阳市2022年度财源建设领域真抓实干成效明显单位。农业生产。巩固农业基础,完成冬春农田水利建设项目37个,建成双季稻千亩示范片1个、百亩示范片11个;粮食生产面积3.57万亩,遏制抛荒和复耕复种面积1396亩,生猪出栏5.6万头,“一县一特”油茶改造3500亩,12个村集体经济收入457万元。工业经济。完成规模工业总产值46.19亿元,完成固定资产投资21.22亿元。新增规模以上工业企业2家。支持鼓励7家企业调整许可类型,11家企业投入5000余万元进行换证整改;牵头组织澄潭江镇企业起草制定水母烟花团体标准,新申报高新技术企业5家,全镇投入研发费用5700万元,同比增长13.4%,转换发明专利5个,申报实用新型专利11个。商贸服务业。新增商贸服务业企业3家,全年商贸业销售额和社会商品零售额分别为1.76亿元、6744.5万元。

表13　　2022年澄潭江镇规模企业情况表

企业名称	成立时间	主要业务活动(或主要产品)	就业人数(人)	产值(万元)
湖南激情烟花有限公司	2004年3月	焰火、鞭炮产品制造	274	13968
浏阳市盈丰烟花制作有限公司	2005年1月	鞭炮烟花生产	330	44709
浏阳市艳阳天烟花制造有限公司	2014年8月	烟花生产	286	14346
浏阳市田丰烟花制作有限公司	2014年6月	焰火、鞭炮产品制造	176	5871
浏阳市喜柏出口烟花制造有限公司	2017年7月	焰火、鞭炮产品制造	224	8658
浏阳市鑫祥烟花制作有限公司	2006年7月	焰火、鞭炮产品制造	179	7795
浏阳市花之源烟花制造有限公司	2000年4月	焰火、鞭炮产品制造	223	11856
浏阳市恒强烟花材料制造有限公司	2007年3月	银粉生产	220	48452
浏阳市万乐鞭炮烟花有限责任公司	2004年12月	鞭炮烟花生产	236	49562
浏阳市鑫鹏烟花有限公司	2004年6月	焰火、鞭炮产品制造	221	12386
浏阳市天翔出口烟花厂	2008年11月	组合烟花类生产	186	18405
浏阳市九龙烟花玩具厂(普通合伙)	2003年6月	鞭炮烟花生产	289	40742
浏阳市北斗烟花制造有限公司	2005年1月	焰火、鞭炮产品制造	153	7549
浏阳市海源出口花炮厂	2001年11月	焰火、鞭炮产品制造	238	45687
浏阳市兴圣出口花炮厂	1998年12月	焰火、鞭炮产品制造	196	11871
浏阳市华文烟花制造有限公司	2005年1月	焰火、鞭炮产品制造	155	5164
浏阳市华力烟花制造有限公司	2005年1月	焰火、鞭炮产品制造	320	46779
长沙万奇烟花制造有限公司	2003年12月	焰火产品制造	312	7510
浏阳市宏成烟花制作有限公司	2015年12月	焰火、鞭炮产品制造	99	3954
浏阳市万盛烟花制造有限公司	2005年2月	烟花制造	332	48871
浏阳市恒天飞鹰烟花制造有限公司	2006年11月	焰火、鞭炮产品制造	163	7764
浏阳市澄潭江集镇花炮厂(普通合伙)	2004年12月	焰火、鞭炮产品制造	183	2571
浏阳市源峰出口烟花制造有限公司	2016年1月	烟花生产	205	2482

【社会管理】 基础设施建设：完成总长14.7千米的省、市规农村公路项目建设，完成总长14.6千米的省、市规安防工程设施建设，新设红绿灯2处，推进乡村振兴示范创建，打造美丽宜居村庄10个。人口与计划生育：全年符合政策生育率97.92%，完成135对孕前优生健康检查。环境整治：清理退出散乱污企业2家，改厕113座，投入240余万元治厕、治垃圾，推进河长制、林长制、田长制，管护南川河、大圣河、澄潭江河等水体，开展水利、环保等专项整治行动18次，全年开展养殖直排偷排整治、福寿螺清理、联合禁捕等专项行动16次，开展余家河水质达标专项整治行动，对南川河、余家河、澄潭江三条重点河流水域岸线大清理、排污口大整治，投入10余万元开展南川河、澄潭江河污水管网维修检修，南川河出境断面水质稳定达到Ⅱ类以上。处理化解环保投诉21件。空气质量优良率96.9%，除治枯死松树5300株，处置森林卫片违法图斑12个，复绿面积600余亩。安全生产：抓好自建房"百日攻坚"等行动，排查自建房14715栋，78处房屋安全隐患全部整改到位；开展消防专项整治21次，对全镇639家人员密集场所、经营性自建房进行火灾隐患排查，督促整改消防安全隐患872处；开展交通安全整治行动169次，交通亡人事故起数和人数双下降，下降率37.5%；打击非法生产、运输、储存行为42起；整改各行业领域安全隐患2200余处，处理处置25人次，组织安全培训、警示活动120余场次，全年调处矛盾纠纷273件，烟花爆竹行业连续两年实现"零事故"。加强交通、水利、消防、食品等行业领域安全监管，汛期无人伤亡，全年无重大森林火灾发生，无重大动物疫病，食品安全"零事故"获评长沙市交通问题顽瘴固疾集中整治工作优胜集体。综治维稳：联合上栗县桐木镇、金山镇，牵头打造湘赣边综治服务中心，构建"双联双快、五治（政治、自治、德治、法治、智治）融合"治理模式。开展湘赣边巡防专项整治30余次，建设监控点808个，联调跨省矛盾纠纷16起。推进"大巡防、大管控、大整治"行动，化解"三联三保"（市级领导联乡镇、保属地责任压实，分管市级领导联领域、保行业问题整治，责任单位联访件、保案件处理到位）信访案6起、调处矛盾纠纷268起，赴缅人员累计劝返40人。

澄潭江镇湘赣边区域综治服务中心　　（湖南日报社　浏阳市委宣传部　供图）

【社会事业】 扶贫工作：完善监测、走访、帮扶三项机制，脱贫户、监测户平均年收入增幅10%以上。社会保障。发放低保、特困、残补等各类惠民补贴近5000万元，农民工就业培训488人次，危房改造7户，残疾人无障碍改造20户。渠城村、虎形村被认定为2021年湖南省省级充分就业社区（村）。老年工作：新建村级居家养老服务站2家。2022年10月，荆坪村被国家卫生健康委、全国老龄办命名为2022年全国示范性老年友好型社区，澄潭江镇被评为"长沙市2022年度加强基层治理优秀乡镇"。教育：争取资金840万元对山下中学教学楼拆除重建。

【举办"澄潭花炮最澄潭，致敬最美花炮人"活动】 2022年5月1日晚，澄潭江镇商会举办"澄潭花炮最澄潭，致敬最美花炮人"烟花秀活动，向所有一线花炮劳动者致敬。活动现场，举行最美烟花人颁奖、主题烟花灯光秀、烟花燃放体验等环节。

【荆坪村被命名为2022年全国示范性老年友好型社区】 2022年10月19日，国家卫生健康委、全国老龄办发布《关于命名2022年全国示范性老年友好型社区的通知》，浏阳市澄潭江镇荆坪村等全国999个村（社区）被命名为2022年全国示范性老年友好型社区。荆坪村人口6898人，60岁以上的老年人有1479人，占比21.4%。2017年，荆坪村启动博爱家园项目建设，将村上一处闲置房屋提质改造成红十字博爱家园项目点——居家养老服务中心。博爱家园占地面积超过1300平方米，集居家养老、志愿服务、医养、休闲娱乐于一体，设有医疗服务点、博爱超市、博爱音乐厅、综合文化室、博爱宣教室等配套设施，全天候对外开放，为老人提供服务。2018年建成开放以来，博爱家园日间照料老人达1万多人次。同时，该村设置专项资金，将美丽宜居村庄建设与老年友好型社区相结合，在打造的美丽宜居屋场添置12套适老化设施设备，在公共区域增加步行道5000米、休息椅50张、健身器械60件、单独公厕3座，并对60余户残疾、失能、特困分散供养、建档立卡老年人的房屋进行适老化改造。村上建立红色先锋、绿色志愿、蓝色公益、橙色巾帼、银色老协"五色"志愿服务队实现养老服务保障网全覆盖，定期上门为独居、失能、重残、失独老年人开展安全隐患排查，组建集体生日宴，维修、维护家用设施，提供心理疏导、亲情陪伴、生活支援等服务。

（聂亮亮）

中和镇

【概况】 2022年，中和镇辖7个行政村，180个村民小组。总面积152.55平方千米，耕地面积1252公顷，其中水田1152.91公顷、旱地99.09公顷，山林面积12533.33公顷，森林覆盖率85%。总人口25088人，流入人口101人，流出人口2534人，出生人口160人，死亡人口291人，人口出生率6.38‰、自然增长率-5.22‰。年平均气温16.1℃，年内气温最高值39.2℃、最低值-3℃，年降水量约1600毫米，在雨水相对集中期内（5月下旬至7月中旬）。

苍坊旅游区 （中和镇 供图）

【经济发展状况】 2022年，中和镇完成地方一般公共预算收入2200余万元，同比增长7%，规模工业总产值33亿元，同比增长15.2%；固定资产投资11.2亿元，同比增长18%；社会消费品零售总额5612万元，同比增长26%，全镇居民存款总额增加至4.8亿元。招商引资。新注册市场主体265个，招商落地项目3个，投资总额3.2亿元，到位省外资金5200万元。7个重点项目投资总额4.54亿元。烟花制造业。镇域内有电光花、砂炮企业（工区）20余家，电光花年产量超过260万箱，占全球销量的70%以上。农业。新建2000平方米育秧大棚，粮食生产实现“十九连丰”，打响苍坊大闸蟹、雅山黄金梨品牌。推进文旅融合，被评为“长沙市乡村文化与产业融合发展先进单位”。全镇村级集体经济总收入351.21万元，年收入超50万元的村增至3个，苍坊村超150万元，实现“百万元村”零的突破，入选省级乡村振兴示范乡镇创建名单。

表14 2022年中和镇规模企业情况表

序号	企业名称	负责人	成立时间	注册资金（万元）	主要产品	就业人数（人）	产值（万元）
1	浏阳市宏宇烟花制造有限公司	杨惠文	2005年6月	58	烟花	91	15538.3
2	浏阳海孚烟花制造有限公司	张祖金	2010年2月	50	烟花	95	21002.8
3	浏阳市旺盛烟花制造有限公司	王俱扬	2005年4月	100	烟花	92	12208.4
4	浏阳丹华出口烟花有限公司	刘国文	2016年8月	200	烟花	110	18958.7
5	浏阳翔凤烟花制造有限公司	刘景法	2011年6月	300	烟花	113	25940.6
6	浏阳市长寿玩具烟花制造有限公司	杨清学	2001年4月	50	烟花	87	23234.1
7	浏阳市鸿盛烟花制造有限公司	邓应平	2005年1月	108	烟花	105	9320.9
8	浏阳市小江印刷厂	张功书	2005年3月	50	包装印刷	58	42105.1
9	浏阳市河口烟花集团有限公司	刘武山	2003年8月	2038	烟花	206	29987.0
10	浏阳市海霸出口烟花有限公司	胡本胜	2000年4月	2000	烟花	138	37734.9
11	浏阳市鸿景烟花制作有限公司	刘洪林	2004年5月	360	烟花	155	32534.7
12	湖南逗逗鞭炮烟花制造有限公司	胡　国	2014年1月	1000	烟花	325	35936.7
13	浏阳市钰兴烟花制作有限公司	陈海娜	2003年4月	100	烟花	83	9953.3
14	浏阳市中和镇金星花炮厂（普通合伙）	陶　云	2004年6月	50	烟花	97	10007.7
15	浏阳市橙天包装有限公司	胡厚旺	2015年3月	20	包装印刷	42	5819.4
16	浏阳市金兔烟花制造有限公司	何艳霞	2012年5月	720	烟花	68	3447.7
合计							333730.3

中和镇苍坊村楼西屋场

（中和镇　供图）

【社会管理】 基础设施建设：升级集镇强弱电线路 2.7 千米，集镇风貌提质改造、红绿灯安置区等项目全面完工。新改建农村公路和安防设施 36.8 千米，争取交通建设奖补资金 700 余万元，20 千米农村公路纳入“十四五”省级规划红色资源路提质改造数据库，胡耀邦故居红色旅游公路获评湖南省“最具人气路”、长沙市最美农村公路。人居环境治理：创建长沙市“美丽庭院”示范户 7 户，2 个达标型美丽宜居村庄通过验收，楼西湖精品示范美丽宜居村庄获长沙市、浏阳市示范型村庄类别验收评分“双第一”。实行城乡环卫一体化管理，“两治”（治厕、治垃圾）工作第三季度、年度考核均排名全市第一，获评长沙市农村人居环境常态化管理优秀乡镇。生态环境治理：践行“两山”理论，涉林违法图斑实现“双零”；向上争取南川河河道治理资金 720 万元，江河段 2.2 千米河道完成生态加固，南川河河流断面水质保持稳定达标；雅山村丁字片生猪养殖污染治理成效显著，丁字桥小微水体片区入选浏阳市“一乡一亮点”十佳亮点。

【社会事业】 2022 年，中和镇发放低保金、特困供养金 548 万元、残疾补助 81 万元，村级医保经办服务站点实现全覆盖。强化防返贫动态监测帮扶，监测户纳入率、监测对象帮扶率、脱贫成果认可率均 100%。落实双拥优抚政策，获评长沙市基层“五优”退役军人服务站、长沙市基层“五星级”人民武装部。苍霞山健康公园、摇钱湾篮球场、健康步道等完工，中和卫生院与浏阳市集里医院结成“医疗联合体”，有序推进“两癌”筛查、产前筛查、老年人健康体检等工作，健康村镇创建工作获省卫健委和长沙市爱卫办肯定并推荐全省示范。成立中和镇老年大学，打通老年教育“最后一公里”；完成全镇中小学校基础设施提质工程，3 所小学被评为“浏阳市 2022 年度小学办学水平先进单位”，中和中学被评为“长沙市关爱留守儿童先进集体”，苍坊完小被评为“长沙市少先队工作先进学校”。成功举办全民读书月、趣味登山比赛、篮球友谊赛等文化体育活动，田心完小、雅山完小被评为“浏阳市特色书香校园”。馆校携手打造“行走的廉政教育课”，创建一批“清廉学校建设示范校”，清廉文化浸润校园。

【苍坊村楼西湖片区美丽宜居村庄建设】 2022 年 6 月 13 日，中和镇苍坊村楼西湖片区美丽宜居村庄动工建设，2022 年 10 月 31 日完工。楼西湖片区美丽宜居村庄由楼西湖屋场、富家湾屋场、和平屋场、河湾屋场 4 个屋场连片组成，紧挨胡耀邦故居。该镇按照“红+绿+古”模式，将其打造成为在红色旅游引领下，集产业生产、休闲观光、文化教育于一体的乡村振兴示范点。

【召开第七届党代会第二次会议暨 2022 年经济工作会议】 2022 年 3月 12 日，中和镇召开第七届党代会第二次会议暨 2022 年经济工作会议。会上，党委书记周曦代表镇党委向大会作报告，镇党委副书记、镇长袁柏林主持会议。镇领导班子成员、辖区内市、镇党代表、市人大代表、政协委员、镇政府办队中心负责人、驻镇单位负责人、各村支村“两委”成员、老同志代表、企业代表、受表彰的先进单位和优秀个人参加会议。会议对 2021 年工作进行总结，对 2022 年工作进行安排部署，表彰 2021 年度工作目标管理先进单位 15 个、服务地方经济发展先进单位 11 个、税收贡献先进单位 3 个、安全生产先进单位和先进个人 6 个、农业生产先进单位 4 个、招商引资先进单位和先进个人 5 个、优秀村干部 14 人、优秀机关干部 8 人，并由各办队中心主任向镇党委、政府递交责任状。

（胡　晓）

文家市镇

【概况】 2022 年，文家市镇辖 10 个村，107 个村民小组。镇域面积 156 平方千米，其中耕地面积 1337.79 公顷，永久基本农田1249.28公顷，旱地面积126.17公顷。年末户籍人口54868人，其中非农业人口7461人，流出人口139人，流入人口53人。全年出生人口347人，死亡人口359人，人口出生率6.3‰，人口死亡率6.5‰，自然增长率-0.2‰。年平均气温18.8℃，极端最高气温40.8℃，极端最低气温-3.8℃，年降水量1528.7毫米。

【经济发展状况】 2022年，文家市镇完成一般公共预算收入2.56亿元，同比增长18%，其中地方一般预算收入完成8186万元，获得浏阳市2022年度财源建设领域真抓实干成效明显表彰激励。规模工业总产值、固定资产投资、社会消费品零售额等主要经济指标实现同比增长。农业。完成高标准农田建设2800亩，打造9个粮食生产百亩示范片，全年实现粮食总产量1.36万吨，被评为2022年度全省"平安农机"示范乡镇。5个村集体经济收入达50万元以上，五神村被评为"长沙市乡村振兴示范创建先进单位"，文家市镇被评为"长沙市乡村文化与产业融合发展先进单位"。工业。全年完成规模工业产值90亿元，同比增长12%；固投新、扩、改项目建设共26个，协助新建项目立项审批25个，固定资产投入15.5亿元，占任务14.4亿元的110%；完成招商项目2个，引进境外资金1.88亿元；新增市场主体528家，外贸出口额突破3亿元，总量在全市乡镇排名第一，并在全市半年度经济形势分析会上作典型发言。新增浏阳市万丽达烟花制造有限公司、浏阳市汇鸿源出口烟花制造有限公司等4家规上企业，浏阳市创美烟花爆竹有限公司、长沙千字烟花制造有限公司等8家企业被认定为高新技术企业，打造4个花炮仓储基地，全年实现花炮生产总值约11亿元。实施优化营商环境"六大举措"，政策兑现及奖励19万元。文旅。高升岭研学实践基地停车场项目完成建设，红旗路一段完成奠基，文家市村红色美丽村庄建设卓有成效，红米饭红色主题餐厅重装亮相，秋韵山居二期、童馨花园等民宿项目建成投产。文家市被省委省政府明确列入世界旅游目的地红色旅游精品进行重点打造，在全省特色小镇综合评价中位列文旅特色小镇长沙第一、全省第二，工作成效获央视《走进县城看发展》栏目专题报道。

【社会管理】 环境整治：2022年，文家市镇加强城镇建管，完成国土空间规划修编，新建城镇污水管网6千米；办理中央环保督办件1件、群众投诉件25件，整治散乱污企业4家；完成岩前新村山塘饮用水水源地和永丰村农村生活污水治理。落实河长制、林长制、田长制工作，对南川河生态流域进行综合治理，南川河水质稳定达标；整改林业图斑79个，整改恢复损毁耕地图斑16宗。建成8个美丽宜居村庄，打造新发至沙溪2.4千米"一河两岸"生态文旅长廊，并纳入全市乡村振兴观摩点。交通运输：完成文慈、岩高2条跨省联通道路提质改造工程，完成集镇停车场建设；完成文慈公路、大双冲路、清河公路和沙溪-涧溪安防工程的项目建设。完成岩前至江西高桥连接路、岩前新村并村连通路（一、二期）项目及6个村6条道路和4条安防工程的项目建设。提质改造（新建）道路16条37.505千米，安防工程5条9.875千米，投入资金约2220.97万元，其中上级补助1220.4万元。安全生产：开展安全生产大检查、自建房安全整治"百日攻坚""千名干部下基层"等专项行动，排查整治各类隐患846处、立案25起。烟花爆竹、消防、住建、食品、燃气等行业领域实现"零亡人"，道路交通事故数和亡人数同比分别下降28.5%、37.5%。出台《文家市镇烟花爆竹行业"打非治违"十条措施》，开展打非治违夏季雷霆、冬季尖刀和闲置房屋余废药安全隐患清零等专项行动，共查处非法生产、储存、运输等行为43起，刑事、行政拘留共16人。治安状况：妥善处置各类矛盾纠纷360余起，有效化解重点信访积案7起，刑事案件发案率同比下降52.8%，电信诈骗发案率同比下降50%。文家市派出所因中共二十大安保维稳成绩突出被湖南省公安厅记集体二等功，启动全国"枫桥式派出所"创建。2022年长沙市综治民调排名一类，为历年最高。

【社会事业】 社会保障：2022年文家市镇低保455户，保障940人，发放保障金额484.76万元。特困人员266人，保障金额311.22万元。完成1605户残疾人基本状况、残疾人返贫监测、就业状况、残疾人"两补"（贫困残疾人生活补贴和重度残疾人护理补贴）四次入户调查；为51名残疾人新申请残疾"两补"；办理655个残疾人两项补贴，按规定申报、公示，补助资金169万元。成功创建长沙市"五优"退役军人服务站，文家市社工站被评为"湖南省乡镇五星级社工站"。科教文化：市十一中宿舍楼、成功小学综合楼全面竣工；岩前中学完成标准化寄宿制学校改造，入选第四批"湖南省乡村温馨校园建设典型案例学校"名单，教育基础提质升级。文明创建、文创工作收获成果，完成版权登记1100余件，在全市文创产业高质量发展大竞赛中获得第一名；湘龙村孙义夫被评选为2022年第一季度"长沙好人（助人为乐类）"，文家市村被授予2021届"长沙市文明村"称号，文家市镇成功创建湖南省文明乡镇。

【签署《"秋收红土地"湘赣边区域合作先行示范区合作协议》】 2022年3月5日，文家市镇与江西省上栗县桐木镇、万载县黄茅镇、袁州区慈化镇签署《"秋收红土地"湘赣边区域合作先行示范区合作协议》，将协议内容纳入各自镇级发展整体规划。根据协议内容，4镇将在党建、交通、文旅、产业、商贸等9个方面加强交流合作。在交通共联方面，四镇将统筹交通规划与建设，打通相邻边界间的断头路、连接线，并在2022年启动文慈公路、岩高公路提质改造工程，在"十四五"期间延伸荷文公路对接宜慈公路。同时，共同呼吁并力争"十四五"期间启动湘赣边旅游高速建设项目。在产业共建方面，将共同推动农业现代化，开展优质农

文家市集镇风光　　（文家市镇　供图）

产品交流推广，积极融入“湘赣红”农产品区域公用品牌，以“智农小镇”探索湘赣边农产品供应一体化。在文旅共融上，将充分利用秋收起义文家市会师纪念馆等红色资源的影响力，将旅游资源穿珠成线，共同建立文物名录“一张图”，力争每年共同举办一次旅游节会活动。在商贸共荣方面，将着力打造大市场、大商贸、大流通的新格局，依托文家市“牛马会”、慈化“庙会”等商贸传统节会，激发区域消费活力。

【火星上三个地方被命名为“文家市”】 2022年4月11日，中国月球与行星地名库（LPND）发布“天问一号着陆区附近地理实体命名”的公告，其中有三个地方被命名为“文家市”。2021年5月15日，中国首次火星探测任务的祝融号火星车成功在预选着陆区内的东经109.9°、北纬25.1°位置处着陆，中国成为继美国之后第二个在火星上成功实现软着陆的国家。为便于巡视路线的规划、对火星车的探测活动进行描述，以及对所获取数据进行解释和科学研究，IAU（国际天文学联合会）于2022年3月9日正式批准位于天问一号着陆点附近以及可能的巡视区域内的16个环形坑、3个穹丘、2条沟和1座方山的正式地名。环形坑以中国春秋战国时期，主要诸侯国都城存在关联性的、人口小于10万的镇或村一级地名，或是以全国历史文化名镇中，按地区覆盖多样性的原则进行命名，其他类型的地理实体名称均来自附近的环形坑名称。湖南省浏阳市的文家市镇，是全国著名历史文化名镇。文家市（Wenjiashi）是由IAU（国际天文联合会）于2022年3月9日正式批准命名的火星环形坑，环形坑直径18千米，中心纬度25.22，中心经度109.44；文家市穹丘（Wenjiashi　Tholi）直径22.03千米，中心纬度24.75，中心经度109.77；文

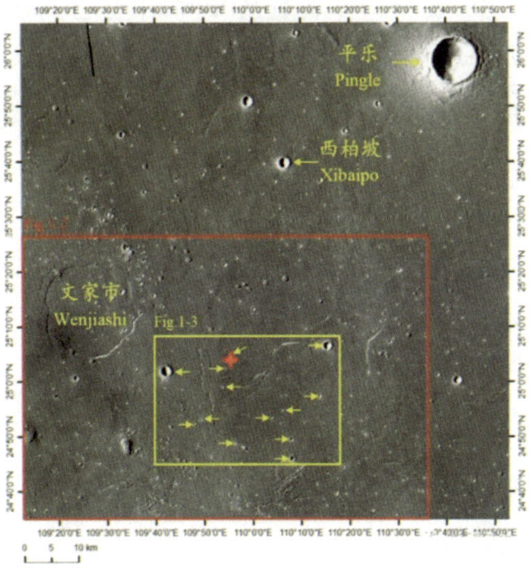

图3　天问一号着陆点（红色十字标示）附近拟命名地理实体概况

红色矩形框内拟命名地理实体的详情在图4中显示

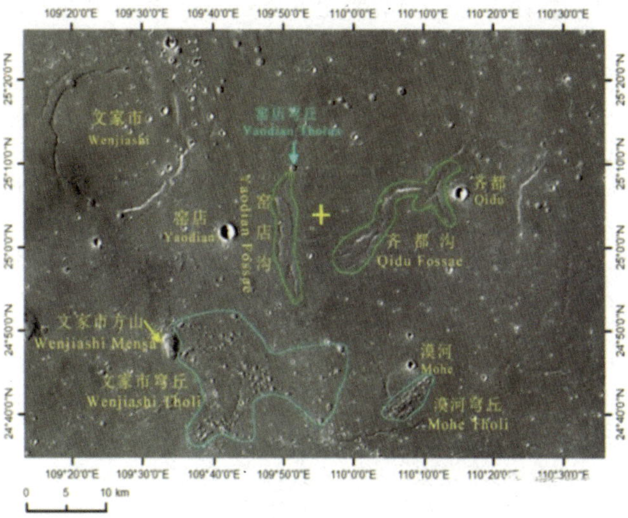

图4　图3中红色矩形框内的拟命名地理实体概况

家市方山(Wenjiashi Mensa)直径4千米，中心纬度24.81，中心经度109.57。

（周文韬）

大瑶镇

【概况】 2022年，大瑶镇辖14个行政村和1个社区居委会，233个村（居）民小区（片区），24577户，93756人，其中农业户20176户，农业人口77921人。总面积149.3平方千米，其中耕地面积1550公顷，山林14882公顷。全年出生人口553人、出生率5.8‰，死亡人口685人、死亡率7.2‰，人口自然增长率-2.2‰。年均气温18.8℃，年内极端最高气温40.8℃，极端最低气温-3.8℃，年降水量1528.7毫米。

【经济发展状况】 2022年，大瑶镇实现粮食总产量1.9万吨，完成农业总产值4.65亿元；完成一般公共预算收入3.07亿元，其中地方一般公共预算收入1.65亿元；完成固定资产投资57.5亿元，规模工业总产值36.1亿元，同比增长14%；居民存款余额52.63亿元，同比增长20%；社会消费品零售总额同比增长23%。稳定发展粮食生产，建成双季稻千亩示范片1个，百亩示范片16个，整改抛荒耕地694.4亩，完成集中育秧4905亩，种植双季稻4500亩。壮大村级集体经济，引导发展黑山羊、蔬果、油茶等特色农业，全镇15个村（社区）集体经济收入完成489.63万元，6个村（社区）超过50万元，被评为“长沙市发展壮大新型集体经济先进单位”。支持花炮物流、花炮文旅高质量发展，鼓励引导退出花炮企业转型10家（杨花光长鞭炮厂山青等工区、佳祥引线厂、金旗烟花爆竹制造有限公司、银江出口烟花制造有限公司银丰工区、南竹烟花制造有限公司、大瑶九华花炮厂、大瑶前进花炮厂、中南烟花燃放有限公司老厂区、大瑶中意花炮厂、天时引线有限公司），新增高新技术企业7家（银丰机械、奔成烟花、佳利瓷业、李畋印刷包装集团、蒸一道食品、万吉隆烟花、富洋烟花），新增专利3项（旋转烟花全自动成型生产设备、烟花内筒装药流水生产线、铺叶摆把投料均匀性控制方法），获2021年度湖南省特色小镇（工业小镇）建设综合评价第一名。践行“企业吹哨、部门报到”工作机制，落实镇村干部服务企业“八严禁”，统筹推进“纾困解难”和“千企帮扶”，化解涉企矛盾纠纷200余起，大瑶镇花炮产业商会被认定为2021—2022年度湖南省“四好”（政治引领好、队伍建设好、服务发展好、自律规范好）商会。

【城乡建设】 2022年，大瑶镇聚焦项目攻坚，建立招商引资项目库、客商资源库，完成中央预算内项目及专项债项目储备，向上争取地方政府专项债、渌水流域治理、污水管网、棚户区改造配套等项目3.6亿元，实现省外到位资金6.41亿元。全年铺排彩印包装基地、扬翔九峰牧业等市级重点建设项目7个，累计投资超17.39亿元，投资完成率100%；投资上百亿元的风洞口抽水蓄能电站实现招商落地，220千伏变电站项目启动主体工程建设，浏发能源杨田加油站投入运营，航民新时代广场一期如期交付，西环金街项目推进中。加强国土规划管控，排查整改卫片图斑125个，实现违法用地“零新增”，拆违控违6500平方米，复垦复绿400余亩。严抓自建房安全隐患排查整治，拆除危房66栋、面积1.6万平方米。打好蓝天、碧水、净土保卫战，空气质量优良率97%，南川河交界断面水质稳定Ⅲ类标准。完善基础设施，省市农村公路提质改造27.73千米，创建汇丰村小微水体示范管护片区，完成强盛村单村饮水工程提质改造，水库管护工作迎接全省现场观摩。提升城乡品质，打造示范型美丽宜居村庄2个（汇丰村黄家老屋、蔡家老屋美丽宜居村庄），普惠型美丽宜居村庄10个（上升村天子湖、枫林村泉塘、崇文村崇尚、强盛村同心、南阳村复兴、华园村双凤、李畋村月塘、老桂新村武圣、南山村樟树湾、天和油铺等），完成无害化改厕195座，新建污水管网8千米。在长沙市第一批（2021—2022年）健康村镇试点建设终期评估中，大瑶镇被评为一类乡镇，天和村为一类村、南山村为二类村。华园村成功创建为湖南省卫生村，崇文村被评为“长沙市卫生村”。

【社会管理】 政务服务：推进“互联网+政务服务”和“一件事一次办”，以湘赣边政务服务跨省通办试点镇为契机，推动服务事项跨市联办、跨省通办，完成“一网通办”平台办件录入25965件，服务满意率100%；关注群众诉求，累计办结“12345”市长热线1178条，办结满意率99.19%；更新“互联网+政务服务”一体化平台事项154条，办理事项347件。社会治理：推进“三化三中心”建设，创新推行信息化、网格化、社会化“天网+地网+人网”社会治理模式，全域开展堡垒提质“强基”、禁毒整治“断源”、防范网络电信诈骗“断网”、扫黄治赌“清风”、信访工作“清源”、打击非法宗教“清朗”、自建房整治“安居”、校园周边环境“护苗”、维护商营环境“护航”、道路交通“畅安”十大专项行动，用好诉源治理工作站和小区说事厅，化解矛盾纠纷287起，推动化解信访事项69起；定期召开小区夜话会，收集各类意见建议600余条，解决群众急难愁盼问题400余个。全镇综治民调工作排名长沙市第16名、浏阳市第5名，被评为长沙市平安建设“红旗”等次乡镇、被认定为长沙市信访工作“三无”（无重复上访、无集体上访、无信访积案）标兵乡镇。安全生产：全年检查企业1100余家次，发现安全隐患926处，停产整顿企业60家次，立案处罚22家次，整改到位率100%；持续开展打非治违，打击查处非法生产12例、非法储存5例、非法运输36起，捣毁非法生产窝点2处，打击处理32人，移送公安机关21人，大瑶镇公共安全与应急管理办公室被评为“湖南省应急管理先进集体”。

【社会事业】 民生事业：启动雅礼·浏阳二中、大瑶中学扩建提质，推进敬老院三星级标准化管理和规范化建设，实现标准化村卫生室全覆盖，获评长沙市无偿献血先进单位。超额完成年度养老保险和医疗保险征缴工作，发放低保、特困供养等各类救助补助 1837 万元。乡村文明建设：推评“长沙好人”2 人，完成新时代文明实践所建设，杨花书院建成使用，非遗项目“烟花龙舞”受邀参加全省首届非遗展演，大瑶镇杨花村村民委员会报送的案例“少年宫里少年强”获评 2022 年长沙市未成年人思想道德建设优秀案例，天和村被授予“2021 届长沙市文明村”称号，大瑶镇被评定为“长沙市非遗乡镇示范点”。创先争优：巩固提升“支部建在产业链上”“金秋党旗红，余晖映大瑶”党建品牌，获评长沙市抓党建促乡村振兴示范镇。区域合作。建成湘赣边区域合作先行示范区展示中心、湘赣边社会治理中心，承办湘赣边六县（市、区）区域基层治理协同创新联席会议，与上栗县金山镇签订合作框架协议，升级打造湘赣边中心医院、湘赣边花炮原辅材料交易中心、湘赣边建材家居中心。

【大瑶镇被评为“长沙市平安建设红旗等次乡镇”】 2023 年 1 月 28 日，长沙市委办公厅、市政府办公厅联合发布《关于 2022 年度全市平安建设考核评估情况的通报》，大瑶镇被评为“2022 年度长沙市平安建设红旗等次乡镇”。长沙市信访工作联席会议发文通报信访工作“三无乡镇（街道）”，浏阳市大瑶镇在集中治理重复访、办理初信初访等方面表现特别突出，被认定为长沙市信访工作“三无乡镇（街道）”标兵单位。大瑶镇地处湘赣两省交界地带，矛盾纠纷和治安形势复杂。大瑶镇全面推进“三化三中心”建设，创新推行信息化、网格化、社会化“天网+地网+人网”社会治理模式，构建起全域覆盖、同步服务的综治中心、网格中心、应急中心，打造湘赣边区域社会治理样板。2022 年 8 月，湘赣边区域基层社会治理协同创新联席会议在大瑶镇召开。对标国家治理体系和治理能力现代化，制定《大瑶镇信访工作联席会议制度》。2021 年 8 月起，大瑶镇创新基层社会治理模式，全面推行“小区管家，民情直达”工作，将全镇 15 个村(社区) 划分为 231 个小区、967 个微网格，各小区选派一名小区主任，构建起镇一村 (社区)—党支部—小区(微网格)四级网格体系，打通服务群众的“最后一米”。定期召开小区夜话会，群众说事有人听、遇事有人办、难事有人管。2022 年，共收集各类意见建议 600 余条，解决群众急难愁盼问题 400 余个，社会大局持续平安稳定。

【大瑶镇在 18 个特色工业小镇中排名第一】 2022 年 12 月 8 日，省发改委、农业农村厅、文旅厅联合发布 2021 年度特色小镇建设综合评价排名，浏阳市大瑶花炮小镇在全省 18 个特色工业小镇中排名第一，省直各有关部门将在建设用地、资金扶持、招商推介等方面予以优先支持。大瑶镇位于湘赣两省、萍乡、浏阳、醴陵三市交界处，因花炮始祖李畋在此发明爆竹花炮，素有“花炮之源”美誉。近年来，大瑶镇改革传统花炮产业，实施整合提升、科技攻关、品牌营销“三大工程”，引导企业围绕花炮产业全链整合提质，形成烟花爆竹生产、经营、原辅材料经营、包装印刷、造纸、机械、物流、文旅等于一体的完整产业全链，花炮产品远销 100 多个国家和地区，是全国花炮原辅材料集散中心，占据全国 70%以上原辅材料交易市场，2016 年 10 月，大瑶镇被住房和城乡建设部认定为第一批中国特色小镇；2019 年，入选湖南省特色工业小镇。同时，大瑶镇坚持将花炮元素融入城镇风貌，以花炮文化带动园区发展，建成花炮材料制造产业基地、国际花炮商贸城、烟花王朝等生产展示交易平台，完善花炮文化博物馆、花炮始祖李畋庙、李畋广场、花炮文化步行街等文旅设施，着力打造文化底蕴深厚、科技含量充盈、安全环保发展的全球烟花第一镇。2021 年，全镇花炮产业年产值 168.3 亿元，共有特色企业 413 家，吸纳就业人数 4.5 万人。2022 年，全镇花炮产业全链总产值超 200 亿元。

【大瑶镇花炮产业商会被认定为 2021—2022 年度全省“四好”商会】 2022 年 12 月 23 日，大瑶镇花炮产业商会被湖南省工商业联合会认定为 2021-2022 年度全省“四好”商会。浏阳市大瑶镇花炮产业商会是一家集造纸、彩印包装、花炮原辅材料、花炮机械、花炮生产、花炮经营、花炮物流、花炮文旅八个行业于一体的产业商会。商会本着“自律、服务、引领、协调”的宗旨与使命，搭建政府与企业的桥梁和纽带，为企业代言，为行业服务，为政府提供决策咨询，为大瑶“打造全球烟花第一镇，建设湘赣合作示范区”展现商会作为。商会党总支下设企业党支部和联合党支部 29 个，党组织覆盖率 84.32%。通过把支部建在产业链上，将党员嵌在产业链中，推动党的建设与企业发展深度融合。2021 年以来，大瑶镇花炮产业商会围绕“政治引领好、队伍建设好、服务发展好、自律规范好”，加强商会自身建设，当好参谋助手、政企沟通桥梁、企业服务员，全面提升服务功能，助推行业健康发展。

【杨花书院建成使用】 2022 年 1月，杨花书院建成，投入使用。该书院位于大瑶镇杨花村，用地面积 2286 平方米，建筑面积 1950 平方米，总投资 500 万元，设计风格为江南民居样式的四合院结构，内部功能设施齐全。书院分为前后两栋和左右厢房，其中前栋一层分别为过厅、茶室、书画室；左右两栋厢房均为两层，左栋两层为“儿童之家”早教专用，右栋一层为综合图书借阅室，二层为藏书室；中间为庭院；后栋五层，一、二层布置乡村历史展览和杨花乡贤馆，三至五层预留作博物馆或藏书楼；书院左边建设亲子游泳池，为婴幼儿早期发展服务。

（唐小波）

金刚镇

【概况】 2022年，金刚镇辖10个行政村，376个村（居）民小组，总面积79.88平方千米，耕地面积1450公顷（其中水田1263公顷，旱土187公顷），山林面积4533公顷。年内最高气温38℃，最低气温-2℃，年平均气温20℃左右，年降水量约1800毫米。年末，全镇户籍人口63937人，全年出生387人，死亡439人，人口出生率6.05‰，自然增长率-0.1‰，主要民族为汉族，共64060人，占总人口的99.97%。2022年中央电视台两次聚焦报道金刚镇"林长制"工作，古树名木保护工作受到国务院、省、长沙市级领导的肯定表扬；2022年中央电视台两次聚焦报道金刚镇红炮产业；被评为浏阳市2022年度"全市抓党建促乡村振兴示范镇"、2022年长沙市信访工作"三无乡镇"；被评为2022年浏阳市唯一的非物质文化遗产保护传承示范性乡镇；金刚卫生院被评为2022年全国"基层服务能力提升亮点机构"，金刚敬老院被评为"长沙市三星级示范敬老院"。

【经济发展状况】 2022年，金刚镇完成财税总收入8600万元，同比增长34%；规上工业企业实现总产值41.7亿元，服务业企业增加值增速35%；进出口贸易额完成970万元，完成比例121%；全年累计化解镇、村债务600余万元；新增市场主体371家，同比增长11.3%，新增企业56家，同比增长17.8%，完成个转企10家，达到全年任务330%。新增固定资产投资项目22个，其中5000万元以上项目3个，完成固定资产投资15.82亿元；配合浏阳风洞口抽水蓄能电站项目建设，投资2.5亿元搁置近十年的金刚大道财富大厦建设项目封顶开售。全年政府项目投资上亿元，投入近3000万元的南川河流域治理项目全面开工；投入上千万元的昭明完小教师公租房项目启动建设；投入上千万元的六栋完小项目即将竣工；投入上千万元的桃树湾刘氏大屋修缮和消防项目启动前期工作；投入500万元的都庄水库项目和360万元公路安防项目有序推进中。新增市场主体371家，服务业企业增加值增速35%，全市第一个以红炮文化为底蕴的红炮屋场、以爱情元素为主题的连理枝屋场、以影剧拍摄为亮点的长兴屋场完成建设，并成为湘赣边区域旅游打卡热地。村集体经济收入全年创收342.49万元，4个村集体经济收入达到50万元以上。乡村振兴衔接项目总投资金额1607万元。

【社会管理】 基础设施建设：完成国道106亮化项目，安装160盏通电路灯。完成村道C185提质改造、省道S326金刚段大修项目，完成道路安防工程18千米，对重点交通路段增设路灯、减速带，完善交通标识标牌等设施，完成农村道路"白改黑"近30千米。打造美丽宜居村庄8个，改造文化健身广场1个。优化人居环境：承办"六·五"世界环保日暨浏阳市第八届环保节活动，开展"五河一库"、小微水体综合治理，实施控源截污工程，南川河出境断面水质稳定达到Ⅲ类标准。长效推进"河长制""林长制""路长制""田长制"管理，成功侦破"6·6"危害国家重点保护植物案，护林员黄蔚谷获评"全国林草系统劳动模范"。完成改厕334座，健全生活垃圾全链条处理机制，生活垃圾同比减少5%。实施集镇精细化管理，整治道路交通顽瘴痼疾，取缔校园周边流动摊贩16户，关停市场周边小作坊2家，提质改造农贸市场1个，打造标准示范街1条。安全生产：落实安全生产责任制，全年完成烟花爆竹企业行政执法计划116家次，推进烟花爆竹领域打非治违专项行动95次，全年组织各行业领域安全监管负责人开展消防安全集中培训3次，发放各类宣传资料17000余份。推进打击非法生产工作，刑事拘留非法生产人员7人，行政拘留非法生产人员27人，收缴各类非法生产成品烟花2000余箱、销毁散短引火线400余箍、销毁长引火线36盘、销毁玩具烟花46件。社会治理：结合"党建+微网格"，依托风险矛盾防范化解中心，注册微网格调解员750人。2022年，全镇共化解矛盾纠纷244起，化解积案4起，处置突发事件20起，处理办结网上信访件49起，市信访局交办"三联三保"信访件18起，信访件办结率100%，群众满意率100%，继续获评长沙市信访工作"三无乡镇"。开展"面对面心连心"屋场恳谈会，以每周二"邻里服务日"为抓手，建立健全民情恳谈室、民情走访日和民情化解台"三个服务平台"。打击吸贩毒人员，加强反电诈工作，全年接处警925起，开展道路交通安全联合执法整治行动206次。全年受理办结"12345"政务热线工单518件，满意率达99.8%。

金刚镇太子湖　　（金刚镇　供图）

推进“一件事一次办”改革，办结政务服务事项12273件，一网通办录件11810条，推进跨市联办、跨省通办事项。

【社会事业】 民生保障：巩固拓展脱贫攻坚成果同乡村振兴有效衔接，全年发放临时救助、大病救助等救助资金120万元，发放助学、助残、助困等各类善款及慰问金110万元，全镇无一例返贫致贫。金市、太子湖、丹桂、平湾、星星村等5个养老服务站完成提质改造。金刚敬老院获评长沙市三星级示范敬老院。全镇省劳务协作平台系统中适龄贫困劳动力实现就业人数743人，就业完成率100%。维护群众舌尖安全，监管农村聚餐622场，食品安全工作获评长沙市“A类”先进单位。卫生教育：落实医疗保险各项政策，医疗报销12466人次，报销总额1600万元，金刚卫生院获评全国“基层服务能力提升亮点机构”。召开教育强镇大会，全镇13所中小学教育质量评价全部为优秀，教育基金持续壮大，总量位居全市乡镇第一。探索基层老年教育新模式，镇老年大学获评长沙市2022年示范老年教育基层教学点。文化：举办“2022年浏阳市非遗宣传月启动式暨金刚镇‘湘剧四季·相遇金刚’文艺活动”，受到中央、省市级多家媒体宣传推介，被评为“浏阳市非物质文化遗产保护传承示范性乡镇”。文明创建。开展道德模范评选活动，举办第八届“陈玉兰敬老爱亲奖励基金”颁奖典礼。

【金刚镇第十六届人民代表大会第三次会议召开】 2022年11月23日，金刚镇第十六届人民代表大会第三次会议召开。大会听取和书面审议关于强力推进打非治违工作，建设平安金刚的决议。会议通过罗武辞去金刚镇人民政府镇长职务的请求，选举朱蕾当选为金刚镇人民政府镇长。浏阳市副市长、市公安局党委书记、局长、督察长刘一斌，金刚镇党委书记卢义胜出席会议。

【2022年浏阳市非遗宣传月启动仪式暨金刚镇“湘剧四季·相遇金刚”文艺活动】 2022年6月10日，2022年浏阳市非遗宣传月启动仪式暨金刚镇“湘剧四季·相遇金刚”文艺活动在金刚镇桃树湾刘家大屋举行。活动现场设置非遗展陈区、湘剧体验区和实景沉浸区，让观众领略非遗魅力。湘剧体验区有道具展示、名家大师展板、经典剧目、高腔传承、湘剧服饰等，让人们追本溯源了解湘剧；实景沉浸区，以全景环境+演绎方式，让古代戏院场景再现。启动仪式在金刚完小学生表演的《湘味戏妞》中拉开序幕。启动仪式后，省湘剧院演员们现场演出湘剧传统剧目《拜月记》《追鱼记》《琵琶记》《白兔记》选段。金刚镇是湘剧高腔的发祥地，走出徐绍清、欧阳寿廷等湘剧泰斗，截至2022年，金刚镇有几百人从事湘剧行业；全市有国家级非遗项目3个、省级项目6个、长沙市级项目21个、浏阳市级项目61个。

【举办第八届“陈玉兰敬老爱亲奖励基金”颁奖典礼】 2022年9月28日，浏阳市金刚镇举行第八届“陈玉兰敬老爱亲奖励基金”颁奖典礼，5人被评为“敬老爱亲优秀少年”，36人被评为“敬老爱亲模范人物”。该基金是当地爱心企业家黄蔚德于2015年以其母亲名义设立的公益基金，投入100万元。该基金由庆泰烟花集团运营，每年按照本金的10%提息，在“三八”妇女节和重阳节期间，对金刚镇范围内孝敬老人、履行赡养义务的好儿女、好媳妇、好家庭典型，根据实际情况给予2000元至5000元的奖励。截至2022年，已奖励300多名敬老爱亲的乡邻。

（何山雨）

葛家镇

【概况】 2022年，葛家镇辖5个行政村，下设44个大组、198个小组。总面积107.26平方千米，耕地1193.31公顷，其中水田1108.33公顷、旱土84.98公顷，林地面积7717.2公顷。总人口数21056人，出生人口127人，死亡人口218人，人口出生率6.03‰，自然增长率-4.32‰。葛家金塘站年平均气温18.9℃，年降水量1108.5毫米。葛家乌石站年平均气温19.3℃，年降水量1132.4毫米。域内有河流型地表径流5条（跃龙河、马家河、廖花洲河、易家湾河、龙潭河），地表径流总长度38.54千米，浏阳河葛家段11.8千米。

【经济发展状况】 2022年，葛家镇完成地方收入1508万元；实现规模工业总产值28.8亿元；完成固定资产投资11.7亿元；实现社会消费品零售及批发总额1.2亿元。农业。粮食生产面积1.6万亩，主要水稻品种是为Y两优900、Y两优957等系列品种，平均亩产1000千克，创建1个千亩示范片，8个百亩示范片。受南方水稻矮缩病、稻飞虱以及持续干旱影响，全镇农作物受灾1198亩，其中水田受灾1106亩，疏菜受灾92亩，直接经济损失96.2万元。2022年存栏生猪6万头，年出栏生猪12万头；家禽常年存笼70万羽，年出家禽152万羽；油茶种植面积3千余亩。修整农田280亩，修建渠道5000余米。大石岭水果基地有种植户58户，面积610余亩，年产出40余万元。新建村、玉潭村、新宏村建成“鸡肠子”辣椒产业基地，年产辣椒10余万千克，销售额200余万元。6月22日，湖南电台录制《中国粮·湖南饭》节目，邀请葛家镇“辣椒大王”杨意红携葛家“鸡肠子”辣椒参与节目；8月14日，《寻味长沙》节目组来葛家镇辣椒基地拍摄长沙味《辣椒炒肉》专题片。全镇5个村村级集体经济收入均超50万元，其中金源村村级集体经济收入突破100万元。工业经济。六股岭矿山以11.32亿元成功挂牌出让；400亩建材基地“五通一平”基本完成，引进16家企业入驻；引进蓝涛建材、力煌环保等产业项目5个，其中过亿元项目1个，过5000万元项目2个。

表 15　　2022 年葛家镇主要规模企业情况表

企业名称	成立时间	注册资金（万元）	主要产品	就业人数(人)	产值（万元）
浏阳市金辉出口出口烟花制造厂石龙生产区	2005 年 4 月	128	烟花制造	68	2500
湖南旺象食品科技有限公司	2015 年 5 月	200	食品加工	118	8000
浏阳市景升烟花制造有限公	2015 年 3 月	100	烟花制造	120	5000
浏阳市天鹅山烟花制造有限公司	2000 年 11 月	460	烟花制造	110	4000
浏阳联兴花炮厂	2001 年 2 月	500	烟花制造	60	2600
浏阳金辉花炮厂	2008 年 9 月	200	烟花制造	135	6000
长沙佳能制泵有限公司	2000 年 4 月	800	水泵制造	70	38377
浏阳佳华水泵厂	2010 年 4 月	2000	水泵制造	90	46668
浏阳市浩源烟花材料制造有限公司航天生产区	2005 年 3 月	600	黑火药	15	1300
浏阳市吉畅烟花制造有限公司	2004 年 10 月	184	烟花制造	50	1800
浏阳市联泰鞭炮烟花厂	2016 年 3 月	200	烟花制造	70	3000
浏阳市华威烟花制造有限公司	2008 年 10 月	500	烟花制造	60	2000
浏阳市长盛出口花炮厂鑫湘生产区	2005 年 4 月	200	烟花制造	80	3000
浏阳市葛家金盛烟花制造有限公司	2009 年 10 月	350	烟花制造	100	3500
浏阳市长盛出口花炮厂长盛生产区	2007 年 2 月	450	烟花制造	130	6000
浏阳市恒鑫烟花材料制造有限公司鑫源生产区	2021 年 2 月	680	黑火药	25	2500

【社会管理】 基础设施建设：投入 340 余万元修复山塘、水圳、水渠；投入 40 余万元对葛家园村进行自来水扩网，解决困难群众饮水问题；维修更换省道、乡道路路灯 136 盏，安装“小太阳”11 个。道路交通：S204 葛家绕镇公路完成征拆并进入建设阶段；浏江高速公路项目已完成地质勘探等前期工作；提质改造村级公路 12.9 千米，整改道路交通隐患 92 处，增设 33 个公交站点。在村级公路、沿线村庄新增安装护栏 2100 米、减速带 1000 米、警示标牌 15 个等，在 S207 葛家段安装区间测速，完善镇级主要路口、事故多发地段的防护设施。投入 150 余万元销号 61 处道路交通隐患，拆除平交路口违法建筑 4 处，移除景观苗木 26 处，拓宽路口 12 处，整改道路塌方、路肩滑坡 600 多个立方米。环境整治：铺设污水管网 3 千米，接入污水管网排污口 400 余处，全域水质达标率 98%。创建美丽示范村庄 2 个，美丽达标村庄 2 个。被命名为 2022 年“湖南省卫生镇（乡）”；镇卫生院成功创建为 2022 年湖南省文明卫生单位；镇人民政府被授予“长沙市文明卫生单位”称号；新建村被评为“长沙市卫生村”；葛家园村石龙小微水体片区被评为浏阳市年度十佳“一乡一亮点”。安全生产：2022 年，葛家镇开展烟花爆竹行业执法 76 次，责令停产整顿 26 家次，立案查处 18 家次；紧盯养殖、交通、工贸、建筑施工、消防等重点领域，开展排查整治，共排查隐患 725 个，整改 715 个；发放安全宣传手册 5000 余份，实现高危行业特种作业工序培训全覆盖；完成自建房安全整治，累计拆除房屋 80 栋、拆除面积 9500 平方米。治安状况：深化网格化社会治理，调处各类矛盾纠纷 54 起，处理上级信访交办件 12 件，化解率 100%。8 件信访积案化解 5 件；开展反电诈宣传，电信诈骗案件同比下降 38.5%，涉案金额同比下降 93.4%。持续开展禁毒工作源头管控，无新增吸毒人员。

【社会事业】 社会保障：2022 年，葛家镇发放低保金 260 余万元、各类补助救助金 210 万元，走访慰问困难群众 597 户，纳入监测户 73 户 174 人，未新增贫困人口和返贫人口。政务服务：“12345”政务热线受理工单 332 件次，办结 299 件次，上级回访满意度 99%。文化旅游。镇内有宋任穷故居、徐家湾墓群、彭宗志烈士墓、枧溪遗址 4 处文物点，年接待游客 3.5 万余人次。

【六股岭矿区成功挂牌出让】 2022 年 4 月 28 日，湖南省浏阳市葛家镇六股岭矿区建筑材料用砂岩板岩矿采矿权，在湖南省公共资源交易服务平台挂牌出让成交。经过 126 轮竞价，溢价 6.9 亿元，最终由浙江省湖州弘诚工程管理有限公司以 11.32 亿元摘得六股岭矿区采矿权。竞得企业在办理许可证后，即可进场建设。六股岭矿区已探明杂砂岩资源储量 5130.6 万吨、板岩资源储量 6558.8 万吨，总储量 11689.4 万吨。10 月

2022年10月18日，六股岭矿区工业广场启动建设　　（葛家镇　供图）

18日，六股岭矿区工业广场建设正式启动。

【辣椒小镇建设】 2022年，葛家镇在全镇5个村推广葛家“鸡肠子”辣椒种植，以“村集体经济合作社+农户”为经营主体，共种植110个大棚，免费给村民发放辣椒苗8万余株，利用田地、旱土种植1000余亩。所有种植采取统一育苗，由浏阳市红秀农业科技有限公司提供种苗，确保辣椒品种一致；病虫害防治采用生物农药结合物理防治方法，保障产品绿色品质；在金源村和葛家园村建成预冷库和产品分拣车间，保证辣椒标准和品质；由湖南农业大学等团队提供农业生产技术集中培训，为种植户解决技术疑难；制定标准化生产技术规程，指导和规范农产品生产活动，让种植户清楚标准化生产技术规范标准；每个合作社设定一个辣椒基地负责人，管理和监督辣椒种植各个环节的流程和农产品安全。全年实现辣椒产量10余万千克，销售额200余万元。

【葛家“鸡肠子”辣椒供销协议签约仪式举行】 2022年5月30日，葛家镇葛家“鸡肠子”辣椒供销协议签约仪式在金源村举行，来自武汉、长沙、浏阳等地的16家餐饮、订货商代表与供货商代表洽谈合作。7家企业现场签订供销协议，订购1万千克葛家“鸡肠子”辣椒。订购会现场举行葛家“鸡肠子”辣椒“比长”采摘赛，一根长达43.4厘米的“鸡肠子”辣椒获“冠军”。活动还邀请浏阳市融媒体中心“云上湘赣边直播间”对葛家“鸡肠子”辣椒进行线上直播销售，并邀请浏阳西乡菜厨师，在线直播教网友烹饪辣椒菜。

【“辣椒院士”团队工作室落户葛家镇】 2022年6月14日，“湖南农业大学·浏阳市人民政府全国农业科技现代化先行县共建活动暨邹学校院士团队工作室”揭牌仪式在葛家镇金源村举行。根据葛家镇政府与湖南农业大学签订的乡村振兴示范基地共建合作框架协议，双方将在产业发展、科研攻关、美丽乡村建设、龙头企业培育等方面开展合作，通过优化整合资源，加强项目扶持，助力推进葛家鸡肠子辣椒产业化，打造省级特色小镇。

【葛家建材产业基地建设】 2022年7月，葛家镇400亩建材产业基地“五通一平”基本完成，交付给16家企业进行厂房建设。该项目实行整体规划设计，其中道路建设1200米；自来水管建设400米，解决企业生活用水问题；污水管网建设2千米，接入镇污水处理厂，日均处理量750吨，解决企业污水处理问题；后续集镇高压线延伸800米进项目集中区，解决企业用电问题。该项目总投资约10亿元。

【成立森林消防公益救援队】 2022年9月24日，葛家镇成立森林消防公益救援队，并组织开展森林消防理论知识及实操技能培训。救援队共有成员104人，按区域下设11支分队。当日，11支分队被授予队旗。

【启动浏阳河（葛家镇段）流域水污染综合治理项目】 2022年7月15日，葛家镇启动湘江流域浏阳河（葛家镇段）流域水污染综合治理项目，该项目总造价1436.91万元，其中上级拨付资金1310万元。治理项目分三部分：廖花洲河治理。包括约3.59千米河道生态护岸修复（生态砖护坡、植生护岸、生态混凝土、松木桩护岸等形式），植物修复面积约4880平方米，河道清淤疏浚约5940立方米，河岸修整面积约12600平方米。龙潭河治理。包括

2022年5月30日，葛家镇葛家“鸡肠子”辣椒供销协议签约仪式在金源村举行

（葛家镇　供图）

约1.7千米河道生态护岸修复(植生护岸、生态混凝土等形式),植物修复面积约490平方米,河道清淤疏浚约2000立方米,河岸修整面积约1760平方米。易家河治理。包括约0.95千米河道生态护岸修复(植生护岸、生态混凝土等形式),河道清淤疏浚约1225立方米,河岸修整面积约10080平方米,从根本上削减河道污染量,修复水生态系统,提升水体自然净化能力,实现水环境持续改善。2022年12月30日,组织中机国际工程设计研究院、湖南业精项目管理有限公司、湖南凯迪工程科技有限公司的相关专家对项目进行验收评审,项目建设总体符合竣工验收条件,验收合格。

【举办“营商环境会客厅”活动】 2022年,葛家镇举办两期“营商环境会客厅”活动。9月27日,举办第一期“营商环境会客厅”活动,搭建政企沟通平台,为企业发展纾困解难,当面会诊、现场会办,为企业发展出谋划策。活动邀请涉及烟花爆竹、工贸、农业等领域的26家企业,现场收集42个问题,进行分类研究,对于当场没有解决的问题,派单到相对应的部门限期销号完成,所涉及的部门收到任务清单后,第一时间上门服务,解决相应问题。11月2日,举办第二期“营商环境会客厅”活动,聚焦建材产业基地建设,面对面听取落户企业在手续办理、厂房建设等方面遇到的困惑。

(谢加伟)

枨冲镇

【概况】 2022年,枨冲镇辖9个村,477个村民小组,总面积197.94平方千米,耕地2077公顷(其中水田1920公顷、旱地157公顷)。全镇总人口数45041人,全年出生242人,死亡465人,人口出生率5.3‰,人口自然增长率-4‰。镇域内属于亚热带季风温润气候,年度平均气温18.9℃,一月平均气温6.5℃,7月平均气温29.8℃,年降水量1370.2毫米。

【经济发展状况】 2022年,枨冲镇完成地方生产总值99.76亿元,同比增长12.9%;完成财政总收入1.26亿元,同比增长8.5%,其中地方收入完成5535万元,同比增长9%;实现工业总产值99.66亿元,同比增长13.49%,固定资产投资14.67亿元,同比增长4.8%,社会消费品销售总额4.19亿元,同比增长32.9%,服务业营业收入7229万元,同比增长41%。招商引资到位资金2.02亿元,规上企业投入研发经费6934.7万元,全年新增规上企业3家,现有规上企业43家,投资项目27个,完成省外到位资金2.02亿元。全年完成粮食种植2.5万亩、烤烟1170亩、油茶低改4500亩,出栏生猪8.1万头。做优“一村一品”,培育才常村黑斑蛙、新南桥村中药材、佳和村同野谷等集体经济特色产业,4个村集体经济收入突破50万元,其余村均超30万元。

【社会管理】 基础设施建设:乡镇人才公寓建成投用(2020年启动建设);宏源大桥竣工通车,实施X015、S204、S326、黎家弄—易家湾并村公路提质改造,建设市规道路16.5千米、完善省规安防工程9千米;高标准打造浏阳河枨冲段“千年河埠图”项目;橙冲片区棚户区防涝工程、青草污水管网等项目竣工。人居环境建设:农村人居环境改善,更换分类垃圾桶5000余个,分类回收垃圾268吨,成功打造卫生示范片区20个,改厕工作通过三级验收,创建美丽宜居村庄7个。实施“河长制”“林长制”,完成国家级公益林落户2.8万亩,整改销号森林督察图斑50个,处理环保投诉39件,满意率100%。注重河湖治理,枨冲—葛家断面出境水质稳定达到Ⅱ类标准,生态治理成效明显,连续三年获评市级生态环保一类单位。安全生产:开展全市“千名干部下基层 确保平安促发展”专项行动,全年未发生安全生产责任事故。常态化保持交通整治高压态势,摩托车戴帽率持续保持在96%以上,交通事故亡人率同比下降67%,在浏阳西区及工业优先类乡镇中排名第1位。综治工作。持续开展扫黑除恶专项斗争,公众安全感民意调查排名全市前列。2022年度长沙市平安建设考核评估获评优秀等次乡镇(街道)、被认定为长沙市信访工作“三无乡镇(街道)”标兵单位。

【社会事业】 社会保障:2022年,枨冲镇统筹支付医保、养老资金6701万元,发放各类社会救助、惠民补贴1100余万元,民生领域支出在一般公共预算支出中占比77.6%。完成2023年度医保征缴37850人,征缴率98%。打造“半小时乡村健康服务圈”,推动养老事业发展,枨冲镇敬老院被评为“长沙市三级养老机构”。组建家庭医生签约团队10个,

浏阳河百里画廊枨冲段,东岸老码头与西岸芳芷屋场交相辉映 (枨冲镇 供图)

2022年7月12日，由浏阳市委、市政府主办，浏阳市委宣传部、浏阳市文旅广体局、枨冲镇承办的"欢乐浏阳河"——"时光里的码头"音乐焰火晚会在枨冲镇芳芷屋场上演

（枨冲镇　供图）

完成65岁以上老年人免费体检5747人。文教事业。投入1280万元提质改造中小学9所，新南桥小学完成主体建设，新增学位270个。响应落实"双减"政策，探索"5+2"课后服务模式，查处无证办学、师德师风案例16起，获评浏阳市校外培训综合治理工作先进镇。培养复合型"新农人"专业人才，认定长沙市新型职业农民和乡村工匠15人。民生服务：完善防止返贫动态监测和帮扶机制，对81户防返贫监测户和475户稳定脱贫户实行党员干部结对帮扶，实现脱贫户、监测户务工就业601人次。开展移风易俗，通过村民大会、屋场会开展新风宣讲76场次，覆盖群众2000余人次。自制主题电影《故乡的船》讲述枨冲故事，获长沙市"光影乡村"微电影大赛二等奖。

【联合承办"欢乐浏阳河"音乐焰火晚会】 2022年7月12日，由浏阳市委、市政府主办，浏阳市委宣传部、浏阳市文旅广体局、枨冲镇承办的"欢乐浏阳河"——"时光里的码头"音乐焰火晚会在枨冲镇芳芷屋场上演，晚会以焰火表演、微电影、情景剧、歌舞表演等形式呈现。当晚，38800发烟花在浏阳河上燃放，焰火表演燃放阵线总长400米，最高画面高度达200米，可视范围达到5~10千米。"欢乐浏阳河"群众文化活动自2012年7月启动以来，已开演129场，参演群众上万人次，是浏阳河畔具有标志性的群众文化活动品牌。

【开展"保平安　促发展"专项行动】 按照浏阳市"千名干部下基层　确保平安促发展"专项行动工作要求，2022年9—11月，枨冲镇全面开展"保平安　促发展"专项行动，走村入户发放宣传册，加大企业安全检查，全面排查重点场所消防隐患。全镇640名镇村干部、微网格长深入486个微网格，登门开展"敲门行动"，共召开屋场会138场，累计发放《安全宣传手册》32000余份，在村级主次干道及主要林区悬挂宣传横幅1700余条，做到宣传全覆盖。专项行动开展以来，累计排查隐患322条，整改完成322条。

（林　毅）

镇头镇

【概况】 2022年，镇头镇辖11个行政村，行政区域总面积158平方千米；耕地面积3208公顷，其中水田3100公顷；山林面积9066公顷。全镇共456个村民小组，16376户、56054人。出生人口311人（档卡转出7人，现有304人），死亡人口588人。民族主要为汉族。全镇属变质岩丘陵山区，沿浏阳河两岸地势较平坦，年降水量1230毫米，有利于双季水稻和各类喜温作物生长。域内水系发达，浏阳河穿镇而过。发源于葛家镇的跃龙河，流经镇头镇跃龙村、双桥村。镇域属亚热带季风湿润气候，热量充沛，光照较足，夏季高温多雨，冬季寒冷干燥。

【经济发展状况】 2022年，镇头镇完成一般公共预算收入1.48亿元，地方收入8862万元，同比增长15.6%；完成固定资产投资55.5亿元；规模工业增加值25.38亿元，同比增长16%；规模商贸零售额1.29亿元、规模服务业收入2727万元，社会消费品零售总额同比增长28%。工业经济。截至2022年，浏阳市环保科技示范园累计入驻企业114家，年产值近80亿元，创税1.3亿元；2022年新签约引进企业6家，招商引资到位资金4.5亿元；新增高新技术企业11家，企业研发费用总投入同比增长89%，技贸合同总额8555万元，新增授权有效发明专利6件。农业生产。新建高标准农田12000亩，双季稻种植面积9668亩，抛荒耕地复耕复种360亩，获评长沙市粮食生产先进乡镇；完成早稻集中育秧10757亩，建成1个千亩示范片，14个百亩示范片，土桥油茶和干口花木列入省级"一村一品"重点村；冬春农田水利建设30处；生猪出栏11.6万头，国土绿化0.4万亩，标准化油坊改造15家；成功申报新型职业农民25人，农业产业领军人才2人。发展村级集体经济，全镇集体经济总收入1596万元，10个村集体经济收入均超50万元。旅游景点建设。依靠油茶特色小镇，打造航天艺术科技馆—油茶科普体验园—油茶花开庄园—陈昌烈士故居旅游线路。营商环境。为企业全程免费代办各类手续160余件，解决招工、引才等困难46个。落实各项减税降费政策，全年累计"退、减、缓"税费6560万元，帮助企业融资1.6亿元。

【社会管理】 基层治理：推出"让党旗更红"党建工作质效提升工程，以"五大红色"（红色堡垒、红色头雁、红色细胞、红色联建、红色阵地）工程为引领，深化"三圈四制"（用好联户党员，打造党群邻里圈；配强下沉

镇头镇千口村上湾美丽宜居村庄　　（镇头镇　供图）

干部，打造干群亲情圈；建优专业队伍，打造社群发展圈。民情例会制度、群众评议制度、专业服务制度、村支微自治制度）模式，定期下沉走访开展“敲门行动”，全镇772个微网格长共收集社情民意1000余条，为群众解决急难愁盼问题396件；建立“邻里守心团”，开展“进万家门访万户情聚万民心”民情座谈会、“屋场夜话”，实现群众“微自治”，全年参与公共服务设施建设132次、开展参加民主议事协商活动96次，调解村民矛盾165起。基础设施建设：完成跃龙、双桥两个集中安置区建设；江杉高速、南横线通车，45.4千米道路完成提质改造，跃龙集镇全面大修，推进园区一期二批丹桂路、紫薇路主干道修建；新改建、维修加固桥梁5座；成功申报2022年第三批中央预算内投资项目，争取资金约1700万元。镇生活垃圾分类综合处理中心项目完成土地报批。环境整治：全年处理各类环境污染投诉89件，巡查企业120余次，立案查处2家，完成农村千人以上饮用水水源地环境问题排查整治。整治农村人居环境，清理垃圾1.5万余吨，垃圾分类减量70%，改厕工作通过三级验收。打好蓝天碧水净土保卫战，空气质量优良率98.7%，新建土桥小型污水处理设施+“人工湿地”，集镇污水管网实现全覆盖，浏阳河出境断面水质稳定达到Ⅱ类标准。严防违法用地，动态土地和矿山巡查320余次，查处违法行为23宗。筹资3000余万元完成8个美丽宜居村庄建设，重点打造土桥村连片美丽宜居村庄示范片区，2022年获评长沙市抓党建促乡村振兴示范乡镇。安全生产：开展企业安全检查234家次，立案处理11起，实现安全生产“零事故”。开展交通联合整治行动90余次，道路交通事故起数同比下降5.69%。全覆盖开展自建房安全隐患摸排与整治，累计排查自建房15247栋。开展“千名干部下基层”专项行动，并在全市专项行动考核中获得优秀等次。治安状况：常态化开展扫黑除恶，调处矛盾纠纷240余起，化解历史信访问题16件，刑事案件破案率上升4%。深化改革。推动政务改革提效，“一网通”平台办结1.6万余件，完成“村帮办”业务7900余件，为企业全程免费代办各类手续160余件，完成网上中介超市投资项目8个，成立镇“上门办”小分队为辖区特殊群体上门开展服务20余次。

【社会事业】 社会保障、社会救助：统筹支付医保、养老资金8100万元，发放各类社会救助、政策资金、惠民补贴1600余万元，民生支出占一般公共预算支出比重76%，19个省份民生实事项目超额完成。组织开展各类职业技能培训135人次，现场招聘入职重点企业35人。文化、体育、卫生：完成陈昌生平事迹陈列室提质改造，并拍摄《中国共产党早期“思政育人”先驱者陈昌》微纪录片5期；新建甘棠600平方米篮球场，并通过长沙市民生实事项目验收；建设浏阳市乡村图书馆镇头分馆。镇头中学成功创建长沙市标准化寄宿制学校，扬眉中学“十三五”规划课题获长沙市教育教学研究优秀成果一等奖；落实“双减”政策，实施“托管+拓展”课后服务模式，开设特色课后服务课程10余门，全镇参与课后服务学生占比达97.1%。镇头中心卫生院代表浏阳迎接长沙市公卫考核，获评长沙市第二名。

【“清廉绿映党旗红”宣讲比赛举行】 2022年5月23日，镇头镇“让党旗更红”党建工作质效提升工程系列活动——“清廉绿映党旗红”宣讲比赛在该镇土桥村陈昌烈士生平事迹

2022年5月23日，在镇头镇土桥村陈昌烈士生平事迹陈列室前坪举办的“清廉绿映党旗红”宣讲比赛活动现场　　（镇头镇　供图）

陈列室前坪举行，12名选手参加比赛。比赛活动由长沙市纪委监委、浏阳市纪委监委指导，镇头镇党委、政府主办，活动现场还启动镇头镇清廉机关、清廉村建设启动仪式、清廉建设宣讲，26名廉情观察员进行初任承诺。

（张　涛）

普迹镇

【概况】 2022年，普迹镇辖9个行政村，81个村民小区，土地面积176.471平方千米，耕地面积41261亩（其中水田34855.35亩、旱土6405.65亩），山林面积157391.2亩。2022年全镇总人口41403人，出生人口210人，死亡485人，人口出生率0.5%，自然增长率-0.6%。人口流动47人，流出方向以定居长沙、广东省居多。人口数量最多的民族为汉族，所占比例99.38%。

【经济发展状况】 2022年，普迹镇完成一般公共预算收入1090万元，同比增长29%。实现规模工业总产值15.31亿元，同比增长7.2%，固定资产投资15.8亿元，同比增长73.24%；限上社会零售总额1.68亿元，同比增长1%；主要规模工业企业11家。全年粮食生产面积5.71万亩，总产量2.68万吨，其中早稻1.1万亩，烤烟738亩。全镇养殖户699户，出栏生猪12万余头，出笼家禽250余万羽；蔬菜规模化种植1.5万亩，大棚5000余个，年产量约10万吨，成功申报2022年湖南省农业产业强镇项目。

表16　　2022年普迹镇规模企业情况表

企业名称	成立时间	注册资金（万元）	主要产品	就业人数(人)	产值（万元）
浏阳市普金农业开发有限公司	2015年3月24日	606	蔬菜加工	100	3885
浏阳市金腾烟花制造有限公司	2006年7月18日	50	烟花鞭炮	162	29604
浏阳市普迹镇金旺烟花鞭炮厂	2004年4月27日	500	烟花鞭炮	138	27418
浏阳市普迹镇金信鞭炮烟花厂	2006年7月18日	150	烟花鞭炮	95	2832
浏阳市普迹镇龙洲鞭炮厂	2002年6月21日	52	烟花鞭炮	180	22330
浏阳市金鑫鞭炮烟花制造销售有限公司	2015年7月17日	100	烟花鞭炮	100	19332
浏阳市田希农业科技有限公司	2018年4月27日	500	薯类加工	55	3666
浏阳市普迹镇元霞烟花鞭炮厂	2003年9月28日	3	烟花鞭炮	255	27977
浏阳市恒瑞烟花鞭炮制造销售有限公司	2016年3月14日	100	烟花鞭炮	85	3593
浏阳市恒鑫生物能源开发有限公司	2014年7月9日	1000	生物质致密燃料	60	3910
贝恩医疗设备(湖南)有限公司	2014年11月6日	10360	医疗设备	600	8535

【社会管理】 交通运输：2022年，投入200余万元打通普泰义仓至普花糖厂的振兴路；投入200余万元提质改造花木走廊普迹域内5处弯道，整改道路安全隐患115处。组织清理各级道路遮挡视线树枝260余处，在集镇路段安装夜间探照灯40余盏，维修主干道路灯120余盏，完善交叉路口标志、标线70余处。完善域内道路安防设施16.8千米，改建危桥1座，维修加固桥梁3座。完成通组道路硬化34.9千米、道路“黑化”15.8千米。持续推进城乡公交一体化工作，实现全镇村村通公交。水利建设：全年投入约182万元抗旱保水，铺设电排管道1000余米，维修清淤渠道120千米，新开挖支渠3千米，新建抗旱机井22口，新架设抗旱电线1700余米，购买抗旱设备机具184台。抢抓冬修水利建设，争取资金600万元，铺排小农水项目13个，硬化沟渠11千米，清淤山塘10口，新建维修抗旱电排20余座。投入118万元资金用于浏阳河蓝藻治理，确保浏阳河水质达标。落实“河长制”“十年禁捕”，聘请专业公司对镇域内河流进行日常保洁，聘请16名禁渔巡护员开展常态化巡查，全年共收缴三无船舶和竹筏16艘，拆除钓鱼台54个，执法教育11人次，查处违法捕捞行为5人次，行政处罚2人次。村镇建设：开展浏阳河流域（普迹段）水污染防治综合治理，新建污水支管网2千米，集镇管网修复8处、疏浚5处。投入约140万元，在普泰村丰聚组建设100吨/日生活污水处理一体化设备。开展自建房安全整治工作，全镇共摸排自建房11030栋，其中经营性自建719栋，非经营性自建房10311栋。环境整治：全年完成农村户厕改造47座、人工湿地83座，新建公共厕所2座，基本实现农村无害化卫生厕所全覆盖。探索和改进人居环境整治工作机制，推进环境卫生服务外包市场化运作模式向村级延伸，全镇9个村有7个村实现环境卫生服务外包工作。规范垃圾分类运行体系、落实长效管理机制，实现全镇垃圾分类减量全覆盖。定期开展集镇环境卫生综合整治和“村庄清洁

行动”。2022年，普迹镇被评为“长沙市农村人居环境常态化管理优秀乡镇”，全镇9个村均成功创建“长沙市垃圾分类示范村”。社会治理：推行“党建微网格+五个到户”工作，创新构建“一队一网”基层治理格局，坚持开展周二青春服务队走访167次，全年收集并回复解决群众问题意见约120条，打通服务群众“最后一步路”。以“降事故、保安全、保畅通”为宗旨，组织开展联合执法整治行动576次，全年“戴帽率”居全市第一。狠抓安全生产闭环管理，通过省“应急能力建设”验收。

【社会事业】 就业：开展浏阳市“春风行动”退捕渔民专场招聘会、贝恩医疗用工专场招聘会，500余人实现家门口就业。做好脱贫攻坚和乡村振兴有效衔接，产业帮扶惠及143户，指导脱贫户、监测户外出务工就业737人次，安置公益性岗位44个，就业帮扶基地、车间就业人数12人，指导落实春季雨露计划补助31人。社会保障：全镇城乡居民医疗保险和城镇职工医疗保险参保率98%。全镇有低保户620户1100人，五保471户479人，发放民生保障资金1146万元。全年组织4次新增低保入户调查工作，做到应保尽保、动态管理相结合。全镇申报、享受高龄老人生活补贴合计1535人，累计发放高龄补贴139.7.3万余元。社会救助。办理各类困难临时救助16人，发放救助金10700元。

（潘天虹）

官桥镇

【概况】 2022年，官桥镇辖7个村，226个村民小组，总面积89.7平方千米。耕地面积约1589.94公顷，其中水田面积约1593.27公顷、旱土面积约266.67公顷，山林面积约5445.53公顷。总人口数26401人，出生人口137人，死亡人口271人，人口出生率5.19‰，自然增长率-5.07‰，流动人口数33人。官桥镇为丘陵地貌，年平均气温17.3℃，最高气温39℃，最低气温-3℃，年降水量1432.8毫米。全年无旱、涝、地质灾害。

【经济发展状况】 2022年，官桥镇实现财政总收入3500万元，同比增长10%，其中地方一般预算收入1635万元，同比增长15.5%；完成规模工业产值19亿元，同比增长14%；培育新增规模工业企业1家，完成规模工业增加值3.1亿元；批发零售业累计销售额3亿元，同比增速30%；服务业累计营业收入1606万元，同比增速48%；新增入库固定资产投资项目8个，总投资25亿元，年度完成固定投资15亿元，同比增速136%。7个村均完成20万元集体经济收入目标，其中3个村集体经济收入超50万元。农业生产。完成早稻生产面积5200余亩，一季稻生产面积1.1万亩，晚稻生产面积8000余亩，油菜种植5000余亩，油茶面积2.87万亩，完成烤烟种植面积1000亩。加大烟叶种植培训力度，提升整体质量，2022年烟叶每亩增收300元，销售总额317.8万元。全年养殖业增收1500万元。扶持特色农业项目，争取阳雀生态养殖、黄桃水果种植、大棚蔬菜种植等产业项目9个，资金拨付233万元。其他产业。完善帮扶企业工作机制，协助企业申报质押融资贴息资金1500万元，为10家企业牵线搭桥融资3000万元，引导镇域内3家企业投入9000万元进行工业技改，申报技术改造项目资金200万元，协助企业申请5项发明专利；以“千名干部联千企业”为契机，全年解决企业政策性问题11个，调解企业周边矛盾纠纷35余起；协助签约项目湖南雄风博达、株洲三江建材、金程建材、浏阳市农业科技有限公司蔬菜项目通过市招商服务中心的前置会、市领导小组会议。

【社会管理】 基础设施建设：优化路网建设，总投资730余万元，开展集镇至苏故旅游道路、石贝公路苏故段道路扩宽提质工程，勒坡至牧马坳、石灰嘴至芷钱桥道路修缮工程，4个项目基本实现竣工。投入175万元提质农村道路安全防护、完善标识标牌，整治道路交通安全隐患点30余个。投入200余万元扩展污水主、支管网覆盖面，完成4千米污水管网建设。环境整治：完成35座玻璃钢化粪池改厕任务；推进秸秆禁烧和综合利用工作，开展“散乱污”企业排查整治行动40余次，下达整改通知书20份，关停污染企业1家。落实“河湖长制”，集中力量整治畜禽养殖污染，全年组织志愿者疏浚小微水体20余次。推进美丽宜居村庄建设，打造5个美丽屋场。安全生产：加强重点行业领域安全监管，全年进行执法检查80余次，检查企业56家次，排查隐患50余条，整改率100%；开展食品安全等各类检查200余次，解决群众反映食品安全问题20余条。治安状况：全年受理各级信访件14件次，均按期办结；健全森林防火扑火专职队伍24小时待命制度，全年开展消防检查109次，发现隐患并责令整改安全隐患45处；定期在重点路段、关键位置常态化开展道路交通安全巡防行动，联合派出所、交警中队开展集中整治10余次，戴帽率保持在95%以上；按照“全面普查、分类整治、消化存量”原则开展自建房安全专项整治攻坚行动，完成房屋排查7000余栋。

【社会事业】 信息公开：全年发布政府网站信息59条，“12345”市民热线服务共受理回复有效事项146宗，回访满意率99.32%。受理各类行政审批和服务事项共2311宗，办结率100%。社会保障：开展各类困难群众救助帮扶，做好低保户、低保边缘户的动态管理，共计发放享受金、补贴及各类慰问金805万元。推进“两保”收缴全覆盖，2022年养保收缴率100%，医保收缴率98%以上。巩固脱贫攻坚成果，确保全镇72户监测户、455户脱贫户，共计1574人无返贫风险。落实国家各项惠农政策，发放惠农补贴315万余元。乡风文明

湖南护理学校（浏阳校区）　（官桥镇　供图）

建设：定期举行戏曲表演、书画展览等活动，在传统节日开展传统民俗文化活动，全年举办各类活动60余场。

【《湖南日报》智库首个实践基地落户官桥】 2022年1月21日，《湖南日报》智库首个实践基地落户浏阳市官桥镇九龙村。《湖南日报》智库是省内第一个媒体智库，该智库以高质量媒体智库为定位，以公共政策解读、民生热点回应、舆情分析研究等为重点，积极承担省部级课题，主动为省直部门、地方政府、行业、企业提供经验总结、理论研究等特色化、定制类服务，为党委、政府、社会各界提供智力支持和决策参考，服务现代化新湖南建设。九龙村坐落在浏阳市官桥镇中部，辖区面积16平方千米，有26个村民小组，村民3700余人。2021年12月，九龙村被民政部确认为全国村级议事协商创新实验试点单位。

【湖南护理学校（浏阳校区）一期项目完成搬迁】 2022年10月，投资15亿元的湖南护理学校（浏阳校区）一期项目，正式完成搬迁工作，该项目规划用地112公顷，其中学校66.667公顷，附属医院13.333公顷。学校部分总用地面积440756.8平方米，总建筑面积534555平方米（其中计容总建筑面积519700平方米，地下室总建筑面积14855平方米），容积率1.18，建筑密度24%，绿地率25%，停车位560个，其中地面停车位324个，地下停车位236个。学校于2022年9月正式开学。

【湖南省文艺志愿服务团走进官桥镇苏故村举办专场演出】 2022年1月9日，“祖国新春好　幸福进万家”湖南省文艺志愿服务团走进浏阳市官桥镇苏故村举办专场演出。演出由省文联主办，省曲艺家协会、省美术家协会、省书法家协会、省民间文艺家协会、省画院七家省级协会共同承办，是2022年“笑满三湘”湖南省文艺志愿服务活动的第一场。演出节目包括舞蹈《瑞狮迎春》、集体柔术《戏韵春苗》、歌曲《领航》《阳光中国》、相声《刘海砍樵》等。省文联党组书记、副主席夏义生，省文联主席、中国书协副主席、省书协主席鄢福初，省文联党组成员、副主席、秘书长邓清柯参加活动。演出前，浏阳市民间文艺家协会在苏故党建广场举办灯谜、写春联等活动。

（唐四维　杨灿伟）

柏加镇

【概况】 柏加镇位于浏阳市最西端，地处长沙、株洲、浏阳三地交界处，总面积50.4平方千米，其中耕地961公顷，林地3236公顷。下辖5个行政村，186个村民小组。2022年，全镇总人口23876人，新增人口109人，死亡211人，人口自然增长率-0.42‰。镇域内地质环境好，无工业污染及土地恶化现象。土壤类型有红壤、黄壤、山地黄棕壤、山地草甸土等，其中红壤面积最大，分布最广。属亚热带季风湿润气候，四季特征分明，热量充足，无霜期长，雨量丰沛。年平均气温16.7℃~18.2℃，日照1490~1850小时，辐射量100~112千卡/平方米，无霜期271.8天，年降水量1552.3毫米，平均风速1.4米/秒，最大风速20米/秒。获2021年度全省特色农业小镇（“花木特色小镇”）建设综合评价第二名，被评为长沙市2022年度“乡村振兴示范创建先进单位”、长沙市2022年度“农村人居环境常态化管理优秀乡镇”，柏铃村被评为长沙市2022年度“发展壮大新型村集体经济先进单位”，央视财经频道《经济半小时》专题报道柏加花木产业情况。

【经济发展状况】 2022年，柏加镇完成地方一般性收入2310万元，固定资产投资3.55亿元，社会消费品零售总额3861万元，服务业增速78%，完成9家技术贸易合同登记，成交额3700万元。新增个体户329家，培育农专企业115家，促成个转企4家，新增1家国家级农业类高新技术企业。集体经济持续壮大，提前4个月完成“全面突破50万元，单村突破100万元”的既定目标，集体经济总收入由2021年的120.24万元上升至2022年的328万元。高标准建成双源村岑楼、铁坡、楠洲村竹山、仙湖村金安4个美丽宜居村庄。开展新一轮农村宅基地改革试点工作，探索实施超面积宅基地有偿使用机制，以柏铃村为试点，推进改革试点工作，共收取宅基地超面积有偿使用费151.5万余元。

【社会管理】 基础设施建设：2022年，柏加镇投入400余万元进行集镇提质改造，完成柏南街900米主干道拓宽和电力改造、道路美化建设，对集镇十字路口污水网管进行修缮。完成道路提质10.6千米，道路硬化4.7千米，建设农村公路安防工程10千米。S326南横线（柏加仙湖段）建成通车。在南横线双源处、渡头处设置2处红绿灯，解决老南横线建成十余年未建红绿灯的难题。村组自发完成大小60余个水利工程建设和修复。环境整治：开展河湖“清四乱”（四乱：乱建、乱采、乱占、乱堆）等专项行动，拆除相关违法建筑或构筑物82处，抓获处理违规捕钓人员5人，销毁“三无船只”9艘，销毁违规钓竿80余根、集中销毁长约12000米的非法地笼网280余副。河长制工作连续三年获得浏阳市绩效考核一类乡镇。推行林长制工作，7名专职护林员和镇级林长常态化巡林2200余次。全年完成32座厕改任务，实现4829座农村居民无害化厕所整改，无害化卫生厕所普及率100%。安全生产：开展安全生产各类专项行动，做好浏阳市“千名干部下基层　确保平安促发展”专项行动工作，排查单位337家，排查隐患110条并整改到位，实现安全生产“零事故”，全年生产安全事故起数同比下降100%，交通事故死亡人数同比下降50%。对全镇近6000栋自建房安全等级进行摸排，建好房屋隐患台账并逐一销号。围绕交通顽疾、黄赌毒、电信网络诈骗、打非治违、校车安全等问题开展专项整治，清查并消除安全隐患500余个。强化矛盾纠纷排查，化解7件信访积案，全年依法办理网上信访件44件，调处各类矛盾纠纷123件，调处率98%。发送民调短信3万余条，出动综治宣传车20余次，实现安全生产宣传全覆盖。针对交通、消防、有限空间等开展专题教育培训60余场次。

【社会事业】 民政：组织开展春节走访慰问，发放各类慰问资金40余万元。对“五保”、低保进行动态管理，做到“应保尽保，应退必退”。发放离任村干部待遇和高龄老人补贴，做好老年人意外保险参保和服务工作，做好孤儿、留守儿童、留守老人相关工作。指导各村开展村务公开工作，加强对敬老院的管理。开展“天天慈善一元捐”等活动。按时发放残疾人两项补贴，开展残疾人基本服务状况和需求信息动态更新调查400余人次，发放康复辅具，帮助申请助学资金。社会救助：全年发放绿心补偿、养老保险、助残资金等各类惠民、利民补贴1300余万元。其中，发放低保资金168.4万元，特困资金173.7万元。临时救助60人发放金额18.6万元。社会保障：加强就业和社会保险法律法规及政策宣传，组织开展免费技能培训和创业培训近100多人次，抓好离校未就业大学生就业服务，居民养保征缴270万元，发放4800多人养老金近1500万元；受理丧葬补助金申请109人次，补助金额近35万元。抓好待遇认证工作，追缴5人多领资金3.5万多元。居民医保征缴进度排名全市前列，报销1773万元。做好新生儿和“特殊人员”等中途参保、信息修改和报销补助工作。退役军人和优抚对象建档立卡工作排名全市第一，无偿献血连续6年超额完成任务。科技教育文化：促进农业科技转化，完成9家企业3700万元技术贸易合同登记。突出人才优势，引进科技特派员2名，开展乡村振兴、苗木技能等职业技能培训6次，新增认定乡村工匠32名。发起爱心助学基金40余万元，帮助80多名学生就学；推进教育强镇工程，柏加中学5件作品入围全国发明展，4件发明创造作品获得湖南省二等奖。组织先进典型评选，评选出8名“柏加榜样”，柏铃村张恒获评2022年第一季度“湖南好人”（助人为乐类）。卫生健康：全年发放农村部分计划生育家庭奖励扶助资金585人次561600元、计划生育家庭特别扶助帮扶31人次338520元、农村居民独生子女保健费110人次12900元。办理生育服务登记54人次。老年人体检2896人次、优生检测96人、产前筛查112人次。

美丽宜居村庄——双源村岑楼长廊　（柏加镇　供图）

【“花木特色小镇”建设】 柏加镇是“中国花木之乡”，以花卉苗木为主导产业，种植面积有3万亩、品种1200多个，2022年，该镇围绕“花木特色小镇”建设，制定出台《关于支持花木产业发展的“十条措施”（试行）》激励政策；全力解决花木大市场历史遗留问题并重启建设；开发“湖南花木小镇”小程序线上交易平台；完成仙湖盆景市场规划设计；注重人才培育，开展乡村振兴苗木技能等培训活动，新增认定乡村工匠32名。做实“花木+文旅”文章，引进烟花嘉年华项目。做强优势品种，推进4594亩油茶抚育改造。不断提质产业成效、壮大集体经济、加强基础

幸福港湾——柏加风光　　（柏加镇　供图）

设施，推动花木产业高质量发展，2022年全镇特色产业全产业链产值超60亿元。11月14日20时，中央电视台财经频道《经济半小时》栏目以“念好花木‘致富经’”为题讲述柏加镇通过“种花种木”，一年产值达到60亿元的乡村财富故事。12月，湖南省发展和改革委员会、农业农村厅、文化和旅游厅联合发布2021年度特色小镇建设综合评价排名，浏阳市花木小镇柏加镇在特色农业小镇中排名第二。

（吕卓文）

洞阳镇

【概况】 2022年，洞阳镇辖8个村，1个社区，262个村（居）民小组，总面积105平方千米，耕地面积1732.38公顷，其中水田1632.4公顷、旱土99.98公顷，山林5848.28公顷。户籍人口44182人，常住人口111931人。出生人口333人，死亡人口351人，人口出生率7.53‰，死亡率7.94‰。年度平均气温17.6℃，年降水量1568.8毫米。

【经济发展状况】 2022年，浏阳经开区（洞阳）共完成地方一般公共预算收入42.38亿元。农业生产。创建21个双季稻百亩示范片、1个双季稻千亩示范片和1个油菜千亩示范片，培育双季稻适度规模经营户45个、单季稻100亩及以上规模户22个，落实早稻种植面积7000余亩、中稻种植面积2万余亩、油菜种植面积1万余亩。有效化解村级负债，实现集体经济增长，全镇9个村（社区）集体经济总量485.21万元，其中6个村集体经济超过50万元，西园村、九溪洞村分别被评为“村级集体经济发展示范村”“村级集体经济发展进步村”。工业经济。配合经开区做好协税护税和“总部经济”引进工作，完成镇属规模工业总产值7.4亿元，固定资产投资16.8亿元，新增工业、商贸、服务业等限上主体12家、市场主体4323家，新增高新技术企业5家。

【社会管理】 基础设施建设：2022年，洞阳镇投入资金2亿元，铺排保障性租赁住房周边配套、雨污分流等重点项目46个，新改建污水管网5千米，完成安阳一期等一批老旧小区改造提升项目，推进南阳小区等棚户区改造及乡村振兴人才公寓建设项目，推动金阳新城“四个十大”项目落地见效。环境整治：全年拆除违章建筑62处，共计2.3万平方米，整治占道摊点800余处。一体化布局美丽宜居村庄建设，总投入700余万元新增幸福屋场7个，打造整洁屋场38个，整改问题厕所300余座。疏通清理渠道35千米，山塘12口，结合高标准农田建设新建沟渠1800米，河流出境断面水质稳定达到Ⅲ类及以上。新建晏子坝生态园、瓜味屋场休闲广场、枫浆桥观河走廊，长东村“三格化粪池+微型人工湿地”农村生活污水处理模式获评2022年湖南省污染防治攻坚战“夏季攻势”十佳典型案例。安全生产：2022年，建成乡镇智慧林火监测预警平台，洞阳镇人民政府被评为“2022年湖南省林长制工作先进单位”。完成全镇8780户自建房专项整治任务，清理格子房221户。推进千名干部下基层专项行动，开展高层建筑消防安全演练。开展燃气安全专项整治，入户安检农村燃气用户1.27万户。加大交通道路养护投入，提质改造公路6条3.7千米，解决道路交通隐患26处，开展联合交通整治142次，平均戴帽率保持在90%以上，交通事故发生率同比下降17%。综合治理：投资20万元打造标准化、专业化综治中心平台，完成各特护期安保工作，化解积案件、重访件、交办件32件，受理群众信访办结率100%，全年排查纠纷31起，调解纠纷270起，受理群众信访办结率100%。

【社会事业】 民生保障：2022年，发放涉农补贴资金2150.26万元，其中农村五保、低保及抚恤资金567.59万元，农村困难群众生活救助、助学资金691.6万元，新增34户低保户、5户特困户。完成敬老院二期建设及装修装饰工程和新卫生院主体工程。组织师德师风培训，查处违反师德师风行为2起，违规办学4起。优化卫计服务，提供孕前优生健康检查128人，“两癌”免费筛查1664人。文明创建：以文明实践所（站）为龙头，按照“月月有主题、周周有活动”的网格服务理念，组织开展“喜迎二十大　奋进新征程”庆祝中国共产党成立101周年“七一”表彰大会暨文艺演出等大型活动，常态化开展“我们的节日”主题活动10余场次。

【建成乡镇智慧林火监测预警平台】 2022年1月，洞阳镇投入200余万元，建成长沙首个乡镇智慧林火监测预警平台，平台根据山脉走向及

2022 年 9 月 28 日，浏阳经开区和洞阳镇联合开展高层建筑灭火救援联合演练

（洞阳镇　供图）

大数据分析，安装 6 个热成像采集高清摄像头，每个摄像头可根据需要监测覆盖半径 3~5 千米，覆盖区域面积 72 平方千米，基本实现重点林区全覆盖。摄像头每 2 分钟完成一次 360°探测旋转，当热感应或烟感应探测到有森林火点或烟雾时，平台会自动报警，并第一时间将火情抓图、录像、地理位置等信息传送至指挥中心，以及关联的防火人员手机。指挥中心通过浏阳市林长制巡护管理系统定位护林员位置，及时通知距离火点最近的人员上前处置，确保 5 分钟内有人赶往火点处置，15 分钟内现场到达多人进行联合处置。

【开展高层消防演练】 2022 年 9 月 28 日，浏阳经开区管委会和洞阳镇政府联合开展高层建筑灭火救援联合演练。演练地点设在洞阳镇嘉利广场 A3 栋综合楼，该建筑地上共 30 层，地下一层，建筑高度 99.04 米。楼内结构复杂，有酒店、足浴、餐饮、住宅等，救火、疏散难度较大。模拟位于 9 楼的厨房突然起火，并迅速通过外墙燃烧向上蔓延，10 楼逃生通道被浓烟封堵，指挥部迅速调整力量部署，利用登高平台消防车破窗救人，演练共动用金阳、集里、关口 3 个消防救援站力量，出动 60 余名消防员，出动 54 米、48 米、32 米登高平台消防车等车辆 20 余台。演练活动设置"前期处置，力量调度、专业灭火，上下联动、协同救援，灭火后的处置"4 个应急救援处置课目。

【林长制工作】 2022 年，洞阳镇按照"党政同责、分级负责"原则，建立全面覆盖、责任明确的三级林长体系和部门共建共管机制，逐级落实责任。设立标准化林长制办公室，配备 3 名专职工作人员，配套联席会议、调度通报、工作督办等相关制度，定期研究解决重点难点问题，确保各项工作取得实效。探索"党建+林长制"，发挥基层党组织和党员的引领带动作用，专职护林员队中党员人数占比 42.8%。打造微网格监管队，激活 732 名微网格长志愿护林和前置探头作用。将"林长制"落实情况纳入绩效考评管理和"决策大督查"体系，制定负面清单，确保全镇上下形成"山山有人巡、工作党员盯、成果组织问"的闭环管护格局。建成乡镇智慧林火监测预警平台。系统探测到森林火点或烟雾会发出报警，并第一时间将火情抓图、录像、地理位置等信息传送至镇林长办指挥中心和防灭火人员，有效缩短火灾确认时间，提升指挥调度效率。结合"一长四员一大队"建设，打造应急救援圈，组建 7 人专职护林员队、40 人半专业消防大队和 9 个村（社区）10 人森林扑火队，选拔各村常年在家的青壮年劳动力，固定人员名单，作为常态化的应急救援后备力量。接到平台警报后，镇林长办指挥中心实时定位护林员位置，及时通知距离火点最近的人员上前处置，确保 5 分钟内有人赶往火点进行处置，15 分钟内现场到达多人进行联合处置，形成全域覆盖的"15 分钟应急救援圈"。重视林地管理保护，由林长办牵头，多部门联合，定期开展森林联合执法，打击涉林违法征(占)用地行为，保住"绿色存量"。在扩面提质"增绿"上，落实国土绿化工程，完成生态廊道建设 160 亩，管护生物防火林带 20 余公里；结合美丽宜居屋场、洞阳河沿河风光带建设，在道路、水系两侧打造绿色微景观，扮靓美丽乡村。在盘活资源"用绿"上，深化政企合作，推动苗木科研中心、培育展示基地和苗木云平台建设，华苗木云年总产值可达 5500 万元。

（朱石虎）

永安镇

【概况】 2022 年，永安镇辖区面积 112.2 平方千米，其中城镇建成区面积 15 平方千米，辖 12 村、273 个组。耕地面积 3163.5 公顷，其中水田 2657.5 公顷、旱地 506 公顷，山林 2880 公顷。户籍人口 18158 户、68269 人（非农人口 13628 人），其中男性 33949 人，女性 34320 人。出生人口 446 人，死亡人口 503 人，人口出生率 6.53‰，人口死亡率 7.33‰、自然增长率-0.65‰。迁入人口 35 人，迁出人口 39 人。人口最多的姓氏是李姓，约 5330 人。年均气温 18.4℃，年内气温最高值 37.2℃，最低值-3.9℃，年降水量 1953 毫米，最高洪水位 46.5 米。

【经济发展状况】 2022 年，永安镇规模工业总产值、固定资产投资、社会消费品零售总额分别增长 26%、28.2%、27.2%，新增高新技术企业 7 家、规模以上企业 12 家、限上商贸企业 4 家，市场主体总量同比新增 21%；绩效考核居全市乡镇（街道）第一方阵，综合竞争力跃居全国百强镇第82位、上升6个位次。集体经济年收入超50万元的村实现全覆盖。农业生产。全年集中流转土地12500亩；培育双季稻种植大户58户，播种粮食6.33万亩，发放粮食补贴889万元，粮食总产值2.89万元。共有烟农281户，种植烟叶7666亩，烤烟保费增加到97.5元/亩，收购烟叶15641担，收购均价32.28元/千克，实现烟叶总产值近3500万元、烟叶税250万元。完成农机年检年审156台，发放购置补贴76台，补贴资金1512980元。工业经济。做好园区用地保障，完成征地863亩、拆迁房屋63栋，实现14个项目征拆清零，占园区全年征拆项目的63%；服务园区重大项目建设，惠科光电项目12条生产线全部点亮投产、雅士林项目正式投产，金阳医院奠基建设。星辰·尚东产业小镇一期全面竣工，长沙唯上商务科技学校主体工程基本完工。营商环境。落实“企业小管家”制度，组建“上门办”服务小分队。推进信用建设，推动1837家企业完成长沙市金融服务平台注册，帮助企业获得信用贷款5.13亿元。

【社会管理】 乡村振兴：高标准建设美丽宜居村庄10个，建成捞刀河北岸风光带和胜利片示范屋场。西湖潭村入选湖南省乡村振兴“金秋五课”典型案例。推行城乡环卫一体化，实现专业环卫保洁全覆盖。建成新时代文明实践所（站）13个、复兴少年宫3个。推进农村精神文明建设，县级以上文明村占比83.3%。城市建管：推进金阳新城“四个十大”项目（十个重大基础设施项目、十个重大配套项目、十个重大产业聚集项目、十个重大品质提升项目）建设，提升临空片区、集镇主干路网两厢、金阳大道两厢环境品质。完善交通路网，完成省规、市规道路提质改造及安防建设31.6千米。加强城市管理，新增公共停车位350个；推进雨污分流管网建设，铺设、改造管道14.7千米；探索“一街三员”（一个街长，巡逻员、保洁员、监督员）管理新模式。强化小区管理，成立综合行政执法大队物管中队，成功指导成立和换届小区业主委员会8个。加强生态环境治理，捞刀河石塘铺国控断面水质实现稳定达标。社会治理。开展“二化三中心”（基层治理网格化、信息化；三中心即综治中心、网格管理中心、应急指挥中心）试点工作，司法工作获司法部推介。强化“12345”热线工作，实施“一把手”督办制，办理工单1856条，工单满意率99.86%。开展安全生产、自建房整治、交通安全、消防安全、森林防火、食品安全等17个领域安全隐患排查整改，实现责任事故“零发生”，“千名干部下基层，确保平安促发展”专项行动考核优秀，永安镇专职消防队在长沙市消防比武竞赛活动中获7个奖项。

中华老种子博物馆 （永安镇 供图）

【社会事业】 社会保障：城乡居民养老保险参保人数2.6万人，城乡居民医疗保险参保率100%，城乡低保、特困供养、残疾人两项补贴等各类救助资金累计发放643.94万元，普惠保障实现扩面提标；组织开展各类职业技能培训2000人次。推进“健康永安”工作，规范家庭医师签约及履约，组建家庭医生签约服务团队11个，重点人群签约率100%；完成65岁以上老年人免费体检8633人。教育：麓山金阳实验小学基本建成，浏阳一中高新区实验中学成功创建湖南省标准制寄宿学校，长沙市“名师工作站”入驻永安。

【综合竞争力位列2021年全国百强镇第82位】 2022年9月6日，竞争力智库、中国发展改革报社和北京中新城市规划设计研究院等机构在京联合发布《2021乡镇综合竞争力报告》，永安镇入围2021年全国百强镇榜单，排名全国百强镇第82位，较2020年上升6个位次。2021年，永安镇抢抓“强省会”战略机遇，统筹疫情防控和经济发展，上项目、抓改革、惠民生，经济、社会各项事业健康发展。经济发展：2021年，全年实现财政税收总收入37.1亿元、同比增长28.4%，其中税收21.5亿元、同比增长18.8%；规模以上工业生产总值361.8亿元，同比增长20.4%；固定资产投资同比增长27.1%；社会消费品零售总额同比增长30.8%；新增“四上”企业17家；烟叶种植面积6660亩，烟叶总产值1900余万元、烟叶税200余万元。项目建设。2021年，征地2655.7亩，拆迁房屋225栋，17个项目实现征拆清零，金阳中心医院、中非贸易加工园区等项目用地提前交付。坚持“依法拆”“和谐拆”，成功解决浏阳河酒业历史遗留问题，保障总投资70亿元的雅士林项目按期投产。完成市场路、红旗路和集镇11个雨污分流项目建设。乡村振兴。2021年，打造

19个美丽宜居村庄，探索出一条“四来五自”（乡贤留下来、能人请进来、村民动起来、村庄活起来，调动村里所有的活力因子；自发组织、自主设计、自我筹资、自行建设、自觉管理，发挥村民的主体作用）屋场建设管理新办法，迎接湖南省抓党建促乡村振兴现场会议观摩。永和村、西湖潭村、芦塘村、坪头村、督正等5个村入选湖南省乡村振兴示范创建村，芦塘村被评为“湖南省文明村”。民生福祉改善。2021年，办结“12345”服务热线工单1435件，满意率99.5%。处理各类矛盾纠纷440起，调解成功率99%以上，镇司法所被评为“全国模范司法所”。新增停车场30处，有效解决集镇居民停车难问题。推行林长制，开展“三边四旁”（村边、路边、水边；路旁、沟旁、渠旁和宅旁）植树活动，2021年义务植树16万多株。举办“百年薪火耀永安 奋勇争先启新程”庆祝中国共产党成立100周年文艺晚会，掀起爱党爱国热潮。

【长沙机场改扩建工程耕地耕作层剥离再利用项目落户丰裕村】 2020年12月，长沙机场改扩建工程启动，占用优质耕作层2000余亩，土方40余万立方米。时任省委常委、常务副省长谢建辉在专题调度该工程建设工作时，要求对项目占用的优质耕作层应剥尽剥、充分再利用。2021年12月，经省自然资源厅专题会议研究，决定在距离长沙机场22千米的永安镇丰裕村一块严格管控类耕地上，启动长沙机场改扩建工程占用耕地耕作层再利用项目。该项目是全省规模最大的耕作层剥离再利用项目，建设规模约1700亩，于2022年6月正式启动，2023年2月完工。项目通过将长沙机场改扩建工程剥离的优质耕作层转移至永安镇丰裕村进行土地整治。项目工程包括实施耕作层剥离、土地平整、灌溉排水、田间道路四大工程。其中，耕作层剥离工程由长沙县负责优质耕作层的剥离、存储，工程总面积2278亩，剥离厚度约30厘米，储存表土45.46万立方米。剥离、储存的表土运输到永安镇丰裕村后，再由永安镇开展再利用工程。土地平整采用客土法，根据水源条件进行挖高填低、平整田块，经2次深翻耕、撒石灰后，在项目区耕地覆土30毫米以上。完善灌溉排水和田间道路，按照灌排分离原则，通过泵站取水、布置斗渠、减少串灌串排、排水沟引排等措施，形成灌排系统与条田配套；同时，根据路连成网、尽量少占农田、沿主干沟渠布置、不修断头路等原则，在充分利用现有道路的基础上，布置完善田间交通网络。项目总投资9275.23万元，其中耕作层剥离及运输工程费用4319万元，耕作层再利用项目工程费用4956.23万元。再利用项目中，机场建设预算解决资金2681万元，其余资金由长沙市、长沙县、浏阳市三地政府筹集，其中浏阳市配套自筹资金约580万元。

【“四全”工作模式推进乡村振兴】 永安镇坚持以党建为引领，探索推行全覆盖、全方位、全要素、全镇域“四全”乡村振兴新模式，推动全镇迈向产业、人才、文化、生态、组织全面振兴，全覆盖实行网格治理，让党旗“扬”起来。畅通联系群众渠道。177名镇村党员干部、759名微网格长全面覆盖全镇18690户群众，建立759个微网格群，开展“周一直通车”暨民情大走访活动，有效打通“政策宣传秒到千家万户，社情民意直达镇村两级”的双向通道。2022年，通过微网格发布自建房整治等信息47期，收集办理群众诉求1042条。及时解决民生问题。镇村两级赋予每个微网格长每年2000元的“党员微服务”资金使用权，用于路灯维修等群众反映的“身边小事”，做到第一时间回应群众关切、解决群众烦忧。2022年，共办理“党员微服务”项目55个，党员号召力和群众幸福感实现双提升。着力化解矛盾纠纷。建成“党员微网格+社会治理服务中心”，全面推行“1+3+N”矛盾纠纷多元化解模式，实现“一站式接收、一揽子调处、全链条解决”。2017年以来，永安镇6次获评长沙市“平安建设”红旗等次乡镇，永安司法所被评为“全国模范司法所”，永新村人民调解委员会被评为“全国模范人民调解委员会”。全方位激发参与热情，让村民“动”起来。搭建议事平台。打造“乡村振兴大家谈”特色议事品牌，由镇党委成员带领镇村干部，与群众面对面交流沟通，切实将群众的意见建议融入推进乡村振兴全过程。2022年，开展“乡村振兴大家谈”活动56场，吸纳群众意见126条。引导乡贤能人。建立110余人的乡贤能人名册，引导乡贤能人为家乡贡献智慧。芦塘村以于建起为首的乡贤能人组织成立湾塘盘古生态种养专业合作社，成功打造中华老种子博览园和博物馆。开展评比活动。在各村开展“最美庭院”评比活动，由村干部、微网格长、老党员、村民代表按项打分，形成争先进、知荣辱、比赶超、夺奖牌的氛围。全要素发挥特色优势，让产业“强”起来。2022年，全镇12个村集体经济收入723.88万元，超50万元的村达到100%。发挥区位优势。服务园区发展，推进征地拆迁，发展园区配套产业，为村民实现“家门口就业”提供空间。永和村以打造“园区菜篮子”为目标，建成以“有机种植、智慧管理”为引领的现代农业示范基地，每年可为村集体增收10万余元。抢抓政策机遇。推进集体经营性建设用地入市——星辰·尚东产业小镇，每年可为西湖潭村村集体和村民带来200多万元收入。挖掘资源禀赋。结合美丽宜居村庄建设，发展采摘体验、休闲观光、研学等农旅融合产业，带动乡村产业发展。芦塘村成功打造以“老种子”为主题的精品旅游路线，年均接待游客约14万人次。全镇域推进示范打造，让村庄“美”起来。坚持规划先行。秉持“一村一品、一村一景”理念，科学规划“一环四组团、七段多节点”的美丽宜居村庄集群。同时，加强风貌管控，杜绝大拆大建，不挖山、不填水、不砍树，留住乡村的“原汁原味”。突出生态宜居。全镇推行城乡环卫一体化，在各村引入专业环卫公司，提升日常保洁、

捞刀河主题文化公园风光一览　　　　（北盛镇　供图）

垃圾清运效率。针对捞刀河穿境而过、小微水体多的特点，整治雨污混流现象，捞刀河永安段雨污混流现象持续改善。涵养文明乡风。建成“永安好人馆”1座和新时代文明实践所（站）13个、复兴少年宫3个；连续4年开展“德润永安·我身边的好人”评选活动，推荐产生1名中国好人、2名湖南好人、3名长沙好人，好人文化蔚然成风，在全镇形成良好道德风尚。

（彭　放）

北盛镇

【概况】 2022年，北盛镇域总面积79.6平方千米，辖12个村、296个村民小组，耕地面积3007.78公顷（其中水田2901.69公顷，旱地106.09公顷），山林1713.42公顷。北盛镇享有“国家卫生乡镇”“中国建筑物资租赁之乡”等美誉，是国家级浏阳经开区和金阳新城重要组成部分。2022年，全镇人口总数60555人，其中农业人口30910人，非农业人口29645人。出生人口405人，死亡人口446人，人口出生率6.7‰。年度平均气温17.4℃，1月平均气温5.2℃，7月平均气温29.2℃，年降水量1196.5毫米。边洲村成功申报全国农村综合改革标准化试点项目，环园村上榜第九批“全国民主法治示范村”，卓然村被评为“长沙市抓党建促乡村振兴示范村”，拔茅村被评为“长沙市乡村振兴示范创建先进单位”。

【经济发展状况】 2022年，北盛镇完成财税收入7710万元，地方一般公共预算收入4832.6万元，同比增长14.25%。农业经济。建成双季稻千亩示范片4个，百亩示范片14个，粮食播种面积3793.3公顷，发展特色烤烟464公顷，创税546万元，被评为“2022年长沙市粮食生产先进乡镇”。工业经济。规模以上工业总产值累计完成13.8亿元，同比增长12%。固定资产投资完成25.77亿元，同比增长8%。完成省外境内投资到位资金1.62亿元，金融机构全年共发放贷款近10亿元。村级集体经济。6个村集体经济收入均突破50万元，村集体总经济收入488万元。壮大总部经济，总部经济引进4家公司，创税955万元；引入省外投资500万元以上项目4个，建成并投产。乡村旅游。全年接待游客超10万人次；组织拍摄《相遇浏“北”　邂逅“盛”景》文旅宣传视频，全网点击量超百万次。园镇融合。划定城镇开发边界733.3公顷；推进北盛大道征地拆迁、公墓山扩建、家具园北片区与中非产业园拆迁等服务园区项目，征地106.67公顷，拆迁房屋53栋，迁坟100余座，北园截污干管项目实现征拆清；完善融城交通路网，健康大道安装路灯100盏，设置红绿灯3个；完成健安大道路基建设，提质改造道路30余千米。

【社会管理】 基础设施建设：完善城镇设施配套，投入1663万元实施雨污分流及改造修复项目，新建雨水管道3.92千米，污水管道0.92千米，一期工程竣工验收；提质改造道路30余千米；投入997.4万元实施自来水安全饮水扩网工程，敷设管网44.43千米米，解决泉水村、乌龙新村、马战村、边洲村、北盛仓村12500人安全饮水问题。社会治理：全年接出警1898起，刑事案件同比下降12%，夏季治安专项整治“百日行动”排名全市第一。被评为长沙市信访工作“三无乡镇”先进单位。化解各类涉园矛盾纠纷110起，解决遗留问题8起。环境整治：打造2个示范型和7个达标型美丽宜居村庄。推行城乡环卫一体化，开展人居环境集中整治行动，集镇管理“三定一挂钩”（定人、定岗、定责、与绩效挂钩）模式获全市推广，四个季度人居环境考核均名列全市前茅，成功创建“长沙市人居环境工作优秀乡镇”。推行“田长制”工作，严查国土资源违法行为，恢复耕地23.87公顷，超任务数136%，位列全市第一名。安全生产：交通事故实现“双下降”，事故总数下降12%，亡人事故下降75%；抗击旱情，新增电泵284台、清理渠道20余千米，解决30公顷水稻灌溉用水问题；开展自建房安全整治，累计排查房屋13467栋，排查安全隐患419处，经营性自建房安全评估鉴定工作排名全市第一；开展森林防灭火、燃气、消防、食品药品安全检查，社会大局平安稳定，被评为长沙市平安建设“红旗”等次乡镇，“长沙市2022年食品安全工作A级（先进）单位”，消防工作获市政府真抓实干激励。

【社会事业】 社会保障：巩固提升农村养老保险、农村合作医疗保险参保覆盖率，发放各类救助补助1881万元。教育卫生：维修改造乌龙中学、百丈塘完小等6所学校基础设施，2022年北盛卫生院综合实力乡镇排名全国86位，全省第三。文明创建：完成镇域形象作品版权登记700余件；建成新时代文明实践所（站）13个、复兴少年宫2个。

【周学文调研北盛抗旱工作】 2022年9月21日，中国防洪防汛总指挥部秘书长、应急管理部副部长兼水利部副部长周学文带队检查调研长沙市抗旱工作，工作组一行检查浏阳市北盛镇窑金村提水灌溉工程，并与种田大户交流，了解旱情带来的灾害损失和生产自救等情况，并听取浏阳市和当地乡镇防旱抗旱工作汇报。对当地打好抗旱“组合拳”，开展疏浚渠道、抢修水泵、架设电排等抗旱工作，将捞刀河水引入农田灌溉，有效缓解农田缺水问题给予高度评价。省政府办公厅副主任孟祥定，省应急管理厅厅长李大剑、副厅长杨昆，市委常委、浏阳市委书记朱东铁，副市长彭涛，市应急局（市防办）和水利局主要负责人参加检查。

【柏连阳到燕舞洲村宣讲中共二十大精神】 2022年10月30日，中共二十大代表、中国工程院院士、湖南省农业科学院党委书记、副院长柏连阳到浏阳市北盛镇燕舞洲村农科屋场，为当地镇村干部、种粮大户等约300人宣讲中共二十大精神。柏连阳宣讲并结合当地实际解读中共二十大报告，“党的二十大报告指出，要全面推进乡村振兴，坚持农业农村优先发展，其中特别提到要全方位夯实粮食安全根基，牢牢守住十八亿亩耕地红线，确保中国人的饭碗牢牢端在自己手中”。“湖南是粮食生产大省，浏阳是粮食生产大县，我们一定要绷紧粮食安全这根弦不放松，种好地、种好粮”。“总书记说，全面建设社会主义现代化国家，最艰巨最繁重的任务仍然在农村”。“北盛也是粮食主产区，要以高度的政治责任感，把地种好”。“在种好粮的同时，我们还要发展乡村特色产业，拓宽农民增收致富渠道，让乡亲们的生活越来越红火”。宣讲活动持续1小时，宣讲活动登上《湖南日报》头版头条，获湖南经视《新闻联播》报道。2020年，燕舞洲村被定为湖南省农科院乡村振兴支持村，该村与柏连阳院士团队合作成立科研基地，柏连阳主持的全程绿色控草技术在该基地进行试验示范。

【启用航空护林防火巡查】 2022年11月15日，北盛镇启用航空护林防火巡查，利用无人机在辖区12个村上空巡航，开展隐患排查，提高火情首扑成功率，为森林防火保驾护航。无人机具有机动性强、巡查范围广、观察视野宽优势，利用无人机开展“空中巡航”，可全方位、立体式扫描，实现护林防火巡查全覆盖。若发现火点，“巡航小组”可第一时间通知村委会及护林员，同时对火场情况进行科学研判，确保遇有火情能够及时扑灭。

（刘骁鹏）

沙市镇

【概况】 2022年，沙市镇辖15个村，448个村民小组，土地面积209.7平方千米，耕地面积4456.37公顷，其中水田面积约3959.84公顷、旱土面积约496.53公顷，山林面积约11200公顷。总人口数68749（其中农业人口59112人、非农业人口9637人），出生人口478人，死亡人口437人，人口出生率6.95‰，自然增长率0.59‰。镇域内属于亚热带季风湿润气候，年度平均气温18.6℃，最高气温38.4℃，最低气温-4.2℃，年降水量1938.0毫米。

【经济发展状况】 2022年，沙市镇完成财政一般公共预算收入6800万元，同比增长4.5%，地方一般公共预算收入4416万元，同比10%。东门、沙市、秀山、敦睦、桃源、秧田6个村集体经济年收入超50万元，15个村完成集体经济总收入666.24万元，同比增长22.1%，东门村居全市第五名，被评为长沙市“发展壮大新型村集体先进单位”。农业生产：种植业。完成粮食种植面积7.4万亩、油菜2.5万亩、烤烟1.32万亩，继续保持耕种面积、产量全市“双第一”，获评长沙市“粮食生产先进乡镇”、全市烤烟生产“一等奖”，成功创建省级“双季稻万亩示范片区”。开展“草退粮进”专项整治行动，恢复耕地面积2800余亩，成为全省先进典型。林业。2022-2025年“一县一特”油茶丰产林建设项目计划新造、更新改造、品种改造、抚育改造共计11800亩，2022年实施3578亩，沙赤大道武深高速交会处路旁生态廊道项目建设完成，种植枫树、木荷和青岗栎共计32亩。养殖业。完成春季重大动物疫病防控猪1.82万头、牛1500头、羊6500只、禽41.9万羽的免疫计划；完成秋季重大动物疫病强制免疫猪2.03万头、牛1500头、羊6600只、禽41.1万羽的免疫计划。做好“十年禁渔”工作，开展专项执法行动67次，收缴地笼94条，网29张，并进行当场焚烧，没收渔船3艘，非法电鱼机2台，行政处罚立案1起。组织畜禽养殖污染联合执法20余次，开出限期整改单11份。农产品质量检测、农机建设。完成农产品质量安全检测任务630项，农残检测合格率达到99%以上，全年未发生农产品质量安全事故。全年农机补贴验机98台，发放补贴金额133.2万元。工业经济：实现规模工业总产值26.2亿元，同比增长18%；完成固定资产投资24.42亿元，同比增长6.5%，限额以上社会消费品零售总额增长26%，服务业增长45%，推动537家企业完成长沙市金融服务平台注册，帮助企业获得信用授信1.25亿元。新增高新技术企业5家、新注册企业124家、个专主体650家。成功引进湖南富鸿新材料有限公司、湖南晨凯节能科技有限公司等5家大型企业，完成总投资8亿元。推进奥斯利项目（二期）等长沙市级重点项目5个，完成总投资5.44亿元。

表 17　　2022 年沙市镇主要规模企业情况表

序号	企业名称	成立时间	注册资金(万元)	主要产品	就业人数(人)	产值(万元)
1	湖南正兴记食品有限公司	2007 年 4 月 17 日	200	蔬菜加工,蜜饯制作	40	35852
2	浏阳市顺捷木艺有限公司	2008 年 9 月 22 日	200	实木楼梯、门、家具加工并销售	75	38659
3	湖南高鹏木艺有限公司	2008 年 2 月 26 日	500	木质门窗、楼梯、家具的制造	65	87785
4	湖南盼盼木制品有限公司	2013 年 9 月 25 日	1000	木制品制造、销售	129	115982
5	浏阳市名柏木业有限公司	2013 年 10 月 22 日	100	木门窗、楼梯、木质家具制造并销售	25	43592
6	浏阳市金利出口烟花制造有限公司	2013 年 11 月 27 日	800	烟花类、组合烟花类(B、C)级生产	69	125591
7	湖南鑫源消防设备实业有限公司	2017 年 9 月 5 日	5000	金属、木质类防火门、窗、帘	46	54438
8	湖南国曼消防设备有限公司	2020 年 7 月 3 日	2000	金属、木质类防火门、窗、帘	52	27662
9	湖南星月安防科技有限公司	2020 年 1 月 15 日	1000	金属防盗门	62	20317
10	浏阳市盛虹国泰烟花制造有限公司	2015 年 3 月 26 日	3750	烟花类生产	68	159628
11	湖南奥斯利食品科技有限公司	2015 年 10 月 12 日	1400	果汁、食品生产	70	45982
12	浏阳市飞宇混凝土有限公司	2016 年 11 月 25 日	1680	沥青混凝土生产、销售	45	93803
13	湖南天华建材有限公司	2017 年 8 月 17 日	2000	混凝土生产、制造、销售	60	131975
14	浏阳市沙秀矿业有限公司	2019 年 2 月 2 日	880	黏土及其他土砂石开采	68	46591
15	浏阳市沙市中南机砖厂	2010 年 8 月 25 日	300	砖瓦及建筑砌块制造	66	51592
16	湖南冠湘木业有限公司	2014 年 12 月 30 日	500	木质家具制造	160	87660
合计						3708681

【社会管理】 基础设施建设：交通运输。统筹各类政府资金 5000 万元，完成集镇绿化、亮化、污水管网建设，建成农村道路 29 千米、安防工程 11.87 千米、危桥加固 7 座，新增道路交通安全设施 41 处，实施河道整治 2 千米，完成 2 座水库除险加固、73 口山塘清淤疏浚。水利建设。完成杜龙、土桥水库除险加固工程，珠子冲水库大坝灌浆，完成水口段东门江治理项目；完成友助村单村供水工程提质改造工程；启动水土保持东门江小流域治理项目；抓好河长制工作，投入 50 万余元抓好两条市级河流的保洁；加强对捞刀河、永乐桥河等河流及水库的排污治理、"四乱" 整治、保洁和管护工作；申报东门村江口片小微水体管护示范片区"一乡一亮点"工作；加强河长制宣传和培训力度，推行"官方河长+民间河长"工作模式。村镇建设。投资 343 万元，完成 3.4 千米 2022 年污水支管网建设项目，完善 2021 年度污水支管网扫尾工程。开展自建房安全整治"百日攻坚"专项行动，完成自建房排查 17736 栋，累计排查安全隐患房屋 43 栋，累计拆除危房 207 栋，共计拆除面积 22770 平方米；完成 2022 年度 10 户危房改造工程，办理排水证 3 宗；完成派出所、消防站 180 米长进出砂石便道修建，坝中转站围墙维修，场内硬化 769 平方米，3 号、4 号地块图斑复绿 2100 平方米；维修集镇安全隐患下水栅 100 余个。抓好污水厂进水浓度治理，聘请第三方公司对污水主管网进行疏通清理和缺陷检测，启动缺陷修复，2022 年度污水厂进水浓度达到上级检测标准。人口与计划生育：全年办理计划生育家庭奖励 778 人，新增 129 人，办理计划生育特扶 84 人，新增 6 人，帮代办特扶住院补贴 6 人次，计生手术报销 3.2 万元。办理一孩生育证 71 本，二孩生育证 84 本，三孩生育证 20 本。环境整治：查处流动摊贩、占道经营等行为 600 余起，成功创建湖南省卫生乡镇。实施集镇专项整治，沿书院路等 3 条主干道开展"整形、撤桶、修复、除草、添石"行动，镇容镇貌获改善。全年发放宣传资料 1000 份，制作横幅 32 条，各村出动宣传车辆 500 余次。组织大型卫生评比活动 2 次，评选出人居环境示范户 600 户；完成改厕 100 座。组织沙市镇第 34 个爱国卫生月活动、沙市镇农村人居环境"村村优美，户户整洁"集中整治行动、沙市镇村庄清洁百日行动、环境卫生集中攻坚月等环境卫生集中整治活动，各村组织卫生大扫除活动 100 余次。安全生产：全年党政领导带队检查 98 次，发现问题和隐患 200 余处；按计划检查生产经营单位 388 家次，发现隐患问题 315 条，下发整改文书 245 份，立案查处生产经营单位 8 家次，停产整顿 16 家，取缔 6 家。组织开展"千名干部下基层　确保平安促发展"、"喜迎二十大　奋力保安全"、工贸企业"双百"行动等专项整治行动 12 次，检查企业、商户、住户 985 家次，出动执法人员 1158 人次，发现隐患 195 条，均已整改。全年累计查处烟花爆竹非法生产、储存、销售案件 11 起、行政拘留 5 人，收缴烟花爆竹成品 1346 件，半成品 28 千克。社会治理：联合交警六中队、派出所开展专项整治行动 146 次，出动执法人员 800 余人次，查处违法行为 5752 起，摩托车违法 900 余起，超员 10 余起，超速 492 起，涉牌涉证 300 余起，其他交通违法行为 700 余起。开展"让百姓看得到警车、让人民听得到警笛"显性警务活动，共

接处警820起，立刑事案件61起、行政案件117起。处置信访案件41件、化解矛盾纠纷142起，化解率100%，获评浏阳市信访“三零”乡镇。

【社会事业】 民政、社会救助、社会保障：全年发放低保资金536万余元、515户、938人；特困资金440万余元、373人；认定低保边缘人口96户242人。全年累计发放残疾“两补”资金700余人次178.84万元，特困护理补贴35.3万元，基本养老服务补贴12.6万元，高龄老人2192人补助资金256万元。帮代办残疾证83本、代办特困护理理赔56人次。春节走访低保、特困、孤儿等困难群体1021户，发放慰问金61.26万元。教育文化：全年查处12家无证、违规校外辅导培训机构，并予以关停和通报。组织社区综合文化专干教育培训3人次，组织建设标准化村综合文化服务中心2个。敦睦村老年大学获评“长沙市老年教育优秀教学点”。医疗卫生：征缴女性安康保险13万余元。组织镇企业职业病体检300余人次，对4家企业进行职业病防治专项督查并下达警告文书。文物申报。申报长沙市级文物点一个。旅游景点建设：长春村赤马湖露营休闲基地项目落地、开放营业，维也纳酒店项目开工；“东门百合花节”等节会全年接待游客近10万人；秧田村被确定为“湖南省研学旅游（示范）基地”。

【召开中共沙市镇第四届代表大会二次全体会议暨2022年经济工作会议】 2022年2月16日，沙市镇组织召开中共沙市镇第四届代表大会二次全体会议暨2022年经济工作会议，会上，镇党委书记何勇作经济工作报告，总结2021年工作，分析当前形势，部署2022年重点任务。会议对2021年在推动该镇经济社会发展中涌现出的先进单位和个人进行表彰，并动员全镇上下在新的一年里要以先进为榜样，站立新起点、紧盯新目标、务实新举措、再创新业绩。

【开展“三集中”耕地抛荒专项整治行动】 2022年2月27日，沙市镇开展集中人员、集中时间、集中行动“三集中”耕地抛荒专项整治行动，全体党政领导、镇村干部100余人利用周末时间下到田间地头进行全面核查，摸排耕地种植草皮面积2000亩，签订退草还粮协议面积1870亩，于3月20日前全面完成清退工作，并进行早稻种植。

【开展巾帼先锋暨“善治沙市·德治”系列人才评选故事分享和表彰活动】 2022年3月8日，沙市镇开展“强省会　当先锋　融新城”2022年巾帼先锋暨“善治沙市·德治”系列人才评选故事分享和表彰活动。浏阳市妇联党组成员、副主席陈爱民，沙市镇党政班子成员，镇村全体女干部，东门村部分妇女党员代表以及前期评选获奖的巾帼先锋们共120余人参加活动。活动对20位巾帼志愿者、巾帼创业先锋、巾帼家庭模范和巾帼岗位标兵获得者进行颁奖表彰。同时，该镇还组织开展“党建+妇建”党员与失母儿童结对共建“一对一”帮扶仪式，沙市镇赤马湖义工联、沙市镇文化志愿服务队等公益组织负责人和企业代表与“失母儿童”志愿者代表上台开展结对共建。“失母儿童”志愿者代表进行故事分享。

【“浏阳博士村研学旅游基地”上榜省级研学旅游基地名单】 2022年3月14日，湖南省文化和旅游厅发布《关于确定104家湖南省研学旅游（示范）基地名单的公告》，沙市镇秧田村“浏阳博士村研学旅游基地”上榜，成为省级研学旅游基地。2019年下半年以来，该村整合优势资源，加快推进美丽乡村建设，建起耕读文化馆、农家书屋等，并推出博士村研学实践项目。以“博士墙”、老龙井、罗氏老槽门、耕读文化馆等标志性建筑为依托，以“村集体+公司+农户”的方式建设博士村研学实践基地，探索一条农文旅融合发展道路，2021年实现收入400余万元。截至2022年3月，该村走出28名博士、170余名硕士、700余名大学生。

【召开第四届人民代表大会第二次会议】 2022年4月29日，沙市镇召开第四届人民代表大会第二次会议。会上，代表们听取并审议镇党委副书记、镇长陈科代表镇政府所作的政府工作报告、2021年民生实事项目完成情况及2022年民生实事候选项目形成情况的报告。镇党委委员、人大主席彭礼向大会作人大工作报告。会议书面审查《财政预算和预算执行情况报告》，表决通过各项决议，依法选举产生沙市镇人民政府副镇长一名，组织

沙市镇秧田村“博士村研学实践基地”　　（喻科武　摄）

2022年3月8日，沙市镇“强省会　当先锋　融新城”2022年巾帼先锋暨“善治沙市·德治”系列人才评选故事分享和表彰活动　　　　　　　　　　　　　（喻科武　摄）

全镇人大代表对2021年民生实事项目进行满意度测评，依法票决确定东门江河道治理项目和移风易俗项目两件2022年镇政府民生实事项目。

【举办“强省会　当先锋　融新城”2022年青年先锋暨“善治沙市·德治”系列人才评选表彰活动】 2022年6月2日，沙市镇举办“强省会　当先锋　融新城”2022年青年先锋暨“善治沙市·德治”系列人才评选表彰活动。活动中，共表彰20名优秀青年，“青年岗位能手”周亮亮和“青年农民能手”许海明分别分享各自青春故事，老党员书记刘超义为在场的青年干部上党课。

【吴桂英调研沙市镇】 2022年7月25日，省委常委、市委书记吴桂英在沙市镇沙市村新河片耕地恢复示范点，调研粮食夏收夏种、耕地保护工作，在东门村调研巩固拓展脱贫攻坚成果、壮大村级集体经济等工作，在东门村浏阳湖国有林场北沙分场巡林，检查“一长三员”机制构建和责任落实情况，调研林场建设、科学造林和森林资源保护等工作。浏阳市领导朱东铁、刘拥兵、邹特参加调研工作。

【召开美丽宜居村庄现场促进会】 2022年9月2日，浏阳市沙市镇组织开展美丽宜居村庄现场促进会，全体党政领导、各村书记、乡村振兴专干以及屋场建设负责人对全镇11个屋场进行现场点评。活动中，各村书记对各自屋场建设的基本情况进行介绍，围绕生态美、村庄美、产业美、生活美、风尚美“五美”创建标准，从资源禀赋、创建思路、群众积极性、管护成效等方面进行分享。同时，沙市镇按照“早谋划、早部署、早行动”的要求，对10个村的村组户数、面积、特色产业、资源等情况进行全面摸底。通过召开户主会、屋场夜话、入户走访等方式，听取民声民意，了解群众建设意愿及后期管护建议，坚持政府“主导”、村级“主体”、群众“主角”的建设导向，调动群众建设的积极性和主动性。活动最后，在桃源村召开屋场建设促进会，镇党委书记黄琦对参与建设的村进行点评，并对下一步工作提出要求。

（袁　江）

淳口镇

【概况】 2022年，淳口镇辖15个村，269村民小组，总面积233.6平方千米，其中耕地5.36万亩（水田5.04万亩、旱土0.32万亩），林地22.87万亩，森林覆盖率65.27%。2022年总人口66745人，其中农业人口58837人、非农业人口7908人；常住人口60221人，出生人口375人，死亡人口530人，人口出生率5.62‰，自然增长率-2.32‰；迁出209人，主要迁往广东省；迁入133人，主要迁入村为农大村；人口数量最多的姓氏为朱（8676人）；少数民族有：苗族57人，土家族38人，壮族26人，侗族17人，瑶族9人，彝族和布依族各8人，白族5人，满族和毛南族各4人，回族3人，水族和蒙古族各2人，藏族、傣族、普米族、佤族、维吾尔族、仡佬族各1人。镇域属中亚热带季风湿润气候，年平均气温18.4℃，1月平均高温10℃、平均低温4℃，7月平均高温33℃、平均低温24℃；年降水量1563.5毫米。2022年发生自然灾害情况：2月发生暴雪灾害，房屋及居民家庭财产损失87万元，农林牧渔业损失481万元，工矿商贸业损失334.8万元，基础设施损失1.3万元，其他损失3万元。3—4月发生大暴雨，房屋居民家庭财产损失16.8万元。5—6月发生洪涝灾害，农林牧渔业损失69.26万元，其中1500亩水稻、290亩烤烟、3亩西瓜地受灾，房屋及居民家庭财产损失20.4万元；7—8月发生旱灾，农林牧渔业损失265万元，5059亩水稻遭受不同程度灾害。

【经济发展状况】 2022年，淳口镇完成一般地方公共预算收入3142万元，同比增长10.6%；完成固定资产投资18亿元，同比增长10%；社会消费品零售总额8100万元，同比增长35%；规上其他营利性服务业企业营业收入同比增长41%。2022年共引进中植同汇集团有限公司湖南分公司、长沙福济山新新材料有限公司、湖南嘉瑞环保新材料有限公司、长沙市筑合数字科技有限公司和长沙银行5家企业，其中中植同汇集团有限公司为中国民营企业500强，嘉瑞新材料公司实现当年引进、当年投产、当年入规。农业生产：2022年粮食、烤烟、蔬菜、水果等种植业主要产品总产值2.45亿元，产量5220万吨；其中完成水稻种植6.6万亩，总产量2640万吨；

种植烤烟面积7500亩，收购烤烟1.8万担，总产值2720万元；种植瓜果蔬菜1.2万多亩，油菜生产面积1.55万亩，建设双季稻万亩示范片1个、千亩示范片2个、百亩片5个，千亩烟叶示范基地3个，千亩荷花基地1个，千亩柑橘基地1个，全镇机械化率90%，获评长沙市粮食生产先进乡镇。浏安农业科技综合开发有限公司获评湖南省第一批省级畜禽核心育种场。完成对全镇松材线虫疫木清理30余吨；完成天然商品林6.7万亩的落户工作。15个村集体经济总收入528万余元，年收入超50万元村6个。工业经济：2022年完成工业总产值30.2亿元，同比增长17.5%；规模以上企业共20家，2021年淳口镇累计完成工业技术改造投资67280万元。湖南淳芝宝药业有限责任公司、湖南极木连城家居有限公司、浏阳市山田腾飞木业有限公司、浏阳市闩山木业有限公司入选湖南省第一批创新型中小企业，浏阳市金晟垚新型环保建材有限公司入选长沙市第九批智能制造试点企业，浏阳市光头强木业有限公司、浏阳市戴氏木业有限责任公司、浏阳市湘依园生态农业有限公司、浏阳市双丰农业科技发展有限公司被认定为长沙市2022年度高新技术企业。淳口镇湖南淳芝宝药业有限责任公司、浏阳市闩山木业有限公司、湖南省湘晖农业技术开发有限公司被认定为“湖南省农业产业化重点龙头企业”。

表18　　2022年淳口镇规模以上工业企业基本情况表

企业名称	成立时间	注册资金（万元）	主要产品	职工人数（人）	工业产值（万元）
湖南浏阳河茶业有限公司	2003年8月	500	茶叶	185	19683
浏阳市羽田服饰有限公司	2007年4月	85	服装	194	29259
浏阳市兴旺出口烟花制造有限公司	2009年12月	860	烟花、鞭炮	125	17228
浏阳市万全木业厂	2004年9月	70	木制楼梯、扶手	130	26707
浏阳东海堂农林科技有限公司	2005年12月	100	植物油	105	32518
浏阳市红盈盈木业有限公司	2011年7月	100	木制楼梯、扶手	108	28727
浏阳市佳鑫木业厂	2007年6月	50	木制楼梯、扶手	113	22061
浏阳市戴氏木业有限责任公司	2014年5月	1000	木制楼梯、扶手	158	27376
浏阳市汉瑞木业有限公司	2015年8月	425	木制楼梯、扶手	132	18858
浏阳市闩山木业有限公司	2009年7月	1000	木制楼梯、扶手	125	21204
湖南淳芝宝药业有限责任公司	2010年8月	2000	中药材	92	7315
湖南省湘晖农业技术开发有限公司	2002年10月	3300	有机肥料	165	9044
浏阳市光头强木业有限公司	2018年1月	102	木制楼梯、扶手	112	7201
浏阳市永旺木业制造有限公司	2018年7月	200	木制楼梯、扶手	65	9568
浏阳市山田腾飞木业有限公司	2015年7月	60	木制楼梯、扶手	108	7591
浏阳鸿庭木业有限公司	2015年7月	500	木制楼梯、扶手	78	8115
浏阳市金晟垚新型环保建材有限公司	2019年7月	1000	建材批发；新型墙体材料	62	4672
湖南力量金属制品有限公司	2020年6月	1000	金属制品	30	4099
浏阳市博达建材有限公司	2019年6月	2000	水泥制品制造；建筑材料	22	3401
湖南巴弗莱特新材料有限公司	2020年11月	2000	新材料技术推广服务；塑胶产品	33	2603

【社会管理】 基础设建设：2022年，淳口镇申报市规农村公路建设项目48个，其中农村公路提质改造项目41个，共29.2千米；市规安防工程建设项目2个，共2.2千米，市规桥梁维修加固5座；申报省规农村公路建设项目3个，共5.3千米，省规安防工程建设项目5个，共8.13千米；完成农村公路重点养护计划项目3个，共3.5千米，完成农村公路养护工程项目1个，共0.9千米。组织镇村两级完成疏浚支渠20千米，山塘18口，清理河道4千米；淳口镇水库移民共596户、1450人，2022年市库区移民事务中心批准的大中型水库移民后期扶持项目共14个，项目补助资金178万元。环境整治：改厕210座、废除旱厕50座；完成美丽宜居村庄建设12个；断面水质稳定Ⅱ类C及以上，污染防治攻坚战“夏季攻势”工作获评湖南省县

2022 年 4 月 15 日，省委书记、省人大常委会主任张庆伟（中）在淳口镇中洲烟花集团明光有限公司调研 （淳口镇 供图）

级十佳典型案例，成功创建长沙级生态文明示范镇，2022 年 5 月成功申报并启动淳口水厂、马尾皂水厂扩容提质等项目，桥上水库等 3 个水库成功创建长沙市“百座放心满意水库”，炉烟村、谢家村单村饮水工程成功创建长沙市“放心满意农村供水工程”。安全生产：4 月 15 日，省委书记、省人大常委会主任张庆伟到浏阳市督导检查安全生产工作，省领导李殿勋、吴桂英、谢卫江参加，在该镇中洲烟花集团明光有限公司调研，详细了解“全国烟花安全生产推广示范工程”—烟花自动化生产、监控平台运营等情况。开展安全大检查“百日攻坚”“强执法、防事故”等集中攻坚行动，全覆盖检查烟花爆竹、燃气、加油站等重点领域，安全生产实现“零”事故。健全矛盾纠纷排查化解机制，全面推行“三诊解民忧 为民守初心”网格大走访行动，成功创建长沙市扫黄打非进基层示范点，并在“千名干部下基层 确保安全促发展”专项行动中获评优秀乡镇。

【社会事业】 社会保障：完成城乡居民养老保险征缴 20669 人，金额 649.18 万元，新参保 117 人；申报丧葬补贴 404 人（含 60 岁以下死亡 59 人）、137.79 万元，高龄补助申报 7842 人，新申报 252 人，发放高龄补助 262 万余元；完成 731 低保户、452 户特困户年审工作，新增低保 61 户、特困 44 户，累计发放低保金 604 万余元、特困金 533 万余元；办理残疾证 196 本，发放残疾人“两补”资金 204 万元；完成 30 户残疾人阳光增收，发放物资 3 万余元；申请残疾人创业扶持 3 户，发放资金 1.8 万元；完成残疾人无障碍改造 45 户，帮助申报残疾人教育助学 103 人，发放助学金 21 万元。教育：全年查处违规办学 5 起；慰问全镇教育工作者 96 人次，奖励优秀学子 32 名，援助困难学生 86 名；江湾高级中学 9 月开学，并于 2022 年 12 月获得浏阳市高职院校办学资格；戴昆良被评为 2022 年“湖南省优秀教师”。旅游文化：六叠泉、老庵坪、龙溪谷、千年母子杏等景点共接待游客 30 余万人，第三届采茶暨风筝文化旅游节获评长沙十佳文化旅游节会，淳口镇茴香小镇森林康养景区和淳芝宝药业种植（制药）基地入选“2022 湖南省首批中医药康养旅游精品线路”（神奇湘东—养肺之旅），华盛乐园成功创建国家 AAA 级旅游景区。

【举办“强省会·当先锋”访谈暨庆祝“七一”表彰活动】 2022 年 6 月 30 日晚，浏阳市淳口镇在江湾高中会议厅举办 2022 年淳口镇“强省会·当先锋”访谈暨庆祝“七一”表彰活动，近 240 名党员、群众参加活动。镇干部代表、党组织书记代表、老党员和青年党员代表、驻镇单位代表、非公企业代表等 12 人分别就重点项目引进、支部建设、发挥党员先锋模范作用、如何在本职工作中主动作为、推动镇域经济发展等主题接受访谈，4 名国家级荣誉获得者分享自己的初心故事，激励党员干部在经济社会发展一线勇担当、作表率。活动

2022 年 6 月 30 日晚，淳口镇 2022 年“强省会·当先锋”访谈暨庆祝“七一”表彰活动在江湾高中会议厅举办 （淳口镇 供图）

现场，该镇相关负责人为在党50周年的老党员们颁发“光荣在党50年”纪念章，为优秀中共党员、优秀党务工作者、先进基层党组织颁发奖状和奖牌。

【浏阳市江湾高级中学正式开学】 2022年9月，浏阳市江湾高级中学正式开学。该校是浏阳市教育局主管，由长沙江湾集团投资创办，湖南师大思沁教育全面运营的一所全日制、寄宿制民办高中。学校坐落于淳口镇同辉村，占地120亩，建筑面积80000余平方米，总投资5亿元，学校硬件设施一流，配置室内艺体馆、多功能图书馆、国学中医馆、特色功能教室，可提供600个学位。学校创立“一生一策一方案”育人模式，学校为每个学生定制一整套适合个人的升学方案，通过“2+1+1”学制和“一体两翼”（文化学习培养为主体，竞赛培训和艺体特长培养为两翼）特色培养体系。

（丁锦屏　杨逸舒）

蕉溪镇

【概况】 2022年，蕉溪镇辖6个行政村，152个村民小组，总面积88平方公里，耕地面积809.47公顷，其中水田744.4公顷、旱土65.07公顷，山林5950.07公顷。全镇总人口29432人，其中农业人口23983人，非农业人口3807人；2022年出生186人，死亡196人，人口出生率6.32‰，自然增长率-0.34‰。人口最多的民族为汉族。年均气温18.9℃，年内气温最高值38.7℃，年内气温最低值-3℃，年降水量1377.7毫米。共青团蕉溪镇委员会被授予“湖南省五四红旗团委”称号。

【经济发展状况】 2022年，蕉溪镇实现地方一般预算收入1563万元，增长20.09%。全年完成双季稻任务5400亩，创建2个早稻千亩示范片和10个百亩示范片，被评为“长沙市粮食生产先进单位”。3月15日，蕉溪镇常丰村早稻种植工作获央视《新闻联播》报道。6个村集体经济收入均达20万元以上，其中金云村、常丰村村集体经济收入达到50万元以上。举办首届“花漾旱田、荷美乡村”荷花美食节，累计吸引游客4.6万人，线上直播点击量363万人次。实现规模工业总产值15亿元，增长9%；完成固定资产投资12.4亿元，增长8.9%；新引进招商引资项目3个，完成省外到位资金1亿元，研发经费投入650万元；完成技贸合同登记8项、2454.75万元；年度认定高新技术企业3家，新增有效发明专利1件。华生科技、华生干粉全面开工，网红电商盛世湘容建成投产，华冠烟花高科技全自动生产线落地，金阳智慧物流园一期400亩完成征拆。

表19　　2022年蕉溪镇主要规模工业企业情况表

企业名称	成立时间	注册资金（万元）	主要产品	职工人数（人）	工业产值（万元）
浏阳市华冠出口花炮有限公司	2003年9月	5500	全自动烟花生产线机械生产	126	15263
浏阳市新亚华出口烟花制造有限公司	2004年7月	100	组合类烟花	130	22987
浏阳市常丰墙材有限公司	2017年2月	180	建筑砌块	98	30879
浏阳市梦幻烟花制造有限公司	2014年4月	500	组合类烟花	90	20989
浏阳市蕉溪窑前采石场	2010年9月	400	片石、机制砂	30	8510
浏阳市现友环保建材有限公司	2016年1月	200	新型次保温砖	28	5482
浏阳新艺术烟花制造有限公司	2003年10月	1000	组合类烟花	95	22159
浏阳市水源采石场	2014年3月	200	机制砂、片石	42	13822
浏阳市蕉溪镇龙子万宝采石场	2010年9月	200	机制砂、片石	33	11948

【社会管理】 基础设施建设。金阳大道三期全线通车，长赣铁路全面启动征拆建设，对接长浏快线浏阳段在蕉溪分别设置东山站（蕉溪停车场）、镇政府站，预留蕉溪道吾山文旅站。

安全生产。开展自建房整治、交通安全、消防安全、森林防火等17个领域安全隐患排查整改，实现连续10年“零亡人”责任事故；开展自建房整治，全面摸排全镇自建房6811栋，整治安全隐患房屋48栋，安全鉴定评估经营性自建房162栋，完成率全市第一；常态化开展交通安全执法行动，依托“屋场夜话”，加强道路交通安全宣传，提高戴帽率，道路交通安全继续保持平稳态势。抓学校、商超等重点场所监管，食品安全监督检查执法实现常态化，成功创建长沙市食品安全工作A级（先进）单位。

人居环境。新建常旱片区彭家大屋、树焕等3个美丽宜居村庄示范屋场，水源迎集、金云云中2个达标屋场，并全部通过验收；彭家大屋屋场作为全市强省会战略金阳新城建设专项行动（2022—2026年）重要组成部分，多次迎接上级领导调研观摩。

绿色生态治理。域内垃圾分类

率突破 75%，域内黄泥江河断面水质稳定达标Ⅱ类以上；全年开展计划执法行动 48 次，立案查处各类环境违法案件 1 起，督查整改各类环保问题 4 个。对全镇 17 千米主干道精细化开展路面清扫、水沟清淤等养护工作，"S103 线常（本）早（田）示范带工程" 获评浏阳市 2022 年路长制精品工程。

社会治理。开展信访积案集中攻坚化解行动，重点结案大浏高速、集镇开发等历史遗留问题，妥善有效处置涉金阳大道征拆建设等群体性诉求，引导涉矿、涉企矛盾纠纷法律诉讼程序，被评为长沙市信访"三无"乡镇，金云村被评为长沙市"法治乡村示范点"。开展扫黑除恶和禁毒工作，全年接处警 996 起、刑事拘留 26 人、行政处罚 67 人。全年综治民调工作排长沙第 22 名，浏阳第9 名。

【社会事业】 社会保障、社会救助、民政：2022 年，蕉溪镇发放低保金 349 万元、特困供养金 220.5 万元、"两补"（困难残疾人生活补贴和重度残疾人护理补贴）资金 73.4 万元，完成慈善助学 16 例、大病救助 2 例，对 3080 名 65 岁以上老人进行健康体检。被评为"浏阳市献血先进单位"，早田村退役军人服务站被评为长沙市"五优"（组织领导优、政治引领优、硬件设施优、业务能力优、服务实效优）服务站。敬老院申报浏阳市转型试点建设项目。教育：蕉溪中学旧教学楼完成拆除，重建工作实施中。

【举行庆祝建党 101 周年文艺会演暨"七一"表彰大会】 2022 年 6 月 30 日，蕉溪镇举行"迈进金时代，蕉溪展作为" 庆祝建党 101 周年文艺会演暨"七一"表彰大会，全体党政领导、各村第一书记、镇村干部、老党员代表、表彰对象近 200 人参加活动。大会表彰在乡村振兴、项目建设、优化营商环境等重点领域做出突出贡献的 30 名优秀共产党员、10 名优秀党务工作者和 10 个先进基层党组织。会后，文艺会演上演歌舞、快板、腰鼓、朗诵等节目。

2022 年 7 月 29 日，"花漾早田、荷美乡村"2022 蕉溪镇荷花美食节在早田村金山屋场举办，活动持续 1 个月。图为开幕式现场

（蕉溪镇　供图）

【蕉溪镇首届"花漾早田、荷美乡村"荷花美食节举办】 2022 年 7 月 29 日，蕉溪镇首届"花漾早田、荷美乡村" 荷花美食节在早田村金山屋场举办，当日，游客现场消费和线上交易达 8 万元，其中销售莲子 1 万多千克，收入 3 多万元。荷花美食节持续时间 1 个月，包括赏花采莲、荷田摸鱼亲子嘉年华、荷田龙虾电影会、旗袍摄影秀以及荷文化科普田间课堂等系列活动，累计吸引游客 4.6 万人，线上直播点击量 363 万人次。2022 年，早田村金山屋场荷花栽植面积 180 亩，村上立足特色生态资源，成立经济合作社，以"农户+合作社+企业"的形式，打造以种、养为主题的亲子研学、花园民宿、文创农旅等项目，以荷兴业、以荷富民，实现生态效益和经济效益的互利双赢，全年村集体收入超过 50 万元，被评为 2022 年 "浏阳市抓党建促乡村振兴示范村"。

（刘　笑）

龙伏镇

【概况】 2022 年，龙伏镇辖石柱峰村、柘庄村、泮春村、相市村、龙伏村、新开村、黄桥村、焦桥村、达峰村、坪上村 10 个行政村，328 个村民小组，土地总面积 118 平方千米，其中耕地 2621.8 公顷（水田 2500.7 公顷，旱土 121.1 公顷），山林面积 7737.9 公顷。年末，龙伏镇户籍人口 47545 人，其中农业人口 41891 人，非农业人口 5654 人；全年出生 310 人，死亡 450 人，人口出生率 6.52‰，自然增长率-2.94‰。全年迁入人口 48 人，其中 30 人为省内迁入，18 人为省外迁入，迁出人口 121 人，其中 51 人为省内迁出，70 人为省外迁出。周姓人口数量最多，占全镇人口的 10.8%。镇上民族为单一汉民族。

【经济发展状况】 2022 年，龙伏镇完成财政总收入 2464 万元，同比增长 9.5%，完成地方一般公共预算收入 1585 万元，同比增长 22.4%。集体经济实现新突破，全镇 10 个村集体经济总收入 344 万元，其中 4 个村超过 50 万元。

农业生产。种植水稻 5.44 万亩、油菜 4800 亩，收购烤烟 1.28 万担，成功打造市级万亩"早专晚优"双季稻轮作示范片，形成以"烤烟、蔬菜、特色水果"为主导的三大特色产业，被评为"长沙市粮食生产先进单位""浏阳市烤烟生产优秀乡镇"。培育壮大特色产业，种植茭白 800 亩、特色水果 2000 亩、锥栗 400 亩，龙伏米、龙伏面等特色农产品畅销市场。全年植树造林 6000 余棵，完成 32 棵古树数据库纠偏和完善工作，落户 5.7 万亩生态公益林和 6793 亩天然商品林，新造油茶林 500 亩。开展松线虫治理工作，集中销毁疫木 2.5 吨，坪上村护林员陈应朝被评为"长沙市最美护林员”。全年生猪出栏16508头，存栏7810只；牛出栏365头，存栏1115头；羊出栏8300头，家禽鸡鸭鹅出栏5.5万只。全年建设高标准农田2000亩，投入160余万元资金用于水利基础设施建设，加固山塘17口，修复河坝10处，新修渠道5000米、河堤90米，新建机埠3座。

工业经济。实现规模工业增加值9.2亿元，固定资产投资13.6亿元。年度完成招商项目2个，新增规模以上工业企业1家、高新技术企业5家，省外到位资金1.1亿元。铺排重点项目14个，加速推进佩金、福旺、丝豪等一批重点项目投产达效。开展“千企帮扶”和“走解优”行动，帮助企业招工832人，调解涉企纠纷5起。

表20　　2022年龙伏镇主要规模企业情况表

企业名称	成立时间	注册资金（万元）	主要产品或主营业务	就业人数（人）	产值（千元）
长沙天野有机农业有限责任公司	2019年5月	5313	蔬菜种植、仓储运输	65	40058
湖南老虎头节能环保科技有限公司	2010年5月	208	生物质致密成型的燃料	90	24317
浏阳市龙伏镇诚信家具厂	2016年5月	300	木门窗、楼梯、木质家具的制造	31	33023
浏阳市豪鑫木业有限公司	2013年4月	280	木门窗、楼梯、木质家具的制造	27	17457
浏阳市美嘉竹木加工厂	2016年8月	280	木材加工和木、竹、藤、棕、草制品业	31	18295
湖南北森环保节能科技有限公司	2017年5月	1080	生物质能源的技术研发	19	14980
湖南德旺农业科技发展有限公司	2015年4月	500	肉、禽类罐头、蔬菜、水果罐头、速冻食品、水产品罐头、豆制品的制造	52	16800
浏阳市御怡木业有限公司	2015年4月	100	木质家具、其他家具的制造	26	14281
浏阳市加佰加海绵制品有限公司	2016年11月	300	海绵制造	38	23236
浏阳市美寓木业有限公司	2017年2月	100	木材加工和木、竹、藤、棕、草制品业	24	8664
浏阳市宜嘉木业有限公司	2015年1月	100	家具制造业	20	7519
湖南步步佳楼梯有限公司	2014年6月	500	金属制品业	27	7499
浏阳市帝豪木制品厂	2018年1月	500	木材加工和木、竹、藤、棕、草制品业	32	3172
湖南红员外食品有限公司	2017年10月	200	调味品、调味汁的生产；食品添加剂制造	35	3740
湖南华擎润滑油有限责任公司	2014年4月	3125	润滑油、润滑脂的销售	16	3206
湖南萧邦医疗器械有限公司	2017年7月	5000	医药制造业	160	36489

【社会管理】 基础设施建设：实施“集镇品质大提升”行动，启动石江河综合治理项目，完成集镇主干道拓宽及人行道提质改造工程，新铺设污水管网3千米，全面实施“亮化”“绿化”工程。推进“四好农村路”建设，全年升级农村公路11千米，安装道路安防工程10千米。开展拆违控违，拆除危旧房屋217栋，被评为“浏阳市拆违控违领域真抓实干成效明显单位”。人口与计划生育：2022年，累计发放计生奖励扶助金100.708万元，完成孕前优生检测82对；发放计生药具754人；走访慰问计划生育关怀对象10人。完成无偿献血人数120人，超额完成献血任务指标数。环境整治：集中开展镇村环境整治行动，投入资金160余万元，发动镇村党员干部和群众1500人次参与。完成环境风险隐患整改销号23个，对4个村千人以上饮用水水源地突出环境问题进行整治，焦桥村获评“长沙市生态文明建设示范村”。推进农村人居环境整治，投入630万元建成美丽宜居村庄8个。全年累计改厕95座、新建公厕4座。全面落实“河长制”“林长制”“田长制”，整改林地、耕地违法图斑227起，捞刀河出境断面水质稳定达到Ⅱ类以上。安全生产。开展“千名干部下基层，确保平安促发展”专项行动，落实安全生产派驻制度，聚焦交通、消防、建筑、校车、食品等重点领域开展各类专项检查2621次，整改安全隐患263条，打击非法生产行为4起。抓道路交通安全，开展交通联合执法357次，处罚违法行为165起，交通亡人事故起数、死亡人数同比下降40%和50%，摩托车戴帽率保持在96%以上。治安状况：全年办理刑事、治安案件112起，刑事拘留35人，移送起诉38人，有效维护社会治安稳定，被评为“长沙市平安建设优秀乡镇”。落实“三联三保”，化解各类矛盾纠纷168起，调解成功率96%。推进反诈工作，成功拦截电信网络诈骗8起，劝返缅北滞留人员6名。

【社会事业】 民政工作。新纳入低

龙伏镇达峰村千亩油菜花示范基地　　（龙伏镇　供图）

龙伏镇鼎钧联社立体循环育秧设备　　（龙伏镇　供图）

保、特困户60户，全镇低保户共计499户935人。新增高龄老人212人，累计为1573位老年人发放高龄补贴182万元，为28名退职老职工发放救济金1.71万元。推进移风易俗，拆除整改活人墓、豪华墓7座，殡葬火化率保持100%。

社会救助。全年临时救助100人次、住院救助20人次、急难救助9人次。完成农村低收入群体认定100余人，累计为497位残疾人发放两项补贴126万，为193户困难户发放救助经费39万元。长沙市政法频道民生实事专题栏目对该镇困难家庭子女高等教育慈善助学项目进行专题报道。

社会保障。全镇养老保险参保1.51万人，缴费总金额451.3万元，居民医疗保险参保3.81万人，参保率97.4%。坚持稳就业保民生，开展“春风行动”，组织47家企业提供就业岗位1400余个，组织开展创业培训2期，为41人提供技能培训。维护农民工权益，成功调处欠薪投诉2起。

教育。投资500万元对辖区内学校进行提质改造，完成泮春中学、龙伏中心幼儿园停车场扩建项目，对龙伏中学宿舍进行改造升级，焦桥小学综合楼竣工。落实“双减”政策，全年对校外培训机构巡查60余次，查处无证办学机构10家，被评为“浏阳市校外培训综合治理工作先进单位”。

文明创建。实现新时代文明实践站（所）全覆盖，推选“湖南好人”1名、“长沙好人”2名。医疗卫生体育。全年完成医疗业务收入1498万元，门诊接待79289人次，出院4045人次，分别同比增长9%、10.1%、0.5%。全镇新建2座标准化篮球场，完成龙伏村、黄桥村、达峰村、石柱峰村、相市村运动健康场所器材安装。

文物古迹修缮、旅游景点建设。完成沈家大屋2023文物保护点修缮资金申报。建成“乐钓山水”生态旅游基地，推进石柱峰景区配套设施建设，推出“农业休闲+人文山水”旅游线路，接待游客15万人次。

【浏阳市2022年“春风行动”暨“引老乡、回故乡、创三湘”现场招聘会在龙伏镇举行】 2022年2月17日，浏阳市2022年“春风行动”暨“引老乡、回故乡、创三湘”现场招聘会在龙伏镇举行。招聘会共有47家企业参加，为求职者提供就业岗位1200余个。活动现场，龙伏镇设置政策法规宣传台，对劳动关系法律法规、劳动维权、社会保险等就业知识进行现场解读，为应聘者提供就业服务保障。招聘会进场人数300余人，现场达成就业意向160余人。

【龙伏镇开展“党建拉练学经验　乡村振兴聚合力”暨美丽宜居村庄“观摩赛马”活动】 2022年11月23日，龙伏镇开展“党建拉练学经验　乡村振兴聚合力”暨美丽宜居村庄“观摩赛马”活动，组织人大代表、政协委员、镇村干部等组成观摩团，观摩各村美丽屋场建设和特色亮点工作。龙伏镇各村分别将宗祠文化、人才培育、特色产业发展等融入屋场建设，美丽宜居村庄建设各有特色。观摩赛马活动旨在让各村在互看互听中找差距，在互学互鉴中共提高，营造比学赶超、干事创业的氛围。

（张　毅）

社港镇

【概况】 2022年，社港镇辖12个村、403村民小组，总面积171平方千米，耕地面积48285亩，其中水田32923.6亩、旱土15361.4亩，林地17.5万亩。2022年，辖区户籍总人口46700人，出生人口237人，死亡人口407人，人口出生率为0.507%、自然增长率-0.364%，人口数量最多的姓氏为寻氏，占比19.8%。年平均气温19.2℃，极端最高气温38.8℃，出现在8月23日，极端最低气温-5.4℃，出现在2月22日；年降水量1177.6毫米，降水日数139天，暴雨日数17天，最大日降水量85.3毫米，出现在5月16日。

【经济发展状况】 2022年，社港镇完成财税总收入4700万元，增长6.3%，其中地方一般公共预算收入2670万元，增长9.9%；完成固定资产投资18.56亿元。“名医带名院、名院兴名镇”效应增强，骨伤科医院、康复医院门诊量超40万人次，年业务收入4亿元。农业生产。全年粮食种植4.58万亩，油菜0.6万亩；种植烤烟1700亩，亩平产量141千克，亩平产值5202元；继续开展耕地抛荒清查，对740亩抛荒耕地进行复耕复种，完成428亩“非粮化”耕地治理复种；完成5000亩高标准农田建设验收，成功创建省级“平安农机”示范乡镇。全年出栏生猪20318头，存栏9356头，出栏黑山羊5184头。通过物业管理型、土地合作型、农房盘活型等多种方式促进村级集体经济发展，全镇12个村集体经济收入全部达到20万元以上，其中周洛、丹霞、淮洲、源田、新光五村突破50万元，周洛村达到80万元。工业经济。实现规模工业总产值12亿元。烟花爆竹产业产值突破10亿元，鑫磊矿业总产值超过6000万元。文旅融合。高端民宿周洛芸溪康养谷项目落地签约；全镇旅游景点游客量超38万人次，门票收入近2000万元，带动周边就业800余人，增收3200万元。

表21　　2022年社港镇主要规模企业情况表

企业名称	职工人数（人）	成立时间	产值（万元）	经营范围
浏阳市社港吉利鞭炮厂	84	2000年10月18日	36209.7	爆竹类:爆竹类(C)级生产(安全生产许可证有效期至2023年8月10日)
浏阳市鑫源出口花炮厂	108	2011年6月23日	8957	烟花类:玩具类(线香型/电光花,C、D)级生产(安全生产许可证有效期至2023年7月7日)
浏阳市远翔出口烟花制作燃放有限公司	137	2008年11月27日	27190.7	烟花类:组合烟花类(B、C)级、礼花类(小礼花,B)级生产(安全生产许可证有效期至2025年1月13日)
浏阳市龙腾木制品厂	125	2012年6月27日	4406.2	木门窗、楼梯制造。(依法须经批准的项目,经相关部门批准后方可开展经营活动)
浏阳市源泰烟花制造有限公司	343	2012年6月7日	38170.1	烟花类:组合烟花类(B、C)级、升空类(火箭,C级)。其中,源泰生产区:组合烟花类(C级)、升空类(火箭,C级);吉星生产区:组合烟花类(B、C)级;鸿运生产区:组合烟花类(C)级。(安全生产许可证有效期至2025年12月14日)
浏阳市瑞祥出口花炮厂	140	2012年9月14日	12086.9	烟花类:组合烟花类(单筒药量<25g,C)级、升空类(双响,C)级生产(安全生产许可证有效期至2024年12月8日)
浏阳市石牛出口礼花厂(普通合伙)	136	2010年1月12日	19863.8	烟花类:组合烟花类(B、C)级、喷花类(B、C、D)级生产。(安全生产许可证有效期至2024年9月12日)
浏阳双狮花炮制造有限公司	102	2010年12月6日	17506.5	爆竹类:爆竹类(C)级生产(安全生产许可证有效期至2026年1月18日)
浏阳市鑫磊矿业开发有限公司	168	2007年6月22日	6098.23	铜矿、铅锌矿、镍钴矿、银矿、金矿采选;非金属矿及制品、金属及金属矿批发;矿产品销售;再生资源综合利用;固体废物治理。(依法须经批准的项目,经相关部门批准后方可开展经营活动) 营业期限:2007年6月22日至2027年6月21日

【社会管理】 基础设施建设:"两中心一平台"(便民服务中心、为民服务全程代理中心，联系群众的网络平台)合建项目竣工,江氏非物质文化遗产陈列馆（江氏正骨系列产品研发平台)完成主体工程,红星桥竣工通车，新光桥及社金公路项目推进中。寻淮洲烈士故居完成提质改造，其生平事迹陈列建成使用。污水处理厂配套管网项目完成建设，石牛村许家组地质灾害治理项目主体完工。城乡环境卫生综合整治:成功创建“长沙市卫生乡镇”“长沙市城市管理示范集镇”，周洛村成功创建湖南省卫生村，淮洲村创建长沙市卫生村。打造美丽宜居村庄9个。完成农村千人以下饮用水水源地规范化建设。统筹推动河长制、林长制、路长制和田长制工作。全年全镇水域水质监测均保持Ⅱ类B以上，捞刀河出境断面水质稳定达到Ⅱ类A，深坳水库被评为浏阳市“一乡一亮点”,迷人谷水库及伏必水库被评为“长沙市放心水库”;被评为“长沙市标准化林长制办公室”；打击处理违法焚烧秸杆人员19人次；完成改厕任务50座,周洛、丹霞2座公厕通过上级验收。推进防范化解重大生态环境风险隐患“利剑”行动,全年无环保污染事件。安全生产:全年摩托车戴帽率稳定在95%以上;长沙市农村交通安全现场会在社港召开,农村交通安全经验被湖南省道安委在全省推介;推进自建房安全整治“百日攻坚”行动,累计摸排房屋11411栋。校园安全实现“零事故”;全年重大消防安全事故及森林火灾“零发生”。平安建设:成功创建省级“应急能力建设达标乡镇”。完成上级信访交办件33件,化解信访积案16件,全年调解矛盾纠纷109起。

【社会事业】 教育。完成社港中学、双狮坪中学及新安、周洛等小学校门、食堂、教学楼、围墙等基础设施维修改造，社港中心幼儿园建设项目完成征地及用地手续，社港教育绩效考核“红旗单位”实现12连冠。社港中学、双狮坪中学被授予“长沙市文明(标兵)校园”称号。

医疗卫生。医养教研综合大楼建成投用，社港镇卫生院位列中国乡镇卫生院排行榜第二。

乡村振兴。开展产业就业、教育、健康、金融、危房改造、兜底保障及易地搬迁后续扶持等帮扶措施，完成全镇“六类重点对象”危险房屋改造6户,因灾倒损房屋恢复重建4户，全年发放各类惠农补贴资金1267.9万元。

社会保障、社会救助。城乡居民基本养老实现全覆盖,参保金额402万元,完成率102%。医疗保险完成率97.32%。发放养老待遇、残补、低保、医疗救助等各类补助4013万元。

【寻淮洲生平事迹陈列展揭幕】 2022年8月29日，寻淮洲生平事迹陈列展揭幕式在寻淮洲故居举行。省委宣传部部务会成员、二级巡视员刘新年，长沙市委常委、浏阳市委书记朱东铁出席并为陈列展揭幕。省委宣传部、省文物局、长沙市委宣传部、长沙市文旅广电局、长沙市委党史研究室相关领导,浏阳市领导邱山东、秦跃平、李爱民、王坤球、廖伟，寻淮洲烈士亲属代表出席揭幕式。揭幕式后，出席活动的领导和嘉宾一同参观寻淮洲生平事迹陈列，并观看根据寻淮洲烈士英雄事迹创作的花鼓小戏《北上·北上》。1912年8月29日,寻淮洲出生于浏阳县莲溪乡黄狮塘（现浏阳市社港镇淮洲村)。他15岁参加革命，经历过秋收起义、五次反“围剿”作战和北上先遣抗日,21岁担任红7军团军团长，是红军史上最年轻的军团长。1934年在安徽谭家桥战斗中，他指挥部队同数倍于己的敌人激战，不幸腹部中弹,壮烈牺牲,年仅22岁。寻淮洲生平事迹陈列建筑面积约550平方米,共有14间展室,收集文物30余件。

【社港镇举行庆祝第38个教师节暨优秀教师表彰大会】 2022年9月7日，社港镇举行庆祝第38个教师节暨优秀教师表彰大会，社港镇在家的党政领导、市人大代表、政协委员、各村书记、教育基金会主任,辖区高(中)小学校长、副校长,受表彰教师和教师代表等参加活动。社港镇教育发展中心主任黄建新作大会主题报告。会上,对30位优秀教师进行表彰颁奖。会议最后,镇党委书记梁民作总结讲话，寄语全镇广大教师及教育工作者坚持“三个情怀”(家国情怀、敬业情怀、学习情怀),争当人民满意教师,把社港当成事业发展的广阔天地，将个人发展融入社港发展，与社港教育共成长，与社港发展共成长，为谱写“正骨医药特色小镇”崭新篇章做出新的更大贡献。

【组织召开“双拥示范街”商户集中签约会议】 2022年9月15日，

2022年8月29日,寻淮洲生平事迹陈列展揭幕式在寻淮洲故居举行 （社港镇 供图）

社港镇组织召开“双拥示范街”商户集中签约会议，会议由社港镇退役军人服务站副站长袁伟主持，镇人大副主席孔琦芸、浏阳市市场监督管理局社港所、社港镇经发办、退役军人代表、50余名经营户负责人和企业代表参加会议。会上，镇退役军人服务站副站长袁伟宣读浏阳市退役军人事务局关于《争创双拥模范城打造双拥一条街》工作方案，安排部署该镇双拥一条街创建工作。随后，参加会议的商户进行集体签约，部分商户代表向该镇退役军人服务站递交爱国拥军承诺书，响应与支持双拥工作。会议最后，孔琦芸从“切实增强创建工作的紧迫感和责任感”“全面落实创建双拥模范城的各项工作任务”等方面对双拥一条街开街后具体实施提出要求，希望经营门店为军人家属、退役军人和优抚对象提供优惠便民和让利服务，使军人军属、退役军人和优抚对象得到获得感和荣誉感，她希望大家团结一致，开拓创新，真抓实干，开创社港镇退役军人和双拥工作新局面，为浏阳市创建全国双拥示范城做出社港贡献。

【社港镇医养小镇综合服务项目建设】 社港镇医养小镇综合服务项目（浏阳市社港镇医养小镇综合服务平台、浏阳市中医职业继续教育培训中心、浏阳市社港镇湘赣边中医药科研及检测中心与社港镇卫生院（骨伤科医院）职工周转住房项目）总投资9082万元，于2021年5月16日启动建设，2022年1月9日，该项目实现全面封顶。截至2022年12月31日，项目即将竣工交付，工人进行绿化、亮化等扫尾工作。2023年3月17日，该项目全面竣工。

（周　栋）

小河乡

【概况】 2022年，小河乡下辖田心村、新河村、潭湾村、乌石村、皇碑村5个行政村，村民小组186个。乡域面积109.5平方千米，其中耕地面积1579.11公顷（水田面积1503.12公顷、旱地面积75.99）公顷，山林面积8245公顷。户籍总人口1.6万人，全年出生人口87人，死亡人口218人，人口出生率5.44‰，自然增长率-8.19‰，人口流动方向主要为江西、广东省。年平均气温18.8℃，年极端最高气温40.8℃，出现在8月23日，极端最低气温-3.8℃，出现在12月18日。年降水量1528.7毫米，春季雨水充足，秋季降水偏少，夏冬降水正常。年日照时数1654.2小时，比历年同期（1579.9小时）偏多4.7%。

【经济发展状况】 2022年，小河乡完成地方一般公共预算收入1014万元，同比增长7.19%；完成规模以上工业总产值9.85亿元以上，同比增长12.52%；固定资产完成投资4.69亿元，超额完成10%；限上商贸零售额累计完成8478万元，同比增长29.12%；规上服务业企业实现营业收入2262万元，同比增长9.1%；5家花炮产业总产值1.2亿元。

集体经济。全乡5个村村集体经济收入均达到20万元以上，其中新河村和田心村超过50万元。

农业经济。做优玉针香优质大米、绿色蔬菜、油茶、“三黑”等特色农产品，种植水稻2.86万亩、蔬菜3000亩、烤烟1500亩，出栏生猪6300头。优化产业结构，新建乌石村蔬菜加工厂、皇碑村蔬菜冷库，打通种植、加工、销售渠道，同时发展农耕体验、农业采摘等休闲农业，延伸产业链条。做大画乡品牌，提质升级乌石艺术创意基地，与湖南农业大学、长沙职业技术学院等院校合作，延展画画创作、展览、交易、培训、研学等链条。农文旅融合。投资3000余万元启动新河村、田心村4个文旅项目建设，新建天文台露营基地、停车场，完成星河天文台内部展陈提质升级，开发皇碑村山地越野和驾车冲浪坝项目，擦亮“来小河看银河”旅游品牌，打造民宿集群，新增宾馆3家，全乡旅游床位增加300余张。提高农文旅产品对外展示水平，邀请知名设计师，推出“云上的小河”系列文创产品，研发推出“黑兔八大碗”特色美食品牌，开发“云上的小河”文旅小程序，实现吃、喝、游、娱、购“一键畅游小河”。

【社会管理】 基础设施建设：完成庙下至白鹭林段道路提质改造、皇白公路皇碑段维修建设、张小公路亮化，完成35千伏输变电工程。人居环境建设：建设塅心、仓下、白鹭、边山4个美丽宜居村庄。开展农村乱占耕地建房问题摸排整治，拆除违章建筑15处1200多平米，拆除“一户多宅”、危旧土坯房24栋，完成存量卫片图斑整改1宗。开展水源保护地综合治理，完成2千米污水管网建设，小溪河出境断面水质常年保持在ⅡA类以上；深化河长制，潭湾村创建长沙市级小微水体管护示范片区，小溪河小河乡段被评选为湖南省“美丽河湖”。推进林长制促林长治，实现全年无森林违法图斑、无森林火灾，在全市打击破坏林草资源“虎威行动”上做典型发言，罗锡来被评为“2022年度湖南省护林员标兵”。完成全年改厕任务，无害化厕所改造率97%以上，深化农村环境卫生公共服务改革，5个村均实行环卫作业专业化服务，被评为“长沙市2022年度农村人居环境常态化管理优秀乡镇”。常态化开展路长制工作，查处违法超载车辆200余台次。安全生产：开展自建房、道路交通安全、烟花爆竹、燃气、消防、旅游等行业安全整治工作，被评为“浏阳市平安建设优秀乡镇”“‘千名干部下基层　确保平安促发展’专项行动优秀乡镇”“道路交通安全领域真抓实干成效明显单位”“民政安全生产工作先进单位”。投资20余万元添置消防车等应急设施。政务服务：办理“一件事一次办”事项860件，“12345”政务服务便民热线受理工单226件次，满意率100%。

【社会事业】 社会保障、社会救助、民政。2022年，小河乡巩固拓展脱贫攻坚成果，299户脱贫户和107户防返贫监测户无一返贫；发放最低生活保障金、大病救助、临时救助等各

2022 年 4 月 24 日，中央广播电视总台新闻频道特别节目《走进老区看新貌》在小河乡现场直播 （小河乡　供图）

类救助资金 1067.8 万余元。乡社工站被评为“浏阳年度优秀站点”。对烈士陵园进行维护，军人优抚工作获省厅好评，将田心村清溪街打造成双拥一条街。

文化教育体育事业。连续 14 年获评浏阳市教育系统绩效考核红旗单位，完成小河中学宿舍改造、计算机设备购置、乌石完小智慧书屋建设等项目，湖南卫视主持人汪涵牵头在小河乡成立鸿鹄文化教育基金。新建乌石、皇碑、潭湾沿河健康步道，扩大开放农家书屋、综合文化中心等文化活动场地，成功举办乡村振兴主题歌舞诗等活动。加强文物旧址保护，设置文物保护员，对国家文物保护单位范家祠堂做好日常修缮。

【中央广播电视总台新闻频道特别节目《走进老区看新貌》在小河乡现场直播】 2022 年 4 月 24 日，中央广播电视总台新闻频道特别节目《走进老区看新貌》在小河乡现场直播。节目中，央视总台记者走进小河乡千年罗汉松公园、红十八军组建地小河革命历史陈列室，介绍小河革命历史、农民画室产业、文旅产业，带领观众领略小河乡作为湘鄂赣革命老区的红色岁月和乡村振兴背景下的新面貌。

【中央广播电视总台节目《小喇叭开始广播了》直播连线星河天文台】 2022 年 6 月 1 日，在中央电视台少儿频道六一儿童节特别节目《小喇叭开始广播了》直播间里，央视主持人鞠萍、月亮姐姐和春天姐姐现场连线小河乡星河天文台 40 分钟，与在小河乡星河天文台小朋友们一起读书过“六一”，分享阅读的快乐。

【全省文旅融合发展专题研讨班在小河乡开展现场教学】 2022 年 7 月 5 日，全省文旅融合发展专题研讨班在小河乡开展现场教学，湖南省 123 个县(市、区)文化旅游广电（体育）局的主要负责人参加培训，并参观鱼鳞坝、千年罗汉松、乌石艺术品创作车间等景点，了解小河乡的风土人情、文化底蕴和近年来促进文旅发展的新举措，考察小河乡文旅融合和乡村旅游发展现状。2022 年 6 月 13 日，湖南省 2022 年文旅融合发展专题研讨班开班，小河乡作为唯一一个乡镇代表，在研讨班上以“文旅融合促振兴，革命老区展新貌”为主题作经验发言。

提质改造后的星河天文台 （小河乡　供图）

【35 千伏小河变电站新建工程投运送电】 2023 年 1 月 13 日，35 千伏小河变电站于正式投运送电，惠及小河山区 1.5 万人。该工程于 2022 年 3 月开建，投资3000 余万元，起于新建的 35 千伏小河变电站，止于 35 千伏张坊变电站，新建 35 千伏变电站 1 座，主变容量 10 兆伏安；新建 35 千伏输电线路 12 千米，包含铁塔 46 基；新出 10 千伏配电线路 28 千米。

（文　静）

浏河晨曲 （陈伏明　摄）

人物与荣誉

获奖人物

湖南省见义勇为先进个人
龙强军

龙强军，1990年1月出生，湘潭大学公共管理专业硕士研究生，2018年毕业后被录取为湖南省定向选调生，先后任澄潭江镇集镇村党总支副书记，龙伏镇党委委员、组织委员。2020年通过考试调入市委组织部工作。2022年2月2日11时许，龙强军到大姑姑家拜年，行车至湘乡市壶天镇光辉村原光胜小学附近时，发现侧前方一辆黑色轿车冲进路边水塘，车辆侧翻。龙强军冒着严寒纵身跳入水塘施救，发现车门无法打开后，一边将一名探出车窗呼喊的小男孩救上岸，一边大声呼救。闻讯而来的村民谈昭君、谭超君毫不犹豫地跳进水塘，与龙强军一起合力把车身一侧翻出水面，用铁锹将车窗玻璃砸碎，让被卡住的男车主将头露出水面呼吸。龙强军、谭超君、谈昭君三人将第二个孩子救出后，又去救车主的妻子。三人在水中极力搜寻，终于摸到该女子的衣服，他们立即抓住衣服将女子救出水面。此时，女子已脸色发白并处于昏迷状态。三人合力将女子抬上岸，并组织其他村民对其进行心肺复苏。随后又将车主救上岸。因救助及时，落水一家四口脱离生命危险。2022年2月7日，中共长沙市委常委、浏阳市委书记朱东铁，市委副书记、市长王雄文看望龙强军，对其义举给予充分肯定，并代表“四大家”班子和全市人民向他表示诚挚慰问和崇高敬意。2022年2月14日，中共湖南省委组织部发出《关于向龙强军同志学习的倡议书》，号召全省组工干部向龙强军学习，2022年7月，湖南省教育厅主办、省大中专学校学生信息咨询与就业指导中心组织的第二届“青春正当时　三湘追梦人”湖南省高校大学生就业创业优秀典型人物评选结果揭晓。龙强军入选基层就业优秀大学生。2022年10月10日，龙强军被湖南省人民政府授予“湖南省见义勇为先进个人”称号。

全国“最美退役军人”
钟自奇

钟自奇，1956年12月出生于沿溪乡沙塘村（今沿溪镇礼花村），中共党员。1974年入伍，服役期间曾立三等功，1981年退役，在村办花炮厂当业务员。1984年任厂长。20世纪90年代，钟自奇开始致力于发展礼花弹业务，并于1996年创建湖南东信烟花集团有限公司，主张对传统的花炮产业进行现代科技改造。2004年，钟自奇带领东信公司自主研发的电脑程控点火系统通过湖南省科技厅的鉴定，并成功参与2008年奥运会、2009年国庆60周年、2010年上海世博会以及2014年北京APEC等国内外重大庆典活动焰火燃放。2008年，钟自奇组织承担湖南科技重大专项科研项目“安全环保烟花爆竹材料和综合燃放技术研究及其产业化”获得成功，该项目研究成果有效替代传统配方氯酸钾，采用安全氧化剂及安全药剂配方，环保、微烟焰火技术，现代化的焰火安全燃放控制系统，同时，有效解决微烟发射药在高湿度条件下结雾的技术难题，实现音乐播放旋律与焰火燃放同步效果。2002年12月，钟自奇被评为首届“浏阳花炮之子”；2004年2月26日，钟自奇入选全国烟花爆竹标准技术委员会（SAC/TC149）委员；2005年11月16日，被湖南省人事厅评定为“烟花爆竹专业高级工艺美术师”；2006年1月21日，钟自奇被湖南省科学技术协会评定为“焰火燃放专业高级燃放师”。2008年，经湖南省非物质文化遗产专家评审委员会评审，确定钟自奇为浏阳花炮制作技艺省级代表性传承人。2009年5月26日，钟自奇入选为第三批国家级非物质文化遗产项目代表性传承人。2022年2月，担任2022年北京冬奥会开幕式焰火燃放现场总指挥，圆满完成北京冬奥会焰火燃放任务。钟自奇创建的湖南东信烟花集团有限公司自2004年开始每年向社会提供1000余个就业岗位，并连续多年出资设立教育助学基金和助残基金，为当地群众解决生活困难。同时，捐资修路、修桥助力家乡建设，并在重要节日走访慰问退役军人。2009年，获得长沙市劳动模范称号。2022年9月，中央宣传部、退役军人事务部、中央军委政治工作部联合发布2022年度“最美退役军人”先进事迹。钟自奇获得2022年度“最美退役军人”称号。

全国U16田径锦标赛冠军
陈兴权

陈兴权，2009年9月出生，大瑶镇南阳村人，2019年在南阳小学毕业后以体育特长生被特招进入长郡·浏阳实验学校田径队。2022年9月15日至9月18日，在岳阳市体育中心举行的湖南省第十四届运动会青少年组田径项目中陈兴权作为长沙代表团运动员获得U14男子跨栏全能项目第四名。2022年10月28—31日，由中国田径协会、中国中学生体育协会主办，湖北省体育局田径运动管理中心协办的2022年全国U16田径锦标赛在湖北省黄石奥体中心举行，全国共有29个省、市代表队参赛。长郡·浏阳实验学校包括陈兴权在内的8名运动员参加本次赛事，获得1金2银3铜6块奖牌。其中，陈兴权

在男子110米栏中以14.83秒成绩夺得冠军。

“敬业奉献类好人”朱联明

朱联明，浏阳市社港镇人，1968年6月出生。1987年毕业于浏阳师范学校（现长沙职业技术学院），并于当年放弃大城市就业，选择到偏远的社港山区教学点工作。1997年，调入社港镇日清小学。2011年，乡镇教育资源整合，日清小学只剩下4名学生，由朱联明一个老师承担起学校的全部运作，在教学上，兼授多个年级的课程，语文、数学、体育等全部课目；在教务上，他作为学校唯一的老师，完成所有教务资料的整理，在打造标准化学校建设项目时期，他经常忙到凌晨两点多才能休息；在生活上，他每天坚持7点到校，打扫卫生、消毒通风、检查水电、修剪绿化，并在学校附近种植红薯、南瓜、青菜等蔬菜，安排学生的中午伙食。一名学生因家庭困难无法继续上学，朱联明协调志愿者资助她至18岁的所有学习费用。2020年，班上一名同学的哥哥因患脑瘤生活困难，他协调寻找资助，给他家送去1000多元。2021年下学期，一名女生小腿骨骨折，不能独立行走，父母想让她在家养病，朱联明知道后，担心小孩缺课太多难以跟上教学进度，为此，他连续20多天，在学校内背送她行动。通过他的辛勤付出，这名女同学没落下一堂课。2012年，朱联明协调社港镇教育基金会投入经费新建卫生厕所、修建标准化学校围墙，翻新教室楼顶；2013年，协调社港镇政府出资新建学校食堂，硬化校园地面，更新用电设施；2019年，协调相关部门对学校进行标准化建设，在他的努力下，日清小学发生了翻天覆地的变化，具备了开展现代化教学的条件。2012年至2022年，日清小学连续十年教学质量在学区名列前茅。其间，朱联明通过自学取得专科、本科、研究生学历。截至2022年8月，朱联明连续在社港镇山区执教35年。2022年8月5日，2022年第二季度“中国好人榜”发布仪式暨全国道德模范与身边好人现场交流活动在山东省曲阜市鲁源新村新时代文明实践站举办。浏阳市社港镇日清小学教师朱联明被评为“敬业奉献类好人”。

逝世人物

何炼成

何炼成（1928—2022），1928年4月28日出生于金刚乡何家塅村（现金刚镇星星村何家大屋）一个书香之家。1947年7月，考入武汉大学法学院经济系，1950年6月12日，经武汉大学法学院党总支书记毛剑光和组织委员张敏介绍加入中国共产党，成为武汉解放后武汉大学党委发展的第一批党员。1951年7月，何炼成毕业响应国家号召，到西北大学工作。1956年被西北大学选送至中共中央马列学院学习，毕业返回西北大学工作，先后任西北大学党委委员、经济系主任、西北大学教务委员会和学术委员会副主任、经济管理学院院长、教授、博士生导师。何炼成致力于《资本论》、劳动价值论、中国发展经济学、中国经济思想史和西部经济研究，著有《价值学说史》《中国经济管理思想史》《生产劳动理论与实践》《中国发展经济学》《西部大开发：战略、政策、论证》等论著60部和480多篇论文。先后讲授经济学专业课7门，授业弟子近万人，其中博士300多人、硕士1500多人，培养出魏杰、刘世锦、张维迎、宋则、王忠民、邹东涛、张军扩、石磊、朱玲、栗树和、左中海、韦苇等一大批全国知名的中青年经济学家，为创立中国发展经济学的西北学派做出了重要贡献。1960年被评为全国劳动模范，1987年被评为陕西省劳动模范和优秀教师，1990年开始享受国务院政府特殊津贴，1995年被陕西省委、省政府授予“陕西省有突出贡献专家”称号，2008年被陕西省政府授予“教学名师”称号，入选“影响新中国60年经济建设的100位经济学家”。先后获得首届、第十三届孙冶方经济科学奖，首届张培刚发展经济学奖，中国图书奖3项，教育部人文社科奖3项，陕西省社科优秀成果奖一等奖和陕西省优秀教学成果奖特等奖等重要奖项。2022年6月18日凌晨3时，何炼成因病医治无效，在西安去世，享年95岁。

陈再仁

陈再仁（1930—2022），1930年10月出生于浏阳县葛家乡龙潭村（现葛家镇玉潭村）。陈再仁一家兄弟姐妹有6个，陈再仁是老大。因为家庭贫困，1943年，13岁的陈再仁开始做长工，给人放牛。1950年，陈再仁被选拔参加土改工作，1952年8月，陈再仁加入中国共产党。1960年2月至1977年4月，陈再仁先后任中共浏阳县委常委、副县长、县委副书记、县长；1977年4月至1983年12月，陈再仁任中共浏阳县委书记。1982年8月，陈再仁当选为中国共产党第十二次全国代表大会代表。1982年，《人民日报》以《县委书记陈再仁思想作风五过硬》《浏阳人民的长工》《陈再仁的三面镜子》等为题，对其先进事迹作报道。1982年5月，陈再仁被评为省劳动模范。1983年12月，陈再仁当选长沙市第八届人民代表大会常务委员会副主任。1985年9月，代理长沙市第八届人民代表大会常务委员会主任。1986年6月，当选长沙市第九届人大常委会副主任。1992年12月退休。2022年9月11日9时33分逝世，享年92岁。

表 22

获全国荣誉单位一览表

（根据组稿单位报送资料填报 排名不分先后）

获奖（称号）单位	获奖（称号）名称	授奖（称号）单位	获奖（称号）时间
浏阳市	“四好农村路”全国示范县	交通运输部 财政部 农业农村部 国家乡村振兴局	2022 年 1 月
浏阳市	2022 年全国县域旅游综合实力百强县排名第六	全国县域旅游研究课题组 北京华夏佰强旅游咨询中心	2022 年 6 月
浏阳市	落实长江禁渔成效明显的县市	湖南省人民政府办公厅	2023 年 1 月
浏阳市	企业家幸福感最强市（区）	新华社旗下《瞭望东方周刊》瞭望智库	2022 年 12 月
浏阳市	优化政府（投资）环境优秀城市	新华网主办第八届绿色发展论坛暨绿水青山就是金山银山实践成果展	2022 年 11 月
浏阳市	2022 国际化高质量发展环境建设标杆县（市、区）	环球时报社“中国城市高质量发展与国际合作大会”	2022 年 8 月
浏阳市	2022 年全国工业百强县排名第 14 名	中国信息通信研究院	2022 年 11 月
浏阳市	2022 优化政务（投资）环境优秀城市	新华网	2022 年 11 月
浏阳市	国家乡村振兴示范创建县（市）	农业农村部 国家乡村振兴局	2022 年 10 月
浏阳市	全国广播电视基本公共服务标准化试点（全省唯一）	广播电视总局	2022 年 11 月
浏阳市	全国首批创新型县市	科技部	2022 年 8 月
浏阳市	全国县域工业互联网发展排名第 18	中国工业互联网研究院	2022 年 7 月
浏阳市	全国县域经济和社会综合发展百强县第 7 位	全国县域经济研究咨询专业智库社会组织中郡研究所	2022 年 12 月
浏阳市	全面推行林长制工作成效明显获督查激励	国务院办公厅	2022 年 6 月
浏阳市	2022 年度全国信访工作示范县	国家信访局 中央信访工作联席会议办公室	2023 年 2 月
“微浏阳”微信平台和“浏阳电视台”抖音平台	全国县融中心爆款创作优秀案例	新华社新闻信息中心 新华社县级融媒体研究中心	2022 年 5 月
北盛镇环园村	全国民主法治示范村（社区）	司法部 民政部	2022 年 12 月
澄潭江镇荆坪村	荣获全国示范性老年友好型社区	国家卫生健康委员会 全国老龄工作委员会办公室	2022 年 10 月
达浒镇林业站	“添绿筑梦★奋斗有我”短视频征集展示活动三等奖	国家林业和草原局林业工作站管理总站	2022 年 1 月
达兴工艺品非遗工坊	“非遗工坊典型案例”推荐名单	文化和旅游部	2022 年 12 月

续表 22

获奖(称号)单位	获奖(称号)名称	授奖(称号)单位	获奖(称号)时间
大围山镇	新时代·中国乡村振兴示范镇、新时代·最美绿色生态小镇	中国互联网新闻中心	2022年7月
东信烟花集团有限公司	2022年度全国退役军人就业合作企业光荣榜	退役军人事务部	2022年3月
古港镇梅田湖村	中国美丽休闲乡村	农业农村部	2022年11月
关口街道道源湖村	2022年第十二批全国“一村一品”示范村镇	农业农村部	2023年3月
湖南孝文电子科技有限公司	国家专精特新“小巨人”企业	工业和信息化部	2022年8月
淮川街道朝阳社区	全国最美志愿服务社区(国家级)	中央文明办	2022年3月
金刚卫生院	2022年全国“基层服务能力提升亮点机构”	国家卫生健康委基层卫生健康司	2022年8月
坤仲三农庄	国家五星级农庄认定	中国旅游协会休闲农业与乡村旅游分会	2022年12月
浏阳市财政局	全国首批基层财政新闻宣传工作示范点	中国财经报社	2022年3月
浏阳市财政局	全省财政系统部办报刊宣传通联先进集体	中国财政杂志社 中国财经报社	2022年11月
浏阳市城市管理和综合执法局	2022年度巩固深化“强基础、转作风、树形象”专项行动表现突出单位	住房和城乡建设部	2023年3月
浏阳市工商业联合会	创新中国最佳案例	中华工商时报	2023年1月
浏阳市工商业联合会	全国民营企业调查点工作先进示范单位	全国工商联	2022年12月
古港镇梅田湖村	全国乡村旅游重点村	文化和旅游部	2022年10月
浏阳市交警大队	全国一等县级车辆管理所	公安部	2022年12月
浏阳市禁毒大队	2021年全国青少年知识总决赛三等奖	国家禁毒办	2022年6月
浏阳市拘留所	全国一级拘留所	公安部	2022年8月
浏阳市科学技术协会	2022年表现突出的科普中国信息员组织单位	中国科协办公厅	2023年2月
浏阳市科学技术协会	2022年全国科普日活动优秀组织单位	中国科协办公厅	2022年12月
浏阳市林业有害生物防治检疫所	2021年度先进国家级中心测报点	国家林业和草原局生物灾害防控中心	2022年1月
浏阳市农业发展事务中心	全国农牧渔业丰收奖（农业技术推广成果奖一等奖：双季稻“早专晚优”提质增效全程机械化技术集成应用）	农业农村部	2022年12月

续表 22

获奖(称号) 单位	获奖(称号)名称	授奖(称号)单位	获奖(称号)时间
浏阳市人民法院	为群众办实事示范法院	最高人民法院	2022 年 12 月
浏阳市人民检察院	2022 年度全国检察宣传先进单位	最高人民检察院检察日报社	2022 年 10 月
浏阳市融媒体中心	获评 2021 年全国县融中心优秀短视频选题策划奖	新华社新闻信息中心 新华社县级融媒体研究中心	2022 年 4 月
浏阳市融媒体中心	作品《浏阳:寻找非遗新生“密码”》全国县级融媒体中心央媒平台优秀作品	新华社新闻信息中心	2022 年 9 月
浏阳市融媒体中心“掌上浏阳”App 客户端	2021 年全国县融中心优秀管理与平台奖	新华社新闻信息中心 新华社县级融媒体研究中心	2022 年 4 月
浏阳市森林公安局	“昆仑 2021”专项行动成绩突出集体	公安部	2022 年 3 月
浏阳市森林公安局	贺电	公安部	2022 年 3 月
浏阳市森林公安局	贺电	公安部	2022 年 8 月
浏阳市森林公安局	成功破获“6·06”危害国家重点保护植物案	公安部	2022 年 3 月
浏阳市森林公安局	全国公安机关“昆仑 2021”专项行动成绩突出集体	公安部	2022 年 3 月
浏阳市市场监督管理局	表彰	国家市场监督管理总局	2022 年 5 月
浏阳市水利局	官庄灌区(浏阳)“农业节水灌溉 工程良性运行”入选农业水价综合改革典型案例	水利部 水利水电司	2022 年 10 月
浏阳市司法局	全国司法行政系统先进集体	人社部 司法部	2022 年 6 月
浏阳市文物保护展中心	2016—2020 年全国普法工作先进单位	中宣传 司法部 全国法制办	2022 年 12 月
浏阳市蒸浏记蒸菜文化有限公司	2022 中国华中最受欢迎预制菜创新品牌	中国华中预制菜产业大会	2022 年 7 月
浏阳市职业中专	2022 年全国职业技能大赛中职组电子电路装调与应用赛项二等奖	全国职业院校技能大赛组织委员会	2022 年 5 月
浏阳油纸伞传习所“达兴工艺品非遗工坊”	国家文旅部非遗工坊典型案例推荐名单	文化和旅游部	2022 年 12 月
梅田湖劳动教育实践基地	共司致富示范点	中国农村青年致富带头人协会	2023 年 1 月
沙市镇秧田村农家书屋	第九届全国服务农民、服务基层文化建设先进集体表彰——“农家书屋和基层图书支行单位先进集体”	中央宣传部 文化和旅游部 国家广播电视总局	2022 年 4 月
永安镇	中国百强镇第 82 位	竞争力智库 中国发展改革报社和北京中新城市规划设计研究院等机构	2022 年 9 月
张坊中学李白中队	2022 年度全国优秀少先队集体	共青团中央 教育部 全国少工委	2022 年 12 月

表 23

获全国荣誉（命名、评选）个人一览表

（根据组稿单位报送资料填报 排名不分先后）

获奖人所在单位	获奖人	荣誉名称	颁奖单位 / 机构	获奖时间
金沙路小学	甘慧琳（老师家庭）	全国最美家庭	中央宣传部 全国妇联	2022 年 5 月
浏阳市第一中学	聂长东	第十二四届“语文报杯”中学生主题征文行动“金牌”指导教师	中国语文报刊协会	2022 年 6 月
浏阳市第一中学	邱清平	第十五届全国中学生创新作文大赛“指导老师二等奖”	中国写作协会	2022 年 2 月
浏阳市职业中专	何凤玲	畅享杯全国财经商贸类数字技术大赛二等奖	中国商业联合会	2022 年 7 月
浏阳市职业中专	王　凤	“畅享杯”全国财经商贸类专业数字技术技能大赛三等奖	中国商业联合会	2022 年 7 月
长郡·浏阳实验学校	陈兴权	2022 年全国 U16 田径锦标赛 男子 110 米栏冠军	中国田径协会 中国中学生体育协会	2022 年 10 月
长郡·浏阳实验学校	张海琴	2022 年全国 U 系列举重冠军赛 U18 女子 59 公斤级 抓举 100 公斤、挺举 130 公斤、总成绩 230 公斤的成绩夺得抓举、挺举、总成绩 3 枚金牌	国家体育总局举重摔跤柔道运动管理中心	2022 年 11 月
淳口镇	陈　丁	IT 网络管理项目银牌	国际残联	2022 年 3 月
达浒镇	孔蒲中	百姓学习之星	中国成人教育协会	2022 年 10 月
浏阳市公安局	朱艳平	全国公安机关成绩突出青年	公安政治部	2022 年 4 月
浏阳市公安局	朱艳平（朱朱警官快手号）	中央网信办 2022 年度“走好网上群众路线百个成绩突出账号”	中央网络安全和信息化委员会办公室	2022 年 12 月
公路建设养护中心	鲁常战	2022 年度“公路交通行业优秀政研工作者”	全国公路职工思想政治工作研究会	2022 年 11 月
胡耀邦故里管理局	谭　霜	优秀讲解员	中宣部	2022 年 1 月
浏阳市林业局	刘俊杰	全国林草系统劳动模范	全国绿化委员会 人力资源社会保障部 国家林业和草原局	2022 年 8 月
浏阳市林业局	周　春	2021 年度优秀测报员	国家林业和草原局生物灾害防控中心	2022 年 1 月
浏阳市农业发展事务中心	李安定	全国农牧渔业丰收奖农业技术推广成果奖二等奖	中华人民共和国农业农村部	2022 年 12 月
浏阳市农业发展事务中心	王　杰	全国农牧渔业丰收奖（农业技术推广成果奖三等奖水稻精简机械化深施肥技术集成创新与示范推广）	中华人民共和国农业农村部	2022 年 12 月

续表 23

获奖人所在单位	获奖人	荣誉名称	颁奖单位 / 机构	获奖时间
浏阳市农业发展事务中心	王　杰	“三分地养活一个人”粮食高产绿色优质科技创新工程项目——“先进个人”	国家杂交水稻工程技术研究中心	2023 年 3 月
浏阳市人民检察院	谭玉芳	2022 年度全国检察宣传先进个人	最高人民检察院检察日报社	2022 年 11 月
浏阳市融媒体中心	高雨　李　丹　袁峥峥 《“乡村振兴看浏阳”之“小河网红坝”》	城市党报媒体融合奖	中国报业协会城市分会	2022 年 9 月
浏阳市融媒体中心	龙章平 论文《浏阳市融媒体中心融合发展的探索和实践》	第十七届中国传媒年会征文评比活动二等奖	中国新闻出版研究院	2022 年 11 月
浏阳市融媒体中心	欧阳稳江　潘雅静 【报纸通讯与深度报道《一根爱心玉米的自白》】	城市党报新闻奖一等奖	中国报业协会城市分会	2022 年 9 月
浏阳市融媒体中心	张　玲　周红珍【《驻村兄弟档　带着母亲上一线》】	城市党报新闻奖二等奖	中国报业协会城市分会	2022 年 9 月
浏阳市森林公安局	易修成	一等功	公安部	2023 年 1 月
浏阳市森林公安局	钟晨曦	二等功	公安部	2023 年 1 月
沙市镇	汤向前	第五届全国农业行业职业技能大赛荣誉证书	中华人民共和国农业农村部	2022 年 11 月
社港镇	朱联明	中国好人	中央文明办	2022 年 8 月
长沙市生态环境局浏阳分局	罗耀玲	执法大练兵表现突出个人	生态环境部	2022 年 3 月
长沙市生态环境局浏阳分局	张　武	生态环境部监督帮扶表现突出个人	生态环境部	2022 年 3 月
浏阳市司法局	彭　恋	全国行政执法先进个人	司法部	2022 年 12 月
浏阳市统计局	陶　杰	工业司青年知识竞赛一等奖	国家统计局工业司	2022 年 4 月
沿溪镇	钟自奇	最美退役军人	中共中央宣传部　退役军人事务部 中央军委政治工作部	2022 年 9 月
永安镇	陈　琳	全国百名优秀退役军人服务中心（站）主任（站长）	退役军人事务部	2022 年 12 月
金刚镇	黎书成	中国书画艺术名家（黎书成书画工作室）	文化和旅游部艺术发展中心	2022 年 1 月

获全省荣誉单位一览表

表 24

（根据组稿单位报送资料填报 排名不分先后）

获奖(称号) 单位	获奖(称号)名称	授奖(称号)单位	获奖(称号)时间
浏阳市	2022 年度湖南省林长制工作先进单位	湖南省林业局	2023 年 2 月
浏阳市	2021 年省真抓实干督查激励“促进制造业高质量发展”事项奖项	湖南省人民政府	2022 年 1 月
浏阳市	2022 年度全省信访工作示范县	省信访局 省信访工作联席会议办公室	2023 年 2 月
浏阳市	2022 年度市县清查处置盘活国有资产工作先进单位	湖南省财政厅	2022 年 12 月
浏阳市	2022 年湖南省工业和信息化领域真抓实干督查激励对象(促进工业高质量发展)	湖南省工业和信息化厅	2022 年 12 月
浏阳市	2022 年湖南省真抓实干“促进工业高质量发展”成效明显地区	湖南省人民政府办公厅	2023 年 1 月
浏阳市	2022 年全省粮食生产先进县市区	中共湖南省委农村工作领导小组	2023 年 1 月
浏阳市	第二批城乡客运一体化示范县	湖南省交通运输厅	2023 年 1 月
浏阳市	耕地保护制度和高标准农田建设任务成效明显县市	湖南省人民政府	2022 年 1 月
浏阳市	全省“优秀生猪规模场监测县”	湖南省畜牧水产事务中心	2022 年 12 月
浏阳市	全省农村房地一体确权登记工作县市排名第一	省自然资源厅	2022 年 5 月
浏阳市	全省文化和旅游工作先进单位,综合排名省直管县第一	省文化和旅游厅	2022 年 1 月
浏阳市	十大湘菜名县	湖南省农业农村厅 湖南省商务局	2022 年 10 月
浏阳市	实施城乡环境基础设施建设工作成效明显县市	省住房城乡建设厅 省财政厅	2023 年 1 月
浏阳市	月清“三地两矿”通报表扬	省自然资源厅	2022 年 9 月
浏阳市	自然资源节约集约先进县(市)	省自然资源厅	2022 年 10 月
苍坊旅游区	2022 湖南省等级旅游景区优秀讲解词	湖南省文化和旅游厅	2022 年 7 月
陈继武菊花石公馆非遗工坊	非遗工坊省级示范点	省文化和旅游厅	2022 年 12 月
达浒镇	2022 年湖南省林长制工作先进单位	湖南省林长制工作委员会办公室	2023 年 1 月
大围山国家森林公园	湖南省研学旅游(示范) 基地	湖南省文化和旅游厅	2022 年 3 月
大围山国家森林公园	在全省自然保护地质量管理评估中被评为“优秀”	省林业局	2022 年 12 月

续表 24

获奖(称号) 单位	获奖(称号)名称	授奖(称号)单位	获奖(称号)时间
大围山国家森林公园宾馆	五星级森林人家	省林业局	2022 年 6 月
大围山省级自然保护区	全省自然保护地质量管理评估“优秀”	湖南省林业局	2022 年 12 月
大围山镇	省文明镇	湖南省文明办	2022 年 12 月
大瑶镇杨花村	湖南省第三批优秀村规民约(居名公约)名单	湖南省民政厅 湖南省精神文明建设指导委员会办公室	2022 年 12 月
洞阳镇	湖南省林长制工作先进单位	湖南省林长制工作委员会办公室	2023 年 2 月
洞阳镇	污染防治攻坚战“夏季攻势”县级十佳典型案例	湖南省生态环境保护委员会	2022 年 11 月
高坪镇	2022 年度省安全发展工作示范乡镇	湖南省人民政府办公厅	2023 年 1 月
高坪镇高坪初级中学	湖南省首批中小学劳动教育实验学校	省教育厅	2022 年 7 月
葛家镇	湖南省卫生(乡)镇	湖南省爱国卫生运动委员会	2023 年 1 月
葛家镇卫生院	省文明卫生单位	湖南省爱国卫生运动委员会	2023 年 1 月
古港镇古城村	第十一批省级文化保护单位	湖南省人民政府	2022 年 1 月
关口街道农副产品大市场	2021 年湖南省文明集市	湖南省文明办	2022 年 3 月
关口街道占佳社区	“七彩假期”市州优秀志愿服务团队	共青团湖南省委 湖南省交警总队 湖南省青年志愿者协会	2022 年 12 月
官渡镇竹联村	湖南省文明村镇	省文明办	2022 年 12 月
官渡镇竹联村	湖南省先进基层群众性自治组织名单(100 个)	湖南省人力资源和社会保障厅 湖南省民政厅	2023 年 1 月
国网湖南省电力公司浏阳市供电分公司	湖南省文明单位	省文明办	2022 年 12 月
胡耀邦故居红色旅游路	2022 年度“湖南省最具人气路”	湖南省交通运输厅	2022 年 11 月
胡耀邦同志纪念馆	湖南省党史教育基地	中共湖南省党史研究院	2022 年 1 月
湖南承凯企业管理咨询服务有限公司	湖南省中小微企业核心服务机构	湖南省工信厅	2023 年 7 月
湖南淳芝宝药业有限责任公司	湖南省农业产业化重点龙头企业	湖南省农业农村厅	2022 年 12 月
湖南淳芝宝药业有限责任公司	省首批中医药康养旅游精品路线	湖南文化和旅游厅、湖南中医药管理局	2022 年 11 月
湖南浏阳河国家湿地公园	2022 年湖南省自然保护地管理评估－湿地公园年度考核优秀	湖南省林业局	2022 年 12 月
湖南省大围山国家森林公园宾馆	五星级森林人家	湖南省林业局	2022 年 6 月
湖南省浏河彭记轩食品有限责任公司	高新技术企业	湖南省科学技术厅	2023 年 11 月

续表 24

获奖(称号) 单位	获奖(称号)名称	授奖(称号)单位	获奖(称号)时间
湖南省湘晖农业技术开发有限公司	湖南省农业产业化重点龙头企业	湖南省农业农村厅	2022 年 12 月
湖南西瑞尔新材料科技有限公司	高新技术企业	湖南省科学技术厅	2022 年 11 月
湖南西瑞尔新材料科技有限公司	湖南省创新创业大赛主体赛小微企业组优秀奖	湖南省科学技术厅	2022 年 12 月
湖南孝文电子科技有限公司	湖南省创新创业大赛数字创意专业赛一等奖	湖南省科学技术厅	2022 年 12 月
湖南移动浏阳市分公司	湖南省文明单位	省文明办	2022 年 12 月
花炮文化博览园	省级文明风景旅游区	湖南省文明办	2022 年 3 月
画里小河生态旅游区	湖南文旅学雷锋文旅志愿服务岗	湖南省文化和旅游厅	2023 年 1 月
淮川街道朝阳社区	湖南省“书香社区”	湖南省图书馆学会	2022 年 9 月
集里街道工会联合会	湖南省“百佳乡镇(街道)工会”	湖南省总工会	2022 年 12 月
集里街道龚家桥社区	湖南省最美志愿服务社区	湖南省精神文明建设指导委员会 湖南省学雷锋志愿服务工作委员会	2022 年 3 月
集里街道集里桥社区	2021 年省级充分就业社区	湖南省人力资源和社会保障厅	2022 年 1 月
集里街道奎文实验小学	湖南省文明校园	省文明办	2022 年 12 月
焦溪镇	湖南省五四红旗团委	共青团湖南省委	2022 年 5 月
浏阳博士村研学旅游基地	湖南省研学旅游(示范)基地	省文化和旅游厅 湖南省研学旅游质量等级认定委员会	2022 年 3 月
浏阳慈善会	2022 年度慈善工作先进单位	湖南省慈善总会	2023 年 1 月
浏阳广电云商有限责任公司	高新技术企业	湖南省科学技术厅	2022年 11 月
浏阳经济技术开发区	全省国家级园区第二名	省自然资源厅	2022 年 7 月
浏阳经济技术开发区	推动产业发展、招商引资、科技创新、项目建设等工作获湖南省人民政府办公厅表扬激励	湖南省人民政府办公厅	2022 年 1 月
浏阳经济技术开发区	2020、2021 两年度“五好”园区创建综合评价总分第一	湖南省产业园区建设领导小组	2022 年 1 月
浏阳经济技术开发区	打造耕地保护样板工程获省政府 2022 年综合大督查表扬通报	湖南省人民政府办公厅	2022 年 12 月
浏阳经济技术开发区	湖南省“百佳产业园区工会”	湖南省总工会	2022 年 12 月
浏阳经济技术开发区	湖南省生物医药特色产业集群培育对象核心承载园区	湖南省工业和信息化厅	2022 年 9 月 2 日
浏阳经济技术开发区	湖南省示范性政协委员工作室	政协湖南省委员会办公厅	2022 年 12 月

续表 24

获奖(称号) 单位	获奖(称号)名称	授奖(称号)单位	获奖(称号)时间
浏阳梅田湖研学旅游示范基地	湖南省研学旅游(示范)基地	省文化和旅游厅 湖南省研学旅游质量等级认定委员会	2022 年 3 月
浏阳市财政局	全省资环工作先进县	湖南省财政厅	2022 年 12 月
浏阳市财政局	财政部湖南监管局市县联系点财政部门联动工作先进单位	财政部湖南监管局	2022 年 3 月
浏阳市财政局	湖南省巾帼文明岗	湖南省妇女联合会	2022 年 8 月
浏阳市财政局	全省财会监督工作综合表现突出集体	湖南省财政厅	2022 年 1 月
浏阳市财政局	全省财政经建工作先进单位	湖南省财政厅	2022 年 2 月
浏阳市财政局	全省财政税政法制工作绩效评价获奖单位	湖南省财政厅	2022 年 9 月
浏阳市财政局	全省财政外经系统业务工作先进单位	湖南省财政厅	2022 年 12 月
浏阳市财政局	全省财政政法工作先进单位	湖南省财政厅	2022 年 1 月
浏阳市财政局	全省财政支农政策培训工作先进单位	湖南省财政厅	2022 年 12 月
浏阳市财政局	全省地方预决算公开工作排名第四	湖南省财政厅	2022 年 12 月
浏阳市财政局	全省国有企业财务会计决算工作先进单位	湖南省财政厅	2022 年 12 月
浏阳市财政局	全省农财工作绩效考核一等奖	湖南省财政厅	2022 年 5 月
浏阳市财政局	全省市县财政部门预算绩效管理工作先进单位	湖南省财政厅	2022 年 3 月
浏阳市财政局	全省市县财政日常工作整体水平高质量评价 AA 级县市	湖南省财政厅	2022 年 12 月
浏阳市财政局	全省市县财政调研报告报送“优秀组织奖”	湖南省财政厅	2022 年 12 月
浏阳市财政局	全省市县财政暂付款管理工作 A 档市县	湖南省财政厅	2022 年 12 月
浏阳市财政局	全省市县清查处置盘活国有资产工作先进单位	湖南省财政厅	2022 年 12 月
浏阳市财政局	省政府真抓实干督查激励、长沙市政府创新实干激励(财政管理工作)	湖南省政府 长沙市政府	2022 年 1 月
浏阳市财政局	世行贷款项目 2022 年度财政单项绩效考核优秀单位	世行贷款项目联席会议办公室	2022 年 5 月
浏阳市城市照明管理中心	湖南省照明行业协会年度先进单位	湖南省城乡建设行业协会照明分会	2022 年 12 月
浏阳市大围山国有林场	2022 年全省国有林场质量管理十佳单位	湖南省林业局	2022 年 12 月
浏阳市大围山镇	湖南省文明村镇	省文明办	2022 年 12 月
浏阳市第一中学	湖南省绿色学校创建单位	湖南省教育厅 湖南省发展和改革委员会	2022 年 10 月

续表 24

获奖(称号) 单位	获奖(称号)名称	授奖(称号)单位	获奖(称号)时间
浏阳市妇联	二星级“网上妇女之家”	湖南省妇女联合会	2023 年 5 月
浏阳市妇联	湖南省第五届科学素质网络大赛县市区优秀组织奖	湖南省科学技术协会 湖南省科学技术厅 湖南省农业农村厅 湖南省总工会 共青团湖南省委 湖南省妇女联合会	2022 年 1 月
浏阳市工业和信息化局	2021 年“湖湘精品”中小企业品牌能力提升工作先进单位	湖南省工业和信息化厅	2022 年 1 月
浏阳市工业和信息化局	2021 年度湖南工业数据云建设先进单位	湖南省工业和信息化厅	2022 年 1 月
浏阳市工业和信息化局	2022 年“创客中国”湖南省中小微企业创新创业大赛优秀组织单位	湖南省工业和信息化厅	2022 年 12 月
浏阳市工业和信息化局	2022 年度规范行政执法示范单位	湖南省工业和信息化厅	2022 年 12 月
浏阳市公安局食药环大队	2017 年—2022 年全省卷烟打假工作先进集体	湖南省公安厅	2022 年 12 月
浏阳市公安局网安大队	2021 年度全省公安网技工作成绩突出集体	湖南公安厅	2022 年 3 月
浏阳市规划设计院	《浏阳永安示范片创新型乡村振兴规划》2021 年湖南省优秀城市规划设计二等奖	湖南省城乡规划学会	2022 年 12 月
浏阳市行政审批服务局	政务服务标准化规范化便利化建设先进单位	数字政务发展年会组委会	2022 年 10 月
浏阳市花鼓戏剧团	《浏阳李白》获第七届湖南艺术节“田汉新剧目奖”	省委宣传部 省文化和旅游厅	2022 年 1 月
浏阳市花鼓戏剧团	花鼓戏《胡子将军》获湖南省文学艺术奖	省委宣传部 省文联	2022 年 7 月
浏阳市集里街道办事处	2022 年省级公共机构生活垃圾分类示范点	湖南省机关事务管理局办公室	2023 年 1 月
浏阳市公安局禁毒大队	2021 年度湖南省禁毒工作绩效评估县市区优秀	湖南省禁毒委员会	2022 年 7 月
浏阳市公安局禁毒大队	抓捕境外“钉子”蒋某风工作专班	湖南省公安厅	2022 年 9 月
浏阳市拘留所(戒毒所)	全省二级戒毒所	湖南省公安厅警令部	2022 年 8 月
浏阳市拘留所(戒毒所)	吴某等强迫、组织未成年卖淫案获得 2021 年度全省公安监管部门协助破案精品案例	湖南省公安厅监所管理总队	2022 年 1 月
浏阳市看守所	全省二级看守所	湖南省公安厅警令部	2022 年 8 月
浏阳市科技局	湖南省第五届科学素质网络大赛县市区优秀组织奖	湖南省科学技术协会 湖南省科学技术厅 湖南省农业农村厅 湖南省总工会 共青团湖南省委 湖南省妇女联合会	2022 年 1 月
浏阳市科学技术协会	2022 年湖南省科普中国信息传播工作优秀组织单位	湖南省科学技术协会	2022 年 12 月

续表 24

获奖(称号)单位	获奖(称号)名称	授奖(称号)单位	获奖(称号)时间
浏阳市库区移民事务中心	浏阳以93.26分获得长沙第一，省级优秀，获得后扶资金奖励35万元	湖南省水利厅	2022年12月
浏阳市劳动人事争议仲裁院	湖南省金牌调解组织	湖南省人社厅	2022年9月
浏阳市林业局	2022年度湖南省森林防火工作优秀单位	湖南省林业局	2023年1月
浏阳市林业局	2022年度全省野生动植物保护工作表现突出单位	湖南省林业局	2023年2月
浏阳市林业局	2021年度湖南省湿地保护管理工作先进单位	湖南省林业局	2022年3月
浏阳市林业局	2021年度全省野生动植物保护工作先进单位	湖南省林业局	2022年3月
浏阳市浏安农业科技综合开发有限公司	第一批省级畜禽核心育种场	湖南省农业农村厅办公室	2022年12月
浏阳市农业农村局	湖南省第五届科学素质网络大赛县市区优秀组织奖	湖南省科学技术协会 湖南省科学技术厅 湖南省农业农村厅 湖南省总工会 共青团湖南省委 湖南省妇女联合会	2022年1月
浏阳市秋收起义文家市会师纪念馆	湖南省文明单位	省文明办	2022年12月
浏阳市人力资源和社会保障局	湖南省农民工工作先进集体	湖南省人社厅	2022年12月
浏阳市人民法院	2022年度全省法院考核优秀单位	湖南省高级人民法院	2023年2月
浏阳市人民法院	全省法院案例组织工作先进单位	湖南省高级人民法院	2022年1月
浏阳市人民法院	全省法院第二十届理论研讨会组织工作先进单位	湖南省高级人民法院	2022年12月
浏阳市人民法院	全省法院先进集体	湖南省人力资源和社会保障厅 湖南省高级人民法院	2022年12月
浏阳市人民法院	2021年度全省法院考核优秀单位	湖南省高级人民法院	2022年2月
浏阳市人民法院	2021年法院财务统计优秀报表	最高人民法院办公厅	2022年1月
浏阳市人民检察院	2021年度全省检察机关信息工作优秀集体	湖南省人民检察院	2022年2月
浏阳市人民检察院	2022年度全省民事检察优秀案件(第四检察部)	湖南省人民检察院	2022年2月
浏阳市融媒体中心	摄影作品《一人一校十年灯》、消息作品《梅田湖村民分红 一年更比一年红》湖南新闻奖三等奖	湖南省委宣传部 湖南省新闻工作者协会	2022年6月
浏阳市融媒体中心	2021年度湖南省舆情信息工作优秀单位	中共湖南省委宣传部	2022年5月
浏阳市融媒体中心	电商直播赋能“湘赣边”乡村振兴项目入选湖南省文化科技卫生“三下乡”活动示范项目	省委宣传部	2022年10月

续表 24

获奖(称号)单位	获奖(称号)名称	授奖(称号)单位	获奖(称号)时间
浏阳市融媒体中心	湖南省“年度优秀通联集体”	湖南广播电视台	2022 年 5 月
浏阳市融媒体中心	湖南省文化科技卫生“三下乡”活动示范项目(电商直播赋能“湘赣边”乡村振兴项目)	中共湖南省委宣传部	2022 年 10 月
浏阳市融媒体中心	“新湖南云”县级融媒“十佳客户端”(客户端“掌上浏阳”App)	湖南日报社	2022 年 7 月
浏阳市融媒体中心浏阳广电云商有限责任公司	湖南省高新技术企业	湖南省科学技术厅 湖南省财政厅 国家税务总局 湖南省税务局	2022 年 12 月
浏阳市森林公安局	全省公安机关“生态三湘”200 天专项行动成绩突出单位	湖南省公安厅	2022 年 1 月
浏阳市森林公安局	“生态三湘”200 天专项行动成绩突出	湖南省公安厅	2023 年 1 月
浏阳市森林公安局	湖南省森林公安局 2021 年度执法质量考评优秀单位	湖南省森林公安局	2022 年 2 月
浏阳市森林公安局	全省公安机关“昆仑 2021”成绩突出单位	湖南省公安厅	2022 年 1 月
浏阳市商务局	湖南省 2021 年度真抓实干成效明显的地区名单——奋力打造国家重要先进制造业高地,促进制造业高质量发展成效明显的市、县(市、区)	湖南省人民政府	2022 年 1 月
浏阳市商务局	数商兴农示范县	湖南省商务厅 湖南省财政厅	2022 年 5 月
浏阳市市场监督管理局	省政府“真抓实干”督查激励	省人民政府办公厅	2023 年 1 月
浏阳市市场监督管理局经开区(高新区)分局	2022 年度湖南省药品安全专项整治工作先进单位	湖南省药品监督管理局	2022 年 12 月
浏阳市市容环境卫生维护中心	2022 年度环卫先进集体	湖南省城乡建设行业协会	2023 年 3 月
浏阳市闩山木业有限公司	湖南省农业产业化重点龙头企业	湖南省农业农村厅	2022 年 12 月
浏阳市司法局	2022 年法律援助案件质量评估优秀单位	湖南省司法厅	2022 年 12 月
浏阳市统计局	湖南省第七次全国人口普查先进集体	湖南省第七次全国人口普查领导小组办公室	2022 年 1 月
浏阳市图书馆	“阅美潇湘”第二届“最美图书馆”	湖南省图书馆学会	2022 年 9 月
共青团浏阳市委	湖南省第五届科学素质网络大赛县市区优秀组织奖	湖南省科学技术协会 湖南省科学技术厅 湖南省农业农村厅 湖南省总工会 共青团湖南省委 湖南省妇女联合会	2022 年 1 月

续表 24

获奖(称号) 单位	获奖(称号)名称	授奖(称号)单位	获奖(称号)时间
浏阳市委网信办	全省网络综合治理工作成绩突出单位	省委网信办	2022 年 2 月
浏阳市委组织部(老干部局)	全省老干部工作先进集体	中共湖南省组织部 中共湖南省委老干部局 湖南省人力资源和社会保障厅	2023 年 2 月
浏阳市文化馆	第七届湖南艺术节“三湘群星奖”优秀作品奖	湖南省文化和旅游厅	2022 年 1 月
浏阳市文化旅游广电体育局	全省文化和旅游工作先进单位,综合排名省直管县第一	省文化和旅游厅	2022 年 1 月
浏阳市西溪磐石大峡谷	文明风景旅游区	湖南省文明办	2022 年 3 月
浏阳市宣传部	2021 年度湖南省舆情信息工作优秀单位	中共湖南省委宣传部	2022 年 5 月
浏阳市亚平生态家庭农场	先进种粮家庭农场	中共湖南省委农村工作领导小组	2023 年 1 月
浏阳市医疗保障局	医保管理服务真抓实干表彰	湖南省医疗保障局	2023 年 1 月
浏阳市义工联合会	第二批湖南省学雷锋活动示范点	省文明办	2022 年 3 月
浏阳市艺术科技馆	2022—2027 年度湖南省科普教育基地	湖南省科学技术协会	2022 年 10 月
浏阳市应急管理局	全省县市区防震减灾工作综合考核先进单位	湖南省地震局	2023 年 2 月
浏阳市永安镇坪头村	湖南省民主法治示范村	湖南省司法厅	2022 年 10 月
浏阳市蒸浏记蒸菜文化有限公司	2021 年度湖南省知名品牌	湖南省商标品牌协会	2023 年 2 月
浏阳市职工服务(帮扶)中心	城市困难职工解困脱困先进集体	湖南省总工会	2022 年 3 月
浏阳市职业中专	2022 年度‘楚怡杯”湖南省职业院校技能竞赛中职组模特表演项目三等奖	湖南省职业院校技能竞赛组织委员会	1905 年 7 月
浏阳市中小企业公共服务平台	2020 年度湖南省中小企业公共服务平台网络最受欢迎窗口服务平台	湖南省中小企业公共服务平台	2022 年 1 月
浏阳市中小企业公共服务平台	2021 年湖南省中小企业公共服务平台网络工作先进窗口平台	湖南省工业和信息化厅	2022 年 1 月
浏阳市中小企业公共服务平台	2021 年全省中小企业技术创新“破零倍增”工作先进单位	湖南省工业和信息化厅	2022 年 1 月
浏阳市住房保障服务中心	在推进新型城镇化中,实施城乡环境基础设施建设等工作获省政府督查激励	湖南省人民政府办公厅	2023 年 1 月
浏阳市自来水公司	2022 年城市供水安全及规范化管理评估得分区县第一	湖南省住房和城乡建设厅	2022 年 12 月
浏阳市自来水公司	2022 年湖南省供水行业先进单位	湖南省城乡建设行业协会供水分会	2023 年 1 月
浏阳市自然资源局	“红色传承砥砺前行” 党史学习教育首批湖南省党史学习教育创新案例评选先进单位	中共湖南省委党史研究院	2022 年 12 月

续表 24

获奖(称号) 单位	获奖(称号)名称	授奖(称号)单位	获奖(称号)时间
浏阳市自然资源局	2021 年度耕地“零违法”地区先进单位	省自源资源厅	2022 年 1 月
浏阳市自然资源局	2021 年度自然资源真抓实干督查激励	省自然资源厅	2022 年 1 月
浏阳市自然资源局	湖南省第三批国土调查先进集体	省自然资源厅、省第三次国土调查领导小组办公室	2022 年 1 月
浏阳市总工会	湖南省第五届科学素质网络大赛县市区优秀组织奖	湖南省科学技术协会 湖南省科学技术厅 湖南省农业农村厅 湖南省总工会 共青团湖南省委 湖南省妇女联合会	2022 年 1 月
浏阳新华书店	2021—2022 年度“湖南省出版物发行业优秀发行单位”	湖南省出版物发行业协会	2023 年 1 月
普迹镇	湖南省农业产业强镇	湖南省农业农业农村局	2022 年 7 月
秋收起义文家市会师纪念馆	“2022 年湖南省社科普及基地”年度考核“优秀”等次	湖南省社会科学界联合会	2023 年 3 月
秋收起义文家市会师纪念馆	湖南省党史教育基地	中共湖南省委党史研究院	2022 年 1 月
秋收起义文家市会师纪念馆	湖南省第一批党员教育培训现场教学点	中共湖南省委组织部	2022 年 9 月
秋收起义文家市会师纪念馆	湖南省第一批党员教育培训现场教学点	中共湖南省委组织部	2022 年 8 月
秋收起义文家市会师纪念馆	湖南省文明单位	湖南省精神文明建设指导委员	2023 年 1 月
社港镇	全省“平安农机”示范乡镇	湖南省农业农村厅	2022 年 1 月
社港镇	全省应急能力建设达标乡镇	湖南省应急管理厅	2022 年 12 月
长沙市生态环境局浏阳分局	“十三五”生态环境质量报告书一等奖	湖南省生态环境厅办公室	2022 年 2 月
长沙市生态环境局浏阳分局	2022 年湖南省防范化解重大生态环境风险隐患“利剑”行动表现优秀单位	湖南省生态环境厅	2023 年 1 月
长沙市生态环境局浏阳分局	2022 年湖南省生态环境保护综合行政执法先进集体	湖南省生态环境厅	2023 年 2 月
长沙市生态环境局浏阳分局	2022 年农村千人以上饮用水水源地生态环境整治表现突出单位	湖南省生态环境厅办公室	2022 年 12 月
长沙市生态环境局浏阳分局	2022 年省政府真抓实干督查激励	湖南省人民政府	2023 年 1 月
长沙市生态环境局浏阳分局	湖南省第十六届生态环境监测专业技术大比武化学检验组一等奖	湖南省生态环境监测专业技术人员大比武组委会	2023 年 2 月
长沙市生态环境局浏阳分局	湖南省执法办案表现突出集体	湖南省生态环境厅	2022 年 3 月
长沙市生态环境局浏阳分局	浏阳河被授予湖南省“美丽河湖”建设优秀案例称号	湖南省生态环境厅	2022 年 5 月
长沙市生态环境局浏阳分局	十五届生态环境监测大比武县市废水样品采样组二等奖	湖南省生态环境监测专业技术人员大比武组委会	2022 年 1 月
长沙市生态环境局浏阳分局	十五届生态环境监测大比武县市分析技能组一等奖	湖南省生态环境监测专业技术人员大比武组委会	2022 年 1 月

续表 24

获奖(称号) 单位	获奖(称号)名称	授奖(称号)单位	获奖(称号)时间
长沙市生态环境局浏阳分局	污染防治攻坚战“夏季攻势”十佳典型案例	湖南省生态环境保护委员会办公室	2022 年 10 月
浏阳市委党史研究室	全省党史工作先进单位	中共湖南省委党史研究院	2023 年 1 月
石牛寨风景区	省级文明风景旅游区	湖南省文明办	2022 年 3 月
食药环大队	成功侦破黄利生、赖泽梁等人涉烟大要案件	湖南省公安厅	2022 年 9 月
田溪村	省级同心美丽乡村	中共湖南省委统战部	2022 年 11 月
田溪村西溪磐石大峡谷	湖南省文明风景旅游区	湖南省精神文明建设指导委员会	2022 年 3 月
文家市镇	省文明镇	湖南省文明办	2022 年 12 月
文家市镇	湖南省文明村镇	省文明办	2022 年 12 月
湘赣边秋收起义红源研学旅游基地	湖南省研学旅游(示范)基地	省文化和旅游厅 湖南省研学旅游质量等级认定委员会	2022 年 3 月
小溪河小河乡段	湖南省“美丽河湖”	湖南省河长制工作委员会办公室	2023 年 1 月
沿溪镇大光圆村	第十一批省级文化保护单位	湖南省人民政府	2022 年 1 月
永安镇	优秀就业服务案例一等奖	湖南省人社厅	2022 年 5 月
永安镇财政所	湖南省 2021 年度示范财政所	湖南省财政厅	2022 年 1 月
永安镇芦塘村	湖南省第三批优秀村规民约(居名公约)名单	湖南省民政厅 / 湖南省精神文明建设指导委员会办公室	2022 年 12 月
永安镇坪头村	湖南省民主法治示范村(社区)	湖南省司法厅 民政厅	2022 年 10 月
永和镇狮子山村	第十一批省级文化保护单位	湖南省人民政府	2022 年 1 月
张坊镇	湖南省级非遗村镇示范点	湖南省文化和旅游厅	2022 年 12 月
张坊镇	非遗村镇省级示范点	省文化和旅游厅	2022 年 12 月

表 25

获全省荣誉个人一览表

（根据组稿单位报送资料填报 排名不分先后）

获奖人所在单位	获奖人	荣誉名称	颁奖单位 / 机构	获奖时间
淳口镇	戴昆良	2022 年湖南省优秀教师	湖南省人力资源和社会保障厅 湖南省教育厅	2022 年 9 月
高坪镇	李尤兴	首届“湖南省乡村振兴青年先锋”	共青团湖南省委 湖南省农业农村厅	2022 年 12 月
胡耀邦故里管理局	陈　琮	湖南好人·最美景区人	湖南省文明办 文旅厅	2022 年 9 月
胡耀邦故里管理局	陈　琮	十佳景区讲解员	湖南省文旅厅 人社厅	2022 年 7 月
胡耀邦故里管理局	刘水甜	“韶峰杯”全国红色故事讲解大赛一等奖	湖南日报社	2022 年 11 月
胡耀邦故里管理局	谭　霜	“韶峰杯”全国红色故事讲解大赛三等奖	湖南日报社	2022 年 11 月
淮川街道城西社区财富小区	李模军	湖南省最美志愿者	省文明办	2022 年 3 月
淮川街道新北社区	林娟（家庭）	湖南省文明家庭	省文明办	2022 年 12 月
集里街道办事处	胡　亿	湖南省优秀社会工作者	湖南省人力资源和社会保障厅办公室	2023 年 1 月
浏阳市第一中学	邓　玲	第六届“英语周报杯”英语读写能力征稿活动“指导教师一等奖”	英语周报社	2022 年 1 月
浏阳市第一中学	胡朝阳	2022 年全国中学生数学奥林匹克竞赛（预赛）中辅导学生获得贰等奖，被评为优秀教练员	湖南省数学学会	2022 年 11 月
浏阳市第一中学	胡成利	第十二四届“语文报杯”中学生主题征文行动“金牌”指导教师	中国语文报刊协会	2022 年 6 月
浏阳市第一中学	胡　俊	指导学生刘斌在第 36 届中国化学奥赛匹克（初赛）湖南赛区获二等奖	湖南省化学化工学会	2022 年 11 月
浏阳市第一中学	胡　俊	指导学生刘景涛在第 36 届中国化学奥赛匹克（初赛）湖南赛区获二等奖	湖南省化学化工学会	2022 年 11 月
浏阳市第一中学	胡　俊	指导学生彭心田在第 36 届中国化学奥赛匹克（初赛）湖南赛区获三等奖	湖南省化学化工学会	2022 年 11 月
浏阳市第一中学	胡　俊	指导学生盛世嘉在第 36 届中国化学奥赛匹克（初赛）湖南赛区获三等奖	湖南省化学化工学会	2022 年 11 月
浏阳市第一中学	胡　俊	指导学生陶佑威在第 36 届中国化学奥赛匹克（初赛）湖南赛区获三等奖	湖南省化学化工学会	2022 年 11 月
浏阳市第一中学	胡　俊	指导学生王龙在第 36 届中国化学奥赛匹克（初赛）湖南赛区获三等奖	湖南省化学化工学会	2022 年 11 月
浏阳市第一中学	胡　俊	指导学生张婧婧在第 36 届中国化学奥赛匹克（初赛）湖南赛区获三等奖	湖南省化学化工学会	2022 年 11 月
浏阳市第一中学	刘　蜜	2022 年上海大学人工智能及经济场景应用优秀高中生冬令营“优秀指导老师”	上海大学湖南招宣组	2022 年 10 月
浏阳市第一中学	刘玉忠	2022 年湖南省青少年田径锦标赛“优秀教练员”	湖南省青少年田径锦标赛组委会	2022 年 1 月

续表 25

获奖人所在单位	获奖人	荣誉名称	颁奖单位 / 机构	获奖时间
浏阳市第一中学	邱清平	第十二四届“语文报杯”中学生主题征文行动金牌指导教师	中国语文报刊协会	2022 年 6 月
浏阳市第一中学	陶小琴	第十二四届“语文报杯”中学生主题征文行动银牌指导教师	中国语文报刊协会	2022 年 6 月
浏阳市第一中学	许　全	《高中英语校本化实施研究与实践》第五届湖南省基础教育教学成果奖二等奖	湖南省教育厅	2022 年 6 月
浏阳市第一中学	易　艳	2022 年全国中学生数学奥林匹克竞赛(预赛)中辅导学生获得二等奖，被评为优秀教练员	湖南省数学学会	2022 年 11 月
浏阳市第一中学	尹水军	2022 年上海大学人工智能及经济场景应用优秀高中生冬令营“优秀指导老师”	上海大学湖南招宣组	2022 年 10 月
浏阳市第一中学	张雅利	2022 年湖南省普通高中学业水平合格性考试评卷先进工作者	湖南省教育考试院	2022 年 6 月
浏阳市第一中学	张雅利	第十二四届“语文报杯”中学生主题征文行动“金牌”指导教师	中国语文报刊协会	2022 年 6 月
浏阳市第一中学	邹芬芳	第六届“英语周报杯”英语读写能力征稿活动“指导教师一等奖”	英语周报社	2022 年 1 月
浏阳市工信局	付胜军	2020 年度“服务之星”	湖南省中小企业公共服务平台	2022 年 1 月
浏阳市公安局	冯　敏	2017 年—2022 年全省卷烟打假工作先进个人	湖南省公安厅	2022 年 12 月
浏阳市公安局	赖小虎	2021 年度全省缉毒执法工作成绩突出个人	湖南省公安厅政治部	2022 年 2 月
浏阳市公安局	刘珊媛	2021 年度全省公安机关人口与出入境管理工作成绩突出个人	湖南省公安厅	2022 年 3 月
浏阳市公安局	鲁　教	2022 年全省公安机关春运交通安保工作成绩突出个人	湖南省公安厅	2022 年 3 月
浏阳市公安局	易修成	全省公安机关“昆仑 2021”专项行动成绩突出个人一等功	湖南省公安厅	2023 年 1 月
浏阳市公安局	詹奉来	2021 年度全省公安机关信访工作成绩突出个人	湖南省公安厅政治部	2022 年 2 月
浏阳市公安局	钟晨曦	全省公安机关“昆仑 2021”专项行动成绩突出个人二等功	湖南省公安厅	2023 年 1 月
浏阳市林业局	陈　勇	2021 年林草生态综合监测评价工作贡献突出个人	湖南省林业局办公室	2022 年 7 月
浏阳市林业局	黄蔚谷	2022 年度湖南省林长制工作护林员标兵	湖南省林业局	2023 年 2 月
浏阳市林业局	罗锡来	2022 年度湖南省林长制工作护林员标兵	湖南省林业局	2023 年 2 月
浏阳市林业局	周书昌	2022 年林草生态综合监测评价工作贡献突出个人	湖南省林业局办公室	2022 年 7 月
浏阳市农业发展事务中心	田　丰	湖南省十佳农技推广标兵	湖南省农业农村厅	2022 年 9 月
浏阳市人民法院	伍玉联	十佳基层法院院长	湖南省高级人民法院	2022 年 12 月
浏阳市人民检察院	陈龙才	2021 年度全省检察机关信息工作优秀个人	湖南省人民检察院	2022 年 2 月

续表 25

获奖人所在单位	获奖人	荣誉名称	颁奖单位 / 机构	获奖时间
浏阳市人社局	周更田	湖南省第一批金牌劳动关系协调员	湖南省人社厅	2022 年 10 月
浏阳市森林公安局	邓卫国	全省公安机关"生态三湘"200 天专项行动成绩突出个	湖南省公安厅	2023 年 1 月
浏阳市森林公安局	李稳山	2021 年度全省法制工作优秀个人	湖南省森林公安局	2022 年 2 月
浏阳市森林公安局	肖　磊	2021 年度全省法制工作优秀个人	湖南省森林公安局	2022 年 2 月
浏阳市市委	王雄文	2022 年度湖南省林长制工作优秀林长	湖南省林业局	2023 年 2 月
浏阳市统计局	夏广奎	湖南省第七次全国人口普查先进个人	湖南省第七次全国人口普查领导小组办公室	2022 年 1 月
浏阳市应急管理局	王浩威	2021 年度全省安全生产监管执法能手	湖南省应急管理厅	2022 年 3 月
浏阳市职业中专	王　思	教师职业能力竞赛三等奖	湖南省教育厅	2022 年 9 月
浏阳市自然资源局	杨向前	省厅宣传工作先进个人	省自然资源厅	2022 年 12 月
浏阳一中艺术学校	张乔鑫	2021 年度"新时代湖南好少年"	省文明办 省教育厅 团省委 省妇联 省关工委	2022 年 3 月
龙伏镇	龙强军	2021 年度湖南省见义勇为先进个人	湖南省人民政府	2022 年 10 月
龙伏镇	龙强军	2022 年一季度"湖南好人榜"	湖南省文明办	2022 年 5 月
龙伏镇	龙强军	第二届"'青春正当时 三湘追梦人'湖南省高校大学生就业创业优秀典型人物"	湖南省教育厅	2022 年 7 月
浏阳市融媒体中心	刘守苍	全省广播电视职业技能竞赛第四名	湖南省广播电视局	2022 年 9 月
浏阳市融媒体中心	刘守苍	全省广播电视职业技能竞赛三等奖	湖南省广播电视局	2022 年 9 月
浏阳市融媒体中心	谢　锋	庆祝建党 100 周年——新闻、文艺思想与广电实践主题征文三等奖	湖南省广播电视协会	2022 年 5 月
浏阳市融媒体中心	周建仁	庆祝建党 100 周年——新闻、文艺思想与广电实践主题征文三等奖	湖南省广播电视协会	2022 年 5 月
浏阳市融媒体中心	周　鹏	2021 年度湖南省舆情信息工作优秀个人	省委宣传部	2022 年 5 月
沙市镇	汤向前	第五届全国农业行业职业技能大赛湖南省选拔赛动物疫病防治员技能竞赛二等奖	湖南省总工会	2022 年 8 月
沙市镇东门村	张建辉	湖南省优秀城乡社区工作者	湖南省人力资源和社会保障厅 湖南省民政厅	2023 年 2 月
长沙市生态环境局浏阳分局	何光义 张建辉	十五届生态环境监测大比武县市废水样品采样组一等奖	湖南省生态环境监测专业技术人员大比武组委会	2022 年 1 月
长沙市生态环境局浏阳分局	黄　珣	2022 年农村千人以上饮用水水源地生态环境整治表现突出个人	湖南省生态环境厅办公室	2022 年 12 月
长沙市生态环境局浏阳分局	卢卫国	2022 年湖南省生态环境保护综合行政执法先进个人	湖南省生态环境厅	2023 年 2 月

续表 25

获奖人所在单位	获奖人	荣誉名称	颁奖单位 / 机构	获奖时间
长沙市生态环境局浏阳分局	瞿华明	湖南省执法办案表现突出个人	湖南省生态环境厅	2022 年 3 月
长沙市生态环境局浏阳分局	田　丰　彭　雨	十五届生态环境监测大比武县市废水样品采样组二等奖	湖南省生态环境监测专业技术人员大比武组委	2022 年 1 月
长沙市生态环境局浏阳分局	汪　芳	湖南省第十六届生态环境监测专业技术大比武化学检验组个人一等奖	湖南省生态环境监测专业技术人员大比武组委会	2023 年 2 月
长沙市生态环境局浏阳分局	王　静　汪　芳	十五届生态环境监测大比武县市分析技能组个人一等奖	湖南省生态环境监测专业技术人员大比武组委会	2022 年 1 月
小河乡	罗锡来	湖南省护林员标兵	湖南省林长制工作委员会办公室	2023 年 1 月
小河乡	罗银秀	湖南省妇联系统“最美执委”	湖南省妇联	2023 年 3 月
浏阳新华书店	陈学雷	发行工作先进个人	湖南省出版物发行业协会	2023 年 1 月
浏阳新华书店	李玉娟	2022 年度先进个人	湖南出版投资控股集团	2023 年 1 月
浏阳市档案馆	杨　钢	湖南省地方志系统先进个人	湖南省人社厅 湖南省地方志编纂院	2023 年 1 月
黎书成书法工作室	黎书成	中国书画艺术专家	文旅部艺术发展中心	2022 年 11 月

长兴湖　　（罗豪正　摄）

文献选编

中共浏阳市委　浏阳市人民政府
关于贯彻落实强省会战略的实施方案（2022—2026年）

中国共产党湖南省第十二次代表大会旗帜鲜明提出实施强省会战略，为浏阳现代化建设和高质量发展带来了历史机遇、提供了强大动力。为全面落实“三高四新”战略定位和使命任务，推动强省会战略落地见效，根据《中共湖南省委湖南省人民政府关于实施强省会战略支持长沙市高质量发展的若干意见》、《中共长沙市委长沙市人民政府印发〈关于贯彻落实强省会战略的行动方案（2022—2026年）〉的通知》精神，结合浏阳实际，特制定如下实施方案。

一、落实目标要求

围绕勇当强省会战略开路先锋的总体安排，落实“四个争当”要求，紧扣省会副中心的发展定位，抢抓机遇、乘势而上，推进“双五”工程，朝着“挺进前五强，加快建成‘两个中心’，全面建设现代化新浏阳”目标迈进，为长沙建设更具国际影响力的现代化城市贡献浏阳力量。

（一）高质量经济。到2026年，地区生产总值达2500亿元。科技创新实力显著增强，成为中西部智能制造强市和区域科创中心。做大做强电子信息、生物医药、智能装备等主导产业，加速升级烟花爆竹、绿色食品、家居建材、再制造等传统和特色产业，培育壮大新材料、环保及新能源等战略性新兴产业，做强10条工业新兴及优势产业链，打造“1+2+1+N”现代产业集群，形成“千百十”产业新发展格局，力争2026年挺进全国五强。

（二）高水平开放。基本形成多层次、立体化、开放型的交通网络，成为区域性综合交通枢纽城市。重点领域、关键环节改革取得重大进展。引进资金、技术、人才取得更大成效，成为辐射湘赣边、领跑中西部的战略支点城市。

（三）高能级城市。“一体两翼、一河两岸、一城两站”的城市格局基本形成，省会副中心和湘赣边区域性中心城市基本建成。金阳新城快速崛起，成为省会重要城市片区；浏阳“一河诗画、满城烟花”名片更加闪亮，成为独具魅力、极富特色的全国知名旅游目的地。到2026年，城镇建成区面积达110平方千米，常住人口突破150万人。

（四）高富美乡村。成功创建乡村振兴示范县（市），全面实现农业高质高效、乡村宜居宜业、农民富裕富足。美丽生态、美学经济、美誉人文相得益彰。空气质量优良率保持在95%以上，森林覆盖率保持在66.2%以上。

（五）高品质生活。治理体系和治理能力现代化建设深入推进。到2026年，城乡居民人均可支配收入达7万元以上，“15分钟就业服务圈”和“15千米就业圈”建设进一步夯实。全社会基本实现幼有善育、学有优教、劳有厚得、病有良医、老有颐养、住有宜居、弱有众扶。

二、推进专项行动

（一）金阳新城建设专项行动

1.高起点定位金阳新城。紧扣“省会副中心地标性区域”定位，扛牢长沙市十个重大城市片区“首开区”责任，彰显“一体两翼”战略节点的作为，围绕“一年打基础、三年见成效、五年成规模”目标，加快金阳新城国土空间、中心片区、永安临空片区规划编制，保障建设用地指标，促进城市产业发展、基础设施、公共服务有序衔接，实现“以产兴城、以城促产、产城融合”。到2026年，建成50平方千米、32万常住人口的城市规模，金阳新城地区生产总值突破1000亿元，基本建成具有较强竞争力和影响力的现代化产业新城，成为制造业高质量发展引领区、生态宜居智慧城市建设标杆区。

2.高标准完善功能配套。围绕基础先行、配套完善的总体要求，聚焦金阳新城“四个十大”项目建设，推进高速、快速路、主干路网建设，加快双向融城，拉伸新城骨架，打造便捷、安全、智能、绿色的交通体系。健全和优化教育、医疗、文化、体育等公共配套，打造新城优良人居环境，加强供水、供电、供气、污水处理等要素保障，建成“绿色金阳、安全金阳、数字金阳、宜居金阳”新城，实现产、城、人融合发展。

3.高品质打造新城形象。加强城市风貌导控，推进捞刀河水生态治理，推进洞阳河沿岸风光带、彭家大屋美丽宜居村庄、芦塘田园综合体、许家河田园综合体等生态项目建设，实现金阳新城城乡融合发展，塑造山水田园城市风貌。按照“南园、中城、北田”布局，坚持高标准设计、高品质建设金阳新城中心片区，培育商务、科创、金融等高端业态，打造金阳新城中央创新区、服务中心区，代表长沙形象，让人耳目一新。

责任单位：经开区、发改局、教育局、科技局、财政局、自然资源局、住建局、交通运输局、水利局、卫健局、林业局、生态环境局、招商引资服务中心，相关乡镇（街道）

（二）制造强市专项行动

4.壮大主导产业。电子信息产业实施“强玻引屏补端”工程，聚焦新型显示器件、电子材料和关键元器件等重点领域，打造国家级新型显示产业集聚核心区。生物医药产业重点发展现代中药、高端仿制药、创新药、药用辅料等产业，加快布局生物制品、高端医疗器械等产业，建成中部地区具有核心竞争力的生物医药产业园和全国重要的生物医药产业集聚地。智能装备制造产业加快智能技术与制造业的渗透融合，发展壮大智能数控机床、工业机器人、智能工程机械等成套装备。到2026年，将电子信息产业打造为1000亿级产业集群，生物医药、智能装备产业打造为500亿级产业集群，构筑湘江东岸制造业走廊重要载体。

5.培优传统产业。抢抓建设全国烟花爆竹转型升级集中区机遇，深入实施“安全提质、科技革新、质量创优、文化赋能”工程，将烟花爆竹产业打造为500亿级产业集群。大力发展绿色食品产业，推动浏阳蒸菜、油茶产业链全链条发展，建设全省绿色食品产业引领区。全力推进家居建材产业集聚化、规模化、品牌化。到2026年，将绿色食品及油茶产业打造为300亿级产业集群，家居建材产业打造为100亿级以上产业集群。

6.育强未来产业。聚焦“双碳”和新材料，重点拓展大气减排、水污染治理、土壤修复等环保产业，培育发展碳基材料、新型复合材料、先进储能材料等新材料产业，到2026年打造成100亿级以上产业集群。加快产业数字化，建设一批智能制造优秀场景、智能车间，打造一批工业互联网创新中心。推进数字产业化，建成4500座5G基站，持续拓展5G应用场景，助力企业“上云用数赋智”，打造工业云、花炮云、家居云、苗木云等一批产业数字云平台。建好浏阳市网间经济孵化器，加快催生流量带货、直播电商、网红代言等新业态。到2026年，数字经济核心产业增加值占地区生产总值比重达到15%左右。

7.倍增市场主体。精准招商，吸引更多国企、上市公司、头部企业在浏设立总部、区域总部、功能性总部，引进一批三类“500强”等标志性引领性项目。健全“个转企、小升规、规改股、股上市”梯度培育机制，扶持一批“专精特新”小巨人、单项冠军和上市企业。到2026年，市场主体数量突破21万户，其中企业总数突破6万家，规模工业企业达到1150家左右；进出口总额突破400亿元，制造业增加值占地区生产总值比重达到50%。

8.发展民营经济。严格落实国家统一的市场准入负面清单制度，推动“非禁即入”落地落实。进一步优化营商环境、优化金融服务、优化扶持政策，助推民营企业加大科技创新、完善治理结构、发展新兴业态。深入实施优化营商环境“十大举措”，打造“顶格服务、顶真支持、顶诚护航”的一流营商环境。落实“企业家日”制度，设立民营企业服务平台，大力弘扬新时代企业家精神。

责任单位：工信局、经开区、发改局、科技局、农业农村局、商务局、应急局、市场监管局、林业局、金融事务中心、优化营商环境中心、花炮产业发展中心、数据中心、招商引资服务中心、农业科技园、文化产业园，相关乡镇（街道）

（三）创新引领专项行动

9.打造科创载体。加快建设区域科创中心，建成国家创新型县（市）。布局建设高层次科创平台，逐步建立覆盖支柱产业和优势特色产业的创新平台集群，推动经开区、农业科技园、文化产业园等创新创业基地建设。加快推动各类科创资源整合，着力打造一批国家级、省级科技创新平台。到2026年，各类科创平台达220家以上，全社会研究与试验发展经费（R&D）投入占地区生产总值比重达2.5%以上，高新技术产业增加值占地区生产总值比重达28%，高新技术企业达720家以上。

10.促进科研转化。加强产学研合作，支持企业与高校、科研院所联合设立成果转化和技术转移中心，支持湖南农大岳麓山实验室浏阳基地建设，加快创新成果转化。支持企业承担或联合参与国家和地方重大科技计划项目，重点在生物医药、电子信息等关键领域实现核心技术突破，支持重大创新成果在浏阳落地转化并实现产品化、产业化。

责任单位：科技局、经开区、工信局、财政局、农业农村局、市场监管局、招商引资服务中心、农业科技园、文化产业园，相关乡镇（街道）

（四）开放合作专项行动

11. 西融长株潭。充分发挥金阳新城融城桥头堡作用，加快与长株潭都市圈的战略接轨、交通接轨、产业接轨，在智能装备、临空经济等重点领域，深度嵌入长株潭产业链建设。加强浏西区域与长沙、株洲的对接融合，做强环保科技园区，规划建设浏阳河职教园。主动承接长沙市非省会功能的疏解，依托省会优质的科技、医疗、教育资源，加快自身高质量发展。

12.引领湘赣边。围绕建成湘赣边区域性中心城市定位，扎实推进红色文化传承、产业协同发展、城乡融合发展、生态环境保护、基础设施联通、公共服务共享六大行动，实施一批项目、力争一批政策、探索一批试点，打造“云上湘赣边”融媒体、绿色食品产业园、区域商圈市场、美丽宜居村庄、文化艺术交流展示中心、远程会诊六个平台，扩大“初心源”“湘赣红”等品牌影响力。率先在大瑶等乡镇启动湘赣边区域合作示范区建设，将浏阳建设成为全国革命老区振兴发展的先行区、省际交界地区协同发展的样板区、绿色发展和生态文明建设的引领区。

13.融入大开放。充分发挥紧邻黄花机场的优势，借力T3航站楼改扩建工程，打造临空经济片区；积极参与

"一带一路"和中非经贸深度合作先行区建设;依托浩吉铁路建设湘赣边物流园,对接国际多式联运集疏运体系,融入国内国际双循环格局,大力发展外向型经济。

责任单位:发改局、经开区、工信局、交通运输局、农业农村局、商务局、文旅广体局、卫健局、生态环境局,相关乡镇(街道)

(五)交通融城专项行动

14.打通外循环。全线拉通金阳大道,建成长浏快线、浏跃高速、S326 南横线普迹—雨花区跳马段等项目;推进长赣高铁、永和通用机场、G4 京港澳高速东移线建设;推动湘赣边旅游高速、长永高速扩容、浏阳沙市至宁乡(长沙北横高速)等项目开展前期研究,打造高速、高铁、航空三位一体的现代综合交通格局。

15.畅通内循环。围绕"一年打通微循环、三年畅通内循环、五年构建外循环"的总目标,大力推进"城市品质提升——道路规划建设计划(135 计划)",全面完成西南环线建设,启动东南环线规划建设,完成浏阳西入城口交通疏导工程建设和浏阳大道(菊花石路—李畋路)改扩建工程,拉通李畋路、合燕冲路、大塘冲路、南泥湾路一期(金沙北路—花炮大道)等一批城市断头路。实现大建设与微改造整体协调推进,拉开城市骨架,打造安全、经济、高效的交通环境。

责任单位:交通运输局、经开区、发改局、住建局、浏发集团、交建投,相关乡镇(街道)

(六)精美城市专项行动

16.提升城市品质。全面推进城市功能、品质、景观等提升工作,建设道吾山、翠园、新屋岭等城市公园。扩大保障性住房(含公租房、保障性租赁住房)供给,全面加强小区治理、无障碍环境建设、历史建筑保护与利用等工作,加快城市有机更新。到 2024 年,基本完成 2000 年底前建成的城镇老旧小区改造任务和 2000—2015 年建成的既有小区品质提升任务。推进城镇污水管网全覆盖、全收集、全处理。

17.提质特色城镇。全面完成城镇老旧小区改造和城市燃气管网更新改造,到 2026 年,力争 50%以上社区成功创建绿色完整社区。依托特色产业、区位优势、生态资源,对大瑶花炮小镇、文家市红色文旅小镇、柏加花木小镇、社港正骨医药小镇等 4 个省级特色小镇进行提标,推动永安、沙市、沿溪、永和、镇头等乡镇特色发展,促进产城融合发展。

18.突出全龄友好。发展普惠养老抚幼服务,力争城乡社区居民养老服务覆盖率达 85%以上。落实"双减"政策,加强义务教育学校等项目建设。建成中医医院危急重症大楼、社港医养教研综合项目,推进妇幼保健院整体搬迁。丰富文化体育设施供给,打造城区"10 分钟文化圈""10 分钟健身圈"和农村"30 分钟文化圈""30 分钟健身圈"。

19.做精城市管理。深化海绵城市建设,更新改造老城区排水设施,提升城市排水防涝能力。加强应急能力,提升防灾减灾、公共卫生防控救治和信息数据处理能力。深入实施市容环境卫生常态化精细化管理,推进城市管理进小区,深化社区垃圾分类,严格落实能耗双控,推进建筑垃圾资源化利用。到 2024 年,生活垃圾焚烧发电项目建成并投入运营。升级智慧功能,建好湘赣边区域大数据中心(指挥中心),重点打造智慧政务、智慧交通等一批智慧应用场景。

责任单位:住建局、发改局、教育局、公安局、民政局、自然资源局、农业农村局、文旅广体局、卫健局、应急局、城管局、行政审批局、数据中心、住保中心、浏发集团,相关乡镇(街道)

(七)乡村发展专项行动

20.壮大乡村产业。坚决守住粮食安全底线,巩固提升粮食生产能力。深入实施"六大强农"行动,做精油茶、花木、烤烟、蔬菜、水果、黑山羊等特色产业,做优官渡嗦螺、葛家鸡肠子辣椒等特色品牌。大力发展农产品深加工、冷链物流、农村电商,培育研学实践、精品农庄、农业节庆等新型业态,推动一二三产业融合发展,建成乡村振兴示范县(市)。

21. 美化乡村环境。推进农村人居环境整治提升行动,深化农村生活垃圾和污水治理,推动无害化厕所全覆盖。开展乡村建设行动,推动设计师下乡,实施"十百千万"工程,打造 10 条精品线路、100 个示范村庄、1000 个幸福屋场、10000 户美丽庭院。推进"七张网"建设,提高农村自来水覆盖率,推动农村公共基础服务设施覆盖到村、延伸至组。每年铺排 240 个以自然村落为主体的美丽宜居村庄建设任务,力争到 2025 年,打造美丽宜居村庄 1200 个,实现 50%以上的乡镇、村达到五星级示范标准,争当巩固脱贫攻坚成果、壮大乡村产业、深化农村改革、湘赣边区域合作标杆,打响"乡村振兴看浏阳"品牌。

22.实现强村富民。牢牢守住防返贫底线,健全防止返贫动态监测和帮扶机制,升级打造"个十百千"产业致富工程和"15 公里就业圈",建设大围山巩固拓展脱贫攻坚同乡村振兴有效衔接示范片区。全面启动村级集体经济四年行动计划,持续拓宽增收渠道,到 2024 年全市 302 个涉农村(社区)集体经济收入均达到 50 万元以上,城乡居民收入比稳定在 1.4 左右。实施农村宅基地制度、自然资源服务乡村振兴试点、小农户和现代农业发展有效衔接等重点改革,激发农村创富活力。

责任单位:农业农村局、融媒中心、教育局、工信局、民政局、人社局、自然资源局、住建局、交通运输局、水利局、商务局、文旅广体局、卫健局、城管局、林业局、医保局、生态环境局、农发中心,相关乡镇(街道)

(八)文旅融合专项行动

23.培育文旅龙头。以"打造全国文旅融合标杆,建成湘赣红色文旅中心"为总目标,创建国家全域旅游示范区,打造全国知名旅游目的地。苍坊旅游区创成国家 5A 级景区,联动秋收起义纪念园,打造红色文旅融合发展创新区。大围山创成国家级旅游度假区。到 2026 年,新增 4A 级景区 2 家,总数达到 5 家,新增 3A 级景区 8 家,总数达到 20 家。全力推进"浏阳河百里画廊"文旅产业带建设,加快"一河两岸"城区段开发,精心办好"花火剧场”沉浸式光影烟花秀，打响“相约浏阳河·周末看焰火”品牌，建成国际知名烟花旅游目的地。

24.传承历史文脉。加强文物保护利用，持续做好锦绶堂、李白故居、寻淮洲故居、李家大屋等革命文物点提质改造工作，建设嗣同路历史文化街区。加强非遗保护利用，传承和振兴菊花石雕、祭孔音乐、花炮制作、活字印刷、夏布等非物质文化遗产，推动“江氏正骨术”申报国家级非物质文化遗产。升级发行“初心源”湘鄂赣文旅一卡通，高标准建设湘赣边（浏阳）文化艺术交流中心。

25.促进融合发展。大力实施“文旅+”战略和“+文旅”战略，推进文旅与农业、工业、烟花、民宿、花木、美食、购物、教体深度融合，推动浏阳河文化产业园特色产业集群发展，引进大项目，催生新业态。建成6个民宿集聚区、10个民宿村、100个民宿精品店，将浏阳打造为“三湘民宿第一高地”。精心办好国际花炮文化节、大围山杜鹃花节等精品活动，持续擦亮“一河诗画·满城烟花”的城市品牌。

责任单位：文旅广体局、教育局、工信局、农业农村局、商务局、林业局、花炮产业发展中心、招商引资服务中心、大围山森林公园、文化产业园、浏发集团、耀邦故里管理局、秋收起义纪念馆，相关乡镇（街道）

（九）绿色低碳专项行动

26.推动绿色转型。推动城区、园区、片区、社区（村）开展“双碳”试点建设，加快建设清洁低碳的绿色城市；加大绿色低碳技术攻关和资源循环利用，优化升级产业结构、能源结构、消费结构，加快构建绿色低碳循环发展经济体系；积极争取长株潭绿心中央公园关联项目落户，打造柏加一镇头绿色低碳发展样板区，逐步实现碳达峰、碳中和。

27.注重生态治理。深入打好蓝天、碧水、净土保卫战，加快椒花水库项目建设，加大株树桥水库饮用水水源保护力度，推进浏阳河、捞刀河、南川河等流域综合治理。到2026年，捞刀河、南川河浏阳出境断面水质稳定在地表水环境质量Ⅲ类标准，浏阳河出境断面水质稳定在Ⅱ类标准，创建全国生态文明建设示范县。

责任单位：发改局、经开区、水利局、生态环境局、株树桥水库管理局、浏发集团，相关乡镇（街道）

（十）能源保障专项行动

28.建设现代化智慧电网。持续推进智慧电网建设，优化电源布点和网络结构，构建以500千伏浏阳变电站为核心、220千伏电网为骨架、110千伏电网互联互通的供电格局，建成金阳新城智慧电网。到2026年，实现浏阳电网供带能力320万千瓦。加强农网改造，加快配电网络提质，打造大瑶片区农村供电典型区，实现10千伏线路配电自动化全覆盖，有力支撑乡村振兴。

29.构建清洁能源供应体系。建成分布式光伏发电项目、风洞口抽水蓄能电站项目，积极发展充电基础设施和新型储能等，构建清洁能源供应体系。完善城乡天然气输配管网，推动天然气向农村地区覆盖供应。加快推进充（换）电基础设施建设。

责任单位：发改局、经开区、水利局、浏发集团、交建投、供电公司、新华电力公司，相关乡镇（街道）

（十一）金融保障专项行动

30.落实企业上市“金芙蓉”跃升行动。成立促企上市博士服务站，进一步加大企业上市培育力度，实施企业上市“订单式服务”工作举措。到2026年，上市企业新增6家，总数达到15家以上。

31.积极筹建企业上市服务中心。率先筹建全省县域第一个企业上市服务中心，为企业上市设置专门机构、提供专业服务。

32.深化投融资体制改革。进一步用足用活金融资本和社会资本，发挥好工业发展基金和乡村振兴基金作用，增强基金对产业的扶持作用。

33.优化金融服务营造良好环境。打造“金融服务季”特色品牌，以“金融活水”浇灌实体经济。落实普惠金融政策，创新科技金融、绿色金融，进一步拓展金融服务领域，不断提高金融服务效率。

34.创新金融支持乡村振兴途径。创建国家金融服务乡村振兴创新示范区，探索金融服务乡村振兴有效途径，提升金融服务乡村振兴能力和水平，努力将浏阳打造成金融服务乡村振兴创新引领区。

责任单位：金融事务中心、经开区、发改局、科技局、工信局、财政局、农业农村局、生态环境局、农业科技园、人民银行浏阳支行

（十二）人才强市专项行动

35.实施产业项目人才集聚工程。加大院士（专家）、博士后科研工作站等创新平台的建设力度，引进一批“高精尖”人才和高水平创新团队。实施“科技人才引进计划”，开展产业项目“揭榜挂帅”，实现“卡脖子”关键技术新突破。

36.实施职业技能提升工程。做强技工教育，加快浏阳职业中专主城校区建设，全力支持省高级技工学校升格。以产业需求为导向，推动职业院校、技工学校和培训机构与企业合作培养技能人才，打造1—2家高技能人才培养基地。

37.实施乡村产业人才振兴工程。建立乡村振兴产业人才联盟。支持打造传统手工艺人、职业院校和农业合作社等共建乡村工匠培养平台，引导“土专家”“田秀才”服务乡村振兴。推进科技特派员“双百”工程，每年特聘百名科技特派员，建设百个科技站。

38.实施民生服务人才提优工程。引进党政机关紧缺急需专业人才，加大“名医”“名师”培育力度，探索在教育、卫生领域开展柔性引才工作，优化人才队伍结构。

39.实施人才服务“浏心工程”。健全人才创新服务和保障机制，建成金阳新城、长兴湖人才公寓并投入使用，支持乡镇（街道）将闲置厂房、校舍等改建为人才公寓，推动实施基层人才安居工程。创新扩展“1+2+N”青年人才驿站项目影响力，全面打造“智慧潇湘才聚浏阳”人才品牌。

责任单位：组织部、经开区、教育局、科技局、工信局、人社局、农业农村局、卫健局、住保中心、团市委，各乡镇（街道）

三、强化平台支撑

1.高质量发展浏阳经开区。对标全省“五好园区”建设要求，聚焦“三主两特”主导产业，培育龙头企业，全力招大引强，实现产业层次和亩产效益不断提升。创新管理体制，优化行政效能，推动调区扩区，促进绿色高效发展，将经开区打造为电子信息、生物医药产业集群的重要载体，争创湖南自贸试验区联动创新区，建设制造业高质量发展引领区。到2026年，建成2000亿级园区，挺进国家级产业园区发展竞争力五十强。

责任单位：经开区、发改局、工信局、自然资源局、招商引资服务中心

2.力促农业科技园创建省级产业园区。抢抓实施强省会战略、湘赣边区域合作机遇，紧扣“以绿色食品为主导、高新技术产业为特色”定位，立足浏阳、面向湘赣，做强健康食品主导产业，培育食品智能装备研发制造、生物循环技术产业等高新技术特色产业，建立湘赣边区域原料互通、品牌共建、企业互动的深度融合机制，打造全国一流绿色食品产业基地和湘赣边区域合作示范区。到2026年，力争实现工业总产值300亿元以上，创成省级产业园区。

责任单位：农业科技园、发改局、工信局

3.高标准建设现代化烟花爆竹产业基地。全力支持烟花爆竹产业转型升级，助推产业高质量发展。建立健全安全生产流程制度，扎实推动科技兴安战略，鼓励引导企业加速机械化、标准化生产和信息化改造，为行业安全插上“科技的翅膀”。加大政策引导、投入力度和典型引路，优化产业布局，加快专业人才引进培养，构建生产集约、经营规范、安全可控的现代烟花爆竹产业体系。实施企业结构优化、本质安全提升、安全管理信息化、区域协同监管等专项行动，推进现代化烟花爆竹产业基地。加强花炮与文旅的深度融合，促进创意烟花、城市烟花发展，提升品牌影响力和产品附加值，持续巩固提升浏阳“世界烟花之都”地位。

责任单位：应急局、工信局、文旅广体局、花炮产业发展中心

4.承接产业转移壮大浏西产业集聚区。抢抓长沙市非省会功能疏解机遇，发挥浏阳西区交通区位优势，依托产业集聚区及周边乡镇产业基础，主动承接长株潭智能制造产业、专业市场和医教资源等功能转移，大力发展工业节能、新能源装备制造和环境治理用品设备制造。到2026年，打造200亿级工业聚集区。责任单位：工信局、教育局、卫健局，相关乡镇

四、强化保障措施

（一）加强组织领导。建立高层推进机制，成立贯彻落实强省会战略领导小组，下设若干专项小组。根据工作要求，适时召开领导小组会议，研究调度重大规划、重大政策、重大项目和重点工作。市直相关部门要结合实际建立相关工作机制，按照职能职责制定具体工作方案，推进重点任务落地实施、达到实效，部门主要负责人要亲自部署、亲自督促、亲自推动落实。

（二）强化政策支撑。市直相关部门要强化发展意识、责任意识，做好赋权政策、平台政策、金融政策、人才政策、用地政策、财税政策的全面承接，建立常态化沟通对接机制，明确专人负责，及时跟踪各项政策实施情况，确保省级赋予的各项政策运用到位、落地见效。

（三）统筹协调推进。市直相关部门和乡镇（街道）要提高思想认识，细化行动方案、强化政策协同、明确任务分工，围绕重点领域中存在的困难和瓶颈，疏通堵点、破解难点、消除痛点，积极向上争取有关政策、资金、平台等方面的支持，创新推动强省会战略落实落地。

（四）严格督查考评。将强省会战略纳入对园区、乡镇（街道）和相关市直部门绩效考核范畴，建立健全上下贯通、一抓到底的督促机制，确保人员到岗、措施到位、责任到人。纪委监委要发挥执纪执法监督的作用，查处落实过程中存在的政治执行力不强、形式主义、官僚主义等问题。组织部要将落实强省会工作实绩作为选人用人的重要参考依据。

（五）营造浓厚氛围。要充分发挥媒体的宣传作用，深入开展强省会战略系列宣传报道，大力推广强省会各项政策福利，及时总结推广典型经验和先进做法，为促进浏阳高质量发展营造良好的舆论氛围。

浏阳市人民政府
关于授予2021年度全市见义勇为奖的决定

各乡、镇人民政府,街道办事处,市直各单位:

2021年,在平安浏阳创建过程中,人民群众踊跃参与、社会各界积极配合,全社会形成了勇担责任、崇尚正义的良好风气,涌现出了一批见义勇为先进典型。他们在关键时刻不惧危险,以实际行动保护了人民群众生命财产安全,极大地鼓舞了广大人民群众同违法犯罪行为和各种灾害作斗争的勇气。为表彰先进、树立典型、弘扬正义,市人民政府决定授予徐正航、何勇、曾益良、彭常金等4人2021年度浏阳市见义勇为奖。

全市广大干部群众要以先进为榜样,学习他们无畏艰险、舍己救人的高尚品格,积极宣扬见义勇为精神,大力弘扬社会正义。全市各级各部门要加大见义勇为事迹宣传力度,发动好、组织好人民群众积极参与平安建设,为深化平安浏阳建设、维护社会和谐稳定作出新的更大贡献。

附件:浏阳市2021年度见义勇为先进个人事迹材料

浏阳市人民政府
2022年1月17日

浏阳市2021年度见义勇为先进个人事迹材料

一、徐正航见义勇为先进事迹材料

徐正航,男,26岁,共产党员,中国农业大学2021级研究生,四川达州人。10月3日下午五点左右,浏阳市柏加镇金科山水洲旅游度假区仙人湖水边,卢华(女,浏阳市镇头镇土桥村人)与表妹江群(女,浏阳市柏加镇仙湖村人)带着两名小朋友正在湖边玩耍,突然一艘快艇从湖中穿过,激起的浪花将正在湖边玩耍的6岁男孩(卢华之子)卷入湖中,卢华见状立即跳入水中进行营救。由于卢华救子心切,没想到湖水深不见底,此时不会游泳的母子二人立即陷入了险境。岸边的江群见状大喊:"救命、救命,有人落水啦!"求救声被正在湖边游玩的徐正航听到,他立即赶往事发地,只见母子二人此时正在水中不停地挣扎,情况十分危险。见此情形,徐正航毫不犹豫地跳入湖中,迅速游到卢华母子身边,用力将母子拉出水面,使出全力将二人向岸边推去。但由于卢华始终扒着徐正航的身体,致使其无法展开施救,徐正航只能被迫不停踩水,尽量使母子俩头部露出水面,虽然自己接连呛水,体力也在飞速消耗,但他仍凭借强大的心理素质努力坚持着。在这危急关头,在附近游泳的两名男子闻讯赶来,将救生圈抛向事发水域,三人合力才将卢华母子俩营救上岸。

二、何勇见义勇为先进事迹材料

何勇,男,38岁,共产党员,湖南省武警总队保障部正营级中校助理员。5月5日下午4点,浏阳市小河乡叠水坝附近一女孩在亲水台阶玩耍时,不慎滑入水中,坝上游客高呼"救命啊,有人掉进河里啦"。此时,正在休假的武警战士何勇恰在此处游玩,他听到呼声后,立即从河岸跑到坝上查看情况,只见小女孩被河中水流吸住,一浮一沉，命悬一线，随时可能出现生命危险，何勇来不及多想，从坝上直接跳下，一头扎入河中，奋力朝落水小女孩游去，但因水流过于湍急，无论何勇怎么使劲，就是无法抓住小女孩。在营救过程中二人一同被河水冲向下游，并越来越远，在这千钧一发之际，何勇铆足了劲，果断奋力一跃终于抓住了小女孩，用尽全身力气将其转移到浅水安全区，站在水中紧紧抱起小女孩等待救援。此时，小女孩的父亲、爷爷和当地乌石村村委张功益三人匆匆赶来，在他们共同努力帮助下，最终将小女孩成功救上岸。

三、曾益良见义勇为先进事迹材料

曾益良，男，49 岁，群众，长沙市供电公司浏阳市分公司普迹供电所农电工。8 月 31 日下午 1 点，正在官桥镇苏故村游玩的曾益良发现河对岸有学生在游泳，出于担心，曾益良善意提醒道："小朋友，游泳一定要注意安全啊！"随即继续朝着河对岸走去，到达岸边站定后发现河水流速异常快，就在这时，耳边突然传来急促的求救声："快救人、快救人"，曾益良顺着方向望去，只见前方河道中有小孩被急速的水流冲走，在河水中起起伏伏。危急关头，曾益良奔向下游河道，瞅准时机，跃入水深 3 米的河中，逆着水流朝落水男孩方向奋力游去，抓住男孩手臂用力一提，这时才发现原来男孩手中还紧紧拽着另一个小孩，曾益良让他们俩抱在一起，随即将他们推向岸边安全区，这才成功脱险。此时到达体能极限的曾益良，正想坐下休息片刻，突然旁边小朋友又慌忙地喊道："还有一个，水里还有一个！"曾益良转身望向水面，此时，水面已没有任何异常，虽然对当下情况完全没有把握，但曾益良依旧选择搏一把，来不及犹豫，顾不上休息，他再一次跳入河中奋力搜寻，经过一阵搜救后，终于在河中央水下碰到了落水男孩的躯干，他抓紧男孩手臂，顺势将其推出水面，游向岸边。到达安全水域后，发现男孩嘴唇发黑，完全失去意识，曾益良随即采取了一系列急救措施，五分钟后，男孩才恢复意识，在确认他安然无恙后，曾益良便离开了现场。

四、彭常金见义勇为先进事迹材料

彭常金，男，57 岁，群众，浏阳市澄潭江镇达坪村村民。7 月 17 日下午 3 点，彭常金在回家途中，途经澄潭江南川河碧溪段时，听见远处传来急促的求救声。他闻声望去，只见对面水坝上一名少年被卷进了河道的排水口，旁边一男子正奋力拉拽，叫喊着："救人，救救我儿子！"情况紧急，为了迅速赶到事发地进行营救，彭常金放弃了绕远路，而是选择了径直从三四米高的堤岸上跳下去，由于河底石头十分杂乱，跳下的一瞬间彭常金明显感觉脚受伤了，但考虑到少年处境危险，他强忍着疼痛继续朝前淌水走去。抵达事发地后，彭常金发现水底环境异常恶劣，水流在排水口处形成了吸力巨大的漩涡，他只能双脚紧扣水坝，连同少年的父亲每人拽住一只手，试图将卷进排水口的少年拉出来，但无奈水流吸力实在太大，营救未果。此时，彭常金受伤的腿在水流冲击下隐隐作痛，他咬紧牙关索性跪在水坝上强拽着少年的手臂，防止他被水流冲走，可少年的身体在水流冲击下越来越沉。此时，少年仅剩头部露在水面，二人立即朝岸边大声呼救，周边村民也闻讯赶来，并找来绳子绑住少年躯干，在岸上 5 人的奋力拉扯和水中 6 人的协同配合下，经过二十多分钟的努力，少年被成功营救上岸，彭常金这才返回家中。回家后，彭常金发觉右脚越发疼痛，到医院检查才得知，右脚跟骨在跳下堤坝时已经粉碎性骨折。

浏阳市人民政府
关于授予龙强军、李文新安2022年度
“见义勇为先进个人”称号的决定

各乡、镇人民政府,街道办事处,市直各单位:

见义勇为是继承和弘扬中华优秀传统文化的重要内容,是培育和践行社会主义核心价值观的集中体现。春节期间,我市涌现出了两例见义勇为先进典型:1.2022年2月2日(正月初二),我市市委组织部干部龙强军在湘乡市遇到汽车坠水,他跃入池塘打破车窗,救起一家四口;2.2022年2月3日(正月初三)深夜,浏阳籍军人李文新安,在浏阳市城区长兴湖偶遇女子落水,他毫不犹豫跳入冰冷刺骨的湖水,勇救落水女子。危急时刻,他们毫不畏惧、挺身而出,知险而上,以实际行动保护了群众生命安全,以勇敢担当守护了平安和谐。龙强军的英勇义举诠释了一名党员干部的热血担当,李文新安的挺身而出展现了一名军人的强毅果敢,他们用实际行动彰显了浏阳这座历史文化名城的精神内涵。为表彰先进,树立典型,弘扬见义勇为精神,市人民政府决定授予龙强军、李文新安两名同志2022年度“见义勇为先进个人”称号。希望被授予称号的同志珍惜荣誉、再接再厉,继续发挥模范示范作用,为平安浏阳建设作出新的贡献。

全市广大干部群众要以先进为榜样,学习他们见义勇为、满腔赤诚的英雄气概,学习他们无畏艰险、舍己为人的高尚情操,学习他们勇于担当、一往无前的忘我精神,推动在全社会形成崇德向善、弘扬正气的浓厚氛围。全市各级各部门要加大见义勇为事迹宣传力度,引导干部群众自觉把见义勇为精神践行到深化平安浏阳建设、推进市域社会治理现代化、防范化解重大风险等工作中去,努力为浏阳经济社会发展营造安全稳定的和谐环境。

附件:龙强军、李文新安见义勇为先进个人事迹材料

浏阳市人民政府
2022年2月10日

龙强军、李文新安见义勇为先进个人事迹材料

一、龙强军见义勇为先进事迹材料

龙强军,男,32岁,中共党员,汉族,湖南省湘乡市壶天镇人,浏阳市委组织部干部。2022年2月2日(大年初二)上午11时左右,龙强军随亲人前往大姑家拜年,途经湘乡市光辉村时,突然听见有人大喊:“不得了,一辆车掉池塘里了!”龙强军顾不上多想,立马跳下车。只见一辆黑色小轿车冲入了池塘中央,水快完全淹过车身,龙强军扔掉手机毫不犹豫跳进冰凉刺骨的水中,迅速游到事发水域。只见一个小男孩用手拼命抓住打开了的车窗,龙强军见状赶紧将小男孩从车窗拉出来,转身抱回岸上。随即,龙强军再次转身回到池塘中央,此时汽车已被全部淹没,只剩四个车轮露出水面。龙强军心急如焚,他发现除一个车窗开了小半,其他车窗均为紧闭状态,于是他试图将车身侧过来,无奈水压太大,根本无济于事。时间一分一秒流逝,龙强军赶紧呼救“快来人帮忙啊”,周边村民闻讯赶来,在两名村民的帮助下车身翻转过来,露出了一侧车窗,同时热心村民也递来了铁锹等救援工具,龙强军等人将车窗砸碎,车内的中年男子立

即将另一个孩子从窗口推了出来。龙强军大声询问:“车内还有几个人?”男车主回复:“我和我老婆。”此时,龙强军只看到男车主一人,还有一个人去哪儿了？在确保男车主暂无生命危险的情况下,龙强军决定先营救他的妻子。他赶紧从窗户探进去,在水中摸索,摸到一个人的肩膀！用尽全力,龙强军抓住衣服将人拉了出来,看到她闭着的眼皮还在动,龙强军大喊:“快救人！”此时女子脸色泛白,没有一丝血色,情况十分危险,热心村民立即对其采取了心肺复苏等一系列急救措施,女子才逐渐醒了过来。直到男车主最后成功获救,龙强军这才缓过神来,感到寒冷刺骨、直打哆嗦,手被砸碎的车窗玻璃划了几道伤口,鲜血直流。

二、李文新安见义勇为先进事迹材料

李文新安,男,23岁,中共预备党员,汉族,湖南省浏阳市永和镇人,在海军某部服役,现就读于海军士官学校。2022年2月3日(大年初三)晚上11时左右,李文新安正和堂姐李薇、堂弟李奥在长兴湖边放烟花,堂弟突然发现湖中央出现了一名身着橘黄色上衣的女子,起初他们三人以为该女子是在冬泳,于是并没有在意。不一会突然听到堂弟喊道“那人落水了,在喊救命!”李文新安心头一紧,立即赶到事发水域附近。借着微弱的路边灯光,发现一名女子在离岸边七八米的水面上扑腾呼救:“太冷了,我动不了,快没知觉了！”“别急,我马上来救你!”此时,李文新安发现湖边栏杆上有一个救生圈,立即解下来,扔给落水女子,“你不要害怕,先抓住救生圈”,李文新安安抚道。随即脱掉衣服,毫不犹豫地一头扎进湖水中,快速游向落水女子,冰凉刺骨的湖水直接漫过了他的胸口,他来不及多想赶紧拉着救生圈带着落水女子游向岸边,由于水面距地面还有1米多高,李文新安就站在水中托举着落水女子身体,堂姐、堂弟则在岸上拼命拉扯,三人合力最终成功将落水女子营救上岸。上岸后,落水女子已经冻得脸色发白,在确认她身体无大碍后,李文新安和堂姐、堂弟方离开现场。

浏阳市促进文旅深度融合高质量发展十条措施

为全面落实“三高四新”战略定位和使命任务，实现“打造全国文旅融合标杆，建成湘赣红色文旅中心”总目标，促进文旅深度融合高质量发展，结合我市实际，制定如下措施。

一、强化文旅资源统筹管理

全面摸清文旅资源家底，实行统一管理，建立全市文旅资源信息库和重大文旅项目库。探索实行文化监理制度，促进文旅项目建设特色化和高品质。强化规划协同，实施“+文旅”战略，科学编制文旅产业专项规划，将文旅资源纳入国土空间规划体系统筹管理，在开展城市建设、乡村振兴、生态保护、重大项目建设等领域规划评审时，充分征求文旅部门意见。[牵头单位：文旅广体局；责任单位：宣传部、发改局、自然资源局、住建局、农业农村局、浏发集团，各乡镇（街道）]

二、强化文旅用地保障

依法依规保障文旅产业用地需求，支持企事业单位利用废弃厂矿、工业遗产等发展旅游产业，支持农村三荒地（荒山、荒坡、荒滩）旅游项目开发，支持乡村民宿、文化旅游公共服务、集散咨询等基础设施和文旅综合体等重点项目建设，鼓励以长期租赁、先租后让、租让结合、点状供地等方式供应文旅项目建设用地。在依法取得相关用地手续的情况下，允许建设配套设施、景观构筑物等工程规划许可豁免的建（构）筑物。不涉及占用耕地和生态保护红线，且符合民宿用地选址要求和准入条件的项目用地，其集体农用地转为建设用地手续按省自然资源厅权限下放规定由本级政府审批。其中，不破坏地表土层且独栋占地面积在80平方米以内的树屋等木方结构民宿项目，可不办理新增建设用地手续；确需新增建设用地且单栋占地面积在400平方米以内的民宿零星用地，视同符合规划。［牵头单位：自然资源局、文旅广体局；责任单位：住建局、农业农村局、林业局、各相关乡镇（街道）］

三、支持文旅产业招大引强

深入挖掘浏阳历史文化、自然生态、红色旅游等优势资源，包装推出民宿、康养、研学、游乐等重大文旅项目，定期召开文旅招商专场推介会，重点引进文旅头部企业。对社会资本持有的文旅项目（不含房地产部分），在全部项目竣工并开业后进行评估，固定资产投资在5000万元（含）~1亿元的，按固定资产投资的1.5%给予扶持奖励；固定资产投资在1亿元（含）以上的，按固定资产投资的2%给予扶持奖励。［牵头单位：招商引资服务中心；责任单位：财政局、商务局、文旅广体局、文化产业园，各乡镇（街道）］

四、支持文旅标准化建设

鼓励创建国家A级景区，对新建并授牌为国家AAAAA级、AAAA级、AAA旅游景区的，分别一次性奖励300万元、100万元、20万元，进档升级的给予两档之间的差额奖励。新落户酒店被评为五星级酒店（或满足《旅游饭店星级的划分与评定 GB/T14308—2010》中五星级酒店条件的非挂牌高品质酒店）后，3年内分别按其当年产生地方贡献的80%、60%、40%给予等额扶持奖励。新落户酒店被评为四星级酒店后，3年内分别按其当年产生地方贡献的70%、50%、30%给予等额扶持奖励。［牵头单位：文旅广体局；责任单位：财政局、商务局、税务局，各乡镇（街道）］

五、支持文旅基础设施建设

加快以旅游交通为重点的基础设施建设，保证旅游者“进得来、散得开、出得去”。鼓励社会资本参与旅游基础设施建设，对符合全域旅游总体规划、已完善安防设施、路面宽度达到6米及以上的新改建通景公路（国道、省道、县道至景区景点的道路），优先纳入上级建设计划。对三级及以上新建的旅游集散中心（符合国家标准《城市旅游集散中心等级划分与评定 GB/T31381—2015》），一次性给予20万元奖励。对3A级及以上旅游景区（点）新建的大型游客中心（符合国家标准《旅游景区游客中心设置与服务规范 GB/T31383—2015》），一次性给予10万元奖励。对在AAA级及以上旅游景区（点）或五星级乡村旅游区（点）新建100个座位以上的旅游文化演艺场所，一次性给予10万元奖励。[牵头单位：发改局；责任单位：财政局、住建局、交通运输局、农业农村局、文旅广体局，各乡镇(街道)]

六、促进民宿产业高质量发展

成立浏阳市民宿产业发展评定委员会，按照国家民宿评定标准，从环境设施、卫生维保、服务管理、文化特色等方面加强指导，实现民宿量化打分、等级评定、动态管理。对成功获评国家标准(《旅游民宿基本要求与评价LB/T065—2019》)的甲级、乙级、丙级民宿，分别奖励100万元、50万元、20万元，推动民宿集聚化、规范化、标准化、精细化发展，将浏阳打造为“三湘民宿第一高地”。[牵头单位：文旅广体局；责任单位：财政局、农业农村局、商务局，各乡镇(街道)]

七、大力发展特色文旅

1.发展乡村旅游。对当年新评为国家乡村旅游重点村、省级乡村旅游重点村的，分别奖励50万元、20万元；对当年新评为五星级乡村旅游区(点)、全国五星级休闲农业与乡村旅游精品企业(园区)的，奖励20万元。[牵头单位：文旅广体局；责任单位：财政局、农业农村局、浏发集团，各乡镇(街道)]

2.发展烟花旅游。精心办好“焰遇花火剧场”沉浸式光影烟花秀，每场给予1万元资金补助，打响“相约浏阳河　周末看焰火”品牌。以小型“烟花秀”“烟花小屋”等形式推进烟花进景区(点)，鼓励社会资本打造以烟花为主题的婚礼、聚会、社交、团建等文旅烟花消费新场景，推选“文旅烟花消费新场景示范点”，每个示范点奖励5万—10万元，穿点成线打造烟花旅游精品路线，建成国际一流的烟花旅游目的地。[牵头单位：花炮产业发展中心；责任单位：财政局、商务局、文旅广体局、应急管理局、浏发集团、交建投，各乡镇(街道)]

3.发展研学旅游。对当年新评为国家级研学实践教育基地、省级研学实践教育基地的，分别奖励50万元、20万元。落实“双减”政策，鼓励以红色研学、历史文化、劳动教育、国防教育等为主题，组织全市中小学生开展研学活动。[牵头单位：教育局；责任单位：党校、财政局、文旅广体局，各乡镇(街道)]

4.鼓励融合发展。推进“文旅+工业”，构建主题鲜明、形式多样、内涵丰富、功能齐全的工业旅游体系，对当年新创建为国家级工业旅游示范点、省级工业旅游示范点的，分别奖励50万元、10万元，并挂牌推介。推进“文旅+花木”，加强花卉苗木企业与景区(点)之间的有机融合，支持景区(点)引进以花木产品为原料的食疗餐、保健餐、绿色餐，支持花卉苗木基地发展盆栽盆景、采摘认养、特色餐饮、主题民宿、趣味购物，推选“花木文旅示范点”，每个示范点一次性奖励5万—10万元，并挂牌推介。推进“文旅+美食”，鼓励浏阳蒸菜品牌企业进景区(点)，开发简餐、便餐、预制餐等文创产品，让“浏阳蒸菜”走出去，推选“特色文旅餐饮示范点”，每个示范点一次性奖励5万—10万元，并挂牌推介。推进“文旅+购物”，鼓励文旅企业开发具有浏阳特色的旅游商品、文创产品、非遗产品等；鼓励景区(点)、乡村旅游区(点)引进高品质特色文旅商品购物店，推选“特色文旅商品购物示范点”，每个示范点一次性奖励5万—10万元，并挂牌推介；加大对老城区特色商业街区改造支持力度，投资达500万元以上且经认定后，一次性给予20万元资金补助。[牵头单位：文旅广体局；责任单位：经开区、工信局、财政局、农业农村局、商务局、市场监管局、林业局、省农科园，各乡镇(街道)]

八、加强非遗保护利用

每年评定一批本级非遗传承人，对认定的本级代表性传承人，每年给予1000元资金补贴。建设一批示范性非遗传习所，每个补贴2万元。充分发挥中小学校在非遗教育和传承中的积极作用，常态化开展“非遗进校园”活动，每年评定一批示范性非遗传承学校，每个奖励2万元。鼓励乡镇积极培育、打造非遗特色品牌，每年评选一批示范性非遗保护传承乡镇，每个奖励10万元。[牵头单位：宣传部；责任单位：财政局、文旅广体局，各乡镇(街道)]

九、加强文旅品牌营销推广

建立由宣传部牵头，相关职能部门及文旅企业、媒体共同参与的城市品牌形象宣传推介工作小组，全力打造“一河诗画　满城烟花”的总体品牌，涵养文化底蕴，彰显城市品质。鼓励景区(点)自主策划举办规模达2000人以上且无须市财政承担主体活动经费的文旅特色节会活动，推选“年度最佳文旅节会”，对获奖者颁发证书并一次性奖励5万~20万元。鼓励产出高质量内容、创意化融合的文旅宣传“爆款”，鼓励优秀创新策划出新出彩出圈，积极引导社会组织和个人在社交平台、资讯平台、音频平台、短视频平台、直播平台等渠道进行全方位创意营销，推选“年度最佳策划创意出圈奖”，对获奖者颁发证书并一次性奖励5万—20万元。[牵头单位：宣传部；责任单位：网信办、融媒中心、财政局、文旅广体局，各乡镇(街道)]

十、支持旅行社积极“引客入浏”

对单次组织10人以上(含10人)浏阳市外游客来浏一日游(过夜游)，当次行程包含浏阳市2个及以上核心旅游景区[其中1个为收费景区且在餐饮场所就餐或在购物点一日游游客平均每人消费50元及以上(过夜游游客平均每人消费100元及以上)]，且累计一日游(过夜游)人次一年在2000及以上的旅行社给予奖励。奖励标准为：一日游按照5元/人次给予奖励，过夜游按照10元/人次给予奖励，其中学生旅游人次的奖励按本项标准减半计算。[牵头单位：文旅广体局；责任单位：财政局、市场监管局，各乡镇(街道)]

本措施自发布之日起施行，试行一年，按《浏阳市文化旅游发展专项资金管理办法》予以执行。所有奖励对象仅限于社会资本投资项目，除明确规定的以外，同一企业(项目)同类事项满足本政策多项奖励条件，或者同时满足省、长沙市及我市其他政策文件同类奖励条件的，按就高不重复的原则予以奖励。

浏阳市临时救助细则

第一章 总则

第一条 为进一步加强和改进本市临时救助工作，提高救助时效性，规范管理，切实保障好困难群众基本生活，根据《社会救助暂行办法》（国务院令第649号）、《国务院关于全面建立临时救助制度的通知》（国发〔2014〕47号）、《中共中央办公厅 国务院办公厅印发关于改革完善社会救助制度的意见》（中办发〔2020〕18号）、《湖南省民政厅财政厅关于进一步加强和改进临时救助工作的实施意见》（湘民发〔2018〕28号）和《长沙市人民政府办公厅关于印发长沙市临时救助办法的通知》（长政办发〔2020〕52号）等精神，结合我市实际，制定本细则。

第二条 本细则所称临时救助是指政府对遭遇突发性、紧迫性、临时性困难或其他特殊原因导致基本生活暂时陷入困境，且无能力自救，其他社会救助制度暂时无法覆盖或救助之后基本生活暂时仍有严重困难的家庭或个人给予的应急性、过渡性救助。

根据困难情形，临时救助分为急难型临时救助和支出型临时救助。

第三条 临时救助制度应坚持以下原则：

（一）应救尽救，救助及时；

（二）分级负责，属地管理；

（三）适度救助，尽力而为，量力而行；

（四）政府救助，社会帮扶，家庭自救相结合；

（五）政策公开，过程透明，结果公正。

第四条 临时救助实行地方人民政府负责制，民政局负责临时救助审批、资金发放和监督管理等工作；教育局、住建局、公安局、人社局、财政局、卫健局、医保局、应急局、残联等单位，在各自职责范围内协助做好临时救助有关工作。

各乡镇人民政府（街道办事处）应依托社会救助“一门受理、协同办理”服务平台，负责临时救助受理、调查核实、审核、系统录入，并受民政局委托审批和发放临时救助金等工作。

村（社区）依法协助乡镇人民政府（街道办事处）开展临时救助受理、调查核实、民主评议、张榜公示等日常管理和服务工作。

第二章 救助对象

第五条 以下对象可申请急难型临时救助：

（一）本市户籍对象（含共同生活的非本市户籍的配偶和子女）；

（二）在本市连续缴纳12个月社会保险的非本市户籍的个人。

第六条 本市户籍的以下对象可申请支出型临时救助：

（一）低保对象；

（二）特困人员；

（三）困难残疾人；

（四）低收入群体；

（五）民政局认定的其他困难对象。

第三章 救助范围

第七条 急难型临时救助是指因遭遇突发事件、意外伤害、重大疾病，受传染病疫情等突发公共卫生事件影响或由于其他特殊原因导致基本生活暂时陷入困境的家庭或个人给予的应急性救助。其救助范围为：

（一）因火灾、交通事故、遭遇人身伤害等突发意外事件或突然遭遇其他紧急特殊困难，造成家庭财产重大损失或者主要经济来源中断，导致基本生活暂时陷入困境需要立即采取救助措施的家庭或个人；

（二）因家庭成员突发重大疾病导致基本生活暂时出现严重困难、需要立即采取救助措施的家庭或个人；

（三）民政局认定的其他突发性特殊困难，导致基本生活暂时出现严重困难、需要立即采取救助措施的家庭或个人。

第八条　支出型临时救助是指因家庭生活必需支出突然增加超出家庭承受能力，导致基本生活一定时期内出现严重困难的家庭给予的过渡性救助。其救助范围为：

（一）因教育支出（非培训类）突然增加导致基本生活一定时期内出现严重困难的家庭；

（二）因医疗支出（非整形美容类）突然增加导致基本生活一定时期内出现严重困难的家庭；

（三）民政局认定的其他支出突然增加导致基本生活一定时期内出现严重困难的家庭。

各类生活必需支出自付费用包括：

1.经各类医保报销、保险赔偿、肇事方赔偿、医疗救助及各类帮扶救助后个人需负担的符合基本医疗保险政策支付范围内的自付费用等；

2.国家奖助学金、国家助学贷款、校内奖助学金、勤工助学、伙食补贴、学费减免、教育资助（救助、社会帮扶）后家庭需负担的教育费用；

3.民政局认定的其他生活必需支出。

第九条　有下列情形之一的，不予救助：

（一）不按要求提供申请材料；

（二）不配合民政部门调查；

（三）隐瞒家庭或个人真实财产、收入以及其他受助情况等，出具虚假证明的；

（四）民政局认定的其他情形。

第十条　符合生活无着的流浪、乞讨人员救助条件的，由相关部门按有关规定实施救助。因自然灾害、事故灾难、公共卫生、社会安全等突发公共事件，需要开展紧急转移安置和基本生活救助，以及属于疾病应急救助范围的，按照相关规定执行。

第四章　救助标准和方式

第十一条　救助标准

（一）急难型救助标准

对符合急难型救助条件的，按照分段累加的方式计算救助金额（审批金额四舍五入保留至百位数），且同一家庭在1个自然年度内临时救助金额累计最高不得超过10万元。

1. 年度内自付医疗费10万元（含）以内的部分按10%比例予以救助；

2.年度内自付医疗费在10万元以上的，超出10万元部分按30%比例予以救助。

因火灾、交通事故、重大疾病等突发性意外事件导致基本生活暂时陷入困境而无力自救，需采取紧急救助的对象，经相关部门（单位）予以证实后，可启用临时救助备用金，先期给予不高于0.5万元的先行救助金，待紧急情况缓解后若再申请临时救助的，需扣除紧急救助时的先行救助金额。

（二）支出型救助标准

对符合支出型临时救助条件的，视家庭困难程度和支出情况确定救助金额，且同一家庭在1个自然年度内临时救助金额累计最高不超过当月6倍低保标准。对已给予最高临时救助金额（当月低保标准6倍）后生活仍存在困难的，民政部门可通过一事一议方式，根据救助对象实际情况确定救助金额。

第十二条　救助方式

临时救助主要以货币形式进行社会化发放，必要时可以发放实物。

（一）发放临时救助金。临时救助资金原则上实行社会化发放，按照财政国库集中支付管理制度将临时救助金直接支付至临时救助对象账户或对象住院医院等相关机构账户。情况紧急时，可直接发放现金，发放现金时须有领款人（或代领人）、经办人、批准人共同签字。批准人对该审批事项负责。

（二）发放实物。根据临时救助标准和救助对象基本生活需要，乡镇人民政府（街道办事处）可采取发放衣物、食品、饮用水和提供临时住所等方式给予救助。除紧急情况外，采取实物发放形式的，要按照政府采购制度有关规定执行。

第五章　救助程序

第十三条　申请临时救助，应填写临时救助申请审批表，并按要求提交下列材料：

（一）家庭成员居民身份证，户口簿（非本市户籍人员应提供在本市连续缴纳12个月社会保险证明）原件及复印件，申请对象本人签字认可的银行账号复印件；

（二）诚信承诺书及需要进行信息比对的申请对象签名的授权声明；

（三）申请支出型临时救助应该提供年度内有效的教育支出缴费凭据（单据）、医疗机构的医疗支出缴费凭据（单据）或其他能够佐证支出的相关凭证。申请急难型临时救助，突发重大疾病的，应当提供有效的定点医疗机构的疾病诊断书、当年度缴费凭据（单据）等；突发火灾、交通事故、遭遇人身伤害等情况的应当提供相应佐证材料、无他方承担赔偿责任（或他方无力承担赔偿责任）的佐证材料及能够佐证支出的相关凭证。

（四）民政局认为应该提供的其他材料。

第十四条　申请受理

（一）申请

1.本市户籍的申请人向户籍地乡镇人民政府（街道办事处）提出书面申请；因火灾、交通事故、遭遇人身伤害，情况紧急、需立即采取措施以防造成无法挽回的损失或无法改变的严重后果的，申请人可直接向居住地乡镇人民政府（街道办事处）提出书面申请；有本市连续缴纳12个月社会保险证明的非本市户籍申请人向居住地乡镇人民政府（街道办事处）提出书面申请。

2.申请人可以委托村（社区）或其他单位、个人代为提出申请。

3.乡镇人民政府（街道办事处）和村（社区）要及时发现辖区居民遭遇突发事件的情况，对于其中符合临时救助条件的困难家庭或个人，可以代理或协助其提出申请。

（二）受理

1.乡镇人民政府（街道办事处）在接到临时救助申请

后，应当根据其申请救助的种类，对其提交的申请材料进行分类审核。申请人符合申请条件、材料齐全的，乡镇人民政府（街道办事处）应当场受理，并告知申请人所申请事项相应的审核程序、审核时间。材料不齐全的，应当一次性告知申请人补齐申请材料。

2.因情况紧急无法及时提供相关证明材料的，乡镇人民政府（街道办事处）可先行受理，并实地调查核实。

一年内申请对象同一原因临时救助次数不得超过2次。

第十五条　审核审批

（一）审批权限

支出型临时救助及救助金额3000元（含）以下的急难临时救助由民政局委托乡镇人民政府（街道办事处）审批，乡镇人民政府（街道办事处）支出型临时救助审批额度不得超过6倍低保标准，急难临时救助审批额度不得超过3000元；救助金额超出乡镇人民政府（街道办事处）审批额度的由民政局审批。

救助金额在2000元（含）以内的，由乡镇人民政府（街道办事处）按财务制度实行一支笔审批；超过2000元的，需经乡镇人民政府（街道办事处）领导集体研究后决定。特殊情况，民政局可根据救助对象实际情况采取一事一议的方式确定救助金额，并直接支付救助资金。

（二）审批程序

1.审核。申请受理后，乡镇人民政府（街道办事处）审核部门应在7个工作日之内，通过信息核查、入户调查、邻里访问或信函索证等方式，对申请人的家庭经济收入状况、财产状况、受救情况和实际生活情况进行调查核实，并视情组织民主评议。对无法进行入户调查或调查结果存在疑义的困难申请对象，乡镇人民政府（街道办事处）社会救助经办机构对其家庭经济状况进行核查核对。对低保对象、特困供养人员可视具体情况不再进行家庭经济状况信息核对。乡镇人民政府（街道办事处）根据调查核实情况提出审核意见。

2.审批。符合乡镇人民政府（街道办事处）审批的，5个工作日之内作出审批决定；符合民政局审批的，乡镇人民政府（街道办事处）完成审核后，3个工作日之内报民政局，民政局应在7个工作日内对乡镇人民政府（街道办事处）提交的审核意见作出审批决定。民政局对乡镇人民政府（街道办事处）审批的临时救助对象抽查率不得低于30%。

3.公示。乡镇人民政府（街道办事处）、民政局审批后，将审批结果在申请对象所在乡镇人民政府（街道办事处）、村（社区）进行公示（公示期不少于7日）。公示无异议后，及时发放临时救助资金。

对于情况紧急、需立即采取措施以防造成无法挽回的损失或无法改变的严重后果的，乡镇人民政府（街道办事处）和民政局应根据申请人提供的相关材料和入户调查结果确认家庭急难情形，不再进行家庭经济状况核对、民主评议，由乡镇人民政府（街道办事处）分管领导审批报民政局备案后，直接启用临时救助备用金先行救助（对基于特殊原因无法及时实施社会化发放的，可以直接发放现金）。紧急情况缓解后，及时整理完善救助对象、救助事由、救助金额等信息及相关佐证资料，补齐相关人员签字、盖章等手续，长期存档备查。

第十六条　档案管理。民政局和乡镇人民政府（街道办事处）应建立健全临时救助档案制度。社会救助经办机构要对临时救助对象进行一人一档管理，档案材料主要包括困难对象申请材料、身份证复印件、家庭户口本复印件、走访调查材料、审核审批材料、公示材料等。

第六章　资金保障

第十七条　市财政要优化财政支出结构，多方筹集临时救助资金，要根据上级下拨的困难群众基本生活救助补助资金并结合浏阳市实际合理安排临时救助金，对临时救助资金的投入原则上只增不减。乡镇人民政府（街道办事处）审批的临时救助支出由乡镇人民政府（街道办事处）财政承担，市级财政根据乡镇人民政府（街道办事处）人口总数，按不低于1.5元/人的标准予以补助。下拨至乡镇人民政府（街道办事处）临时救助资金视上年度资金使用情况予以调剂。

第十八条　临时救助资金纳入财政预算管理，专账核算，专款专用。

第十九条　乡镇人民政府（街道办事处）应建立临时救助备用金制度，按上年度临时救助资金支出的一定比例设立临时救助备用金用于处理紧急性突发事件。临时救助备用金额度原则上每个乡镇人民政府（街道办事处）为1万元，并根据资金使用情况及时补足。

第七章　监督管理和法律责任

第二十条　对因玩忽职守、徇私舞弊、滥用职权违规办理临时救助或贪污、挪用、扣压临时救助款物的，要依法依规严肃追究有关机构和人员的责任。

按照“三个区分开来”要求，建立容错纠错机制，激励基层干部担当作为，对非主观原因导致不符合条件人员纳入救助帮扶范围的，可免予追究相关责任。

第二十一条　采取虚报、隐瞒、伪造等手段骗取临时救助金的，责令退回非法获取的临时救助金，相关信息记入有关部门建立的诚信体系。

第二十二条　民政局和乡镇人民政府（街道办事处）应当设立并公开咨询、投诉、举报电话，受理群众关于临时救助的咨询、投诉和举报。乡镇人民政府（街道办事处）应当自接到投诉、举报之日起5个工作日内将相关情况报民政局调查处理。

民政局统一负责投诉、举报的调查处理工作，自受理投诉、举报之日起一个月内核查完毕，作出处理决定，并将处理决定告知投诉人、举报人。

第二十三条　民政、财政、审计部门要加强对临时救助资金使用管理情况的监督检查。

本细则自2023年1月1日起施行，有效期5年。《浏阳市临时救助实施细则》（浏政办发〔2018〕1号）同时废止。

浏阳市推进新建商品房“交房即交证”改革实施方案

为推进我市新建商品房“交房即交证”改革实施工作，从根本上破解房地产“办证难”问题，构建房地产规范管理长效机制，根据《湖南省人民政府办公厅关于印发〈湖南省新建商品房“交房即交证”改革实施方案〉的通知》（湘政办发〔2021〕75号）《长沙市人民政府办公厅关于印发〈长沙市推进新建商品房“交房即交证”改革实施细则〉的通知》（长政办发〔2022〕57号）等文件要求，在总结前期试点经验的基础上，结合我市实际，制定本实施方案。

一、总体要求

坚持以习近平新时代中国特色社会主义思想为指导，坚持以人民为中心的发展思想，聚焦群众“急难愁盼”问题，构建政府主导、部门监管和企业主责、购房人配合的责任体系，逐步实现“交房即交证”改革的全面落地，促进房地产行业健康发展，切实增强人民群众的获得感、幸福感。

（一）明确实施时间。从2022年12月31日起，全市所有城镇规划范围内新取得国有建设用地使用权的预售商品房项目全面实施“交房即交证”，在项目招商和土地挂牌时须将“交房即交证”条款列入挂牌条件并在土地出让合同中进行约定。在此之前已预售的项目原则上按原合同约定实施交房交证，鼓励此类项目参照本方案实施。

（二）完善工作机制。建立交房与交证联动机制，将不动产首次登记之前的“期转现”数据核实、土地指标核算、物管用房确认等流程前置到工程竣工验收备案前，减少竣工验收的流程和环节，实现“多验合一”，确保完成工程竣工验收备案后即具备首次登记条件；在完成工程竣工验收备案后20个工作日内，由房地产开发企业申请首次登记并组织交房，不动产登记部门依申请为购房人办理转移登记（分户证），实现购房人“收房即拿证”。

（三）优化窗口服务。进一步加强工程建设项目审批综合服务窗口和不动产登记综合受理窗口建设优化，在市政务服务大厅设置“交房即交证”综合窗口，推动水、电、气、网络、电视等开户业务联动办理，做好“交房即交证”相关政策咨询和引导服务。

二、办理流程

理顺登记与管理的关系，再造业务流程，按照“一个流程图、一个操作指引”的要求，构建信息共享、联合审批机制，实现“交房即交证”工作与工程建设项目审批有关事项有机结合，对商品房预售、竣工验收、办理不动产首次登记及转移登记等全流程进行精简优化。主要流程分为三个阶段：

（一）建设预售阶段

1.强化建设工程设计方案与施工图衔接。施工图审查应严格落实建设工程设计方案和规划许可中的审批要求，尤其是建筑面积、配套设施、建筑高度、容积率等规划管控强制性要素。商品房项目必须按施工图施工，以经审查备案且与规划审批要求相符的房屋施工图作为房屋面积预测绘的依据，利用已复核备案的预测绘成果建立楼盘表，用于商品房预售许可、预售资金监管、房屋交易（含转让、抵押）、物业用房确认、契税及物业专项维修资金收缴等业务办理。〔牵头单位：住建局，配合单位：自然资源局、住保中心、税务局〕

2.严格执行预售标准和条件。在办理商品房预售许可时，住建部门应督促房地产开发企业按照“交房即交证”有关程序和要求，做好相关准备工作，建立“交房即交证”范围的项目信息和楼盘信息台账，通过工程建设项目审批管理系统推送至自然资源部门。〔牵头单位：住建局，配合单位：自然资源局〕

3.完善预售合同网签备案。商品房预售时，房地产开发企业与购房人签订预售合同后，形成电子合同进行备案，并实时推送至数据资源管理部门、自然资源部门、税务部门、金融机构和水、电、气、网络、电视等服务单位。完善商品房预售合同范本，明确交房时间、条件和双方权利义务，确保房地产开发企业交付的房屋竣工联合验收合格、完成工程竣工验收备案、权属清晰无争议且已具备办理不动产转移登记条件。合同义务履行情况纳入房地产市场监管和诚信管理范围。〔牵头单位：住建局，配合单位：税务局、自然资源局、行政审批服务局、市场监管局〕

4.全面开展预告登记。对预售商品房实行合同备案与预告登记协同办理，实现一窗受理、并行联办、实时共享，房地产开发企业与购房人网上签订预售合同时同步录入预告登记信息。在办理双预告登记时，同步收取后续转移登记和抵押登记的相关材料。已办理双预告登记的，在办理转移、抵押登记时，有关材料应直接沿用，不再重复收取。〔牵头单位：自然资源局，配合单位：住建局、税务局〕

（二）竣工验收阶段

1.推行测绘流程前置。将不动产权属调查和土地、规划、房产测绘流程前置于竣工联合验收前，建筑物主体封顶、完成工程量达到验收条件即可申请开展测绘，房地产开发企业委托测绘单位开展测绘工作，将测绘成果推送至住建、自然资源等部门。相关主管部门根据测绘成果提前开展技术咨询等相关工作，按照“多测合一”改革要求做好测量、测绘成果审核入库，经审核的测量、测绘成果直接作为联合验收和不动产登记的申请材料。〔牵头单位：自然资源局，配合单位：住建局〕

2.理顺差异变更流程。优化技术咨询服务，对测绘中发现的房屋建成情况与审批之间的差异进行分类处置，需办理变更、进行整改的房地产开发企业应在联合验收前完善变更、整改等程序；不需办理变更、整改的，经联合验收并核对图纸后，按认定的现状办理不动产登记。〔牵头单位：自然资源局，配合单位：住建局〕

3.严格实行联合验收。严格按照《湖南省房屋建筑和市政基础设施工程竣工联合验收办法》执行，落实验收事项、流程、时限、材料等方面的要求，实行规划、土地、消防、人防、城建档案等事项限时联合验收，统一出具验收意见。推动将消防验收要求纳入施工过程质量安全监管体系，加强规划条件和用地条件批后全过程监管，强化过程监管和过程纠偏。〔牵头单位：住建局，配合单位：自然资源局〕

4.优化核实核算程序。竣工验收阶段，做好有关“期转现”数据变化核实、土地指标核算、物业管理用房确认等工作。按照有关规定足额、规范完成土地价款、物业维修资金、城市基础设施配套费、人防费等须缴纳费用的核算、清缴或归集，在不动产首次和转移登记时不再进行核验。〔牵头单位：自然资源局、住保中心、税务局，配合单位：财政局、住建局〕

5.简化土地指标核算。推动土地容量指标全过程管理，在符合国土空间规划要求的前提下，对分期开发项目或允许先期验收的项目不再核算其土地容量，直接按程序办理不动产登记；一次性开发完成的项目或分期开发项目最后一期，需在完成指标核算并缴清相关费用后，方可办理竣工核验手续。项目建成后，因实际建设面积超出原批准面积等需修改出让合同的，同步启动评估工作，由房地产开发企业与自然资源部门签订补充协议，完成相关价款及税费补缴。〔牵头单位：自然资源局，配合单位：财政局、税务局、住建局〕

6.推行施工过程结算和告知承诺制。约定结算节点内已完成的工程内容经验收合格后，即时开展工程价款计算、调整、确认及支付等。将“竣工结算备案”等事项调整于竣工验收备案后，加快不动产首次登记办理。房地产开发企业应在承诺期内补齐相关材料，对存在失信行为的，依法依规进行行政处理及信用惩戒。〔牵头单位：住建局，配合单位：自然资源局〕

（三）交房交证阶段

1.简化首次登记材料。房地产开发企业在项目取得竣工验收备案手续后，可申请办理不动产首次登记。严格按照《不动产登记暂行条例实施细则》等规定明确申请材料，任何无法律法规依据的环节和材料不得作为登记受理前置条件。对可从工程建设项目审批管理系统、“多测合一”信息平台共享获取的竣工验收备案材料、房屋测绘报告及成果数据，不得要求申请人重复提供。〔牵头单位：自然资源局，配合单位：住建局〕

2.优化转移登记流程。房地产开发企业达到交房条件时，采取现场交房交证方式的，应提前将集中办理交房安排告知不动产登记机构及相关部门，同时鼓励线上申请转移登记，并组织现场发证；采取购房人集中委托房地产开发企业分批次申请登记办证的，由企业统一代领，送证上门。登记机构可现场依申请办理转移登记，发放不动产权电子证照，也可委托邮寄纸质证书。〔牵头单位：自然资源局，配合单位：住建局、行政审批服务局〕

3.提升不动产登记服务。进一步加强规划、土地、建设、房地产交易、税务、金融与不动产登记全流程业务协同联动。推行不动产首次登记和转移登记合并申请、同步办理。进一步创新登记服务举措，推行靠前服务、预约服务，努力提高工作效能，方便企业和群众办事。〔牵头单位：自然资源局，配合单位：住建局、税务局、行政审批服务局〕

三、平台建设

（一）深入实施“互联网+不动产登记”。建设全市集中统一、与长沙市住房领域信息化平台及税收征管系统互联互通的不动产登记一体化网上平台，打通省工程建设项目审批管理系统并融入政务服务一体化平台，建成覆盖全市、面向大众并全面延伸至房地产开发企业、金融机构、房产经纪机构的“一站式”综合服务平台，实现楼盘表统一、数据同源，全面支撑全市不动产登记“一网通办、跨省通办”和不动产登记、房地产交易、税收征缴“一窗受理、并行办理”。按要求做好与相关省、市级平台的互联互通工作。〔牵头单位：自然资源局、住建局、行政审批服务局，配合单位：数据资源中心、税务局〕

（二）完善工程建设项目审批系统。加强对接，争取在省工程建设项目审批系统中增加“交房即交证”管理功能，实现商品房建设项目全过程监管、信息共享、并联办理。建立全市工程建设项目代码与不动产单元代码的关联关系，实现与全市房屋数字化综合管理服务平台、国土空间规划“一张图”平台、住房领域信息化平台、税收征管系统、不动产登记平台等无缝衔接，支撑房地产开发项目报建、审批、竣工验收、测绘、交易、登记成果全流程信息共享和“一网通办”。〔牵头单位：住建局、数据资源中心，配合单位：发改局、自然资源局、税务局〕

（三）加大信息共享力度。在法律法规允许的范围内加快推进部门信息共享集成，在符合信息安全要求的前提下，探索全市自然人身份及家庭成员户籍信息与房地产交易、税收、不动产登记等信息的互通共享。加快不动产登记存量数据档案清理整合和入库工作，推进不动产电子证照经由长沙市电子证照库接入省电子证照库。加大电子证照在查询、共享和业务联办中的应用。〔牵头单位：数据资源中心、自然资源局、住建局、行政审批服务局，配合单位：公安局、税务局〕

四、保障措施

（一）加强组织领导。在市集中化解房地产办证信访突出问题专项行动领导小组的领导下，成立由市委常委、常务副市长任组长，分管城建副市长任副组长，政府办、发改局、财政局、自然资源局、住建局、行政审批服务局、市场监管局、住保中心、数据资源中心、税务局等为成员单位的市“交房即交证”改革工作小组，负责统筹全市“交房即交证”改革工作。改革工作小组下设办公室，具体负责改革工作的组织协调，办公室设在自然资源局，由自然资源局局长任办公室主任。建立部门主要负责人亲自抓、分管负责人具体负责、各有关部门密切配合的议事协调机制，将“交房即交证”纳入重大改革事项进行统筹安排，切实抓好改革任务落实落地。

（二）强化工作责任。各有关职能部门要紧盯工作任务，强化责任担当，确保“交房即交证”各项改革工作落实到位。由财政局负责指导做好土地价款、报建费等征缴工作；自然资源局牵头负责“多测合一”改革和“互联网+不动产登记”工作，指导做好规划条件核实、土地核验和权籍调查，做好登记发证相关工作，牵头开展交证阶段相关工作；住建局负责牵头落实工程建设项目审批制度改革及住房领域信息化工作，指导做好交房前有关预售许可、预售资金监管、竣工验收备案、合同管理等工作，并对房地产开发企业交房行为进行监督，牵头开展建设预售阶段和竣工验收阶段相关工作，审核确认竣工图，强化商品房的面积管理和楼盘表建立，城市基础设施配套费的执收，牵头交房阶段工作；住保中心负责物业专项维修资金的归集；行政审批服务局牵头负责按照“一件事一次办”要求，指导协调有关窗口设置、业务联办工作；税务局负责优化税费征缴并积极推动网上缴税工作；发改局负责优化营商环境相关改革的统筹协调工作；数据资源中心负责政务一体化平台建设和信息共享工作。

（三）完善监管体系。一是加强全程监管。各有关职能部门要按照“谁审批谁监管，谁主管谁监管”的原则，加强事前事中事后全过程监管，做到问题“早发现、早制止、早处理”；加强建设用地及工程规划批后监管和房地产市场监管，严格落实预售资金监管制度，建立房地产市场领域联合执法工作机制，加大排查整治力度，依法严厉打击房地产领域违法违规行为。二是健全诚信体系。将“交房即交证”改革中企业诚信守信情况纳入房地产行业信用信息和不动产登记信用信息归集范围，统一录入湖南省社会信用信息系统，并依法建立对不诚信房地产开发企业的限制清单及相关制度，依法依规构建跨部门、跨领域的“一处失信、处处受限”联合惩戒机制。三是加强统筹配套。深入落实“放管服”改革和优化营商环境要求，统筹协调工程建设项目审批制度、“多规合一”、“多测合一”、“互联网+政务服务”、住房“一网通办”、压缩不动产登记办理时间、市政公用服务联合报装等相关改革，实现相互衔接，为“交房即交证”改革提供配套支持。

（四）广泛宣传引导。充分发挥政府门户网站、网络媒体、项目现场等载体的作用，广泛向群众、企业宣传房屋预售和交房交证相关政策，积极回应社会关切，及时宣传推广“交房即交证”先进经验和典型案例，营造良好的改革氛围。

浏阳市县级储备粮管理办法

第一章　总则

第一条　为进一步规范县级储备粮管理，有效调控市场，确保粮食安全，根据《粮食流通管理条例》《中央储备粮管理条例》《湖南省地方储备粮管理办法》（湖南省人民政府令第308号），结合我市实际，制定本办法。

第二条　本办法所指的县级储备粮包括县本级静态原粮储备（稻谷，下同）、成品粮油储备（大米、面粉、食用植物油）。

静态原粮储备和成品粮油储备的粮权属市人民政府，由承储企业实行"专仓、专账、专人"管理。市人民政府批准后动用取得的价差收入上缴市财政，在中国农业发展银行浏阳市支行（以下简称市农发行）设立专户管理，用于粮食事项等方面的支出；市人民政府批准后动用发生的价差亏损及有关费用由市财政局核实后补贴。

第三条　部门职责

（一）市发改局（粮储中心）负责本级储备粮的行政管理、指导和协调工作，对县级储备粮的数量、质量和储存安全实施监督检查。

（二）市财政局负责统筹安排储备粮的贷款利息、管理费用等财政补贴，对县级储备粮财政补贴执行情况实施监督检查。

（三）市农发行按照国家有关规定和中国农业发展银行相关贷款管理办法及时、足额安排县级储备粮所需贷款，并对发放的贷款实施信贷监管。

第四条　承储企业职责

负责县级储备粮的入库、出库、储存保管和轮换计划的具体实施，并履行以下职责：

（一）严格执行县级储备粮管理的规章制度。

（二）负责县级储备粮的安全保管和规范化管理，采取科学储粮技术，确保库存数量真实、质量良好、储存安全。

（三）准确、按时向市发改局报告粮食库存数量、质量、储存仓廒和管理情况，原粮储备承储企业同时抄送市农发行。

（四）根据县级静态原粮储备储存情况，提出轮换方案。

（五）按照市人民政府职能部门下达的计划文件要求，具体组织落实县级储备粮的入库和出库。

第二章　资格认定

第五条　承储企业由市发改局按照依法、公开、公平、公正、择优原则确定，实行挂牌委托储存。

第六条　储备粮承储企业应具备下列条件：

（一）县属国有及国有控股粮食企业或已经纳入国家粮油统计信息系统并连续如实报送统计信息6个月以上的民营企业，并符合市场调控和浏阳市粮食应急保障体系储备加工供应网点布局要求。

（二）主营业务以粮油仓储、加工、销售为主。原粮储备承储企业粮食有效仓容不少于4万吨，油罐罐容不少于0.5万吨；成品粮承储企业大米日加工能力不低于100吨，面粉日加工能力不低于100吨，油脂日小包装生产能力不低于100吨。

（三）粮库条件符合国家《粮油仓储管理办法》和《粮油储藏技术规范》相关要求，具有与粮食储存功能相适应的仓储设施和装卸、输送、清理、计量、消防等设备及符合国家标准的检测粮食储存期间温度、水分、虫害密度的条件，有确保成品粮油保鲜储存的技术，储藏管理达到"一符、三专、四落实"要求，"四无粮仓"、"四无油库"率达100%。

（四）具有经过专业培训的粮油保管员、粮油质量检验员等管理技术人员。

（五）具备农业发展银行粮油贷款资格。

（六）企业财务状况良好，连续3年无亏损。

第七条　承储企业依法被撤销、解散、破产或者基于其他原因不再具备承储条件的，即时由市发改局按第六条规定重新确定承储企业。

第八条　市发改局、市财政局和市农发行与承储企业共同签订《浏阳市县级储备粮承储合同》，市发改局与承储企业签订《浏阳市县级成品粮油储备承储合同》，明确各方权利、义务和违约责任。

第三章　静态原粮储备

第九条　计划管理

（一）入库、出库、轮换计划由市发改局、市财政局和市农发行制定下达。每年轮换计划应在本年度内下达，其中早籼稻轮换计划不早于每年 1 月份、中晚籼稻轮换计划不早于每年 5 月份下达；特殊情况下需要提前下达轮换计划的，须经市人民政府批准同意。

（二）承储企业必须按下达的计划文件要求，按期按质按量按品种组织储备粮的出（入）库，实际完成情况按时上报市发改局、市财政局，并抄送市农发行。

（三）常年库存应保持计划规模不变；轮换期限内的库存原则上不低于计划规模的 70%。

第十条　轮换管理

（一）轮换方式。通过粮食中心批发市场采取竞价交易方式轮换，也可通过直接收购、邀标竞价销售等符合国家和省、长沙市规定的其他方式进行。若通过竞价交易方式轮换时，由市发改局授权承储企业、并由其委托有资质的省级及省级以上粮食中心批发市场共同组织实施。市发改局、市财政局和市农发行联合审核确定承储企业提出的轮换方案及每批次轮出（入）最低（高）限价，审核确定受托的粮食中心批发市场制订的每批次《浏阳市县级储备粮竞价销售交易细则》和《浏阳市县级储备粮招标采购交易细则》。如遇我省启动最低收购价执行预案时，轮入的粮食直接委托承储企业按最低收购价政策收购。

（二）轮换原则。以品质检测结果为依据、以储存年限为参考，按照先入先出、质低先出、均衡轮换的原则进行。

1.轮入的原粮应是当年生产的符合国家质量标准的原粮。

2.储存期限。按储粮品种的收获年度：早籼稻不超过 3 年，中晚籼稻不超过 2 年。

3.轮换数量。原则上每年不得少于计划规模的三分之一。

4.轮换按“实物兑换、成本不变”的原则，轮出按销售货款收贷，轮入再按收回的货款等额发放贷款，轮入的原粮按轮出原粮的入库成本记账，确保轮换前后总贷款规模不变。

（三）轮换形式。采取同品种等量轮换。如遇特殊情况需不同品种串换，承储企业应当向市发改局提出申请，经市发改局会同市财政局、市农发行批准同意后方可实施，但不得发生数量、价款亏损，并须在一个年度内换回原品种，在串换过程中发生的轮换盈亏由承储企业自行承担。轮换可以采取边购边销、先销后购、先购后销的方式，确保储备原粮的常储常新。

（四）轮换期限。轮换架空期不得超过 4 个月，如遇不可抗力或者宏观调控需要，经市发改局批准后，可以适当延长，延长期限不得超过 2 个月。超过规定 4 个月轮换架空期的承储企业不享受超出部分的利息、保管费等财政补贴。

（五）轮换验收。轮换入库前，承储企业应向市发改局报告拟轮换入库仓廒及准备情况，由市发改局组织对拟储粮仓廒进行入库前确认；轮换结束后由承储企业申请，市发改局会同市财政局、市农发行对轮入粮食的品种、数量、质量等情况进行验收。早籼稻轮换入库最迟验收日为当年 10 月 31 日，中晚籼稻轮换入库最迟验收日为次年 2 月 28 日。

第十一条　财务管理

（一）贷款由市农发行按照相关政策和文件对承储企业及时足额发放，贷款的发放和使用严格按照《中国农业发展银行地方储备和调控粮贷款办法》及相关信贷制度执行，并对发放的贷款实施信贷监管。

（二）入库成本由市发改局会同市财政局，参考国家当年确定的粮食最低收购价及市场行情核定。

（三）贷款利息、保管费用、轮换盈亏和损失损耗具体补贴标准由市发改局会同财政局、市农发行研究，报市人民政府批准后执行。

（四）利息、保管及轮换出（入）库费用补贴标准：

1.利息补贴按承储企业储存规模、入库成本价格和银行当期贷款利率以每年 365 天计算。

2.费用补贴：保管费每年每吨 100 元；轮换出库费每吨 30 元；通过招标采购方式轮换的入库费每吨 30 元，启动最低收购价预案时委托承储企业直接收购入库的，入库费按国家规定的收购费用标准执行。

（五）由于不可抗力造成的损失、损耗，由市发改局会同市财政局进行核实，报市人民政府批准后，由本级财政承担。

因管理不善或者其他违反承储合同行为造成的损失由承储企业自行承担。

第四章　成品粮油储备

第十二条　计划管理

成品粮油储备计划由市发改局联合财政局制定下达。

第十三条　库存管理

（一）品种质量。成品粮储备以大米为主，适当储备面粉，大米、面粉必须符合国家质量标准和达到食品安全指标要求。

（二）储存库点。承储企业存放成品粮油储备需明确库点、仓廒，如确需改变储存库点和仓廒，需书面报市发改局审批同意后实施。

（三）安全管理。承储企业须依法依规、诚信经营，落实食品安全及安全生产主体责任，建立健全成品粮油储备内部质量控制制度和成品粮油储备质量安全档案。要按照粮食质量和食品安全标准及有关规定进行入库和出库检验，如实记录出入库、储存期间粮食质量安全情况。

（四）日常管理。县级成品粮油储备由市发改局实行“一符四无三专四落实”管理：“一符”即账实相符，“四无"即无虫害、无杂质、无鼠雀、无事故,"三专"即专仓储存(仅指认定的仓房)、专人保管、专账记载,"四落实"即质量落实、数量落实、品种落实、地点落实,确保县级成品粮油储备数量真实、质量良好、储存安全、运作合规。

第十四条　轮换管理

成品粮油储备按照"先购后销动态轮换、台账管理封闭运行"的原则,采取由企业自主轮换、自负盈亏的方式。在产品保质期内,一年周转轮换早米不少于 2 次、优质中晚米不少于 3 次(保质期 2 年的进口大米一年周转轮换不少于 1 次)、面粉不少于 4 次。各承储企业成品粮库存数量任何时点不得低于下达的储备计划数量,市发改局将定期和不定期开展监督检查,如果检查发现数量不达标情况,则调减承储规模。

第十五条　财务管理

(一)成品粮油储备所需资金由承储企业自行解决。

(二)利息补贴按承储企业储存规模和银行同期同档贷款基准利率以每年 365 天计算。

(三)成品粮油储备费用按大米每年每吨 500 元、面粉每年每吨 400 元的标准包干使用,包括保管费、损耗、轮换费用及轮换价差、出入库费用等。

(四)利息补贴和储备费用由市发改局商市财政局每年一次直接拨付至承储企业。

(五)县级成品粮油储备粮权(动用权)属于市人民政府,任何部门、单位和个人均不得私自动用县级成品粮油储备,严禁擅自用于抵押、担保贷款等。

(六)承储企业需服从市人民政府宏观调控要求,在市人民政府下达动用命令时,确保调得动、用得上,动用的县级成品粮油储备费用按市人民政府批准的动用方案核算确定。

第五章　储存管理

第十六条　承储企业应按照国家发改委发布的《粮油仓储管理办法》,建立严格的县级储备粮储存管理制度,确保储备粮库存真实、质量良好和储存安全。

第十七条　储备粮库存必须达到"一符四无""三专""四落实"的要求。

第十八条　储备粮质量必须符合国家粮食质量标准和卫生标准。实行出(入)库粮油必检、在储粮油抽检的质量检查制度。定期对储存 1 年以上的粮油全面检测品质控制指标,抽样检验工作由市发改局组织,委托有资质的第三方粮油质量检测机构进行。对检测为"不宜存"的储备粮,要及时向市发改局报告,并抄送市农发行。同时严格按有关规定采取积极措施进行处置。

第十九条　市发改局行使监督检查职能,发现县级储备粮数量、质量、储存安全等方面存在的问题,应当责令承储企业立即纠正或者处理。

第二十条　市农发行及上级银行,有权按照规定对县级储备粮贷款使用情况进行信贷监管检查,对发现的问题有权要求承储企业整改或进行信贷制裁。

第二十一条　承储企业必须在国家粮油统计信息系统中如实填报《县级储备粮油月报表》,并同时上报市发改局,抄送市农发行。

第六章　动用

第二十二条　县级原粮储备和成品粮油储备的动用权属市人民政府,未经批准,任何单位和个人不得擅自动用。

市发改局应当加强市场监测,完善县级储备粮的动用机制,适时向市人民政府提出动用建议。

第二十三条　有下列情形之一的,可动用县级储备粮:

(一)本行政区域内粮食明显供不应求或市场价格异常波动的。

(二)发生重大自然灾害或其他突发公共事件需要动用的。

(三)市人民政府认为需要动用县级储备粮的其他情形。

第二十四条　县级储备粮的动用,由市发改局会同市财政局提出方案,报市人民政府批准。动用方案应当包括动用的品种、数量、质量、价格、使用安排、运输保障和费用结算等内容。

第二十五条　市发改局根据市人民政府批准的县级储备粮动用方案下达动用命令,并会同相关部门组织实施。任何单位和个人不得拒绝执行和擅自改变县级储备粮动用命令。

紧急情况下,市人民政府可以直接决定动用县级储备粮。

县级储备粮动用后,应当按照国家和省、长沙市规定及时恢复库存。

第七章　附则

第二十六条　对违反本办法规定,依据相关法律、法规、规章规定应予以处罚的,依法予以处理。

第二十七条　本办法自公布之日起施行,有效期5年。

浏阳市人民政府关于浏阳市重点水域禁捕的通告

为贯彻党中央、国务院关于加强生态文明建设的决策部署，有效恢复我市重点水域水生生物资源，加快促进水域生态环境修复，根据《中华人民共和国渔业法》《中华人民共和国长江保护法》《湖南省渔业条例》等有关规定，决定对我市境内重点水域实行禁捕。现将有关事项通告如下：

一、禁捕水域和期限

（一）市辖浏阳河、捞刀河、南川河干流及其一级支流水域（详见附表），该水域（不含浏阳河特有鱼类国家级水产种质资源保护区）实行为期10年的常年禁捕。

（二）水生生物保护区

浏阳河特有鱼类国家级水产种质资源保护区（大溪河达浒镇金石村大江陂至高坪镇双江口村双江口河段，小溪河高坪镇双江口村双江口至小河乡新河村王石垅河段）继续实行全面禁捕。

（三）其他水域

上述水域以外的其他天然水域，其禁捕时间为每年3月1日0时至6月30日24时。

二、禁止事项

严禁电鱼、毒鱼、炸鱼；禁止围网养鱼、网箱养鱼；禁捕水域禁止所有生产性捕捞，禁止利用水上浮动、可视、遥控等设备垂钓；禁止一人多杆、一线多钩、多线多钩垂钓；禁止使用含有毒有害物质的钓饵、窝料和添加剂以及鱼虾类活体水生生物饵料垂钓；禁止在水生生物保护区、饮用水水源一级保护区、非政府部门划定钓区垂钓；禁止无证驾驶机动船舶；禁止制造、销售和使用电捕设备、迷魂阵、拦江（河）网、地笼等禁用渔具；未经批准禁止渔船、排筏、橡皮艇、快艇等涉渔设施在禁捕水域停泊、航行；禁止向天然水域投放外来物种、杂交种、未经渔业行政主管部门审查合格以及未经检疫检测合格的水生生物；禁止买卖天然水域非法捕捞和休闲垂钓渔获物。

三、对违反禁捕规定的，由行政执法机关依法没收渔获物、违法所得以及渔具、渔船等捕鱼设施设备（或拆解处置涉渔设施设备），并处以罚款；情节严重涉嫌犯罪的，移送有权机关依法处理。

未取得驾驶证驾驶机动船舶的，由公安机关按照《中华人民共和国治安管理处罚法》第六十四条的规定给予治安处罚。

拒绝、阻碍执法人员依法执行公务或以暴力威胁、伤害执法人员的，依法给予治安处罚；情节严重涉嫌犯罪的，移送有权机关依法处理。

四、各乡镇人民政府（街道办事处）要高度重视禁捕工作，积极开展禁捕区域日常巡护，并配合渔业行政主管部门组织开展打击电鱼、毒鱼、炸鱼和使用禁用渔具捕捞等违法行为专项行动；渔业行政主管部门要组织力量进行常规巡查；公安、市场监管、水利、城管、交通运输、生态环境等部门要相互配合，加强监督管理，确保禁捕顺利实施。

五、本通告自2022年9月1日起施行。《浏阳市人民政府关于浏阳市重点水域禁捕的通告》（浏政函〔2020〕36号）同时废止。

举报电话：0731—83626566

附表：浏阳市域浏阳河、捞刀河、南川河及其一级支流名单

表 26　　浏阳市域浏阳河、捞刀河、南川河及其一级支流名表

浏阳河(57条)								
序号	双江口下游段	所属乡镇(街道)	序号	大溪河段	所属乡镇(街道)	序号	小溪河段	所属乡镇(街道)
1	跃龙河	镇　头	20	龙　潭	葛　家	39	达　浒	达　浒
2	金江河	普　迹	21	高马头	柏　加	40	大塘里	达　浒
3	韩家港	集　里	22	金鸡河	张坊、官渡	41	豆　田	中和、永和
4	净溪河	荷　花	23	桐子港	永　和	42	聚　隆	张　坊
5	渭川河	关　口	24	大光溪	沿　溪	43	桐　溪	张　坊
6	涧　江	大瑶、普迹、官桥、镇头	25	溪江河	关　口	44	沾泥湾	永　和
7	青草港	枨　冲	26	梅田河	古　港	45	大彼港	永和、高坪
8	枨冲河	枨　冲	27	沔　江	古港、沿溪	46	风　岗	小　河
9	仙人河	柏　加	28	椒花河	大围山、达浒	47	柳丝塅	小　河
10	团头河(浏阳市段)	柏　加	29	中岳河	大围山	48	何家湾	小　河
11	唐家塅	镇头、柏加	30	金坑河	达浒、官渡	49	小　港	高　坪
12	普迹河	普　迹	31	东冲河	沿溪、官渡	50	甘　许	高　坪
13	密　湖	集　里	32	石门冲河	古　港	51	下沿甸	高　坪
14	淮川河	集里、淮川	33	三　溪	大围山	52	下石浒	高　坪
15	田心塅	荷　花	34	石　湖	大围山	53	田　心	大围山、张坊
16	济川河	关口、集里、淮川	35	都佳塅	大围山	54	冷水冲	张　坊
17	福田河	关　口	36	白　沙	大围山	55	人溪河	张　坊
18	易家湾	葛家、普迹	37	长鳌江	大围山	56	长滩河	永　和
19	廖花洲	葛家、枨冲	38	墙峡子	大围山	57	石　湾	高　坪

捞刀河(17条)								
序号	支　流	所属乡镇(街道)	序号	支　流	所属乡镇(街道)	序号	支　流	所属乡镇(街道)
1	大桥市	永　安	8	撇洪渠	永　安	15	中市街	龙　伏
2	东门江	沙　市		(浏阳市段)	永　安	16	芦　溪	龙伏、社港
3	永乐桥	沙市、淳口、北盛	9	李家港	社港、龙伏	17	寻　江	沙　市
4	黄泥江	蕉溪、北盛	10	鹅家冲				
5	九　溪	洞阳、永安	11	石　江				
6	狮岩河	淳　口	12	大兴河				
7	新　田	龙　伏	13	廖家洞	社　港			
	瓢塘水库	永　安	14	黄　新	社　港			

南川河(15条)								
序号	支　流	所属乡镇(街道)	序号	支　流	所属乡镇(街道)	序号	支　流	所属乡镇(街道)
1	小江河	中　和	6	石牛滩	中和、文家市	11	大树下	金　刚
2	下水桥	文家市	7	大　桥	中　和	12	南阳村	大瑶、金刚
3	灌江河	大瑶、金刚	8	施家坝	中和、文家市	13	澄潭江	澄潭江
4	大圣河	澄潭江	9	铁南关	文家市	14	五神岭	文家市
5	三元河	大　瑶	10	苏家坊	文家市	15	杨泗河	澄潭江

浏阳市新型智慧城市“十四五”区域规划纲要

为深入贯彻国家、省、长沙市关于新型智慧城市建设的指导意见和战略部署，进一步推动城市治理能力现代化，特制定本纲要。

一、总体要求

（一）指导思想

以习近平新时代中国特色社会主义思想为指导，全面贯彻党的二十大精神，深入落实习近平总书记考察湖南重要讲话指示精神，大力践行“三高四新”战略和“强省会”战略，按照《长沙市人民政府关于加快建设新型智慧城市示范城市的决定》（长政发〔2020〕10 号）、《长沙市人民政府办公厅关于印发〈长沙市新型智慧城市示范城市顶层设计（2021—2025 年）〉和长沙市新型智慧城市示范城市建设三年（2021—2023 年）行动计划纲要的通知》（长政办发〔2020〕49 号）的总体部署和浏阳市“十四五”规划编制工作相关要求，着力推进浏阳新型智慧城市建设，为奋力开创高质量发展新局面贡献智慧力量。

（二）总体原则

统筹集约，上下衔接。深度对接长沙市新型智慧城市总体布局，立足浏阳城市信息化建设实际，充分整合创新，大力推进跨部门、跨系统、跨行业的协同共享。

以人为本，便民惠民。以重大需求和问题为导向，推动公共服务向基层延伸，最大限度地为公众提供医、食、住、行、游、教等全面细致服务。

基础优先，特色示范。建设公共性、基础性、业务协同性项目，提供基础环境支持和保障。遵循“小而精”理念，打造浏阳特色标杆，在重点领域先行先试。

政府引导，市场运作。发挥政府引导作用，强化市场机制主导作用和企业主体地位，鼓励和调动社会各方参与新型智慧城市投资建设、运营和管理。

强化保障，安全可控。以网络安全为抓手，以信息安全为核心，以综合安全为重点，统筹布局网络和信息安全解决方案，健全网络和信息安全标准体系。

（三）发展愿景

打造集约联动的智慧载体，铸造“智慧浏阳”强劲生命力；打造触手可及的民生服务，造就“智慧浏阳”非凡亲和力；打造精细善治的社会治理，汇聚“智慧浏阳”重要凝聚力；打造高质创新的产业发展，增加“智慧浏阳”超群影响力；打造和谐共生的绿色生态，雕刻“智慧浏阳”极致吸引力。通过五力齐发，致力将浏阳市打造成全国最具活力的县域城市智慧生命体。

（四）发展目标

以创建全国新型智慧城市县域标杆为目标，加速建成基础设施统筹集约、政务数据共享协同、智慧应用国内领先，极具浏阳城市特色和示范引领作用的新型智慧城市。“十四五”期末，成功打造智慧政务服务示范区、基层精细治理示范区、花炮产业转型示范区、绿色生态示范区，大幅提升数字经济与实体经济融合发展水平，显著增强城市创造力、吸引力和竞争力，推动浏阳达到全国前列、湖南领先的智能化治理和发展水平，全面形成可复制推广的“智慧浏阳”新模式。

表 27　　浏阳市新型智慧城市发展目标一览表

领域	指标	2023 年	2025 年
智慧载体	非涉密政务系统上云率(%)	≥90	100
	4G/5G 用户普及率(%)	≥95	≥98
	5G 基站数量(座)	4200	>4500
	城市运行感知单元(万个)	≥50	≥80
	信息资源部门间共享率(%)	≥95	100
	非涉密公共信息资源开放率(%)	≥90	≥95
	城市数据采集统筹率(%)	≥80	≥95
民生服务	公众和企业政务服务事项的随手办、掌上办比例(%)	≥80	≥95
	智慧校园建成率(%)	≥80	100
	浏阳市人口健康信息平台覆盖率(%)	≥80	≥95
	政务服务网上统一入口率(%)	≥90	100
	电子证照使用率(%)	≥85	≥95
社会治理	城市重点公共区域高清视频监控覆盖率(%)	≥98	100
	城市重点公共区域视频联网率(%)	≥98	100
	花炮企业智能视频覆盖率(%)	≥50	100
	数字化城管覆盖率(%)	≥95	100
	“车路云”一体化覆盖路线公里数	≥50	≥80
	“高风险食品”全流程监管覆盖率(%)	≥80	≥98
	执法事件一体化闭环管理比例(%)	≥85	≥95
	社会信用信息实时共享率(%)	≥70	≥95
	城市生命线物联网监测预警覆盖率(%)	≥60	≥80
	城区智慧停车场覆盖率(%)	≥70	≥90
	智能网联公交车占比(%)	≥60	≥90
产业发展	数字经济核心产业增加值占 GDP 比重(%)	高于全国和全省平均水平	≥12
	5G+ 工业互联网场景应用产业园(个)	1	/
	5G+ 工业互联网省级示范园区(个)	1	/
	省级上云上平台标杆企业(个)	20	30
	产业公共云平台(个)	3	5
	企业私有云平台(个)	3	5
	省级以上科技创新平台	每年新增 1 个	每年新增 1 个
绿色生态	重点污染源自动监测覆盖率(%)	≥95	≥99
	重点用能单位在线监测覆盖率(%)	省控企业≥90	省控企业 100
	各类城市物联网监测部件覆盖率	本地污控企业≥30	本地污控企业≥60
运行机制	政府投资信息化建设项目运行评价	≥80	≥99
	年度平均得分率(%)	≥60	≥70

二、总体框架

以“一体支撑、一心统管、四智赋能、三纵保优”的实施架构推进建设落地。“一体支撑” 指一个城市数字底座，融合物联网体系、网络传输体系、计算存储体系、平台能力体系，支撑全市设备统一接入、数据资源汇聚共享、信息系统集中部署；“一心统管”指一个城市指挥中心，具备运行监测、决策辅助、事件管理、应急指挥等功能，为管理者提供城市运行体征一张图、城市运行部件监测一张图、事故监测及应急指挥一张图；“四智赋能”指在长沙市通用应用的基础上，围绕民生服务、社会治理、产业发展和绿色生态四大领域，充分开展具备浏阳自身特色的新型智慧城市应用建设；“三纵保优”指在遵循长沙市相关政策标准的前提下，以统筹协调、运管分离、可持续运营为路径，构建标准规范体系、安全保障体系和运营管理体系，为“智慧浏阳”建设和可持续发展保驾护航。

三、主要任务

（一）夯实智能可控的载体基础

新型网络基础设施。加快城域网带宽扩容、网络基础设施智能化转型，推进光纤到户和光网城市建设。实现5G网络统筹建设布局与技术融合，打造包括4G、5G、WI-FI和无线局域网在内的多网协同的泛在无线网络，支撑5G行业应用创新发展。深化电子政务外网一体化建设与业务专网清理整合，健全政务外网安全管理制度。

城市感知基础设施。依照“统一规划，按需构建”的基本原则，部署覆盖全市的物联感知设备。建设以窄带物联网（NB-IoT）、4G、5G为主，支持建设城市WIFI、增强型机器类型通信（eMTC）、超长距低功耗数据传输（Lora）等多种网络接入方式的城市物联传感网，支持对城市环境、交通要道、市政设施、高危企业、消防设施等重点领域的多层次管控。

智能算力基础设施。建设兼具支撑“智慧浏阳”运行、长沙市新型智慧城市备份、湘赣边辐射等功能的数据运行管理中心。统筹新建和既有基础软硬件设施设备资源，加快大数据中心建设，实现计算、存储资源的统一规划和服务提供，构建全市政务“一朵云”。

数据资源共享机制。完善数据从多元归集、整合共享、开放流通到社会应用的完整链条，规范和促进浏阳公共数据资源共享与应用。夯实数据共享基础，构建数据资源共享交换服务体系与数据资源标准规范。优化数据共享模式，健全数据共享资源建设机制、数据共享校核机制、数据共享流通机制与数据要素运营模式。强化数据共享监督保障，明确主体责任，升级考核机制。

“智慧浏阳”数字底座。建设大数据平台，实现数据资源汇聚共享，推进数据资源融合，支撑数据应用开发。基于新型智慧城市运行管理的底层技术平台需求，加快新型智慧城市云底座建设，打造时空信息云平台、物联网平台、视频云平台、融合通信平台、人工智能平台，提升共性业务支撑水平，赋能各行业领域。

“智慧浏阳”指挥中心。对接长沙市相关平台规划及统筹要求，建设城市运行监测平台、决策智能辅助平台、城市事件管理中心和城市应急指挥中心，实现城市运行状态全景监控、事件处置高效联动，提升城市精细化治理能力。

（二）提供触手可及的民生服务

智慧政务。完善服务事项清单，构建复杂事项联动审批机制，全面推行政务服务规范化高效化管理。提升线上平台智能化服务能力，强化线下渠道“服务下沉”能力，完善“帮代办”服务体系，深化“园内事园内办”“企业办事不出厂”等服务举措。打造“一网通办”全方位服务体系，提升医疗、教育、交通等重点领域政务服务智慧化水平。探索5G技术在政务领域的融合应用，开发人脸识别、AI引导、远程办事、移动审批等服务与管理功能。加强前端受理平台与后端部门业务系统的对接，统一政务服务办事渠道至“我的长沙”App浏阳专区服务平台。建设“好差评”系统与电子监察系统，开展政务服务运行全过程绩效评估。

智慧教育。改造升级教育网络及浏阳智慧教育云平台，完善智慧校园基础环境。推进人工智能、VR、5G等技术与教育教学深度融合，助推教育教学模式改革。优化数字教育资源供给，构建满足全市师生需求的优质教育资源公共服务体系；深化网络学习空间应用，全面推广“长沙市中小学人人通云平台”。推进构建基于大数据的教育质量综合评价体系，优化智慧教育评价支撑。推进“智慧校园”“智慧课堂”“智慧教室”标杆建设，深化“互联网+教育”治理模式。

智慧人社。围绕社保、就业、人事人才三大业务领域，推进各部门数据共享互认，建立业务数据全连通的智慧人社一体化平台。推进电子社保卡与健康卡、交通卡、公园卡等“多卡合一”功能集成，建设浏阳城市“一卡通”。推进第三代社保卡制发工作，支撑长株潭、湘赣边城市群人社业务一体化办理及跨域办理需求。深化“互联网+就业”服务，升级“业务经办应用”，构建就业大数据系统，开发“退役职通车”系统。

智慧档案。推进“智慧档案”建设，让百姓民生档案查阅不出村，公众档案满足手机App查阅，真正实现“最多查一次”。同时，通过智慧档案系统建设，实现电子档案专线接收，节约成本。

智慧医疗。建立区域检验系统、云诊疗平台、远程会诊平台，实现医疗基础设施、病历资源、专家资源共享。建设双向转诊系统，加速分级诊疗落地。依托浏阳市人口健康信息平台，推动自主可控、物联网、互联网医院、医疗大数据等新技术新应用在“互联网+医疗健康”领域落地，提升居民就医体验。推进长沙市智慧医疗监管平台在浏阳落地，进行医疗服务质量评估指导、区域医疗健康分析和评估决策。

智慧社区。健全社区安全治理体系，推动治安管理、日常纠纷处理、警民互动等服务智能化。构造社区智能化居住环境，引入智能通行感知设施、居家管理系统及集约联动的智慧消防体系。建设社区公共服务系统、租户人口自助申报系统、物管智能运维系统，实现物业管理全流程智能化。搭建社区养老综合服务平台，实现居家养老、机构养老、医疗护理的梯度衔接和交互转介。强化社区商业化便民服务，整合周边服务与资源，打造周边一公里商圈。

（三）打造精细联动的治理模式

"党建+微网格2.0"。建设党建多网融合统一平台，纵向贯穿市、乡镇（街道）、村（社区）多级党组织，横向融合党务管理、学习平台、统计分析等功能。依托党建特色资源与多品类终端，探索定制化远程教学与个性内容推送。升级"党建+微网格2.0"信息服务体系，构建多渠道信息采集系统，统一划定各部门业务网格形成综合治理网格，建设"集中受理、智能分拨、闭环运转、实时同步、全程监督"闭环体系，打造高质量党建引领基层网格化治理样板。

智慧应急。搭建高危企业智慧安监网络监管平台，打造烟花爆竹风险预警与防控系统，实现花炮、矿山、危化品等高危企业的智能化感知、实时监测、超前预警。完善自然灾害、重大事故、疫情防控等各类应急管理突发事件的风险监测和预警体系，推进各相关部门监测数据的汇聚整合、共享互通。加强与长沙市城市应急管理平台的对接，构建本地特色应急模型与综合保障平台，提升浏阳应急指挥的统一部署、救援实战、预案处置、监督管理能力。

智慧交通。推进交通设施与城市建设规划"一张图"统筹，优化城市交通规划管理。通过建设交通大数据中心、智慧交通指挥平台、泛在感知前端设备，实现交管数字化、信号智能化、道路交通设施建设标准化，提升交通运行智能监管、交通事故科学预防、交通拥堵有效缓解水平。遵循长沙市"车路云"一体化建设愿景，有序推进重点车辆、重点路口及路侧设备的智慧化改造。提升交通出行信息服务，打造智慧公交与智慧停车综合信息服务平台，汇聚城市动态与静态交通数据，提供实时导引、公交查询、智慧停车、便捷支付等一体化服务。推动既有交通设施绿色改造，完善城乡充换电网络布局，加强新能源、清洁能源运输装备的推广应用，促进城市交通绿色发展。

社会综治。补充完善各类监控设备，构建高空与地面、固定与机动、全景与细节相结合的视频监控体系。实施"围城计划"，在城区、重点乡镇（街道）和省、市、县边界建立三层防控圈，依托天网工程和电子卡口同步建设末端感知采集设备，全面归集人、车、虚拟身份等数据。五年内，"天网工程"摄像机达2万路，"平安乡村"监控达10万路，实现全城视频监控无盲区。延伸"天网"网络到数据资源中心等政府职能部门和乡镇（街道）、各级综治中心。依托公共安全视频共享平台，推进全市视频图像资源互联，按照依法授权使用、分级分类监管的原则，逐步开展视频图像信息社会治理领域的重点应用。深化"群防群治"工作，支持辖区群众通过手机终端监看视频监控图像、反馈异常信息、一键联动报警。提升治安防控智能化水平，建设全域感知平台、统一调度系统与平安指数研判系统，科学监测、评估风险，分级预警、统一指挥，推动社会治理从被动应付处置向主动预警防范转变。

智慧公安。全面推广信息化应用，初步实现公安警务现代化。交通安全管理智慧化，结合智慧交通建设，叠加农村治安交通防控一体化警务模式，完善农村交通安全管理格局和工作机制。数据资源建设系统化，成立科技研发机构，对接省、市"1518"大数据平台接口，利用公安大数据资源，设计优质数据采集软件，全面采集浏阳本地数据；与湘赣边县市开展警务合作，共享交换数据资源，实现数据共建共治共享。指挥调度系统立体化，改造110指挥调度平台，实现人员、车辆、场所、报警信息、现场视频在三维地图上直观展示，通过电话、手机、视频、350兆警用对讲机、无线图传等设备进行扁平化指挥调度。内部安全管理智能化，在重要部位和监管场所部署无人机反制系统、"一卡通"平台，整合智能车门禁、智能枪柜、智能钥匙柜、智能储物柜等设备资源，按需配备5G执法记录仪，车辆安装带北斗定位的行车记录仪、无线图传系统，将5G、人脸、虹膜识别等科技成果不断应用于内部安全管理，实现出入畅通，单位平安。

"多规合一"。完善"多规合一"基础支撑平台，涉敏涉密数据（如高清正射影像图数据、基础地理、国情普查等）通过国土空间基础信息平台（资规专网版）进行融合加工处理，利用光闸方式发布地图服务方式供市数据资源管理平台调用，非涉敏涉密数据直接归集到市数据资源管理平台地理数据库中，实现共享自然资源、发改、环保、住建、交通、水利、农业、林业等部门国土空间相关信息，完善基于"多规合一"的"一张图""一张表"建设。强化自然资源管理信息化能力，进一步升级完善自然资源一站式管理服务平台和国土空间规划"一张图"实施监督、开发城市风貌三维管控平台等多个应用型信息系统，形成互相贯通、前后一体的自然资源管理信息化体系。

智慧住建。建设城市信息模型（CIM）平台，形成城市三维空间数据底板，推动数字城市与物理城市同步规划建设。深化应用建筑模型（BIM）技术，完善建筑工地智慧监管系统，提升工地实时监管能力。构建集房地产市场管理和住房保障为一体的业务信息体系，深化房屋全生命周期管理。利用GIS、三维仿真、物联网等技术，推进地下管网、消防管理等城市市政基础设施智能化建设，全方位掌控城市基础设施的综合态势。

智慧市监。推进市监服务事项电子化，全面应用电子签名、电子印章、电子证照，扩展网上审批范围，做好电子证照归集，推进"证照分离"双告知，证照过期自动提醒。建设食药溯源系统，加强食药生产、流通等重要环节数据采集和保存，形成来源可查、去向可追、责任可究的信息链条。完善市场监管民众服务系统，建设一体化执法管理系统，实现风险分级动态管理及资源的快速调配。

智慧城管。对接长沙市城市综合管理服务平台，完善市容监管、智慧市政、智慧园林、智慧环卫等领域信息化应用。逐步推进监督指挥数字化，推进网上办案、网上勤务、督察与考核、诉件管理等系统建设，构建管执联动模式，实现数字城管监督指挥平台与政府部门大数据联动，提升城管监督指挥工作效能。基于APP服务、微信和微博自媒体形式，开通公众参与城市管理、监督管理绩效的通道，打造“管服并重”的智慧城管。

“互联网+舆情”。建设舆情监测分析系统，增强全天候、全方位舆情态势感知能力。基于热点话题、突发事件、市民诉求等，运用模型仿真、深度学习等技术，精准识别舆情风险源、舆情焦点、舆情动向与舆情传播路径，对接市级平台，助推全域舆情可视化、智能化管理升级。

社会信用。完善信用信息共享平台，加强信用数据资源增值利用，依法依规运用信用激励和约束手段。创新社会信用多元化服务，推动政务诚信、商务诚信、社会诚信建设，加强重点行业和领域信用建设，创新深化信用信息联合惩戒、便捷服务等应用。

（四）激发高质创新的产业活力

智能制造。依托浏阳“三主四特两新”产业格局，引导企业进行智能化改造，打造智能化工厂、数字化车间。构建工业云公共服务平台，降低企业上云上平台门槛，为企业提供一体化、全要素、低成本的云服务。加快培育区域、行业及企业级工业互联网云平台，并纳入长沙市统一的云架构体系。推进5G与工业互联网融合创新和应用发展，打造典型应用场景、试点示范项目、标杆企业及示范园区。聚焦花炮云、家具云、苗木云、健康云等区域特色产业云平台建设升级，整合产业链上下游资源和信息，为行业企业提供决策支持和应用服务。

智慧文旅。全面提升“旅游管理、旅游服务、旅游营销”智能化水平，升级浏阳旅游大数据平台，提升全域旅游大数据分析及监控指挥调度能力；打造全域旅游综合营销平台，形成全方位立体式营销。加快涉旅要素特色化升级，建设文旅广体云平台，提升公共文化场馆数字化服务水平；推进景区智慧化改造，提升游客体验和景区管理水平。

智慧农业。充分发挥信息化手段，提高农业生产效率，助力乡村振兴。丰富农业信息服务手段，推广应用国家农产品质量安全追溯平台，加速农业信息资源的网络化应用，打通农业多个环节信息孤岛，提升农业信息综合应用效率，建设农业农村大数据平台，为农业生产管理提供支撑，提升农业数字化生产管理能力与灾害病害预测预报能力。

智慧园区。统筹优化企业公共信息服务平台，通过PC端网站、App、热线电话、第三方应用四大类服务渠道，搭建面向园区中小企业的专属服务“超市”。健全安全生产监管调度平台，强化园区安全生产监测与环保监测。完善招商引资运营平台，新建园区智慧运营管理平台，打造覆盖企业运营全流程、全生命周期、全产业链的一站式综合性服务体系，实现园区企业服务精细化、运营服务创新化、监管服务智能化。

智慧商贸。完善“网间”基础能力建设，推进掌上浏阳“羊淘商城”“和包支付”在各类消费场景的应用，创新推广实施“41111”电商人才培训工程。升级电商公共服务支撑体系，发挥运营中心、浏通天下、邮乐购等电商平台和产业园孵化带动作用，助推“浏品出湘、优品出海”。推进商贸流通公共服务平台搭建，促进传统商贸线上线下融合发展，促进商贸服务信息实时对接，推进浏阳智慧商圈、智慧商店、智慧流通顺利落地。

（五）构建和谐共生的绿色生态

智慧环保。完善生态环境监测体系，加强物联网生态环境数据采集与集成导入，建设污染源自动监控系统，实现生态环境要素的全面监管、动态感知。完善监测网络建设，提高生态环境预测预警能力。依托湖南省电力环保智慧监管平台，强化企业节能排污监测管理功能。打通监测、调度、执法环节数据，统筹生态环境预警与全市应急管理工作衔接，提升生态环境应急管理和处置水平。

智慧林业。以浏阳智慧林业信息平台为依托，整合拟建的林草资源管理、森林资源监管、林长制巡护等系统，形成统合监测管理大平台，实现森林资源天、地、空全面管理。打通拟建的浏阳河湿地公园湿地监测系统、林火监测预警系统、林业有害生物管理系统，基于数据分析模型实现科学预警预报。

智慧水务。加强物联网技术的防汛监管设备的建设力度，升级山洪灾害监测预警系统及洪水分析系统，增强山洪灾害信息化监管水平。建立山洪灾害预测模型，实时打通雨水雨量信息与气象、自然资源、交通运输、应急管理等部门数据，分析研判生成动态预警信息，提升山洪灾害应急管理和处置水平。打造浏阳特色化的水务信息化系统、智慧管网监测系统及智慧巡河平台，完善水资源管理动态信息公开机制，提升水资源综合管理水平。

四、实施计划

新型智慧城市规划按照打基础、稳发展、深化应用、能力升级、树立样板五个发展阶段进行划分。新型智慧城市建设实施过程需遵循“统一组织、统一规划、统一审核、统一管理、统一标准”五大原则，建立决策咨询机制、规划计划机制、项目决策机制、评估考核机制、开放合作机制和宣传培训机制，由浏阳市新型智慧城市和数字政府建设工作领导小组统筹推进，根据项目排序准则、考核标准、业务模型进行年度计划的制定、推广及培训计划开展，确保各项工作有序推进。新型智慧城市建设运营基于构建“一主管、一主体、一中心”的实施架构开展，建立健全政府采购、合同管理、绩效评价、信息公开等管理办法。

五、保障措施

组织保障。成立浏阳市新型智慧城市和数字政府建设工作领导小组，发挥协调联动和决策作用，对“智慧浏阳”规划设计、工程项目和政策制定进行指导和论证，统筹指导、协调、推进、监督新型智慧城市和数字政府建设。

考核保障。开展制度化、规范化、常态化绩效考核，将考核结果纳入政府绩效考核体系和领导干部任用评价体系。强化监督管理，把绩效考核作为强化机关效能建设、优化营商环境、提高行政审批效率、增强公共服务能力、保障信息网络安全的重要途径和抓手。

政策保障。制定并完善与“智慧浏阳”发展相适应的资源共享政策、投融资政策、人才政策、产业政策，完善新型智慧城市市场准入制度；加快基础规范、管理规范、服务规范、技术规范和信息安全规范的研究制定工作，落实各项标准、法规和管理措施。

技术保障。鼓励企业、高校、科研机构开发具有自主知识产权的新型智慧城市相关标准专利和产品，突破支撑智慧产业建设的关键技术，培养拥有核心技术和强大竞争力的高新技术企业。

规范保障。遵循国家及湖南省新型智慧城市建设与评价体系标准，结合“智慧浏阳”建设的应用需求和探索实践，打造完整的、可操作的浏阳市新型智慧城市规范体系。

资金保障。统筹资金支持浏阳市新型智慧城市建设，争取国家、省、长沙市对新型智慧城市建设资金支持和政策性补贴。坚持财政投入与社会投资并重，通过资本注入、贷款贴息、服务外包补贴、融资担保等形式，引进和鼓励社会资本参与新型智慧城市建设。

人才保障。落实各项人才政策，解决高端人才户籍、子女入学、医疗保障、住房保障等方面需求，吸引海内外优秀人才和团队进驻浏阳。加强与高校和科研院所合作，建立人才实训基地，健全人才培养机制。推进与专业研究机构、高端智库的战略合作，为新型智慧城市建设提供智力支持。

宣传保障。依托各类媒介广泛宣传新型智慧城市建设对浏阳经济社会发展的重要推动作用，推广“智慧浏阳”重点示范工程和试点社区的建设经验，营造浓厚“智慧浏阳”建设氛围。

安全保障。完善信息安全组织体系，落实信息安全责任制，健全信息网络安全技术、设备和产品的监督管理制度，建立安全防范机制。加强信息安全应急指挥系统、信息安全应急处置体系、灾备体系等网络与信息安全基础设施建设。

浏阳市人民政府
关于调整市本级管理流域面积
50平方公里以上河流管理范围的通告

为加强河道管理,保障防洪、生态安全,根据《中华人民共和国水法》《中华人民共和国防洪法》《中华人民共和国河道管理条例》《湖南省实施〈中华人民共和国河道管理条例〉办法》等法律法规及《湖南省水利厅关于开展全省河湖划界成果省级复核工作的通知》精神,我市按照10年一遇设计洪水位标准,对市本级管理流域面积50平方公里以上河流的管理范围进行了调整。现将有关事项通告如下:

一、划界范围

渌水(浏阳段)、小江河、大圣河、灌江河、浏阳河(大溪河)、中岳河、椒花河、金坑河、金鸡河、大光溪河、桐子港河、沔江河、梅田河、溪江河、小溪河、人溪河、长滩河、石湾河、渭川河、净溪河、韩家港河、青草港河、枨冲河、金江河、跃龙河、涧江河、后塘湾河、草塘堪河、捞刀河(县管河段)、狮岩河、新田河、永乐桥河、东门江河、黄泥江河、大桥市河、九溪河等36条河流干流管理范围。

二、管理要求

(一)在河道管理范围内,禁止以下活动:

(1)建设妨碍行洪的建筑物、构筑物(含农村自建房);围垦河道;修建围堤、阻水渠道、阻水道路;种植高杆农作物、芦苇、杞柳、荻柴和树木(堤防防护林除外);设置拦河渔具,养殖、放牧、圈养牲畜及在桥涵孔道内设置栅栏;弃置矿渣、石渣、煤灰、泥土、垃圾等。

(2)在堤防和护堤地建房、开渠、打井、挖窖、葬坟、晒粮、存放物料、开采地下资源、进行考古发掘以及开展集市贸易活动等。

(3)堆放、倾倒、掩埋、排放污染水体的物体;在河道内清洗装贮过油类或者有毒污染物的车辆、容器。

(4)在有山体滑坡、崩岸、泥石流等自然灾害的山区河道河段从事开山采石、采矿、开荒等危及山体稳定的活动。

(5)损坏或者擅自移动界桩、安全警示标志及其他水利设施。

(6)损毁堤防、护岸、闸坝等水工程建筑物和防汛设施、水文监测和测量设施、河岸地质监测设施以及通信照明等设施。

(7)法律、法规禁止的其他相关活动。

(二)在河道管理范围内进行下列生产建设活动,应依法经水行政主管部门审批或审查同意:

(1)建设跨河、穿河、穿堤、临河的桥梁、码头、道路、渡口、管道、缆线、取水、排水等工程设施。

(2)在河道管理范围内进行采砂、采石、取土、淘金、弃置砂石或者淤泥,爆破、钻探、挖筑鱼塘,在河道滩地存放物料、修建厂房或者其他建筑设施,开采地下资源及进行考古发掘等活动。

三、其他事项

(一)对违反河道管理法律、法规和本通告规定的单位和个人,依法追究其责任,涉嫌犯罪的,依法移送有关机关处理。

(二)本通告内容属于行政管理事项,不改变土地的权属,河道管理范围线不作为界定土地所有权的依据。

(三)本通告自发布之日起施行。《浏阳市人民政府关于划定市本级管理流域面积50平方千米以上河流及直属水库管理(保护)范围的通告》(浏政发〔2019〕14号)同时废止。

附件:划界标准成果表

浏阳市人民政府

2022年12月9日

表 28

划界标准成果表

岸别	类别	起点		终点		河段属性	调整后划界标准	备注
		河道里程数（千米）	点位坐标	河道里程数（千米）	点位坐标			
渌水浏阳市河段管理范围划定标准表								
左岸	无堤防	0	471066.426,3085253.084	68.67	501334.007,3109852.872	农村河段	以 10 年一遇设计洪水位线作为管理范围线	
右岸	无堤防	0	470858.615,3085086.723	68.67	501304.823,3109830.952	农村河段	以 10 年一遇设计洪水位线作为管理范围线	
小江河浏阳市河段管理范围划定标准表								
左岸	无堤防	0	486712.206,3102093.929	19.79	488480.221,3112080.131	农村河段	以 10 年一遇设计洪水位线作为管理范围线	
左岸	水利工程	19.79	488480.221,3112080.131	19.91	488399.303,3112093.174	农村河段	坝区管理范围线为大坝背水坡脚向外水平延伸 30 米，大坝两端山坡开挖线起顺坡向外延伸 50 米	金山水库
左岸	水利工程	19.91	488399.303,3112093.174	21.02	488459.820,3112674.237	农村河段	库区管理范围线采用换算至 1985 年国家高程基准的设计洪水位 218.28 米	金山水库
左岸	无堤防	21.02	488459.820,3112674.237	25.96	489425.502,3115393.894	农村河段	以 10 年一遇设计洪水位线作为管理范围线	
左岸	水利工程	25.96	489425.502,3115393.894	26.11	489441.998,3115569.959	农村河段	坝区管理范围线为大坝背水坡脚向外水平延伸 30 米，大坝两端山坡开挖线起顺坡向外延伸 50 米	云山水库
左岸	水利工程	26.11	489441.998,3115569.959	26.41	489369.830,3115817.913	农村河段	库区管理范围线采用换算至 1985 年国家高程基准的设计洪水位 426.56 米	云山水库
左岸	无堤防	26.41	489369.830,3115817.913	27.84	490374.931,3116559.109	农村河段	以 10 年一遇设计洪水位线作为管理范围线	
右岸	无堤防	0	486671.218,3102142.296	19.79	488314.879,3111964.886	农村河段	以 10 年一遇设计洪水位线作为管理范围线	
右岸	水利工程	19.79	488314.879,3111964.886	21.02	488451.674,3112677.918	农村河段	库区管理范围线采用换算至 1985 年国家高程基准的设计洪水位 218.28 米	金山水库
右岸	无堤防	21.02	488451.674,3112677.918	25.96	489414.817,3115398.594	农村河段	以 10 年一遇设计洪水位线作为管理范围线	
右岸	水利工程	25.96	489414.817,3115398.594	26.11	489323.094,3115538.859	农村河段	坝区管理范围线为大坝背水坡脚向外水平延伸 30 米，大坝两端山坡开挖线起顺坡向外延伸 50 米	云山水库
右岸	水利工程	26.11	489323.094,3115538.859	26.41	489367.648,3115817.759	农村河段	库区管理范围线为采用换算至 1985 年国家高程基准的设计洪水位 426.56 米	云山水库
右岸	无堤防	26.41	489367.648,3115817.759	27.84	490371.350,3116562.876	农村河段	以 10 年一遇设计洪水位线作为管理范围线	

续表 28

岸别	类别	起点		终点		河段属性	调整后划界标准	备注
		河道里程数（千米）	点位坐标	河道里程数（千米）	点位坐标			
大圣河浏阳市河段管理范围划定标准表								
左岸	无堤防	0	476340.184,3098368.688	21.46	471999.908,3108416.155	农村河段	以 10 年一遇设计洪水位线作为管理范围线	
右岸	无堤防	0	476158.150,3098388.796	21.46	471998.215,3108416.155	农村河段	以 10 年一遇设计洪水位线作为管理范围线	
濉江河浏阳市河段管理范围划定标准表								
左岸	无堤防	0	470669.708,3087662.981	20.47	460975.993,3090292.823	农村河段	以 10 年一遇设计洪水位线作为管理范围线	
右岸	无堤防	0	470616.791,3087508.464	20.47	460975.490,3090291.130	农村河段	以 10 年一遇设计洪水位线作为管理范围线	
浏阳河（大溪河）浏阳市河段管理范围划定标准表								
左岸	无堤防	0	469347.822,3120182.740	87.51	520417.111,3150637.590	农村河段	以 10 年一遇设计洪水位线作为管理范围线	
右岸	无堤防	0	469228.979,3120198.703	87.51	520417.111,3150637.590	农村河段	以 10 年一遇设计洪水位线作为管理范围线	
中岳河浏阳市河段管理范围划定标准表								
左岸	无堤防	0	499823.585,3149300.280	20.28	497157.922,3160824.616	农村河段	以 10 年一遇设计洪水位线作为管理范围线	
右岸	无堤防	0	499752.676,3149250.009	20.28	497149.905,3160818.742	农村河段	以 10 年一遇设计洪水位线作为管理范围线	
椒花河浏阳市河段管理范围划定标准表								
左岸	无堤防	0	491539.826,3143349.689	38.16	511524.031,3142954.279	农村河段	以 10 年一遇设计洪水位线作为管理范围线	
右岸	无堤防	0	491835.896,3143444.939	38.16	511509.426,3142955.231	农村河段	以 10 年一遇设计洪水位线作为管理范围线	
金坑河浏阳市河段管理范围划定标准表								
左岸	无堤防	0	488050.768,3138597.517	17.92	487693.007,3147503.258	农村河段	以 10 年一遇设计洪水位线作为管理范围线	
左岸	水利工程	17.923	487693.007,3147503.258	18.03	487811.550,3147651.672	农村河段	坝区管理范围线为大坝背水坡脚向外水平延伸 50 米，大坝两端山坡开挖线起顺坡向外延伸 50 米	板贝水库
左岸	水利工程	18.028	487811.550,3147651.672	25.1	486576.375,3151258.911	农村河段	库区管理范围线按《湖南省大中型水库库区设计洪水位及水面线复核成果汇总表》中推荐管理线回水位成果表划界	板贝水库
左岸	无堤防	25.104	486576.375,3151258.911	33.84	485477.563,3157673.838	农村河段	以 10 年一遇设计洪水位线作为管理范围线	
右岸	无堤防	0	487946.522,3138553.596	17.92	487664.282,3147489.299	农村河段	以 10 年一遇设计洪水位线作为管理范围线	

续表 28

岸别	类别	起点		终点		河段属性	调整后划界标准	备注
		河道里程数（千米）	点位坐标	河道里程数（千米）	点位坐标			
金坑河浏阳市河段管理范围划定标准表								
右岸	水利工程	17.923	487664.282,3147489.299	18.03	487466.479,3147452.866	农村河段	坝区管理范围线为大坝背水坡脚向外水平延伸 50 米，大坝两端山坡开挖线起顺坡向外延伸 50 米	板贝水库
右岸	水利工程	18.028	487466.479,3147452.866	25.1	486565.567,3151260.126	农村河段	库区管理范围线按《湖南省大中型水库库区设计洪水位及水面线复核成果汇总表》中推荐管理线回水位成果表划界	板贝水库
右岸	无堤防	25.104	486565.567,3151260.126	33.84	485477.563,3157673.838	农村河段	以 10 年一遇设计洪水位线作为管理范围线	
金鸡河浏阳市河段管理范围划定标准表								
左岸	无堤防	0	487749.136,3136638.994	11.51	498131.902,3133132.716	农村河段	以 10 年一遇设计洪水位线作为管理范围线	
左岸	水利工程	11.511	498131.902,3133132.716	11.83	498370.179,3132952.482	农村河段	根据《技术指南》，坝区管理范围线划界采用征地范围线	金鸡水库
左岸	水利工程	11.829	498370.179,3132952.482	15.6	499927.817,3133552.873	农村河段	根据《技术指南》，库区管理范围线划界采用征地范围线	金鸡水库
左岸	无堤防	15.598	499927.817,3133552.873	22.05	501384.496,3136710.908	农村河段	以 10 年一遇设计洪水位线作为管理范围线	
右岸	无堤防	0	487766.499,3136681.063	11.51	498147.050,3133164.488	农村河段	以 10 年一遇设计洪水位线作为管理范围线	
右岸	水利工程	11.511	498147.050,3133164.488	11.83	498309.126,3133327.910	农村河段	根据《技术指南》，坝区管理范围线划界采用征地范围线	金鸡水库
右岸	水利工程	11.829	498309.126,3133327.910	15.6	499936.964,3133559.471	农村河段	根据《技术指南》，库区管理范围线划界采用征地范围线	金鸡水库
右岸	无堤防	15.598	499936.964,3133559.471	22.05	501384.496,3136710.908	农村河段	以 10 年一遇设计洪水位线作为管理范围线	
大光溪河浏阳市河段管理范围划定标准表								
左岸	无堤防	0	483475.067,3134695.314	11.35	479738.472,3142185.123	农村河段	以 10 年一遇设计洪水位线作为管理范围线	
左岸	水利工程	11.35	479738.472,3142185.123	11.43	479774.852,3142137.498	农村河段	溢洪道两端自山坡开挖线起顺坡向外延伸 10 米、末端至消力池以下 100 米	富岭水库
左岸	水利工程	11.43	479774.852,3142137.498	11.57	479827.769,3141954.935	农村河段	坝区管理范围线为大坝背水坡脚向外水平延伸 50 米，大坝两端山坡开挖线起顺坡向外延伸 50 米	富岭水库
左岸	水利工程	11.56	479827.769,3141954.935	16.91	478585.701,3144717.027	农村河段	库区管理范围线按推荐管理线水位高程 191.22 米划界	富岭水库
左岸	无堤防	16.9	478585.701,3144717.027	23.91	473290.931,3146995.225	农村河段	以 10 年一遇设计洪水位线作为管理范围线	

续表 28

岸别	类别	起点		终点		河段属性	调整后划界标准	备注
		河道里程数（千米）	点位坐标	河道里程数（千米）	点位坐标			
大光溪河浏阳市河段管理范围划定标准表								
右岸	无堤防	0	483437.363,3134645.705	11.35	479756.332,3142206.290	农村河段	以 10 年一遇设计洪水位线作为管理范围线	
右岸	水利工程	11.353	479756.332,3142206.290	11.43	479794.035,3142166.602	农村河段	溢洪道两端自山坡开挖线起顺坡向外延伸 10 米、末端至消力池以下 100 米	富岭水库
右岸	水利工程	11.43	479794.035,3142166.602	11.57	479932.280,3142128.899	农村河段	坝区管理范围线为大坝背水坡脚向外水平延伸 50 米，大坝两端山坡开挖线起顺坡向外延伸 50 米	富岭水库
右岸	水利工程	11.56	479932.280,3142128.899	16.91	478559.904,144700.358	农村河段	库区管理范围线按推荐管理线水位高程 191.22 米划界	富岭水库
右岸	无堤防	16.9	478559.904,3144700.358	23.91	473290.931,146995.225	农村河段	以 10 年一遇设计洪水位线作为管理范围线	
桐子港河浏阳市河段管理范围划定标准表								
左岸	无堤防	0	484242.274,3132307.067	20.68	494012.086,125461.348	农村河段	以 10 年一遇设计洪水位线作为管理范围线	
右岸	无堤防	0	484099.399,3132404.963	20.68	494012.086,3125461.348	农村河段	以 10 年一遇设计洪水位线作为管理范围线	
沔江河浏阳市河段管理范围划定标准表								
左岸	无堤防	0	480331.102,3129806.751	15.47	475044.011,3137700.633	农村河段	以 10 年一遇设计洪水位线作为管理范围线	
左岸	水利工程	15.47	475044.011,3137700.633	15.61	475069.411,3137824.723	农村河段	溢洪道两端自山坡开挖线起顺坡向外延伸 10 米、末端至消力池以下 100 米	宝盖洞水库
左岸	水利工程	15.61	475069.411,3137824.723	15.69	475089.519,3137901.717	农村河段	坝区管理范围线为大坝背水坡脚向外水平延伸 30 米，大坝两端山坡开挖线起顺坡向外延伸 50 米	宝盖洞水库
左岸	水利工程	15.69	475089.519,3137901.717	17.55	473941.060,3138087.554	农村河段	库区管理范围线采用正常蓄水位 +1 米进行划定，划界水位为 167 米	宝盖洞水库
左岸	无堤防	17.55	473941.060,3138087.554	26.36	471852.192,3144382.974	农村河段	以 10 年一遇设计洪水位线作为管理范围线	
右岸	无堤防	0	480190.211,3129780.955	15.47	475035.015,3137700.633	农村河段	以 10 年一遇设计洪水位线作为管理范围线	
右岸	水利工程	15.47	475035.015,3137700.633	15.61	475030.517,3137831.867	农村河段	溢洪道两端自山坡开挖线起顺坡向外延伸 10 米、末端至消力池以下 100 米	宝盖洞水库

续表 28

岸别	类别	起点		终点		河段属性	调整后划界标准	备注
		河道里程数（千米）	点位坐标	河道里程数（千米）	点位坐标			
沔江河浏阳市河段管理范围划定标准表								
右岸	水利工程	15.61	475030.517,3137831.867	15.69	475035.544,3137916.269	农村河段	坝区管理范围线为大坝背水坡脚向外水平延伸 30 米，大坝两端山坡开挖线起顺坡向外延伸 50 米	宝盖洞水库
右岸	水利工程	15.69	475035.544,3137916.269	17.55	473934.445,3138063.741	农村河段	库区管理范围线采用正常蓄水位 +1 米进行划定，划界水位为 167 米	宝盖洞水库
右岸	无堤防	17.55	473934.445,3138063.741	26.36	471852.192,3144382.974	农村河段	以 10 年一遇设计洪水位线作为管理范围线	
梅田河浏阳市河段管理范围划定标准表								
左岸	无堤防	0	474844.837,3128706.941	7.25	472783.023,3133692.363	农村河段	以 10 年一遇设计洪水位线作为管理范围线	
左岸	水利工程	7.25	472783.023,3133692.363	7.51	472993.368,3133742.634	农村河段	溢洪道两端自山坡开挖线起顺坡向外延伸 10 米、末端至消力池以下 100 米	梅田水库
左岸	水利工程	7.51	472993.368,3133742.634	10.73	471922.354,3135058.663	农村河段	库区管理范围线按推荐管理线水位高程 125.6 米划界	梅田水库
左岸	无堤防	10.73	471922.354,3135058.663	25.7	468293.268,3143717.424	农村河段	以 10 年一遇设计洪水位线作为管理范围线	
右岸	无堤防	0	474822.348,3128599.785	7.25	472768.471,3133716.837	农村河段	以 10 年一遇设计洪水位线作为管理范围线	
右岸	水利工程	7.25	472768.471,3133716.837	7.51	472949.711,3133840.530	农村河段	溢洪道两端自山坡开挖线起顺坡向外延伸 10 米、末端至消力池以下 100 米	梅田水库
右岸	水利工程	7.51	472949.711,3133840.530	10.73	471942.272,3135048.482	农村河段	库区管理范围线按推荐管理线水位高程 125.6 米划界	梅田水库
右岸	无堤防	10.73	471942.272,3135048.482	25.7	468293.268,3143717.424	农村河段	以 10 年一遇设计洪水位线作为管理范围线	
溪江河浏阳市河段管理范围划定标准表								
左岸	无堤防	0	471100.519,3123206.349	12.37	466658.037,3129286.826	农村河段	以 10 年一遇设计洪水位线作为管理范围线	
左岸	水利工程	12.37	466658.037,3129286.826	12.59	466763.540,3129538.578	农村河段	大坝两端山坡开挖线起顺坡向外延伸 50 米，大坝背水坡脚向外水平延伸 50 米	道源水库
左岸	水利工程	12.59	466763.540,3129538.578	14.55	467004.845,3131082.389	农村河段	库区管理范围线按推荐管值 136.14 米划界	道源水库
左岸	无堤防	14.55	467004.845,3131082.389	21.23	465790.951,3135616.083	农村河段	以 10 年一遇设计洪水位线作为管理范围线	
右岸	无堤防	0	471063.610,3123169.440	12.37	466582.565,3129286.694	农村河段	以 10 年一遇设计洪水位线作为管理范围线	

续表 28

岸别	类别	起点		终点		河段属性	调整后划界标准	备注
		河道里程数（千米）	点位坐标	河道里程数（千米）	点位坐标			
溪江河浏阳市河段管理范围划定标准表								
右岸	水利工程	12.37	466582.565,3129286.694	12.59	466497.898,3129551.278	农村河段	大坝两端山坡开挖线起顺坡向外延伸 50 米，大坝背水坡脚向外水平延伸 50 米	道源水库
右岸	水利工程	12.59	466497.898,3129551.278	14.55	466975.212,3131088.210	农村河段	库区管理范围线按推荐管值 136.14 米划界	道源水库
右岸	无堤防	14.55	466975.212,3131088.210	21.23	465790.951,3135616.083	农村河段	以 10 年一遇设计洪水位线作为管理范围线	
小溪河浏阳市河段管理范围划定标准表								
左岸	无堤防	0	469369.894,3120064.610	27.143	485225.303,3118837.768	农村河段	以 10 年一遇设计洪水位线作为管理范围线	
左岸	水利工程	27.143	485225.303,3118837.768	55.031	500832.893,3122893.389	农村河段	水库引用水利工程划界成果	株树桥水库
左岸	无堤防	55.031	500832.893,3122893.389	106.57	514897.245,3145549.730	农村河段	以 10 年一遇设计洪水位线作为管理范围线	
右岸	无堤防	0	469347.515,3120183.366	27.143	485299.089,3118876.531	农村河段	以 10 年一遇设计洪水位线作为管理范围线	
右岸	水利工程	27.143	485299.089,3118876.531	55.031	500775.790,3122912.665	农村河段	水库引用水利工程划界成果	
右岸	无堤防	55.031	500775.790,3122912.665	106.57	514906.439,3145546.198	农村河段	以 10 年一遇设计洪水位线作为管理范围线	
人溪河浏阳市河段管理范围划定标准表								
左岸	无堤防	0	511516.549,3131421.270	25.91	523853.336,3135379.012	农村河段	以 10 年一遇设计洪水位线作为管理范围线	
右岸	无堤防	0	511601.216,3131467.837	25.91	523843.494,3135380.917	农村河段	以 10 年一遇设计洪水位线作为管理范围线	
长滩河浏阳市河段管理范围划定标准表								
左岸	无堤防	0	497674.563,3122619.107	26.04	506546.015,3133537.844	农村河段	10 年一遇设计洪水位线作为管理范围线	
右岸	无堤防	0	497627.996,3122589.474	26.04	506536.490,3133533.081	农村河段	10 年一遇设计洪水位线作为管理范围线	
石湾河浏阳市河段管理范围划定标准表								
左岸	无堤防	0	480867.897,3118029.853	16.98	486234.253,3116371.309	农村河段	以 10 年一遇设计洪水位线作为管理范围线	
左岸	无堤防	0	480900.309,3118090.046	16.98	486233.618,3116363.293	农村河段	以 10 年一遇设计洪水位线作为管理范围线	
涓川河浏阳市河段管理范围划定标准表								
左岸	无堤防	0	465091.021,3115395.676	1.5	465466.069,3116371.001	农村河段	以 10 年一遇设计洪水位线作为管理范围线	

续表 28

岸别	类别	起点		终点		河段属性	调整后划界标准	备注
		河道里程数（千米）	点位坐标	河道里程数（千米）	点位坐标			
渭川河浏阳市河段管理范围划定标准表								
左岸	水利工程	1.5	465466.069,3116371.001	1.64	465512.424,3116496.943	农村河段	溢洪道两端自山坡开挖线起顺坡向外延伸 10 米、末端至消力池以下 100 米	长兴水库
左岸	水利工程	1.64	465512.424,3116496.943	1.74	465809.719,3116520.985	农村河段	坝区管理范围线为大坝背水坡脚向外水平延伸 30 米，大坝两端山坡开挖线起顺坡向外延伸 50 米	长兴水库
左岸	水利工程	1.74	465809.719,3116520.985	3.43	466026.292,3118172.567	农村河段	库区管理范围线水位为 76.75 米	长兴水库
左岸	无堤防	3.43	466026.292,3118172.567	11.24	463235.539,3125320.493	农村河段	以 10 年一遇设计洪水位线作为管理范围线	
左岸	水利工程	11.24	463235.539,3125320.493	13.17	462612.038,3126279.102	农村河段	库区管理范围线水位为 167.88 米	杨溪皂水库
左岸	无堤防	13.17	462612.038,3126279.102	20.95	461432.641,3129083.326	农村河段	以 10 年一遇设计洪水位线作为管理范围线	
右岸	无堤防	0	465024.875,3115396.999	1.5	465435.165,3116378.410	农村河段	以 10 年一遇设计洪水位线作为管理范围线	
右岸	水利工程	1.5	465435.165,3116378.410	1.64	465450.829,3116510.278	农村河段	溢洪道两端自山坡开挖线起顺坡向外延伸 10 米、末端至消力池以下 100 米	长兴水库
右岸	水利工程	1.64	465450.829,3116510.278	1.74	465413.505,3116631.449	农村河段	坝区管理范围线为大坝背水坡脚向外水平延伸 30 米，大坝两端山坡开挖线起顺坡向外延伸 50 米	长兴水库
右岸	水利工程	1.74	465413.505,3116631.449	3.43	466010.748,3118190.757	农村河段	库区管理范围线水位为 76.75 米	长兴水库
右岸	无堤防	3.43	466010.748,3118190.757	11.24	463234.877,3125311.233	农村河段	以 10 年一遇设计洪水位线作为管理范围线	
右岸	无堤防	11.24	463234.877,3125311.233	13.17	462615.213,3126261.640	农村河段	库区管理范围线水位为 167.88 米	杨溪皂水库
右岸	无堤防	13.17	462615.213,3126261.640	20.95	461432.641,3129083.326	农村河段	以 10 年一遇设计洪水位线作为管理范围线	
净溪河浏阳市河段管理范围划定标准表								
左岸	无堤防	0	462845.370,3113050.148	18.93	471431.593,3104667.986	农村河段	以 10 年一遇设计洪水位线作为管理范围线	
左岸	水利工程	18.93	471431.593,3104667.986	19.09	471631.089,3104647.911	农村河段	溢洪道两端自山坡开挖线起顺坡向外延伸 10 米、末端至消力池以下 100 米	樟槽水库
左岸	水利工程	19.09	471631.089,3104647.911	21.39	472066.574,3106558.810	农村河段	库区管理范围线划界水位为 137.6 米	樟槽水库
左岸	无堤防	21.39	472066.574,3106558.810	23.52	471554.543,3108243.631	农村河段	以 10 年一遇设计洪水位线作为管理范围线	

续表 28

岸别	类别	起点		终点		河段属性	调整后划界标准	备注
		河道里程数（千米）	点位坐标	河道里程数（千米）	点位坐标			
净溪河浏阳市河段管理范围划定标准表								
右岸	无堤防	0	462854.895,3113177.942	18.93	471433.577,3104692.460	农村河段	以 10 年一遇设计洪水位线作为管理范围线 溢洪道两端自山坡开挖线起顺坡向外延伸 10 米、	樟槽水库
右岸	水利工程	18.93	471433.577,3104692.460	19.09	471573.701,3104774.117	农村河段	末端至消力池以下 100 米	
右岸	水利工程	19.09	471578.701,3104774.117	21.39	472035.353,3106532.352	农村河段	库区管理范围线划界水位为 137.6 米	樟槽水库
右岸	无堤防	21.39	472035.353,3106532.352	23.52	471554.543,3108243.631	农村河段	以 10 年一遇设计洪水位线作为管理范围线	
韩家港河浏阳市河段管理范围划定标准表								
左岸	无堤防	0	457544.254,3110701.907	18.12	448020.961,3115293.569	农村河段	以 10 年一遇设计洪水位线作为管理范围线	
右岸	无堤防	0	457436.304,3110681.270	18.12	448024.295,3115291.306	农村河段	以 10 年一遇设计洪水位线作为管理范围线	
青草港河浏阳市河段管理范围划定标准表								
左岸	无堤防	0	455618.999,3105905.979	22.17	460712.239,3097264.416	农村河段	以 10 年一遇设计洪水位线作为管理范围线	
右岸	无堤防	0	455840.456,3106056.791	22.17	460712.239,3097264.416	农村河段	以 10 年一遇设计洪水位线作为管理范围线	
枨冲河浏阳市河段管理范围划定标准表								
左岸	无堤防	0	450538.459,3102014.240	16.44	458153.010,3094917.776	农村河段	以 10 年一遇设计洪水位线作为管理范围线	
右岸	无堤防	0	450649.584,3102379.366	16.44	458153.010,3094917.776	农村河段	以 10 年一遇设计洪水位线作为管理范围线	
金江河浏阳市河段管理范围划定标准表								
左岸	无堤防	0	442692.676,3099181.088	14.85	451991.658,3092966.033	农村河段	以 10 年一遇设计洪水位线作为管理范围线	
右岸	无堤防	0	442668.202,3099230.036	14.85	451991.658,3092966.033	农村河段	以 10 年一遇设计洪水位线作为管理范围线	
跃龙河浏阳市河段管理范围划定标准表								
左岸	无堤防	0	436124.169,3101206.440	20	444651.856,3113419.544	农村河段	以 10 年一遇设计洪水位线作为管理范围线	
右岸	无堤防	0	435967.006,3101223.109	20	444651.856,3113419.544	农村河段	以 10 年一遇设计洪水位线作为管理范围线	
涧江河浏阳市河段管理范围划定标准表								
左岸	无堤防	0	434302.169,3100115.717	29.16	441581.549,3086485.646	农村河段	以 10 年一遇设计洪水位线作为管理范围线	
左岸	无堤防	29.16	441581.549,3086485.646	58.02	457213.034,3091354.437			株洲市境内

续表 28

岸别	类别	起点		终点		河段属性	调整后划界标准	备注
		河道里程数（千米）	点位坐标	河道里程数（千米）	点位坐标			
涧江河浏阳市河段管理范围划定标准表								
左岸	无堤防	58.02	457213.034,3091354.437	70.9	459364.419,3094522.895	农村河段	以10年一遇设计洪水位线作为管理范围线	
右岸	无堤防	0	434378.369,3100177.630	30.64	442637.239,3087243.679	农村河段	以10年一遇设计洪水位线作为管理范围线	
右岸	无堤防	30.64	442637.239,3087243.679	58.12	457274.682,3091293.318			株洲市境内
右岸	无堤防	58.12	457274.682,3091293.318	70.9	459364.419,3094522.895	农村河段	以10年一遇设计洪水位线作为管理范围线	
后塘湾河浏阳市河段管理范围划定标准表								
左岸	无堤防	0	433751.740,3098754.874	21.4	428628.706,3084297.702	农村河段	以10年一遇设计洪水位线作为管理范围线	
右岸	无堤防	0	433664.956,3098329.423	21.4	428628.706,3084297.702	农村河段	以10年一遇设计洪水位线作为管理范围线	
草塘堪河浏阳市河段管理范围划定标准表								
左岸	无堤防	0	436217.554,3118492.267	4.52	439854.473,3116816.286	农村河段	10年一遇设计洪水位作为管理范围线	
右岸	无堤防	0	436294.635,3118640.724	4.52	439853.944,3116821.181	农村河段	10年一遇设计洪水位作为管理范围线	
捞刀河浏阳市（县管）河段河道管理范围划定标准表								
左岸	水利工程	0	463155.489,3151164.704	0.1	463209.562,3151092.544	农村河段	溢洪道两端自山坡开挖线起顺坡向外延伸10米、末端至消力池以下100米	关山水库
左岸	水利工程	0.1	463209.562,3151092.544	0.25	462950.083,3150889.095	农村河段	大坝背水坡脚向外水平延伸50米，大坝两端山坡开挖线起顺坡向外延伸50米	关山水库
左岸	水利工程	0.25	462950.083,3150889.095	3.11	463931.428,3148437.222	农村河段	库区管理范围线按推荐管理线水位高程170.47米划定	关山水库
左岸	无堤防	3.11	463931.428,3148437.222	10.89	469783.535,3145299.572	农村河段	以10年一遇设计洪水位线作为管理范围线	
右岸	水利工程	0	463175.983,3151178.179	0.28	463330.342,3150951.932	农村河段	溢洪道两端自山坡开挖线起顺坡向外延伸10米、末端至消力池以下100米	关山水库
右岸	水利工程	0.28	463330.342,3150951.932	3.11	463944.846,3148464.711	农村河段	库区管理范围线按推荐管理线水位高程170.47米划定	关山水库
右岸	无堤防	3.11	463944.846,3148464.711	10.89	469784.487,3145302.937	农村河段	以10年一遇设计洪水位线作为管理范围线	
狮岩河浏阳市河段管理范围划定标准表								
左岸	无堤防	0	449570.334,3140476.850	15.75	458913.442,3137381.545	农村河段	以10年一遇设计洪水位线作为管理范围线	

续表 28

岸别	类别	起点		终点		河段属性	调整后划界标准	备注
		河道里程数（千米）	点位坐标	河道里程数（千米）	点位坐标			
狮岩河浏阳市河段管理范围划定标准表								
左岸	水利工程	15.75	458913.442,3137381.545	21.04	462561.900,3139706.314	农村河段	水库引用水利工程划界成果	马尾皂水库
左岸	无堤防	21.04	462561.900,3139706.314	28.8	467208.735,3143345.279	农村河段	以 10 年一遇设计洪水位线作为管理范围线	
右岸	无堤防	0	449594.146,3140513.759	15.75	458894.922,3137418.057	农村河段	以 10 年一遇设计洪水位线作为管理范围线	
右岸	水利工程	15.75	458894.922,3137418.057	21.04	462561.900,3139719.543	农村河段	水库引用水利工程划界成果	马尾皂水库
右岸	无堤防	21.04	462561.900,3139719.543	28.8	467208.735,3143345.279	农村河段	以 10 年一遇设计洪水位线作为管理范围线	
新田河浏阳市河段管理范围划定标准表								
左岸	无堤防	0	451045.041,3139742.492	18.53	465455.431,3144800.078	左岸	以 10 年一遇设计洪水位线作为管理范围线	
右岸	无堤防	0	451047.422,3139781.782	18.53	465455.431,3144800.078	右岸	以 10 年一遇设计洪水位线作为管理范围线	
永乐桥浏阳市河段管理范围划定标准表								
左岸	无堤防	0	443678.674,3133947.296	15.69	453554.124,3130977.655	农村河段	以 10 年一遇设计洪水位线作为管理范围线	
左岸	水利工程	15.69	453554.124,3130977.655	21.09	455968.707,3131506.514	农村河段	水库引用水利工程划界成果	南康水库
左岸	无堤防	21.09	455968.707,3131506.514	36.38	463088.893,3132933.177	农村河段	以 10 年一遇设计洪水位线作为管理范围线	
右岸	无堤防	0	444056.367,3133826.249	15.69	453486.787,3130959.002	农村河段	以 10 年一遇设计洪水位线作为管理范围线	
右岸	水利工程	15.69	453486.787,3130959.002	21.09	455949.393,3131505.191	农村河段	水库引用水利工程划界成果	南康水库
右岸	无堤防	21.09	455949.393,3131505.191	36.38	463079.738,3132937.410	农村河段	以 10 年一遇设计洪水位线作为管理范围线	
东门江河浏阳市河段管理范围划定标准表								
左岸	无堤防	0	442369.280,3133963.945	10.1	443911.561,3141422.079	农村河段	以 10 年一遇设计洪水位线作为管理范围线	
左岸	水利工程	10.1	443911.561,3141422.079	14.6	445439.798,3144869.607	农村河段	水库引用水利工程划界成果	横山头水库
左岸	无堤防	14.6	445439.798,3144869.607	30.41	447268.512,3153780.119	农村河段	以 10 年一遇设计洪水位线作为管理范围线	
右岸	无堤防	0	442340.837,3133923.265	10.1	443826.894,3141426.312	农村河段	以 10 年一遇设计洪水位线作为管理范围线	
右岸	水利工程	10.1	443826.894,3141426.312	14.6	445423.923,3144874.898	农村河段	水库引用水利工程划界成果	横山头水库
右岸	无堤防	14.6	445423.923,3144874.898	30.41	447268.512,3153780.119	农村河段	以 10 年一遇设计洪水位线作为管理范围线	

续表 28

岸别	类别	起点		终点		河段属性	调整后划界标准	备注
		河道里程数（千米）	点位坐标	河道里程数（千米）	点位坐标			
狮岩河浏阳市河段管理范围划定标准表								
左岸	无堤防	0	441206.629,3125544.748	29.07	459597.615,3123578.056	农村河段	以 10 年一遇设计洪水位线作为管理范围线	
左岸	无堤防	0	441227.796,3125705.615	29.07	459597.615,3123578.056	农村河段	以 10 年一遇设计洪水位线作为管理范围线	
大桥市浏阳市河段管理范围划定标准表								
左岸	无堤防	0	435767.329,3127399.760	26.48	435523.099,3145703.389	农村河段	以 10 年一遇设计洪水位线作为管理范围线	
右岸	无堤防	0	435610.960,3127338.377	26.48	435523.099,3145703.389	农村河段	以 10 年一遇设计洪水位线作为管理范围线	
九溪浏阳市河段管理范围划定标准表								
左岸	无堤防	0	434922.451,3126510.245	12.81	442927.934,3119385.613	农村河段	以 10 年一遇设计洪水位线作为管理范围线	
左岸	水利工程	12.81	442927.934,3119385.613	14.6	444615.054,3117746.025	农村河段	水库引用水利工程划界成果	洞阳水库
左岸	无堤防	14.6	444615.054,3117746.025	20.4	446755.088,3115073.633	农村河段	以 10 年一遇设计洪水位线作为管理范围线	
左岸	水利工程	20.4	446755.088,3115073.633	21.4	446809.900,3114264.573	农村河段	水库引用水利工程划界成果	黄马桥水库
左岸	无堤防	21.4	446809.900,3114264.573	26.02	444645.084,3111788.611	农村河段	以 10 年一遇设计洪水位线作为管理范围线	
右岸	无堤防	0	435205.132,3126619.042	12.81	442937.893,3119469.347	农村河段	以 10 年一遇设计洪水位线作为管理范围线	
右岸	水利工程	12.81	442937.893,3119469.347	14.6	444625.638,3117738.617	农村河段	水库引用水利工程划界成果	洞阳水库
右岸	无堤防	14.6	444625.638,3117738.617	20.4	446758.819,3115079.666	农村河段	以 10 年一遇设计洪水位线作为管理范围线	
右岸	水利工程	20.4	446758.819,3115079.666	21.4	446839.838,3114271.082	农村河段	水库引用水利工程划界成果	黄马桥水库
右岸	无堤防	21.4	446839.838,3114271.082	26.02	444645.084,3111788.611	农村河段	以 10 年一遇设计洪水位线作为管理范围线	

普迹镇浏阳河夹洲岛　（刘正国　摄）

附　录

浏阳市2022年国民经济和社会发展统计公报

2022年,在市委、市政府的坚强领导下,全市上下坚持以习近平新时代中国特色社会主义思想为指导,深入学习贯彻党的二十大精神,坚决落实"疫情要防住、经济要稳住、发展要安全"重要要求,积极应对各种困难挑战,经济保持平稳增长,推动现代化新浏阳建设迈出坚定步伐。

初步核算,全年实现地区生产总值1722.5亿元,按可比价计算,比上年增长5.0%(下同)。其中第一产业增加值136.5亿元,第二产业增加值903.0亿元,第三产业增加值683.0亿元,分别增长3.5%、6.1%和4.0%。三次产业对经济增长的贡献率依次为6.2%、61.1%和32.7%,分别拉动经济增长0.3个百分点、3.1个百分点和1.6个百分点;三次产业结构为7.9:52.4:39.7。

一、农业

全年粮食种植面积121.04万亩,其中稻谷播种面积111.63万亩;烟叶种植面积5.96万亩,比上年增长18.4%。

全年粮食总产量56万吨,比上年下降0.4%;烟叶6983吨,增长19.6%;出栏生猪131.98万头,增长0.83%;出笼家禽1361.88万羽,增长1.2%。

二、工业

全年实现工业增加值比上年增长5.9%,规模以上工业企业901家,规模工业总产值增长7.4%,规模工业增加值增长6.6%,其中,经开区(高新区)实现规模工业增加值增长7.7%。

全市10条重点产业链中,电子信息产业链产值比上年增长17.5%,生物医药产业链产值增长14.6%,新能源汽车产业链产值增长13.5%,烟花爆竹产业链产值增长7.7%,智能装备产业链产值增长6.8%,新材料产业链产值增长6.4%,绿色食品及油茶产业链产值增长1.8%。

三、建筑业、房地产业和固定资产投资

全年建筑行业实现增加值44.5亿元,比上年增长15.6%。拥有资质建筑企业64家,实现建筑业产值79.1亿元,增长9.5%。

全年房地产业实现增加值46.9亿元,比上年下降1.6%。拥有房地产企业80家,实现房地产投资增长8.1%;商品房销售面积减少29.0%。

全年固定资产投资比上年增长9.0%。其中产业投资增长7.7%,工业投资下降4.2%。

四、财政金融、内外贸易和市场物价

财政　全年完成一般公共预算收入140.17亿元,剔除政策因素影响,同口径比上年增长5.94%,税收收入占一般公共预算收入比重为82.36%,其中地方一般公共预算收入101.14亿元,剔除政策因素影响,同口径增长10%;全市地方一般公共预算支出174.05亿元,增长6.29%。

金融　年末金融机构年末各项存款余额1233.75亿元,比上年末增长12.74%,比年初增加139.45亿元,其中住户存款余额866.75亿元,增长18.37%,比年初增加134.49亿元;各项贷款余额1082.94亿元,增长7.07%,比年初增加71.51亿元。金融机构年末存贷比为1:0.88,不良贷款率0.70%,比年初下降0.05个百分点。

内外贸易　全年实现社会消费品零售总额455.8亿元,比上年增长3.1%。其中:批发业零售额31.6亿元,下降8.5%;零售业零售额372.5亿元,增长4.3%;住宿业零售额4.3亿元,增长3.2%;餐饮业零售额47.4亿元,增长2.3%。

全年自营进出口总额231.09亿元,比上年增长0.64%。市辖(不含经开区)实现进出口总额96.83亿元,比上年增长33.16%,其中进口总额2.10亿元,增长904.11%,出口总额94.73亿元,增长30.65%;经开区实现进出口总额134.26亿元,下降14.43%,其中进口总额49.97亿元,增长26.34%,出口总额84.28亿元,下降28.18%。

市场主体　全年新增市场主体34315户,年末市场主体总数达150356户。

五、交通运输和邮电业

交通运输　年末市内公路里程8411.49千米。城乡公交一体化改革后,全市公交车客运量增长45%,公路客运量下降65%。

邮电通信　全年实现邮电业务总量10.88亿元,比上年增长5.18%。年末拥有移动电话用户148.61万户,增长3.30%;互联网宽带接入用户43.01万户,增长14.90%。

六、旅游和招商引资

旅游　全年接待旅游人数3048.66万人次,比上年增长4.83%;旅游产业收入322.26亿元,增长6.12%。

招商引资　全年引进项目133个,其中亿元以上项

目36个,10亿元以上项目12个,50亿元以上项目3个。外商直接投资实际到位资金3941万美元,实际到位省外境内资金187.88亿元,增长11.52%。

七、科学技术和教育

科学技术　年末拥有高新技术企业和生产高新技术产品的企业580家。全年高新技术增加值446.40亿元,比上年增长14%,占地区生产总值的比重为25.9%。全年新增专利授权量2798件,其中发明专利授权306件,实用新型专利授权2098件,外观设计专利授权394件。

教育　年末拥有普通小学(含教学点)306所,教职员工6147人,本年招生18682人,在校学生113243人,毕业17753人;普通初中55所,教职员工4247人,本年招生17308人,在校学生52388人,毕业16993人;普通高中19所,教职员工3204人,本年招生11942人,在校学生32765人,毕业9703人;中等职业学校10所,教职员工1063人,本年招生6529人,在校学生18363人,毕业3814人;特殊教育学校1所,教职员工92人,本年招生36人,在校学生352人,毕业32人。

八、文化、卫生和体育

文化　年末拥有文化馆站33个、艺术表演团体25个。全市广播综合人口覆盖率96.5%,电视综合人口覆盖率98.8%,年末公共图书馆藏书57.35万册。

卫生　年末拥有卫生机构58个,其中医院56所。卫生机构床位数11596张,卫生技术人员10466人,其中医生5286人。年内诊疗890万人次,年内治愈率为73%。产妇住院分娩率100%,婴儿死亡率2.29‰,5岁以下儿童死亡率3.55‰。

体育　全年共组织县级以上运动会2次,参加活动人数1万人次。运动员在各项比赛中获得国家级奖牌4枚、省市级奖牌65枚。

九、环境保护和安全生产

环境保护　全年空气质量优良率94.25%,浏阳河出境水质年均值保持Ⅱ类,饮用水水源地水质达标率100%。

安全生产　全年亿元GDP事故死亡率为0.0192;生产安全事故死亡人数33人。

十、人口、人民生活和社会保障

人口　年末公安户籍户数41.2万户,总人口为147.7万人,其中,城镇人口75.7万人,乡村人口72.0万人,年内出生人口8674人,出生率为5.87‰;年内死亡人口10541人,死亡率为7.14‰;人口自然增长率-1.27‰。

人民生活　全年城乡居民人均可支配收入52401元,比上年增长5.9%,其中城镇居民人均可支配收入59275元,增长4.9%;农村居民人均可支配收入43407元,增长6.5%。城乡居民人均生活消费支出30091元,增长5.0%,其中城镇居民人均生活消费支出33383元,增长3.8%,农村居民人均生活消费支出25784元,增长6.1%。

社会保障　年末城镇职工基本养老保险参保人数19.10万人,城乡居民基本养老保险参保人数81.67万人,参保率达98%。城镇职工基本医疗保险参保人数21.12万人,城乡居民基本医疗保险参保人数116.49万人,常住人口参保率达96.06%。全年新增城镇就业人员18913人,年末城镇登记失业率0.86%,失业保险参保人数15.40万人。全市共有各种提供住宿的民政服务机构45个,床位5846张。全年发放城乡居民最低生活保障经费14712万元,城乡居民最低生活保障人数26133人,城乡低保对象人均月补差标准分别为568元和426元。

注:1.本公报数据为初步核实数。

2.地区生产总值、各行业增加值等数据的增长率按2020年不变价格计算。

浏阳市统计局

发布时间:2023年4月11日

浏阳市2022年度气候影响评价

1.综述

2022年浏阳天气气候的异常特征:一是夏季高温热浪、历史最暖秋季;二是阶段性干旱明显,夏秋连旱影响重;三是雨日偏少,强降雨频发,出现极端性暴雨过程。主要天气气候事件有暴雪、倒春寒、五月低温、雷暴大风、冰雹、暴雨、洪涝、高温热害、干旱、寒潮、大雾等,给公众生产生活带来不利影响。

2.基本气候概况

2022年年平均气温18.8℃,比历年同期(17.8℃)偏高1.0℃;年极端最高气温40.8℃,出现在8月23日,极端最低气温-3.8℃,出现在12月18日。年降水量1528.7毫米,比历年同期(1597.3毫米)偏少4.3%,春季雨水充足,夏秋冬季降水偏少。年日照时数1654.2小时,比历年同期(1579.9小时)偏多4.7%。

2.1 气温

2022年平均气温18.8℃,为历史第二高值,较历年异常偏高1.0℃。2022年月平均气温最高出现在8月,为31.4℃,最低出现在12月,为6.5℃。12个月中有9个月平均气温高于气候值,2月、5月、12月低于气候值。其中3月、8月、9月、11月为异常偏高,1月、7月为偏高,4月、6月、10月为正常略高,2月为异常偏低,5月为显著偏低,12月为偏低。3月平均气温15.3℃、8月平均气温31.4℃、11月平均气温16.9℃,均为历史第一高值。

表29 2022年浏阳年平均气温评定等级表

2022年(℃)	18.8
历年平均(℃)	17.8
距平(℃)	1.0
等级	异常偏高

2021—2022年冬季平均气温6.9℃,较常年同期正常略高0.1℃。冬季气温总体呈上升趋势,气候倾向率为0.35℃/10天,但在近20年中起伏变化较为剧烈,极端"暖冬""冷冬"事件的发生频率增大。

春季平均气温18.3℃,较常年同期偏高0.7℃。从11年滑动平均曲线上看,春季气温在1998年之前属于偏冷期,1998年之后为偏暖期。春季气温总体呈上升趋势,气候倾向率为0.46℃/10a。

夏季平均气温29.4℃,较常年同期异常偏高2.0℃,为历史第一高值。夏季气温相比于其他季节变化较小,气候倾向率为0.26℃/10天。

秋季平均气温21.2℃,较常年同期异常偏高2.6℃,为历史同期最高值。从11年滑动平均曲线上看,秋季气温在2000年之后持续为偏暖期,气候倾向率为0.38℃/10天。

表30 2022年浏阳四季气温与距平表 (单位:℃)

冬季	6.9
距平	0.1
春季	18.3
距平	0.7
夏季	29.4
距平	2.0
秋季	21.2
距平	2.6

2022年浏阳极端最低气温为-3.8℃,出现在12月18日;极端最高气温为40.8℃,出现在8月23日。

表31 2022年浏阳极端最低、极端最高气温及出现日期表

极端最低气温(℃)	-3.8
出现日期(月/日)	12月18日
极端最高气温(℃)	40.8
出现日期(月/日)	8月23日

2022年浏阳秋冬季短,春季长,夏季与历年持平。2021—2022年冬季开始日期为2022年12月18日,较常年推迟26天;春季开始时间2月27日,较常年提前22天;夏季开始时间为5月29日,较常年分别推迟1天;秋季开始时间为10月7日,较常年推迟13天。

表 32　2022 年浏阳主要气候期评定日期与长度表
（单位：月/日、天）

入冬(提前天数)	12/18(-26)
入春(提前天数)	2/27(22)
入夏(提前天数)	5/29(1)
入秋(提前天数)	10/5(-13)

注：表中负数表示时间推迟

第一个高温日为 6 月 15 日，最后一个高温日为 10 月 3 日，高温≥35.0℃日数为 66 天，创历史最多。7 月 9—16 日、20—28 日出现两段轻度高温热害；8 月 6—28 日连续 23 天日最高气温≥35℃，达到重度高温热害标准；9 月 8—13 日连续 6 天日最高气温≥35℃，达到轻度高温热害标准。

2.2 降水

2022 年浏阳地区年降水量 1528.7 毫米，较历年偏少 68.6毫米(4.3%)，属正常年份。年总降水量的空间分布呈现东部多西部少的特点，东北部山区是降水大值中心，年降水量超过 2000毫米。浏阳大部累积降水量超过 1500毫米。

表 33　2022 年浏阳降水量及评定等级表

2022 年(毫米)	1528.7
历年平均(毫米)	1597.3
距平(毫米)	-68.6
距平百分率(%)	-4.3
等级	正常

冬季降水总量为 315.8 毫米，较历年同期偏多 80.2 毫米(34.0%)。

春季降水总量为 689.8 毫米，较历年同期偏多 130.6 毫米(23.4%)。

夏季降水总量为 413.7 毫米，较历年同期偏少 104.3 毫米(-20.1%)。

秋季降水总量为 114.6 毫米，较历年同期偏少 123.9 毫米(-51.9%)。

表 34　2022 年浏阳四季降水量与距平　（单位：毫米）

站点	冬季				春季			
	2021—2022	历年	距平	百分率	2022	历年	距平	百分率
浏阳	315.8	235.6	80.2	34.0%	689.8	559.2	130.6	23.4

站点	夏季				秋季			
	2022	历年	距平	百分率	2022	历年	距平	百分率
浏阳	413.7	518.0	-104.3	-20.1	114.6	238.5	-123.9	-51.9

2022 年浏阳各月降水量月际变化大(图 5)，1 月、2月、5月降水较为充沛，8 月、9 月、10 月、12 月降水偏少。

2022 年浏阳逐月平均降水显示，与历年同期相比，1月、2 月、4 月、5 月、11 月降水偏多，3 月、6 月、7 月、8月、9 月、10 月、12 月偏少。1 月平均总降水量 149.8 毫米，较历年同期异常偏多 86.8 毫米，为历史第四多。8月、9 月、10 月平均总降水量分别为 12.4 毫米、0.0 毫米、12.7 毫米，较历年同期异常偏少 89.7%、100%、77.4%，8 月和 9 月突破历史最少值，10 月为历史第五少值。

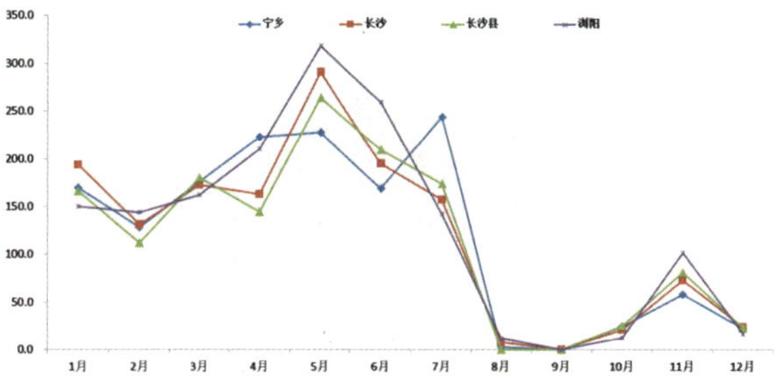

图 5　2022 年长沙各地逐月降水量变化曲线(单位：毫米)

2022 年雨季开始时间晚，为 4 月 16 日，与历年平均相比，浏阳推迟 16 天。5 月 26 日—6 月 4 日浏阳连续 10 天降水总量达 233.8 毫米，出现雨水相对集中期。雨季结束在 7 月 19 日。2022 年雨日 140 天，较历年同期偏少 18 天。浏阳国家气象观测站监测到暴雨日数 4 天，日最大累计雨量 78.1 毫米，出现在 5 月 30 日。

汛期(4—9 月)总降水量 941.6 毫米，与历史同期相比，偏少 10.3%。

表 35　2022 年浏阳雨季及汛期降水情况表

雨季开始(月－日)	4.16
雨季结束(月－日)	7.19
汛期降水(毫米)	941.6
历年平均(毫米)	1050.0
距平百分率(%)	-10.3
等级	正常

2.3　日照

2022 年浏阳年累计日照时数 1654.2 小时，较历年平均基本持平，略偏多 4.7%，属正常年份。年日照百分率 37%。

表 36　2022 年浏阳总日照时数与评定等级表

2022 年	1654.2
历年平均	1579.9
距平	74.3
S/Sc	1.04
等级	正常

日照时数逐月分布可以看出(图 6)，8 月日照最多，月日照时数达 301.1 小时，2 月日照最少，月日照时数仅有 23.3 小时。全年各月日照时数与历年同期相比，3 月、4 月、7月、8 月、9 月、10 月、12 月偏多，1 月、2 月、5 月、6 月、11 月偏少。

1月日照时数29.8小时，为有气象记录以来第四少。

8月日照时数301.1小时，为历史第三多。

10月日照时数203.6小时，为历史第四多。

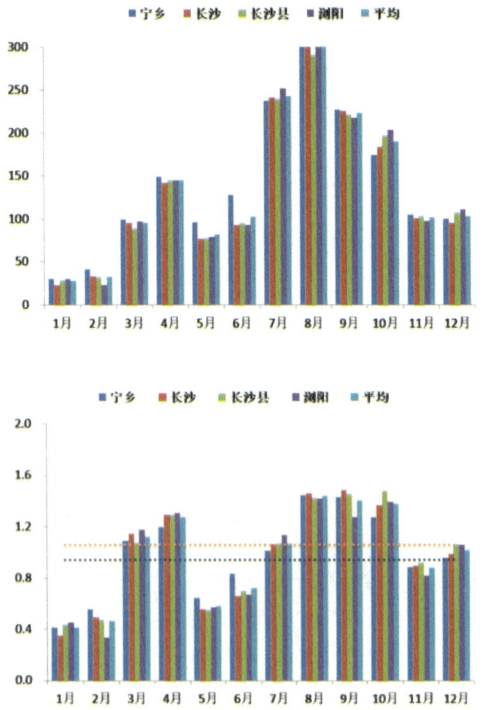

图6　2022年长沙各地逐月日照时数与历年对照图S/Sc　（单位：小时，红色虚线1.06，绿色虚线0.94）

2021—2022年冬季日照总时数186.3小时，较历年偏少54.8小时（图7）。

春季日照总时数320.6小时，与历年同期基本持平，略偏多1.3小时。

夏季日照总时数646.0小时，较常年同期偏多47.0小时。

秋季日照总时数519.4小时，较常年同期偏多84.0小时。

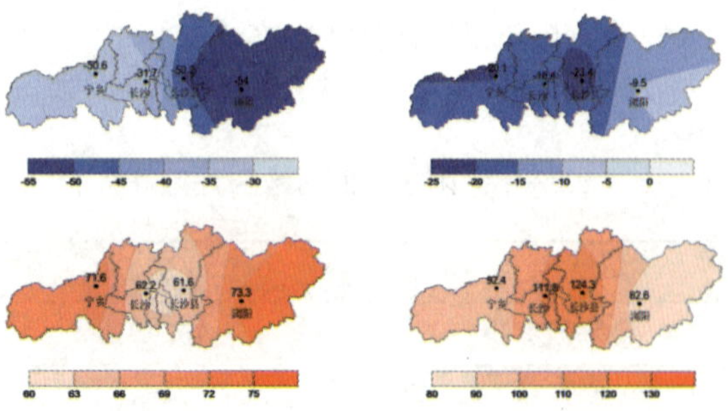

图7　长沙地区2022年四季日照时数距平空间分布图（单位：小时）

（左上：冬季；右上：春季；左下：夏季；右下：秋季）

2.4　风

2022年平均风速为1.3米/秒（表9），较历年同期偏大0.2米/秒。浏阳冬季以静风为主，其他季节盛行东北风。2022年浏阳极大风速16.8米/秒，出现在7月28日。

表37　2022年浏阳平均风速与极大风速（单位：米/秒）

站点	平均风		极大风		
	风速	距平	风速	风向	出现日期
浏阳	1.3	0.2	16.8	SW	7月28日

浏阳的主导风向为ENE，出现频率为14.0%，E次之，为12.7%；WSW第三，为11.2%，其他风向的频率均在10%以下；NNW风的平均风速最大，为2.8米/秒，其次WSW平均风速2.1米/秒（图8），其余风向上的平均风速小于或等于2.0米/秒。

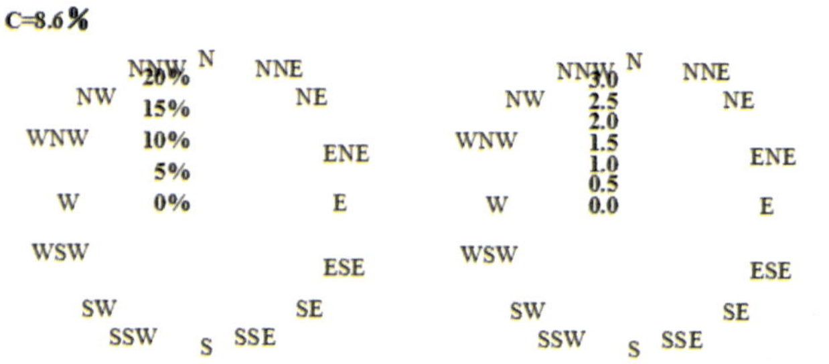

图8　浏阳2022年风向（左）和风速（右）玫瑰图

3.主要天气气候事件

2022年主要天气气候事件有暴雪、连阴雨、倒春寒、高温热害、干旱、雷暴大风、冰雹、暴雨、洪涝、寒潮、大雾等。春季有连阴雨及倒春寒，夏季持续高温热浪、干旱给农业生产和人民生活带来诸多不利影响。

3.1　2022冬季雨雪天气频繁

2022年冬季共出现5次雨雪天气过程。尤其春节期间低温雨雪冰冻天气持续时间长，影响范围广，给假期交通、电力等方面造成不利影响。具体情况如下：

1月29日，出现雨夹雪和小雪，山区大雪，最大积雪深度北区乡镇3~4厘米，西区1~2厘米，东区、南区、城区少许积雪，高山区6~8厘米。

2月份，浏阳出现四轮雨雪天气过程，分别是1—2日、7—9日、19日、21—23日。其中21—23日出现暴雪过程，部分乡镇特大暴雪；城区最大积雪深度15厘米，出现在22日23时，为近30年来最高值；高山区积雪深度在25厘米以上。

3.2　倒春寒

3月21—23日出现倒春寒，达到轻度倒春寒标准。

3.3　五月连阴雨

2022年5月阴雨寡照、连阴雨过程频发，5月10—16日，浏阳连续7天出现降水，且无日照，达到“轻度连阴雨”标准。5月26日至6月6日浏阳连续11天出现降水，且无日照，达到“中度连阴雨”标准。

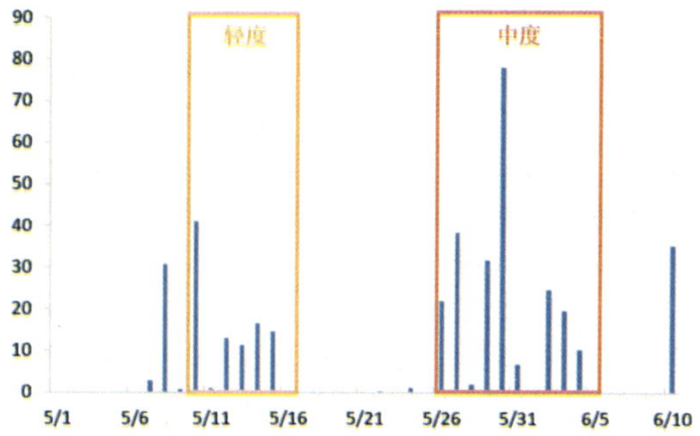

图 9　2022 年浏阳连阴雨过程逐日降水量图(单位:毫米)

3.4　雷暴大风、冰雹、大风

2022 年共出现 6 次雷暴大风,主要发生在春季和夏季。年内共出现 2 次冰雹过程,发生在春季。年内出现 3 次偏北大风过程,分别出现在 3 月 19—21 日,10 月 3—4 日,12 月 15—17 日。

雷暴大风:

3 月 14 日 17—20 时,出现雷暴大风天气;

4 月 24 日下午至夜间,出现雷暴大风天气;

4 月 28 日下午至夜间,出现雷暴大风天气;

7 月 1 日下午,出现雷暴大风天气;

8 月 3 日出现午后局地热对流,并伴有雷暴大风天气,极大风速 20.9 米/秒(9 级,大瑶杨花);

8 月 17 日出现午后局地热对流,并伴有雷暴大风天气,极大风速 19.8 米/秒(8 级,浏阳北盛)。

冰雹:

3 月 14 日 20 时左右,浏阳市金刚镇南部(与醴陵边界)出现小冰雹;

4 月 27 日傍晚,浏阳市南部局地出现冰雹。

大风:

3 月 19 日下午至 21 日,受冷空气影响,浏阳市出现偏北大风。其中 21 日极大风速 16.4 米/秒(7 级,浏阳市大围山);

10 月 3 日晚至 4 日,受强冷空气影响,全市出现成片大风。其中 4 日极大风速 17.9 米/秒(8 级,浏阳市焦溪镇);

12 月 15 日后半夜—17 日,全市受中等强度冷空气影响,出现偏北大风;其中 17 日极大风速 16.2 米/秒(7 级,浏阳市焦溪镇)。

3.5　暴雨、洪涝、雨水集中期

2022 年浏阳共出现 6 次全域性暴雨,3 次区域性暴雨,9 次局地暴雨。最强暴雨过程为 5 月 30 日。5 月、6 月上旬降水偏多,出现雨水集中期。

3 月 30 日,全市平均降雨量 50.2 毫米,最大降水量为荷花街道 80.1 毫米;其中暴雨 31 站,出现在荷花、集里、中和、柏加、澄潭江、葛家、关口、城区 66.3 毫米、镇头、普迹、高坪、蕉溪、官桥、洞阳、北盛、永安、大瑶、沙市、淳口、小河、大瑶;

4 月 25 日,全市普降大到暴雨,平均降水量 45.5 毫米。最大降水量为张坊上洪 199.1 毫米,次高张坊上洪东北 140 毫米。暴雨 20 站,出现在永和、古港、达浒、集里、小河、葛家、中和、淳口、关口、城区。大暴雨 7 站,张坊 199.1 毫米、大围山 137.5 毫米、官渡 103.5 毫米大暴雨;

5 月 30 日,全市普降暴雨,平均降水量 60.0 毫米。最大降水量为永安 129.7 毫米,次高洞阳 110.9 毫米。大暴雨 4 站,永安、洞阳、北盛大暴雨;

6 月 2—3 日,全市平均降雨量 60.1 毫米,最大降水量为大围山中塅 259.5 毫米,其中大暴雨 8 点,出现在大围山中塅 259.5 毫米, 达浒金坑 206.1 毫米, 张坊 148.9 毫米,暴雨 25 站,出现在蕉溪,淳口,社港,古港,高坪,永和,小河,关口,官渡,沿溪,澄潭江,中和;

6 月 19—20 日,全市普降暴雨,平均降水量 75.4 毫米。最大降水量为大围山 231.5 毫米,其中大暴雨 16 点,出现在大围山中塅 231.5 毫米, 达浒金坑 206.2 毫米,张坊 184.9 毫米,文家市 123.9 毫米,官渡 123 毫米,古港 113.3 毫米,中和 110 毫米,暴雨 32 站;

7 月 5 日,全市普降暴雨,平均降水量 65.6 毫米。最大降水量为大围山 138.5 毫米,其中大暴雨 1 点,出现在大围山 138.5 毫米,暴雨 55 站。

3.6　高温日数再创新高

2022 年浏阳≥35℃的高温日数为 67 天, 较历年偏多 33 天,为历史最多。

全年≥37℃的高温日数为 39 天, 较历年偏多 30.4 天,创历史纪录。8 月高温日数为 28 天,为历史最多(表 10)。今年第一个高温日为 6 月 15 日,最后一个高温日为 10 月 3 日,极端最高气温达 40.8℃(8 月 23 日),10 月极端最高气温 38.2℃,突破历史极值。2022 年高温天气主要表现出高温持续时间长、结束时间晚、极端最高气温高等特点。

表 38　　2022 年浏阳高温日数统计表(单位:天)

全年高温日数	67
高温日数距平	33.0
最长连续日数	23
≥37℃高温日数	39
≥37℃高温日数距平	30.4
8 月高温日数	28

表 39　　2022 年浏阳高温热害统计表

高温热害出现时段及等级	7.9～16(轻)
	7.20～28(轻)
	7.30～8.4(轻)
	8.6～28(重)
	9.8～13(轻)
最长持续日数(天)	23
最高气温(℃)及出现日期	40.8(8 月 23 日)

2022年高温热害时段多,7—9月均有，持续时间长、最长持续23天。主要有5次高温热害过程。7月9—16日出现了轻度“高温热害”。7月20—28日出现轻度“高温热害”。7月底到8月晴热少雨，过程最高气温达40.8℃(8月23日)，其中7月30日至8月4日和8月6—28日浏阳市分别出现轻度“高温热害”和重度“高温热害”,最高气温≥35℃的高温天气最长持续23天。9月8—13日,浏阳市出现了轻度“高温热害”。

3.7　特旱

2022年7月下旬开始,浏阳出现持续晴热高温少雨天气，导致境内有气象干旱发生。7月20日—11月13日全市累计降水量仅31.1毫米,较历年同期异常偏少9成以上。高温日数达66天,气象干旱特旱等级日数也达到66天,直到11月27日气象干旱才完全解除。

3.8　寒潮、冷空气

2022年浏阳共有7次冷空气过程达到冷空气等级评定标准,其中寒潮2次,强冷空气3次,中等强度冷空气2次,具体过程如下:

1月10—12日,中等强度冷空气过程,浏阳48小时内日最低气温下降6.0℃。

3月1—2日,中等强度冷空气过程,浏阳48小时内日最低气温下降6.5℃。

4月27—29日,强冷空气过程,浏阳48小时内日最低气温下降8.6℃。

10月4—5日,强冷空气过程,浏阳48小时内日最低气温下降8.7℃。

11月12—14日,强冷空气过程,浏阳48小时内日最低气温下降9.0℃。

11月28—30日,寒潮过程,浏阳48小时内日最低气温下降13.1℃,且最低气温为3.9℃。

12月16—18日,寒潮过程,浏阳48小时内日最低气温下降10.1℃,且日最低气温达-3.8℃。

3.9　雾

2022年浏阳大雾日数38天。

4.主要灾害天气影响

受强冷空气影响,2月22—23日浏阳出现暴雪天气过程,本站累计降水量37.2毫米,最大雪深15厘米(22日23时),山区25厘米以上,为近30年以来最大值。此次暴雪过程造成全市受灾严重。据统计:受灾人口19199人,紧急转移安置94人,需紧急生活救助14人;因灾死亡大牲畜15头；农作物受灾面积379.2公顷，成灾122.63公顷,绝收46公顷;林地受灾面积482.25公顷;水产养殖受灾面积97公顷;倒塌房屋13间,损坏房屋60间;受损企业482家;受损学校6个;受损社会服务机构30家;公路受损1.07千米;堤防受损0.52千米;受损电力线路长度3千米;受损市政供排水管网长度0.04千米。直接经济损失达27676.27万元。

3月30日，受高空槽东移配合冷空气南下共同影响,全市出现暴雨过程,造成淳口、洞阳、关口、沙市、大瑶、金刚等乡镇出现灾情。据统计:受灾人口30人,安置转移5人,倒塌房屋9间,损坏房屋19间,直接经济损失43.42万。

受高空槽东移配合低涡共同影响,4月24—25日,浏阳出现大到暴雨,张坊、大围山、官渡、永和、中和大暴雨。此次暴雨过程造成大围山、张坊、古港、中和、普迹等乡镇受灾,据统计,受灾人口25人,紧急转移安置4人,倒塌房屋13间,阻断公路0.1千米,水产养殖受灾面积0.22公顷,直接经济损失27.25万元。

5月29—30日，受高空槽及中低层切变共同影响,浏阳普降暴雨,永安、大围山、北盛、洞阳、集里、达浒、关口、淮川、蕉溪、荷花大暴雨。造成全市多个乡镇受灾,其中受灾人口3219人,紧急转移安置249人,倒塌房屋27间,损坏房屋17间,农作物受灾面积2085.17公顷,成灾面积815公顷，绝收面积1.4公顷，水产养殖受灾面积14.67公顷,林地受灾面积0.2公顷,受损工业企业3个,受损商贸网点1个,受损社会服务机构1个,受损公路3.66千米,阻断公路3.5千米,受损水库1座,受损堤防5.52千米,直接经济损失达7550.93万元。

6月18—20日,北区、西区部分乡镇大雨,其余乡镇暴雨,达浒、张坊、官渡、古港、文家市、中和、小河、枨冲累计降水量超过100毫米,大围山超过200毫米。全市平均降水量86.9毫米；最大累计降水量为276.2毫米(大围山玉泉山庄站),最大1小时雨强达浒金坑54.8毫米(19日2—3时)。此次连续强降水过程造成全市张坊、官渡、达浒、沿溪、文家市、沙市、淳口等15个乡镇受灾。据统计,全市受灾人口271人,紧急转移安置77人,倒塌房屋14间,损坏房屋13间,农作物受灾面积49.53公顷,成灾面积38.83公顷,绝收面积0.83公顷,受损公路0.15千米,阻断公路0.9千米,受损堤防1.53千米,直接经济损失达405.25万元。

7月5日,受台风“暹芭”减弱后的热带低压环流影响,浏阳普降暴雨,大围山大暴雨,全市平均降水量65.6毫米,最大累计降水量138.5毫米,最大1小时雨强52.3毫米（龙伏5日2—3时）。此次暴雨过程造成淳口、张坊、古港、澄潭江等乡镇受灾。据统计,受灾人口11人,安置转移8人,倒塌房屋10间,损坏房屋4间,直接经济损失29.52万元。

7月20日至11月13日，全市持续高温少雨天气,全市累计降水量仅31.1毫米,较历年同期异常偏少9成以上。高温日数达66天,气象干旱特旱等级日数也达到66天,直到11月27日气象干旱才完全解除。受高温干旱影响,全市大部分乡镇出现旱情,据统计:受灾人口25012人,饮水困难200人,受旱面积4778.63公顷,农作物受灾面积3985.13公顷,成灾面积1941.10公顷,绝收面积369.44公顷,水产养殖受灾面积1.47公顷,造成直接经济损失4650.86万元。

组织机构与负责人

（按照组织机构的现实顺序排序）

中共浏阳市委员会

书　记　朱东铁
副书记　王雄文　戴武明
常　委　姚喜琳　李爱民　周耀辉　唐安石
　　　　王坤球　冯赛军　李　翔　廖　伟

市委工作机构

市委办公室

主　　任　王坤球
常务副主任　谢　庆(2022年12月止)
副　主　任　杨　钢(2022年1月任)
　　　　　　章学良(2022年1月任,2022年9月止)
　　　　　　张　清(2022年5月任)　王　超

市委督查室

主　任　周正阳

市委政研室

专职副主任　黄文良(2022年1月任)

市委改革办

专职副主任　苏志平(2022年1月任)

市接待服务中心

主　任　章学良(2022年1月任,2022年9月止)
副主任　刘卫红(2022年6月任)

市国家密码管理局(保密委员会办公室)

专职副局长(专职副主任)　庄　童

市委国安办

主　任　王坤球(兼)(2022年6月任)
专职副主任　张　清(2022年5月任)

档案局

局　长　杨　钢(兼2022年1月任)

派驻纪检监察组

组　长　吴小丰(2022年1月任)

市委组织部

部　长　唐安石
常务副部长、公务员局局长(兼)　曾云峰
副部长、市委基层党建工作领导小组办公室主任
　　　　李　斌
副部长、老干部局局长(兼)　杨　海
副部长(兼)　戴伟平
　　　　　　廖尚福(2022年9月任)
副部长(兼)、市绩效考核工作办公室专职副主任
　　　　胡　炀
派驻纪检监察组组长　田　蔚(女)

市委宣传部

部　长　李爱民
常务副部长、新闻出版局(版权局)局长(兼)
　　　　赵　理
副部长　潘　立(女)　高　志(女)
副部长、文明办主任(兼)　李　林
派驻纪检监察组组长　刘定良

市委统战部

部　长　戴武明
常务副部长　焦清平
副部长　张　旭(2022年1月止)
副部长、民族宗教事务局局长(兼)
　　　　熊　伟(2022年1月任)
副部长　杨　辉(2022年1月任)
　　　　张佳丽(女,兼任)
侨联主席　周　斌(女)
民族宗教事务局副局长　何继春　彭　方
统一战线团体服务中心主任　肖友伟(2022年1月任)
副科职干部、三级主任科员　吴娟娟(女)

市委巡察工作领导小组办公室(巡察组)

巡察办主任　陈　屹
副主任　李晓龙　张祖建
巡察组组长　邹利明　孙家栋　饶　岚　林　湘
副组长　王卫民　胡　滨　王松林　谢光义

市直机关工委

书　记　王坤球
常务副书记　胡　珊(女)
副书记　袁　江

机构编制委员会办公室

主　任　廖尚福
副主任　李仕飞　沈雁辉

市委党校(行政学校)

校　长　戴武明
常务副校长　黎星照
副校长　张安文　李晓军
教育长　黎　艳(女)

浏阳市人民代表大会

浏阳市第十八届人民代表大会常务委员会

主　任　邱山东

副主任　张葵红(女)　邓雪琴(女)　陈　清　唐洪胜　杨厚波

委　员(39人,按姓氏笔画排序)

卜　洋(女)　王　成　孔伟兴

邓　君(2022年1月26日辞)

龙花明(女)　付　湘　吕正红

伍海湾(女)　任飞跃　刘雨文

汤　勇　寻景辉　孙仕定

李　明　杨　菊　杨成贵

连志明　何启成　邹　芳(女)

邹甘林(女)　沈水艳(女)　张　玉(女)

张春果　陈子谦　陈水清(女)

陈世荣　陈傲冰　范　骥

罗永志　罗红艳(女)　罗建云

周平波(2022年3月1日任)　周森源

郎丁歌　涂业清　黄龙明(女)

黄蔚德　龚　娜(女)　焦清平

潘剑波

浏阳市第十八届人民代表大会专门委员会

民族华侨外事委员会

主任委员　黄龙明(女)

副主任委员　陈世荣

委　员　刘武名　汤　勇　罗　晓(女)　赵　炜　钟自敏　梁技昌　程　艳(女)

监察和司法委员会(法制委员会)

主任委员　孙仕定

副主任委员　沈水艳(女)

委　员　王小平(女)　毛　武　刘　娟(女)　刘湛湛(女)　张　玉(女)　张浩源　易　勇

财政经济委员会

主任委员　陈傲冰

副主任委员　付　湘

委　员　毛先知　叶竞华(女)　付其志　刘　思　张春果　陈子谦　赵陈维

教育科学文化卫生委员会

主任委员　邓　君(2022年1月26日辞)　周平波(2022年3月1日任)

副主任委员　罗红艳(女)

委　员　刘　敏(女)　寻景辉　陈　君　陈　敏　周　霞(女)　胡　蓉(女)　徐晓丽(女)

环境与资源保护委员会

主任委员　涂业清

副主任委员　潘剑波

委　员　刘国蓉(女)　李　明　李　强　邱　练(女)　张　超　张雪云(女)　易成建

农业与农村委员会

主任委员　吕正红

副主任委员　杨　菊

委　员　孙豪杰　汪宏伟(女)　宋范美(女)　林加卉　罗永志　周三兴　谢厚强

社会建设委员会

主任委员　卜　洋(女)

副主任委员　罗建云(2022年11月22日任)

委　员　李　伟　杨　丹(女)　何启成　余建新　罗伏中　黄蔚德　谢　敏(女)　瞿才学

中共浏阳市人大常委会机关党组

党组成员、书记　周森源

党组成员、专职副书记　连志明

党组成员　王　武　涂业清

浏阳市第十八届人民代表大会常务委员会工作机构

预算工作委员会(与财政经济委员会合署办公)

主　任　陈傲冰

副主任　付　湘

选举任免联络工作委员会

主　任　龙花明(女)

副主任　邹甘林(女)

浏阳市第十八届人民代表大会常务委员会办事机构

办公室

主　任　周森源

副主任　孔伟兴

浏阳市人民政府

市　长　王雄文

常务副市长　冯赛军

副市长　李　翔　刘来宏(女)　刘一斌　黄　刚　寻　文(2022年8月止)　郭贺亭(女)　戴圣伟　谢　波(2022年8月任)

政府办公室

党组书记、主任　邓科建

党组副书记、副主任　唐朝晖　李渔海　罗金卫

党组成员、副主任(兼)　凌　剑

党组成员、副主任　李升稳　郑席法(2022年9月任)　寻　江(2022年1月任)　钟琼乳(2022年1月任)　屈强强

派驻纪检监察组组长、党组成员　郑席法(2022年9月止)

党组成员、副主任　冯早成(2022年1月止)　朱　蕾(2022年8月止)

综合科科长　万　玲

秘书科科长　梁明科(2022年4月任)　黄星恒(2022年4月止)

文电科科长　陈　畅
督查室主任　黎升灿(2022 年 1 月任)
研究室专职副主任　何　乃(2022 年 4 月任)
行政科科长　潘小余
法规科科长　梁明科
征拆办主任　刘艳林
副主任　周延庆　张江武

智库建设协调服务中心

主　任　黄星恒(2022 年 4 月任)
　　　　何　乃(2022 年 4 月止)
经济社会发展研究中心主任　曾　勇
园区办主任　郭启明
民兵训练基地主任　张运柏

行政审批服务局

党组书记、局　长　江　涵(女)
党组成员、副局长　张平平(女)
　　　　　　　　　陈敏林(2022 年 12 月任)
　　　　　　　　　刘开义(2022 年 12 月止)

优化营商环境协调事务中心

党组书记　李中秋(2022 年 1 月任)
主　任　周　琳(女,2022 年 1 月任)
副主任　左志伟
党组成员、副主任　张开伟(2022 年 4 月任)

数据资源中心

主　任　张　旭(2022 年 1 月任)
副主任　胡立军　彭要政

信访局

党组书记、局　长　凌　剑
党组成员、副局长　胡汉民　周明科　李　国

应急管理局

党委副书记、局　长　杨品正
党委书记　李恒海
党委委员、副局长　冯　旻　徐志强
党委委员、政治工作办公室主任　徐　力
党委委员、副局长　总工程师　陈美江
党委委员、烟花爆竹安全监察大队大队长　肖　斌
党委委员　李兆杰

消防救援大队

政治教导员　李　伟
大队长　李　醇(2022 年 8 月任)

政协浏阳市第十一届委员会

主　席　秦跃平
副主席　涂向阳　陈静(女)　邓　华　王　持
　　　　吕立生
秘书长　唐文华

政协办公室

主　任　唐文华
机关党组专职副书记　孔原
副主任　何胜前

市政协专门委员会

委员学习联络委员会

主　任　魏远德
副主任　唐莉莎(女)

提案委员会

主　任　邓勍(女)
副主任　刘茂柱

经济科技和外事委员会

主　任　刘友
副主任　汤军

农业农村和人口资源环境委员会

主　任　陈局
副主任　汪东

文教卫体和文史委员会

主　任　张之俭(2022 年 12 月止)
副主任　李永伯

社会法制和民族宗教委员会

主　任　曾宪文
副主任　毛先知(2022 年 9 月任)

中共浏阳市纪律检查委员会
浏阳市监察委员会

中共浏阳市纪律检查委员会

书　记　姚喜琳(女)
常务副书记　肖炎强
副书记　钟　斌　陈艳梅(女)
常　委　陈　屹　徐昭明　张　玉(女)
　　　　胡　强　彭　运

浏阳市监察委员会

主　任　姚喜琳
副主任　肖炎强　钟　斌　陈艳梅(女)
委　员　陈　屹　徐昭明　杨辉平　郭晓蔚(女)

民主党派

民革浏阳市工作委员会

主　委　张　晔
副主委　吕立生　唐文波
组织委员　谭　娟
宣传委员　李瑶瑶
社服委员　刘　勇
祖统委员　胡　磊

致公党浏阳工委

主　委　邓　恩
副主委　李　明　孔伟兴　周　坤
工委委员　李　凌　戴学文　龙　科　罗靖华
　　　　　周志勇
一支部主委　李亚清
办公室主任　易守珍

群众团体

总工会
主　席　张葵红(女)
党组书记、副主席　傅爱华
党组副书记、副主席　周雪峰
党组成员、副主席　曾凡波
　　段云鹏(2022年12月任)
副主席　张圣武(挂)　刘学文(兼)
共青团浏阳市委员会
书　记　张宇琪(女)
副书记　刘泽南
副书记(挂)　杨先敏(2022年4月任)
副书记(兼)　周小娜(女,2022年4月任)
　　王瑾瑜(女,2022年4月任)
　　张浩源(2022年5月任)
妇女联合会
党组书记　主　席　熊　赛(女)
党组成员　副主席　张　平(女,2022年4月止)
　　陈爱民(女)
　　许超群(女,2022年4月任)
副主席　李莉园(女,2022年4月挂职)
工商业联合会(总商会)
主　席(会长)　陈　静(女)
党组书记、常务副主席(副会长)　张佳丽(女)
副主席(副会长)　王朝晖
党组成员、副主席(副会长)　雷建军
党组成员　唐效湖　吴娟娟(女)
兼职副主席　刘　勋　汤　利　李秋生　陈　彤
　　陈飞豹　易　跃　罗　鹏　黄亿昌
　　蒋剑锋　熊　然　戴泽根
总商会副会长　王藏兵　叶长江　刘　颖
　　李今徽　李志坚　李杏义
　　何明义　张　乐　张万成
　　周雄伟　胡自荣　钟　娟
　　钟志桂　晏美成　黄　成
　　黄　侃　黎西林　潘　登
秘书长　唐效湖
残疾人联合会
党组书记、理事长　邓　君
党组成员、副理事长　王柏林　熊　辉
红十字会
会　长　刘来宏(女)
专职副会长　蔡细毛
副会长　朱海峰

法治

市委政法委
中共浏阳市委政法委员会
书　记　周耀辉
常务副书记　韩　昶
副　书　记　李志勇　陈向前　王承水
市纪委监委驻政法委纪检监察组组长　任飞跃
委　员　刘　颖(女)　吴碧辉　周　达
公安局
副市长、公安局党委书记、局长、督察长　刘一斌
党委副书记、政委　罗湘艺
党委副书记、驻局纪检监察组组长
　　李汉能(2022年4月止)
党委委员、副局长　彭树红(2022年4月止)
　　谭建辉(2022年4月止)
　　吴　洵(2022年4月止)
党委委员、常务副局长　黄先辉(2022年9月止)
党委副书记、常务副局长　刘桂贤
党委副书记、副局长　雷　觉
党委委员、副局长　罗　军(2022年4月任)
　　喻小武(2022年4月任)
　　樊　毅(2022年4月任)
市纪委监委驻局纪检监察组组长、党委委员
　　张　卫(2022年4月任)
党委委员(兼)　钟晨曦(2022年4月任)
党委委员、政治工作办公室主任
　　黄怡群(2022年12月任)
森林公安局
党组书记、局长　钟晨曦
党组副书记、政委　龙雪辉
党组成员、副局长　黎有顺　严海宏　彭　钢
检察院
党组书记、检察长　罗朝阳
党组副书记、副检察长　王全振(2022年12月止)
副检察长　肖永琳(2022年12月任)
党组成员、副检察长　陈再光(2022年12月止)
　　李宏伟(2022年12月任)
副检察长　肖建平(2022年12月止)
党组成员、政治部主任　朱丽娥(女)
党组成员、副检察长　胡海军(2022年12月任)
检委会专职委员　贝承兵　陶　剑
法院
党组书记、院长　伍玉联
党组副书记、副院长　李红兵(2022年12月任)
党组成员、副院长　陈再光(2022年12月任)
党组副书记、副院长　周　超(2022年11月止)
副院长　肖永琳(2022年11月止)
党组成员、审判委员会专职委员
　　李宏伟(2022年11月止)
党组成员、执行局局长　李　维
党组成员、副院长　刘罗波　(2022年11月止)
副院长　肖建平(女,2022年12月任)
党组成员、政治部主任　杨　舟
审判委员会专职委员　周友庚

司法局
党组书记、 局 长 肖柏林
党组副书记、副局长 李红兵
党组成员、 副局长 刘守成
党组成员、 政工室主任 罗 伟
党组成员、 副局长 刘向阳
胡义芳(女,2022 年 3 月任)

经济管理

发展和改革局
党组书记、局 长 汤 波
党组副书记、粮储中心党组书记 刘忠良
副局长(挂职)、湘赣边区域合作中心主任 罗定坤
党组成员、市纪委监委驻发改局纪检监察组组长 唐润东
党组成员、副局长 游湘江
党组成员、人防办(国动办)专职副主任 张建新
党组成员、总经济师 谢伟明
党组成员、副局长 余子牛
党组成员、副局长 徐其优
党组成员、副局长(挂职) 文仁刚
财政局
党组书记、局 长 朱姿丰
党组副书记、副局长 武安磐
党组成员、副局长 廖亿球
总会计师 喻扩军
党组成员、副局长 张惠明(女)
国家税务总局浏阳市税务局
党委书记、局 长 谭 林(2022 年 4 月任)
党委副书记、副局长 丁洪武(2022 年 4 月止)
党委委员、副局长 彭宏辉 袁辉芳
周共平(2022 年 8 月止)
黄 旭(2022 年 8 月任) 柳 韬
党委委员、纪检组组长 张 卓(2022 年 5 月任)
审计局
党组书记、局 长 邹 芳(女)
党组成员、副局长 杨 旭 蔡 华(女)
党组成员、总审计师 袁 晓
统计局
党组书记、局长 曾 义
副局长 郑 榕(女)
党组成员、总统计师(聘) 黎 义
党组成员 副局长 夏广奎
统计普查中心主任 汤恺琦
国有资产事务中心
党组书记、主任 邓 勇
党组成员、副主任 柳立民
副主任(聘) 张 革(2022 年 1 月任)
自然资源局
党组副书记、局长 李 锋
党组书记、副局长 刘学辉
党组成员、副局长 王艺辉(女,2022 年 12 月止)
党组成员、副局长 李人泰(2022 年 5 月任)
党组成员 戴仲和(2022 年 1 月止)
党组成员、副局长 尹振国
党组成员、总工程师 焦旭辉
党组成员(挂职)、土地储备中心支部书记 寻果林
浏阳市市场监督管理局
党组书记、局 长 孙玉樟
党组副书记、副局长 余湘怀
党组成员、副局长 周学群 杨凌云(女)
党组成员、副局长、总工程师 沈雪岭
党组成员、副局长 黎 青 武耀华 喻斌辉
陈细江 杨 辉 张存根
中华人民共和国星沙海关驻浏阳办事处
主 任 管恩学
副主任 杨 鑫

农业

浏阳市农业农村局
市委农办主任、党组书记、局长 李 斌
党组成员、副局长 廖上鉴 陈鹏飞
市委农办专职副主任、党组成员 赵 勇
市纪委监委驻市农业农村局
纪检监察组组长、党组成员 危得智
总农艺师 李云峰
党组成员、副局长 罗永志
浏阳市农业发展事务中心
党组书记、主 任 卢焕新
党组成员 罗新源 刘纲国
党组成员、副主任 肖许兵
党组成员 唐文党 田 丰
浏阳市林业局
党组书记、局 长 傅庭信
党组成员、副局长 陈桂伍
陈志刚(2022 年 9 月任)
党组成员、总工程师 罗倩兰(女,2022 年 9 月任)
陈志刚(2022 年 9 止)
党组成员(挂职) 寻标兵
浏阳市烤烟生产指导中心
党组书记、主 任 罗 旭(2022 年 12 月止)
宋国辉(2022 年 12 月任)
党组成员、副主任 张俊贤 谢祥华

水利

浏阳市水利局
党组书记、局长 罗拥军
党组副书记、副局长 李定平
党组副书记 卢清红(女)

党组成员、副局长　何昌全
党组成员　彭孝健
党组成员、总工程师　邹丽丽（女）
官庄水库浏阳灌区管理所所长　汤昇峰
河长制工作事务中心主任
　　蓝海东（2022 年 9 月任）

浏阳市株树桥水库管理局

党委书记　周逢明
党委副书记、局长　黄永忠
党委委员、工会联合会主席　刘柏平
党委委员、纪委书记　盛志新
党委委员、副局长　龙　游　高卫东

工业和信息化

浏阳市工业和信息化局

党组书记、局长　陈治国
党组成员、副局长　彭庆辉（2022 年 12 月止）
市纪委监委驻局纪检监察组组长、党组成员
　　黄　萍（女，2022 年 12 月止）
党组成员、副局长　汪建国
党组成员、总经济师　傅鹏飞
党组成员、副局长　钟　伟（2022 年 12 月任）
市纪委监委驻局纪检监察组组长、党组成员
　　刘开义（2022 年 12 月任）
党组成员　黄　彬

国网浏阳市供电公司

总经理、党委副书记　周　柯
党委书记、副总经理　张　敏
副总经理　龙成成（2022 年 11 月任）　钟自力
　　刘曙光　李　波（2022 年 9 月任）
工会主席、纪委书记　肖雄斌

开发区与园区建设

浏阳经开区

党工委第一书记（兼）　朱东铁
党工委书记　郑以仁（2022 年 7 月任）
党工委副书记、管委会主任　喻　辉
党工委委员、管委会副主任　何六生
党工委委员、管委会副主任　罗其胜
党工委委员、纪工委书记　肖赛男（女）
党工委委员、管委会副主任　唐建国
党工委委员、管委会副主任　陈训武

浏阳市省级农业科技园区

党工委书记　刘正德
党工委副书记、管委会主任
　　戴仲和（2022 年 1 月任）
党工委委员、管委会副主任　谭景祥
党工委委员、纪工委书记　刘　琴（女）
党工委委员、管委会副主任　李永强
党工委委员、管委会副主任　龚紫昌

浏阳市文化产业园

主　任　空缺
副主任　李丽莎（女）
何俊雄（抽调至浏阳市农村宅基地制度改革领导小组办公室）

鞭炮烟花业

浏阳市鞭炮烟花产业发展中心

党组书记、主任　汤建军
党组副书记、副主任　孔祥全
党组成员、副主任　陈湘涛

湖南省烟花爆竹产品安全质量检验中心

主　任　王庆云（2022 年 11 月止）
　　赵中涛（2022 年 11 月任）
副主任　黄茶香（女）

商务

浏阳市商务局

党组书记、局长　汪万江
党组成员、副局长　宋　妮（女）
　　段云鹏（2022 年 12 月止）
　　段小虎（2022 年 12 月任）

浏阳市招商引资服务中心

党组书记、主任　曾祥辉
党组副书记、副主任　刘　平
副主任　曾　臻
党组成员、副主任　王　涛（2022 年 1 月任）

浏阳市供销合作社联合社

党组书记、主任　刘正再
党组成员、副主任　苏小麟
党组成员、监事会主任　寻树人
副主任　刘　艳（女）

浏阳市粮食和物资储备事务中心

党组书记、主任　刘忠良
副主任　寻雄光
党组成员　张高峰
党组成员、副主任　王正道

浏阳市烟草专卖局（分公司）

党组书记、局长（经理）
　　文　礼（苗族，2022 年 6 月任）
　　黄松青（2022 年 1 月任，2022 年 6 月止）
党组成员、纪检组长　王建文
党组成员、副局长　张韶湘
党组成员、副经理　刘铮毅

中国石化销售股份有限公司湖南长沙浏阳石油分公司

经　理　文　涛
党支部书记　刘建光
副经理　邹　俊

金融

浏阳市金融事务中心
党组书记、主　任　刘双辉
副主任　陈　虎
党组成员、副主任　王余生(2022 年 10 月止)
　　　　　　　　　邹雨玲(女,2022 年 12 月任)

中国人民银行浏阳支行
行　长　徐　勇
副行长　彭亚青
纪检组长　廖金明

中国工商银行股份有限公司浏阳支行
党总支书记、行长　王　潮
副行长　刘　军　饶　洁　王艳势
纪检委员　邹祖国

中国农业银行股份有限公司浏阳市支行
党委书记、行长　丁　华
党委委员、副行长　熊　云　陈　佩
　　　　　　　　　张　浩　朱　彪
党委委员、纪委书记　陈一柯

中国建设银行股份有限公司浏阳支行
行　长　李世权
副行长　刘建红(女)　邹　鸣　彭宇辉(女)

中国银行股份有限公司浏阳支行
行　长　王常澍
副行长　曾文键　鲁志钢
纪检组长　易　伟
行长助理　吴　斌
乡村振兴工作队队长　邓永红(女)
党务专委　刘启完

湖南浏阳农村商业银行股份有限公司
董事长　李寿树
副董事长、行长　胡琦文
监事长　寻文欣
副行长　毛　圣
副行长　姚　斌

长沙银行股份有限公司浏阳支行
行　长　张语恩
副行长　邱常松　黄　金　左思覃
行长助理　王　亮　黄　瑶

中国邮政储蓄银行股份有限公司浏阳市支行
党支部书记、行　长　陈　享
副行长　罗海鸥

中国人民财产保险股份有限公司浏阳支公司
经　理　刘云玲
副经理　陶　帅　曾玲英　罗　磊　陶　利

中国人寿保险股份有限公司浏阳支公司
党支部书记、经理　刘维
副经理　吴思沙
经理助理　邹凤媛(女)

中国平安财产保险股份有限公司浏阳支公司
总经理　曾泽明

旅游

湖南省浏阳大围山国家森林公园管理处
党组书记　陈　旭(2022 年 9 月任)
　　　　　熊　文(2022 年 9 月免)
党组副书记、主　任　傅庭信(2022 年 9 月任)
党组副书记、副主任　蔡细毛(2022 年 3 月止)
党组成员、副主任　黎　俭
党组成员、纪检组组长、副主任
　　　　　沈祥谋(2022 年 9 月止)
党组成员、副主任　程　敏　(2022 年 4 月任)
党组成员、纪检组组长、副主任
　　　　　暨喜喜(女,2022 年 9 月任)

秋收起义文家市会师纪念馆
党组书记、馆长　谢　波(2022 年 9 月止)
　　　　　　　　陈国强(2022 年 9 月任)
党组成员、副馆长　苏杨辉
　　　　　　　　　李　晓(女,2022 年 1 月任)
办公室主任　肖吉贤
宣传教育部部长　苏一文(女,2022 年 12 月止)
宣传教育部部长　潘　敏(女,2022 年 12 月任)
文物保护部部长　张成根
对外联络部部长　彭洪波

胡耀邦故里管理局
党组书记、局　长　能　文(2022 年 9 月任)
　　　　　　　　　胡厚坤(2022 年 12 月止)
党组成员　副局长　邹周超
副局长　张　凡

交通运输

浏阳市交通运输局
党组书记、局　长　刘　刚
党组成员、副局长　唐志鹏　付建国　龚　杰
党组成员、驻局纪检监察组组长　刘作昌
党组成员、总工程师　胡　浩

浏阳市公路建设养护中心
党组书记、主　任　鲁常战
党组成员　黄　峰
党组成员、副主任　黎初文　高　峰
党组成员　黄　科

浏阳市交通建设投资有限公司
董事长　柳闯江
总经理　周　悦
副总经理　张金亮(女)　李　昆　陈天广

邮政·通信

中国邮政集团有限公司湖南省浏阳市分公司
党委书记、总经理　盛　斌(2022年11月止)
唐　哲(2022年11月任)
党委委员、副总经理　胡　伟
丑　军(2022年1月任)
邹　燕(女,2022年7月任)
李亚敏(2022年1月止)
胡　领(2022年1月止)
中国电信湖南省浏阳分公司
党委书记、经理　张龙秋
副经理　钟　旭　范日怀
中国移动通信集团湖南有限公司长沙市浏阳市分公司
经　理　张　慧(女)
副经理　李爱纯(女)　钱　路　郑　毅
中国联合网络通信有限公司浏阳市分公司
党支部书记、总经理　孙跃文
副总经理、工会主席　周景龙
副总经理　文启明

城乡建设和管理

浏阳市住房和城乡建设局
党组书记、局长(主任)　陈　旭(2022年9月止)
胡汉堂[(2022年9月任党组书记,
11月任局长(主任)]
市纪委监委驻住建局纪检监察组组长、党组成员
张芙蓉(女)
党组成员、副主任　张建新
党组成员　陈　铁
党组成员、副局长　易森林
党组成员、总工程师　左常达
党组成员、副局长　唐　勇(2022年1月任)
浏阳市城乡发展集团有限责任公司
党委书记、董事长　张伯锋
党委副书记、总经理　熊　玮
党委委员、副总经理、文旅公司总经理　瞿　伟
党委委员、纪委书记、监事会主席　许　智
副总经理、财务总监　陈子谦
总工程师　于永强
副总经理、文旅公司副总经理　赵　坤
副总经理、水建投副总经理　唐　丰
副总经理、城建集团副总经理　叶良永
副总经理、文旅公司副总经理　钟长亭
副总经理、文旅公司副总经理　李　澳(女)
副总经理、城建集团副总经理　刘国雄
副总经理、水建投副总经理　郭海斌
副总经理、城建集团副总经理　杨恒亮
副总经理、水建投副总经理　贺小蛟

浏阳市公共工程建设中心
党组书记、主任　黎　毅
党组副书记　陈　锋
党组成员、副主任　胡录明
副主任　傅江涛
主任科员　高文海　周正佳　黎河清
浏阳市住房保障服务中心
党组书记、主、任　马超容(女)
党组成员、副主任　欧阳维(2022年12月止)
胡香文(女)
陈崎辉(2022年4月任)
长沙住房公积金管理中心浏阳市管理部
党支部书记、主任　袁祖平
副主任　李晓萍(女)
浏阳市自来水公司
党委书记、董事长　刘　宽
党委副书记、总经理　彭传初(2022年4月任)
党委委员、副总经理　彭　江
党委委员、纪委书记　邓丽霞(女)
党委委员、副总经理　刘华杰(2022年4月任)
孔祥忠(2022年4月任)
浏阳市城市管理和综合执法局
党组书记、局　长　古长根
党组成员、副局长　张先锋
党组成员、副局长　胡　湘
副局长　戴学文
·城市管理综合执法大队·
大队长　张海波
副大队长　孔志强　陈黎明　黎　骏
·市容环境卫生维护中心·
党总支书记　张　健
主　任　袁佳成
副主任　刘　琼　唐　磊
·市政园林维护中心·
党支部书记　陈昌根
主　任　邵　锋
·燃气事务中心·
主　任　周　彪(2022年4月任,试用期一年)
浏阳市科学技术局
党组书记　孙　龙
局　长　邓　恩(女)
党组成员、副局长　廖文晖
党组成员、市纪委驻科技局纪检组组长　许运良
党组成员、副局长　宋跃新

科学技术

浏阳市科学技术协会
党组书记、主　席　沈村正
党组成员、副主席　李文英(2022年12月止)
肖　娟(女,2022年12月任)

周振芬(女)
副主席(兼) 白航空 杨林广 陈 彤 颜颂华

浏阳市水文局

党支部书记、局 长 吴佳忠
副局长 陈家福 翟志荣(2022年3月任)

浏阳市气象局

党组书记、局长 李春梅(女)
党组副书记 姜翠文
党组成员、副局长、纪检员 李立

教 育

浏阳市教育局

党委书记、局长 谭应启
党委副书记、副局长 黄 朴
党委委员、市纪委监委驻教育局纪检组组长
刘 恋(女)
党委委员、副局长 李 武 苏启平
党委委员、总督学 李筱端

浏阳市第一中学

党委副书记、校长 袁章军
党委书记 卢从发
党委委员、副校长 寻鹏飞 周晓波
王 睿(女,2022年9月任)
校长助理 赖章武(2022年8月止)
赖 毓(2022年8月止) 罗中平
叶宗林(2022年8月任)
满 杰(2022年8月任)
许根华(2022年8月任)
校长助理、艺术学校校长
罗中平(2022年8月止)
杨科荣(2022年8月任)
艺校党总支书记 罗世良(2022年8月止)
罗中平(2022年8月任)
工会主席 苏艳龙

浏阳市田家炳实验中学

党委副书记 校长 苏飞跃
党委书记 朱玉喜
党委委员 副校长 汤坤池 屈加亮 刘贤明
校长助理 工会主席 黄玉峰

浏阳市职业中专

党总支书记 赖才腾
党总支副书记、校长 陈 奎
副校长 陈中西 易贵辉
焦元甫(2022年9月任)
校长助理 蔡 礼 刘继荣

湖南省浏阳高级技工学校

校 长 张 健
党总支书记 王茂祥
副校长 胡兴斌 梁端林

文化·体育

浏阳市文化旅游广电体育局

党组书记、局 长 陈 刚
党组成员、副局长 李运胜
陈 庆(2022年12月止)
陈炉强 许 征
刘敏中(2022年12月任)

浏阳市融媒体中心

党组书记、主任 林湘国
党组副书记、总编辑 龙章平
党组副书记、副主任 王继斌
党组成员、副主任 于承明 凌 旺 郑 霞(女)
副总编辑 沈铁军

浏阳市档案馆(中共浏阳市委党史研究室、浏阳市地方志编纂室)

馆 长(主任) 杨 钢
副馆长 李 异 罗 柱 陈洁璐(女)

湖南省新华书店有限责任公司浏阳市分公司

经 理、党支部书记 李玉娟(女)
党支部副书记、副经理 陈学雷
副经理、工会主席 贺杨扬(女)

卫生

浏阳市卫生健康局

党委书记、局长 欧阳武
党委委员、市纪委监委驻局纪检监察组组长
李峥嵘(女)
党委委员 周才仁
党委委员、副局长 王文斌(2022年9月任副局长)
肖 波 施海斌

浏阳市人民医院

党委书记 张 勇
党委副书记、院长 周明亮
党委副书记、纪委书记 廖 镇(2022年9月任)
党委委员、副院长 梁 鹏(2022年12月止)
李 沛
周仁花(女,2022年12月任)
李虎山(2022年12月任)
工会主席 戴 敏

浏阳市中医医院

党委书记 周秋涛(2022年9月任)
党委副书记、院长 周秋涛(2022年9月止)
党委副书记、纪委书记 廖 镇(2022年9月止)
党委委员、副院长 周月红(女) 郭 弘 何 卿
周燕飞(女)
党委委员、纪委书记 黎 红(女,2022年9月任)
副院长 欧阳文(挂职)

浏阳市疾病预防控制中心

党总支书记、主 任 许欣

党总支委员、副主任　张浩
党总支委员、副主任、工会主席　陈建伟
党总支委员、副主任　娄平胜
浏阳市妇幼保健院(妇幼保健计划生育服务中心)
党委书记　龙湘泉
党委副书记、院长(主任)　黄其美(女)
党委委员、副院长(副主任)　李　珣
党委委员、副院长(副主任)、纪委书记　黄海霞(女)
党委委员、副院长(副主任)　李　宇
浏阳市卫生计生综合监督执法局
党支部书记、局　长　许　勇
副局长　李先义　谭　锋　罗　鹏　刘凤娥(女)

社会生活

国家统计局浏阳调查队
队　长　熊明威
副队长　张伟成
纪检员　刘　倩(女)
浏阳市民政局
党组书记、局　长　余慧佳
党组成员、副局长　刘赋辉(2022年9月止)
张　平(女,2022年5月任)
熊满初
袁　维(女,2022年10月任)
浏阳市退役军人事务局
党组书记、局　长　易志坚
党组成员、副局长　雷　健　陈志刚　黎洪斌
浏阳市人力资源和社会保障局
党组书记、局长　戴伟平(2022年9月任)
党组成员、副局长　姜怡明　钟　伟
总会计师　李　艳(女)
社会保险中心主任　官国旗(2022年9月任)
人力资源服务中心主任　周水波
浏阳市医疗保障局
党组书记　李　建
局　长　张　晔
党组成员、副局长　陈　全　冷长征(女)
浏阳市库区移民事务中心
党组书记、主　任　卢清红(女)
党组成员、副主任　甘新辉
副主任　徐伟星

生态环境

长沙市生态环境局浏阳分局
党组书记、局长、浏阳市生态环境保护综合行政执法大队大队长　殷志民
党组成员　林琼国(女)
党组成员、副局长　钟诗勇　黄　腾
黄　珣(2022年12月任)
长沙市浏阳生态环境监测站站长
彭　武(2022年12月任,试用期一年)

街道·镇·乡

淮川街道
中共淮川街道工作委员会
书　记　刘守德
副书记　张　葵　张泱泱
龚友良(2022年6—12月挂职)
工委委员　周奇志
工委委员、纪工委书记、监察办主任　易显旺
工委委员　厉　涛　刘翔宇
工委委员、组织委员、宣传委员　陈　珍(女)
工委委员　余忠国
人大工作委员会
主　任　周奇志(2022年12月止)
副主任　邱林峰
街道办事处
主　任　张　葵
副主任　厉　涛　刘翔宇
余忠国　汤晓丽(女)

集里街道
中共集里街道工作委员会
工委书记　胡汉堂(2022年10月免)
章学良(2022年10月任)
副书记　李艺探(女)　高让波(2022年12月免)
纪工委书记　周熊晏
工委委员　罗亚平　刘宗斌　周熊晏
周健芝(女)　寻　婷(女)　古善良
人大工作委员会
主　任　罗亚平
副主任　吴高松
街道办事处
主　任　李艺探(女)
副主任　刘宗斌　寻　婷(女)　古善良　周水波
政协联络工作负责人　高让波

荷花街道
中共荷花街道工作委员会
工委书记　黄　武
工委副书记　潘擎炬　张海丰
纪工委书记　张　青
工委委员　钟宏亮　谭日红(2022年12月止)
宁志强　卢义兵　厉　昶　张　青
街道人大工作委员会
主　任　钟宏亮
副主任　吴光伟
街道办事处

主　任　潘擎炬
副主任　宁志强　卢义兵　厉　昶　汤凯希
政协联络工作负责人　张海丰

关口街道

中共关口街道工作委员会
工委书记　张新平
工委副书记　吴　兵　刘佳富(2022 年 12 月止)
　　　　　姜孟冬
纪工委书记　胡　南(女)
工委委员　刘　鹏　刘玉丰(女)　于焕民
　　　　　胡　南(女)　胡　舟
人大工作委员会
主　任　刘　鹏
副主任　汤德刚
街道办事处
办事处主任　吴　兵
办事处副主任　于焕民　吉红霞(女)
政协联络工作负责人　刘佳富(2022 年 12 月止)

古港镇

中共古港镇委员会
书　记　刘飞舞
副书记　易先超　陈　勇
纪委书记　杨璐(女,2022 年 9 月止)
委　员　何启成　李　胜　张　轲
　　　　汤达愉　黄明铰
镇人大主席团
主　席　何启成
副主席　王瑜琦(女)
镇人民政府
镇　长　易先超
副镇长　汤达愉　黄明铰　余水平
政协联络处工作负责人　陈　勇

高坪镇

中共高坪镇委员会
书　记　宋国辉(2022 年 12 月止)
　　　　张义根(2022 年 12 月任)
副书记　张义根(2022 年 12 月止)　巫文根
纪委书记　李东平
党委委员　周雯生　熊志山　刘　榴(女)
　　　　　李东平　陈建敏(2022 年 9 月任)
　　　　　刘　刚(2022 年 9 月任)
镇人大主席团
主　席　周雯生
副主席　林　婷(女)
镇人民政府
镇　长　张义根(2022 年 12 月止)
副镇长　刘　榴(女)
　　　　陈建敏(2022 年 9 月任)
　　　　戴　锋(2022 年 9 月任)
政协联络工作负责人　巫文根

沿溪镇

中共沿溪镇委员会
党委书记　李洪湖
党委副书记　罗　平(2022 年 2 月任)
　　　　　　余　舟
纪委书记　何　滔(2022 年 4 月任)
党委委员　欧阳山　邵　波　黎岳华　鲁浩杰
镇人大主席团
主　席　陈　经
副主席　钟馨星
镇人民政府
镇　长　罗　平(2022 年 2 月任)
副　镇　长　欧阳山　邵　波　彭美霞(女)

官渡镇

中共官渡镇委员会
党　委　书记　张文初
党委副书记　陈慧娜(女)　胡海英(女)
纪委书记　卢　义
党委委员　王安军(2022 年 12 止)
　　　　　卢　义　戴明河(宣传委员)
　　　　　曹剑章
　　　　　袁　维(女,组织委员 2022 年 9 月止)
　　　　　谢　坚
镇人大主席团
主　席　王安军(2022 年 12 止)
副主席　陈达倩(女)
镇人民政府
镇　长　陈慧娜(女)
副镇长　戴明河　曹剑章　王　成
政协联络工作负责人　胡海英(女)

永和镇

中共永和镇委员会
党委书记　林申达
党委副书记　杨　旭
　　　　　　肖志丹(2022 年 8 月止)
纪委书记　陈　香(女)
党委委员　杨　斌　刘　波　陈　香(女)
　　　　　刘孝伟　黎　浩　古　旭(女)
镇人大主席团
主　席　杨　斌
副主席　林康敏(女)
镇人民政府
镇　长　杨　旭
副镇长　刘　波　刘孝伟
　　　　陈力健(2022 年 4 月止)
　　　　李彦均(2022 年 4 月任)

刘桂民(2022年9月任)
政协联络工作负责人　肖志丹(2022年8月止)

达浒镇
中共达浒镇委员会
党委书记　黄　琦(2022年8月止)
陈　科(2022年8月任)
党委副书记　李博涵(女)　段小虎
纪委书记　廖　康
党委委员　吴中杰　毛雄伟　黎善录　寻　强
廖　康　李　明(女)
镇人大主席团
主　席　吴中杰
副主席　蒋璐瑶
镇人民政府
镇　长　李博涵(女)
副镇长　毛雄伟　黎善录　寻　强　廖　康
涂　佳(女)　叶　进
政协联络工作负责人　段小虎

大围山镇
中共大围山镇委员会
党委书记　黄珍敏(2022年8月免)
贺云鹏(2022年8月任)
党委副书记　贺云鹏(2022年8月免)
沈祥谋(2022年8月任)
张宋姣(女)
纪委书记　黎　娟(女)
党委委员　易　亮　胡　亮　彭　浩
周　波　邵权斌
人大主席团
主　席　易　亮
副主席　李　海
镇人民政府
镇　长　贺云鹏(2022年8月免)
沈祥谋(2022年8月任)
副镇长　胡　亮　彭　浩　朱礼锋　雷宜旭
政协联络工作负责人　张宋姣(女)

张坊镇
中共张坊镇委员会
党委书记　张贤前
党委副书记　汤　卓　黄　镇
纪委书记　康兆祯
党委委员　陈敏林　康兆祯　李雪华(女)
林晓炜　李　敏(女,2022年5月任)
张　果(2022年9月任)
镇人大主席团
人大主席　陈敏林
副主席　蒋　剑
镇人民政府
镇　长　汤　卓
副镇长　李雪华(女)　沈　旸(2022年11月任)
李　敏(女,2022年5月任)

小河乡
中共小河乡委员会
党委书记　邵　劭
党委副书记　罗　平(2022年2月止)
罗　明
郑腾飞(2022年4月任)
纪委书记　吴　骏(2022年9月止)
党委委员　毛先知(2022年9月止)
周晔虹(女,2022年9月任)
魏兆义　周建华
吴　骏(2022年9月止)　陈　佳
刘婷远(女,2022年12止)
乡人大主席团
主　席　毛先知(2022年9月止)
周晔虹(女,2022年11月任)
副主席　汤志海
小河乡人民政府
乡　长　罗　平(2022年2月止)
罗　明(2022年4月任)
副乡长　陈　佳
刘婷远(女,2022年12月止)
周荣桂
郭　阳(2022年11月任)
政协联络工作负责人　罗　明(2022年1月止)
郑腾飞(2022年4月任)

澄潭江镇
中共澄潭江镇委员会
党委书记　黎　靖
党委副书记　刘　科
周晔虹(女,2022年9月免)
夏广奎(2022年12月任)
纪委书记　刘　康
党委委员　张　征　陶　亮　刘　康　刘鸽飞
罗晓晖　易艳红
人大主席团
主　席　张　征
副主席　施　宏

镇人民政府
镇　长　刘　科
副镇长　罗晓晖　易艳红
喻　海　王　献(2022年12月任)
政协联络工作负责人
周晔虹(女,2022年9月免)
夏广奎(2022年12月任)

中和镇

中共中和镇委员会
党委书记　周　曦
党委副书记　袁柏林　汤恁妤（女，2022年9月任）
纪委书记　钟立柱
党委委员　董爱众　陈　涛　何　强
　　　　　钟立柱　高成志　熊　斌
人大主席团
主　席　董爱众
副主席　李　川
镇人民政府
镇　长　袁柏林
副镇长　陈　涛　何　强　高成志
　　　　熊　斌　卜　敏　汤　运
政协联络工作负责人　汤恁妤（女，2022年9月任）

文家市镇

中共文家市镇委员会
书　记　江敦明
副书记　张继龙　余子牛（2022年5月止）
　　　　刘　镀（2022年5月任）
党委委员　龚　娜（女）　杨　林　周飞江
　　　　　朱　敏　刘金成　张江林
人大主席团
主　席　龚　娜（女）
副主席　李紫薇
镇人民政府
镇　长　张继龙
副镇长　周飞江　何　侣
　　　　韩金韬（2022年4月任）
政协联络工作负责人　余子牛（2022年5月止）
　　　　　　　　　　刘　镀（2022年5月任）

大瑶镇

中共大瑶镇委员会
党委书记　潘定一
副书记　叶绍秋　刘雨成
　　　　李　勇（2022年6月挂职）
党委委员　林健美（女）　刘敏中　钟　美（女）
　　　　　危建红　左春林　龚穗滨
人大主席团
主　席　林健美（女）
副主席　甘梓豫（女）
镇人民政府
镇　长　叶绍秋
副镇长　钟圣家（2022年5月止）
　　　　毛科宇（2022年11月任）　陈庆华
　　　　卢新明　谢光岚（女，2022年11月任）
花炮材料制造产业基地管委会
主　任　杨　志
副主任　刘华杰（2022年5月止）　唐柱辉

金刚镇

中共金刚镇委员会
党委书记　卢义胜
党委副书记　朱　蕾　吴尚水
纪委书记　罗其晏
党委委员　卢义胜　朱　蕾　吴尚水（统战委员）
　　　　　罗其晏　何焱庭（政法委员）
　　　　　钟　慧（女，组织委员）
　　　　　王　广（女，宣传委员）　王升华
镇人大主席团
主　席　邹　智
副主席　姜　新
镇人民政府
镇　长　朱　蕾
副镇长　王　广（女）　王升华　孙长根
　　　　李　炫（女）
政协联络工作负责人　吴尚水

葛家镇

中共葛家镇委员会
党委书记　陈飞虹（2022年7月止）
　　　　　罗　武（2022年8月任）
党委副书记　梁志明（2022年7月止）
　　　　　　肖志丹（2022年8月任）
　　　　　　喻　鍠
纪委书记　饶弟明
党委委员　王　成　彭　伟　江　新　饶弟明
　　　　　李　海（2022年2月任）
　　　　　赵燕凌（2022年5月任）
人大主席团
主　席　王　成
副主席　肖宏宇
镇人民政府
镇　长　肖志丹（2022年8月任）
副镇长　彭　伟　赵燕凌（2022年5月任）
　　　　张　晓　黄　洁（2022年10月任）
政协联络工作负责人　喻　鍠

枨冲镇

中共枨冲镇委员会
书　记　邱　可
副书记　张会连　余培飞（2022年4月止）
　　　　陈泓予（2022年4月任）
纪委书记　李　森
党委委员　黎　烨（女）　徐红星
　　　　　王　罗　赖　和
　　　　　江　雀（女）　李　森
人大主席团
主　席　黎　烨（女）
副主席　谭傲寒（女）

镇人民政府
镇　长　张会连
副镇长　徐红星　王　罗
　　　　陈招兴　赖　和
　　　　邓　鑫(2022年12月任)
政协联络工作负责人　余培飞(2022年4月止)
　　　　陈泓予(2022年4月任)

镇头镇

中共镇头镇委员会
党委书记　刘国泰
党委副书记　赵舟飞　黎　志(2022年9月止)
　　　　张　瑶(2022年12月任)
纪委书记　晏　武
党委委员　何志刚　晏　武　李　银(女)
　　　　张　瑶(2022年12月止)
　　　　朱开田　陈　立
人大主席团
主　席　何志刚
副主席　黎思慧(女)
镇人民政府
镇　长　赵舟飞
副镇长　张　瑶(2022年12月止)　陈　立
　　　　彭　路　张优悠(女,2022年3月任)
政协联络工作负责人　黎　志(2022年9月止)
　　　　李　银(女,2022年9月任)

普迹镇

中共普迹镇委员会
党委书记　唐万明
副书记　肖长春　黎　涛(2022年1月任)
纪委书记　刘萌春
党委委员　张　巍　唐世标(2022年12月止)
　　　　刘　琼(女)　罗　超　刘帅遵
人大主席团
主　席　张　巍
副主席　邹　琴(女)
镇人民政府
镇　长　肖长春
副镇长　刘　琼(女)　刘帅遵　凌向荣
　　　　胡偲琦(女,2022年4月任)
政协联络工作负责人　黎　涛

官桥镇

中共官桥镇委员会
党委书记　章学良(2022年2月止)
　　　　李爱萍(女,2022年2月任)
党委副书记　张世敦(2022年9月止)
　　　　余耀东(2022年5月任)
党委委员　余培飞(2022年5月任)
　　　　彭书恒　宋力强　唐志纲
　　　　陈洋陈(2022年9月任)
纪委书记　宋力强
人大主席团
主　席　余耀东(2022年5月止)
　　　　余培飞(2022年5月任)
副主席　吴宇豪
镇人民政府
镇　长　李爱萍(女,2022年2月止)
　　　　余耀东(2022年5月任)
副镇长　彭书恒　唐志纲　聂　提
政协联络工作负责人　刘金勇

柏加镇

中共柏加镇委员会
党委书记　熊宜武
副书记　黄锦周　陈崎辉(2022年4月免)
　　　　石　盼(2022年4月任)
纪委书记　郑腾飞(2022年4月免)
　　　　陈　驰(女,2022年9月任)
党委委员　袁海军　陈啸林　凌　欣　章朝晖
　　　　鲁彩虹(女,2022年2月免)
　　　　陈　驰(女,2022年9月任)
　　　　吴玮祎(女,2022年4月任)
镇人大主席团
主　席　袁海军
副主席　刘　明
镇人民政府
镇　长　黄锦周
副镇长　凌　欣　章朝晖　张　松
　　　　张彩霞(女,2022年9月任)
政协联络处工作负责人
　　　　陈崎辉(2022年4月止)
　　　　石　盼(2022年4月任)

洞阳镇

中共洞阳镇委员会
党委书记　王　海
副书记　陈满红　周　毅
纪委书记　吴　骏(2022年9月任)
　　　　孔　江(2022年5月止)
党委委员　张世敦(2022年9月任)
　　　　罗建云(2022年9月止)
　　　　暨皓明(女)　胡学文　肖　胡
　　　　邱　蓓(女)
　　　　吴　骏(2022年9月任)
　　　　孔　江(2022年5月止)
镇人大主席团
主　席　张世敦(2022年9月任)
　　　　罗建云(2022年9月止)
副主席　唐振华
镇人民政府

镇　长　陈满红
副镇长　胡学文　肖　胡　张　勇
　　　　刘　永　王　瑶
　　　　龚墨宁(女,土家族,2022年9月任)
政协联络工作负责人　周　毅

永安镇

中共永安镇委员会
党委书记　孙　谦
党委副书记　祝易滔
副书记、统战委员　周光义(2022年9月止)
　　　　　　　　　肖志强(2022年9月任)
纪委书记　李　倩(女)
党委委员　赵　炜　曹　广　陈　琳
　　　　　盛元芝(女)　危　博(2022年9月任)
镇人大主席团
主　席　赵　炜
副主席　鲁　芬(女)
镇人民政府
镇　长　祝易滔
副镇长　曹　广　危　博(2022年9月任)
　　　　任修乾　周　文　胡　鹏
政协联络工作负责人　周光义

北盛镇

中共北盛镇委员会
党委书记　汤　波(2022年8月止)
　　　　　黄珍敏(2022年8月任)
党委副书记　王　锐　潘盛开
纪委书记　陈馨伊(女)
党委委员　龙明胜　彭继有　周岳峰
　　　　　黄银凤(女)　周继光
人大主席团
主　席　龙明胜
副主席　陈初妍(女)
镇人民政府
镇　长　王　锐
副镇长　周岳峰　周继光　高华杰
政协联络工作负责人　潘盛开

沙市镇

中共沙市镇委员会
党委书记　何　勇(2022年8月止)
　　　　　黄　琦(2022年8月任)
党委副书记　陈　科(2022年8月止)
　　　　　　彭　礼(2022年8月任)
　　　　　　邱凯章(2022年1月任)
党委委员　黎　志(2022年9月任)
　　　　　张开成　暨诚姿(女,2022年9月任)
　　　　　张长发　陈力健(2022年4月任)
　　　　　罗　静(女,2022年1月任)
　　　　　李　晓(女,2022年1月止)
　　　　　朱纯清(2022年9月止)
镇人大主席团
主　席　彭　礼(2022年8月止)
　　　　黎　志(2022年11月任)
副主席　邓　浩
镇人民政府
镇　长　陈　科(2022年8月止)
　　　　彭　礼(2022年11月任)
副镇长　张开成　张长发　周大祥
　　　　李　毅(2022年4月任)
政协联络工作负责人　邱凯章(2022年1月任)

淳口镇

中共淳口镇委员会
党委书记　张　竞(女)
党委副书记　高　优　张辉署
纪委书记　罗永望(2022年9月止)
　　　　　朱纯清(2022年9月任)
党委委员　牛春旭
　　　　　金传芳(2022年4月止)
　　　　　汤　洋　刘　辉
　　　　　暨诚姿(女,2022年9月止)
　　　　　朱纯清(2022年9月任)
　　　　　罗永望　陈　彪(2022年4月任)
镇人大主席团
主　席　牛春旭
副主席　吴　赛(女)
镇人民政府
镇　长　高　优
副镇长　刘　辉　暨诚姿(女,2022年9月止)
　　　　罗永望(2022年9月任)
　　　　鲁　进　刘　敏(女)
政协联络工作负责人　张辉署

蕉溪镇

中共蕉溪镇委员会
书　记　傅爱华(2022年1月止)
　　　　黄杰伟(2022年1月任)
副书记　黄杰伟(2022年1月止)
　　　　李彩凤(女,2022年5月任)
　　　　金传芳(2022年5月任)
纪委书记　戴　婷(女)
党委委员　袁思来　吴劲文
　　　　　陈建敏(2022年9月止)
　　　　　游水生(2022年9月任)
　　　　　张舜子(2022年9月止)
　　　　　戴　婷(女)　彭仕宇
人大主席团
主　席　袁思来
副主席　黎　锴

镇人民政府
镇　长　李彩凤（女，2022 年 5 月任）
副镇长　陈建敏（2022 年 9 月止）
　　　　游水生（2022 年 9 月任）
　　　　彭仕宇　姜雨薇（女）
　　　　戴晓宇（女，2022 年 5 月任）
政协联络工作负责人　李彩凤（女，2022 年 5 月止）
　　　　　　　　　　金传芳（2022 年 5 月任）

龙伏镇
中共龙伏镇委员会
党委书记　周建国
党委副书记　暨朝佐　谢伟明（2022 年 1 月止）
　　　　　　陈　静（女，2022 年 5 月任）
纪委书记　石　盼（2022 年 4 月止）
　　　　　张开文（2022 年 8 月任）
党委委员　黎　涛（2022 年 1 月止）
　　　　　陈　静（女，2022 年 4 月止）
　　　　　石　盼（2022 年 4 月止）
　　　　　汤志伟（2022 年 9 月止）　曾祥浩
　　　　　李　文　汪良柱（2022 年 1 月任）
　　　　　龙强军（2022 年 5 月任）
　　　　　张开文（2022 年 9 月任）
　　　　　邹　强（2022 年 9 月任）
镇人大主席团
主　席　曾祥浩
副主席　汪良柱（2022 年 1 月止）
　　　　罗　莎（女，2022 年 5 月任）

镇人民政府
镇　长　暨朝佐
副镇长　汤志伟（2022 年 9 月止）　李　文
　　　　邹　强（2022 年 12 月任）
　　　　张成芳（女）　王　柱（2022 年 5 月任）
政协联络工作负责人
　　　　黎　涛（2022 年 1 月止）
　　　　陈　静（2022 年 5 月任）

社港镇
中共社港镇委员会
党委书记　梁　民
党委副书记　罗钦伟　肖　斌（2022 年 2 月止）
　　　　　　张　敏（2022 年 4 月任）
纪委书记　邓　磊
党委委员　张　敏（2022 年 4 月任）　陈　奇
　　　　　阳　鹏　欧阳意　王云湘（女）
　　　　　陈　林（2022 年 4 月任）
镇人民政府
镇　长　罗钦伟
副镇长　阳　鹏　欧阳意　张金辉
镇人大主席团
主　席　陈　奇
副主席　孔琦芸（女）
政协联络工作负责人　肖　斌（2022 年 2 月止）
　　　　　　　　　　张　敏（2022 年 4 月任）

索 引

双江口

说明：

一、本索引把年鉴的条目(统计资料、特载、表格、综述、概况、彩页除外)用主题分析法,按汉语拼音字母顺序排列。

二、索引名称后的阿拉伯数字表示内容所在的页码,拉丁字母(a、b、c)表示栏别(从左至右分 1、2、3 栏)

A

B

C

D

E

M

N

P

T

责任编辑：曹大成　黄　林
装帧设计：文智达教育

21世纪学前教育专业“互联网+”精品教材

★新时代大学生职业生涯规划与就业创业指导
幼儿教育政策与法规
★学前儿童发展心理学
●学前儿童卫生与保健
★学前卫生学
★学前儿童感觉统合训练
学前儿童语言教育与活动指导
学前儿童玩教具设计与制作
★幼儿园环境创设
幼儿文学
幼儿教师英语口语
钢琴基础与幼儿歌曲伴奏
婴幼儿生活照顾
教师职业道德与教育政策法规
幼儿教师职业道德
幼儿园教师礼仪与沟通
幼儿教师实用语文
★学前教育学(新大纲版)
学前教育概论(第2版)
幼儿教育学
★学前心理学
★学前教育心理学
学前儿童心理发展
★幼儿卫生学
学前儿童保育学
学前儿童数学教育
学前儿童科学教育与活动指导
学前儿童社会教育与活动指导
★学前儿童健康教育与活动指导
●学前儿童艺术教育与活动指导
学前儿童音乐教育与活动指导
●学前儿童美术教育与活动指导
幼儿园美术教育与活动指导
幼儿园艺术教育活动设计与指导
幼儿英语教育活动设计与指导
幼儿园教育活动典型案例及评析
幼儿园游戏活动指导
★●幼儿园保教工作实务
幼儿园一日生活环节的组织策略
幼儿园课程理论与实践
幼儿园STEAM课程开发
幼儿园组织与管理
★幼儿园班级管理实务
幼儿园安全管理
学前儿童家庭教育
学前儿童家庭与社区教育
家园沟通与指导
学前教育研究方法
学前儿童行为观察与指导
幼儿行为观察与分析
★幼儿感觉统合训练
幼儿园主题活动设计与实施
幼儿园教育活动设计与实施
幼儿园教育活动设计与实践(第2版)
幼儿文学阅读与指导
幼儿经典绘本导读
中外学前教育史
★幼儿园手工教程
★幼儿教师简笔画训练教程
★奥尔夫音乐教育
★蒙台梭利教学法
蒙台梭利教育理论与实践
幼儿教师口语训练教程
教师口语
教师口语教程
新编教师口语
三笔字(第2版)
英语语音实用教程
幼师英语
幼儿英语主题活动设计
幼儿英语教育活动案例精编
★少儿英语教师口语创意教程
幼儿体育教程
幼儿园实习指导
幼儿园综合素质
学前儿童故事表演教程
学前儿童戏剧教育及创编表演
★幼儿园多媒体教学与课件制作基础
学前教育专业学生职业技能训练与指导
★学前教育专业认识实习
★学前教育专业顶岗实习
学前教育专业跟岗实习
★特殊儿童随班就读教学设计

注：职业教育国家规划教材　★职业教育省级规划教材(含立项)　●职业教育省级优秀教材

幼儿文学

陈振桂　简光军　王　钢◎主编

“十四五”职业教育国家规划教材
“十三五”职业教育国家规划教材

幼儿

陈振桂　简

本书严格依据《幼儿园
《中小学和幼儿园教师